WBC 성경주석

신명기(하)

솔로몬

WORD BIBLICAL COMMENTARY

Volume 6B

Deuteronomy 21:10–34:12

DUANE L. CHRISTENSEN

WORD BOOKS, PUBLISHER · DALLAS, TEXAS

목 차

편집자 서문

본 성경 주석 전집(WBC; Word Biblical Commentary)이 세상에 나오기까지는 수 년 간의 기획 과정이 필요했다. 1977년에 본 전집의 편집위원회 위원들은 발행인들과 회합한 자리에서 몇 가지 뚜렷한 특징을 지닌 새로운 성경 주석의 발간 가능성을 면밀하게 검토했다. 그러한 특징이 무엇인지는 독자들이 이 주석서들을 진지한 자세로 읽어 내려가는 과정에서 금방 알게 될 것이다. 하지만 본 성경 주석이 당초에 목표로 삼은 것이 과연 얼마나 완벽하게 성취되었는지는 오로지 시간만이 말해 줄 수 있을 것이다.

우선, 우리는 우리와 뜻을 같이하면서 세계 도처의 대학교, 신학교 등에서 가르침의 사역에 종사하고 있는 학자들을 되도록 폭 넓게 선발하여 본 성경 주석의 기고자로 삼기 위해 많은 노력을 기울여 왔다. 매우 다양한 교단적 배경을 지닌 본서 기고자들의 폭 넓은 시야는 가히 "복음주의적" – 성경을 하나님의 계시로 받아들이고 기독교 복음의 진리와 능력을 자신의 생명처럼 여긴다는 적극적이고 역사적인 의미에서 – 이라 불려지는 것이 마땅하다.

다음으로, 본 전집에 포함된 주석서들은 처음부터 『WBC 성경주석』의 일환으로 쓰여진 책들이다. 오늘날 성경 주석 분야에서 상당한 호평을 받고 있는 몇몇 전집들이 영어 이외의 언어로 쓰여진 저작들을 영어로 번역한 것에 비하여, 본 성경 주석은 오로지 처음부터 영어로 쓰여진 책들만이 포함되어 있다. 또한 본 전집의 주석가들은 성경 원문을 각자 나름대로 영어로 번역한 다음, 그 번역된 성경 본문을 자신들의 주해와 주석의 바탕으로 삼는 것을 원칙으로 삼았다. 나아가서 본 전집의 대표적인 특징으로는, 그 내용이 어디까지나 성경적인 언어를 바탕으로 하면서도 각계 각층의 독자들 – 공부하는 학생들, 현재 목회 사역에 종사하고 있는 교역자들 그리고 이 분야를 전공하는 학자들이나 교수들 – 이 성경에 대한 신학적 이해를 학문적이면서도 실제적으로 쌓아 나갈 수 있고, 또 그들에게 현실적인 도움이 될 수 있도록 구성되어 있다는 점을 들 수 있다.

마지막으로, 본 성경 주석의 구성 양식에 관하여 몇 마디 말을 덧붙이고자 한다. 우리는 여러 계층의 – 그리고 상이한 수준의 – 독자들을 의식하여, 확실하게 구분

되는 몇 개의 단락으로 나누어 책의 내용을 구성했다. 예를 들어, 번역된 성경 본문의 바탕을 이루는 히브리어와 헬라어 원문에 관하여 좀더 깊이 있게 공부하려는 독자들은 본 성경 본문의 "원문주해"를 살펴보고, 현대 신학자들이 어떠한 해석을 내리고 있는지에 관심이 있다면 "참고문헌" 및 "양식/구조/배경"을 참조하면 될 것이다. 또한 어떤 성경 본문의 의미 및 그 본문에 포함된 성경적 계시를 좀더 폭 넓은 관점에서 이해하려면 "주석"과 "해설"을 보면 된다. 그러므로 본 성경 주석을 펼쳐 든 사람이라면 누구나 자신에게 유익한 자료들을 얻을 수 있으리라 믿어 의심치 않는다.

이상과 같은 우리의 목표가 상당히 만족스러운 수준까지 달성될 때, 우리 편집자들이 당초에 의도했던 것들이 구체적으로 실현됨과 아울러 본 전집의 기고자들이 흘린 땀방울도 충분한 보상을 받을 수 있게 될 것이다.

책임 편집자 : 데이비드 허바드(David A. Hubbard)
글렌 바커(Glenn Barker)
구약 편집자 : 존 와츠(John D. W. Watts)
신약 편집자 : 랠프 마틴(Ralph P. Martin)

저자 서문

필자는 WBC 제6A권(신 1-11장)을 개정하기로 결정하고, 같은 크기의 두 권으로 된 신명기 주석 즉 제6상권(신 1:1-21:9)과 하권(신 21:10-34:12)을 출간하기로 결정한 데 대해서 출판사와 편집장에게 감사를 드리는 바이다. 특히 친절하면서도 꾸준히 인내하면서 본 주석을 완성하기까지 힘든 기간 동안 내내 필자를 격려해 주신 존 와츠(John D. W. Watts) 박사님과, 또한 원고를 정리하는 본서의 마지막 과정에서 편집하는 일을 도와주신 제임스 와츠(James W. Watts) 박사님에게 감사를 드린다. 제임스 와츠 박사님의 지시로 인하여 이 책의 형식과 내용이 여러 면에서 상당히 개선되었다.

주석 전체의 개요는 독자로 하여금 전체의 구조에 대한 보다 분명한 개념을 가질 수 있도록 서론의 마지막 부분에 두었는데, 그것은 수 세기 내내 내려온 유대인의 예배 행습 가운데서 열한 개의 전통적인 낭독 분량(주별 할당량)에 따라 배열되어 있다.

WBC 6A의 첫 번째 판의 저자 서문(1991)에서, 필자는 본 신명기 주석을 쓰기 위하여 연구하는 과정에서 학문적으로 성경을 이해하려는 필자의 접근 방식에 있어서 수많은 가정들을 다시 생각해 보게끔 만들어 주었다고 언급한 바 있다. 그것이 나의 대학원 연구 과정에서 교수님들이 내게 가르쳤던 내용들에 적절하게 들어맞든 그렇지 않든, 혹은 이 핵심적인 책의 연구 과정에서 나의 동료들이 말했던 것과 들어맞든 그렇지 않든, 내가 성경 본문 가운데서 발견했던 내용을 고수해 나가기로 결정했을 때, 그에 따른 진전과 전환의 과정은 필자로 하여금 생소하고도 고독한 좁은 길로 가게 만들어 주었다. 결과적으로, 나는 신명기에서 약간 다른 어떤 것을 발견했다.

비록 내가 이미 히브리어 신명기 본문 가운데 있는 표기법의 운율에 따른 체계가 고대 본문의 음악적 연주를 잘 반영했다는 사실과, 또한 마소라 전승 과정에 있는 표기법의 전 체계가 아주 두드러지게 잘 보존되었다는 사실을 잘 알고 있었을지라도, 21-25장에 가서야 그러한 체계의 세부 사항들이 점점 더 분명하게 된 것을 깊이 깨닫게 되었다. 나로 하여금 결국 신명기서가 운율법에 맞는 본문의 관점에서 형성되어 가고 있었다는 사실을 깨닫게 해주었던 점은, 세투마와 페투아흐 구획 표시(layout marker)의 잦은 사용과, 소위 "수(數)의 전이"(numeruswechsel, 2인칭 단수와 복수 대명사 사이에 오락가락하는 변화)의 조직적 사용을 하고 있는 신명기 법 단락에 들어 있는 더 짧은 구절이었다. 이것이 이번에는 여러 히브리 성경의 유대인 판에 있는 본문의 각주에서 전달된 것과 같이 신명기 본문의 "주별 할당량"의 전통적인 낭독 주기가 사실은 전체의 구도를 이해하는 데 주요한 구조적 특징을 나타내고 있다는 사실을 발견하도록 이끌어 주었는데, 이전 판이 발간되었을 때는 이 점을 모르고 있었던 것이다. 본 주석에서 나는 *The Leningrad Codex: A Facsimile Edition*(Grand Rapids, MI: Eerdmans, 1998)의 각주에 있는 기호법을 그대로 따랐다. 이 중요한 필사본으로부터 취해 온 신명기의 초창기 복사판의 영인본을 선물해 준 데 대해서 캐스퍼 라부샤뉴(Casper Labuschagne) 교수에게 감사드리는 바인데, 그는 만년의 클라우스 셰들(Claus Schedl) 교수에게서 그것을 받았다.

나는 칼룸 카마이클(Calum Carmichael)의 책 *Law and Narrative in the Bible*(Ithaca, NY: Cornell UP, 1985)을 통하여 주석 작업을 해 나가면서 새로운 사실을 발견할 수 있는 실마리를 찾았다. 카마이클의 작품은 그가 의도했던 바와는 다른 방식이기는 하지만, 이 주석서를 이루는 데 중요한 역할을 했다. 신명기의 법과, 오경 및 전선지서들 가운데 있는 설화 사이의 관계에 대한 그의 논증이 받아들여지고 있기는 하지만, 그 영향은 카마이클이 발견한 내용의 반대 방향으로 나타난다. 그의 담당 교수인 대이빗 다우브(David Daube)의 지시를 따라, 카마이클은 신명기 법이 토라와 전선지서 가운데 보존되어 있는 초기 설화 전승으로부터 유래된 "율법 초록"의 성격을 가지고 있다고 주장한다. 나는 그와 정확히 반대되는 흐름의 방향(율법으로부터 설화로)을 택했다. 율법이 일차적이고, 신명기 24:10-13에 있는 담보 잡은 재산에 대한 법에 가장 분명하게 나타나는 바와 같이 그 율법이 문제의 설화를 형성하는 데 사용되었다는 것이다. 간단히 말해서, 신명기는 원리에 있어서 성서에 대한 후대 미드라쉬적(해석적) 접근을 예증하고 있다. 본서가 기초하고 있는 일차적인 성스러운 본문은 십계명인데, 그것이 신명기 12-25의 법을 형성하도록 하기 위하여 미드라쉬적 스타일로 확장된 것이다. 바꾸어 말해서, 이 법들은 프리드먼(D. N. Freedman)이 "원시 역사"라고 불렀던 모든 설화 형태에서 비슷한 방식으로 확장된다(히브리 성경의 마소라 전승 본문 가운데 창세기로부터 열왕기하까지 – 이것은 히브리 정경 안에서 토라에 전선지서들이 덧붙여진 것이다).

신명기에 대한 최근의 네 권의 주석서들은 여기서 특별히 언급할 만한 가치가 있다. 모세 와인펠트(Moshe Weinfeld)의 *Deuteronomy 1-11*, AB 5(Garden City, NY: Doubleday: 1991)의 첫 번째 책은 WBC 주석 중에서 같은 명칭을 가진 나의 앞의 책과 같은 시기에 출판되었다. 와인펠트의 주석은 아래 "신명기와 관련된 쿰란 본문의 목록"을 최신의 것으로 개정하는 데 특별히 유익했다. Die Neue Echter Bibel(Würzburg: Echter)에 있는 게오르그 브롤릭(Georg Braulik)의 주석이 이제 완성되었다: *Deuteronomium 1-16, 17*(1986)과 *Deuteronomium 16, 18-34, 12*(1992). 비록 이 작품은 오늘날 교회에 신명기의 가치를 상세히 설명하는 것이 그 주목적이기는 하지만 학자들에게도 매우 유익한 참고 자료들을 담고 있으며, 특히 자료 전체의 구조상 그 사상의 간결성과 명료성에 있어서 그러하다. 제프리 티개이(Jeffrey Tigay)의 책 *Deuteronomy*, JPS Torah Commentar(Philadelphia: Jewish Publication Society, 1996)는 내 작품의 참고 항목으로 가치 있는 것임이 입증되었다. 네 번째로 언급할 주석서는 Casper J. Labuschagne, *De Prediking van het Oude Testament: Deuteronomium*(Nijkert: Uitgeverij G. F. Callenbach, 1990-97)이라는 기념비적 역작인데, 이것은 전 4권으로 완성되었다. 필자가 화란어 해독에 한계가 있어서 신명기가 그 중심 역할을 했던 고대 이스라엘 가운데서 정경화 과정의 좀더 최근의 단계에 많은 빛을 던져 주고 있는 이 작품의 내용을 본서에 싣기는 어려웠다. 이 라부샤뉴(Labuschagne)의 작품의 영역 요약본이 신명기를 연구하는 학도들에게는 가장 유익할 것이다. 나는 신명기 주석을 작업하는 동안 내내 라부샤뉴(Labuschagne)의 방법(*Logotechnische analyse*, 글자 수 분석 방법)과 점점 친숙해졌고, 그 가치도 점차 인식하게 되었다. 이에 대한 좀더 많은 정보를 얻으려면 특별 부록: "신명기에 나타난 '수(數)의 전이'"를 보기 바란다. 나는 라부샤뉴가 연구한 내용을 이 주석 전체에 걸쳐서 "양식/구조/배경" 항목의 끝부분에 삽입했다.

본 주석을 작성함에 있어서 또 다른 중요한 작품은 Everett Fox, *The Five Books of Moses*, Schocken Bible 1(New York: Schocken, 1997)이라는 오경 새번역이다. 히브리 성경 본문에 대한 폭스(Fox)의 접근 방식은 내 자신의 것과 공통점을 가졌다. 그는 다음과 같이 말했다. "나는 여기서 우선적으로 성경 그 자체의 용어들에 대해 최소한 초창기에 가장 잘 연구된 것으로 믿어지는 원본의 스타일을 찾아내고자 한다. 그래서 나는 본문을 영어로 제공했으나 히브리 어조로 나타냈다"(p. ix). 그것이 또한 내 방식이기도 하다.

내 책 *Bible 101: God's Story in Human History*(North Richland Hills, TX: BIBAL Press, 1996)는 내가 이 주석서를 완성하기 전에 기록될 필요가 있었다. 이

책은 고대 이스라엘과 초대 기독교에서의 정경의 과정과의 상호 관련성의 원리의 시각에서 성경 연구를 해 나갔다. 그것은 궁극적으로 하나님의 성령으로 말미암아 지도를 받은 인간들이 작성한 한 과정으로서 성서 전체의 정경 형성을 더듬어 보고 있는 책이다. 독자로 하여금 숙달된 수준에서 작업하고 하나님의 계시의 비밀을 조명해 주도록 하기 위해 성경 개론에서 대칭 형식들이 설명되고 구체적으로 실증되었다. 나의 가장 최근의 책인 *The Completed Tanakh: The Unity of the Bible within the Canonical Process*(Columbus, GA: Christian Life Publication, 1000)는 이러한 논의를 한층 심도 있게 해 나가고 있다. 이 두 교과서적인 책들 이외에도 나는 BIBAL 연구 프로그램을 위한 일련의 연구 안내서들을 썼다: Bible 101: *The Torah*; Bible 102: *The Former Prophets*; Bible 103: *The Latter Prophets*; Bible 104: *The Hebrew Writings*; Bible 105: *Apostolic Writings I – The Four Gospels and the Book of Acts*; and Bible 106: *Apostolic Writings II – New Testament Epistles and the Revelation to John*(North Richland Hills, TX: BIBAL Press, 1996-2000). 이 책들을 저술하는 과정에서 성경의 모든 단락의 층에 동심적 구도가 있다는 의식이 더욱 강화되었는데, 이것이 나로 하여금 성경 본문에 대한 분석 방법에 있어서 조직적이고 방법론적인 접근을 개발하도록 도움을 주었으며, 그 결과가 본 신명기 주석 전체에 걸쳐서 "양식/구조/배경"의 단락 가운데 나타나 있다. 그러한 과정은 본 주석서의 6권 A의 초판이 출판되었던(1991) 당시의 수준을 훨씬 능가하도록 만들어 주었고, 신명기의 대 골격을 이해하도록 이끌어 주었다.

정경화 과정 가운데 있는 근본적인 골격은 구조적 중심부를 가지고 있는 단순한 교차적 배열, 즉 a-b-x-b′-a′ 형태로 되어 있는 것이다. 신명기에서 이 구조는 자주 부가적 골격을 덧붙임으로써 라부샤뉴(C. J. Labuschagne)가 "칠지(七枝) 패턴"(menorah pattern, 일곱 개의 부분이 한 개의 중심을 가지고 있는 구조: a-b-c-x-c′-b′-a′)이라고 적절하게 이름 붙였던 형식으로 확장된다.

6권 A의 초판본에서는 히브리 본문에서 쉽게 발견될 수 있는 어떤 정보를 제공하기 위하여 신명기 영역본에서 세 개의 다른 활자체들(fonts)이 사용되었으나 영어로 나타내기가 쉽지 않았다. 그러한 체계는 여기서 "수(數)의 전이"라고 불리는 현상을 곧 전달해 주기 위하여 두 개의 다른 활자체를 사용하도록 단순화되었다. 현대 영어가 2인칭에서 단수와 복수를 구별하고 있지 않으므로, 번역문에서 그러한 "수(數)의 전이"(2인칭 단수에서 2인칭 복수로의 전환 또는 그 반대로의 전환을 말하는데, 영어에서는 똑같이 you로 표시하므로 구별하기가 어렵다. 그러나 한글에서는 "너"와 "너희"로 표시할 수 있으므로 역자는 이 번역본에서 그것을 세심하게 표시했다 – 역자주)를 표시하기란 쉽지가 않다. 더구나 그 전환이 본문의 의미에서는 분명한 효과를 가지고 있지 않으므로, 그 문제는 주석가들에 의해서도 일반적으로 무시된다.

정상적인 활자는 2인칭 단수형으로의 전환이 있기까지 본문은 언제나 2인칭 복수형으로 사용하고 있다. 그 점에서 그 활자는 이탤릭체로 전환되고 2인칭 복수형이 사용되기까지 그 활자가 계속된다. 대부분의 이러한 변화(즉 수의 전이)는 신명기에 있는 운율 단위의 범위에 나타나며, 때때로 그러한 단위의 중심부에 나타난다는 사실이 드러날 것이다. 간단히 말해서, "수의 전이"는 내적 구조에 대한 청각적 표시다. 즉 고대에 인용된 책 낭독을 들었던 사람들에게 책의 구조에 대한 정보를 알려 주기 위하여 사용되었다는 것이다. 그들은 오늘날 부정확한 문법의 사용을 눈치채는 것과 같은 방식으로 이러한 전환을 즉시 깨달았을 것이다.

나는 이번 기회에 브롤릭(Georg Braulik)과 로핑크(Norbert Lohfink)가 출판한 작품을 더욱 쉽게 접근할 수 있도록 만들어 주는 Stuttgarter Biblische Aufsatzbände Altes Testament(SBAB)에 있는 몇 권의 책을 참고하도록 권하는 바이다(Lohfink가 쓴 4, 8, 12, 16권과 Braulik이 쓴 2, 24권을 보라).

듀에인 L. 크리스텐센
캘리포니아 주 로데오에서
2001년 10월

약어표

정기 간행물, 연속 간행물 및 참고자료

AAAS	*Annales archéologiques arabes de Syrie*
AASOR	Annual of the American Schools of Oriental Research
AB	Anchor Bible
ABD	D. N. Freedman(ed.), *Anchor Bible Dictionary*, 6 vols.(New York: Doubleday, 1992)
AbLA	M. Noth, *Aufsätze zur biblischen Landes- und Altertumskunde*, ed. H. W. Wolff(Neukirchen-Vluyn: Neukirchener Verlag, 1991)
ABR	*Australian Biblical Review*
AcOr	*Acta orientalia*, Leiden
ActOr	*Acta Orientalia*, Copenhagen
AfO	*Archiv für Orientforschung*
AfOBei	Beihefte zur Archiv für Orientforschung
ÄgAT	Ägypten und Altes Testament
AHDO	*Archiv d'histoire du droit oriental*
AION	Annali dell'Istituto Orientale di Napoli
AJBI	Annual of the Japanese Biblical Institute
AJP	*American Journal of Philology*
AJSL	*American Journal of Semitic Languages and Literature*
AJSR	*Association for Jewish Studies Review*
AJT	*American Journal of Theology*
ALGHJ	Arbeiten zur Literatur und Geschichte des hellenistischen Judentums
ALUOS	Annual of Leeds University Oriental Society
AnBib	Analecta biblica
ANEP	J. B. Pritchard(ed.), *The Ancient Near East in Pictures*, 2nd ed. (Princeton: Princeton UP, 1969)
ANET	J. B. Pritchard(ed.), *Ancient Near Eastern Texts Relating to the Old Testament*, 3rd ed.(Princeton: Princeton UP, 1969)
AngTR	*Anglican Theological Review*
AnOr	Analecta orientalia
ANQ	*Andover Newton Quarterly*
AnSt	*Anatolian Studies*
AOAT	Alter Orient und Altes Testament

AOT	H. Gressman(ed.), *Altorientalische Texte und Bilder*
ArOr	*Archiv orientální*
ARw	*Archiv für Religionswissenschaft*
AS	Assyriological Studies
AsSeign	*Assemblées du Seigneur*
ASOR	American Schools of Oriental Research
ASTI	*Annual of the Swedish Theological Institute*
AsTJ	*Asbury Theological Journal*
ATAbh	Alttestamentliche Abhandlungen
ATANT	Abhandlung zur Theologie des Alten und Neuen Testaments
ATD	Das Alte Testament Deutsch
ATDan	Acta theologica Danica
ATSAT	Arbeiten zu Text und Sprache im Alten Testament
Aug	*Augustinianum*(Rome)
AUSS	*Andrews University Seminary Studies*
AVTRW	Aufsätze und Vorträge zur Theologie und Religionswissenschaft
AzT	Arbeiten zur Theologie
BA	*Biblical Archaeologist*
BARev	*Biblical Archaeology Review*
BASOR	Bulletin of the American Schools of Oriental Research
BAT	Die Botschaft des Alten Testaments
BB	Biblische Beiträge(Fribourg)
BBB	Bonner biblische Beiträge
BBC	*Broadman Bible Commentary*
BCPE	*Bulletin du Centre protestant d'études*
BDB	F. Brown, S. R. Driver, and C. A. Briggs, *Hebrew and English Lexicon of the OT*(Oxford: Clarendon, 1907)
BDBAT	Beiheft Dielheimer Blätter zum Alten Testament
BeO	*Bibbia e oriente*
BETL	Bibliotheca ephemeridum theologicarum lovaniensium
BEvT	Beiträge zur evangelischen Theologie
BFCT	Beiträge zur Förderung christlicher Theologie
BGBE	Beiträge zur Geschichte der biblischen Exegese
BHH	B. Reicke an L. Rost(eds.), *Biblisch-historisches Handwörterbuch*, 3 vols.(Göttingen: Vandenhoech & Ruprecht, 1962-66)
BHK	R. Kittel, *Biblia hebraica*

BHS	*Biblia hebraica stuttgartensia*
BHT	Beiträge zur historischen Theologie
Bib	*Biblica*
BibBh	Bible Bhashyam
BibIll	*Biblical Illustrator*
BibOr	Biblica et orientalia
BIES	*Bulletin of the Israel Exploration Society*(=*Yediot*)
BJRL	*Bulletin of the John Rylands University Library of Manchester*
BJS	Brown Judaic Studies
BK	*Bibel und Kirche*
BLit	Bibel und Liturgie
BMS	BIBAL Monograph Series
BMik	*Beth Mikra*
BN	*Biblische Notizen*
BO	*Bibliotheca Orientalis*(Leiden)
BOr	*Beiträge zur Orientalistik*
BOT	De Boeken van het Oude Testament
BR	*Biblical Research*
BRev	*Bible Review*
BSac	*Bibliotheca Sacra*
BTB	*Biblical Theology Bulletin*
BWA(N)T	Beiträge zur Wissenschaft vom Alten (und Neuen) Testament
BZ	Biblische Zeitschrift
BZAW	Beihefte zur *ZAW*
CAD	The Assyrian Dictionary of the Oriental Institute of the University of Chicago
CahRB	Cahiers de la *Revue biblique*
CBC	Cambridge Biblical Commentary
CBib	The Cambridge Bible
CBQ	*Catholic Biblical Quarterly*
ChrJRel	*Christian and Jewish Relations*
ChW	*Christliche Welt*
CJ	*Concordia Journal*
CMHE	F. M. Cross, Jr., *Canaanite Myth and Hebrew Epic*(Cambridge: Harvard UP, 1973)
ColT	*Collectanea Theologica*

ConB	Coniectanea biblica
ConBas	*Concilium Baseliense*
Conc	*Concilium*
ConsJud	Conservative Judaism
CP	*Classical Philology*
CSCO	Corpus scriptorum christianorum orientalium
CT	*Christianity Today*
CTA	A. Herdner, *Corpus des tablettes en cunéiformes alphabétiques*, 2 vols. (Paris: Imprimerie Nationale, 1963)
CThM	Calwer theologische Monographien
CTM	*Concordia Theological Monthly*
CTQ	*Concordia Theological Quarterly*
CV	*Communio viatorum*
DA	Dissertation Abstracts
DD	*Dor le Dor*
DDS	M. Weinfeld, *Deuteronomy and the Deuteronomic School*(Oxford: Clarendon, 1972)
DiIs	*Dine Israel*
DJD	Discoveries in the Judaean Desert
EAEHL	M. Avi-Yonah and E. Stern(eds.), *Encyclopedia of Archaeological Excavations in the Holy Land*, 4 vols.(Englewood Cliffs, NJ: Prentice-Hall, 1975-78)
EchB	Echter Bibel
Ecout Bib	Écouter la Bible
EglT	*Eglise et Théologie*
EHS	Europäische Hochschulschriften
EI	*Ereṣ Israel*
EM	*ʾEntsiklopedyah Miqraʾit*(Jerusalem: Mosad Bialik, 1950-88)
EncBrit	Encylcopaedia Brittanica
EncBib	T. Cheyne and J. Sutherland Black(eds.), *Encyclopaedia Biblica*, 4 vols. (New York Macmillan, 1899-1903)
EncBT	J. B. Bauer(ed.), *Encyclopedia of Biblical Theology*(1970)
EncJud	*Encyclopaedia Judaica*, 16 vols.(Jerusalem; New York: Keter, 1971-72)
EphC	Ephemerides Carmeliticae
ErFor	Erträge der Forschung

EstBib	*Estudios bíblicos*
EstEcl	*Estudios Eclesiásticos*
ETL	*Ephemerides theologicae lovanienses*
ETR	*Etudes théologiques et religieuses*
ETS	Erfurter theologische Studien
EvQ	*Evangelical Quarterly*
EvT	Evangelische Theologie
ExpTim	*Expository Times*
FAT	Forschungen zum Alten Testament
FB	Forschung zur Bibel(Echter)
FBM	E. Fox, *The Five Books of Moses*, Schocken Bible(New York: Schocken, 1997)
FolOr	Folia Orientalia
FRLANT	Forschungen zur Religion und Literatur des Alten und Neuen Testaments
FZPhTh	Freiburger Zeitschrift für Philosophie und Theologie
GeistLeb	*Geist und Leben*(Würzburg)
GKC	*Gesenius' Hebrew Grammar*, ed. E. Kautzsch, tr. A. E. Cowley(Oxford: Clarendon, 1910)
GLECS	*Comptes rendus du groupe linguistique d'etudes chamitosémitiques*
GOST	*Glasgow Oriental Society Transactions*
GSAT	*Gesammelte Studien zum Alten Testament*(G. von Rad, TBü 8[1965] and 48[1973]; M. Noth, TBü 6[1966] and 39[1969][Munich: Kaiser])
GTA	Göttinger theologische Arbeiten
HAL	W. Baumgartner, *Hebräisches und aramäisches Lexicon zum Alten Testament*, rev. 3rd ed. of KB(Leiden: Brill, 1967)
HAR	*Hebrew Annual Review*
HAT	Handbuch zum Alten Testament
HBS	Herders biblische studien
HBT	*Horizons in Biblical Theology*
HDR	Harvard Dissertations in Religion
Hen	*Henoch*
Herm	*Hermathena*

HKAT	Handkommentar zum Alten Testament
HOTTP	D. Barthélemy et al.(eds.), *Preliminary and Interim Report on the Hebrew Old Testament Text Project: 1. Pentateuch*, 2nd rev. ed.(New York: United Bible Societies, 1979)
HR	History of Religions
HSM	Harvard Semitic Monographs
HS	Hebrew Studies
HSS	Harvard Semitic Studies
HTR	*Harvard Theological Review*
HTS	Harvard Theological Studies
HUCA	*Hebrew Union College Annual*
IB	*Interpreter's Bible*
IBHS	B. K. Waltke and M. O'Connor, *An Introduction to Biblical Hebrew Syntax*(Winona Lake, IN: Eisenbrauns, 1990)
IBS	*Irish Biblical Studies*
ICC	International Critical Commentary
IDB	G. A. Buttrick(ed.), *Interpreter's Dictionary of the Bible*, 4 vols. (Nashville: Abingdon, 1962)
IDBSup	K. Crim(ed.), Supplementary Volume to *IDB*(Nashville: Abindgon, 1976)
IEJ	*Israel Exploration Journal*
IKZ	Internationale kirchliche Zeitschrift
ILR	*Israel Law Review*
Int	*Interpretation*
IntDialZ	*Internationale dialog Zeitschrift*
IOS	*Israel Oriental Studies*, Tel Aviv University
IOSOT	International Organization for the Study of the Old Testament
ISBE	G. W. Bromiley(ed.), *International Standard Bible Encyclopedia*, 4 vols. (Grand Rapids: Eerdmans, 1979-88)
JAAR	*Journal of the American Academy of Religion*
JANESCU	*The Journal of the Ancient Near Eastern Society of Columbia University*
JAOS	*Journal of the American Oriental Society*
JAOSSup	Supplement to *JAOS*
JBC	R. E. Brown et al.(eds.), *The Jerome Biblical Commentary*
JBL	*Journal of Biblical Literature*

JBLMS	Journal of Biblical Literature Monograph Series
JBR	*Jornal of Bible and Religion*
JBTh	Jahrbuch für biblische Theologie(Neukirchener Verlag)
JEA	*Journal of Egyptian Archaeology*
JEOL	*Jaarbericht van het Vooraziatisch-Egyptisch Genootschap Ex Oriente Lux*
JES	*Journal of Ecumenical Studies*
JESHO	*Journal of the Economic and Social History of the Orient*
JETS	*Journal of the Evangelical Theological Society*
JewEnc	I. Singer(ed.), *Jewish Encyclopaedia*, 12 vols.(New York: Funk and Wagnalls, 1916)
JHS	*Journal of Hellenic Studies*
JJS	*Journal of Jewish Studies*
JLA	Jewish Annual Law
JLASup	Jewish Law Annual Supplement
JLH	*Jahrbuch für Liturgik und Hymnologie*
JNES	*Journal of Near Eastern Studies*
JNSL	*Journal of Northwest Semitic Languages*
JPS	Jewish Publication Society
JQR	*Jewish Quarterly Review*
JRAS	*Journal of the Royal Asiatic Society*
JSJ	*Journal for the Study of Judaism in the Persian, Hellenistic, and Roman Period*
JSOT	*Journal for the Study of the Old Testament*
JSOTSup	JSOT Supplement Series
JSS	*Journal of Semitic Studies*
JTS	*Journal of Theological Studies*
JTSA	Journal of Theology for Southern Africa
Jud	*Judaica: Beiträge zum Verständnis...*
KAT	Kommentar zum Alten Testament
KatBl	*Katechetische Blätter*
KB	L. Koehler and W. Baumgartner, *Lexicon in Veteris Testamenti libros*, 2nd ed.(Leiden: Brill, 1958)
KD	*Kerygma und Dogma*
KeH	Kurzgefasstes exegetisches Handbuch zum Alten Testament
KHC	Kurzer Hand-Commentar zum Alten Testament
KlSchr	*Kleine Schriften*(A. Alt, 3 vols.[Munich: Beck, 1953-59]; O. Eissfeldt,

6 vols.[Tübingen: Mohr, 1962-79])
KT Kaiser Traktate
KuI Kirche und Israel

LAD *Logotechnische analyse bij Deuteronomiu*(4 parts): published as inserts to C. J. Labuschagne, *Deuteronomium*(1987-97)
Lat *Lateranum*
LB *Linguistica Biblica*
LBC The Layman's Bible Commentary
LD Lectio divina
Leš *Lešonénu*
LNB C. Carmichael, *Law and Narrative in the Bible*(Ithaca: Cornell UP, 1985)
LQ *Lutheran Quarterly*
LS *Legendiger Seelsorge*
LSSt Leipziger semitistische Studien
LTJ *Lutheran Theological Journal*
LV Lumìere et Vie

MANE Monographs on the Ancient Near East(Leiden: Brill)
MBPR Münchener Beiträge zur Papyrusforschung und antiken Rechtsgeschichte
MDB *Le monde de la Bible*
MGWJ *Monatsschrift für Geschichte und Wissenschaft des Judentums*
MHUC Monographs of the Hebrew Union College
MThS Münchener theologische Studien
MThSt Marburger theologische Studien
MTZ *Münchener theologische Zeitschrift*
Mus *Le Muséon*
MVAG *Mittelungen der vorderasiatisch-ägyptischen Gesellschaft*

NAWG *Nachrichten der Akademie der Wissenschaften in Göttingen*
NCBC New Century Bible Commentary
NEchB Neue Echter Bibel
NedTTs *Nederlands theologisch tijdschrift*
NGTT *Nederduitse gereformeerde teologiese tydskrif*
NICOT New International Commentary on the Old Testament
NKZ *Neue kirchliche Zeitschrift*

NorTT	*Norsk Teologisk Tidsskrift*
NovT	*Novum Testamentum*
NovTSup	Novum Testamentum, Supplements
NRT	*La nouvelle revue théologique*
NThS	*Nieuwe theologische Studien*
NTOA	Novum Testamentum et Orbis Antiquus
NTS	*New Testament Studies*
OBO	Orbis biblicus et orientalis
OBT	Overtures to Biblical Theology
OCD	*Oxford Classical Dictionary*
OLP	*Orientalia lovaniensia periodica*
OLZ	*Orientalische Literaturzeitung*
Or	*Orientalia*(Rome)
OrAnt	*Oriens antiquus*
OTL	Old Testament Library
OTS	*Oudtestamentische Studiën*
OTWSA	*Die Ou Testamentiese Werkgemeenskap in Suid-Afrika*(Pretoria)
PAAJR	*Proceedings of the American Academy of Jewish Research*
PalCl	*Palestra del Clero*
ParVi	*Parole di Vita*
PEQ	*Palestine Exploration Quarterly*
PG	J.-P. Migne, *Patrologia graeca*
PIBA	*Proceedings of the Irish Biblical Association*
PJ	*Palästina-Jahrbuch*
PL	J.-P. Migne, *Patrologia latina*
POS	Pretoria Oriental Series
POT	De Prediking van het Oude Testament
POTT	D. J. Wiseman(ed.), *People of Old Testament Times*(Oxford: Clarendon, 1973)
PRS	*Perspectives in Religious Studies*
PRU	*Le Palais royal d'Ugarit*
PSB	*Princeton Seminary Bulletin*
PSBA	*Proceedings of the Society of Biblical Archaeology*
PW	Pauly-Wissowa, *Real-Encyclopädie der classischen Altertumswissenschaft*(Stuttgart: Metzler, 1893-1972)

QD	Quaestiones disputatae
RA	*Revue d'assyriologie et d'archéologie orientale*
RAI	Rencontre Assyriologique Internationale
RB	*Revue biblique*
RBibIt	*Rivista Biblica Italiana*(Brescia)
RechBib	Recherches bibliques
ResQ	*Restoration Quarterly*
RevExp	*Review and Expositor*
RevistB	*Revista bíblica*
RevQ	*Revue de Qumran*
RGG	K. Galling(ed.), *Religion in Geschichte und Gegenwart*, 3rd ed., 7 vols. (Tübingen: Mohr, 1957-65)
RHPR	*Revue d'histoire et de philosophie religieuses*
RHR	*Revue de l'histoire des religions*
RIDA	*Revue internationale des droites de l'antiquité*
RivB	*Rivista biblica*
RMP	*Rheinisches Museum für Philologie*
RRel	*Review for Religious*
RSEHA	*Revue sémitique d'épigraphie et d'histoire ancienne*
RSJB	*Recueils de la société Jean Bodin pour l'histoire comparative des institutions*
RSO	*Revista degli studi orientali*
RSP	L. R. Fisher and S. Rummel(eds.), *Ras Shamra Parallels*, AnOr 49-51 (Rome: Pontifical Biblical Institute, 172-81)
RSPT	*Revue des sciences philosophiques et théologiques*
RSR	*Recherches de science religieuse*
RTQR	*Revue de théologie et de questions religieuses*
Salm	*Salmaticensis*(Salamanca)
SANT	Studien zum Alten und Neuen Testament
SBAB	Stuttgarter biblische Aufsatzbände Altes Testament
SBEsp	Semana bíblica española
SBFLA	*Studii biblici franciscani liber annuus*
SBL	Society of Biblical Literature
SBLASP	SBL Abstracts and Seminar Papers
SBLDS	SBL Dissertation Series

SBLMS	SBL Monograph Series
SBLSCS	SBL Septuagint and Cognate Studies
SBLSP	Society of Biblical Literature Seminar Papers
SBM	Stuttgarter biblische Monographien
SBS	Stuttgarter Bibelstudien
SBT	Studies in Biblical Theology
SBTS 3	D. Christense(ed.), *A Song of Power and the Power of Song*, Sources for Biblical and Theological Study 3(Winona Lake, IN: Eisenbrauns, 1993)
ScEccl	*Sciences ecclésiastiques*
ScEs	*Science et esprit*
Schol	*Scholastik*(Freiburg)
ScrHier	Scripta hierosolymitana
SDHI	*Studi et documenta historiae et Iuris*
SEÅ	*Svensk exegetisk årsbok*
SEAJT	*South East Asia Journal of Theology*
Sem	*Semitica*
SFSHJ	South Florida Studies in the History of Judaism
SGKA	Studien zur Geschichte und Kultur des Altertums
SGKAO	Schriften zur Geschichte und Kultur des Alten Orients
SHR	Studies in the History of Religions
SJLA	Studies in Judaism in Late Antiquity
SJOT	*Scandinavian Journal of the Old Testament*
SJT	*Scottish Journal of Theology*
SKGG	Schriften der Königsberger Gelehrten Gesellschaft
SLR	*Stanford Law Review*
SR	*Studies in Religion/Sciences religieuses*
ST	*Studia theologica*
StMor	*Studia moralia*
StudBib	Studia Biblica
StudBT	*Studia biblica et theologica*
StZ	*Stimme der Zeit*
SUNT	Studien zur Umwelt des Neuen Testaments
SWBA	Social World of Biblical Antiquity
SWDS	*Scrolls from the Wilderness of the Dead Sea*(British Museum, 1965)
TBC	Torch Bible Commentaries

TBl	*Theologische Blätter*
TBT	*The Bible Today*
TBü	Theologische Bücherei
TD	*Theology Digest*
TDNT	G. Kittel and G. Friedrich(eds.), *Theological Dictionary of the New Testament*, tr. G. Bromiley, 9 vols. plus index vol.(Grand Rapids: Eerdmans, 1964-76)
TDOT	G. J. Botterweck, H. Ringgren, and H.-J. Fabry(eds.), *Theological Dictionary of the Old Testament*, tr. D. Green et al.(Grand Rapids: Eerdmans, 1974-)
TEH	Theologische Existenz heute
TGUOS	Transactions of the Glasgow University Oriental Society
ThA	Theologische Arbeiten
ThStud	Theologisches Studiën
ThVers	*Theologische Versuche*
ThViat	*Theologia Viatorum*(Munich)
TLOT	E. Jenni and C. Westermann(eds.), *Theological Lexicon of the Old Testament*, tr. M. Biddle, 3 vols.(Peabody, MA: Hendrickson, 1997)
TLZ	*Theologische Literaturzeitung*
TOTC	Tyndale Old Testament Commentaries
TP	*Theologie und Philosophie*
TQ	*Theologische Quartalschrift*(Tübingen)
TRE	*Theologische Realenzyklopädie*
TRev	*Theologische Revue*
TRu	*Theologische Rundschau*
TS	*Theological Studies*
TSJTSA	Texts and Studies of the Jewish Theological Seminary of America
TSK	*Theologische Studien und Kritiken*
TsTNijm	*Tijdschrift voor Theologie*(Nijmegen)
TT	*Theologisch Tidsskrift*
TThSt	Trierer theologische Studien
TToday	*Theology Today*
TTZ	*Trierer theologische Zeitschrift*
TWAT	G. J. Botterweck, H. Ringgren, and H.-J. Fabry(eds.), *Theologisches Wörterbuch zum Alten Testament*(Stuttgart: Kohlhammer, 1970-)
TynBul	*Tyndale Bulletin*
TZ	*Theologische Zeitschrift*(Basel)

UCPNES	University of California Publications in Near Eastern Studies
UF	*Ugarit-Forschungen*
UT	C. H. Gordon, *Ugaritic Textbook*, AnOr 38(Rome: Pontifical Biblical Institute, 1965)
VC	*Vigiliae christianae*
VD	*Verbum domini*
VetChr	*Vetera Christianorum*
VT	*Vetus Testamentum*
VTSup	*Vetus Testmentum*, Supplements
WBC	Word Biblical Commentary
WBT	Wiener Beiträge zur Theologie
WD	*Wort und Dienst*
WF	Wege der Forschung
WHJP	*World History of the Jewish People*, First Series: Ancient Times(in 4 divisions)
WHJP 1	E. A. Speiser, ed., *At the Dawn of Civilization: A Background of Biblical History*
WHJP 2	B. Mazar, ed., *Patariarchs*
WHJP 3	B. Mazar, ed., *Judges*
WHJP 4	A. Malamaat and I. Eph'al(eds.), *The Age of the Monarchies*, 2 vols.
WMANT	Wissenschaftliche Monographien zum Alten und Neuen Testament
WO	*Die Welt des Orients*
Wor	*Worship*
WoWa	*Wort und Wahrheit*
WTJ	*Westminster Theological Journal*
WUNT	Wissenschaftliche Untersuchungen zum Neuen Testament
YJS	Yale Judaica Series
ZA	*Zeitschrift für Assyriologie*
ZABR	*Zeitschrift für Altorientalische und Biblische Rechtsgeschichte*
ZAW	*Zeitschrift für die alttestamentliche Wissenschaft*
ZDMG	*Zeitschrift der deutschen morgenländischen Gesellschaft*
ZDPV	*Zeitschrift des deutschen Palästina-Vereins*
ZEE	*Zeitschrift für evangelische Ethik*

ZKT	*Zeitschrift für katholische Theologie*
ZTK	*Zeitschrift für Theologie und Kirche*
ZVS	*Zeitschrift für Völkerpsychologie und Sprachwissenschaft*
ZWT	*Zeitschrift für wissenschaftliche Theologie*
ZZ	*Zeichen der Zeit*

본문, 역본 및 고대 작품들

Akk.	Akkadian
Arab.	Arabic
Aram.	Aramaic
B	MT MS, edited by Jacob ben Chayim, Venice (1524/25)
Copt.	Coptic
DSS	Dead Sea Scrolls
Eng.	English
Eth.	Ethiopic
Fr.	French
Ger.	German
Gr.	Greek
Heb.	Hebrew
K	Kethib
L	MT MS, Leningrad Codex
LXX	Septuagint
LXX^{A}	LXX MS, Alexandrian Codex
LXX^{B}	LXX MS, Vatican Codex
LXX^{S*}	LXX MS, Sinai Codex, original reading
LXX^{Sc}	LXX MS, Sinai Codex, corrector
MT	Masoretic Text
Q	Qere
SP	Samaritan Pentateuch
SP^{W}	*Samaritan Pentateuch, London polyglot*, ed. B. Waltonii, vol. 1(1654)
Syh	Syrohexaplaris
Syr.	Syriac
Tg.	Targum
Tg. Ps.-J.	*Targum Pseudo-Jonathan*
Ugar.	Ugaritic
Vg.	Vulgate
VSS	ancient versions
α′	Aquila
θ′	Theodotion
σ′	Symmachus

히브리어 문법

abs.	absolute
acc.	accusative
act.	active
adv.	adverb, adverbial
c.	common
conj.	conjunction, conjunctive
consec.	consecutive
constr.	construct
def. art.	definite article
disj.	disjunctive
du.	dual
fem.	feminine

fut.	future	masc.	masculine
hiph.	hiphil	niph.	niphal
hithp.	hithpael	pass.	passive
hoph.	hophal	pf.	perfect
impf.	imperfect	pilp.	pilpel
impv.	imperative	pl.	plural
ind.	indicative	prep.	preposition
inf.	infinitive	ptcp.	participle
int.	interrogative	sg.	singular
juss.	jussive	suff.	suffix(es)

성경과 외경

Gen	Genesis	Hos	Hosea
Exod	Exodus	Joel	Joel
Lev	Leviticus	Amos	Amos
Num	Numbers	Obad	Obadiah
Deut	Deuteronomy	Jonah	Jonah
Josh	Joshua	Mic	Micah
Judg	Judges	Nah	Nahum
Ruth	Ruth	Hab	Habakkuk
1-2 Sam	1-2 Samuel	Zeph	Zephaniah
1-2 Kgs	1-2 Kings	Hag	Haggai
1-2 Chr	1-2 Chronicles	Zech	Zechariah
Ezra	Ezra	Mal	Malachi
Neh	Nehemiah		
Esth	Esther	1-4 Kgdms	1-4 Kingdoms
Job	Job	1-2 Esdr	1-2 Esdras
Ps(s)	Psalm(s)	Tob	Tobit
Prov	Proverbs	Jdt	Judith
Eccl	Ecclesiastes	Add Esth	Additions to Esther
Cant	Canticles, Song of Solomon	4 Ezra	4 Ezra
Isa	Isaiah	Wis	Wisdom of Solomon
Jer	Jeremiah	Sir	Ecclesiasticus(Wisdom of Jesus the son of Sirach)
Lam	Lamentations		
Ezek	Ezekiel	Bar	Baruch
Dan	Daniel	Ep Jer	Epistle of Jeremiah

S Th Ch	Song of the Three Children (or Young Men)	Gal	Galatians
		Eph	Ephesians
Sus	Susanna	Phil	Philippians
Bel	Bel and the Dragon	Col	Colossians
Pr Azar	Prayer of Azariah	1-2 Thess	1-2 Thessalonians
1-4 Macc	1-4 Maccabees	1-2 Tim	1-2 Timothy
		Titus	Titus
Matt	Matthew	Philem	Philemon
Mark	Mark	Heb	Hebrews
Luke	Luke	Jas	James
John	John	1-2 Pet	1-2 Peter
Acts	Acts	1-2-3 John	1-2-3 John
Rom	Romans	Jude	Jude
1-2 Cor	1-2 Corinthians	Rev	Revelation

기타

ANE	Ancient Near East	MS(S)	manuscript(s)
B.C.E.	Before Common Era, Before Christ	n.	note
		n.d.	no date
ca.	circa	NEB	New English Bible
C.E.	Common Era(A.D.)	NIV	New International Version
chap(s).	chapter(s)	NRSV	New Revised Standard Version
col(s).	column(s)		
diss.	dissertation	n.s.	new series
ed(s).	edition; edited by; editor(s)	NT	New Testament
esp.	especially	OT	Old Testament
ET	English translation	p(p).	page(s)
FS	*Festschrift*	repr.	reprint
JB	Jerusalem Bible	RSV	Revised Standard Version
KJV	King James Version	Sup	Supplement
l(l).	line(s)	tr.	translated by; translator
lit.	literally	Univ.	University
MOFFAT	J. Moffatt, *A New Translation of the Bible* (NT 1913)	UP	University Press
		v(v)	verse(s)
		§	section/paragraph

주석 참고문헌

본문에 나오는 신명기 주석서들에 대한 연대기에 따라 분류된 참고서적들은 저자명과 연대만을 기록한 것이다. 논의하고 있는 장과 절을 명확하게 취급하지 않은 경우에는 페이지가 명시되어 있다.

신명기에 대한 작품 개괄에 관해서는 **L. B. Cross,** "Commentaries on Deuteronomy," *Theology* 64(1961) 184-89; **H. D. Preuss,** *Deuteronomium,* ErFor 164(Darmstadt: Wissenschaftliche Buchgesellschaft, 1982) 203-43를 보라.

교회 교부들

Commentaries by the church fathers are listed here alphabetically with the date of the book or a date pertaining to the author in parentheses after the author's name: **Augustine**(354-430). *Locutiones. PL* 34, 531-38. ______. *Opus Quaestionum. PL* 34, 747-76. **Bede**(673-735). *PL* 91, 189-394. **Cyril of Alexandria**(441). *PG* 69, 643-78. **Diodorus of Tarsus**(394). *PG* 33, 1585-86; *PL* 50, 781-82(only fragments remain). **Hieronymus**(Jerome)(410). *PG* 28, 451-504. **Isidore of Seville**(636). *PL* 83, 359-70. **Origen**(ca. 250). *Adnotationes. PG* 17, 23-36. ______. *Selecta. PG* 12, 805-18. **Paterius**(ca. 600). *PL* 79, 773-84. **Procopius of Gaza**(538). *PG* 87, 891-992. **Pseudo-Bede**(ca. 800). *PL* 93, 409-16. **Theodoretus of Cyrrhus**(457). *PG* 80, 401-56. **Walafrid Strabo**(849). *PL* 93, 67-506.

초대 교회 유대인 주석가들

In recent years there has been renewed interest in the study of early Jewish commentary on Deuteronomy. See in particular: **Basser, H. W.** *In the Margins of the Midrash: Sefre Ha'azinu Texts, Commentaries, and Reflections.* SFSHJ 11. Atlanta: Scholars Press, 1990. ______, ed. *Pseudo-Rabad: Commentary to Sifre Deuteronomy.* SFSHJ 92. Atlanta: Scholars Press, 1994. **Fraade, S. D.** *From Tradition to Commentary.* SUNY Series in Judaica. Albany: State Univ. of New York Press, 1991. **Hammer, R.,** ed. *Sifre: A Tannaitic Commentary on the Book of Deuteronomy.* YJS

24. New Haven, CT: Yale UP, 1986. **Isseroff, S. A.** *An Introduction to Rashi's Grammatical Explanations in the Book of Deuteronomy.* New York: M. P. Press, 1993. **Neusner, J.** *Sifre to Deuteronomy.* Vols. 1-2, *An Analytical Translation.* BJS 98, 101. Atlanta: Scholars Press, 1987. ______. *Sifre to Deuteronomy.* Vol. 3, *An Introduction to the Rhetorical, Logical, and Topical Program.* BJS 124. Atlanta: Scholars Press, 1987.

중세 시대 유대인 학자들

Commentaries by medieval Jewish scholars primarily in France, Spain, and North Africa who wrote in Hebrew include: **Aaron ben Elijah(Aaron the Younger)**(1328-1369). **Aaron ben Joseph ha-Rofe(Aaron the Elder)**(1250-1320). **Abravanel (Isaac ben Judah)**(1437-1508). **Bahya ben Asher**(1291). **Bekhor Shor(Joseph ben Isaac)**(12th century). **Hizkuni(Hezekiah ben Manoah)**(13th century). **Ibn Ezra(Abraham ben Meir)**(1089-1164). **Ibn Janah(Jonah)**(ca. 1000-1050). **Judah ben Samuel he-Hasid**(1150-1217, Regensburg). **Radak(David Kimchi)**(1160-1235). **Ralbag(Levi ben Gershon** or **Gersonides)**(1288-1344). **Ramban(Moshe ben Nahman** or **Nahmanides)**(1194-1270). **Rashbam(Shemuel ben Meir)**(1080-1174). **Rashi(Solomon ben Isaac)**(1040-1105). **Saadia ben Joseph**(882-942). **Sforno(Obadiah ben Jacob)**(15th-century Italy).

Renewed scholarly interest is making some of this material more readily available for detailed study in such works as: **Bechor-Schor, J.** *Der Pentateuch-Kommentar des Joseph Bechor-Schor zum fünften Buche Moses.* Breslau: Koebnersche, 1914 (Heb.). **Ibn Ezra.** *Ibn Ezra's Commentary on the Pentateuch.* Tr. H. N. Strickmann and A. M. Silver. New York: Menorah, 1988. **Ramban(Nachmanides).** *Commentary on the Torah: Deuteronomy.* Tr. C. B. Chavel. New York: Shilo, 1976. ______. *Commentary to the Pentateuch.* Jerusalem: Makor(facsimile copy of 1470 ed.). **Rashbam.** *Der Pentateuch-Commentar des R. Samuel ben Meir*(Rashbam). Ed. D. Rosin. Breslau, 1881. **Rashi.** *The Commentary of Rashi on the Pentateuch by R. Shlomo Yitzhaki* (1040-1105). Berliners Edition and Sefer ha-Zikkaron, based on the first printed edition(Reggio de Calabria, 1475). Ed. M. R. Lehmann. New York: Manfred and Anne Lehmann Foundation, 1981. ______. *Pentateuch with Targum Onkelos, Haphtaroth and Prayers for Sabbath and Rashi's Commentary.* Tr. M. Rosenbaum and A.

M. Silbermann. London: Shapiro, Vallentine, 1929-34. ______. *Sefer Debarim.* Amsterdam: Lob ben Moses Sussmans, 1768. **Sforno, O.** *Sforno Commentary on the Torah.* Tr. R. Pelcovitz. ArtScroll Mesora Series 2. Brooklyn: Mesora, 1989. See also the commentary by **S. Fisch**(1947).

중세 시대 기독교 학자들

Commentaries by Christian scholars in the Middle Ages include: **Bruno of Astensis**(1032-1101). *PL* 164, 505-50. **Denis le Chartreux**(Dionysius the Carthusian)(140-271). In *Opera Omnia.* Montreuil, 1896. 2:519-721. **Hugh of St. Victor**(1096-1141). *PL* 175, 29-86. **Nicholas of Lyra**(1270-1349). *Postilla Super Totam Bibliam, I.* Strassburg, 1492. Repr. Frankfurt am Main: Minerva GmbH., 1971. **Peter the Chanter**(1197)(see Dahan, G. "Les interprétations juives dans les commentaires du pentateuque de Pierre le Chantre." In *The Bible in the Medieval World: Essays in Memory of Beryl Smalley.* Ed. K. Walsh and D. Wood. Studies in Church History, Subsidia 4. Oxford: Blackwell, 1985. 131-55). **Peter Damian**(1007-72). *PL* 145, 1063-1070. **Rupert of Deutz**(1070-1129). *PL* 167, 917-1000.

종교개혁자들

Among Protestant Reformers who returned the church to an emphasis on the Bible, see: **Calvin, J.** *Commentaries on the Four Last Books of Moses Arranged in the Form of a Harmony.* Tr. C. W. Bingham. 2 vols. Grand Rapids, MI: Eerdmans, 1950. ______. *Commentarii Ioannis Calvini in Quinque Libros Mosis.* Geneva: Gaspar, 1573. ______. *Sermons upon Deuteronomie.* Tr. A. Golding. Folio, 1583. **Luther, M.** *Deuteronomion Mose cum Annotationibus.* Wittenberg: Hans Luft, 1525(See *Lectures on Deuteronomy.* Luther's Works. Vol. 9. St. Louis: Concordia, 1960.). ______. *Vorlesung über das Deuteronomium.* 1523-24.

로마 가톨릭 학자들

Roman Catholic scholars who wrote commentaries on Deuteronomy in the century after the Council of Trent include: **Bonfrère, J.**(Antwerp, 1625). **Calmet, A.**(Paris, 1707)(See *Commentarius Literalis in omnes Libros Veteris Testamenti.* Ed. J. D.

Mansi. Wirceburgi Sumtibus Publicis, 1789. 2:524-839.). **Cornelius a Lapide**(Antwerp, 1623)(See "Commentaria in Deuteronomium." In *Commentarii in Scripturam Sacram.* Vol. 1. Paris: J. P. Pelagaud et Socios, 1854. 959-1147. See also "In Deuteronomium Commentarium." In *Scripturae Sacrae Cursus Completus.* Vol. 7. Paris: J.-P Migne, 1861. 125-498.). **Jansenius, C.**(Leuven, 1641). **Malvenda, T.**(Lyon, 1650). **Mansi, I. D.**(Venice, 1754). **Menochius, G. S.**(Lyon, 1627). **Sanctis Pagnini**(1470-1541)(See *Commentario in Mosi Pentateuchum.* Ed. Hieronymus ab Oleastro. Antwerp, 1568.). **Tirin, J.**(Lyon, 1632)(See *Universam S. Scripturam Commentarius.* Ed. P. Zachariae and P. J. Brunengo. Taurini: Eq. Petri Marietti, 1882. 1:676-752.).

1800년 이전의 다른 학자들

Other commentaries before 1800 include: **Anonymous.** *Explication de cinq chapitres du Deutéronome: et des prophéties d'Habacuc, et de Jonas.*(Deut 29-33). Paris: Babuty, 1734. **Ainsworth, H.** *Annotations upon the Five Bookes of Moses.* London: M. Parsons, 1639. **Arguiti, Y. B.**(1773). *Debarim.* 3 vols. In *MeAm Lóez.* The Torah Anthology. Vols. 15-17(Deut 1:1-21:9). Tr. A. Kaplan and S. Yerushalmi. New York; Jerusalem: Maznaim, 1984-85. **Bar Hebraeus, G. A.**(1226-85). *A Commentary to Deuteronomy.* Ed. G. Kerber. Chicago: Univ. of Chicago Press, 1897. **Bugenhagen, J.** *Annotationes ab ipso iam emissae: In Deuteronomium.* Basil: Petri, 1524. **Drusius, J.** *Ad loca difficiliora Pentateuchi, Quinque liborum Mosis commentarius Conscriptus.* Franekerae Frisiorum, 1617. **Frassen, C.** *Disquisitiones Biblicae in universum Pentateuchum.* Paris: P. Witte, 1705. **Gerhard, J.**(1634). *Commentarius super Deuteronomium.* Jena, 1657. **Guillemin, P.** *Commentaire littéral abrégé sur les livres de l'ancien et du nouveau Testament.* Paris: Emery, 1721. **Henry, M.**(1662-1714). *An Exposition of the Five Books of Moses.* Edinburgh: Lunisden & Robertson, 1757. **Kidder, R.** *A Commentary on the Five Books of Moses.* London: J. Heptinstall, 1694. **Leclerc, J.** *Mosis prophetae libri quatuor: Exodus, Leviticus, Numeri, et Deuteronomium.* Amstelodami: Wetstenium, 1696. **Le Maistre, I. L.** *Le Deuteronome.* Paris: G. Desprez, 1685. **Lorini, J.** *Commentarii in Deuteronomium.* Lugduni: Cardon, 1629. **Marius, L.** *Commentariorum . . . in universam S. Scripturam.* Dvsseldorpffii: Coloniae Agrippinae, 1621. **Michaelis, J. H.**(1717-91)(See *Commentaries on the Laws of Moses.* Tr. A. Smith. London: Rivington, 1814.). **Parker, S.**, ed. *Bibliotheca biblica:*

Being a Commentary upon . . . the Old and New Testament. Oxford, 1720. **Patrick, S.** *Commentary on the Pentateuch.* London, 1727. **Pelargi, C.** *In Deuteronomium Sacrum: sive, Quintum librum Mosis commentarius.* Leipzig: Lambergi, 1608. **Pellicanus, C.**(1478-1556). *In Pentateuchum, sive Quinque libros Mosis . . . commentarii.* Tigvri: Christophorvs Froschovervs, 1582. **Piscator, J.** *Commentarius in Deuteronomium.* Herbornae Nassov, 1615. **Rabani Mavri.** *Commentaria, antehac nunquam typis excusa.* Mense Martio, 1532. **Spangenberg, C.** *In sacri Mosis Pentateuchum.* Basil, 1564. **Teller, R.** *Die Heilige Schrift des Alten und Neuen Testaments, nebst einer vollständigen Erklärung derselben.* Leipzig: Bernhard Christoph Breitkopf, 1750. 2:659-1013. **Wesley, J.**(1765-66)(See *Wesley's Notes on the Bible.* Grand Rapids, MI: Zondervan, 1987. 134-51.).

19, 20세기

For purposes of convenience, the writing of commentaries on Deuteronomy in the nineteenth and twentieth centuries may be divided into four phases: 1805-1894, 1894-1943, 1943-1963, and 1963-1999. Each phase is introduced by a major breakthrough in critical study: Phase 1 - W. L. de Wette's 1805 dissertation on Deuteronomy, which laid the cornerstone for the edifice of Pentateuchal literary criticism; Phase 2 - the simultaneous, but independent, publications of C. Steuernagel and W. Staerk in 1894, which introduced redaction-critical study of Deuteronomy based primarily on the so-called *Numeruswechsel*(see *Excursus:* "The *Numeruswechsel* in Deuteronomy"); Phase 3 - the publication of M. Noth's theory that ties the study of Deuteronomy to the so-called Deuteronomic(or Deuteronomistic) History(Joshua through 2 Kings), which eventually led to what today is called canonical criticism; and Phase 4 - N. Lohfink's "stylistic" analysis of Deut 5-11 in 1963, which suggests unity of authorship and opens the door to new models for understanding the canonical process in ancient Israel.

1단계(1805-94)

Amat, D. F. "Libro del Deuteronomio." In *La Sagrada Biblia Nuevamente Traducida de la Vulgata al Español.* Madrid: Don Leon Amarita, 1824. 2:3-102. **Baumgarten,**

M. *Theologischer Commentar zum Pentateuch: Erste Hälfte, Vom Anfang bis zum Gesetz.* 1843. ______. *Theologischer Commentar zum Pentateuch: Zweite Hälfte, Gesetzgebung.* Kiel: Universitätsbuchhandlung, 1843-44. **Bellamy, J.** *The Holy Bible, Newly Translated . . . with Notes, Critical and Explanatory.* London: Longman, 1818 (includes Pentateuch only). **Benson, J.** (1815). "Critical, Explanatory, and Practical Notes." In *The Holy Bible.* New York: G. Lane & C. B. Tippett, 1846. 483-587. **Brentano, D. von.** *Die Heilige Schrift des Alten Testament.* 1. Theils dritter Band, welcher das 5, *Buch Mosis entahalt.* Frankfurt am Main: Varrentrapp, 1832. **Clarke, A.** (1811-16). "The Fifth Book of Moses Called Deuteronomy." In *The Holy Bible: With a Commentary and Critical Notes.* Nashville: Abingdon, n.d. 1:734-848. **Dillman, A.** *Die Bücher Numeri, Deuteronomium und Josua.* KeH 13. 2nd ed. rev. Leipzig: S. Hirzel, 1886. **Du Clot, M.** "Notes sur le Deutéronome." In *La Sainte Bible vengée des attaques de l'incrédulité.* Paris: Librairie de Louis Vivès, 1875. 2:352-71. **Feilchenfeld, W.** *Die zwei letzten Abschnitte des Pentateuchs übersetzt und erklärt.* Düsseldorf: W. de Haen, 1866. **Felipe, D. scio de San Miguel.** "El Deuteronomio." In *La Biblia Vulgata Latina Traducida en Español, y Anotada Confrome al sentido de los Santos Padres y Espositores Católicos.* Mégico: En Casa de Cornelio C. Sebring, 1831. 2:323-478. **Fillion, L.** *Biblia Sacra, juxta Vulgatae exemplaria et correctoria romana.* Paris: Letouzey et Ané, 1887. **Henry, M.** *An Exposition of the Old and New Testament.* Vol. 1. Philadelphia: Towar & Hogan, 1828. **Jamieson, R.** "The Fifth Book of Moses, Called Deuteronomy." In *The Critical and Explanatory Pocket Bible.* Glasgow: William Collins, 1870. 1:131-58. ______, **Faussett, A. R.,** and **Brown, D.** (ca. 1875). "The Fifth Book of Moses, Called Deuteronomy." In *A Commentary: Critical, Experimental and Practical on the Old and New Testaments.* Grand Rapids, MI: Eerdmans, 1948. 1:620-715. **Kalisch, M.** *A Historical and Critical Commentary on the Old Testament.* London: Longman, 1855. **Keil, C. F.** *Biblischer Commentar über das Alte Testament.* 2 vols. Leipzig: Dörffling und Franke, 1865(2nd ed. 1870; ET: *Biblical Commentary on the Old Testament.* Tr. J. Martin. Edinburgh: Clark, 1864-65). **Knobel, A. W.** *Die Bücher Numeri, Deuteronomium und Josua: Nebst einer Kritik des Pentateuchs und Josua.* KeH 13. Leipzig: S. Hirzel, 1861. **Lees, R. L.,** and **Burns, D.** "The Book of Deuteronomy." In *The Temperance Bible-Commentary.* 3rd ed. London: S. W. Partridge & Co., 1872(2nd ed. 1868). **Lindsay,**

J. W. *Deuteronomy.* Commentary on the Old Testament. Ed. D. D. Whedon. New York: Eaton, 1891. **M[ackintosh], C. H.** *Notes on the Book of Deuteronomy.* 2 vols. Chicago: Revell, 1880. **Maurer, F. J. V. D.** "Deuteronomium." In *Commentarius Grammaticus Criticus in Vetus Testamentum.* Leipzig: Fridericus Volckmar, 1835. 1:74-97. **Montet, F.** *Le Deutéronome et la question de l'Hexateuque: Étude critique et exégétique sous form deintroduction et de commentaire du Deutéronome considéré dans ses rapports avec les quatre premiers livres Pentateuque et Josué.* Paris, 1891. **Oettli, S.** *Das Deuteronomium und die Bücher Josua und Richter.* Kurzgefasster Kommentar zu den heiligen Schriften Alten und Neuen Testaments. Munich: Beck, 1893. **Rosenmüller, E. F. K.** *Scholia in Vetus Testamentum.* Vol. 2, *Leviticus, Numeri, Deuteronomion.* Leipzig: J. A. Bartius, 1821. **Schroeder, F. W. J.** *Das Deuteronomium oder das Fünfte Buch Mose.* Theologisch-homiletisches Bibelwerk. Bielefeld: Velhagen & Klasing, 1866(ET enlarged by A. Gosman. *Deuteronomy or the Fifth Book of Moses.* New York: Scribner's Sons, 1879). **Schultz, Fr. W.** *Das Deuteronomium erklärt.* Berlin: Schlawitz, 1859. **Scott, T.** *The Holy Bible Containing the Old and New Testaments.* 5 vols. Boston: Samuel T. Armstrong, 1823. 1:488-585. **Trochon, C.** *Introduction a l'étude de l'Écriture Sainte d'aprés "La Sainte Bible avec commentaires."* Paris: P. Lethielleux, 1889. **Vater, J. S.** *Commentar über den Pentateuch.* Vol. 3, *Deuteronomium.* Halle: Verlag der Waisenhaus-Buchhandlung, 1805. **Waller, C. H.** *The Fifth Book of Moses, Called Deuteronomy.* Ed. C. J. Ellicott. Handy Commentary on the Old Testament 5. London: Cassell, n.d.[188-?]. **Weill, A.** *Le cinq livres de Moïse.* Paris, 1890-91. **Westphal, A.** *Le Deutéronome.* Toulouse, 1891.

2단계(1894-1943)

Anonymous. "Deuteronomy." In *The Sermon Bible.* New York: Funk & Wagnalls, 1919. 1.1:303-56. **André, M. T.** "Le Deutéronome." In *La Bible du Centenaire: La Sainte Bible: Traduction nouvelle d'aprés les meilleurs textes avec introduction et notes.* Paris: Société Biblique de Paris, 1936. 237-90. **Bertholet, A.** *Deuteronomium.* KHC 5. Tübingen: Mohr, 1899. **Betteridge, W. R.** *The Book of Deuteronomy.* American Commentary on the OT 2. Philadelphia: American Baptist Publication Society, 1915. **Clamer, A.**, ed. *Lévitiqué, Nombres, Deutéronome.* La Sainte Bible 2. Paris: Letouzey et Ané, 1940. **Driver, S. R.** *A Critical and Exegetical Commentary on Deu-*

teronomy. ICC Edinburgh: T. & T. Clark, 1895. **Dummelow, J. R.,** ed. "Deuteronomy." In *A Commentary on the Holy Bible.* New York: Macmillan, 1909. 121-40. **Eerdmans, B. D.** *Deuteronomy.* London: Griffin & Co., 1927. **Espin, T. E.** "Deuteronomy." In *The Holy Bible with an Explanatory and Critical Commentary.* Ed. F. C. Cook. New York: Charles Scribner's Sons, 1895. 1.1:790-928. **Girdlestone, R. B.** *The Student's Deuteronomy.* London; New York: Eyre and Spottiswoode, 1899. **Gray, J. C.,** and **Adams, G. M.** "The Book of Deuteronomy." In *The Biblical Encyclopedia.* Cleveland: F. M. Barton, 1903. 1:457-553. **Gressmann, H.** *Die Schriften des Alten Testament.* Göttingen: Vandenhoeck & Ruprecht, 1910(2nd ed. 1922). **Halley, H. H.** "Deuteronomy." In *Pocket Bible Handbook.* Chicago: Henry H. Halley, 1924(20th ed. in 1955 as *Bible Handbook*). 142-47. **Harford, J. B.** *Deuteronomy.* New Commentary on the Holy Scripture. London, 1928. **Harper, A.** *The Book of Deuteronomy.* Expositor's Bible. London: Hodder & Stoughton, 1895. **Hastings, J.,** ed. "The Book of Deuteronomy." In *The Speaker's Bible.* Aberdeen: The 'Speakers' Bible' Offices, 1924. 3:1-192. **Hertz, J. H.,** ed. *Deuteronomy.* The Pentateuch and the Haftorahs 5. London: Oxford UP, 1936. **Hoberg, G.** *Exegetisches Handbuch zum Pentateuch mit hebräischem Text und lateinischen Text.* Freiburg: Herder, 1908. **Hoffmann, D.** *Das Buch Deuteronomium: Erster Halbband, Deut. I-XX, 9.* Berlin, 1913. ______. *Das Buch Deuteronomium: Zweiter Halbband, Deut. XXI, 16-XXXI.* Berlin: Poppelauer, 1922. **Hummelauer, F. von.** *Commentarius in Deuteronomium.* Cursus Scripturae Sacrae 3:2. Paris: Sumptibus P. Lethielleux, 1901. **Irwin, C. H.** "The Book of Deuteronomy." In *Irwin's Bible Commentary.* Chicago: John C. Winston, 1928. 59-68. **Jordan, W. G.** *Commentary on the Book of Deuteronomy.* New York: Macmillan, 1911. **Junker, H.** *Das Buch Deuteronomium.* Die Heilige Schrift des Alten Testament. Bonn: P. Hanstein, 1933. **König, E.** *Das Deuteronomium.* KAT 3. Leipzig: A. Deichert, 1917. **Kretzmann, P. E.** "The Book of Deuteronomy." In *Popular Commentary of the Bible.* St. Louis, MO: Concordia Publishing House, 1923. 1:303-62. **Maclagan, H.** *The Book of Deuteronomy Intepreted and Explained.* Paisley: Gardner, 1914. **Maclaren, A.** "The Book of Deuteronomy." In *Expositions of Holy Scripture.* Grand Rapids, MI: Eerdmans, 1938. 2:1-86. **Marti, K.** "Das fünfte Buch Moses oder Deuteronomium." In *Die Heilige Schrift des Alten Testament.* Ed. E. F. Kautzsch and A. Bertholet. 4th ed. Tübingen: Mohr, 1922. 258-327. **Moulton, R. G.** *Deuteronomy.* Modern Reader's

Bible. New York: Macmillan, 1896. **Reider, J.** *Deuteronomy: The Holy Scriptures with Commentary.* Philadelphia: Jewish Publication Society, 1937. **Robinson, H. W.** *Deuteronomy and Joshua.* New Century Bible. Oxford: Oxford UP, 1907. **Scott, D. R.** "Deuteronomy." In *Abingdon Bible Commentary.* Ed. F. C. Eiselen, E. Lewis, and D. G. Downey. New York: Abingdon, 1929. 318-44. **Smith, G. A.** *The Book of Deuteronomy.* CBib. Cambridge: Cambridge UP, 1918. **Steuernagel, C.** *Das Deuteronomium.* HAT 1.3. Göttingen: Vandenhoeck & Ruprecht, 1898(2nd ed. 1923). ______. *Übersetzung und Erklärung der Bücher Deuteronomium und Josua und allgemeine Einleitung in den Hexateuch.* HKAT 1.3. Göttingen: Vandenhoeck & Ruprecht, 1900 (2nd ed. 1923). **Wilkins, G.** *The Fifth Book of Moses, Called Deuteronomy.* Temple Bible 5. London; Philadelphia: J. B. Lippincott, 1902. **Witton, D. T.** "Deuteronomy." In *Peake's Commentary on the Bible.* London: T. C. & E. C. Jack, 1920. 231-43.

3단계(1943-63)

Cazelles, H. *Le Deutéronome.* La Sainte Bible. Paris: Cerf, 1950(3rd ed. 1966). **Clarke, W. K. L.** "Deuteronomy." In *Concise Bible Commentary.* London: S.P.C.K., 1952. 383-93. **Cohen, A.,** ed. *The Soncino Chumash: The Five Books of Moses with Haphtaroth.* Hindhead: Soncino, 1947. **Colunga, A.,** and **García Cordero, M.** *Biblia Comentada. I. Pentateuco: Deuteronomio.* Madrid: Editorial Catolica, 1960. 908-1057. **Cooper, C. M.** "The Book of Deuteronomy." In *Old Testament Commentary.* Ed. H. C. Alleman and E. E. Flack. Philadelphia: Muhlenberg, 1948. 300-328. **Crichton, T. S.** *Deuteronomy.* Books of the Bible Series 5. Edinburgh: Church of Scotland Youth Committee, 1951. **Cunliffe-Jones, H.** "The Book of Deuteronomy." In *The Twentieth Century Bible Commentary.* Ed. G. H. Davies, A. Richardson, and C. L. Wallis. New York: Harper, 1955. 150-57. ______. "Deuteronomy." TBC. London: SCM Press, 1951. **Davies, G. H.** "Deuteronomy." In *Peake's Commentary on the Bible.* Ed. M. Black. London: Nelson, 1962. 269-88. **Dhorme, E.** *La Bible.* Paris: Gillimard, 1956. **Erdman, C. R.** *The Book of Deuteronomy: An Exposition.* Westwood, NJ: Revell, 1953. **Glanzman, G. S.** *The Book of Deuteronomy.* Pamphlet Bible Series 9. New York: Paulist, 1960. **Haratom, E. S.** *Sefer Debarim.* Tel Aviv: Yavneh, 1956(Heb.). **Hirsch, S. R.** *The Pentateuch.* Vol. 5. London, 1962. **Holwerda, B.** *Oudtestamentische voordrachten: Deel III, Exegese Oude Testament(Deuteronomium) (gehouden in* *de collegejaren 1946-1952)*. Kampen: Copiëerinrichtin, v.d. Berg, 1957. **Junker, H.** *Das Buch Deuteronomium.* Das Alte Testament. Zweites bis fünftes Buch Moses. Echter Bibel. Würzburg: Echter, 1952. **Keil, C. F.,** and **Delitzsch, F.** *The Pentateuch.* Vol. 3 of *Biblical Commentary on the Old Testament.* Tr. J. Martin. 25 vols. 1866. Repr. Grand Rapids: Eerdmans, 1956. **Krämer, K. F.** *Numeri und Deuteronomium.* Herders Bibelkommentar 2.1. Freiburg: Herder, 1955. **Kuhn, H. B.** "Deuteronomy." In *The Biblical Expositor.* Ed. C. F. H. Henry. Philadelphia: A. J. Holman, 1960. 1:184-208. **MacKenzie, R. A. F.** "Deuteronomy." In *A Catholic Commentary on Holy Scripture.* Ed. B. Orchard et al. London: Nelson, 1953. 261-72. **Manley, G. T.** "Deuteronomy." In *The New Bible Commentary.* Ed. F. Davidson. Grand Rapids, MI: Eerdmans, 1953 (2nd ed. 1954). 195-222. **Moraldi, L.** "Deuteronomio." In *La Sacra Bibbia.* Turin: Marietti, 1960. 395-467. **Morgan, G. C.** "Deuteronomy." In *An Exposition of the Whole Bible.* Westwood, NJ: Revell, 1959. 77-91. **Neil, W.** "Deuteronomy." In *Harper's Bible Commentary.* London: Hodder & Stoughton, 1962. 131-41. **Nichol, F. D.,** ed. "The Fifth Book of Moses Called Deuteronomy." In *The Seventh-Day Adventist Bible Commentary.* Washington, DC: Review and Herald Publishing Association, 1953. 1:951-1077. **Rabinowitz, C. D.** *Da'at Sofrim.* Jerusalem, Da'at Yisrael, 1957(Heb.). ______. *Sefer Debarim.* In Samaritan characters. Tel Aviv: Nezach, 1959(Heb. tr. from German). **Ridderbos, J.** *Het boek Deuteronomium, opnieuw uit den grondtekst vertaald en verklaard.* Korte verklaring der Heilige Schrift, met nieuwe vertaling. Kampen: Kok, 1950(ET: *Deuteronomy.* Tr. M. van der Maas. Grand Rapids, MI: Regency Reference Libarary, 1984). **Shires, H. H.,** and **Parker, P.** "Deuteronomy: Exposition." *IB.* 12 vols. Nashville: Abingdon, 1953. 2:331-537. **Steinmann, J.** *Deutéronome: Texte français par Jean Steinmann: Introduction et commentaires par une équipe biblique du centre détudes Notre-Dame.* Connaître la Bible. Brussels, 1961. **Wright, G. E.** "The Book of Deuteronomy." *IB.* 12 vols. Nashville: Abingdon, 1953. 2:311-537.

4단계(1963-1999)

Achtemeier, E. *Deuteronomy, Jeremiah.* Proclamation Commentaries. Philadelphia: Fortress, 1979. **Ackland, D. F.** "Deuteronomy." In *The Teacher's Bible Commentary.* Ed. H. F. Paschall. Nashville: Broadman, 1972. 115-36. **Alonso Schökel, L.** *Deutero-*

nomio. Los Libros Sagrados 1.2. Madrid: Ediciones Cristianidad, 1970. 257-404. **Blair, E. P.** *The Book of Deuteronomy: The Book of Joshua.* LBC 5. Richmond: John Knox, 1964. **Blenkinsopp, J.** "Deuteronomy." In *Jerome Biblical Commentary.* Englewood Cliffs, NJ: Prentice-Hall, 1968. 101-22. ______. "Deuteronomy." In *The New Jerome Biblical Commentary.* Ed. R. E. Brown, J. Fitzmyer, and R. Murphy. Englewood Cliffs, NJ: Prentice-Hall, 1990. 94-109. **Braulik, G.** *Das Testament des Mose: Das Buch Deuteronomium.* Stuttgarter kleiner Kommentar Altes Testament 4. Stuttgart: Katholisches Bibelwerk, 1976. ______. *Deuteronomium 1-16, 17.* NEchB. Würzburg: Echter, 1986. ______. *Deuteronomium 16, 18-34, 12.* NEchB. Würzburg: Echter, 1992. **Brown, R. E.** *The Message of Deuteronomy: Not by Bread Alone.* Downers Grove, IL: InterVarsity Press, 1993. **Brown, R. E., S. S.** *The Book of Deuteronomy.* OT Reading Guide 10. Collegeville: Liturgical Press, 1965. **Buis, P.,** and **Leclerq, J.** *Le Deutéronome.* Sources bibliques. Paris: Gabalda, 1963. ______. *Le Deutéronome.* Verbum Salutis: Ancien Testament 4. Paris: Beauchesne, 1969. **Cairns, I.** *Word and Presence: A Commentary on the Book of Deuteronomy.* International Theological Commentary. Grand Rapids, MI: Eerdmans, 1992. **Chouraqui, A.** *Paroles(Deutéronome).* La Bible traduite et présentée 5. Paris: Desclée de Brouwer, 1974. ______. *L'Univers de la Bible.* Vol. 2. Paris: Lidis, 1983. **Clements, R. E.** "Deuteronomy." In *The New Interpreter's Bible.* Vol. 2. Nashville: Abingdon, 1998. 269-538. **Clifford, R.** *Deuteronomy, with an Excursus on Covenant and Law.* OT Message, A Biblical-Theological Commentary 4. Wilmington, DE: Glazier, 1982. **Coffman, J. B.** *Commentary on Deuteronomy: The Fifth Book of Moses.* Abilene, TX: Abilene Christian UP, 1988. **Cousins, P. E.** "Deuteronomy." In *The International Bible Commentary.* Ed. F. F. Bruce. Rev. ed. Grand Rapids, MI: Zondervan, 1986(1st ed. 1979). 256-82. **Craigie, P. C.** *The Book of Deuteronomy.* NICOT. Grand Rapids, MI: Eerdmans, 1976. **Criado, R.** Deuteronomio: *La Sagrada Biblia.* Vol. 1. Madrid: Editorial Catolica, 1967. **Cunliffe-Jones, H.** *Deuteronomy.* TBC. London: SCM Press, 1964. **Drubbel, A.** *Numeri uit de grondtekst vertaald en uitgelegd.* BOT 2.2. Roermond en Maaseik: Romen & Zonen, 1963. **Fisch, S.** *Midrash ha-Gadol: Deuteronomy.* Jerusalem: Mosad ha-Rav Kuk, 1972(Heb.) **Francisco, C. T.** *The Book of Deuteronomy.* Shield Bible Study Series. Grand Rapids, MI: Baker, 1964. **Gilchrist, P. R.** "Deuteronomy." In *The Evangelical Commentary on the Bible.* Ed. W. A. Elwell. Grand Rapids, MI: Baker,

1989. 107-30. **Gottwald, N. K.** "The Book of Deuteronomy." In *The Interpreter's One-Volume Commentary on the Bible.* Ed. C. M. Laymon. Nashville: Abingdon, 1971. 100-121. **Hamilton, V. P.** *Handbook on the Pentateuch.* Grand Rapids, MI: Baker, 1982. 375-474. **Hanke, H. A.** "The Book of Deuteronomy." In *The Wesleyen Bible Commentary.* Ed. C. W. Carter and W. R. Thompson. Grand Rapids, MI: Eerdmans, 1967. 1.1:467-50. **Hirsch, S. R.** *Deuteronomy.* In *The Pentateuch, V.* Tr. I. Levy. 2nd ed. (completely revised). London: Bloch, 1966. **Hoppe, L.** "Deuteronomy." In *The Collegeville Bible Commentary.* Ed. D. Bergant and R. J. Karris. Collegeville: Liturgical Press, 1989. 196-228. **Kaplan, A.** "Deuteronomy: Translation with Notes." In *The Living Torah.* New York: Moznaim, 1981. **Kline, M. G.** *Treaty of the Great King: The Covenant Structure of Deuteronomy: Studies and Commentary.* Grand Rapids, MI: Eerdmans, 1963. **Labuschagne, C. J.** *Deuteronomium.* Vols. 1A and 1B. POT. Nijkerk: Uitgeverij Callenbach, 1987. ______. *Deuteronomium.* Vol. 2. POT. Nijkerk: Uitgeverij Callenbach, 1990. ______. *Deuteronomium.* Vol. 3. POT. Nijkerk: Uitgeverij Callenbach, 1997. **Laconi, M.** *Deuteronomio.* Nuovissima Versione della Bibbia dai Test Originale 5. Rome: Paoline, 1970. **Lamparter, H.** *Der Aufruf zum Gehorsam: Das 5. Buch Mose.* BAT 9. Stuttgart: Calwer, 1977. **Lamsa, G. M.** *Old Testament Light: A Scriptural Commentary Based on the Aramaic of the Ancient Peshitta Text.* Englewood Cliffs, NJ: Prentice-Hall, 1964. **Malbim, M. L.** *Rabbenu Meir Leibush ben Yechiel Michel: Commentary on the Torah.* Tr. with notes by Z. Faier. Jerusalem: Hillel Press, 1978. **Manley, G. T.,** and **Harrison, R. K.** "Deuteronomy." In *New Bible Commentary.* Ed. D. Guthrie and J. A. Motyer. Rev. 3rd ed. Grand Rapids, MI: Eerdmans, 1970. 201-29. **Mann, T.** *Deuteronomy.* Ed. P. D. Miller and D. L. Bartlett. Westminster Bible Companion. Louisville: Westminster John Knox, 1995. **Maxwell, J. C.** *Deuteronomy.* Communicator's Commentary. Waco, TX: Word, 1987. **Mayes, A. D. H.** *Deuteronomy.* NCBC. Grand Rapids, MI: Eerdmans, 1981. **Merrill, E. H.** *Deuteronomy.* New American Commentary. Nashville: Broadman & Holman, 1994. **Miller, P. D.** *Deuteronomy.* Interpretation: A Bible Commentary for Teaching and Preaching. Louisville: John Knox, 1990. **Moraldi, L.** *Introduzione alla Bibbia: corso sistematico di studi biblici.* Turin: Marietti, 1964. **Moran, W. L.** "Deuteronomy." In *A New Catholic Commentary on Holy Scripture.* Ed. R. C. Fuller, L. Johnston, and C. Kearns. New and fully rev. ed. London: Nelson, 1969. **Munk, E.**

קול התורה: *La Voix de la Thora* 5. Paris: Fondation Samuel et Odette Levy, 1969 (2nd ed. 1978). **Nelson, R. D.** "Deuteronomy." In *Harper's Bible Commentary.* Ed. J. L. Mays et al. San Francisco: Harper & Row, 1988. 209-34. **Nielsen, E.** *Deuteronomium.* HAT 6. Tübingen: Mohr(Siebeck), 1995. **North, G.** *Inheritance and Dominion: An Economic Commentary on Deuteronomy.* Tyler, TX: Institute for Christan Economics, 1999(electronic edition available at www.freebooks.com). **Payne, D. F.** *Deuteronomy.* Daily Study Bible. Philadelphia: Westminster, 1985. **Penna, A.** *Deuteronomio.* La Sacra Bibbia. Turin: Marietti, 1976. **Phillips, A.** *Deuteronomy.* CBC. Cambridge: Cambridge UP, 1973. **Plaut, W. G.** *Deuteronomy.* The Torah: A Modern Commentary 5. New York: Union of American Hebrew Congregations, 1974. **Polzin, R.** "Deuteronomy." In *The Literary Guide to the Bible.* Ed. R. Alter and F. Kermode. Cambridge: Harvard UP, 1987. 92-101. **Rad, G. von.** *Deuteronomy.* Tr. D. Barton. OTL. Philadelphia: Westminster, 1966. **Rennes, J.** *Le Deutéronome: Traduction et commentaire.* Geneva: Labor et Fides, 1967. **Ridderbos, J.** *Het Boek Deuteronomium: Opnieuw uit de grontekst vertaald en verklaard.* Kampen: Kok, 1963-64. **Rose, M.** *5. Mose.* Zürcher Bibelkommentare. AT 5. Zurich: Theologischer Verlag, 1994. **Sanders, J. A.** "Deuteronomy." In *The Books of the Bible.* Ed. B. W. Anderson. New York: Charles Scribner's Sons, 1989. 1:89-102. **Schultz, S. J.** *Deuteronomy: The Gospel of Love.* Everyman's Bible Commentary. Chicago: Moody Press, 1971. **Thompson, J. A.** *Deuteronomy.* TOTC. Downers Grove, IL: InterVarsity Press, 1974. **Tigay, J. H.** *Deuteronomy.* JPS Torah Commentary. Philadelphia: Jewish Publication Society, 1996. **Unger, M. F.** "Deuteronomy." In *Unger's Commentary on the Old Testament.* Chicago: Moody Press, 1981. 1:233-78. **Watts, J. D. W.** "Deuteronomy." In *BBC.* Ed. C. J. Allen. Nashville: Broadman, 1970. 2:175-296. **Weinfeld, M.** *Deuteronomy 1-11.* AB 5. New York: Doubleday, 1991. **Wijngaards, J.** *Deuteronomium.* BOT 2.3. Roermond en Maaseik: Romen & Zonen, 1971. **Wright, C. J. H.** *Deuteronomy.* New International Biblical Commentary. Peabody, MA: Hendrickson, 1996.

일반 참고문헌

단행본과 논문들

다음의 목록은 신명기 연구에 있어서 현대 비평 시대의 출발을 알리고 있는 1805년 W. M. L. de Wette의 독창적인 작품으로 시작하여 시대별로 그리고 알파벳 순으로 되어 있다.

1805-39년

Wette, W. M. L. de. *Beiträge zur Einleitung in das Alte Testament.* 2 vols. Halle, 1806-1807. Repr. Hildesheim, NY: Olms, 1971. ______. *Dissertatio critica qua Deuteronomium a prioribus Pentateuchi libris diversum alius cuiusdam recentioris auctoris opus esse monstratur.* Jena, 1805.

1840-89년

Bertheau, E. *Die sieben Gruppen mosaischer Gesetz in den drei mittleren büchern des Pentateuchs: Ein Beitrag zur Kritik des Pentateuchs.* Göttingen: Vandenhoeck & Ruprecht, 1840. **Colenso, J. W.** *The Pentateuch and the Book of Joshua Critically Examined.* Part 3, *The Book of Deuteronomy.* London: Longman, 1863. **Dahler, J.** *Jérémie et le Deutéronome.* Strasbourg, 1872. **Kayser, A.** *Das vorexilische Buch der Urgeschichte Israels und seine Erweiterungen: Ein Beitrag zur Pentateuchkritik.* Strassburg: Schmidt, 1874. **Kleinert, P.** *Das Deuteronomium und der Deuteronomiker: Untersuchungen zur alttestamentliche Rechts- und Literaturgeschichte.* Bielefeld; Leipzig: Velhagen & Klasing. 1872. **Kübel, R.** *Das alttestamentliche Gesetz und seine Urkunde.* Stuttgart: Steinkopf, 1867. **Maine, H.** *Ancient Law.* London: Murray, 1870. **Riehm, E.** *Die Gesetzgebung Mosis im Lande Moab: Ein Beitrag zur Einleitung in's alte Testament.* Gotha: Perthes, 1854. **Saalschütz, J. L.** *Das Mosaische Recht.* Part 2. Berlin: Cotteymann, 1853-54. **Schoebel, C.** *Demonstration critique de l'authenticité Mosaique du Deutéronome.* Paris, 1868. **Sime, J.** *Deuteronomy, the People's*

Book: Its Origin and Nature. London: Daldy, Isbister, 1877. **Stähelin, J. J.** *Kritische Untersuchungen über den Pentateuch, die Bücher Josua, Richter, Samuels und der Könige.* Berlin: G. Reimers, 1843.

1890-99년

Addis, W. E. *The Documents of the Hexateuch Translated and Arranged in Chronological Order with Introduction and Notes.* London: Putnam, 1898. **Girdlestone, R. B.** *The Student's Deuteronomy.* London: Eyre and Spottiswoode, 1899. **Hartmann, A. T.** *Historisch-kritische Forschungen über die Bildung, das Zeitalter und den Plan der fünf Bücher Moses.* Rostock-Gustrow, 1893. **Klostermann, A.** *Der Pentateuch. Beiträge zu seinem Verständnis und seiner Entstehungsgeschichte.* 2 vols. Leipzig: A. Deichert, 1893, 1907. **König, J. L.** *Alttestamentliche Studien: Zweites Heft, Das Deuteronomium und der Prophet Jeremiah, gegen Bohlen, nebst anderen Beiträgen zur Authentie des Deuteronomiums.* Berlin: G. Reimer, 1893. **Kraetzschmar, R.** *Die Bundesvorstellung im Alten Testament in ihrer geschichtlichen Entwicklung untersucht und dargestellt.* Marburg: Elwert, 1896. **MacDill, D.** *Mosaic Authorship of the Book of Deuteronomy.* Dayton: W. J. Shuey, 1896. **Montet, F.** *La composition de l'Hexateuque, de Juges, de Samuel et des Rois: Étude critique biblique.* Basel, 1894. **Moor, F. de.** *La Date de la Composition du Deutéronome.* Amien, 1891. **Muir, W.** *The Authorship of Deuteronomy.* Tr. G. J. Metzger. London, 1896. **Naumann, O.** *Das Deuteronomium: Das prophetische Staatsgesetz des theokratischen Königtums mit seinen Eingangs- und Schlussworten, aus der prophetischen Geschichte und Theologie erläutert.* Gütersloh, 1897. **Preiss, H.** *Zum Deuteronomium.* Schulprogramme Progress no. 55. Berlin, 1892. **Reuss, E.** *Das Alte Testament: III, Die Heilige Geschichte und das Gesetz: Der Pentateuch und Josua.* Braunschweig: Schwetschke, 1893(French ed. 1879). **Staerk, W.** *Beiträge zur Kritik des Deuteronomiums.* Leipzig: Pries, 1894. ______. *Das Deuteronomium: Sein Inhalt und seine literarische Form: Eine kritische Studie.* Leipzig: Hinrich, 1894. **Steuernagel, C.** *Die Entstehung des deuteronomischen Gesetzes.* Halle: J. Krause, 1896. ______. *Der Rahmen des Deuteronomiums: Literarcritische Untersuchung über seine Zusammensetzung und Entstehung.* Halle: J. Krause, 1894. **Weill, A.** *Les cinq Livres(Mosaïstes) de Moïse: Cinquiéme Livre, Deutéronome.* Paris, 1891. **Wellhausen, J.** *Die Composition des Hexateuchs und der histori-*

schen Bücher des Alten Testament. Berlin: de Gruyter, 1894(3rd ed. 1899). **Zahn, A.** *Das Deuteronomium: Eine Schutzschrift wider modernkritisches Unwesen.* Gütersloh: Bertelsman, 1890.

1900-1909년

Bruston, C. *L'Histoire sacerdotale et le Deutéronome primitif.* Paris: Fischbacher, 1906. **Carpenter, J. E.** *The Composition of the Hexateuch: An Introduction with Select Lists of Words and Phrases and an Appendix on Laws and Institutions by G. Harford.* London: Longmans, 1902. **Cullen, J.** *The Book of the Covenant in Moab: A Critical Inquiry into the Original Form of Deuteronomy.* Glasgow: Maclehose and Sons, 1903. **Erbt, W.** *Die Sicherstellung des Monotheismus durch die Gesetzgebung im vorexilischen Juda.* Göttingen: Vandenhoeck & Ruprecht, 1903. **Fries, D. S. A.** *Die Gesetzesschrift des Königs Josia: Eine kritische Untersuchung.* Leipzig: A. Deichert, 1903. **Grimme, H.** *Das Gesetz Hammurabis und Moses.* Cologne: Backem, 1903(ET: *The Law of Hammurabi and Moses.* London, 1907). **Halévy, J.** "Recherches bibliques: Le Deutéronome." *RSEHA* 7(1899) 313-32; 8(1900) 1-8, 97-114, 193-216. **Harper, A.** *The Book of Deuteronomy.* New York: Armstrong, 1901. **McGarvey, J. W.** *The Authorship of the Book of Deuteronomy.* Cincinnati: Standard Publishing Co., 1902. **Merx, A.** *Die Bücher Moses und Josua.* Tübingen: Mohr, 1907. **Müller, D. H.** *Die Gesetze Hammurabis und ihr Verhältnis zur mosaischen Gesetzgebung sowie zu den XII Tafeln.* Vienna: A. Hölder, 1903. **Smith, W. R.** *Kinship and Marriage in Early Arabia.* Boston: Beacon, 1903. **Sternberg, G.** *Die Ethik des Deuteronomiums: Inaugural-Dissertation.* Berlin: Trowitzsch, 1908. **Wiener, H.** *Essays in Pentateuchal Criticism.* Oberlin: Bibliotheca Sacra, 1909.

1910-19년

Euringer, S. *Der Streit um das Deuteronomium: Biblische Zeitfragen 4, 8.* Münster: Aschendorff, 1911. **Griffiths, J. S.** *The Problem of Deuteronomy.* London, 1911. **Hempel, J.** *Die Schichten des Deuteronomiums: Ein Beitrag zur israelitischen Literatur- und Rechtsgeschichte.* Leipzig: R. Voigtländer, 1914. **Jordan, W. G.** *Deuteronomy.* New York: Macmillan, 1911. **McNeile, A. H.** *Deuteronomy: Its Place in*

Revelation. London: Longmans, 1912. **Naville, E.** *The Discovery of the Book of the Law under King Josiah.* Tr. M. L. McClure. London: S.P.C.K., 1911. **Oestreicher, T.** *Die josianische Reform: Das Reich Christi 12.* Berlin, 1911. **Pope, H.** *The Date of the Composition of Deuteronomy: A Critical Study.* Holy Apostolic See and the Sacred Congregation of Rites. Rome: Frederick Pustet, 1910. **Puukko, A. F.** *Das Deuteronomium: Eine literarkritische Untersuchung.* BWANT 5. Leipzig: Hinrichs, 1910. **Smend, R.** *Die Erzählung des Hexateuch: Auf ihre Quellen untersucht.* Berlin: G. Reimer, 1912. **Wiener, H. M.** *Pentateuchal Studies.* London: E. Stock, 1912.

1920-29년

Bentzen, A. *Die josianische Reform und ihre Voraussetzungen.* Copenhagen: Haas & Söhne, 1926. **Bewer, J. A., Paton, L. B.,** and **Dahl, G.** "The Problem of Deuteronomy: A Symposium." *JBL* 47(1928) 305-79. **Jirku, A.** *Das weltliche Recht im Alten Testament: Stilgeschichtliche und rechtsvergleichende Studien in den juristischen Gesetzen des Pentateuch.* Gütersloh: Bertelsmann, 1927. **Kennett, R. H.** *Deuteronomy and the Decalogue.* Cambridge: Cambridge UP, 1920. **Kittel, G.** *Sifre zu Deuteronomium.* Stuttgart: Kohlhammer, 1922. **Kugler, F. X.** *Untersuchungen zum Hexateuchsproblem.* BZAW 38. Giessen: Töpelmann, 1924. ______. *Von Moses zu Paulus.* Münster: Aschendorff, 1922. **Löhr, M.** *Das Deuteronomium: Untersuchungen zum Hexateuchproblem II.* SKGG 1.6. Berlin: Deutsche Verlagsgesellschaft, 1925. **Longacre, L. B.** *Deuteronomy, a Prophetic Lawbook.* New York: Methodist Book Concern, 1924. **Menes, A.** *Die vorexilschen Gesetze Israels.* BZAW 50. Berlin: Töpelmann, 1928. **Möller, W.** *Rückbeziehungen des 5. Buches Moses auf die vier ersten Bücher: Ein Beitrag zur Einleitung in den Pentateuch im Sinne seiner Einheit und Echtheit.* Lütjenburg, 1925. **Mowinckel, S.** *Femte Mosebok: Det Gamle Testament: I. Loven eller de Fem Moseböker.* Oslo, 1929. **Naville, E.** *Le Deutéronome, un livre Mosaique.* Fontenay-sous-Bois, 1924. **Oestreicher, T.** *Das deuteronomische Grundgesetz.* BFCT 27.4. Gütersloh: Bertelsmann, 1923. **Rad, G. von.** *Das Gottesvolk im Deuteronomium.* BWANT 47. Stuttgart: Kohlhammer, 1929. **Ring, E.** *Israels Rechtsleben in Lichte der neuentdeckten assyrischen und hethitischen Gesetzeurkunden.* Stockholm: V. Petterson; Leipzig: G. Fock, 1926. **Sanda, A.** *Moses und der Pentateuch.* ATAbh 9. Münster: Aschendorff, 1924. **Siebens, A.-R.** *L'origine du code deutéronomique: Examen* *historique et littéraire du sujet à la lumiére de la critique contemporaine.* Paris: Leroux, 1929. **Staerk, W.** *Das Problem des Deuteronomiums: Ein Beitrag zur neuesten Pentateuchkritik.* BFCT 29.2. Gütersloh: Bertelsman, 1924. **Welch, A. C.** *The Code of Deuteronomy: A New Theory of Its Origin.* London: Clarke, 1924; New York, 1925. **Wiener, H. M.** *Das Hauptproblem des Deuteronomiums.* Tr. M. Kegel. Gütersloh: Bertelsman, 1924.

1930-39년

Alt, A. *Die Ursprunge des Israelitischen Rechts: Berichte ber die Verhandlungen der Sächsischen Akademie der Wissenschaften zu Leipzig, Philologisch-historische Klasse 86/1.* Leipzig, 1934(ET: "The Origins of Israelite Law." In *Essays on Old Testament History and Religion.* Tr. R. A. Wilson. Oxford: Blackwell, 1966. 79-132). **Auerbach, E.** *Wüste und Gelobtes Land II.* Berlin: Schocken, 1936. **Breit, H.** *Die Predigt des Deuteronomisten.* Munich: Kaiser, 1933. **Cadoux, C. J.** *The Book of Deuteronomy: Introduction and Translation.* London, 1932. **Granqvist, H.** *Marriage Conditions in a Palestinian Village.* 2 vols. Helsinki: Akademische Buchhandlung, 1931-35. **Horst, F.** *Das Privilegrecht Jahves: Rechtsgeschichtliche untersuchungen zum Deuteronomium.* FRLANT 45. Göttingen: Vandenhoeck & Ruprecht, 1930. Repr. in *Gottes Recht: Studien zum Recht im Alten Testament.* TBü 12. Munich: Kaiser, 1961. 17-154. **Hulst, A. R.** *Het Karakter van den Cultus in Deuteronomium.* Groningen: Wagingen, Veenman & Zonen, 1938. **Krause, H.-H.** *Das Deuteronomium in der wissenschaftlichen Bearbeitung des 19. und 20. Jahrhunderts.* Breslau: Guttmann, 1931. **Mackintosh, C. H.** *Deuteronomium: I. Vestaling.* The Hague, 1935. **Noth, M.** *Reichstempel und Ortsheiligtümer in Israel.* BFCT 33. Gütersloh: Bertelsman, 1930. **Rad, G. von.** *Das Formgeschichtliche Problem des Hexateuch.* BWANT 4.26. Stuttgart: Kohlhammer, 1936(ET, 1966). **Rudolph, W.** *Der "Elohist" von Exodus bis Jusua.* BZAW 68. Berlin: Töpelmann, 1938. **Siebens, A.-R.** *L'origine du code deutéronomique: Examen historique et littéraire du sujet à la lumiére de la critique contemporaine.* Paris: Leroux, 1929. **Stoderl, W.** *Das Gesetz Israels nach Inhalt und Ursprung: I. Beiträge zur Einleitung ins Alte Testament.* Marienbad, 1933. **Welch, A. C.** *Deuteronomy: The Framework to the Code.* London: Oxford UP, 1932.

1940-49년

Allis, O. T. *The Five Books of Moses.* Phillipsburg, NJ: Presbyterian and Reformed Publishing Co., 1943. **Brinker, R.** *The Influence of Sanctuaries in Early Israel.* Manchester: Manchester UP, 1946. **Cazelles, H.** *Études sur le code de l'alliance.* Paris: Letouzey, 1946. **Daube, D.** *Studies in Biblical Law.* Cambridge: Cambridge UP, 1947. **Hospers, J. H.** De Numeruswisseling in het Boek Deuteronomium. Utrecht: Kemink, 1947. **Leroy, J.** *Introduction à l'étude des anciens codes orientaux.* Paris: Maisonneuve, 1944. **Neufeld, E.** *Ancient Hebrew Marriage Laws.* London: Longmans, Green, 1944. **Noth, M.** *Die Gesetze im Pentateuch: Ihre Voraussetzungen und ihr Sinn.* SKGG, *Geisteswissenschaftliche Klasse 17, 2.* Halle: Niemeyer, 1940(ET, 1966). ______. *Überlieferungsgeschichtliche Studien I: Die sammelnden und bearbeitenden Geschichtswerke im Alten Testament.* Tübingen: Niemeyer, 1943(ET, 1981). **Östborn, G.** *Torā* in the Old Testament: A Semantic Study. Lund: Ohlssons Bookstore, 1945. **Pedersen J.** *Israel: Its Life and Culture.* London: Oxford UP, 1940. 3.4:580ff. **Rabast, K.** *Das apodiktische Recht im Deuteronomium und im Heiligkeitsgesetz.* Berlin: Heimatdienstverlag, 1948. **Rad, G. von.** *Deuteronomium-Studien.* FRLANT 40. Göttingen: Vandenhoeck & Ruprecht, 1947(ET, 1953). **Winnett, F. V.** *The Mosaic Tradition.* Near and Middle East Series 1. Toronto: Univ. of Toronto Press, 1949.

1950-59년

Althaus, P. *Gebot und Gesetz: Zum Thema "Gesetz und Evangelium."* BFCT 46.2. Gütersloh: Bertelsman, 1952. **Cazelles, H.** *Le Deutéronomie: La Sainte Bible.* Paris: Cerf, 1958. **Diamond, A. S.** *The Evolution of Law and Order.* London: Watts, 1951. **Gray, J.** *The Legacy of Canaan.* VTSup 5. Leiden: Brill, 1957(2nd ed. 1965). **Hempel, J.** *Der textkritische Wert des Konsonantentextes von Kairener Genizafragmenten in Cambridge und Oxford zum Deuteronomium.* Nachrichten der Akademie der Wissenschaften in Göttingen 1. Phil-Hist. Kl. no. 10, 1959. **Kraus, H.-J.** *Die prophetische Verkündigung des Rechts in Israel.* ThStud 51. Zollikon: Evangelischer Verlag, 1957. **Kuyper, L. J.** "The Book of Deuteronomy." *Int* 6(1952) 321-40. **Lewy, I.** *The Growth of the Pentateuch: A Literary, Sociological, and Biographical Approach.* New York: Bookman Associates, 1955. **Manley, G. T.** *The Book of the Law: Studies in* *the Date of Deuteronomy.* London: Tyndale, 1957. **Mendenhall, G. E.** *Law and Covenant in Israel and the Ancient Near East.* Pittsburgh: Biblical Colloquium, 1955. **Rad, G. von.** *Studies in Deuteronomy.* Tr. D. Stalker. SBT 1.9. Chicago: Regnery, 1953(German 2nd ed. 1948). **Robinson, D. W. B.** *Josiah's Reform and the Book of the Law.* London: Tyndale, 1951. **Smend, R.** *W. M. Leberecht de Wettes Arbeit zum Alten und am Neuen Testament.* Basel: Helbirg & Lichtenhahn, 1958. **Teeple, H. M.** *The Mosaic Eschatological Prophet.* JBLMS 10. Philadelphia: Society of Biblical Literature, 1957. **Wilson, J. A.,** et al. *Authority and Law in the Ancient Orient.* JAOSSup 17. New Haven, CT: American Oriental Society, 1954.

1960-69년

Aharoni, Y. *The Land of the Bible: A Historical Geography.* Tr. A. F. Rainey. Philadelphia: Westminster, 1967(rev. ed. 1979). **Albright, W. F.** *Yahweh and the Gods of Canaan.* London: Athlone, 1968. **Alt, A.** *Essays on Old Testament Religion.* Tr. R. A. Wilson. Oxford: Blackwell, 1966. **Bächli, O.** *Israel und die Völker: Eine Studie zum Deuteronomoium.* Zurich: Zwingli, 1962. **Baltzer, K.** *Das Bundesformular.* WMANT 4. Neukirchen: Verlag der Buchhandlung des Erziehungsvereins, 1960(ET, 1971). **Barkun, M.** *Law without Sanctions.* New Haven, CT: Yale UP, 1968. **Becker, J.** *Gottesfurcht im Alten Testament.* Rome: Papstliches Bibelinstitut, 1965. **Boecker, H. J.** *Redeformen des Rechtslebens im Alten Testament.* WMANT 14. Neukirchen-Vluyn: Neukirchener Verlag, 1964(2nd ed. 1984). **Brichto, H. C.** *The Problem of "Curse" in the Hebrew Bible.* JBLMS 13. Philadelphia: Society of Biblical Literature and Exegesis, 1963. **Cazelles, H.,** ed. *Moses in Schrift und Uberlieferung.* Düsseldorf: Patmos, 1963. **Claburn, W. E.** "Deuteronomy and Collective Behavior." Diss., Princeton, 1968. **Clements, R. E.** *God's Chosen People: A Theological Interpretation of the Book of Deuteronomy.* London: SCM Press, 1968. ______. *Prophecy and Tradition.* Atlanta: John Knox; Oxford: Blackwell, 1975. **Coulton, P. E.** "Geographical Aspects in the Deuteronomistic History." Diss., Trinity College, Dublin, 1968-69. **Ellul, J.** *The Theological Foundation of Law.* Tr. M. Wieser. Garden City, NY: Doubleday, 1960. **Falk, Z. W.** *Hebrew Law in Biblical Times.* Jerusalem: Wahrmann Books, 1964. **Fenz, A. K.** *Auf Jahwes Stimme Hören.* WBT 6. Vienna: Herder, 1964. **Finkelstein, L.,** ed. *Sifre on Deuteronomy.* New York: Jewish Theological Seminary of

America, 1969. **Gerstenberger, E.** *Wesen und Herkunft des apodiktischen Rechts.* WMANT 20. Neukirchen-Vluyn: Neukirchener Verlag, 1965. **Gunneweg, A. H. J.** *Leviten und Priester.* FRLANT 89. Göttingen: Vandenhoeck & Ruprecht, 1965. **Hillers, D. R.** *Covenant: The History of a Biblical Idea.* Baltimore: Johns Hopkins UP, 1969(=*Int* 15[January 1961] issue devoted to Deuteronomy). **Jocz, J.** *The Covenant: A Theology of Human Destiny.* Grand Rapids, MI: Eerdmans, 1968. **Kitchen, K. A.** *Ancient Orient and the Old Testament.* London: Tyndale, 1966. **LaBonnardière, A. M.** *Biblia Augustiniana Ancien Testament: la Deutéronome.* Paris: Études Augstiennes, 1967. **L'Hour, J.** *La morale de l'alliance.* Paris: Gabalda, 1966. **Loersch, S.** *Das Deuteronomium und seine Deutungen: Ein forschungsgeschichtlicher Überblick.* SBS 22. Stuttgart: Katholisches Bibelwerk, 1967. **Lohfink, N.** *Bibelauslegung im Wandel.* Frankfurt am Main: Knecht, 1967. ______. *Das Hauptgebot: Eine Untersuchung literarischer Einleitungsfragen zu Deuteronomium 5-11.* AnBib 20. Rome: Pontifical Biblical Institute, 1963. ______. *Höre Israel! Auslegung von Texten aus dem Buch Deuteronomium.* Die Welt der Bibel 18. Düsseldorf: Patmos, 1965. ______. *Die Landverheissung als Eid.* SBS 28. Stuttgart: Katholisches Bibelwerk, 1967. ______. "Lectures in Deuteronomy." Unpublished paper presented in Rome, 1968(available in Graduate Theological Union Library, Berkeley, CA). **Maarsingh, B.** *Onderzoek naar de Ethiek van de Wetten in Deuteronomium.* Utrecht: Winterswijk, J. M. van Amstel, 1961. **McBride, S. D.** "The Deuteronomic Name Theology." Diss., Harvard, 1969. **McCarthy, D. J.** *Der Gottesbund im Alten Testament.* SBS 13. Stuttgart: Katholisches Bibelwerk, 1966. ______. *Treaty and Covenant: A Study in Form in the Ancient Oriental Documents and in the Old Testament.* AnBib 21. Rome: Biblical Institute Press, 1963. **McKay, J. W.** "Josiah's Reformation: Its Antecedents, Nature and Significance." Diss., Cambridge, 1966-67. **Merendino, R. P.** *Das deuteronomische Gesetz: Eine literarkritische, gattungs- und überlieferungsgeschichtliche Untersuchung zu Dt 12-26.* BBB 31. Bonn: Hanstein, 1969. **Nicholson, E. W.** *Deuteronomy and Tradition.* Oxford: Blackwell, 1967. **Noth, M.** *The Laws of the Pentateuch and Other Studies.* Tr. D. R. Ap-Thomas. Philadelphia: Fortress, 1966(German ed., *GSAT*, 1960). **Ottoson, M.** *Gilead: Tradition and History.* ConBOT 3. Lund: Gleerup, 1969. **Peucker, H.** "Deuteronomium Kapitel 12-26 form- und rechtsgeschichtlich Untersucht." Diss., Greifswald, 1962. **Plöger, J. G.** *Literarkritische, formgeschichtliche und stilkritische*

Untersuchungen zum Deuteronomium. BBB 26. Bonn: Hanstein, 1967. **Porter, J. R.** *Moses and Monarchy.* Oxford: Blackwell, 1963. **Poulssen, N.** *König und Tempel im Glaubenszeugnis des Alten Testament.* SBM 3. Stuttgart: Katholisches Bibelwerk, 1967. **Preuss, H. D.** *Jahweglaube und Zukunftserwartung.* BWANT 5.7. Stuttgart: Kohlhammer, 1968. **Rad, G. von.** *The Problem of the Hexateuch and Other Essays.* Tr. E. W. Trueman Dicken. New York: McGraw-Hill, 1966(German ed., *GSAT*, 1958). **Richter, W.** *Recht und Ethos: Versuch einer Ortung des weisheitlichen Mahnspruchs.* SANT 15. Munich: Kosel, 1966. **Schmid, H.** *Moses: Überlieferung und Geschichte.* BZAW 110. Berlin: Töpelmann, 1968. **Segal, M. H.** *The Pentateuch: Its Composition and Authorship and Other Biblical Studies.* Jerusalem: Magnes, 1967. **Smend, R.** *Die Bundesformel.* ThStud 68. Zurich: EVZ-Verlag, 1963. **Thompson, J. A.** *The Ancient Near Eastern Treaties and the Old Testament.* Tyndale Lecture in Biblical Archaeology 1963. London: Tyndale, 1964. **Vaux, R. de.** *Ancient Israel.* Tr. J. McHugh. New York: Macmillan, 1961. ______. *Studies in Old Testament Sacrifice.* Tr. J. Bourke and R. Potter. Cardiff: Univ. of Wales Press, 1964. **Walkenhorst, K. H.** *Der Sinai im liturgischen Verständnis der deuternomistischen und priesterlichen Tradition.* BBB 33. Bonn: Hanstein, 1969. **Welten, P.** *Die Königstempe: Ein Beitrag zur Militärpolitik unter Hiskia und Josia.* Wiesbaden: Harrassowitz, 1969. **Wenham, G. J.** "The Structure and Date of Deuteronomy." Diss., King's College, London, 1969. **Wijngaards, J. N. M.** *The Dramatization of Salvific History in the Deuteronomic Schools.* OTS 16. Leiden: Brill, 1969. ______. *The Formulas of the Deuteronomic Creed.* Tilburg: A. Reijnen, 1963; *Review and Expositor*(Fall 1964): *Southwestern Journal of Theology* (Fall 1964). **Yadin, Y.** *The Art of Warfare in Biblical Lands.* 2 vols. New York: McGraw-Hill, 1963.

1970-79년

Baltzer, K. *The Covenant Formulary.* Tr. D. Green. Philadelphia: Fortress, 1971(from German 2nd ed., 1964; 1st ed., 1960). **Barthélemy, D., Hulst, A. R., Lohfink, N., McHardy, W. D., Ruger, H. P.,** and **Sanders, J. A.** *Preliminary and Interim Report on the Hebrew Old Testament Text Project: I. The Pentateuch.* London: United Bible Societies, 1973. **Beegle, D. M.** *Moses, the Servant of Yahweh.* Grand Rapids, MI: Eerdmans, 1972. **Begg, C. T.** "Contributions to the Elucidation of the

Composition of Deuteronomy with Special Attention to the Significance of the *Numeruswechsel.*" 5 vols. Diss., Univ. of Leuven, 1978. **Bellefontaine, E.** "A Study of Ancient Israelite Laws and Their Function as Covenant Stipulations." Diss., Univ. of Notre Dame, 1973. **Bergren, R. V.** *The Prophets and the Law.* MHUC 4. Cincinnati: Hebrew Union College - Jewish Institute of Religion, 1974. **Blenkinsopp, J.** *Prophecy and Canon.* Notre Dame, IN: Univ. of Notre Dame Press, 1977. **Braulik, G.** *Die Mittel deuteronomischer Rhetorik: Erhoben aus Deuteronomium 4, 1-40.* AnBib 68. Rome: Biblical Institute Press, 1978. **Brekelmans, C.,** ed. *Questions disputées d'Ancien Testament: Méthode et théologie.* BETL 33. Leuven: Leuven UP, 1974. **Bright, J.** *Covenant and Promise.* Philadelphia: Westminster, 1976. **Broide, I.** "The Speeches in Deuteronomy." Diss., Univ. of Tel Aviv, 1970(Heb.; Eng. abstract). **Brueggemann, W.** *The Land: Place as Gift, Promise, and Challenge in Biblical Faith.* OBT. Philadelphia: Fortress, 1977. **Buis, P.** *La notion d'alliance dans l'Ancien Testament.* LD 88. Paris: Cerf, 1976. **Carmichael, C. M.** *The Laws of Deuteronomy.* Ithaca, NY: Cornell UP, 1974. **Chołewinski, A.** *Heiligkeitsgesetz und Deuteronomium.* AnBib 66. Rome: Biblical Institute Press, 1976. **Cogan, M.** *Imperialism and Religion: Assyria, Judah and Israel in the Eighth and Seventh Centuries B.C.E.* SBLMS 19. Missoula, MT: Society of Biblical Literature, 1974. **Cohen, A.** *L'entrée en terre promise: Deutéronome, Josué, Juges, une lecture de la Bible.* Écouter la Bible 3. Paris: Desclée de Brouwer, 1977. **Cross, F. M.,** ed. *Symposia Celebrating the Seventy-fifth Anniversary of the Founding of the American Schools of Oriental Research(1900- 1975).* Cambridge: ASOR, 1979. **Davies, G. I.** *The Way of the Wilderness.* Cambridge: Cambridge UP, 1979. **Diepold, P.** *Israels Land.* BWANT 95. Stuttgart; Berlin; Cologne; Mainz: Kohlhammer, 1972. **Dietrich, W.** *Israel und Kanaan: Vom Ringen zweier Gesellschaftssysteme.* SBS 94. Stuttgart: Katholisches Bibelwerk, 1979. **Floss, J. P.** *Jahwe dienen - Göttern dienen: Terminologische, literarische und semantische Untersuchung einer theologischen Aussage zum Gottesverhältnis im Alten Testament.* BBB 45. Cologne; Bonn: Hanstein, 1975. **Fritz, V.** *Israel in der Wüste: Traditionsgeschichtliche Untersuchung der Wüstenüberlieferung des Jahwisten.* MThSt 7. Marburg: Elwert, 1979. **Gilmer, H. W.** *The If-You Form in Israelite Law.* SBLDS 15. Missoula, MT: Scholars Press, 1975. **Greenberg, M.** "Mankind, Israel and the Nations in the Hebraic Heritage." In *No Man Is Alien: Essays on the Unity of Mankind.*

Ed. J. R. Nelson. Leiden: Brill, 1971. **Gutmann, J.**, ed. *The Image and the Word: Confrontations in Judaism, Christianity and Islam.* Religion and the Arts 4. Missoula, MT: Scholars Press, 1975. **Hoppe, L.** "The Origins of Deuteronomy." Diss., Northwestern, 1978. **Jackson, B. S.** *Essays in Jewish and Comparative Legal History.* SJLA 10. Leiden: Brill, 1975. **Jüngling, H.-W.** *Das Gesetz der Wiedervergeltung und das Ideal der Versöhnung im Alten Testament.* Augsburg: Blasaditsch, 1975. **Kane, T. F.** *God Who Gives: A Verbal Study of the Actions Attributed to God in the "Deuteronomic School," with Special Attention to the Concept of God's Giving.* Universidad de Navarro Coleccion Teologica 7. Pamplona: Ediciones Universidad de Navarra, 1973. **Kline, M. G.** *The Structure of Biblical Authority.* Grand Rapids, MI: Eerdmans, 1972. **Köppel, U.** *Das deuteronomistiche Geschichtswerk und seine Quellen: Der Absicht der deuteronomistischen Geschichtsdarstellung aufgrund des Vergleichs zwischen Num 21, 21-35 und Dtn 2, 26-3, 3.* EHS 23.122. Bern: Lang, 1979. **Kutsch, E.** *Gottes Zuspruch und Anspruch.* BETL 33. Gembloux: Duculot, 1974. ______. *Verheissung und Gesetz: Untersuchungen zum sogenannten 'Bund' im Alten Testament.* BZAW 131. Berlin: de Gruyter, 1973. **Levine, B. A.** *In the Presence of the Lord.* SJLA 5. Leiden: Brill, 1974. **Liedke, G.** *Gestalt und Bezeichnung alttestamentlicher Rechtssätze: Eine formgeschichtlich-terminologische Studie.* WMANT 39. Neukirchen-Vluyn: Neukirchener Verlag, 1971. **Lindblom, J.** *Erwägungen zur Herkunft der josianischen Tempelurkunde.* Lund: Gleerup, 1971. **Lohfink, N.** *Unsere grossen Wörter: Das Alte Testament zum Thema dieser Jahre.* Freiburg i. B.: Herder, 1977(3rd ed.1985; ET, 1981). **Mann, T. W.** *Divine Presence and Guidance in Israelite Tradition.* Baltimore: Johns Hopkins UP, 1977. **McCarthy, D. J.** *Old Testament Covenant: A Survey of Current Opinion.* Richmond: John Knox, 1972. ______. *Treaty and Covenant.* AnBib 21A. Rome: Biblical Institute Press, 1978(new ed., completely rewritten). **Milgrom, J.** *Cult and Conscience.* SJLA 18. Leiden: Brill, 1976. **Mittmann, S.** *Deuteronomium 1, 1-6, 3: Literarkritisch und traditionsgeschichtlich untersucht.* BZAW 139. Berlin: de Gruyter, 1975(see G. Braulik, *Bib* 59[1978] 351-83). **Morris, P. M. K.**, and **James, E.** *A Critical Word Book of Leviticus, Numbers, Deuteronomy.* The Computer Bible 8. Missoula, MT: Scholars Press, 1975. **Nebeling, G.** "Die Schichten des deuteronomischen Gesetzeskorpus." Diss., Münster, 1970. **Neumann, P. K.** *Hört das Wort Jahwäs: Ein Beitrag zur Komposition alttesta-*

mentlicher Schriften. Schriften zur Stiftung Europa-Kolleg 30. Hamburg: Fundament-Verlag Sasse, 1975. **Otto, E.** *Das Mazzotfest in Gilgal.* BWANT 107. Stuttgart: Kohlhammer,1975. **Paul, S. M.** *Studies in the Book of the Covenant in the Light of Cuneiform and Biblical Law.* VTSup 18. Leiden: Brill, 1970. **Perlitt, L.** *Bundestheologie im Alten Testament.* WMANT 36. Neukirchen-Vluyn: Neukirchener Verlag, 1970. **Phillips, A.** *Ancient Israel's Criminal Law: A New Approach to the Decalogue.* Oxford: Blackwell, 1970. **Rofé, A.** *Introduction to the Book of Deuteronomy I: Cult-Unity and Anti-Idolatry Laws.* Jerusalem: Aqademon, 1975(Heb.). **Rose, M.** *Der Ausschliesslichkeitsanspruch Jahwes: Deuteronomische Schultheologie und die Volksfrömmigkeit in der späten Königszeit.* BWANT 106. Stuttgart: Kohlhammer, 1975. **Rücker, H.** *Die Begründungen der Weisungen Jahwes im Pentateuch.* ETS 30. Leipzig: St. Benno, 1973. **Rupprecht, K.** *Der Temple von Jerusalem.* Ed. G. Fohrer. BZAW 144. Berlin: de Gruyter, 1976. **Schedl, C.** *Baupläne des Wortes: Einführung in die biblische Logotechnik.* Vienna: Herder, 1974. **Schmidt, W. H.** *Einführung in das Alte Testament: Das Deuteronomium.* Berlin: de Gruyter, 1979. **Schmitt, G.** *Du sollst keinen Frieden schliessen mit den Bewohnern des Landes: Die Wegweisung gegen die Kanaanäer in Israels Geschichte und Geschichtsschreibung.* BWANT 91. Stuttgart: Kohlhammer, 1970. **Schneider, B. N.** *Deuteronomy: A Favored Book of Jesus.* Grand Rapids, MI: B. M. H. Books, 1970. **Seitz, G.** *Redaktionsgeschichtliche Studien zum Deuteronomium.* BWANT 93. Stuttgart: Kohlhammer, 1971. **Skweres, D. E.** *Die Rückverweise im Buch Deuteronomium.* AnBib 79. Rome: Biblical Institute Press, 1979. **Speyer, W.** *Bucherfunde in der Glaubenswerbung der Antike.* Göttingen: Vandenhoeck & Ruprecht, 1970. **Terrien, S.** *The Elusive Presence: Toward a New Biblical Theology.* Religious Perspectives 26. New York: Harper and Row, 1978. **Thompson, R. J.** *Moses and the Law in a Century of Criticism since Graf.* VTSup 19. Leiden: Brill, 1970. **Tiffany, F. C.** "Parenesis and Deuteronomy 5-11(Deut 4:45; 5:2-11:29): A Form Critical Study." Diss., School of Theology at Claremont, 1978. **Valentin, H.** *Aaron: Eine Studie zur vorpriesterschriftlichen Aaron-Überlieferung.* OBO 18. Göttingen: Vandenhoeck & Ruprecht, 1978. **Wagner, V.** *Rechtssätze in gebundener Sprache und Rechtssatzreihen im israelitischen Recht.* BZAW 127. Berlin: de Gruyter, 1972. **Weimar, P.** *Untersuchungen zur Redaktionsgeschichte des Pentateuch.* BZAW 146. Berlin: de Gruyter, 1977. **Weinfeld, M.** *Deuteronomy and* *the Deuteronomic School.* Oxford: Clarendon, 1972. ______. *Introduction to Deuteronomy, Part I.* Jerusalem, 1975(Heb.). **Wevers, J. W.** *Text History of the Greek Deuteronomy.* Göttingen: Vandenhoeck & Ruprecht, 1978. **Whybray, R. N.** *The Intellectual Tradition in the Old Testament.* BZAW 135. Berlin: de Gruyter, 1974. **Wittstruck, T. K.** "The Greek Translation of Deuteronomy." Diss., Yale Univ., 1972.

1980-89년

Auld, A. G. *Joshua, Moses and the Land: Tetrateuch - Pentateuch - Hexateuch in a Generation since 1938.* Edinburgh: T. & T. Clark, 1980. **Aurelius, E.** *Der Fürbitter Israels: Eine Studie zum Mosebild im Alten Testament.* Ed. T. N. D. Mettinger and M. Y. Ottoson. ConBOT 27. Lund: Almqvist & Wiksell, 1988. **Benjamin, D. C.** *Deuteronomy and City Life: A Form Criticism of Texts with the Word CITY(ir) in Deuteronomy 4:41-26:19.* Lanham, MD: Univ. Press of America, 1983. **Boling, R. G.** *The Early Biblical Community in Transjordan.* SWBA 6. Sheffield: Almond Press, 1988. **Bovati, P.** *Ristabilire la Giustizia: Procedure, Vocabulario, Orientamenti.* AnBib 110. Rome: Biblical Institute Press, 1986. **Braulik, G.** *Studien zur Theologie des Deuteronomiums.* SBAB 2. Stuttgart: Katholisches Bibelwerk, 1988. **Buchholz, J.** *Die ältesten Israels im Deuteronomium.* GTA 36. Göttingen: Vandenhoeck & Ruprecht, 1988. **Carmichael, C. M.** *Law and Narrative in the Bible: The Evidence of the Deuteronomic Laws and the Decalogue.* Ithaca, NY: Cornell UP, 1985. **Christensen, D. L.,** ed. *Experiencing the Exodus from Egypt.* Berkeley: BIBAL Press, 1988. **Clements, R. E.** *Deuteronomy.* Old Testament Guides. Sheffield: JSOT Press, 1989. **Coats, G. W.** *Moses: Heroic Man, Man of God.* JSOTSup 57. Sheffield: Sheffield Academic Press, 1988. **Duncan, J.** "A Critical Edition of Deuteronomy Manuscripts from Qumran Cave 4." Diss., Harvard Univ., 1989. **Epsztein, L.** *Social Justice in the Ancient Near East and the People of the Bible.* Tr. J. Bowden. London: SCM Press, 1986. **Eslinger, L.** *Into the Hands of the Living God.* JSOTSup 84. Bible and Literature Series 24. Sheffield: Almond Press, 1989. **Fishbane, M.** *Biblical Interpretation in Ancient Israel.* Oxford: Oxford UP, 1985. **Friedman, R. E.** *The Exile and Biblical Narrative: The Formation of the Deuteronomistic and Priestly Works.* HSM 22. Chico, CA: Scholars Press, 1981. **García Lopez, F.** *Le Deutéronome: Une loi prêchée.* Cahiers Evangile 63. Paris: Cerf, 1988. **Giesen, G.** *Die Wurzel* שׁבע *"sch-*

wören": Eine semasiologische Studie zum Eid im Alten Testament. BBB 56. Bonn: Hanstein, 1981. **Ginsberg, H. L.** *The Israelian Heritage of Judaism.* Texts and Studies of the Jewish Theological Seminary of America 24. New York: Jewish Theological Seminary of America, 1982. **Gottfriedsen, C.** *Die Fruchtbarkeit von Israels Land.* EHS 23.267. Frankfurt: Peter Lang, 1985. **Ha, J.** *Genesis 15: A Theological Compendium of Pentateuchal History.* BZAW 181. Berlin: de Gruyter, 1989. **Haag, E.,** ed. *Gott der Einzige: Zur Entstehung des Monotheismus in Israel.* QD 104. Freiburg; Basel; Vienna: Herder, 1985. **Hoffmann, H.-D.** *Reform und Reformen: Untersuchungen zu einem Grundthema der deuteronomischen Geschichtsschreibung.* ATANT 66. Zurich: Theologischer Verlag, 1980. **Hofius, O.,** and **Stuhlmacher, P.,** eds. *"Gesetz" als Thema Biblischer Theologie.* JBTh 4. Neukirchen-Vluyn: Neukirchener Verlag, 1989. **Hossfeld, F.-L.,** ed. *Vom Sinai zum Horeb: Stationen alttestamentlicher Glaubensgeschichte.* Würzburg: Echter, 1989(=*Int* 41[July 1987] issue on Deuteronomy; *Int* 43.3[1989] issue on the Decalogue). **Knapp, D.** *Deuteronomium 4: Literarische Analysen und theologische Interpretation.* GTA 35. Göttingen: Vandenhoeck & Ruprecht, 1987. **Koch, D.-A.** *Die Schrift als Zeuge des Evangeliums.* BHT 69. Tübingen: Mohr, 1986. **Lang, B.** *Der einzige Gott: Die Geburt des biblischen Monotheismus.* Munich: Kösel, 1981. **Leibowitz, N.** *Studies in Devarim.* Tr. A. Newman. Jerusalem: World Zionist Organization, 1980. **Lemaire, A.** *Les écoles et la formation de la Bible dans l'ancien Israel.* OBO 39. Göttingen: Vandenhoeck & Ruprecht, 1981. **Lewis, T. J.** *Cults of the Dead in Ancient Israel and Ugarit.* HSM 39. Atlanta: Scholars Press, 1989. **Lohfink, N.** *Great Themes from the Old Testament.* Tr. R. Walls. Chicago: Franciscan Herald Press, 1982(German ed. 1977). ______. *Studien zum Pentateuch.* SBAB 4. Stuttgart: Katholisches Bibelwerk, 1988. ______. *Unsere neuen Fragen und das Alte Testament: Wiederendeckte Lebensweisung.* Freiburg: Herder, 1989. ______, ed. *Das Deuteronomium: Entstehung, Gestalt und Botschaft.* BETL 68. Leuven: Leuven UP, 1985. **McConville, J. G.** "Cultic Laws in Deuteronomy." Diss., Queen's Univ., Belfast, 1980. ______. *Law and Theology in Deuteronomy.* JSOTSup 33. Sheffield: JSOT Press, 1984. **Mettinger, T. N. D.** *The Dethronement of Sabaoth: Studies in the Shem and Kabod Theologies.* ConBOT 18. Lund: Gleerup, 1982. **Mulder, M. J.,** ed. *Mikra: Text, Translation, Reading and Interpretation of the Hebrew Bible in Ancient Judaism and Early Christianity.* Compendia

Rerum Iudaicarum ad Novum Testamentum. Assan: Maastricht: Van Gorcum, 1988. **Nelson, R. D.** *The Double Redaction of the Deuteronomistic History.* JSOTSup 18. Sheffield: JSOT Press, 1981. **Niehr, H.** *Rechtsprechung in Israel.* SBS 130. Stuttgart: Katholisches Bibelwerk, 1987. **Nielsen, E.** *Law, History, and Tradition: Selected Essays Issued by Friends and Colleagues.* Ed. N. Holm-Nielsen and O. Benedikt. Copenhagen: Gad, 1983. **Noth, M.** *The Deuteronomistic History.* Tr. J. Douall et al. JSOTSup 15. Sheffield: JSOT Press, 1981(German ed. 1943). **Otto, E.** *Wandel der Rechtsbegründungen in der Gesellschaftsgeschichte des antiken Israel: Eine Rechtsgeschichte des "Bundesbuches" Ex XX 22 - XXIII 13.* StudBib 3. Leiden: Brill, 1988. **Patrick, D.** *Old Testament Law.* Atlanta: Knox, 1985. **Peters, M.** *Critical Edition of the Coptic Pentateuch: Deuteronomy.* SBLSCS 15. Atlanta: Scholars Press, 1983. **Polzin, R.** *Moses and the Deuteronomist: A Literary Study of the Deuteronomic History.* Part 1, *Deuteronomy, Joshua, Judges.* New York: Seabury, 1980. **Preuss, H. D.** *Deuteronomium.* ErFor 164. Darmstadt: Wissenschaftliche Buchgesellschaft, 1982. **Regt, L. J. De.** *A Parametric Model for Syntactic Studies of a Textual Corpus, Demonstrated on the Hebrew of Deuteronomy 1-30.* Studia Semitica Neerlandica. Assen; Maastricht: Van Gorcum, 1988. **Ries, G.** *Prolog und Epilog in Gesetzen des Altertums.* MBPR 76. Munich: Beck, 1983. **Rifat, S.** *Motive Clauses in Hebrew Law: Biblical Forms and Near Eastern Parallels.* SBLDS 45. Missoula, MT: Scholars Press, 1980. **Rofé, A.** *Introduction to Deuteronomy: Part I and Further Chapters.* Jerusalem: Akademon Publishing House, 1988(Heb.). **Rose, M.** *Deuteronomist und Jahwist: Untersuchung zu den Berührungspunkten beider Literaturwerke.* ATANT 67. Zurich: Theologische Verlag, 1981. **Rüterswörden, U.** *Von der politischen Gemeinschaft zur Gemeinde: Studien zu Dt 16, 18-18, 22.* BBB 65. Frankfurt am Main: Athenaum, 1987. **Sanmartín Ascaso, J.** *Las guerras de Josué: Estudio de Semiótica narrativa.* Institución San Jerónimo 14. Valencia: n.p., 1982. **Schulz, H.** *Leviten im vorstaatlichen Israel und im Mittleren Osten.* Munich: Kaiser, 1987. **Schuman, N. A.** *Deuteronomium: op weg naar hat land Utopia.* Kampen: VBG, 1983. **Sitarz, E.,** ed. *Höre, Israel! Jahwe ist einzig: Bausteine für eine Theologie des Alten Testament.* Biblische Basis Bücher 5. Stuttgart: Katholisches Bibelwerk, 1987. **Strecker, G.,** ed. *Das Land Israel in biblischer Zeit: Jerusalem Symposium 1981 der Hebräischen Universität und der Georg-August-Universität.* GTA 25. Göttingen: Vandenhoeck &

Ruprecht, 1983. **Tan, C. W.** "A Comparative Study of the Concept of Election in the Book of Deuteronomy and the Book of Jonah and Its Implications for Bible Study in the Chinese Churches in South-East Asia Today." Diss., School of Theology at Claremont, 1983. **Tigay, J. J.** *You Shall Have No Other Gods: Israelite Religion in the Light of Hebrew Inscriptions.* HSS 31. Atlanta: Scholars Press, 1986. **Weinfeld, M.** *Justice and Righteousness in Israel and the Nations: Equality and Freedom in Ancient Israel in Light of Social Justice in the Ancient Near East.* Jerusalem: Magnes, 1985. **Wesel, U.** *Frühformen des Rechts in vorstaatlichen Gesellschaften.* Frankfurt: Suhrkamp, 1985. **Westbrook, R.** *Studies in Biblical and Cuneiform Law.* CahRB 26. Paris: Gabalda, 1988. **White, S.** "The Critical Edition of Seven Manuscripts of Deuteronomy." Diss., Harvard Univ., 1988. **Whybray, R. N.** *The Making of the Pentateuch: A Methodological Study.* JSOTSup 53. Sheffield: Sheffield Academic Press, 1987. **Wilms, F.-E.** *Freude vor Gott: Kult und Fest in Israel.* Schlüssel zur Bibel. Regensburg: Pustet, 1981.

1990-2000년

Bell, R. H. *Provoked to Jealousy: The Origin and Purpose of the Jealousy Motif in Romans 9-11.* WUNT 2.63. Tübingen: Mohr(Siebeck), 1994. **Braulik, G.** *Die deuteronomischen Gesetze und der Dekalog: Studien zum Aufbau von Deuteronomium 12-26.* SBS 145. Stuttgart: Verlag Katholisches Bibelwerk, 1991. ______. *Studien zum Buch Deuteronomium.* SBAB 24. Stuttgart: Katholisches Bibelwerk, 1997. ______, ed. *Bundesdokument und Gesetz: Studien zum Deuteronomium.* Herders Biblische Studien 4. New York: Herder, 1995. **Christensen, D. L.,** ed. *A Song of Power and the Power of Song: Essays in Deuteronomy.* Winona Lake, IN: Eisenbrauns, 1991. **Dahmen, U.** *Leviten und Priester im Deuteronomium: Literarkritische und Redaktionsgeschechtliche Studien.* BBB 110. Bodenheim: Philo, 1996. **Dangl, O.** *Methoden im Widerstreit: Sprachwissenschaftliche Zugange zur deuteronomischen Rede von der Liebe Gottes.* Tübingen: Francke, 1993. **Eyre, S. D.** *Deuteronomy: Becoming Holy People.* London: Inter-Varsity Press, 1998. **Firmage, E. B., Weiss, B. G.,** and **Welch, J. W.** *Religion and Law: Biblical-Judaic and Islamic Perspectives.* Winona Lake, IN: Eisenbrauns, 1990. **Gertz, J. C.** *Die Gerichtsorganisation Israels im deuteronomischen Gesetz.* FRLANT 165. Göttingen: Vandenhoeck & Ruprecht, 1994. **Haïk- Vantoura, S.** *The*

Music of the Bible Revealed. Tr. D. Weber. Ed. J. Wheeler. Berkeley: BIBAL Press, 1991(=*Int* 44[July 1990] issue on the figure of Moses). **Keller, M.** *Untersuchungen zur deuteronomisch-deuteronomistischen Namentheologie.* BBB 105. Weinheim: Belt Athenaum, 1996. **Kissling, P. J.** *Reliable Characters in the Primary History: Profiles of Moses, Joshua, Elijah, and Elisha.* JSOTSup 224. Sheffield: Sheffield Academic Press, 1996. **Labuschagne, C. J.** *Numerical Secrets of the Bible: Rediscovering the Bible Codes.* North Richland Hills, TX: BIBAL Press, 2000. **Levinson, B. M.** *Deuteronomy and the Hermeneutics of Legal Innovation.* New York: Oxford UP, 1997. **Lohfink, N.** *Studien zur biblischen Theologie.* SBAB 16. Stuttgart: Katholisches Bibelwerk, 1993. ______. *Studien zum Deuteronomium und zur deuteronomistischen Literatur I.* SBAB 8. Stuttgart: Katholisches Bibelwerk, 1990. ______. *Studien zum Deuteronomium und zur deuteronomistischen Literatur II.* SBAB 12. Stuttgart: Katholisches Bibelwerk, 1991. ______. *Studien zum Deuteronomium und zur deuteronomistischen Literatur III.* SBAB 20. Stuttgart: Katholisches Bibelwerk, 1995. ______. *Theology of the Pentateuch: Themes of the Priestly Narrative and Deuteronomy.* Tr. L. M. Maloney. Minneapolis: Fortress, 1994. ______. *Die Väter Israels im Deuternomium.* OBO 111. Göttingen: Vandenhoeck & Ruprecht, 1991. **Lubsczyk, H.** *Die Bundesurkunde: Ursprung und Wirkungsgeschichte des Deuteronomiums.* Weil-Bierbonnen: Gustav-Siewerth-Akademie, 1991. **McConville, J. G.** *Grace in the End: A Study in Deuteronomic Theology.* Studies in OT Biblical Theology. Grand Rapids, MI: Zondervan, 1993. ______ and **Millar, J. G.** *Time and Place in Deuteronomy.* JSOTSup 179. Sheffield: Sheffield Academic Press, 1994. **Merwe, C. H. J. van der.** *The Old Hebrew Particle gam: A Syntactic-Semantic Description of gam in Gn-2Kg.* ATSAT 34. St. Ottilien: EOS, 1990. **Milgrom, J.** *Numbers.* JPS Torah Commentary. Philadelphia: Jewish Publication Society, 1990. **Morrow, W. S.** *Scribing the Center: Organization and Redaction in Deuteronomy 14:1-17:13.* SBLMS 49. Atlanta: Scholars Press, 1995. **Nohrnberg, J.** *Like unto Moses: The Constituting of an Interruption.* Bloomington: Indiana UP, 1995. **Olson, D. T.** *Deuteronomy and the Death of Moses: A Theological Reading.* OBT. Minneapolis: Fortress, 1994. **Perlitt, L.** *Deuteronomium Studien.* FAT 8. Tübingen: Mohr, 1994. **Pressler, C.** *The View of Women Found in the Deuteronomic Family Laws.* BZAW 216. Berlin: de Gruyter, 1993. **Reuter, E.** *Kultzentralization: Entstehung und Theologie von Dtn 12.* BBB 87. Frankfurt am Main: *AntonAn-*

ton Antonianum Hain, 1993. **Romer, T.** *Israels Vater: Untersuchung zur Vaterthematik in Deuteronomium und in der deuteronomistischen Tradition.* OBO 99. Göttingen: Vandenhoeck & Ruprecht, 1990. **Sonnet, J.-P.** *The Book within the Book: Writing in Deuteronomy.* Biblical Interpretation Series 14. Leiden: Brill, 1997. **Veijola, T.**, ed. *Das Deuteronomium und seine Querbeziehungen.* Schriften der Finnischen exegetischen Gesellschaft 32. Göttingen: Vandenhoeck & Ruprecht, 1996. **Westbrooks, R.** *Bundesdokument und Gesetz: Studien zum Deuteronomium.* Ed. G. Braulik. HBS 4. Freiburg: Herder, 1995. **Wilson, I.** *Out of the Midst of the Fire: Divine Presence in Deuteronomy.* SBLDS 151. Atlanta: Scholars Press, 1995. **Zobel, K.** *Prophetie und Deuteronomium: Die Rezeption prophetischer Theologie durch das Deuteronomium.* BZAW 199. Berlin: New York: de Gruyter, 1992.

(신명기에 관한 중요한 논문들을 담고 있는) 기념 논문

A number of important articles on Deuteronomy appear in collections of essays presented in honor of various scholars. Such entries often have more than one editor and tend to take up considerable space when cited in full. Since *Festschriften* are referred to numerous times throughout the commentary, they are listed here for reference in alphabetical order, according to the last name of the person honored in the *Festschrift*, and arranged in consecutive blocks of time. Citations of these works in the commentary will include both the name of the person honored and the date of publication.

1897-1949년

Barth, K. *Theologische Aufsätze K. Barth zum 50. Geburstag.* Ed. E. Wolf. Munich: Kaiser, 1936. **Baudissin, W. W. G. von.** *Abhandlungen zur semitischen Religionskunde und Sprachwissenschaft.* Ed. W. Frankenberg. Giessen: Töpelmann, 1918. **Beer, G.** *FS für Georg Beer zum 70. Geburtstag.* Ed. A. Weiser. Stuttgart: Kohlhammer, 1935. **Gunkel, H.** *Εὐχαριστηριόν.* Ed. H. Schmidt. FRLANT 36. Göttingen: Vandenhoeck & Ruprecht, 1923. **Kohut, A.** *Semitic Studies in Memory of Rev. Dr. Alexander Kohut.* Ed. G. A. Kohut. Berlin, 1897. **Kohut, G. A.** *Jewish Studies in Memory of G. A. Kohut.* Ed. S. W. Baron, A. Marx, E. D. Coleman, and R. Marcus.

New York: Alexander Kohut Memorial Foundation, 1935. **Marti, K.** *Vom Alten Testament.* Ed. K. Budde. Giessen: Töpelmann, 1925. **Sellin, E.** *Beiträge zur Religionsgeschichte und Archäologie Palästinas.* Leipzig: A. Deichert, 1927. **Visscher, F.** *Mélanges de Fernand Visscher* I. *RIDA* 2(1949). **Wellhausen, J.** *Studien zur semitischen Philologie und Religionsgeschichte Julius Wellhausen zum siebzigsten Geburtstag.* BZAW 27. Geissen: Töpelmann, 1914.

1950-1969년

Albright, W. F. *The Bible and the Ancient Near East.* Ed. G. E. Wright. Garden City, NY: Doubleday, 1961(Anchor Book ed. 1965). ______. *EI.* Vol. 9. Ed. A. Malamat. Jerusalem: Israel Exploration Society, 1969. **Barth, K.** *Antwort: Karl Barth zum siebzigsten Geburtstag.* Zollikon-Zurich: Evangelischer Verlag, 1956. ______. *Parrhesia: K. Barth zum 80. Geburstag.* Zurich: EVZ-Verlag, 1966. **Baumgartner, W.** *Hebräische Wortforschung.* VTSup 16. Leiden: Brill, 1967. **Bertholet, A.** *FS Alfred Bertholet zum 80. Geburstag.* Ed. W. Baumgartner. Tübingen: Mohr, 1950. **Driver, G. R.** *Hebrew and Semitic Studies.* Ed. D. Winton Thomas and W. D. McHardy. Oxford: Clarendon, 1963. **Eissfeldt, O.** *Von Ugarit nach Qumran: Beiträge zur alttestamentlichen und altorientalischen Forschung.* Ed. J. Hemple and L. Rost. BZAW 77. Berlin: de Gruyter, 1958. **Elliger, W.** *Theologie und Kunst: Walter Elliger zum 65. Geburtstag.* Ed. S. Herrmann and O. Sohngen. Wittenberg: Luther, 1968. **Geiselmann, J. R.** *Kirche und Überlieferung.* Ed. J. Betz. Freiburg: Herder, 1960. **Gelin, A.** *A la Rencontre Dieu.* Bibliothèque de la Faculté Catholique de Théologie de Lyon 8. Le Puy: Mappus, 1961. **Goodenough, E. R.** *Religions in Antiquity.* Ed. J. Neusner. SHR 14. Leiden: Brill, 1968. **Hertzberg, H. W.** *Gottes Wort und Gottes Land.* Ed. H. Reventlow. Göttingen: Vandenhoeck & Ruprecht, 1965. **Junker, H.** *Lex Tua Veritas.* Ed. H. Gross and F. Mussner. Trier: Paulinus, 1961. **Klauser, T.** *Mullus.* Ed. A Stuiber and A. Herrmann. Jahrbuch für Antike und Christentum 1. Münster: Aschendorffsche Verlagsbuchhandlung, 1964. **Marx, A.** *Alexander Marx Jubilee Volume on the Occasion of His 70th Birthday.* New York: Jewish Theological Seminary of America, 1950. **Michel, O.** *Abraham Unser Vater.* Arbeiten zur Geschichte des Spätjudentums und Urchristentums 5. Leiden: Brill, 1963. **Muilenburg, J.** *Israel's Prophetic Heritage.* Ed. B. W. Anderson and W. Harrelson. New York: Harper

& Row; London: SCM Press, 1962. **Quervain, A. de.** *Freude am Evangelium.* Ed. J. J. Stamm and E. Wolf. BEvT 44. Munich: Kaiser, 1966. **Rahner, K.** *Gott in Welt.* Vol. 1. Ed. J. B. Metz et al. Freiburg: Herder, 1964. **Rinaldi, G.** *Studi sull' oriente e la Bibbia.* Ed. G. Buccellati. Gênes: Studio e Vita, 1967. **Robinson, T. H.** *Studies in Old Testament Prophecy.* Ed. H. H. Rowley. Edinburgh: T. & T. Clark, 1950. **Rost, L.** *Das ferne und nahe Wort.* Ed. F. Maass. BZAW 105. Berlin: Töpelmann, 1967. **Rudolph, W.** *Verbannung und Heimkehr: Beitrage zur Geschichte und Theologie Israels im 6. und 5. Jahrhundert v. Chr.* Ed. A. Kuschke. Tübingen: Mohr, 1961. **Thielicke, H.** *Leben Angesichts des Todes.* Tübingen: Mohr, 1968. **Thomas, D. W.** *Words and Meanings.* Ed. P. Ackroyd and B. Lindars. Cambridge: Cambridge UP, 1968. **Vriezen, T. C.** *Studia Biblica et Semitica.* Ed. W. van Unnik and A. van der Woude. Wageningen: Veenman, 1966.

1970-79년

Albright, W. F. *Near Eastern Studies in Honor of W. F. Albright.* Ed. H. Goedicke. Baltimore: Johns Hopkins UP, 1971. **Botterweck, G. J.** *Bausteine biblischer Theologie.* Ed. H.-J. Fabry. BBB 50. Cologne; Bonn: Hanstein, 1977. **Daube, D.** *Daube Noster: Essays in Legal History for D. Daube.* Ed. A. Watson. Edinburgh; London: Chatto and Windus, 1974. **Davies, G. H.** *Proclamation and Presence.* Ed. and tr. J. I. Durham and J. R. Porter. 1970. Repr. Macon, GA: Mercer UP, 1983. **Davies, W. D.** *Jews, Greeks and Christians: Religious Cultures in Late Antiquity.* Ed. R. Hammerton-Kelly and R. Scroggs. SJLA 21. Leiden: Brill, 1976. **Doerne, M.** *Fides et Communicatio.* Ed. D. Rössler et al. Göttingen: Vandenhoeck & Ruprecht, 1970. **Dupont-Sommer, A.** *Hommages à Andre Dupont-Sommer.* Paris: Adrien-Maisenneuve, 1971. **Elliger, K.** *Wort und Geschichte.* Ed. H. Gese and H. Rüger. AOAT 18. Neukirken-Vluyn: Neukirchener Verlag; Kevealer: Butzon & Berker, 1973. **Finkelstein, J. J.** *Essays on the Ancient Near East.* Memoirs of the Connecticut Academy of Arts and Sciences 19. Hamden, CT: Archon, 1977. **Friedrich, G.** *Das Wort und die Wörter.* Stuttgart: Kohlhammer, 1973. **Gaster, T. H.** *JANESCU* 5. Ed. M. David. New York: Columbia UP, 1973. **Glueck, N.** *Near Eastern Archaeology in the Twentieth Century.* Ed. J. A. Sanders. Garden City, NY: Doubleday, 1970. **Gordon, C. H.** *Orient and Occident.* Ed. H. A. Hoffner. AOAT 22. Neukirken- Vluyn: Neukirchener: Kevealer: Butzon & Bercker, 1973. **Höffner, J.** *Die Kirche im Wandel der Zeit.* Ed. F. Groner. Cologne: Bachem, 1971. **Hyatt, J. P.** *Essays in Old Testament Ethics.* Ed. J. L. Crenshaw and J. T. Willis. New York: Ktav, 1974. **Jepsen, A.** *Schalom: Studien zu Glaube und Geschichte Israels.* Ed. K. Bernhardt. AzT 1. Stuttgart: Calwer, 1971. **Kempf, W.** *Testimonium Veritati.* Ed. H. Wolter. Frankfurter theologische Studien 7. Frankfurt am Main: Knecht, 1971. **Kornfeld, W.** *Studien zum Pentateuch.* Ed. G. Braulik. Vienna: Herder, 1977. **Kuyper, L. J.** *Grace upon Grace.* Ed. J. I. Cook. Grand Rapids, MI: Eerdmans, 1975. **LaSor, W. S.** *Biblical and Near Eastern Studies.* Ed. G. A. Tuttle. Grand Rapids, MI: Eerdmans, 1978. **Liagre Böhl, F. M. T. de.** *Symbolae Biblicae et Mesopotamicae.* Ed. M. A. Beek et al. Leiden: Brill, 1973. **Loewenstamm, E.** *Studies in Bible and Ancient Near East.* Ed. Y. Avishur and J. Blau. Jerusalem: Rubenstein, 1978. **McKenzie, J. L.** *No Famine in the Land.* Ed. J. W. Flanagan and A. W. Robinson. Missoula, MT: Scholars Press, 1975. **Myers, J. M.** *A Light unto My Path.* Ed. H. Bream. Philadelphia: Temple UP, 1974. **Rad, G. von.** *Probleme biblischer Theologie.* Ed. H. W. Wolff. Munich: Kaiser, 1971. **Schelkle, K. H.** *Wort Gottes in der Zeit.* Ed. H. Feld and S. Nolte. Düsseldorf: Patmos, 1973. **Schlier, H.** *Die Zeit Jesu.* Ed. G. Bornkamm and K. Rahner. Freiburg: Herder, 1970. **Selms, A. van.** *De Fructu Oris Sui.* Ed. I. H. Eybers et al. POS 9. Leiden: Brill, 1971. **Stanley, D. M.** *Word and Spirit.* Ed. J. Plevnik. Willowdale, Ont.: Regis College Press, 1975. **Volterra, E.** *Studi in Onore di Edoardo Volterra.* Pubblicazioni della Facolta di Giurisprudenza dell'Universita di Roma 45. Milan: Giuffré, 1971. **Wright, G. E.** *Magnalia Dei: The Mighty Acts of God: Essays on the Bible and Archaeology.* Ed. F. M. Cross et al. Garden City, NY: Doubleday, 1976. **Ziegler, J.** *Wort, Lied und Gottesspruch: Festschrift für Joseph Ziegler.* Ed. J. Schreiner. FB 1-2. Würzburg: Echter, 1972. **Zimmerli, W.** *Beiträge zur alttestamentlichen Theologie.* Ed. H. Donner et al. Göttingen: Vandenhoeck & Ruprecht, 1977.

1980-89년

Abramsky, S. *Beer Sheva.* Vol. 2. Ed. M. Cogan. Studies by the Department of Bible and the Ancient Near East. Jerusalem: Magnes, 1985. **Ahlström, G. W.** *In the Shelter of Elyon: Essays on Ancient Palestinian Life and Literature.* Ed. W. B. Barrick and J. R. Spencer. JSOTSup 31. Sheffield: JSOT Press, 1984. **Alonso Díaz, J.** *Palabra* *y Vida.* Ed. A. Vargas-Machuca and G. Ruiz. Publicaciones de la Universidad Pontificia Comillas de Madrid 1.28. Madrid: Universidad Comillas, 1984. **Alonso Schökel, L.** *El Misterio de la Palabra.* Ed. V. Collado and E. Zurro. Madrid: Cristiandad, 1983. **Barthélemy, D.** *Mélanges D. Barthélemy: Études bibliques.* Ed. P. Casetti, O. Keel, and A. Schenker. OBO 38. Fribourg: Universitaires, 1981. **Bornkamm, G.** *Kirche: Festschrift für Gunther Bornkamm zum 75. Geburtstag.* Ed. D. Lührmann and G. Strecker. Tübingen: Mohr, 1980. **Brelich, A.** *Religioni e Civiltà 3.* Ed. V. Lanternari and M. Massenzio. Bari: Dedalolibri, 1982. **Brunner, H.** *Fontes agque Pontes.* Ed. M. Görg. ÄgAT 5. Wiesbaden: Harrassowitz, 1983. **Cazelles, M. H.** *De la Torah au Messie.* Ed. M. Carrez, J. Doré, and P. Grelot. Paris: Desclée, 1981. ______. *Mélanges bibliques et orientaux en l'honneur de M. Henri Cazelles.* Ed. A. Caquot and M. Delcor. AOAT 212. Neukirchen-Vluyn: Neukirchener; Kevelaer: Butzon & Bercker, 1981. **Craigie, P. C.** *Ascribe to the Lord: Biblical and Other Studies.* Ed. L. Eslinger and G. Taylor. JSOTSup 67. Sheffield: JSOT Press, 1988. **Cross, F. M.** *Ancient Israelite Religion.* Ed. P. Miller, P. Hanson, and S. McBride. Philadelphia: Fortress, 1987. ______. *Tradition and Transformation: Turning Points in Biblical Faith.* Ed. B. Halpern and J. Levenson. Winona Lake, IN: Eisenbrauns, 1981. **Delcor, M.** *Mélanges biblique et orientaux.* AOAT 215. Neukirchen-Vluyn: Neukirchener Verlag; Kevelaer: Butzon & Bercker, 1985. **Diakonoff, I. M.** *Societies and Languages of the Ancient Near East.* Ed. M. A. Dandamayev. Warminster: Aris & Phillips, 1982. **Freedman, D. N.** *The Word of the Lord Shall Go Forth.* Ed. C. Meyers and M. O'Connor. ASOR: Special Volume Series 1. Winona Lake, IN: Eisenbrauns, 1983. **Gordon, C. H.** *The Bible World.* Ed. G. Rendsburg et al. New York: Ktav, 1980. **Harrelson, W.** *Justice and the Holy.* Ed. D. A. Knight and P. J. Paris. Atlanta: Scholars Press, 1989. **Harrison, R. K.** *Israel's Apostasy and Restoration.* Ed. A. Gileadi. Grand Rapids, MI: Baker, 1988. **Hofmann, A.** *Diener in eurer Mitte.* Ed. R. Beer et al. Schriften der Universität Passau, Reihe Katholische Theologie 5. Passau: Passavia Universitätsverlag, 1984. **Hospers, J. H.** *Scripta Signa Vocis.* Ed. H. L. J. Vanstiphout. Groningen: Egbert Forsten, 1986. **Kaiser, O.** *Prophet und Prophetenbuch.* Ed. V. Fritz. BZAW 185. Berlin: de Gruyter, 1989. **Kraus, H.-J.** *"Wenn Nicht Jetzt, Wann Dann?"* Ed. H.-G. Geyer et al. Neukirchen-Vluyn: Neukirchener Verlag, 1983. **Krause, G.** *Vom Amt des Laien in Kirche und Theologie.* Ed. H. Schröer and G.

Müller. Theologische Bibliothek Töpelmann 39. Berlin: de Gruyter, 1982. **Lohfink, N.** *BN* 43(1988). **Martin-Achard, R.** *Hommage à Robert Martin-Achard.* Ed. M. Faessler. Bulletin du Centre Protestant d'Études 36. Geneva: Centre Protestant d'Études. 1984. **Mendenhall, G. E.** *The Quest for the Kingdom of God.* Ed. H. Huffmon, F. Spina, and A. Green. Winona Lake, IN: Eisenbrauns, 1983. **Molin, G.** *Meqor Hajjim.* Ed. I. Seybold. Graz: Akademische Druck und Verlagsanstalt, 1983. **Möller, J.** *Im Gespräch, der Mensch: Ein interdisziplinarer Dialog: Joseph Möller zum 65. Geburtstag.* Ed. H. Gauly et al. Düsseldorf: Patmos, 1981. **Ploeg, J. P. M. van der.** *Vonn Kanaan bis Kerala.* Ed. W. C. Delsman et al. AOAT 211. Kevelaer: Butzon & Bercker, 1982. **Plöger, J. G.** *Freude am Gottesdienst: Aspekte ursprünglicher Liturgie.* Ed. J. Schreiner. Stuttgart: Katholisches Bibelwerk, 1983. **Polotsky, H. J.** *Studies Presented to Hans Jakob Polotsky.* Ed. D. W. Young. East Gloucester, MA: Pirtle & Polson, 1981. **Pope, M. H.** *Love and Death in the Ancient Near East.* Ed. J. H. Marks and R. M. Good. Guilford, CT: Four Quarters Publishing Co., 1987. **Reicke, B.** *The New Testament Age.* Vol. 2. Ed. W. C. Weinrich. Macon, GA: Mercer UP, 1984. **Rosenthal, E. I. J.** *Interpreting the Hebrew Bible.* Ed. J. A. Emerton and S. C. Reif. Univ. of Cambridge Oriental Publications 32. Cambridge: Cambridge UP, 1982. **Scharbert, J.** *Die Väter Israels: Beiträge zur Theologie der Patriarchenüberlieferungen im Alten Testament.* Ed. M. Görg. Stuttgart: Katholisches Bibelwerk, 1989. **Schnackenburg, R.** *Neues Testament und Ethik.* Ed. H. Merklein. Freiberg: Herder, 1989. **Seeligmann, I. L.** *Essays on the Bible and the Ancient World.* Ed. A. Rofé and Y. Zakovitch. 3 vols. Jerusalem: Rubinstein, 1983. **Smalley, B.** *The Bible in the Medieval World.* Ed. K. Walsh and D. Wood. Studies in Church History, Subsidia 4. Oxford: Blackwell, 1985. **Steiger, L.** *Theologische Brosamen für Lothar Steiger zu seinem 50. Geburtstag.* Ed. E. Stegemann. BDBAT 5. Heidelberg, 1985. **Vajda, G.** *Études d'histoire et de pensée juives.* Ed. G. Nahon and C. Touati. Louvain-la-Neuve: Peeters, 1980. **Voigt, F. G.** *Das lebendige Wort: Beiträge zur kirchlichen Verkündigung.* Ed. H. Seidel and K.-H. Bieritz. Berlin: Evangelische Verlagsanstalt, 1982. **Westermann, C.** *Werden und Wirken des Alten Testaments: FS C. Westermann.* Ed. R. Albertz et al. Göttingen: Vandenhoeck & Ruprecht, 1980. **Wevers, J. W.** *De Septuaginta.* Ed. A. Pietersma and C. Cox. Mississauga, Ont.: Benben, 1984. **Wolff, H. W.** *Die Botschaft und die Boten.* Ed. J. Jeremias and L. Perlitt. Neukirchen-Vluyn: Neukirchener Verlag, 1981. **Yadin, Y.** *JJS* 33(1982)(repr. as *Essays in Honor of Yigael Yadin.* Ed. G. Vermes and J. Neusner. Totowa, NJ: Allanheld, Osmun, 1983).

1990-99년

Assfalg, J. *Lingua Restituta Orientalis.* Ed. R. Schulz and M. Görg. ÄgAT 20. Wiesbaden: Harrassowitz, 1990. **Brekelmans, C. H. W.** *Deuteronomy and Deuteronomic Literature.* Ed. M. Vervenne and J. Lust. BETL 133. Leuven: Leuven UP, 1997. **Füglister, N.** *Ein Gott, eine Offenbarung: Beiträge zur biblischen Exegese, Theologie und Spiritualität.* Ed. V. Reiterer. Würzburg: Echter, 1991. **Greenberg, M.** *Tehillah le-Moshe: Biblical and Judaic Studies in Honor of Moshe Greenberg.* Ed. M. Cogan, B. Eichler, and J. Tigay. Winona Lake, IN: Eisenbrauns, 1997. **Greenfield, J.** *Solving Riddles and Untying Knots: Studies in Honor of Jonas C. Greenfield.* Ed. Z. Zevit, S. Gitin, and M. Sokoloff. Winona Lake, IN: Eisenbrauns, 1995. **Haran, M.** *Texts, Temples, and Traditions: A Tribute to Menahem Haran.* Ed. M. V. Fox et al. Winona Lake, IN: Eisenbrauns, 1996. **Labuschagne, C. J.** *Studies in Deuteronomy.* Ed. F. Garcia et al. VTSup 53. Leiden: Brill, 1994. **Lohfink, N.** *Biblische Theologie und gesellschaftlicher Wandel.* Ed. G. Braulik, W. Gross, and S. McEvenue. Freiburg; Basel; Vienna: Herder, 1993. **Milgrom, J.** *Pomegranates and Golden Bells: Studies in Biblical, Jewish, and Near Eastern Ritual, Law, and Literature.* Ed. D. P. Wright, D. N. Freedman, and A. Hurwitz. Winona Lake, IN: Eisenbrauns, 1995. **Nejanc, F.** *The Four Gospels 1992: FS Frans Nejanc.* Vol. 1. Ed. F. Van Segbroeck et al. BETL 100. Leuven: Leuven UP, 1992. **Reinelt, H.** *Die alttestamentliche Botshaft als Wegweisung.* Ed. J. Zmijewski. Stuttgart: Katholisches Bibelwerk, 1990. **Rendtorff, Rolf.** *Die hebräische Bibel und ihre zweifache Nachgeschichte:* FS *für Rolf Rendtorff zum 65. Geburtstag.* Ed. E. Blum. Neukirchen-Vluyn: Neukirchener Verlag, 1990. **Sanders, J. A.** *The Quest for Meaning: Studies in Biblical Intertextuality in Honor of James A. Sanders.* Ed. C. A. Evans and S. Talmon. Biblical Interpretation Series 28. Leiden: Brill, 1997. **Tadmor, H.** *Ah, Assyria: Studies in History and Ancient Near Eastern Historiography: FS H. Tadmor.* Ed. M. Cogan and I. Eph'al. Jerusalem: Magnes, 1991.

신명기(하) 21:10-34:12

낭독 본문 6. 타인과의 사이에서 일어난 일들에 대한 법 (21:10-25:19)

참고문헌

Braulik, G. "Die Abfolge der Gesetze in Deuteronomium 12-26 und der Dekalog." In *Das Deuteronomium.* Ed. N. Lohfink. 1985. 252-72(=*Studien zur Theologie des Deuteronomiums.* Ed. G. Braulik. 1988. 231-55). ______. "Die dekalogische Redaktion der deuteronomischen Gesetze: Ihre Abhängigkeit von Levitikus 19 am Beispiel von Deuteronomium 22, 1-12; 24, 10-22; 25, 13-16." In *Bundesdokument und Gesetz: Studien zum Deuteronomium.* Ed. G. Braulik. HBS 4. Freiburg: Herder, 1995. 1-25 (=*Studien zum Buch Deuteronomium.* Ed. G. Braulik. 1997. 147-82). ______. "Weitere Beobachtungen zur Beziehung zwischen dem Heiligkeitsgesetz und Deuteronomium 19-25." In *Studien zum Buch Deuteronomium.* Ed. G. Braulik. 1997. 183-223. **Bultmann, C.** *Der Fremde im antiken Juda: Eine Untersuchung zum sozialen Typenbegriff "ger" und seinem Bedeutungswandel in der alttestamentlichen Gesetzgebung.* FRLANT 153. Göttingen: Vandenhoeck & Ruprecht, 1992. **Carmichael, C. M.** "A Common Element in Five Supposedly Disparate Laws." *VT* 29(1979) 129-42. ______. "A Time for War and a Time for Peace: The Influence of the Distinction upon Some Legal and Literary Material in Deuteronomy." *JJS* 25(1974) 50-64. ______. "Uncovering a Major Source of Mosaic Law: The Evidence of Deut 21:15- 22:5." *JBL* 101(1982) 505-20. ______. *Women, Law and the Genesis Traditions.* Edinburgh: Univ. of Edinburgh Press, 1979. **Carrière, J.-M.** "L'organisation des lois en Dt 19-26: Les lois sur le mariage." *NRT* 114(1992) 519-32. **Gertz, J. C.** *Die Gerichtsorganisation Israels im deuteronomischen Gesetz.* FRLANT 165. Göttingen: Vandenhoeck & Ruprecht, 1994. **Greenberg, M.** "Some Postulates of Biblical Criminal Law"(1960). Repr. in SBTS 3:17-20. **Houten, C. van.** *The Alien in Israelite Law.* JSOTSup 107. Sheffield: JSOT Press, 1991. **Kaufman, S. A.** "The Structure of the Deuteronomic Law." *MAARAV* 1.2(1978-79) 105-58. **Lohfink, N.** "Das deuteronomische Gesetz in der Endgestalt - Entwurf einer Gesellschaft ohne marginale Gruppen." In *Studien zum Deuteronomium III.* Ed. N. Lohfink. 1995. 205-18. **Merendino, R. P.** *Das deuterono-*

mische Gesetz. 1969. **Otto, E.** "Aspects of Legal Reforms and Reformulations in Ancient Cuneiform and Israelite Law." In *Theory and Method in Biblical and Cuneiform Law.* Ed. B. Levinson. JSOTSup 181. Sheffield: Sheffield Academic Press, 1994. 160-96. ______. "Soziale Verantwortung in Deuteronomium 19-25." In *Kontinuum und Proprium: Studien zur Sozial- und Rechtsgeschichte des Alten Orients und des Alten Testaments.* Orientalia Biblica et Christiana 8. Wiesbaden: Harrassowitz, 1996. 123-38. ______. "Soziale Verantwortung und Reinheit des Landes: Zur Redaktion der kasuistischen Rechstssätze in Deuteronomium 19-25." In *Prophetie und geschichtliche Wirklichkeit im alten Israel: FS S. Herrmann.* Ed. R. Liwak and S. Wagner. Stuttgart: Kohlhammer, 1991. 290-306. ______. "Vom Bundesbuch zum Deuteronomium." In *FS N. Lohfink.* 1992. 260-78. **Rofé, A.** "Family and Sex Laws in Deuteronomy and the Book of the Covenant." *Hen* 9(1987) 131-59. **Wenham, G. J.**, and **McConville, J. G.** "Drafting Techniques in Some Deuteronomic Laws." *VT* 30(1980) 248-52. **Westbrook, R.** "Biblical and Cuneiform Law Codes." *RevistBib* 92(1985) 247-64. ______. "Riddles in Deuteronomic Law." In *Bundesdokument und Gesetz.* 1995. 159-74. **Yaron, R.** "Biblical Law: Prolegomena." In *Jewish Law in History and the Modern World.* Ed. B. S. Jackson. JLASup 2. Leiden: Brill, 1980. 27-44, esp. 33-34.

서론

신명기 토라 낭독 주기 중에서 열한 개의 주별 분량의 여섯 번째 낭독 본문은 21:10부터 25:19까지인데 그 제목은 첫 번째 문구인 키 테차(כי תצא, "네가 나가서")로 알려져 있으며, 나의 신명기 12-26장의 개요 안에 들어 있는 네 번째 주 단락과 일치한다.

A	중앙 성소와 지방에서의 공예배	12:1-14:21
B	하나님과 관련된 인간사에 대한 법 – 성	14:22-16:17
X	지도자와 권위에 대한 법 – 행정과 사법	16:18-21:9
B′	다른 사람과 관련된 인간사에 대한 법 – 속	21:10-25:19
A′	중앙 성소와 지방에서의 공예배	26:1-19

소위 신명기의 핵심 내용(12-26장) 내에서 할당된 토라 낭독 본문 가운데 있는 매주 할당된 몫은 주별 분량의 네 번째(11:26-16:17) 내용이 나의 개요 중 두 단락을 포함하고 있고, 일곱 번째 내용(26:1-29:8[9])이 본서의 그 다음 주요 단락(신

27-30장)으로 확장된다는 사실을 제외하고는 이 곳에 제공된 운율 본문 분석에 근거하여 본서의 문학적 분석과 일치한다.

주석가들은 거의 언제나 21:10-25:19을, 이 43개의 법의 배열 가운데 어떤 분별 가능한 구조가 있다고 하더라도, 거의 의미가 없는 "잡동사니 법"으로 규정한다. 아래의 논의 가운데서 우리가 살펴보겠지만, 이 법의 순서는 대칭적 성격을 가지고 있으며, 그 주요 구조 표시들은 결혼과 전쟁이라는 주제와 관련된 법의 연속인데 (24:10-14; 23:1[개역. 22:30]; 24:1-5; 25:17-19), 이것은 제6계명과 제7계명 (살인과 간음 금지)과 일치한다. 이 구조 내에서 여기에 나오는 대부분의 법은 제8, 9, 10계명과 일치하는 법들(도적질, 거짓 증거, 탐냄) 가운데 사회 윤리 문제를 취급하고 있다.

신명기의 중심 내용 중에서 앞의 세 개의 각 주요 단락들이 그러하듯, 21:10-25:19에 있는 43개의 법은 다섯 부분으로 된 대칭적 구조 형태로 정리될 수 있다.

A	전쟁에서 사로잡아 온 여인과의 결혼	21:10-14
B	"참 경건"과 불법 혼합에 대한 18개의 법	21:15-22:29
X	부친의 아내와의 혼인 금지	23:1
A′	"참 경건"에 대한 7개의 법	23:2-26
B′	결혼, 전쟁, "참 경건"에 대한 16개의 법	24:1-25:19

이 낭독 본문 중에서 제1차적 구조 표시 장치는 결혼과 전쟁을 취급하고 있는 두 개의 법(21:10-14과 24:1-4)이며, 이것이 외부 골격의 첫 번째 사항(21:10-14)과 두 번째 사항에 들어 있는 개요 법(24:1-25:19)을 이루고 있다. "참 경건"에 대해서 필자는 야고보서가 의미하고는 것과 같은 뜻으로 말하고 있음을 알기 바란다: "하나님 아버지 앞에서 정결하고 더러움이 없는 경건은 곧 고아와 과부를 그 환난 중에 돌아보고 또 자기를 지켜 세속에 물들지 아니하는 이것이니라"(약 1:27). 인간사의 문제에 관한 이러한 법들은 짐승 세계에까지도 확대된다. 위의 구조 중심부에는 부친의 아내와의 혼인을 금지하고 있는 독특하고도 수수께끼 같은 법이 있는데, 이것은 우리가 살펴보겠지만 일부다처제 사회에서 부친의 첩과의 혼인을 말하는 것이다.

이 단락에 있는 43개의 법은 라부샤뉴(C. J. Labuschagne)가 *Numerical Secrets of the Bible*[1999] 75-104의 "The Secret of the Hidden Sacred Numbers 17 and 26"에서 논의해 온 두 개의 성스러운 숫자 17과 26이 결합된 숫자로 분배되어 있다.

중심부(21:15-25:16)에 있는 26개의 법은 결혼과 전쟁이라는 주제에 대한 법으로 이루어져 있는데(21:10-14; 24:1-5), 이것은 외부 골격에 포함되어 있는 17개의 법에 들어 있다: 결혼과 전쟁에 관한 첫 번째 법(21:10-14), 그리고 결혼과 전쟁에 관한 법(24:1-5) 및 또 다른 성전(聖戰)에 관한 법(25:17-19)으로 구성되어 있는 24:1-25:19에 나오는 16개의 법. 마지막 것은 애굽으로부터 나오던 날에 있었던 아말렉 사람들의 공격을 기억하라는 결론적 권고다.

24:1-25:19에 있는 16개의 법은 필자가 이 주석의 뒷부분에서 자세히 취급한 내용인데, 그것들은 다음과 같은 7지(七枝) 형태로 개괄해 볼 수도 있다.

A	재혼 금지와 새신랑의 군 징집 면제	24:1-5
B	사회 윤리에 관한 법과 인륜적 관심	24:6-22
C	태형의 한계와 소의 입에 망을 씌우지 말 것	25:1-4
X	수혼	25:5-10
C′	싸움에 끼여들지 말 것	25:11-12
B′	사회 윤리: 정직한 저울추와 되	25:13-16
A′	아말렉 사람들의 공격을 기억할 것	25:17-19

이 구조 가운데 있는 골격(A, X, A′)은 결혼에 관한 두 개의 법(24:1-4; 25:5-12)과 전쟁에 관한 두 개의 법(24:5; 25:17-19)으로 이루어져 있다. 중심부에 있는 수혼(25:5-12)은 인륜 문제를 취급하는 세 개의 법으로 구성되어 있다: 태형의 한계를 설정하는 법(25:1-3)과 곡식을 떠는 소의 입에 망을 씌우는 일을 금지하는 법(25:4). 이 법들은 한 여인이 한 남편 대신에 부당하게 개입하여 상대방 남자의 음낭을 잡지 말라는 법(25:11-12)과 대칭을 이룬다. 나머지 골격은 일련의 사회 윤리와 인륜 문제에 관한 8개의 법(24:6-22)으로부터, 저울과 도량형의 진실 문제에서 사회 윤리에 관한 1개의 법으로 이동해 나간다(25:13-16).

21:10-25:19 전체의 구조 단위를 바라보는 또 다른 방법은 좀더 복잡한 대칭 구조 형태 내에서 각각의 율법 간의 관계를 검토해 보는 것이다.

A	전쟁에서 사로잡아 온 여인과의 결혼	21:10-14
B	사회 정의: 일부다처제에서의 장자의 권리	21:15-17
C	가족법: 패역한 아들	21:18-21
D	인륜: 사형당한 시체의 처리	21:22-23
E	사회 윤리: 길을 잃고 넘어진 짐승 구출	22:1-4
F	인륜: 어미 새를 살려 줄 것; 지붕의 난간	22:6-8

G	성: 간음 및 다른 불법적 혼합의 금지	22:9-29
H	부친의 전처와의 결혼 금지	23:1
I	야웨의 총회에의 입회 금지	23:2-9
X	군대 소집 장소의 성결	23:10-15
I′	도망친 노예를 위한 은신처	23:16-17
H′	매춘 금지[+23:20-26]	23:18-19
G′	성: 재혼 금지	24:1-4
F′	인륜: 새신랑의 군 징집 면제	24:5
E′	사회 윤리: 가난한 자와 약한 자의 보호	24:6-22
D′	인륜: 태형의 한계 및 소의 입에 망을 씌우지 말 것	25:1-4
C′	가족법: 수혼	25:5-12
B′	사회 정의: 정직한 저울추와 되	25:13-16
A′	아말렉 사람의 공격을 기억할 것	25:17-19

전체적인 구조는 네 개의 중심 문제 주위를 둘러싸고 형성된 것으로 보인다: 전쟁, 결혼(성과 가족), 사회 윤리(가난한 자와 약한 자 돌봄), 인륜 문제. 이 네 개의 일반적인 주제들은 십계명의 제6계명부터 제10계명까지의 명령의 확장이다: 살인(전쟁), 간음(불법적 혼합), 도적질(재산), 거짓 증거(사회 및 경제상의 정의) 그리고 탐냄(인륜 문제). 비록 네 개의 간략한 법들로만 한정되어 있기는 하지만, 전쟁 문제는 여기서 살펴본 전체 구조 가운데서 두드러진 역할을 하고 있는데, 이것들이 초두에 나타나고(21:10-14), 중간에(23:10-17, 그리고 끝에(25:17-19) 나타난다. 두 번째로 중요한 관심은 결혼에 대한 관심과 성행위 및 가정생활 분야에서의 의무다. 세 번째로는 사회 윤리 문제에 관심을 두고 있으며 과부와 고아, 특히 이방인을 돌보는 일에 관심을 두고 있다. 네 번째 관심은 성격상 인륜 문제인데, 사형당한 시체의 처리 문제(21:22-23), 태형의 한계(25:1-3), 곡식을 떠는 소의 입에 망을 씌우지 말라는 것(25:4) 그리고 어미 새를 그 새끼(알)와 함께 취하지 말라는 것(22:6-7) 등이다. 거의 모든 문제 가운데서 이 네 개의 관심이 표현되어 있는 법들은 회문(回文) 형식으로 세심하게 균형이 잡히도록 고안된 방식으로 배열되어 있다. 이 법들은 자주 3+1의 형태로 배열되어 있는데, 한 개의 법이 그룹으로 되어 있는 세 개의 법과 대칭을 이루는 구조를 가지고 있으며, 이 세 개의 법들은 어떤 면에서 다른 한 개와 더욱 긴밀하게 연결되어 있다. 대부분의 주석가들이 신명기의 이 단락에 있는 율법들이 그 성격상 잡동사니라고 결론지었던 이유는 그

들이 분석 차원에서 전체의 대칭 구조나 혹은 그 부분들의 대칭 구조를 간파하지 못했기 때문이다.

21:10-23:1과 23:2-25:19의 다섯 부분으로 이루어진 대칭 구조 가운데서 내부 골격의 각 부분은 또다시 다음과 같이 평행적인 다섯 부분으로 이루어진 구조로 정리될 수 있다.

A	전쟁에서 사로잡아 온 여인과의 결혼	21:10-14
B	가족법: 장자권, 패역한 아들	21:15-21
X	"참 경건"에 대한 법과 불법적 혼합	21:22-22:12
B′	가족법: 혼전 부정, 간음, 강간	22:13-29
A′	부친의 아내와의 결혼 금지	23:1

A	미래에 야웨의 총회에 들어오는 일에 대하여	23:2-9
B	전쟁과 성: 가난한 자와 약한 자를 돌봄을 둘러싸는 골격	23:10-24:5
X	"참 경건"에 관한 법–가난한 자와 약한 자 보호	24:6-25:4
B′	수혼, 정당하지 못한 싸움, 저울과 도량형	25:5-16
A′	과거의 아말렉 사람들의 공격을 기억하라	25:17-19

처음 부분에서 관심의 초점(21:10-23:1)은 결혼, 가족법, 불법적 혼합이다. 두 번째 부분(23:2-25:19)에서 일차적 관심은 사회적 윤리와 사업 윤리인데, 일차적으로 이와 유사한 신명기의 삼중적 계층인 가난한 자, 고아, 외국인을 상징하는 가난한 자와 약한 자를 돌보는 일에 초점을 맞추고 있다. 이러한 평행적 구조 내에서 각 단락은 유사한 패턴을 보이고 있는데, 필자는 이것을 아래 부분에서 자세히 취급했다.

21:10-25:19의 문학적 구조를 이해하는 열쇠는 전쟁과 결혼을 취급하고 있는 율법들을 자세히 검토해 보면 발견된다. 필자가 16:18-21:9의 법에 대한 일반적인 서론 가운데서 주장한 바와 같이 전쟁이라는 주제는 여섯 번째 계명, 즉 살인의 금지(5:17)에 해당한다. 결혼과 가족법의 주제는 제7계명, 즉 간음의 금지(5:18)에 해당한다. 신명기 21:10-25:19은 결혼과 전쟁을 취급하고 있는 법으로 시작된다. 즉 전쟁에서 사로잡아 온 여인과 결혼하는 법이다(21:10-14). 이 단락은 출애굽 당시에 있었던 아말렉 사람들의 공격을 기억하라고 권고하는 성전(聖戰)에 관한 짧은 구절로 끝난다(25:17-19). 결혼에 관한 두 번째 법, 즉 부친의 아내와의 결혼 금지(23:1)는 본질적으로 제7계명의 주석에 해당하는 첫 번째 주요 버금 단락(21:10-

23:1)의 끝을 표시하고 있는 하나의 봉투 중 하반부의 기능을 한다.

23:1에 있는 법은 이중적인 역할을 하고 있는데, 그 이유는 이것이 한 남자의 전처가 임시적으로 재혼했다면 전남편이 그녀와 재혼하는 것을 금하는 법(24:1-4)을 포함하고 있는 23:1-24:4의 법의 구조적 골격의 첫 부분이기도 하기 때문이다. 23:2-26에 있는 사회 윤리에 관한 법은 야웨의 총회에 들어오도록 허락을 받는 사람에 관한 일단의 법(23:2-9)과 전쟁 및 군대 진영의 성결에 관한 네 개의 법 가운데 두 번째 법(23:10-15)으로 시작된다. 아래의 논의에서 주장하겠지만, 23:1-24:4에 있는 법은 본질적으로 앞의 버금 단락에서 소개된 주제인 참된 경건의 문제에 관한 세 가지 명령(21:22-22:4; 22:6-8; 그리고 입는 겉옷 네 귀에 술을 만들라는 일종의 수수께끼 같은 방식으로 말하고 있는 22:12)과 관련하여 제6계명으로부터 제10계명에 대한 주석이다. 예배자와 하나님 간의 관계에서 23:2-24:4에 있는 참 경건의 수직적인 면은 처음부터 군대 진영에서의 거룩을 요구하는 데서(23:10-15) "창기"의 금지(23:8-19)로, 그 다음에는 야웨께 한 서원을 적기에 시행하라는 법(23:22-24)으로 나아간다.

참 경건의 수평적인 면은 여기서 "참 경건"으로 지칭된 세 개의 버금 단락에서 결혼과 가족 그리고 불법적 혼합(신 21:10-23:1)을 취급하고 있는 법들의 단락에서 소개되고 있다. 주제는 도망한 종들의 안식처에 관한 법(23:16-17)과 23:20-26에 있는 가난한 자와 약한 자의 보호를 취급하고 있는 세 개의 법을 담고 있는 23:2-24:4에서 확대되고 있다. 여기에 제시되어 있는 내용은 신명기 토라 낭독의 여섯 번째 주 분량 중 주요 버금 단락(24:5-25:19)에서 확장되어 있는데, 그 중심부에는 문제의 요약 내용을 가지고 있다: "너는 객이나 고아의 송사를 억울하게 말며 과부의 옷을 전집하지 말라"(24:17). 이것은 야고보가 "참 경건"으로 묘사한 것과 본질적으로 같은 것이다: "하나님 아버지 앞에서 정결하고 더러움이 없는 경건은 곧 고아와 과부를 그 환난 중에 돌아보고 또 자기를 지켜 세속에 물들지 아니하는 이것이니라"(약 1:27).

24:5-25:19에 있는 결론적 단락은 세부적으로 결혼에 관한 네 개의 법(21:10-14; 23:1; 24:1-4; 24:5)의 마지막 법으로부터 전쟁에 관한 네 개의 법(21:10-14; 23:10-15; 24:5; 25:17-19) 중 마지막 법으로 움직여 나아가는 골격에서는 가난한 자와 약한 자를 보호하라는 내용을 말하고 있다. 24:5에 있는 군대 복무에서 새신랑을 면제해 주라는 법과 25:17-19에 있는 아말렉 사람의 공격을 기억하라는 결론적 권면은 본질적으로 신명기 12-25장에 있는 율법 모음집에 대한 대 결론을

감싸는 봉투 역할을 하고 있다. 간단히 말해서, 모세가 가르친 토라를 지키라는 것은 "하나님을 두려워하라"는 것이며, 네 이웃을 네 몸처럼 사랑하라(마 22:37-39)는 것이다.

21:10-23:1에 있는 20개의 법은 본질적으로 간음을 금지하는 제7계명(5:18)의 확장인데, 이것은 필자가 "참 경건"이라고 부른 여섯 개의 법을 포함하고 있다. 이 법들은 다음과 같은 대칭 구조로 배열되는 네 개의 일반적인 범주로 그룹지어 있다.

A **결혼에 관하여** – 전쟁에서 사로잡아 온 여인과의(21:10-14)

B **가족법**: 자녀들에 관하여(21:15-21)

일부다처제 가정에서 장자의 권리(21:15-17)

패역한 아들의 징벌(21:18-21)

C **참 경건**(21:22-22:4)

사형당한 시체의 처리(21:22-23)

잃어버린 짐승들의 되돌림(22:1-3)

넘어진 짐승을 도움(22:4)

D **불법적 혼합**(22:5)

이성의 옷을 입지 말 것(22:5)

X 참 경건(22:6-8)

새의 새끼를 그 어미와 함께 취하지 말 것(22:6-7)

집의 지붕에 난간을 만들 것(22:8)

D′ **불법적 혼합**(22:9-11)

씨의 혼합 파종 금지(22:9)

짐승의 혼합 겨리 금지: 소와 나귀(22:10)

직물의 혼합 금지(22:11)

C′ **참 경건**(22:12)

옷가의 술(22:12)

B′ **가족법**: 결혼과 간음(22:13-29)

결혼 전의 부정 행위에 대한 잘못된 소송(22:13-19)

결혼 전의 부정 행위에 대한 진실한 소송(22:20-21)

결혼한 여인이나 약혼한 처녀와의 간음(22:22-24)

약혼한 처녀에 대한 강간(22:25-27)

약혼하지 않은 처녀에 대한 강간(22:28-29)

A′ **결혼에 관하여** – 부친의 아내와의 결혼 금지(23:1)

결혼에 관한 두 개의 법은 이 구조 가운데서 외부 골격으로서의 기능을 하고 있으며(21:10-14과 23:1), 반면에 평행적 법들의 다음 그룹은 자녀에 대한 가족법(21:15-21) 개념과 결혼과 불법적 성행위(22:13-29)라는 중추적인 문제로 확대된다. 다섯 개의 법 중 마지막 그룹에서 우리는 간음 금지법의 명백한 반복을 보게 되는데(22:22), 그 중에서 더 큰 구조는 하나의 문학적 확장이다. 불법적 혼합으로서의 간음의 면은 인간에게 속하는 법 가운데 확대되어 있는데(이성의 옷을 입지 말라는 금지, 22:5) 그것이 피조 질서의 비인간적인 면에 속하는 세 개의 법과 대칭되어 있다: 종자의 혼합 파종, 짐승을 겨리하여 갊(소와 나귀를 함께) 그리고 직물 혼합 금지(양털과 베실). 불법적 혼합에 대한 이러한 법들의 양편에는 인간(사형당한 시체, 21:22-23)이나 짐승(즉은 혹은 넘어진, 22:1-4)에게 속하는 세 개의 법이 있고, 네 번째 법은 옷 가에 술을 다는 일을 취급하고 있다(22:12). 그 중심부에는 창조 질서 중 비인간적인 면(새끼와 어미 새를 함께 취하지 말 것, 22:6-7)과 인간적인 면(지붕 위에 난간을 만들 것, 22:8)과 관련하여 "참 경건"에 대한 두 개의 특별한 법이 있다. 이 구조적인 배열 가운데 제시된 메시지는 의미심장하다. 즉 우주 가운데서 그리고 인간관계 가운데서 우리는 "움직이는 모든 생물을 다스리도록"(창 1:28) 하나님으로부터 책임을 위임받았다는 것이다.

결혼과 전쟁에 속하는 일에 대한 일련의 네 개의 독특한 법은 21:10-25:19에 있는 법을 조직할 구성틀로 사용된다. 전쟁에서 사로잡아 온 여인과의 결혼에 관한 법(21:10-14)은 이 네 개의 법 가운데 그 첫 번째 것인데, 이것이 사회 윤리 문제에 대한 일곱 개의 법(23:2-26)을 둘러싼 교차적 틀을 이루고 있다. 그것은 다음과 같이 정리할 수 있다.

A	전쟁에서 사로잡아 온 여인과의 결혼	21:10-14
B	부친의 아내와의 결혼 금지	23:1
X	사회 윤리 문제에 관한 일곱 개의 법	23:2-26
B′	전처가 재혼했을 경우 그 아내와의 재혼 금지	24:1-4
A′	새신랑의 군 징집 면제	24:5

이 구조의 외부 골격에 있는 법은 모두 결혼과 전쟁이라는 주제를 취급하고 있다(21:10-14과 24:5). 내부 골격에 있는 두 개의 법은 모두가 결혼이 금지되는 상황을 취급하고 있다(23:1과 24:1-4). 이 구조의 중심부에 있는 일곱 개의 법은 칠지(七枝) 패턴으로 다음과 같이 정리될 수 있다.

A 야웨의 총회에 가입	23:2-9
B 　군대 진영의 성결	23:10-15
C 　　도망친 종의 은신처	23:16-17
X 　　　"신전 창기"의 금지	23:18-19
C′ 　　이자 금지	23:20-21
B′ 　야웨께 한 서원의 이행	23:22-24
A′ 이웃의 추수하지 않은 곡식을 먹을 권리	23:25-26

이 구조에서 사회 윤리 문제에 대한 일곱 개의 법 가운데 그 중심 법은 "신전 창기"(holy prostitution, 23:18-19)에 관한 이상한 법인데, 이것은 우리가 다른 곳에서도 발견할 수 있는 "중앙 부분에 위치한 수수께끼"와 같은 것이다. 이 구조틀(A, X, A′)은 야웨의 총회로부터 아말렉 사람들(모압 사람들과 암몬 사람들을 포함하여)을 제외시키고, 에돔 사람은 "그는 너의 형제이므로"(8절) 가입시키고, 또 애굽 사람들(23:2-9)을 가입시키라는 법으로부터 이웃의 추수하지 않은 밭에서 곡식을 먹어도 가하다는 법으로 움직여 나간다(23:25-26). 우리는 나중에 이 법에 대해 세부적인 논의를 하겠지만, 이것은 에돔 사람들의 "적대적 행위"에 관한 설화 전승을 형성하는 데 사용되었다. 이 구조의 중심부에서 우리는 "신전 창기"라는 수수께끼를 발견하게 된다(23:18-19). 이 구조에서 가장 바깥에 있는 골격은 "야웨 네 하나님께서 네 진중에 행하시는"(14절) 그 군대 진영의 성결에 관한 법(23:10-15)으로부터 야웨에 대한 서원을 이행하라는 법(23:22-24)으로 움직여 나간다. 가장 내부에 있는 골격은 도망친 종을 위한 은신처에 관한 법(23:18-19)으로부터 동료 이스라엘 사람이 같이 도피하여 유업을 함께 가지는 "너의 형제"(20절)에게 이식을 받고 돈을 빌려 주지 말라는 법(23:20-21)으로 움직여 나간다.

여기에 정리된 구조는 중심부에 있는 "신전 창기" 금지법(23:18-19)이 또 다른 칠지(七枝) 형태의 중심부로서 결혼과 전쟁에 관한 다른 여섯 개의 법이라는 문맥 가운데서 해석되어야 한다는 사실을 암시해 주고 있다.

A 결혼과 전쟁 – 전쟁에서 사로잡아 온 여인과의 결혼	21:10-14
B 　결혼 – 부친의 아내와의 결혼 금지	23:1
C 　　전쟁 – 군대 진영의 성결	23:10-15
X 　　　"신전 창기"의 금지	23:18-19
C′ 　　결혼 – 전처가 재혼했을 경우 그 아내와의 재혼 금지	24:1-4
B′ 　결혼과 전쟁 – 새신랑의 군대 징집 면제	24:5

A′ 야웨의 성전－아말렉 사람의 공격을 기억하라 25:17-19

이 구조의 틀(A, X, A′)은 결혼과 전쟁을 동시에 취급하는 두 개의 법(21:10-14)으로부터 과거 야웨의 성전 시작 당시에 있었던 아말렉 사람의 공격을 기억하라는 결론적 권면으로 움직여 나가면서(25:17-19), 그 중심부에는 "창기"의 금지에 관한 의아한 금지를 가지고 있다. 바깥쪽에 있는 골격은 부친의 아내와의 결혼 금지법(23:1)으로부터 결혼과 전쟁을 동시에 취급하는 법 즉 새신랑의 군징집 면제를 취급하는 두 번째 법(24:5)으로 움직여 나간다. 내부 골격은 전쟁법 즉 군대 진영의 성결(23:10-15)로부터 결혼에 관한 법 즉 전처가 결혼했을 경우 그 아내와의 재혼을 금지하는 법으로 움직여 나간다(24:1-4). 또다시 21:10-25:19 전체의 구조적 도식 내에서 결혼과 전쟁에 관한 이 개별 법들의 세심한 배열이 두드러져 있다.

성과 전쟁 문제를 취급하는 법들의 구조틀 내에서 21:10-25:19의 법들의 구조를 바라보는 또 다른 방식은 다음과 같은 칠지(七枝) 형태 가운데 이 모든 법들을 포함시키는 것이다.

A 사로잡아 온 여인과의 결혼 21:10-14
B 가족법, 참 경건, 불법적 혼합(17개의 법) 21:15-22:29
C 결혼과 전쟁(3개의 법) 23:1-15
X 사회 윤리에 관한 법(5개의 법) 23:16-26
C′ 결혼과 전쟁(2개의 법) 24:1-5
B′ 가난한 자와 약한 자의 보호(12개의 법) 24:6-25:16
A′ 아말렉 사람의 공격을 기억하라는 것(야웨의 성전) 25:17-19

이 구조틀(A, X, A′)은 전쟁에서 사로잡아 온 여인과의 결혼에 관한 법(21:10-14)으로부터 출애굽 당시 야웨의 성전의 시작 단계에 있었던 군사적 공격으로 인하여 아말렉 사람의 공격을 기억하라는 결론적 회고(25:17-19)로 움직여 나가며, 그 중심부에 사회 윤리 문제들에 관한 다섯 개의 법(23:16-26)을 가지고 있다. 외부 골격은 사회 윤리 문제에 관한 일곱 개의 법 모음집(21:15-22:29)으로부터 또 다른 열두 개의 가난한 자와 약한 자의 보호법 모음집(24:6-25:16)으로 움직여 나간다. 이러한 버금 구조는 모두 또다시 그 성격상 대칭 구조로 되어 있고 그 중심부에 참 경건의 문제를 가지고 있는데, 새끼를 그 어미 새와 함께 취하는 문제(22:6-7), 동료 인간에 관한 문제(22:8) 그리고 특히 우리 중에 있는 외국인, 고아, 과부의 보호(24:17-22)를 포함하고 있다.

라부샤뉴에 의하면 낭독 본문 6 전체(21:10-25:19)에 대한 신명 수 사용의 증거가 다음과 같이 드러난다.

단어	아트나 앞		아트나 뒤		
21:14	11	+	6	=	17
21:10-14	39	+	31	=	70
21:10-23	133	+	85(=5×17)	=	218
22:1-12	109	+	61	=	170(=10×17)
22:13-29	170(=10×17)	+	97	=	267
23:1-26	182(=7×26)	+	157	=	339
24:1-9	78(=3×26)	+	75	=	153(=9×17)
24:10-18	65	+	54	=	119(=7×17)
24:19-22	32	+	23	=	55
25:1-19	160	+	100	=	260(=10×26)
21:10-25:19	929	+	652	=	1,581(=93×17)

신명 수 17과 26이 다양한 방식으로 낭독 주기 여섯 번째 본문(21:10-25:19)의 처음부터 끝까지 히브리 본문 속에 세심하게 들어가 짜여져 있다.

A. 결혼과 가정에 대한 세 개의 법(21:10-21)

1. 전쟁에서 사로잡아 온 여인과의 결혼(21:10-14)

참고문헌

Alt, A. "Zu *hit 'ammer.*" *VT* 2(1952) 153-59. **Batto, B.** *Studies on Women at Mari.* Baltimore: Johns Hopkins UP, 1974. 83-84. **Buit, M. du.** "Quelques contacts bibliques dans les Archives Royales de Mari." *RB* 66(1959) 576-81. **Cassuto, U.** *The Goddess Anath.* Tr. I. Abrahams. Jerusalem: Magnes, 1971. 45. **Cohen, S. J. D.** "Conversion to Judaism in Historical Perspective: From Biblical Israel to Postbiblical Judaism." *ConsJud* 36(1982-83) 31-45. **David, M.** "*Hit ʿammer.*" *VT* 1(1951) 219-21. **Eph'al**, I. "Lexical Notes on Some Ancient Military Terms." *EI* 20(1989) 115. **Gelb, I. J.** "Prisoners of War in Early Mesopotamia." *JNES* 32(1973) 70-98 **Hallo, W. W.** *The Book of the People.* Atlanta: Scholars Press, 1991. 97. **Horst, F.** "Zwei Begriffe für Eigentum(Besitz)." *FS W. Rudolph.* 1961. 135-56. **Hulst, A. R.** *Old Testament Translation Problems.* Helps for Translators 1. Leiden: Brill, 1960. 16. **Kippenberg, H. G.** *Religion und Klassenbildung im antiken Judäa: Eine religionssoziologische Studie zum Verhältnis von Tradition und gesellschaftlicher Entwicklung.* 2nd ed. SUNT 14. Göttingen: Vandenhoeck & Ruprecht, 1982. 27. **Lipiński, E.** "Sale, Transfer and Delivery in Ancient Semitic Terminology." In *Gesellschaft und Kultur im Alten Vorderasien.* Ed. H. Klengel. SGKAO 15. Berlin: Akademie-Verlag, 1982. 173-85. **Merendino, R. P.** *Das deuteronomische Gesetz.* 1969. 243-44. **Smith, W. R.** *Kinship and Marriage in Early Arabia.* 1903. 89-92. **Tigay, J. H.** "Conversion and Marriage." In *Deuteronomy.* 1996. 479-80.

본문과 운율 분석

전쟁에서 사로잡아 온 여인과의 결혼 [(6:7):(6:6):(7:6)]	**Marriage with a Woman Captured in War** [(6:7):(6:6):(7:6)]		
10 내가 나가서 대적과 싸움을 당하여 네 하나님 여호와께서 그들을 네 손에 붙이시므로 네가 그들을 사로잡은 후에	**10** *When you go forth to war / against your enemies[a] //*	18	2
	and YHWH your God / gives him / into your hand[b] /	19	3
	and you take captive his captives //	9	1_
11 네가 만일 그 포로 중의 아리따운 여자를 보고 연련하여 아내를 삼고자 하거든	**11** *And you see / [a]among the female captives /*	11	2
	a woman[a] / beautiful in appearance //	8	2
	and you desire her /	7	1
	[b]and you would take her[b] to yourself / as a wife //	11	2_
12 그를 네 집으로 데려갈 것이요 그는 그 머리를 밀고 손톱을 베고	**12** *You are to bring her / into your house //*	13	2
	[a]And she shall shave[a] / her head /	10	2
	[b]and she shall pare[b] / her nails //	12	2_

13 또 포로의 의복을 벗고 네 집에 거하며 그 부모를 위하여 일개월 동안 애곡한 후에 네가 그에게로 들어가서 그 남편이 되고 그는 네 아내가 될 것이요
14 그 후에 네가 그를 기뻐하지 아니하거든 그 마음대로 가게 하고 결코 돈을 받고 팔지 말찌라 네가 그를 욕보였은즉 종으로 여기지 말찌니라

13 *And she*[a] *shall put off her / captive's garb /* 20 2
and she shall dwell[b] *in your house /* 11 1
and she shall mourn / her father and mother / a full month // 24 3_
And after that / you may come in to her / 14 2
and you shall marry her / 6 1
And she shall be / your wife // 11 2
14 *and it shall be / if you no longer have delight in her /* 14 2_
Then you shall release her[a] *outright /* 9 1
[b]*and you shall surely not sell her*[b] */ for money //* 17 2
[c]*You shall not treat her as merchandise*[c] */* 8 1
since / you have humbled her // ס 9 2_

원문주해

10.a. 한 히브리어 필사본, 인쇄본들 그리고 카이로 게니자 단편들에는 MT의 오예베카(איביך, "너의 원수들") 대신에 오예브카(איבך, "너의 원수")로 되어 있다.

10.b. 소수의 히브리어 필사본, 카이로 게니자 단편들, Syr에는 MT의 베야드카(בידך, "네 손에") 대신에 베야데카(בידיך, "네 손들에")로 되어 있다.

11.a-a. SP에는 MT의 바쉬브야 에쉐트(בשביה אשת, "여성 포로들 중 한 여인") 대신에 바쉬브이우 에쉐(בשביו אשה, "그의 포로들 가운데 한 여인")로 되어 있다.

11.b-b. 한 히브리어 필사본, SP, LXX, Syr, Tg에는 MT의 웰라콰트타(וְלָקַחְתָּ, "그리고 너는 취할 것이다") 대신에 울르콰흐타흐(וּלְקַחְתָּהּ, "그리고 너는 그녀를 취할 것이다")로 되어 있다.

12.a-a. LXX에는 MT의 웨길레하(וגלחה, "그리고 그녀가 머리를 밀 것이다") 대신에 2인칭 단수인 "네가 머리를 밀 것이다"로 되어 있다.

12.b-b. LXX에는 MT의 웨아스타(ועשתה, "그리고 그녀가 할⟨잘라낼⟩ 것이다") 대신에 2인칭 단수 "네가 할(잘라낼) 것이다"로 되어 있다.

13.a. LXX에는 2인칭 단수로 되어 있다.

13.b. 자켑-카톤이 뒤따라온 파스타(*pašṭā*)는 연접사가 됨.

14.a. 자켑-카톤이 뒤따라온 파스타(*pašṭā*)는 연접사가 됨.

14.b-b. LXX에는 프라데세타이(*πραθήσεται*⟨=תִּמָּכֵר, 팀마케르⟩, "그녀가 팔릴 것이다")로 되어 있다.

14.c-c. LXX에는 아데테세이스(*ἀθετήσεις*⟨=תְּעַמֵּר, 테암메르⟩, "네가 경멸적으로 취급할 것이다")로 되어 있다.

양식/구조/배경

여기에 나오는 일련의 법들 가운데 그 첫 번째 법은 전쟁을 다루고 있는데, 이것은 신명기 20장에 있는 법들의 주제로서, 그 주 초점은 여인이 포로가 되는 전쟁이 아니라 결혼관계에 있다. 이것은 결혼과 전쟁을 함께 취급하고 있는 두 개의 법 가운데 하나이며, 또 하나의 다른 법은 24:5에 있는 새신랑을 군대 징집에서 면제하라는 법이다. 결혼과 전쟁이라는 주제에 관한 법들의 순서는 21:10-25:19 전체의 문학적 구조에서 하나의 표시기로서 그 주된 역할을 하고 있다. 전쟁에서 사로잡아 온 여인과의 결혼에 관한 법(21:10-14) 역시 결혼과 가족이라는 주제에 관한 일련의 세 개의 법에 대한 서론으로서의 역할을 하는데, 이것은 일부다처제 가정에서의 장자의 권리(21:15-17)와 패역한 아들에 대한 형벌(21:18-21)에 관한 법을 포함하고 있다.

21:10-14에 있는 구절의 경계는 9절과 14절 이후에 있는 세투마 구획 표시기를 통하여 표시되어 있다. 내적인 어떤 구조에 대한 또 다른 암시가 나타나 있지 않을지라도, 전쟁에서 사로잡아 온 여인과의 결혼에 관한 법(21:10-14)은 그 내용에 근거하여 다음과 같이 정리될 수 있다.

A 네가 여자 포로들 중에서 아리따운 여인을 보거든	21:10-11a
B 그리고 네가 그녀를 네 아내로 삼고자 하거든	21:11b
X 그 머리를 밀고 손톱을 베고…한 달 동안 거한 후에	21:12-13a
B′ 네가 그에게로 들어가서 그 남편이 되고	21:13b
A′ 네가 그를 기뻐하지 아니하거든 그 마음대로 가게 하고	21:14

이 구조에서 외부 골격은 군대에 나갔던 군사들 중 어떤 사람이 여자 포로들 가운데서 한 아리따운 여인을 아내로 삼고자 하는 마음으로부터(10-11a절), 그 여인의 미래는 그 남자가 나중에 마음이 변함에 따라 변해야 한다는 법칙(14절)으로 나아간다. 내부 골격은 남자가 그 여인과 결혼하고자 하는 바람에 대한 진술(11b절)로부터 그렇게 하라고 허락하는 데(13b절)로 나아간다. 중심부에 있는 관심의 초점은 미래의 신부가 받아들여져야 한다는 실질적인 취급이다. 그 여인은 한 달의 시험 기간 동안 남자의 집에서 보내야 하며, 그 기간에 그녀의 아름다운 외모는 머리를 밀고 손톱을 자르고 "그 부모를 위하여 일 개월 동안 애곡"(12-13a절)함으로써 최소한으로 축소된다. 만일 그 남자가 울면서 비교적 매력이 없어진 여인과 한 달 동안을 살 수 있고, 또 그 때까지도 여전히 그녀를 자기 아내로 삼기를 바란다면 그 결혼 생활은 오랫동안 지속될 것이다.

카마이클(Carmichael)은 여기에 나타나 있는 여자 포로에 관한 법을 창세기 31:25-50에 있는 야곱에 대한 라반의 추격 기사와 연결시켜서 해석한다. 그는 야곱과 라반 사이에 "라반이 야곱을 속이고 야곱이 이에 반응하는 방식으로 입증된 바와 같이" 적대감이 있었다고 주장한다(Carmichael, *LNB*, 140). 라반은 미스바에서 야곱과 그의 가족을 따라잡았을 때 야곱의 행동을 전쟁에서 여인을 포로로 잡아가는 일에 비유했다: "네가 내게 알리지 아니하고 가만히 내 딸들을 칼로 잡은 자같이 끌고 갔으니 어찌 이같이 하였느냐?"(창 31:26). 이스라엘 사람이 포로민들 가운데 있는 "외모가 아름다운"(יפת תאר) 여인을 발견한 경우에 대한 이 두드러진 언급은 라헬과 같은 사람을 염두에 두고 있는 것이라고 한다(Carmichael, *LNB*, 141). 더 나아가서, 이러한 표현은 오경에서 단 두 번만 발견된다. 즉 창세기 29:17(라헬에 대해서)과 이 곳 신명기 21:11에 있는 법이다. 라헬이 부친의 신상을 도적질한 것은 그 여인의 과거와 단절하라는 율법의 요구, 즉 그녀의 머리를 밀고 손톱을 자르고 포로 의복을 벗고 한 달 간 자기 부모를 위하여 애곡하는 행위와 관계가 있을 수도 있다. 고국과의 단절을 상징하는 의식을 행하는 동안 머리를 자르고 의복을 벗는, 마리 본문에 있는 평행적 내용에 대해서는 du Buit, *RB* 66(1959) 576-77를 보라(Carmichael, *LNB*, 141 n. 5에 인용됨).

야곱과 라반의 딸들의 이야기에 포함되어 있는 세부 사항들이 신명기 22:10-14의 내용을 통하여 형성되었다는 또 다른 암시는 카마이클이 주장하는 바와 같이 분리의 가능성에 주어진 고려사항이다(Carmichael, *LNB*, 141-42). 라반은 가나안 땅에서 살아가는 동안 자기 딸들을 "수치스럽게"(עִנָּה – 인나) 하지 말아야 한다는 사실에 동의하도록 야곱에게 강요한다. 그는 야곱이 라헬과 레아 이외에 다른 아내들을 취하기를 원치 않았다(창 31:50). 법이 진술하고 있는 바와 같이, 라반은 "수치스럽게"(עִנָּה – 인나) 될 "포로 된 여인들"이, 그녀들의 이스라엘 남편이 그들을 싫어하여 스스로 그들로부터 벗어나는 것을 원치 않았던 것이다.

라부샤뉴의 "글자 수 분석 방법"(logotechnische analyse)으로부터 얻은 바와 같이, 신명 숫자가 사용되었다는 증거는 14절이 17개의 단어로 이루어져 있다는 사실 이외에 21:10-14에 대해서는 거의 드러나지 않는다.

주석

12-13 "머리를 밀고 손톱을 베고 포로의 의복을 벗는" 행위는 주로 여인이 애도

하는 과정의 일부분으로 해석되어 왔다. "머리를 밀고 의복을 벗는 일은 마리 본문에 언급되어 있는데, 거기서 이러한 행위는 포로의 가정을 생각나게 하는 모든 것을 절단해 버리려는 목적을 가지고 있다"(Mays[1981] 303; 참조. du Buit, *RB* 66 [1959] 576-77). 랍비 아키바(Akiba)는 그러한 행위들이 그 여인을 그 사로잡아 온 자에게 덜 매력적으로 보이게 하기 위한 것이었다고 한다(Sifre 212; Tigay [1996] 194, 381 n. 29를 보라). "포로 의복"(שִׂמְלַת שִׁבְיָהּ – 시므라트 쉬브야)은 단순히 여인이 사로잡혔을 때 입고 있던 의복이다. 이 여인은 "그 부모를 위하여 일 개월 동안 애곡"해야 하는데, 고대 이스라엘의 태음력에서는 한 달이 30일이었다(참조. 민 20:29에서 아론과 신 34:8에서 모세의 죽음에 대한 애곡 기간이 30일이었음).

14 샬라흐(שָׁלַח, "보내다")란 동사는 종에게 자유를 주어 보내는 것과(15:12) 이혼에 대해서 사용된다(22:19, 29). "그녀를 상업용으로 취급하다"(התעמר – 티트아메르)란 번역은 앞 문장 "팔지 말지라"(מכר לא־תמכרנה – 마코르 로-팀케레나)를 설명하고 있다. 티트아메르(התעמר)를 "노예로 삼다"로 번역하는 전통적 번역은 고대인의 상상이다. 이 단어는 이 곳과 24:7에만 나타난다. 아마르(עמר)란 동사의 피엘형은 아미르(עָמִיר, "베어진 곡식의 줄")로부터 파생하여 "곡식단을 묶다"라는 의미로 시편 129:7에 나타난다. 티트아메르(התעמר)란 동사의 정확한 의미는 불확실한 채로 남아 있다. 알트(Alt)는 우가릿 본문에 있는, 군복무를 할 책임을 가진 일단의 백성들을 지칭하는 단어와 같은 어근의 명사형으로부터 이것이 다른 사람을 지배하는 무한정의 권력을 쥐고 있는 사람의 행동을 의미한다고 주장했다(Alt, *VT* 2 [1952] 153-59). 본문의 번역은 데이빗(David, *VT*1[1951] 219-21)과 헐스트(Hulst, *Old Testament Translation Problems*, 16)의 번역을 따른 것이다. 여기서 "네가 그녀를 욕보였다"로 번역된 피엘형 인나(עִנָּה)는 강간 행위를 의미한다(참조. 22:24, 29). 그 여인이 강제로 그녀의 가족과 이전의 생활 스타일을 잃어버린 상황으로 인하여 수치를 당하게 된다.

해설

전쟁에서 사로잡아 온 여인과의 결혼법(21:10-14)은 새신랑을 군 징집에서 면제해 주는 법처럼(24:5) 전쟁과 성에 속하는 문제들을 함께 묶고 있다. 여기에 나오는 법은 20:10-15에 있는 법칙에 따라 먼 성읍으로부터 포로로 잡아 온 여인의 문제에 관심을 두고 있는 것이지 금지되어 있는 가나안 여인과의 결혼을 말하는 것이 아니다. 21:10-14에 나오는 율법의 구체적인 용어들 배후에 있는 이유가 설명되어 있지 않다.

머리를 밀고 손톱을 자른 다음(12절) "포로 의복"을 벗고 그 여인은 부모를 위하여 일 개월 동안 애곡해야 했고, 그 다음에야 남자는 그녀와 결혼할 수 있었다(13절). 이러한 행동을 하는 이유가 토머스 스코트가 오래 전에 주석을 통하여 예증한 바와 같이 수십 년 동안 연구되어 왔다: "냉정하게 생각해 볼 때, 우리 시대와는 너무나 거리가 멀어서, 우리는 그러한 일들을 경이감이 아닌 혐오감으로 변경시켜 생각하게 되었고, 또한 그것들은 수많은 치명적 결과들이 성행하게 되도록 할 수 있다…인간의 무절제한 방종은 자주 무절제하게 사랑받았던 대상 자체에 대한 혐오감 및 학대로 끝난다"(Thomas Scott, *Holy Bible*[1823] 539). 머리를 밀고, 손톱을 자르고, 의복을 갈아입는 일은 신분의 변화를 상징했으며, 또 다른 문화에서의 새 삶을 받아들이는 것을 상징했다. 그러나 이것까지도 영구적인 연합을 보증해 주지는 못한다.

그 남자가 더 이상 그녀를 기뻐하지 않을 때 그녀를 마음대로 가게 하라는 결론적 언급(14절)은 오해하기가 쉽다. 피상적으로 읽는다면, 최소한 어떤 상황에서 한 남편이 사소한 이유로 자기 아내를 버릴 수 있다는 사실을 시사한다. 성경의 다른 곳에서 가르치는 바와 같이 결혼의 성결에 비추어 볼 때, 우리는 이것이 이 문맥 가운데서 이끌어 내는 적절한 결론이 아니라는 사실을 알 수 있다. 맥스웰(Maxwell)은 "네가 그녀를 기뻐하지 않으면"이란 문구를 그녀의 이전의 문화와 종교가 이스라엘 사람에게는 생소하여, 남편의 영적 가치를 새 아내가 받아들이기를 거절하는 것을 가리킨다고 생각하는 것을 자신은 더 선호한다고 진술한다(Maxwell [1987] 251). 이러한 의견에는 어느 정도 진리가 내포되어 있기는 하지만, 이러한 입장은 남자의 태도의 변화에 대한 아무런 이유도 제공하고 있지 않은 본문 자체의 증거를 지나치게 넘어가는 것이다. 이 법은 전쟁에서 사로잡아 온 여인과 결혼하는 남자가 나중에 이유가 무엇이었든 간에 결국 그녀를 기뻐하지 않게 되었을 때 그녀를 노예로 취급하게 해서는 안 된다고 진술함으로써 여인의 권리에 초점을 맞추고 있다. 그러한 여인은 고대 이스라엘 내에서 법적 권리를 가졌으며, 남자가 그녀와 성관계를 가졌다는 사실의 결과로 도덕적 의무가 생겨난다. 아마도 이 본문으로부터 이끌어 낼 수 있는 가장 의미심장한 결론은 사로잡혀 온 여인의 인격에 대한 존중이다. 신명기 21-25장의 법들 가운데 있는 일차적 관심은 세력을 가진 자 편에서의 착취로부터 그 사회에 있는 가난한 자와 약한 자를 보호하기 위한 것이다.

고대 유대인의 관습에는 그러한 상황에서 여인이 유대교로 전향하는 데 동의하는 공식적 절차가 소개되었다. 비록 그렇다고 할지라도, 랍비들은 "그러한 결합을 욕망에 의한 결합으로 간주하면서, 그리고 (그들이) 이 법을 그 일이 허용되었든 그렇지 않든 일어났을 수 있는 하나의 가능성의 허용으로 생각했다고 간주하면서" 그러한 결혼을 하지 말도록 권했다고 티개이는 설명한다. 그들의 입장에서 12-13절은 연기하도록 고안되어 있고, 또한 이상적으로는 그러한 기간 동안 그 여인의 매력이 사라지게 함으로써 그러한 결혼을 못하도록 말린다"고 티개이는 설명한다(Tigay, 1996, 194).

전쟁에서 사로잡아 온 여인과의 결혼에 관한 법으로부터 배우게 되는 교훈들 중 하나는 영구적인 결합의 건전한 근거로서 남편과 아내가 공통적인 영적 가치를 나누어 가지는 일의 중요성이다. 우리는 결혼하려는 결정이 일차적으로 육체적인 욕망에 근거하지 않는다는 사실을 확신하기 위하여 얼마간의 기간 동안 결혼하는 일을 의도적으로 지연시키는 가운데 여기에 나오는 예를 따라야 할 것이다.

2. 일부다처제 가정에서 장자의 권리(21:15-17)

참고문헌

Albertz. R. "Das Überleben der Familie Sichern." *Lutherische Monatshefte* 25(1986) 401-5. **Carmichael, C. M.** "A Ceremonial Crux: Removing a Man's Sandals as a Female Gesture of Contempt." *JBL* 96(1977) 321-36, esp. 325. ______. *LNB.* 142-50. ______. "Uncovering a Major Source of Mosaic Law: The Evidence of Deut 21:15-22:5." *JBL* 101(1982) 505-20, esp. 506-11. ______. *Women, Law, and the Genesis Traditions.* Edinburgh: Univ. of Edinburgh Press, 1979. 22-30. **Causse, A.** "L'Idéal politique et social du Deutéronome: La fraternité d'Israel." *RHPR* 13(1933) 289-323. **Daube, D.** *Studies in Biblical Law.* 1947. 5-7. ______. "The Culture of Deuteronomy." *Orita* 3(1969) 41-43. **Eybers, I. H.** "Some Examples of Hyperbole in Biblical Hebrew." *Semitics* 1(1970) 38-49. **Fohrer, G.** "Twofold Aspects of Hebrew Words." In *FS D.*

Winton Thomas. 1968. 99. **Goetze, A.** "Number Idioms in Old Babylonian." *JNES* 5(1946) 202. **Goodenough, E. R.** *The Jurisprudence of the Jewish Courts in Egypt.* 1929. Repr. Amsterdam: Philo Press, 1968. 56-67. **Granqvist, H.** *Marriage Conditions.* 1931-35. 2:194. **Henninger, J.** "Zum Erstgeborenenrecht bei den Semiten." In *Festschrift Werner Caskel zum siebzigsten Geburtslag.* Ed. E. Gräf. Leiden: Brill, 1968. 162-83. **Horst, F.** "Zwei Begriffe für Eigentum(Besitz)." In FS *W. Rudolph.* 1961. 135-56. **Kippenberg, H. G.** *Religion und Klassenbildung im antiken Judäa.* 2nd ed. Göttingen: Vandenhoeck & Ruprecht, 1982. 26. **Mendelsohn, I.** "On the Preferential Status of the Eldest Son." *BASOR* 156(1959) 38-40. **Milgrom, J.** "Firstborn." *IDBSup.* 337-38. **Neufeld, E.** *Ancient Hebrew Marriage Laws.* London; New York: Longmans, Green, 1944. 263. **Rabinowitz, J. J.** "Marriage Contracts in Ancient Egypt in the Light of Jewish Sources." *HTR* 46(1953) 91-97. **Rubin, N.** "On the Social Significance of the *bekhor* in the Bible." *BMik* 33(1988) 162-63(Heb.). **Skaist, A. J.** "Inheritance Laws and Their Social Background." *JAOS* 95(1975) 424-47. **Snaith, N. H.** "The Daughters of Zelophehad." *VT* 16(1966) 124-27. **Vaux, R. de.** *The Early History of Israel.* Tr. D. Smith. Philadelphia: Westminster, 1978. 250-51. **Watson, P.** "A Note on the 'Double Portion' of Deut 21, 17 and 2 Ki 2, 9." *ResQ* 8(1965) 70-75. **Yaron, R.** "On Divorce in Old Testament Times." *RIDA* 4(1957) 117-28.

본문과 운율 분석

일부다처제 가정에서 장자의 권리 [(4:6):(5:5):(6:4)]

15 어떤 사람이 두 아내를 두었는데 하나는 사랑을 받고 하나는 미움을 받다가 그 사랑을 받는 자와 미움을 받는 자가 둘 다 아들을 낳았다 하자 그 미움을 받는 자의 소생이 장자여든
16 자기의 소유를 그 아들들에게 기업으로 나누는 날에 그 사랑을 받는 자의 아들로 장자를 삼아 참 장자 곧 미움을 받는 자의 아들보다 앞세우지 말고
17 반드시 그 미움을 받는 자의 아들을 장자로 인정하여 자기의

Right of the Firstborn in a Polygamous Family
[(4:6):(5:5):(6:4)]

15 *When a man has / two wives /* 15 2
the[a] one loved / and the[a] other hated / 19 2_
And they both have borne him sons / 12 1
the loved one / and the hated one // 14 2
and it happens / the firstborn is the son / of the hated one[b] // 18 3_

16 *And it shall be / on the day /* 8 2
he gives as inheritance to his sons / what he / has // 18 3_
He must not / 5 1
treat as firstborn / the son of the loved one / 13 2
in the presence of the son of the hated one / the firstborn // 15 2_
17 *Rather / the firstborn son of the hated one he shall recognize /* 17 2
by giving him / 5 1

소유에서 그에게는 두 몫을 줄	*a double portion / of all that belongs / to him //*	17 3_
것이니 그는 자기의 기력의 시	*For he / is the first issue of his procreative power /*	12 2
작이라 장자의 권리가 그에게	[a]*to him / belongs the right of the firstborn //* ס	10 2_
있음이니라		

원문주해

15.a. 한 히브리어 필사본과 SP에는 정관사를 생략하면서 MT의 하아하트(האחת, "하나")와 웨하아하트(והאחת, "그리고 〈다른〉 하나") 대신에 아하트(אחת)와 하아하트(האחת)로 되어 있다.

15.b. SP에는 MT의 라스니아(לשׂניאה, "미움을 받는 자") 대신 לשׂנואה로 되어 있다.

17.a. SP, LXX, Syr, Vg에는 와우 접속사가 덧붙여져 있다.

양식/구조/배경

21:10-23:1이라는 더 큰 문학적 구조 내에서 자녀들에 관한 두 개의 법(21:15-21)이 결혼과 불법적 성행위에 관한 다섯 개의 법과 대칭되어 있다(22:13-29). 자녀들에 관한 두 개의 법은 일부다처제 가정 내에서 장자의 상속권(21:15-17)과 패역한 아들의 형벌을 다루고 있다(21:18-21). 상속권과 재산의 주제를 취급하고 있는 첫 번째 법은 도적질을 금지하고 있는 제8계명에 해당한다. 패역한 아들의 문제를 다루고 있는 두 번째 법은 부모 공경을 요구하는 제5계명과 관계가 있다.

일부다처제 가정 내에서 장자의 상속권에 관한 법(21:15-17)의 경계는 14절과 17절 다음에 있는 세투마 구획 표시기로 표시되어 있다. 이 법은 그 내용에 근거하여 다음과 같이 정리할 수 있다.

A 한 남자가 하나는 사랑하고 하나는 사랑하지 않는 두 아내를 가지고 있다	21:15
B 그가 자기 재산을 아들들에게 나누어 줄 때	21:16a
X 그가 장자를 무시하지 말고	21:16b
B′ 장자에게 두 몫을 줄 것이니	21:17a
A′ 장자에게 장자권이 속하였음이라	21:17b

법적 상황이 외부 골격 가운데 나타나 있다: 한 남자가 두 아내를 통하여 아들들을 낳았을 때(15절), 장자권은 장남에게 속한다(17b절). 그러나 이 상황은 한 남자가 한 아내를 다른 아내보다 더 사랑한다는 사실로 인하여 복잡하게 얽힌다. 내부 골격은 이 법을 필요로 하는 내용을 설명함으로써 법적 상황을 확장시키고 있다. 한 남자가 자기 재산을 아들들에게 분배할 때(16a절), 그는 장자에게 두 몫을 주어

야 한다(17b절). 요점은 이 구조의 중심부에 강화되어 있다(16b절): 남자가 비록 자기가 사랑하는 아내로 말미암은 사랑하는 아들이 있어서 자기의 주 상속자로 삼고자 하는 마음이 있을지라도 장자권을 무시해서는 안 된다는 것이다.

카마이클이 신명기에 있는 법들이 토라의 서술 부분과 전선지서보다 나중에 기록되어서 그 전승 자체를 통하여 형성되었다고 주장했을지라도(Carmichael, *LNB*, 16-17), 여기에 나타나 있는 증거는 그 반대 방향을 가리키고 있다. 신명기 법들은 근본적인 법이었고, 설화 전승은 나중에 미드라쉬라고 불리는 내용을 통하여 형성된 것처럼 보인다. 그것들은 성스러운 "정경" 본문, 이 경우는 신명기 12-26장에 있는 율법 모음집을 해명하기 위하여 의도된 이야기인데, 이것은 다시 십계명에 대한 일종의 미드라쉬로 기록되었다. 하나님께서 시내 산에서 모세에게 계시하신 내용은 말하자면 유전자 정보를 담았던 "상수리 씨"(acorn)였는데, 시간이 흐름에 따라 우리가 성경으로 알고 있는 커다란 상수리나무가 될 능력을 가진 씨였다.

야곱이 장자인 르우벤에게서 자기가 사랑하던 요셉에게 장자권을 돌려준 것은 야곱이 장자권을 부정한 것처럼 보이지만, 카마이클은 야곱과 에서 이야기가 그 문제를 좀더 분명하게 드러내 준다고 주장한다(Carmichael, *LNB*, 142-45). 이는 야곱이 자기 모친 라헬의 묵인하에 자기 형 에서로부터 장자권을 훔치기 때문이다. 그리고 창세기에 있는 이야기는 또 다른 질문을 하게 만들어 준다: 언제 한 아들이 자기 부모로부터 갈려지는가?(*LNB*, 146-50). 이것이 신명기 21:18-21에 있는 두 개의 가족법 중 두 번째 것의 주제, 즉 패역한 아들에 대한 형벌이다. 부당하게도 에서에게서 그의 장자권을 박탈하게 한 것은 그 동생을 향한 모친의 편애다. 그러나 이야기는 에서의 상황에서 자기 부친의 첩과 르우벤의 통간이라는 범죄에 비교될 수 있는 범죄로 돌아서는데, 그 이유는 에서가 "이삭과 리브가의 마음의 근심이 되었던" 두 명의 헷 여인과 결혼했기 때문이다(창 26:35).

창세기 29:31-32; 35:22 그리고 49:3-4에 있는 자기의 장자 르우벤을 향한 야곱의 문제에 대한 이야기는 카마이클이 지적하는 바와 같이 이 법을 세부적인 상황에서 예증해 준다(*LNB*, 142-45). 야곱은 두 아내를 두었는데, 그들은 사랑하는 아내 라헬과 사랑하지 않는 아내 레아다. 르우벤은 레아의 첫 번째 아들이었다. 라헬의 첫 아들은 야곱의 열한 번째 아들 요셉이었다. 그리고 요셉의 여섯 형들은 사랑받지 못한 레아의 아들들이었다. 르우벤은 부친의 첩과 동침함으로써 장자의 신분을 박탈당했다(창 35:22). 자신의 열두 아들을 향한 마지막 축복 가운데서 야곱은 르우벤을 자기 장자로 인정했다(창 49:3). 그러나 그는 가장 큰 복을 요셉에게 주었다(49:22-26).

우리는 어찌하여 르우벤이 이 경우에 장자권을 박탈당했는지 알 수는 있으나, 어찌하여 다른 형제들이 장자권을 받지 못하고 넘어갔는지에 대한 문제는 여전히 남아 있다. 참작할 만한 정상이 있었다고 할지라도, 창세기 기사는 그 상황과 일치하지 않는다. 야곱은 자기 형의 장자권을 부당한 방법으로 취득한 것처럼, 자신의 사랑하는 아내의 아들에게 부당한 방법으로 자신의 장자권을 물려주었다. 여기서 신명기는 그의 행동이 하나님의 법에 위배되었다고 선언한다.

21:15-17에 대한 라부샤뉴의 "글자 수 분석 방법"(logotechnische analyse)이 신명 숫자 17과 26이 사용된 증거를 드러내 주기는 하지만, 21:10-23의 보다 긴 문맥 가운데 있는 패턴은 다음과 같이 요약될 수 있다.

단어	아트나 앞		아트나 뒤		
21:15-17	37	+	22	=	59
21:18	12	+	5	=	17
21:18-23	57	+	32	=	89
21:10-23	133	+	85(=5×17)	=	218

신명 숫자 17의 사용이 명확하게 드러나는 곳은 15-17절이 보다 큰 문맥 가운데서 취급될 때인데, 그 이유는 21:10-23에는 아트나 뒤에 단어 수가 모두 85(=5×17)개 있기 때문이다. 18절에도 17개의 단어가 있으며, 18-23절에는 아트나 뒤에 모두 32개의 단어가 있다. 32가 카보드(כבוד, "영광")의 수치이므로 여기에 32와 17이라는 수의 출현은 "야웨의 영광"을 상징한다.

주석

15 아내를 총애하거나 총애하시 않은 데 대한 하나의 관용어로서 "하나는 사랑을 받고(אהובה – 아후바) 하나는 미움을 받다가(שׂנואה – 세누아)"란 표현은 아랍어(Ganqvist, *Marriage Conditions*, 2:194), 애굽어(A. Erman, Rabinowitz, *HTR* 46 [1953] 94 n. 12), 악카드어(*Gilgamesh Epic* 12:23-26, 42-45; Tigay[1966] 382 n. 39를 보라)에서 발견된다. 성경의 실례들은 야곱의 아내 라헬과 레아(창 29:30-31) 그리고 엘가나의 아내 한나와 브닌나(삼상 1:5)이다.

16-17 로 요켈(לא יוכל)이란 문구는 16절의 상반절과 하반절을 연결하는 운율적 다리로서의 기능을 한다. 앞의 문구와 함께 읽을 때, 그 의미는 본질적으로 자기 자신의 뜻을 율법과 반대되는 방향으로 행동해 나감으로써 "그가 강제로 하지 않아야 한다"(참조. 창 30:8)이다. 우리가 뒤따라오는 내용과 함께 읽을 때, 이것은 그에게 두 배의 몫(פי שנים – 피 샤님, 직역하면 "두 입")을 배당함으로써 "그가 그를 장자처럼 취급하지 않아야 한다"로 번역된다. 이러한 장자권의 배당은 다른 방식으로 해석되어 왔다. 고대 역본들과 벤 시라(ben Sira, Sir12:5; 18:32)는 이것을 "이중 몫"을 의미하는 것으로 취급했으나, 티개이(Tigay[1996] 195-96, 382 n. 43)가 주장한 바와 같이 이것은 포로 후기의 해석을 반영한 것일 수도 있다. 앗수르, 누지, 톨레미 당시의 애굽에서 재산은 아들들의 숫자에 따라 균등하게 분배되며 하나를 더해 주었다(Tigay[1996] 382 n. 4; Mendelsohn, *BASOR* 156[1959] 38-40; Milgrom, *IDBSup*, 337-38를 보라). 또한 스가랴 13:8에서 피 샤님(פי שנים)이란 문구는 3분의 2라는 의미를 가졌고(또한 참조. 왕하 2:9) 또한 애굽에서는 "두 입"이 3분의 2를 의미한다(A. Gardiner, *Egyptian Grammar*, 3rd ed.[London: Oxford UP, 1957] 197, 452). 그러므로 여기에 나오는 법은 장자가 3분의 2를 물려받아야 한다는 사실을 의미했을 수도 있다. 티개이(Tigay[1996] 196)는 주 상속자가 다른 상속자들의 숫자가 얼마가 되었든 간에 재산의 3분의 2를 받는다고 규정하고 있는 마리에서 나온 양자 결연 계약을 인용한다(*ARM* 8:1; 참조. *ANET*, 545, no. 13, 거기서 J. J. Finkelstein은 "두 몫"으로 번역한다). 티개이가 주장하는 바와 같이, 이것은 중세 영국에서 있었던 것보다 더 작은 아들들에게 너그러운 편인데, 그 곳에서는 주 상속자가 재산 전체를 상속받았다(Tigay[1996] 196). 스칸디나비아에서 있었던 주후 8세기에서 10세기경의 바이킹족에게는 이와 유사한 법을 지켜야 할 책임이 주어졌는데, 해적으로서 자기들의 상속을 해외에서 찾을 의무를 가진 "차자들"이 일차적인 상속자였다.

야키르(יכיר, "그가 인정할 것이다")란 동사는 법적 인정에 대한 전문 용어다(Daube, *Studies in Biblical Law*, 5-7). "그는 자기의 기력의 시작이라"(ראשית אנו – 로쉬트 아누)란 문구는 다른 곳에서 장자에 대한 묘사로 나타난다(창 49:3〈르우벤〉, 시 78:51; 105:36〈애굽의 장자〉). "힘"이 아닌 "기력"이란 번역은 포러(Fohrer, *FS D. Winton Thomas*, 99)와 크레이기(Craigie[1976] 283 n. 20)의 번역을 따른 것이다. 성경에서 장자에 대한 차별 대우는 "장자권"(הבכרה)으로 언급되기도 했는데, 이것은 직역하면 "장자 신분"을 의미한다(Rubin, *BMik* 33[1988] 162-63).

"한 아들에게 차등을 두어 몫을 주는 목적은 그로 하여금 가족의 우두머리로서 가외의 책임을 지게 하는 것일 수도 있는데, 이를테면 모든 생존자들을 위하여 재산을 관리하고, 소수의 생존자들을 공급해 주고, 죽은 부모들을 위하여 장사지내고 상(喪)을 집행하는 데 필요한 비용을 담당하거나, 그로 하여금 자기 부친의 이름을 계속해서 존귀하게 이어가도록 하는 것이다"(Tigay[1996] 196).

해설

일부다처가 고대 이스라엘에서 관습이 되기는 했을지라도, 이것은 예외 없이 가정 내에서 문제를 야기하는 원인으로도 묘사되었다. 장자권법(신 21:15-17)은 그러한 문제의 범위를 제한하기 위하여 주어졌다. 아담과 하와 이야기는 결혼에 대한 하나님의 이상적 목표로서 일부일처제를 나타낸다(창 2:20-24). 이와 대조적으로, 야곱과 그의 아내들의 이야기는 일부다처제의 문제를 예증해 준다: "야곱이 또한 라헬에게로 들어갔고 그가 레아보다 라헬을 더 사랑하고"(창 29:30). 여기에 나타난 야곱의 편애는 인간의 상황을 반영하고 있는데, 그 이유는 그러한 일부다처 관계에서는 아내들 사이에 갈등을 피할 수가 없기 때문이다.

이러한 갈등은 일부다처제 가정의 자녀들에게까지 확대되는데, 특히 재산의 분배 문제에서 그러하다. 장자권에 대한 법(21:15-17)은 정당한 사유 없이 장자에게 재산을 물려주지 않는 일에 대해서 금하고 있다. 한 남자가 자기 재산을 정리할 때 그는 한 아내가 사랑받지 못한 불행스러운 일로 인하여 그 아들이 더 나쁜 상태에서 살아가도록 해서는 안 된다. 가족 내의 편애와 관련된 이 원리는 오늘날 일부일처제 내에서도 적용되는데, 특히 부모들은 편애 없이 자녀들에게 응당 받아야 할 재산을 주어야 한다. 부모들은 하나님께서 자기 자녀들 사이에서 자기 은혜를 나누어 주시는 것보다 더 자기 자녀들에게 애정을 균등하게 나누어 주어야 한다.

상속의 "두 몫"에 대한 언급(17절)은 편애로 인한 것이 아니라 하나의 법적 권리다. 같은 문구가 열왕기하 2:9에 나다나는데, 엘리사가 엘리야에게 "당신의 영감이 갑절이나 내게 있기를 구하나이다"라고 구한다. 엘리사는 엘리야에게 일부다처제 가정 내에서 있었던 상속권법에 근거하여 자신을 영적 상속자와 후계자로 선언해 줄 것을 요구하고 있는 것이다. 여기서 "두 몫"으로 번역된 21:17의 피 샤님(פי שׁנים)이란 히브리어 문구의 구체적인 의미를 어떻게 해석하든 간에 법에 의하여 장자는 고대 이스라엘에서 상속 중 더 많은 분량을 받았다.

3. 패역한 아들에 대한 형벌(21:18-21)

참고문헌

Bellefontaine, E. "Deuteronomy 21:18-21: Reviewing the Case of the Rebellious Son." JSOT 13(1979) 13-31. **Benjamin, D. C.** *Deuteronomy and City Life.* 1983. **Buchholz, J.** *Die ältesten Israels im Deuteronomium.* 1988. **Callaway, P. R.** "Deut 21:18-21: Proverbial Wisdom and Law." *JBL* 103(1984) 341-52. **Carroll, R. P.** "Rebellion and Dissent in Ancient Israelite Society." *ZAW* 89(1977) 176-204. **Daube, D.** "Consortium in Roman and Hebrew Law." *Juridical Review* 62(1950) 73-77. **Falk, Z. W.** "Sociological Notes on Deuteronomy." *DiIs* 3(1972) 41. **Fensham, F. C.** "Aspects of Family Law in the Covenant Code in Light of Ancient Near Eastern Parallels." *DiIs* 1(1969) v-xix, esp. xv. **Good, E. M.** "Capital Punishment and Its Alternatives in Ancient Near Eastern Law." *SLR* 19(1967) 965-66. **Hirzel, R.** "Die Strafe der Steinigung." *Abhandlungen der philologisch-historischen Klasse der königlich sächsischen Gesellschaft der Wissenschaften* 27(1909) 223-66, esp. 243. **Hoppe, L. J.** "Elders and Deuteronomoy: A Proposal." *EglT* 14(1983) 259-72, esp. 262. **Klíma, F.** "La *Patria Potestas* dans les nouveaux fragments législatifs sumériens." In *Symbolae Iuridicae et historicae Martino David Dedicatae.* 2 vols. Ed. J. A. Ankum et al. Leiden: Brill, 1968. 2:1-8. **Lohfink, N.** "Die ältesten Israels und der Bund zum Zusammenhang von Dtn 5, 23; 26, 17-19; 27, 1.9f und 31, 9." *BN* 67(1993) 26-42. **Marcus, D.** "Juvenile Delinquency in the Bible and the Ancient Near East." *JANESCU* 13(1981) 31-52. **Perlitt, L.** "Der Vater im Alten Testament." In *Das Vaterbild in Mythos und Geschichte.* Ed. H. Tellenbach. Stuttgart: Kohlhammer, 1976. 76-78. **Reviv, H.** *The Elders in Ancient Israel: A Study of a Biblical Institution.* Jerusalem: Magnes, 1989. **Rofé, A.** "Family and Sex Laws in Deuteronomy and the Book of the Covenant." *BMik* 22(1976/77) 19-36(Heb.Heb. Hebrew; Eng. summary, 155-56).

본문과 운율 분석

패역한 아들에 대한 형벌 [(5:4):(5:5):(4:5)]

18 사람에게 완악하고 패역한 아들이 있어 그 아비의 말이나 그 어미의 말을 순종치 아니하고 부모가 징책하여도 듣지 아니하거든
19 그 부모가 그를 잡아가지고 성문에 이르러 그 성읍 장로들에게 나아가서
20 그 성읍 장로들에게 말하기를 우리의 이 자식은 완악하고 패역하여 우리 말을 순종치 아니하고 방탕하며 술에 잠긴 자라 하거든
21 그 성읍의 모든 사람들이 그를 돌로 쳐 죽일지니 이같이 네가 너의 중에 악을 제하라 그리하면 온 이스라엘이 듣고 두려워하리라

Punishment of an Insubordinate Son [(5:4):(5:5):(4:5)]

18 *When a man has / a son / who is rebellious and defiant*[a] / 18 3
who does not obey / 10 1
the voice of his father / 7 1_
Or the voice of his mother // though they chastise him / 17 2
indeed[b] *he does not listen / to them //* 9 2_
19 *His father and his mother / shall seize him //* 16 2
and they shall bring him / 11 1
to the elders of his city / [a]*at the gates*[b] *of his place //* 17 2
20 *And they shall say / to the elders*[a] *of his city /* 14 2
"This son of ours[b] *is rebellious and defiant*[c] / 15 1
he does not listen / to our voice // 17 2_
He is a glutton / and a drunkard[d] *//* 9 2

21 *and all*[a] *the men of his city / shall stone him with stones /* 23 2_
And he shall die / 4 1
and you shall purge the evil / from your[b] *midst //* 14 2
and [c]*all Israel*[c] */ shall hear (of it) and they shall fear //* ס 17 2_

원문주해

18.a. SP^MSS에는 MT의 우마라(ומרה, "그리고 반항적인") 대신에 우마라아(ומרא, "그리고 살찐, 잘 먹인")로 되어 있다.

18.b. 와우 접속사는 여기서 강조적 의미로 파악된다.

19.a. 소수의 히브리어 필사본들과 SP는 와우 접속사를 생략한다.

19.b. Tg과 *Tg. Ps.-J.*는 *byt dyn*을 덧붙인다. 운율 분석은 MT을 선호한다.

20.a. SP와 LXX(*τοῦς ἀνδράσιν*, 토이스 안드라신)에는 엘-안쉐(אל־אנשי, "그 남자들에게")로 되어 있다.

20.b. 자켑 파르붐(zāqēp parvum)이 뒤따라온 파스타는 연접사가 됨.

20.c. SP^MSS에는 MT의 우마라(ומרה, "그리고 반항적인") 대신에 우마라아(ומרא, "그리고 살찐, 잘 먹인")로 되어 있다.

21.a. LXX^-L은 콜(כל, "모든")을 생략한다.

21.b. LXX, Syr, *Tg. Ps.-J.*, Vg에는 2인칭 복수로 되어 있다.

21.c-c. MT의 웨콜-이스라엘(וכל־ישׂראל, "그리고 온 이스라엘") 대신에 LXX에는 19:20과 같이 카이 호이 에필로이포이(*καὶ οἱ ἐπίλοιποι*, "그리고 〈그들의〉 안식" = והנשׁארים)로 되어 있다.

양식/구조/배경

패역한 아들에 대한 형벌법(신 21:18-21)의 경계들은 처음과 끝에 세투마 구획 표시기로 표시되어 있으며, 비슷한 문맥의 다른 부분에서 반복되는 "너의 중에 악을 제하라"는 독특한 요약적 진술로 표시되어 있다. 이 법은 그 내용에 근거하여 다음과 같이 정리될 수 있다.

A	한 사람이 "듣지 아니하는" 패역한 아들을 두었다면	21:18
B	그 부모는 그를 그 성읍의 장로들 앞에 데려갈 것이요	21:19
X	그들은 선언하라: "그는 방탕하여 술에 잠긴 자라"	21:20
B′	그 성읍의 모든 남자들이 그를 돌로 쳐서 죽이라	21:21a
A′	네가 너의 중에 악을 제하라	21:21b

이 구조 가운데서 외부 골격은 "사람에게 완악하고 패역한 아들이 있어 그 아비의 말이나 그 어미의 말을 순종치 아니하고 부모가 징책하여도 듣지 아니하거든"(18절)이라는 법적 상황 제시로부터 "너의 중에서 악을 제하라"(21b절)는 요약적 명령으로 움직여 나간다. 내부 골격은 다음과 같은 재판 절차를 제공한다: 부모가 자기들의 아들을 성문에서 재판하기 위하여 성읍의 장로들 앞으로 데리고 간다(19절). 그리고 만일 그에게 죄가 있다고 판단되면 "그 성읍의 모든 사람들이 그를 돌로 쳐죽인다"(21a절). 유죄 선언이 구조의 중심부에 자리잡고 있다: "그는 방탕하여 술에 잠긴 자라"(20b절).

랍비 저작물을 보면 유대교에서 패역한 아들에 관한 법은 지나치게 협소하게 해석되어 있어서 이 법을 실제로 이행하기가 거의 불가능한데, 할라카 독본이 암시하는 사실에 대해 티개이가 다음과 같이 요약한 바와 같다: "이 법은 아들이 13세가 된 후 3개월만 적용되며, 그가 탐욕스럽게 절반만 익은 고기를 먹거나 부분적으로 포도주를 섞은 술을 마셨을 경우에, 자신이 속한 가문에 속하지 않은 일단의 다른 그룹에서 그리고 종교적 행사가 거행되지 않은 곳에서 부친으로부터 부적절한 방식으로 얻어낸 돈으로 그 음식을 사 먹고, 또한 그 부모가 살아 있고, 귀머거리에 벙어리이고, 소경이고, 절름발이이며, 손이 불구가 아닌 경우에만, 그리고 부모가 고소하기로 동의했을 때만 적용된다"(Tigay[1996] 382 n. 52).

카마이클은 야곱과 에서의 이야기에서 에서의 고기에 대한 탐욕스러운 식욕에 초점을 맞춘다(Carmichael, *LNB*, 146-50). 비록 신명기 21:18-21에 나오는 패역하고 반항적인 아들로 나타나 있지는 않을지라도, 에서는 평판이 나쁜 상태가 될 잠재력을 가졌었다고 카마이클은 주장한다. 에서는 자신의 생활 방식을 바꾸었던 고집스러운 아들의 한 실례로 나타나는데, 그 이유는 그가 또 다른 가나안 여인과 결혼하지 않기로 결심하고 자기 부모를 기쁘게 하기 위하여 한 이스마엘 여인을 구했기 때문이다(창 28:6-9).

프리드만은 의미심장한 책을 한 권 썼는데(D. N. Freedman, *The Nine Commandments: Un covering the Hidden Pattern of Crime and Punishment in the Hebrew Bible*[New York: Doubleday, 2000]) 거기서 그는 한 편집장이 초기 역사서(Primary History, 곧 토라와 전선지서)라고 부른 내용을 편집했다고 주장한다. 이러한 결론의 증거는 처음 아홉 개의 계명의 파기를 하나하나 기록하고 있는, 히브리 성경에서 뒤따라 나오는 여덟 개의 책들(출애굽기, 레위기, 민수기, 신명기, 여호수아, 사사기, 사무엘서, 열왕기서를 가리킴 – 역자주)을 통하여 매 책마다 할당된 일련의 에피소드 가운데서 발견된다. 그 연속적인 에피소드는 첫 번째와 두 번째 계명을 어기는 국가적 배교의 죄(금송아지 숭배, 출 32장)로 시작되며, 열왕기상 21장의 나봇 이야기에 있는 거짓 증거의 죄(제9계명)로 끝난다. 욕심이 그 모든 범죄 배후에 놓여 있으므로, 각각의 행동은 분명히 열 번째 계명도 어긴 것이다. 10계명은 시내 산에서 하나님과 이스라엘 백성 사이에 세워진 언약관계의 본질을 이룬다. 하나님과의 언약에 대한 반항의 패턴은 움직일 수 없이 이스라엘 국가의 멸망, 성전의 파괴 그리고 약속된 땅으로부터 살아 남은 자의 축출로 이어졌다. 그들의 운명은 하나님이 그들을 버리신 결과가 아니라 그들이 하나님을 저버린 결과라는 메시지가 바벨론의 포로민 공동체 사이에서 분명히 드러난다. 하나님의 참 백성은 십계명을 지킴으로써 하나님을 향한 언약적 위탁을 유지하는 사람들이다.

창세기는 이러한 일련의 에피소드 가운데 있는 에피소드를 포함하고 있지 않은데, 그 이유는 십계명이 기록된 돌비가 모세에게 주어지는 시내 산 언약이 훗날 출애굽기에서 나타나기 때문이다. 초기 역사서 가운데 포함되어 있는 십계명과 그들의 파기는 다음과 같다.

계명	본문	에피소드
1 다른 신을 두지 말라	출 32장	금송아지 사건
2 아무 우상에게도 예배하지 말라	출 32장	금송아지 사건
3 야웨의 이름을 망령되게 일컫지 말라	레 24:10-17	하나님을 저주한 자를 쳐죽임
4 안식일을 지켜라	민 15:32-36	안식일을 범한 자를 쳐죽임
5 부모를 공경하라	신 21:18-21	패역하고 반항적인 아들을 돌로 쳐죽임
6 살인하지 말라	삿 20:34-48	레위인의 첩의 살해
7 도적질하지 말라	수 7:20-26	도적질한 아간과 가족을 쳐죽임
8 간음하지 말라	삼하 11장	다윗과 밧세바
9 거짓 증거하지 말라	왕상 21장	아합, 이세벨, 나봇의 포도원

고대 이스라엘의 정경화 과정에 관한 한 프리드만의 연구는 매우 의미심장하다. 패역한 아들의 처벌법(신 21:18-21)은 히브리 정경(신명기를 포함하여)에 포함되어 있는 그 뒤에 나오는 여덟 개의 책들에 확산되어 있는 일련의 에피소드들 중에서 본질적인 요소다. 프리드만이 이 에피소드들은 단일 편집자가 기록한 것으로 보인다고 주장하고 있으므로, 이 점은 해석적인 문제를 일으킨다. 라부샤뉴가 자기 글자 수 분석 방법 가운데 신명기 21:18-21의 본문에서 어떤 흥미 있는 사항을 거의 발견하지 못했다는 사실은 몇몇 사람으로 하여금 이 특별한 법이 후대의 편집자의 삽입일 가능성이 있다고 지지하도록 만들어 주었다. 다른 한편, 낭독 본문 6(신 21:10-25:19)에서와 신명기 전체에서 숫자의 총 합계는 신명 수 17과 26을 통하여 결정된 숫자를 나타낸다. 이러한 사실은 이 독특한 현상을 이루도록 하기 위하여 본문을 뜯어 맞추는 과정이 프리드만의 "편집자"의 첫 번째 작품 이후에 계속되었다는 사실을 암시한다. 만일 그 편집장이 프리드만이 주장하는 바와 같이(Freedman, *Nine Commandments*, 93-97, 168) 예레미야 선지자 당시의 바룩으로 밝혀진다면, 그 편집 과정은 당연히 바벨론 포로기까지 계속되었을 것이며(주전 587-538년경), 아마도 그 후 페르시아 시대까지도 계속되었을 것이다. 이러한 편집 시기의 과정에 연루된 사람들 가운데 한 사람이 바룩의 형제 스라야일 수도 있는데, 그는 주전 593년경 예레미야의 글을 가지고 바벨론으로 갔던 것으로 보인다(렘 51:59-64). 고대 이스라엘의 정경화 과정에서 수고한 바벨론에 있는 서기관단("숫자 계수인들") 가운데는 에스겔 선지자도 포함되었을 것으로 보인다.

주석

[18] "완악하고 패역한 아들"에 관해서는 Marcus, *JANESCU* 13(1981) 31-52를 보라. 자기의 패역한 아들에 대해 가하는 부모의 징책이 여기서 "그를 징책하다"(ויסרו אתו – 웨이쓰루 오토)라는 일반적인 의미로 번역되어 있다. 이것은 랍비들의 해석과 22:18의 의미에 따라 "그들이 그를 매질하다"로 번역될 수도 있다.

[19] 본문은 "그 부모가 그를 잡아 가지고"라고 진술하고 있는데, 이것은 두 사람이 이러한 행동을 하는 데 동의해야 한다는 사실을 암시한다. 요세푸스에 의하면(*Ant.* 16. 11.2 §§ 365-66), 헤롯 1세가 자기의 아들 둘을 죽이기 위하여 이 법을 구실로 사용했다(Tigay[1996] 382 n. 55를 보라). 소송의 장소로서의 성문에 관해서는 17:8의 "주석"을 보라.

[20] 그 아들이 "방탕하며 술에 잠긴 자라"는 고소는 그 성격상 전형적인 패역의 한 실례로서 격언적 표현인 것으로 보인다(참조. 잠 23:20-21; 28:7).

[21] "그 성읍의 모든 사람들이 그를 돌로 쳐죽일지니"란 진술은 부모를 언급하지 않고 있는데, 이는 아마도 그들이 자기 아들에 대해서 살리고 죽이는 권리를 가지고 있지 않다는 사실을 드러내는 것일 수 있다(Tigay[1996] 197). 라감(רגם, "돌을 던지다")이란 동사는 신명기의 다른 곳에서는 나타나지 않을지라도, 토라의 다른 부분(레 20:2, 27; 24:14, 23; 민 15:35)과 아간과 그 가족을 돌로 치는 일에 대해 여호수아 7:25에서 사용된다(참조. 13:10; 여기서 싸칼⟨סקל, "돌을 던지다"⟩이 사용되었다). "너의 중에 악을 제하라"에 대해서는 13:6의 "주석"을 보라.

해설

패역한 아들에 관한 법(신 21:15-17)이 항상 강압적으로 시행되었다는 성경의 기록이 없으므로 이 법의 주 목적은 교육적인 것이었다고 결론짓는 것이 안전하다, 즉 "온 이스라엘이 듣고 두려워하리라"(21절)는 것이다. 맥스웰은 "한 사람이 성경의 계명에 대해서 자신이 불순종하고 있다고 느껴질 때, 그 사람은 '듣고 두려워하기'보다는 '듣고 비웃는' 경향이 있다"고 말한다. 왜 그러한가? 그것은 교회 자체가 훈련이 결핍되어 있기 때문이다. 한 사회에서 죄에 대한 가장 큰 억제책은 백성들이 하나님을 사랑하고 그분의 계명에 순종함으로써 그분을 경외(두려워)하는 것이다. 두려움이 없는 사랑은 유치한 짓이다. 사랑이 없는 두려움은 율법주의다. 이 둘이 함께 적절히 균형이 잡힐 때에만 하나님이 요구하신 순종을 하게 된다(Maxwell

[1987] 253).

부모를 존경하고 순종하는 것은 고대 이스라엘에서 사활적인 중요성을 가졌다. 언약서를 보면 자기 아비나 어미를 치거나 혹은 그들을 저주하는 아들은 죽여야 했다(출 21:15, 17; 또한 참조. 20:9). 그리고 신명기 27:16의 언약적 저주는 "그 부모를 경홀히 여기는 자"를 포함한다. 여기에 나오는 법은 철저하게 완고하고 무가치한 아들에 관한 것이다.

300년 전 이 계명에 대한 주석에서 매튜 헨리는 거만한 아들에 관하여 이렇게 말했다. "만일 그가 스스로 오만불손하게 행동하고, 자기의 부모에게도 거만하게 행동하여 그들의 권위를 모욕하고, 그들의 책망과 권면을 무시하고, 그의 유익을 위하여 주어진 명확한 명령을 거역하고, 그들이 그에게 주는 훈계를 듣기 싫어하고, 방탕한 삶을 통하여 부모의 재산을 탕진할 위협에 처하게 한다면, 이 사람이 곧 완고하고 패역한 아들이다(Matthew Henry, *Exposition of the Old Testament*[1828] 659). 이러한 묘사는 랍비 유대교에 있는 율법에 대한 할라카식 독본의 경향을 가진 것이며("양식/구조/배경"을 보라), 또한 왜 이 법에 대한 기록이 항상 강요되지 않는지에 대한 이유를 보여 준다.

패역한 아들에 대한 징벌법에 들어 있는 결론적 문장 "방탕하며 술에 잠긴 자" (20절)는 본문의 의미를 현대 상황에 적용하는 데 있어서 또 다른 내용을 담고 있다. 특히 만일 이러한 현상이 알코올이 아닌 마약 중독을 포함하는 데까지 확대된다면, 소수의 죄악들은 술취함이라는 도착적 세력에 해당될 수 있다. 그러한 패역한 아들에 대한 현대의 부모는 고대에 부모들이 직면했던 것들과는 상당히 다른 구체적인 해악들을 마음속에 떠올릴 수도 있다. 르무엘 왕의 어머니의 잠언 가운데 "르무엘아 포도주를 마시는 것이 왕에게 마땅치 아니하고 왕에게 마땅치 아니하며 독주를 찾는 것이 주권자에게 마땅치 않도다 술을 마시다가 법을 잊어버리고 모든 간곤한 백성에게 공의를 굽게 할까 두려우니라"는 말씀이 있다(잠 31:4-5). 원칙적인 면에서 이 말씀은 왕들만이 아니라 누구에게나 적용된다. 알코올이든 다른 어떤 마약 종류든 술취함은 피할 수 없이 하나님의 법을 어기는 데로, 그리고 그 모든 필연적인 결과로 이끌어 간다.

부모들이 이 경우에 기소자이기는 하지만, 그들은 스스로 자기 아들을 죽이도록 허용되지는 않는다. "이런 자를 죽임에는 증인이 먼저 그에게 손을 댄 후에 뭇 백성이 손을 댈지니라"고 말하고 있는 신명기 17:2-7에 있는 언약에 대한 범죄에 관한 법과는 달리, 여기서는 "그 성읍의 모든 사람(남자)들"만이 그를 돌로 쳐죽이도록 명령을 받고 있다. 사형시키는 일 그 자체에 참여하는 일에 관해서는 언급이 없다. 부모들은 고대 로마법에서처럼 자기 자녀들을 살리거나 죽일 권한이 없다. 유대교와 기독교는 그러한 관습을 묵인하지는 않지만, 고의적으로 자녀를 제지함에 있어서 일반인을 강제로 돕는 부모에 대해 정죄하지도 않는다.

이 법규의 중심부에는 가족의 안정에 대한 필요성이 놓여 있다. 건전한 가족생활은 법에 대한 존중이 뒷받침되는 부모의 권위를 필요로 한다. 부모에 대한 멸시처럼 법에 대한 무시는 하나님에게든 인간에게든 전반적인 훈계에 대한 무시를 낳는다. 그와 동시에 우리는 심령의 회심만큼 그리고 하나님의 성령이 심령 속에서 하게 하시는 사랑만큼 법들의 제재가 결코 부모 존중에 대한 가르침 가운데서 그렇게 효과적으로 나타날 수 없다는 사실을 기억해야 한다.

B. "참 경건"과 불법적 혼합에 대한 열 개의 법(21:22-22:12)

1. 처형당한 시체의 처리(21:22-23)

참고문헌

Armstrong, G. T. "The Cross in the Old Testament according to Athanasius, Cyril of Jerusalem and the Cappadocian Fathers." In *Theologia Crucis, Signum Crucis: FS E. Dinkler.* Ed. C. Andresen and G. Klein. Tübingen: Mohr(Siebeck), 1979. 17-38. **Bernstein, M. J.** "כי קללת אלהים תלוי: A Study in Early Jewish Exegesis." *JQR* 74 (1983) 21-45. **Betz, O.** "Die Bedeutung der Qumranschriften für die Evangelien des Neuen Testaments." *BK* 40(1985) 54-64. **Brichto, H. C.** *The Problem of "Curse" in the Hebrew Bible.* 1963. 191-95. **Fish, T.** "War and Religion in Ancient Mesopotamia." *BJRL* 23(1939) 397. **Greenberg, M.** "Hanging." *IDB* 1:522. **Hengel, M.** *Crucifixion in the Ancient World and the Folly of the Message of the Cross.* Tr. J. Bowden. Philadelphia: Fortress; London: SCM Press, 1977. **Holzmeister, U.** "De

Christi Crucifixione quid e Deut 21, 22s. et Gal 3, 13 Consequatur." *Bib* 27(1946) 18-29. **Jacob, E.** "Die altassyrischen Gesetze und ihr Verhältnis zu den Gesetzen des Pentateuch." *Zeitschrift für vergleichende Rechtswissenschaft* 41(1925) 384-86. **Koch, D.-A.** *Die Schrift als Zeuge des Evangeliums.* BHT 69. Tübingen: Mohr(Siebeck), 1986. 120-26. **Kooy, V. H.** "Impalement." *IDB* 2:690. **Kuhn, H.-W.** "Jesus als Gekreuzigter in der Frühchristlichen Verkündigung bis zur Mitte der 2. Jahrhunderts." *ZTK* 72(1975) 33-35. **Lewis, T. J.** *Cults of the Dead in Ancient Israel and Ugarit.* 1989. 49-51. **Mendenhall, G. E.** *The Tenth Generation.* Baltimore: Johns Hopkins UP, 1974. 119-21. **Phillips, A.** *Ancient Israel's Criminal Law.* 1970. 25-26. **Rosso, L.** "Dt 21, 22: Contributo del Rotolo del Tempio alla Valutazione di una Variante Medievale dei Settante." *RevQ* 34(1977) 231-36. **Saggs, H. W. F.** "Assyrian Warfare in the Sargonid Period." *Iraq* 25(1963) 149-50. **Schwartz, D. R.** "Two Pauline Allusions to the Redemptive Mechanism of the Crucifixion." *JBL* 102(1983) 259-68. **Tuckett, C. M.** "Deuteronomy 21, 23 and Paul's Conversion." In *L'Apôtre Paul.* Ed. A. Vanhoye. BETL 73. Leuven: Leuven UP, 1986. 345-50. **Unnik, W. C. van.** "Der Fluch des Gekreuzigten: Deut 21, 23 in der Deutung Justinus des Märtyrers." In *Theologia Crucis, Signum Crucis: FS E. Dinkler.* Ed. C. Andresen and G. Klein. Tübingen: Mohr(Siebeck), 1979. 483-99. **Wilcox, M.** "'Upon the Tree' - Deut 21:22-23 in the New Testament." *JBL* 96(1977) 85-99.

본문과 운율 분석

처형당한 시체의 처리 [(4:4):(4:4)]

22 사람이 만일 죽을 죄를 범하므로 네가 그를 죽여 나무 위에 달거든
23 그 시체를 나무 위에 밤새도록 두지 말고 당일에 장사하여 네 하나님 여호와께서 네게 기업으로 주시는 땅을 더럽히지 말라 나무에 달린 자는 하나님께 저주를 받았음이니라

Treatment of the Body of an Executed Criminal [(4:4):(4:4)]

22 *And*[a] *when it happens that a man*[b] *is guilty /*	10	1
of a capital offense[c] *and he is put to death //*	10	1
and you hang him up / on a[d] *gibbet //*	13	2_
23 *His body shall not remain overnight / on the*[a] *gibbet /*	16	2
but you shall surely bury him / on that day /	17	2_
For [b]*accursed of God / is a hanging person*[b] *//*	13	2
and [c]you shall not so defile[c] / your soil /	13	2
that / YHWH [ ][d] / *is giving you / as an inheritance //* ס	15	4_

원문주해

22.a. 한 히브리어 필사본, SP, LXX[N], Vg은 와우 접속사를 생략한다.

22.b. 악센트의 강세 단위 분배 면에서 운율의 균형을 이루기 위하여 레비아(*rĕbîaʿ*)를 접속사 악센트와 교체함.

22.c. 위치가 잘못된 아트나로 인하여 티프하를 연속사로 읽음.

22.d. 한 히브리어 필사본, SP, LXX[min], Tg 그리고 *Tg. Ps.-J.*에는 MT의 에츠(עץ, "한 나무"〈즉 교수대〉) 대신 하에츠(העץ, "그 나무")로 되어 있음.

23.a. 한 히브리 필사본과 LXX[-min]에는 MT의 하에츠(העץ, "그 나무"〈교수대〉) 대신에 에츠(עץ, "한 나무")로 되어 있음.

23.b-b. SP에는 MT의 탈루이(תלוי, "한 나무에 달린" 〈사람〉) 대신에 תלאי로 되어 있는데 의미상의 차이는 없다. LXX에는 파스 크레마메노스 에피 크쉴루(*πᾶς κρεμάμενος ἐπί ξύλου*= כל תלוי על עץ, "한 나무에 달린 모든 자")로 되어 있다. 이러한 첨가는 본 절 하반절에 있는 엘로헤카(אלהיך, "너의 하나님")란 단어의 부차적 첨가로 인하여 운율 균형 면에서 보상의 필요에 의하여 야기되었을 수도 있다. 아래의 "양식/구조/배경"에 있는 논의를 보라.

23.c-c. LXX과 Tg.Ps.-J.와 함께 2인칭 복수가 MT의 테탐메(תטמא, "너는 더럽힐(히지 않을) 것이다") 대신에 난해한 독법(*lectio difficilior*)으로 되어 있음.

23.d. 엘로헤카(אלהיך, "너의 하나님")를 본문에 대한 부차적 확대로 읽음("양식/구조/배경"에 있는 논의를 보라).

양식/구조/배경

모세는 장자의 상속권에 관한 법과 그 행실이 사형에 해당함으로써 자기 권리를 잃어버리는 아들로부터 사형 형벌 그 자체로 옮겨가고 있다. 만일 판결이 시행되어 그 시체가 공개적으로 전시되어서 "온 이스라엘이 듣고 야웨를 두려워하게" 된다면, 그 시체는 해가 지기 이전에 나무에서 내려 묻어야 한다. 이렇게 하지 않으면 "네 하나님 여호와께서 네게 기업으로 주시는 땅을 더럽힐"(23절) 것이다.

사형당한 시체의 처리에 있어서 인도주의 문제가 제기된 다음 잃어버린 가축에 대한 보다 일반적인 문제로 넘어가고(22:1-3), 그 다음에 잃어버린 의복으로 그리고 다시 "형제의 잃은 아무것이든지"(3절)로 넘어간다. 거기서 초점은 도움이 필요한 짐승에게로까지 확대되어서 "네 형제의 나귀나 소가 길에 넘어진 것"까지 나아간다. "네 이웃(그의 가축을 포함하여)을 네 몸과 같이 사랑하라"는 이러한 초점은 결국 어미 새를 그 새끼와 함께 취하는 문제까지 확대되고(6-7절), 그 다음에 지붕 위의 난간을 만들지 않음으로써 낙상하는 위험으로부터 인간을 보호하는 법으로 나아가서, 결국에는 "입는 겉옷 네 귀에 술을 만들지니라"(12절)는 수수께끼 같은 언급까지 포함한다.

나무에 달린 시체에 관한 법(21:22-23)의 경계들은 첫 부분과 끝부분에 세투마 구획 표시기와, 또한 LXX 및 *Tg. Ps.-J.*에서 재생된 "수(數)의 전이"(*Numeruswechsel*, 2인칭 단수와 복수 대명사 사이에 오락가락하는 변화)로 표시되어 있다. 운율 구조 면에서 볼 때 이 법은 세 부분으로 되어 있는데, 각기 여섯 개의 악센트 강세 단위를 가지고 있다. 인도주의 문제를 취급하고 있는 뒤따라오는 세 개의 법 가운데 그 첫 번째 것인 이 법은 다음과 같이 정리될 수 있다.

A	한 사람이 죽임을 당하여 그 시체가 나무 위에 달려 있거든	21:22
B	너는 그 시체를 나무 위에 밤새도록 두지 말고	21:23a
X	당일에 장사하여	21:23b
B′	나무에 달린 자는 하나님께 저주를 받았음이니라	21:23c
A′	네 하나님 여호와께서 네게 기업으로 주시는 땅을 더럽히지 말라	21:23d

이 법은 사형당한 시체가 당일에 장사지내져야 한다는 사실을 규정하고 있다(23b절). 내부 골격은 이 시체가 나무에 그대로 매달려 있어서는 안 된다고 규정하고 있는데(23a절), 그 이유는 나무에 달린 사람이 하나님에게 저주를 받았기 때문이다(23c절). 외부 골격은 명백한 문장으로 그 문제를 진술한다: 시체가 나무에 달려 있을 때(22절), 그 땅 자체가 더럽혀진다는 것이다(23d절).

카마이클은 이 법이 여호수아 및 "그 시체가 저녁 때까지 나무에"(수 8:29) 달려 있었던 아이 왕 설화와 관련되어 있고, 또한 사무엘하 21:1-14에서 기브온 사람들이 사울의 아들들을 사형시킨 이야기와도 관련되어 있다고 보는데, 그 당시 일곱 구의 시체들은 법에 따라 장사되지 못했다(Carmichsel, *LNB*, 150-55). 여호수아서 처음 부분에서 에피스도의 초점은 여리고 성과 아이 성 정복이었다. 아이 성 정복 이후에, 에발 산이 있는 세겜에서 언약 갱신을 하기 바로 이전에 아이 왕을 처형했다: "그가 또 아이 왕을 저녁 때까지 나무에 달았다가 해질 때에 명하여 그 시체를 나무에서 내려 그 성문 어귀에 던지고 그 위에 돌로 큰 무더기를 쌓았더니 그것이 오늘까지 있더라"(수 8:29). 바로 그 직후에 여호수아는 에발 산에 한 단을 쌓았고,

이스라엘 백성들로 하여금 읽을 수 있도록 하기 위하여 신명기 법의 일부분이 기록된 회를 바른 돌을 세웠다(수 8:30-32; 참조. 신 27:22-4). 여호수아서에 있는 그 설화 바로 다음에서 우리는 막게다 굴에 숨어 있던 다섯 명의 가나안 왕들을 쳐부순 일을 읽게 된다(수 10:16). "여호수아가 그 왕들을 쳐죽여 다섯 나무에 매어 달고 석양까지 나무에 달린 대로 두었다가 해질 때에 여호수아가 명하매 그 시체를 나무에서 내리어 그들의 숨었던 굴에 들여 던지고 굴 어귀를 큰 돌로 막았더니 오늘날까지 있더라"(수 10:26-27).

여호수아서의 이 두 기사와 "나무에 달린 시체"에 관한 법 사이에서, 우리는 이스라엘을 속이고 그들과 언약을 맺은 기브온 사람들의 이야기를 읽게 된다(수 9장). 그 후 많은 세월이 지나서 사울 왕이 기브온 사람들을 죽인 이후에(삼하 21:1), 다윗 왕은 사울의 죄에 대해서 기브온의 남은 사람들에게 배상을 하려고 했다. 그들의 요구에 응하여, 다윗은 사울의 일곱 아들(그들 중 어떤 사람은 손자다)을 "기브온 사람의 손에 붙이니 기브온 사람이 저희를 산 위에서 여호와 앞에 목매어 달았다"(삼하 21:9). 그러나 이 경우에 그 시체들은 신명기 법에 따라 장사지내지 못했다. 그러므로 신명기 법에 따르면, 그 땅이 더럽혀진 것이다.

패역한 아들에 대한 법이 이스라엘의 놀랍게도 부정적인 견해를 예상하도록 토라와 전선지서 설화 이야기의 뒤이은 문학적 발전 가운데 사용되었던 바와 같이, 나무에 달린 시체에 대한 법 역시 놀랍게도 다윗 왕국에 대한 부정적인 평가를 묘사하기 위하여 사용되었다(Carmichael, *LNB*, 146-55).

피상적으로 살펴보면, 21:22-23에서 신명 숫자의 사용에 대해 라부샤뉴가 조사한 증거는 극소수다. 그러나 본문이 23절 하반절에 있는 엘로헤카(אלהיך, "너의 하나님")란 단어의 삭제를 통한 운율 분석에 비추어 조정될 때 다음과 같은 훌륭한 결과가 나타난다.

단어	아트나 앞		아트나 뒤			
21:18	12	+	5	=	17	
21:20-21	20	+	6	=	26	
21:22-23	21	+	13	=	34	(=2×17)
21:18-23	57	+	32	=	89	
21:10-23	133	+	85(=5×17)	=	218	
21:10-25:19	929	+	652	=	1,581	(=93×17)

패역한 아들의 형벌에 관한 이전의 법(21:18-21)에서, 라부샤뉴는 두 신명 수가 18절에서 17개의 단어 그리고 20-21절에서 26개의 단어의 합계로 나타난다는 사실을 관찰해 냈다. 이 법이 문학적 단위를 이루기 위하여 사형당한 시체의 처리에 대한 법과 결합될 때(21:22-23), 우리는 아트나 뒤에서 32개의 단어를 발견하게 되는데, 이는 히브리어 단어 카보드(כבוד, "영광"=20+2+6+4=32)의 수치를 상징한다. 더 큰 문학적 문맥 가운데서 우리는 21:10-23의 아트나 뒤에서 총 85(5×17)개의 단어를 발견하게 된다. 그러나 더욱 중요한 것은 우리가 신명기 낭독 주기의 제6주 낭독 본문(21:10-25:19) 가운데서 총 1,581(=93×17)개의 단어를 발견하게 된다는 것이다. 십계명에 대한 자기들의 주석에서 고대 이스라엘의 서기관들(단어 계수자들)은 하나님의 이름 야웨, 즉 하나님의 영광에 대한 증거를 담고 있도록 단어들을 계산하고 그것들을 세심하게 배열했다.

주석

22 "나무 위에 달거든"이란 문구는 사형당한 시체를 공개적으로 전시하는 것을 가리킨다(참조. 창 40:19; 수 10:26; 에 9:6-14). 사형당한 시체는 가끔 그의 행동의 결과가 다른 사람들에게 경고가 되도록 하기 위하여 나무나 나무 기둥에 공개적인 전시를 위하여 고정시키거나 달아 놓는다. 비록 그러한 행동이 일반적으로 그 시체를 나무에 못 박는 것으로 해석되기는 하지만(JPS *Tanakh*이 그렇게 해석함), 티개이는 이것이 그러한 의미가 아닐 것이라고 주장했다: "미쉬나에 따르면, 하나의 교수대(가로대를 가지고 있는 장대)가 세워지고 죽은 사람의 손이 묶여져서 그 가로대에 달려 그 몸이 매달리게 된다"(Tigay[1996] 198). 산에 달려 있었던 리스바의 아들들의 처형과 그 시체가 "낮에는 공중의 새가 앉도록 그리고 밤에는 들짐승이 범하도록" 노출되어 전시된 기사를 보라(삼하 21:10).

23 본문은 사형당한 시체를 전시하는 관습을 제한하고 있다: "그 시체를 나무 위에 밤새도록 두지 말고 당일에 장사하여." 소포클레스가 쓴 고전적 비극 작품 안티곤(*Antigone*; 주전 440년경)은 정당한 매장을 거부당한 자의 저주의 심각성에 관한 고대 헬라의 문학 작품과 평행을 이루고 있음을 보여 준다. 오이디푸스와 요카스타의 딸은 삼촌인 크레온의 칙령에 도전했고, 그녀의 생명을 구하려고 죽은 오빠 폴리니세스(Polynices)를 위하여 금지된 장례 의식을 거행했다. (이에 대한 메소포타미아인의 증거를 보려면, 길가메쉬 서사시 12:151-152[*ANET*, 99a]; Code of

Hammurabi § 153[*ANET*, 172b]; Middle Assyrian Laws § 53[*ANET*, 185a]; Prism of Sennacherib ii.37-iii.49[*ANET*, 288a]; 그리고 Annals of Ashurbanipal iv.65-82[*ANET*, 288b]를 보라. 그레코-로마 세계에서 그와 같은 관습에 대해서는 *Iliad* 23.72-74와 Aeneid 6.324-30를 보라.) "하나님의 저주 받은"(קללת אלהים – 퀼라트 엘로힘)이란 문구의 번역은 수 년 동안 주석과 추측을 만들어 냈다. 필립스는 이것을 "하나님의 거절"(repudiation)로 번역했고(Phillips, *Ancient Israel's Crimminal Law*, 25-26), 폭스는 이것을 "하나님에 대한 모욕"으로 번역한다(Fox, *FBM*, 945). 바울 사도가 해석한 바와 같이 "하나님에게 저주를 받은"이란 전통적 해석을 따르는 것이 더 낫다(갈 3:13을 보라). 크레이기가 이를 잘 설명하고 있다: "그 시체가 나무에 달려 있었기 때문에 하나님에게 저주를 받은 것이 아니었다. 그것이 하나님에게 저주를 받았기 때문에 그 시체가 나무에 달려 있었던 것이다." 사형을 통한 죽음은 "하나님 백성의 공동체로부터의 공식적이고 최종적인 분리였다. 그런 까닭에 갈라디아인들에게 보낸 바울의 편지 속에서 이 구절의 인용은 매우 강력하다. 그리스도께서는 스스로 율법의 저주, 죽음의 형벌을 받으셨고, 그럼으로써 율법의 저주로부터 우리를 구출하신 것이다…그분의 하나님의 가족 공동체로부터의 분리는 우리가 하나님의 가족에 들어갈 수 있도록 만들어 주었는데, 그 이유는 깨어진 율법의 저주 – 영구히 가입을 가로막았던 – 가 치워졌기 때문이다"(Craigie[1976] 285-86).

이 곳과 25:18에서만 하나님을 언급하기 위하여 신명기 율법 가운데서 엘로힘(אלהים)이란 단어만이 사용되었다는 사실은, 스포르노(Sforno)로 하여금 이 단어가 여기서 "하나님"을 의미하지 않고 "못 박힌 시신을 통하여 치욕을 당한 죽은 자의 영혼"이라고 해석하도록 했다(Tigay[1996] 198를 보라). 동사 테타메[우]([ו]תטמא)의 의미는 "너는 의례상으로 부정하게 될 것이다"로부터 독자/청중이 "네 하나님 여호와께서 네게 기업으로 주시는"을 이끌고 있는 "너의 땅"(את־אדמתך – 에트-아드마트카)이란 문구로 옮겨가는 것처럼 "너는 오염시킬 것이다"로 바뀐다. "너는 땅을 그렇게 더럽히지 말 것이니라"란 진술은 죽은 시체가 의식상의 부정 면에서 오염의 원천이라는 사실을 가리킨다. 시체를 썩어지고 새들과 짐승들에 의하여 찢겨 흩어지도록 놓아 두는 것은 부정을 사방으로 흩어지게 하는 것이다.

해설

사람을 목매달아 죽이는 것은 고대 이스라엘 내에서 관례가 없었으나, 다른 사람들에게 공포감을 심어 주기 위하여 모든 사람들이 보도록 장대나 나무에 사형당한 시체를 전시해 놓는 것을 일반적인 일이었다. 여기서 규정하는 내용은 그날 시체가 어느 때에 전시되었든 간에, 그들은 해질 때 시체를 내려서 장사지내고 땅 자체가 더럽혀지지 않도록 해야 했다. 율법에 의하면, 죽은 시체를 만지는 것은 더럽혀지는 것이다. 그러므로 죽은 시체는 매달린 채로 두어서는 안 되었는데, 그 이유는 같은 법칙에 의하여 그것이 땅을 더럽히기 때문이다.

"나무에 달린 자는 하나님께 저주를 받았음이니라"(23절)는 진술은 바울에 의하여 예수 그리스도를 가리키는 것으로 취급되었는데(갈 3:13), 그분은 "우리를 위하여 저주를 받은 바 되사 율법의 저주에서 우리를 속량하셨다." 모세가 사형당한 자에 대한 불명예스러운 취급을 가리키면서 이 문구를 사용했을지라도, 그는 자신이 알고 있는 것보다 더 심오한 내용을 말한 것이다. 패트릭(Patrick) 대주교가 오래전에 주장한 바와 같이 "이 구절은 그리스도의 죽으심에 적용되는데, 단순히 그분이 이러한 범죄자들이 하나님에게 저주를 받았던 것처럼 우리 죄들을 노출시키고 수치가 되도록 드러내시기 때문일 뿐만 아니라, 또한 이제 죄인이 해질 때 제거되었던 것처럼 죄책이 제거되고 율법이 충족되었다는 표시로서 그분이 밤에 저주받은 나무로부터 내려져서 묻히셨기(그리고 이 율법을 고려하여 유대인들의 특별한 돌봄을 통하여, 요 19:31) 때문이다. 율법은 더 이상 요구할 것이 없었다. 그 다음에 그는 저주받기를 그치셨으며, 그들의 저주는 그분의 것이 되었다. 그리고 그 시체가 묻혔을 때 이스라엘 땅이 청결하고 깨끗하게 되었던 것처럼, 교회는 그렇게 예수께서 이루신 완전한 속죄로 말미암아 씻어지고 깨끗하게 되었다"(Matthew Henry, *An Exposition of the Old and New Testament*[1828] 660에서 인용).

2. "참 경건"에 관한 세 개의 법 - 이웃을 네 몸처럼 사랑하라(22:1-5)

22:1-4의 참고문헌

Barbiero, G. *L'Asino del Nemico: Rinuncia alla vendetta e amore del nemico nella legislatione dell'Antico Testamento(Es 23, 4-5; Dt 22, 1-4; Lv 19, 17-18)*. AnBib 128. Rome: Pontifical Biblical Institute, 1991. 131-202, 340-42. **Braulik, G.** "Die dekalogische Redaktion der deuteronomischen Gesetze: Ihre Abhängigkeit von Levitikus 19 am Beispiel von Deuteronomium 22, 1-12; 24, 10-22; 25, 13-16." In *Studien zum Buch Deuteronomium.* Ed. G. Braulik. 1997. 147-82, esp. 160-61. **Canaan, T.** "The Palestinian Arab House." *JPOS* 13(1933) 41-42, 70. **Daube, D.** "The Culture of Deuteronomy." *Orita* 3(1969) 41-43. **Dempster, S.** "The Deuteronomic Formula *kî yimmāṣe'* in the Light of Biblical and Ancient Near Eastern Law: An Evaluation of David Daube's Theory." *RB* 91(1984) 188-211. **Fishbane, M.** *Biblical Interpretation in Ancient Israel.* 1985. 177-79. **Haase, R.** "Zur Anzeigepflicht des Finders nach Hethitischem Recht." *WO* 12(1957) 378-81. **Huffmon, H. B.** "Exodus 23:4-5: A Comparative Study." In *FS J. M. Myers.* 1974. 271-78. **Lang, B.** "Persönlicher Gott und Ortsgott: Über Elementarformen der perspers personönlichen Frömmigkeit in Israel." In *FS H. Brunner.* 1983. 282-89. **Lewy, I.** "Dating of Covenant Code Sections on Humaneness and Righteousness(Ex xxii 20-26; xxiii 1-9)." *VT* 7(1957) 322-26. **Stager, L.** "The Archaeology of the Family in Ancient Israel." *BASOR* 260(1985) 12-15. **Tigay, J. H.** "Some Archaeological Notes on Deuteronomy." In *FS J. Milgrom.* 1995. 373-74.

22:5의 참고문헌

Epstein, L. M. *Sex Laws and Customs in Judaism.* New York: Bloch, 1948. 64-67, 75-78. **Fichtner, J.** "Die Bewältigung heidnischer Vorstellungen und Praktiken in der Welt des Alten Testaments." In *FS F. Baumgärtel.* Ed. L. Rost. Erlanger Forschungen A.10. Erlangen: Universitätsbibliothek, 1959. 32. **Gaster, T. H.** *Myth, Legend, and Custom in the Old Testament.* New York: Harper & Row, 1969. 316-18. **Good, E. M.** "Capital Punishment and Its Alternatives in Ancient Near Eastern Law." *SLR* 19 (1967) 960. **Gordon, C. H.** "A Note on the Tenth Commandment." *JBR* 31(1963)

208-9. **Hoffner, H. A.** "Some Contributions of Hittitology to Old Testament Study." *TynBul* 20(1969) 48-51. ______. "Symbols for Masculinity and Femininity." *JBL* 85 (1966) 326-34. **Lambert, W. G.** *Babylonian Wisdom Literature.* Oxford: Clarendon, 1960. 226-30. **Licht, H.** *Sexual Life in Ancient Greece.* London: Routledge and Kegan Paul, 1932. 124-25, 128, 500. **Paschen, W.** *Rein und Unrein: Untersuchungen zur biblischen Wortgeschichte.* SANT 24. Munich: Kösel, 1970. 55. **Römer, W. H. P.** "Randbemerkungen zur Travestie von Deut. 22, 5." In *Travels in the World of the Old Testament: FS M. A. Beek.* Ed. M. Heerma van Voss, P. Houwink ten Cate, and N. van Uchelen. Studia Semitica Neerlandica 16. Assen: Van Gorcum, 1974. 217-22.

본문과 운율 분석

길 잃은 짐승과 다른 재산을 되돌려주라 [(8:5):(5:8)]

1 네 형제의 우양의 길 잃은 것을 보거든 못 본 체하지 말고 너는 반드시 끌어다가 네 형제에게 돌릴 것이요
2 네 형제가 네게서 멀거나 네가 혹 그를 알지 못하거든 그 짐승을 네 집으로 끌고 와서 네 형제가 찾기까지 네게 두었다가 그에게 돌릴지니
3 나귀라도 그리하고 의복이라도 그리하고 무릇 형제의 잃은 아무것이든지 네가 얻거든 다 그리하고 못 본 체하지 말 것이며

Returning Lost Animals and Other Property [(8:5):(5:8)]

1 *You are not to see your brother's ox /* 13 1
or / his sheep[a] */ go astray / and hide yourself / from them //* 21 5
you shall take them back / to your brother // 15 2_

2 *And if your brother is not near / you /* 18 2
and you do not know him // 7 1
you shall bring it / into the midst of your house / 12 2_
And it is to remain with you / until your brother claims / it[a] */* 21 3
and you shall return it[b] to him // 10 1
3 *and*[a] *thus you shall do with his ass /* 12 1_
And thus you shall do / with his garment / 12 2
and thus you shall do / 6 1
with any lost thing of your brother's / 11 1
That is lost by him / and you find it // 16 2
you are not allowed / to hide yourself // ɔ 10 2_

네 이웃을 도와서 넘어진 짐을 실은 짐승을 일으켜 주라 [3:4]

4 네 형제의 나귀나 소가 길에 넘어진 것을 보거든 못 본 체하지 말고 너는 반드시 형제를 도와서 그것을 일으킬지니라

Assisting Your Neighbor with Fallen Pack Animals [3:4]

4 *If you see your brother's ass / or*[a] *his ox /* 19 2
fallen on the road // 8 1
You shall not withhold your help / from them // 9 2
you shall help him / lift them up // ɔ 11 2_

이성의 의복을 입지 말라 [4:3]

5 여자는 남자의 의복을 입지 말 것이요 남자는 여자의 의복을 입지 말 것이라 이같이 하는 자는 네 하나님 여호와께 가증한 자니라

Not Wearing Clothing of the Opposite Sex [4:3]

5 *Things pertaining to a man shall not be worn / by a woman /*	13	2
and a man shall not wear / a woman's garment / /	12	2
For it is an abomination / to YHWH your God /	15	2
anyone doing these things / / פ	8	1

원문주해

1.a. 여기에 나오는 악센트는 연접사 마팍으로 읽혀진다. SP는 או את כל בהמתו("혹은 그의 어떤 짐승")을 덧붙인다. 운율 분석은 MT을 지지한다.

2.a. SP는 מעמך("네 백성으로부터")를 덧붙인다. 운율 분석은 MT에 더 가깝다.

2.b. 실룩의 위치가 잘못되었기 때문에 티프하가 연접사가 됨.

3.a. 와우 접속사가 소수의 히브리어 필사본, SP, Syr, Vg에는 빠져 있다.

4.a. 세 개의 히브리어 필사본, SP, Tg.[MS]는 에트(את)를 덧붙인다.

양식/구조/배경

앞의 법을 통하여 소개된 사형당한 시체의 처리에 관한 인도주의적 관심은 여기서 살아가는 인간과 그들의 손실된 재산 혹은 짐을 싣고 넘어진 짐승에게까지 확대된다. 22:1-8에 있는 다섯 개의 법은 다섯 부분으로 된 대칭 구조로 다음과 같이 정리될 수 있다.

A 네 형제의 손실된 재산을 돌려주라	22:1-3
B 넘어진 짐승을 도와주라	22:4
X 이성의 의복을 입지 말라	22:5
B′ 어미 새를 그 새끼와 함께 취하지 말라	22:6-7
A′ 지붕 위에 난간을 만들어라	22:8

이 구조에 있는 외부 골격은 이웃의 잃어버린 재산을 되돌려주는 법(2-3절)으로부터, 자기 재산인 지붕 위의 가장자리를 돌아가면서 난간 즉 보호 벽을 만들어서 이웃의 신변을 보호해 주도록 하는 법(8절)으로 옮겨간다. 이 단락의 내부 골격은 넘어진 나귀나 소를 도와줌으로써 가축의 신변을 보호하는 데 관심을 표현하고 있는 법(4절)으로부터 들짐승 가운데 어미 새의 신변을 보호하는 데 관심을 표현하고 있는 법(6-7절)으로 옮겨간다. 그 중심부에서 우리는 또다시 일종의 수수께끼와 같

은 내용인 이성의 의복을 입지 말라는 불가사의한 법(5절)을 보게 된다.

21:10-23:1의 더 큰 문학적 단위가 근거하고 있는 간음이라는 주제는 일련의 네 개의 법 중에 일반적인 불법적 혼합을 포함시키기 위하여 확대되어 있는데, 그 가운데 첫 번째 법(22:5)은 인간에게 적용되고 다른 세 개의 법(22:9-11)은 종자, 밭을 가는 짐승, 직물에게 적용된다. 패역한 아들에 관한 법(21:18-21)처럼 이 모든 네 개의 법들은 뒤따라 나타난 유대인 전승 가운데서 많은 해석과 의견과 수정을 만들어 내게 했다.

잃어버린 짐승과 다른 물품들을 되돌려주라는 법(22:1-3), 짐을 싣고 넘어진 짐승을 도와주라는 법(22:4), 이성의 옷을 입지 말라는 법(22:5)은 21:23과 22:3 그리고 4절 다음에 세투마 구획 표시기를 통하여 표시되어 있고, 22:5 다음에 페투하 구획 표시기를 통하여 표시되어 있다. 내용에 근거하여 22:1-4은 다음과 같이 정리될 수 있다.

A	만일 네 형제의 소나 양이 길을 잃었으면 그를 도와서	22:1
B	만일 그 소유주가 누군지 모른다면 그 짐승을 네 자신의 것처럼 돌보아	22:2abc
X	네 형제가 자기 것이라고 한다면 그것을 그에게 돌려줄 것이요	22:2d
B′	그의 나귀, 의복 혹은 다른 잃은 물건에 대해서도 그같이 하라	22:3
A′	만일 네 형제의 나귀나 소가 넘어졌으면 그를 도울지니라	22:4

외부 골격은 두 가지의 평행적인 필요 사항을 나타내고 있다: 길을 잃은 이웃의 소나 양(1절), 그리고 짐을 싣고 넘어진 나귀나 소다(4절). 이 두 경우에 자기 이웃을 도와주라는 명령을 하고 있다. 내부 골격은 좀더 복잡한 상황으로 확대된다: 즉 주인이 모르는 곳에서 그 주인이 자기 것이라고 주장하고 나타날 때까지 짐승을 돌보라는 것이다(2절). 그리고 이 원리는 다른 짐승, 의복 혹은 잃어버린 물건에까지 확대된다(3절). 이러한 잃어버린 물건들의 주인이 그것들이 자기 것이라고 주장할 때 그것들을 돌려주어야 한다(2d절).

*BHS*와 *BHK*에서 이웃의 짐을 실은 짐승이 넘어졌을 때 그를 도와주라는 간략한 법(4절)을 이성의 옷을 입지 말라는 법(5절)으로부터 분리시키는 경계가 약간 잘못되어 있다. L은 21:22; 22:1, 9, 11, 12과 아주 똑같이 4절 초두에 주된 별표를 가지고 있지만, 본 절의 끝에는 주된 단절이 없다. 여기서 상황은 행이 중간에서 끊어진다는 점에서 22:8, 10, 13의 그것과 유사하다. 그러나 차이점도 있는데, 다음 행에서는 라메드의 윗 꼬리 부분이 빈 공간의 대부분을 채우고 있어서 언뜻 보기에

암시된 주된 단절이 전혀 없는 것처럼 보인다. 티개이에 따르면, SP는 5절과 6절 사이에 의미심장한 단절이 있음을 암시하고 있으나 4절과 5절 사이이다(Tigay[1996] 383 n. 1).

본문이 L에서 진열되어 있는 방식은, 4절과 5절은 두 부분이 하나의 문학적 단위들로서 연결되어야 한다는 사실을 시사한다. 이러한 독법은 카마이클의 주장을 뒷받침하고 있는데(Carmichael, *LNB*, 162), 그는 이 두 법을 르우벤 지파와 갓 지파가 모세 당시에 자기들 지파의 몫으로 받았던 요단 동편에서 있었던 전쟁의 상황 가운데서 해석한다. 그는 히브리어 문구 켈리-게베르(כלי־גבר)가 "전쟁의 상황에서 있었던 의도적 혼란의 형태"라는 사실을 주장한다. 그가 보기에 "하나의 이성의 의복을 입는 책략은 이러한 상황에서 군복무를 피하려는 은밀한 범죄의 한 실례가 되며, 율법의 언어로 말하면 '야웨께 가증한' 행위로 규정되었다"(*LNB*, 162). 그러므로 모세는 여인의 옷을 입어서 남자들이 자신을 변장함으로써 뒤에 남아 있기 위하여 자기들의 의무를 피하지 말도록, 그리고 여인들이 남자들의 군대 장비를 취함으로써 자기들의 남편을 따라가려고 하지 말도록 르우벤 지파와 갓 지파 사람들에게 경고하고 있다.

길 잃은 짐승을 되돌려놓거나 넘어진 짐승을 돕는 법(신 22:1-4)은 카마이클의 해석에서는 르우벤 지파와 갓 지파의 가축에서 그 설화적 유사성을 가진다(*LNB*, 155-59). 카마이클이 말하는 바와 같이 민수기 32장에 있는 전승은 "형제 이스라엘 백성이 서로간에 돕고 형제의 기업이 안전하게 지켜지도록 하기 위하여 상호간에 보답하도록 할 필요가 있음을 밝히고 있다. 르우벤 지파와 갓 지파는 자기들의 동료 이스라엘 사람들을 돕기 위하여 나갔고, 그런 까닭에 이러한 상호간의 봉사가 장차 자기들에게 보상이 될 때에 대해서 모세가 어떻게 문제를 제기할 수 있었는지를 상상해 보는 것이 합리적이다. 그들이 많은 짐승들을 소유한 상황에서, 그들의 형제들은 그들을 보호하는 데 도움을 줄 수 있었다"(*LNB*, 158).

22:1-5에 있는 신명 수의 사용에 대한 라부샤뉴의 연구는 운율 분석 가운데 나타난 2부 구조를 지지해 준다.

단어	아트나 앞		아트나 뒤		
22:1-3	33	+	18	=	51 (=3×17)
22:4-5	22	+	10	=	32

신명 수 17은 첫 번째 버금 단락에서 51(=3×17)이란 단어의 총 합계로 강조되어 있다. 두 번째 버금 단락에 있는 32개의 단어는 야웨의 "영광"을 상징하는데, 그 이유는 이것이 카보드(כבוד, "영광")란 단어의 수치이기 때문이다.

주석

1 1-4절에 다섯 번이나 나타나는 "너의 형제"에 대한 언급은 필요로 하는 사람이 가장 넓은 의미에서 동료 이스라엘 사람이 되는 친족이라는 의미를 강조하고 있다. 출애굽기 23:4-5의 평행되는 구절에서는 그러한 상황에서 대적까지라도 도와주어야 한다고 말한다. "못 본 체하지"(והתעלמת מהם – 웨히트알람타 메헴) 말라는 명령은 필요로 하는 이웃의 상황에 마음을 열어서 능동적으로 도움을 주라는 사실을 강조한다. 침묵은 명백하게 금지되어 있다. 크레이기는 히트알람타(התעלמת)란 동사를 "주시하지 않다"로 번역하면서, 이것은 "바벨론 법과는 달리 히브리 법의 정신을 나타내며, 일차적으로 범죄 행위에 관심을 두지 않고, 언약 공동체의 일원으로서의 책임을 짊어지는 것을 취급하고 있다"고 주장한다([1976] 287).

2-3 비록 그 소유주가 누구인지 알지 못하는 사람일지라도 – 즉 "네가 그를 알지 못하거든" – 그 책임은 여전하다. 발견한 사람은 그 짐승을 자기 집으로 끌어와서 그것을 그 곳에 보관하며 "네 형제가 찾기까지" 그것이 마치 자기 것인 양 식량을 공급해 준다. 이 법에 포함되는 내용의 목록은 다음과 같다: 가축(소와 양), 짐을 나르는 중요한 짐승(나귀), 의복, "네 형제의 어떤 (다른) 잃은 물건"이다. "못 본 체하지 말 것이며"란 진술에 관해서는 1절에 있는 논의를 보라. 여기에 나오는 법의 요구를 충족시켜 주기 위하여 "그러한 자비로운 일을 기쁨으로 행할 수 있게 만들어 주는 내적인 태도를 필요로 한다"(G. E. Wright, *IB* 2:464).

4 "나귀"(חמור – 하모르)와 "소"(שׁור – 소르)는 통상적으로 짐을 실어 나르는 짐승이었는데, 이것들은 가끔 짐을 너무 많이 실어 넘어졌으며 "길에 넘어져서" 누워 있었다(참조. 출 23:5).

5 변태적인 복장에 대한 법(22:5)은 간략하고도 수수께끼 같은 법이다. 몇몇 학자들은 여기에 나오는 켈리-게베르(כלי־גבר, "한 사람에게 속하는 것")란 단어가 "한 전사의 복장"으로 번역될 수 있다고 주장했다. 베이즈(K.-M. Beyse)는 켈리(כלי)란 단어가 의복과 관련하여 율법 본문들 가운데만 나타난다고 주장했지만(K.-M. Beyse, *TDOT* 7:173), 이런 방식으로 사용된 것을 드러내기 위하여 조건 없이

그가 인용하는 유일한 본문은 신명기 22:5이며, 그렇다면 이 구절은 남자가 여자 옷을 입는 것(שִׂמְלַת אִשָּׁה – 시믈라트 이샤)을 금하는 평행절을 포함한다는 사실에 근거해서만 인용된다. 1:41에서 켈레 밀함토(כְּלֵי מִלְחַמְתּוֹ, "그의 전쟁의 무기들")로 이 단어를 사용한 것은 예증적인데, 그 이유는 게베르(גֶּבֶר)란 단어가 언제나 "특히 일반적인 의미에서 힘의 요소들을 담고 있기" 때문이다(H. Kosmala, *TDOT* 2:377). RSV가 "사람(גֶּבֶר)마다 한두 처녀(자궁)"로 번역하고 있는 드보라의 노래 가운데서 이 단어를 사용하고 있는 것(삿 5:30)은 HAL에 따르면 군사들의 거친(coarse) 언어를 나타낸다. 그러한 행동이 "야웨께 가증한" 것으로 묘사되어 있기는 하지만, 이 법의 이유가 무엇인지는 분명하지 않다. 뢰메르(Römer)는 메소포타미아 자료로부터 변태적인 복장에 관한 내용을 수집하여 그러한 것들에 대한 흥미 있는 실례를 들었다(*FS M. A. Beek*, 217-22). 그레코-로마 시대의 변태적 복장에 대한 언급에 관해서는 Driver[1895] 250를 보라. 크레이기는 반복할 만한 가치가 있는 한 흥미 있는 인용문을 제공하고 있다: "또다시 어떤 종교들에서는 제사장들이 거의 여성의 의복이나 혹은 완전히 여성의 의복을 입는 것이 관례이며, 또한…이러한 관례는 그 신이 남신이 아닌 여신이었을 때 주로 생겨났다"(Cragie[1976] 288 n. 5; C. Allen, *A Textbook of Psychosexual Disorders*[London: Oxford UP, 1962] 243).

해설

잃어버린 짐승을 되돌려주라는 법(22:1-3)과 넘어진 짐승을 도우라는 법(22:4) 가운데서 "형제"란 단어의 원래 의미가 동료 이스라엘 사람을 가리키기는 할지라도, 이것은 예수께서 선한 사마리아 사람의 비유(눅 10:29-37)에서 "이웃"이란 단어의 정의 가운데 드러내 주신 바와 같이 도움의 손길을 필요로 하는 인간이라면 어느 누구에게나 적용된다. 여기에 나오는 법은 본질적으로 무엇이든지 남에게 대접을 받고자 하는 대로 너희도 남을 대접하라는 황금률이다. 더 나아가서 우리는 이웃이 손길을 필요로 할 때 친절한 행동을 하는 일을 꺼려하거나 금하지 말아야 한다. 또한 우리는 본래 주인을 찾아 줄 수 있을 때 우리가 발견한 주인 없는 재산을 보관하지 말아야 한다.

만일 자비로운 사람이 다른 사람의 잃어버린 짐승이나 짐을 지고 넘어진 짐승을 도와야 한다면, 우리는 곤경과 가난에 허덕이는 이웃을 구출해 내는 데 얼마나 더 서둘러야 하겠는가? 우리가 사는 위기의 날들로 인하여 어떤 사람들은 우리가 만나는 사람들의 필요를 무시하며 살아간다. 다른 사람을 돕기 위하여 자기 일을 정지함으로써 희생한 사람들의 이야기는, 예수님의 선한 사마리아 사람 이야기 가운데 나오는 제사장과 레위인이 했던 것처럼 참견하지 않고 지나가는 것보다 왜 더 지혜로운지를 이론적으로 설명하도록 우리에게 힘을 준다. 우리는 당연히 친구든 혹은 대적이든 진정으로 궁핍한 사람은 누구나 우리의 이웃이라는 사실을 기억하고 있다.

22:5에 있는 법은 유대인과 기독교인 그룹 내에서 수많은 논란과 의견 차이의 원천이 되어 왔다. 언뜻 보기에는 변태적인 행실, 즉 이성에게나 어울리는 옷을 입음으로써 그 성격을 드러낸 성행위의 한 형태를 금하는 것으로 보인다. 이 법은 토라에 유례가 없고, "한 남자에게 속하는 것들"(כלי גבר – 켈리 게베르)로 번역된 이 히브리어 문구는 특별히 남자 복장을 가리키지 않고 장신구, 무기, 그와 같은 다른 장신구들을 가리킨다.

크레이기(Craigie)는 두 가지 가능성을 상기시켜 주었는데, 그것들은 각각 이 문제의 행위가 야웨께서 가증히 여기신다는 의견을 설명하는 데 도움을 줄 수 있다. "첫째로, 이 변태적 행동은 동성연애의 어떤 형태와 결합되는 경향이 있다. 둘째로, 고대 세계에서는 변태적 행위가 어떤 신들에 대한 제사와 결합되었을 가능성이 있다"(Craigie[1976] 288). 어느 경우든 변태적 행동은 "너의 하나님 야웨에게 가증한 것"이 된다는 것이다(참조. 레 18:22; 20:13; 신 7:25; 18:12).

그러나 우리는 이 특별한 법 배후에 놓여 있는 내용에 대해서는 확실히 말할 수가 없다. 실제 논거를 본문에 대한 피상적 연구에 두는 어리석음은 말하자면 토마스 스코트(Thomas Scott)의 주석과 같은 고전 주석들 가운데 잘 예증되어 있다: "무대 연기자와 그와 유사한 직업을 가진 다른 사람들은 생각해야 할 것이다(그들의 생명선과 연결된 다른 많은 그리고 큰 악한 행실들 가운데), 이 명백한 명령을 계속 범한 데 대해서 그들이 하나님에게 어떻게 대답할 것인지를. 그리고 젊은이들은 이러한 복장의 변화가 하나의 장난이 아니라 하나님에 대한 반역 행위로 생각된다는 사실을 기억해야 할 것이다"(*Holy Bible*[1823] 1:540). 이 점에서 "미세스 다웃 파이어"란 영화에서 로빈 윌리엄스가 변장한 미세스 다웃 파이어의 모습이나 더스틴 호프만의 투씨(Tootsie)는 야웨에 대해 명백히 가증한 것으로 생각된다.

이성의 옷을 입는 것을 금하고 있는 이 법의 구체적인 의미를 어떤 방식으로 해석하든 간에 이렇게 고립되어 있는 단 하나의 본문에 근거하여 변태적 복장에 대한 세부적인 경우를 결정하기는 어려우며, 고대 이스라엘의 문화에서 그 법의 목적이 무엇인지는 수수께끼로 남아 있다.

3. 어미 새를 그 새끼와 함께 취하지 말 것(22:6-7)

참고문헌

Carmichael, C. M. "Forbidden Mixtures." *VT* 32(1982) 395-415. ______. *The Laws of Deuteronomy.* 1974. 151-56. **Daube, D.** "Direct and Indirect Causation in Biblical Law." *VT* 11(1961) 251. 283-94, esp. 286. **Haran, M.** "Biblical Studies: The Kid in Its Mother's Milk and the Kid Who Sucks Its Mother's Milk." *Tarbiz* 52(1982/83) 371-92(Heb.). **Henry, M.-L.** *Das Tier im religiösen Bewusstsein des alttestamentlichen Menschen.* Sammlung gemeinverständlicher Vorträge und Schriften aus dem Gebiet der Theologie und Religionsgeschichte 220/221. Tübingen: Mohr, 1958. **Johnston, R. M.** "The Least of the Commandments: Deuteronomy 22:6-7 in Rabbinic Judaism and Early Christianity." *AUSS* 20(1982) 205-15. **Keel, O.** *Das Böcklein in der Milch seiner Mutter und Verwandtes im Lichte eines altorientalischen Bildmotivs.* OBO 33. Freiburg: Universitätsverlag, 1980. **Nielsen, E.** "'You Shall Not Muzzle an Ox While It Is Treading out the Corn,' Dt. 25, 4." In *Law, History and Tradition.* 1983. 94-105. **Peacock, H. F.** "Deut 22, 7." *BT* 27(1976) 246-47. **Toeg, A.** "שלוח הקן." *EM* 7:634-36.

본문과 운율 분석

어미 새를 그 새끼와 함께 취하지 말 것 [(6:4):(4:6)]

6 노중에서 나무에나 땅에 있는 새의 보금자리에 새 새끼나 알이 있고 어미 새가 그 새끼나 알을 품은 것을 만나거든 그 어미 새와 새끼를 아울러 취하지 말고

7 어미는 반드시 놓아 줄 것이요 새끼는 취하여도 가하니 그리하면 네가 복을 누리고 장수하리라

Not Capturing a Mother Bird along with Her Young
[(6:4):(4:6)]

6 *When you chance upon a bird's nest / before you /* 17 2
in the way / in any tree / 7 2
or on the ground / with fledglings\[a] or eggs / 19 2_
And the mother is sitting / on the fledglings / 17 2
or / on the eggs / / 8 2_
You shall not take away the mother / with the young ones / / 14 2
7 *you shall surely release / the mother /* 12 2
And the young ones / you may take for yourself / / 11 2
that / it may go well with you / 8 2
and you may prolong / your days / / ס 9 2_

원문주해

6.a. 자켑 카톤이 뒤따라오는 파스타는 연접사가 됨.

양식/구조/배경

21:22-22:4의 논의 가운데 위에서 주장한 바와 같이 어미 새와 그 새끼를 함께 취하지 말라는 법(22:6-7)과 지붕 위에 난간을 만들라는 법(22:8)은 필자가 "참 경건"이라고 불렀던 내용의 일반적인 주제 하에 위치한 일련의 여섯 개의 법들 가운데 그 일부다. 그것들은 21:10-23:1이라는 더 큰 문학적 단위의 구조적 중심부에 위치해 있다.

어미 새를 살려 두라는 법은 인간의 재산인 가축의 보존을 넘어서 인도주의적 관심의 원리가 일반적으로 동물의 생명에게까지 확대된다. 하나님의 백성들은 궁핍에 처한 가난한 자와 약한 자는 물론 통상적인 음식물의 일부분인 하찮은 짐승에게까지도 보호와 공급의 원리를 시행하라고 명령을 받고 있다. 난간에 대한 법에서 그 초점은 인간의 영역에 관심을 두고 있으며, 거기서 관심은 사람을 치명적으로 해치는 사건으로부터 보호하라는 것이다.

어미 새에 관한 법(22:6-7)은 자주 레위기 22:27-28의 법과 비교된다: "수소나 양이나 염소가 나거든 칠 일 동안 그 어미와 같이 있게 하라…암소나 암양을 무론하고 어미와 새끼를 동일에 잡지 말지니라." 부모-자녀 관계에 대한 존중이 짐승에게까지 확대된다고 주장되었다. 같은 동기가 어미의 젖으로 그 새끼를 삶지 말라는 금지 명령을 설명하기 위하여 자주 사용되었다(14:21). 그러나 어미 새에 관한 법이 대칭 구조의 중심부에 있다는 사실과 "중간에 있는 난문제"의 규칙이 그 해석에 적용된다는 사실을 유의해야 할 것이다.

어미 새에 관한 법(22:6-7)의 경계들은 처음과 끝에 있는 세투마 구획 표시로 표시되어 있다. 동시에 L이 7절과 8절 사이에 구조적인 연결을 하려는 것으로 보인다는 사실을 유념해야 할 것이다. 위에 제공된 운율 분석이 6-7절을 6:4:4:6이라는 운율 단위로 맞출 수 있기는 하지만, 구문론상의 악센트 강세 단위 편에서 6-8절을 7:6:6:7 운율 단위로 파악하는 것도 가능한데, 여기서 6절에서 접속사로 읽혀졌던 자켑 카톤이 이접사로 읽혀진다. 더 나아가서 이러한 독법은 *BHS*에 있는 시형(詩型)과 정확하게 일치한다.

6 *When you chance upon a bird's nest / before you* /17 2
in the way / in any tree / 7 2
or on the ground / with fledglings\[a] or eggs / 19 2_
And the mother is sitting / on the fledglings / 17 2
or / on the eggs // 8 2_
You shall not take away the mother / with the young ones //14 2
7 *you shall surely release / the mother /* 12 2
And the young ones / you may take for yourself // 11 2
that / it may go well with you / 8 2
and you may prolong / your days // ס 9 2_
8 *When you build\[a] a new house /* 10 1
you shall make a parapet\[b] for your roof // 13 1
that you do not bring bloodguilt / on your house /16 2
if anyone should fall from it // ס 14 1_

이 특별한 운율 분석은 6-7절과 8절에 있는 매우 다른 두 개의 법이 최소한 하나의 특별한 본문에서 단 하나의 문학적 단위를 이루기 위하여 함께 속해 있다는 사실을 시사한다. 동시에 8절이 또한 9절 및 불법적 혼합에 관한 뒤따라오는 단락과 긴밀하게 연결되어 있다는 사실을 유념해야 할 것이다. 다시 말해서, 8절은 6-7절과 9-12절을 연결하는 운율상의 가교를 이루고 있다.

6-7절과 9절의 관계는 5절부터 11절까지 확대되는 대칭적 구조 내에서 정리될 수 있다.

A	불법적 혼합: 변태적 행위	22:5
B	새의 보금자리를 만나거든, 새끼는 취하고 어미는 놓아 주라	22:6-7a
X	그리하면 네가 복을 누리고 장수하리라	22:7b
B′	네가 집을 지으려거든 난간을 만들어라	22:8
A′	불법적 혼합에 관한 세 개의 법: 파종, 밭 가는 짐승, 직물	22:9-11

부모를 공경하라는 제5계명으로부터 가져온 간략한 인용문(5:16)은 이 구조의 중심부에 위치해 있다. 내부 골격은 중심부에서 축복을 받는 데 도움을 주는 두 개의 평행적 행동을 설명한다. 한편으로 우리는 어미 새를 놓아 주라는 말씀을 발견하게 된다(6-7절). 그리고 다른 한편으로 우리는 한 사람의 지붕 끝에 난간을 만들라는 말씀을 발견하게 된다(8절). 이 두 행동은 그 성격상 인도주의적이다: 하나는

짐승 세계를 향하여, 그리고 다른 하나는 인간을 향하여. 외부 골격은 인간과 관련되어 있는 불법적 혼합의 첫 번째 법(5절)으로부터 비인간 세계와 관련되어 있는 불법적 혼합에 대한 일단의 세 개의 법(9-11절)으로 옮겨간다.

카마이클은 어미 새를 보존하라는 법에 관한 진부한 해석은 답변되지 않은 수많은 질문들을 남겨 놓는다고 주장한다. "이 법은 분명히 죽이고 죽이지 말아야 할 것에 대한 문제에 관심을 두고 있다. 특히 이 입장은 선별적 방식으로 죽이는 것이 중요한 생명이 보존되어야 한다는 사실을 의미한다는 것이다"(*LNB*, 166).

이 법 자체의 어투를 자세히 검토해 본 결과 카마이클은 이 법의 의미를 설명하기 위하여 일련의 본문들에 흥미를 가지게 되었다. 처음 부분에 있는 콰라(קרא)란 동사의 니팔형의 사용은 다우브(Daube)가 주장한 바와 같이 다른 곳에서는 적대적 충돌의 상황에서 나타난다(D. Daube, *Suddenness and Awe in Scripture*[London: Robert Waley Cohen Memorial Lecture, Council of Christians and Jews, 1963] 6-10). 예를 들어, 압살롬이 다윗의 종들을 만났을(וַיִּקָּרֵא – 와이콰레) 때(삼하 18:9) 충돌이 예상되었었다.

"새끼와 어미"에 대한 언급은 폭력적 대면을 포함하고 있는 두 개의 다른 문맥들 가운데서 평행을 이룬다. 창세기 32:12에 나오는 가나안 땅으로 가는 야곱의 귀향 이야기에서 자기 형 에서와 400명의 사람들과 만나기에 앞서서 야곱이 드렸던 구출해 달라는 기도는 이 문구를 포함하고 있다(개역. 32:11): "내가 그를 두려워하옴은 그가 와서 나와 내 처자들(אם על־הבנים – 임 알-하바님)을 칠까 겁냄이니이다." 또한 호세아 10:14을 보라. 카마이클이 주장한 바와 같이, 같은 이미지가 헬라 문서 가운데 나타난다(Carmichael, *LNB*, 167 n. 6; Apollodorus, *Epitome* 3.15; Homer, *Iliad* 2.299-330).

카마이클이 논의한 가장 교훈적인 평행절은 성읍들이 한 어미와 비교되는 다윗 이야기와, 그 거민이 그 성읍에 자식이 된다는 두 개의 이야기 가운데 나타나는데, 거기서 중심 문제는 누구를 죽이고 누구를 죽이지 않는가의 문제다(D. M. Gunn, *The Story of King David*, JSOTSup 6[Sheffield: Sheffield UP, 1978] 39-40). 세바의 반역 이야기에서(삼하 20:1-22), 벧마아가 아벨의 지혜로운 여인이 "이스라엘 가운데 어미 같은 성"(21절)이라는 이상한 말을 한다. 세바는 그 성읍 가운데 은둔하고 있었고, 요압은 그를 잡으러 그 곳으로 왔다. 세바만 자기에게 넘겨 달라는 요압의 요구에 대한 여인의 반응은 솔직했다: "저의 머리를 성벽에서 당신에게 내어 던지리이다"(21절). 두 번째 이야기는 또 다른 지혜로운 여인 나발의 아내 아비가일이 연루되어 있는 사건이다(삼상 25장). 나발의 가족을 공격하려는 다윗의 일차적 의도는 음식을 얻으려는 것이었는데, 피 흘리기에 앞서서 그녀가 이를 제공해 주었다. 카마이클이 보기에, "그러한 바람직한 결과는 뒤에 나오는 새 집에서 피 흘리는 일에 관한 법이 보여 주는 것처럼 새의 보금자리에 관한 법의 목적이다"(Carmichael, *LNB*, 173).

다윗 이야기를 작성한 사람들은 그 이야기를 구성하는 모티프로서 어미 새의 보존에 관한 법을 이용했던 것으로 보인다. 사형당한 시체의 취급에 관한 법(신 21:22-23)은 아이 성 정복으로부터 세겜에서의 언약의 갱신에 이르기까지 설화의 움직임을 구성하기 위하여 사용되었다. 그러나 다윗이 사울의 일곱 아들들을 기브온 사람들에게 넘겨주었을 때 이 법은 파기되었으며, 따라서 그 땅이 더럽혀졌다. 간단히 말해서, 어미 새를 새끼와 함께 취하지 말라는 법은 다윗의 전쟁 기사를 구성하기 위하여 사용되었다.

카마이클(Carmichael, *LNB*, 176-80)에 따르면, 난간에 관한 법은 다윗 왕국으로부터 그의 아들 솔로몬의 왕국으로의 변천 설화와 연결된다. 다윗은 임종이 가까워 침상에 누워 있을 때 자기 아들 솔로몬에게 아마사를 죽인 일로 인하여 요압을 처형시키고(왕상 2:5-6) 압살롬 반역 당시에 다윗을 저주했던 일로 인하여 시므이를 처형하도록 지시했다(왕상 2:8-9). 요압의 죽음은 그가 아브넬과 아마사를 죽여 "태평 시대에 전쟁의 피를 흘리고 전쟁의 피로 자기의 허리에 띤 띠와 발에 신은 신에 묻혔다"(왕상 2:5)는 근거에서 정당화되었다. 이스라엘 백성에게 새 땅에서 새 집을 지었을 때 지붕에 난간을 만들라는 법은 다윗과 솔로몬 이야기를 작성하기 위하여 사용되었다. 요압이 흘린 피는 "다윗 집의 문제로 남아 있었고(하나의 상징적 의미로), 그 제거는 솔로몬의 집을 세우는 데(상징과 실재로) 결정적이었다" (*LNB*, 180).

"어미와 새끼"에게 관심을 두고 있는 새의 보금자리에 관한 법은 다윗과 그의 왕조 수립과 관련된 전승을 이루기 위하여 사용되었다. 반면에 새 집에 관한 법은 솔로몬의 계승과 그의 새로운 집 건설에 관한 전승을 형성하도록 하기 위하여 사용되었다. 난간의 목적은 "그 피 흐른 죄가 네 집에 돌아갈까 하노라"(신 22:8)이다. 솔로몬은 요압의 처형을 다음과 같이 정당화했다: "저의 말과 같이 하여 저를 죽여 묻으라 요압이 까닭 없이 흘린 피를 나와 내 부친의 집에서 네가 제하리라"(왕상 2:31).

22:6-7에 대한 글자 수 분석 방법(logotechnische analyse)으로부터 나온 증거는

다음과 같다.

단어	아트나 앞		아트나 뒤		
22:6	21	+	5	=	26
22:6-7	29	+	10	=	39

6절에 26개의 단어가 있다. 더 나아가서, 6-7절에 있는 총 39개의 단어는 주절에 있는 26개의 단어와 종속절에 있는 13개의 단어로 나누어진다. 또다시 신명 수 26이 조심스럽게 히브리 본문에 짜여져 있다.

주석

6-7 "새끼"(אפרחים – 에프로힘)란 단어는 욥기 39:30(피를 빠는 새끼 새)과 시편 84:4(개역. 3절; 참새와 제비의 새끼)에도 나타난다. "어미 새가 그 새끼나 알을 품은 것"(האם על־בנים – 하엠 알-바님)이란 문구는 전쟁 상황(호 10:14)과 에서가 가나안 땅으로 돌아오는 자기 가족에게 행할 일에 대한 야곱의 두려움의 상황(창 32:12[11])에서도 사용되었다. 이것은 무차별적 살육에 대한 통상적 표현이었던 것으로 보인다. "어미는 반드시 놓아 줄 것이요"란 표현은 "놓아 주다" 혹은 어미가 자기 새끼를 취해 가는 것을 보지 못하도록 "쫓아 버리다"를 의미할 수 있다(Maimonides, *Guide* 3:48; Tigay[1996] 383 n. 17로부터 인용). "그리하면 네가 복을 누리고 장수하리라"란 문장은 이전의 부모를 공경하라는 다섯 번째 계명의 결론부에서 나타나지만(신 5:16) 역순으로 되어 있다. 문장들의 도치는 성경에 있는 이전의 구절들에 대한 의도적 암시를 가리킨다. 이러한 암시는 현재의 명령이 부모를 존경하는 면이라는 사실에 초점을 맞춘다(Tigay[1996] 201). "직접적인 획득보다는 오랜 기간 얻을 유익을 택하라"는 자신의 표현 가운데서, 크레이기(Craigie [1976] 289)는 상업 세계로부터 유대인 현인들 가운데 어떤 사람이 과거에 말했던 내용까지 언어를 사용했다. 어미를 죽이는 것은 으뜸가는 자산, 곧 보다 많은 음식을 제공해 주는 수단을 제거하는 것이다.

해설

이 법은 짐승들 중에서까지도 부모 자식 관계에 대한 존경심을 촉진시켜 준다.

매튜 헨리가 말하는 바와 같이, "이 법의 기억은 아마도 언젠가 우리가 자비를 베풀어야 할 사람들에게 완고하고 불친절한 일을 행하는 것으로부터 우리를 지켜 줄 수도 있을 것이다"(*An Exposition of the Old and New Testament*[1828] 661).

카마이클이 제안한 노선을 따라 해석한다면 전혀 다른 의미가 발견될 것이다: 선별적 방법의 살육은 중요한 생명은 보존된다는 사실을 의미한다. 대제사장 가야바가 "한 사람이 백성을 위하여 죽어서 온 민족이 망하지 않게 되는 것이 너희에게 유익한 줄을 생각지 아니하는도다"(요 11:50)라고 말했을 때, 그는 같은 문제에 대해서 말한 것이다. 복음서 기사에 따르면, 예수께서는 우리가 살도록 하기 위하여 죽으셨다.

4. "참 경건"과 불법적 혼합에 대한 다섯 개의 법(22:8-12)

참고문헌

Ahituv, S. "*sha'atnez.*" *EM.* 8:228-29. **Boecker, H. J.** "'Du sollst dem Ochsen, der da drischt, das Maul nicht verbinden': Überlegungen zur Wertung der Natur im Alten Testament." In *FS F. Lang.* 1978. 72-89. **Braulik, G.** "Die dekalogische Redaktion der deuteronomischen Gesetze: Ihre Abhängigkeit von Levitikus 19 am Beispiel von Deuteronomium 22, 1-12; 24, 10-22; 25, 13-16." In *Studien zum Buch Deuteronomium.* Ed. G. Braulik. 1997. 147-82, esp. 153-60. **Dommen, A. J.** *Innovation in African Agriculture.* Boulder, CO: Westview, 1988(see "intercropping" in index). **Douglas, M.** *Purity and Danger.* London: Routledge and Kegan Paul, 1980. **Fensham, F. C.** "Liability in Case of Negligence in the Old Testament Covenant Code and Ancient Legal Traditions." In *Acta Juridica 1976: FS B. Beinart.* Cape Town: Juta, 1978. 283-94. **Goldziher, I.** "Zu Śaaṭnêz." *ZAW* 20(1900) 36-37. **Görg, M.** "Eine rätselhafte Textilbezeichnung im Alten Testament." *BN* 12(1980) 13-17. **Greenstein, E. L.** "Biblical Law." In *Back to the Sources: Reading the Classic Jewish Texts.* Ed. B. W. Holtz. New York: Summit, 1984. 83-103. **Haran, M.** *Temples and Temple Service.* Oxford: Clarendon, 1978. 160-62, 212. **Hopkins, D. C.** *Highlands of Canaan.*

SWBA 3. Sheffield: Almond, 1985. 284-85. **Houtman, C.** "Another Look at Forbidden Mixtures." *VT* 34(1984) 226-28. **Lambdin, T. O.** "Egyptian Loan Words in the Old Testament." *JAOS* 73(1953) 145-55. **Loss, N. M.** "A Proposito di Lev 19, 19b e di Deut 22, 10." *RBiblt* 6(1959) 361-64. **Milgrom, J.** "Excursus 38: The Tassels 'Tsitsit.'" In *Numbers*. 1990. 410-14. **Noonan, J. T.** "The Muzzled Ox." *JQR* 70 (1979) 172-75. **Paschen, W.** *Rein und Unrein*. Munich: Kosel, 1970. 55. **Rüterswörden, U.** "צמר." *TWAT* 6:1072-75. **Sheffer, A.** "The Textiles." In *Kuntillet Ajrud*. Ed. Z. Meshel. Jerusalem: Israel Museum, 1978.

본문과 운율 분석

지붕 위에 난간을 만들라 [5]	**Building a Parapet on the Roof of One's House** [5]		
8 네가 새 집을 건축할 때에 지붕에 난간을 만들어 사람으로 떨어지지 않게 하라 그 피 흘린 죄가 네 집에 돌아갈까 하노라	**8** *When you build\[a] a new house /*	10	1
	you shall make a parapet\[b] for your roof //	13	1
	that you do not bring bloodguilt / on your house /	16	2
	if anyone should fall from it // ס	14	1_
네 포도원에 혼합된 씨를 뿌리지 말라 [6]	**Not Sowing Mixed Seed in Your Vineyard** [6]		
9 네 포도원에 두 종자를 섞어 뿌리지 말라 그리하면 네가 뿌린 씨의 열매와 포도원의 소산이 빼앗김이 될까 하노라	**9** *You shall not sow your vineyard / with a second kind of seed //*	12	2
	lest [a]you forfeit as holy[a] /	3	1
	the crop from the seed\[b] you have sown /	14	1
	and the produce / of the vineyard // ס	10	2_
소와 나귀를 겨리하여 밭을 갈지 말라 [2]	**Not Mixing the Ox and the Ass as Plow Animals** [2]		
10 너는 소와 나귀를 겨리하여 갈지 말며	**10** *You shall not plow[a] with an ox and an ass / together // ס*	18	2
양털과 베실을 섞어 짜지 말라 [4]	**Not Mixing Wool and Linen in Clothing** [4]		
11 양털과 베실로 섞어 짠 것을 입지 말지니라	**11** *You shall not put on / the finery of a prostitute /*	8	2
	wool and linen / woven together // ס	10	2_
참 경건: 겉옷 귀에 술을 만들라 [5]	**True Religion: Wearing Tassels on Garments** [5]		
12 입는 겉옷 네 귀에 술을 만들지니라	**12** *Tassels / you shall make for yourselves //*	10	2
	at the four / corners of your cloak /	10	2
	with which you cover[a] yourself // ס	7	1_

원문주해

8.a. 자켑 카톤이 뒤에 붙은 파스타는 연접사가 됨.

8.b. 아트나의 잘못된 위치로 인하여 티프하는 연접사가 됨.

9.a-a. SP에는 MT의 티크다쉬(תקדש, "너는 성물로 박탈당할 것이다") 대신에 תחריש로 되어 있는데 의미상의 차이는 없다.

9.b. 자켑 카톤이 뒤에 붙은 파스타는 접속사가 됨.

10.a. SP에는 MT의 타하로쉬(תחרש, "너는 갈지니라") 대신에 תחריש로 되어 있는데 의미상의 차이는 없다.

12.a. Syr에는 MT의 테카쎄(תכסה, "너는 덮을지니라") 대신에 티트카쎄(תִּתְכַּסֶּה, "너는 너 자신을 덮을지니라")로 되어 있다.

양식/구조/배경

이 단락에 나오는 다섯 개의 법은 파종, 짐승을 겨리하여 갊, 직물을 짤 때 양털과 베실을 섞어 짜는 일(매춘부의 아름다운 옷)에 대한 세 가지의 금지 사항을 포함하고 있는데, 이것은 이성의 옷을 입는 변태적 행위에 관한 법(22:5)과 함께 불법적 혼합에 관한 네 개의 법 목록을 완성하고 있다. 여기 나오는 세 개의 법은, 문학적 관점에서 볼 때 필자가 (인도주의 문제에 관한) "참 경건"이라고 이름 붙인 내용의 일반적인 범주에 속하는 것으로, 두 개의 전환적인 법들로 구성되어 있다. 즉 지붕 끝에 난간을 만드는 일에 관한 법(22:8)과 옷의 네 귀에 술을 만들라는 법(22:12)이다. 처음 두 법은 마지막 세 개의 법이 그러하듯 균형을 이룬 운율 구조 가운데 함께 묶여 있다. 더 나아가서, 마지막 두 개의 법 역시 내용 면에서 연결되어 있는데, 하나의 직물을 짜는 데 있어서 양털과 베실을 섞어 짜지 말라는 금지(11절)로부터 이러한 재료로 만들어진 옷에 술을 만들라는 법(12절)으로 옮겨가고 있다.

22:8-12에 있는 법은 각 절의 뒤에 세투마 구획 표시를 가진 다섯 부분으로 나누어진다. 운율 분석 결과에 근거하여 이 다섯 개의 법은 구문론적 악센트 강세 단위 면에서 5:6:6:5의 운율로 나누어지는 단일 운율 단위로 되어 있다는 사실이 명확해진다.

운율적 관점에서 볼 때, 집의 지붕에 난간을 만들라는 법(22:8)은 어미 새를 살려 주라는 6-7절의 법과 한 포도원에 두 종자를 뿌리는 일에 관한 9절의 법을 연결시켜 주는 운율상의 다리 역할을 하는 것으로 보인다. 8절과 9-12절의 구조상의 연결은 다음의 도표 가운데 나타나는데, 이것은 본 주석의 앞 단락 5-11절에 있는 것과 유사하다.

A 네 집 지붕에 난간을 만들어라 22:8
B 네 포도원에 두 종자를 뿌리지 말라 22:9
X 소와 나귀를 겨리하여 갈지 말라 22:10
B′ 양털과 베실을 섞어 짜지 말아라 22:11
A′ 네 옷의 네 귀에 술을 만들어라 22:12

이 독법 중에서 관심의 초점은 소와 나귀를 겨리하여 갈지 말라는 법(10절)에 있는데, 이것은 또한 다섯 개의 법 가운데 가장 짧은 법이기도 하다. 이 구절이 이것을 두 부분으로 나누어 주는 아트나를 가지고 있지 않다는 사실은 10절과 11절이 22:8-12 전체의 운율 구조 면에서 단시(短詩)임을 시사해 준다. 내부 골격은 한 포도원에 두 종류의 씨를 뿌리지 말라는 법(9절)으로부터 옷을 양털과 베실로 짜지 말라는 법(11절)으로 옮겨간다. 외부 골격은 지붕 위에 난간을 만들라는 명령(8절)으로부터 옷의 네 귀에 술을 만들라는 법(12절)으로 옮겨간다. 외부 골격은 긍정적인 말로 표현되어 있으며 한 사람이 해야 할 일을 진술하고 있다. 반면에 이 법들의 내부에 있는 세 개의 법은 부정적으로 표현되어 있으며 혼합을 금지하고 있는 내용을 진술하고 있다. 이 문학적 단위 전체는 그 실질적인 의미가 불가사의한 내용을 담고 있다.

소와 나귀를 겨리하여 갈지 말라는 법을 이 구조의 중심부에 두고 있는 것은 9-12절 전체의 구조 단위를 잃어버린 짐승을 되돌려주라는 법(1-4절)에 묶어 주는 역할을 하는데, 이것 역시 소와 나귀를 언급하고 있다. 22:1-12에 있는 아홉 개의 가축법 단락의 전체적인 구조는 다음과 같은 대칭 구조로 정리될 수 있다.

A 잃어버린 짐승을 돌려주고 넘어진 소와 나귀를 도와주라 22:1-4
B 불법적 혼합: 이성의 옷을 입지 말라 22:5
X 인도주의적 관심: 새끼를 그 어미와 함께 취함, 난간 22:6-8
B′ 불법적 혼합: 씨, 소와 나귀로 밭을 갊, 직물 22:9-11
A′ 네 옷의 네 귀에 술을 만들라 22:12

이 구조에서 내부 골격은 변태적 행위에 관한 법에서(5절) 간음을 금지하는 제7계명과 관련된 법에 계속 초점을 맞추고 있는데, 이것은 다른 세 개의 혼합 금지법과 대칭되어 있다: 혼합된 씨(9절), 소와 나귀를 겨리하는 것(10절), 한 직물을 양털과 베실로 짜는 것(11절). 인도주의적 관심을 가지고 있는 외부 골격은 잃어버린 짐승과 짐을 지고 넘어진 짐승들을 취급하고 있는 두 개의 법으로부터(1-4절) 옷의 귀에 술을 달라고 규정하고 있는 의심스러운 법(12절)으로 옮겨간다.

카마이클은 새의 보금자리에 관한 법(22:6-7)에 들어 있는 "그 어미 새와 새끼를 아울러"(האם על־הבנים – 하엠 알-하바님)란 문구를 창세기 32장에 나오는 야곱 이야기로부터 다윗 이야기까지를 취해 온 것으로 생각했다(삼상 25장〈아비가일〉과 삼하 20장〈벧마아가 아벨의 지혜로운 여인〉; *LNB*, 165-76). 난간에 관한 법(22:8)은 솔로몬 통치 초기에 있었던 요압의 처형 이야기에 적용되었다(왕하 2장; *LNB*, 176-80). 씨의 혼합에 대한 법(22:9)은 카마이클로 하여금 솔로몬으로부터 소급하여 올라가서 창세기에 있는 유다와 그의 아들들의 이야기에 적용하도록 만들었다(*LNB*, 185-93). 유다 지파에 속한 솔로몬과 그의 아들 르호보암은 북왕국(이스라엘)의 왕이 아니라 유다의 왕이었다. 그러므로 초점이 창세기에서 솔로몬의 조상 유다와 그의 아들들에게로 옮겨간 것이다. 솔로몬의 한 아들만을 언급한 것은 야웨께서 죽이신 엘과 오난의 죽음 이후 유다의 곤경과 평행을 이룬다(창 38:7-10). 카마이클이 주장한 바와 같이, 솔로몬과 유다는 혼합된 자손을 낳았다(*LNB*, 182). 솔로몬과 유다가 역대상 3:10-4:1에서 족보의 목적상 병치되어 있다는 사실은 흥미롭다.

포도원에 혼합된 씨를 뿌리는 일(9절), 소와 나귀를 겨리하여 가는 일(10절) 그리고 직물을 양털과 베실로 짜는 일에 대한 뒤따라오는 세 개의 법은 모두가 격언 형태로 되어 있으며, 오경과 전선지서의 서술 문서에서 이야기 형태로 확대된다(Carmichael, *LNB*, 185-97). "격언은 자주 인간 세계에 있는 조명을 해주는 사건들이라는 방식을 통하여 식물과 동물 가운데서의 활동을 가리킨다"(*LNB*, 183-84). 그런데 여기 불법적 혼합에 대한 법의 경우에도 그러하다.

만일 포도원에서 "두 가지 종류의 씨"(כִּלְאָיִם – 킬라임)를 파종하는 것을 금지하는 법이 문자 그대로 취급된다면 혼란스러운 문제를 일으킨다. 카마이클이 주장한 바와 같이, 실제로 "그것은 정상적이었을 수도 있고, 또한 상당한 것이 덧붙여질 수도 있다"는 증거가 있다(*LNB*, 187). 복수형이 아닌 쌍수형 킬라임(כִּלְאָיִם)이 사용된 것은 포도원이 포도나무들을 생각하게 하는 단순한 사실이 그러하듯 문제들을 일으킨다. 만일 포도원이 새 포도원이 아니라면, 이 본문은 두 가지 종류의 다른 씨를 뿌리지 말라는 사실을 가리키는 것으로 해석할 수 있다. 그러나 본 절의 하반절은 "네가 뿌린 씨의 열매와 포도원의 소산"이라고 구체적으로 말하고 있다. 넓은 의미에서 야곱 가족인 이스라엘은 하나님의 포도원이다(시 80:9, 15[개역. 8, 14]; 사 5:2; 렘 2:21; 6:9; 호 10:1 등을 보라).

창세기 38장에 있는 자부 다말을 통하여 두 아들을 가지는 유다의 이야기는 혼합된 씨를 뿌리는 일에 대한 법의 측면에서 구성되어 있다. 여기서 포도나무는 실제로 열두 아들들이라는 풍성한 열매를 가진 야곱/이스라엘로 해석된다. 유다의 세 아들 중 형들이었던 엘과 오난은 다말을 통한 가계를 잇는 일을 하다가 죽었다. 임종시에 야곱이 유다를 선두의 의무를 가지고 있다고 언급하고, 그 다음에 또 다른 나귀를 포도나무에 묶어 주었을 때(창 49:11) 그는 엘과 오난 이야기를 암시하고 있었던 것이다. 야곱은 계속해서 이렇게 말했다. "그 옷을 포도주에 빨며 그 복장을 포도즙에 빨리로다." 이것은 카마이클이 주장한 바와 같이 하나의 상징적 행동이다. "유다의 그것[그 사람의 옷 – 그의 아내]을 포도즙 가운데서 그것을 으깸으로써 유다가 씻는다고 언급한 것은 이스라엘이라는 포도나무와 연결된 엘과 오난의 죽음만을 의미하지 않고, 수아의 딸과 유다의 결합으로 말미암아 나타난 그들의 근원을 가리킨 것이다. 그들은 자기 아비의 포도나무의 한 가지를 이루었다. 포도즙에서 한 사람의 옷을 씻는다는 것은 한 아내로 말미암아 얻어진 그 '포도들'이 멸망했다는 사실을 인정하는 것이다"(*LNB*, 189).

유다가 수혼 의무를 이행하도록 하기 위하여 세라를 다말에게 주지 않았을 때, 그녀는 자기 스스로 그 일을 이행하여 자기 시아버지 유다를 속이고 그로 말미암아 쌍둥이를 낳았다: 베레스와 세라. 이 둘은 "혼합된 씨"(כלאים – 킬라임)를 이루며, 그래서 한편으로는 엘과 오난을 가리키고, 다른 한편으로는 베레스와 세라를 가리키는 쌍수형이다.

두 가지 씨와 포도나무 간의 관계에 대한 모호성은 이야기를 통하여 명백해진다. 엘과 오난은 절반(half)의 이스라엘 포도나무를 이루었다. 유다가 다말과의 결합을 통하여 이스라엘 포도원(아브라함, 이삭, 야곱, 유다로 이어지는 가계)에게 그들의 씨를 주었을 때, 뿌려진 씨나 이미 존재하고 있는 포도나무 어느 것도 열매를 맺지 못했다. 그러나 유다 자신이 다말 안에 자신의 씨를 뿌려서 그 결합으로 말미암아 태어난 쌍둥이로서 살아 남은 "혼합된 씨"(כלאים – 킬라임)를 낳았기 때문에 포도원 그 자체는 계속 존속하게 되었다. "가지는 결국 다말이 경험했던 사실을 낳았고, 이야기의 설화자에게나 아니면 그 후에 생각하는 자들에게 베레스란 이름 가운데서 순수한 포도나무로 간주되었던 유다와 감람나무로 간주되었던 다말 간의 결합의 위험한 성격이 기억되도록 의도되었을 가능성이 있다"(Carmichael, *LNB*, 192).

소와 나귀를 겨리하는 일에 관한 법(10절)은 더욱더 격언적인 모티프를 가지고 있다. "밭을 갈고 개간하는 일은 성관계에 대한 자연 법칙의 표상이다"(M. Pope, *Song of Songs*, AB 7C[Garden City, NY: Doubleday, 1977] 323). 나귀는 가나안인의 모습을 가리키며, 소는 이스라엘 사람의 모습을 가리킨다. 세겜이 디나를 강간한 데 대해 시므온과 레위가 취한 행동에 관한 이야기에서 소와 나귀 이미지가 분명하게 드러난다: 야곱은 "그들이 그 분노대로 사람을 죽이고 그 혈기대로 소의 발목 힘줄을 끊었음이로다"(창 49:6)라고 설명한다. 살육을 당한 사람은 하몰("나귀")이며, 창세기 34장이 보여 주는 바와 같이 살아 있으나 발목 힘줄을 끊어 불구가 되어 있는 소는 야곱의 가족이다. 이스라엘과 관련된 소 이미지에 대해서는 신명기 33:17; 민수기 22:4; 열왕기상 22:11; 아모스 6:12-13을 보라.

운율적 관점에서 볼 때, 12절은 구문론적 강세 단위 면에서 5:6:6:5로 되어 있는 운율 단위의 맨 마지막 부분으로서 8-11절에 속한다. 10-12절은 운율 숫자 면에서 대칭적으로 균형을 이루고 있다는 사실을 유념해야 할 것이다: 26+10+27. 그리고 이 구조의 중심부에 있는 문장인 "양털과 베실로 섞어 짠 것"은 두 단시를 연결하는 운율 다리 역할을 한다. 이것은 의미를 해석하는 열쇠 역할을 하기도 한다.

옷에 술을 달라는 명령은 민수기 15:37-41에 언급되어 있는데, 거기서 그것들은 "술"(ציצית – 치치트)로 불린다. 전통적인 유대인의 해석에 의하면, 이것들은 하나님의 거룩한 백성이 되도록 하기 위하여 하나님의 모든 계명을 기억나게 하는 것으로 해석되었다. 민수기 15:38에 따르면, 청색끈이 "그 귀의 술에" 덧붙여져야 한다. 티개이는 "고대 랍비 자료에 의하면, 다른 줄이 베실로 만들어진 반면에 청색 끈은 양털이었다. 다시 말해서, 술은 사아트네즈(*sha'atnez*, 섞어짠 것)로 만들어지는데, 곧 11절에서 금지된 직물의 혼합이다. 이러한 해석은 성경 시대로부터 유래했을 가능성이 큰데, 왜냐하면 랍비들이 성경이 금지하고 있는 것과 반대되는 행실을 시작했다고는 생각할 수 없기 때문이다"(Tigay[1996] 203).

또다시 창세기에 있는 이야기의 문맥 가운데 포함되어 있는 상징적 의미를 보기 위하여 본문의 근저를 살펴보면 카마이클이 주장한 바와 같이 교훈적이다(Carmichael, *LNB*, 198-205). 이 법은 창세기 38장에 있는 유다와 다말의 이야기와 관련하여 상징적으로 이해되어야 할 것이다. 유다는 자기 가계를 자신의 절반은 이스라엘 사람이고 절반은 가나안 사람을 통하여 이어감에 있어서 중대한 문제에 직면했다(9절의 "혼합된 씨"). 그리고 그 자신의 가나안 여인과의 결혼은 본질적으로 소와 나귀를 겨리하여 가는 일이었는데, 이것은 자기 부친 야곱의 가족과 하몰의 가족("나귀") 간의 결혼 문제의 확대였다. 초점은 이제 유다가 자기 자부인 다말과 관계를 맺는 것으로 옮겨가는데, 그녀는 에나임에서 창기처럼 매혹적인 옷을 입고 유다가 양털 깎는 일을 하러 가는 길목에서 기다리고 있었던 것이다.

여러 주석가들은 여기에 나오는 법을 문자 그대로 해석하는 데 있어서 문제점을 지적해 왔다. 띠, 겉옷, 흉패, 에봇과 같은 제사장의 의복은 모두 양털과 베실로 짜도록 되어 있다. 제사장의 모자, 고의, 외투만이 베실로 만들어졌다(L. Bellinger, "Cloth," *IDB* 1:654). 더 나아가서 지금의 이 문맥에서 옷에 술을 달도록 하는 법은 유다의 아들들의 성행위에 관한 법과 야곱의 딸 디나와 시므온과 레위의 행실에 관한 법이 뒤따라오고(9-11절), 그 다음에 본질적으로 간음 금지라는 제7계명에 관한 하나의 해석인 보다 큰 단위(21:10-23:1[개역. 22:30]) 내에서 결혼 및 성적 비행을 취급하는 법(13-29절)이 뒤따라온다. 22:12에 있는 옷에 술을 달라는 법은 25:5-10에 있는 수혼법을 내포하는 형태를 취하고 있는데, 이것은 창세기 38장에 나오는 다말의 문제에 대한 이야기를 반영하고 있다.

유다와 다말 이야기에서 주시해야 할 첫 번째 것은 그녀의 의복이 강조되어 있다는 점이다. 그녀는 자신의 "과부 의복"(בגדי אלמנותה – 비그데 알메누타흐)을 벗고 스스로 창기와 같은 의복을 입는데, 이는 아마도 그 화려한 옷의 질로 보아 베실로 만들어진 것으로 보인다. 그녀는 자신의 신분을 감추기 위하여 자기 옷을 이용하여 유다를 유혹했는데, 그는 연중 행사인 양털 깎는 일을 위하여 길을 가고 있었던 것이다. 그들의 성적 결합은 범법 행위, 곧 불법적 혼합이었다(Carmichael, *LNB*, 199).

옷은 성경에서 상징적 의미를 가지고 있다. 여인의 알몸을 덮기 위하여 그녀 위에 자기 옷을 펼쳐서 덮는다는 것은, 선지자 에스겔이 하나님과 그분의 불성실한 신부 간의 관계를 묘사하기 위하여 생생하게 묘사한 성적 결합을 가리키며 동시에 영적 결합을 상징한다: "내가…내 옷으로 너를 덮어 벌거벗은 것을 가리우고…수놓은 옷을 입히고 물돼지 가죽신을 신기고 가는 베로 띠우고 명주로 덧입히고…이와 같이 네가 금, 은으로 장식하고 가는 베와 명주와 수놓은 것을 입으며…네가 네 의복을 취하여 색스러운 산당을 너를 위하여 만들고 거기서 행음하였나니…"(겔 16:8-16). 결혼 관계를 묘사하는 가운데서, 남자는 자기 자신의 벌거벗음을 덮는 행위를 하는 가운데 자신의 새 옷처럼 여인을 덮는 것으로 묘사되어 있다. 룻기 3:1에 나오는 보아스에게 한 룻의 말을 읽어 보라. "그녀는 그녀 자신이 그의 새로운 옷 곧 그의 아내가 될 것을 제안하고 있는데, 그것은 곧 그의 발을 들치고 그

발 옆에 눕는 행위가 그의 성기에 신겨질 그의 새로운 '신발'이 될 것이라는 성행위의 제안을 담고 있다(Carmichael, *LNB*, 198; 또한 같은 저자의 *ZAW* 92[1980] 248-66를 보라).

9-11절에 있는 불법적 혼합에 관한 세 개의 법에 대한 해석은 이성의 옷을 입지 말라는 앞의 네 번째 법(5절)을 생생하게 조사할 기회를 제공한다. "이성의 옷에 관한 법은 남자가 자신을 여성의 복장으로 가장하는 것을 금지하고 있다…다말의 변장과 그 다음에 유다와 그녀의 성관계는 유다가 그녀의 옷으로 자기 자신을 덮었다는 개념을 암시한다. 이러한 개념은 또한 다말이 유다에게 자기 몸을 맡겼을 때 자신의 옷을 벗어 던지지 않았을 것이라는 사실로 암시되어 있다. 다말 편에서 그녀가 합법적으로 그것을 요구했으므로 그녀에게 유다의 옷자락을 덮도록 하기 위하여 유다 가족의 남성을 필요로 했다는 사실은 생각해 보아야 할 흥미로운 일이다" (Carmichael, *LNB*, 202). 5절의 법은 창세기 38장에 있는 유다와 다말 이야기와 관련이 있으며, 또한 그보다 더욱 위의 12:5의 논의에서 살펴본 바와 같이 르우벤 지파와 하나님에 관한 전승의 형성과 관련이 있다.

카마이클은 의복이 독자가 유다와 다말 이야기로부터(창 38장) 요셉과 그 형들 이야기(39-50장)로 옮겨갈 때 계속해서 하나의 두드러진 모티프가 된다고 주장한다. 아버지 야곱의 특별한 총애의 상징인 요셉의 채색옷이 결국에는 그로부터 벗겨져 피에 젖고 그가 죽었다는 증거로 사용되었다. 그러나 요셉은 죽지 않았고, 하나님의 의복이 또다시 요셉과 보디발의 아내 이야기에서 하나의 중심 모티프가 된다. 그의 형 유다와는 달리, 요셉은 성적인 유혹에 저항했다. 그러나 그의 옷은 그에게 그 반대 물증으로 사용되었다. 보디발의 아내는 그 옷을 이용하여 무죄한 요셉으로 하여금 12년 간의 감옥 생활을 하도록 만들었다. 한 여인이 그의 옷을 가졌다는 사실로 인하여 그는 정죄를 받았다. 카마이클은 "정확하게 이러한 목적, 즉 요셉처럼 그가 성도덕 문제에서 덕이 있는 사람이 되어야 한다는 사실, 그가 유다가 사아트네즈(창기 옷, 즉 섞어 짠 옷)를 입은 다말을 소유함으로써 행했던 것과 같이 자기의 마음과 눈에 보이는 대로 행하여 간음하지 말아야 한다는 사실을 상기시키기 위하여 이스라엘 백성의 옷에 술을 달아야 한다"고 주장했다(Carmichael, *LNB*, 208). 그는 또한 한 창기와 성교를 하려 했다가 기적적으로 얼굴을 때리는 자기 옷의 술로 말미암아 그 일을 중단했던 제자에 대해 말하고 있는 *b. Men.* 44a에 나오는 흥미로운 이야기에 우리의 시선을 집중하도록 상기시켜 준다. 그 창기는 너무나 큰 감명을 받아 개종해서 그와 결혼했다(*LNB*, 208 n. 2).

카마이클은 술에 관한 법(22:12)과 성욕 문제에서 유다와 요셉의 대조적인 이야기를 연결하도록 돕고 있는 한 흥미로운 평행적 표현을 창세기 20장에 나오는 그랄 왕 아비멜렉에게 아내를 누이라고 속여서 빼앗긴 아브라함 이야기 가운데서 발견했다. 아비멜렉이 정당하게 성적으로 불법 행위를 한 죄가 없다고 공언했음에도 불구하고, 그는 아브라함에게 창세기 20:16에서 "눈감아 주는 대가"(כסות עינים – 케쑤트 에나임: 개역 성경에서는 "수치를 풀게 하였노니")로 상당량의 돈을 지불했다. 케쑤트(כסות)는 여기서 옷 대신에 사용된 단어이며, 에나임(עינים, "눈들")이라는 단어는 다말이 유다를 유혹했던 마을(에나임)의 이름이다(창 38:14). 더 나아가서 창세기 38장의 어투가 술에 관한 법의 영향을 받았다는 증거는 "…으로 누군가를 덮다"(전치사 ב를 가지고 있는 כסה의 피엘형)는 표현이 창세기 38:14과 신명기 22:12(욘 3:6을 제외하고)에서만 발견된다는 것이다.

22:8-12과 그 직후의 문맥에서 신명 수의 사용에 대한 라부샤뉴의 연구는 다음과 같이 배열될 수 있을 것이다.

단어	아트나 앞		아트나 뒤		
22:8-12	54	+	34 (=2×17)	=	88
22:9-10	9	+	8	=	17
22:9-11	15	+	8	=	23
22:7-11	30	+	21	=	51 (=3×17)
21:22-22:12	130 (=5×26)	+	75	=	205
22:1-12	109	+	61	=	170 (=10×17)

라부샤뉴는 22:1-12에 있는 170(=10×17)개의 단어가 주절에 있는 102(=6×17)개의 단어와 종속절에 있는 68(=4×17)개의 단어로 나누어진다고 주장했다. 숫자의 합성은 고대 이스라엘에서 서기관(단어의 수를 세는 자들)들이 인식했던 것과 같은 문학적 구조에 대한 중요한 통찰력을 제공한다. 21:22-22:12 전체는 본문에 제공된 운율 분석을 통한 독립적인 근거에서 발견한 바와 같이 하나의 문학적 단위다. 서론 가운데 있는 신명기 개요에서 필자는 이 단위를 "참 경건과 불법적 혼합에 대한 열 개의 법"이라고 이름지었다. 이 구조에서 22:1-12은 MT에 있는 장 구분이 증거하고 있는 바와 같이 하나의 문학적 단위다. 더 나아가서 22:8-12은 하나의 독특한 문학적 버금 단위인데, 필자는 이를 본문에 제시된 운율 분석에서 입증했다.

주석

8 "난간"(מעקה – 마아케)은 안전을 위한 예방 조치로 지붕 가를 두른 낮은 벽이다. "그 피 흐른 죄가 네 집에 돌아갈까"라는 언급은 난간을 만들지 않음으로써 살인 태만죄가 성립된다는 사실을 시사한다("피 흘린 죄"에 관해서는 19:10의 "주석"을 보라).

9 "포도원에 두 종자(כלאים – 킬르아임)를 섞어" 뿌리는 것은 "곡식을 혼합하여 파종하는 것" 혹은 "혼합 파종"을 가리키는데, 이는 제한된 농경지에서는 일반적인 관습이다. 포도나무 사이의 공간은 다른 곡식을 심는 데 사용된다. 학자들은 혼합된 종자를 파종하지 말라는 법에 대해서 다양한 이유를 제시했다. 이 법은 마술적 혹은 제의적 행습과 결탁되었던 이방의 관습을 피하려는 의도에서 발생되었을 수도 있다. 이것은 매이즈(Mayes[1981] 307-8)와 다른 사람들이 주장한 바와 같이 "부적절하고도 쓸모 없는 곡식과 땅의 이용"이라는 이유 때문일 수도 있다. "빼앗김이 될까 하노라"(פן־תקדש – 펜-티크다쉬)란 번역은 하나의 전문적인 문구를 해석하기 위한 시도일 수도 있다. 이것은 직역하면 "네가 지극히 신성한 것으로 만들지 않도록"인데, 이러한 의미가 통상적인 용법으로 사용되지 않았으리라는 것을 암시한다. 문자 그대로 취급하면 "씨로부터 나온 농작물"(המלאה הזרע – 하믈레아 하제라아)로 번역된 문구는 "씨의 충만" 혹은 전체 수확으로 번역될 수 있다.

10 "소와 나귀를 겨리하여 갈지 말라"는 명령은 역부족의 짐승들을 보호하기 위하여 의도된 것일 수 있다. 그러나 동시에 드라이버가 주장한 바와 같이(Driver [1895] 253) 경우에 따라 나귀나 소가 밭을 갈면서 함께 멍에를 맸었다는 사실을 유념해야 할 것이다. 크레이기 역시 소가 14:1-8에 따르면 "정했고", 나귀는 부정했다는 사실을 환기시켰다.

11 "양털과 베실로 섞어 짠 것(שׁעטנז-샤아트네즈)을 입지 말라"는 금지는 양털과 베실을 섞어 짜는 것을 금하는 것이 아니고, 그러한 섞어 짠 것으로 만들어진 옷을 입지 말라고 한 것뿐이다. 유대 전승 가운데서 랍비들은 이러한 금지에 대한 설명을 찾아낼 수가 없었다(Tigay[1996] 203). 요세푸스는 이 금지법이 평민들에게만 적용되었는데, 그 이유는 직무를 행사하는 제사장들은 그러한 혼합된 직물로 만들어진 옷을 입었기 때문이라고 주장했다(Josephus *Ant.* 4.8.11 § 208; Tigay [1996] 384 n. 35). 샤아트네즈(שׁעטנז)란 단어는 애굽어인 것으로 보인다(Lambdin, *JAOS* 73[1953] 145-55; Craigie[1976] 290 n. 13을 보라). 크레이기는 이러한

금지법의 이유가 애굽으로부터 나왔을 가능성이 있는데, 곧 애굽의 제181왕조 동안 여러 가지 유입 형태로, 아마도 수리아를 통하여 유입되었을 것이라고 주장했다 (Craigie[1976] 290, J. R. Harris, ed., *The Legacy of Egypt*, 2nd ed.[Oxford: Clarendon, 1971] 92에서 인용).

그러나 이 곳 11절에서 히브리어 샤아트네즈(שַׁעַטְנֵז)는 분명히 그러한 혼합된 재료를 가리키는 것이 아니라 창기들이 입었을 수 있는 호화로운 의복을 가리켰을 것이다(T.O. Lambdin, *JAOS* 73[1953] 155). 대부분의 역본들에서 보이는 "혼합된 직물"이란 해석은 불법적 혼합이라는 문맥 가운데서 혼합된 직물의 사용이라는 피상적 이해에서 나온 것이다. 카마이클의 번역이 더욱 적절하다: "너(유다/이스라엘)는 사아트네즈(*šaʿaṭnēz*, 한 창기), 양털(이스라엘 족속) 그리고 베실(그 창기)을 함께 두지 말라"(Carmichael, *LNB*, 201).

12 "술"(גדלים – 께딜림)은 "외투"(כסות – 케수트)의 "네 귀에"(כנפות – 카느포트) 달려 있던 꼰 실이었다. 티개이에 따르면(Tigay[1996] 203), "네 귀(직역하면, '날개' 혹은 '단')는 아마도 가리비 모양을 한 옷단이나 아니면 자수(장식)의 수직 끈이 옷단에 붙여졌던 장소를 가리켰을 것이다. 가끔은 술이 붙어 있던 이러한 두 스타일은 고대 근동의 벽화에서 볼 수 있다." 외투는 낮에는 외투로 사용되었고, 밤에는 덮는 요로 사용되었다. "술"(גדלים – 께딜림)이란 단어의 의미와 관련해서 한 카마이클의 말은 유익하다(*LNB*, 210 n. 4). 이 단어는 엮어 짠 끈 혹은 머리털을 나타내는 아람어와 아랍어에서 같은 어원을 가지고 있다. 그럼에도 불구하고 그는 이 단어를 성적으로 성숙한 의미에서 "강하게 되다"라는 의미를 가진 어근 가달(גדל)과 연결짓는다(창 38:11, 14에서 동사 가달〈גדל〉의 사용을 참조하라). "강한"과 "꼬아진"의 의미를 연결시키고 있는 드라이버의 관찰력을 주목하라(G. R. Driver, "L'interprétation du text masorétique à la lumiére de la lexiocographie hébraïque," *ETL* 26[1950] 343). 전통적 용도에서 푸른 끈(이것이 민 15:38에 따르면 각 술에 붙어 있었음에 틀림없다)은 양털로 만들어졌고, 반면에 다른 끈은 베로 만들어졌다. 밀그롬에 의하면, "혼합된 재료" 법에 대해 이러한 예외를 말하고 있는 이유는 샤아트네즈(שַׁעַטְנֵז)가 제사장 의복의 특징이었다는 것이다. 그래서 술을 다는 것은 모든 이스라엘 사람으로 하여금 "제사장 나라"와 "거룩한 백성"이 되도록 하기 위하여(출 19:6) 제사장들처럼 성결에 힘쓰도록 상기시켜 준다는 것이다 (Milgrom, *Numbers*[1990] 410-14). 유대 전승에서 술은 이중으로 접혀진 네 개의 흰 끈으로 만들어졌는데(그런 까닭에 여덟 개의 가닥이 된다), 각기 다섯 개의 이

중 매듭을 가지고 있다. 치치트(ציצית, 민 15:37에서는 "술" = 이 곳 신명기에서는 께딜림〈גדלים〉)란 단어의 수치는 600(=90+10+90+10+400)인데 צ=90, י=10, ת=400이기 때문이다. 이 숫자들을 더하면(600+8+5)=613이 되며, 이것은 토라에 있는 계명의 전통적인 숫자다.

해설

고대 근동에서 가옥들의 지붕은 평평했으며 다양한 목적으로 사용되었다. 티개이에 따르면, 유대인의 전통적 해석에서 지붕에 난간을 만들라는 법(22:8)은 "구덩이, 불완전한 사다리, 사나운 개와 같이 죽음을 몰고 올 수 있는 한 사람의 재산에 있는 어떤 장애물을 치워야 할 의무의 한 실례로 취급되며, 또한 개인적으로는 잠재적으로 사람을 해칠 수 있는 음식과 음료수를 피하라는 것으로 취급된다." 이 법은 또한 최근에 "흡연 금지를 지지하기 위하여" 사용되기도 했다(Tigay[1996] 201). 이 법은 우리에게 사회의 각 구성원이 다른 사람의 안전에 책임이 있음을 상기시켜 준다. 우리는 우리의 형제를 지키는 자다.

신명기 22:9-11에 있는 불법적 혼합에 관한 세 개의 법은 레위기 19:19과 평행을 이룬다: "너희는 내 규례를 지킬지어다 네 육축을 다른 종류와 교합시키지 말며 네 밭에 두 종자를 섞어 뿌리지 말며 두 재료로 직조한 옷을 입지 말지며." 이 법을 주신 이유는 명확하지 않다. 이 점에 대해서는 중세 유대인 해석자 라시(Rashi)의 해석을 주시해 볼 가치가 있다. 그는 이 법이 아무런 이유를 댈 필요가 없는 주권자 하나님의 명령 가운데 속한다고 주장했다(Rashi, 레 19:19 해석; Tigay[1996] 202와 384 n. 25를 보라). 다시 말해서, 우리는 이 법의 설명을 발견하기 위하여 문제를 강제로 만들어 내지 말아야 한다는 것이다.

짐승으로 밭을 갈 때 소와 나귀를 겨리하여 갈지 말라는 금지법(10절)은 여러 가지 방법으로 설명되어 왔는데, 주로 약한 짐승을 보호하기 위한 것으로 설명되었다. 그러나 또다시 고대의 농사 관습에서 추정된 이와 같은 관습으로부터 생각해 낸 해석의 이유는 타당성이 덜하다. 어쩌면 율법 그 자체의 말씀을 토라와 전선지서 내에 있는 더 큰 설화 전승과 관련하여, 그리고 22:11에서 명확하게 금지된 혼합된 직물로 만들어진 옷에 술을 달아 입으라는 뒤따라오는 법을 위한 사전 준비를 하기 위해서 카마이클이 주장한 내용의 노선을 따라 상징적 이유가 이 법들의 일차적 의미일 가능성이 크다. 고대의 랍비들은 의복에서 양털과 베실의 혼합 금지(11

절)에 대해 아무런 설명을 발견해 낼 수 없었으며, 또한 라시(Rashi)처럼 이 계명을 명확한 이유가 없는 법으로 생각했다. 티개이(Tigay)는 요세푸스가 주장했던 명령을 언급한다(Josephus, *Ant.* 4.8.11 § 208): "이 금지 조항은 평민에게 적용되는데, 그 이유는 제사장들이 공무를 집행할 때 그러한 혼합된 직물로 만들어진 옷을 입었기 때문이다. 그러한 의복을 입은 사람의 신분은 회당에서 사용된 성스러운 기름을 붓고 향을 사르는 신분에 해당하며, 출애굽기 30:22-37에 진술된 바와 같이 평민들에 의하여 만들어지거나 사용되지 않는다"(Tigay[1996] 203).

술에 관한 법은 적절한 교훈 및 지침과 함께 독자로 하여금 의미들에 대한 많은 층들을 가진 성경 설화와 관련되어 있는 토라의 계명들이라는 복잡한 세계를 토대로 하고 있다. 그러나 그 일차적 의미는 분명하다. 즉 우리가 하나님의 계명을 준수할 필요성에 대한 자극을 받는 것이다.

C. 결혼과 성적 비행에 대한 일곱 개의 법(22:13-23:1[개역. 22:30])

1. 혼전 부정에 관한 두 개의 법(22:13-21)

2. 간음에 관한 두 개의 법(22:22-24)

3. 강간에 관한 두 개의 법(22:25-29)

22:13-29에 관한 참고문헌

Amran, D. W. *The Jewish Law of Divorce according to Bible and Talmud.* New York: Hermon Press, 1969. 1-31. **Boschi, B. G.** "Problemi della Famiglia nella Bibbia." *Sacra Doctrina* 20(1975) 395-417. **Burrows, M.** *The Basis of Israelite Marriage.* American Oriental Series 15. 1938. Repr. New York: Kraus, 1970. **Eberharter, A.** *Das Ehe- und Familienrecht der Hebräer mit Rücksicht auf die ethnologische Forschung.* ATAbh 5.1-2. Münster: Aschendorff, 1914. **Epstein, L. M.** *Marriage Laws in the*

Bible and the Talmud. HSS 12. Cambridge: Harvard UP Press, 1942. ______. *Sex Laws and Customs in Judaism.* New York: Ktav, 1967. 165, 206. **Fensham, F. C.** "Aspects of Family Law in the Covenant Code in the Light of Ancient Near Eastern Parallels." *DiIs* 1.(1969) v-xix. **Finkelstein, J. J.** "The Laws of Ur-Nammu." *JCS* 22(1968-69) 73. ______. "Sex Offenses in Sumerian Laws." *JAOS* 86(1966) 355-72, esp. 368-69. **Friedman, M. A.** *Jewish Marriage in Palestine: A Cairo Geniza Study.* Tel Aviv: Tel Aviv Univ., 1980. **Granqvist, H. N.** *Marriage Conditions.* 1931-35. 2:127-30. **Greenberg, M.** "More Reflections on Biblical Criminal Law." In *Studies in Bible.* Ed. S. Japhet. Jerusalem: Magnes, 1986. 1-4. ______. "Some Postulates of Biblical Criminal Law." In SBTS 3:283-300, esp. 288-89. **MacDonald, E. M.** *The Position of Women as Reflected in Semitic Codes of Law.* University of Toronto Studies, Oriental Series 1. Toronto: Univ. of Toronto Press, 1931. **MacDonald, J.** "The Status and Role of the Naʿar in Israelite Society." *JNES* 35(1976) 147-70. **Mace, D. R.** *Hebrew Marriage: A Sociological Study.* London: Epworth, 1953. **Malul, M.** "SUSAPINNU: The Mesopotamian Paranymph and His Role." *JESHO* 32(1989) 264. **Neufeld, E.** *Ancient Hebrew Marriage Laws.* London: Longmans, Green, 1944. **Otto, E.** "Aspects of Legal Reforms and Reformulations in Ancient Cuneiform and Israelite Law." In *Theory and Method in Biblical and Cuneiform Law.* Ed. B. Levinson. JSOTSup 181. Sheffield: Sheffield Academic Press, 1994. 160-96, esp. 189-92. ______. "Das Eherecht im Mittelassyrischen Kodex und im Deuteronomium: Tradition und Redaktion in den 12-16 der Tafel A des Mittelassyrischen Kodex und in Dtn 22, 22-29." In *Mesopotamica, Ugaritica, Biblica: FS K. Bergerhof.* Ed. M. Dietrich and O. Loretz. AOAT 232. Kevelaer: Butzon & Bercker, 1993. 259-81. ______. *Wandel der Rechtsbegründungen in der Gesellschaftsgeschichte des antiken Israel: Eine Rechtsgeschichte des 'Bundesbuches' Ex XX 22-XXIII 13.* StudBib 3. Leiden: Brill, 1988. 9-56. **Praag, A. van.** *Droit matrimonial assyro-babylonien.* Allard Pierson Stichting Archaeologisch-Historische Bijdragen 12. Amsterdam: Noord-Hollandsche Uitgevers Maatschappij, 1945. **Rauh, S.** "Hebräisches Familienrecht in vorprophetischer Zeit." Diss., Berlin, 1907. **Reintjens, H.** *Die soziale Stellung der Frau bei den nordarabischen Beduinen unter besonderer Berücksichtigung ihrer Ehe- und Familienverhältnisse.* Bonner orientalistische Studien, n.s. 30. Bonn: Selbstverlag des Orientalisches Seminars der Universität Bonn, 1975. **Roth, M.** "Age at Marriage and the Household: A Study of Neo-Babylonian and Neo-Assyrian Forms."

In *Comparative Studies in Society and History* 29(1987) 715-47. **Schereschewsky, B.** "Child Marriage." *EncJud* 5:423-26. **Selms, A. van.** *Marriage and Family Life in Ugaritic Literature.* POS 1. London: Luzac, 1954. **Stuhlman, L.** "Sex and Familial Crimes in the D Code: A Witness to Mores in Transition." *JSOT* 53(1992) 58-60. **Weiss, D. H.** "A Note on אשר לא ארשה." *JBL* 81(1962) 67-69. **Wenham, G. J.,** and **McConville, J. G.** "Drafting Techniques in Some Deuteronomic Laws." *VT* 30(1980) 248-52. **Westbrook, R.** "Riddles in Deuteronomic Law." In *Bundesdokument und Gesetz.* 1995. 159-74.

22:13-21에 관한 참고문헌

Branson, R. D. "A Study of the Hebrew Term שׂנא." Diss., Boston Univ., 1976. Ann Arbor, MI: UMI Order No. 76-21272. **Buchholz, J.** *Die Ältesten Israels im Deuteronomium.* 1988. **Burrows, M.** "Levirate Marriage in Israel." *JBL* 59(1940) 23-33, esp. 29. **Cassin, E.** "Pouvoirs de la Femme et Structures Familiales." *RA* 63(1969) 121-48. **Ceresko, A. R.** "The Function of Antanaclasis(*mṣ*ʾ 'to find' // *mṣ*ʾ 'to reach, overtake, grasp') in Hebrew Poetry, Especially in the Book of Qoheleth." *CBQ* 44(1982) 551-69. **Collins, O. E.** "The Stem *znh* and Prostitution in the Hebrew Bible." Diss., Brandeis Univ., 1977. Ann Arbor, MI: UMI Order No. 77-13364. **Cruveilhier, P.** "Le droit de la femme dans la Genèse et dans le recueil de lois assyriennes." *RB* 36(1927) 350-76. **Dempster, S.** "The Deuteronomic Formula *kî yimmāṣe*ʾ in the Light of Biblical and Ancient Near Eastern Law: An Evaluation of David Daube's Theory." *RB* 91(1984) 188-211. **D'Ercole, G.** "La Struttura Giuridica di Israele." In *Studia et Documenta Historiae et Iuris* 31(1965) 246-304, esp. 250-55. **Derrett, J. D. M.** "The Disposal of Virgins." *Man* 9(1974) 23-30. **Gelb, I. J.** "Household and Family in Early Mesopotamia." In *State and Temple Economy in the Ancient Near East: Proceedings of the International Conference Organized by the Katholieke Universiteit Leuven 10.-14.4.1978.* Ed. E. Lipiński. Orientalia Lovaniensia Analecta 5.6. Leuven: Peeters, 1979. 1-97. **Gerleman, G.** "Die Nicht-Mensch: Erwägungen zur hebräischen Wurzel *NBL.*" *VT* 24(1974) 147-58. **Hallo, W. W.** "The Slandered Bride." In *Studies Presented to A. Leo Oppenheim.* Ed. R. D. Biggs and J. A. Brinkman. Chicago: Univ. of Chicago Press, 1964. 95-105. **Hirzel, R.** "Die Strafe der Steinigung." *Abhandlungen der philologisch-historischen Klasse der königlich sächsischen Gesellschaft der Wissenschaften*

27(1909) 223-66, esp. 245. **Jakobson, V. A.** "Studies in Neo-Assyrian Law: 1. Matrimonial Law." *Altorientalische Forschungen* 1(1974) 115-21. **Lipiński, E.** "The Wife's Right to Divorce in the Light of an Ancient Near Eastern Tradition." *JLA* 4(1981) 9-27. **Locher, C.** "Deuteronomium 22, 13-21: Vom Prozeßprotokoll zum kasuistischen Gesetz." In *Das Deuteronomium.* Ed. N. Lohfink. 1985. 298-303. ______. *Die Ehre einer Frau in Israel: Exegetische und rechtsvergleichende Studien zu Deuteronomium 22, 13-21.* Ed. O. Keel. OBO 70. Freiburg: Universitätsverlag, 1986. **Lohfink, N.** "Die Ältesten Israels und der Bund: Zum Zusammenhang von Dtn 5, 23; 26, 17-19; 27, 1.9f und 31, 9." *BN* 37(1993) 26-42. **Marx, V.** "Die Stellung der Frauen in Babylonien gemäss den kontrakten aus der Zeit von Nebukadnezar bis Darius(604-485)." *Beiträge zur Assyriologie* 4(1902) 1-77. **Miller, C. M.** "Maidenhood and Virginity in Ancient Israel." *ResQ* 22(1979) 242-46. **Neubauer, J.** *Beiträge zur Geschichte des biblische-talmudischen Eheschliessungsrechts: Eine rechtsvergleichend- historische Studie.* MVAG 24-25. Leipzig: Hinrichs, 1920. **Neufeld, E.** "Inalienability of Mobile and Immobile Pledges in the Laws of the Bible." *RIDA* 9(1962) 42. **Piattelli, D.** "The Marriage Contract and Bill of Divorce in Ancient Hebrew Law." *JLA* 4(1981) 66-78. **Phillips, A.** "*Nebalah* - A Term for Serious Disorderly and Unruly Conduct." *VT* 25(1975) 237-42. **Preuss, J.** *Biblical and Talmudic Medicine.* Tr. F. Rosner. New York: Sanhedrin Press, 1978. 477-79. **Reviv, H.** *The Elders in Ancient Israel: A Study of a Biblical Institution.* Jerusalem: Magnes, 1989. **Rofé, A.** "Family and Sex Laws in Deuteronomy and the Book of Covenant." *Hen* 9(1987) 131-59. ______. *Mavo' le-sefer Devarim.* Jerusalem: Akademon, 1988. 147-50(Heb.). **Scharbert, J.** "Ehe und Eheschließung in der Rechtssprache des Pentateuch und beim Chronisten." In *FS W. Kornfeld.* 1977. 213-25. **Skaist, A. J.** "Studies in Ancient Mesopotamian Family Law Pertaining to Marriage and Divorce." Ph.D. diss., Univ. of Pennsylvania, 1963. Ann Arbor, MI: UMI Order No. 63-7087. **Tigay, J.** "Examination of the Accused Bride in 4Q159: Forensic Medicine at Qumran." In *Comparative Studies in Honor of Yohanan Muffs.* Ed. E. L. Greenstein and D. Marcus. *JANESCU* 22(1993) 129-34. ______. "Excursus 20: Accusations of Premarital Unchastity." In *Deuteronomy.* 1996. 476-77. **Tosato, A.** "Il Linguaggio Matrimoniale Veterotestamentario: Stato degli Studi." *AION* 43(1983) 135-60. **Wenham, G. J.** "B^{e}tûlāh - A Girl of Marriageable Age." *VT* 22(1972) 326-48. **Westbrook, R.** "Old Babylonian Marriage Law." 2 vols. Ph.D. diss., Yale Univ., 1982.

Ann Arbor, MI: UMI Order No. 82-21763. **Westermarck, E.** *Marriage Ceremonies in Morocco.* London: Macmillan, 1914. 159, 228-29, 246. **Yaron, R.** "On Divorce in Old Testament Times." *RIDA* 4(1957) 117-28.

22:22-24에 관한 참고문헌

Daube, D. "Concerning Methods of Bible Criticism: Late Law in Early Narratives." *ArOr* 17.1(1949) 88-89. ______. "To Be Found Doing Wrong." In *FS E. Volterra.* 1971. 3-13. **David, M.** "Overspel volgens Deuteronomium 22, 22ss." *JEOL* 8(1942) 650-54. **Dempster, S.** "The Deuteronomic Formula *kî yimmāṣē'* in the Light of Biblical and Ancient Near Eastern Law: An Evaluation of David Daube's Theory." *RB* 91(1984) 188-211. **Dion, P. E.** "Tu feras disparaitre le mal du milieu de toi." *RB* 87(1980) 321-49, esp. 333. **Good, E. M.** "Capital Punishment and Its Alternatives in Ancient Near Eastern Law." *SLR* 19(1967) 957-58. **Labuschagne, C. J.** "The Emphasizing Particle *gam* and Its Connotations." In *FS Th. C. Vriezen.* 1966. 193-203. **Locher, C.** "Wie Einzigartig war das altisraelitische Recht?" *Jud* 38(1982) 130-40. **McKeating, H.** "A Response to Dr. Phillips." *JSOT* 20(1981) 25-26. ______. "Sanctions against Adultery in Ancient Israelite Society, with Some Reflections on Methodology in the Study of Old Testament Ethics." *JSOT* 11(1979) 57-72. **Mezger, F.** "The Origin of a Specific Rule on Adultery in the Germanic Laws." *JAOS* 68(1948) 145-48. **Phillips, A.** "Another Example of Family Law." *VT* 30(1980) 240-45. ______. "Another Look at Adultery." *JSOT* 20(1981) 3-25. ______. "A Response to Dr. McKeating[*JSOT* 20(1981) 25-26]." *JSOT* 22(1981) 142-43. ______. "Some Aspects of Family Law in Pre-Exilic Israel." *VT* 23(1973) 349-61; 25(1975) 237-41. **Tigay, J.** "Adultery." *EncJud* 2:313-15. **Westbrook, R.** "Adultery in Ancient Near Eastern Law." *RB* 97(1990) 542-80.

22:25-29에 관한 참고문헌

Boyce, R. N. *The Cry to God in the Old Testament.* SBLDS 103. Atlanta: Scholars Press, 1988. **Fishbane, M.** *Biblical Interpretation in Ancient Israel.* 1985. 217-20. **Hiebert, R. J. V.** "Deuteronomy 22:28-29 and Its Premishnaic Interpretations." *CBQ* 56 (1994) 203-20. **Otto, E.** "Zur Stellung der Frau in den ältesten Rechtstexten des Alten Testamentes(Ex 20, 14; 22, 15f.) - Wider die hermeneutische Naivität im Umgang mit dem Alten Testament." *ZEE* 26(1982) 279-305. **Weiss, D. H.** "A Note on לא־ארשה אשר. *JBL* 81(1962) 67-69.

본문과 운율 분석

혼전 부정에 관한 거짓된 고소 – 남자가 벌금을 낸다
[(6:8):(6:6):(6:6):(8:6)]

13 누구든지 아내를 취하여 그와 동침한 후에 그를 미워하여
14 비방거리를 만들어 그에게 누명을 씌워 가로되 내가 이 여자를 취하였더니 그와 동침할 때에 그의 처녀인 표적을 보지 못하였노라 하면
15 그 처녀의 부모가 처녀의 처녀인 표를 얻어 가지고 그 성읍 문 장로들에게로 가서
16 처녀의 아비가 장로들에게 말하기를 내 딸을 이 사람에게 아내로 주었더니 그가 미워하여
17 비방거리를 만들어 말하기를 내가 네 딸의 처녀인 표적을 보지 못하였노라 하나 보라 내 딸의 처녀인 표적이 이것이라 하고 그 부모가 그 자리옷을 그 성읍 장로들 앞에 펼 것이요
18 그 성읍 장로들은 그 사람을 잡아 때리고
19 이스라엘 처녀에게 누명 씌움을 인하여 그에게서 은 일백 세겔을 벌금으로 받아 여자의 아비에게 주고 그 여자로 그 남자의 평생에 버리지 못할 아내가 되게 하려니와

혼전 부정에 관한 진실된 고소 – 여자가 죽임을 당한다 [7:7]

20 그 일이 참되어 그 처녀에게 처녀인 표적이 없거든

False Accusation of Premarital Unchastity – The Man Is Fined
[(6:8):(6:6):(6:6):(8:6)]

13 *When a man takes / a woman //* 9 2
and he goes in to her / and then he hates her // 16 2
14 *and he makes baseless charges / against her /* 15 2_
And he brings on her / a bad name // and he says / 19 3
"This woman / I have taken as a wife / 14 2
and when I came to her / I found she / was not a virgin" // 25 3_

15 *And the father of the girl / and her mother\[a] shall take //* 16 2
and they shall bring out / evidence of the girl's virginity / 18 2
to the elders of the city / at the gate[b] // 14 2_
16 *And the father of the girl / shall say\[a] to the elders //* 19 2
"I gave / my daughter[b] / to this man / as a wife / 19 4_
And he hates her // 7 1

17 *and behold he / has made up[a] baseless charges / saying /* 22 3
'I did not find your daughter / to be a virgin' / 17 2_
But here is / evidence of the virginity of my daughter" // 12 2
and ⟨he⟩[b] shall spread out / the garment / 9 2
before / the elders of the city // 10 2_

18 *And the elders of that city / shall take\[a]* the man[b] *//* 21 2
and they shall flog / him // 9 2
19 *And they shall fine him / a hundred pieces of silver /* 16 2
and they shall give it / to the father of the girl / 16 2_
For he has brought / an evil name / on\[a] a virgin in Israel // 20 3
and she shall be his wife / 9 1
he may not [b]divorce her[b] / all his days // ס 15 2_

True Accusation of Premarital Unchastity – The Woman Shall Die
[7:7]

20 *But if / this[a]\[b] charge is true //* 15 2
the girl was found / not to have been a virgin // 16 2

21 처녀를 그 아비 집 문에서 끌어내고 그 성읍 사람들이 그를 돌로 쳐죽일지니 이는 그가 그 아비 집에서 창기의 행동을 하여 이스라엘 중에서 악을 행하였음이라 너는 이와 같이 하여 너의 중에 악을 제할지니라

21 *Then they shall bring out the girl /* 13 1
to the entrance of her father's house / 11 1
and [a]the men of her city[a] shall stone her with stones / 23 1_
And she shall die / for she has done folly / in Israel / 24 3
[b]committing fornication[b] / in her father's house // 10 2
and you shall purge the evil / from your[c] midst // ⊃ 13 2_

결혼한 여인과의 간음 – 양방이 죽임을 당한다 [4:5]

Adultery with a Married Woman – Both Parties Shall Die [4:5]

22 남자가 유부녀와 통간함을 보거든 그 통간한 남자와 그 여자를 둘 다 죽여 이스라엘 중에 악을 제할지니라

22 *When a man is found / lying\[a] with the wife of another man /* 23 2
then both of them / shall die / 11 2_
The man / who lay with the woman / and the woman // 21 3
and you shall purge the evil / from Israel // ⊃ 15 2_

약혼한 처녀와의 간음 – 양방이 죽임을 당한다 [(5:5):(5:4)]

Adultery with a Betrothed Virgin – Both Parties Shall Die [(5:5):(5:4)]

23 처녀인 여자가 남자와 약혼한 후에 어떤 남자가 그를 성읍 중에서 만나 통간하면

24 너희는 그들을 둘 다 성읍 문으로 끌어내고 그들을 돌로 쳐죽일 것이니 그 처녀는 성읍 중에 있어서도 소리지르지 아니하였음이요 그 남자는 그 이웃의 아내를 욕보였음이라 너는 이같이 하여 너의 중에 악을 제할지니라

23 *When there is / a virgin / who is betrothed\[a] to a man //* 23 3
and a man finds her / in the city / 13 2_
And he lies with her // 7 1
24 then you shall bring them both / to the gate / of that city / 21 3
and you shall stone them with stones / 16 1_
And they shall die / 6 1
the maiden / because / she did not cry out in the city / 22 3
and the man / 6 1_
Because he humbled / his neighbor's wife // 18 2
and *you shall purge the evil / from your midst //* ⊃ 14 2_

약혼한 처녀 강간 – 남자가 죽임을 당한다 [(9:6):(5:5)]

Rape of an Engaged Virgin – The Man Shall Die [(9:6):(5:5)]

25 만일 남자가 어떤 약혼한 처녀를 들에서 만나서 강간하였거든 그 강간한 남자만 죽일 것이요

25 *But if it is in the field /* 6 1
where the man finds / the girl\[a] who is betrothed / 21 2
and the man seizes her / 11 1_
And he lies with her by force // 7 1
then he shall die / the man / who slept with her / he alone // 20 4_

26 처녀에게는 아무것도 행치 말 것은 처녀에게는 죽일 죄가 없음이라 이 일은 사람이 일어나 그 이웃을 쳐죽인 것과 일반이라

26 *And to the girl / you[a] shall do nothing /* 15 2
[b]the girl did not commit / a mortal sin // 12 2
for this / is like a man who attacks his neighbor / 18 2_
And he murders him / so / is this matter // 18 3

27 남자가 처녀를 들에서 만난 까닭에 그 약혼한 처녀가 소리질러도 구원할 자가 없었음이니라

27 *for in the field / he found her //* 11 2_
The betrothed / girl / cried out / 18 3
but there was no one / to save her // ס 10 2_

약혼하지 않은 처녀 강간 – 남자가 벌금을 낸다 [6:9]

Rape of an Unengaged Virgin – The Man Is Fined [6:9]

28 만일 남자가 어떤 약혼하지 아니한 처녀를 만나 그를 붙들고 통간하는 중 그 두 사람이 발견되거든

28 *When a man finds / a virgin /* 16 2
who has never been betrothed / and he seizes her / 17 2
and he lies with her by force // and they[a] *are found //* 13 2_

29 그 통간한 남자는 그 처녀의 아비에게 은 오십 세겔을 주고 그 처녀로 아내를 삼을 것이라 그가 그 처녀를 욕보였은즉 평생에 그를 버리지 못하리라

29 *Then the man who lay with her / shall give /* 16 2
to the father of the girl / fifty pieces of silver // 16 2
And she shall be his wife / because / he has humbled her / 16 3
he may not [a]*divorce her*[a] */ all his days //* ס 14 2_

원문주해

15.a. 위치가 잘못된 아트나로 인하여 티프하가 연접사가 됨.

15.b. Tg과 *Tg. Ps.-J.*은 *byt dyn*("심판의 집")을 덧붙인다. 운율 분석은 MT을 지지한다.

16.a. 위치가 잘못된 아트나로 인하여 티프하가 연접사가 됨.

16.b. LXX은 타우텐(*ταύτην*=הזאת〈하조트, "이것"〉)을 덧붙인다. 운율 분석은 MT을 지지한다.

17.a. 위치가 잘못된 아트나로 인하여 티프하가 연접사가 됨.

18.b. 한 히브리어 필사본, SP, LXX은 하후(ההוא, "것〈that〉")를 덧붙인다. 운율 분석은 MT을 지지한다.

19.a. 위치가 잘못된 아트나로 인하여 티프하가 연접사가 됨.

19.b-b. 한 히브리어 필사본과 SP에는 MT의 레샬르하흐(לשלחה, "그녀를 보내다") 대신에 (접두 전치사가 없는) 샬라하흐(שלחה)로 되어 있다. 운율 분석은 MT을 지지한다.

20.b. 위치가 잘못된 아트나로 인하여 티프하가 연접사가 됨.

21.a-a. LXX[B]에는 빠져 있음. 여러 히브리어 필사본, Cairo Geniza 단편들 그리고 Tg.[MS]는 콜(כל, "모든")을 덧붙인다. 운율 분석은 MT을 지지한다.

21.b-b. DP와 LXX에는 MT의 리즈노트(לזנות, "간음하다") 대신에 להזנות로 되어 있

는데 의미상의 변화는 없다.

21.c. LXX, Syr., *Tg. Ps.-J.*에는 2인칭 복수로 되어 있다. Vg의 필사본들에는 de medio Israel("이스라엘 가운데서"= מקרב ישׂראל)로 되어 있다.

22.a. 파섹을 가진 무나흐는 연접사가 됨.

23.a. 위치가 잘못된 아트나로 인하여 티프하가 연접사가 됨.

25.a. 자켑카톤이 뒤따라온 파스타는 연접사가 됨.

26.a. SP, LXX, Syr, *Tg. Ps.-J.*에는 MT의 타아세(תַעֲשֶׂה, "너는 …할지니라") 대신에 타아수(תַעֲשׂוּ, "너희는…할지니라")로 되어 있다.

26.b. 두 히브리어 필사본, LXX^{MS}, Syr은 키(כִּי, "왜냐하면")를 덧붙인다.

28.a. LXX에는 3인칭 단수로 되어 있다.

29.a-a. 몇몇 히브리어 필사본과 Vg에는 MT의 샬하아흐(שַׁלְּחָהּ, "그녀를〈내〉보내라") 대신에 לשׁלחה("그녀를〈내〉보내다")로 되어 있다.

양식/구조/배경

22:13-29에 있는 여섯 개의 법은 대칭적 구조의 중심부에서 반복된 명령과 함께 일곱 번째 간음 금지 계명의 명백한 의미에 초점을 맞추고 있다.

A	혼전 부정에 대한 거짓된 소송－남자가 벌금, 이혼 불가	22:13-19
B	혼전 부정에 대한 진실된 소송－여인이 죽임당함	22:20-21
X	결혼한 여인이나 약혼한 여인과의 간음－양자가 죽임당함	22:22-24
B′	들에서 약혼한 처녀 강간－남자가 죽임당함	22:25-27
A′	약혼하지 않은 처녀 강간－남자 벌금, 결혼, 이혼 불가	22:28-29

결혼한 여인이나 약혼한 여인과 간음을 행한 일에 관한 중심이 되는 법(22-24절)의 한편에서, 우리는 혼전 부정에 관한 두 개의 법을 발견하게 된다. 즉 남자가 소송한 송사가 거짓된 경우에 남자가 채찍질을 받고 은 100세겔의 벌금을 내며(13-19절), 소송이 사실일 경우 그 여인이 돌에 맞아 처형을 당한다(20-21절). 중심부의 다른 한편에서 우리는 강간 문제에 관한 두 개의 법을 발견하게 된다. 즉 들에서 남자가 강간한 경우 남자만 처형을 당하고(25-27절), 약혼하지 않은 처녀가 강간당한 경우 남자가 소녀의 부친에게 은 50세겔을 지불하고 결혼하여 평생 동안 이혼을 하지 못하도록 한다(28-29절).

위의 대칭적 구조에는 형벌 면에서 내적 균형이 두드러져 있다. 외부 골격의 각 단락(13-19절과 28-29절)에서는 남자가 벌금형을 받고 그 남자는 평생 동안 이혼을 할 수 없다(19절과 29절). 내부 골격 전반부에서는 여자만이 죽임을 당하게 되는데, 그 이유는 "그녀가 도움을 요청하여 소리지르지 않았기 때문이다(20-21절). 반면에 내부 골격의 후반부에서는 죽임을 당하는 편이 남자뿐인데, 그 이유는 여인이 소리를 질렀으나 구해 주는 자가 없었기 때문이다(25-27절). 중심부에서는 간음을 저지름으로 인하여 쌍방이 죽임을 당한다(22-24절). 이 모든 법들은 카마이클이 주장한 바와 같이 창세기에서 이야기로 확대된다(*LNB*, 210-20).

MT에 있는 수사학적 표시들 면에서 볼 때, 22:13-29에 있는 법들은 여섯 개의 단락으로 나누어지는데, 이것들은 각기 세투마 구획 표시로 끝난다: 13-19, 20-21, 22, 23-24, 25-27, 28-29절. 더 나아가서 전체 구조의 암시는 24절에 있는 수의 전이의 두 번의 출현을 통하여 나타난다. 동사의 2인칭 단수와 대명사 접미어의 처음 두 번의 출현은 21절과 22절의 끝에 있는 "너의 중에 악을 제할지니라"란 공식적 표현 가운데 나타난다. 13-22절에 있는 자료의 나머지는 14절과 16-17절에 있는 1인칭으로 된 직접적 발언에 대한 인용을 제외하고는 3인칭으로 되어 있다. 24절에 있는 2인칭 복수 동사형의 출현(웨호체템〈והוצאתם〉과 우쓰칼템〈וסקלתם〉)은 13-29절 전체인 보다 큰 구조의 중심부를 표시한다. 24절 끝에 있는 2인칭 단수형으로의 전이는 또다시 같은 공식적 표현인 "너의 중에 악을 제할지니라"로 나타나는데, 이것은 13-29절에서 세 번째와 마지막으로 나타난다.

첫 번째 법에서 문제는 신부의 남편 편에서 상소한 혼전 부정에 관한 소송이다. 내적인 운율 면에서 이 문학적 단위의 내용은 다음과 같이 정리될 수 있다.

A 한 남자가 무함하여 아내를 버리려 하거든	22:13-14
B 처녀의 부모가 장로들에게 증거를 제출하라	22:15
X 처녀의 아비가 변론을 제기하라	22:17-17a
B′ 처녀의 아비가 장로들 앞에 증거를 제출하라	22:17b
A′ 그 남자는 매를 맞고, 벌금을 내고, 그 여인과 결코 이혼하지 못하게 하라	22:18-19

이 구조의 핵심은 처녀의 아비가 변론 자체를 진술하는 것이다: "처녀의 아비가 장로들에게 말하기를 내 딸을 이 사람에게 아내로 주었더니 그가 미워하여 비방거리를 만들어 말하기를 내가 네 딸의 처녀인 표적을 보지 못하였노라 하나"(16-17a절). 내부 골격은 처녀의 아비가 제출한 그 소송이 거짓이라는 증거에 관심을 두고 있다(15절과 17b절), 반면에 외부 골격은 법적인 현안 문제에 대한 묘사(13-14절)로부터 각 경우에 장로들이 한 결정(18-19절)으로 옮겨간다. 두 번째 사태(20-21

절)는 그 고소가 실증될 경우에 해야 할 일을 취급하고 있다.

카마이클이 제안한 상징적 이해에 대한 본질(요지, 내용)을 제공하는 이 법을 이해하지 못하게 만드는 특징들이 있다. 첫째로, 신부의 부모가 소위 신혼 첫날밤에 입었던 옷을 날조하여 제출할 수 있다는 것이다. "탈무드 자료들은 몇몇 곳에서 신부가 다른 곳에서 이미 더럽혀진 옷을 혼례방으로 몰래 가져오지 않았다는 사실을 확실히 하기 위하여 조사를 받았다는 사실을 기록하고 있다(신랑도 역시 처녀성의 증거를 인멸하기 위하여 합법적으로 더럽혀진 옷을 바꿔치기하려고 깨끗한 옷을 가져오지 않았다는 사실을 확증하기 위하여 조사를 받았다…(Tosef. Ket. 1:4ff.; TJ Ket. 1:1, 25a; 4:4, 28c; 그리고 Ket. 12a)"(Tigay[1996] 539 n. 1).

피로 얼룩진 옷이 없다는 사실이 신부가 유죄임을 증명할 충분한 증거라는 진술은 사형에 해당하는 죄가 두 증인을 필요로 한다는 사실에 위배되는 것으로 보인다(17:2; 19:15). "이것은 또한 모든 처녀가 첫 번째 성교 시에 처녀막을 보존하고 있거나 피를 흘리는 것은 아니라는 사실을 간과한 것인데, 이 또한 탈무드 자료에서 인정한 것이다"(Tigay[1996] 476). 더 나아가서, 진술된 이 법은 실행 가능한 것이 아니다. "공언된 문학인 카라이트(Karaite)의 해석은 이 문제가 옷 한 가지에만 걸려 있을 수 없으며 증인이 있을 수 없다는 사실에 동의한다(결혼 당시에 입었던 그 옷을 입증하거나 처녀임을 입증하는 참석자들). 쿰란에서 나온 이 법을 의역한 단편은 이 문제가 결혼이 끝난 직후에 믿을 만한 부인네들을 통하여 처녀에 대한 물리적 검사에 근거하여 결정되어야 한다고 진술한다"(Tigay[1996] 476).

드라이버와 마일즈는 고대 메소포타미아에 있었던 이와 비교되는 법에서 "처벌은 공포만 주어지고 가해지지는 않는다"고 주장했다(Driver and Miles, *The Babylonian Laws*, 2vols.[Oxford: Clarendon, 1952-55] 1:204 n. 3). 이것은 패역한 아들에 관한 법에 대한 랍비들의 해석과 유사한데, 곧 그것은 교육적 목적에서였고 시행되지는 않았다. 그렇다면 이 법의 목적은 혼전관계를 비난하기 위한 수단으로서, 그리고 처녀들을 그러한 행동으로부터 방지하기 위한 수단으로서 효과를 얻기 위한 것이었을 것이다. "이것은 부모들이 패역한 아들들을 경고하면서 21:18-21을 사용했던 것처럼, 그들로 하여금 자기들의 딸들을 부정 행위에 대해서 경고하기 위하여 이용하는 수단이 되었을 것이다"(Tigay[1996] 477).

오토는 자신이 22:23-27의 대칭적으로 정리된 편집이라고 부르는 내용을 주목했는데, 이는 다음과 같이 정리할 수 있을 것이다(Otto, "Aspects of Legal Reforms," 190 n. 99).

A	처녀가 약혼했을 때	כי יהיה נער בתולה מארשה לאיש	22:23
B	(한 남자가) 그녀를 발견한다	מצאה	22:23
C	성읍에서	בעיר	22:23
X	너의 중에 악을 제할지니라		22:24
C′	들에서	בשדה	22:25
B′	(그 남자가) 그녀를 발견한 곳	מצאה	22:25
A′	그 남자가 약혼한 처녀를 발견한 곳	את־הנער המארשה	22:25

이 구조의 중심부는 24절의 시작과 끝부분에 있는 수의 전이를 통하여 표시되어 있다. "이 대칭적 구조는 22:25-27이 후대에 22:23-24에 있는 원래 단위에 첨가한 것이라는 전승-역사 주장을 배제한다"(Otto, *Aspects of Legal Reforms*, 190 n. 99, 이 주장은 Stuhlman, *JSOT* 53[1992] 58-60에 반대하여 말한 것임).

결혼한 여인(22절)이나 약혼한 처녀(23-24절)와의 간음에 관한 두 개의 법은 문학적 버금 단위를 이루는데, 이는 다음과 같이 정리해 볼 수 있다.

A	한 남자가 다른 남자의 아내와 동침하면 "악을 제하라"	22:22
B	한 남자가 성읍에서 약혼한 처녀와 동침하면	22:23
X	그들을 모두 성문으로 데려가서 돌로 쳐죽여라	22:24a
B′	여인이 소리지르지 않았으므로 그 여인과 남자를	22:24b
A′	그가 그 이웃의 아내를 욕보였음이라 – "악을 제하라	22:24c

이 단락에서 중심이 되는 문제는 사형 그 자체인데, 이는 여인이 다른 사람의 아내이든(22절) 다른 남자와 약혼한 여자이든(23절) 간음한 남자와 여자에게 부과된 형벌이다. 남녀 모두를 이스라엘 중에서 악을 제하기 위하여 돌로 쳐죽여야 한다.

22:25-27에 있는 약혼한 처녀를 강간한 것에 관한 법은 다음과 같은 대칭 구조로 정리될 수 있다.

A	한 남자가 들에서 약혼한 처녀를 발견하고 강간했거든	22:25a
B	남자만 죽일지니	22:25b
X	처녀에게는 아무것도 행치 말라, 그녀가 죽일 죄를 범하지 않았으므로	22:26a
B′	이것은 남자가 그 이웃을 살인한 경우와 같다	22:26b
A′	남자가 들에서 여자를 발견했다–그녀를 구원할 사람이 아무도 없었다	22:27

이 구조에서 관심의 초점은 여인에게 있는데, 그 이유는 그녀가 죽을 죄를 범하

지 않았으므로 형벌을 받지 말아야 할 것이기 때문이다(26a절). 남자가 들에서 여자를 만나서 그녀를 강간했을 때 그녀를 구해 줄 사람이 아무도 없었다(25a절과 27절). 그러므로 남자만 죽임을 당해야 하는데(25b절), 그 이유는 상황이 남자가 자기 이웃을 살해한 경우와 같기 때문이다(26b절).

카마이클에 따르면(*LNB*, 210-14), 결혼한 날 밤의 의복에 관한 법(13-21절)은 요셉에게 일어났던 일과 날카롭게 대조된다. 보디발의 아내의 손에 들려 있는 요셉의 옷이 요셉에게 거짓되게 작용하여 그는 죄를 저지르지 않았음에도 간음죄를 범했다는 이유로 감옥으로 들어가게 되었다. 허위로 꾸며진 신부의 경우는 야곱이 라헬 대신 레아와 결혼한 일로 거슬러올라가게 하는데(창 29:15-31), 그것은 야곱이 라헬과 결혼하기로 되어 있었던 그날 일어났다. 율법에서처럼, 야곱은 결혼한 다음에 자기의 신부와 결혼하기를 원치 않았다.

최소한 부분적으로, 신명기 22:13-29의 혼인과 성적 과오에 대한 법을 통하여 형성된 것으로 보이는 두 번째 이야기는 창세기 34장에 있는 디나와 가나안의 하몰의 아들이자 왕자인 세겜과의 결혼이다(Carmichael, *LNB*, 213-14를 보라). 세겜이 디나를 욕보인 행위를 비난하기 위하여 사용된 같은 문구가 율법에서 여인의 혼전 부정 행위에 적용된다. 즉 그 처녀가 "그 아비 집에서 창기의 행동을 하여 이스라엘 중에서 악을 행하였음이라"(신 22:21; 참조. 창 34:7). 더 나아가서 창세기 이야기는 세겜의 과오를 디나를 창기와 같이 취급한 것으로 묘사하고 있다(창 34:31).

22절에 나오는 간음에 관한 법은 최소한 부분적으로 바로와 아비멜렉 모두와 사라의 관계에 대한 이야기를 형성한 것으로 보인다(Carmichael, *LNB*, 214-16). "유부녀"(בעלת בעל – 베울라트 빠알)라는 전문용어는 히브리 성경에서 창세기 20:3에만 나타나며, 중죄를 가리키는 문맥 속에서 신명기 22:22에 나타난다.

약혼한 여인을 유혹하는 것에 관한 법(신 22:23-27)은 요셉과 보디발의 아내 이야기를 형성하는 데 일조한 것으로 보인다(Carmichael, *LNB*, 217-18). 만일 이 이야기가 신명기의 이 법에 의하여 형성되었다면, 보디발의 아내에게서 분명하게 나타나는 것은 그녀가 도와 달라고 소리쳤든지 아니면 소리쳐도 소용이 없을 정도로 거주민들로부터 거리가 멀었어야 한다(25절). 사람이 없는 곳에서 살해당한 사람의 유사성 역시 보다 광범위한 요셉 이야기에 적용되는데, 그는 형들에게 거의 죽음을 당할 뻔했다가 그들이 마음을 바꾸게 되는 바람에 노예로 팔아 넘겨졌다(창 37:17-20).

약혼하지 않은 여인을 유혹하는 것에 관한 법(신 22:28-29)은 또다시 디나가 세겜의 손에 봉변을 당한 이야기를 지적해 주고 있다(창 34장; Carmichael, *LNB*, 218-20). 디나는 그 사건이 일어났을 때 가족과 함께 있지 않았으며, 그런 까닭에 그녀가 지르는 소리는 형제들에게 들려지지 않았다. 그녀는 "그 땅 여자를 보러"(창 34:1) 나갔다. 세겜은 디나를 창녀와 같이 여겨 "욕보였다"(ענה – 아나; 창 34:31). 같은 동사 아나(ענה)가 신명기 22:29에 나타난다.

22:13-29에서 신명 수의 사용에 관해 라부샤뉴가 수집한 증거는 다음과 같이 정리될 수 있을 것이다.

단어	아트나 앞	아트나 뒤	
22:13-21	78 (=3×26)	+ 51 (=3×17)	= 129
22:22	16	+ 3	= 19
22:23-29	76	+ 43 (=17+26)	= 119 (=7×17)
22:13-14	12	+ 14	= 26
22:13-17	34 (=2×17)	+ 34 (=2×17)	= 68 (=4×17)
22:18-21	44	+ 17	= 61
22:22-27	73	+ 34 (=2×17)	= 107
22:23-24	34 (=2×17)	+ 8	= 42
22:25-27	23	+ 23	= 46 (=2×23)
22:1-12	109	+ 61	= 170 (=10×17)
22:13-29	170	+ 97	= 267

22:13-29에 나오는 결혼과 성적 부정 행위에 관한 법은 두 개의 주요 단락(13-21절과 23-29절)에 세심하게 배열되어 있고, 그 중심부(22절)에는 제7계명(간음금지)의 기본적인 인용이 있다. 이 숫자 구성의 전반부에는 아트나 앞에 78(=3×26)개의 단어와 아트나 뒤에 51(=3×17)개의 단어가 있는데, 이러한 배열은 이 본문 가운데 하나님의 임재를 상징적으로 강화하는 것이다. 하반부에 있는 단어의 총계는 119(=7×17)개에 달하는데, 이것은 이러한 하나님의 임재를 재강화시켜 주고 있다. 더 나아가서 이 곳 아트나 뒤에는 43(=17+26)개의 단어가 있는데, 이는 같은 메시지를 세 번째로 전달해 주기 위해서다.

본문 전체 가운데서 우리는 독립적인 근거에서 대부분이 이 운율 분석에서 발견된 작시법에 맞는 버금 단위에 해당하는 여섯 개의 버금 단위를 발견한다. 혼전 부정에 관한 거짓된 소송을 말하고 있는 13-14절에 26개의 단어가 있다. 이 본문이 소송을 당한 처녀의 부모 편에서의 변호의 경우를 말하고 있는 뒤따라 나오는 버금 단위와 결합될 때(15-17절), 우리는 아트나 앞과 뒤에서 34(=2×17)개의 단어를 발견하게 된다. 이러한 두 개의 버금 단위들이 소송을 받는 장로들의 결정(18-19절)과 결합될 때, 우리는 98이라는 전체 숫자의 단어들이 22:13-19의 종속절에 26개의 단어가 되도록 나누어져 있음을 발견하게 된다. 더 나아가서, 혼전 부정에 관한 거짓된 소송에 대한 법(22:13-19)은 18-21절이 아트나 뒤에 17개의 단어를 가지고 있다는 사실을 통하여 혼전 부정에 관한 진실된 소송에 대한 법과 함께 묶여 있다.

아트나 뒤에 34(=2×17)개의 단어를 가지고 있는 약혼한 처녀와의 간음 금지법(23-24절)은 22:22-27의 아트나 뒤에 23개의 단어가 나온다는 사실을 통하여 뒤따라오는 내용과 함께 묶여 있다. 약혼한 처녀의 강간에 관한 법(25-27절)은 아트나 앞과 뒤에 23개의 단어를 가지고 있는데, 이러한 배열은 두 개의 신명 수의 사용에 관한 이 모든 숨겨진 정보가 하나님의 "영광"(כבוד – 카보드 = 11+2+6+4=32)을 위하여 되어진 것이라는 사실을 상징한다.

신명 수의 사용이란 면에서 22장을 전체적으로 검토해 볼 때, 우리는 1-12절에 170(=10×17)개의 단어가 있고 13-29절에서 아트나 앞에 같은 수가 있음을 발견하게 된다. 여기에 나타난 메시지는 우리가 모세가 처음에 받았던 하나님의 말씀 자체인 십계명을 취급하고 있다는 사실을 상기시켜 주는 것으로 보인다.

주석

13-**14** 본문의 상황은 자기 신부에 대한 한 남자의 감정이 변하여 "그가 그녀를 미워하여"(ושׂנאה – 우슈네아흐) "비방거리를 만들어 그녀가" 결혼할 당시에 처녀가 아니었다는 공적인 소송을 해서 "그녀에게 누명을 씌우는" 데까지 나아가는 경우다. 여기서 "누명을 씌워"라고 번역된 알릴로트 떼바림(עלילת דברים)이란 문구는 다양한 방법으로 번역되어 왔다. LXX, Vg, 이븐 에즈라(Ibn Ezra) 그리고 KJV("occasions")는 알릴로트(עלילה)란 단어를 아람어 "상황", "경우"로부터 나온 것으로 해석한다. 매이즈는 이 의미가 히트파엘형이 "방자하게 행동하다" 혹은 "무례하게 행동하다"란 의미를 가지고 있는 성경의 히브리어 어근 알랄(עלל)로 입증된 바가 없다고 주장했다(참조. 민 22:29; 삿 19:25; 삼상 6:6; 31:4). 그러므로 RSV는 이 단어를 "부끄러운 행실"로 번역하고 있으며, NRSV는 "그녀를 비방하여"로 바꾸어 번역하고 있다. 여기서는 "말들의 방자함" 혹은 근거 없는 소송의 의미로

번역하고 있는 크레이기(Craigie[1976] 291)의 번역을 따르고 있다. 티개이는 아람 문화권에서 있었던 이에 해당하는 상황을 주시했다: "만일 한 신랑이 자기 신부가 처녀가 아니었다는 사실을 발견했다면, 그는 즉시 그녀를 돌려보내고, 만일 그녀의 가족이 신부값을 다시 치른다면, 그는 침묵을 지킬 것이라고 서약을 했다. 그러나 만일 그가 발설했다면, 그녀는 검사를 받았다. 만일 그녀에게 죄가 있는 것으로 확인된다면, 그녀가 처녀성을 잃은 것이 오래 전이든 최근이든 개의치 않고 처형을 당했으나, 만일 그녀에게 죄가 없다면, 신랑이 처형을 당했다"(Tigay[1996] 204; A. Musil, *Arabia Petraea*, 3vols.[Vienna: Hoelder, 1908] 3:208). "내가 그녀가 처녀인 것을 발견하지 못했다"는 직역하여 "내가 그녀 안에서 처녀성(בתולים, 베툴림)을 발견하지 못했다"일 텐데, 이것은 그녀의 처녀막이 손상되지 않았거나 혹은 그녀가 피를 흘리지 않았다는 것이다(아래의 17절을 보라). 웬함은 베툴림(בתולים)을 처녀가 이미 임신해 있지 않았다는 것을 의미하는 것으로, 결혼 직전에 있었던 생리의 증거를 가리키는 것으로 해석한다(Wenham, *VT* 22[1972] 331-33). 이러한 해석은 매이즈가 지적한 바와 같이(Mayes[1981] 310), 만일 관련된 단어 베툴라(בתולה)에 대한 웬함의 해석이 옳다면 필연적인 것이다(23절의 "주석"을 보라).

15-17 그 젊은 여인을 변호하는 법적 책임이 그 부모에게 놓여 있으므로, "부모가 그 처녀의 처녀인 표" 곧 그녀의 처녀막이 파열되었을 때 흘린 처녀의 피로 얼룩진 "자리 옷" 혹은 "의복"을 얻어 가져가야 한다. 중동 지역의 유대인과 아랍 공동체에서는 최근까지도 "결혼 예복"(결혼 당시에 입었던 옷)이 신부를 자랑하는 부모에 의하여 전시되는 일이 다반사였다(Westermarck, *Marriage Ceremonies in Morocco*, 159, 228; Granqvist, *Marriage Conditions*, 2:127-30; I. Ben-Ami and D. Noy, eds., *Studies in Marriage Customs*[Jerusalem: Magnes, 1974] 54, 174, 260, 262; 그리고 Karaite Sources cited by Malul, *JESHO* 32[1989] 264; 이것들 모두를 Tigay[1996] 384 n. 47에서 인용함). 통상적으로 잠잘 때 이불로도 사용되는 외투였던 "결혼 예복"(השמלה – 하시믈라; 참조. 24:13)은 다른 경우 가족법과 관련된 문제에서 배심원들로 행사했던 장로들 앞에 펼쳐졌다. "그 성읍 문"에 관해서는 17:5 "주석"을 보라. "처녀들이 수요일에 결혼한 관습이 있었는데 목요일에 법정 회합이 있었기 때문이다. 그러므로 자기 신부의 혼전 부정을 의심한 남자가 즉시 궁지에 몰렸다(Mish. Ket. 1:1; Tosef. Ket. 1:1)"(Tigay[1996] 384 n. 48).

18-19 남편은 삼중적인 형벌을 받는다: "그 사람을 잡아 때리고", "그에게서 은 일백 세겔을 벌금으로 받아", "그 여자로 그 남자의 평생에 버리지 못할 아내가 되

게 하는 것”인데, 이는 생계를 위하여 필요로 하는 경제적 비용을 제공해 주는 것이다. 매이즈의 주장(Mayes[1981] 310)처럼, “그들이 그 사람을 잡아 때리고”(אתו ויסרו – 웨이쓰루 오토)는 모호한 번역이라는 사실을 유념해야 할 것이다. 이러한 구절과 또한 21:18을 제외하고, 동사 어근 야싸르(יסר)는 보다 일반적으로 “권고하다” 혹은 “훈계하다”라는 의미를 가지고 있다. 매이즈는 형벌의 성격을 규정하고 있는 뒤따라오는 구절과 함께 “그를 징벌하다”란 번역을 주장한다. 즉 “은 일백 세겔의 벌금”이라는 것인데, 이것은 주로 정상적인 신부값의 두 배로 해석된다(그러나 아래의 29절과 출 22:16을 보라). 여기서 비방을 당한 쪽이 신부 자신이기는 하지만, 문제가 되고 있는 것은 아비의 명예다(Mayes, 1981, 310). 아비가 명백하게 자기 딸이 처녀인 것처럼 속여서 넘겨주었다는 판결을 받는다. 그 남자가 “이스라엘 처녀에게 누명을 씌웠다”는 결론적 진술은 그의 소송이 시프레(Sifre; 시프레 혹은 새퍼는 시프레 토라 혹은 새퍼 토라를 가리키는 말로서 회당에서의 공식 낭독을 위한 두루마리 오경을 가리킴 – 역자주)가 암시하는 바와 같이 모든 이스라엘 처녀들의 처녀성에 대해 의심을 일으키게 했다는 사실을 시사한다(Tigay[1996] 205).

20-21 만일 그 소송이 진실된 것으로 밝혀져서 “처녀의 표적이 없거든”, 그 처녀는 그 아비 집 문으로 끌어내어지는데, 그 이유는 그녀가 “그 아비 집에서 창기의 행동을 한” 죄가 있기 때문이다. 그러한 행동은 아비에 대한 공동 재판의 형태를 취했을 것이다. 티개이는 함무라비 법전(§ 21)으로부터 인용된 하나의 흥미로운 유사한 사건을 인용한다: “어떤 집으로 부수고 들어가는 한 남자가 그가 만든 틈새 앞에서 처형당해야 할 것이다”(Tigay[1996] 206). 돌로 쳐서 처형하는 것(“그 성읍 사람들이 그를 돌로 쳐죽일지니”)은 패역한 아들에 대한 법 가운데도 명시된 바다(21:21과 13:11의 “주석”을 보라). “너의 중에 악을 제할지니라”는 진술에 관해서는 13:6의 “주석”을 보라.

22 간음 금지는 십계명 중에 일곱 번째 계명에 해당된다(5:7을 보라). 그러한 경우 “둘 다 죽임을 당하는데, 그들은 여인과 함께 동침한 남자와 여자다.” 티개이(Tigay[1996] 206-7)에 따르면, 고대 근동에서 나온 다른 법전 역시 간음을 사형에 해당하는 중죄로 규정하고 있다(*Code of Hammurabi*, § 129; *Middle Assyrian Laws*, A §§ 14-16; *Hittite Laws*, §§ 197-98). 그러나 다른 문화권에서 이 죄는 여인의 남편에게 대항하여 범한 범죄로 간주되었고, 그래서 자기 아내를 용서하고 그녀와 동침한 남자에게는 경한 벌금을 부과하여 살릴 수도 있었다. 간음을 행한 자들이 고대 이스라엘 내에서 실제로 처형되었는지에 관한 증거가 확실하지 않기는

하지만, 그러한 사실이 요한복음 8:1-11에 기록된 바와 같이 간음 중에 붙잡혀 온 여인의 이야기 가운데 분명하게 암시되어 있다. 다말이 간음을 행한 것으로 생각되어 사형에 처하라는 명령이 내려졌던 유다와 다말 이야기는 카마이클이 주장하는 바와 같이 단순히 이 법의 이야기 형태일 수도 있다. 잠언 6:32-35에 있는 경고는 간음을 행한 자로부터 벌금을 받아낼 남편의 권한을 암시하고 있기는 하지만, 그의 정상적인 성향은 다를 수도 있다. 또다시 패역한 아들(21:18-21)과 부정한 처녀(22:13-21)에 관한 법의 경우에서처럼 가끔 일어났던 일, 설사 있더라도 관습으로 취급되었던 법을 취급하고 있는 것으로 보인다(Greenberg, "More Reflections on Biblical Criminal Law," 1-4; McKeating, *JSOT* 11[1979] 57-72; Phillips, *JSOT* 20[1981] 3-26; Westbrook, *RB* 97[1990] 542-80; 그리고 Tigay, *EncJud* 2:313-15를 보라).

23-24 웬함은 여기서 "처녀"(בתולה – 베툴라)로 번역된 단어는 "결혼 적령기의 소녀"로 번역되어야 할 것이라고 주장했다(Wenham, *VT* 22[1972] 326-48). 그러나 22:13-21에 있는 혼전 부정에 관한 법은 25-29절에서 뒤따라오는 법에서 처녀성 문제를 암시하고 있는데, 이것은 22:13-23:1에 있는 결혼과 성적 부정 행위에 관한 일곱 개의 법들의 대칭적 구조에서 13-21절에 대비하여 파악되어야 한다. 한 남자가 "성읍에서 한 약혼한 처녀와 통간했을" 경우, "그들을 둘 다 성읍 문으로 끌어내고 그들을 돌로 쳐죽여야" 할 것이다. 이 일에서 여인의 죄는 그녀가 자발적인 부정 행위의 동반자였는지의 여부에 의해서 결정된다. 또다시 우리는 실질적으로 적용하기 어려운 법이라는 사실을 알게 된다. 필로, 요세푸스 그리고 고대 랍비 자료들은 티개이가 설명한 바와 같이 이 법을 확대했다: 성읍에서든 아니면 들에서든 그녀가 저항했으나 그녀를 구해 줄 사람이 없었다는 증거, 혹은 만일 그녀가 저항했다면 그녀의 생명이 위협을 받았다는 증거는 무죄로 만든다. 그 반대 증거는 유죄로 만든다"(Tigay[1996] 207).

25-27 만일 처녀가 들에서 강간을 당하고 그 남자가 강제로 그녀와 동침했다면, 그녀와 동침한 남자만 죽임을 당한다. 이 경우에 그 처녀는 희생자이고 동반자가 아니다. 즉 "그 처녀가 죽을 죄를 저지르지 않았다"는 것인데, 그 이유는 그녀가 소리쳤으나 그녀를 구해 줄 사람이 아무도 없었기 때문이다. 쿰란에서 나온 사해 사본 가운데 한 본문(11QTemple 66:4-5)은 다음과 같은 내용을 덧붙임으로써 이 상황을 분명하게 밝히려 한다. 즉 "성읍으로부터 인가가 멀리 떨어진 장소에서." 그 후의 유대인 전승에서 "구원할 자가 없었음이니라"는 진술은 강압적으로 율법을 범

하게 되는 사람은 책임이 없다는 원리의 근거가 되었다(*b. Ned.* 27a; *Sefer Ha-Hinnukh*, no. 573; Tigay[1996] 385 n. 67에서 인용). 피쉬베인은 26절을 19:2-13을 해석하는 근거로 보았다(*Biblical Interpretation*, 217-20).

28-29 약혼하지 않은 처녀와의 통간은 법에 저촉되지만, 이것은 사형에 처할 만한 중죄는 아니다. "전혀 약혼해 보지 않았던 자"(אשר לא־ארשׂה – 아쉐르 로-오라사)는 바이스(Weiss, *JBL*, 81[1962] 67-69)의 번역인데, 그는 여기서 23, 25, 27절의 수동 분사가 아닌 완료 수동형이 사용된 것을 주시한 것이다. 아비에 대한 배상은 처녀에 대한 정상적인 신부값을 받지를 못하게 된 것에 대한 것이다. 그러한 경우에 "그 통간한 남자는 그 처녀의 아비에게 은 오십 세겔을 줄지니라"는 자주 처녀에 대한 정상적인 신부값으로 해석되었다(또한 참조. 출 22:15-16). 그러나 티개이는 확신 있게 주장하기를, "만일 출애굽기 22:16의 유혹자가 정상적인 신부값을 지불해야 한다면, 강간한 사람이 지불한 은 50세겔은 일반 신부값(은 30세겔)과 피해 보상금을 합한 것이다"라고 한다. 여기에 나타나 있는 법이 신부값이 전혀 지불되지 않았던 처녀만을 취급하고 있다는 사실을 유념해야 할 것이다. 이 법은 강간한 자가 그 처녀와 결혼하고 "평생에 그를 버리지 못하리라"는 진술로 끝난다. 또다시 우리는 여기서 통상적인 관습에 상충되는 하나의 법을 보게 되는데, 그 이유는 그 다음에 나타나는 유대인 전승에서 유혹한 경우와 강간한 경우 모두 처녀와 그 아비가 그 결혼을 거절할 수 있기 때문이다. 티개이는 중기 앗수르 법에서 이와 같은 실례를 발견했는데(Tigay[1996] 209), 거기서 "강간한 사람은 정상적인 신부값의 세 배를 지불해야 하고, 그 처녀와 결혼하며, (처녀의 아비가 원할 경우) 이혼할 권리가 없다. 전형적인 메소포타미아의 동등 처벌법에 따르면, 만일 강간한 사람이 아내를 두고 있었다면 그 형벌은 더해진다. 즉 처녀의 아비가 강간한 사람의 아내를 강간하고 그 다음에 그녀를 소유할 수 있었다"(*Middle Assyrian Laws*, A § 55).

해설

22:13-19에 나오는 결혼과 성적 부정 행위에는 세 가지 상황이 소개되어 있는데, 각기 두 부분으로 되어 있다. 첫 번째 상황은 여인에 대한 남편의 혼전 부정에 관한 소송에 관심을 두고 있다(13-21절). 만일 이 고소가 거짓된 것으로 판명되면, 그 남자는 매를 맞고 벌금으로 은 100세겔을 내야 한다(13-19절). 만일 이 고소가 진

실한 것으로 판명되면, 여인은 "그녀의 아비 집의 문에서" 돌에 맞아 죽어야 한다(20-21절). 이러한 처형장의 구체적인 위치는 자기 자녀들의 성생활에 대한 부모의 책임을 암시해 주고 있다. 처형이 "성읍 사람들"을 통하여 시행되도록 하는 지침은 전체 공동체가 이 사건에 연루되어 있다는 사실을 암시한다. 성적 부정 행위는 단순한 개인의 문제가 아니다. 공동체 역시 그러한 일의 결과를 당해야 한다는 것이다. 존 맥스웰(John Maxwell)이 말하는 바와 같이, "그러한 일은 '우발적인 일'로 일어나는 것이 아니다." 낙태에 관한 통계치, 성적으로 유전되는 질병들, 미혼모를 위한 정부의 지원을 읽어 보기만 하더라도 비밀스런 성적 범죄 행위가 신속하게 공적인 관심의 대상이 된다는 사실을 깨달을 수 있다"(*Deuteronomy*[1987] 262-63). 여기에 나오는 법은 혼전의 성의 순결과 혼전의 성적 자제의 가치를 일깨워 준다.

소개된 두 번째 상황은 같은 문제인데, 이것은 약혼한 처녀와의 동침과 다른 남자의 아내와의 동침을 말하고 있다. 이 경우 양편이 모두 처형을 당해야 한다. 결혼한 여인과의 간음의 경우 처형 방식이 언급되어 있지 않기는 하지만(22절), 약혼한 처녀와의 간음의 경우에서처럼 돌로 쳐죽인 것으로 보인다(24절). 이것은 분명히 요한복음 8:5에서 간음 중에 잡힌 여인의 경우에 암시된 처형 방식이다.

세 번째로 소개된 상황은 강간 문제다. 만일 한 남자가 들에서 약혼한 처녀를 만나 강간하면 그 남자만 처형을 당하는데, 그 이유는 여인의 부르짖음이 다른 사람에게 들리지 않았기 때문이다(25-27절). 만일 한 남자가 성읍에서 약혼하지 않은 처녀를 강간했다면, 유혹으로 간주되어 처녀와 결혼하고 신부값으로 그녀의 아비에게 50세겔을 지불한다(28-29절).

현대의 성 혁명으로 불리는 내용에 비추어 볼 때, 이 본문에 있는 혼전 성관계에 관한 법은 어떤 사람에게는 기묘한 것으로 보일 것이며 실제로는 시행 불가능한 것으로 보일 것이다. 그럼에도 불구하고 이 법은 부모가 성행위 문제에서 자기 자녀들의 행실에 관심을 두어야 한다는 사실을 가르치고 있다. 예수님의 가르치심 가운데서 이 문제는 더욱 높은 차원으로 올려졌는데, 곧 주님은 음욕을 품는 것이 간음 자체와 동일한 것으로 말씀하셨다(마 5:27-28). 바울은 인간의 몸이 성령의 전이며 또 그렇게 취급되어야 한다고 주장했다(엡 5:32).

4. 부친의 후실과의 혼인 금지(23:1[개역. 22:30])

참고문헌

Baker, D. W. "Further Examples of the *Waw Explicativum.*" *VT* 30(1980) 129-36. **Carmichael, C. M.** "A Ceremonial Crux: Removing a Man's Sandals as a Female Gesture of Contempt." *JBL* 96(1977) 321-36, esp. 326, 333. ______. "Forbidden Mixtures." *VT* 32(1982) 395-415, esp. 396. ______. "'Treading' in the Book of Ruth." *ZAW* 92(1980) 248-66(259). **Dahan, G.** "Les interprétations juives dans les commentaires du Pentateuque de Pierre le Chantre." In *FS B. Smalley.* 1985. 131-55. **Daniel, C.** "Esséniens et Eunuques." *RevQ* 6(1967/68) 353-90. **Daube, D.** "The Culture of Deuteronomy." *Orita* 3(1969) 31. **Halévy, J.** "Recherches bibliques: Le Deutéronome." *RSEHA* 8(1900) 107. **Hoffner, H. A.** "Incest, Sodomy and Bestiality in the Ancient Near East." In *FS C. H. Gordon.* 1973. 81-90. **Phillips, A.** "Uncovering the Father's Skirt." *VT* 30(1980) 38-43. **Smith, W. R.** *Kinship and Marriage in Early Arabia.* 1903. 104-11. **Tsevat, M.** "Marriage and Monarchical Legitimacy in Ugarit and Israel." *JSS* 3(1958) 237-43.

본문과 운율 분석

부친의 후실과의 혼인 금지 [2:2]	**Prohibition of Marrying Ones Fathers Wife** [2:2]	
30 사람이 그 아비의 후실을 취하여 아비의 하체를 드러내지 말지니라	**23:1**(22:30) *A man shall not take / his father's wife //*	14 2
	and he shall not remove / his father's garment // ס	12 2

양식/구조/배경

부친의 후실과의 결혼 금지법(23:1)은 사회 윤리 문제에 관한 법 중 좀더 큰 두 개의 그룹(21:10-22:29과 23:2-26[개역. 23:1-25])을 연결하는 문학적 다리 역할을 한다. 이것은 또한 전처가 이미 결혼했다면 그녀와의 재혼을 금지하고 있는 법과 어느 정도 유사한데(24:1-4), 이것은 23:2-26과 24:5-25:19을 연결하는 같은 방식으로서의 기능을 하고 있으며, 이는 다음과 같이 정리할 수 있을 것이다.

A 결혼, 전쟁, 참 경건, 불법적 혼합 21:10-22:29
B 부친의 후실과의 결혼 금지 23:1
X 사회 윤리에 관한 법(참 경건) 23:2-26
B′ 전처가 결혼한 경우 그녀와의 재혼 금지 24:1-4
A′ 결혼/전쟁과 참 경건(가난한 자와 약한 자에 대해) 24:5-25:19

이 구조 가운데서 23:1은 전쟁에서 사로잡아 온 여인과의 결혼(21:10-14)과 야웨의 총회와 군대 진영의 성결(23:2-15)에 대한 서론을 포함시키는 역할을 한다. 필자는 참 경건이란 말을 야고보서가 말하고 있는 바와 같이 가난한 자와 약한 자의 보호에 관심을 두는 것을 의미한다고 생각한다: "하나님 아버지 앞에서 정결하고 더러움이 없는 경건은 곧 고아와 과부를 그 환난 중에 돌아보고 또 자기를 지켜 세속에 물들지 아니하는 이것이니라"(약 1:27).

23:1에 있는 법은 또 다른 대칭적 구조(21:10-23:1) 내에서 제7계명(5:18; 간음 금지)에 관한 "주석"으로서의 기능을 하고 있는 일련의 일곱 개의 법(21:10-14; 22:13-23:1)의 일부분이기도 한데, 이는 다음과 같이 정리할 수 있다.

A 전쟁에서 사로잡아 온 여인과의 결혼 21:10-14
B 자녀에게 속한 두 개의 가족법 21:15-21
X 참 경건과 불법적 혼합에 관한 열 개의 법 21:22-22:12
B′ 결혼과 성적 부정 행위에 관한 다섯 개의 법 22:13-29
A′ 부친의 후실과의 결혼 금지 23:1

제7계명(간음 금지)에 속하는 문제에 관한 일곱 개의 법 중에 두 개는 이 구조에서 외부 골격을 이루고 있으며(21:10-13과 23:1), 다른 다섯 개는 내부 골격의 하반부를 이루고 있는데, 그것은 결혼과 성적 부정 행위에 관한 다섯 개의 가족법이다(22:13-29).

제7계명(5:18)에 의하여 형성된 21:10-23:1의 구조를 바라보는 또 다른 방법은 22:22-24에 나타나는 이 법 자체를 배열의 중심부에 두는 것이다.

A 전쟁에서 사로잡아 온 여인과의 결혼 21:10-14
B 혼전 부정에 관한 소송과 관련된 두 법 22:13-21
X 결혼한 여인이나 약혼한 여인과의 간음 22:22-24
B′ 처녀 강간에 관한 두 개의 법 22:25-29
A′ 부친의 후실과의 결혼 금지 23:1

이 구조의 중심부에 있는 제7계명(5:18)은 약혼한 처녀와, 또한 다른 남자와 결혼한 여인에게 적용된다. 내부 골격은 혼전 부정에 관한 두 개의 법(22:13-19)으로부터 강간에 관한 두 개의 법(22:25-29)으로 옮겨간다. 외부 골격은 결혼에 관한 두 개의 법으로 이루어져 있는데, 이것은 사회 윤리 문제에 관한 일곱 개의 법을 둘러싼 틀로서의 기능을 하고 있는 결혼에 관한 일련의 네 개의 법의 일부로서(23:2-26) 다음과 같이 배열된다.

A 전쟁에서 사로잡아 온 여인과의 결혼(+사회 윤리에 관한 17개의 법[21:15-22:29]) 21:10-14
B 부친의 후실과의 결혼 금지 23:1
X 사회 윤리 문제에 관한 일곱 개의 법 23:2-26
B′ 전처가 결혼한 경우 그녀와의 재혼 금지 24:1-4
A′ 새신랑의 군 징집 면제 24:5

이 구조의 외부 골격에 있는 두 법은 결혼과 전쟁을 모두 취급한다(즉 6계명과 7계명). 이 구조의 내부 골격(23:1과 24:1-4)은 보다 큰 두 개의 구조를 연결시키는 다리 역할을 하며 그것들 모두에 속해 있다.

앞의 구조의 중심부에 있는 일곱 개의 법은 신명기 23:25장이라는 보다 큰 문학적 구조 내에서 다음과 같이 배열될 수 있다.

A 금지된 결혼으로부터 군 진영의 성결까지 23:1-15
B 가난한 자와 약한 자의 보호법: 도망한 종들의 안식처 23:16-17
X "구별된" 창기 금지 23:18-19
B′ 가난한 자와 약한 자 보호를 위한 세 개의 법 23:20-26
A′ 금지된 재혼으로부터 성전(聖戰; 아말렉과 전쟁)까지 24:1-25:19

이 구조에서 외부 골격은 부친의 후실과의 결혼 금지법(23:1)으로 시작되는데, 이것은 군 진영의 성결에 속하는 법(23:10-15)으로 끝나는 보다 작은 구조를 이끌고 있다. 이것은 재혼한 전 아내와의 재혼 금지법(25:1-4)으로 이어지는데, 야웨의 성전에 관한 법(25:17-19; 이것은 출애굽 당시에 있었던 아말렉 사람의 공격을 기억하라는 명령이다)으로 끝나는 일단의 14개의 법을 이끌고 있다. 내부 골격은 가난한 자와 약한 자의 보호를 위한 네 개의 법으로 이루어져 있는데(참 경건), 이것은 융의 심리학의 3+1 구조 양식과 유사하다. 이 구조의 중심부는 구별된 창기의 금지에 들어 있는 "중간에 위치한 수수께끼"의 성격을 가지고 있다(23:18-19).

운율 구조 단위 면에서 13-29절은 네 개의 단락으로 나누어진다: 13-19, 20-21, 22-24, 25-29절. 이것은 23:1이 다섯 부분으로 된 대칭 구조에 있는 문학적 구조의 다섯 번째 부분이 될 가능성을 시사한다. 23:1은 거짓된 소송을 하여 자기 아내를 버리려는 시도에 관한 법을 포함하는 형식을 취한다(22:13-19). 이 본문 가운데서 22:13-23:1의 대칭적 구조는 다음과 같이 정리될 수 있다.

A 거짓된 소송으로 아내를 버리려는 시도 – 남자가 벌금 22:13-19
B 혼전 부정 – 여인이 죽음 22:20-21
X   결혼하거나 약혼한 여인과의 간음 – 둘 다 죽음 22:22-24
B′ 약혼하거나 약혼하지 않은 여인 강간 – 남자가 죽거나 벌금 22:25-29
A′ 부친의 후실과의 결혼 금지 23:1

간음에 관한 법(결혼한 여인과의 간음, 22절; 혹은 약혼한 여인과의 간음, 23-24절)은 중심부에 위치해 있다. 내부 골격은 혼전 부정에 관한 법을 가지고 있는데, 이 경우 여인이 처형을 당하며(20-21절), 이것은 강간에 관한 두 개의 법과 대조가 되어 있는데, 이 경우에는 남자가 처형을 당하거나(25-27절) 혹은 벌금을 낸다(28-29절). 더 나아가서 이 이해(reading)에 대한 증거는 22:13과 23:1이 구체적인 단어들과 문구의 반복과 함께 전체를 포괄하는 형태를 취하는 방식이다. 즉 22:13에서 키-야카흐 이쉬 이샤(כי־יקח איש אשה, "한 남자가 한 여인을 취하였을 때," 개역 성경에서는 "아내를 취하여"), 그리고 23:1에서 로-이콰흐 이쉬 에트-에쉐트 아비우(לא־יקח איש את־אשת אביו, "사람이 그 아비의 후실〈아내〉을 취하여"). 더 나아가서, 이러한 평행 구절들을 실질적으로 동일한 것으로 만들기 위한 시도는 23:1의 특별한 말씀을 설명하는 데 도움을 주는데, 이것은 새로 나온 JPS *Tanakh* (1988, 타낙은 "구약성경"을 의미함)에서 "전처"로 번역되기는 했으나, 히브리 본문에서는 그러한 뜻이 되지 않는다.

결혼과 성적 부정 행위에 관한 일련의 다섯 개의 법(22:13-29)을 따라, 부친의 후실과의 성적 결합 금지법(23:1)은 독자로 하여금 르우벤과 자기 아버지 야곱의 첩의 관계 이야기로 돌아가게 만들며(창 35:22; 49:4), 21:10-23:1에 있는 보다 큰 단락의 시작 부분을 이루도록 하기 위하여 장자의 상속권 법(21:15-17)으로 돌아가게 한다. 야곱의 첫 번째 딸이자 외동딸(창 34장)인 디나 이야기와 앞의 법의 결합은 르우벤이 야곱의 장자였으므로 이해하기가 쉽다.

한 사람이 자기 부친의 아내를 취하는 일을 금하고 있는 이 법의 처음 부분은 공식적인 법적 관계에서 자기 부친의 첩(들)을 취하여 동침하는 것을 포함한다. 본절의 하반절에 있는 아비의 하체를 드러내지 말라는 것은 상징적인 어투를 가지고 있다. 카마이클에 의하면, 이것은 르우벤의 빌하와의 동침을 겨냥하고 있다. 카마이클은 "부친의 후실과의 금지된 관계"에 관한 법이라고 부르고 있는 내용에 대한 논의 가운데서 다음과 같이 말한다. "그 법에서 한 남자의 아내는 그의 옷자락이며, 아들이 그녀와 동침한다는 것은 상징적으로 그가 자기 부친이 입고 있는 옷을 벗겨다가 자기가 입는 것이다. 문자적인 의미에서 볼 때, 그가 자기 계모의 몸을 벌거벗겨 들춘다는 것은 상징적인 의미로 자기 부친의 몸을 벗기는 것이다"(*LNB*, 222). 더 나아가서, 카마이클은 "이 법의 이중적 성격"으로 눈을 돌린다. 아마도 부친이 죽었을 경우 부친의 아내를 취하지 말라는 일반적인 법 다음에는 르우벤이 빌하와 그러했던 것처럼 부친이 살아 있는 동안에 부친의 첩과 동침을 하는 아들의 유죄 판결이 뒤따라온다(창 35:22).

주석

1 아비의 후실(אשת אביו – 에세트 아비우, 직역하면 "부친의 아내")은 부친의 전처나 혹은 첩을 가리킴에 틀림없다. 자신의 모친에 관해서는 레위기 18:7-8과 아래의 27:20을 보라. 크레이기는 이 구절을 한 남자의 계모와의 간음 금지로 해석했다. 티개이가 주장한 바와 같이 이 법이 "한 남자가 자기 부친과 이혼한 여인과 결혼하여 자기 부친의 아내들과 첩들과 사는 것을 금지하는 것"이라고 보는 것이 더 낫다(Tigay[1996] 209). 만일 이 법이 첩들과 함께 아내들을 포함하는 광범위한 의미로 해석된다면, 이것은 압살롬이 취했던 행동을 금하는 법안이다(삼하 16:21-22). "아비의 하체를 드러내다"(יגלה כנף אביו – 예갈레 케나프 아비우)라는 문구는 "한 사람의 벌거벗은 몸을 보는 것(들추어내는 것)처럼" 그 사람과 성관계를 갖는 것을 의미한다(레 18:7-8; 20:11; 또한 레 18:10, 14, 16; 20:20, 21; 나 3:5을 보라). "요점은 한 사람이 자기 아버지만을 위하여 간수된 벌거벗은 몸을 본다거나 혹은 그러한 행동이 그(him; 부친)와 성관계를 가지는 것에 해당하는 것으로 보인다는 것이다"(Tigay[1996] 209). 룻기 3:9과 에스겔 16:8에 근거하여 매이즈는 "옷자락으로 덮다"를 "결혼하다"를 의미하는 것으로 해석했다: "옷자락을 들춘다는 것은 부친의 결혼관계라는 비밀스러운 영역을 침해하는 것을 의미할 것이다"(Mayes[1981] 313).

해설

신명기 23:1에 있는 법은 레위기 18:8과 20:11에 있는 구절들과 같이 부친의 후실과의 동침을 금지하고 있다(또한 신 27:20을 보라). 본문은 레위기 18:6-7에 있는 별개의 법이 그 상황을 취급하고 있으므로 자기 친모가 아닌 여인을 가리킨다. 고대 이스라엘에서는 어려서, 즉 십대 초반에 결혼을 했다. 후처의 경우(그 이유가 무엇이든), 그 여인은 가끔 전처의 아들과 최소한 나이가 더 어리지는 않을지라도 거의 같은 나이가 된다. 같은 집에서 그들이 같이 살면 종인 요셉과 보디발의 아내 사이에 일어났던 경우처럼 서로 유혹하는 상황이 발생한다(창 39장). 티개이(Tigay [1996] 209)는 한 남자로 하여금 자기 부친의 전처와 결혼하는 것을 허용하고 있는 중기 앗수르 법(Mal A, § 46)을 상기시킨다. 그리고 초기 이슬람교를 믿는 아랍권 문화에서는 상속자가 부친의 재산의 남은 부분과 함께 아내와 첩들을 물려받았다(W. R. Smith, *Kinship and Marriage in Early Arabia*[1903] 104-11).

이 법의 구체적인 말씀은 창세기의 르우벤에 관한 이야기에 있는 사항을 형성하도록 하고 있는데, 그는 자기 부친의 첩 빌하와 동침을 했다(창 35:22을 보라). 그 경우에 우리는 야곱의 아내 레아가 르우벤의 어머니인 일부다처제 가정을 보게 된다(창 29:32). 빌하는 야곱의 다른 아내 라헬의 여종이었다(창 30:2-5). 그 결과 르우벤은 빌하와 동침함으로써 자기 부친 야곱으로부터 저주를 받았다(창 49:4).

체밧(Tsevat)은 통치자의 아내나 첩들을 취하는 일이 왕권 찬탈자에게 충성을 바칠 것을 요구하는 일을 공고히 하고 강화시켜 주는 한 방식이었다고 주장한다(Tsevat, "Marriage and Monarchical Legitimacy in Ugarit and Israel," *JSS* 3[1968] 237-43). 그러므로 아도니야는 다윗의 첩 아비삭을 자기에게 달라고 요구했다가 솔로몬에게 사형을 당했던 것이다(왕상 2:13-25). 다윗의 통치 초기의 이야기 가운데 압살롬은 반역이 성공하지 않은 상태에서 다윗의 첩들과 동침을 했다(삼하 16:21-22). 그러한 행동은 부친의 후실과의 결혼을 금지하고 있는 율법을 범하는 것이었다. 제10계명은 한 남자가 이웃의 아내를 탐하지 말라고 선언하고 있다(신 5:21). 이것은 그 "이웃"이 특히 왕위 계승이 문제가 되어 있는 왕으로서 자기 부친인 구체적인 상황에서도 적용된다.

D. "참 경건"에 대한 일곱 개의 법 (23:1-26[개역. 22:30-23:25])

1. 야웨의 총회에의 가입(23:1-9[개역. 22:30-23:8])

참고문헌

Bertholet, A. *Die Stellung der Israeliten und Juden zu den Fremden.* Leipzig, 1896. 173. **Blenkinsopp, J.** "Second Isaiah – Prophet of Universalism." *JSOT* 41(1988) 83-103. **Brichto, H. C.** *The Problem of "Curse" in the Hebrew Bible.* 1963. 195-96. **Carmichael, C. M.** *LNB.* 228-31. ______. "A New View of the Origin of the Deuteronomic Credo." *VT* 19(1969) 287-88. ______. *Women, Law and the Genesis Traditions.* Edinburgh: Edinburgh UP, 1979. **Christensen, D. L.** "A New Israel: The Righteous from among All Nations." In *FS R. K. Harrison.* 1988. 251-59. **Cohen, S.** "Conversion to Judaism in Historical Perspective: From Biblical Israel to Postbiblical Judaism." *ConsJud* 36(1982-83) 31-45. **Daube, D.** "The Culture of Deuteronomy." *Orita* 3(1969) 31. **Eerdmans, B. D.** *Deuteronomy.* 1927. 77-84. **Falk, Z. W.** "Those Excluded from the Congregation." *BMik* 20(1975) 342-51, 438(Heb.). **Feigin, S.** "Etymological Notes." *AJSL* 43(1926/27) 53-60. **Fishbane, M.** *Biblical Interpretation in Ancient Israel.* 1988. 114-43. ______. "The Treaty Background of Amos 1:11 and Related Matters." *JBL* 89(1970) 313-18. **Freund, J.** "'Do Not Abhor the Edomite, for He Is Your Brother'(Deut 23, 8)." *BMik* 11(1965-66) 117-21(Heb.). **Galling, K.** "Das Gemeindegesetz in Deuteronomium 23." In *FS A. Bertholet.* 1950. 176-91. **Gevaryahu, H.** "Thou Shalt Not Abhor an Egyptian." *DD* 3(1974) 6-9(Heb.). **Glueck, N.** "Deut 23:8, 9." In *The Mordecai M. Kaplan Jubilee Volumes.* Ed. M. Davis. 2 vols. New York: Jewish Theological Seminary of America, 1953. 2:261-62. **Gordis, R.** "Primitive Democracy in Ancient Israel." In *Poets, Prophets, and Sages.* Bloomington: Indiana UP, 1971. 45-60. **Greenberg, M.** "Mankind, Israel and the Nations in the Hebraic Heritage." In *No Man Is Alien: Essays on the Unity of Mankind.* Ed.

J. R. Nelson. Leiden: Brill, 1971. 15-40, esp. 28-29. **Hillers, D. R.** "A Note on Some Treaty Terminology in the Old Testament." *BASOR* 176(1964) 46-47. **Hossfeld, F.-L.** "Volk Gottes als 'Versammlung.'" In *Unterwegs zur Kirche - Alttestamentliche Konzeptionen.* Ed. J. Schreiner. QD 110. Freiburg im Breisgau: Herder, 1987. 123-42. **Hulst, A. R.** "Het Woord *kahal* in Deuteronomium." *NThS* 22(1939) 159-66. ______. "Der Name 'Israel' im Deuteronomium." *OTS* 9(1951) 65-106. **Kaufmann, Y.** *History of the Religion of Israel: From the Babylonian Captivity to the End of Prophecy.* Tr. C. W. Efroymson. New York: Ktav, 1977. 136-39, 331-49, 384-85. ______. *The Religion of Israel.* Tr. M. Greenberg. Chicago: Univ. of Chicago Press, 1960. 206, 300-301, 449, 451. **Kellermann, U.** "Erwägungen zum deuteronomischen Gemeindegesetz Dt 23, 2-9." *BN* 2(1977) 33-47. **Klein, H.** "Die Aufnahme Fremder in die Gemeinde des Alten und des Neuen Bundes." *Theologische Beiträge* 12(1981) 21-35. **Kritzinger, J. D. W.** *Qehal Jahwe: Wat dit es en wie daaraan mag behoort.* Kampen: Kok, 1957. **McCarthy, D. J.** "Ebla, *ὅρμια τέμνειν, ṭb, šlm*: Addenda to *Treaty and Covenant*[2]." *Bib* 60(1979) 247-53. **Milgrom, J.** "Religious Conversion and the Revolt Model for the Formation of Israel." *JBL* 101(1982) 169-76, esp. 173-74. ______. *Studies in Cultic Theology and Terminology.* SJLA 36. Leiden: Brill, 1983. 1-17. **Moran, W. L.** "A Note on the Treaty Terminology of the Sefire Stelas." *JNES* 22(1963) 173-76. **Mowinckel, S.** "Zu Dt 23, 2-9." *ActOr* 1(1923) 81-104. **Neufeld, E.** *Ancient Hebrew Marriage Laws.* 1944. 224-27. ______. "The Prohibition against Loans at Interest in Ancient Hebrew Laws." *HUCA* 26(1955) 355-412. **Ohana, M.** "Prosélytisme et Targum palestinien: Données nouvelles pour la datation de Néofiti 1." *Bib* 55(1974) 317-32. **Rouillard, H.** *La Péricope de Balaam(Nombers 22-24).* Fondation Singer-Polignac. Etudes bibliques. Paris: Gabalda, 1985. **Saggs, H. W. F.** *The Greatness That Was Babylon.* London: Sidgwick & Jackson, 1988. 332. **Stamm, J. J.** "Hebräische Frauennamen." In *FS W. Baumgartner.* 1967. 301-39. **Sumner, W. A.** "Israel's Encounters with Edom, Moab, Ammon, Sihon, and Og according to the Deuteronomist." *VT* 18(1968) 216-28. **Tadmor, H.** "Was the Biblical *saris* a Eunuch?" In *FS J. Greenfield.* 1995. 317-25. **Tadmor, H.**, and **Cogan, M.** "Ahaz and Tiglath-Pileser in the Book of Kings: Historiographic Considerations." *Bib* 60(1979) 491-508. **Tigay, J.** "Excursus 21: The Background and Development of the Regulations about Admission to the Assembly of the Lord." In *Deuteronomy.* 1996. 477-80.

Weinfeld, M. "Congregation." *EncJud* 5:893-96. **Welch, A. C.** *Deuteronomy: The Framework to the Code.* 1932. 200. **Wiseman, D. J.** "'Is It Peace?' - Covenant and Diplomacy." *VT* 32(1982) 311-26, esp. 313.

23:4-9의 참고문헌

Bartlett, J. R. "The Brotherhood of Edom." *JSOT* 4(1977) 2-27. ______. "The Land of Seir and the Brotherhood of Edom." *JTS* 20(1969) 1-20. ______. "The Moabites and Edomites." In *POTT.* 229-58. **Coats, G. W.** "Balaam: Sinner or Saint?" *BR* 17(1973) 1-9. **Coogan, M. D.** "Canaanite Origins and Lineage: Reflections on the Religion of Ancient Israel." In *FS F. M. Cross.* 1987. 115-24, esp. 116. **Donner, H.** "Balaam Pseudopropheta." In *FS W. Zimmerli.* 1977. 112-23, esp. 121-23. **Finkelstein, J. J.** "Mesopotamia." *JNES* 21(1962) 73-92. **Hackett, J.** "Religious Tradition in Israelite Transjordan." In *FS F. M. Cross.* 1987. 125-36, esp. 127. **Luria, B. Z.** "The Curse That Has Come upon Ammon and Moab." *BMik* 27(1981/82) 191-94(Heb.). **Milgrom, J.** "Excursus 1: Some Political Institutions of Early Israel"; and "Excursus 60: Balaam and the Deir 'Alla Inscription." In *Numbers.* 1990. 335-36, 473-76. **Müller, H.-P.** "Die aramäischen Inschrift von Deir ʿAllā und die älteren Bileamsprüche." *ZAW* 94(1982) 214-44. ______. "Der neu gefundene Bileam-Text aus Deir ʿAllā." *ZDMG Sup* 4(1980) 129-33. **O'Callaghan, R. T.** *Aram Naharaim.* AnOr 26. Rome: Pontifical Biblical Institute, 1948.

본문과 운율 분석

야웨의 총회에의 가입 제한 [6][6]	**Restrictions on Entry into the Assembly of YHWH** [6] [6]	
30 사람이 그 아비의 후실을 취하여 아비의 하체를 드러내지 말지니라	**23:1**(22:30) *A man shall not take*[a] *his father's wife //* *and he shall not remove / his father's garment //* ⊃	14 1 12 2
23:1 신낭이 상한 자나 신을 베인 자는 여호와의 총회에 들어오지 못하리라	**2**(1) *No one with crushed*[a] *testicles / or whose penis is cut off /* *shall enter the assembly of YHWH //* ⊃	13 2 <u>13</u> 1_
2 사생자는 여호와의 총회에 들어오지 못하리니 십대까지라도 여호와의 총회에 들어오지 못하리라	**3**(2) *No one "misbegotten" shall enter / the assembly of YHWH //* [a]*even / to the tenth generation /* *his descendants shall not enter / the assembly of YHWH*[a] *//* ⊃	14 2 8 2 <u>13</u> 2_

암몬 족속과 모압 족속의 배제 [5:6][8:8]

3 암몬 사람과 모압 사람은 여호와의 총회에 들어오지 못하리니 그들에게 속한 자는 십 대 뿐 아니라 영원히 여호와의 총회에 들어오지 못하리라

4 그들은 너희가 애굽에서 나올 때에 떡과 물로 너희를 길에서 영접하지 아니하고 메소보다미아의 브돌 사람 브올의 아들 발람에게 뇌물을 주어 너희를 저주케 하려 하였으나

5 네 하나님 여호와께서 너를 사랑하시므로 발람의 말을 듣지 아니하시고 그 저주를 변하여 복이 되게 하셨나니

6 너의 평생에 그들의 평안과 형통을 영영히 구하지 말지니라

에돔 족속과 애굽 사람의 허용 [6:5]

7 너는 에돔 사람을 미워하지 말라 그는 너의 형제니라 애굽 사람을 미워하지 말라 네가 그의 땅에서 객이 되었음이니라

8 그들의 삼대 후 자손은 여호와의 총회에 들어올 수 있느리라

Exclusion of the Ammonites and Moabites [5:6] [8:8]

4(3) *No Ammonite / or Moabite / shall enter the assembly of YHWH //* 24 3
even[a] */ to the tenth generation /* 8 2_
None of them shall enter / the assembly of YHWH[b] *forever //* 19 2

5(4) *because / they did not meet* you\\[a] with bread and water / 21 2
on the road / when you came out from Egypt // 13 2_
And because he[b] hired against *you /* 11 1
Balaam son of Beor / from Pethor[c] */* 12 2
of Aram-naharaim / to curse you // 11 2

6(5) *and YHWH your God / did not consent / to hear Balaam /* 24 3_
And YHWH your God turned for you / the curse / into a blessing // 28 3
for YHWH your God / loved you // 16 2

7(6) *You shall not seek their peace*[a] *and their good //* 17 1
all your days / forever // ס 10 2_

Inclusion of the Edomites and the Egyptians [6:5]

8(7) *You shall not abhor an Edomite / for he is / your brother //* ס 19 3
[a]*you shall not abhor an Egyptian / for you were /* 13 2
a sojourner in his land // 9 1_

9(8) *Children / born to them / of the third generation //* 22 3
may enter / the assembly of YHWH // ס 12 2_

원문주해

1.a. 23:1이 하나의 운율 단위로서 뒤따라오는 구절과 함께 읽혀질 때는 아트나의 위치가 잘못되어 있기 때문에 티프하는 접속하로 읽음.

2.a. 많은 히브리어 필사본과 인쇄판들, 카이로 게니자 단편들, SP에는 MT의 다카(דכא, "상한") 대신에 다카(דכה)로 되어 있다. 이 두 개의 동사 어근은 같은 의미를 가지고 있지만, 다카(דכה)는 시편에서만 발견된다.

3.a-a. LXX에는 빠져 있음. 운율 분석은 MT을 지지한다.

4.a. LXX[MS]에는 빠져 있음.

4.b. 위치가 잘못된 실룩으로 인하여 티프하가 연접사가 됨.

5.a. 자켑 카톤이 뒤따라온 파스타는 연접사가 됨.

5.b. LXX과 Vg에는 복수로 되어 있음. 분율 분석은 MT을 지지한다.

5.c. SP에는 MT의 페토르(פתור, "브돌") 대신에 페트라(פתרה)로 되어 있다.

7.a. 위치가 잘못된 아트나로 인하여 티프하가 연접사가 됨.

8.a. 여러 히브리어 필사본들, SP 그리고 Syr은 와우 접속사를 덧붙인다.

양식/구조/배경

신명기 토라 낭독 주기에서 11주기의 묶들 가운데 여섯 번째 주(21:10-25:19)에 들어 있는 율법의 두 번째 주요 단락은 부친의 후실과의 동침 금지(23:1)로부터, 전처가 임시로 재혼했을 경우 그 전처와의 재혼 금지(24:1-4)로 옮겨가며, 그 다음에 군 징집으로부터 새신랑의 징집 면제법이 뒤따라온다(24:5).

23:1의 첫 문구 "사람이 그 아비의 후실을 취하여"(לא־יקח איש את־אשת אביו – 로-야카흐 이쉬 에트-에세트 아비우)는 혼전 부정을 말하고 있는 22:13의 첫 문구 "누구든지 아내를 취하여"(כי־יקח איש אשה – 키-야캄흐 이쉬 이샤)를 포함하는 형태를 하고 있는데, 이것은 다시 24:1과 24:5의 첫 문구와 동일하다. 22:13-23:1에 나타나는 법의 배열은 다음과 같이 정리될 수 있다.

A 혼전 부정에 대한 거짓된 소송(כי־יקח איש אשה)	22:13-19
B 혼전 부정 – 여인이 죽음	22:20-21
X 결혼한 여인이나 약혼한 여인과의 간음 – 둘 다 죽음	22:22-24
B′ 약혼하거나 약혼하지 않은 처녀 강간 – 남자가 죽거나 벌금	22:25-29
A′ 부친의 후실과의 결혼 금지(לא־יקח איש את־אשת אביו)	23:1

이 구조에서 관심의 초점은 간음을 금하고 있는 제7계명인데, 이 경우 양방이 죽임을 당한다(22:22-24). 내부 골격은 성 문제에서 여인이 죽임을 당하는 죄(혼전 부정, 22:20-21)로부터 남자가 죽임을 당하는 죄(약혼한 처녀 강간, 22:25-29)로 옮겨간다. 외부 골격은 자기 아내가 혼전에 부정을 저질렀다고 거짓된 소송을 하는 남자 편에서 행한 구체적인 행동(22:13-19)으로부터 일반적인 부친의 후실과의 결혼 금지(23:1)로 옮겨간다. 이 두 법은 "한 남자가 한 여자를 취할 때"라는 문구로 시작된다(22:13; 23:1).

위의 구조에 있는 각 항목의 역할 이외에도, 23:1은 또 다른 문학적 단위에 대한 서론으로서의 가능을 하기도 하는데, 그것은 다음과 같이 정리될 수 있다.

A	결혼과 전쟁에 관한 법(2:1에 있는 לא־יקח איש את־אשת אביו)	23:1-15
B	도망한 종을 위한 안식처	23:16-17
X	"구별된 창기" 금지법	23:18-19
B′	가난한 자와 약한 자의 보호에 관한 법	23:20-26
A′	결혼과 전쟁에 관한 법(24:1과 5에 있는 כי־יקח איש אשה)	24:1-5

이 구조의 중심부는 간음을 금지하고 있는 제7계명이 필자가 "구별된 창기"라고 부르는 야웨 예배(1-3계명)와 결합되어 있으며, 그럼으로써 12:1-14:21("바른 예배 – 하나님과의 관계")에 있는 법 모음집 전체와 일종의 포괄 형태를 취한다. 외부 골격은 전쟁과 결혼에 관한 법(23:1-15)으로부터 보다 짧은 같은 일련의 법(24:1-4)으로 옮겨간다. 22:13-23:1에 있는 법들이 그러했듯이, 이 모든 단락들은 "한 남자가 한 여인을 취했을 때"라는 문구로 시작되는데 25:4에서 이 문구가 다시 반복된다. 이 두 경우에 결혼에 관한 주제는 전쟁으로 확대되면서, 군 진영의 성결에 관한 법(23:10-15)으로부터 새신랑의 군 징집 면제 법(24:5)으로 옮겨간다. 내부 골격은 또 다른 중심 주제를 취급하고 있는데, 이것은 고대 이스라엘 사회에서 가난한 자와 약한 자의 보호에 관한 24:5-25:19에 있는 13개의 법 가운데서 심도 있게 확대되고 있다(23:16-17; 23:20-26).

23:2-24:4이라는 보다 큰 구조 내에서 간음 금지와 야웨 예배 간의 관계 문제를 다룬 다음, 저자는 먼저 야웨의 총회와 가입 문제에 관심을 집중하고 있다. 2-9절의 규례는 야웨의 총회에 가입하는 데 있어서 어떤 일단의 그룹을 제외시키고 있다. 즉 "구별된 창기" 문제와 관련하여 생식기에 대한 물리적 손상에 근거한 또는 그들의 출생의 의문스러운 성격(2-3절)에 근거한 어떤 개인들. 그리고 이방인들, 즉 암몬 족속과 모압 족속들(4-7절), 그리고 최소한 일시적으로 에돔 사람들과 애굽 사람들(8-9절).

운율적 관점에서 볼 때 23:1은 운의 가교 역할을 한다. 그 구절 자체를(구문론적 악센트 단위 면에서) 2:2 단위로 읽는다면, 이 구절은 결혼과 성적 부정 행위에 속하는 율법이라는 앞 단락에 포함된다(22:13-23:1). 그러나 뒤따라오는 내용과 함께 읽는다면, 이 구절은 전환하는 6:6 운율 단위에 필수적인 일부분이 되는데, 이것은 사회 윤리에 관한 법의 한 단락을 이끈다(23:1-24:5). 이 문맥 내에서 이 구절은 18-19절("구별된 창기"의 금지)과 24:1-5과 긴밀하게 연결되어 있는데, 22:13의 첫 문구의 반복을 시작하고 마친다(23:1의 시작 부분에서 약간 수식되어 있다): "한 남자가 한 여인을 취할 때."

23:2-26이라는 보다 큰 구조 내에서 23:2-9에 있는 야웨의 총회에의 가입에 관한 법의 위치는 다음과 같이 정리될 수 있다.

A 야웨의 총회	23:2-9
B 군 진영의 성결	23:10-15
X 가난한 자와 약한 자의 보호: 도망한 종의 안식처	23:16-17
B′ "구별된 창기" 금지	23:18-19
A′ 가난한 자와 약한 자의 보호에 관한 세 개의 법	23:20-26

만일 이 구조에 요지가 있다면, 외부 골격은 야웨의 총회(23:2-9)가 일차적 범주로서 가난한 자와 약한 자를 포함하고 있다는 사실을 시사한다. 이 구조의 중심부는 약속의 땅에서 안식처를 찾아 도망한 종과 관련된 야웨의 총회를 정의하고 있다(23:16-17). 내부 골격은 군 진영(23:10-15)이라는 이미지 가운데서 야웨의 총회의 또 다른 국면, 즉 어떤 면에서 "구별된 창기"를 금지하고 있는 법과 관련된 성결을 정의하고 있다. 이보다 큰 구조는 23:2-3에 있는 야웨의 총회로부터 제외된 "서출 종족"에 관한 법을 항상 생각하도록 근거를 제공해 준다.

23:1-9의 MT가 여섯 개의 세투마 구획 표시(1, 2, 3, 7, 8a, 9절 뒤)를 가지고 있기는 하지만, 이 단락은 운율 구조 면에서 다섯 부분으로 되어 있는데, 그것은 다음과 같이 정리될 수 있다.

A 생식 능력이 손상된 자는 야웨의 총회에 가입할 수 없다	23:1-2
B 총회에는 "사생자"가 가입하지 못한다 – 십대까지	23:3a
X 그들의 자손들은 야웨의 총회에서 제외된다	23:3b
B′ 암몬 족속과 모압 족속은 총회에서 제외된다 – 십대까지	23:4-7
A′ 에돔과 애굽 사람은 3대에 총회에 들어올 수 있다	23:8-9

5a절과 5b절 사이의 단절은 수의 전이(2인칭 단수로부터 2인칭 복수로의 전환, 그리고 다시 2인칭 단수로의 전환)로 표시되어 있다. 아브라함, 이삭, 야곱에게 주신 야웨의 약속된 축복의 중심적 성격은 풍요다. 따라서 생식 능력을 상실한 사람들이나 혹은 그러한 축복에 참여할 수 없는 사람은 야웨의 총회로부터 제외가 된다. 특히 이것은 암몬 족속과 모압 족속을 의미하는데, 그들은 창세기에서 아브라함의

조카 롯이 근친상간으로 낳은 자손으로 되어 있다. 출애굽 세대에 에돔과 애굽에 대해 직접적인 적대감이 있었음에도 불구하고, 이 나라들은 "형제"(에서/에돔)와 "친구"로 표현되어 있다. 그와 같이 그들은 야웨의 총회에 받아들여지도록 되어 있다.

결혼과 성적 부정 행위에 관한 법(22:13-23:1) 가운데 바로 앞 단락의 결론으로서 기능을 하고 있기도 하는 첫 구절(23:1) 다음에, 야웨의 총회에 대한 가입 제한의 목록과 암몬 족속과 모압 족속을 포함시킨 것(2-4절)은 히브리어 본문 각 행의 시작 부분에서 "그들은 들어오지 못하리라"(לא־יבא – 로-야보)란 문구의 4중적 반복으로 표시되어 있는데, 이는 융의 심리학에서 3+1 패턴과 유사하다: 고자들, 즉 생식기가 단절된 사람(ממזר – 맘제르)과 "롯의 자손" 다음에 일반적인 언급이 뒤따라 나온다: "영원히 여호와의 총회에 들어오지 못하리라"(4c절).

이 단락의 구조를 살펴보는 또 다른 방식은 4-9절에서 "롯의 자손들"과 "에서의 자손들"(에돔 족속들) 그리고 애굽 사람들을 포함시킨 사실을 세밀히 살펴보는 것인데, 이는 다음과 같이 정리해 볼 수 있다.

A	모압 족속과 암몬 족속은 열 세대까지 총회에 가입하지 못한다	23:4
B	그들은 너희가 애굽에서 나올 때 너희를 대적했다 – 발람 고용	23:5
X	야웨께서 저주를 축복으로 바꾸셨다 – 그들의 평강을 구하지 말라	23:6-7
B′	에돔은 네 형제요 너희는 애굽에서 나그네였다	23:8
A′	에돔 족속과 애굽 사람은 총회에 가입하지 못한다 – 3대까지	23:9

이 본문에서 관심의 초점은 야웨의 총회에 사생자의 자손은 들어오지 못한다는 사실(1-9절)로부터 야웨께서 발람의 저주를 축복으로 돌려놓으셨다는 사실(6-7절)로 옮겨간다. 만일 이것이 하나님께서 저주를 축복으로 변화시키시는 것과 같은 미래의 변화에 대한 하나의 미묘한 예상이 아니라면 당혹스러운데, 룻기에서 "롯의 자손들"이 야웨의 총회에 가입했기 때문이다.

카마이클은 신명기 법과 창세기 설화 사이에 어떤 특별한 관계가 있다고 주장했다(Carmichael의 *LNB*에서). 신명기가 본질적으로 이스라엘 자손에 대한 모세의 고별 설교이므로, 이 고별 설교와 창세기에 있는 야곱의 자기 아들들에 대한 유언 사이에 하나의 연결 고리가 있음을 발견하는 것은 놀라운 일이 아니다. 또한 거기에는 야곱의 축복에 대한 특별한 유언과 창세기 앞부분에 있는 설화 이야기 사이에 연결 고리도 있다. 22:13-23:1의 성에 관한 법으로부터 야웨의 총회에 누가 가입되고 누가 배제되는지에 관해서 말하고 있는 23:2-9의 법으로 옮겨가고 있는 것처럼, 여기에 언급되어 있는 중요한 내용은 열국 가운데서 이스라엘의 위치다.

창세기 설화에서 야곱의 이름이 이스라엘로 변경된 사실이 대칭적 구조 가운데 두 번 기록되어 있다.

A	야곱 가족 이야기가 시작된다: 야곱이 아람으로부터 돌아옴	32:1-3
B	야곱이 에서(에돔)를 달래기 위한 선물을 보낸다	32:4-22
C	얍복에서의 야곱과 또 한 "사람"－이스라엘로 이름 변경	32:23-33
D	야곱/이스라엘과 에서/에돔이 화해함	33:1-17
X	야곱/이스라엘이 세겜에서 한 제단을 세움	33:18-20
D′	야곱/이스라엘과 히위 사람이 멀어진다: 디나 강간	34:1-24
C′	벧엘에서의 야곱과 천사－이스라엘로 이름 변경	35:1-15
B′	에서(에돔)의 자손들: 족보	36:1-43
A′	야곱 가족 이야기가 다시 시작된다: 요셉이 애굽으로 팔림	37:1-36

아래의 논의 가운데서 밝히겠지만, 여기에 정리된 설화 구조는 신명기 23:1-24:4에 있는 법의 확대다. 이것은 또한 창세기 12장에 있는 아브람/아브라함 이야기의 전체 구조와 같다.

A	아브람이 메소포타미아에서 가나안 땅으로 떠나간다	12:1-4
B	아브람이 자기 가족과 함께 가나안 땅에 도착한다	12:5
X	아브람이 세겜에서 야웨께 제단을 쌓는다	12:6-8
B′	아브람이 기근 시에 네게브로부터 애굽으로 간다	12:9-16
A′	아브람이 야웨께서 애굽을 재앙으로 치신 다음에 애굽을 떠난다	12:17-20

이 이야기는 메소포타미아(32:1-3)로부터 애굽(창 37장)으로 옮겨가는데, 그 중심부에는 가나안 땅 세겜에서 야웨 예배를 위하여 제단을 세우는 내용이 나온다. 이 제단은 "야웨께서 자기 이름을 두려고 택하신 장소"－즉 신명기에 있는 중앙 성소의 위치다(신 26-27장을 보라). 가장 중앙에 있는 골격에서 우리는 이스라엘과 에돔이 화해한 것을 보게 되며(창 33:1-17), 가나안 땅에서 이스라엘과 히위 족속이 멀어지는 것을 보게 된다(창 34장). 그 다음 골격은 야곱이라는 이름을 이스라엘로 변경시키는 평행적 기사를 담고 있다(32:23-33과 창 35장). 그 다음 골격은 이스라엘의 쌍둥이 형인 에돔에게 초점을 맞추고 있다(32:4-22과 창 36장). 외부 골격은 아람 땅에서 라반이 자기 조카 야곱을 떠나 보낸 기사(32:1-3)로부터 요셉

이 보디발의 집에 종으로 팔려온 기사(창 37장)로 옮겨간다.

야곱의 이름이 이스라엘로 변한 두 번째 기사는 원래 아브라함에게 주었던 축복(창 15, 17장)의 반복을 포함하고 있는데, 여기서 그는 "생육하며 번성하라 국민과 많은 국민이 네게서 나고 왕들이 네 허리에서 나오리라"(35:11)는 말씀을 듣는다. 가문을 잇는 문제에 관한 창세기에 따라오는 이 진술과 설화는 "신낭이 상한 자나 신을 베인 자는 여호와의 총회에 들어오지 못하리라"(신 23:2)는 법의 확대다. 이 법의 관심은 하나님께서 명령하신 바와 같이 생육하고 번성하기 위한 출산이다.

카마이클은 "르우벤이 야곱의 장남이었고, 그의 자손의 후손들이 가장 뛰어날 사람들이었다. 그는 자기 부친의 한창 때에 나았던 첫 열매였다(창 49:3)"고 주장한다(Carmichael, *LNB*, 226). 그러나 르우벤은 자기 부친의 첩 빌하와 동침함으로써 자신의 성적 잠재력을 오용했다. 즉 그렇게 함으로써 그는 "자기 부친의 아내를 취하고" "자기 아비의 옷을 들추었다"(신 23:1). 이것이 곧 모세가 33:6에 있는 자신의 축복 가운데서 르우벤에 관하여 거의 말하지 않은 이유다.

23:2에 있는 야웨의 총회에 신낭이 상한 자를 배제하는 법은 여기서 한 발자국 더 나아간다. 신낭이 상하거나 성기가 잘려진 사람은 자손을 낳을 수 없으므로 야곱/이스라엘 가문에 대한 야웨의 축복을 누릴 수 없다. 르우벤에 대한 야곱의 선언 다음에 즉시 그의 형제 시므온과 레위에 대한 책망의 말이 뒤따라오며, 창세기 34장에 기록된 그들의 행동이 언급되어 있는데, 그 장에서 히위 족속이 야곱과 그의 아들들과 결혼 및 상거래 언약을 통하여 연합하려고 했었다. 시므온과 레위는 "혼합된 씨"라는 이러한 개념에 반대하여 히위 족속들이 할례를 받도록 속였고, 그러고 나서 그 성의 모든 남자들을 살육했다. 그러나 히위 족속의 아내들과 어린아이들은 야곱/이스라엘 가문으로 흡수되었다. 할례는 통상적으로는 이스라엘 공동체로의 가입을 의미한다. "그러나 이 경우에 할례는 그 가입을 강제로 제외시키는 수단으로 사용되었다"(Carmichael, *LNB*, 227). 신을 베인 자가 야웨의 총회에서 배제되는 주된 이유는 그러한 백성이 아브라함(창 15, 17, 22장), 이삭(창 26장), 야곱/이스라엘(창 35장)에게 주어진 하나님의 번성의 축복에 가입될 수 없다는 것이다.

어쨌든 생식력이 야웨의 총회 가입에 포함되도록 할 만한 충분한 이유가 되지는 못한다. 관습 방식이 몇몇 사람들로 하여금 받아들여지지 못하도록 만드는 것이다. 이것이 곧 23:3에 있는 사생자(ממזר – 맘제르)에 대한 법이 의미하는 바다. 맘제르(ממזר)란 단어는 5-6절의 발람 선지자와 같은 다른 신을 섬기기 위하여 바쳐진 사람들의 자손을 가리킬 수도 있겠지만, 이 법이 그 다음 암몬 족속과 모압 족속을 배제시키고 있는 점을 이해하기 위한 근거로서 창세기 설화 전승 가운데서 확대된 방식을 관찰하는 것은 흥미로운 일이다.

만일 신명기 23:1의 법이 창세기에 의하여 자기 부친의 하체를 드러냄, 즉 자기 부친의 후실과 동침함으로써 르우벤을 정죄하는 것으로 해석된다면, 그것은 분명히 "자기 부친으로 말미암아 자손을 보존하기 위하여"(19:34) 창세기 19:30-38에서 자기들의 아버지를 벌거벗긴 롯의 딸들을 정죄하고 있는 것이다. 이러한 근친상간의 결합의 결과로 모압과 그의 형제 벤암미, 즉 암몬 족속의 조상이 태어났다(19:37-38). "시므온과 레위가 세겜 족속으로 하여금 할례를 행하게 하여 자기들을 무방비 상태로 만들었던 것처럼, 롯의 두 딸들이 롯에게 술을 마시게 하여 취하게 한 것도 살펴볼 만한 가치가 있다. 각각의 경우에 그 사람들은 계략에 의지하고 있으며, 매번 그 계략의 초점은 성기다"(Carmichael, *LNB*, 229). 근친상간 결합의 결과로 낳은 사생자를 배제하는 이 법은 "몇몇 출산이 이 축복이 활동하는 법적, 도덕적 상황과 모순된다는 사실을 암시한다"(*LNB*, 230). 두 개의 특별한 역사로부터 이끌어 온 논증들이 암몬 족속과 모압 족속의 미래 세대의 총회 가입을 배제하기 위한 결정을 강조하기 위하여 덧붙여져 있다. 그들은 이스라엘이 애굽으로부터 나와서 길을 가고 있었을 때 빵과 물을 제공하지 않고 발람을 고용하여 이스라엘을 저주하게 했다.

23:4-5에 있는 야웨의 총회로부터 암몬 족속과 모압 족속이 가입하는 것을 배제하는 법은 밀그롬이 주장한 바와 같이 다윗과 그의 손자 르호보암에 관한 열왕기상에 있는 설화와 관련되었을 수도 있다(Milgrom, *JBL* 101[1982] 173-74). 그는 이 법을 각기 모압 족속(룻 4:18-22)과 암몬 족속(왕상 14:31)의 조상에게서 낳은 이들 두 유다 군주에 대한 반박으로 본다. 이스라엘 북왕국의 저자의 관점에서 볼 때 이 계보는 왕조를 건설하는 왕들이 그와 같이 "사생자"(ממזר – 맘제르)이며, 따라서 야웨 백성의 총회로부터 배제되었어야 하는 유다의 비합법성을 드러낸다.

에돔 사람들과 애굽 사람들을 "3대만에" 야웨의 총회에 가입하도록 하는 법은 우리를 창세기 32-37장의 설화 구조로 되돌아가게 한다. 에돔 사람들은, 에돔이 "너의 형제"이기 때문에 포함되어야 한다(8절). 창세기에 있는 설화 구조는 이것이 야곱/이스라엘과 에서/에돔이 화해했고(32-33장), 또한 에돔이 창세기 36장에 있는 에서의 족보가 드러내 주고 있는 바와 같이 야웨의 축복에 참여하게 되었을 때 이것이 무엇을 의미하는지를 자세하게 설명하고 있다. 야곱/이스라엘은 야곱이 자신의 장자권을 속여서 빼앗아 갔다는 사실에도 불구하고 그의 형 에서에 의해서 받아들

여겼다. 야곱이 가나안 땅으로 돌아오는 과정에서 얍복 강을 건널 때 두려워했던 것과는 반대로, 에서는 친절했고 그를 도와주었다. "심지어 그는 야곱을 도와주기 위하여 자기 종자 몇 사람을 붙여 주기까지 했다(창 33:15). 다시 말해서, 설화 그 자체는 야곱의 총회에 에돔 사람들의 가입을 언급하고 있다"(Carmichael, *LNB*, 233).

애굽 사람들은 "네가 그의 땅에서 객이 되었었"(8절)으므로 가입되어야 한다. 그러므로 야곱 가족 설화 이야기는 창세기 37장에서 요셉을 신속하게 가나안 땅으로부터 애굽 땅에 있는 보디발의 가속에게로 옮겨가고 있다. 유다와 다말 간에 얽힌 삽입 이야기(창 38장) 다음에 이야기는 다시 계속되어 야곱의 온 가족이 애굽으로 이주해 가고(45:16-20) 번성하게 된다.

23:1-26에서 신명 수 17과 26의 사용에 관한 라부샤뉴의 연구로부터 나온 증거는 다음과 같이 요약될 수 있다.

단어	아트나 앞		아트나 뒤		
23:1-9	66	+	51 (=3×17)	=	117
23:10-15	43 (=17+26)	+	37	=	80
23:16-17	15	+	7	=	22
23:18-24	43 (=17+26)	+	51 (=3×17)	=	94
23:18-26	58	+	61	=	119 (7×17)
23:1-26	182 (=7×26)	+	156 (=6×26)	=	338 (13×26)
23:11-15	38	+	34 (=2×17)	=	72
23:14-15	18	+	16	=	34 (2×17)
23:16-18	20	+	12	=	32 (=כבוד, "영광")
23:19	11	+	6	=	17
23:22	8	+	9	=	17

구조적으로 앞 단락의 일부분이기도 한 23:1에 있는 부친의 후실과의 결혼 금지와 23:2-26에 있는 참 경건에 관한 일곱 개의 법은 신명 수에 기초하여 세심하게 구성되어 있다. 야웨의 총회에 가입이 제한되는 사람들을 취급하고 있는 첫 단락(1-9절)에는 아트나 뒤에 51(=3×17)개의 단어가 있다. 군 진영의 성결에 관한 법(10-15절)은 아트나 앞에 43(=17+26)개의 단어를 가지고 있다. 비록 도망한 종을 위한 안식처에 관한 법(16-17절)이 신명 수에 대한 어떤 증거를 보여 주고 있지

는 않지만, 그 다음의 세 개의 법은 18-24절에서 함께 떨어지는데 아트나 앞에서 43(=17+26)개의 단어 그리고 아트나 뒤에서 51(3×17)개의 단어를 가지고 있다. 이 세 개의 구절들이 이웃의 추수하지 않은 곡식을 잘라 먹을 수 있는 권리에 관한 법(25-26절)과 결합될 때, 18-26절에 있는 단어의 합계는 119(7×17)개가 된다. 더 나아가서 우리는 본 장 전체(23:1-26)에서 총 338(7×26)개의 단어를 발견하게 되는데, 아트나 앞에서 182(=7×26)개의 단어 그리고 아트나 뒤에서 156(=6×26)개의 단어다. 간단히 말해서, 이 구절의 숫자상의 구성은 이스라엘 내에 있었던 고대의 서기관들(단어 숫자 계수자들) 편에서 있었던 지극한 사랑의 수고의 증거를 나타내 주는데, 이들은 하나님의 이름이 히브리 본문에 스며들어 가도록 세심하게 구성된 문학적 예술 작품을 만들어 냈다.

주석

[1] 앞 단락에 나오는 "부친의 후실과의 결혼 금지"(23:1; 개역. 22:30)를 보라.

[2] 여기에 거세의 두 가지 형태가 나타나 있다: "신낭이 상한 자"(פצוע־דכא – 페추아-따카)와 "신이 베인 자"(וכרות שפכה – 우크루트 쇼프카). 어느 경우든 그 사람은 "야웨의 총회"(קהל יהוה – 카할 야웨)에 가입하는 것이 배제된다. 티개이가 "'붓다'를 의미하는 어근으로부터 나온 명사 쇼프카가 성기의 어떤 부분을 가리키는지 알려져 있지 않다"고 주장하고 있기는 하지만(Tigay[1996] 386 n. 23), 이것은 남성의 생식기, 곧 성기임이 분명하다. 이 금지법은 크레이기가 주장하는 바와 같이(Craigie[1976] 296-97), 아마도 사고나 질병에 의하여 무기력하게 된 사람을 가리켜 말한 것이 아닌 것으로 보이는데, 그 이유는 이사야 56:3-5이 야웨의 백성 가운데 포함되어 있는 고자를 언급하고 있기 때문이다. 고자에 관해서는 H. Tadmor, "Rabsaris and Rab-shakeh in 2 Kings 18," in *FS D. N. Freedman*[1983] 279-85; idem, "Was the Biblical saris a Eunuch?"을 보라. 그리고 의식에 의하여 스스로 행한 고자에 관해서는 Lucian of Samosata, *The Syrian Goddes* (*De dea Syria*), tr. H. W. Attridge and R. Oden, *Texts and Translations 9* (Missoula, MT: Scholars Press, 1976) 55, § 51를 보라.

[3] 여기서 JPS 구약성경에서 "사생자"로 번역된 맘제르(ממזר)란 단어는 마자르(מזר, 〈달갈이〉 "상하다" 혹은 "불결하게 되다"〈부패, 썩은〉)란 어근으로부터 나온 것으로 보인다. 이 단어는 구약성경에서 이 곳과 스가랴 9:6에만 단 두 번 나온다.

크레이기는 이 단어가 제의상의 창기가 낳은 아이들을 가리킨다고 주장하고(아래의 18-19절을 보라), 자기 주장을 다음의 어원학으로 뒷받침한다: *mamzēr* 〈 *manzēr* (나자르〈נזר, "바치다, 성별하다"〉의 힙힐 분사형). "맘제르(ממזר)는 일종의 신전의 번영을 위해 의식을 행하는 동안 그러한 개념의 이유로 이방신에게 '바쳐진' 아이였을 것이다"(Craigie[1976] 297 n. 8). 이 주석의 본 단락에 대한 서론 가운데서 논의한 바와 같이, 23:1-24:4에 있는 법들의 보다 큰 문학적 구조는 크레이기의 해석을 어느 정도 지지해 준다. 그 이유는 이 본문이 23:18-19에 있는 구별된 창기에 관한 법과 관련하여 읽혀져야 하기 때문이다. 여기에 나오는 "십대"라는 언급은 4절에 있는 바와 같이 "영원"을 의미한다. 룻의 이야기가 모압 사람들의 영구적인 배제에 도전하고 있다는 사실은 이 점에서도 완화되었다는 사실을 시사하며, 최소한 고자와 신앙 공동체와 관련하여 이사야 56:3-5의 저자의 관점을 반영하고 있는 것으로 보인다.

[4]-[7] "암몬 사람과 모압 사람"은 야웨의 총회로부터 영원히, 즉 십대까지도 가입되지 못하는데, 이것은 시적 평행 문구에서 "영원히"를 의미하는 것으로 설명되어 있다. 카일과 델리취가 설명한 바와 같이, "여기서 10은 완전 배제의 수다"(*Pentateuch*[1956] 414). 그들이 배제된 이유는 특별한 역사적 경험에 근거한다: "그들은 너희가 애굽에서 나올 때에 떡과 물로 너희를 길에서 영접하지 아니했다." 그리고 더 나아가서 "메소포타미아의 브돌 사람 브올의 아들 발람에게 뇌물을 주어 너희를 저주케 하려고" 고용했다(민 22-24장을 보라). 북 메소포타미아에 있는 "아람-나하라임"이란 단어가 내포하는 구체적 영역에 관해서는 W. Pitard in *ABD* 1:341을 보라. 이러한 과거의 경험에 비추어 볼 때, 이스라엘 백성들은 이러한 백성들과 친분 관계를 갖지 말아야 한다는 말을 듣는다: 정치적 동맹을 맺는다는 의미에서 "그들의 평안(שָׁלוֹם – 샬롬)과 형통(טובה – 토바)을 영영히 구하지 말지니라"는 것이다. 크레이기(Craigie[1976] 298)는 "평화로운 관계, 친분 관계"를 맺는다는 것은 고대 근동의 정치적 동맹의 용어를 나타낸다고 말한다(참조. Moran, *JNES* 22[1963] 173-76; Hillers, *BASOR* 176[1964] 46-47). 그 후에 다윗 왕은 그들을 정복하고 암몬 족속과 모압 족속 그리고 에돔 족속을 자기 왕국에 합병시켰다(삼하 8:2-12).

[8]-[9] "에돔 사람과 애굽 사람"은 훨씬 더 관대하게 야웨의 총회에 가입시키는 일에 일시적으로 배제하도록 되어 있다. 즉 그들의 3대 후 자손은 가입할 자격을 주라는 것이다. "너의 형제"(אחיך – 아헤카)라는 에돔에 대한 호칭은 창세기 36장

에서 야곱(이스라엘)의 쌍둥이 형 에서 이야기에서 나온 것이다. 글룩은 "미워하다"(תתעב – 테타에브)란 동사를 정확하게 말해서 "친절한 사랑"(lovingkindness; חסד – 헤쎄드; *Mordecai Kaplan Jubilee Volume*, 261-62)의 반대로 생각했다. 애굽에서 종살이를 했음에도 불구하고, 이스라엘 백성들은 "네가 그의 땅에서 객(גר – 게르)이 되었었음이니라"는 사실을 기억해야 한다. 3대에 대한 언급은 이스라엘이 거주하는 땅에 도착했던 1세대부터 계산이 되는데, 이것은 미국인 제3세대란 용어가 지금 이민 온 사람의 손자로 사용되는 것과 같다.

해설

23:2-9에 있는 야웨의 총회에 가입하는 것을 제한시키고 있는 법의 배후에 있는 근거는 어떤 비정상적 결합에 의하여 낳은 자가 아니라 육신적으로 온전한 사람만이 고대 이스라엘 언약 공동체의 일원이 되어야 한다는 원리를 암시해 준다. 이러한 상황은 어느 정도 산상 설교에 있는 예수님의 말씀에 대한 표면상의 내용과 유사하다: "그러므로 하늘에 계신 너희 아버지의 온전하심과 같이 너희도 온전하라"(마 5:48). 하나님의 거룩은 그분의 임재에로 접근하는 사람들에게 완전을 요구한다. 신약의 복음서에서는 이러한 완전이 그리스도 안에서 발견되는데, 그분은 도덕적으로든, 육신적으로든 그리고 영적으로든 사람들의 불완전과는 상관없이 모든 백성들로 하여금 하나님에게로 나아가는 수단을 제공하신다. 예수를 따르는 사람들은 예수님 자신의 완전하심으로 옷 입은 완전한 자로서 하나님의 존전 안에 서 있다.

이스라엘 백성들은 하나님께서 어떤 종류의 육체적인 불구를 기뻐하거나 사랑하지 않으신다고 믿었지만, 그들은 하나님의 자비가 그분의 계명을 신실하게 지키는 고자들에게까지 미친다는 사실을 깨닫지 못했다(사 56:4-5; 또한 행 8:27-39에서 빌립의 전도를 받고 회심한 에디오피아 내시 이야기를 참조하라).

티개이는 여기에 언급된 "총회"를 다음과 같이 생각한다. "이스라엘 사람들, 즉 온 백성으로 이루어진 국가를 다스리는 공동체 혹은 본회의(총회)에 모이는 모든 성인 남자들, 그리고 가끔은 행정 위원으로 행동하는 그들의 대표자들을 가리킨다. 이 총회는 이를테면 전쟁, 즉위식, 법적인 소송에서 판결을 내리는 일, 땅을 분배하고 예배하는 일과 같은 공적인 업무를 이행하기 위하여 모인다. 이것은 에다("공동체")와 동의어인데, 이것 역시 전 국가, 남자 성인들(특히 무장한 사람들) 그리고 나라를 대신하는 행정관으로 행동하는 지파의 지도자들을 가리킨다"(Tigay[1996]

210). 그는 이 총회를 아덴의 에클레시아와 메소포타미아 성읍들 가운데 있었던 푸흐룸(*puḫrum*)과 같이 고대 세계에서 이와 유사한 민중 총회와 비교한다. 이 곳 2-9절에서 말하고 있는 점은 국가 자체 안에(2-3절) 그리고 인접한 백성들 가운데(4-9절) 어떤 형태의 백성들이 이러한 통치 그룹 모임의 일원으로 가입되어서는 안 된다는 것이다.

신명기가 티개이가 고대 그리스와 메소포타미아에서 발견된 도시-국가 모델 면에서 묘사한 내용보다는 더 복잡한 모습을 드러내고 있다는 사실을 유념해야 할 것이다. 왕국 시대 이전의 이스라엘에는 두 가지 형태의 총회가 있었다: 즉 순례 절기와 국가의 위기 때 있었던 중앙 성소에서의 총회, 그리고 레위인의 성읍들(특히 여섯 개의 도피성)이라는 구조 내에서 있었던 지방 총회다. 야웨의 총회(קהל יהוה - 카할 야웨)는 아마도 이러한 종교적-정치적 구조 내에 있는 이 두 차원의 총회를 모두 포함했을 것이다. 이 법의 주안점은 오츠라트(עצרת, "성스러운 총회")에서 매 7주마다 있었던 이 모임에서 어떤 민족의 개인과 그룹들이 시민으로서의 권리를 박탈당해야 한다는 것인데, 이 성스러운 총회 중 몇몇은 지방에서 모였고, 다른 총회는 "하나님께서 자기 이름을 두려고 택하신 장소" 곧 중앙 성소에서 모였다.

그 총회가 고대 이스라엘 사회에서 어떤 것이었든 간에, 히브리 성경의 후기 예언서와 성문서, 그리고 기독교 신약성경 가운데 비쳐진 야웨 총회는 다른 성격을 취했다. D. Christensen, "Nations," *ABD* 4:1037-49; 같은 저자, *FS R. K. Harrison*, 251-59를 보라.

2. 군 진영의 성별(23:10-15[개역. 9-14])

참고문헌

Tigay, J. "Excursus 3: The Concept of War in Deuteronomy." In *Deuteronomy*. 1996. 430. **Vaux, R. de.** "Une hachette essénienne?" *VT* 9(1959) 399-407. **Yadin, Y.** *The Scroll of the War of the Sons of Light against the Sons of Darkness.* Tr. B. Rabin and C. Rabin. London: Oxford UP, 1962. 73 n. 3.

See also *Bibliography* for 20:1-20.

또한 20-1-20의 참고문헌을 보라.

본문과 운율 분석

군 진영의 성별
[(4:8):(5:4):(4:5):(8:4)]

9 네가 대적을 치러 출진할 때에 모든 악한 일을 스스로 삼갈지니
10 너희 중에 누가 밤에 몽설함으로 부정하거든 진 밖으로 나가고 진 안에 들어오지 아니하다가
11 해질 때에 목욕하고 해진 후에 진에 들어올 것이요
12 너의 진 밖에 변소를 베풀고 그리로 나가되
13 너의 기구에 작은 삽을 더하여 밖에 나가서 대변을 통할 때에 그것으로 땅을 팔 것이요 몸을 돌이켜 그 배설물을 덮을지니
14 이는 네 하나님 여호와께서 너를 구원하시고 적군을 네게 붙이시려고 네 진중에 행하심이라 그러므로 네 진을 거룩히 하라 그리하면 네게서 불합한 것을 보시지 않으므로 너를 떠나지 아니하시리라

The Sanctity of the Military Camp [(4:8):(5:4):(4:5):(8:4)]

10(9) *When you go forth as an army camp\[a] against your enemies //* 16 1
then you must be on guard / against any / evil thing // 14 3_

11(10) *When there is among you\[a] a man /* 8 1
who / is not clean / because of an event in the night // 18 3
Then he shall go outside / the camp / 13 2
[b]*he shall not come into the midst / of the camp //* 14 2_
12(11) [a]*And it shall be toward evening / he is to bathe in water //* 16 2
and at sundown / he may come / into [the midst of][a] *the camp*[b] *//* 17 3
13(12) *and you shall have / a latrine*[a] */ outside / the camp //* 14 4_
And you shall go to that place / outside[b] *//* 12 2
14(13) *and you shall have / a trowel\[a] among your implements*[b] *//* 15 2
So that / when you squat outside[c] */ you may dig a hole with it /* 19 3
and you shall turn / and you shall cover your excrement // 15 2_

15(14) *For YHWH your God / walks about / in the midst of your camp*[a] */* 22 3
to deliver you / 6 1
And to hand over your enemies[b] */ before you /* 17 2
so your camp[c] *must be / holy //* 13 2_
And let him not find among you / a naked thing / 12 2
that he should turn away / from you // ס 10 2_

원문주해

10.a. 위치가 잘못된 아트나로 인하여 티프하가 연접사가 됨.

11.a. 자켑카톤이 뒤따라온 파스타는 연접사가 됨.

11.b. 몇몇 히브리어 필사본들, LXX^{-N}, Syr, Vg은 와우 접속사를 덧붙인다.

12.a-a. 한 히브리어 필사본, SP, Vg과 함께 토크(תוך, "가운데")를 삭제함. SP에는 כי אם רחץ בשׂרו במים ובא השמשׁ ואחרי כן יבוא אל המחנה("이는 만일 그가 물로 자기

육체를 씻는다면 그리고 해가 진다면, 그 후에는 그가 진영으로 들어올 수 있기 때문이다")로 되어 있다. 이 한 단어의 누락이 아트나 앞과 아트나 뒤에서 그리고 23:1-26 전체의 총 합계에서 완전한 단어의 숫자를 이룬다. 이것들은 모두 신명 수 26으로 나누어질 수 있다.

12.b. 한 히브리어 필사본, SP, Vg에는 누락되었음. 운율 분석은 MT을 지지함.

13.a. LXX에는 카이 토포스(*καὶ τόπος*, "그리고 〈거기에〉 한 곳이 있을 것이다")로 되어 있는데, 이것은 이 곳에 나타나 있는 야드(יד, "손")란 단어의 통상적인 사용에 대한 해석일 수도 있다. 야드(יד, "손")란 단어를 남근에 대한 완곡어로 사용하는 것에 관해서는 사 57:8을 보라(수많은 주석가들에 따르면 〈יד חזית – 야드 하지트, "네가 바라보는 한 남근"〉; BDB, 390를 보라). "…편"(=장소)의 의미로 야드(יד)의 사용은 민 2:17과 렘 6:3에도 나타난다. 이 곳의 "장소"는 변소의 완곡어로 취급된다.

13.b. SP에는 MT의 후츠(חוץ, "바깥") 대신 החוצה로 되어 있다.

14.a. 위치가 잘못된 아트나로 인하여 티프하가 연접사가 됨.

14.b. 아제네카(אזנך, "너의 도구")를 집합적으로 읽음. 여러 히브리어 필사본들과 카이로 게니자 단편들에는 אזניך("너의 용변")으로 되어 있다. LXX에는 에피 테스 조네스 수(*ἐπὶ τῆς ζώνης σου*, "너의 띠" 혹은 전사의 허리띠〈=אזרך〉)로 되어 있다.

14.c. SP에는 MT의 후츠(חוץ, "바깥") 대신 החוצה로 되어 있다. 운율 분석은 MT을 지지한다.

15.a. 많은 히브리어 필사본들, 카이로 게니자 단편들, SP[MSS]에는 MT의 마하네카(מחנך, "네 진영) 대신에 מחניך로 되어 있다; *Tg. Ps.-J.*는 2인칭 복수를 보유하고 있다.

15.b. LXX에는 MT의 오예베카(איביך, "네 원수들") 대신에 단수인 איבך("네 원수")로 되어 있다.

15.c. MT의 마하네카(מהניך, "네 진영들") 대신 많은 히브리어 필사본들, 카이로 게니자 단편들, SP, LXX, Syr, Tg과 함께 מהנך로 읽음. 운율 분석은 수정본을 지지하는데, 이는 운율 숫자 면에서 균형을 이루도록 만들어 준다.

양식/구조/배경

"네 하나님 여호와께서 너를 구원하시고 적군을 네게 붙이시려고 네 진중에 행하시는"(15절) 군대 진영으로서 고대 이스라엘 내에서 야웨의 총회 개념은 필자가 앞에서 "축하된 사건으로서의 성전"(부록: "고대 이스라엘 내에서 축하된 사건으로서의 성전"을 보라)이라고 규정한 바 있는 내용을 가리킨다. 불결은 하나님의 임재와 양립할 수 없으며, 따라서 깨끗이 제거되어야 한다: "너희는 이와 같이 이스라엘 자손으로 그 부정에서 떠나게 하여 그들로 그 가운데 있는 내 장막을 더럽히고 그 부정한 중에서 죽음을 면케 할지니라"(레 15:31; J. Milgrom, "Excursus 49: The Effect of the Sinner upon the Sanctuary," in *Numbers*, JPS Torah Commentary [Philadelphia: Jewish Publication Society, 1990] 444-47).

군 진영에서 야간에 사정을 경험한 사람은 부정한 사람으로 여겨졌으며, 해질 때에 자기 진영으로 들어가기 전에 자신을 정결케 하기 위하여 진영을 떠나라는 명령을 받았다(11-12절). 일상적인 배변 행위가 사정과 같이 사람을 의식적으로 부정하게 만드는 어떤 것으로 묘사되어 있지는 않으나, 배변이 정당하게 군 진영 밖에서 이루어져야 한다는 사실을 확실히 하기 위하여 구체적인 지시가 주어져 있다.

이 구절 가운데 있는 두 가지 중요한 단어는 여섯 구절에 일곱 번이나 나타나는 명사 마하나(מחנה, "군 진영")와 네 번 나타나는 동사 야차(יצא, "나가다")인데, 이는 다음과 같은 순서로 되어 있다.

מחנה → למהנה → המחנה(두 번) → למחנה → מחנך(두 번)
תצא → ויצא → ויצאת → צאתך

첫 번째의 경우, "네 대적"에 대항하여 "나아가는" 것은 "하나의 군대"다(10절). 두 번째 출현은 군사 개개인이 "밤에 일어난 어떤 사건"으로 인하여 진영을 떠나야 할 필요성이 있을 구체적인 경우를 말하고 있다(11절). 이러한 특별한 경우에 대해서 3인칭으로 진술한 다음, 초점은 2인칭으로 말하는 일반적인 명령으로 옮겨간다: 변소가 진영 밖에(מחוץ למחנה – 미후츠 람마하네) 위치해 있어야 하며, "그 곳으로 나가야 하고"(13절), "대변을 통할 때에(צאתך-체아테카)" "그 배설물"을 덮어야 한다(14절). 하나님께서 에덴 동산을 거니셨던 것처럼(참조. 창 3:8; 또한 참조. 창 5:22, 14; 6:9에서 에녹과 노아의 경우에 대해서 사용된 히트할레크〈התהלך〉; 그 곳에서는 이 단어가 친밀함을 나타내고 있다), 야웨 자신이 "네 진중에 행하심이라"(מתהלך בקרב מחנך – 미트할레크 베퀘레브 마하네카, 15절). 그러므로 "너의 진"(מחנך – 마하네카)은 거룩을 유지해야 한다(15절). 그렇지 않으면 야웨께서 전쟁의 진영에서 너희와 함께 걸으실 때 너의 더러운 것을 밟음으로써 더럽혀질 수 있다는 것이다.

하나님에 대한 이러한 신인동형론적 묘사에 대해서 반대하는 사람들은 여기서 사용된 어투가 시적이고도 상징적이라는 사실을 인식할 필요가 있는데, 성격상 창세기 1-11장의 어투와 아주 유사한 상징적인 것이다. 노만 위브래이(R. Norman Whybray, *Introduction to the Pentateuch* [Grand Rapids: Eerdmans, 1995] 33-34)

는 창세기 1-11장에 대한 자신의 해석에서 같은 현상을 발견하고 이렇게 기록했다.

> (창세기 1-11장의) 저자는 독자에게 하나님에 대한 예기치 않은 모습을 기록하고 있다고 말할 수 있다. 처음 부분에서(1:31) 하나님께서 자신의 창조 행위를 개괄하여 말씀하셨을 때 그분은 그 결과가 아주 좋았다고 확언하셨음에도 불구하고, 하나님은 곧 자신이 행하신 일 특히 자신이 지은 피조물에 대한 자신의 주권에 대해서 다소 과민하신 것으로 보인다. 그분은 인간의 자유에 조건을 설정하시고(2:17) 불순종에 대한 결과로서 즉각적인 죽음으로 위협하시는데, 이것은 뱀이 아주 정확하게 그 위협을 정반대로 딱 잘라 거부하고 하나님을 거짓말쟁이로 만들었다. 불순종의 행위가 저질러졌을 때, 하나님은 인간이 더 나아가서 정당하게 하나님에게만 속해 있는 불멸성을 얻을까 봐 과민하신다(3:22). 그와 같은 걱정이 이 장들의 마지막 에피소드 가운데 드러나는데(11:6), 그때 하나님은 인류가 스스로 무한한(즉 신적인) 힘을 써서 지나친 상태가 될 것을 걱정하신다. 이 두 경우에 하나님은 그러한 야망에 대해서 먼저 손을 쓰신다. 그동안에 "하나님의 아들들"과 사람의 딸들의 결합이라는 신비적인 사건(6:1-2) 역시 하나님에게는 진압되어야 할 불사의 인간 혹은 반신(半神)의 위협(3:22과 비교하라)을 내포하고 있는 것으로 여겨졌던 것으로 보인다.

하나님의 성품에 대한 이러한 놀라운 묘사는, 최소한 부분적으로 신명기 23:15(개역. 23:14)에 있는 군 진영의 성결에 관한 법의 시적 어투를 통하여 형성된 것으로 보인다.

23:10-15에 있는 군 진영의 성결에 관한 법의 경계들은 9절과 15절 뒤에 있는 세투마 구획 표시로 표시되어 있다. "악한 일"(דבר רע – 따바르 라아; 10절)과 "불합한 것"(ערות דבר – 오로트 따바르; 15b절)으로 번역된 단어들은 또 다른 단어와 문구의 반복이 대칭적 구조 가운데 나타나 있는 하나의 함유물로서의 기능을 한다.

A	"모든 악한 일을 스스로 삼갈지니"	ונשמרת מכל דבר רע	23:10
B	그는…나가고	ויצא	23:11
C	진 밖으로	לא־מחוץ למחנה	
D	진에 들어오지 아니하다가	לא יבא אל־תוך המחנה	
X	물로 씻을지니라	ירחץ במים	23:12
D′	진에 들어올 것이요	יבא אל־תוך המחנה	
C′	진 밖에	…לך מחוץ למחנה	23:13a
B′	밖에 나가서	ויצאת שמה חוץ	23:13b-14

A′ 네게서 불합한 것을 보시지 않으므로 ולא־יראה בךערות דבר 23:15

12절을 중심부로 취급한다면, 23:10-15에 있는 법의 내용은 다음과 같은 대칭적 구조로 정리할 수 있을 것이다.

A	진에 있을 때 모든 악한 일을 스스로 삼갈지니	23:10
B	밤에 몽설함으로 부정하거든, 그 남자는 진을 떠나야 한다	23:11
X	청결하게 한 후에 해질 때 진에 들어올 수 있다	23:12
B′	너는 진 밖에서 배변하고 너의 배설물을 덮을지니	23:13-14
A′	야웨께서 진 중에 계신다; 네게서 불합한 것을 보지 않게 하라	23:15

이 구조에서 관심의 초점은 진의 성결과 일시적으로 부정한 사람들에게 필요한 의식상의 성결에 있다(12절). 외부 골격은 부정으로 이끄는 어떤 "악한 일"로부터 지키도록 하는 금지 명령(10절)으로부터 야웨로 하여금 부정한 것을 보지 않도록 하는 명령으로 옮겨가고 있는데, 그 이유는 야웨께서 친히 원수를 대적하여 구원하기 위해서 진 가운데 행하시기 때문이다: "네 진을 거룩히 하라 그리하면 네게서 불합한 것을 보시지 않으므로 너를 떠나지 아니하시리라"(15절). 내부 골격은 사람을 부정하게 만드는(11절) "밤에 있는 사건"에 대한 수수께끼 같은 언급으로부터 진 밖으로 나가서 배설물을 덮는 일과 관련된 구체적인 지침(13-14절)으로 옮겨간다. "불합한 것"(ערות דבר – 오로트 따바르)은 공개적으로 드러나지 않아야 할 것을 보도록 모두에게 공개되는 어떤 것인데, 이를테면 부주의하여 밟을 수 있는 배변과 같은 것이다.

야웨의 총회에 에돔 사람과 애굽 사람의 가입에 관한 앞의 법은 백성들이 잠시 동안 공동체로부터 축출될 수 있고, 그 다음에 진에 다시 들어올 수 있는 가능성을 시사한다. 이러한 개념은 군 진영에 대한 법에서 취급되는데, 그 이유는 한 사람이 부정으로 인하여 일시적으로 축출될 수 있기 때문이다.

군 진영에서의 부정에 관한 법(23:10-15)은 창세기 32장에서 이야기 형태로 확대된다(Carmichael, *LNB*, 234-37). 이 단락은 야곱이 마하나임(מחנים, "두 군대 진영")이라고 불리는 장소에서 하나님의 사자들(מלאכי אלהים – 멜라케 엘로힘)을 만나는 32:2-3(개역. 1-2절)에 있는 진술로 시작된다. 야곱은 하나님의 사자들(מלאכי אלהים – 멜라케 엘로힘)을 보았을 때 "이것은 하나님의 군대다"라고 말했다(창 32:2-3). 나중에 "그날 밤"(32:23)에 일어났던 황홀경적인 이야기 가운데서 야곱은 한 사람과 씨름을 하고, 그 사람은 "그의 환도뼈를 쳤으며"(32:24), 그는

"진영 내에" 머무르기에 일시적으로 불가능한 절름발이가 되었다.

신명기 23:10-15의 법에서 몽설로 인하여 부정하게 된 군사는 진영을 떠나 밖에서 밤까지 머물렀다가 적절한 세척을 한 후에야 들어온다. 야곱의 경험은 카마이클이 주장한 바와 같이 이와는 다르다(*LNB*, 237): "그는 진영에 머물러 있고, 하나님의 축복을 받으며, 그 다음날 아침 에서와 성공적으로 상봉하게 된다."

이 법에 따르면 군 진영은 성스러운 공간인데, 그 이유는 "이는 네 하나님 여호와께서 너를 구원하시고 적군을 네게 붙이시려고 네 진중에 행하시기 때문이다"(15절). 여기에 함축된 의미는 분명하다. 즉 야웨의 총회는 군 진영으로 이해되어야 하고, 야웨께서 친히 신적 전사이시기 때문에 "네 진영이 거룩하게 되어야 한다"는 것이다(15절).

주석

10 마하나(מחנה)를 "군대 진영"으로 번역한 것에 대해서는 창세기 32:2을 보라. "네가 대적을 치러 출진할 때에"란 언급은 아마도 일상적인 군대의 상황 이상을 가리키는 것으로 보이는데, 그 이유는 이스라엘 백성들이 자신들을 신적 전사이신 하나님 자신과 함께 하는 "야웨의 군대"로 바라보았기 때문인 것 같다. 순례 절기, 특히 여리고 근처 길갈에서 지켰던 무교절기와 유월절이라는 상황(수 1-6장)에서 볼 때, 백성들은 진영의 한가운데 성막에 있는 법궤와 함께 전쟁 형태로 진을 쳤다. 이 전승은 쿰란의 사해 공동체에서 여전히 지키고 있었다(어두움의 자녀들에 대항하는 빛의 자녀들의 두루마리에 관해서는 Yadin, 73 n. 3을 보라). 진영에서는 "너희는 모든 악한 일(כל דבר רע – 콜 따바르 라아)을 스스로 삼가야 한다." "너희는 모든 악한 일"(כל דבר רע – 콜 따바르 라아)이 희생 제물로 쓸모없는 육체의 손상을 가리키는 신명기 17:1을 보라. 여기서 이것은 15절의 "불합한 것"(ערות דבר – 에르와트 따바르)이란 문구를 포함하고 있다.

11 "밤에 몽설함"(מקרה־לילה – 미크레-라일라; 직역하면 "밤의 사건")은 구체적으로 레위기 15:16에 있는 평행적 본문 가운데 규정되어 있다: "설정한 자는 전신을 물로 씻을 것이며 저녁까지 부정하리라." 여기에 나오는 난해한 용어는 벧엘(창 28장)과 얍복(창 32장)에서 하나님으로부터 보냄 받은 신비한 방문자와 있었던 야곱의 이례적인 사건에 대해서 카마이클이 제안한 본문의 상징적 해석으로 눈을 돌리게 한다.

12-14 "해질 때에"(직역하면 "저녁을 향하여")란 문구는 해가 지면서 새 날이 시작된다는 히브리인의 개념을 가리킨다. "변소"(יד – 야드)란 번역에 관해서는 위의 "원문주해" 13.a를 보라. 인간의 변이 일반적으로 부정한 것으로 규정되지는 않았지만, 군 진영의 이례적인 성결로 인하여 여기서는 지극히 부정한 것으로 취급된다. "요세푸스는 이것을 배변이 자연스러운 기능이기는 하지만, 에센파는 '마치 더럽혀진 것처럼' 그 후에 자신의 몸을 씻었다는 사실을 주시할 만한 것으로 생각했다"(Tigay[1996] 214, 그는 *J. W.* 2.8.9 § 149를 언급한다). 대부분의 주석가들은 여기에 나오는 야드(יד)를 "기념비" 혹은 "징표"로 번역했다(Craigie[1976] 299를 보라). 이것이 가능하기는 하지만, 좀더 타당한 해석은 군대의 야영지에서 그러한 용도로 지칭된 장소의 의미로서 "변소"에 대한 완곡어로 보는 것이다. 11:10의 "주석"을 보라. 거기서는 라갈(רגל, "발")이 성기의 완곡어로 사용되었다. "너의 기구(אזנך – 아제네카)에 작은 삽(יתד – 야테드)"이란 번역은 이 단어 야테드(יתד)를 일종의 "구멍 파는 연장"과 같이 뾰족한, 땅을 파는 기구로 해석하려는 시도다(Tigay). 남유럽(다른 곳과 마찬가지로)을 방문한 현대의 여행자들은 어떤 "공중 화장실"에서 어떻게 해야 할지 몰라 당황하게 되는데, 그 공중 화장실이 가끔은 시멘트 바닥에 하나의 구멍밖에 없는 것을 보고, "네가 쪼그리고 앉을 때에"라는 번역이 무엇을 의도하는지를 깨닫게 된다. 필자가 애굽의 시골에서 본 바와 같이, 이 일은 자주 속옷을 입지 않은, 근동의 시골에서 살던 농부들의 헐겁게 맞추어 입은 복장에서는 훨씬 더 쉽게 이루어진다.

15 미트할레크(מתהלך)를 "걷다" 혹은 "여행하다"로 번역한 실례에 관해서는 창세기 3:8; 사무엘상 30:31; 사무엘하 7:6-7 그리고 시편 105:13을 보라. 티개이(Tigay[1969] 214)는 신적 전사이신 야웨께서는 자기 군대와 함께 전쟁하러 행진해 가는 의미에서 "너의 진 가운데 행하신다"(NIV는 "하나님께서 네 진 가운데서 운행하신다"). 또한 20:4을 보라: "너희 하나님 여호와는 너희와 함께 행하시며 너희를 위하여 너희 대적을 치고 너희를 구원하시는 자니라." 이것은 성전(聖戰)의 어투다(특별 부록: "고대 이스라엘 내에서 축하된 사건으로서의 성전"을 보라). 전쟁하기 위하여 자기 군대의 선두에서 행진해 가시는 신적 전사 이미지에 관해서는 신명기 33:2의 고대 시; 시편 68:8(개역. 7); 하박국 3:3-9; 그리고 D. L. Christensen, "Num 21:14-15 and the Book of Wars of YHWH," *CBQ* 36(1974) 359-60; 같은 저자, "The March of Conquest in Isaiah x 27c-34," *VT* 26(1976) 385-99를 보라. 이것이 "거룩하게 되라"를 의미한다는 내용에 관해서는 레위기 19:2과 B. Le-

vine, "Excursus 6: Biblical Concepts of Holiness(chap. 19)," in *Leviticus*, JPS Torah Commentary(Philadelphia: Jewish Publication Society, 1989) 256-57를 보라. 르바인(Levine)의 결론은 인용할 가치가 있다: "거룩을 이루라. 거룩하게 되라는 명령은 생명이 충만한 중에 성별되고 모든 나라가 거룩 가운데서 하나님을 예배할 때를 그리고 있다. 성별된 자가 더러움으로부터 분리하는 과정으로 시작되었던 내용은 인간이 우주와 조화를 이루고, 인간이 하나님과 조화를 이루는 인간 체험의 통일로 끝날 것이었다"(p. 257). 진정한 거룩이란 인간의 성취가 아니라 하나님으로부터 오는 선물이다. 위의 10절에서 우리가 살펴본 바와 같이, 모든 사람이 볼 수 있도록 공개적으로 전시된 어떤 것이라는 의미에서 "불합한 것"(ערות דבר – 에르와트 따바르)은 "악한 일"(דבר רע – 다바르 라아)과 함축관계를 이룬다. 대칭적 형태로 아르(ער)/라아(רע)란 단어와 발음이 반복되고 있는 점은 분명히 의도적이다: 에르와트 따바르(ערות דבר) // 따바르 라아(דבר רע). 24:1에서 같은 단어의 사용 그리고 창세기 42:9에 있는 에르와트 하아레츠(ערות הארץ, "이 나라의 틈"; 직역하면 "땅의 벌거벗음")란 평행적 표현은 일종의 관용어임을 시사하고 있는데, 이는 영어의 "누군가의 팬티를 내리다"와 유사하다. 이 경우에 "불합한 것"은 본질적으로 여성의 성기(또한 의인화된 예루살렘 성에 대해서 말하는 애 1:8 참조)인데, 이것은 부끄럽고 죄스러운 어떤 것에 대한 관용어로서 "그녀의 음부를 들추어 내다"로 이해될 수 있다. 24:1의 논의를 보라.

해설

군 진영에서 청결의 동기는 전쟁하러 자기 군대와 함께 행진해 나가시는 하나님이 거룩하시기 때문이다. 23:10-15에 있는 군 진영의 성결에 관한 법이 특별히 이스라엘이 실제로 원수 국가와 싸우기 위하여 나갈 때 적용될지라도, 그들은 또한 야웨의 성전(聖戰)을 재현하기 위하여 모여서 언약궤와 이동식 성막 주위에 전쟁 형태로 자기들의 장막을 세울 때인 매년의 순례절기 때도 이동했는데, 그 성막은 특히 봄철에 있었던 이스라엘 왕국 시대 이전에 여리고 근처에서 있었던 유월절과 무교절기 축하 기간 동안에 그들 진영의 중앙에 세워졌다.

이스라엘 백성들은 모든 형태의 오염으로부터 자기들의 진영을 청결하게 유지하도록 명령을 받았다. 군사들은 각기 "악한 일이 없도록" 지켜야 했다(10절). 그들은 자기들의 임무를 시행하면서 공공연한 죄 가운데 포함되어 있는 도덕적 불결 또는 그들이 약탈한 진영 가운데서 발견된 우상과 가증스러운 물건들의 접촉으로부터 피해야 했다. 그들은 또한 모든 종류의 의식상의 오염과 자연적 오염, 이를테면 "밤에 몽설함" 같은 것을 피해야 하는데, 이것은 주로 밤에 일어난 본의 아닌 사정으로 생각된다(참조. 레 15:16-18). 만일 이것이 집에서 일어난 일이라면 그 사람이 씻기만 하면 되었다. 그러나 군대 가운데서 일어났다면 그는 진영을 떠나 의식상의 성결을 유지하기 위하여 해질 때까지 진 밖에 머물러야 한다(11-12절). 야웨의 진영은 그 곳을 더럽히는 것이 아무것도 없어야 하므로, 변소까지도 진 밖에 위치해 있어야 했다(13-14절).

3. "참 경건"에 대한 두 개의 법(23:16-19[개역. 15-18])

참고문헌

Bialik, E., and **Beinart, H.** "*Keleb.*" *EM* 4:113. **Bird, P.** "The Place of Women in the Israelite Cultus." In *FS F. M. Cross.* 1987. 397-19, esp. 404-6. **Donner, H.,** and **Röllig, W.** *KAI.* 1:82; 2:54-55(no. 37). **Feliks, Y.** *The Animal World of the Bible.* Tel Aviv: Sinai, 1962. 34. **Goodfriend, E. A.** "Could *keleb* in Deuteronomy 23:19 Actually Refer to a Canine?" In *FS J. Milgrom.* 1995. 381-97. **Greenfield, J. C.** "Asylum at Aleppo: A Note on Sefire III, 4-7." In *FS H. Tadmor.* 1991. 272-78. **Gruber, M.** "Hebrew *qĕdēšāh* and Her Canaanite and Akkadian Cognates." *UF* 18(1986) 133-47. ______. "The Qadesh in the Book of Kings and Elsewhere." *Tarbiz* 52(1983) 167-76. ______. "The *qedeshah*: What Was Her Function?" *Beer-Sheva* 3(1988) 45-51. **Gwaltney, W. C.** "The *Qadištum* and *Išaritum* in Mesopotamian Society." Ph.D. diss., Hebrew Union College, 1964. **Hooks, S.** "Sacred Prostitution in Israel and the Ancient Near East." Ph.D. diss., Hebrew Union College, 1985. **Licht, H.** *Sexual Life in Ancient Greece.* London: Routledge and Kegan Paul, 1932. 350, 356, 404, 436-40. **Liver, J.** "*Kālēb.*" *EM* 4:109-10. **Margalith, O.** "*Keleb:* Homonym or Metaphor?" *VT* 33(1983) 491-94. **McCullough, W. S.** "Dog." *IDB* 1:862. **Miller, P. D.** "Israel as Host to Strangers." In *Today's Immigrants and Refugees: A Christian Understan-*

ding. Washington, DC: U.S. Catholic Conference, Inc., 1988. 1-19. **Reviv, H.** "The Escaped Slaves of Shimei ben Gera." In *Galut ʾAḥar Golah: Studies in the History of the Jewish People Presented to Professor Haim Beinart.*(Heb.) Ed. A. Mirsky et al. Jerusalem: Makhon Ben-Zvi, 1988. 32-39. **Soden, W. von.** "Zur Stellung des 'Geweiten'(*qdš*) in Ugarit." *UF* 2(1970) 329-30. **Stager, L.** "Why Were Hundreds of Dogs Buried at Ashkelon?" *BAR* 17.3(1991) 27-42. **Thomas, D. W.** "*KELEBH* 'Dog': Its Origin and Some Usages of It in the Old Testament." *VT* 10(1960) 410-27. **Toorn, K. van der.** "Female Prostitution in Payment of Vows in Ancient Israel." *JBL* 108 (1989) 193-205, esp. 201. **Westermann, W.** *The Slave Systems of Greek and Roman Antiquity.* Philadelphia: American Philosophical Society, 1955. 17-18, 38-39, 40-41.

본문과 운율 분석

도망한 종을 위한 안식처 [4:7]

15 종이 그 주인을 피하여 네게로 도망하거든 너는 그 주인에게로 돌리지 말고
16 그가 너의 성읍 중에서 기뻐하는 곳을 택하는 대로 너와 함께 네 가운데 거하게 하고 그를 압제하지 말지니라

Asylum for Fugitive Slaves [4:7]

16(15) *You shall not deliver up a slave / to his master //* 13 2
who has escaped to you / from his master // 20 2_

17(16) *With you / he shall dwell* [a]*in your midst /* 11 2
in the place that he will choose / in one[b] *of your towns*[a] */* 18 2
wherever it pleases him // you shall not / oppress him // ס <u>12</u> 3_

구별된 창기 금지 [4:7]

17 이스라엘 여자 중에 창기가 있지 못할 것이요 이스라엘 남자 중에 미동이 있지 못할지니
18 창기의 번 돈과 개 같은 자의 소득은 아무 서원하는 일로든지 네 하나님 여호와의 전에 가져오지 말라 이 둘은 다 네 하나님 여호와께 가증한 것임이니라

Prohibition of Holy Prostitution [4:7]

18(17) *There shall be no "holy prostitute" / among Israel's daughters //* 18 2
and there shall be no "pagan priest" / among Israel's sons // 18 2_

19(18) *You shall not bring a harlot's fee / or the price of a dog /* 19 2
to the house / of YHWH your God[a] *in payment for any vow //* 15 2
for an abomination / to YHWH your God / are both of them // ס <u>20</u> 3_

원문주해

17.a-a. LXX^{B}에는 엔 휘민 카토이케세이 우 에안 아레세 아우토(*ἐν ὑμῖν κατοικήσει οὗ ἐὰν ἀρέσῃ αὐτῷ*, "너와 함께, 그가 기뻐하는 곳에서 그가 거할 것이다")로 되어 있다.

17.b. SP에는 MT의 빼아하드(באחד, "…의 하나에서") 대신에 빼에하트(באחת, "…의 하나에서")로 되어 있다.

19.a. 위치가 잘못된 아트나로 인하여 티프하가 연접사가 됨.

양식/구조/배경

도망한 종에게 안식처를 제공하라는 법(23:6-17)과 "구별된 창기" 금지법(23:18-19)은 운율 구조 면에서 긴밀히 연결되어 있으며, 또한 함께 단일 문학적 단위에 속해 있는데, 이것들은 대칭적 구조 안에서 중심부를 차지하고 있다.

A	부친의 후실과의 결혼 금지	23:1
B	야웨의 총회와 군 진영의 성결	23:2-15
X	도망한 종과 구별된 창기	23:16-19
B′	가난한 자와 약한 자의 보호에 관한 세 개의 법	23:20-26
A′	전처가 이미 결혼했다면 그 전처와의 재혼 금지	24:1-4

이 구조에서 외부 골격은 금지된 결혼에 관한 두 개의 법으로 이루어져 있다(23:1과 24:1-4). 이 골격 안에 내포된 일곱 개의 법(23:2-26)은 세 개의 버금 그룹 안에 배열되어 있는데, 그 중심부에는 도망한 종과 "구별된 창기"의 금지에 관한 법이 있다(23:16-19). 이 구조 가운데서 내부 골격은 군 진영으로서 야웨의 총회의 성격에 관한 두 개의 법(23:2-15)으로부터 백성들이 야웨의 총회의 일부분을 이루고 있는 사람들에게 선한 이웃이 되어야 한다고 요구하는 세 개의 법(23:20-26)으로 움직여 나간다.

23:2-26에 있는 일곱 개의 법은 서로 관련시켜 연구해야 할 텐데, 그 이유는 그것들이 안정된 칠지(七枝) 형태로 이루어져 있기 때문이다.

A	야웨의 총회	23:2-9
B	군 진영의 성결	23:10-15
C	도망한 종을 위한 안식처	23:16-17
X	"구별된 창기"의 금지	23:18-19
C′	이자를 받고 빌려주지 말 것	23:20-21
B′	야웨께 서원한 것의 적시 이행	23:22-24
A′	추수하지 않은 이웃의 밭의 곡식을 먹을 권리	23:25-26

"구별된 창기" 금지법(23:18-19)은 신명기 23장의 이 특별한 본문 가운데서 구조상의 중심부를 차지하고 있다. 가장 내부에 있는 골격은 경제적으로 착취당한 사람들에게 이웃이 되어 주라는 내용에 관한 두 개의 법으로 이루어져 있다: 도망한 종들을 위한 안식처에 관한 법(16-17절)과 이자를 받고 빌려주는 일을 금하고 있는 법(20-21절)이다. 그 다음 골격은 군 진영 내의 청결에 관한 법(10-15절), 야웨께 한 서원을 제때 이행하라고 요구하고 있는 법(22-24절)으로 움직여 나가고 있다. 외부 골격은 누구를 이웃으로 생각해야 하는지에 관한 문제를 일으키고 있는 야웨의 총회와 관련된 법(2-9절)으로부터 이웃의 추수하지 않은 곡식을 손으로 따서 먹을 수 있는 권리에 관한 법(25-26절)으로 움직여 나간다. 신명기의 이 단락에는 배워야 할 강력한 교훈이 있다는 사실을 깨닫기 위하여 많은 상상을 할 필요가 없는데, 이러한 교훈들은 신중한 사고와 선포를 요한다.

여기서 논의된 두 개의 법은 언뜻 보기에는 그 성격상 공통점이 없는 것으로 보이지만, 이것들은 운율 구조적인 면에서 연결되어 있고, 또한 그것들이 함께 창세기 32-38장에 있는 설화 이야기의 내용을 형성하고 있다. 이 두 법의 경계들은 15, 17, 19절 뒤에 있는 세투마 구획 표시를 통하여 표시되어 있다. 도망한 종에 관한 법(16-17절)은 다음과 같이 정리될 수도 있다.

A	너는 도망한 종을 그 주인에게로 넘겨주지 말라	23:16
B	네 가운데 거하게 하라	23:17a
X	그가 너의 성읍 중에서 택할 장소에서	23:17b
B′	그가 기뻐하는 곳	23:17c
A′	그를 압제하지 말지니라	23:17d

이 법의 초점은 이전에 종이었던 사람에게 약속의 땅에서 안식처를 구할 권리가 주어져야 한다는 사실에 있다. 그는 자기가 선택한 곳이 어디든 그 곳에 정착해야 할 것이다: "그가 기뻐하는 곳은 어디든지." 그는 이전의 주인에게 넘겨주어서는 안 된다. 또한 그가 자기 본국에서 가졌던 이전의 신분 그대로 압제를 받아서는 안 된다.

군 진영의 성별에 관한 앞의 법(23:10-15)처럼, 도망한 종에 관한 법은 창세기 32장에 있는 야곱 이야기의 형성과 내용에 영향을 주었다(Carmichael, *LNB*, 238-40). 먼저 아람-나하라임에서 있었던 라반의 적대감을 피하여 도망친 다음, 이제 야곱은 자신이 멀리했던 형 에서와 대면한다. 그는 에서에게 자신을 자기의 새로운 주인을 섬기기 위하여 길을 가고 있는 도망친 종으로 묘사하면서 자기의 사자들에게 다음과 같이 말하도록 지시한다: "너희는 이같이 내 주 에서에게 고하라 주의 종 야곱이 말하기를 내가 라반에게 붙여서 지금까지 있었사오며 내게 소와 나귀와 양떼와 노비가 있사오므로 사람을 보내어 내 주께 고하고 내 주께 은혜 받기를 원하나이다 하더라 하라"(창 32:3-5). 카마이클은 "에서가 애원자를 종으로 위협하지 않고 그가 원하는 곳에 정착하도록 그가 원하는 대로 행할 자유를 주었다"고 지적한다(*LNB*, 239) – 이는 신명기 23:16-17에 있는 법이 그가 행해야 하는 일을 말하고 있는 그대로다. 창세기 38:8에서 마하나(מחנה, "군 진영, 떼")로 선물한 야곱/이스라엘이 에서/에돔에게 받아들여진 이후, 에돔 사람들은 "네 형제"이며(8절), 그래서 야웨의 총회에 받아들여지게 된다.

이 법은 사회의 이상주의의 한 형태인데, 이것이 야곱/이스라엘과 에서/에돔들 간의 설화 이야기와 창세기 32-38장에 있는 약속의 땅에서의 야웨의 총회 이야기를 형성하는 데 사용된다. 이러한 방식으로 본문을 읽을 때, 티개이가 말하는 것처럼 (Tigay[1996] 215) 이 법을 "이방인" 종에 관한 진술에 제한시킬 필요가 없으며, "이스라엘 종들을 취급하는 유사한 법의 부재"를 생각할 필요도 없다.

23:18-19에 있는 "구별된 창기"에 관한 법은 다소 유사한 스타일로 되어 있는 순환 문장으로 정리될 수 있다.

A	이스라엘 중에 "창기"(구별된 창기)나 "미동"(이방 제사장)이 있지 못할 것이다	23:18
B	너는 창기의 번 돈과 개 같은 자의 소득을 가져오지 말라	23:19a
X	야웨의 전에	23:19a
B′	아무 서원하는 일로든지	23:19c
A′	이 둘은 다 네 하나님 여호와께 가증한 것임이니라	23:19d

이방신들을 예배하는 일에 있어서 창기와 종교적 활동은 야웨께 혐오스러운 것이다. 그러한 행실을 하는 일에 종사하는 사람들로부터 받은 돈은 야웨의 전에 가져와서는 안 된다.

운율 구조 면에서 23:16-17의 도망한 종을 위한 안식처에 관한 법은 뒤따라오는 23:18-19의 "구별된 창기"에 관한 법과 연결되어 있다. 이 두 법은 함께 7:4:7:4 운율 구조로 나누어진다(또한 이것은 44+30=74와 37+35=72라는 음절 숫자를 가진 구문론상의 악센트 단위 안에서 6:5:5:6으로 잘라내질 수도 있으며, 18a절은 이 두 단위를 연결하는 운의 교각으로서의 기능을 한다). 그리고 전체의 구조 형태는 다음과 같이 정리될 수 있다.

A	너는 도망한 종을 그 주인에게 넘기지 말라	23:16
B	그 종은 자신이 택한 곳에 거하게 하라; 그를 압제하지 말라	23:17
X	이스라엘 자녀 가운데 "구별된 창기"가 없어야 할 것이다	23:18
B′	너는 하나님의 전에 "구별된 창기"의 소득을 가져오지 말라	23:19a
A′	이 둘은 네 하나님 야웨께 가증한 것이다	23:19b

이 본문 가운데서 관심의 초점은 이스라엘 딸들 가운데 "구별된 창기"(קְדֵשָׁה – 퀘다샤)나 이스라엘의 아들들 가운데 "이교 제사장"(קָדֵשׁ – 카도쉬)을 금하는 것이다(18절). 위의 구조에서 외부 골격은 도망한 종을 주인에게 넘겨주지 말라는 금지(16절)로부터 "구별된 창기"로부터 제물로 드려진 돈을 가져오지 말라는 명령(19절)으로 옮겨간다.

"구별된 창기"에 대한 법(23:18-19)은 필자가 다른 곳에서(*The Writings: A Study Guide*[North Richland Hills, TX: BIBAL Press, 1998] 69) 성경의 문학적 구조 안에서 "중간에 위치한 수수께끼"(riddle at the middle)라고 지칭했던 내용에 대한 하나의 교훈적 실례다. 23:1-24:5에 있는 법의 서론 부분에서 살펴본 바와 같이, "구별된 창기"의 금지가 대칭적 구조에서 그 중심부를 차지하고 있다.

A	결혼과 전쟁에 관한 법	23:1-15
B	도망한 노예에 대한 법	23:16-17
X	"구별된 창기"의 금지법	23:18-19
B′	가난한 자와 약한 자의 보호에 관한 법	23:10-26
A′	결혼과 전쟁에 관한 법	24:1-5

이 구조의 처음과 중간 그리고 결론적 단락 모두가 특히 성 문제에서 간음 혹은 불법적 혼합을 금지하는 제7계명과 관련이 있다. 내부 골격은 아래에서 보여 주는 바와 같이 24:6-25:16의 법에서 확장되어 있는 인도주의 문제와 관련되어 있다. 그 중심부에 있는 내용의 의미는 수수께끼와 같고, 따라서 문학적인 면에서 상황은 창세기 6:3의 상황과 유사한데, 이것은 "하나님의 아들들"(בני אלהים – 베네 엘로힘)과 "사람의 딸들"(בנות האדם – 베노트 하아담)이라는 의문을 일으키는 구절에 들어 있는 "중간에 위치한 수수께끼"로서의 기능을 한다. D. L. Christensen, "Janus Parallelism in Genesis 6:3," *HS* 27(1986) 20-24를 보라.

23:2-24:4에 있는 사회 윤리에 관한 법의 단락은 23:2에 있는 야웨의 총회로부터 고자들을 제외시키는 법으로부터 시작했는데, 이것이 소위 창세기 34장에 있는 디나가 강간을 당한 소식에 대해 시므온과 레위가 속여 대답한 이야기를 형성하는 데 사용되었다. 23:18-19에 있는 "구별된 창기"에 관한 법은 23:2-7을 사회 윤리에 관한 법 모음집의 전반부에 포함시키도록 하기 위하여 같은 이야기로 돌아가고 있으며, 이는 다음과 같이 배열할 수 있다.

A 야웨의 총회에서 제외된 자-"사생아 민족"	23:2-7
B 에돔과 애굽은 야웨의 총회에서 제외된다	23:8-9
X 군 진영의 성결: 얍복에서의 야곱	23:10-15
B′ 도망한 종을 위한 안식처	23:16-17
A′ 이스라엘과 히위 족속	23:18-19

23:3의 "사생아 민족"이 크레이기가 주장한 바와 같이(Craigie[1976] 297) 원래 창기의 자녀들이었을지라도, 그 개념이 23:4-5에서 근친상간으로 낳은 "롯의 자녀" 즉 야웨의 총회에서 십대까지도 제외되는 암몬 족속과 모압 족속을 포함시키는 데까지 확대된다. 이것이 이 구조의 외부 골격이 말하고 있는 내용이다. 내부 골격은 이스라엘의 형제로 나타난 에돔에 대해 초점을 맞추고 있다. 이 구조의 중심부는 야곱/이스라엘이 아람-나하라임이라는 이방 땅에서 있었던 20년이라는 나그네 생활을 떠나서 그의 형 에서/에돔을 따라 약속의 땅에서 다시 거주하려고 얍복을 건넌 순간에 초점을 맞추고 있다.

23:2에 있는 야웨의 총회로부터 고자들을 제외시키라는 법과 함께, 이 "구별된 창기"를 금지하는 법(23:18-19)은 창세기 34장에 있는 디나의 강간 이야기에 반응하여 시므온과 레위가 행한 이야기를 이루는 역할을 한다(참조. Carmichael, *LNB*, 240-43). 시므온과 레위가 보기에는 가나안 왕자 세겜이 자기 누이 디나를 창기로 취급했다(창 34:31). 그러므로 약속의 땅에서 이스라엘 사람들과 가나안 족속들의 관계를 만들어 내기 위한 첫 번째 시도는 새로 할례 받은 모든 남자 히위 족속들에 대한 대대적인 살육으로 끝난다.

그 다음 장은 야곱이 야웨에게 한 서원을 이행하기에 앞서서 자기 가족 가운데서 우상들을 제거하는 일을 기록하고 있다(창 35:1-7). 카마이클은 이 이야기가 "특별히 서원의 이행과 관련하여 하나님의 집에 대한 이러한 보복(payment, 지불)에 관심을 두고 있으며, 부정한 예배 즉 이방신 숭배가 그러한 보복(지불)과 모순된다는 사실을 인정하고 있는"(*LNB*, 242) 것으로 말하고 있다. "구별된 창기" 주제는 이 사건을 창세기에 있는 더 큰 이야기의 다른 면과 연결시키는 데 사용된다. 다말은 유다를 통하여 가문을 잇도록 하기 위하여 자기 시아버지인 유다를 유혹했다(창 38장). 야곱 자신의 가나안 여인들과 그들의 종교적 관습과의 연루는 자기 형 에서와의 분리 직후에 일어났다(창 34장). 유다는 실제로 다말에게 그 값을 지불하기 위하여 그녀를 찾았을 때 "구별된 창기"(הקדשה – 하크다샤)라고 불렀다(창 38:21). "하나의 제의 창기(그는 그녀를 그렇게 묘사했다)로서의 그녀의 행위에 대해 지불함에 있어서, 그는 결국 이스라엘의 가족 숫자를 증가시키기 위하여 지불한 것인데, 이는 대개 야웨께 감사할 실질적인 정당한 근거가 될 결과다"(Carmichael, *LNB*, 242).

그러므로 야곱/이스라엘 이야기는, 하나님께서 자신에게 주신 재산 중 십일조 형태로 "구별된 창기"로부터 얻은 것을 하나님의 전에 지불하는 한 이스라엘 사람의 경우다. 그렇게 하면서 그는 신명기 23:18-19의 법을 범했는데, 이것은 의문스러운 것을 좀더 환상적인 세계 – 곧 성경의 문학적 세계, 그리고 특히 창세기 – 로 이끌어들이도록 하기 위하여 그 각 문구를 논의하고 확대할 유능한 교사를 의도적으로 초청해 들인 것으로 보인다.

주석

16-17 "너는 종을 그 주인에게로 돌리지 말라." 이 명령은 알려진 고대 근동의 모든 법전과 상충되는데, 근동의 법들은 도망한 종들에게 은신처를 제공하는 일을 금하고 있다. 특히 세파이어 Ⅲ(Sefire Ⅲ; *KAI*, no. 224; *ANET*, 660)로 알려진 아람어 조약 본문의 문구를 보라. 이것은 여기에 나타나 있는 문구와 정반대의 내용을 말하고 있다: "그가 너의 성읍 중에서 기뻐하는 곳을 택하는 대로 너와 함께 네 가운데 거하게 하고."

18-19 여기서 일반적인 집합적 의미인 "구별된 창기"로 번역되어 있는 퀘데샤(קדשה)와 콰데쉬(קדש)라는 문구는 완곡어다. "제의 창기"와 "성전 창기"란 단어는 모두 피하는 것이 가장 좋은데(BDB, 873), 그 이유는 이러한 표현들이 잘못된 정보를 전달하고 있기 때문이다. 이 주석에서 사용된 "구별된 창기"(holy prostitution, 즉 신전 창기)는 이 단락에서 이방신들을 섬기는 남녀가 행하는 제의 활동과 관련하여 콰도쉬(קדש, "거룩하게 되다, 구별되다")란 어근이 사용된 사실에 관심

을 집중하도록 하기 위한 것이다. "창기의 번 돈"(אתנן זונה – 에트난 조나)이란 문구는 창기들이 봉사해 주고 받는 대가를 가리킨다. 그들은 가끔 "떼에서 염소 새끼"(창 38:17)와 같은 것으로 지불 받기도 한다. "개 (같은 자)의 소득"(ומחיר כלב – 우므히르 켈레브)은 전통적인 유대인의 해석에서 "개 같은 자의 교환 물품"을 가리키거나 혹은 그들의 불법적 종교 행위로 인하여(남자들은 이방신들을 대신하여 행동하는 기능을 함) "이방 제사장들"이 받는 소득을 가리킨다. 이 문맥 가운데서 켈레브(כלב, "개")란 단어는 일반적으로 남창으로 해석되며, "남색하는 자"(KJV, ASV) 혹은 "미동"(J. Moffatt, *A New Translation of the Bible*[New York: Harper & Row, 1954] 226; 미동은 남색의 목적으로 보관된 소년이다)으로 번역되어 왔다. 어쨌든 히브리 성경에서 켈레브(כלב)는 "남창에 대한 모욕적 용어"가 아니라는 사실을 유념해야 할 것이다(*The Jerusalem Bible*[Garden City, NY: Doubleday, 1966] 247 n. 23.d). 여호수아의 동료 갈렙(כלב)이 그러한 이름으로 불렸다는 사실은 그 반대 사실을 입증한다. 굳프랜드는 주장하기를, 우리가 갈렙(כלב)을 문자 그대로 개로 번역하고 있는 전통적인 유대인의 해석을 좀더 자세히 검토해 볼 필요가 있다고 확신 있게 주장했다(Goodfriend, *FS J. Milgrom*, 381-97). 또한 Winton Thomas, *VT* 10[1960] 410-27의 논의를 보고, 또한 왕상 22:38에서 개들(כלבים – 켈라빔)과 창기(זנות – 조노트)가 결합되어 있는 점을 주시하라. 그루버는 쿼데샤(קאשׁה)와 쾨데쉬(קדשׁ)를 두 개의 분리되고도 전적으로 구별된 종류의 전문직이라고 본다(Gruber, *UF* 18[1986] 133-47). 쿼데샤(קרשׁה)는 조나(זונה, "창기")와 동일했었다. 그러나 쾨데쉬(קדשׁ)는 이교, 즉 비-야웨 제의에서 제사장 혹은 예언자였다. 이 곳에 나오는 두 용어의 결합은 이것이 일차적으로 사회적 역할 혹은 사회에서의 기능 면에서 두 개의 전문직의 동일시에 있지 않고 음성의 유사성 및 공통으로 가지고 있는 동사 어근에 기초하고 있다. 최근에 이스라엘 아스글론에서 페르시아 시대의 것인 커다란 개 무덤이 발견된 것은 여기에 나오는 "개 같은 자의 소득"에 대한 반대를 설명하는 데 도움이 되는 치료의 신과 관련된 어떤 이방 제의에서 개의 의미에 대한 새로운 질문을 일으켰다(Stager, *BAR* 17.3[1991] 26-42).

해설

실질적으로 모든 주석가들은 도망한 종에 관한 법(23:16-17)을 이방 땅에서 이스라엘로 들어온 종을 가리키는 것으로 해석했지만, 야곱/이스라엘을 가나안 땅에서 안식처를 찾기 위하여 또 다른 땅에 있는 이방인 주인을 떠나왔던 종으로 바라볼 수도 있다. 그렇다면 이 법이 금하고 있는 내용은 고대 근동에 있었던 법이 명하고 있는 바로 그 내용이다. "고대 세계에서 있었던 성경의 법에 유일하게 조금 가까운 것은 자기들의 주인들에 의해서 난폭하게 취급을 당하여 도망하는 종들에게 안식처를 제공하는 어떤 신전에서 있었던 관습이다"(Tigay[1996] 215). 이러한 경우에도 안식처는 이전의 주인과 타협이 이루어지고 또 다른 주인에게 팔려갈 수 있었던 종들을 보호하기 위하여 고안되어 일시적으로만 제공되었다(Greenfield, FS H. Tadmor, 272-78를 보라; 또한 W. Westermann, *Slave Systems*, 17-18, 38-39, 40-41를 보라; Tigay[1996] 387 n. 59에서 인용).

도망한 종들을 위하여 안식처를 제공하라는 법은 이스라엘 백성이 애굽에서 종이었던 사실을 상기하도록 고안된 것이다. 인간 종살이라는 치욕을 직접 경험하여 안 사람들은 이해할 수 있다. 우리 역시 본국 소환에 반대하는 이스라엘의 정책이, 어째서 자신들이 지배하고 있는 백성들에게 강요하는 종살이에 책임을 지고 있는 세력 있는 나라들을 통하여 만들어진 다른 법전들에 반대하고 있는지를 이해할 수 있다.

도망한 종을 위하여 안식처를 제공하는 법의 적용에서 하나의 좋은 실례가 최근 수 년 간 태국에서 일어났는데, 그 곳에서 국제선명회는 지금까지 알려진 인간 노동력의 착취 가운데 가장 비열한 실례들 중 하나인, 자기 부모들에 의하여 "성 노예"로 팔려간 어린 소녀들을 위한 안식처로서의 젊은이 야영장을 건립했다. 백만 명 이상의 소녀들이 당시 이 같은 방식으로 노예가 되었으며, 그러한 "성 노예들"은 미국, 영국, 독일, 호주 및 그 밖의 나라로 수출되어 왔다. 그러한 죄 없는 노예 희생자들에게 안식처를 제공하는 것과, 그러한 악을 근원부터 박멸하기 위하여 적극적으로 집단 행동을 취하는 것이 하나님의 법 아래 살고 있는 우리들의 책임이다.

신명기 23:18-19에 있는 창기에 관한 법은, 이 히브리어 단어들이 여기서 사용된 여자 창기(קדשה – 크다샤)와 미동(קדש – 콰데쉬)이 "(하나님에게) 구별되다" 혹은 "성별되다"라는 개념을 가진 동사 어근 콰다쉬(קדש, "구별되다")로부터 나왔기 때문에 "제의 창기"라는 주제에 많은 혼란의 원인이 되었다. 그러므로 "성전 창기" 개념은 알기 어려운 본문에서 중요한 단어들을 해석하는 하나의 명확한 방식이었다. 필자는 퀘데샤(קדשה)와 콰데쉬(קדש)란 두 단어를, 독자로 하여금 어근 콰다쉬(קדש)의 의미에 관심을 돌리고, 문제의 이 인물들이 율법과 또한 관련된 설화에 관한 한 실제로 창기(여성으로서)로 일하고 이방신을 섬김에 있어서(남성으로서) 불법적 종교 활동에 종사하고 있다는 사실에 관심을 집중하도록 하기 위하여 일반적인 의미에서 "구별된 창기"로 번역하는 편을 택했다.

최근의 여성 운동의 결과 가운데 하나는 과거와 현재의 여성들의 역할에 대한 재평가다. 몇몇 주제들은 자주 "제의 창기"로 불리는 내용과 같이 이 운동의 긍정적인 기여를 예증해 준다. "그렇게 많은 확신을 가지고 보다 많은 것이 기록된, 고대 근동의 종교 분야에서의 논문이 거의 없는데, 이에 관해서 많은 것들이 심히 미약한 증거에 근거하여 기록되었다…사실상 의식상의 성관계가 고대 근동 어디에서든지 평민들에 의하여 시행되었다는 사실을 입증하는 데 이용할 만한 증거가 없고, 또한 성경 시대 동안 성스러운 결혼이 이스라엘 내에서나 주변국에서 시행되었다는 사실을 입증할 만한 증거도 없다"(Tigay[1996] 481) - 그럼에도 불구하고 제임스 미취너의 생생하고도 설득력 있는 묘사가 있다(James Michiner, *The Source*[New York: Random House, 1965], chap. 3, "Level XIV: Of Death and Life").

물리적 창기는 엄청난 죄악인데, 성 노예의 형태와 조기 죽음의 형태로 그 결과가 나타난다. 그러나 "이방 제사장"의 활동의 형태로서 창기에 대한 비유는 더욱 심각한 문제를 일으킨다. "이방 제사장"은 야웨 이외의 어떤 신에 대해 예배 가운데서 불법 거래를 하는 사람과 "야웨의 전"에 예물을 드리기 위하여 그러한 행위의 수입을 이용함으로써 자기 양심을 달래는 사람이다. 비유적 의미에서 이것은 역시 생존이 불가능해진 상황에서 같은 악한 결과들을 가진 창기의 한 형태다.

4. "참 경건"에 대한 또 다른 세 개의 법(23:20-26[개역. 19-25])

참고문헌

Borowski, O. *Agriculture in Iron Age Israel.* Winona Lake, IN: Eisenbrauns, 1987. 58-59. **Cohn, H. H.** "Usury." *EncJud* 16:30-32. **Eichler, B. L.** *Indenture at Nuzi.* New Haven: Yale UP, 1973. **Ellis, E. E.** "Vow." *New Bible Dictionary.* Ed. J. D. Douglas. Downers Grove, IL: InterVarsity Press, 1962. 1313. **Gamoran, H.** "The Biblical Law against Loans on Interest." *JNES* 30(1971) 127-34. **Ginsberg, H. L.** "Psalms and Inscriptions of Petition and Acknowledgment." In *Louis Ginzberg Jubilee Volume.* Ed. A. Marx et al. 2 vols. New York: American Academy for Jewish Research, 1945. 1:163-64. **Greenberg, M.** "On the Refinement of the Conception of Prayer in Hebrew Scriptures." *AJSR* 1(1976) 78-81. ______. "Religion: Stability and Ferment." In *WHJP* 4/2(1979). 91. **Haran, M.** "The Yearly Family Sacrifice." In *Temples and Temple Service in Ancient Israel.* 1978. Repr. Winona Lake, IN: Eisenbrauns, 1985. 304-16. **Lipiński, E.** "*Nešek* and *Tarbit* in the Light of Epigraphic Evidence." *OLP* 10(1979) 133-41. **Milgrom, J.** "Excursus 66: "Oaths, Vows, and Dedications." In *Numbers.* JPS Torah Commentary. Philadelphia: Jewish Publication Society, 1990. 488-90. **Neufeld, E.** "The Prohibition against Loans at Interest in Ancient Hebrew Laws." *HUCA* 26(1955) 355-57. **Porten, B.** *Archives from Elephantine.* Berkeley: Univ. of California Press, 1968. 77. **Silver, M.** *Prophets and Markets.* Boston: Kluwer-Nijhoff, 1983. 65-66, 237. **Stein, S.** "The Laws on Interest in the Old Testament." *JTS* 4(1953) 161-70. **Tigay, J.** "On Some Aspects of Prayer in the Bible." *AJSR* 1(1976) 372. **Toorn, K. van der.** "Female Prostitution in Payment of Vows in Ancient Israel." *JBL* 108(1989) 196. **Veenhof, K. R.** "An Ancient Anatolian Money-Lender: His Loans, Securities, and Debt-Slaves." In *FS Lubor Matouš.* Ed. B. Hruška and G. Komoróczy. Budapest: Eotvos Lorand Univ., 1978. 282-84.

본문과 운율 분석

이자 받는 일의 금지 [8:7]

19 네가 형제에게 꾸이거든 이식을 취하지 말지니 곧 돈의 이식, 식물의 이식, 무릇 이식을 낼 만한 것의 이식을 취하지 말 것이라

20 타국인에게 네가 꾸이면 이식을 취하여도 가하거니와 너의 형제에게 꾸이거든 이식을 취하지 말라 그리하면 네 하나님 여호와께서 네가 들어가서 얻을 땅에서 네 손으로 하는 범사에 복을 내리시리라

Prohibition of Lending at Interest [8:7]

20(19) *You shall not lend on interest to your brother /*	11	1
interest on money\ [a] interest on food //	9	1
[b]*interest / on anything / that is lent*[c] *//*	12	3
21(20) *To the foreigner you may lend on interest /*	7	1
but to your brother / you shall not lend on interest //	<u>13</u>	2_
In order that YHWH your God / may bless you /	17	2
in all / [a]*you undertake*[a] */ upon the land /*	15	3
that you are entering / to take possession of it // ס	<u>15</u>	2_

적시에 서원을 이행할 것
[(4:5):(5:4)]

21 네 하나님 여호와께 서원
하거든 갚기를 더디 하지 말
라 네 하나님 여호와께서 반
드시 그것을 네게 요구하시리
니 더디면 네게 죄라
22 네가 서원치 아니하였으
면 무죄하니라마는
23 네 입에서 낸 것은 그대로
실행하기를 주의하라 무릇 자
원한 예물은 네 하나님 여호
와께 네가 서원하여 입으로
언약한 대로 행할지니라

Timely Fulfillment of Vows [(4:5):(5:4)]

22(21) [a]*When you vow a vow / to YHWH your God /* 17 2
you shall not put off / paying it // 11 2_
For YHWH your God / will surely require it / of you // 25 3
and it will be a sin / in you // 9 2_

23(22) *And*[a] *if you refrain*[b] *from making a vow //* 7 1
it will not be a sin / in you // 8 2
24(23) *the things passing your lips / you shall be careful to do //* 20 2_
What you vow / [a]*to YHWH your God*[a]**[b] *is a freewill offering /* 23 2
that you have promised / with your own mouth // ב 10 2_

이웃의 추수하지 않은 밭에서 이삭을 잘라 먹을 권리
[7][8]

24 네 이웃의 포도원에 들어
갈 때에 마음대로 그 포도를
배불리 먹어도 가하니라 그러
나 그릇에 담지 말 것이요
25 네 이웃의 곡식 밭에 들어
갈 때에 네가 손으로 그 이삭
을 따도 가하니라 그러나 이
웃의 곡식 밭에 낫을 대지 말
지니라

The Right to Eat from a Neighbor's Unharvested Crops [7] [8]

25(24) *When you enter / your neighbor's vineyard /* 13 2
you may eat grapes / freely / until you are satisfied // 17 3
but into your container / you shall not put them // ב 10 2_

26(25) *When you enter / your neighbor's standing grain /* 14 2
you may pluck off ears / in your hand[a] *//* 16 2
But a sickle / you may not wield / 10 2
on / your neighbor's standing grain // ב 8 2_

원문주해

10.a. 위치가 잘못된 아트나로 인하여 티프하가 연접사가 됨.

20.b. LXX은 와우 접속사를 덧붙인다.

20.c. LXXML은 토 아델포 수(*τῷ ἀδελφῷ σου*, "네 형제들에게"=לאחיך). 운율 분석은 MT을 지지한다.

21.a-a. 많은 히브리어 필사본들과 SP에는 MT의 메슐라흐 야데카(משלח ידך, "너의 손의 펼침") 대신에 משלח ידיך("네 손들의 펼침")로 되어 있다. LXX에는 토이스 에르고이스 수(*τοῖς ἔργοις σου*, "네 행위들")로 되어 있다.

22.a. 한 히브리어 필사본과 Syr은 와우 접속사를 덧붙인다.

23.a. 한 히브리어 필사본, Syr.[MSS], Vg은 와우 접속사를 빼고 있다.

23.b. 위치가 잘못된 아트나로 인하여 티프하가 연접사가 됨.

24.a-a. LXX[Bmin]과 OL에는 MT의 라아도나이 엘로헤카(ליהוה אלהיך, "네 하나님 야웨에게") 대신에 토 데오 수(*τῷ θεῷ* ⟨*σου*⟩, "⟨네⟩ 하나님에게")로 되어 있다. 운율 분석은 MT을 지지한다.

24.b. 자켑카톤이 뒤따라온 파스타는 연접사가 됨.

26.a. 소수의 히브리어 필사본들과 LXX에는 MT의 뻬야데카(בידך, "네 손에") 대신에 בידיך("네 손들에")로 되어 있다.

양식/구조/배경

고대 이스라엘 사회에서 가난한 자와 약한 자의 보호에 관한 세 개의 법(23:20-26)은 금지된 성적 결합에 관한 두 개의 평행적 율법(23:18-19)과 임시적으로 결혼한 전처와의 재혼 금지법(24:1-4)에 의하여 골격이 짜여져 있다. 이러한 두 가지 상황은 22:13-29에 있는 결혼과 성의 부정 행위에 관한 법에서 보여 준 바와 같이 제7계명을 범한 것으로 생각된다.

A "구별된 창기"의 금지	23:18-19
B 이자를 받고 빌려주는 일의 금지	23:20-21
X 야웨께 한 서원을 적시에 이행할 것	23:22-24
B′ 이웃의 추수하지 않은 밭에서 이삭을 잘라 먹을 권리	23:25-26
A′ 전처가 재혼했다면 그 전처와의 재혼 금지	24:1-4

이 구조에서 내부 골격은 고대 이스라엘에 있는 언약 공동체의 구성원은 이웃을 사랑한다는 사실을 드러내야 하는 특별한 방식에 관한 법들을 나타내고 있다: 즉 궁핍한 사람들에게 이자를 받지 않고 빌려줌으로써(20:20-21), 그리고 언약 공동체 구성원들이 이웃의 추수하지 않은 밭의 이삭을 잘라 먹을 권리를 준수함으로써(23:25-26). 이 구조의 중심부에서 우리는 야웨에게 행한 서원을 적시에 이행하라는 법을 발견하는데(23:22-24), 이것은 외부 골격의 전반부에서 "구별된 창기"의 돈을 받아들이지 말라는 금지로부터 야웨께 서원을 이행하라는 법(23:19)까지를 감싸는 형태를 취하고 있다. 23:18에 있는 창기 자체의 금지는 24:1-4에 있는 재혼한 전처와의 재혼을 금하고 있는 외부 골격의 하반부와 함께 내부에 있는 내용을 감싸고 있다. 간단히 말해서, 여기에 나타난 율법의 배열은 신명기 조직 설계 가운데서 또 다른 "수레바퀴 안에 있는 수레바퀴"를 이루도록 하기 위하여 주의 깊게

작성되었다.

23:20-26이 운율 구조의 관점에서 단일한 문학적 단위이기는 하지만, 이것은 21, 24, 25, 26절 끝부분에 세투마 구획 표시로 네 부분으로 나누어진다. 이것은 또한 주제가 다른 세 개의 분리된 법을 담고 있다. 전체의 문학적 단위의 내용은 다음과 같이 정리될 수 있다.

A	너는 네 형제에게 이식을 받고 빌려주지 말라	23:20
B	너는 네 가운데 거하는 이방인에게는 이식을 취할 수 있다	23:21
X	네가 야웨께 서원하거든 이행하기를 더디하지 말라	23:22-24
B′	네가 네 형제의 포도원에 들어가거든 열매를 먹어도 가하다	23:25
A′	네가 곡식 밭에 들어가거든 곡식을 따도 가하다	23:26

이 본문에서 관심의 초점은 야웨께 한 서원을 정한 때에 이행하라는 것이다(22-24절). 이 중심 부분의 한편에는 이자를 취하는 문제와 관련된 두 개의 법이 있고(20-21절), 그 반대편으로 이웃의 추수하지 않은 포도 열매(25절)와 곡식(26절)을 자유롭게 따먹을 수 있도록 하는 두 개의 법이 있다.

야웨께 서원한 것을 적시에 이행하라는 법은 또다시 시이츠가 주장하는 바와 같이(Seitz, *Redaktionsgeschichtliche Studien*[1971] 177-78) 같은 방식으로 정리될 수 있다.

A	네가 야웨께 서원하거든 이행하기를 더디하지 말라	23:22a
B	야웨께서 반드시 그것을 네게 요구하시리니 더디면 네게 죄라	23:22b
X	네가 서원치 아니하였으면 무죄하니라	23:23
B′	네 입에서 낸 것은 그대로 실행하기를 주의하라	23:24a
A′	자원한 예물은 네 하나님 여호와께 네가 언약한 대로 행할지니라	23:24b

이 본문에서 관심의 초점은 야웨께 대한 자발적인 서원으로 옮겨간다. 서원을 하기로 결정하지 않은 것에 대해서는 죄가 없다. 서원을 하고 서원한 시기에 그것을 이행하지 않았을 때 죄가 된다.

카마이클의 분석에 따르면(Carmichael, *LNB*, 243-53), 23:20-26에 있는 가난한 자와 약한 자의 보호와 관련된 세 개의 법은 23:16-17에 있는 도망한 종에 관한 법과 같이 창세기 32장에서 얍복 강을 건넌 후 가나안 땅에 있었던 야곱에 관한 이야기를 형성하는 데 사용되었다. 이 간략한 일련의 법들 가운데서 첫 번째 법은 이자를 받고 돈을 빌려주는 일에 관한 것으로서(신 23:20-21), 야곱의 불어나는 재산 이야기에 적용된다(창 28-34장).

이 이야기를 세밀히 관찰해 보면, 우리는 형제에게 이자를 받지 말고 빌려주라는 법이 창세기 설화를 형성하는 데 어떻게 사용되었는지를 알게 된다. "에서는 야곱의 소유물을 보호하기 위하여 자기 사람들을 야곱에게 붙여 주기를 원했다. 그것은 이자 없이 형제에게 빌려주는 형제애의 한 실례였다"(Carmichael, *LNB*, 244). 그러나 이스라엘 백성들이 그들의 밭과 포도원에 들어가지 않을 것이라고 약속했음에도 불구하고, 그리고 25-26절에서 이웃의 추수하지 않은 밭에서 곡식을 잘라 먹을 권리가 있음에도 불구하고, 이스라엘 사람들이 그들의 영토를 지나가게 허락해 달라고 했을 때, 그것이 형제들 사이에 존재하는 환대를 암시했음에도 불구하고 에서의 후손들인 에돔 사람들은 다르게 행동했다. 우리가 이미 살펴본 바와 같이, 에서의 환대의 실례는 도망한 종에 관한 법에 의하여 부분적으로 형성되기도 했다. 이와 관련하여 카마이클은 흥미 있는 주장을 했는데, 곧 "비록 야곱의 경우는 아닐지라도 대부분의 경우에 주인에게 되돌려보내는 종은 자기 고향에서 다시 자유로운 삶을 살도록 그에게 힘을 돋우어 주기 위하여 이자 없이 차용을 해야 할 필요가 있었다"(*LNB*, 245).

빌려주는 문제에 관한 법의 두 번째 부분(20-21절), 즉 타국인에게 이자를 받고 빌려주도록 허락하고 있는 부분은 창세기 34장에서 히위 사람들과 관련된 야곱의 이야기를 형성하는 데 하나의 역할을 한다. 바꾸어 말해서, 이스라엘은 그들을 죽이고 대단히 많은 사람들과 재산을 얻었다. 즉 그들의 남자 어른들은 죽임을 당했으나, 여인들과 자녀들은 이스라엘 편에 가입되었다. 카마이클은 창세기에 있는 이야기는 독특한 사건들에 초점을 맞추고 있으며, 반면에 신명기는 수월한 상업 계약으로부터 이스라엘에게 이익이 생기는 타국인 그룹과 이스라엘의 정상적인 관계를 묘사하고 있다.

서원을 적시에 이행하라는 두 번째 법은 독자를 창세기 28장으로 거슬러 올라가게 하는데, 그때 야곱에게 했던 원래의 서원은 야웨께 했던 것이다. 거기서 창세기 35장으로 옮겨가는데, 여기서는 서원이 적시에 이행되었다. 그러나 서원을 하면서 그것은 불필요할 수도 있는데, 하나님의 축복 대신에 성소에 어떤 것을 갚아 드릴 것이라는 개인의 약속(Milgrom, Numbers, 488, 그리고 2-24절의 "주석"을 보라)과 또한 이 법은 신속한 이행을 요구하고 있다. "이 법의 이러한 특징은 지체된 지불이 거래의 본질이었던 이자를 받고 빌려주는 일과는 대조가 된다. 이자를 받고 빌려주는 법의 바로 앞에 나타나 있는 제의 창기에 관한 법은 서원을 이행하는 방식으로

신에게 드렸을 수 있는 일종의 지불에 관심을 두고 있다는 사실 가운데 설명되고 있다"(Carmichael, *LNB*, 247).

이웃의 추수하지 않은 곡식을 잘라 먹도록 허용하고 있는 법(25-26절)은 이스라엘과 에돔 간의 관계 이야기가 율법 수여자 모세의 관점에서 최근에 취급되었다는 양식을 표현하고 있다. 에돔 왕에게 보낸 모세의 말 중에 "당신의 형제 이스라엘의 말에 우리의 당한 모든 고난을 당신도 아시거니와…청컨대 우리로 당신의 땅을 통과하게 하소서 우리가 밭으로나 포도원으로나 통과하지 아니하고 우물 물도 공히 마시지 아니하고 우리가 왕의 대로로만 통과하고 당신의 지경에서 나가기까지 좌편으로나 우편으로나 치우치지 아니하리이다 한다 하라 하였더니"(민 20:14-17)라고 말한다. 에돔 사람들은 이 법이 허락한 권리까지 거절할 뿐만 아니라 적대감도 변하지 않았다.

주석

20 "이자를 받고 빌려주는 것"(תשיך נשך – 타쉬크 네쉐크)은 이자놀이를 암시하는데, 이것은 다소 잘못된 것이다. 문제가 되고 있는 "빌려주는 것"은 일차적으로 "너의 형제에게"(לאחיך – 레아히카) 자비로운 대부다. 실버가 고대 이스라엘 내에서 이자를 받는 상업적 대부가 있었다는 실례를 들어 설명하기는 했으나(Silver, *Prophets and Markets*, 65ff., 327), 학문적인 의견의 일치는 티개이의 글에 반영되어 있다: "어떤 의미의 금전 거래소가 있었다거나, 또는 지불 능력이 있는 이스라엘 사람이 상업이나 다른 목적을 위하여 빌렸다는 증거는 없지만 여러 페이지의 글이 빌리는 모든 사람들이 가난한 자는 아니라는 사실을 암시한다(출 22:24; 신 24:12)"(Tigay[1996] 217). 이 금지법은 고대 근동의 법에는 유례가 없는데, 근동법에서는 이자율이 터무니없이 높다: 은은 20-25%이고, 곡식은 30-50%이며, 가끔은 이보다 더 높다(G. R. Driver and J. C. Miles, *Babylonian Laws*, 2 vols.[1952-55], 1:173-77; Tigay[1996] 217).

여기서 "이자"로 번역된 네쉐크(נשך)란 단어는 가끔은 나샤크(נשך)란 동사 어근이 "깨물다"를 의미하기 때문에 처음에 대부로부터 공제된 돈이라는 의미에서 "선금 이자"로 번역된다. 에스겔 18:8은 "변(נשך – 네쉐크)을 위하여 꿈"과 "이식(תרבית – 타르비트)을 받음"을 언급하고 있다.

21 "타국인에게 네가 꾸이면 이식을 취하여도 가하거니와"(참조. 15:3). 고대

이스라엘에서 타국인은 주로 생계 유지가 아니라 이익을 목적으로 여행하는 사업자였다. 그러한 경우에 이익을 삼가야 할 도덕적 책임이 없다. 매이즈가 주장한 바와 같이(Mayes[1981] 321) 신명기에서만 명확하게 타국인에게 이자를 받고 빌려주는 것을 허용하고 있다는 사실을 유념해야 할 것이다.

22-24 이러한 구절들의 내용은 언약서에 있는 내용과 같다(출 20:22-23:33). 전도서 5:3-4(개역. 4-5절)에 있는 평행절은 신명기의 이 본문에 하나의 지혜의 말씀이 기록되어 있음을 암시하고 있다(C. Brekelmans, "Wisdom Influence in Deuteronomy" in SBTS 3:123-34). "네 하나님 야웨께 서원"을 하는 일은 고대 이스라엘에서 있었던 예배의 한 공식적 표현이었다. 밀그롬에 따르면(Milgrom, *Numbers*, 488), "성경에서 모든 서원들은 성소를 향한 헌신이었다." 한나의 서원이 그 실례다: "만군의 여호와여 만일 주의 여종의 고통을 돌아보시고 나를 생각하시고 주의 여종을 잊지 아니하사 아들을 주시면 내가 그의 평생에 그를 여호와께 드리고 삭도를 그 머리에 대지 아니하겠나이다"(삼상 1:11). 그러한 서원을 했을 경우에 율법은 이렇게 말한다: "갚기를 더디하지 말라." 그러나 본문은 어떤 시기가 야웨께 한 서원을 이행하기에 적절한지에 대해서는 구체적으로 명시하고 있지 않다. 유대교에서 일어났던 엄지손가락 규정(rule of Thumb)은 대부분의 상황에서 서원이 그 다음 순례 절기의 경우에 이행되었어야 했다는 것이다. 그 이후 유대인 전승에서, 세 절기 이후까지는 늦은 것으로 간주되지 않았다(*Sifre* 63; Tigay[1996] 219). 한나는 젖을 뗀 다음에 아기를 실로에 있는 중앙 성소로 데려갔는데(삼상 1:24), 이것은 분명히 일 년 이상이 지난 시기였다. 만일 사람이 이 법을 적기에 이행하지 못하면 그 법은 "네게 죄라"고 말한다. 이와 같은 경고가 합당한 임금 지불을 지체하는 일과 관련하여 24:14-15에서 다시 나타난다. "네가 서원치 아니하였으면 무죄하니라"는 진술은 서원하는 일이 자발적인 행위라는 것을 암시한다. 서원하지 않은 것에 대해서는 죄가 없지만, 일단 서원한 것을 이행치 않으면 죄가 된다. 즉 "네 입에서 낸 것은 그대로 실행하기를 주의하라"는 것이다. "자원한 예물"로 번역된 네다바(נדבה)란 단어는 12:6에도 나타난다.

25-26 "네 이웃의 포도원에 들어갈 때에" 혹은 이웃의 "곡식" 밭에 들어갈 때에 그 사람은 굶주림을 채울 만큼 먹도록 허용되었으나 그 이상은 금지되었다.

해설

대출금에 대해서 이자를 지불하는 일은 현대 세계에서 일상적인 일이므로 본문을 가볍게 읽어 넘어가는 독자에게는 23:20-21에서 이자를 금하고 있는 법을 보고 놀랄 것이다. 이 법을 주신 것은 가난한 자의 착취를 금하기 위한 바람에서였다.

야웨께 행한 서원을 적기에 이행하라는 법(23:22-24)은 심각한 문제를 야기한다. 이웃의 추수하지 않은 곡식 이삭을 잘라 먹을 수 있는 권리를 허용하는 법(23:25-26)은 마태복음 12:1-8에 나오는 예수님과 바리새인 간에 있었던 흥미로운 논쟁을 야기했다. 그 문제는 제자들이 누군가의 곡식을 잘라 먹었을 때 그것을 훔쳤다는 것이 아니었는데, 그 이유는 이삭을 잘라 먹는 일이 이 법을 통하여 허용되고 있었기 때문이다. 문제는 그 일이 안식일에 일어났다는 것이고, 그래서 그들은 제4계명을 어겼다고 잘못되게 정죄했던 것이다(신 5:12-15).

단일 운율 구조 가운데 있는, 그 사회의 가난한 자와 약한 자를 돌보는 문제에 관해 언급하는 23:20-26에서 세 개의 법이 결합되어 있는 것은 이 법이 일차적으로 인도주의 문제를 취급하고 있다는 사실을 암시한다. 또한 창세기의 이와 관련된 설화에서 이러한 법들을 읽게 되는데, 이는 고대의 법 전승에 대한 단순한 비교 연구 이상의 큰 가치가 있다. 여기에 기록되어 있는 개개의 법들은 이 법들에 기초한 이야기들, 곧 토라의 본질이 되는 이야기에 대한 서두였다.

E. 결혼, 전쟁, 참 경건에 대한 열여섯 개의 법(24:1-25:19)

1-2. 이혼 후의 재혼과 새신랑의 군 징집 금지(24:1-5)

참고문헌

Amran, D. W. *The Jewish Law of Divorce according to Bible and Talmud.* New York: Hermon, 1969. 1-31. **Anderson, G.** *A Time to Mourn, a Time to Dance.* University Park, PA: Pennsylvania State UP, 1991. 27-37, 55-57. **Boschi, B. G.** "Problemi della Famiglia nella Bibbia." *Sacra Doctrina* 20(1975) 395-417. **Daube, D.** "Concerning Methods of Bible-Criticism: Late Law in Early Narratives." *ArOr* 17.1 (1949) 89-99. ______. "The Culture of Deuteronomy." *Orita* 3(1969) 40-43. **Epstein, L. M.** *Marriage Laws in the Bible and the Talmud.* HSS 12. Cambridge: Harvard UP, 1942. **Fensham, F. C.** "Widow, Orphan, and the Poor in Ancient Near Eastern Legal and Wisdom Literature." *JNES* 21(1962) 129-39. **Finkelstein, J. J.** "Cutting the *sissiktu* in Divorce Proceedings." *WO* 8(1976) 236-40. ______. "Sex Offenses in Sumerian Laws." *JAOS* 86(1966) 362-63. **Fishbane, M.** *Biblical Interpretation in Ancient Israel.* 1988. 307-12. ______. "Torah and Tradition." In *Tradition and Theology in the Old Testament.* Ed. D. A. Knight. Philadelphia: Fortress, 1977. 275-300. **Fisher, L. R.** "An International Judgment." In *The Claremont Ras Shamra Tablets.* Ed. L. R. Fisher. AnOr 48. Rome: Pontifical Biblical Institute, 1972. 14-19. **Friedman, M.** "Divorce upon the Wife's Demand as Reflected in Manuscripts from the Cairo Geniza." *JLA* 4(1981) 103-27. ______. "Israel's Response in Hosea 2:17b: 'You Are My Husband.'" *JBL* 99(1980) 199-204, esp. 199 n. 1. ______. "Termination of the Marriage upon the Wife's Request: A Palestinian Ketubba Stipulation." *PAAJR* 37(1969) 29-55. **Friedman, S.** "The Case of the Woman with Two Husbands in Talmudic and Near Eastern Law." *ILR* 15(1980) 530-58. **Geller, M. J.** "The Elephantine Papyri and Hosea 2:3." *JSJ* 8(1977) 139-48. **Granqvist, H.** *Marriage Conditions.* 1931-35. 2:281-82. **Greengus, S.** "A Textbook Case of Adultery in Ancient Mesopotamia." *HUCA* 40-41(1969-70) 33-44. **Gurewicz, S.** "Divorce in Jewish Law." *Res Iudicatae* 7(1956) 357-62. **Hobbes, T. R.** "Jeremiah 3, 1-5 and Deuteronomy 24, 1-4." *ZAW* 86(1974) 23-29. **Hunt, H. B.** "Attitudes toward Divorce in Post-Exilic Judaism." *BibIll* 12(1986) 62-65. **Kysar, M.**, and **Kysar, R.** *The Asundered.* Atlanta: John Knox, 1978. **Lehmann, M. R.** "Gen 2, 24 as the Basis for Divorce in Halakhah and New Testament." *ZAW* 72(1960) 263-67. **L'Hour, J.** "Une législation criminelle dans le Deutéronome." *Bib* 44(1963) 1-28, esp. 24. **Lipiński, E.** "The Wife's Right to Divorce in the Light of an Ancient Near Eastern Tradition." *JLA* 4(1981) 9-27. **Lloret, V. J. A.** "El Pacado en el Deuteronomio." *EstBib* 29(1970) 267-85, esp. 272-74. **Malul, M.** "'*Sissiktu*' and '*sikku*' - Their Meaning and Function." *BO* 43(1986) 19-36. **Martin, J. D.** "The Forensic Background to Jeremiah iii 1." *VT* 19 (1969) 82-92. **Marucci, C.** *Parole di Gesù sul Divorzio.* Aloisiana 16. Naples: Morcelliana, 1982. **Moran, W. L.** "The Scandal of the 'Great Sin' at Ugarit." *JNES* 18 (1959) 280-81. **Müller, H.-P.,** and **Raming, I.** "Women and Judaism." *TD* 34 (1987) 216-18. **Nembach, U.** "Ehescheidung nach alttestamentlichem und jüduschem Recht." *TZ* 26(1970) 161-71. **Neudecker, R.** "Das 'Ehescheidungsgesetz' von Dtn 24, 1-4 nach altjüdischer Auslegung." *Bib* 75(1994) 350-87. ______. *Frührabbinisches Ehescheidungsrecht.* BibOr 39. Rome: Biblical Institute Press, 1982. **Neufeld, E.** *Ancient Hebrew Marriage Laws.* 1944. 244. **Otto, E.** "Das Verbot der Wiederherstellung einer geschiedenen Ehe: Deuteronomium 24, 1-4 im Kontext des israelitische und judäischen Eherechts." *UF* 24(1993) 301-10. **Pardee, D.** "A New Ugaritic Letter." *BO* 34(1977) 3-20. **Phillips, A.** "Another Example of Family Law." *VT* 30(1980) 240-45. ______. "Another Look at Adultery." *JSOT* 20(1981) 3-25. **Praag, A. van.** *Droit matrimonial assyro-babylonien.* Allard Pierson Stichting Archaeologisch-Historische Bijdragen 12. Amsterdam: Noord-Hollandsche Uitgevers Maatschappij, 1945. **Rabinowitz, J. J.** "The Great Sin in Ancient Egyptian Marriage Contracts." *JNES* 18(1959) 73. ______. "Marriage Contracts in Ancient Egypt in the Light of Jewish Sources." *HTR* 46(1953) 91-97. **Rowley, H. H.** "The Prophet Jeremiah and the Book of Deuteronomy." In *FS T. H. Robinson.* 1950. 157-74. **Toeg, A.** "Does Deuteronomy 24:1-4 Incorporate a General Law on Divorce?" *DiIs* 2(1970) v-xxiv. **Wambacq, B. N.** "De Libello Repudii." *VD* 33(1955) 331-35. **Westbrook, R.** "The Prohibition on Restoration of Marriage in Deuteronomy 24:1-4." In *Studies in Bible.* Ed. S. Japhet. ScrHier 31. Jerusalem: Magnes, 1986. s399-403. **Yaron, R.** "Biblical Law: Prolegomena." In *Jewish Law in History and the Modern World.* Ed. B. S. Jackson. JLA Sup 2. Leiden: Brill, 1980. 27-44, esp. 37. ______. "On Divorce in Old Testament Times." *RIDA* 4(1957) 117-28. ______. "The Restoration of Marriage." *JJS* 17(1966) 1-11. **Zakovitch, Y.** "The Woman's Rights in the Biblical Law of Divorce." *JLA* 4(1981) 28-46, esp. 40.

본문과 운율 분석

전처가 재혼했다면 그 전처와의 재혼 금지 [(7:5):(7:7):(5:7)]	**On Restoring a Marriage If One's Former Wife Has Remarried** [(7:5):(7:7):(5:7)]	
1 사람이 아내를 취하여 데려	1 *When a man takes / a woman*[a] */ and marries her //*	16 3

온 후에 수치되는 일이 그에게 있음을 발견하고 그를 기뻐하지 아니하거든 이혼 증서를 써서 그 손에 주고 그를 자기 집에서 내어 보낼 것이요

and it shall be / if she does not find favor in his eyes / 18 2
because he finds in her / "a naked thing" / 13 2_
And he writes for her / a bill of divorce / 15 2
and he puts it in her hand / 9 1
and he sends her out / from his house / / 10 2_

2 그 여자는 그 집에서 나가서 다른 사람의 아내가 되려니와

2 *And she goes forth\[a] [b]from his house / /* 11 1
and she proceeds[b] / to become the wife of another man / / 18 2

3 그 후부도 그를 미워하여 이혼 증서를 써서 그 손에 주고 그를 자기 집에서 내어 보내었거나 혹시 그를 아내로 취한 후부가 죽었다 하자

3 *And the latter husband / hates her /* 17 2
and he writes her / a bill of divorce / 14 2_
And he puts it in her hand / 9 1
and he sends her out / from his house / / 9 2
Or if the [a]latter man[b] / dies / 18 2
who took her to himself / to be his wife[a] / / 13 2_

4 그 여자가 이미 몸을 더럽혔은즉 그를 내어 보낸 전부가 그를 다시 아내로 취하지 말지니 이 일은 여호와 앞에 가증한 것이라 네 하나님 여호와께서 네게 기업으로 주시는 땅으로 너는 범죄케 하지 말지니라

4 *Her former husband who divorced her is not permitted /* 19 1
to turn to take her again / to be his wife / 17 2
after / she has been defiled / 12 2_
For that is an abomination\[a] before YHWH[b] / / 16 1
and you[c] shall not bring sin / to the land / 13 2
that / YHWH *your God / gives you / for an inheritance / /* ס 20 4_

새신랑의 군 징집 금지 [6:6]

Deferral of a New Husband from Military Service [6:6]

5 사람이 새로이 아내를 취하였거든 그를 군대로 내어 보내지 말 것이요 무슨 직무든지 그에게 맡기지 말 것이며 그는 일년 동안 집에 한가히 거하여 그 취한 아내를 즐겁게 할지니라

5 *When a man takes / a new wife /* 14 2
he shall not / go forth / with the army / 11 3
and he shall not be assigned to it / 11 1_
In[a] every instance / / there is exemption[b] from obligations / 10 2
he shall remain at home / one year / 14 2
[c]to bring happiness[c] / to his wife whom he has taken / / ס 13 2_

원문주해

1.a. SP는 ובא אליה("그리고 그가 그녀에게로 온다")를 덧붙인다. 운율 분석은 MT을 지지한다.

2.a. 위치가 잘못된 아트나로 인하여 티프하가 이접사가 됨.

2.b-b. LXX은 생략하고 있다. 운율 분석은 MT을 지지한다.

3.a-a. Vg은 생략하고 있다. 운율 분석은 MT을 지지한다.

3.b. SP에는 MT의 하이쉬(האיש, "그 사람") 대신에 바알라흐(בעלה, "그녀의 남편")

로 되어 있다. 몇몇 LXX 증거 본문들은 아우테스(*αὐτῆς*, "그녀")를 덧붙인다.

4.a. 위치가 잘못된 아트나로 인하여 티프하가 이접사가 됨.

4.b. LXX은 투 데우(*τοῦ θεου*〈=אלהיך, "네 하나님"〉)를 덧붙인다. 운율 분석은 MT을 지지한다.

4.c. SP와 LXX과 함께 2인칭 복수는 난해한 독법(*lectio difficilior*)으로 되어 있음. 만일 이것이 원본이 아니라면, 이것은 MT에 있는 생략을 설명하는 것보다 SP와 LXX의 이 부분에 수의 전이가 출현하는 것을 설명하기가 더욱 어렵게 만든다.

5.a. 소수의 히브리어 필사본, LXX, Tg.[MS], *Ps.-J.*에는 MT의 레콜(לכל, "모두에게" 혹은 "모든 〈경우에〉") 대신에 콜(כל)로 되어 있다.

5.b. SP에는 MT의 나퀴(נקי, "면제된") 대신에 נקיא("무죄한")로 되어 있다(이 두 단어에 관한 같은 혼동에 대해서는 욘 1:14을 참조하라).

5.c-c. Syr에는 MT의 웨심마흐(וְשִׂמַּח, "그리고 그가 기뻐하게 할 것이다") 대신에 *wnḥd'*(=וְשָׂמַח, 웨사마흐)로 되어 있다. 운율 분석은 운율 수를 네 개가 아닌 세 개로 하여 MT을 약간 더 지지한다.

양식/구조/배경

이 주석에 제공된 운율 분석 면에서 볼 때, 신명기 토라 본문의 낭독 주기 가운데 열한 개 주의 여섯 번째 법(21:10-25:19)은 세 개의 주요 부분으로 되어 있다: 21:10-23:1; 23:1; 24:4; 24:5-25:19. 부친의 후실과의 결혼 금지법(23:1=개역. 22:30)은 첫 번째와 두 번째 단락을 연결짓는 다리로서의 기능을 한다. 상황은 더욱 복잡한 방식으로 두 번째와 세 번째 단락을 연결하는 역할을 하고 있는 24:1-5에 나오는 두 개의 법과 어느 정도 유사하다.

문학적 관점에서 보면, 24:1-5의 법은 앞 단락을 완성하고(23:1-24:4) 신명기 24장의 나머지 부분 가운데 뒤따라오는 내용을 이끌면서 전환적 성격을 가지고 있다.

A	금지된 결혼과 새신랑의 일 년 간의 군 징집 면제	24:1-5
B	맷돌을 압류하고 사람을 후리는 일	24:6-7
X	"문둥병"의 취급	24:8-9
B′	전집물을 취하는 일과 보관하는 일	24:10-13
A′	인도주의적 관심: 가난한 자와 약한 자의 보호	24:14-22

이 구조 내에 있는 세부 사항들, 그리고 24:5-25:19에 있는 가난한 자와 약한

자의 보호법이라는 좀더 큰 그룹이라는 구도 내에서의 위치는 아래에 논의되어 있다. 여기서는 전처와의 재혼 금지법(1-4절)과 새신랑의 군 징집 면제법(5절)이 운율적인 면에서 단일한 문학적 단위로서의 기능을 하고 있는데, 이것이 이스라엘 사회에서 가난한 자와 약한 자를 보호하는 일에 주안점을 두고 있는 세 개의 법과 대칭되어 있다는 사실을 언급하는 것만으로 충분할 것이다: 임금의 적시 지불(14-16절), 대물림 형벌의 금지(16절), 객과 고아와 과부의 보호법(17-22절). "문둥병자"를 취급하는 중심부의 법(8-9절)은 "중심에 위치한 수수께끼와 같은 법"과 유사한 성격을 보이고 있는데, 그것은 공통성을 가지고 있는 세 개의 법으로 둘러싸여 있다. 맷돌을 전집물로 취하는 일(6절), 동료 이스라엘 사람을 유괴하는 일(7절), 이 둘은 대출금으로 인하여 재산을 전집하는 일과 관련하여 그 한계를 설정하고 있는 법(10-13절)과 대칭되어 있다.

제7계명(간음 금지)과 관련되어 구성된 21:10-23:1에 있는 법은 무엇보다도 가족법(22:13-29에 있는 혼인과 성적 부정 행위에 대한 일단의 여섯 개의 법을 포함하고 있음)과 "불법적 혼합"(22:5, 9-11)을 취급하고 있다. 사회 윤리 문제를 취급하고 있는 23:2-24:4에 있는 법이 제7계명과 관련되어 구성되어 있기는 하지만(특히 23:1과 24:1, 5의 "한 남자가 한 여자를 취하였거든"을 포함하고 있는 세 개의 법과 관련하여), 그것들은 십계명의 처음 세 개의 법(하나님과 관련된) 및 마지막 세 개의 법(도적질, 거짓 증거, 탐욕)에 상응하는 법을 포함하고 있으며, 동시에 예배(23:22-24), 전쟁(23:10-15; 25:5), 가난한 자와 약한 자의 보호(23:20-26)에 속하는 것들을 포함한다.

낭독 주기의 여섯 번째 주 낭독 본문(21:10-25:19)에 들어 있는 법의 세 번째와 마지막 단락(24:5-25:19)은 인도주의적인 문제들(24:6-25:16)을 취급하고 있는 열세 개의 법을 포함하고 있는데, 전쟁에 관한 두 개의 법으로 구성되어 있으며(24:5과 25:17-19), 그 중심부에는 결혼에 관한 법(25:5-10)을 포함하고 있다. 전체 단락은 다음과 같은 칠지(七枝) 형태로 정리할 수 있다.

A	새신랑의 군 징집 면제	24:5
B	가난한 자와 약한 자의 보호를 위한 여덟 개의 법	24:6-22
C	태형의 한계: 소에게 망을 씌우지 말 것	25:1-4
X	수혼	25:5-10
C′	싸움에 부당한 개입	25:11-13
B′	정직한 저울추와 되	25:13-16

A′ 아말렉 사람의 공격을 기억할 것 25:17-19

이 구조에서 외부 골격은 결혼과 전쟁을 함께 취급하고 있는 전환적 법(24:5)으로부터 중심부에 있는 수혼에 관한 법(25:5-10)으로, 그리고 야웨의 성전(聖戰)을 취급하는 마지막 법(25:17-19)으로 옮겨간다. 가장 바깥의 골격은 동료 이스라엘 사람에 대한 파괴적인 행동에 관한 일련의 일곱 개의 법으로 옮겨가고 있는데, 이것은 유사한 주제를 가진 한 개의 법과 대칭을 이루고 있다: 즉 정직한 저울추와 되(25:13-16). 이 구조 가운데서 가장 안쪽에 있는 골격은 세 개의 법을 담고 있다: 태형의 한계, 일하는 소에게 망을 씌우지 말라는 명령(25:1-4). 이 법은 한 남자의 아내 편에서 무모하게 싸움에 개입하는 문제에 관한 의문스러운 법과 대칭을 이루고 있다(25:11-12). 중심부에는 수혼에 관한 법(25:5-10)이 있는데, 이것은 결혼에 관한 일련의 법들(21:10-14; 23:1; 24:1-4; 24:5; 25:5-10)의 결론을 이룬다.

앞서 23:1-26에 있는 사회 윤리 문제에 관한 법은 이스라엘 백성의 이방 민족과의 접촉에 관심을 보이고 있는 창세기의 설화를 형성하는 데 사용되었다: 암몬과 모압(창 19장), 아람(창 28-31장), 에돔(창 32:36장), 가나안 땅의 히위 족속(창 34장), 애굽(창 37-50장). 창세기에 있는 설화 이야기에서 초점은 자기 형 에서(에돔)에 대한 야곱의 인간됨 및 야곱의 자녀들 즉 이스라엘의 열두 지파에 있었다. 신명기 23장은 롯의 후손들, 즉 모압 족속과 암몬 족속과 아브라함의 혈족관계 이야기를 형성하는 데 사용되었던 법으로 시작했었다. 신명기 24장은 아브라함 자신의 이야기를 형성하는 법들로 시작된다.

앞에 나오는 이웃의 추수하지 않은 밭에서 이삭을 잘라 먹을 수 있는 권한에 관한 법은 모세의 관점에서 말하자면 가데스에서 에돔 땅을 통과해 나가도록 허락해 달라는 요구서를 가지고 에돔 왕에게 사자를 보냈을 때 있었던 사건의 관점에서(민 20:14-17), 창세기의 야곱과 에서 이야기로부터 좀더 최근에 있었던 이스라엘과 에돔의 관계로 관심의 초점이 옮겨감으로써 토라 내에서 설화 이야기들을 형성하는 데 전환적 방식으로 기능을 했었다. 카마이클의 다음과 같은 관찰은 적절한 것이다(*LNB*, 255): "초기에 이스라엘의 명성이 있었던 조상 아브라함도 가데스로 여행하여 그랄에 머물렀던 바 있다(창 20장). 그 역시 그 지역의 통치자 그랄 왕 아비멜렉으로부터 적대감이 있을 것을 예상했다." 우리가 23:2-9의 논의에서 살펴본 바와 같이, 창세기 12장에 있는 아브라함 이야기의 설화 구조는 야곱/이스라엘 이야기라는 보다 큰 구조(창 32-37장)를 보여 주고 있는데, 반면에 이것은 야곱 자손이 애굽으로 내려간 이야기와 모세 아래서 이스라엘의 출애굽을 미리 보여 주고 있다.

23:5-25:19의 법은 창세기 설화(창 21:9-12; 24; 31:4-42; 34; 37-47, 특히 38장)와 다른 단락들(출 16장; 17:1-14; 민 12:1-14)을 형성하는 데 사용되었다. 개별 법과 설화 이야기 간의 관계는 아래의 내용에서 자세히 검토될 것이다. 그러한 논의를 예상해 보려면, 신명기 24-25장에 대한 창세기, 출애굽기, 민수기 설화라는 더욱 큰 구조를 정리해 보는 것이 유익할 것이다.

A	창 21:9-12: 이삭과 이스마엘 – 전집물로서의 맷돌	24:5-6
B	창 37:37:26-28: 요셉 팔림 – 동료 이스라엘 사람을 유괴하는 것	24:7
C	민 12:1-14: 미리암의 문둥병 – 문둥병 취급	24:8-9
D	창 24장(창 15장): 이삭의 아내 – 전집된 재산	24:10-13
E	창 31:4-42: 야곱과 라반 – 고용된 종	24:14-15
F	창 34장: 하몰과 그의 아들 – 아비와 아들들	24:6
X	창 37-47: 애굽에서의 요셉 – 약자 보호	24:17-22
F′	창 37-47장: 애굽에서의 요셉 – 태형의 한계	25:1-3
E′	창 38장: 유다와 다말 – 망을 씌우지 않은 소	25:4
D′	창 38장: 유다와 다말 – 수혼	25:5-10
C′	창 38장: 유다와 다말 – 싸움에의 부당한 개입	25:11-12
B′	창 42-44장; 출 16장: 요셉과 만나 – 정직한 저울추와 되	25:13-16
A′	출 17:1-14: 아말렉의 공격 – 아말렉 진멸	25:17-19

창세기에 있는 설화에 관한 한 24:5-25:19에 있는 법의 초점은 창세기 37-50장에 나오는 야곱의 열두 아들들(이스라엘의 열두 지파)의 이야기에 있다. 애굽으로 내려간 야곱의 자손은 처음 부분에 소개되어 있는데(신 24:7에 있는 동료 이스라엘 사람의 유괴 금지), 이것은 창세기 42-44장에 있는 애굽에서의 요셉 이야기와 정직한 저울추에 관한 법(신 24:13-16)과 대칭을 이룬다. 이 구조의 두 번째 부분은 이 법들을 요셉과 유다 이야기로 확대하면서, 각 경우마다 일련의 세 개의 후속법을 사용하고 있다. 위의 구조의 상반부에 있는 창세기 설화는 신명기 24:5-16에 있는 법과 상응하는 것으로서 아브라함 이야기에 속하는 일련의 세 개의 법(24:1-6)을 완성하고 있는데, 아들 이삭의 출생(24:5)과 리브가와의 결혼(24:6)을 포함하고 있다. 그리고 이삭의 결혼으로 옮겨가면서(24:10-13) 아람-나하라임에서의 그의 아들 야곱과 라반에 관한 이야기(24:14-15)와 가나안에서의 하몰과 그의 아들

들 간의 이야기(24:16)를 간략하게 되돌아보고 있는데, 이 이야기들은 앞 단락(23:1-24:4)에 있는 법의 관심의 초점이었다.

이 점에서 신명기 24-25장의 법들의 결과를 반영하고 있는 창세기의 보다 두드러진 몇몇 문학적 단위를 검토해 보는 것이 유익할 것이다. 창세기 37-50장의 설화 전승은 다음과 같이 정리해 볼 수 있다.

A	요셉과 꿈	창 37장
B	유다와 다말: 유다가 베레스와 세라를 낳는다	창 38장
X	애굽에서의 요셉: 꿈을 해석함으로써 권력자로 떠오름	창 39:1-44:17
B′	유대의 연설: "청년 베냐민 대신에 나를 가두소서"	창 44:18-34
A′	요셉의 꿈의 실현: 애굽에 들어간 야곱 가족	창 45-50장

우리가 아래의 논의 가운데서 살펴보겠지만, 이 이야기들은 최소한 부분적으로 신명기 24:7-25:16에 있는 개별 법에 의하여 형성되었다. 이 설화 구조에서 관심의 초점은 애굽에 있는 요셉에게 주어져 있는데, 이는 24:17-25:3에 있는 가난한 자 보호법을 반영하고 있다. 그 다음으로 관심의 초점은 가나안 땅에 있는 유다라는 인물에게로 옮겨가는데, 이는 25:5-12의 법 가운데 반영된 것과 같다. 창세기에 있는 이와 상응하는 설화 전승은 다음과 같이 정리해 볼 수 있다.

A	유다가 자기 형제들에게 요셉을 종으로 팔자고 설득한다	창 37:26-28
B	형들이 요셉이 죽었음을 믿도록 야곱을 속인다	창 37:29-36
X	유다와 다말: 유다가 베레스와 세라를 낳는다	창 38장
B′	애굽에서 요셉이 권력을 잡음 – 그가 형들을 속임	창 39:1-44:17
A′	유다의 연설: "청년 베냐민 대신에 나를 가두소서"	창 44:18-34

신명기 24-25장에 있는 법의 순서와 내용은 일차적으로 이스라엘의 두 아들(혹은 지파들), 즉 요셉과 유다를 말하고 있는 창세기의 의미와 내용을 가르치라는 요구다.

24:17-25:16에 있는 법은 운율적 관점에서 볼 때 다섯 부분으로 되어 있는 문학적 단위를 형성하고 있는데, 이는 다음과 같이 정리할 수 있다.

A	타국인과 고아와 과부 보호(애굽의 요셉)	24:17-22
B	태형의 한계와 망을 씌우지 않은 소(요셉과 유다)	25:1-4
X	수혼(다말과 유다)	25:5-10

B′ 싸움에 부당한 개입(유다와 요셉) 25:11-13
A′ 정직한 저울추와 되(광야에서의 이스라엘) 25:13-16

이 구조에서 외부 골격은 가난한 자와 약한 자의 보호에 관한 두 개의 평행적인 법을 가지고 있는데(24:17-22과 25:13-16), 이것이 창세기 37장과 45-50장에 있는 요셉 이야기의 설화 내용과 시내 산까지 가는 여정 가운데 광야에서의 이스라엘 백성을 위한 하나님의 공급에 관한 설화 내용(출 14-18장)을 형성하도록 사용되었다. 내부 골격의 상반부는 태형의 한계를 설정하는 법 가운데서 같은 주제를 취급하고 있으나(25:1-3), 그 다음에는 일하는 소에게 망을 씌우지 말라는 법(25:4)에 있는 같은 주제로 옮겨간다. 아래의 논의 가운데서 제시할 것이지만, 내부 골격의 하반부는 싸움에 무모하게 개입하지 말라는 진기한 법(25:11-13)이 유다와 요셉의 설화 이야기를 형성하도록 사용되었다. 수혼에 관하여 말하고 있는 중심부에 있는 법(25:5-10)과 함께, 이 세 개의 법은 유다와 다말 설화(창 38장)와 애굽 땅에서의 야곱/이스라엘의 열두 아들 이야기(창 39-50장)를 형성하는데, 이것은 요셉과 유다라는 인물에게 초점을 맞추고 있다.

24:1-5에 있는 결혼과 전쟁에 관한 법의 이중 구조가 *BHS*에서는 4절과 5절 끝에 있는 세투마 구획 표시로 암시되어 있다. 두 버금 단락 간의 틈이 SP와 LXX에 있는 바와 같이 4절 끝에서 수의 전이로 표시되어 있다. 더 나아가서 운율 분석은 이 두 개의 법이 구별된 문학적 단위임을 드러내 준다. 24:5에 있는 새신랑의 군 징집 면제에 관한 법은 앞 장에 있는 23:1처럼 운율 문예상의 다리로서의 기능을 하고 있다. 전체적인 구조의 관점에서 볼 때, 이것은 한 개의 주요 단위를 완료하고(23:1-24:5), 또 다른 단위(24:5-25:19)를 시작하고 있으며, 이 양자 모두에게 속해 있다.

동사 "취하다"(לקח – 라카흐)와 목적어 "한 여인"(אשה – 이샤)을 결합한 문구가, 반복되는 단어와 문구의 대칭 구조 가운데 있는 외부 골격이 보여 주는 바와 같이 세 번이나 등장하는데, 그것은 다음과 같이 배열되어 있다.

A "한 남자가 한 여자를 취하거든" כי־יקח איש אשה 24:1a
B "그는 이혼 증서를 써 줄 것이요" וכתב לה ספר כריתת ונתן בידה 24:1b
X "그리고 그녀가 그의 집에서 나간다" ויצאה מביתו והלכה 24:2b-3a
B′ "그는 이혼 증서를 써 줄 것이요" וכתב לה ספר כריתת ונתן בידה 24:3a
A′ "그녀를 자기 아내로 취한 사람…: אשר־לקחה לו לאשה… 24:3b-4a
"그녀를 다시 자기 아내로 취하려고" לקחתה להיות לו לאשה

이 구조에서 외부 골격은 원 결혼 "한 남자가 한 여자를 취하거든"(1a절)으로부터 남편이 그 전처와 재혼하는 것을 금하고 있는 상황(3b-4a절)으로 옮겨간다. 이 구조의 중심부는 두 번째 남편이 그를 미워하여 이혼하기를 원하는 경우에도(3절) 단 두 번만을 결혼하는 법적 상황 그 자체에 관심을 두고 있다. 이 구조에서 내부 골격은 세 부분으로 이루어져 있는 문장의 정확한 반복이다: "사람이 아내를 취하여 데려온 후에 수치되는 일이 그에게 있음을 발견하고 그를 기뻐하지 아니하거든 이혼 증서를 써서 그 손에 주고 그를 자기 집에서 내어 보낼 것이요"(1절과 3절).

24:1-5 자체 안에 있는 두 법의 내용은 다섯 부분으로 이루어져 있는 대칭 구조로 정리될 수 있다.

A	한 남자가 한 여인을 취하거든 그녀와의 이혼이 허용된다	24:1
B	그 후 그녀가 또 다른 남자의 아내가 되었거든	24:2
X	그리고 새 남편이 그녀와 이혼하거나 죽는다면	24:3
B′	전남편이 그녀를 다시 아내로 취할 수 없다	24:4
A′	한 남자가 한 여인을 취하거든 그는 군 징집 면제를 받는다	24:5

이 본문 가운데서 구조의 중심부는 같은 상태로 남아 있다: 즉 재혼한 이혼당한 여인이 자기 새 남편을 잃게 된다(24:3). 만일 전남편이 그녀를 다시 취하기를 원한다면 그녀와 재혼할 수 있는가? 이 법에 따르면(24:4), 그 전남편은 그녀와 결혼할 수 없다. 그러나 이 법에 의하여 형성된 창세기 20장의 이야기 속에서 아브라함은 그랄 왕으로부터 사라를 다시 데려왔다 – 그러나 그 다음에 그들의 관계에서 어떤 대가를 치렀는지가 의심스럽다.

첫 번째 경우에 한 남편이 자기 아내와 이혼하게 된 배경(24:1)은 그 남자가 "그는 일 년 동안 집에 한가히 거하여 그 취한 아내를 즐겁게" 해주어야 할 책임이 있다는 명령과 함께(24:5) 군 징집 면제와 대칭이 되어 있는데, 이 구조에서 외부 골격은 어째서 이 경우에 재혼이 거절되는지에 대한 문제가 일어난다. 아마도 또다시 우리는 먼저 이혼의 방지에 대한 교훈적 장치로 의도된 법을 취급하고 있는 것으로 보이는데, 이것은 패역한 아들에 대한 법(21:18-21)과 혼전 부정 행위의 죄를 저지른 여인에 관한 법(22:13-21)과 어느 정도 같은 법이다. 주후 124년에 한 유대인 부부가 재혼식을 한 증거가 쿰란 근처의 와디 무랍바아트(Wadi Murabba'at)에 있는 한 동굴에서 발견되었다(DJD 2:243ff.; Tigay[1996] 222를 보라. Tigay는 A, Gulak, *'Otsar Ha-Shetarot*[Jerusalem: Defus Ha-Po'alim, 1926] 42 no. 37[reference courtesy of J. C. Greenfield]에서 그러한 후대의 재혼식을 인용하고 있다). 티개이는 이슬람 법이 우리가 여기서 발견한 내용과는 정반대되는 내용을 기술하고 있다고 말한다: "만일 어떤 사람이 번복할 수 없이 자기 아내와 이혼했다면, 그는 그녀가 임시로 결혼하지 않은 경우에 그녀와 다시 결혼할 수 없다. 한 부부가 다시 합치기를 원할 때는 한 극빈자가 그 여인과 결혼하도록 고용되어 하룻밤을 그녀와 지내고, 그 후에 그는 그녀와 이혼하고 그녀의 남편과 재결합하도록 자유를 준다. 아내들은 당연히 이것이 불쾌하다는 것을 깨닫고 몇몇 무슬림인들은 이 임시적 결혼을 대신하여 드려야 할 희생 제사를 허락한다"(Tigay[1996] 222는 Quran 2:229-30을 인용하면서 Abdullah Yusuf Ali, *The Holy Qur'an*[Washington, DC: American International Printing, 1946]의 주석; Granqvist, *Marriage Conditions*, 2:281-82; Neufeld, *Ancient Hebrew Marriage Laws*, 244를 인용한다).

"한 남자가 한 여인을 취하거든"(**כי־יקח איש אשה** – 키-야카흐 이쉬 이샤)이란 문구는 24:1-5의 구조와 이 구절의 21:11 및 22:13-23:1과의 관계를 암시하기 위하여 주로 수사학적 표시로 사용되었는데, 그 곳에서 이와 같은 표현이 평행적 운율 단위의 시작과 끝을 표시하기 위한 하나의 함유관계로 사용되었다. 필자는 이를 22:13-29에서 결혼 및 성적 부정 행위에 관한 법이라고 부른 바 있다(또한 전쟁에서 사로잡아 온 여인과의 결혼에 관한 법에 있는 21:11을 보라. 거기서 이 표현이 처음으로 도입되었다). 여기서 이 문구는 각 버금 단위(1-4절과 5절)의 시작을 표시하고, 또한 교차적인 형식으로 수식되는 5절의 끝을 표시하기 위하여 사용되었다: "그가 취한 그의 아내"(**את־אשתו אשר־לקח** – 에트-이슈토 아쉐르 라카흐). 그러므로 이 문구는 토라 낭독 본문 11주기의 여섯 번째 부분(21:10-25:19)에서(7중 대칭 구조에서) 여덟 번 나타난다.

A 결과의 시작(21:10-14)	ולקחת לך לאשה	21:11
B 시작: 결혼과 성에 관한 법(22:13-29)	כי־יקח איש אשה	22:13
C 시작: 부친의 후실과의 결혼	לא־יקח איש את־אשת	23:1
X 시작: 결혼의 갱신(24:1-4)	כי־יקח איש אשה	24:1
C′ 같은 법 내에서 내부 골격의 시작	אשר־לקחה לו לאשה	24:3
같은 법 내에서 골격의 끝	לקחתה להיות לו לאשה	24:4
B′ 시작: 새신랑의 면제	כי־יקח איש אשה	24:5
A′ 결과의 끝	את־אשתו אשר־לקח	24:5

24:1-5에서 이 상투적인 문구가 집약되어 있다는 사실은 우리가 간음 금지를 명

하고 있는 제7계명에 관련된 법들이라는 큰 단락의 끝에 도달했다는 사실을 암시해준다. 24:6-25:16에 나오는 내용은 주로 인도주의적 관심(도적질, 거짓 증거, 탐욕에 관한 8-10계명)에 초점을 맞추고 있는데, 이것은 24:5(새신랑의 군 징집 면제)과 25:17-19(성전 – 아말렉 족속들의 공격을 기억하라)에 있는 "사랑과 전쟁"(살인과 간음을 금지하고 있는 6계명과 7계명) 문제에 관한 하나의 구조틀 내에 들어있다.

아브라함, 사라, 아비멜렉에 관한 이야기가 창세기 20장에서 어떻게 시작되고 있는지를 살펴보는 것은 흥미로운 일이다. 아비멜렉이 사람을 보내어 사라를 자기 집으로 데려온 다음(창 20:2), 하나님께서 꿈 속에 그에게 나타나서 이렇게 말씀하신다(20:3): "네가 취한 이 여인을 인하여 네가 죽으리니 그가 남의 아내임이니라." 이야기는 신명기 24:5에서 남겨둔 상투어로 된 표현으로부터 시작된다. "남의 아내"(בעלת בעל – 빼울라트 빠알)라는 문구는 히브리 성경에서 단 두 번만 나온다는 사실을 유념해야 할 것이다. 즉 창세기 20:3과 신명기 22:22인데, 이것은 결론과 성적 부정 행위에 관한 법 모음집(22:13-23:1) 가운데서 구조적 중심부에 있는 간음 금지법을 반복하고 있다. 이러한 법들은 "한 남자가 한 여인을 취하거든"이라는 상투적인 문구로 둘러싸여 있다. 아비멜렉에게 하신 하나님의 말씀 "네가 죽으리니"(직역하면 "너는 죽은 사람이다"〈הנך מת – 힌네카 메트〉)를 주시해야 할 텐데, 이것은 창세기 20:3에서 문제의 상투적인 표현이 바로 앞에 나와 있다. 이것은 신명기 24:3-4에 있는 같은 상투적 문구 "그 후부도 죽었다 하자(즉 그 후부도 죽었다면')"(כי ימות האיש – 키 야무트 하이쉬)의 이중적 반복에 바로 앞서 나오는 문구와 유사하다.

창세기 설화를 형성하기 위하여 신명기 법을 사용하는 이 지점에서 아브라함에게로 전환하는 것을 보며, 우리는 열조에게 주신 약속들 가운데 그 일부분인 자손과 관계된 문제들과 숫자의 증가가 처음부터 거기에 있었다는 사실을 배우게 된다. 자기들의 아들 이삭의 탄생과 관련하여 그 다음에 이어지는 아브라함과 사라의 이야기는 24:5에 있는 군복무 면제에 관한 법을 통하여 형성되어 있다.

아브라함은 교묘하게 사라와 이혼하지도 않았고, 아비멜렉이 그녀와의 결혼을 완료하지도 않았으며, 그래서 분명히 그는 법적인 의미에서 그녀와 이혼할 수 없었다. 그럼에도 불구하고, 아브라함은 자유롭게 사라를 아비멜렉의 아내로 그의 집에 들여보내기까지 했다. 따라서 아비멜렉은 말하자면 두 번째로 그녀를 떠나 보냈던 것이다. 그리고 이 경우 아브라함은 물론 실제로 모세의 법과는 상반되게 자기의 전처와 재결합한 것이다. 이야기 화자가 교묘한 방식으로 창세기의 족장들이 신명기에 있는 법들을 어긴 것처럼 보이는 사실을 기쁨으로 드러낼 수 있었다는 인상을 갖게 된다. 그러나 결국은 아브라함, 이삭, 야곱 시대에는 모세의 법이 아직 주어지지 않았으므로 허용될 수 있었을 것이다. 더 나아가서 아브라함의 작전이 사라의 간음을 부채질했다는 사실을 유념해야 할 것이다. 그녀는 수치를 당했다(הֻטַּמָּאָה 후타마아: 신 24:4). 카마이클은 하나님께서 아비멜렉에게 그의 죄가 "야웨께 가증한" 간음으로 선언하셨다고 말한다(*LNB*, 257).

24:5에 있는 새 아내를 즐겁게 하라는 법은 아브라함과 사라 이야기를 한 발자국 더 나아가도록 하는 데 사용된다. "한 군주의 힘이 자기를 죽이고 아내를 취해 갈 것이라는 두려움을 떠나서, 아브라함은 자기 본부인 사라를 통하여 상속자를 얻지 못하고 죽을 것이라는 사실에 직면해 있었다"(Carmichael, *LNB*, 258). 그러나 하나님께서 친히 사라를 통하여 한 아들을 줄 것임을 약속하셨다. 신명기 24:5에 있는 군 징집 면제법을 통하여 형성된 것이 곧 이 아들의 탄생에 대한 이야기다.

이 법은 새로 결혼한 남자에게 일 년 간의 군 징집을 면제하도록 하여 "그 취한 아내를 즐겁게 할지니라"(ושׂמח את־אשׁתו אשׁר־לקח – 웨심마흐 에트-이슈토 아쉐르-라카흐)고 하고 있다. 이 법의 원래 목적은 이 부부에게 자기들의 첫 아들의 출생의 기쁨을 누리도록 하기 위한 기회를 제공해 주려는 것일 수 있다. 그러나 창세기의 설화 이야기는 그 여인에게 기쁨을 주는 개념을 강조하고 있다. 이삭의 출생은 뒤따라오는 말씀, 즉 "그가 가라사대 기한이 이를 때에 내가 정녕 네게로 돌아오리니 네 아내 사라에게 아들이 있으리라"(창 18:10)는 말씀이 암시하는 바와 같이 일 년이라는 과정 이내에 일어났어야 했다. 사라의 반응은 신명기 24:5의 법에 의하여 형성되었다: "내가 노쇠하였고 내 주인도 늙었으니 내게 어찌 낙이 있으리요?"(창 18:12). 히브리 성경에서 여기서만 여성형으로 나타나는 "낙"(עֶדְנָה – 에드나, "기쁨")이란 단어의 사용은 독자로 하여금 창세기 2-3장에 나오는 창조 이야기와 에덴(עֵדֶן) 동산 이야기를 돌아보도록 지적해 주는데, 첫 번째 사람(아담)에게는 첫 번째 여인(하와)의 창조 가운데 속담과 같은 기쁨의 원천이 있다는 것이다. 더 나아가서 약속한 아들 이삭의 생명과 자손 가운데서 펼쳐지는 이야기는 자기 백성 이스라엘에 대한 하나님의 특별한 창조에서 그 유례를 찾을 수 있는 중대한 사건이다.

24:1-5에 대한 라부샤뉴의 글자 수 분석 방법으로부터 나타난 증거는 다음과 같이 요약될 수 있다.

단어	아트나 앞		아트나 뒤		
24:1-3	18	+	32	=	50
24:2-3	13	+	13	=	26
24:2-5	45	+	33	=	78 (=3×26)
24::3-4	30	+	19	=	49 (=23×26)
24:4-5	32	+	20	=	52 (=2×26)
24:5	13	+	10	=	23
24:1-5	50	+	52 (=2×26)	=	102 (=6×17)
24:6-9	28	+	23	=	51 (=3×17)
24:1-9	78 (=3×26)	+	75	=	153 (=9×17)

본문의 숫자 구성에서 주요 문예적 단위는 24:1-9인 것으로 보이는데, 이것은 다섯 개의 법을 포함하고 있다. 이 아홉 개의 구절에 들어 있는 단어의 총 숫자는 153(=9×17)개에 이르는데, 이것은 또한 1에서 17에 이르는 단어 수의 합계이기도 하다. 이 구절들 가운데는 아트나 앞에 78(=3×26)개의 단어가 있다. 이 단위는 두 개의 주요 부분으로 나누어진다: 즉 1-5절에서는 모두 102(=6×17)개의 단어를 가지고 있는데, 이 중에서 아트나 앞에 52(=2×26)개의 단어가 있다. 그리고 6-9절에서는 모두 51(=3×17)개의 단어를 가지고 있는데, 이 중에서 아트나 앞에 23개의 단어가 있다. 1-5절에는 신명 수 26과 32와 23(카보드〈כבוד, "영광"〉의 수치 계산의 두 가지 방식)에 기초한 일련의 중복되는 구조들이 있다.

주석

1-4 필자는 에르와트 따바르(ערות דבר, "수치되는 일")란 표현을 "하나의 벌거벗은 일"로 번역해 왔다(BDB, 789; 23:15의 "주석"을 보라). 이 문구를 독자들의 관심을 이 단어의 수수께끼와 같은 성격의 것으로 돌리고자 하는 하나의 시도로서 "노출된 외음부"와 같은 어떤 것으로 해석하는 것도 가능하다. 23:15에서 이 단어가 "어떤 악한 일"(כל דבר רע – 콜 따바르 라아)과 함께 포함되어 문장을 구성

하는 데 사용되었으므로, "추잡한 일, 불쾌한, 수치스러운"이라는 해석은 본문의 해석적 언급과 과히 먼 뜻이 아님에 분명하다. 그러나 그러한 번역은 구체적인 실증적 정의를 거부하는 원래 히브리 표현의 간결한 성격을 전달해 주지 못한다. 에르와(ערוה)라는 단어는 어근 아라(ערה, "벗겨지다")로부터 왔으며, 또한 일반적으로 "벌거벗음" 혹은 "성기"(특히 여성의 성기)의 의미로 사용된다. 근친상간이 레위기에서 친척의 에르와(ערוה)를 드러내는 것으로 묘사되어 있다. 대부분의 번역가들과 주석가들이 이 문구가 성적으로 수치가 되는 행위를 가리킨다는 데 동의하고 있기는 하지만, 그것이 간음을 의미하지 않는 것은 분명하데, 그 이유는 성경의 간음에 대한 형벌은 사형에 해당하기 때문이다. 이 문구는 여기서 하나의 관용어로 취급되고 있는데, 영어의 "누군가의 팬티를 잡아 내리다"와 유사하다. 여기서 "수치되는 일"(벌거벗은 일)은 본질적으로 여성의 성기 노출이다(또한 참조. 애 1:8, 의인화된 예루살렘 성읍). "노출된 외음부"란 해석은 단순하게 구체적인 답변을 제공하기보다는 독자에게 의문을 일으키는 방법으로 그 문구의 관용어적 성격을 표현해 주기 위한 것이다. 이 문구는 문제가 되고 있는 이러한 행위가 무엇이었든 간에 모든 이로 하여금 보도록 공개하는 것, 즉 여인이 자신의 외음부를 노출시키는 일을 의미한다.

여기에 진술되어 있는 "이혼 증서"(ספר כריתת – 쎄페르 케리투트)는 남편이 써 준 것이다. 케리타(כריתה)란 단어는 직역하면 "절단"을 의미한다. 이 단어는 원래 아내의 옷단 혹은 의복을 자르는 상징적 행위를 가리켰을 가능성이 있는데, 이것은 티개이에 따르면 고대 메소포타미아에서 이혼에 대한 의식(儀式) 행위다(Tigay [1996] 221-22). "그녀가 더럽혀졌다"(הטמאה – 후탐마아)는 문구는 그녀의 재혼을 통하여 일어난 일반적인 진술이 아니라 첫 남편과의 관계에서 있었던 여인의 문제를 가리킨다. "여호와 앞에 가증한 것이라"는 언급은 매이즈가 주장한 바와 같이 두 가지 방법으로 해석될 수 있다(Mayes[1981] 323). 즉 재혼 그 자체의 행동이던지(Craigie[1976] 305의 주장, 크레이기는 이 상황을 레 18:20에 있는 간음에 관한 법과 비교한다), 그렇지 않으면 여인 자신이다. 야웨께 가증한 것은 그 땅에서의 그러한 행동의 결과가 아니라 여인의 행실이다(참조. 렘 3:1). 여기에 나오는 법과 예레미야 3:1-5에 있는 그러한 법 간의 관계에 대해서는 Hobbs, *ZAW* 86(1974) 23-29를 보라.

5 "새 아내"(אשה הרשה – 이샤 하다샤)란 문구는 전혀 결혼해 보지 않은 사람 혹은 재혼을 가리키지 첩을 가리키지 않는다. 그렇지 않으면 몇몇 사람은 자기들의

아내와 이혼하고 재혼함으로써 군복무를 면제받으려고 할 수 있다. 그 남자는 일 년 간 집에 머물러야 하는데, 이는 아마도 아들을 낳기 위한 기간일 것이다. 티개이에 따르면, 히브리어 웨삼마(וְשִׂמַּח, "행복을 가져오다")는 아내에게 결혼의 기쁨을 제공한다는 의미에서 "만족시키다"로 번역될 수 있다(Tigay[1996] 223). 여인의 감정에 대한 관심이 21:10-14(전쟁에서 사로잡아 온 여인과의 결혼)에도 표현되어 있다. 또한 전쟁을 위하여 군대를 모집하는 상황에서 군사 면제에 관한 법도 보라(20 :6-8). 몇몇 히브리어 본문들은 둘이 동등하게 즐거워한다는 의미로 혹은 그가 그녀에게 즐거움을 준다는 의미로 "그가 자기 아내와 함께 즐거워하게 하라"를 의미하는 웨사마흐(וְשָׂמַח)로 읽는다. 크레이기는 우가릿 본문에 있는 평행적 구절을 인용했는데(Craigie, *CTA* 14.Ⅱ.100-102 = *UT* Krt 100-102), 그 곳에서 그러한 관습은 그 전쟁이 왕 케레트(Keret)를 위한 새 아내를 얻도록 시도되고 있었기 때문에 보류되었다(Craigie[1976] 306 n. 5).

해설

이혼에 관한 성경의 가르침은 과거뿐 아니라 오늘날에도 회당과 교회 내에서 쟁점이 되고 있다. 간단히 말해서, 월(R. Wall)이 말한 대로 "마태복음의 특별한 문장은 한 사람의 성격이 그 뜻이 확고한 일부일처제인 하나님에 의하여 구성된다는 아이러니한 조언이 된다(19:6). 분명한 것은 유대인의 법이 용인하고 있음에도 불구하고 공관복음서 전체는 예수님의 가르치심이 이혼을 용인하지 않음을 제자들 사이에 창출하기 위하여 의도되었다고 주장한다"(*ABD* 2:218).

토라에 그러한 이혼에 대한 법이 없다는 사실을 유념하는 것은 중요하다. 어떤 사람은 그러한 법이 고대 이스라엘에서 통상적인 관례였고, 따라서 여기에 나오는 법이 그 사회에서 그러한 이혼 절차가 통상적인 합법적 행동임을 가정하고 있다고 주장할 것이다. 이것이 사실일 것이기는 하지만, 우리가 취급하고 있는 이 문제는 이것이 이혼이 있는 곳마다 나타나는 "큰 악"(דבר רע – 따바르 라아)에 대한 심각한 의견과 함께 결혼이 의미하는 것과 같은 그러한 이혼 문제가 아닌 것 같다. 이혼은 관계된 모든 사람의 생활에 대 파괴를 가져온다. 결혼에 관한 문제에서 토라의 원래 의도는 그것이 신성한 결합이라는 것이다. 이러한 관계에서 인간의 책임은 그가 취한 여인에게 행복을 가져다 주는 것이다(24:5). 그러나 몇몇 경우에는 이것이 불가능하다.

24:1-5에 진술되어 있고 창세기 20장 설화에서 확대된 법은 관계된 모든 사람에게 이혼의 최종성으로 말미암아 그 결과를 깨닫게 한다. 이혼은 죽음의 한 형태인데, 유일한 차이점은 그 시체가 여전히 돌아다닌다는 단순한 사실에 있다. 삶은 궁극적인 결정의 순간을 제공하며, 이혼의 문제는 그러한 "순간들" 중 하나다. 이혼은 일어난 그 일로 되돌아갈 수 없는 종말을 제공하는데, 최소한 현 세상에서의 삶의 한계 내에서는 그러하다. 이 문제는 유다의 사자(獅子)에게 죽임을 당한 열왕기상 13장에 나오는 "하나님의 사람"의 심각한 이야기와 유사한데, 그 사자는 시신을 난폭하게 찢어 발기지 않고 그 시신을 보호하고 서 있었다. 그 사람은 하나님께서 자기에게 명령하신 것과는 반대로 벧엘에서 떡과 물을 먹음으로 인하여 죽었다. 그러나 하나님께서는 또한 "네가 왔던 길로 되돌아가지 말라"(왕상 13:9)고 그에게 명령하셨다. 여기에 신명기 법이 왜 "사랑과 죽음"(즉 결혼과 전쟁)이라는 주제와 연결되었는지에 대한 이유가 있다. 재혼의 문제에 있어서 다른 길로 돌아서 가정으로 간다는 것은 믿음의 새로운 여행길에서 미지의 익숙하지 않은 영토로 걸어간다는 것을 의미한다. 왔던 길로 되돌아가 집으로 간다는 것은 24:1-4의 법과 반대가 되는데, 그 이유는 그 모든 경우에 이것이 죽음의 길이기 때문이다. 결혼상의 차이를 통과하여 일할 기회는 이전의 배우자와 두 번 결혼하는 데 있는 것이 아니라, 이혼 이전에 있다.

3-4. 맷돌 전집과 유괴(24:6-7)

참고문헌

Alt, A. "Zu *hit ʿammer.*" *VT* 2(1952) 153-59. **Amiran, R.** "The Millstone and the Potter's Wheel." *EI* 4(1956) 46-49(Heb.). **Baudissin, W. W. G.** "Die alttestamentliche Religion und die Armen." *Preussische Jahrbücher* 149(1912) 193-231. **Cathcart, K. J.** "*Trkb qm* in the Arad Ostracon and Biblical Hebrew *Rekeb*, 'Upper Millstone.'" *VT* 19(1969) 121-23. **Daube, D.** "To Be Found Doing Wrong." In *FS E. Volterra.* 1971. 3-13, esp. 4-10. **David, M.** "Deux anciens termes bibliques pour le gage." *OTS*

2(1943) 79-86. **Dietrich, W.** "...den Arment das Evangelium zu Verkünden." *TZ* 41(1985) 31-43. **Eichler, B. L.** *Indenture at Nuzi.* New Haven, CT: Yale UP, 1973. 88-89. ______. "Loan." In *Harper's Bible Dictionary.* Ed. P. Achtemeier. San Francisco: Harper & Row, 1985. 571-72. **Falk, Z.** *Hebrew Law in Biblical Times.* Jerusalem: Wahrmann, 1964. 101. **Finet, A.** "Le 'gage' et la 'sujétion'(*nipûtum* et *kiššatum*) dans les textes de Mari et le Code de Hammurabi." *Akkadica* 8(1978) 12-18. **Good, E. M.** "Capital Punishment and Its Alternatives in Ancient Near Eastern Law." *SLR* 19(1967) 953. **Greenberg, M.** "Mankind, Israel and the Nations." 1971. 15-40, esp. 29. **Lieberman, S.** "[Grain] Mills and Those Who Work Them." *Tarbiz* 50(1980/81) 126-35(Heb.). **Lipiński, E.** "Sale, Transfer and Delivery in Ancient Semitic Terminology." In *Gesellschaft und Kultur in alten Vorderasien.* Ed. H. Klengel. SGKAO 15. Berlin: Akademie-Verlag, 1982. 173-85. **Lisowsky, G.** "Dtn 25, 4. בדישו לא־תחסם שור Du Sollst dem Rind bei seinem Dreschen Nicht das Maul verbinden: In religionsgeschichtlicher und ethischer Sicht erläutert." In *FS L. Rost.* 1967. 144-52. **Mendelsohn, I.** "Samuel's Denunciation of Kingship(1 Sam 8:4-17) in the Light of the Akkadian Documents from Ugarit." *BASOR* 143(1956) 17-22, esp. 20-22. **Milgrom, J.** *Cult and Conscience.* 1976. 94-104. **Moritz, L. A.** *Grain-mills and Flour in Classical Antiquity.* London: Oxford UP, 1958. **Neufeld, E.** "Inalienability of Mobile and Immobile Pledges in the Laws of the Bible." *RIDA* 9(1962) 33-44. ______. "*Ius redemptionis* in Ancient Hebrew Law." *RIDA* 8(1961) 29-40. **Richardson, H. N.** "Mill, Millstone." *IDB* 3:380-81(with photo). **Stager, L.** "The Archaeology of the Family in Ancient Israel." *BASOR* 260(1985) 12-15. **Tigay, J. H.** "Some Archaeological Notes on Deuteronomy." In *FS J. Milgrom.* 1995. 373-80, esp. 374-76. **Toorn, K. van der.** "Judges xvi 21 in the Light of the Akkadian Sources." *VT* 36(1986) 248-53. ______. "Mill, Millstone." *ABD* 4:831-32.

본문과 운율 분석

맷돌을 압류 재산으로 취하는 일 [6:6]

6 사람이 맷돌의 전부나 그
윗짝만이나 전집하지 말지니
이는 그 생명을 전집함이니라

Taking a Millstone as Distrained Property [6:6]

6 *No one* [a]*shall take in pledge a handmill* / 10 1
or an upper millstone // 5 1
for that would be taking a life / *in pledge* // ס 10 2

동료 이스라엘 사람을 유괴하는 일

7 사람이 자기 형제 곧 이스라엘 자손 중 한 사람을 후려다가 그를 부리거나 판 것이 발견되거든 그 후린 자를 죽일지니 이같이 하여 너의 중에 악을 제할지니라

Theft of a Fellow Israelite

7 *When a man is found / stealing a person from his brothers /*	20	2_
from the sons of Israel /	9	1
and he treats him[a] *as merchandise / and he sells him / /*	13	2
Then that thief[b] *shall die /*	11	1
and you shall purge the evil / from your[c] midst / /	13	2_

원문주해

6.a. LXX에는 MT의 야하볼(יחבל, "그가 담보로 취할 것이다") 대신에 에네퀴라세이스(*ἐνεχυράσεις* = תחבל, "네가 담보로 취할 것이다")로 되어 있다.

7.a. Sebire는 MT의 뽀(בוֹ, "〈그가 취급한다〉 그를") 대신에 빠흐(בָּהּ, "〈그가 취급한다〉 그녀를")로 읽는다.

7.b. 자켑카톤이 뒤따라오는 파스타는 연접사가 됨.

7.c. 난해한 독법(*lectio difficilior*)으로서 LXX과 Syr과 함께 2인칭 복수로 읽음(참조. "원문주해" 24:4.c). 이것은 소위 수의 전이의 또 다른 경우다. 이것은 MT에 세투마 단락 표시가 없어서 장황하게 된 것을 설명하는 데 도움을 준다.

양식/구조/배경

앞 단락에서 보여 준 바와 같이, 24:5은 23:2-24:5의 결론으로서의 역할을 하고 뒤따라오는 24:5-25:19에 대한 서론으로서의 역할을 하는 다리 역할을 하고 있다. 24:5-13에 있는 여섯 개의 법은 운율 구조 면에서 긴밀히 연결되어 있는데, 이는 다섯 개의 운율 단위로 정리할 수 있다.

A 새신랑의 군 징집 면제	[6:6]	24:5
B 동료 이스라엘 사람을 유괴하는 일	[6:6]	24:6-7
X "문둥병자"의 취급	[6:6]	24:8-9
B′ 전집물을 취하려고 이웃 집에 들어가는 일	[6:6]	24:10-11
A′ 해지기 전에 가난한 자의 진집물을 돌려주기	[6:6]	24:12-13

이 구조 가운데 있는 다섯 개의 각 단위들은 열두 개의 문장 구성상의 악센트 단위를 가지고 있는데, 이것은 동일한 6:6 운율 단위로 나누어질 수 있다. 그러나 이와 함께 사상이 다소 놀라운 방식으로 구절 분석을 뛰어넘는 운율 이음 현상이

6-7절에 나타난다는 사실을 유념해야 할 것이다. 다음 내용을 더 읽어 보라.

위의 구조 중심부는 "문둥병자"를 취급하는 수수께끼 같은 법(8-9절)에 초점을 맞추고 있다. 내부 골격은 "사람을 유괴"함으로써(6-7절) 그리고 대부금에 대해 담보물을 취하기 위하여 이웃의 집에 들어감으로써(10-13절) 동료 이스라엘 사람에 대한 파괴적인 행동에 속하는 일을 하는 것에 관한 동일한 법들로 이루어져 있다. 외부 골격은 다른 사람에게 인도주의적 관심을 보여 주는 구체적인 실례, 즉 새신랑의 군 징집 면제(5절)로부터 해지기 전에 이웃의 담보물을 돌려주라는 법(12-13절)으로 옮겨가고 있다.

24:6-22에 있는 동료 이스라엘 사람에게 가하는 파괴적인 행동에 관한 일곱 개의 법은 신명기 법의 건축 스타일로 또 다른 "바퀴 안의 바퀴" 형태를 이루도록 칠지(七枝) 형태로 정리될 수 있다.

A 맷돌을 담보로 취하는 일(압류된 재산)	24:6
B 동료 이스라엘 사람을 유괴하는 일(납치)	24:7
C "문둥병자"의 취급	24:8-9
X 압류된 재산을 취하는 일과 보관	24:10-13
C′ 임금의 당일 지불	24:14-15
B′ 대물림 형벌	24:16
A′ 타국인, 고아, 과부의 보호	24:17-22

이 구조 가운데 있는 골격은 압류된 재산을 취하는 일에 관한 특별법(맷돌, 6절)으로부터 구조의 중심부에 있는 압류된 재산에 관한 또 다른 세부적인 법(10-13절)으로, 그리고 사회에서 가난한 자와 약한 자를 보호하라는 일반적인 진술(17-22절)로 옮겨간다. 이 골격의 법들 가운데 바깥쪽에 있는 한 쌍의 법은 동료 이스라엘 사람을 유괴하는 일에 대한 법(납치, 7절)으로부터 대물림 형벌 금지법(16절)으로 옮겨간다. 안쪽에 있는 한 쌍의 법은 "문둥병자"(8-9절) 문제와 당일에 임금을 지불하는 일(14-15절)에 관심을 두고 있다.

24:5-25:19에 있는 법들의 구조를 다르게 바라보는 방식은 전체를 대칭 구조로 바라보는 스타일로 다음과 같이 정리할 수 있다.

A 새신랑의 군 징집 면제	24:5
B 담보물로 맷돌을 취하는 일	24:6
C 동료 이스라엘 사람을 유괴하는 일(납치)	24:7

D	"문둥병자"의 취급	24:8-9
E	압류된 재산을 취하는 일과 보관	24:10-13
F	임금의 당일 지급	24:14-15
G	대물림 형벌	24:16
X	타국인, 고아, 과부의 보호	24:17-18
G′	가난한 자를 위한 이삭	24:19-22
F′	태형의 한계	25:1-3
E′	소에게 망을 씌우지 말라	25:4
D′	수혼	25:5-10
C′	싸움에의 부당한 개입	25:11-13
B′	정직한 저울추와 되	25:14-16
A′	아말렉 사람의 공격을 기억하라	25:17-19

이 구조에서 외부 골격은 군 징집의 면제를 부여하고 있는 전쟁에 관한 법(24:5)으로부터 그들이 애굽 땅에서 나올 때 이스라엘 백성이 처음으로 직면했던 전쟁에서 있었던 아말렉 사람들의 적대감으로 인하여 그들을 멸하라는 결론적 지시(25:17-19)로 옮겨간다. 이 골격 내에는 구조의 중심부에 가난한 자와 약한 자(거주하는 타국인, 고아, 과부)의 상징적인 세 부류의 사람들을 보호하라는 요약된 법(24:17-22)을 두기 위하여 배열된 일련의 열두 개의 법이 들어 있다. 전쟁 문제에 관한 두 개의 법으로 둘러싸여 있는 24:6-25:16의 다른 모든 법들은 주로 8계명에서 10계명(도적질, 거짓 증거, 탐욕)에 속하는 인도주의적 문제를 취급하고 있다.

24:6-7에 나오는 두 개의 법은 동등한 길이로 되어 있고, 그것들 간의 경계는 6절 다음에 있는 세투마 단락 표시로 표시되어 있다. 그러나 7절 끝에는 그러한 표시가 없다. 사실상, *BHS*에 있는 남은 여백은 편집자 편에서의 상상인 것 같다. L에는 이 지점에 여백이 남아 있지 않고 다만 LXX과 Syr에 보관된 것과 같은 수의 전이가 나타나 있다.

운율 분석 면에서 7절 초두에 있는 문장은 두 가지의 다른 방식으로 읽혀질 수 있다. 첫 번째 독법은 이 두 구절을 분리된 문학적 단위로 나누고 두 개의 구별된 법으로 나누는 세투마 표시로 결정된다. 그러나 두 번째 독법도 가능한데, 이것은 사실상 전체의 운율 구조로 표시되어 있다. 네페쉬(נפשׁ, "생명")란 단어의 반복은 운율 이음 현상을 통하여 이 문장을 앞의 내용과 묶어 준다. "생명을 전집하는" 일(6절)은 "자기 형제들 가운데서 한 사람(의 생명)을 훔치는 것"(7절)으로 설명되어 있다. 그렇다면 뒤따라오는 운율 단위는 "그의 형제"의 의미 면에서 또 다른 정의를 내리면서 시작하고 있는데, 곧 "그를 상품으로 취급하여 그를 파는" 이스라엘의 자손들로 말한다. 카마이클이 주장한 바와 같이(*LNB*, 261-62), 창세기에 있는 요셉과 그의 형들의 이야기에 대한 암시가 분명하다. 아래를 보라.

24:6에 있는 전집물로 맷돌을 취하는 일에 관한 법의 잠언적 성격이 대칭적 독법을 하도록 만들어 주고 있는데, 여기서 하볼(חבל, "담보물")이란 단어가 이 구절을 감싸는 역할을 한다.

A 사람이…전집하지 말지니	לא־יחבל
B 한 맷돌을	רחים
X 혹은 맷돌 윗짝을	ורכב
B′ 이는 그 생명을 취함이라	כי־נפש
A′ 담보물로	הוא חבל

채권자가 담보물로 가져가는 것은 이 구조물의 중심부에 있는 들고 다닐 수 있는 맷돌 "윗짝"(רכב – 라케브)이다. 내부 골격은 하나의 속담적인 상징적 언어로 그 문제를 진술하고 있다: 가정에 있는 맷돌(돌)은 생사의 문제이므로 담보물로 취하지 말라. 대부금을 갚도록 하기 위하여 추가 담보물로 가정의 필수품을 취하는 것은 지나친 압제로 여겨졌으므로 그것은 생명을 담보물로 취하는 것과 동일한 것이다.

사라가 자기 가정으로부터 하갈과 이스마엘을 추방한 사실을 언급하면서 카마이클은 다음과 같이 말한다: "그녀가 이 아들의 특권을 그에게 부여했으므로 아브라함이 이삭에게 제일 상속권을 주는 것이 그의 약속을 성립시키는 것이라고 말하면서 요구한 사라의 요구에 대해 아브라함의 동의를 알기 쉽게 말한 것이 분명하다. 그렇게 동의함으로써 하나의 생명(이스마엘과 어쩌면 하갈의 생명까지)이 글자 그대로 위험에 처했다"(*LNB*, 260). 리차드슨의 논문인 "매, 맷돌"(Mill, Millstone)에 대해 함께 게재하기 위하여 선택된, 기제(Gizeh)에서 발굴된 한 여인이 맷돌로 곡식을 갈고 있는 작은 조각상을 담고 있는 그림은 본질적으로 애굽 여인 사라의 여종 하갈의 모습인데, 그것은 그녀의 일상의 임무 중 하나였을 것이다. 담보로서 "맷돌 혹은 맷돌 윗짝"을 취하는 일은 가족을 굶주림으로 몰아간다. 또한 이 이야기에서 기아 자체의 문제가 어떻게 일어나는지를 유의하라.

강제로 한 인간을 유괴하여 종으로 삼거나 종으로 팔아 넘기는 것에 대한 법은 그 법의 앞에 나오는 "담보로 생명을 취하는" 개념으로부터 한 걸음 더 나아간 것이다. 이것은 창세기에 있는 설화가 창세기 37:26-28에서 요셉을 종으로 팔아먹는 데로 한 걸음 더 나아가는 것과 같다. 신명기에 있는 구체적인 법과 창세기에 있는 그에 상응하는 설화 가운데 연결되는 모든 내용들 중에 이것이 가장 명백한 것이다.

이스마엘 사람들에게 요셉을 팔아먹은 일은 이 법을 앞의 법과 연결시키고, 그것의 연결 고리를 이스마엘의 어머니 하갈과 연결시킨다. "압제가 각각의 이야기의 특징을 설명해 준다. 하갈과 이스마엘은 자기들의 집과 가족으로부터 추방당했다. 각각의 경우마다 재물을 얻는 일이 일어난다. 사라는 자기 아들 이삭에게 거의 모든 재산을 얻게 해주고, 요셉의 형들은 이스마엘 사람들로부터 돈을 받았다"(Carmichael, *LNB*, 262). 더 나아가서 이삭과는 대조적으로, 이삭의 모친 사라가 자기의 형 에서를 내쫓았을 때 유다는 자기 부친으로부터 총애를 얻은 아들로서의 위치에서 요셉을 내쫓으려고 하다가 실패한다(창 37:26; 38; 49:8-12).

히트암메르(התעמר, "〈누군가를〉 상품으로 취급하다")란 단어가 이 곳과 자기 두 딸을 데려간 것에 대해 라반이 야곱을 책망하는 일과 연결된, 포로 된 여인을 학대하는 것에 대해 규정하고 있는 법(21:10-14)에서만 나타난다는 사실을 유념해야 할 것이다. "라반의 관점에서 볼 때, 야곱은 부당하게 그들을 그들의 고향 아람으로부터 ('칼로 사로잡은 자처럼') 데려갔던 것이다(창 31:25-50). 요셉 역시 그의 고향으로부터 옮겨졌다"(Carmichael, *LNB*, 262).

또다시 24:7에 있는 법 자체가 대칭적 구조로 되어 있다는 사실은 흥미로운 일인데, 그것은 다음과 같이 정리해 볼 수 있다.

A 사람이 자기 형제 중 한 사람을 후린 것을 발견하거든
B 　그리고 그를 부리거나
X 　　그리고 그가 그를 판 것이
B′ 　그 후린 자를 죽일지니
A′ 너의 중에 악을 제할지니라

이 법의 초점은 한 사람이 자기 형제들 중 한 사람을 후려다가 그를 종으로 팔았다는 사실에 있다. 그러한 악은 "너의 중에서 제해야" 했다. 만일 한 사람이 자기 형제를 상품으로 취급하여 그를 팔았다면, 그 사람은 죽어야 한다.

주석

6 음식 준비 시에 필수품인 "맷돌의 전부나 그 위짝"(רחים ורכב – 레하임 와라켐)은 계속해서 곡물을 갈 수 있도록 현무암이나 다른 강한 돌로 만들어졌다(이에 대한 그림은 *ANEP*, no. 149; *IDB* 3:380〈맷돌을 사용하고 있는 애굽 여인〉을 보라). 맷돌은 빵 가루를 내기 위하여 사용되었으며, 그래서 각 가정에서 반드시 필요한 "부엌 용구"의 일부분이었다. 한 가족에게서 곡식 가루를 제거한다는 것은 생계 수단을 가져가 버리는 것에 해당되었다. 채권자는 주로 약 4, 5파운드의 무게였던 맷돌 위짝만을 취해 갔을 것으로 보인다(Tigay[1996] 223; 참조. 같은 저자, *FS J. Milgrom*, 374-76). "전집물로 취하는"(חבל – 호벨) 것은 대부금의 상환을 압박하기 위하여 동산을 압류하는 것이다. "생명을 취하는"이라는 문구는 이 물품이 생존에 필수적인 물품이라는 사실을 의미한다. "음식물을 만드는 데 반드시 필요한 항목들은 메소포타미아인, 애굽인 그리고 포로 후기 유대인 문서에서 자주 "생명"이라 불렸다"(Tigay[1996] 224, 그는 다른 참고문헌들을 더 제공하고 있다).

7 크레이기(Craigie[1976] 307)에 따르면, 이 법은 "훔치는" 죄가 사실은 본질적으로 유괴라는 여덟 번째 계명의 재진술이다(5:19). 일반적인 유괴를 금하고 있는 출애굽기 21:16에 나오는 이와 유사한 내용과는 달리, 여기에 나오는 법은 "자기 형제 곧 이스라엘 자손 중 한 사람을 납치하는" 것을 금하고 있다. 자기 형들을 통하여 팔려간 요셉 이야기 편에서 가한 이 법에 대한 해석은 이 모순된 특징을 설명하는 데 도움을 준다. 웨히트암메르(והתעמר)가 "그가 그를 상품으로 취급한다"를 의미하는 점에 관해서는 21:14의 "주석"을 보라. 이 단어는 히브리 성경에서 이 두 곳에만 나타나는데, 탈굼은 이것을 이런 방식으로 해석한다. 이에 대한 형벌은 가혹하게 "그 후린 자를 죽일지니라"고 말씀하고 있는데, 그 이유는 이 죄가 크레이기의 말을 빌리자면(Craigie[1976] 307) 본질적으로 "사회적인 살인" 죄이기 때문이다. 같은 형벌이 함무라비 법전에서도 적용된다(*ANET*, 166, § 14).

해설

역사를 통하여 너무나 자주 다른 사람들의 비용에 의하여 가끔은 사람들을 삶의 생존 수준으로 끌어내리고 일찍 죽도록 만드는 사실을 이용함으로써 부가 축적되곤 해 왔다. 고대 세계에서 맷돌은 생활에 절대적인 필수품이었다. 그것은 매일 곡식을 거칠게 갈거나 분쇄하거나 고운 가루로 만드는 데 필요하다. 등잔불이 켜지면 일반 가정에서는 통상적으로 맷돌 돌리는 소리가 들려 나왔다(렘 25:10). 가정에서 그 맷돌을 가져가는 것은 그들로부터 생계 수단을 가져가 버리는 것이다. 그러므로 이 법은 한 사람이 대부금을 지불함에 있어서 그에 합당한 다른 것을 취해 가는 데는 한계가 있다고 선언하고 있는 것이다. 상황이 어떠하든 간에 그리고 그들이 과거에 얼마나 많은 돈을 빌려갔든 간에, 우리는 다른 사람으로부터 생계 수단을 취할 도덕적 권리가 없는 것이다.

이와 같이 아무도 동료 인간을 상품으로 취급하여 한 인간(의 생명)을 훔칠 권리를 가지고 있지 않다. 이 본문이 유괴 상황을 직접적으로 언급하고 있기는 하지만, 그 원리는 사람을 종으로 파는 문제에까지도 적용된다. 어느 경우든 간에 그 범인은 고대 이스라엘에서 사형에 처하도록 규정되었다. 우리는 동료 인간을 종으로 삼는 여러 가지 방법이 있음을 잘 알고 있다. 담배나 알코올 음료를 포함하여 중독시키는 마약 혹은 도박이나 포르노그라피와 불법적 성행위와 같은 다른 중독에 빠지도록 매매하는 사람들은 자주 동료 인간의 생명을 납치하는 죄의 책임이 있다. 성경의 법에서 가축을 훔치는 사람이나 어떤 종류의 재산을 훔치는 사람들과 인간의 생명을 훔치는(납치하는) 사람들은 비교가 되지 않는다. 후자에 대한 형벌은 죽음이었다.

5. "문둥병자"의 처리(24:8-9)

참고문헌

Caplice, R. "An Apotropaion against Fungus." *JNES* 33(1974) 345-49. **Dols, M. W.** "The Leper in Medieval Islamic Society." *Speculum* 58(1983) 891-916. ______. "Leprosy in Medieval Arabic Medicine." *Journal of the History of Medicine and Allied Sciences* 36(1979) 314-33. **Douglas, M.** *Purity and Danger.* New York: Praeger, 1966. **Görg, M.** "'Ausschlag' an Häusern: Zu einem problematischen Lexem in Lev 14, 37." *BN* 14(1981) 20-25. **Hulse, E. V.** "The Nature of Biblical 'Leprosy' and the Use of Alternative Medical Terms in Modern Translations of the Bible." *PEQ* 107(1975) 87-

105. **Kinnier-Wilson, J.** "Leprosy in Ancient Mesopotamia." *RA* 60(1966) 47-58. ______. "Medicine in the Land and Times of the Old Testament." In *Studies in the Period of David and Solomon.* Ed. T. Ishida. Winona Lake, IN: Eisenbrauns, 1982. 337-65. **Lowe, J.** "Comments on the History of Leprosy." *Leprosy Review* 18(1947) 54-64. **Meier, S.** "House Fungus: Mesopotamia and Israel." *RB* 96(1989) 184-92. **Moller-Christensen, V.** "Evidence of Leprosy in Earlier People." In *Diseases in Antiquity.* Ed. D. Brothwell and A. T. Sandison. Springfield, IL: C. C. Thomas, 1967. 295-306. **Pilch, J. J.** "Biblical Leprosy and Body Symbolism." *BTB* 11(1981) 108-13. **Sawyer, J. F. A.** "A Note on the Etymology of *Ṣaraʿat.*" *VT* 26(1976) 241-45. **Seidl, T.** *Tora für den "Aussatz"-Fall: Literarische Schichten und syntaktische Strukturen in Levitikus 13 und 14.* ATSAT 18. St. Ottilien: EOS, 1982. **Skinsnes, O. K.** "Leprosy in Society." *Leprosy Review* 35(1964) 21-35, 106-22, 175-82. **Sussman, M.** "Diseases in the Bible and the Talmud." In *Diseases in Antiquity.* Ed. D. Brothwell and A. T. Sandison. Springfield, IL: C. C. Thomas, 1967. 209-21. **Wilkinson, J.** "Leprosy and Leviticus: A Problem of Semantics and Translation." *SJT* 31(1978) 153-66. ______. "Leprosy and Leviticus: The Problem of Description and Identification." *SJT* 30(1977) 153-69. **Wright, D. P.** *The Disposal of Impurity: Elimination Rites in the Bible and in Hittite and Mesopotamian Literature.* SBLDS 101. Atlanta: Scholars Press, 1987. **Wright, D. P.,** and **Jones, R. N.** "Leprosy." *ABD* 4:277-82.

본문과 운율 분석

"문둥병자"의 처리 [6:6]	**Dealing with "Leprosy"** [6:6]	
8 너는 문둥병에 대하여 삼가서 레위 사람 제사장들이 너희에게 가르치는 대로 네가 힘써 다 행하되 곧 네가 그들에게 명한 대로 너희는 주의하여 행하라	**8** *Be careful in an attack of leprosy /*	12 1
	to be very diligent\[a] indeed[b] to do //	11 1
	according to all[c] they shall teach you /	11 1
	(Namely) the Levitical[d] priests /	10 1
	just as I commanded them / you shall be careful to do // ס	<u>15</u> 2_
9 너희가 애굽에서 나오는 길에서 네 하나님 여호와께서 미리암에게 행하신 일을 기억할지니라	**9** Remember / what he did /	12 2
	(what) YHWH *your God (did) / to Miriam //*	13 2
	in the way / [a]*in* your going out from Egypt[a] // ס	<u>13</u> 2_

원문주해

8.a. 위치가 잘못된 아트나로 인하여 티프하가 연접사가 됨.

8.b. 두 개의 히브리어 필사본, SP, LXX은 여기서 강조적 의미로 읽히는 와우 접속사를 생략하고 있다(M. Dahood, *Psalms Ⅲ*: 101-150, AB 17A[Garden City, NY: Doubleday, 1970] 400-402).

8.c. SP와 LXX은 하토라(התורה, "그 토라")를 덧붙인다. Syr은 콜(כל)을 생략한다. 운율 분석은 MT을 지지한다.

8.d. Syr에는 MT의 할레위임(הלוים, 그 레위인들) 대신에 웨할레위임(והלוים, "그리고 그 레위인들")으로 되어 있다.

9.a-a. Vg에는 MT의 베체트켐(בצאתכם, "너희들이 나가는") 대신에 2인칭 단수 베체트카(בצאתך)로 되어 있다.

양식/구조/배경

24:8-9에 나오는 문둥병자에 관한 법은 그 간결성으로 인하여 수수께끼와도 같다. 백성들은 "너는 문둥병에 대하여 삼가서 레위 사람 제사장들이 너희에게 가르치는 대로 네가 힘써 다 행하되 곧 내가 그들에게 명한 대로 너희는 주의하여 행하라"는 명령을 듣는다. 그러나 그 세부 사항들은 언급되어 있지 않다. 그 대신 주제가 언뜻 보기에 백성들에게 "너희가…네 하나님 여호와께서 미리암에게 행하신 일을 기억할지니라"(9절)고 명령하고 있는 또 다른 법인 것으로 보이는 내용으로 갑작스럽게 옮겨가는데, 그 이유는 이 두 구절이 세투마 구획 표시로 분리되어 있기 때문이다. 레위기 13-14장에 보존된 "문둥병"이란 주제에 관한 자세한 가르침에 대한 지식은, 민수기 12장에서 미리암이 하나님과 모세 간의 독특한 관계에 대해 도전하고, 그 형벌로서 그녀가 눈같이 흰 문둥병자가 되었던 사건과 같은 것으로 생각된다(민 12:9).

문둥병에 관한 법(24:8-9)이 24장 전체라는 보다 큰 문맥에서 검토될 때, 그 기능은 다음과 같은 대칭적 구조 가운데서 "중간에 위치한 수수께끼"로 드러난다.

A 새신랑의 군 징집 면제 24:5
B 맷돌을 취하는 일과 동료 이스라엘 사람을 후리는 일 24:6-7
X "문둥병자"의 처리 24:8-9
B′ 압류된 재산을 취하고 보유하는 일 24:10-13
A′ 가난한 자와 약한 자의 보호를 위한 세 개의 법 24:14-22

이 구조에서 내부 골격은 유괴에 관한 법과 구조적으로 묶여 있는 맷돌을 압류 재산으로 취하는 문제에 관한 특별한 법(24:6-7)으로부터 가난한 빚진 자로부터 압류 재산을 취하고 보관하는 문제에 관한 법(24:10-13)으로 옮겨간다. 외부 골격은 융의 심리학 가운데 잘 알려진 3+1 형식의 또 다른 실례인데, 사회에서 가난한 자와 약한 자를 보호하라는 세 개의 법(24:14-22)이 새신랑을 군 징집에서 면제하라는 법(24:5)과 대칭되어 있다. 이 구조의 중심부(24:8-9)는 "중간에 위치한 수수께끼"의 의미와 중요성에 대하여 의문을 일으킨다.

*BHS*에 표시되어 있는 세투마 구획 표시들은 독자를 오도하고 있다. L에는 7절 다음에 공간이 없을지라도, 8절의 끝을 표시하기 위하여 한 행의 끝과 다음 구절의 시작 부분에 공간을 두고 있다(6절과 13절의 끝에서도 그러하다). 세 개의 구절 가운데 네 번 나타나는(7절과 8절의 끝과 9절에 두 번) 빈번한 수의 전이는 우리가 지금 운율 구조 면에서 중심 구절을 취급하고 있다는 사실을 시사한다.

본문(8-9절)에 있는 법을 대칭적으로 파악하는 것이 유익한데, 이는 다음과 같은 배열이 암시해 주고 있다.

A 문둥병에 대하여 삼가서
B 네가 힘써 행하되
X 레위 사람 제사장들이 너희에게 가르치는 대로
B′ 내가 그들에게 명한 대로 너희는 주의하여 행하라
A′ 너희가 애굽에서 나온 후 하나님께서 미리암에게 행하신 일을 기억할지니라

레위 제사장들의 가르침은 이 본문에서 중심이 되며, 백성들은 "문둥병에 대하여 삼가서" 그 가르침을 따르도록 지시를 받는다. 상징적인 의미에서 문둥병은 하나님의 직접적 권위를 인정하지 않는 사람들에 대한 하나님의 형벌과 결합되어 있다.

24:5-25:19에 나오는 법의 보다 큰 대칭적 구조를 전체적으로 본다면, 미리암의 문둥병에 관한 본문은 무모하게 싸움에 개입하는 여인에 관한 법과 대조적으로 읽혀야 한다(25:11-12). 그 경우에 우리는 문학적 관점에서 볼 때 하나의 전환적 율법을 다루고 있는데, 여기서 설화는 요셉과 관련된 법으로 옮겨가고 있으며(25:13-16, 정직한 저울추와 되), 반면에 현 문맥에서 설화는 반대 방향에서 옮겨가고 있다: 즉 요셉과 관련된 법으로부터(24:7, 동료 이스라엘 사람을 후리는 일).

우리가 살펴보고 있는 문제는 레위 제사장보다 우위에 있는 모세의 권위에 관한 것으로 보인다. 민수기 12장의 설화에서 아론은 모세가 하나님의 임명을 받은 지도

자라는 사실을 부인하고 또한 인정하는 데 일인자였다. 아론은 또한 미리암이 고침받도록 요구했던 사람이었다. 간단히 말해서, "모세는 그 사건에서 가장 중요한 직권자로 떠오르며, 레위 제사장들의 우두머리로서 아론은 이를 인정하도록 되어 있었으며, 이 율법 수여자(모세)는 그들의 가르침이 문둥병을 고칠 때 따라야 할 규범들이라고 말한다"(Carnichael, *LNB*, 264).

24:1-9의 보다 큰 문맥 내에서 24:8-9에서 신명 수의 사용에 대한 라부샤뉴의 연구는 다음과 같이 요약될 수 있다.

단어	아트나 앞		아트나 뒤	
24:8-9	13	+	13	= 26
24:1-5	50	+	52 (=2×26)	= 102 (=6×17)
24:6-9	28	+	23	= 51 (=3×17)
24:7-9	24	+	19	= 43 (=17+26)
24:1-9	78 (=3×26)	+	75	= 153 (9×17)

24:8-9에 있는 "문둥병"을 취급하는 법은 26개의 단어로 이루어진 단일 문학적 버금 단위다. 이 단위는 43(=17+26)개의 단어를 가지고 있는 버금 단위 24:7-9에 앞서는 내용 및 뒤따라오는 내용과 긴밀하게 연결되어 있다. 보다 큰 문학적 문맥은 24:1-9인데, 아트나 앞에 78(=3×26)개의 단어를 가지고 있고, 총 153(9×17)개의 단어를 가지고 있으며, 이것은 또한 1부터 17까지의 숫자의 합계이기도 하다.

주석

8 여기서 "문둥병"으로 번역된 차라아트(צרעת)는 성경에서 언급된 광범위한 상태, 즉 피부, 옷의 천, 벽의 상태를 규정하고 있다. 피부의 질병에 대한 언급 가운데 이 단어는 반드시 현대 의학이 정의하고 있는 것과 같은 문둥병(한센씨 병)을 가리키지는 않는다. 레위기 13-14장은 그 징후를 관찰하고 진단하는 제사장들을 위한 지침을 담고 있다. "이 점에서 권면은 문둥병에 대한 법규가 청중들에게 알려져 있고, 그래서 모세가 단순하게 백성들에게 부지런히 그러한 법규에 대한 관찰을 할

것을 권고하고 있다고 가정하고 있다"(Craigie[1976] 308). 각 개인은 "레위 사람 제사장들이 너희에게 가르치는 대로 네가 힘써 다 행하라"고 지시를 받는다. 여기서 "레위 사람 제사장"으로 번역된 하코하님 할레위임(הכהנים הלוים)에 관해서는 18:1-2의 "주석"을 보라.

9 "여호와께서 미리암에게 행하신 일을 기억할지니라"는 지시는 민수기 12:10-15에 기록된 사건을 상기시켜 주고 있다. 밀그롬(Milgrom)은 미리암이 이 경우에 특별한 취급을 받았는데, 그 이유는 그가 두 주간이 아닌 한 주간만 고립되어 있었기 때문이라고 주장했다(Milgrom, *Numbers*[1990] 98). 요점은 아무도 변역을 가지고 있지 않으므로, 백성들이 "그 일이 나에게 일어날 수 없다"고 가정하여 잠재적으로 문둥병이라는 피부 재앙과 관련해서 제사장에게 문의하지 않으면 안 된다는 것으로 보인다(Tigay[1996] 225).

해설

미리암의 문둥병은 고대 이스라엘에서 백성들의 언약적 중재자요 지도자로서 모세의 독특한 역할에 도전하는 그녀의 오만으로 인하여 하나님께서 치신 것이다. 미리암 역시 영적 지도자였음을 유념해야 할 것이다(출 15:20; 미 6:4). 그녀는 히브리 성경에서 "여선지자"(נביאה – 네비야, 출 15:20)로 지칭된 다섯 명의 여인 가운데 한 사람이었는데, 다른 사람들은 드보라(삿 4:4), 훌다(왕하 22:14; 대하 34:22), 이사야의 아내(사 8:3), 노아디야(느 6:14)다. 출애굽기에 나타난 바와 같은 그녀의 지위와 성품에도 불구하고, 미리암은 7일 간 진 밖으로 쫓겨났다가 모세의 권위에 복종하고 나서야 회복되었다.

우리가 미리암이 걸렸던 피부병의 정확한 성격을 밝힐 수는 없을지라도, 그녀의 "문둥병"은 하나님의 백성에게 감염을 가져다 주었던 하나님의 형벌이었음에는 분명하다. 그녀는 의식적(儀式的)으로 부정했으며, 이스라엘 공동체에서 자기의 지위를 다시 찾기에 앞서 어떤 정결 의식을 거쳐야 했다. 그러한 행동은 죄악된 것이며, 취급되어야 하는 그 난육에 오염을 가져다 준다. 어떤 지위나 위치를 막론하고 지도력에 있어서 아무도 미리암의 오만죄를 범하는 위험으로부터 피하지 못한다. 그러한 일이 일어날 때 율법은 명확하다: 하나님 자신이 "문둥병"의 형태로 형벌을 가져다 주시리라는 것이다. 다시 말해서, 전염시키는 질병은 그 사람에게 분명하게 드러날 것이고, 그 질병은 하나님 자신의 가르치심에 따라서 취급되어야 한다는 사실을 말하는 상징적 방식이다. 그 질병에 걸린 사람은 일정 기간 동안 진 밖으로 추방되어야 하고, 적절한 정결 의식이 그 오염을 제거한 다음에 들어오며, 그래서 죄지은 편은 다시 한 번 하나님 아래서 합당한 권위에 복종하게 된다.

6. 압류된 가산의 전집 문제(24:10-13)

참고문헌

Baudissin, W. W. G. "Die alttestmentliche Religion und die Armen." *Preussische Jahrbücher* 149(1912) 193-231. **Botterweck, G. J.** "Die soziale Kritik des Propheten Amos." In *FS J. Höffner.* 1971. 39-58. **Braulik, G.** "Die Enstehung der Rechtfertigungslehre in den Bearbeitungsschichten des Buches Deuteronomium." *TP* 64(1989) 321-33, esp. 140-42. **Carmichael, C. M.** *LNB.* 263-64. **Cazelles, H.** "De l'idéologie royale." In *FS T. H. Gaster.* 1973. 59-73. **Daube, D.** "The Culture of Deuteronomy." *Orita* 3(1969) 33-34. **David, M.** "Deux anciens termes bibliques pour le gage." *OTS* 2(1943) 79-86. **Finet, A.** "Le 'gage' et la 'sujétion'(*nipûtum et kiššatum*) dans les textes de Mari et le Code de Hammurabi." *Akkadica* 8(1978) 12-18. **Kippenberg, H. G.** *Religion und Klassenbildung im antiken Judäa.* 2nd ed. SUNT 14. Göttingen: Vandenhoeck & Ruprecht, 1982. 27. **Lewy, I.** "Dating of Covenant Code Sections on Humaneness and Righteousness(Ex xxii 20-26; xxiii 1-9)." *VT* 7(1957) 322-26. **Milgrom, J.** *Cult and Conscience.* 1976. 102-4. **Naveh, J.** "A Hebrew Letter from the Seventh Century B.C." *IEJ* 10(1960) 129-39. **Neufeld, E.** "Inalienability of Mobile and Immobile Pledges in the Laws of the Bible." *RIDA* 9(1962) 33-47. ______. "The Rate of Interest and the Text of Nehemiah 5.11." *JQR* 44(1953/54) 194-204. **Ploeg, J. van der.** "Les pauvres d'Israel et leur piété." *OTS* 7(1950) 236-70. **Tigay, J.** *Empirical Models for Biblical Criticism.* Philadelphia: Univ. of Pennsylvania Press, 1985. 168. ______. "A Talmudic Parallel to the Petition from Yavneh-Yam." In *Minḥah le-Naḥum: FS N. Sarna.* Ed. M. Brettler and M. Fishbane. JSOTSup 154. Sheffield: JSOT Press, 1993. 328-33. **Vogt, E.** "Ostracon Hebraicum saec. 7 A.C." *Bib*

41(1960) 183-84. **Weil, H. M.** "Gage et cautionnement dans la Bible." *AHDO* 2 (1938) 171-241.

본문과 운율 분석

압류된 가산의 전집 문제 [(6:6(6:6)]	**Taking and Holding Distrained Property** [(6:6):(6:6)]	
10 무릇 네 이웃에게 꾸어줄 때에 네가 그 집에 들어가서 전집물을 취하지 말고	**10** When [a]*you make a loan*[a] *to your neighbor*[b] *a loan of any sort* //	14 2
	you shall not enter his house / *to take his pledge* //	20 2
11 너는 밖에 섰고 네게 꾸는 자가 전집물을 가지고 나와서 네게 줄 것이며	**11** *outside* / *you shall stand* //	7 2_
	And the man / *to whom* / [a]*you make the loan*[a] /	15 3
	[b]*he shall bring to you*[b] / *the pledge* / *outside* //	18 3_
12 그가 가난한 자여든 너는 그의 전집물을 가지고 자지 말고	**12** *And if he is* / *a poor man* //	10 2
	you shall not sleep / *in his pledge* //	10 2
13 해질 때에 전집물을 반드시 그에게 돌릴 것이라 그리하면 그가 그 옷을 입고 자며 너를 위하여 축복하리니 그 일이 네 하나님 여호와 앞에서 네 의로움이 되리라	**13** *You shall surely return the pledge*[a] *to him* /	15 1
	when the sun goes down /	6 1_
	That he may sleep in his garment[b] / *and he shall bless you* //	17 2
	and it shall be counted as righteousness[c] / *for you* /	11 2
	before / *YHWH your God* // ס	12 2_

원문주해

11.a-a. 한 히브리어 필사본과 SP에는 MT의 타쉐(תשה, "네가 하나의 대부를 만든다") 대신 תשא로 되어 있는데 그 의미에는 변함이 없다.

10.b. 여기에 나타난 티프하는 대부분의 히브리어 필사본들과 Letteris를 포함한 인쇄된 판본들처럼 이접 악센트로 읽음.

11.a-a. 두 개의 히브리어 필사본과 SP에는 MT의 타쉐(תשה, "네가 하나의 대부를 만든다") 대신 תשא로 되어 있는데 그 의미에는 변함이 없다.

11.b-b. DSS과 SP에는 MT의 요치(יוציא, "그가 가져갈 것이다") 대신 יוצא로 되어 있는데, 그 의미에는 변함이 없다.

13.a. 많은 히브리어 필사본과 DSS에는 MT의 하아보트(העבוט, "담보") 대신 하아보트(העבט)로 되어 있는데 그 의미에는 변함이 없다.

13.b. SP^{W}에는 MT의 빼살마토(בְּשַׂלְמָתוֹ, "그의 옷 안에") 대신 베실믈라토(בְּשִׂמְלָתוֹ)로 되어 있는데 그 의미에는 변함이 없다.

13.c. 체다카(צדקה, "의")에 대응하는 용법에 관해서는 6:25을 보라.

양식/구조/배경

본 주석의 앞 단락에서 살펴본 바와 같이, 신명기 24장에 있는 압류된 가산을 취하고 보관하는 일에 관한 법은 두 부분으로 되어 있는데(담보로 맷돌을 취하는 일에 관하여 말하고 있는 24:6과 24:10-13이다), 이것은 "문둥병"을 취급하는 법(24:8-9)을 둘러싸는 골격의 형태를 취하고 있다. 신명기 24장의 구조 안에서 24:10-13의 기능을 바라보는 또 다른 방법이 이에 상응하는 창세기에 있는 설화 이야기와 비교하여 전체를 하나의 칠지(七枝) 형태로 개괄해 줄 것이다.

A 담보로 맷돌을 취함(이삭과 이스마엘)	24:6
B 동료 이스라엘 사람의 납치(요셉과 형들)	24:7
C "문둥병"의 처리(미리암〈과 모세〉)	24:8-9
X 압류된 가산을 취함과 보관(이삭과 리브가)	24:10-13
C′ 임금의 적시 지불(야곱과 라반)	24:14-15
B′ 대물림 형벌의 금지(하몰과 세겜)	24:16
A′ 타국인, 고아, 과부의 보호(애굽에서 요셉)	24:17-22

이 구조에서 골격은 맷돌을 담보로 취하는 일에 관한 구체적인 법(24:6)으로부터 그 중심부에 압류된 가산의 전집에 관한 보다 일반적인 법으로 옮겨가다가, 다시 끝부분에서 과부의 옷을 담보로 취하는 일에 관한 구체적인 법(17-22절)으로 옮겨간다. 이러한 세 개의 법으로 형성되어 있는 창세기의 설화 이야기를 검토해 보면, 이야기가 누가 주 상속자가 될 것인가에 관하여 아브라함의 아들들인 이삭과 이스마엘 간의 갈등으로 시작하여(창 21:9-12), 이삭과 리브가의 결혼(창 24장, 15:5-21에 있는 하나님과 아브라함의 언약으로 되돌아감)으로, 그리고 애굽에서의 이삭의 손자 요셉에 대한 확대된 이야기로 결론짓는다(창 37-47장). 이 골격 구조 가운데서 법들의 첫 번째 쌍은 유괴에 대한 법(신 24:7)으로부터 대물림 형벌의 금지법(24:16)으로 옮겨간다. 이 경우에 상응하는 설화 이야기들은 요셉이 자기 형들에 의하여 종으로 팔려감(창 37:26-28), 가나안 왕 하몰과 그의 아들 세겜의 곤경(창 34장)이다. 그 다음 골격은 문둥병에 관한 법(신 24:8-9)으로부터 임금의 적시 지불에 관한 법(24:14-15)으로 옮겨간다. 여기서 상응하는 설화들은 미리암의 죄(민 12:1-14)와 라반의 고용된 종으로서 야곱(창 31:4-42)에 관한 이야기다.

신명기 24:10-13에 있는 압류된 가산을 취하고 보관하는 일에 관한 법의 경계들은 9절과 13절의 끝에 있는 세투마 구획 표시로 표시되어 있다. 이 단락에서 중요한 단어는 여기서 네 번이나 나타나고 히브리어 성경의 다른 곳에서는 전혀 나타나지 않는 아보트(עבוט, "담보")와 후츠(חוץ, "바깥")란 명사다. 이 단어들이 이 대칭적 구조 안에 자리잡고 있는 것으로 나타난다.

A "네가 그 집에 들어가서 전집물을 취하지 말고" לא־תבא… לעבט עבטו 24:10b
B "너는 밖에 섰고" בחוץ תעמד 24:11a
X "그들이 전집물을 가지고…네게 줄 것이며" יוציא אליך את־העבוט 24:11b
B′ "나와서" החוצה 24:11c
A′ "너는 그의 전집물을 가지고 자지 말고" לא תשכב בעבטו 24:12b
"그 전집물을 반드시 그에게 돌릴 것이라" השב תשיב לו את־העבטו 24:13a
"그리하면 그가 그 옷을 입고 자며" ושכב בשלמתו 24:13b

이 구조는 대부를 받은 사람이 담보물을 가지고 밖으로 나오는 그 순간에 초점을 맞추고 있다(11b절). 외부 골격에서 대부금을 빌려준 사람은 "그의 집"으로 들어가지 말고(10b절) 그 담보물을 가지고 자지 말라(13절)는 지시를 받는다. 내부 골격은 대부금을 빌려준 사람이 서 있는 장소, 즉 "바깥"에 초점을 맞추고 있다(11a, c절).

위의 구조의 결론적 단락은 "담보물"(עבוט – 아보트)이라는 단어가 짜여져 들어가 있다는 사실을 한층 더 분명하게 보여 주기 위해 다른 방법으로 정리될 수도 있다.

A "너는 그의 전집물을 가지고 자지 말고" לא תשכב בעבטו 24:12b
B "반드시 그에게 돌릴 것이라" השב תשיב לו 24:13a
X "그 전집물을" את־העבוט 24:13b
B′ "해질 때에" כבא השמש 24:13c
A′ "그리하면 그가 그 옷을 입고 자며" ושכב בשלמתו 24:13d

이 구조의 중심부는 "담보물" 자체에 초점을 맞추고 있다. 내부 골격은 명령을 명확하게 밝히고 있다. 즉 "해질 때에 그 전집물을 반드시 그에게 돌릴 것이라"(13절)는 것이다. 외부 골격에서 우리는 대부금을 빌려준 사람이 그 전집물을 가지고 자지 말고(12b절) 채무자가 자기 옷을 덮고 잘 수 있도록 돌려주라는 명령(13d절)

을 발견하게 된다.

24:10-13에 있는 저당 잡은 가산을 취하고 보관하는 일에 관한 법은 다음과 같이 정리될 수 있다.

A	네가 그 집에 들어가서 전집물을 취하지 말아라	24:10
B	너는 밖에 섰고 네게 꾸는 자가 전집물을 가지고 나와서 네게 줄 것이며	24:11
X	그가 가난한 자여든 너는 그의 전집물을 가지고 자지 말고	24:12
B′	해질 때에 그 전집물을 반드시 그에게 돌릴 것이라	24:13a
A′	그 일이 네 하나님 여호와 앞에서 네 의로움이 되리라	24:13b

이 본문에서 이 율법의 초점은 가난한 자의 담보물을 가지고 자지 말라는 명령에 있다(12절). 담보물을 가지러 이웃의 집에 들어가지 않음으로써(10절) 개개인은 하나님 앞에서 의롭다 함을 받는다(13b절). 내부 골격은 창세기 24장과 창세기 15장에 있는 이야기를 형성한 "미드라쉬적 핵심 부분"을 담고 있다. 즉 사람은 이웃의 집 밖에 서 있어야 한다는 것이다(11절). 이 진술은 "해질 때에 그 전집물을 반드시 그에게 돌릴 것이라"(13a절)는 진술과 대칭이 되어 있다. 11절을 대칭적 문장으로 보는 것도 가능한데, 이 구절은 사람이 밖에 서 있는 데서 그에게 담보물을 가지고 나와 밖에서 건네주는 데로 움직여 나간다.

A	"너는 밖에 섰고"	בחוץ תעמד
B	"그리고 그 사람이"	והאיש
X	"네게 꾸는 자가"	אשר אתה נשה בו
B′	"그가 가지고…네게 줄 것이며"	יוציא אליך
A′	"나와서 그 전집물을"	את־העבוד החוצה

내용이 보다 큰 전체 단락(10-13절)과 아주 유사한 이 순환적 문장에서, 후츠(חוץ, "밖")란 단어는 이 문장을 감싸는 역할을 한다.

24:7에 있는 동료 이스라엘 사람에 대한 납치를 금하고 있는 법이 신명기의 개별 법과 이 법이 창세기에 결합된 설화(즉 창 37:26-28에 있는 요셉이 팔려간 이야기) 간의 관계 면에서 가장 숨김없이 드러나 있다면, 신명기 24:10-13에 있는 압류된 가산에 관한 법은 가장 모호한 것인데 카마이클은 자신의 연구에서 이것을 파악하지 못하고 있다. 이것은 이삭이 자기 아내 리브가를 얻는 이야기에서 가장 세밀하게 확대되어 있으며(창 24:1-67), 창세기 15:5-21에 있는 하나님이 아브라함과 맺으신 언약 이야기에서는 덜 확대되어 있다. 신명기 24:10-13에 있는 거의 모든

단어가 설화 이야기 내에서 생생한 의미를 취하고 있다.

창세기 24장의 이야기에서 "담보물"(עבוט – 아보트)은 "자기 집의 가장 나이가 많은 자"(ביתו – 베토, 2절; 참조. 신 24:10)로 묘사되어 있는 이름 없는 종을 통하여 얻은 리브가다. 라반의 집에서 담보물을 얻기 위하여 보냄을 받은 이 사람이 자기 목적지에 도착했을 때, 라반은 "어찌 밖에 섰나이까?"(תעמד בחוץ – 타아모드 바후츠, 31절; 참조. 신 24:11)라고 묻는다. 어떤 의미에서 담보물 – 자기 신부가 될 여자 – 을 가지고 자기에게로 돌아올 종(신 24:13에 있는 "반드시 그에게 돌릴 것이니라"〈השב תשיב לו – 하쉐브 타쉬브 로〉)을 가나안에 있는 자신의 집에서 기다리면서 아람-나하라임 땅 "밖에 서 있는" 사람은 종의 주인인 이삭이었다. 이삭은 신명기 24:13에서는 "해질 때에"(כבא השמש – 케보 하쉐메쉬)이고 창세기 24:63에서는 "밤에"(לפנות ערב – 리프노트 에레브) 묵상하기 위하여 들로 나갔다. 그리고 "그의 옷을 가지고 자다"라는 문구는 창세기 설화의 그 다음에 이어지는 문구와 관련하여 생생한 의미를 가지고 있다: "이삭이 리브가를 인도하여…그를 취하여 아내를 삼고"(창 24:67), 이것은 신명기 21:11; 22:13; 23:1; 24:1-5(5회)에 있는 같은 표현과 비교되어야 할 것이다. 더 나아가서 신명기 24:13에 있는 "그가 너를 위하여 축복하리니"(וברכך – 우베라케카)는 라반의 집 사람들이 리브가에게 선포한 축복을 이끌고 있는 창세기 24:60의 "그리고 그들이 축복하니라"(ויברכו – 와예바라쿠)가 된다: "우리 누이여, 너는 천만 인의 어미가 될지어다 네 씨로 그 원수의 성문을 얻게 할지어다."

이 지점에서 독자는 과거에 아브라함에게 주셨던 유사한 축복을 상기하게 될 텐데, 그 이유는 그 법에 있는 그 다음 문구 "그 일이 네 하나님 여호와 앞에서 네 의로움이 되리라"(ולך תהיה צדקה – 울르카 티흐예 체다카, 신 24:13)가 창세기에 있는 하나님께서 아브라함과 맺으신 언약 설화로 이끌어 가기 때문이다. 그 언약 시에 하나님께서는 "그를 이끌고 밖으로 나가"(ויוצא אתו החוצה – 와요체 오토 하후차) 말씀하시기를 "하늘을 우러러 뭇별을 셀 수 있나 보라 또 그에게 이르시되 네 자손이 이와 같으리라"(창 15:5)고 하셨다. 그리고 아브라함은 "자기를 의로 여기신"(ויחשבה לו צדקה – 와야흐쉐베하 로 츠다카, 6절) 하나님을 믿었다. 몇 구절 다음에 "해질 때에(ויהי השמש לבוא – 와예히 하쉐메쉬 라보) 아브람이 깊이 잠든 중에(תרדמה – 타르데마) 캄캄함이 임하므로 심히 두려워하더니 여호와께서 아브람에게 이르시되 너는 정녕히 알라 네 자손이 이방에서 객이 되어 그들을 섬기겠고 그들은 사백 년 동안 네 자손을 괴롭게 하리니 그 섬기는 나라를 내가 징치할지며 그 후에 네 자손이 큰 재물을 이끌고 나오리라 너는 장수하다가 평안히 조상에게로(אבתיך – 아보테카) 돌아가 장사될 것이요 네 자손은 사대 만에 이 땅으로 돌아오리니…"(창 15:12-18). "해가 졌을 때(ויהי השמש באה – 와예히 하쉐메쉬 바) 그리고 밤이 왔을 때…그 날에 여호와께서 아브람과 언약을 세우셨다."

"그들이 사대 만에 이 땅으로 돌아오리니"라는 진술은 이 본문에서 새로운 의미를 취한다. 그 이유는 이것이 창세기에 있는 설화를 파악하도록 하기 위하여 신명기에 있는 법들의 개요를 따라 방금 전에 완료한 내용이기 때문이다. 사대(四代)는 아브라함, 이삭, 야곱/이스라엘 그리고 그의 열두 아들(이스라엘 각 지파)인데, 그 네 번째 대에서 초점은 요셉의 사람들(신 24:7, 17-22; 25:1-3, 13-16)과 유다(25:4-12)에게로 좁혀진다. 형제들이 요셉을 팔려는 그 순간이 24:7에 소개되어 있고(동료 이스라엘 사람을 납치하지 말라는 금지법에서), 그 다음으로 우리의 관심은 가장 먼저 창세기의 관점에서 출애굽 세대와 현 세대에 있었던 미리암의 문둥병(24:8-9)으로 돌려진다. 그러나 그 다음 법(24:10-13)은 3세대 이전 창세기 24:1-67에서 아내를 구하고 있는 이삭에게로 돌아가며, 그 다음에 우리는 더 멀리 한 세대 이전인 아브람의 원래 이야기로 돌아가는데, 아브람은 이미 이 간략한 예언을 따라야 했던 모든 일을 약술했다. 그것은 "그들이 사대 만에 이 곳으로 돌아올 것이라"(ודור רביעי ישובו הנה – 웨도르 레비이 야수부 헨나)는 다소 호기심을 자아내는 말로 결론을 맺는다. 그리고 그것이 신명기 법의 랜즈를 통하여 창세기의 이 본문에서 파악한 내용이다.

창세기 15:12-18의 내용은 신명기 24:13의 "해질 때에"(כבא השמש – 케보 하쉐메쉬)란 문구를 확장하는 문구의 반복을 통하여 그 골격이 이루어져 있는데, 그것은 다음과 같이 정리할 수 있을 것이다.

A	해질 때에 아브람이 깊이 잠든 중에	15:12
B	400년의 압제 후에 네 자손이 나올 것이다	15:13-14
X	너에 대해서는, 네가 평안히 네 열조에게로 돌아갈 것이다	15:15
B′	그리고 그들이 사대 만에 이 곳으로 올 것이다	15:16
A′	해질 때에 야웨께서 아브람과 언약을 맺으셨다	15:17-18

이 구조에서 내부 골격은 시적인 형태로 애굽에서 400년의 압제가 "사대 만에 돌아온다"와 쌍을 이루고 있다. 그 중심부에서 우리는 신명기 24:10-13에 나오는 "전집물"(עֲבוֹט – 아보트)이란 단어의 반복된 사용이라는 퍼즐을 푸는 열쇠를 발견

하게 된다. 이 단어는 창세기 15:15에서 사용된 것과 같은 단어 아보트(אָבוֹט)와 발음이 유사하기 때문에 선택되어 사용되었다. 여기서 언급한 것은 아브람의 죽음인데, 그는 "장수하다가"(בשׂיבה טובה – 베세바 토바) 자기 조상들에게로 갈 것이다. 창세기 24장의 이야기에서 아보트(עבוט, "담보물")인 리브가도 역시 자기 앞에 살았던 사라처럼 "조상들의 어머니"인 창세기 15:15의 아보트(אָבוֹט)와 관련되어 있다. 왜냐하면 그녀의 두 아들이 이스라엘의 열두 지파의 부친인 야곱과 에돔의 족장들을 포괄하는 가계의 조상인 에서이므로, 그들 중 한 사람이 성경 설화 내의 다른 시기와 장소 – 즉 욥이 살아서 자기의 아들들과 손자들과 사대를 보게 되는 우스 땅 – 에서 중심 위치를 차지할 것이기 때문이다. 자기 형제 아브람처럼 욥도 "나이 늙고 기한이 차서 죽었다"(욥 42:16-17).

신명기 24:10-13에 대한 라부샤뉴의 글자 수 분석 방법(Logotechnische analyse)을 통하여 그는 두 번째 문장에서 17개의 단어를 발견했고, 총 46개의 단어를 발견했다. 46이란 숫자가 2×23(카보드〈כבוד, "영광"〉의 수치)으로 해석되기는 하지만, 라부샤뉴는 13절에 있는 체다카(צדקה, "의")란 중요한 단어의 수치 역시 46(=[צ=18]+[ד=4]+[ק=19]+[ה=5])이란 사실과, 또한 다른 중요한 단어 미슈파트(משפט, "공의, 판단")의 수치가 60이라는 사실에서 보다 깊은 의미를 발견했다. 이러한 결론의 이유들은 24:10-18 전체에 대한 증거가 검토될 때 명확해진다.

단어	아트나 앞		아트나 뒤		
24:10-13	21	+	25	=	46 (= צדקה)
24:10-18	65	+	54	=	119 (= 7×17)
24:14-15, 17-18	34 (=2×17)	+	26	=	60 (= משפט)
24:14-15	20	+	14	=	34 (=2×17)
24:14-16	30	+	17	=	47
24:17-18	14	+	12	=	26
24:8	9	+	8	=	17

여기에 나타나 있는 가장 중요한 문학적 단위는 24:10-18임이 분명한데, 이것은 총 119(=7×17)개의 단어를 가지고 있다. 이러한 보다 큰 단위 내에서 중요한 버금 단위들은 10-13절, 14-15절, 17-18절이다. 16절에 있는 대물림 형벌의 금지는

이것을 14-15절과 연결시켜서 14-16절에 있는 아트나 뒤에서 17개의 단어를 가지도록 만든 고대 서기관들을 통하여 약간 다르게 취급되었다. 합성된 형태 34+26=60은 주절과 종속절 간의 단어의 분포를 나타내며, 또한 14-15절+17-18절에 있는 아트나 앞과 뒤의 단어 수도 마찬가지다. 이것들의 숫자 합성 가운데 고대 이스라엘의 서기관들은 체다카(צדקה, "의")와 미슈파트(משפט, "공의, 판단")의 개념과 함께 신명 수가 상징하는 하나님을 결합시키는 것처럼 보인다.

주석

10 "무릇 네 이웃에게 꾸어 줄(תשה – 타쉐) 때에 네가 그 집에 들어가서(בא אל־ביתו – 보 엘-베토) 전집물(עבטו – 아보토)을 취하지 말고." 매이즈는 이 법이 출애굽기 22:26-27에 있는 평행절에 의하여 영향을 받았다고 보는데, 그 구절 역시 예상된 아흐(אח, "형제") 대신에 레아카(רעך, "네 이웃")란 표현을 사용한다. 대부금을 빌려주는 데 사용된 단어는 동사 어근 나솨(נשה, "빌려주다, 채주가 되다")다. 동사 타쉐(תשה)는 가끔 "이자를 받고 빌려주다"를 의미하는 어근 나솨(נשא)로부터 파생된 타쉐(תשא)로 읽혀진다. 가산을 압류하기 위하여 채주가 채무자의 집으로 들어가지 못하게 하는 이유는 주로 "빚을 진 자와 그 가족이 빚진 자의 영역에서 하나의 주인으로서 행세하는 또 다른 사람에 의하여 굴욕을 받게 되고, 이러한 접촉이 결국은 싸움으로 이끌어 간다"(Tigay[1996] 225)는 사실을 의미하는 것으로 해석된다. 이러한 계통을 따른 추론에 대하여, 그 이후 유대인의 율법 해석자들은 어떤 종류의 강압에 따른 동산 압류는 그 압류가 법정의 허락 하에서만 허용되었던 것과 같은 강제 집행이었다고 결정했다. 티개이가 주장한 바와 같이, 이와 같은 추론은 곡식을 빚진 자로부터 강제적으로 압류하는 채주를 처벌했던 함무라비 법들 가운데 반영되어 있다(Tigay[1996] 389 n. 42, 그는 Code of Hammurabi § 113으로부터 인용하고 있다). 이 법에 대한 또 다른 해석은 어근 아바트(עבט, "담보물을 취하다 혹은 주다")로부터 나온 통상적인 하아보트(הַעֲבוֹט, "담보물")란 단어의 사용에 비추어 나타난다. 명사형으로 사용된 아보트(עֲבוֹט)란 단어는 10-13절에 네 번 나타나며, 히브리어 성경의 다른 곳에서는 전혀 나타나지 않는다. 동사의 용례는 신명기 전체에 걸쳐서 네 번만 출현한다: 15:6(2회); 15:8; 그리고 이 곳 24:10 (욜 2:7에서는 어근 아바트〈עבט〉가 전혀 다른 의미로 나타난다). 더 나아가서 동의어 하볼(חבל)이 6절과 17절에 나타나는데, 이러한 사실이 밀그롬(Milgrom, *Cult*

and Conscience, 102-4)과 다른 사람들(Tigay, *Empirical Models*, 168)로 하여금 우리가 여기서 결합을 위한 합성본의 증거를 보게 된다고 주장하게 만들었다. 그러나 하나의 새로운 단어는 뜻을 전달하기 원하는 저자로 하여금 그 유음 때문에 소개되어 있다는 것이 더 그럴듯하다(위의 "양식/구조/배경"에 있는 논의를 보라).

11 이 문구는 창세기 24:31에서 역순으로 나타나며, 히브리 성경의 다른 곳에는 나타나지 않는다(유일한 다른 경우는 스 10:13인데 두 개의 사전적 항목들인 라아모드 바후츠〈לעמוד בחוץ〉가 함께 나타난다). 담보물을 받으려고 서 있는 사람에게 그것을 밖으로 가지고 나가서 주라는 지시는 창세기 24장에 있는 이삭의 아내가 될 리브가의 이야기 안에서 더욱 깊은 의미를 가진다.

12 필자가 여기서 "그가 가난한 자다"라고 번역한 이쉬 아니(אִישׁ עני)는 "가난의 사람"으로 번역될 수도 있는데(עני 혹은 ענו), 그럴 경우 상징적 의미로 가난한 자, 고난당한 자, 경건한 자로서 이스라엘 자체를 가리킨다(시편이나 다른 곳에서 자주 그러하듯; 참조. 시 10:17; 22:27[개역. 26]; 25:9[2회]; 34:3[개역. 2]; 37:11; 69:33[개역. 32]; 등). 야브네 얌(Yavneh-Yam)에서 발견된 주전 7세기의 히브리어로 된 편지에서는 한 남자가 불법적으로 가져간 한 옷을 돌려달라고 요구하고 있다(Craigie[1976] 308 n. 15에서 재인용; *ANET*, 568를 보라; 또한 Tigay, *FS N. Sarna*, 328-33를 보라). "그의 전집물(שָׁכב בעבט - 셰카브 빠아보트; 옷)을 가지고 잔다"는 문구는 그 전집물이 "밖에 서 있는" 남자(먼저는 아람-나하라임에 있는 이름 없는 종, 그 다음에는 이삭 자신)가 취한 리브가가 될 때는 더 깊은 의미를 가지게 된다.

13 "해질 때에 그 전집물을 반드시 그에게 돌릴 것이라"는 진술은 다음과 같은 내용을 읽을 때 구체적인 의미를 가진다: "이삭이 저물 때에 들에 나가 묵상하다가 눈을 들어 보매 약대들이 오더라 리브가가 눈을 들어 이삭을 바라보고 약대에서 내려"(창 24:63-64). 더 나아가서, "그의 옷을 가지고 자다"(ושכב בשׂלמתו - 웨샤카브 빼살마토)라는 문구는 우리가 이미 다른 법으로부터 들어서 알고 있는 내용에 비추어 보면 새로운 의미를 가진다. 즉 한 사람의 아내(혹은 첩)가 그 사람의 옷이라는 것이다. 신명기 23:1에 있는 법이 명확하게 진술하고 있는 바와 같이, 한 아들이 부친의 아내(혹은 첩)와 동침하는 것은 상징적으로 그의 부친에게서 옷을 벗겨 자기를 덮는 것을 의미하기 때문이다. "그리고 그가 너를 위하여 축복하리니"(וברכך - 우베라케카)라는 진술은 리브가가 자기 아비 집으로부터 떠날 때 받았던 축복(ויברכו - 와예바라쿠)과 비교하도록 자극한다: "우리 누이여 너는 천만 인의

어미가 될지어다 네 씨로 그 원수의 성문을 얻게 할지어다"(창 24:60). 이 새로운 단어 아보트(עֲבוֹט, "담보물")는 이야기 담화에서 백성들이 아보트(אָבוֹת, "조상들")로 들도록 하기 위하여 선택된 것으로 보인다. 자기 이전에 살았던 사라처럼 리브가도 사실은 고대 이스라엘의 조상들, 즉 야곱/이스라엘과 에서/에돔의 어머니다. 이 법은 다음과 같이 결론을 내린다. "그 일이 네 하나님 여호와 앞에서 네 의로움이 되리라." 즉 독자들의 관심을 창세기 15장에서 아브람과 맺었던 하나님의 언약 이야기로 돌려놓는다("양식/구조/배경"의 논의를 보라. 그리고 신 6:25⟨וצדקה תהיה לנו, 우체다카 티흐예 라누⟩과 9:4-5⟨세 번, 그리고 아브라함, 이삭, 야곱에 대한 언급⟩에서 체다카⟨צדקה⟩가 사용된 점을 참조하라).

해설

출애굽기 22:25-27에 나오는 압류된 가산을 취하고 보관하는 일에 관한 법의 고대의 번역에는 채권자가 안전을 위하여 담보로 잡은 것을 취하려고 빚진 자의 집에 들어가서는 안 된다고 한 언급이 전혀 없다. 만일 빚진 자가 가난하다면, 담보 된 물건(주로 의복이었음)은 해가 지기 전 당일에 돌려주어야 하는데, 그 이유는 "그 몸을 가릴 것이 이뿐이라 이는 그 살의 옷인즉 그가 무엇을 입고 자겠느냐?"(출 22:26)는 말씀에 잘 나타난다. 신명기는 채권자에게 채무자의 집에서 담보물을 꺼내기 위하여 채무자의 집으로 들어가지 말라는 지시를 덧붙이고 있다. 위의 논의에서 살펴본 바와 같이, 이러한 첨가 내용은 이 법의 어투를 반영하고 있는 창세기 24장과 15장에 있는 설화 이야기를 형성하는 가운데 실명사 역할을 하고 있다.

매튜 헨리가 오래 전에 설명한 바와 같이, 신명기에 있는 법은 "한 사람이 사라질 수 있는 위험에 대비하여 담보로 어떤 물건을 취하지 말라"고 권하고 있다. 이에 일치하는 것이 고대 영국의 통상적인 법인데, 이 영국법은 큰 고통을 줄 수 있는 것 즉 목수에게서 도끼나 학자에게서 책, 또는 밭을 가는 짐승이나 다른 짐승과 같은 무역이나 직업상의 필수품 혹은 도구를 어느 누구도 압류할 수 없다는 것이다" (Matthew Henry, *Exposition of the Old and New Testament*[1828] 668).

이 법은 채권자가 압류된 가산을 돌려줄 때 "너를 위하여 축복하리니 그 일이 네 하나님 여호와 앞에서 네 의로움이 되리라"(13절)는 말로 결론을 짓는다. 하나님의 축복이 부여된 언약 공동체 가운데에도 여전히 불행하거나 가난한 자가 있다는 것이다. 하나님의 은혜 안에서 그들의 곤경을 구제하는 것이 우리의 책임이다.

7. 고용한 종의 품삯 – 적정 임금의 적시 지불(24:14-15)

참고문헌

Bienert, W. *Die Arbeit nach der Lehre der Bibel.* Stuttgart: Evangelisches Verlagswerk, 1954. **Botterweck, G. J.** "Die soziale Kritik des Propheten Amos." In *FS J. Höffner.* 1971. 39-58. **Fuchs, K.** *Die alttestamentliche Arbeitergesetzgebung im Vergleich zum Codex Hammurabi, zum altassyrischen und hethitischen Recht.* Heidelberg: Evangelischer Verlag, 1935. **Kim, Y.** "The Vocabulary of Oppression in the Old Testament: *'sq, ynh, lhs,* and Congeners." Diss., Drew Univ., 1981. Order No. 8119746. DA 42(1981/82) 1213-A. **Klengel, H.** "Soziale Aspekte der altbabylonischen Dienstmiete." In *Beiträge zur sozialen Struktur des alten Vorderasien.* Ed. H. Klengel. SGKAO 1. Berlin: Akademie-Verlag, 1971. 39-52. **Milgrom, J.** *Cult and Conscience.* 1976. 95-96, 98-102. **Pons, J.** *L'Oppression dans l'Ancien Testament.* Paris: Letouzey, 1981. **Talmon, S.** "Double Readings in the Massoretic Text." *Textus* 1(1960) 154. **Wolff, H. W.** "Herren und Knechte: Anstösse zur Überwindung der Klassengegensätze im Alten Testament." *TTZ* 81(1972) 129-39.

본문과 운율 분석

고용한 종의 품삯 – 적정 임금의 적시 지불 [(4:4):(4:4)]

14 곤궁하고 빈한한 품꾼은 너의 형제든지 네 땅 성문 안에 우거하는 객이든지 그를 학대하지 말며

15 그 품삯을 당일에 주고 해 진 후까지 끌지 말라 이는 그가 빈궁하므로 마음에 품삯을 사모함이라 두렵건대 그가 너를 여호와께 호소하면 죄가 네게로 돌아갈까 하노라

Mistreatment of a Hired Servant – Timely Payment of Wages Due

[(4:4):(4:4)]

14 *You shall not withhold the wage*[a] */ of a poor and needy one //* 16 2
among your brothers / or among your[b] sojourners / 13 2_
Whoever is [c]in your land[c] / in your[d] towns // 12 2

15 on the same day you shall give him his wages / 13 1
before the sun goes down / 14 1_
For he is\[a] poor / 8 1
and upon it / he lifts / his life breath // 15 3_
That he not call out against *you / to YHWH /* 14 2
and it becomes in you / a sin // ס 8 2_

원문주해

14.a. 크레이기(Craigie[1976] 309 n. 16)와 함께 세카르(שְׂכַר)를 연계형으로 읽음. DSS (1Q5, frg. 8, in DJD 1:58)를 포함하여 몇몇 히브리어 필사본들은 MT의 사키르(שָׂכִיר, "노동자 혹은 피고용자") 대신에 שכר("고용 임금들")로 되어 있다. 발음 수정이 운율 숫자에서 균형을 이루게 만들어 준다.

14.b. SP[Mss], LXX, *Tg. Ps.-J.*와 함께 난해한 독법(*lectio difficilior*)으로서 2인칭 복수로 읽음(참조. "원문주해" 24:4.c와 24:7.c).

14.c-c. 두 개의 히브리 MSS, LXX^{-O}, Syr에는 생략되어 있음.

14.d. 카이로 게니자 단편들에는 2인칭 단수로 되어 있다.

15.a. 자켑 파르붐이 뒤따라오는 파스타는 연접사가 됨.

양식/구조/배경

24:14-22에 있는 가난한 자와 약한 자의 보호에 관한 세 개의 법 가운데 그 첫 번째 법은 적기에 응당 치러야 할 임금을 지불하지 않음으로써 고용된 종을 고통스럽게 하는 문제를 취급하고 있다(24:14-15). 24:5-25:19(신명기에 있는 토라 낭독 11주기 분량 가운데 여섯 번째 주 분량에 들어 있는 세 번째 주요 단락)이라는 보다 큰 구조 내에서 이 법의 위치와 기능은 다음과 같은 칠지(七枝) 형태로 정리될 수 있다.

A	새신랑의 군 징집 면제	24:5
B	압류된 가산, 납치, 문둥병에 관한 네 개의 법	24:6-13
C	고용된 종에 대한 부당한 대우 – 적기 임금 지불	24:14-15
X	부모 자식 간의 대물림 형벌 금지	24:16
C′	객, 고아, 과부의 보호	24:17-22
B′	인도주의와 사회 문제에 관한 다섯 개의 법	25:1-16
A′	아말렉의 공격을 기억할 것	25:17-19

이 구조는 24:6-25:16의 법에 관한 단락에 대해 위의 서론에서 제시된 것과 비교되어야 할 텐데, 거기서 특별한 관심은 24:6-13에 있는 인도주의와 사회 문제에 관한 네 개의 법 가운데 그 첫 번째 법에 초점이 맞추어져 있고 이와 함께 칠지의 중심 부분에는 수혼에 관한 법(25:5-10)이 자리잡고 있다는 것이다. 외부 골격은 새신랑이 군 징집에서 면제되는(24:5) 성전 문제에 관한 한 개의 법으로부터 또

다른 성전에 관한 법(25:17-19)으로 옮겨가는 것과 같은 구조다. 이 구조 가운데 있는 사회 윤리 문제에 관한 일련의 열두 개의 법은 그 중심부에 가난한 자와 약한 자의 보호를 취급하고 있는 세 개의 법(24:14-22)과 함께 균형 잡힌 형태로 배열되어 있다. 이 개요의 도표에서 단락 B와 B′ 간의 대칭(균형)은 처음 보기보다는 더 크다는 사실을 알아차릴 수 있다. 태형의 제한에 관한 법(25:1-3)과 소의 입에 망을 씌우지 말라는 법(25:4)은 단일 문학적 단위로 묶여 있는데, 이것이 우리가 살펴보게 될 정직한 저울추와 되에 관한 법을 포함하여 성 문제와 성과 관련된 의무(25:5-16)를 취급하고 있는 세 개의 법과 대칭을 이루고 있다. 단락 B와 B′에서 네 개의 문학적 버금 단위가 단순한 교차적 형식으로 배열되어 있는데, 이것은 또한 다소 놀라운 방식이기는 하지만 3+1 구조 형식을 나타내 보이고 있다(이 법들에 대한 자세한 논의는 아래 부분을 보라). 이러한 법들 간의 관계는 다음과 같이 정리해 볼 수 있다.

A 맷돌을 전집물로 취하는 일(압류된 가산)	24:6
B 동료 이스라엘 사람의 유괴(납치)	24:7
B′ "문둥병"의 처리	24:8-9
A′ 가산의 압류와 보관	24:10-13

A 인간과 일하는 짐승에 관한 인도주의적 관심	25:1-4
B 수혼	25:5-10
B′ 부당한 여자 싸움꾼(싸우고 있는 자기 남편을 도움)	25:11-12
A′ 정직한 저울추와 되	25:13-16

이 구조의 첫 번째 것(24:6-13)에서 우리는 가산을 압류하고 보관하는 일에 관한 한 쌍의 법(6절과 10-13절)을 발견하게 되는데, 이것들은 유괴(7절)와 문둥병(8-9절)에 관한 한 쌍의 법들을 둘러싸는 형태로서의 기능을 하고 있다. 다른 세 개의 법과 분리되어 있는 것은 문둥병에 관한 법인데, 이것은 이와 유사한 인도주의적 관심과 관련이 있다. 즉 형제들(7절)이나 이웃들(10절) 중에서 한 사람을 취하거나 유괴하는 것(7절)이다. 이 구조의 두 번째 것(25:1-16)은 유사한 패턴을 나타내 보이고 있다. 대부분의 번역가들과 주석가들은 25:13의 이중적 의미를 놓치고 있다. 이 법에 관해서는 아래의 자세한 논의를 보라.

24:5-25:19의 대칭적 구조 형식 가운데 가장 내부에 있는 골격은 고용된 종을 혹사시키는 데서 보호하는 법(24:14-15)으로부터 객과 고아와 과부의 보호에 관한

일반적인 법(24:17-22)으로 옮겨간다. "객"(גר – 게르)이란 단어가 이 두 법 가운데 나타나고 있는 사실을 눈여겨보아야 할 것이다(14절과 17절). 또다시 객과 고아와 과부(17-22절)가 "곤궁하고 빈한한 품꾼은 너의 형제든지 네 땅 성문 안에 우거하는 객"(14절)으로 지칭되는 고용된 종에 관한 법(14-15절)과 대칭되어 있는 데서 융(Jung) 심리학의 3+1 형태를 쉽게 파악해 낼 수 있다.

24:14-15에 있는 법의 경계들은 세투마 표시와 함께 수의 전이로 표시되어 있다. 그 사이에 있는 법(10-13절)이 또 다른 구조 단위의 중심부로 떠오르는데, 이는 다음의 도표에서 보는 바와 같다.

A 맷돌을 담보물로 취하는 일(이삭과 이스마엘)	24:5-6
B 동료 이스라엘 사람의 유괴(애굽에 종으로 팔려간 요셉)	24:7
C "문둥병"의 처리(미리암 대 모세)	24:8-9
X 압류된 가산에 관한 법(이삭/리브가와 아브라함)	24:10-13
C′ 고용된 종을 혹사시키는 일(야곱 대 라반)	24:14-15
B′ 대물림 형벌(이스라엘과 히위 사람)	24:16
A′ 객과 고아와 과부에 관하여(요셉과 그의 형들)	24:17-22

이 본문에서 야곱과 라반 사이의 갈등 이야기(24:14-15의 고용된 종의 취급에 관한 법에 의하여 형성된)는 24:8-9에 나오는 모세와 그의 누이 미리암 (그리고 그의 형 아론) 사이의 갈등 이야기와 대칭을 이루고 있는 것으로 이해해야 할 것이다.

24:14-15에 있는 법의 구조는 다음과 같이 정리될 수 있다.

A 너는 곤궁하고 빈한한 품꾼을 압제하지 말라	24:14a
B 너의 형제든지 네 땅 성문 안에 우거하는 객이든지	24:14b
X 그 품삯을 당일에 주고 해진 후까지 끌지 말라	24:15a
B′ 이는 그가 빈궁하므로 마음에 품삯을 사모함이라	24:15b
A′ 두렵건대 그가 너를 여호와께 호소하면 죄가 네게로 돌아갈까 하노라	24:15c

구조의 중심부에는 "해가 지기 전에"(15a절) 노동에 해당하는 임금을 지불하라고 명령하고 있는 법이 자리잡고 있다. 외부 골격은 동기절을 덧붙임으로써 보다 일반적인 상황에서 그 법을 진술하고 있다: "곤궁하고 빈한한 품꾼은 너의 형제든지 네 땅 성문 안에 우거하는 객이든지 그를 학대하지 말며…두렵건대 그가 너를 여호와께 호소하면 죄가 네게로 돌아갈까 하노라"(14a, 15c절). 내부 골격에서 우

리는 이 법이 가난한 자와 적시에 지불되는 임금에 의존하여 살아가는 사람에게 적용되는 것을 보게 되는데(15b절), 거기에서 그 사람은 이스라엘 사람이거나 혹은 "네 땅 성문 안에 우거하는 객"이다(14b절).

카마이클이 창세기에 있는 설화와 관련시켜서 임금의 적기 지불에 관한 법을 이해했을 때(Carmichael, *LNB*, 268-70), 그는 또다시 이 법이 라반과 야곱 이야기를 취급하고 있음을 발견했는데(23:15-16에 있는 도망한 종에 대한 법을 보라), 특히 하란으로부터 야곱이 도망한 이야기 가운데서 발견했다(창 31:4-7; 40-42장). "고용된 종의 학대에 관한 법에 언급된 모든 것이 – 형제 이스라엘 사람이든 혹은 객이든 그가 가난하고 궁핍하므로 그는 고용되어 일하는 그 당일에 임금을 받아야 한다 – 라반이 야곱을 대우한 사실 가운데 드러나고 있다"(Carmichael, *LNB*, 269).

신명기 24:14-15의 언어로 말하자면, 라반은 자기가 약속한 임금, 즉 라헬을 지불하지 않음으로써 7년 뒤에까지 자기 종을 압제했다. 나중에 야곱은 라헬까지 받기는 했지만 여전히 라반에게 불평을 했다. "내가 외삼촌의 집에 거한 이 이십 년에 외삼촌의 두 딸을 위하여 십사 년, 외삼촌의 양 떼를 위하여 육 년을 외삼촌을 봉사하였거니와 외삼촌께서 내 품값을 열 번이나 변역하셨으니 우리 아버지의 하나님, 아브라함의 하나님 곧 이삭의 경외하는 이가 나와 함께 계시지 아니하셨더면 외삼촌께서 이제 나를 공수로 돌려 보내셨으리이다…"(창 31:41-42). 이 법은 주인에게 시달린 종이 자기를 고용한 사람에 대하여 하나님께 부르짖는 것을 언급하고 있는데, 그분은 그를 위하여 그 일에 개입하신다. 간단히 말해서, 야곱과 라반 이야기는 신명기 24:14-15에 있는 법을 거의 문구 그대로 확대하고 있다.

신명기 24:14-15에 있는 법에 대한 글자 수 분석 방법(Logotechnische analyse)에서 라부샤뉴는 아트나 앞과 뒤에 분배된 이 두 구절에서 그리고 주절과 종속절에 동일하게 분배된(20+14) 구절들 가운데서 34개(=2×17)의 단어를 발견해 냈다. 이 두 구절의 24:10-18에 있는 더 큰 문맥에 대한 관계에 대해서는 앞 단락 24:10-13에 있는 논의를 보라.

주석

14 "너는 품꾼을 학대(תַעֲשֹׁק – 타아쇼크)하지 말라." 아샤크(עָשַׁק)는 누군가를 그들의 소유물을 가지고 속여서 빼앗는 것을 가리킨다. "품꾼"(שָׂכִיר – 사키르)에 관해서는 마태복음 20:1-16을 보라. 이 비유는 예수님의 비유이며, 같은 임금을 주

기로 하고 같은 날 다른 시간에 품꾼들을 고용한 비유다.

15 "그가…마음에 품삯을 사모함이라"로 번역된 문구는 "그가 그것에 의존하다"를 의미한다(Tigay[1996] 227). 일꾼이 고용주에게 적시에 임금을 지불해 달라고 압력을 가할 수는 없을지라도, 그는 하나님으로 하여금 개입해 달라고 그 고용주를 두고 호소할 수 있다(참조. 출 22:21-23; 신 15:9). "예레미야의 몇몇 기도들과 여러 시편들은 학대에 대한 호소들이다"(Tigay[1996] 227; 390 n. 52에서 그는 렘 11:20; 20:12; 시 109편을 언급한다; 그리고 B. Porten, *Archives from Elephanitne* [Berkeley: Univ. of California Press, 1968] 157-58, 315-16). 자초하는 죄 문제, 즉 "죄가 네게로 돌아갈까 하노라"에 관해서는 위의 23:22을 보라.

해설

고용주와 피고용인 간의 관계는 고용된 종에 대한 학대에 관한 법 가운데 소개되어 있는데(24:14-15), 이 법의 주요 관심은 주로 해당하는 임금의 적시 지불 문제에 관심을 두고 있다. 크레이기가 볼 때, "신약에서 이 법규의 사용(약 5:4)은 이것이 가난한 자를 보호할 뿐만 아니라 동시에 부자를 보호하고 있다는 것을 밝히고 있다. 자기들의 가난한 품꾼에 대해 자신들의 의무를 이행하는 부자는 공동체의 건전성을 유지한다. 그러나 이에 대한 계약을 진실되게 취급하지 않으면 심한 정죄를 받게 된다(약 5:1-6)"(Craigie[1976] 309).

포도원 품꾼에 대한 예수님의 비유(마 20:1-16)는 저물 때에(마 20:8) 포도원 주인이 그들에게 줄 임금을 지불했다는 진술에서 이 문구를 사용하고 있다. 그러나 이 특별한 경우에 받은 임금은 그들이 얼마나 많은 시간을 일했느냐와는 관계없이 각 사람에게 똑같았다. 그러므로 그들의 수고에 대한 정당한 임금 지불 문제가 가장 많이 일했던 사람들과 나중에 받은 사람들을 통하여 일어났는데, 그 이유는 그들이 "종일 수고와 더위를"(마 20:12) 견디지 않은 다른 사람들보다 더 많이 받을 것을 기대했기 때문이다. 주인의 대답은 즉시 나왔다. "친구여 내가 네게 잘못한 것이 없노라 네가 나와 한 데나리온의 약속을 하지 아니하였느냐?"(마 20:13). 고용주가 자기가 고용한 사람들에게 합당한 금액을 지불하는 한, 그는 자기에게 속하는 내용을 취사 선택할 자유가 있다(마 20:15). 예수께서는 자신의 비유를 다음과 같은 수수께끼와 같은 말씀으로 결론지으신다. "이와 같이 나중 된 자로서 먼저 되고 먼저 된 자로서 나중 되리라"(마 20:16).

여기에 하나의 중요한 교훈이 있다. 포도원의 주인이신 하나님처럼, 우리는 정의롭고도 자비로운 "고용주"를 모시고 있다는 것이다. 따라서 우리는 우리의 삶을 잘 영위해 나갈 수 있다. 그 이유는 가장 심오하고 만족스러운 삶의 체험은 타인들의 착취나 혹은 자기 아래 있는 사람들에게 공의만을 행사함으로써 이룩한 부와 권력이라는 이기적 획득을 통해서는 얻어지지 않기 때문이다. 프랭크 카프라(Frank Capra)가 자신의 불후의 명화 "멋진 인생"(*It's a Wondeful Life*)에서 그러했듯이, 찰스 디킨슨은 이 원리를 자기의 고전적 작품인 "크리스마스 캐롤"의 에벤에셀 스크루지(Ebenezer Scrooge)의 모습 속에서 아주 명확하게 바라보았다.

8. 세습적 (대물림) 형벌 금지(24:16)

참고문헌

Ahuis, F. *Autorität im Umbruch: Ein forgeschichtlicher Beitrag zur Klärung der literarischen Schichtung und der zeitgeschichtlichen Bezüge von Num 16 und 17.* CThM A.13. Stuttgart: Calwer, 1983. **Callaway, P. R.** "Deut 21:18-21: Proverbial Wisdom and Law." *JBL* 103(1984) 341-52, esp. 351 n. 42. **Cazelles, H.** "Les origines du Décalogue." *EI* 9(1969) 14-19, esp. 15. **Daube, D.** "Concerning Methods of Bible-Criticism: Late Law in Early Narratives." *ArOr* 17.1(1949) 88-99, esp. 96. **Furlani, G.** "Familienhaftung." *Reallexikon der Assyriologie.* Ed. E. Ebeling et al. Berlin: de Gruyter, 1928ff. 3:19. **Gammie. J. G.** "The Theology of Retribution in the Book of Deuteronomy." *CBQ* 32(1970) 1-12. **Greenberg, M.** "Some Postulates of Biblical Criminal Law"(1960). In SBTS 3:295-300. **Jacob, E.** "Die altassyrischen Gesetze und ihr Verhältnis zu den Gesetzen des Pentateuch." *Zeitschrift für vergleichende Rechtswissenschaft* 41(1925) 319-87. **Leibowitz, N.** *Studies in Devarim.* Jerusalem: World Zionist Organization, 1986. 238-39. **Verdam, P. J.** "'On ne fera mourir les enfants pour les pères' en droit biblique." *RIDA* 3(1949) 393-416. **Yaron, R.** "Biblical Law: Prolegomena." In *Jewish Law in History and the Modern World.* Ed. B. S. Jackson. JLA Sup 2. Leiden: Brill, 1980. 27-44, esp. 34-36. **Yeivin, S.** "Social, Religious and Cultural Trends in Jerusalem under the Davidic Dynasty." *VT* 3(1953) 149-66.

본문과 운율 분석

세습적 (대물림) 형벌 금지 [3:3]

16 아비는 그 자식들을 인하여 죽임을 당치 않을 것이요 자식들은 그 아비를 인하여 죽임을 당치 않을 것이라 각 사람은 자기 죄에 죽임을 당할 것이니라

Transgenerational Punishment Forbidden [3:3]

Text	Count 1	Count 2
16 *Fathers shall not* [a]*be put to death*[a] / *for children* /	17	2
and as for the children /	6	1
They shall not [b]*be put to death*[b] *for fathers* / /	12	1
each one for his own sin / *shall* [c]*be put to death*[c] / / ס	10	2

원문주해

16.a-a. SP[MSS], LXX, Syr, Tg에는 야무투(יָמוּתוּ, "그들이 죽을 것이다")로 되어 있다. 두 개의 히브리어 필사본에는 MT의 윰투(יוּמְתוּ, "그들이 죽음에 처하게 될 것이다") 대신에 얌투(툰)([ן]ימתו, "그들이 죽을 것이다")로 되어 있다.

16.b-b. 옘투(ימתו, "그들이 죽을 것이다")로 읽고 있는 특별한 히브리어 필사본이 있다는 사실 외에 앞의 "원문주해"를 보라.

16.c-c. 한 히브리어 필사본과 SP에는 יומת("그가 죽음에 처하게 될 것이다")로 되어 있다. 또 다른 히브리어 필사본, DSS, LXX, Syr, Vg에는 야무트(יָמוּת, "그가 죽을 것이다")로 되어 있다.

양식/구조/배경

신명기 토라 낭독 본문의 11주 본문(신 21:10-25:19) 가운데 여섯 번째 본문에 있는 여러 다른 법들처럼, 24:16에 있는 세습적 형벌을 금지하고 있는 이 간략한 법은 구조적 관점에서 볼 때 하나 이상의 역할을 하고 있다. 그 하나는, 이것이 24:5-25:19에 있는 사회 윤리 문제에 관한 율법 모음집의 중심부에 자리하고 있는데, 그 이유는 이것이 이 주석의 앞 단락에서 논의한 칠지 형태의 구조 중심부에서 가난한 자와 약한 자의 보호에 관한 두 개의 법(24:14-15과 24:17-22) 사이에 위치해 있기 때문이다. 그러나 동시에 이것은 신명기 24-25장 전체라는 보다 큰 구조 내에서 일단의 인도주의 문제에 관한 다섯 개의 법 가운데 그 주요 버금 단락을 완성하고 있다. 이는 다음과 같이 정리할 수 있다.

A 결혼과 전쟁에 관한 두 개의 법	24:1-5
B 인도주의적 관심과 사회 윤리에 관한 법	24:6-16
a 맷돌을 전집물로 취하는 일과 유괴	24:6-7
b "문둥병자"의 처리	24:8-9
x 압류된 가산을 취하고 보관하는 일	24:10-13
b′ 고용된 종의 학대 – 임금의 적기 지불	24:14-15
a′ 세습적 형벌 금지	24:16
X 객과 고아와 과부의 보호를 위한 법	24:17-22
B′ 인도주의적 관심과 사회 윤리에 관한 법	25:1-16
a 태형의 한계	25:1-3
b 소의 입에 망을 씌우지 말 것	25:4
x 수혼	25:5-10
b′ 아내의 부당한 싸움 개입	25:11-12
a′ 정직한 저울추와 되	25:13-16
A′ 아말렉의 공격을 기억할 것(야웨의 성전)	25:17-19

이 구조의 골격(A, X, A′)은 결혼과 전쟁에 관한 세 개의 법으로 이루어져 있는데, 이것이 중심부에 있는 객과 고아와 과부를 보호하라는 요약된 법과 대칭이 되어 있다. 이 구조 가운데서 외부 골격은 24:1-4(간음을 금하고 있는 제7계명)에 있는 금지된 결혼에 관한 법 및 24:5에 있는 전쟁과 결혼에 관한 한 개의 법(제6, 7계명)으로부터 25:17-19에 있는 야웨의 성전에 관한 법(고대 이스라엘에서 기념된 사건으로서 야웨의 성전 편에서 1, 2, 3계명에 있는 예배 문제에 암시된 내용과 함께 살인/전쟁에 관한 여섯 번째 계명: 부록: 고대 이스라엘에서 기념된 사건으로서의 성전을 보라)으로 이루어져 있다. 내부 골격은 두 부분으로 되어 있는 평행적인 다섯 개의 대칭 구조로 이루어져 있는데, 각기 주로 8, 9, 10계명(도적질, 거짓 증거, 이웃의 것을 탐하는 것)을 취급하고 있는 사회 윤리 문제와 인도주의적 관심에 관한 법을 가지고 있다. 압류된 가산을 취하여 보유하는 일에 관한 법(24:10-13)과 수혼에 관한 법(25:5-10)은 두 개의 대칭적 버금 단락의 중심부에 나타난다. 이 구조는 또다시 십계명의 제7계명으로부터 제10계명에 이르는 계명들에 관심을 집중하고 있다.

또다시 24:16에 있는 간략한 법 자체는 구조 형식 면에서 문장의 처음과 중간과 끝에 유마투(יוּמָתוּ, "그들이 죽임에 처해질 것이다")란 단어가 나타나면서 순환적인 문장으로 되어 있는 순환적 구조다.

A 아비는 죽임을 당치 않을 것이요	לא־יומתו אבות
B 그 자식들을 인하여	על־בנים
X 자식들은…죽임을 당치 않을 것이라	ובנים לא־יומתו
B′ 그 아비를 인하여	על־אבות
A′ 각 사람은 자기 죄에 죽임을 당할 것이니라	איש בחטאו יומתו

이 문장에 들어 있는 아홉 개의 단어들 가운데 세 개는 윰투(**יומתו**)인데, 이것이 이 구조의 외부 골격과 중심부의 각 부분에 나타난다. 내부 골격은 중죄와 관련되어 사법적 절차 상황 가운데서 아보트(**אבות**, "아비들")와 바님(**בנים**, "자식들")을 가지고 있다. 이 간단한 구조는 창세기와 그 밖의 설화 문맥에서 신학적인 사고에 대한 의미심장한 부분들을 가지고 있다.

디나의 강간 설화(창 34장)가 부분적으로 소와 나귀를 겨리하여 밭을 갈게 하는 불법적 혼합에 대한 법을 통하여(22:10) 그리고 약혼하지 않은 처녀의 강간에 관한 법(22:28-29)을 통하여 형성되었기는 하지만, 이것의 문학적 구조는 24:16에 있는 세습적 형벌에 대한 법을 통해서도 형성되었다. "자기 아들의 비행, 말하자면 세겜의 디나를 강간함으로써 아비가 죽음에 처하게 된 하나의 실례(성경 문서 가운데서 단 하나)를 제공하는 것이…이 이야기다"(Carmichael, *LNB*, 271-72). 이 이야기에서는 아버지(하몰)와 아들(세겜)이 함께 죽었다. 야곱이 자신의 생명(아버지로서)이 자기 아들들의 죄로 말미암아 위험에 처하게 되었다고 책망했음을 유념해야 할 것이다(창 34:30).

신명기 24:16에 있는 법에 의하여 창세기 34장의 설화가 형성되었다는 사실은 내용 분석에서 드러나는데, 이는 다음과 같이 정리해 볼 수 있다.

A 세겜(하몰의 아들)이 디나를 강간함	창 34:1-4
B 야곱의 반응: 그는 자기 아들들이 올 때까지 잠잠함	창 34:5
C 하몰(세겜의 아비)이 야곱과 협상함	창 34:6-12
X 야곱의 아들들이 보복할 계획을 세움 – 아비와 아들을 죽임	창 34:13-25
C′ 하몰과 그의 아들 세겜이 시므온과 레위에게 살해당함	창 34:26-29
B′ 야곱의 반응: "나와 내 가족이 망하리라"	창 34:30
A′ 아들들의 반응: "누이를 창녀같이 대우함이 가하니이까"	창 34:31

이 구조의 중심부(창 34:6-29)는 신명기 24:16에 있는 법 및 대물림 형벌의 문제와 동일하다. 외부 골격은 창세기 34:1-4에 있는 세겜(하몰의 아들)의 죄를 진술

하고 있는데, 이것이 세겜이 행한 일에 대해 분노한 디나의 오라비들의 반응(창 34:31)과 대칭을 이루고 있다. 두 번째 골격은 자기 아들들의 거친 비행으로 말미암아 그 생명이 위기에 몰린 아비 야곱/이스라엘의 도피를 묘사하고 있다(5, 30절). 내부 골격을 보면, 하몰이 야곱과 협상을 하고 있으나(6-12절), 자기 아들 세겜의 죄로 인하여 죽임을 당한다(26-29절). 이 이야기에 따르면, 아비가 자기 아들들의 죄로 인하여 죽임을 당하게 되는 것처럼 보인다.

주석

16 윰투(יומתו, "그들이 죽음을 당할〈당하지 않을〉 것이다")란 단어는 이 구절에 세 번 나타나며 다른 곳에서는 하나님의 형벌이 아닌 인간의 사형을 언급하는 곳에만 나타난다. 이 법은 아마샤가 왕이 되었을 때 취한 행동을 설명하기 위하여 열왕기하 14:6에서 인용된다. 한 사람의 가족 구성원이 개개인이 아닌 개인 재산의 확장으로 간주되었던 고대 근동법에 있는 평행적 내용에 관해서는 함무라비 법전 §§ 116, 209-10, 230; Middle Assyrian Laws §§ 50, 55; Hittite Instructions, *ANET*, 207-8를 보라(Tigay[1996] 390 n. 55를 보라). 또한 받는 소에 관한 법을 언급하고 있는 출애굽기 21:31을 보라. 여기서 만일 받는 소의 희생자가 아이였을 경우 동등처벌이 시행되었던 고대 근동의 다른 경우에 그랬던 것처럼, 즉 자기 가족의 구성원 곧 가족에 해당하는 구성원에게 처벌을 했던 것처럼 소유주의 아이가 처벌을 받아야 하는 조항이 포함되어 있지 않다. "아비가 신 포도를 먹었으므로 아들들의 이가 시다"는 속담에 관해서는 예레미야 31:29-30과 에스겔 18:2을 보라. 매이즈(Mayes[1979] 326)는 하타(חטא, "죄")에 해당하는 뻬헤트오(בחטתו, "그 자신의 죄로 인하여")라는 단어를 사용한 사실에서 "앞 구절과의 관련 표제어"에 주시했다. 크레이기는 "신성모독의 판결을 받은 여인이 자신의 죄의 형벌을 당해야 하지만, 그녀의 남편과 자녀는 형벌을 받지 않았다"는 중기 앗수르 법(*ANET*, 180, A § 2)에 있는 그와 같은 흥미로운 법에 주의를 환기시켰다(Craigie[1976] 310 n. 17). 크레이기는 또한 여기에 나오는 법이 "죄를 갚되 아비로부터 아들에게로 삼사대까지 이르게 한다"는 신명기 5:9과 균형을 이루고 있음에 틀림없다고 주장했는데, 그 이유는 아비의 죄악된 행실이 어쩔 수 없이 자기 자녀들의 삶에 영향을 미치기 때문이라는 것이다. 한편, 어떤 사람은 자기 자신의 행실로 인하여 법 아래서 형사상의 책임이 있다. 다른 한편으로, 죄악된 행실은 그 죄악된 사람의 자녀들에게

까지 영향을 미치는 결과를 가져온다.

해설

24:16의 세습적 형벌을 금하는 이 법은 신명기 24-25장 본문에 대해 피상적으로 읽어도 두드러지는데, 그 이유는 이 구절만이 사형 문제를 말하고 있기 때문이다. 어떤 사람은 이와 같은 법이 현대 사회에서는 불필요하게 덧붙여져 있다고 주장해 왔지만, 우리가 우리 민속 전승에서 "마틴과 코이"의 발라드를 상기해 보면, 자녀들이 부모의 죄로 말미암아 혹은 그 반대로 죽임을 당하는, 가족의 이름으로 행하는 보복이라는 유사한 모습을 떠올리게 된다.

이 법은 성전(聖戰) 문제에 있어서 고대 이스라엘 내에서 무시되었던 것으로 보이는데, 그 이유는 여리고 점령 당시에 전리품을 멸하라는 명령을 어긴 아버지의 죄로 인하여(수 7:6-26) "그의 자녀들을 포함하여"(수 7:24) 아간의 전 가족이 처형당했기 때문이다. 이 법은 고대 이스라엘의 전 역사 가운데서도 역시 무시당했다. 다윗 왕은 사울의 죄로 인하여 사울의 (손자들을 포함하여) 일곱 아들을 사로잡아서 기브온 사람들에게 처형하도록 넘겨주었다(삼하 21:1-9). 그리고 바아사 왕은 북왕국의 왕좌에 올랐을 때 "여로보암의 모든 집"을 살육했으며(왕상 15:29-30), 시므리도 그를 따라서 바아사의 집을 그렇게 했고(16:11-13), 또한 예후도 그를 따라서 아합의 아들들을 살육했다(왕하 10:6-7). 그러나 아미샤 왕이 여기에 나오는 신명기 법에 근거하여 자기 부친을 살해한 자들의 자녀들을 살려주었는데, 이것은 다음과 같이 인용되어 있다: "왕을 죽인 자의 자녀들은 죽이지 아니하였으니 이는 모세의 율법 책에 기록된 대로 함이라 곧 여호와께서 명하여 이르시기를 자녀로 인하여 아비를 죽이지 말 것이요 아비로 인하여 자녀를 죽이지 말 것이라 오직 사람마다 자기의 죄로 인하여 죽을 것이니라 하셨더라"(왕하 14:6).

우리가 사죄의 의미에 대해서 상고해 볼 때 더욱 심각한 신학적 문제가 일어난다. 몇몇 사람은 다윗 왕이 사울의 죄로 인하여 "사울의 일곱 아들들"을 사로잡아서(삼하 21:6) 기브온 사람들에게 처형하도록 넘겨주었을 때 "그들은 죄인으로서보다는 희생 제물로서 죽었다"(M. Henry, *Exposition of the Old and New Testament* [1828] 669)고 본다. 어쨌든, 아담의 원죄 교리와 제2아담인 예수 그리스도의 속죄의 죽음 교리(롬 5:14; 고전 15:22, 45)는 기독교 신학에서 여기에 진술된 법의 반전이라는 방식으로 이해되어야 한다. 즉 원죄의 세습적 죄책이 세습적 축복으로

환원되었다는 것이다. 아담의 자녀들은 그들 부친의 죄로 인하여 고통을 당한다. 그리고 하나님 아버지의 성육신하신 아들 예수의 속죄의 죽음은 전 세대와 영원히 하나님의 가족 모두에게 적용된다.

9-10. 과부의 옷 전집과 가난한 자의 이삭 줍기(24:17-22)

참고문헌

Borowski, O. *Agriculture in Iron Age Israel.* Winona Lake, IN: Eisenbrauns, 1987. **Canaan, T.** "Plant-Lore in Palestine Superstition." *JPOS* 8(1928) 140-41. **Carmichael, C. M.** "The Law of the Forgotten Sheaf." In *SBLSP* 20. Chico, CA: Scholars Press, 1981. 35-37. **Dahood, M.** "Eblaite and Biblical Hebrew." *CBQ* 44(1982) 1-24, esp. 15-16. **Epstein, L. M.** *Sex Laws and Customs in Judaism.* New York: Bloch, 1948. 64-67, 75-78. **Fensham, F. C.** "Aspects of Family Law in the Covenant Code in Light of Ancient Near Eastern Parallels." *DiIs* 1(1969) v-xix. ______. "Widow, Orphan, and the Poor in Ancient Near Eastern Legal and Wisdom Literataure." *JNES* 21(1962) 129-39. **Fichtner, J.** "Die Bewältigung heidnischer Vorstellungen und Praktiken in der Welt des Alten Testaments." In *FS Friedrich Baumgärtel.* Ed. L. Rost. Erlanger Forschungen 10. Erlangen, 1959. 24-40. **Haran, M.** "Das Böcklein in der Milch seiner Mutter und das säugende Muttertier." *TZ* 41(1985) 135-59, esp. 150. **Heaton, E. W.** "Sojourners in Egypt." *ExpTim* 58(1946) 80-82. **Houton, C. van.** *The Alien in Israelite Law.* JSOTSup 107. Sheffield: JSOT Press, 1991. **Hvidberg-Hansen, O.** "Die Vernichtung des goldenen Kalbes und der ugaritische Ernteritus: Der rituelle Hintergrund für Exod. 32, 20 und andere alttestamentliche Berichte über die Vernichtung von Götterbildern." *AcOr* 33(1971) 5-46, esp. 14-15. **Kellermann, D.** "גּוּר *gûr.*" *TDOT* 2:439-49. **Lohfink, N.** *Option for the Poor.* Tr. L. M. Maloney. 2nd ed. N. Richland Hills, TX: BIBAL Press, 1995. **Mauch, T. M.** "Sojourner." *IDB* 4:397-99. **Meek, T. J.** "The Translation of *Ger* in the Hexateuch and Its Bearing on the Documentary Hypothesis." *JBL* 49(1930) 172-80. **Melamed, A.** "Break-up of

Stereotype Phrases as an Artistic Device in Biblical Poetry." In *Studies in the Bible.* Ed. C. Rabin. ScrHier 8. Jerusalem: Magnes, 1961. 115-53. **Merendino, R. P.** *Das deuteronomische Gesetz.* 1969. 307-8. **Miller, P. D.** "Studies in Hebrew Word Patterns." *HTR* 73(1980) 79-89. **Montet, P.** *Everyday Life in Egypt.* Tr. A. R. Maxwell-Hyslop and M. S. Drower. Philadelphia: Univ. of Pennsylvania Press, 1981. 116. **Muntingh, L. M.** "Die Begrip 'Gēr' in die Ou Testament." *NGTT* 3(1962) 534-58. **Nielsen, E.** "You Shall Not Muzzle an Ox While It Is Treading out the Corn." In *Law, History and Tradition.* 1983. 94-105. **Ogletree, T. W.** *Hospitality to the Stranger.* Philadelphia: Fortress, 1985. **Peckham, B.** "Phoenicia and the Religion of Israel." In FS *F. M. Cross.* 1987. 79-99, esp. 81. **Pedersen, J.** *Israel: Its Life and Culture.* 2 vols. London: Oxford UP, 1926-40. 1:39-46. **Rothschild, M. M.** "Aliens and Israelites." *DD* 9(1981) 196-202; 10(1981-82) 118-21; 11(1982) 35-39. **Scaria, K. J.** "Social Justice in the Old Testament." *BibBh* 4(1978) 163-92. **Schmidt, K. L., Schmidt, M. A.,** and **Meyer, R.** "*Πάροικος.*" *TDNT* 5:841-53. **Smith, D. L.** *The Religion of the Landless.* Bloomington, IN: Meyer Stone, 1989. **Spencer, J. R.** "Sojourner." *ABD* 6:103-4. **Spina, F. A.** "Israelites as *gērîm*, 'Sojourners,' in Social and Historical Context." In *FS D. N. Freedman.* 1983. 321-35. **Sulzberger, M.** *The Status of Labor in Ancient Israel.* Philadelphia: Dropsie College, 1923. **Wolff, H. W.** "Herren und Knechte: Anstösse zur Überwindung der Klassengegensätze im Alten Testament." *TTZ* 81(1972) 129-39. **Yaron, R.** "Biblical Law: Prolegomena." In *Jewish Law in History and the Modern World.* Ed. B. S. Jackson. JLA Sup 2. Leiden: Brill, 1980. 27-44, esp. 34-36. **Yeivin, S.** "Social, Religious and Cultural Trends in Jerusalem under the Davidic Dynasty." *VT* 3(1953) 149-66, esp. 153.

본문과 운율 분석

과부의 옷 전집 [8:7]

17 너는 객이나 고아의 송사
를 억울하게 말며 과부의 옷
을 전집하지 말라
18 너는 애굽에서 종이 되었
던 일과 네 하나님 여호와께
서 너를 거기서 속량하신 것
을 기억하라 이러므로 내가

Taking a Widow's Garment in Pledge [8:7]

17	*You shall not pervert / justice / to the alien or[a] the orphan //*	13	3
	and you shall not take in pledge / a widow's / garment //	14	3
18	*and you shall remember / that you were a slave\[a] in Egypt[b] /*	19	2_
	And YHWH your God / redeemed you\[c] [d]from there[d] //	17	2
	therefore / I command you / to do / this / thing // ס	25	5_

네게 이 일을 행하라 명하노라

가난한 자의 이삭 줍기 [7:4:7][7:8]

19 네가 밭에서 곡식을 벨 때에 그 한 뭇을 밭에 잊어버렸거든 다시 가서 취하지 말고 객과 고아와 과부를 위하여 버려 두라 그리하면 네 하나님 여호와께서 네 손으로 하는 범사에 복을 내리시리라

20 네가 네 감람나무를 떤 후에 그 가지를 다시 살피지 말고 그 남은 것은 객과 고아와 과부를 위하여 버려 두며

21 네가 네 포도원의 포도를 딴 후에 그 남은 것을 다시 따지 말고 객과 고아와 과부를 위하여 버려 두라

22 너는 애굽 땅에서 종 되었던 것을 기억하라 이러므로 내가 네게 이 일을 행하라 명하노라

Gleanings for the Poor [7:4:7] [7:8]

19 *When you reap your harvest in your field* / 15 1
and you overlook a sheaf in the field / 13 1
You shall not return / to take it[a] / 10 2
to the alien / [b]*to the orphan and*[c] *widow / it shall go //* 18 3_
In order that YHWH your God / may bless you / 17 2
in all / the work of your[d] hands // 12 2_

20 *When you beat / your olive tree* / 8 2
you shall not gather again / after you // 11 2
[a]*to the alien /* [b]*to the orphan and*[c] *widow / it shall go //* ס 18 3_

21 *When you gather / from your vines* / 8 2
you shall not glean / after you // 12 2
[a]*to the alien /* [b]*to the orphan and widow / it shall go //* 18 3_

22 *And you shall remember* / 6 1
that you were a slave / in the land of Egypt // 17 2
therefore / I command you / to do / this / thing // ס 25 5_

원문주해

17.a. 세 개의 히브리어 필사본, LXX^{-MS}, Syr., Tg.^{MSS}, *Tg. Ps.-J.*, Vg은 와우 접속사를 덧붙인다. LXX은 카이 케라스(*καὶ χήρας*, "그리고 과부")를 덧붙인다.

18.a. 자켑 카톤이 뒤따라온 파스타는 연접사가 됨.

18.b. 몇몇 히브리어 필사본, LXX^{-MS}, *Tg. Ps.-J.*에는 MT의 빼미츠라임(במצרים, "애굽에서") 대신에 빼아레츠 미츠라임(בארץ מצרים, "애굽 땅에서")으로 되어 있다. 운율 분석은 MT을 지지한다.

18.c. 위치가 잘못된 아트나로 인하여 티프하는 연접사가 됨.

18.d-d. 한 히브리어 필사본과 SP에는 빠져 있다. 운율 분석은 MT을 지지한다.

19.a. LXX^{-Bmin}은 토 프토코 카이(*τῷ πτωχῷ καὶ* = לאביון ו, "가난한 자에게 그리고")를 덧붙인다. 운율 분석은 MT을 지지한다.

19.b. 두 개의 히브리어 필사본, LXX, Syr, Vg은 와우 접속사를 덧붙인다.

19.c. 한 히브리어 필사본과 LXX^{MS}는 와우 접속사를 생략하고 있다.

19.d. 여러 히브리어 필사본들에는 MT의 예데카(ידיך, "네 손들") 대신에 예데카(ידך, "네 손")로 되어 있다. *BHS*는 이 단어 다음에 여백을 가지고 있지만, L은 가지고 있지 않다.

20.a. LXX은 토 프토코 카이(*τῷ πτωχῷ καὶ* = לאביון ו, "가난한 자에게 그리고")를 덧붙인다.

20.b. 소수의 히브리어 필사본들, LXX, Syr, Vg.[MSS]은 와우 접속사를 덧붙인다.

20.c. 한 히브리어 필사본은 와우 접속사를 생략한다.

21.a. LXX은 토 프토코 카이(*τῷ πτωχῷ καὶ* = לאביון ו, "가난한 자에게 그리고")를 덧붙인다.

21.b. LXX[-MS]와 Syr은 와우 접속사를 덧붙인다.

양식/구조/배경

이 법은 두 부분으로 되어 있는데, 압류된 가산에 관한 법의 또 하나의 경우를 둘러싸는 하나의 골격으로서의 역할을 한다: "너는 과부의 옷을 전집하지 말라"(24:17b). 이 문장은 동산의 압류라는 구조적 주제를 둘러싸는 칠지 형태를 이루는 것으로 보인다.

A	맷돌을 전집물로 취함	24:6
B	동료 이스라엘 사람의 유괴(납치)	24:7
C	"문둥병자"의 처리	24:8-9
X	가산 압류와 보관	24:10-13
C′	고용된 종의 학대 – 임금의 적기 지불	24:14-15
B′	세습 형벌의 금지	24:16
A′	과부의 옷 전집	24:17-18

동산 압류라는 주제에 관한 골격(A, X, A′) 내에서, 인도주의적 관심과 사회 윤리에 관한 네 개의 법은 두 쌍으로 배열되어 있다. 이 네 개의 법들 간의 관계는 그것들을 통하여 형성된 설화 속에서 쉽게 파악된다. 외부 골격의 한 쌍은 주어진 가족 구성원 내에서의 갈등에 관심을 두고 있다: 자기 형들에 의하여 종으로 팔려 간 요셉(창 37장; 참조. 신 24:7), 이것이 요셉의 두 형들 간의 갈등(시므온과 레위) 및 히위 족속의 왕 하몰과 그 아들 세겜 간의 갈등(창 34장; 신 24:16)과 대칭을 이루고 있다. 내부 골격의 한 쌍은 광야에서 있었던 모세와 미리암 간의 갈등에서 "문중병자" 문제(민 12장; 참조. 신 24:14-15), 그리고 메소포타미아에서 야곱

과 라반 간의 갈등(창 31장; 참조. 신 24:14-15)으로부터 옮겨간다.

티개이(Tigay[1976] 310)가 17-22절을 두 법으로 나누지만, 운율 분석은 이것을 단일 문학적 단위로 보는 크레이기(Craigie[1976] 310)와 다른 사람들을 지지한다. 이 단위는 18, 20, 22절 다음에 세투마 구획 표시들을 가진 세 부분으로 나누어진다. *BHS*는 이 부분을 정확하게 18, 19, 20, 22절 다음에 여백을 가진 네 부분으로 나누고 있다. *BHS*에 있는 세투마 구획 표시로 보이는 것이 실제로는 L에서 여백이고, 그 필사본에서는 19절과 20절 사이에 아무런 여백이 나타나 있지 않다. 17-22절에 있는 버금 단락을 결정할 때 난점은 19-20절의 운율 구조가 악센트 강조 단위 면에서 7:4:7 단위로 운율 다리 역할을 하고 있는 19b절 전체("그리하면 네 하나님 여호와께서 네 손으로 하는 범사에 복을 내리시리라")와 같이 다소 일관성이 없다는 것이다. 이 중심이 되는 단위는 엄밀하게 말해서 24:5부터 25:19에 이르기까지 확장되어 가는 보다 큰 문학적 구조의 중심부에 있다.

24:17-22 전체의 대칭적 구조는 다음과 같이 정리될 수 있다.

A	객과 고아와 과부를 억울하게 하지 말라	24:17-18
B	객과 고아와 과부를 위하여 네 곡식 중 얼마를 버려 두라	24:19a
X	그리하면 여호와께서 네 하는 범사에 복을 내리시리라	24:19b
B′	객과 고아와 과부를 위하여 네 감람 열매 얼마를 남겨 놓으라	24:20
A′	객과 고아와 과부를 위하여 네 포도 열매 얼마를 남겨 놓으라	24:21-22

이 구절들에는 수많은 반복구가 들어 있다. 외부와 내부 골격들이 모두 객과 고아와 과부를 언급하고 있다(17, 19, 20, 22절). 더 나아가서, "너는 애굽 땅에서 종 되었던 것을 기억하라 이러므로 내가 네게 이 일을 행하라 명하노라"(18, 22절)는 진술이 내부 골격 가운데 나타난다(18, 22절). 하나님의 축복의 원천이 이 구조에서 분명하게 드러난다. 하나님의 축복은 우리 가운데 있는 객과 고아와 과부를 보호하는 데서 온다. 예수께서 언젠가 말씀하신 바와 같이, 두 번째로 가장 큰 계명은 이것이다. 곧 "네 이웃을 네 몸과 같이 사랑하라"(마 22:39)는 것이다. 이것이 특히 신명기 24:6-25:16에 있는 율법의 본질이다.

카마이클은 여기에 표현되어 있는 법과 요셉 이야기 사이에 존재하는 수많은 연결부가 곧 "너는 애굽 땅에서 종 되었던 것을 기억하라"(18, 22절)는, 반복된 진술이 되는 가장 노골적인 것임을 주장했다. "공의의 타락의 한 명백한 실례는 요셉이 결코 범하지 않은 죄 곧 보디발의 아내와 동침했다는 죄로 인하여 그가 감옥에 간힌 일이었다. 더 나아가서 요셉은 그 당시에 애굽에서 종살이를 하고 있었다(보디발의 아내는 그를 '히브리 종'〈창 39:17〉이라고 말한다"(Carmichael, *LNB*, 280). 요셉은 법적으로 객에 해당하는 사람이기도 하다. 비록 담보물로 취급된 과부의 옷이라는 주제가 요셉 설화에서는 다소 모호하기는 하지만, 그의 옷이 보디발의 아내의 사건에서 그에게 불리한 방향으로 작용한 결정적 증거였다는 사실을 주시해야 할 것이다. 더구나 히브리어 단어 뻬게드(בגד, "옷")가 창세기 39:12과 신명기 24:17 모두에서 나타난다. 이 율법에서 전집물로 취해진 과부의 옷과 창세기에 있는 설화 전승 간의 관계는 창세기 38장에 있는 다말이 유다를 유혹한 이야기에서 훨씬 더 쉽게 발견할 수 있다. "실제로 유다는 그녀로 하여금 이미 자기에게 주어진 그것을 얻기 위하여, 즉 가문을 이을 아기를 그에게 낳아 돌려준 그 씨를 얻기 위하여 과부의 옷을 벗어 던지도록 강요한 것이다"(Carmichael, *LNB*, 281).

잊혀진 곡식단에 대한 법(신 24:19)은 레위기 19:9; 23:22에 있는 내용과는 뚜렷하게 다른데, 그것은 밭의 특별한 구역이 가난한 자를 위하여 추수되지 않은 채로 남아 있다는 사실을 암시한다: "너희 땅의 곡물을 벨 때에 너는 밭 모퉁이까지 다 거두지 말고 너의 떨어진 이삭도 줍지 말며." 이러한 규례는 "잊어버려진"(ושכחת – 웨샤카흐타) 곡식단에 관해서 신명기 24:19에 있는 그것보다 훨씬 더 조직적이다.

카마이클은 24:17-25:3의 법을 창세기 37-47장에 있는 요셉 이야기와 연결시키면서 자신의 정당성을 강하게 주장한다(Carmichael, *LNB*, 278-91). 그는 요셉 이야기에서 기억을 강조하면서(창 40:14, 23; 41:9), 곡식단이 중추적인 역할을 하고 있다고 말한다. 자카르(זכר, "기억하다")란 동사는 율법에서 두 번이나 "너는 애굽 땅에서 종 되었던 것을 기억하라"(18, 22절)는 진술 가운데 나타난다. 그리고 19절의 곡식단은 샤카흐(שׁכח, "잊다")와 함께 묘사되어 있다. 궁핍한 자를 위한 곡식단에 관한 강조는 애굽에서의 요셉의 역할에 대한 이야기를 형성한다. "추수 감독관으로서 요셉은 모든 사람을 기아로부터 구출했다. 그의 고위직 – 상징적인 말로 표현하자면, 그는 뛰어난 곡식단임 – 과 궁핍한 백성들에게 (문자 그대로의 의미로) 곡식단을 공급하는 것은 깊이 연결되어 있다"(Carmichael, *LNB*, 286).

24:17-22에서 신명 수의 사용에 관해 라부샤뉴가 정리한 증거는 다음과 같이 요약될 수 있다.

단어	아트나 앞		아트나 뒤	
24:17-18	14	+	12	= 26
24:19-22	32	+	23	= 55
24:18	9	+	8	= 17
24:19-21	26	+	15	= 41

17-18절에 있는 객과 고아와 과부의 보호에 관한 법은 총 26개의 단어를 가지고 있으며, 19-22절에 있는 가난한 자로 하여금 이삭을 줍게 하는 법은 셰들(Schedl)이 "작은 네 글자(minor tetraktys)" 32+23=55(특별 부록: "숫자의 합성물로서의 신명기"를 보라)로 부른 바 있는 것의 실례다. 이 구조에 포함되어 있는 두 부분 23과 32는 각기 히브리어 카보드(כבוד, "영광")의 카프(כ)를 11이나 20으로 계산했을 때 나오는 양자택일이 가능한 수치다.

주석

17-18 오경에 나오는 이와 동일한 법에 관해서는 출애굽기 22:21-24을 보라. "재판을 왜곡되게 하는"(תטה משפט – 타테 미슈파트) 것은 법적인 일에 대해서 불공평하게 재판하는 것이다(16:19을 보라). *Tg. Pseudo-Jonathan*과 고대 랍비 자료들에서는 과부가 객과 고아들보다 더 큰 배려를 받도록 나타나 있는 사실은 하루 동안 그녀의 옷을 보관하는 일이 "무자비성과 그녀의 평판에 대한 추문"으로 이끌어 갔을 것이라는 사실과 관계가 있다고 본다(Tigay[1996] 228, 그리고 390 n. 65에 인용된 자료들을 보라). 두 개의 분리된 부분에 있는 우리에게 익숙한 문구 "객과 고아와 과부"에 대한 대우에 관해서는 10:18, 맬러멧(Melamed, *Studies in Bible*, 115-53)의 논의 그리고 위의 "양식/구조/배경"에 있는 칠지 형태로 된 구조에 대한 설명을 보라.

19-22 룻기 2장을 보고, 또한 레위기 19:9-10; 23:22; 출애굽기 23:10-11; 레위기 25:2-7을 참조하라. 매이즈는 "네 하나님 여호와께서 네 손으로 하는 범사에 복을 내리시리라"는 문구가 주로 결론적 공식 문구로서 나타난다고 말한다(Mayes [1981] 327). 이 특별한 법 가운데 그것은 24:17-22에 있는 두 개의 법의 중간에 명확하게 나타나는데, 이는 고대 이스라엘에 살고 있던 객과 고아와 과부의 권리와

특권에 대한 보호에 관심을 두고 있다. 더 나아가서 운율적 관점에서 19b절은 19a절과 20절을 연결하는 다리 역할을 하고 있는데, 이는 운의 전체 숫자 면에서 두 개의 다른 방식으로 파악될 수도 있다: 즉 (28+28+29) 혹은 (28+28) : (29+8+29).

해설

룻의 이야기는 이 법을 고려하여 형성되었는데, 그 이유는 룻이 객이요 고아이며 (그녀는 모압 땅에서 가족을 잃고 홀로 남았기 때문에) 또한 과부였기 때문이다. 밭과 감람나무, 그리고 포도원은 완전히 추수하면 안 되었다. 지주들은 궁핍한 사람들이 주울 수 있도록 나중에 먹을 수 있는 열매들을 남겨 놓아야 했다. 그리고 보아스는 실제로 자기 일꾼들에게 룻으로 하여금 이삭을 줍도록 한 움큼씩 버리라고 지시했다(룻 2:16). 그러한 관습이 궁핍한 자들로 하여금 양식을 얻기 위하여 구걸하는 치욕으로부터 지켜 주었다. 그래서 밭의 주인들이 직접 가난한 자들이 수고한 대가를 얻게 하지는 않았을지라도, 가난한 자들은 자신의 음식을 얻기 위하여 일함으로써 체면을 유지할 수 있었다.

이 법 자체는 고대 이스라엘에서 가난한 자와 약한 자에 대한 관심의 동기에 관한 반복적인 언급을 통하여 형성되었다: "너는 애굽 땅에서 종 되었던 것을 기억하라"(18, 22절).

A	네가 애굽에서 종 되었던 것을 기억하라	24:18
B	남긴 곡식들은 객과 고아와 과부를 위한 것이다	24:19
X	남긴 감람 열매는 객과 고아와 과부를 위한 것이다	24:20
B′	남긴 포도 열매는 객과 고아와 과부를 위한 것이다	24:21
A′	너는 애굽 땅에서 종 되었던 것을 기억하라	24:22

"객과 고아와 과부"란 문구는 이 법 가운데 네 번 나타난다(17, 19, 20, 21절). 이러한 이미지는 신명기 법 전체에서 가장 생생한 모습 가운데 하나이며, 밀레의 유명한 그림 "이삭 줍는 사람들"(*The Gleaners*)이 보여 주는 바와 같이 수 세기 동안 기독교 내에서 영향력 있는 관습이 되었다.

11-12. 태형의 한계와 소의 입에 망을 씌우지 말 것(25:1-4)

25:1-3의 참고문헌

Allgeier, A. "Dt. 25, 1-3 im Manchester-Papyrus(PRG 458)." *Bib* 19(1938) 1-18. **Cohn, H. H.** "Flogging." *EncJud* 6:1348-49. **Glanville, S. R. K.**, ed. *The Legacy of Egypt.* Oxford: Clarendon, 1942. 204. **Hofbauer, J.** "Zu den Textfamilien der Septuaginta im Deuteronomium zu Dt 25, 1-3 nach PRG 458." *ZKT* 62(1938) 385-89. **Hoffner, H. A.** "Some Contributions of Hittitology to Old Testament Study." *TynBul* 20(1969) 27-55. **Roscher, W. H.** "Die Zahl 40 im Glauben, Brauch und Schrifttum der Semiten." *Abhandlungen der philologisch-historische Klasse der königlich sächsischen Gesellschaft der Wissenschaften* 27(1909) 93-138. **Tigay, J. H.** "Some Archaeological Notes on Deuteronomy." In *FS J. Milgrom.* 1995. 377. **Wilkinson, J. G.** *The Manners and Customs of the Ancient Egyptians.* 3 vols. Ed. S. Birch. London: John Murray, 1878. 1:305-8.

25:4의 참고문헌

Boecker, H. J. "'Du sollst dem Ochsen, der da drischt, das Maul nicht verbinden.' Überlegungen zur Wertung der Natur im Alten Testament." In *Fs F. Lang.* 1978. 72-89. **Borowski, O.** *Agriculture in Iron Age Israel.* Winona Lake, IN: Eisenbrauns, 1987. 63-65. **Carmichael, C. M.** "'Treading' in the Book of Ruth." *ZAW* 92(1980) 248-66, esp. 250-52. **Eslinger, L.** "More Drafting Techniques in Deuteronomic Laws." *VT* 34(1984) 221-26. **Finkelstein, J. J.** *The Ox That Gored.* Transactions of the American Philosophical Society 71. Philadelphia: American Philosophical Society, 1981. **Haran, M.** "Das Böcklein in der Milch seiner Mutter und das säugende Muttertier." *TZ* 41(1985) 135-59, esp. 153. **Henry, M.-L.** *Das Tier im religiösen Bewusstsein des alttestamentlichen Menschen.* Sammlung Gemeinverständlicher Vorträger und Schriften aus dem Gebiet der Theologie und Religionsgeschichte 220-221. Tübingen: Mohr, 1958. **Jacob, E.** "Die altassyrische Gesetze und ihr Verhältnis zu den Gesetzen des Pentateuch." *Zeitschrift für vergleichende Rechtswissenschaft* 41(1925) 319-87, esp. 385-86. **Kaiser, W. C.** "The Current Crisis in Exegesis and the Apostolic Use of

Deuteronomy 25:4 in 1 Corinthians 9:8-10." *JETS* 21(1978) 3-18. **Lisowsky, G.** "Dtn 25, 4." In *FS L. Rost.* 1967. 144-52. **Miller, M. S.,** and **Miller, J. L.** *Harper's Encyclopedia of Bible Life.* 3rd ed. New York: Harper & Row, 1971. 180-81 and illustration 70. **Nielsen, E.** "'You Shall Not Muzzle an Ox While It Is Treading out the Corn,' Dt. 25, 4." In *Law, History and Tradition.* 1983. 94-105. **Noonan, J. T.** "The Muzzled Ox." *JQR* 70(1979) 172-75. **Pangritz, W.** *Das Tier in der Bibel.* Munich; Basel: Reinhardt, 1963. **Weippert, H.** "Dreschen und Worfeln." *BRL.* 63-64. **Yaron, R.** "The Goring Ox in Near Eastern Laws." *ILR* 1(1966) 396-406.

본문과 운율 분석

형의 한계 [(6:5):(5:6)]

1 사람과 사람 사이에 시비가 생겨서 재판을 청하거든 재판장은 그들을 재판하여 의인은 의롭다 하고 악인은 정죄할 것이며

2 악인에게 태형이 합당하거든 재판장은 그를 엎드리게 하고 그 죄의 경중대로 여수이 자기 앞에서 때리게 하라

3 사십까지는 때리려니와 그것을 넘기지는 못할지니 만일 그것을 넘겨 과다히 때리면 네가 네 형제로 천히 여김을 받게 할까 하노라

Limits on Flogging [(6:5):(5:6)]

1 *When there is a dispute / between men /*	13	2
and they take it to court / [a]and they render a decision[a] //	16	2
and they declare one / righteous /	11	2_
And they declare the other / guilty //	13	2
2 *and it shall be / if the guilty one / is to be flogged //*	16	3_
[a]The magistrate shall have him lie down /	11	1
and he shall be given lashes in his presence[a] /	11	1
[b]According to his guilt[b]\[c] by number //	12	1
3 *forty times he may be stricken / but not more //*	15	2_
Lest being flogged further than this / to excess /	21	2
your brother is degraded[a] / in your eyes // ס	13	2

소의 입에 망을 씌우지 말라

4 곡식 떠는 소의 입에 망을 씌우지 말지니라

Not Muzzling the Ox

4 *You shall not muzzle an ox / while it is threshing //* ס	12	2_

원문주해

1.a-a. LXX[B]에는 빠져 있다. 운율 분석은 MT을 지지한다.

2.a-a. LXX[B]에는 MT의 웨히필로 하샤페트 웨히파후 레파나이우(והפילו השפט והכהו לפניו) 대신에 카디에이스 아우톤 에난티온 아우톤(καθιεῖσ αὐτὸν ἐναντίον αὐτῶν = הִפַּלְתּוֹ לְפָנֵיהֶם, 히팔토 리프나이헴, "너는 그를 그들 앞에서 눕게 할 것이다")으로 되어 있다. 운율 분석은 MT을 지지한다.

2.b-b. LXX[B]에는 빠져 있다.

2.c. 위치가 잘못된 씰룩으로 인하여 티프하는 연접사가 됨.

3.a. SP[MSS]에는 MT의 웨니클라(ונקלה, "그리고 그가 간주된다") 대신에 ונקל("그가 가볍게 평가될 것이다")로 되어 있다.

양식/구조/배경

신명기 25장에 있는 법들은 그 길이가 같지 않은 두 부분으로 이루어져 있다: 인도주의적 관심과 사회 윤리에 관한 다섯 개의 법(1-16절), 출애굽기 17:8-15에 기록된 광야에서 있었던 이스라엘 백성에 대한 공격으로 인하여 아말렉 사람들을 기억하라는 결론적 지시(17-19절)가 그것이다. 태형의 한계를 제한하고 있는 법(1-3절)과 소가 일하고 있을 때 그 입에 망을 씌우지 말라는 법(4절)인 처음 두 법은 운율적 관점에서 단일 문학적 단위를 이루고 있기는 하지만, 그것들은 법들을 다섯 부분으로 된 대칭 구조로 나누기도 한다.

A	태형의 한계(요셉이 종으로 팔려감)	25:1-3
B	소의 입에 망을 씌우지 말라(애굽에서 요셉)	25:4
X	수혼(유다와 다말)	25:5-10
B′	싸움에 부당한 개입(애굽에서 요셉)	25:11-12
A′	정직한 저울추와 되(광야에서 이스라엘)	25:13-16

이 구조에서 이 법들 간의 관계는 이것들을 통하여 형성된 창세기에 있는 이야기들을 검토함으로써 더욱 쉽게 파악된다. 이 구조에서 외부 골격은 창세기 37장에서 요셉과 그 형들에 대한 이야기를 형성하도록 사용된, 그 태형을 40대의 매질까지로 제한하고 있는 법(신 25:1-3)으로부터 정직한 저울추와 되에 관한 법(신 25:13-16)으로 옮겨가고 있는데, 저울추와 되에 관한 법은 출애굽기 16장에서 출애굽을 한 다음에 곧 시내 산으로 향하는 광야 길을 가는 이스라엘 백성의 이야기를 형성한다. 내부 골격은 두 개의 법으로 이루어져 있는데, 이 두 법은 모두 창세기 37-45장에 있는 애굽에서의 요셉 이야기를 형성하도록 사용된다. 이 두 법은 중심부에 있는 수혼(25:5-10)에 대한 법을 둘러싸는 골격을 이루기 위하여 사용되는데, 이것이 창세기 38장에 있는 유다와 다말 이야기를 형성하는 데 사용된다.

신명기 25:1-4의 MT이 3절과 4절 다음에 나오는 세투마 구획 표시로 두 부분으로 나누어지기는 하지만, 이것은 운율적 관점에서 볼 때는 하나의 단일 문학적 단위다(악센트 단위에서는 6:5:5:6의 운각으로 나누어진다). 곡식을 떠는 소의 입에 망을 씌우지 말라는 이 짧은 법(4절)은 요셉 이야기로부터(창 37, 39-50장) 유다와 다말 에피소드(창 38장)의 이야기로 옮겨가도록 전환적인 요소로서의 기능을 한다. 이 두 법은 다음과 같은 대칭 구조로 정리될 수 있다.

A	한 사람이 태형을 받도록 결정된다면	25:1-2a
B	그는 자기 죄의 경중에 따라 매를 맞아야 할 것이다	25:2b
X	40까지는 매를 맞지만 그 이상은 안 된다	25:3a
B′	그 사람은 지나치게 매를 맞음으로써 천히 여김을 받아서는 안 된다	25:3b
A′	너는 소가 곡식을 떠는 동안 망을 씌우지 말라	25:4

이 구조에서 소의 입에 망을 씌우지 말라는 법(4절)은 외부 골격의 하반부로서 이 법은 한 사람이 태형을 맞도록 하는 결정을, 내부 골격은 판결이 시행되고 그 사람이 지나치게 천히 여김을 받지 않도록 구체적인 한계를 설정하는 그 태형 방식을 기록하고 있다. 40번의 매질의 한계이고, 그 이상은 안 된다.

이 이야기가 창세기 37장에서 언급되는 방식을 보면, 성경 기록자가 "법정에서 밝혀진 것과 같은 공정한 심리만이 문제의 핵심을 파헤쳐서 유죄 판결을 할 수 있음을 알고 있었다는 사실을 암시하고 있다"(*LNB*, 289-90). 우리는 처음부터 요셉이 그 아비에게 형들의 비행을 일러바쳤다는 사실을 알고 있으나(창 37장), 그 자세한 내용은 알지 못한다. 그의 형들 모두가 그에게는 잘못된 것으로 보였다. 더 나아가서 카마이클이 주장한 바와 같이, 르우벤은 어떤 점에서 자기 형제들과 함께 그의 생명을 죽이지 말자고 의논했다(창 37:21).

카마이클은 창세기 45장의 설화 가운데 있는 또 다른 의미심장한 특징에 주의를 기울인다. 요셉은 자기 형들에게 곡식을 준 다음에 이렇게 지시했다: "당신들은 노중에서 다투지 말라"(창 37:21). "이 말은 요셉과 형들 간에 있었던 다툼을 상기시켜 주며, 그 주된 요인은 자기 단은 일어서고 다른 형들의 단은 그 앞에 꿇어 엎드려 있는 꿈이었다. 설화의 이 지점에서 단에 대해서 잊어버린 요셉은 그것이 생각나서 자기 형들에게 명령했던 것이다"(Carmichael, *LNB*, 291).

소의 입에 망을 씌우지 말라는 법은 히브리 본문에서 단 네 개의 단어로만 구성되어 있다(4절). 본 절을 주로 문자 그대로 해석하지 않고 상징적 의미로 해석하기 위한 카마이클의 주장은 신빙성이 있다. 실질적인 관점에서 볼 때 짐승의 입을 망으로 씌우고 일하게 되며 그 다음에 먹이를 주기 때문이다. "전형적인 격언 형태로 되어 있는 이 지시의 비현실성으로 인하여 청중들은 이 지시를 또 다른 의미를 지시하는 것으로 바꾸어 생각하게 된다"(*LNB*, 292).

요셉 자신이 잠시 잃어버린 곡식단이 되고 그 다음에 기억하게 되는, 앞의 법에 있는 잊혀진 곡식단의 상징적 의미가 소에 관한 법에서도 이어진다. 이스라엘의 청중들은 이러한 요구가 곡식을 떠는 소에게 적용되는 것에 대해 혼동을 일으켰을 텐데, 그 이유는 만일 곡식을 떠는 소에게 망이 씌워지지 않거나 채찍으로 다스려지지 않는다면, 곡식을 떠는 과정에서 얻어지는 곡식을 완전히 먹어치울 것이기 때문이다. "이 명령의 문자 그대로의 의미가 기괴한 것이므로 이 점은 그 의미가 달리 해석되어야 할 단서가 된다. 한 사람이 다른 사람에게 읽어 줄 때 제3자가 곡식을 얻어내는 과정에서 소에게 망을 씌우지 않는 일에 연루될 것이라는 사실을 말해 주는 것이 중요하다…곡식과 함께 있는 소처럼 홀로 남겨진 한 남자는 후손을 낳지 못하고 죽는다. 망이 씌워지지 않은 소처럼 제3자가 필요하다. 소를 돌볼 책임이 있는 사람이 있듯이 한 친척이 그 씨(자손)가 나타나는지를 확인할 의무가 있다" (Carmichael, *LNB*, 294).

25:4과 보다 큰 문학적 문맥에 포함되어 있는 신명 수의 사용에 대해 라부샤뉴가 정리한 증거는 다음과 같이 요약될 수 있다.

단어	아트나 앞		아트나 뒤	
25:1-4	22	+	23	= 45
25:5-12	70	+	52 (=2×26)	= 122
25:13-19	68 (=4×17)	+	25	= 93
25:1-19	160	+	100	= 260 (=10×26)
25:11-19	85 (=5×17)	+	32	= 117
25:13-16	29	+	17	= 46 (=2×23)
25:17-18	17	+	6	= 23
24:10-25:4	119 (=7×17)	+	100	= 219
21:10-25:19	929	+	652	= 1,581 (=93×17)

신명기 토라 낭독 주기 가운데 여섯 번째 주의 분량(21:10-25:19)인 히브리어

본문은 실제로 처음부터 끝까지 숫자의 구성으로 되어 있는데, 거기에 신명 숫자들이 다양한 방식으로 세심하게 짜여져 들어가 있다.

주석

[1]-[3] 이 경우에 리브(ריב, "시비")는 "법정으로"(אל־המשפט – 엘-하미슈파트) 가져온 소송 문제를 가리킨다. 여기서 "악인"(הרשע – 하라샤)은 "태장으로 맞도록"(בן הכות – 벤 하코트; 직역하면 그는 "채찍의 아들"이다) 판결을 받는다. 태형은 한 남자가 결혼할 당시에 자기 신부가 처녀가 아니었다고 거짓 정죄한 사람에게 내리는 형벌이기도 하다(22:18). 범죄에 대해 이런 방식으로 벌을 받는 일이 이스라엘 내에서 다른 상황에서 있었는지에 대한 정보는 없지만, "다른 사람의 집을 헐거나, 이웃의 땅에 침입하거나, 빚으로 인하여 담보로 잡은 사람을 팔거나, 채권자를 속이거나, 도적질을 하거나, 물건에 붙어 있는 질량의 표시를 바꾸는 사람"에게 태형을 내렸던 고대 메소포타미아의 법으로부터 그러한 사실을 알 수 있다(Tigay[1996] 230). "그 죄의 경수대로 여수히"(כדי רשעתו במספר – 케데 리슈아토 뻬메쓰파르)란 진술은 매이즈(Mayes[1981] 327)가 말하는 바와 같이 "40"은 중기 앗수르의 몇몇 법에 들어 있는 형벌의 숫자이기도 하며, 반면에 다른 법들에서는 다섯 대로부터 100대까지 광범위하다(구체적인 인용에 관해서는 Tigay[1996] 390 n. 2를 보라). "네 형제로 천히 여김을 받게 할까 하노라"에 관해서 티개이는 다음과 같이 말한다. "아마도 태장을 맞는 사람이 이성을 잃고 자비를 베풀어 달라고 소리치며 애걸하거나, 놀라서 혹은 너무 잔인하게 때려서 오물을 배설함으로써 천시되었을 것이다"(Tigay[1996] 230).

[4] 소에 관한 이 간략한 법은 히브리 본문에서는 단 세 개의 단어로만 이루어져 있으며, 여기에는 아트나가 없다. 운율적 관점에서 볼 때, 내용 면에서는 날카로운 차이를 보이고 있으나 1-3절과 긴밀하게 연결되어 있다. 소들은 밀집을 밟거나 곡식들을 떠는 큰 망치를 잡아당김으로써 곡식을 타작했다. 농부들은 가끔 먹으려고 일을 중단하지 못하도록 하기 위하여 소에게 망을 씌웠을 것이다. 다른 방식으로는 짐승으로 하여금 일을 계속 하도록 찌르기 위하여 마구 채찍을 휘둘러야 했다.

해설

토라에는 구체적인 형벌이 명시되어 있지 않은 채 여러 죄목들이 언급되어 있다.

채찍질은 이러한 경우에 지방 재판관들의 판단에 따라 사용되었던 것으로 생각된다. 형벌은 지방 재판관들이 보는 앞에서 공개된 법정에서 시행되었으며, 형벌의 등급을 고려하지 않고 시행되었다. 만일 어떤 죄목들이 오늘날 싱가폴에 있는 법정 태장과 같이 이런 식으로 형벌을 받는다면, 그리고 여러 다른 나라들에서처럼 중한 형벌이 제거된다면, 그들의 죄에 해당하는 사람들을 벌하는 것은 그들을 욕보이는 것이 아니라는 사실을 기억해야 한다. 그러나 공개석상에서 지나치게 때리는 것은 동료 인간에게 나타내야 할 존중심을 보이지 않는 것이다. 고대 이스라엘에서, 최소한 신명기 법이라는 문맥 안에서 어떤 경우에 때리는 것은 형벌로서 주어져야 하는 것이며, 그 형벌은 범한 죄에 비례하여 이루어져야 한다.

곡식을 떠는 소의 입에 망을 씌우지 말라는 법은 고린도전서 9:9과 디모데전서 5:18에서 사역을 하는 사람들에 대한 보답과 관련하여 "일하는 자가 임금을 받을 자격이 있다"는 사실을 의미하는 것으로 인용되었다. "복음 전하는 자들이 복음으로 말미암아 살리라"(고전 9:14). 동시에 바울은 이러한 권리를 선택하지 않았다는 사실을 유념해야 할 것이다. "그러나 우리가 이 권을 쓰지 아니하고 범사에 참는 것은 그리스도의 복음에 아무 장애가 없게 하려 함이로라"(고전 9:12). 매튜 헨리는 오래 전에 이 문제를 매우 잘 요약했는데, 그는 25:4에 있는 이 법을 말하면서 "우리의 선을 위하여 채용된 모든 사람에게, 특히 우리 가운데 말씀과 교리를 위하여 수고하는 사람들에게, 그리고 우리의 보다 좋은 편의 선을 위하여 채용된 사람들에게 공정할 뿐 아니라 친절하고, 저들의 생계 유지를 해줄 뿐만 아니라 격려를 해주어야 한다"고 우리에게 가르치고 있다(*Exposition of the Old and New Testament* 1:670).

13. 수혼(25:5-10)

참고문헌

Ahroni, R. "The Levirate and Human Rights." In *Jewish Law and Current Legal Problems.* Ed. N. Rakober. Jerusalem: Library of Jewish Law, 1984. 67-76. **Bayliss,**

M. "The Cult of the Dead Kin in Assyria and Babylonia." *Iraq* 35(1973) 115-25. **Belkin, S.** "Levirate and Agnate Marriage in Rabbinic and Cognate Literature." *JQR* 60 (1970) 275-329. **Bloch-Smith, E.** "The Cult of the Dead in Judah: Interpreting the Material Remains." *JBL* 111(1992) 213-24. **Brichto, H. C.** "Kin, Land, Cult, and Afterlife - A Biblical Complex." *HUCA* 44(1973) 1-54. **Burrows, M.** "The Ancient Oriental Background of Hebrew Levirate Marriage." *BASOR* 77(1940) 2-15. ______. "Levirate Marriage in Israel." *JBL* 59(1940) 23-33. **Campbell, E. F.** *Ruth.* AB 7. Garden City, NY: Doubleday, 1975. 160-61. **Cardascia, G.** "L'Adoption matrimoniale à Babylone et à Nuzi." *Revue historique de droit Français et étranger* 37(1959) 1-16. **Carmichael, C.** "A Ceremonial Crux: Removing a Man's Sandal as a Female Gesture of Contempt." *JBL* 96(1977) 321-36. ______. *Women, Law, and the Genesis Traditions.* Edinburgh: Univ. of Edinburgh Press, 1979. 65-70. **Cruveilhier, P.** "Le lévirat chez les hébreux et chez les assyriens." *RB* 34(1925) 524-46. **Dahood, M.** "Northwest Semitic Philology and Job." In *The Bible and Current Catholic Thought.* Ed. J. L. McKenzie. New York: Herder, 1962. 55-74, esp. 70. **Daube, D.** "Consortium in Roman and Hebrew Law." *Juridical Review* 62(1950) 72-74. ______. "The Culture of Deuteronomy." *Orita* 3(1969) 35-36. ______. "To Be Found Doing Wrong." In *FS E. Volterra.* 1971. 3-13, esp. 8. **Davies, E. W.** "Inheritance Rights and the Hebrew Levirate Marriage." *VT* 31(1981) 138-44, 257-68. **Donner, H.** "Adoption oder Legitimation?" *OrAnt* 8(1969) 87-119. **Emerton, J.** "Some Problems in Genesis XXXVIII." *VT* 25(1975) 357-60. **Epstein, L. M.** *Marriage Laws in the Bible and the Talmud.* Cambridge: Harvard UP, 1942. **Falk, Z.** *Hebrew Law in Biblical Times.* Jerusalem: Wahrmann, 1964. 88, 159. **Fensham, F. C.** "Widow, Orphan, and Poor in Ancient Near Eastern Legal and Wisdom Literature." *JNES* 21(1962) 129-39. **Gordis, R.** "Love, Marriage, and Business in the Book of Ruth." In *FS J. M. Myers.* 1974. 241-64. **Huehnergard, J.** "Biblical Notes on Some New Akkadian Texts from Emar (Syria)." *CBQ* 47(1985) 428-34. **Katz, J.** "Levirate Marriage(*yibbum*) and *haliẓiah* in Post-Talmudic Times." *Tarbiz* 51(1981) 59-106(Heb.). **Kirwen, M. C.** *African Widows.* Maryknoll, NY: Orbis, 1979. **Koch, D.-A.** *Die Schrift als Zeuge des Evangelium.* BHT 69. Tübingen: Mohr, 1986. 203-4. **Koschaker, P.** "Fratriarchat, Hausgemeinschaft, und Mutterrecht in Keilschriftrechten." *ZA* 41(1933) 76-80. ______. "Zum Levirat nach hethitischem Recht." *RHA* 2.10(1933) 77-89. **Legget, D. A.** *The*

Levirate and Goel Institutions in the Old Testament with Special Attention in the Book of Ruth. Cherry Hill, NY: Mack, 1974. **Lehmann, M. R.** "Biblical Oaths." *ZAW* 81(1969) 74-92. **Lewis, T. J.** *Cults of the Dead.* 1989. **Manor, D. W.** "A Brief History of Levirate Marriage as It Relates to the Bible." *ResQ* 27(1984) 129-42. **Mittelmann, J.** *Der altisraelitische Levirat.* Leipzig: A. Teicher, 1934. **Neufeld, E.** *Ancient Hebrew Marriage Laws.* 1944. 23-55. **Neusner, J.** *A History of the Mishnaic Law of Women.* 5 vols. SJLA 33. Leiden: Brill, 1980. **Niditch, S.** "Legends of Wise Heroes and Heroines." In *The Hebrew Bible and Its Modern Interpreters.* Ed. D. A. Knight and G. M. Tucker. Chico, CA: Scholars Press, 1985. 451-63. ______. "The Wrong Woman Righted: An Analysis of Genesis 38." *HTR* 72(1979) 143-49. **Patai, R.** *Sitte und Sippe in Bibel und Orient.* Frankfurt am Main: Ner-Tamid, 1962. 97-104. **Pedersen, J.** *Israel: Its Life and Culture.* 1926-40. 1:91-96. **Phillips, A.** "Another Example of Family Law." *VT* 30(1980) 240-45. ______. "Some Aspects of Family Law in Pre-Exilic Israel." *VT* 23(1973) 359-61. **Pope, M.** "The Cult of the Dead at Ugarit." In *Ugarit in Retrospect.* Ed. G. D. Young. Winona Lake, IN: Eisenbrauns, 1981. 159-79. **Praag, A. van.** *Droit matrimonial assyro-babylonien.* Allard Pierson Stichting Archaeologisch-historische Bijdragen 12. Amsterdam, Noord-Hollandsche Uitg. Mij., 1945. **Price, I. M.** "The So-called Levirate-Marriage in Hittite and Assyrian Laws." In *Oriental Studies: FS Paul Haupt.* Ed. C. Adler. Baltimore: Johns Hopkins UP, 1926. 268-71. **Puuko, A. F.** "Die Leviratsehe in den altorientalischen Gesetzen." *ArOr* 17.2(1949) 296-99. **Rabinowitz, L. I.** "Levirate Marriage and Ḥaliṣah." *EncJud* 11:125. **Rengstorf, K. H.** *Die Re-Investitur des Verlorenen Sohnes in der Gleichniserzählung Jesu Lk 15, 11-32.* Arbeitsgemeinschaft für Forschung des Landes Nordrhein-Westfalen 137. Cologne: Westdeutscher Verlag, 1967. **Richter, H.-F.** "Zum Levirat im Buch Ruth." *ZAW* 95(1983) 123-26. **Rowley, H. H.** "The Marriage of Ruth." In *The Servant of the Lord and Other Essays on the Old Testament.* Oxford: Blackwell, 1952. 171-94. **Snaith, N. H.** "The Daughters of Zelophehad." *VT* 16(1966) 126-27. **Thompson, T.**, and **Thompson, D.** "Some Legal Problems in the Book of Ruth." *VT* 18(1968) 79-99. **Tigay, J. H.** "Excursus 23: Levirate Marriage." In *Deuteronomy.* 1996. 482-83. **Tsevat, M.** "Marriage and Monarchical Legitimacy in Ugarit and Israel." *JSS* 3(1958) 237-43. **Vaux, R. de.** *Ancient Israel.* Tr. J. McHugh. New York: McGraw-Hill, 1961. 37-38. **Wegner, J. R.** "Chattel or Person? The Status of

Women in the System of the Mishnah." Diss., Brown Univ., 1986. **Westbrook, R.** "The Law of the Biblical Levirate." *RIDA* 24(1977) 65-87. ______. "The Law of the Biblical Levirate." In *Property and the Family in Biblical Law.* JSOTSup 113. Sheffield: JSOT Press, 1991. 69-89. **Yaron, R.** "Biblical Law: Prolegomena." In *Jewish Law in History and the Modern World.* Ed. B. S. Jackson. JLA Sup 2. Leiden: Brill, 1980. 27-44, esp. 28-29.

본문과 운율 분석

수혼 [(4:5):(6:5):(6:6):(5:6):(5:4)]	**Levirate Marriage** [(4:5):(6:5):(6:6):(5:6):(5:4)]	
5 형제가 동거하는데 그 중 하나가 죽고 아들이 없거든 그 죽은 자의 아내는 나가서 타인에게 시집가지 말 것이요 그 남편의 형제가 그에게로 들어가서 그를 취하여 아내를 삼아 그의 남편의 형제 된 의무를 그에게 다 행할 것이요	**5** *When brothers dwell / together /*	13 2
	and one of them dies / and he has no son /	17 2_
	The dead man's wife shall not / go outside / to a stranger //	18 3
	her husband's brother / shall go [a]in to her[a] /	14 2_
	And he shall take her as his / wife /	13 2
	and he shall perform the brother-in-law's duty //	9 1
6 그 여인의 낳은 첫 아들로 그 죽은 형제의 후사를 잇게 하여 그 이름을 이스라엘 중에서 끊어지지 않게 할 것이니라	**6** *And it shall be / in regard to the firstborn[a] /*	9 2
	whom she bears /	6 1_
	He will be established / under the name of his dead / brother //	14 3
	that his name may not be blotted out / from Israel //	16 2_
7 그러나 그 사람이 만일 그 형제의 아내 취하기를 즐겨하지 아니하거든 그 형제의 아내는 그 성문 장로들에게로 나아가서 말하기를 내 남편의 형제가 그 형제의 이름을 이스라엘 중에 잇기를 싫어하여 남편의 형제 된 의무를 내게 행치 아니하나이다 할 것이요	**7** *And if the man / does not wish / to take / his brother's wife //*	20 4
	his brother's wife shall go out to the gate / to the elders /	21 2_
	And she shall say / "My husband's brother refuses[a] /	15 2
	to establish his brother's name / in Israel /	18 2
	[b]he will not perform / a brother-in-law's duty by me" //	10 2_
8 그 성읍 장로들은 그를 불러다가 이를 것이며 그가 이미 정한 뜻대로 말하기를 내가 그 여자 취하기를 즐겨 아니하노라 하거든	**8** *And the elders of his city shall summon him /*	15 1
	and they shall speak to him //	9 1
	But if he stands firm and he says /	8 1
	"I do not wish / to take her" //	19 2_

9 그 형제의 아내가 장로들 앞에서 그에게 나아가서 그의 발에서 신을 벗기고 그 얼굴에 침을 뱉으며 이르기를 그 형제의 집 세우기를 즐겨 아니하는 자에게는 이같이 할 것이라 할 것이며
10 이스라엘 중에서 그의 이름을 신 벗기운 자의 집이라 칭할 것이니라

9 *Then his brother's wife shall approach him /*	12 1
in the sight of the elders /	11 1
And she shall remove his sandal / from his foot /	15 2
and she shall spit / before his face / /	11 2_
And she shall declare / and she shall say /	12 2
"Thus\[a] let it be done to the man /	13 1
who will not build up / his brother's house" / /	13 2_
10 *And his name shall be called / in Israel / /*	13 2
the "house / of the unsandaled one" / / ס	9 2_

원문주해

5.a-a. SP에는 MT의 알레하(עליה, "그녀에게") 대신에 אליה("그녀에게")로 되어 있다.

6.a. SP에는 הבן הבכור("그 첫 아들")로 되어 있다. LXX[-L]에는 토 파이디온 토 프로토토콘(*τὸ παιδίον τὸ πρωτότοκον*, "그 첫 아들")으로 되어 있다.

7.a. L의 메에엔(מֵאֵין)이라기보다는 대부분의 히브리어 필사본과 다른 인쇄본들과 같이 메엔(מֵאֵן, "그가 거절하다")으로 읽음.

7.b. 몇몇 히브리어 필사본, SP[MS], LXX[N], Syr, Vg은 와우 접속사를 덧붙인다. 운율 분석은 MT을 지지한다.

9.a. 자켑 카톤이 뒤따라온 파스타는 연접사가 됨.

양식/구조/배경

"수혼"(levirate marriage)이란 문구는 라틴어 레비르(levir, "남편의 형제")로부터 나온 단어다. 야밤(יבם)이란 동사는 "야밤(יָבָם, '남편의 형제')의 의무를 행하다"를 의미한다. 한 남자가 아이가 없이 죽었을 때, 그의 형제는 그 과부와 결혼해야 했다. 그들 사이에 처음 난 아들은 법적인 면에서 죽은 사람의 아들로 간주되었다. 만일 그 형제가 이 일 행하기를 거절하면, 그는 "신을 벗는" 요구를 받는 공개 절차를 따랐으며, 그 여인은 가족 이외의 사람과 결혼할 자유를 얻었다. 이 일은 두 성경 본문에서 취급된다. 즉 창세기 38장과 룻기 4장이다(이 경우는 시형제보다 더 먼 친척과 관련된다).

수혼법은 신명기 법 모음집(24:1-25:19)에 있는 마지막 열여섯 개의 법의 대칭 구조 가운데서 그 중심부에 위치해 있는데, 이는 다음과 같이 정리될 수 있다.

A	금지된 재혼과 새신랑의 일년 간의 군 징집 면제	24:1-5
B	가난한 자와 약한 자의 보호를 위한 여덟 개의 법	24:6-22
C	태형의 제한과 일하는 소의 입에 망을 씌우지 말라	25:1-4
X	수혼	25:5-10
C′	싸움에 부당한 개입	25:11-12
B′	정직한 저울추와 되	25:13-16
A′	아말렉 사람들의 공격을 기억하라(야웨의 성전)	25:17-19

이 칠지 형태(A, X, A′)의 골격은 결혼과 전쟁이라는 한 쌍의 법(24:1-5)으로부터 출애굽할 당시에 있었던 야웨의 전쟁에 관한 결론적 기록으로 옮겨가면서 그 중심부에 수혼에 관한 법(25:5-10)을 가지고 있다. 이 네 개의 법은 3+1 형태를 취하고 있는데, 여기서 전쟁과 결혼에 관한 구체적인 문제들에 대한 다른 세 개의 법의 반대편에 아말렉을 미워하라고 결론적으로 상기시키고 있는 법이 위치해 있다. 이 대칭적 구조 안에 있는 남은 열두 개의 법은 사회 윤리에 대한 구체적인 문제에 관한 열 개의 법(24:6-25:4)으로부터 두 개의 상징적인 법(25:11-16)으로 옮겨가고 있는데, 이것은 애굽에서의 요셉(25:11-13)과 약속의 땅으로 가는 여정 가운데 시내에서의 이스라엘 국가(25:13-16)와 함께 독자의 관심을 우리가 야웨 성전의 첫 단계라고 불렀던 출애굽의 내용으로 이끌고 간다. 아래에서, 특히 이러한 법들 모두에 속하는 "한 주머니 안에 있는 크기가 다른 두 개의 돌"(25:13)을 가지는 것에 대한 호기심을 자극하는 구절이 중심 축 역할을 하고 있는 내용을 보라.

25:5-10에 있는 수혼에 관한 법은 10절 끝에 있는 세투마 구획 표시와 직접 연설이라는 세 경우 이외에 다른 내적인 구조 표시를 가지고 있지 않다. 즉 여인 편에 두 번(7b, 9b절), 그리고 죽은 남편 편에 한 번(8절). 그럼에도 불구하고, 이것은 운율 구조 면에서 다섯 부분으로 나누어질 수 있다.

A	과부가 아들이 없으면, 그 남편의 형제가 그녀를 취해야 한다	25:5a
B	첫 아들은 죽은 형제에게로 돌려야 할 것이다	25:5b-6
X	만일 그 남자가 거절하면, 그녀는 성문에서 그것을 선포한다	25:7
B′	성문에서 신발을 벗는 의식	25:8-9a
A′	그의 이름이 "신 벗기운 자의 집"이라 칭할 것이라	25:9b-10

이 본문에서 외부 골격은 상황을 말하고 있다. 만일 한 과부가 아들이 없다면, 그녀의 남편의 형제가 죽은 형제의 이름으로 아들을 낳아 주어야 하고, 그렇지 않

을 경우 "신 벗기운 자의 집"으로 불릴 것이다. 만일 그 남자가 수혼을 거절하면, 그 여인은 성문에서 이 사실을 공포하고 거기서 신 벗는 의식을 이행한다.

야밤(יָבָם, "시형제")과 예베마(יְבֵמָה, "시누이")란 명사와 야밤(יבם, "야밤의 의무를 행하다")이란 동사는 다음과 같은 대칭 구조, 즉 25:5-10에서 모두 일곱 번 나타난다.

A 그 남편의 형제가 그에게로 들어가서 יבמה יבא עליה 25:5b
B 그가 그녀를 취하여 수혼 의무를 행할 것이요 ולקחה לו לאשה ויבמה 25:5c
C 그 형제의 아내 취하기를 즐겨하지 아니하거든 לא יחפץ… לקחת את־יבמתו 25:7a
X 그 형제의 아내는 성문으로 나가서 ועלתה יבמתו השערה 25:7b
C′ 내 시형제가 거절한다 מאן יבמי להקים… שם 25:7c
B′ 그가 수혼의 의무를 행하지 않을 것이다 לא אבה יבמי 25:7d
A′ 그의 형제의 아내는 그에게 나아가서 ונגשה יבמתו אליו 25:9a

이 구조에서 외부 골격은 5절에 있는 야밤(יָבָם, "남편의 형제")에 대한 법적 의무의 제공으로부터 9-10절에 있는 예베마(יְבֵמָה, "시누이/형수/제수")에 대한 법적 의무로 옮겨간다. 남자의 책임은 자기 형제의 아내를 취하여 형제의 이름으로 일컫는 아들을 낳아 주는 것이다. 만일 그가 이렇게 하기를 거절한다면, 그 여인의 의무는 "신을 벗기는 상징적 행동"을 하기 위하여 성문의 장로들에게로 가는 것이다(7절). 내부 골격은 7a절에서 남편의 형제 편에서 자기의 "형수"(יְבֵמָה – 예베마) 취하기를 거절하는 것을 기록하고 있는데, 이 거절은 그녀의 시형제(יָבָם – 야밤)가 이 수혼 의무를 행하기를 거절했다고 7c절에서 그녀가 선언하는 기록과 대칭되어 있다. 그 다음 골격은 야밤(יבם)이란 동사의 두 번의 출현을 내포하고 있다(5c, 7d절에서 모두 피엘형으로). 히브리 성경에서 이 동사가 출현하는 다른 유일한 경우는 이 법이 이야기 형태로 나타나는 설화인 창세기 38:8이다.

아흐(אח, "형제")와 쉠(שׁם, "이름")이란 중요한 단어가 세심하게 짜여진 대칭 구조 가운데 자리잡고 있다.

A 형제가 동거하는데 כי־ישבו אחים יחדו 25:5a
B 죽은 형제의 후사를 잇게 하여 יקום על־שם אחיו המת 25:6a
X 그 이름을 이스라엘 중에서 끊어지지 않도록 ולא־ימחה שמו מישׂראל 25:6b

B′ 그 형제의 이름을 이스라엘 중에 잇기를 להקים לאחיו שׁם בישׂראל 25:7b
A′ 그 형제의 집 세우기를 즐겨 아니하는 자 אשׁר לא־יבנה את־בית אחיו 25:9b

이 구조에서 외부 골격은 함께 사는 어떤 형제들이 있는데 그 중에 한 형제가 아들이 없이 죽는다는 이야기의 서론(5절)으로부터 죽은 형제의 아내가 그녀의 남편의 형제에게 다음과 같이 선언하는 결론부로 옮겨간다: "'그 형제의 집(את־בית אחיו – 에트-뻬트 아히우) 세우기를 즐겨 아니하는 자에게는 이같이 할 것이라'; 이스라엘 중에서 그의 이름을 신 벗기운 자의 집이라 칭할 것이니라"(9b-10절). 내부 골격은 죽은 형제의 이름을 잇기 위한 수혼 의무에 대한 기사(6a절)로부터 "내 남편의 형제가 그 형제의 이름을 이스라엘 중에 잇기를" 거절했다는 여인의 선언(7b절)으로 옮겨가면서 중요한 단어를 모두 가지고 결론을 짓고 있다. 구조의 중심부는 이 법의 목적을 진술한다: "그 이름을 이스라엘 중에서 끊어지지 않게 할 것이니라"(6b절).

"이스라엘"이란 단어가 25:5-10에서 세 번 나타난다. 이 단어의 출현이 시형제가 자기의 의무를 이행하고자 하지 않는다는 사실을 반복하고 있는 하나의 구조를 형성한다.

A 그 이름을 이스라엘 중에서 끊어지지 않게 할 것이라 ולא־ימחה שׁמו מישׂראל 25:6b
B 그 형제의 아내 취하기를 즐겨하지 아니하거든 לא יחפץ…לקחת את־יבמתו 25:7a
X 그 형제의 이름을 이스라엘 중에 잇기를 להקים לאחיו שׁם בישׂראל 25:7b
B′ 말하기를 내가 그 여자 취하기를 즐겨 아니하노라 ואמר לא חפצתי לקחתה 25:8b
A′ 이스라엘 중에서 그의 이름을…이라 칭할 것이니라 ונקרא שׁמו בישׂראל 25:10

에 구조에서 외부 골격은 한 남자의 이름이 이스라엘 중에서 끊어지지 않아야 한다는 이 법의 목적에 대한 진술(6b절)로부터 자기 의무를 이행하기를 거절한 남자에게 붙여진 새 이름, 즉 "신 벗기운 자"(10절)로 옮겨간다. 내부 골격은 여인이 보고한 내용인 그 남자의 거절(7a절)이 남자 자신 편에서 그 거절을 반복하는 것(8b절)으로 위치해 있다. 중심부에서 우리는 또다시 이 법의 목적을 발견하게 된다. 즉 그 형제의 이름을 이스라엘 중에 잇는 것이다(7b절). 수혼법(25:5-10)과 창세기 38장에 있는 유다와 그의 자부 다말의 이야기 사이의 관계는 분명하다. 오난이 수혼의 의무를 이행하기를 거절했다가 형벌을 받아 죽었다. "땅에 설정하는" 행동을 통하여 나타난 오난의 동기는 카마이클이 말한 바와 같이 탐욕이었던 것 같은데, 그 이유는 그가 죽은 형제의 재산을 보유할 상황에 있었기 때문일 것이다(Carmichael, *LNB*, 296).

이 법에 따르면, 만일 형제가 이 일을 거절하면 과부는 그의 신을 벗기고 "그의 얼굴 앞에" – 즉 그의 면전에서 땅에 – 침을 뱉는다. 그리고 "그 형제의 집 세우기를 즐겨 아니하는 자에게는 이같이 할 것이라"고 선언한다. "땅에 설정을 하는" 오난에 대한 묘사는 25:9에 있는 "그의 얼굴 앞에"(לפניו – 레파나이우)에 대한 생생한 묘사인데, 그 이유는 "그 신이 여성의 성기를 나타내고, 발은 남성의 성기를 나타내며, 침은 정액을 나타내기" 때문이다(Carmichael, *LNB*, 296).

동사 할라츠(חלץ, 9절)는 이 경우 성교 중에 "풀다, 빼다"의 의미로 취급된다. 카마이클은 또한 이 법을 "성적으로 교미하다"란 의미에서 앞의 소의 입에 망을 씌우지 말라는 법과 연결시킨다. 즉 "신이 없이 남자는 자기 형제를 위하여 씨를 만들어 내기 위하여 밟(교미)을 수 없기 때문이다"(*LNB*, 297).

25:5-10에서 신명 수의 사용에 관해서 라부샤뉴가 수집한 증거는 다음과 같이 요약될 수 있다.

단어	아트나 앞		아트나 뒤		
25:5	17	+	7	=	24
25:5-6	26	+	11	=	37
25:5-7	33	+	26	=	59
25:7-10	27	+	34 (=2×17)	=	61

법적 상황을 묘사하고 있는 서론적 구절에서 아트나 앞에는 17개의 단어가 있다. 즉 한 남자의 형제가 후사를 남겨 놓지 않고 죽을 경우다(5절). 이 기본적인 법은 "자기 죽은 형제의 이름으로"(6절) 일컫는 후사를 낳아 주기 위한 법의 목적에 대한 덧붙임 말로 완료된다. 숫자의 구성이 5-6절에서 아트나 앞에 26개의 단어로 이루어져 있다. 5-7절에서 아트나 뒤에 역시 26개의 단어가 들어 있는 그러한 방식으로, 7절에서 그 형제가 자기의 의무를 이행하려고 하지 않아서 발생하는 문제가 나타나 있다. 그러한 거절의 경우에 이루어졌던 의식은 7-10절에서 아트나 앞에 34개

(=2×17)의 단어가 있도록 하는 세심하게 구성된 방식으로 8-10절에 묘사되어 있다. 또다시 고대의 서기관들이 숫자의 구성에 있어서 히브리 본문 자체 속으로 하나님의 이름을 짜 넣었음을 보게 되는데, 이번에는 단순한 교차 형식으로 되어 있다: 17(5절) / 26(5-6절) / 26(5-7절) / 17(7-10절).

주석

5 창세기 13:6과 36:7에 근거하여 티개이는 "동거"가 같은 목초지를 사용할 정도로 긴밀한 관계로 사는 것을 의미하며, 따라서 "이것은 성경 시대에 만일 남편의 형제의 가정이 과부와 그녀의 미래의 아이가 그 재산에 가까이 있었을 때만 그 결혼이 의무적이었다는 사실을 의미한다고 말한다"(Tigay[1996] 231). 그 이후의 유대인의 전승(벤〈בן, "아들"〉을 "자손"으로 번역한 LXX을 포함하여)은 이 문구를 민수기 27:1-11에 있는 슬로브핫의 딸들의 상속권에 대한 법으로 인하여 아들이나 딸 양쪽을 의미하는 "그가 아들이 없다"로 해석했다. 수혼의 목적은 가족의 재산 상실을 방지하기 위한 것이었다. "그를 취하여 아내를 삼아"란 지시는 시형제의 자매와의 결혼을 금지하고 있는 레위기 18:16과 20:21에 있는 본문과 상충되는 것처럼 보인다. 고대 랍비들은 레위기가 일반적인 원리를 말하고 신명기에 있는 법은 결혼한 남자가 자녀가 없이 죽었을 경우에만 적용된다고 주장했다. 티개이는 이러한 결론이 고대 헷 족속의 법에서 같은 내용이 나오는 본문에 입증되어 있다고 주장하는데, 그 곳에서는 형제의 아내와의 금지 또한 서로 간에 가까운 인척 간의 수혼법을 말하면서 후자가 전자의 예외라는 사실을 말하고 있다([1996] 232).

6 "그 여인의 낳은 첫 아들로 그 죽은 형제의 후사를 잇게 하여"란 진술은 그 아이가 법적으로 죽은 자의 아들이고 상속자라는 사실을 의미한다. "세페르 하-힌누크"(Sefer Ha-Ḥinnukh)에 따르면, 수혼으로 낳은 자손은 죽은 남편의 도리상의 자손(biological offspring)으로 생각될 수도 있는데, 왜냐하면 아이의 어머니가 죽은 남편과 결혼했을 때 그녀가 "그의 뼈 중의 뼈요 살 중의 살"(창 2:23)이 되었기 때문이고, 또한 남편의 형제가 역시 부분적으로 그의 형제의 혈육이기 때문이다([1996] 232).

7 그 사람은 개인적, 가족적, 금전적 이유로 인하여 자기 "형제의 아내 취하기를 즐겨하지" 않을 수도 있다. 창세기 38:9에 있는 본문은 단순히 "오난이 그 씨가 자기 것이 되지 않을 줄 알므로 형수에게 들어갔을 때에 형에게 아들을 얻게 아니

하려고 땅에 설정하매"라고 말하고 있다. "그 형제의 이름을 잇는" 것은 한 상속자를 낳게 하는 것을 의미한다(참조. 창 38:8, "네 형을 위하여 씨가 있게 하라").

8-10 이 상징적 행동의 세부 사항들의 의미는 설명되지 않았다. 티개이는 "신을 벗음으로써 재산과 상속권의 포기를 상징적으로 표현했던 고대 게르만인들 가운데 있었던" 동일한 관습을 인용한다([1996] 233). 그 여인은 "그의 발에서 신을 벗기고 그 얼굴에 침을" 뱉는다. 여기서 "그의 얼굴에"로 번역된 베프네이우(בפניו)란 단어의 의미는 모호하다. 어떤 역본은 이것을 "그의 얼굴에"로 번역하고 있으며, 다른 역본들은 이것을 그 남자 앞에 있는 땅바닥에 침을 뱉는 것으로 번역한다. 후자의 번역에 대한 입증은 카마이클의 결론에 나타나 있다: "그 신은 여성의 성기를 나타내고, 발은 남자의 성기를 나타내며, 침은 정액을 나타낸다"(*LNB*, 296). 왜냐하면 오난이 자기 정액을 땅에 쏟았기 때문이다. "신 벗기운 자의 집"이란 이름은 그 형제를 모욕하기 위한 경멸적인 호칭이다.

해설

이 법의 목적은 상속 재산을 따로 간수하고 족보를 별도로 보존하기 위해서이며, 동시에 재산이 다음 상속자에게 넘어갔을 때 빈곤한 과부로 하여금 생계 유지를 하도록 하기 위해서였다. 사두개인들은 부활에 관하여 논쟁을 하면서 예수님에게 자기들의 법을 인용했으나(마 22:23-33), 수혼법은 죽음 너머의 또 다른 세계에서의 관계가 아니라 일찍 죽음으로써 일어난 이 세상에서의 사회적 · 경제적 정의 문제에 관심을 두고 있다.

14. 싸움에의 부당한 개입(25:11-13)

참고문헌

Carmichael, C. M. "Forbidden Mixtures." *VT* 32(1982) 395-415. ______. "On Separating Life and Death: An Explanation of Some Biblical Laws." *HTR* 69(1976) 1-7. **Dahood, M.** "Hebrew-Ugaritic Lexicography I." *Bib* 44(1963) 289-303. **Eslin-**

ger, L. "The Case of an Immodest Lady Wrestler in Deuteronomy xxv 11-12." *VT* 31(1981) 269-81. **Goodfriend, E.** "Could *Keleb* in Deuteronomy 23:19 Actually Refer to Canine?" In *FS J. Milgrom.* 1995. 381-97. **Gordon, C. H.** "A New Akkadian Parallel to Dt 25, 11-12." *JPOS* 15(1935) 29-34. **Kaufman, S. A.** "The Structure of the Deuteronomic Law." *MAARAV* 1.2(1979) 105-58. **Lieberman, S.** *Texts and Studies.* New York: Ktav, 1974. 37-43. **Paul, S. M.** "Biblical Analogues to Middle Assyrian Laws." In *Religion and Law.* 1990. 336-37. **Phillips, A.** *Ancient Israel's Criminal Law.* 1970. 94. **Rendsburg, G.** "Late Biblical Hebrew and the Date of 'P.'" *JANESCU* 12(1980) 65-80, esp. 68. **Roth, E.** "Does the Tora Punish Impudence? A Note to Dt 25, 11s." In *Études Orientales à la memoire de Paul Hirschler.* Ed. O. Komlos. Budapest, 1950. 116-21. **Saggs, H. W. F.** *The Greatness That Was Babylon.* London: Sidgwick & Jackson, 1962. 282. **Tigay, J. H.** "Excursus 24: Improper Intervention in a Fight." In *Deuteronomy.* 1996. 484-86. **Weinfeld, M.** *DDS.* 292-93.

본문과 운율 분석

싸움에의 부당한 개입
[6:6][5]

11 두 사람이 서로 싸울 때에 한 사람의 아내가 그 남편을 그 치는 자의 손에서 구하려 하여 가까이 가서 손을 벌려 그 사람의 음낭을 잡거든
12 너는 그 여인의 손을 찍어 버릴 것이고 네 눈이 그를 불쌍히 보지 말지니라
13 너는 주머니에 같지 않은 저울추 곧 큰 것과 작은 것을 넣지 말 것이며

Improper Intervention in a Fight [6:6] [5]

11 *When men get into a fight together / a man and his brother /* 22 2
and the wife of one / comes near / to rescue her husband / 23 3
from the power of his assailant // 7 1_
And she stretches forth her hand / 10 1
and she seizes him / [a]by his genitals[a] // 12 2
12 *Then you shall cut off\[a] her hand //* 10 1
[b]your eyes[b] / shall show no pity // ◌ 11 2_

13 *You shall not have / in your "pouch" /* 11 2
"two stones" / 7 1
a large one / and a small one // ◌ 11 2_

원문주해

11.a-a. SP에는 MT의 삠부샤이우(במבשיו, "그로 말미암아 부끄러움을 일으키는") 대신에 בבשרו("그의 육체로")로 되어 있다.

12.a. 위치가 잘못된 아트나로 인하여 티프하는 연접사가 됨.

12.b-b. 소수의 히브리어 필사본, 카이로 게니자 단편들, LXX에는 MT의 에네카(עינך,

"너의 눈") 대신에 에네에카(עיניך, "네 눈들")로 되어 있다. *Tg. Ps.-J.*에는 에네에켐(עיניכם, "너희의 눈들")으로 되어 있다. LXX은 에프 아우테(*ἐπ' αὐτῇ*⟨=עליה⟩, "그녀에")를 덧붙인다. 수의 전이는 *Tg. Ps.-J.*와 함께 난해한 독법(lectio difficilior)으로 그대로 유지된다.

양식/구조/배경

운율 분석의 결과로 말미암아, 13절이 이 법과 이 법에 뒤따라오면서 이 법에 속해 있는 정직한 저울추와 되에 관한 법을 연결시키는 운율상의 다리 역할을 하고 있다는 사실이 드러난다. 더 나아가서, 이 구절의 내용은 다른 곳에서 "야누스 평행절"(야누스: 머리 앞뒤에 얼굴이 있는 문의 수호신으로서 앞의 문맥과 함께 읽을 때와 뒤의 문맥과 함께 읽을 때 그 의미가 완전히 달라지는 경우를 일컬음 – 역자주)이라고 불리는 내용의 특색을 나타내고 있는데, 거기서 그 의미가 독자를 한 문맥에서 다른 문맥으로 옮겨가는 것처럼 이동한다.

운율 구조 면에서 신명기 25장 전체의 내용은 다음과 같은 대칭 구조로 정리될 수 있다.

A	태형의 한계와 소의 입에 망을 씌우지 말라는 법(애굽에 있는 요셉)	25:1-4
B	수혼(유다와 다말)	25:5-10
X	싸움에의 부당한 개입(애굽에 있는 요셉)	25:11-13
B′	정직한 저울추와 되(시내에서의 이스라엘)	25:13-16
A′	아말렉 족속의 공격을 기억하라(야웨의 성전)	25:17-19

이 본문에서 위의 구조에 있는 법들의 골격(A, X, A′)과 결합되어 있는 설화 이야기들은 요셉이 자기 형들에 의하여 애굽에 종으로 팔려가는 야웨의 성전에 대한 서사시적 이야기의 "서막"으로부터 13절의 다른 의미의 키쓰(כיס, "주머니")에 대한 언급 – 창세기 40:11-21에서는 바로의 술관원장의 꿈의 설화에서 쿠쓰(כוס, "잔")로 읽힘 – 과 또한 시내 광야에서 야웨와 아말렉 사람들의 첫 번째 성전(25:17-19)으로 옮겨간다. 이 구조의 내부 골격의 초점은 이 특별한 본문 내에서 수혼법(25:5-10)과 정직한 저울추와 되에 관한 법(25:13-16)과 결합되어 있다. 이 법들 가운데 두 번째 법의 이미지가 출애굽기 14-18장에서 애굽에서 시내 산으로 이스라엘 백성들이 출애굽해 나오는 과정에서 하나님이 자기 백성들을 위하여 공급하시는 사건을 생각나게 하므로(유월절기에서 기념됨), 매년 칠칠절에 자기 백성을

위한(지금은 모압을 포함하는 데까지 확대됨) 하나님의 공급하심을 조사하도록 신명기 25:5-10에 있는 수혼에 관한 법을 통하여 룻에 관한 아름다운 이야기가 결국에는 어떻게 형성되었는지를 파악하기는 어렵지 않다. 룻의 이야기에 들어 있는 암시적 차원에서 "야웨의 총회"에 대적 국가의 국민이 들어간 사실은 초막절기(수코트)에 열국들이 예루살렘으로 들어오는 종말론적 총회를 예고해 주고 있다. 야웨의 성전에 관한 이야기는 절기 달력 가운데 있는 세 개의 중요한 순간들을 통과하여 움직여 나아간다: 즉 무교절기와 유월절(애굽의 노예 상태로부터의 출애굽; 25:1-4)로부터 칠칠절로(25:5-10과 룻기), 그리고 초막절기(종말론적 기대의 방식으로, 그때 열방은 다윗 성 예루살렘에서 이스라엘과 함께 모인다)로 나아간다.

25:11-13의 경계들은 세투마 구획 표시들(12절과 13절 뒤)과 12절에 있는 수의 전이로 표시되어 있는데, 이것은 12b절의 *Tg. Pseudo-Jonathan*에 근거하여 회복되었다. 구조의 또 다른 구획 암시는 12절 초두에 있는 2인칭 단수 동사 형태의 출현인데, 이것은 25:4(소의 입에 망을 씌우지 말라는 법) 이후에는 나타나지 않는다. 운율 분석은 13절이 11-12절에 속해 있다는 사실을 암시하고 있기는 하지만, 이는 또한 뒤따라오는 정직한 저울추와 되에 관한 법의 필수 부분이기도 하다(13-16절).

13절을 야누스 평행절의 한 실례로 해석하는 것이 가장 좋을 듯하다: 이 구절은 뒤따라오는 내용과 함께 읽을 때와 그 앞서 있는 내용과 함께 읽을 때 다른 뜻을 가지게 된다(오경 내의 다른 곳에서 나타나는 이러한 현상의 실례에 관해서는 D. L. Christensen, "Janus Parallelism in Gen. 6:3," *HS* 27[1986] 20-24를 보라). 11-12절과 함께 읽을 때 "그 초"는 11절에 있는 그 진술, 즉 굿프랜드가 주장하는 바와 같이 "그녀가 그 남자의 성기를 붙잡는다"(Goodfriend, *FS J. Milgrom*[1995] 394)와 평행이 되는 그 남자의 음낭(tests)이 된다. 14-15절과 함께 읽을 때, 그 의미는 14절에 있는 두 종류의 되와 평행이 되어 "돌"은 저울추가 된다. 두 단락을 연결하는 교량으로서의 기능을 하면서 두 구절에 속하는 구절의 현상에 관해서는 23:1과 24:5을 보라.

11-12절과 13절을 나란히 병치시키는 여러 가지 다른 이유들이 제시되어 왔다. 굿프랜드는 자신(여성)의 제자들 중 하나 곧 "묘사된 두 가지 상황의 공통된 특징은 상처받은 두 편, 즉 남자의 동료의 아내가 놀라서 잡은, 싸우고 있는 사람과 불의한 저울추를 가지고 상거래를 하는 사람이 당한 불공평한 일이다"고 주장한 섀넌 고든(Shannon Gordon)의 말을 인용한다. 야곱 벤 아세르의 주석 바알 하-투림(*Baʿal ha-Ṭurim*)에 있는 야곱의 주장에 대한 굿프랜드의 논의는 눈여겨볼 가치가 있

다. "그는 사람이 다른 사람의 벌거벗은 모습을 보지 않아야 한다는 것과, 다른 한 편으로는 사람이 돈 즉 다른 사람의 주머니 안에 있는 내용물에 지나치게 관심을 가져서는 안 된다는 교훈들을 이끌어낸다. 그는 또한 이 법들을 함께 둔 것은 돈의 보상(주머니와 저울추에 대한 언급으로부터 유추한)과 훼손하지 않음이 12절의 의도라는 랍비들의 입장에 대한 증거를 제공해 준다고 주장한다"(Goodfriend, *FS J. Milgrom*[1995] 394 n. 58). 카우프만(Kaufman, *MAARAV* 1.2[1979] 142-43)은 11-12절에 있는 법이 이웃의 아내를 탐내지 말라는 제10계명의 첫 부분(5:21a)과 관계가 있고, 반면에 13절은 이웃의 재산을 탐내지 말라는 제10계명의 두 번째 부분(5:21b)과 관계가 있다고 주장한다.

25:11-13에 있는 싸움에의 부적절한 개입에 관한 법은 다음과 같이 정리될 수 있다.

A	두 형제가 싸우고 있는데 여자가 접근하여	25:11a
B	그들 중 한 남자의 아내가 자기 남편을 구하려고 가까이 가서	25:11b
X	그리고 그녀가 그 사람의 음낭을 잡거든	25:11c
B′	너는 그 여인의 손을 찍어 버리고 네 눈이 그를 불쌍히 보지 말지니라	25:12
A′	너는 주머니에 같지 않은 저울추를 가지지 말라	25:13

여기서 다루고 있는 문제는 싸움 중에 있는 남편을 도우려고 온 여자가 상대방 남자의 성기를 잡는 특별한 행동이다(11c절). 외부 골격은 두 형제가 싸움을 하게 된 시초(11a절)로부터 옮겨가서 "주머니 속에 있는 두 돌"에 관한 이중적인 의미로 결론짓고 있다(13절). 이 수치스러운 행동으로 인하여 이 여인은 그 손이 찍히는 신체상의 형벌을 당해야 한다(12a절). 이러한 형벌의 혹독성으로 말미암아 카마이클의 주장과 같이 상징적 해석을 하게 된다(Carmichael, *LNB*[1985] 297-99). 우리가 창세기 37-50장에서 요셉과 유다 이야기로부터 출애굽기 17:8-15에 기록된 모세 당시 애굽에서 시내 산으로의 여정에서 있었던 이스라엘의 경험 이야기와 아말렉과의 전쟁(신 25:17-19에 있는 법을 통하여 아말렉 사람들을 미워하도록 형성되었다)으로 옮겨가듯, 이미지상의 놀랄 만한 변화 역시 이 법과 결합된 설화 가운데서 하나의 상응하는 변화를 표시하고 있다.

25:11-13의 법은 유다와 다말의 에피소드라는 창세기 38장에 있는 구체적인 설화를 이루도록 하기 위하여 사용되었다. "그녀의 행동 양식을 보면 그녀가 유다를 성적으로 유혹하려고 좇아갔다는 사실을 알게 된다. 노골적으로 말해서, 그녀는 유

다의 성기를 좇아간 것이다"(Carmichael, *LNB*, 299). 이 법에 있는 형벌의 혹독성은 유다의 지시에 드러나 있다: "그를 끌어내어 불사르라"(창 38:24). 신명기 25:11-13의 법에서 이 지점에 나타나 있는 세투마 구획 표시와 수의 전이는 하나의 이접적 기능을 하고 있는데, 이것은 우리가 창세기 38장에서 39-44장으로 옮겨가는 바와 같이 창세기의 설화의 움직임을 비추어 주고 있다.

신명기 25:13과 창세기 42:25-35과 44:1-13에 있는 상응하는 설화와의 관계는 요셉이 두 번이나 자기 형들의 돈을 돌려보내고, 베냐민의 "자루"(אמתחת)에는 자기의 은잔을 두었던 곡식 자루(שׂקו – 사코, "그의 자루": 창 42:25, 27, 35)에 관한 이야기를 통하여 드러난다(Carmichael, *LNB*, 299-303). 신명기 25:13의 법에 있는 주머니를 표현하는 단어는 키쓰(כיס)인데, 이것은 오경의 다른 곳에서는 어디에도 나타나지 않는다. 창세기 42:25-35에서 네 번이나 나타나고, 또한 37:34에서 요셉의 형들이 요셉을 종으로 팔아먹은 뒤에 그가 사라졌다고 보고했을 때 야곱이 요셉의 죽음을 슬퍼하면서 입었던 베옷을 언급하면서 나타난다. 신명기 25:13에 있는 법의 "주머니"에 해당하는, 창세기 설화에 나타나 있는 단어들이 정확하게 사용된 것으로 보인다. 키쓰(כיס)와 소크(שׂק)에 사용된 자음들 간에 하나의 명백한 관계가 교차적 형태로 의도되어 있다: שׂ ק // כ ם. 더 나아가서 창세기 42:27-28에 두 번 나타나고 창세기 44:1-12에 일곱 번 나타나지만, 히브리 성경의 다른 곳에서는 한 번도 나타나지 않은 암타하트(אמתחת, "자루")란 단어가 분포되어 나타난 사실을 보게 되는 것은 흥미로운 일이다. 44:1-12에 있는 암타하트(אמתחת, "자루")란 단어의 일곱 번의 분포가 다음과 같이 나타난다.

A "그들의 자루에 채우라" אמתחת האנשים 창 44:1
B "각 자루에 돈" + "베냐민의 자루에 내 잔을" אמתחת + אמתחתו 44:1-2
X "우리 자루에 있던 돈" אמתחתינו 44:8
B′ "각각 자루를 푸니" / "각 자루에 있는 돈" אמתחתו / אמתחתו 44:11
A′ 잔이 베냐민의 자루에서 발견된지라" באמתחת בנימן 44:12

외부 골격은 "양식을 각인의 자루에 채우라"(1절)는 요셉의 말로부터 요셉의 "잔이 베냐민의 자루에서 발견"(12절)되는 수탐으로 옮겨간다. 그 중심부에는 애굽에서 양식을 사기 위하여 처음으로 여행하는 것을 언급하면서 1인칭 복수형 어미가 사용되고 있다(8절). 내부 골격은 암타하트(אמתחת, "자루")란 단어가 네 번 출현하는데, 그 중에서 세 번은 3인칭 단수형 어미를 가지고 있고, 네 번째 문구 베암타하트 하콰톤(באמתחת הקטן)은 "가장 작은 자" 베냐민을 가리킨다. 신명기 25:13에 있는 법의 마지막 단어가 우크탄나(וקטנה, "그리고 작은")임을 유념해야 할 것이다.

25:11-13에서 신명 수 사용에 관하여 라부샤뉴가 수집한 증거는 25:5-13이라는 보다 큰 문학적 구조 내에서 파악되어야 할 텐데, 이는 다음과 같이 정리될 수 있다.

단어	아트나 앞		아트나 뒤		
25:5-10	53	+	45	=	98
25:11-12	17	+	7	=	24
25:11-13	23	+	9	=	32
25:5-13	76	+	54	=	130 (=5×26)
25:5-12	70	+	52 (=2×26)	=	122
25:9-12	31	+	21	=	52 (=2×26)

11-12절에 나오는 남편을 보호하려고 여인이 싸움에 무모하게 개입하는 일에 관한 법에서는 아트나 앞에 17개의 단어가 있다. 이 구절들이 "주머니"에 들어 있는 "두 돌"(13절)에 관한 구절과 결합될 때, 11-13절은 전체가 32개의 단어이고 아트나 앞에 있는 단어는 23개인데, 이 숫자는 카보드(כבוד, "영광")란 단어가 변형된 두 가지 숫자들이다. 그리고 5-13절에 있는 단어들의 총 숫자는 130(=5×26)개에 이른다. 더 나아가서 신명 수 26은 11-12절이 앞의 수혼에 관한 법(25:5-10)과 결합될 때 두 개의 부가적 방식으로 본문 속에 짜여져 있다: 5-12절에서 아트나 앞에 52(=2×26)개의 단어가 있고, 9-12절에는 총 52(=2×26)개의 단어가 있다.

주석

11-12 싸움에의 부당한 개입에 관한 법이 남자들끼리 싸움으로 인하여 야기된 상처들을 취급하고 있기도 한 출애굽기 21:18-19, 22-25의 법을 보완하고 있기는 하지만, 실질적인 평행을 이루고 있지는 않다. 중기 앗수르 법(Middle Assyrian Law, *ANET*, 181, a § 8, Tigay[1996] 485에 인용됨)이 자주 이 법과 동일한 것으로 인용되고 있기는 하지만, 신명기에 있는 중요한 요인이 이 법을 유일한 것으로 만

든다. 앗수르 법은 여인이 남자의 고환을 잡아서 상하게 하는 대소동에 대해서 말하고 있다. 성경의 기사에서 싸움이 두 형제 간에 일어나고, 그들 중 한 사람은 그 여인의 남편이다. 그 여인은 가해자로부터 자기 남편을 구하기 위하여 그 남자의 성기를 붙잡는다. 더 나아가서 그 여인이 가한 또 다른 상처가 언급되어 있지 않다. 와인펠트는 고든이 동일한 본문으로 제시한, 누지에서 나온 두 번째 본문(C. H. Gordon, *JPOS* 15[1935] 29-34)이 어떤 결론을 이끌어 낼 만큼 충분히 명확하지 않다고 주장한다(Weinfeld, *DDS*, 293).

"한 남자와 그의 형제"란 표현은 이 싸우고 있는 양자가 이스라엘 사람이라는 사실을 암시한다. 그들 중 한 사람의 아내가 상대편의 빔부샤이우(במבשׁיו, "그의 생식기로", 직역하면 "수치심을 유발하는 것으로")를 잡음으로써 "자기 남편을 구출하려고" 한다. "너는 그 여인의 손을 찍어 버리라"는 형벌은 구약성경에서 하나의 형벌로서, 수족을 절단하라는 명령은 동등처벌법을 떠나 잔인하고도 유래가 없는 일이다. 동등처벌법의 원리가 여기서 상징적인 의미로 그 역할을 하고 있을 수도 있는데, 그 이유는 야드(יד, "손")라는 단어가 이사야 57:8(그리고 아 5:4과 같은 다른 본문; M. Pope, *Song of Songs*[1977] 523; 1QS 7:13; *CTA* 23. 33-35, 46-47를 보라)에 있는 남자의 성기에 대한 완곡어로 사용되어 온 것으로 보이기 때문이다. "이 특별한 결의론적 법 자체는 동등처벌법이 문자 그대로 적용될 수 없을 때 어떻게 해석되는지에 대한 하나의 실례로서 의도되었을 수 있다"(Craigie[1976] 316). 이 특별한 범죄의 성격과 그 형벌의 잔인성은 전통적인 유대인의 사회에서 "손을 찍어 버리라"를 추정된 벌금의 액수, 말하자면 여인의 손의 가치를 의미하는 것으로 해석함으로써 그 형벌을 완화시키는 방향으로 이끌어 갔다(Tigay[1996] 234). 손을 자르는 일은 사우디아라비아와 다른 아랍 세계에서 어떤 범죄들에 대한 통상적인 형벌로 남아 있다.

13 에벤 와아벤(אבן ואבן)이란 문구는 "두 돌들"로 읽혀지는데, 그 중 하나는 다른 것보다 더 크며 이는 남자의 고환에 대한 묘사다(Goodfriend, *FS J. Milgrom*, 394). 그러나 청중이 시적으로 완전한 평행이 되는 14절의 내용을 들을 때, 그 이미지는 신속하게 두 종류의 저울추와 되를 가진 상거래 윤리의 내용으로 바뀐다.

해설

패역한 아들의 법(21:18-21)과 혼전 순결에 관한 법(22:20-21)처럼, 싸움에 부당하게 개입하는 것에 관한 법이 언제나 강행되었는지는 증거가 없다. 또다시 우리는 여기서 그 의도가 일차적으로 교육적인 데 있었을 것으로 보지만, 그럼에도 불구하고 특별한 행동을 하도록 공포를 주려는 경고보다는 창세기에 있는 연관된 설화 자료의 본문과 관련하여 상징적인 의미가 있는 것으로 보인다. 이 점에서 이 법 자체와 두 저울추 즉 하나는 크고 하나는 작은 돌을 가진 "주머니"에 관한 13절 간에는 긴밀한 관계가 있다고 생각하고 설명할 가치가 있다.

고대 이스라엘의 절기라는 상황 속에서 야웨의 성전에 대해 말하고 있는 좀더 큰 문맥 내에서 이해할 때, 싸움에 부당하게 개입하는 것에 관한 법은 한층 깊은 의미를 가진다. 만일 이스라엘이 아내로 취급되고, 그녀의 남편(야웨)은 영적 전쟁이라는 영역에서 대적과 사투를 벌이고 있는 것으로 나타난다면 하나의 중요한 교훈이 드러난다. 야웨는 그 전쟁에서 우리의 도움을 필요로 하지 않으신다. 더 나아가서 그 전쟁에 개입하려고 우리 편에서 고집하는 것은 우리가 영구히 불구가 되는 커다란 고통과 수난으로 우리에게 나타날 것이다. 전쟁은 야웨께 속해 있다. 그리고 우리는 그분을 신뢰하는 법을 배워야 하고, 그 거대한 투쟁의 직접적 과정이 우리 자신의 이익과 반대되는 방향으로 나아가는 것처럼 보이는 때에라도 그 투쟁의 관망자로 남아 있어야 할 것이다.

15. 정직한 저울추와 되(25:13-16)

참고문헌

Aharoni, Y. "A 40-Shekel Weight with a Hieratic Numeral." *BASOR* 201(1971) 35-36. ______. "The Use of Hieratic Numerals in Hebrew Ostraca and the Shekel Weights." *BASOR* 184(1966) 13-19. **Briend, J.** "Bible et archéologie." *MDB* 75(1992) 38, fig. 34. **Cazelles, H.** "De l'idéologie royale." In *FS T. H. Gaster.* 1973. 59-73, esp. 63. **Dahood, M.** "Hebrew-Ugaritic Lexicography I." *Bib* 44(1963) 289-303, esp. 291. **Diringer, D.** "The Early Hebrew Weights Found at Lachish." *PEQ*(1942-43) 85-86. ______. "Weights." In *DOTT.* 227-30. **Goodfriend, E. A.** "Could *Keleb* in

Deuteronomy 23:19 Actually Refer to a Canine?" In *FS J. Milgrom.* 1995. 394-95. **Kerkhof, V. I.** "An Inscribed Weight from Shechem." *BASOR* 184(1966) 20-21. **Petrie, W. M. F.** "Balance." In *Dictionary of the Bible.* Ed. J. Hastings. 5 vols. New York: Scribner, 1902-4. 1:234. **Pilcher, E. J.** "Hebrew Weights in the Book of Samuel." *PEQ* 48(1916) 77-85. ______. "Weights of Ancient Palestine." *PEQ* 44 (1912) 178-95. **Powell, M. A.** "Weights and Measures." *ABD* 6:897-908. **Pritchard, J. B.** "Inscribed Weight." In *Hebrew Inscriptions and Stamps from Gibeon.* Philadelphia: University Museum, University of Pennsylvania, 1959. 29-30. **Rendsburg, G.** "Late Biblical Hebrew and the Date of 'P.'" *JANESCU* 12(1980) 65-80(68). **Scott, R. B. Y.** "The NṢP Weights from Judah." *BASOR* 200(1970) 62-66. ______. "The Scale Weights from Ophel." *PEQ* 97(1965) 128-39. ______. "Weights and Measures in the Bible." *BA* 22(1959) 22-40. **Sellers, O. R.** "Balances." *IDB* 1:342-43. **Spaer, A.** "A Group of Iron Age Stone Weights." *IEJ* 32(1982) 251. **Stern, E.** "Weights and Measures." *EncJud* 16:376-88. **Vaux, R. de.** *Ancient Israel.* 1961. 199. **Wambacq, B. N.** "De Mensuris in S. Scriptura." *VD* 32(1954) 266-74, 325-34. ______. "De Ponderibus in S. Scriptura." *VD* 29(1951) 341-50.

본문과 운율 분석

정직한 저울추와 되 [(5:5):5:(5:5)]	**Honest Weights and Measures** [(5:5):5:(5:5)]		
13 너는 주머니에 같지 않은 저울추 곧 큰 것과 작은 것을 넣지 말 것이며	**13** *You shall not have / in your bag / two kinds of weights //*	18	3
	larger / and smaller // ס	11	2_
14 네 집에 같지 않은 되 곧 큰 것과 작은 것을 두지 말 것이요	**14** *You shall not have / in your house / two kinds of measures //*	20	3
	larger / and smaller //	11	2_
15 오직 십분 공정한 저울추를 두며 십분 공정한 되를 둘 것이라 그리하면 네 하나님 여호와께서 네게 주시는 땅에서 네 날이 장구하리라	**15** *A full and honest weight / you shall keep /*	15	2
	a full / and honest measure / you shall keep //	17	3_
	In order that your days may be long /	14	1
	in / the land / that YHWH your God /	19	3
	is giving you //	6	1
16 무릇 이같이 하는 자, 무릇 부정당히 행하는 자는 네 하나님 여호와께 가증하니라	**16** *For an abomination / to YHWH [a]your God[a] /*	15	2
	is anyone doing these things //	8	1
	anyone / doing injustice // ס	9	2_

원문주해

16.a-a. 엘로헤카(אלהיך, "너의 하나님")란 단어는 몇몇 히브리어 필사본과 카이로 게니자 단편들, OL 본문들의 이 곳에서 빠져 있다.

양식/구조/배경

정직한 저울추와 되(25:13-16)에 관한 법은 인도주의와 사회 윤리에 관한 법의 다섯 부분으로 이루어진 두 개의 그룹(24:6-16과 25:1-16) 가운데 두 번째 그룹을 완성하고 있다. 위의 논의에서 개진한 바와 같이, 신명기 24-25장의 법들은 간단히 다섯 부분으로 된 대칭 구조로 정리될 수 있다.

A	뼈대: 결혼과 전쟁에 관한 법	24:1-5
B	인도주의적 관심과 사회 윤리에 관한 법, 1부	24:6-16
X	객과 고아와 과부 보호에 관한 법 요약	24:17-22
B′	인도주의적 관심과 사회 윤리에 관한 법, 2부	25:1-16
A′	뼈대: 야웨의 성전에 관한 법(아말렉의 공격)	25:17-19

이 구조 가운데서 인도주의적 관심과 사회 윤리에 관한 법의 두 번째 그룹(25:1-16)에 대해서는 위의 신명기 25:1-4의 "양식/구조/배경"에서 정리한 바 있다.

신명기 25:13-16에 있는 법은 최소한 본문의 명확한 의미 면에서 볼 때 상거래 윤리에 초점을 맞추고 있다. 동시에 이 법으로 말미암아 형성된 출애굽기 16장에 있는 설화는 성격상 전통적인 것으로서, 홍해를 건넌 사건(출 14-15장)으로부터 애굽의 종살이에서 벗어나 시내 산으로 가는 노정과 그 곳에서 십계명을 받는 사건(출 19-20장)까지 움직여 가는 이스라엘 백성에게 그 초점을 맞추고 있다.

정직한 저울추와 되에 관한 법(25:13-16)은 13절과 16절 다음에 나오는 세투마 구획 표시라는 방식을 통하여 두 부분으로 나누어지는데, 이러한 상황은 내용과 어울리지 않는다. 그 이유는 13절과 14절이 시적 관점에서 볼 때 완전한 평행을 이루고 있기 때문이다. 더 나아가서 운율 분석은 24:19-20에서 7:4:7 강조 악센트와 어느 정도 같은 비정상적 패턴을 드러내고 있는데, 거기서 25:13-16에 있는 법은 두 버금 단위 사이에 교량 역할을 하고 있는 15a절과 함께 (5:5):5:(5:5) 운각으로 나누어질 수도 있다. 그러나 이것은 주로 의미심장한 구조적 단절을 암시하는, 13절 뒤에 있는 세투마 구획 표시를 무시할 필요가 있을 것이다.

필자가 싸움에 부당하게 개입하는 것에 관한 법(25:11-13)에 대한 논의 가운데서 말한 바와 같이, 13절은 앞의 구절과 뒤따라오는 구절 모두에 속한다. 더 나아가서 11-13절과 14-16절이 동일한 운율 구조로 읽혀질 때, 전체 운의 숫자는 각각 124와 128이다. 다시 말해서 25:11-16은 두 개의 구조적인 동일 단위로 세심하게 정리되어 있는데, 이것은 운율적 관점에서 볼 때 길이 면에서 실질적으로 동일하다. 동시에 13절은 분명히 뒤따라오는 내용에 속해 있고, 13-15a절은 운의 숫자(29+31+32)와 내용 면에서 세 개의 동일한 단위로 나누어질 수 있다. 간단히 말해서 25:13은 두 법을 연결하는 운율의 가교이며, 23:1과 24:5과 같이 그것들 모두에 속해 있다.

신명기 25:13-16에 있는 법이 대칭적 형태로 정리될 때, 우리는 이 법과 설화 간의 관계를 좀더 명확하게 볼 수 있다.

A 너는 너의 주머니에 두 종류의 저울추를 가지지 말라 25:13
B 너는 네 집에 두 종류의 되를 가지지 말라 25:14
X 너는 정직한 저울추와 되를 가져라(איפה שלמה וצדק) 25:15a
B′ 네 날이 장구하도록 하기 위하여 25:15b
A′ 정당하지 못하게 행하는 자는 네 하나님 여호와께 가증하니라 25:16

이 구조에서 외부 골격은 13절에 있는 "너의 자루에 두 종류의 저울추" 문제를 "정당하지 못하게 행하는 자"(כל עשׂה עול – 콜 오세 아웰, 16절)와 대비시키고 있다. 내부 골격은 확장된 시적 구절의 형태로 되어 있다: 너는 두 종류의 되는 간수하지 말아야 할 것이다(14절), 만일 네가 너의 날이 땅에서 장구하기를 원한다면(15b절). 위의 구조의 중심부(15a절)에는 시적 평행구로 되어 있는 요약적 진술이 있다.

한 완전하고 정직한 "저울추"(אבן – 에벤)를 너는 간직할 것이니라.
한 완전하고 정직한 "되"(איפה – 에파)를 너는 간수할 것이니라.

카마이클은 이 이행 연구가 하나님께서 신비로운 만나 형태로 광야에서 살아갈 양식을 준비해 주셨던 출애굽기 16장의 설화와 관련되어 있다고 주장했다(*LNB*, 302). 에파(איפה, "에바")란 단어가 열쇠를 제공하는데, 그 이유는 만나 설화가 다음과 같은 진술로 끝나고 있기 때문이다: "오멜은 에바 십분의 일이더라"(출 16:36). 이 이야기에서는 되가 진실한 것이든 그렇지 않든 상관이 없었다: "이스라엘 자손이 그같이 하였더니 그 거둔 것이 많기도 하고 적기도 하나"(출 16:17). 하나님께서는 백성들이 "한 완전하고도 정직한 되", 즉 에바(איפה, 16:36)의 십분의 일인 오멜(עמר)을 간수했다는 사실을 보셨기 때문이다.

신명기 25:1-19의 좀더 큰 문학적 문맥 가운데서 신명기 25:13-16에 있는 신명수의 사용에 관하여 라부샤뉴가 수집한 증거는 다음과 같이 요약될 수 있다.

단어	아트나 앞		아트나 뒤		
25:1-4	22	+	23	=	45
25:5-6	26	+	11	=	37
25:7-10	27	+	34 (=2×17)	=	61
25:11-19	85 (=5×17)	+	32	=	117
25:1-19	160	+	100	=	260 (=10×26)
25:11-12	17	+	7	=	24
25:13-16	29	+	17	=	46 (=2×23)
25:11-16	46 (=2×23)	+	24	=	70
25:13-19	68 (=4×17)	+	25	=	93

25:13-16(정직한 저울추와 되에 관한 법)에는 아트나 뒤에 17개의 단어가 있으며, 전체 단어의 숫자는 46(=2×23)인데, 이 숫자는 고대 서기관들이 숫자 구성을 야웨(יהוה=17 혹은 26)의 "영광"(כבוד – 카보드)에다 맞추었음을 시사한다. 아트나 앞에 17개의 단어를 가지고 있는, 싸움에 부당한 개입에 관한 법이 결합되었다. 25:11-16에는 아트나 앞에 46(=2×23)개의 단어가 있다. 25:17-19에 있는 "아말렉 사람들을 미워할 것"을 기억하라는 결론적 문장은 아트나 앞에 68(=4×17)개의 단어를 가지고 있는 더 큰 문학적 단위에 붙이기 위하여 정직한 저울추와 되에 관한 법(13-16절)에 덧붙여져 있다. 이 법들은 총 260(10×26)개의 단어를 가지고 있는 그보다 더 큰 문학적 단위인 25:1-19에 통합되었는데, 이 260은 11:26-25:19에 있는 십계명에 관한 문학적 확장의 결론적 단락에 어울리는 숫자다.

주석

13 25:11-13에 관한 "주석"을 보라. 저울추와 되에 관한 동일한 법규에 대해서는 레위기 19:35-37과 "아멘엠오페의 교훈"의 제16장(*ANET*, 423)을 보라. 메소포

타미아에서 있었던 동일한 법에 관해서는 H. W. F. Saggs, *The Greatness That Was Babylon*(New York: Praeger, 1969) 282(Craigie[1976] 316 n. 16에서 인용됨)를 보라.

14-16 "두 종류의 되"라는 문구는 히브리어 에파 웨에파(איפה ואיפה)를 해석한 문구다. 에바(איפה)는 곡식을 담기 위하여 만들어진 그릇의 용량을 나타내는 단위다. 15a절의 각 평행절의 초두에 "완전하고도 정직한 저울추와 되"라는 문구가 위치해 있는 것은 강조를 위한 것이다. "네 하나님 여호와께서 네게 주시는 땅에서 네 날이 장구하리라"는 동기절은 5:16b에 있는 십계명의 중심부에 있는 동기절과 본질적으로 같다. 장수는 하나님께서 자신의 계명에 순종하는 사람에게 수여하신 상급이다. "무릇 이같이 하는 자, 무릇 정당하지 못하게 행하는 자는 네 하나님 여호와께 가증하니라"는 진술은 신명기의 시민법과 형법(12:1-25:16)을 결론짓는 말씀이다. 성전(Holy War) 문제에 관한 간략한 여담이 뒤따라오면서, 관심은 이제 정당한 예배라는 주제로 돌아간다(25:17-19).

해설

정직한 저울추와 되에 관한 법(25:13-16)은 신명기 12-25장에 있는 시민법 문제를 취급하는 마지막 법이며, 레위기 19:35-36에 있는 동일한 법은 그와 같은 방식으로 레위기 19장에 있는 성결법에 대한 결론적 기능을 하고 있다. 아모스 역시 "에바를 작게 하여 세겔을 크게 하며 거짓 저울로 속이는" 사람들을 꾸짖었다(암 8:5; 또한 참조. 미 6:11; 호 12:7; 잠 11:1; 16:11; 20:10, 23). 예수께서는 성품의 보증으로서 진실을 말할 때 정직을 강조하면서 이와 같은 말씀을 하셨다: "오직 너희 말은 옳다 옳다, 아니라 아니라 하라 이에서 지나는 것은 악으로 좇아 나느니라"(마 5:37).

이 법의 배후에 있는 동기는 투명이다. 정의와 공평은 하나님의 축복으로 이끈다. 즉 "그리하면 네 하나님 여호와께서 네게 주시는 땅에서 네 날이 장구하리라"(15절)는 것이다. 그 반대로 우리 편에서 행하는 속이는 행동은 "네 하나님 여호와께 가증한"(16절) 것이며, 따라서 하나님의 저주를 받게 된다.

16. 아말렉 족속을 기억하라(25:17-19)

참고문헌

Abramsky, S. "Amalekites." *EncJud* 2:787-91. **Braulik, G.** "Some Remarks on the Deuteronomistic Conception of Freedom and Peace." In *The Theology of Deuteronomy.* Tr. U. Lindblad. N. Richland Hills, TX: BIBAL Press, 1994. 87-98. **Brueggemann, W.** "Weariness, Exile and Chaos(A Motif in Royal Theology)." *CBQ* 34(1972) 19-38(22). **Carmichael, C. M.** "A New View of the Origin of the Deuteronomic Credo." *VT* 19(1969) 273-89(278). **Christensen, D. L.** *Prophecy and War in Ancient Israel.* Berkeley: BIBAL Press, 1989. **Coats, G. W.** "Moses Versus Amalek: Aetiology and Legend in Exodus 17:8-16." In *Congress Volume, Edinburgh 1974.* VTSup 28. Leiden: Brill, 1975. 29-41. **Dahan, G.** "Les interprétations juives dans les commentaires du Pentateuque de Pierre le Chantre." In *FS B. Smalley.* 1985. 131-55. **Foresti, F.** *The Rejection of Saul in the Perspective of the Deuteronomistic School: A Study of 1 Sam 15 and Related Texts.* Studia Theologica-Teresianum 5. Rome: Edizioni del Teresianum, 1984. **Grønbaek, J. H.** "Juda und Amalek: Überlieferungsgeschichtliche Erwägungen zu Exodus 17, 8-16." *ST* 18(1964) 26-45, esp. 40- 42. **Hostetter, E. C.** *Nations Mightier and More Numerous: The Biblical View of Palestine's Pre-Israelite Peoples.* BIBAL Diss. Series 3. N. Richland Hills, TX: BIBAL Press, 1995. 85-89. **L'Hour, J.** "Les interdits *To'eba* dans le Deutéronome." *RB* 71(1964) 481-503, esp. 499. **Robinson, B. P.** "Israel and Amalek: The Context of Exodus 17.8-16." *JSOT* 32(1985) 15-22. **Roth, W.** "The Deuteronomic Rest Theology: A Redaction-Critical Study." *BR* 21(1976) 5-14. **Sarna, N.** "The Battle with the Amalekites." In *Exploring Exodus: The Heritage of Biblical Israel.* New York: Schocken, 1986. 120-26. **Schuil, A.** *Amalek: Onderzoek naar oorsprong en ontwikkeling van Amaleks rol in het Oude Testament.* Zoetermeer: Uitgeverij Boekencentrum, 1997. **Stern, P. D.** "A Window on Ancient Israel's Religious Experience: The *Ḥerem* Re-investigated and Re-interpreted." Ph.D. diss., New York Univ., 1989. 102-3. **Waldman, N. M.** "The Sin of Amalek in Bible and Midrash." *DD* 11(1982-83) 77-81. **Weinfeld, M.** "The Fear of God." In *DDS.* 274-81, esp. 274-75.

본문과 운율 분석

아말렉 족속을 기억하라
[(8:6):(6:8)]

17 너희가 애굽에서 나오는
길에 아말렉이 네게 행한 일
을 기억하라
18 곧 그들이 하나님을 두려
워하지 아니하고 너를 길에서
만나 너의 피곤함을 타서 네
뒤에 떨어진 약한 자들을 쳤
느니라
19 그러므로 네 하나님 여호
와께서 네게 주어 기업으로 얻
게 하시는 땅에서 네 하나님 여
호와께서 너로 사면에 있는 모
든 대적을 벗어나게 하시고 네
게 안식을 주실 때에 너는 아말
렉의 이름을 천하에서 도말할
지니라 너는 잊지 말지니라

Remember to Hate the Amalekites [(8:6):(6:8)]

17	*Remember / what / Amalek / did to you //*	18	4
	on the way / when you[a] went forth from Egypt //	13	2
18	how he encountered *you / on the way /*	9	2_
	And he smote the hindmost of you /	7	1
	all the stragglers behind you /	13	1
	And you / were famished and weary //	14	2
	and he did not fear / God[a] *//*	12	2_
19	*And it shall be / when YHWH your God grants rest /*	20	2
	to you / from all your enemies / round about / in the land /	20	4_
	That YHWH your God /	11	1
	is giving to you as an inheritance / to possess it /	14	2
	You shall blot out / the remembrance of Amalek /	12	2
	from under[a] *heaven // you shall not / forget //* ס	13	3_

원문주해

17.a. LXX[-L]과 Vg에는 2인칭 단수로 되어 있다. 여기서 수의 전이를 사용하고 있는 점을 유의하라. 이는 이문(異文)을 설명하는 데 도움이 된다.

18.a. Syr은 엘로헤카(אלהיך, "너의 하나님")를 덧붙인다. LXX[A]에는 MT의 엘로힘(אלהים, "하나님") 대신에 톤 퀴리온(*τὸν κύριον*[=יהוה])으로 되어 있다.

19.a. 위치가 잘못된 아트나로 인하여 티프하는 연접사가 됨.

양식/구조/배경

성경 전승에서 출애굽기 17:8-15의 아말렉 사람들과의 전쟁은 고대 이스라엘에서 정경 과정 전체를 통하여 있었던 적대감의 시작을 의미한다. 아말렉과의 전쟁의 주도권은 "하나는 이편에서, 하나는 저편에서 모세의 손을 붙들어 올렸더니 그 손이 해가 지도록 내려오지 아니했던"(출 17:12) 아론과 훌이 함께 받쳐든 모세의 손에 의하여 나타나는데, 그 이유는 그의 손이 내려오지 않고 펴져 있는 동안 이스라엘이 아말렉 사람들을 이겼기 때문이다. 이 이야기는 고대 전쟁 시(詩)의 단편을 포함하고 있는데, 그것은 다음과 같이 재구성되어 있다(Christensen, *Prophecy and War*, 48를 보라).

> 그 손은 야웨의 깃발이기 때문이로다.
> 전쟁은 야웨께 속하여 있도다.
> 아말렉으로 더불어 대대로 싸우리로다(출 17:16).

신적 용사께서 애굽 땅으로부터 가나안 땅에 있는 그들의 가정에 이르기까지 자기 백성을 이끌어 오셨을 때, 아말렉과의 충돌은 야웨의 성전 기사의 출발점이었다.

사무엘 선지자가 사울 왕을 왕으로서 거절한 사실은 "아말렉 사람의 왕 아각을 사로잡고 칼날로 그 모든 백성을 진멸하였을"(삼상 15:8) 때, 그가 아말렉과의 전쟁을 야웨의 성전의 관점에서 바라보지 못하여 신명기 25:17-19의 법을 어겼던 사실과 연결되어 있다. 수 세기 후 에스더 이야기에서 유대인을 진멸하려고 계획했던 악한 하만이 "아각 사람 함므다다의 아들"(에 3:1)로 소개되고 있는데, 이는 관찰력 있는 독자로 하여금 과거에 사울과 아각 사이에 있었던 이야기로 관심을 돌리기 위한 것이다. 이 이야기에서 중심 역할을 하고 있는 에스더의 삼촌 모르드개는 "베냐민 자손이니 기스의 증손이요 시므이의 손자요 야일의 아들"(에 2:5), 즉 사울 왕의 후손으로 소개되고 있다. 그러므로 정경 내의 고대 이스라엘의 이야기의 끝부분에서 우리는 출애굽 이야기의 출발 지점으로 되돌아오며, 또한 "아말렉이 너에게 했던 일을 기억하라"(신 25:17)는 지시로 돌아온다. 에스더는 기억했고, 유대인들은 결국 모세의 다음과 같은 말을 실천했다: "너는 아말렉의 이름을 천하에서 도말할지니라 너는 잊지 말지니라"(신 25:17-19).

신명기 토라 낭독 본문의 11주의 낭독 본문 가운데 여섯 번째 본문(21:10-25:19)에 있는 이 마지막 문학적 본문의 초두에 수의 전이가 나타나는 것은, 이것이 앞의 법과 어느 정도 분리되어야 한다는 사실을 암시한다. 사실상 이것은 전쟁에서 사로잡아 온 여인과의 결혼에 관한 법을 포함하는 형태를 취하고 있는데, 이것은 좀더 큰 문학적 단위를 소개하고 있는 법이다. 이것은 또한 보다 큰 구조(24:5-25:19)에서 세 번째 주요 버금 단락을 구성하는, 24:5에 있는 새신랑의 군징집 면제에 관한 법을 보다 직접적으로 포함하는 형태를 취하고 있다.

신명기의 이 단락 가운데서 몇몇 사람이 공식적인 의미에서 이것이 하나의 법으로 불려져야 하느냐는 여부에 의문을 제기할 정도로, 25:17-19의 법은 앞의 내용과 다르기는 하지만 같은 구조 형태를 가지고 있는데, 이것은 다음과 같이 정리될 수 있다.

A "아말렉이 네게 행한 일을 기억하라" זכור את אשר־עשׂה לך עמלק 25:17a
B "너희가 애굽에서 나오는 길에" בדרך בצאתכם ממצרים 25:17b-18a
X "그들이 하나님을 두려워하지 아니하고" ולא ירא אלהים 25:18b
B′ "야웨께서 그 땅에서 안식을 주실 때에" והיה בהניח…לך נחלה 25:19a
A′ "아말렉의 이름을 도말할지니라…잊지 말지니라"
…לא תשכחתמחה את־זכר עמלק 25:19b

이 구조의 중심부에서 우리는 아말렉이 하나님을 두려워하지 않았다는 단순한 진술을 발견하게 된다(18b절). 지혜 문서에서 "하나님을 두려워함"은 지혜와 동의어다(잠 1:7; 9:10; 15:33; 욥 28:28; 시 111:10). 신명기 10:12에 비추어, 우리는 야웨를 두려워하는 것이 무엇을 의미하는지를 알게 되는데, 그것은 곧 그분을 사랑하고 그분의 길을 따라 행하는 것을 의미한다. 내부 골격은 "그들이 애굽에서 나올 때" 그리고 "길에서" 아말렉의 불신 행위에 직면했을 때인 이스라엘 백성들의 경험에 대한 묘사로부터(17b-18a절) 야웨께서 그들에게 안식을 주시고 그들이 약속의 땅에서 그들의 기업을 소유하게 될 미래를 바라보는 방향(19a절)으로 움직여간다. 외부 골격은 백성들로 하여금 과거에 아말렉 사람들이 행했던 일을 기억하라는 것(17a절)과 미래에 아말렉을 천하에서 도말하라고 상기시켜 주고 있다. 즉 "너는 잊지 말지니라"(19b절).

정직한 저울추와 되에 관한 이전의 법(25:13-16)에 대한 논의 가운데서 오경의 다른 설화에 대한 영향이 창세기 42-44장으로부터 출애굽기 16장으로 옮겨갔었다(참조. Carmichael, *LNB*, 299-303). 아말렉 사람들의 공격을 기억하라는 법(신 25:17-19)은 출애굽기 16장에 있는 전승으로부터 출애굽기 17:7에 있는 전승으로 옮겨간다(Carmichael, *LNB*, 304). 이 공격은 이스라엘 백성들 가운데 힘이 없고 약한 자들에게 이루어졌었는데, 이것이 그들의 행동이 지극히 잔인한 것으로 판단되는 이유다.

25:17-19과 이보다 큰 문학적 문맥에서 신명 수의 사용에 관해서 라부샤뉴가 수집한 증거는 다음과 같이 요약될 수 있다.

단어	아트나 앞		아트나 뒤		
25:17-18	17	+	6	=	23
25:1-19	68 (=4×17)	+	25	=	93
25:11-19	85 (=5×17)	+	32	=	117 (=10^2+17)
21:10-25:19	929	+	652	=	1,581 (=93×17)

또다시 우리는 신명 수 17이 다른 방식으로 히브리어 본문 가운데 주의 깊게 짜여져 있음을 보게 된다. 17-18절은 아트나 앞에 17개의 단어를 가지고 있으며, 총 23개의 단어(카보드〈כבוד, "영광"〉의 수치)를 가지고 있는데, 이는 야웨의 영광을 상징한다. 19절은 25:17-19을 그 직접적인 문학적 문맥으로 묶는 방식으로 되어 있는데, 25:13-19에서 아트나 앞에 68(=4×17)개의 단어와 25:11-19에서 아트나 앞에 85(=5×17)개의 단어를 가지고 있다. 그러나 가장 두드러진 숫자는 낭독 주기 11주 본문의 여섯 번째 본문 전체(21:10-25:19)의 총 숫자인데, 그 이유는 거기에 총 1,581(=93×17)개의 단어가 있기 때문이다. 이러한 숫자를 만들어 내기 위한 끈기 있고도 정성을 드린 임무는 야웨께 영광이 되도록 고안되었다.

주석

17-18 "아말렉"은 에서의 손자요 에돔 땅과 관련된 엘리바스의 여섯 아들 가운데 한 명이다(창 36:11-12). 아말렉 사람들은 이스라엘이 애굽으로부터 나온 직후 얼마 되지 않아 르비딤에서 가장 먼저 이스라엘을 공격한 나라로서(출 17:8-16), 이들은 결국 성경 전승에서 이스라엘의 숙적의 위치에 서게 되었다. 그들의 공격이 여기에 자세히 기록되어 있는데, 이것은 다른 곳에서는 발견되지 않는 사항이다. 그들은 기습적인 공격으로 "너의 피곤함(עיף – 아예프)을 타서 네 뒤에 떨어진(נחשלים – 네헤샬림) 약한 자들(יגע – 야게아)을 쳤느니라." "뒤에 떨어진 자들"은 너무 지쳐서 광야를 행진해 갈 때 다른 사람들과 함께 보조를 맞추어 가지 못했던 사람들이다. 여기서 "피곤한"으로 번역된 아예프(עיף)란 단어는 피곤한(주로 יעף)보다는 "목마른", "배고픈"의 의미를 가지고 있지만, 이 두 단어는 가끔 상호 교환적으로 사용된다(Tigay[1996] 392 n. 56). 야웨의 성전 전승 내에서 아말렉 사람들은 후세대 사람들이 자기들의 제의 축하에서 출애굽-입성 사건들을 기억할 때 친숙한 주제가 되었다(특별 부록: "고대 이스라엘에서 기념된 사건으로서의 성전"을 보라). 이

민족에 관해서는 성경 이외의 정보가 없으므로 우리는 아말렉 사람들이 홍해를 건넌 후 상징적으로 하나님의 백성의 주적(主適)으로서 그리고 거룩한 용사에 의하여 첫 번째로 격파당한 대적으로서 그 중심적 역할을 하는 성전 전승을 취급하고 있다는 사실을 상기해야 할 것이다. 아말렉 사람들이 "하나님을 두려워하지 않았다"는 사실에 대한 언급은 그들이 하나님의 형벌을 두려워하지 않았다는 사실을 의미한다. 사르나는 "하나님에 대한 두려움"(יראת אלהים - 야로트 엘로힘)에 관한 언급은 자주 도덕적이고 윤리적인 행위 규범을 인용하는 상황과 관련하여 나타난다고 주장했다(*Expploring Exodus*, 25-26, 120). "하나님에 대한 두려움"에 관해서는 창세기 20:11(아브라함); 창세기 42:18(요셉); 출애굽기 1:17(히브리 산파들); 레위기 19:14, 32(성결법); 욥기 1:1, 8(욥)을 보라. 역사적 관점에서 볼 때, 아말렉 사람들은 "시므온 자손 중에 오백 명이…세일 산으로 가서 피하여 남아 있는 아말렉 사람을 치고 오늘까지 거기 거하였던"(대상 4:42-43) 때인 히스기야 당시에 하나의 국가로서 존속하지 못하고 사라진 것으로 보인다. 주적으로서 아말렉 사람들에 대한 개념은 에스더서와 같은 후대까지 남아 있었는데, 거기서 하만을 사울왕의 대적 아말렉 사람 아각(삼상 15장)과 연관시키기 위하여 그를 아각 사람으로 묘사하고 있다(스 3:1, 10; 8:3, 5; 9:24).

19 "기억하라"와 "잊지 말라"는 문구는 25:17-19을 감싸는 봉투 형태를 취하고 있다. 백성들은 아말렉이 행한 일을 기억해야 하고, 그들은 그 일에 관하여 모세가 명령한 내용을 기억해야 한다-"너는 아말렉의 이름을 천하에서 도말할지니라." 유대인 전승에서 "아말렉 사람들을 기억하라"는 지시는 유월절 한 달 전에 축하되었던 부림절(이때 에스더서가 읽혀진다) 직전 안식일에 있었던 공예배 시에 신명기 25:17-19의 글을 읽음으로써 이행되었다(Tigay[1996] 236). "이름을 도말"하는 것은 "그들을 전멸시키는 것"을 의미한다. 출애굽기 17:8-15에 있는 아말렉과의 전쟁 기사는 야웨께서 모세에게 하신 명령으로 막을 내린다: "이것을 책에 기록하여 기념하게 하고 여호수아의 귀에 외워 들리라 내가 아말렉을 도말하여 천하에서 기억함이 없게 하리라." 그 다음에 모세는 다음과 같은 말을 덧붙인다: "여호와가 아말렉으로 더불어 대대로 싸우리라." 출애굽기 17:16은 고대 전쟁의 한 단편으로 시가 그 설화에 덧붙여졌고, 야웨의 두드러진 성전을 이루고 있는 홍해에서 애굽 사람들을 격파한 일과 함께 일련의 전쟁 기사 중 첫 번째 것으로서 아말렉과의 전쟁에 관해서는 필자의 이전 글(*Prophecy and War*, 48-49)을 보라. 아말렉 사람들을 제거하기 위한 첫 번째 시도는 전선지서들에 나타나는데, 그때 사무엘은 사울에게

"지금 가서 아말렉을 쳐서 그들의 모든 소유를 남기지 말고 진멸하되 남녀와 소아와 젖 먹는 아이와 우양과 약대와 나귀를 죽이라"(삼상 15:3)고 말한다. 히브리 정경의 형성 과정은 에스더서를 포함시키는 것으로 막을 내리는데, 그때 아각 사람 하만의 열 명의 아들(에 3:1)이 모르드개를 처형하기 위하여 세워진 교수대에 달렸다(에 9:13-14).

해설

아말렉 족속을 기억하라는 지시에 나타난 성전(聖戰)이라는 용어는 유대교와 기독교 내에서 수 세기 동안 큰 해악을 끼쳐 왔다. 샤이어즈(H. H. Shires)와 파커(P. Parker)와 같은 많은 학자들은 "여기에 나타나는 형태로서의 이방인들을 향해 느꼈던 적대관계는…이 책의 어디선가 나타나는 치솟은 높이보다 훨씬 더 아래로 가라앉는다. 우리 시대의 파괴주의자들(chauvinists)과 전체주의자들(totalitarians)처럼 저자는 다른 민족에 대한 증오가 국가를 단합시키는 데 도움을 줄 것이라고 느꼈다"(H. H. Shires and P. Parker, "Exposition of the Book of Deuteronomy," *IB* 2:482).

이러한 가르침은 바울 사도가 예수님의 말씀을 인용했을 때 가르친 교훈과 반대된다: "네 원수가 주리거든 먹이고 목마르거든 마시우라 그리함으로 네가 숯불을 그 머리에 쌓아 놓으리라"(롬 12:20). 이것은 또한 신명기를 올바르게 이해하고 해석할 때 신명기 자체와도 상충된다.

출애굽기 17장에 나오는 아말렉과의 전쟁은 고대 이스라엘에서 축하되었던, 야웨의 실제 성전을 이루고 있는 홍해에서 애굽 사람들을 쳐부순 일과 더불어 일련의 전쟁 가운데 첫 번째 전쟁이다. 더 나아가서 이 일련의 전쟁들은 가나안 땅의 아랏 왕들과의 전쟁(민 21:1-3), 아모리 왕 시혼과 옥과의 전쟁(민 21:21-35), 미디안과의 전쟁(민 31:1-54)을 포함하고 있는데, 이것들 모두가 모세의 지도하에 이루어졌다. 모세가 죽은 후에 여호수아가 이스라엘 백성을 이끌고 요단 강을 건너 약속된 땅의 여리고와 아이 그리고 가나안 거민들과의 야웨의 성전의 두 번째 국면으로 나아간다. 여기서 우리가 취급하고 있는 내용은 정경화 과정 내에서 표본적 원수들로서 애굽과 아말렉의 출현이다.

신명기 전승에는 아말렉과 더불어 일곱 개의 전통적인 대적들이 나타나는데, 이를테면 "이스라엘보다 더 크고 강한 일곱 나라들" 즉 "헷 족속과 기르가스 족속과 아모리 족속과 가나안 족속과 브리스 족속과 히위 족속과 여부스 족속"이다(신 7:1; 수 3:10; 24:11). 이 나라들 가운데 어떤 나라는 그 정체가 밝혀질 수 있지만, 브리스 족속과 기르가스 족속은 알기 어렵다. 성경 전승 가운데 이 일곱 이름들이 출현한 것을 자세히 연구해 보면 일곱 나라들을 일일이 열거하는 것이 그 성격상 전통적인 방식임을 시사한다. 신명기 전승의 성전(聖戰) 자료들 내에서 이 일곱 나라들은 모종의 제의 상황 내에서 대적의 호출 명부를 이루는데, 그 명부에서 아말렉이 실질적인 주적으로 간주된다.

에스더서가 그 고대 전승을 계속 이어가면서 그것을 하만과 그의 열 아들들의 죽음에서 그 적절한 결론으로 이끌어 가고 있기는 하지만, 후기 예언서와 성문서는 모두가 이스라엘의 대적들에 관한 가르침에 대해 두드러진 변화를 나타낸다. 애굽이 이사야 10:5에서 "야웨의 진노의 막대기"가 되는데, 이것은 이사야 10:27c-34에 묘사된 정복의 대 행진 편에서 이해되어야 할 것이다(D. Christensen, "The March of Conquest in Isaiah 10:27c-34," *VT* 26[1976] 385-99). 이 구절에서 딸 시온을 멸망시키겠다고 위협하는 분은 거룩한 용사 자신이시다. 이 환상은 장의 구분을 뛰어넘는다. "빽빽한 삼림"(사 10:34)이 베어 넘어짐에도 불구하고, 이새의 줄기에서 나온 가지는 종말론적 전쟁을 위하여 만방의 기호로 설 것이다(사 11:1, 10). 이 구절들의 초점이 이스라엘의 남은 자에게 맞추어져 있기는 하지만, 야웨께서 열국의 주님이신 사실이 밝혀져 있다. 메시아적 용어로 묘사된 "새 왕국" 안에 있는 백성을 세우실 "새로운 귀환"(11:12-16)을 위한 길을 만들기 위하여 악한 앗수르까지도 지혜롭게(unwittingly) 사용하실 것이다. 이 이미지는 그 다음에 이어지는 애굽에 대한 경고 가운데서 더욱 발전된다(사 19:24-25): "그 날에 이스라엘이 애굽과 앗수르로 더불어 셋이 세계 중에 복이 되리니 이는 만군의 여호와께서 복을 주어 가라사대 나의 백성 애굽이여, 나의 손으로 지은 앗수르여, 나의 산업 이스라엘이여, 복이 있을지어다 하실 것임이니라."

고대 이스라엘의 예증된 일곱 원수들과 함께 아말렉은 고대에 야웨 성전 전승에서 전멸당했다. 그러나 그 다음에 나오는 대적들은 정경화 과정에서 매우 다르게 취급되었다. 예루살렘에 모인 제의상의 나라들은 야웨를 예배하기 위하여 모이는 모든 나라들 중 예상된 나라들이 되었다. 시편 68편에서 애굽과 에티오피아 그리고 땅의 모든 나라들의 왕들이 성전에 드릴 예물을 가지고 야웨를 찬양하면서 성전으로 올라가는 이스라엘 족속의 행렬에 합세한다.

이사야 40-55장에서는 이스라엘 자손들이 포로에서 시온으로 돌아오는데, 이 상황에서 "열방 가운데 살아 남은 자들"이 이 후손들 가운데 계수된다(44:1-5; 45:22-25; 49:12-20; 53:10). 그 종의 고난과 사역의 결과로 땅 끝의 모든 백성이 야웨의 통치를 앙망하고 있을 때, 그들의 남은 자들이 예루살렘에 모이기 위하여 자원하여 이스라엘에 합세한다(사 55:5). "모든 방언"에서 나온 열국의 백성이 귀환하는 유대인들에게 가입하고(슥 8:21-23), 원수 국가들 중 이방인은 그들이 그분의 이름을 부르도록 야웨께서 "열방의 입술을 깨끗케 하여" 변화시키실 때 사라질 것이다. 하나의 거대한 행렬이 이어지는 가운데 왕들은 자기 나라를 인도해 갈 것인데(사 60:3, 11), 이것이 "이 바다에서 저 바다까지, 이 산에서 저 산까지"(미 7:12) 확대되어 열국의 부를 약대에 싣고(사 60:5-6), 자기들 앞에 희생 제물을 이끌고, 자기들의 품에 이스라엘의 자녀들을 품고 올 것이다(4절). 그들은 스스로 야웨께 속하고 그분의 백성이 되어(슥 2:11), 매년 예루살렘에서 있을 가을 대 절기를 지키러 올라갈 것이다(슥 14:16). 거기서 그들은 모여서 "매 칠 년 끝 해 곧 정기 면제년의 초막절에 온 이스라엘이 네 하나님 여호와 앞 그 택하신 곳에 모일 때에"(신 31:10-11) 낭독된 신명기의 말씀을 들을 것이다.

낭독 본문 7: 공적 예배와 언약 갱신(26:1-29:8[개역. 9])

서론

신명기 토라 낭독 본문의 주별 낭독 본문 중 일곱 번째 본문(26:1-29:8)은 이 단락의 첫 문구에서 나온 키 타보(כי תבוא, "네가 올 때")로 알려져 있다. 그 첫 번째 구획은 매년 순례절기에서 사용되기 위한 두 개의 제의 의식(liturgies, 26:1-15)과 더불어 중심부가 되는 법에 기록된 언약 조항(12-26장)을 27:1-29:8(개역. 9)에 뒤따라오는 언약 의식과 또한 29:9(개역. 10)-30:20에 있는 언약에 충실하라는 호소와 함께 묶어 주는 역할을 하고 있다.

신명기 26장은 신명기 중심부에 있는 율법 모음집에 대한 결론으로서의 기능을 하고 있는데, 그것은 다음과 같이 정리될 수 있다.

A	중앙 성소와 지방에서의 공예배	12:1-14:21
B	하나님과 관련된 인간사에 관한 법	1422-16:17
X	지도력과 권위에 대한 법－행정과 사법	16:18-21:9
B′	타인과 관련된 인간사에 대한 법	21:10-25:19
A′	중앙 성소와 지방에서의 공예배	26:1-19

이 구조에서 26:1-19 전체는 12:1-14:21에 있는 중앙 성소(야웨께서 자기 이름을 두기 위하여 택하시는 장소)에서의 올바른 예배에 관한 단락과 대칭이 되어 있다.

신명기 26장은 14:22-16:17과 관련해서 읽어야 하는데, 그 이유는 고대 이스라엘에서 특별한 3년 십일조라는 주제가 14:28-29과 이 곳 26:12-15에 나타나며 구약의 다른 곳에서는 전혀 나타나지 않기 때문이다. 더 나아가서 11:27-16:17에 있는 신명기 토라 낭독 본문 중 네 번째 본문이 세 개의 순례절기에 관한 단락으로 끝나고 있는데(16:1-17), 그 곳에서 26:5-9의 예배 의식이 그 제의 상황을 가지고 있기 때문이다. 16:1-17과 26:1-19 간의 관계는 다음과 같이 정리될 수 있다.

A	유월절 제사와 무교절기	16:1-8
B	칠칠절과 초막절	16:9-15
X	세 절기에 빈손으로 오지 말라	16:16-17

B′　첫 열매와 3년 십일조 의식　26:1-15
A′ 언약 갱신에서 하나님과 이스라엘 간의 상호 위탁　26:16-19

신명기 16장에 있는 순례절기의 출현은 농사력에 따르는데, 봄에 유월절과 무교절기와 함께 시작하여 칠주 후 초여름 칠칠절(오순절)로 가서 가을에 있는 초막절(숙곳)로 옮겨간다. 이 단락은 모든 남자는 중앙 성소("하나님이 택하신 곳")에서 "일년 삼차 곧 무교절과 칠칠절과 초막절에…여호와께 보이되 공수로 여호와께 보이지 말고"(16:16)라는 요약적 명령으로 마친다. 26:5-9(그리고 12-15절)에 있는 선언은 각각의 예배자가 중앙 성소에서 열린 공예배에서 자기의 헌물(그리고 십일조)을 야웨 앞에 가져왔다고 말하라는 명령을 받았다는 내용이다.

위의 구절들은 하나님과 이스라엘 간에 이루어진 상호 위탁과 함께 언약 갱신 의식이 봄철에 있었던 유월절과 무교절기와 함께 거행되었다는 사실을 시사한다. 칠칠절(곡식 추수의 절정기에 있었던)과 초막절(농사 전체의 완료 때에 있었던)은 첫 열매 의식과 매년의 십일조 헌납의 시기였다. 특별한 3년 십일조는 분명히 레위인과 거류하는 객과 고아와 과부의 양식으로서 지방에 따라 각 마을에 저장되었거나 아니면 근처의 레위인의 성읍에 저장되었을 것이다. 그리고 이것은 아마도 세 번의 중앙 성소로의 순례절기를 제외하고 전국 각지에서 매 50일마다 모이는 회합에서 사용되었을 것이다(특별 부록: "팔레스틴 유대교에서 토라 낭독의 3년 주기"를 보라). 이 세 절기에 "빈손으로 내게 보이지 말지니라"는 지시가 관심의 초점인데, 그 이유는 종교적 기구(제사장들과 레위인들)와 사회 번영(거주하는 객과 고아와 과부의 필요를 충족시켜 줌)과 관련된 모든 체계가 이 수입에 의존했기 때문이다.

신명기 26장이 11, 15절 다음에 나타나는 세투마 구획 표시를 통하여 표시된 각 단락의 경계들과 함께 세 부분으로 되어 있기는 하지만, 주의 깊게 운율을 분석해 보면 다섯 개의 중요한 운율 구조가 드러난다.

A 첫 열매를 드림으로 하나님께 예배　26:1-4
B　의식－중앙 성소에서 선언　26:5-9
X　　인간의 필요를 채워 주면서 예배－레위인과 객　26:10-11
B′　의식－지방 각 성소에서 선언　26:12-15
A′ 예배 및 하나님과 자기 백성 간의 상호 위탁　26:16-19

문학적 구조는 예배에 대한 3인칭의 묘사와 1인칭의 의식적 선언이 번갈아 나타나는데, 이는 이 특별한 구조 내에서 내부 골격을 이룬다. 11:26-32과 27:1-10 간에 연결 고리로서의 역할을 하는 25:16-19에 있는 결론적 버금 단위는 그 자체가 두 부분(16-17과 18-19절)으로 되어 있는데 – 신명기 27-30에 따라오는 언약 의식 자체를 예견하면서 – 이 언약 갱신 가운데 하나님과 이스라엘 간에 상호 위탁이 이루어지고 있다.

신명기 27-30장을 자세히 읽어 보면 두 개의 언약 의식이 혼합되어 있음이 드러난다. 하나는 모세 당시에 모압 평지에서 있었던 것이고, 다른 하나는 미래에 여호수아 아래서 세겜에서 있었던 것으로 보인다. 여기서 우리의 목적상 가장 유익한 접근은 신명기 낭독 본문 가운데 일곱 번째와 여덟 번째 주의 것인 신명기 26-30장 전체를 자세히 검토해 보는 것인데, 이는 다음과 같이 정리될 수 있을 것이다.

A 약속의 땅에서 매년 절기 때 드리는 공예배	26:1-19
B 세겜에서의 언약의 갱신	27:1-26
X 모압에서의 언약 갱신의 축복과 저주	28:1-69
B′ 미래의 언약 준수에 대한 호소	29:1-28
A′ 결단의 요청: 생명과 축복 아니면 죽음과 저주	30:1-20

이 구조에서 외부 골격은 약속의 땅에서의 순례절기라는 상황에서 공예배를 위한 의식적 드림(26:1-19)으로부터 죽음과 저주보다는 생명과 축복을 선택하라는 결단에의 요청(30:1-20)으로 옮겨가고 있다. 내부 골격은 여호수아 당시에 세겜에서 있었던 언약 갱신에 대한 기사(27:1-26)로부터 미래 세대를 향한 언약에의 충실에 대한 호소(29:1-28)로 옮겨간다. 이 구조의 중심부는 언약 자체의 축복과 저주인데(28:1-69[개역. 28:1-29:1), 이는 언약적 요구 사항들이 준수되지 않을 경우 미래에 있을 재난에 대한 세부 항목들의 지루하고도 침울한 반복을 포함하고 있다(28:20-68).

신명기 26-30장의 구조에 대한 우리의 분석에서 그 다음 단계는 같은 방식으로 두 주 간의 낭독 본문을 각각 정리하는 것이다.

낭독 본문 7. 공적 예배와 언약 갱신(26:1-29:8[개역. 9])

A 약속의 땅에서 매년 절기에 드리는 공예배	26:1-19
B 세겜에서의 언약 갱신	27:1-26
X 순종에는 언약적 축복, 그리고 불순종에는 저주	28:1-19

B′ 언약을 파기할 경우 미래 재난 경고 28:20-69
A′ 과거 회상: 기록된 언약의 근거 29:1-8

낭독 본문 8. 언약에 충실하라는 호소(29:9[개역. 10]-30:20)

A 모세 아래서 모압에서 있었던 언약 의식 29:9-20
B 형벌의 결과 – 모세의 경고의 결론 29:21-28
X 결론: 이 토라의 말씀을 준수하라 29:28
B′ 회복의 가능성 30:1-10
A′ 언약에의 호소의 결론 30:11-20

신명기 26-30장이라는 이 본문에서 두 개의 중심부는 언약적 축복과 저주(28:1-19)와, 또한 이 토라의 말씀을 준수하라는 요약적 명령에 초점을 맞추고 있는데, 이것은 하나의 수수께끼 형태로 제공되고 있다: "오묘한 일은 우리 하나님 여호와께 속하였거니와 나타난 일은 영구히 우리와 우리 자손에게 속하였나니 이는 우리로 이 율법의 모든 말씀을 행하게 하심이니라"(29:28). 본문의 명백한 의미는 본문의 직접적인 문맥을 가리켜 말하고 있는데, 곧 야웨의 계명에 대한 불순종의 결과로 인한 국가적 재난에 대해서 말하고 있다. 그러나 동시에 라부샤뉴가 말한 바와 같이 "그것은 또 다른 이미지를 가지고 있다. 즉 은밀한 일들, 곧 율법의 기록된 본문, 성스러운 숫자로 이루어진 구조와 관련된 종말론적 지식은 하나님의 유익과 그분의 영광을 위한 것이지만, 명백하고도 분명한 언어로 되어 있는 본문은 백성들의 유익을 위한 것이라는 것이다. 그것은 일반 백성 곧 지식이 없는 사람에게는 법전으로 된 메시지인데, 그들은 명백한 의미로 되어 있는 율법에 순종하면서도 본문의 감추어진 복잡한 사항들을 알지 못하는 사람들이다"(Labuschagne, "Divine Speech in Deuteronomy'" in *SBTS* 3:388-89). 드러난 진리가 무엇인지에 관한 내용은 신명기 법전(신 12-26장) 혹은 필자가 여기서 "신명기의 핵심"이라고 부른 내용에 포함되어 있다.

신명기의 이 단락을 파악하는 또 다른 방법은 이 절반을 둘로 나누는 것인데, 그 중심부에 또 다른 단순한 요약 구절을 가지고 있는 "네 개의 유사한 바퀴들"을 발견할 수 있다.

A 약속의 땅에서 절기에 있었던 공예배 26:1-19
a 하나님에게 첫 열매를 드림으로써 예배 26:1-4
b 첫 열매 헌납 시 의식에서 선언 26:5-9

x　레위인 객 등을 돌보는 참 경건 26:10-11
b′ 3년 십일조 헌납 시 의식에서 선언 26:12-15
a′ 하나님과 자기 백성 간의 예배와 상호 위탁 26:16-19

B 언약적 축복과 저주 27:1-28:68
a 세겜에서의 언약 갱신 27:1-26
b 언약적 축복과 저주 28:1-19
x　미래의 재난에 대해 첫 번째로 확대된 묘사 28:20-37
b′ 미래의 재난에 대해 두 번째로 확대된 묘사 28:38-57
a′ 축복의 취소 - 이스라엘 역사의 마지막 반전 28:58-68

X 요약: "언약의 말씀이 이러하니라" 28:69

B′ 이 언약은 미래 세대도 위한 것이다 29:1-28
a 모세가 언약의 근거를 재고하다 29:1-8
b 모세가 백성에게 총회의 목적에 대해 상기시키다 29:9-12
x　이 언약은 미래 세대도 위한 것이다 29:13-14
b′ 모세가 언약을 깨뜨림으로 인한 결과들을 경고하다 29:15-27
a′ 결론: "이 율법의 모든 말씀을 행하라" 29:28

A′ 언약의 말씀들은 행할 수 있는 것이다 30:1-20
a 회복의 가능성이 있다 30:1-5
b 너희가 스스로 성결케 하면 도움을 얻을 것이다 30:6-10
x　이 교훈은 네게서 먼 것이 아니다 30:11
b′ 하나님의 요구 사항들은 알려져 있고 이해할 수 있고 행할 수 있다 30:12-14
a′ 결단에의 호소: 생명과 축복이냐, 아니면 죽음과 저주냐 30:15-20

28:69에 있는 요약적 진술과 함께 이 본문에서 드러나는 네 개의 중심부는 신명기 26-30장의 기본 이야기를 말하고 있다. 약속의 땅에서의 "참 경건"의 성격에 대한 간략한 요약에서는 "너의 중에 있는 레위인과 객"의 필요가 충족되어 있는데(26:10-11), 이 진술은 "내가 오늘날 너에게 명한 이 계명은 네가 행하기에 어려운 것이 아니라"(30:11)는 확증과 대치되어 있다. 즉 이 교훈은 너에게서 먼 것이 아니고 네가 행할 수 있는 것이라는 것이다. 언약의 말씀은 시내 산에서 야웨께서 그들에게 명하신 언약의 말씀에 덧붙여서(28:69) 모압 땅에서 야웨께서 모세에게 명

하신 말씀이다. 단락 B와 B′의 중심부들은 언약 파기의 결과로서 오는 미래의 재난에 대한 확대된 묘사(28:20-37)로부터 언약의 말씀들이 미래 세대에게도 해당된다는 선언(29:13-14)으로 옮겨간다.

여기에 내포된 암시는 분명하다: 야웨의 언약의 말씀들은 모든 시대를 위한 것, 즉 (에발 산 위에 있는 야웨의 제단을 가진) 세겜에서 여호수아 아래서의 언약 갱신 의식을 포함하여, 그리고 시온 산에서 있을 보다 먼 미래에 일어날 모든 시대를 위한 것이다. 이스라엘과 그들의 왕이 궁극적으로 불순종으로 인하여 약속의 땅에서 축출당하는 고통을 당할 것이지만(28:36-37), 언약은 영원히 존속할 것이다: "내가 이 언약과 맹세를 너희에게만 세우는 것이 아니라 오늘날 우리 하나님 여호와 앞에서 우리와 함께 여기 선 자와 오늘날 우리와 함께 여기 있지 아니한 자에게까지니"(29:13-14[개역. 14-15]).

A. 예고: 약속의 땅에서의 예배를 위한 두 가지 의식(26:1-15)

1. 중앙 성소에서 첫 열매를 드림(26:1-11)

참고문헌

Bartlett, J. R. "The Brotherhood of Edom." *JSOT* 4(1977) 2-27. **Beauchamp, P.** "Propositions sur l'alliance de l'Ancien Testament comme structure centrale." *RSR* 58(1970) 161-93. **Beek, M. A.** "Das Problem des Aramäischen Stammvaters(Dt 26, 5)." *OTS* 8(1950) 193-212. **Braulik, G.** *Sage, was du glaubst: Das älteste Credo der Bibel - Impuls in neuester Zeit.* Stuttgart: Katholische Bibelwerk, 1979. ______. "Wie aus Erzählung ein Bekenntnis wird; das Credo Israels - Eine Kurzformel des Glaubens." *Entschluss* 38(1983) 15, 24-26. **Brekelmans, C. H. W.** "Het 'Historische Credo' van Israel." *Tijdschrift voor Theologie* 3(1963) 1-11. **Buber, M.** "The Prayer of the First Fruits." In *On the Bible.* Ed. N. Glatzer. New York: Schocken, 1968. 122-30. **Buck, H. M.** "Story and Celebration." In *Scripture in History and Theology: FS J. C. Rylaarsdam.* Ed. A. L. Merrill and T. W. Overholt. PTMS 17. Pittsburgh: Pickwick, 1977. 357-72. **Carmichael, C. M.** "Climactic Ceremony of First Fruits and the Historical Credo." In *Laws of Deuteronomy.* 1974. 246-54. ______. "A New View of the Origin of the Deuteronomic Credo." *VT* 19(1969) 273-89. **Childs, B. S.** "Deuteronomic Formulae of the Exodus Traditions." In *FS W. Baumgartner.* 1967. 30- 39. **Danker, W.** *Creeds in the Bible.* Saint Louis: Concordia Publishing House, 1966. **Dreyfus, F.** "'L'Araméen voulait tuer mon père': L'actualisation de Dt 26, 5 dans la tradition juive et la tradition chrétienne." In *De la Tôrah au Messie: FS H. Cazelles.* 1981. 147-61. **Gibson, J. C. L.** "Observations on Some Important Ethnic Terms in the Pentateuch." *JNES* 20(1961) 217-38. **Giesen, G.** *Die Wurzel* שׁבע. 1981. 276-78. **Gross, W.** "Syntaktische Erscheinungen am Anfang althebräischer Erzählungen: Hintergrund und Vordergrund." In *Congress Volume, Vienna 1980.* Ed. J. Emerton. VTSup 32. Leiden: Brill, 1981. 131-45. **Gutmann, Y.** "פרשת הביכורים". In *FS Y. Kaufmann.* 1960. 43-53(Heb.). **Haag, H.** "'Offenbaren' in der hebräischen Bibel." In *Das Buch des Bundes: Aufsätze zur Bibel und ihrer Welt.* Ed. B. Lang. Düsseldorf: Patmos, 1980. 73-78. **Halévy, J.** "Recherches bibliques: Le Deutéronome." *RSEHA* 8(1900) 113-14, 193-94. **Hammershaimb, E.** "History and Cult in the Old Testament." In *Near Eastern Studies: FS W. F. Albright.* 1971. 269-82. **Haran, M.** "Priestertum, Tempeldienst und Gebet." In *Das Land Israel in biblischer Zeit: Jerusalem-Symposium 1981 der Hebräischen Universität und der Georg-August-Universität.* Ed. G. Strecker. Göttingen: Vandenhoeck & Ruprecht, 1983. 141-53. **Harner, P. B.** "Exodus, Sinai, and Hittite Prologues." *JBL* 85(1966) 233-36. **Huffmon, H. B.** "The Exodus, Sinai and the Credo." *CBQ* 27(1965) 101-13. **Hyatt, J. P.** "Were There an Ancient Historical Credo in Israel and an Independent Sinai Tradition?" In *Translating and Understanding the Old Testament: FS H. G. May.* Ed. H. Frank and W. Reed. Nashville: Abingdon, 1970. 152-70. **Jenni, E.** "Faktitiv und Kausativ von *ʾbd* 'Zugrunde Gehen.'" In *FS W. Baumgartner.* 1967. 143-57. **Kadushin, M.** *Worship and Ethics.* Evanston: Northwestern UP, 1964. 71-81. **Kliesch, K.** *Das heilsgeschichtliche Credo in den Reden der Apostelgeschichte.* BBB 44. Cologne; Bonn: Hanstein, 1975. **Lang, B.** "Glaubensbekenntnisse im Alten und Neuen Testament." *Conc*

14(1978) 499-503. **Larcher, C.** "La profession de foi dans l'Ancien Testament." *LV* 2(1952) 15-38. **Lohfink, G.** "Dtn 26, 5-9: Ein Beispiel altisraeltischer Geschichtstheologie"(1976). Repr. in *Studien zum Deuteronomium.* 1990. 1:291-303. ______. "Die Gattung der 'historischen Kurzgeschichte' in den letzen Jahren von Juda und in der Zeit des babylonischen Exils"(1978). Repr. in *Studien zum Deuteronomium.* 1991. 2:55-86. ______. *Option for the Poor.* Berkeley: BIBAL Press, 1986. 35. ______. "Zum 'kleinen geschichtlichen Credo' Dtn 26, 5-9." *TP* 46(1971) 19-39. **Luckenbill, D. D.** "The 'Wandering Aramean.'" *AJSL* 36(1919/20) 244-45. **Marti, M.** "Das erste officielle Bekenntnis." *ZTK* 2(1892) 29-73. **McCarthy, D. J.** "What Was Israel's Historical Creed?" *Lexington Theological Quarterly* 4(1969) 46-53. **McNamara, M.** "De Populi Aramaeorum Primordiis." *VD* 35(1957) 129-42. **Millard, A. R.** "A Wandering Aramean." *JNES* 39(1980) 153-55. **Moriarty, F. L.** "My Father Was a Wandering Aramean." *TBT* 1(1962) 97-108. **Pedersen, J.** *Israel.* 2:299-307. **Richter, W.** "Beobachtungen zur theologischen Systembildung in der alttestamentlichen Literatur anhand des 'kleinen geschichtlichen Credo.'" In *Wahrheit und Verkündigung: FS M. Schmaus.* Ed. L. Scheffczyk et al. 2 vols. Paderborn: Schöningh, 1967. 1:175-212. **Rinaldi, G.** "*Ṭene'* in Deut 26, 2.4." *BeO* 12(1970) 104. **Rost, L.** "Das kleine geschichtliche Credo." In *Das kleine Credo.* Heidelberg: Quelle & Meyer, 1965. 11-25. **Schreiner, J.** "Die Entwicklung des israelitischen 'Credo.'" *Conc* 2(1966) 757-62. **Seebass, H.** *Der Erzvater Israel und die Einführung der Jahweverehrung in Kanaan.* BZAW 98. Berlin: Töpelmann, 1966. **Thompson, J. A.** "The Cultic Credo and the Sinai Tradition." *Reformed Theological Review* 27(1968) 53-64. **Tigay, J.** "On Some Aspects of Prayer in the Bible." *AJSR* 1(1976) 377-78. **Vriezen, T. C.** "The Credo in the Old Testament." *OTWSA* 6(1963) 5-17. **Wassermann, G.** "Das kleine geschichtliche Credo(Deut 26, 5ff.) und seine deuteronomische Übermalung." In *Theologische Versuche* 2. Ed. J. Rogge and G. Schille. Berlin: Evangelische Verlagsanstalt, 1970. 27-46. **Weinfeld, M.** "The Liturgical Oration." In *DSS.* 32-45. **Weippert, M.** "Fragen des israelitischen Geschichtsbewußtseins." *VT* 23(1973) 414-42. **Wijngaards, J. N. M.** *The Formulas of the Deuteronomic Creed(Dt. 6/20-23: 26/5-9).* Tilburg: A. Reijnen, 1963. **Zang-Embolo, P.** "Histoire et accès au sens dans le petit crédo historique(Dt xxvi,1-15) ou les présupposés d'une herméneutique." Diss., Freiburg Univ., Theol. Fak., 1983.

본문과 운율 분석

중앙 성소에서 첫 열매를 드림 [(7:7):(5:5):(7:7)] [(5:3):6:(5:5):(4:4):(5:5):6:(3:5)]

Liturgy of Firstfruits at the Central Sanctuary
[(7:7):(5:5):(7:7)] [(5:3):6:(5:5):(4:4):(5:5):6:(3:5)]

1 네 하나님 여호와께서 네게 기업으로 주사 얻게 하시는 땅에 네가 들어가서 거기 거할 때에

1 *And it shall be / when you come into the land /* 17 2
that\[a] YHWH your God / is giving you / as an inheritance // 21 3
and you possess it / and you dwell in it // 13 2_

2 네 하나님 여호와께서 네게 주시는 땅에서 그 토지 모든 소산의 맏물을 거둔 후에 그것을 취하여 광주리에 담고 네 하나님 여호와께서 그 이름을 두시려고 택하신 곳으로 그것을 가지고 가서

2 *And you shall take /* 6 1
from the first / of [all][a] the fruit of the ground / 16 2
[b]that you shall bring from your land[b] / 11 1
That YHWH your God / is giving to you / 17 2
and you shall put it in a basket // 7 1_
And you shall go\[c] to the place / 12 1
that YHWH your God / chooses / 13 2
to make his name dwell / there // 9 2_

3 당시 제사장에게 나아가서 그에게 이르기를 내가 오늘날 당신의 하나님 여호와께 고하나이다 내가 여호와께서 우리에게 주리라고 우리 열조에게 맹세하신 땅에 이르렀나이다 할 것이요

3 *And you shall come / to the priest /* 12 2
who is there / in those days // 13 2
and you shall say to him / 10 1_
"I declare TODAY / to YHWH ⟨my⟩[a] God / 16 2
that I have entered / the land / 12 2
that YHWH ⟨my God /⟩[b] swore to our fathers / to give to us" // 27 3_

4 제사장은 네 손에서 그 광주리를 취하여다가 네 하나님 여호와의 단 앞에 놓을 것이며

4 *And the priest shall receive / the basket / from your hand⟨s⟩[a] //* 18 3
and he shall put it / before / the altar / of YHWH your God // 20 4_

5 너는 또 네 하나님 여호와 앞에 아뢰기를 내 조상은 유리하는 아람 사람으로서 소수의 사람을 거느리고 애굽에 내려가서 거기 우거하여 필경은 거기서 크고 강하고 번성한 민족이 되었더니

5 *And you shall answer and say / before / YHWH your God /* 23 3
[a]"A wandering[a] Aramean / was my father / 12 2
And he went down to Egypt / 8 1
and he sojourned there / few in number // 13 2_
And there he became / a great nation / 13 2
⟨indeed⟩[b] mighty [c]and populous[c] // 9 1

6 애굽 사람이 우리를 학대하며 우리를 괴롭게 하며 우리에게 중역을 시키므로

6 *And the Egyptians / treated us badly /* 17 2
and they afflicted us // 7 1_
And they imposed upon us / hard servitude // 20 2

7 우리가 우리 조상의 하나님

7 *and we cried out / to YHWH / God of our fathers //* 19 3

여호와께 부르짖었더니 여호와께서 우리 음성을 들으시고 우리의 고통과 신고와 압제를 하감하시고	*And YHWH heard / our voice /*	13	2
	and he saw our affliction / and our toil / and our distress / /	25	3_
8 여호와께서 강한 손과 편 팔과 큰 위엄과 이적과 기사로 우리를 애굽에서 인도하여 내시고	**8** *And YHWH brought us forth / from Egypt / with a mighty hand /*	24	3
	and an outstretched arm /	11	1
	[a]*And with great / terror*[a] */ /*	10	2
	and with signs / and with portents / /	13	2_
9 이 곳으로 인도하사 이 땅 곧 젖과 꿀이 흐르는 땅을 주셨나이다	**9** *And he brought*[a] *us to this place / /*	14	1
	and he gave to us[b] *this land /*	16	1
	a land / flowing with milk / and honey / /	13	3_
10 여호와여 이제 내가 주께서 내게 주신 토지 소산의 맏물을 가져왔나이다 하고 너는 그것을 네 하나님 여호와 앞에 두고 네 하나님 여호와 앞에 경배할 것이며	**10** *And now / behold I have brought*[a] *the firstfruits /*	18	2
	fruit of the ground / that you have given to me / O YHWH[b] */ /*	22	3_
	And you shall put it down / before[c] *YHWH your God /*	17	3
	and you shall bow down / before / YHWH your God / /	19	3_
11 네 하나님 여호와께서 너와 네 집에 주신 모든 복을 인하여 너는 레위인과 너의 중에 우거하는 객과 함께 즐거워할지니라	**11** *And you shall celebrate all the bounty /*	10	1
	that YHWH your God / has given to you /	15	2
	[a]*And to your house*[a] */ / you / and the Levite /*	15	3
	and the sojourner / who is in your midst / / ס	10	2_

원문주해

1.a. 자켑카톤이 뒤따라온 파스타는 연접사가 됨.

2.a. 몇몇 히브리어 필사본들, SP, LXX은 콜(כל, "모든")을 생략하고 있음.

2.b-b. 대부분의 LXX 증거 본문들에는 빠져 있음. 운율 분석은 MT을 지지한다.

2.c. 자켑카톤이 뒤따라온 파스타는 연접사가 됨.

3.a. MT의 엘로헤카(אלהיך, "너의 하나님") 대신 LXX의 토 데오 무(τῷ θεῷ μου, "내 하나님에게")와 함께 엘로히(אלהי, "나의 하나님")로 읽음. 필자는 카프(כ)를 중복오사로 취급한다.

3.b. 신 26:1-19과 11:26-26:19 전체라는 보다 큰 문맥 내에서 운율 숫자와 단어 숫자 면에서 균형을 이루도록 하기 위하여 엘로히(אלהי, "나의 하나님")를 덧붙임(특별 부록: "숫자의 합성물로서의 신명기"를 보라). Syr은 *ʾlhk*(=אלהיך, "너의 하나님")를 덧붙인다.

4.a. MT의 미야드카(מידך, "네 손에서") 대신에 소수의 히브리어 필사본들과 LXX[-MS] 와 함께 미예데카(מידיך, "네 손들로부터")로 읽음.

5.a-a. LXX^{B}에는 쉬리안 아페발렌(*Συριαν ἀπέβαλεν*, "그가 수리아를 떠났다")으로 되어 있다; LXX^{MNmin}에는 쉬리안 카텔레이펜(*Συριαν κατέλειπεν*, "그가 수리아를 떠났다")으로 되어 있다. 소수의 히브리어 필사본들과 카이로 게니자 단편들에는 **ארמי אובד**("유리하는 한 아람 사람")로 되어 있다. 우리에게 친숙한 "유리하는 한 아람 사람"(Moffatt, JB, NRSV, NIV, New Living 역본[Wheaton, IL: Tyndale House, 1996, 215])이란 번역은 자체의 시적 성격으로 인하여 보존되어 있는 것이다.

5.b. 소수의 히브리어 필사본들, SPW, LXXL, Syr., Tg. Ps-J., Vg은 와우 접속사를 덧붙이고 있는데, 필자는 이것을 강조어로 해석했다.

5.c-c. Syr에는 빠져 있다. 운율 분석은 MT을 지지한다.

8.a-a. SP에는 MT의 우브모라 까돌(**ובמרא גדל**, "그리고 큰 두려움으로") 대신에 **ובמראה גדול**("그리고 큰 환상들로")로 되어 있다. LXX에는 복수로 되어 있다.

9.a. 위치가 잘못된 아트나로 인하여 티프하는 연접사가 됨.

9.b. 자켑카톤이 뒤따라온 파스타는 연접사가 됨.

10.a. 자켑카톤이 뒤따라온 파스타는 연접사가 됨.

10.b. LXX은 겐 흐레우산 갈라 카이 멜리(*γῆν ῥέουσαν γάλα καί μέλι*, "젖과 꿀이 흐르는 땅")를 덧붙인다. 운율 분석은 MT을 지지한다.

10.c. 자켑카톤이 뒤따라온 파스타는 연접사가 됨.

11.a-a. LXX^{min}(그리고 OL)에는 쉬 카이 헤 오이키아 수(*σὺ καὶ ἡ οἰκια σου*, "너와 네 가족")로 되어 있다. LXX^{AO}은 카이 테 오이키아 수 카이(*καὶ τῇ οἰκίᾳ σου καί*, "그리고 네 가족에게")로 되어 있다. 카이로 게니자 단편들에는 MT의 울르베테카(**ולביתך**, "그리고 네 집에게") 대신에 울르베테카(**ולביתיך**, "그리고 네 집들에게")로 되어 있다.

양식/구조/배경

이 두 의식상의 고백은 모세가 가나안 입성 이전의 입장에서 제공되었다. 그러나 이것들은 둘 다 그 땅의 소유와 그 땅의 열매를 하나님께 드림을 전제로 하고 있다. 첫 번째 고백의 어투는 고대의 것이며, 또한 분명히 왕국 시대 이전이다. 이것은 "솔로몬이 성전을 건축하기 이전의 성막이었을, 당시에 사용되었던 의식을 보존하고 있다"(G. E. Wright, *IB* 2:483).

26:1-11의 외부 경계는 25:19 뒤에 나오는 페투하 구획 표시와 26:11 뒤에 나오는 세투마 구획 표시를 통하여 표시되어 있다. 26:1-11 내에서 구조를 암시하는 데 판별할 수 있는 유일한 표시는 3b절과 5-10a절에 있는 1인칭 직접 연설의 사용이다. 이 곳과 13b-15절에 있는 선언은 규정되어 있는 말씀으로서 하나님을 향한 고

백이며, 평민은 공식적인 의식에서 이것을 암송해야 하는데 이 또한 토라 내에서 발견되는 내용이다(이와 아주 유사한 상황에 관해서는 21:7-9을 보라). 의식에서의 이러한 두 기도는 "네 하나님 야웨 앞에서"(5, 13절) 암송되어야 한다. 그리고 이 두 기도는 그 땅이 "젖과 꿀이 흐르는 땅"(9, 15절)으로 규정되어 있는 땅, 곧 하나님께서 열조에게 하신 약속의 성취로서의 선물임을 가리키고 있다.

운율 분석에 근거하여 1-11절은 다음과 같이 다섯 개의 버금 단락으로 나누어질 수 있다.

A 너는 중앙 성소로 첫 열매를 가져오라	26:1-2
B 선언과 함께 제사장에게 첫 열매 봉헌	26:3-4a
X 하나님의 능하신 일에 대한 암송과 함께 제단에서의 봉헌	26:4b-9
B′ 예배자가 야웨께 첫 열매 봉헌	26:10a
A′ 너는 그것을 야웨 앞에서 놓고 즐거워하라	26:10b-11

이 구조의 중심부(4b-9절)에서 우리는 폰 라트(G. von Rad)가 "역사적 소 신조"(small historical credo) 혹은 라이트(G. E. Wright)가 "하나님의 능하신 일"(*Magnalia Dei*= "the mighty acts of God")이라고 부른 내용의 낭송을 발견하게 된다. 외부 골격은 중앙 성소로 첫 열매를 가져오라는 교훈(1-2절)으로부터 중앙 성소에서의 "가족 예배"와 관련된 교훈으로 옮겨가는데, 여기에는 예배자의 가족과 "레위인과 너의 중에 우거하는 객"(11절)을 포함한다. 내부 골격은 그 당시에 책임을 맡고 있는 제사장이 받게 되는 첫 열매를 담은 "광주리"를 예배자가 드리라는 교훈(3-4a절)으로부터, 야웨께 대한 첫 열매의 봉헌으로 옮겨간다. 이 두 봉헌 다음에 예배자가 의식 중에 낭송하는 구체적인 기도가 뒤따라온다.

25:17-19에 있는 법(아말렉의 공격을 기억하라는 것)은 이스라엘 사람들이 시내 산에 도착하기 직전에 있었던 출애굽기 17장의 설화를 형성하는 데 사용되었다. 이 설화에서 시간적 간격은 출애굽기 40:33에 있는 일곱 가지로 된 촛대를 가진 성막 건립의 완성으로부터 민수기 10:11에 있는 시내 산으로부터의 출발까지 정확하게 한 달이다. 신명기 26:1-11에 있는 첫 열매 의식 법은 약속의 땅의 끝머리에서 40년의 출발 시점에서 있었던 민수기 13-14장의 이야기 가운데 반영되어 있는데, 거기서 우리는 또다시 아말렉 사람들과 만나게 된다. 소위 성전(聖戰)에서 약속의 땅에서 만물 열매를 가지고 돌아왔던(민 13:23-24) 열두 명의 정탐꾼들과 관련된 에피소드(민 13장)에 뒤이어, 모세의 만류에도 불구하고 이스라엘 사람들이

약속의 땅으로 들어가려고 시도했을 때 "아말렉인과 산지에 거하는 가나안인이 내려와 쳐서 파하고 호르마까지 이르렀다"(민 14:45; 참조. 14:25). 정탐꾼들이 그 땅에 들어갔을 때 "그 때는 포도가 처음 익을 즈음이었다"(민 13:20). "또 에스골 골짜기에 이르러 거기서 포도 한 송이 달린 가지를 베어 둘이 막대기에 꿰어 메고 또 석류와 무화과를 취했다"(민 13:23). 카마이클은 "출애굽기 16:3(저울추와 되에 관한 법과 관련됨)과 출애굽기 17:3(아말렉에 관한 법과 관련됨)에서처럼 이스라엘 사람들은 하나님께서 자기들을 멸망시키려 하신다"고 불평했었다(민 14:3). 그들이 나아가기를 거절한 일이 하나님의 진노를 불러일으켰다. 즉 불평한 자들은 장차 그 땅으로 들어가지 못한다는 것이었다. "이러한 하나님의 선언을 개의치 않고 그들은 가나안 땅을 침략하려고 했으나 아말렉 사람들과 가나안 사람들에 의하여 패배했다"고 기록하고 있다(*LNB*, 306).

신명기 26:1-2에 있는 법은 분명하게 진술하고 있다. "네 하나님 여호와께서 네게 기업으로 주사 얻게 하시는 땅에 네가 들어가서 거기 거할 때에 네 하나님 여호와께서 네게 주시는 땅에서 그 토지 모든 소산의 맏물을 거둔 후에 그것을 취하여 광주리에 담고 네 하나님 여호와께서 그 이름을 두시려고 택하신 곳으로 그것을 가지고 가서." 거기서 그들은 다음과 같이 선언해야 했다. "내가 오늘날 당신의 하나님 여호와께 고하나이다 내가 여호와께서 우리에게 주리라고 우리 열조에게 맹세하신 땅에 이르렀나이다." 그리고 "제사장은 네 손에서 그 광주리를 취하여다가 네 하나님 여호와의 단 앞에 놓을 것이며." 열두 정탐꾼은 첫 열매를 가지고 돌아와서 그것들을 첫 번째 제사장인 모세와 아론에게 그리고 모든 이스라엘의 회중에게 드렸다. 더 나아가서 카마이클이 주장한 바와 같이(*LNB*, 306) "거기에는 제단이 없었으나 의미심장하게도 그 사건은 '성소'를 의미하는 가데스(Kadesh)란 장소에서 일어났다."

그 다음으로 신명기 26:5-9에 있는 법은 이스라엘 사람들로 하여금 자기들의 조상 야곱의 시대로부터 당시까지 자기들을 위하여 하신 야웨의 활동에 대해서 또 다른 선언을 하도록 지시하고 있다. 카마이클은 이 구절을 그 다음에 이어지는 40년 후 가데스에서의 에돔 사람들의 공격(민 20장)과 연관시키기 위하여 인상적인 주장을 한다. 드라이버 역시 민수기 13-14장과 20장([1896] 31-33)에 있는 가데스에서 일어난 두 가지 사건들의 공통적인 특징을 논의한다. 더 나아가서, 카마이클이 주장하는 바와 같이 "에돔 사람들과 아말렉 사람들이 연관되어 있다(창 36:12). 이스라엘 사람들에 대한 그들의 공격은 이 법의 바로 앞선 법들에서 두드러진 요소가 되어 온 형제 간의 싸움과 유사하다"(*LNB*, 307). 민수기 20:3-5에서 우리는 앞서 민수기 14:3에서 살펴보았던 백성들이 했던 것과 유사한 불평을 발견하게 된다. 실제로 그들은 가데스에서 이전에 일어났던 일을 특별히 "우리 형제들이 여호와 앞에서 죽을 때"라고 언급한다(민 20:3; 참조. 민 14:36-37). 또다시 광야에서 그들은 같은 재앙을 경험한다. "이 곳에는 파종할 곳이 없고 무화과도 없고 포도도 없고 석류도 없고 마실 물도 없도다"(민 20:5). 더 나아가서 아말렉과의 싸움을 기록하고 있는 출애굽기 17장의 경우에 그러하듯, 물이 반석으로부터 나와서 공급되었다(민 20:11). 민수기 20:14-17에서 에돔 왕에게 보낸 "너의 형제 이스라엘에"의 연설의 구조와 내용은 신명기 26:5-10의 선언과 같은 패턴을 따르고 있는데, 그것은 다음과 같이 정리될 수 있다.

A	당신은 우리의 고난을 알고 있다, 우리 열조가 애굽으로 내려갔으므로 인하여	민 20:14
B	애굽인이 우리 열조와 우리를 학대하였으므로	민 20:15
X	우리가 여호와께 부르짖었더니 우리 소리를 들으시고	민 20:16a
B′	천사를 보내사 우리를 애굽에서 인도하여…가데스에 있사오니	민 20:16b
A′	청컨대 우리로 당신의 땅을 통과하게 하소서	민 20:17

이 구조에서 관심의 초점은 출애굽에 있는데, 그때 백성들은 고난 가운데서 야웨께서 부르짖었고, 그분은 그들의 부르짖음을 들으셨다(16a절). 내부 골격은 애굽에서의 압제(15절)로부터 야웨께서 애굽에서 이끌어 내셨던 원 유월절(16b절)로 옮겨간다. 외부 골격은 조상들을 애굽으로 데려가게 했던 과거의 기근에 대한 언급(14절)으로부터 약속의 땅 "본국"으로 가는 길에 에돔 땅을 통과하여 지나가게 허락해 달라는 현재의 요구(17절)로 옮겨간다.

에돔 왕에게 보낸 위의 연설의 구조는 신명기 26:5-9에 있는 중앙 성소에서의 첫 열매 봉헌 의식에서 예배하는 이스라엘이 말하는 내용과 실질적으로 동일한데, 그것은 다음과 같이 정리될 수 있다.

A	유리하는 아람인은 애굽으로 내려간 내 조상이었다	신 26:5
B	애굽 사람들이 우리를 압제했다	신 26:6
X	우리가 야웨께 부르짖었고, 그분이 우리의 음성을 들으셨다	신 26:7
B′	야웨께서 능하신 손으로 우리를 애굽에서 이끌어 내셨다	신 26:8
A′	그리고 그분이 우리를 이 곳으로 인도하셨다	신 26:9

이 두 개요에서 유일한 실질적 차이는 외부 골격의 하반부다. 첫 번째 경우(민 20:17)에서, 소원은 야웨께서 자기 이름을 두려고 택하신 장소(신 26:9)로부터 이스라엘을 분리시키는 하나의 남아 있는 영역의 장벽(에돔)을 통과하여 지나가는 것이다.

부버는 26:1-11에 있는 지시와 기도 가운데 있는 동사 나탄(נתן, "주다")의 7중 반복에 주의를 환기시키고 있는데(Buber, *On the Bible*, 125), 이는 다음과 같이 정리될 수 있을 것이다.

A 여호와께서 네게 기업으로 주사(נתן) 얻게 하시는 땅에 네가 들어갈 때 26:1
B 여호와께서 네게 주시(נתן)는 땅에서 가져가서 26:2
C 내가 야웨께서 우리에게 주리라(לתת)고 우리에게 맹세하신 땅에 이르렀나이다 26:3
X 애굽 사람이 우리를 학대하며 중역을 시키므로(ויתנו) 26:6
C′ 야웨께서 이 곳으로 인도하사 땅을 주셨나이다(ויתן) 26:9
B′ 내가 주께서 내게 주신 만물을 가져왔나이다(נתתה) 26:10
A′ 야웨께서 네게 주신(נתן) 복을 인하여 즐거워할지니라 26:11

"처음 세 개와 마지막 세 개의 경우에 이 단어가 이스라엘에게 주신 하나님의 선물에 대해서 사용된다. 그러나 세 개의 두 그룹 사이에는 특이한 '준다'가 나타나 있는데…우리에게 학대를 주는 자는 애굽 사람들이다(신 26:6)"(Buber, *On the Bible*, 125). 이 대칭적 구조 내에서 외부 골격은 야웨께서 그 땅을 이스라엘에게 주실 때인 미래에 관한 진술(1절)로부터 공예배에서 그 선물을 드리고 즐거워하라는 지시(11절)로 옮겨간다. 두 번째 골격은 그 땅의 첫 열매를 가져오라는 명령(2절)으로부터 야웨께 첫 열매를 가져온 개인 땅 소유자의 반응(10절)으로 옮겨간다. 가장 내부에 있는 골격(3, 9절)은 그 중심부(6절)와 함께 지금의 예배 행위를 애굽이 이스라엘에게 지워 주었던 "중역"으로부터 그들을 구원하시고, 또한 그들을 약속의 땅으로 이끌어 내셨을 때인 과거의 야웨의 능하신 일과 연결시킨다.

부버는 또한 이 짤막한 구절 가운데서 하나님의 이름이 열네 번이나 사용된 점을 상기시키고 있는데, 이는 조심스럽게 구조된 패턴을 나타내고 있다. 그가 볼 때 "저자 혹은 편집자 편에서 이렇게 숫자적인 작업을 한 것은 교육적인 의미를 가지고 있다"(Buber, p. 128). 그 구조는 다음과 같은 칠지 형태로 정리될 수 있다.

A יהוה אלהיך…יהוה אלהיך…יהוה אלהיך 26:1-2

B	ליהוה אלהיך	26:3a
C	יהוה	26:3b
X	יהוה אלהיך···יהוה אלהיך	26:4-5
C′	יהוה אלהי אבתינו	26:7a
B′	יהוה··· יהוה··· יהוה	26:7b-10a
A′	יהוה אלהיך···יהוהy אלהיך···יהוה אלהיך	26:10b-11

구조의 골격(A, X, A′)은 "네 하나님 야웨"란 문구의 여덟 번의 출현 중 세 그룹으로 이루어져 있는데, 외부 골격의 각 절반 가운데 세 번 나타나며(1-2절과 10-11절), 중심부에 두 번 나타난다(4-5절). 가장 안쪽의 골격은 "야웨"란 이름만 처음으로 한 번 나타나며(3절), "네 열조의 하나님 야웨"란 문구(7절)와 대칭을 이루고 있다. 두 번째 골격은 "네 하나님 야웨"란 성호의 9분의 1의 출현을 이루고 있는데, 여기에 레(ל, "에게")란 전치사가 붙어 있으며(3절), "야웨"란 이름만의 삼중 반복과 대칭을 이루고 있다(7-10절). 또한 3+1 패턴이 두 가지 다른 방식으로 여기에 드러나 있다. 즉 3절에 있는 "야웨"만의 호칭이 7절에 있는 아도나이 엘로헤 아브테누(יהוה אלהי אבתינו)란 세 반어와 대칭을 이루고 있고, 3절에 있는 라아도나이 엘로헤카(ליהוה אלהיך)란 표현이 7-10절에 있는 야웨(יהוה)의 일단의 삼중 출현과 대칭되어 있다.

부버는 어떻게 첫 열매의 헌납이 축하되었는지에 대한 미쉬나의 기록(*m. Bik.* 3)은 그 의도를 다음과 같이 파악하고 있다고 주장한다.

> 그 의도는 미래 세대들의 기억을 위하여 잊혀지고 지나간 어떤 것을 보존하기 위한 것이었다. 우리는 우리를 둘러싸고 있는 나라로부터 온 백성이 가까운 데 있는 사람들은 싱싱한 첫 열매를, 그리고 멀리 떨어져 있는 사람들은 마른 첫 열매를 가지고 예루살렘으로 올라왔는지를 듣는다. 이른 아침에는 그 행렬이 피리 부는 사람들에 의하여 인도를 받아 성으로 들어오고, 그 다음에 황금색 뿔들을 가진 황소 희생 제물이 들어오고, 그 뒤로 사람들이 과일로 가득 차 있고 포도로 장식된 바구니들, 곧 각기 자기 재산에 어울리게 금바구니, 은바구니, 벗겨진 버드나무 가지로 엮은 바구니들을 짊어지고 들어온다. 예루살렘의 기능공들이 나와서 그들을 영접하고, 그 다음에는 반대로 각곳으로부터 온 사람들이 인사를 한다. "형제들, 이러저러한 곳으로부터 온 사람들이여, 평안히 들어오시기 바랍니다!" 그러나 그들이 성전 언덕의 곁에 섰을 때 왕 자신이 자기 어깨에 바구니를 짊어지고 그들과 함께 들어왔다. 앞마당에선 레위인들이 시편의 한 구절로 노래를 했다. "내가 야웨를 높이리니 이는 주께서 나를 이끌어 내셨음이니이다." 이 동사는 우물에서 두레박을 올리

는 것을 묘사했다…이 인용문은 다음과 같은 사실을 의미하게 되었다. "하나님께서 이스라엘을 애굽이라는 우물로부터 자신의 땅이라는 빛과 자유로 이끌어 내셨으므로 이스라엘이 그분을 찬양한다"(Buber, *On the Bible*, 129-30).

26:1-11에 있는 신명 수의 사용에 관해서 라부샤뉴가 수집한 증거는 다음과 같이 요약될 수 있다.

단어	아트나 앞		아트나 뒤		
26:1-2	26	+	13	=	39
26:1-4	37	+	34 (=2×17)	=	71
26:5-11	56	+	46	=	102 (=6×17)
26:1-11	93	+	79	=	172

1-2절에서 아트나 앞에 26개의 단어가 있고, 1-4절에서는 아트나 뒤에 34(=2×17)개의 단어가 있으며, 5-11절에는 총 102(=6×17)개의 단어가 있다. 라부샤뉴는 26:1-11에 있는 총 172개의 단어를 10절에 있는 에트-레쉬트 페리 하아다마(את־ראשית פרי האדמה, "그 땅의 첫 열매")란 중요 문구의 수치라고 설명한다: (א=1) + (ת=22) + (ר=20) + (א=1) + (ש=21) + (י=10) + (ת=22) + (פ=17) + (ר=20) + (י=10) + (ה=5) + (א=1) + (ד=4) + (מ=13) + (ה=5) =172.

주석

1 부버는 이 단락의 첫 구절, "네 하나님 여호와께서 네게 기업으로 주사 얻게 하시는 땅에 네가 들어가서(כי־תבוא אל־הארץ – 키-타보 엘-하아레츠) 거기 거할 때에"가 이 곳과 왕에 대한 법인 17:14에만 나타난다고 주장한다(Buber, *On the Bible*, 122-23). 17:14에서 이스라엘 백성 전체가 "너"라고 호칭되었으나, 여기서 그 대명사는 그 공동체의 일원으로서 그 땅의 첫 열매 중에 헌물을 가져와 중앙 성소 야웨 앞에 나온 땅 소유자 개개인을 가리킨다.

2 "그 토지 모든 소산의 맏물"의 봉헌은 하나님께서 그 땅 소산의 원천이시요 참 소유자시라는 사실을 인정하는 것이다. "첫"(ראשית – 레쉬트)이란 단어의 의미에 관해서는 18:4의 "주석"을 보라. 그 곳에서 필자는 이 단어를 그것들의 자연적

상태에서 처음 익었거나 혹은 처음 추수한 곡식들이 아닌 "처음 나온 것"으로 해석했다(J. Milgrom, "First Fruits, OT," *IDSup*, 336-37). 새 추수의 첫 열매들은 "광주리에(בטנא – 바테네)" 담아 "네 하나님 여호와께서 그 이름을 두려고 택하신 곳(즉 중앙 성소)으로 그것을 가지고" 와야 했다.

3-4 헌물은 매년 순례절기에 하나의 공식 예배 행위의 일환으로서 "당시 제사장에게" 드려져야 했다. 땅 소유자가 제사장에게 해야 했던 첫마디는 부버가 1절에서 관찰한 "너(희)"에 대한 이중적 언급이 우발적인 것이 아니라는 사실을 보여준다: "내가 오늘날 당신의 하나님께 고하나이다 내가…땅에 이르렀나이다." 부버가 말한 바와 같이, "여기서 백성과 개인이 하나로 떠오른다…화자는 자신을 이스라엘과 동일시하고 그 이름으로 말한다"(*On the Bible*, 123). 5:2-3에서 모세가 "우리 하나님 여호와께서 호렙 산에서 우리와 언약을 세우셨나니 이 언약은 여호와께서 우리 열조와 세우신 것이 아니요 오늘날 여기 살아 있는 우리 곧 우리와 세우신 것이라"고 말하고 있는 점을 참조하라(참조. Buber, 124).

첫 열매들은 칠칠절과 초막절에 드려져야 했는데, 이 두 절기는 추수와 산물 추수의 과정에 뒤따라온 절기들이다. 칠칠절과 첫 열매 봉헌 간의 관계에 대해서는 민수기 28:26을 보라. 유월절과 무교절기와는 달리 첫 열매의 헌납은 고대 이스라엘 내에서 하나의 새로운 종교 기구였는데, 그 이유는 그 땅의 산물을 취하기 전에는 그들이 농경 민족이 아니었기 때문이다. 각 예배자는 공적인 선언을 하도록 지시를 받았다–"제사장은 네 손에서 그 광주리를 취하여다가." 필로에 따르면, "광주리"(טנא – 테네)로 번역된 단어는 전체 예배 의식을 가리킨다(Tigay[1996] 239를 보라). 이 열매의 헌납에 관해서는 18:4-5도 보라. 이것은 위에서 살펴본 바와 같이 필자가 레위기 법이라고 불렀던 내용 가운데 신명기의 중추적 핵심의 중심부(18:1-8)에 위치해 있는 내용이다.

5 중앙 성소에서의 개인 예배자의 의식상의 선언은 1인칭으로 하나님께 말한 기도의 형태로 되어 있는데, 이는 전 세기를 통하여 기독교 예배에서 사용되어 온 주기도의 사용과 다소 유사하다. 히브리어 문구 아람미 오베드(ארמי אבד, "유리하는 아람 사람")의 의미는 불확실하다. KJV에서는 오베드(אבד)를 "쇠퇴하려고 하다"라고 번역한 것을 아직도 지지하는 사람들이 있다. 다른 사람들은 "방황하는" 혹은 "덧없는"이라고 주장한다. "유리하는 아람 사람"이란 번역은 원래 히브리어 표현의 두운법적 특성을 유지하면서 또한 위의 선택 사항들 가운데 모든 것을 포함하는 시적 형태로 이해될 수 있다. 부버는 이 단어를 목축 언어로 "길을 잃은"(*On*

the Bible, 127)으로 번역하고 있는데, 이는 "한 마리의 양이 속해 있는 양무리에서 낙오가 되었을 때 사용된 단어다"(렘 50:6; 겔 34:4, 16; 시 119:176). 그는 "어조가 상당히 차이가 있기는 하지만, 아브라함(부버가 길을 잃은 아람 사람으로 묘사하고 있는)이 자기 삶에 관해서 블레셋 사람들의 왕에게 말했을 때와 같은 단어요 같은 의미를 가진 단어임"을 환기시켰다: "하나님이 나로 내 아비 집을 떠나 두루 다니게 하실 때에"(창 20:13). "이 문장은 어쩌면 매우 고대의 것 같은데, 그 이유는 이스라엘 사람의 전승이 이스라엘의 조상들을 주전 9세기경 이스라엘을 향하여 공격을 가했던 다메섹의 아람 사람들이었던 것으로 묘사하기 위하여 선택했을 것 같지는 않지 않기 때문이다"(Tigay[1996] 240). (족장들의 전-아람인〈Proto-Aramean〉 기원에 관해서는 J. C. L. Gibson, "Light from Mari on the Patriarchs," *JSS* 7[1962] 44-62, 특히 51-53; 같은 저자, *JNES* 20[1961] 217-38, 특히 229-34를 보라.) 여기서 말하는 것은 나이가 들어서 애굽으로 내려간 조상 야곱을 가리키는 것 같으며, 또한 부버가 주장한 바와 같이 아브라함도 암시하고 있는 것으로 보인다. 그리고 "그는 거기서 체류했다." 즉 그가 거류하는 외국인으로서 살아갔다는 것인데, 이는 이스라엘 땅에 있는 중앙 성소에서 위의 선언을 하고 있는 예배자의 신분과 날카롭게 대조된다. "소수의 사람"이란 문구의 의미에 대해서는 창세기 46:8-27에 있는 "애굽으로 간" 야곱의 가족 70명의 목록을 보라. 그러한 소수로 시작하여 이스라엘은 애굽 땅에서 "큰 나라, 강하고 중다한 나라"가 되었다.

6-9 고백의 두 번째 부분은 어떤 일이 일어났는지를 기록하고 있다. "애굽 사람이…우리에게 중역을 시키므로 우리가 우리 조상의 하나님 여호와께 부르짖었더니 여호와께서 우리 음성을 들으시고…여호와께서…우리를 애굽에서 인도하여 내시고 이 곳으로 인도하사 이 땅 곧 젖과 꿀이 흐르는 땅을 주셨나이다." 부버는 어떤 농부도 이러한 방식으로 자기가 바라던 땅을 기술하지 않았을 것이라고 말한다. 농부는 자기 땅을 칭송할 때 다음과 같이 말한다: "밀과 보리의 소산지요 포도와 무화과와 석류와 감람나무와 꿀의 소산지라"(8:8). 부버가 보기에 "그 말은 그 땅이 아무런 수고를 할 필요 없이 새로 들어온 사람에게 제공하는 대표적인 산물을 가리킨다는 것이다. 즉 그것이 마치 이전에 거대한 오아시스였던 것처럼, 풍성한 목초지가 젖으로 변화되고 통행인의 원기 회복을 위한 꿀로 변화된다는 것이다"(*On the Bible*, 125-26).

10-11 과거와 현재의 몇몇 번역자들과 해석가들의 눈에는 "너는 그것을 네 하나님 여호와 앞에 두고"라는 진술이 그 헌물이 이미 "야웨의 단 앞에 놓인" 것으로

말하고 있는 4절과 일관성이 없는 것으로 보였다. 대안적 역본들의 합성을 가정하는 일종의 편집이라는 해석에 의존하기보다는 예배에 대한 묘사와 예전적 선언 간에 번갈아 나타나는 문학적 구조의 대칭적 성격을 유의하는 것이 가장 낫다. 이 두 언급은 5-9절에 있는 선언을 문학적으로 감싸는 기능을 하고 있는 것으로 같은 행위를 가리키고 있다. "너는…모든 복을 인하여 즐거워할지니라"는 번역은 오늘날 매년 메카로 올라가는 순례절기에 일어난 일과 아주 유사한, 성소에서의 의식적 식사를 포함하는 순례절기 자체를 가리킨다. 어쨌든 첫 열매는 제사장들을 위하여 중앙 성소에 저장되었다는 사실을 유념해야 할 것이다(18:4-5). 중앙 성소에서 있었던 순례절기에 예배자와 그의 대가족이 먹었던 것은 매년의 십일조였다. 게르(גר, "객": 보통 곤란한 자에 대한 친숙한 삼중적 표현: "객", 고아, 과부)에 대한 "체류자"란 번역은 독자의 관심을 그 단어가 5절에 있는 와야가르(ויגר, "그리고 그가 체류했다")와 함께 포함되어 있다는 사실로 돌리기 위한 것인데, 이 두 단어가 같은 동사 어근으로부터 나왔기 때문이다.

운율 분석은 11절에 있는 아트나가 운율 관점에서 이 구절에서 주요 단절을 나타내지 않는다는 사실을 암시하며, 또한 "그리고 너의 집"으로 번역된 단어가 뒤따라오는 내용에 의하여 한정되어 있다는 사실을 시사한다. 간단히 말해서, 우리 중에 있는 레위인과 우거하는 객은 하나님이 관련되어 있는 우리의 가족의 일부분이라는 것이다.

해설

고대 이스라엘에서 예배자 개인은 매년 하나님에게 추수 광주리를 가져다 바치라는 지시를 받았다. 문제의 첫 열매는 소위 봄철에 있었던 "곡식에 낫을 대는 첫날" 때의 것인 요제라고 불리는 헌물과는 차이가 있는데, 이 요제물은 무교절기와 유월절 다음에 오는 안식일 다음날에 드리는 것이다(레 23:10). 그 새 보리 곡식의 첫 열매 헌납은 성격상 그 다음의 칠 주 후에 완료될 보리와 밀 추수를 예상한 예전적인 것이었다. 이 첫 열매 헌납은 26:1-11의 의식이 중앙 성소에서 첫 열매 봉헌 의식 때 행해졌던 칠칠절까지 49일(칠 주) 계산의 시작점이다.

첫 열매의 광주리는 추수가 완료되었을 때 드려졌던 십일조의 지불에 대한 하나의 표였다. 여름과 가을 소산의 첫 열매는 가을에 있었던 초막절기(숙콧) 때와 같은 방식으로 드려졌다. 첫 열매의 봉헌은 예배자가 "네 하나님 여호와께서 너와 네 집에 주신 모든 복을 인하여"(11절) 즐거워하려고 중앙 성소로 가져온 감사 예물이었다.

모든 예배자가 단에 있는 제사장 앞에서 낭송했던 신앙고백은 이 의식의 의미를 설명하고 있다. 광주리를 제단 앞에 두기 전에 희생제물을 드리는 사람은 자기가 "여호와께서 우리에게 주리라고 우리 열조에게 맹세하신 땅에 이르렀나이다"(3절)라는 인정과 함께 자기의 봉헌을 시작했다. 그 다음에 제사장은 그 광주리를 받아서 단 앞에 두었고, 그때 예배자는 자기의 신앙고백을 계속했으며, 애굽에서 했던 쓰라린 노예 생활을 상기하면서 "여호와께서 강한 손과 편 팔과 큰 위엄과 이적과 기사로 우리를 애굽에서 인도하여 내시고 이 곳으로 인도하사 이 땅 곧 젖과 꿀이 흐르는 땅을 주셨나이다"(8-9절)라고 말한다. 그 다음에 예배자는 자기가 야웨께 첫 열매를 가져왔노라고 선언하고 그 곳 제단에서 엎드려 경배했다(10절). 그 예배가 완료되었을 때, 헌제자는 자기 가족과 레위인과 객과 함께 한 그 잔치에서 "네 하나님 여호와께서 너와 네 집에 주신 모든 복을 인하여 너는…즐거워할지니라"(11절)는 지시를 받았다. 우리는 그분의 공급하심을 인하여 하나님께 예물과 마땅히 드려야 할 것들을 드리면서 즐거워하는 것이 마땅하며, 또한 우리의 가족, 하나님의 사역에 헌신한 사람들 그리고 우리 중에 있는 특별히 궁핍한 사람들과 함께 친교하면서 그것들을 즐겁게 사용하는 것이 마땅하다.

2. 매 3년마다의 십일조 선포(26:12-15)

참고문헌

Airoldi, N. "La Cosidetta 'Decima' Israelitica Antica." *Bib* 55(1974) 179-210. **Baumgarten, J. M.** "On the Non-Literal Use of *ma'ăśēr/dekatē*." *JBL* 103(1984) 245-61. **Bayliss, M.** "The Cult of Dead Kin in Assyria and Babylonia." *Iraq* 35(1973) 115-25. **Cazelles, H.** "Sur le rituel du Deutéronome(Deut 26, 14)." *RB* 55(1948) 54-71. **Fohrer, G.** "Twofold Aspects of Hebrew Words." In *FS D. Winton Thomas.* 1968. 95-103, esp. 99. **Galling, K.** "Der Beichtspiegel: Ein gattungsgeschichtliches Studium." *ZAW* 47(1929) 125-30. **Gray, J.** *The Legacy of Canaan.* 1965. 65, 253. ______. "Ugarit." In *Archaeology and Old Testament Study.* Ed. D. Winton Thomas. Oxford: Clarendon, 1967. 149-50. **Grieshammer, R.** "Zum 'Sitz im Leben' des negativen Sündenbekenntnisses." In *XVIII. Deutscher Orientalistentag vom 1.-5. Oktober 1972 in Lübeck. Vortrge.* Ed. W. Voigt. ZDMG Sup II. Wiesbaden: Steiner, 1974. 19-25. **Hoffner, H. A.** "Second Millennium Antecedents to the Hebrew *'ôḇ.*" *JBL* 86(1967) 385-401. **Kutsch, E.** "'Trauerbräuche' und 'Selbstminderungsriten' im alten Testament." In K. Lüthi, E. Kutsch, and W. Dantine. *Drei Wiener Antrittsreden.* ThSt 78. Zurich: EVZ, 1965. 25-42. **Lewis, T. J.** *Cults of the Dead.* 1989. 97, 102-3. **Rabban, N.** "*Lipney YHWH.*" *Tarbiz* 23(1952) 1-8(Heb.). **Sheriffs, D. C. T.** "The Phrases *ina IGI DN* and *lipĕnēy Yhwh* in Treaty and Covenant Contexts." *JNSL* 7(1979) 55-68. **Sukenik, E. L.** "Arrangements for the Cult of the Dead in Ugarit and Samaria." In *Memorial Lagrange.* Paris: Gabalda, 1940. 59-65. **Wildberger, H.** *Jahwes Eigentumsvolk.* ATANT 37. Zürich: Theologischer Verlag, 1960. 18-19, 92-93 **Wilson, I.** *Out of the Midst of the Fire: Divine Presence in Deuteronomy.* SBLDS 151. Atlanta: Scholars Press, 1995. 181-87. **Yahuda, A. S.** *The Language of the Pentateuch in Its Relation to Egyptian.* London: Oxford UP, 1933. 271-73. **Zakovitch, Y.** "Some Remnants of Ancient Laws in the Deuteronomic Code." *ILR* 9(1974) 346-51.

본문과 운율 분석

지방 성소에서 3년 십일조의 선언
[(5:5):(6:4):(4:6):(5:5)]

12 제삼년 곧 십일조를 드리
는 해에 네 모든 소산의 십일
조 다 내기를 마친 후에 그것
을 레위인과 객과 고아와 과
부에게 주어서 네 성문 안에
서 먹어 배부르게 하라
13 그리할 때에 네 하나님 여
호와 앞에 고하기를 내가 성
물을 내 집에서 내어 레위인
과 객과 고아와 과부에게 주
기를 주께서 내게 명하신 명

Declaration of the Triennial Tithe at Local Sanctuaries
[(5:5):(6:4):(4:6):(5:5)]

12 *When you finish / tithing[a] / all the tithe of your produce /* 18 3
in the third year / the year of the tithe / / 18 2_
[b]*You shall give*[b] *it to the Levite /* 11 1
⟨and⟩[c] *to the alien / ⟨and⟩*[c] *to the orphan and to the widow /* 18 2
that they may eat in your towns / and they may be satisfied / / 18 2_

13 *And you shall say / before YHWH your God /* 17 2
"I have purged the sacred portion out of the[a] *house /* 12 1
And also I have given it to the Levite / 11 1
and[b] *to the alien / to*[c] *the orphan and*[d] *to the widow /* 17 2_
According to all your commandment[e] */ that you commanded me / /* 16 2

령대로 하였사오니 내가 주의 명령을 범치도 아니하였고 잊지도 아니하였나이다

I have not passed over any of your commandments[f] / 13 1
indeed I have not forgotten // <u>10</u> 1_

14 내가 애곡하는 날에 이 성물을 먹지 아니하였고 부정한 몸으로 이를 떼어두지 아니하였고 죽은 자를 위하여 이를 쓰지 아니하였고 내 하나님 여호와의 말씀을 청종하여 주께서 내게 명령하신 대로 다 행하였사오니

14 ⟨*And*⟩[a] *I have not eaten any of it / as my own wealth*[b] / 17 2
and[c] *I have not purged any of it / while unclean* / 16 2_
And[d] *I have not given any of it*\[e] *to the dead* // 15 1
I have harkened / to the voice\[f] *of YHWH my God* / 16 2
I have done / [g]*according to all / that*[g] *you commanded me* // <u>18</u> 3_

15 원컨대 주의 거룩한 처소 하늘에서 하감하시고 주의 백성 이스라엘에게 복을 주시며 우리 열조에게 맹세하여 우리에게 주신 바 젖과 꿀이 흐르는 땅에 복을 내리소서 할지니라

15 [a]*Look down*[a] *from your holy habitation / from the heavens* / 18 2
and bless your people / Israel / and\[b] *the ground* / 19 3_
Which you have given\[c] *to us* // 10 1
just as you swore\[d] *to our fathers* / 15 1
a land / flowing (*with*) *milk / and honey* // ס <u>14</u> 3_

원문주해

12.a. 운율 분석은 *BHS*가 주장한 레아세르(לְעַשֵּׂר, "십일조에게")로의 수정보다는 MT의 라세르(לַעְשֵׂר, "십일조 납부")를 불규칙 부정사 연계형으로 입증한다.

12.b-b. LXX에는 이 문장이 토 듀테론 에피데카톤 도세이스(τὸ δεύτερον ἐπιδέκατον δώσεις, "두 번째 십일조를 너는 줄지어다"=שנת המעשר נתתה)로 되어 있다.

12.c. 몇몇 히브리어 필사본들, 카이로 게니자 단편들, LXX, Syr, Vg과 같이 와우 접속사를 덧붙임.

13.a. LXX에는 에크 테스 오이키아스 무(ἐκ τῆς οἰκίας μου, "내 집으로부터")로 되어 있다. MT의 하바이트(הַבַּיִת, "그 집")를 베티(בֵּיתִי, "내 집")로 수정하지 않고도 같은 의미가 전달되는데, 이는 그 행의 길이에 한 개의 운만을 덧붙여 준 것이다.

13.b. 많은 히브리어 필사본, SP, LXX의 한 사본, *Tg. Ps.-J.*는 와우 접속사를 생략한다.

13.c. 몇몇 히브리어 필사본, LXX, Syr, Vg은 와우 접속사를 덧붙임.

13.d. 한 LXX 사본은 와우 접속사를 생략한다.

13.e. 한 히브리어 필사본, SP, Syr에는 므초테카(מִצְוֹתֶיךָ, "당신의 계명들")로 되어 있다. 운율 분석은 한 운을 덜 가진 MT의 미츠와트카(מצותך, "당신의 계명")를 약간 더 지지한다.

13.f. 카이로 게니자 단편들과 LXX은 미츠와트카(מצותך, "당신의 계명")로 읽는다. 운

율 분석은 MT을 지지한다.

14.a. 운율 숫자 면에서 보다 근접한 균형을 이루도록 하기 위하여 소수의 히브리어 필사본, LXX, Syr과 함께 와우 접속사를 덧붙임.

14.b. 크레이기와 다른 사람들과 함께 베오니(באני)를 "힘", "부"를 의미하는 것으로 해석함.

14.c. LXX 한 사본을 제외한 모든 것들은 와우 접속사를 생략함.

14.d. 루씨안 교정본을 제외한 LXX은 와우 접속사를 생략함.

14.e. 위치가 잘못된 아트나로 인하여 티프하는 연접사가 됨.

14.f. 여기서 자켑 카톤이 뒤따라온 파스타를 연접사가 됨.

14.g-g. LXX에는 MT의 케콜 아쉐르(ככל אשׁר, "그 모두에 따라") 대신에 카다(*καθά*, "꼭…처럼"=כאשׁר)로 되어 있다. 운율 분석은 MT을 지지한다.

15.a-a. SP에는 MT의 하슈키파(השׁקיפה, "내려다 보다") 대신에 השׁקף로 되어 있다. 운율 분석은 MT을 지지한다.

15b. 여기서 자켑 카톤이 뒤따라온 파스타를 연접사가 됨.

15.c. 위치가 잘못된 아트나로 인하여 티프하는 연접사가 됨.

15.d. 자켑 카톤이 뒤따라온 파스타는 연접사가 됨.

양식/구조/배경

고대 이스라엘에서 토라 낭독의 3년 주기는 매 3년 끝에 드려졌던 신명기에 있는 특별 십일조 전통과 관련되어 있다(14:28-29과 특별 부록: "팔레스틴 유대교에서 토라 낭독의 3년 주기"를 보라). 십일조가 안식년 주기 제7년에 드려지지 않았으므로, 두 번째 "가난한 자-십일조"와 첫 번째 "가난한 자 - 십일조" 사이에 4년이 경과했다. 미쉬나에 따르면, "가난한 자 - 십일조"는 요하난 힐카누스 대제사장에 의하여 후기 제2성전 시기(주전 135-104년경)에 폐지되었다(Tigay[1996] 242).

26:12-15에 있는 문학적 단위의 경계들은 시작과 끝에 세투마 구획 표시로 표시되어 있다. 13절에 있는 1인칭 직접 대화로의 전환은 실질적인 선언 자체를 하나의 분리된 단위로 돋보이게 만드는 역할을 하는데, 이것은 다음과 같은 칠지 형태로 정리될 수 있다.

A	내가 성물을 내 집에서 내어	26:13ab
B	주께서 내게 명하신 명령대로 하였사오니	26:13c
C	내가 잊지도 아니하였나이다	26:13d
X	부정한 몸으로 이를 떼어 두지 아니하였고	26:14a

C′ 내가 내 하나님 여호와의 말씀을 청종하여 26:14b
B′ 주께서 내게 명령하신 대로 다 행하였사오니 26:14c
A′ 하늘에서 하감하시고 주의 백성 이스라엘에게 복을 주시며 26:15

이 구조의 외부 골격에서 예배자는 자신이 하나님이 명령하신 바와 같이 자기 집에서 "성물"(בערתי – 삐아르티)을 가져왔다고 선언하고(13절), 야웨께서는 이것을 약속하신 축복으로 돌려주시라고 선언하고 있다(15절). 중심부는 자신이 자기 예물을 더럽힐 수 있는 어떤 의식상의 부정으로부터 피했다고 예배자가 맹세하면서 강화하고 있다(14a절). 내부 골격은 자기가 잊지도 않았고(13d절), 자기 하나님 야웨의 음성을 순종해 왔다(14b절)고 예배자가 주장함으로써 이 경우를 더욱 강조적으로 진술하고 있다.

제3년 십일조 선언은 세 부분으로 되어 있다: 예배자가 제3년 십일조와 관련된 법을 준행하고 있다고 선언하는 긍정적인 진술(13절), 그러한 일이 정당하게 이행되었다고 확증하는 부정적 진술(14절) 그리고 추수물을 가져오게 만든 이스라엘 백성과 그 땅에 대한 하나님의 지속적인 축복을 위한 기도(15절).

이러한 제3년 십일조에 대한 법(26:12-15)은 이스라엘 백성이 에돔 족속의 땅을 통과해 가려 할 때 그들이 거절한 것에 관한 이야기 속에 더 잘 묘사되어 있다(참조. Carmichael, *LNB*, 309-11). 13b절의 "성물"(הקדש)과 15a절의 "주의 거룩한 처소"(מעון קדשך)에 대한 언급은 그 백성이 "가데스에"(בקדש) 거했다는 민수기 20:1의 언급에 반영되어 있다.

주석

12 14:22-27에 나오는 십일조 법에 따르면, "네 산물의 십일조"는 매년 중앙 성소에서 그려졌는데, 그 곳에서는 세 번의 순례절기 동안 예배자와 가족들이 먹었다. 매 3년 끝에 십일조는 레위인, 객, 고아, 과부들 중 궁핍한 사람들에게 생계 유지를 하도록 지방 도시에서 드려졌다(14:28-29을 보라). "제3년에 곧 십일조의 해에"란 문구는 3년 주기를 가리키는데, 이것은 반복되었다. 그 다음에는 안식년이 뒤따라 왔는데, 그 때는 곡물이 심겨지지 않았으므로 아무런 십일조도 드려지지 않았다.

13 "야웨 앞에"란 문구는 공식적인 예배에서 경험한 것과 같은 하나님의 임재를 가리킨다. 그러한 예배가 매년 세 번의 순례절기 중 한 절기 동안 중앙 성소에서 있을 때는 "자기 이름을 두시려고 야웨께서 택하시는 곳"이란 문구가 그 직접적 상

황 가운데 내포되어 있는데, 이 경우는 그렇지가 않다. 이 경우에 예배자는 3년 십일조가 저장되어 있었던 지방의 모임에서 하나님에게 선언했다.

14 "내가 내 자신의 재산처럼(באני – 베오니)…먹지 아니하였고"란 번역은 모호하다(영문 번역문을 참조할 것 – 역자주). 베오니(באני)란 단어는 가끔 "애곡하는 동안"으로 번역된다. 본문의 사역(私譯)은 포오러의 주장(Fohrer, *FS D. Winton Thomas*, 98)을 사용하면서 크레이기가 "나 자신의 재산으로"로 번역한 내용에 근거한 것이다(Craigie[1976] 323). 갈링(Galling)이 뒤따라오는 세 개의 부정적 진술을 자신이 공식 예배에 참석하기에 온전하다는 사실을 선언하고 있는 무죄 고백으로 규정했을지라도(Galling, *ZAW* 47[1929] 125-30), 매이즈는 이 경우 의식상의 정결이 일차적 초점이 아니라고 올바르게 주장했다(Mayes[1981] 336). "부정한 몸으로 이를 떼어두지 아니하였고"란 진술은 민수기 19:22로 인하여 필요하다. "죽은 자를 위하여 이를 쓰지 아니하였고"란 진술은 스올에 있는 죽은 자를 위하여 음식물과 술을 제공하는 고대의 통상적인 관습을 가리킨다. "북왕국의 수도인 사마리아에서 발굴된 몇몇 무덤에서는 우가릿에서 발굴된 무덤에서 발견된 구멍과 유사한 구멍들이 마룻바닥에서 발견되었는데, 그것은 죽은 자에게 음식물과 술을 부어 넣는 역할을 했던 것이다. 토라는 이러한 관습을 금하지는 않지만, 시체와의 접촉이 의식적으로 부정했으므로 그 법이 시체를 위하여 십일조를 사용하는 일을 금하고 있는 것이다"(Tigay[1996] 244; Lewis, *Cults of the Dead*, 97, 102-3). 캐절스(Cazelles)는 본문에 대한 하나의 흥미로운 독법을 주장했다(Cazelles, *RB* 55[1948] 54-71). 즉 그는 베오니(באני)와 베타메(בטמא)란 단어를 동사의 직접목적어로서 바알 신을 위한 제의적 음식을 가리키는 "애도의 (빵)"이란 의미로, 또한 "불결한 것"으로 해석했는데, 바알은 여기서 "죽은 시체(למת)"다. 그의 해석이 문맥에 잘 어울리기는 하지만, 매이즈가 주장한 바와 같이 이것 역시 모호한 해석이다(Mayes[1981] 336-37).

15 신명기에 따르면, 하나님의 "거룩한 처소"(מעון קדשך – 밈므온 코드쉐카)는 하늘에 있고 인간이 만든 어떤 건물에 있지 않다. "'하늘로부터 온' 말씀은 거룩한 처소란 표현을 성소를 가리키는 것으로 잘못 해석하는 것을 방지하기 위하여 의도된 설명적 부가물인 것으로 보인다"(Weinfeld, *DDS*, 198). 티개이가 말하는 바와 같이, 하나님께서 "당신의 백성 이스라엘을 축복하소서"라는 기도는 "유대교에서 규정하는 전형적인 기도다. 즉 개개인은 자기 자신을 위해서 기도하지 않고 유대 백성 전체나 혹은 인류 전체를 위하여 한다는 것이다"(Tigay[1996] 244).

해설

3년 십일조 법은 14:28-29에 나타나는데, 그 본문에서는 매 3년의 십일조는 "네 성읍"(14:28; 26:12)에서 지역적으로 사용되어야 했다. 매 3년 "가난한 자를 위한 십일조"에 대한 법 배후에 있는 원리는 지금도 적용 가능하도록 의미가 살아 있다. 즉 우리는 가난한 자를 돕기 위하여 우리의 재물을 주라는 명령을 받았다는 것이다. 만일 오늘날의 예배자가 고대 이스라엘 백성들이 했던 것처럼 그러한 일들에서 공적인 책임을 갖는 시간을 가졌다면 좋았을 것이다.

B. 언약 갱신에서 하나님과 이스라엘 사이의 상호 위탁 (26:16-19)

참고문헌

Buis, P. "La nouvelle alliance." *VT* 18(1968) 1-15. **Cody, A.** "When Is the Chosen People Called a *Gōy?*" *VT* 14(1964) 1-6. **Coppens, J.** "La doctrine biblique sur l'amour de Dieu et du prochain." *ETL* 40(1964) 252-99. **Eichrodt, W.** "Darf Man heute noch von einem Gottesbund mit Israel reden?" *TZ* 30(1974) 193-206. **Falk, Z. W.** *Hebrew Law in Biblical Times.* Jerusalem: Wahrmann Books, 1964. 134-53. **Levanon, M.** "*he'marta, he'emirkha.*" *Sinai* 51(1962) 238-40(Heb.). **Levin, C.** *Die Verheissung des neuen Bundes.* FRLANT 137. Göttingen: Vandenhoeck & Ruprecht, 1985. **Licht, J.** "The Biblical Claim of Establishment." *Shnaton* 4(1980) 107-8(Heb.). **Lohfink, N.** "Dt 26, 17-19 und die 'Bundesformel.'" *ZKT* 91(1969) 517-53(repr. in *Studium zum Deuteronomium I.* 1990. 211-61). **McCarthy, D. J.** *Treaty and Covenant.* 2nd ed. 1981. 182-85. **Mercati, G.** "Una Singolare Versione di Dt 26, 17-18 e l'Originale di Essa." *Bib* 24(1943) 201-4. **Muffs, Y.** *Love and Joy.* New York: Jewish Theological Seminary, 1992. 51. **Perlitt, L.** *Bundestheologie im Alten Testament.* 1970. 106-7. **Schmid, H. H.** "Ich will euer Gott sein, und ihr sollt mein Volk sein: Die sogenannte Bundesformel und die Frage nach der Mitte des Alten Testaments." In *FS G.*

Bornkamm. 1980. 1-25. **Vriezen, T. C.** "Das Hiphil von *ʾamar* in Dt 26, 17-18." *JEOL* 17(1964) 207-10. **Wiener, H. M.** "Zur Deuteronomiumfrage." *MGWJ* 72(1928) 24-48. **Wildberger, H.** *Jahwes Eigentumsvolk.* ATANT 37. Zurich: Theologischer Verlag, 1960. 18-19, 92-93. **Wolff, H. W.** "Jahwe als Bundesmittler." *VT* 6(1956) 316-20.

본문과 운율 분석

언약 갱신에서 하나님과 이스라엘 사이의 상호 위탁
[(8:7):7:8]

16 오늘날 네 하나님 여호와께서 이 규례와 법도를 행하라고 네게 명하시나니 그런즉 너는 마음을 다하고 성품을 다하여 지켜 행하라

17 네가 오늘날 여호와를 네 하나님으로 인정하고 또 그 도를 행하고 그 규례와 명령과 법도를 지키며 그 소리를 들으리라 확언하였고

18 여호와께서도 네게 말씀하신 대로 오늘날 너를 자기의 보배로운 백성으로 인정하시고 또 그 모든 명령을 지키게 하리라 확언하셨은즉

19 여호와께서 너의 칭찬과 명예와 영광으로 그 지으신 모든 민족 위에 뛰어나게 하시고 그 말씀하신 대로 너로 네 하나님 여호와의 성민이 되게 하시리라

Mutual Commitments between God and Israel in Covenant Renewal
[(8:7):7:8]

16	*THIS DAY / YHWH your God commands you to do /*	22	2
	these statutes / and the judgments //	18	2
	And you shall be careful to do / them / with all your heart /	22	3
	and with all your soul //	7	1_
17	[a]*YHWH you have declared / TODAY //*	11	2
	to be your God / and to walk in his ways /	21	2
	And to keep his statutes and his commands /	14	1
	[b]*and his judgments*[b] */ and to hearken to his voice //*	17	2_
18	[a]*And YHWH / has declared you TODAY /*	13	2
	to be[b] *his / treasured people /*	11	2
	As he has spoken [דבר] [c]*to you*[c] *//*	7	1
	so keep[d] *all his commandments //*	10	1
19	[a]*so that he will set you high /*	9	1_
	Above all the nations / that he has made / for praise /	17	3
	and[b] *for fame and for honor //*	10	1
	And for you to be|[c] a holy people /	11	2
	to YHWH your God / just as he has spoken [דבר] // ס	16	2_

원문주해

17.a. *BHS*에서 헴플(Hemple)은 17-19절의 본문이 순서가 뒤바뀌었다고 주장하고 재배열을 제안한다. 운율 분석은 MT에 전수된 본문을 지지한다.

17.b-b. 우미슈파타이우(ומשפטיו, "그리고 그의 판단들")란 단어가 한 히브리어 필사

본, SP, LXX에는 빠져 있다. 여기서 운율 분석은 MT을 지지한다.

18.a. "원문주해" 17.a를 보라.

18.b. 몇몇 LXX 본문들에는 게네스다이 세(γενέσθαι σε, "네가 되어지는 바"= לִהְיוֹתְךָ, 라흐요트카)로 되어 있는데, 이는 하나의 설명적 해석인 것으로 보인다.

18.c. 라크(לְךָ, "너에게")란 단어는 한 히브리어 필사본과 몇몇 LXX 증거 본문들에는 빠져 있다. Tg. Ps.-J.에는 복수 접미사로 되어 있다. 운율 분석은 MT을 지지한다.

18.d. 위치가 잘못된 실룩으로 인하여 티프하는 연접사가 됨.

19.a. "원문주해" 17.a를 보라.

19.b. 이 접속사는 몇몇 히브리어 필사본들, SP, LXX-MS에는 빠져 있는데, 여기에 나타난 운율 분석 면에서는 가능하다.

19.c. 웰리흐요트카(ולהיתך, "그리고 너로 하여금…되도록")에 있는 메텍+다르가를 이접사로 읽음. Letteris 본문은 이 단어 위에 두 개의 메텍을 가지고 있다.

양식/구조/배경

라이트(Wright)는 7-18절이 "형식상 법률 용어로 표현되어 있어서 백성들이 맺었던 계약의 구속적(拘束的) 성격에 대해 의심할 수가 없다"고 말한다(G. E. Wright, *IB* 2:488). 신명기 법 내에 있는 이 결론적 지시는 말씀을 큰소리로 읽기 위하여 시간과 노력을 기울이는 사람들에게는 밝히 드러난다.

여기에 있는 본문은 이스라엘 백성(16-17절)과 그들의 하나님 야웨(18-19절) 간에 이루어진 상호 위탁을 나타내는 두 부분으로 나누어진다. 각 단락의 시작 부분은 우리가 반복되는 의식 활동을 취급하고 있다는 사실을 암시하는, 시간을 나타내는 용어("이날"과 "오늘날")로 표시되어 있다. 첫 번째 단락은 "규례"와 "법도"(16-17절)라는 단어의 반복을 통하여 구성되어 있으며, 반면에 두 번째 단락은 "자기의 보배로운 백성"(18절)과 "네 하나님 여호와의 성민"(19절)이라는 평행적 표현으로 구성되어 있다.

16-19절의 세심하게 구성된 두 부분으로 되어 있는 사상 단위는 신명기 내부 골격의 상·하반부를 연결하는 대칭적 구조의 중심부로서의 기능을 한다.

내부 골격의 연결 고리로서의 신명기 26:16-19

A 모세 하의 언약 갱신에서 축복과 저주	11:26-28
B 세겜의 언약 갱신에서 축복과 저주	11:29-32
X 야웨와 이스라엘 간의 상호 위탁	26:16-19

B′ 세겜의 언약 갱신에서 축복과 저주	27:1-26
A′ 모세 하의 언약 갱신에서 축복과 저주	28:1-69(개역. 29:1)

신명기 11장에 있는 마지막 두 단락은 언약 갱신이라는 상황 가운데서 축복과 저주를 취급하고 있으나, 그것들 간에는 중요한 차이가 있다. 11:26-28에서 초점은 모압 평지에 모세가 나타난 데 있다. 그러나 11:29-32에서 초점은 미래의 시기로 옮겨간다. 즉 "네 하나님 여호와께서 네가 가서 얻을 땅으로 너를 인도하여 들이실 때에 너는 그리심 산에서 축복을 선포하고 에발 산에서 저주를 선포하라"(11:29).

내부 골격의 하반부에서 상황이 뒤바뀐다. 신명기 27장은 미래에 관심을 두고 있다: "너희가 요단을 건너 네 하나님 여호와께서 네게 주시는 땅에 들어가는 날에 큰 돌들을 세우고 석회를 바르라"(27:2). 토라의 말씀은 이 돌들 위에 기록되어야 하고, 백성들은 그 돌들을 에발 산에 세우라고 명령을 받는다(27:4). 동시에 각 지파들은 "백성을 축복하기 위하여 그리심 산에 서고", "저주하기 위하여 에발 산에" 서야 한다(27:12-13). 신명기 28장에서 초점은 이스라엘 백성으로 하여금 순종을 동반한 축복과 하나님의 계명에 불순종할 때 그들에게 떨어지는 저주를 선포하면서 결단을 촉구하고 있는 모세가 살아 있는 상황으로 되돌아간다.

위의 구조의 중심 부분은 신명기 26장에 있는 마지막 단락이 되는데, 이것은 신명기 12-26장에 있는 규례와 법도의 설명에 대한 결론으로서의 기능을 하고 있으며, 또한 신명기 11장과 27장 간의 연결 고리 역할도 한다. 동시에 중추적인 핵심 내용(신 12-26장)과 신명기 27-30장에 있는 언약 의식에 관한 단락을 연결하는 또 다른 대칭 구조 내에 있는 연결 고리이기도 하다.

핵심 내용과 연결 고리로서의 신명기 26:16-19

A 첫 열매 의식 – 그 땅의 첫해	26:1-11
B 십일조 선언 – 그 땅에서의 매 3년	26:12-15
X 하나님과 이스라엘 간의 상호 위탁	26:16-19
B′ 세겜에서 미래의 언약 갱신(매 7년)	27:1-26
A′ 모압에서 모세 하에 현재의 언약 갱신	8:1-69(개역. 29:1)

하나님과 이스라엘 간의 상호 위탁에 관한 요약적 진술의 양편에서 우리는 의식 행위에 대한 두 개의 분리된 묘사를 볼 수 있다. 이 구조에서 외부 골격은 모세의 지도 하에 모압 평지에서 언약 갱신을 하고 있는 현재(혹은 그 직후)에 초점이 맞추어져 있고(신 28:1-69), 이것은 "네 하나님 여호와께서 네게 기업으로 주사 얻게

하시는 땅에 네가 들어가서 거기 거할 때"(26:1) 백성들이 약속의 땅에서 준수하라고 명령받은 첫 열매 의식과 대치되어 있다. 이 구조 단락에서 내부 골격의 상반부는 "제삼년 곧 십일조를 드리는 해에 네 모든 소산의 십일조 다 내기를 마친 후에 그것을 레위인과 객과 고아와 과부에게 주어서 네 성문 안에서 먹어 배부르게 하라"(26:12)는 명령에 초점이 맞추어져 있다. 내부 골격의 하반부는 다가오는 시대에 축복과 저주를 선포하기 위하여 지파들이 그리심 산과 에발 산에 서서 세겜에서 행할 정규적인 언약 갱신에 관심을 두고 있다.

더 큰 문학적 문맥과 함께 26:16-19에서 신명 수 사용에 관해서 라부샤뉴가 수집한 증거는 다음과 같이 요약될 수 있다.

단어	아트나 앞		아트나 뒤		
26:12-15	56	+	28	=	84
					46
26:16-18	35	+	21	=	46 (=2×23)
26:19	10	+	7	=	17
26:12-18	81	+	49 (=7×7)	=	130 (=5×26)

17(신명 수의 다른 숫자)개의 단어를 가지고 있는 신명기의 핵심 내용(신 12:26) 가운데 있는 마지막 구절은 26:12-18에 총 130(=5×26)개의 단어를 가진 직접 관련이 있는 문학적 문맥에 세심하게 구성되어 있다. 이 단락 가운데는 16-18절에 총 46(=2×23, 카보드〈כבוד, "영광"〉의 수)개의 단어가 있고 19절에 17개의 단어가 있는데, 이는 고대 서기관들("숫자를 계산하는 자들")이 야웨의 영광이란 단어 숫자로 짜 맞추었다는 사실을 상징한다.

주석

16-17 야웨와 계약을 맺으면서 이스라엘 백성들이 행한 위탁을 요약하고 있는 이 두 구절은 "규례"(חקים – 헤킴)와 "법도"(משפטים – 미슈파팀, 16, 17절)란 단어의 반복을 통하여 구성되어 있는데, 이것이 중심부(12-26장)를 감싸는 하나의 봉투 형태를 이루면서 12:1에서도 나타나며, 또한 동사 어근 차와(צוה, "명령하다")도 반복하여 나타난다: "하나님께서 네게 명하시나니"(מצוך – 메차웨카; 16절)와 "그 명령"(מצותיו – 미츠오타이우; 17절). 6:5-6과 10:12-13, 20-22에 있는 "마음

을 다하고 성품을 다하여 그것들을 행하라". "마음을 다하고 성품을 다하여" 하나님을 사랑하라, 그리고 "그 모든 도를 좇아 행하라"는 명령은 영적 지혜의 근본(=시작)인 "야웨를 경외하라"는 것이다. "오늘날"(היום – 하욤)은 모세가 이 말씀들을 했던 원래의 그 날과 언약 갱신 의식이 일어난 그 후의 날을 모두 의미한다. 헤에마르타(האמרת, "네가 선포했다")란 동사는 아마르(אמר, "말하다")의 힙힐형으로서 이 곳과 아래의 18절에만 나타난다. 왜그너(Wagner)는 이것을 "선언"이라는 의미로 번역한다(S. Wagner, *TDOT* 1:328-29). 매이즈가 말하는 바와 같이, "어떤 번역을 채용하든 간에 각 선언은 그 언약에 참여한 양편이 지켜야 할 법규를 가리키며, 언약이 체결되는 엄숙한 법적 행위를 가리키는 것이다"(Mayes[1981] 339).

18-19 이 두 구절은 야웨와 그분의 백성 간의 특별한 관계에 대한 언급으로 구성되어 있다. 즉 이스라엘 백성이 "그분의 보배로운 백성"(18절)이라는 것이다. 따라서 그들은 "야웨의 성민"(=거룩한 백성; 19절)이 되도록 부르심을 받았다. 출애굽기 19:6에 있는 평행적 본문에는 "거룩한 나라"라고 되어 있다. 그러나 신명기에서 고이(גוי, "나라")라는 단어는 매이즈가 말하는 바와 같이 비이스라엘 백성에 대해서만 사용되었다(Mayes[1981] 339). "그 말씀하신 대로"란 문구가 결론적 요약을 둘러싸는 뼈대를 이루기 위하여 반복되어 있는데, 그 부분에서 백성들은 다시 한 번 야웨의 모든 명령을 준수하여 하나님께서 자기 백성을 "그 지으신 모든 민족 위에 뛰어나게"(19절) 하여 백성들 가운데서 야웨께 찬양과 영예의 대상이 되시도록 하라는 권고를 받고 있다.

히브리 성경의 다른 어느 곳에서도 나타나지 않는 아마르(אמר, "말하다")의 힙힐형은 하나의 원인을 나타내는 의미가 아니라 의도적 의미로 취급되어야 할 것이다. 이스라엘이 하나님으로 하여금 어떤 일을 하시도록 하지 않고, 하나님께서 이스라엘로 하여금 어떤 일을 말하거나 행하게 하신다. 언약 갱신에서 하나님과 이스라엘 간에 이루어진 위탁은 상호적이다. "야웨께서 너에게 말씀하셨다"라는 번역은 프리드만이 주장한 바와 같이 그 언약관계가 결혼으로 보인다는 사실을 암시하기 위하여 의도된 것이다(M. A. Friedman, "Israel's Response to Hosea 2:17b: 'You Are My Husband,'" *JBL* 99[1980] 20 n. 14). 펔은 16-17절의 상호 위탁이 야웨와 그의 신부 이스라엘 간의 결혼 의식을 반영한다고 주장한다. 그는 그 후의 랍비 문서에서 메아마르(מאמר)가 "남편의 형제(levir)가 사용한 결혼 형식과 이혼에 대한 구두 선언의 의미를 가졌다"고 말한다(Z. W. Falk, *Hebrew Law in Biblical Times* [1964] 135).

해설

26:16-19의 간략한 권고는 고대 이스라엘에서 언약 갱신 의식에서 사용되었던 신명기 5-26장의 법의 해설에 대한 결론으로서의 기능을 하고 있다. 이것은 그 의식 중에 일어났던 일을 요약하고 있는데, 거기서 "이 날"과 "오늘날"(16, 17, 18절)이란 단어는 모세가 말했던 원래의 그 날과 그 후 그 의식이 열렸던 다음의 시기를 모두 가리킨다. 드프리스는 "오늘날"이란 단어(그리고 그와 동일한 단어)의 사용에 대해서 세부적인 연구를 했는데, 거기서 그는 다음과 같이 결론지었다: "그분의 계시는 지금이다. 그분은 살아 계시며 바로 지금 현존하신다. 이스라엘은 이 방법이나 다른 방법으로 반응해야 하는데, 이는 하나님의 음성이 들려오고 있기 때문이다. 그들이 순종해야 하는 말씀은 하늘만큼 멀리 떨어져 있는 것도 아니고 머나먼 고대에 속한 것도 아니다. 그러므로 너의 선택을 또 다른 '오늘날'로 미루지 말라!"(S. J. DeVries, "The Development of the Deuteronomic Promulgation Formula," *Bib* 55 [1974] 316; Maxwell[1987] 288-89를 보라; 이 문제에 대한 좀더 확대된 논의에 관해서는 S. J. DeVries, *Yesterday, Today and Tomorrow*[Grand Rapids, Eerdmans, 1975]를 보라).

하나님께서 모세에게 계시하신 율법의 낭독문이 완료되었고, 이제 관심은 하나님과 그분의 택하신 백성 간의 언약적 관계로 옮겨간다. 백성들은 야웨께서 자기들의 하나님이시요, 그래서 자신들이 그분에게 순종할 것이라고 엄숙하게 선언한다(17절). 그리고 하나님 편에서는 자신이 "그들을 너의 칭찬과 명예와 영광으로 그 지으신 모든 민족 위에 뛰어나게 하실 것이고" 이스라엘로 하여금 성민이 되게 할 것이라고 확언하신다(18-19절). "이 결론적 구절들은 5-11장의 요지에 암시되어 있는데, 그 곳(5-11장)에는 하나님과의 친밀하고도 인격적인 관계가 강조되어 있고, 언약 협정의 요지가 이러한 사항에 근거하고 있다. 이제 순종은 새로운 양상을 띄게 된다. 즉 그 순종은 법적 의무라기보다는 공동체의 주님 그리고 구원자와의 인격적 관계에 대한 반응이다"(Wright, *IB* 2:488).

비록 하나님의 백성으로서 이스라엘이 신명기 12-26장에 서술된 법들을 준수하라는 명령을 받기는 했을지라도, 가장 중요한 문제는 그들의 태도다. 그들이 야웨의 "보배로운 백성"으로 선택되었다는 사실은 자만(pride)의 근거가 아니다. 특권은 무거운 책임을 동반한다. 만일 그들의 하나님의 법에 대한 순종이 마음으로부터 나온다면, 하나님께서는 그들이 열국 가운데서 칭찬과 영예가 되도록 하는 방식으로 그들을 높이실 것이다.

그러나 수 세기 동안 자주 너무나 다른 상황이 이루어져 왔다. 우리는 수많은 주의 명령들에 단순히 순종하면서 외적인 일에만 초점을 맞추는 경향이 있다. 우리가 그렇게 행할 때, 우리는 하나님이 "너의 칭찬과 명예와 영광으로 그 지으신 모든 민족 위에 뛰어나게 하시는"(19절) 하나님의 "보배로운 백성"이 되는 것이 무엇을 의미하는지에 대한 안목을 잃어버린다. 그 칭찬(praise)의 대상은 이스라엘 백성이 아니다. 그는 하나님 자신이시다. 우리가 높여야 할 이름은 우리의 이름이 아니라 그분의 이름이다. 여기서 말해지는 영예는 우리의 영예가 아니라 그분의 영예다. 거룩한 백성(성민)이 된다는 것은 하나님을 위하여 따로 구별된 백성이 되는 것이며, 그러한 특별한 목적을 위하여 하나님께서는 열국 중에서 우리를 부르셨다. 하나님의 명령에 대한 준수는 하나님 앞에서 우리 자신의 옹호나 칭의의 수단이 아니다. 하나님께서는 주님 자신의 자비에 근거하여 이스라엘을 특별한 백성으로 택하셨다 – 그것은 오직 하나님의 은혜다. 하나님께서 자신의 계명에 순종하라고 하면서 우리에게 바라시는 것은, 하나님께서 우리를 사랑하시고 자기의 보배로운 백성으로 위탁하신 사실에 대해서 마음으로부터 반응하라는 것이다. 그것이 곧 열국 중에서 그분에 대한 찬송과 영예를 가져올 것이다.

C. 돌에 율법을 기록하라는 명령과 세겜에서의 언약 갱신 (27:1-26)

참고문헌

Bowman, J. "The Samaritans and the Book of Deuteronomy." *GOST* 17(1957-58) 9-18. **Bülow, S.** "Der Berg des Fluches(Ebal)." *ZDPV* 73(1957) 100-107, esp. 104 n. 14. **Eisenbeis, W.** *Die Wurzel* שלם *im Alten Testament.* BZAW 113. Berlin: de Gruyter, 1969. 234-39. **Eissfeldt, O.** "Deuteronomium und Hexateuch." *Mitteilungen des Institus für Orientforschung* 12(1966) 17-39(repr. in *KlSchr* 4:238-58). ______. "Gilgal or Shechem?" In *FS G. H. Davies.* 1970. Repr. 1983. 90-101. **Fabry, H.-J.**

"Noch ein Dekalog! Die Thora des lebendigen Gottes in ihrer Wirkungsgeschichte: Ein Versuch zu Deuteronomium 27." In *Im Gesprach mit dem dreinen Gott: Elemente einer trinitarischen Theologie. FS W. Breuning.* Dusseldorf: Patmos, 1985. 75-96. **Jaroš, K.** *Sichem: Eine archäologische und religionsgeschichtliche Studie mit besonderer Berücksichtigung von Jos 24.* OBO 11. Fribourg: Universitaires, 1976. **Langlamet, F.** *Gilgal et les récits de la traversée du Jourdain(Jos III-IV).* CahRB 11. Paris: Gabalda, 1969. 67-68, 83. **Lewy, I.** "The Puzzle of Deuteronomy 27: Blessings Announced, but Curses Noted." *VT* 12(1962) 207-11. **L'Hour, J.** "L'alliance de Sichem." *RB* 69 (1962) 5-36, 161-84. **Mölle, H.** *Der sogenannte Landtag zu Sichem.* FB 42. Würzburg: Echter, 1980. **Nielsen, E.** *Shechem: A Traditio-Historical Investigation.* 2nd ed. Copenhagen: Gad, 1959. **Schmitt, G.** *Der Landtag von Sichem.* AzT 1.15. Stuttgart: Calwer, 1964. **Schulz, H.** "Die Fluchreihe Dtn 27." In *Das Todesrecht im Alten Testament.* BZAW 114. Berlin: Töpelmann, 1969. 61-71. **Seebass, H.** "Erwägungen zum altisraelitischen System der zwölf Stämme." *ZAW* 90(1978) 196-220, esp. 213-15. **Soggin, J. A.** "Zwei umstrittene Stellen aus dem Überlieferungskreis um Schekem." *ZAW* 73(1961) 78-87. **Tsumura, D. T.** "Hab 2, 2 in the Light of Akkadian Legal Practice." *ZAW* 94(1982) 294-95. **Ulrich, E.** "4QJoshua[a] and Joshua's First Altar in the Promised Land." In *New Qumran Texts and Studies.* Ed. G. J. Brooke. Leiden: Brill, 1994.89-104. **Wächter, L.** "Das Baumheiligtum bei Sichem." *FolOr* 17 (1976) 71-86. ______. "Die Bedeutung Sichems bei der Landnahme der Israeliten." *Wissenschaftlich Zeitschrift der ... Rostock* 17(1968) 411-19. **Weinfeld, M.** "Traces of Assyrian Treaty Formulae in Deuteronomy." *Bib* 41(1960) 417-27. **Wright, G. E.** *Shechem: The Biography of a Biblical City.* New York: McGraw-Hill, 1965. **Wright, G. R. H.** "Shechem and League Shrines." *VT* 21(1971) 572-603.

1. 세겜에서의 이스라엘의 언약적 책임 실연(實演)(27:1-10)

참고문헌

Anbar, M. "The Story about the Building of an Altar on Mount Ebal: The History of Its Composition and the Question of the Centralization of the Cult." In *Das Deuteronomium.* Ed. N. Lohfink. 1985. 304-9. **Bowman, J.** "The Exegesis of the Pentateuch among the Samaritans and among the Rabbis." *OTS* 8(1950) 220-62, esp. 228. **Brichto, H. C.** *Problem of "Curse."* 1963. 184-86. **Cazelles, H.** "Les structures successives de la '*berît*' dans l'Ancien Testament." In *FS R. Martin-Achard.* 1984. 2-7, 33-46, esp. 38. **Coogan, M. D.** "Of Cults and Cultures: Reflections on the Interpretation of Archaeological Information." *PEQ* 119(1987) 1-8. **Dexinger, F.** "Das Garizimgebot im Dekalog der Samaritaner." In *FS W. Kornfeld.* 1977. 111-33, esp. 127-28. **Falk, Z. W.** "Sociological Notes on Deuteronomy." *DiIs* 3(1972) 37-43, esp. 43. **Gill, D.** "*Thysia* and *šĕlāmîm*: Questions to R. Schmid's *Das Bundesopfer in Israel.*" *Bib* 47(1966) 255-62. **Jacob ben Aaron.** "Mount Gerizim the One True Sanctuary." *BSac* 64(1907) 489-518, esp. 508. **Janowski, B.** "Erwägungen zur Vorgeschichte des israelitischen *šĕlāmîm*-Opfers." *UF* 12(1980) 231-59. **Kempinski, A.** "Joshua's Altar - An Iron Age I Watchtower." *BARev* 12.1(1986) 42-53. **Lemaire, A.** "L'inscription de Balaam trouvée à Deir ʿAlla: Épigraphie." In *Proceedings of the International Congress on Biblical Archaeology, April 1984.* Jerusalem: Israel Exploration Society, 1985. 313-25, esp. 322 **Levine, B. A.** *In the Presence of the Lord.* SJLA 5. Leiden: Brill, 1974. 3-52, 118-22. **Licht, J.** "The Biblical Claim of Establishment." *Shnaton* 4(1981) 98-128(Heb.; Eng. summary, vii). **Lods, A.** "Review of Löhr, *Deuteronomium;* Wiener, *Altars;* Siebens, *Origine.*" *RHR* 50(1929) 229-37, esp. 232-34. **MacDonald, J.** "Samaritans." *EncJud* 14:726-58. **Machlin, M.** *Joshua's Altar: The Dig at Mount Ebal.* New York: Morrow, 1991. **Merendino, R. P.** "Dt 27, 1-8: Eine literarkritische und überlieferungsgeschichtliche Untersuchung." *BZ* 24 (1980) 194-207. **Milgrom, J.** "Sacrifices and Offerings." *IDBSup.* 769. **Muhly, J.** "How Iron Technology Changed the Ancient World." *BARev* 8.6(1982) 46. **Nelson, R. D.** "Josiah in the Book of Joshua." *JBL* 100(1981) 531-40, esp. 533. **Nielsen, E.** "Historical Perspectives and Geographical Horizons: On the Question of North- Israelite Elements in Deuteronomy." In *Law, History, and Tradition.* Copenhagen: Gad, 1983. 82-92. ______. *Shechem: A Traditio-Historical Investigation.* Copenhagen: Gad, 1955. 59-61. **Rothstein, W.** *Die Juden und Samaritaner.* BWAT 3. Leipzig: Hinrichs, 1908. **Shanks, H.** "Two Israelite Cult Sites Now Questioned." *BARev* 14.1(1988) 48-52. **Vaux, R. de.** *Studies in Old Testament Sacrifice.* 1964. 32-33. **Walkenhorst, K. H.** *Der Sinai im liturgischen Verständis* *der deuteronomistischen und priesterlichen Tradition.* BBB 33. Bonn: Hanstein, 1969. **Weinfeld, M.** "The Emergence of the Deuteronomic Movement: The Historical Antecedents." In *Das Deuteronomium.* Ed. N. Lohfink. 1985. 83. **Wiener, H. M.** *The Altars of the Old Testament.* Beigabe zur *OLZ.* Leipzig: Hinrichs, 1927. **Wright, G. E.** *Shechem: The Biography of a Biblical City.* New York: McGraw-Hill, 1965. 9. **Zertal, A.** "A Cultic Center with a Burnt- Offering Altar from Early Iron Age I Period at Mount Ebal." In *Wünschet Jerusalem Frieden.* Ed. M. Augustin et al. Frankfurt: Peter Lang, 1988. 137-54. ______. "Has Joshua's Altar Been Found on Mount Ebal?" *BARev* 11.1(1985) 26-43. ______. "How Can Kempinski Be So Wrong?" *BARev* 12.1(1986) 43-53. ______. "Mount Ebal - 1983/84." In *Excavations and Surveys in Israel 1984, Vol. 3.* Jerusalem: Israel Department of Antiquities and Museums, 1985. 82-86.

본문과 운율 분석

모세와 장로들이 백성들에게 계명을 지키라고 명한다[4:5]

1 모세가 이스라엘 장로들로 더불어 백성에게 명하여 가로되 내가 오늘날 너희에게 명하는 이 명령을 너희는 다 지킬지니라

Moses and the Elders Command the People to Keep the Commandment [4:5]

1 *Now Moses / and the elders of Israel commanded /* 15 2
[a]the people[a] / saying / / 9 2
"Keep[b] / all the commandment / 10 2
that I / command you / TODAY / / 16 3_

에발 산에 있는 석회를 바른 돌에 토라를 기록하라 [(6:5):(5:6):(4:5)]

2 너희가 요단을 건너 네 하나님 여호와께서 네게 주시는 땅에 들어가는 날에 큰 돌들을 세우고 석회를 바르라

3 이미 건넌 후에 이 율법의 모든 말씀을 그 위에 기록하라 그리하면 네 하나님 여호와께서 네게 주시는 땅 곧 젖과 꿀이 흐르는 땅에 네가 들어가기를 네 열조의 하나님 여호와께서 네게 말씀하신 대로 하리니

Write the Torah on Plastered Stones on Mount Ebal [(6:5):(5:6):(4:5)]

2 And it shall be / in the day / when you cross over the Jordan / 19 3
into the land / that YHWH *your God / is giving to you / /* 23 3_
And you shall set up for yourselves / great stones / 19 2
and you shall plaster them / with plaster / / 11 2
3 *and you shall write upon them /* 10 1_
All the words / of this Torah / when you[a] cross over / / 17 3
in order / that you[a] may come into the land / 17 2_
That YHWH your God / is giving to you / 16 2
a land flowing with milk\[b] and honey / 13 1
just as YHWH God of your fathers / spoke / to you / / 20 3_

4 너희가 요단을 건너거든 내가 오늘날 너희에게 명하는 이 돌들을 에발 산에 세우고 그 위에 석회를 바를 것이며

4 *And it will be / when* you cross over the Jordan / 14 2
you shall set up / these stones / 19 2_
That I / command you / TODAY\[a] on [b]Mount Ebal[b] // 22 3
and you shall plaster them / with plaster // 10 2_

에발 산에 야웨의 제단을 세우고 희생 제사를 드리라
[(5:4):(4:5)]

Erect the Altar of YHWH on Mount Ebal and Offer Sacrifices
[(5:4):(4:5)]

5 또 거기서 네 하나님 여호와를 위하여 단 곧 돌단을 쌓되 그것에 철기를 대지 말지니라

5 *And you shall build there / an altar / to YHWH / your God //* 24 4
an altar of stones / 8 1
You shall not wield upon them[a] */ an iron tool //* 12 2

6 너는 다듬지 않은 돌로 네 하나님 여호와의 단을 쌓고 그 위에 하나님 여호와께 번제를 드릴 것이며

6 *of unhewn stones / you shall build it /* 12 2_
It is the altar[a] *of YHWH your God //* 12 1
and you shall offer upon it[b] *burnt offerings /* 14 1
to YHWH / your God // 10 2_

7 또 화목제를 드리고 거기서 먹으며 네 하나님 여호와 앞에서 즐거워하라

7 *And you shall sacrifice peace offerings*[a] */ and eat there //* 17 2
and you shall rejoice / before / YHWH your God // 18 3_

석회를 바른 돌들 위에 토라를 명백히 기록하라 [4]

Write the Torah on Plastered Stones "Very Plainly" [4]

8 너는 이 율법의 모든 말씀을 그 돌들 위에 명백히 기록할지니라

8 *And you shall write upon the stones / all the words /* 18 2
of this Torah / very plainly[a] *//* ס 16 2_

모세의 선언과 요약
[7:(7:4)]

Moses' Pronouncement and Summation [7:(7:4)]

9 모세가 레위 제사장들로 더불어 온 이스라엘에게 고하여 가로되 이스라엘아 잠잠히 들으라 오늘날 네가 네 하나님 여호와의 백성이 되었으니

9 *And Moses spoke / together with the Levitical*[a] *priests /* 20 2
to all Israel / saying // 11 2
"Keep silence / and hear / O Israel / 11 3_
THIS DAY */ you have become the people*[b] */ of YHWH / your God //* 23 4

10 그런즉 네 하나님 여호와의 말씀을 복종하여 내가 오늘날 네게 명하는 그 명령과 규례를 행할지니라

10 *and you shall hearken / to the voice / of YHWH your God //* 18 3_
And you shall observe [a]*his commandments*[a]\[b] *and his statutes /* 17 1
that / I command you / TODAY" // ס 15 3_

원문주해

1.a-a. 몇몇 LXX 증거 본문들은 에트 하암(את־העם, "그 백성")을 생략한다. 운율 분석은 MT을 지지한다.

1.b. 몇몇 히브리어 필사본들에는 MT의 샤모르(שׁמר, "지키다") 대신에 빠져 있는 모

음 부호를 붙이면서 샤모르(שָׁמוֹר)로 되어 있다. SP, Syr., Tg., Vg은 쉐므루(שָׁמְרוּ, "그들이 지켰다")로 읽는다. 명령형으로 되어 있는 부정사와 함께 MT의 보다 난해한 본문이 유지되고 있다.

3.a. 몇몇 LXX 증거 본문들과 *Tg. Ps.-J.*에는 2인칭 복수형으로 되어 있다.

3.b. 자켑카톤이 뒤따라온 파스타는 연접사가 됨.

4.a. 이 구절에서 아트나의 위치는 잘못되었으며, 하엘레(האלה, "이것들") 뒤에 나와야 한다. 하욤(היום, "오늘날") 아래 붙어 있는 티프하는 연접사로 읽혀진다.

4.b-b. SP에는 그리심 산으로 되어 있다.

5.a. 여러 히브리어 필사본들은 아바님(אבנים, "돌들")과 어울리도록 하기 위하여 헨(הֶן־, 3인칭 여성 복수)으로 읽는다.

6.a. 위치가 잘못된 아트나로 인하여 티프하는 연접사가 됨.

6.b. 자켑 파르붐이 뒤따라온 파스타는 연접사가 됨.

7.a. 몇몇 LXX 증거 본문들은 퀴리오 (토 데오 수)(κυτίῳ ⟨τῷ θεῷ σου⟩, "⟨네 하나님⟩ 주님에게")를 덧붙인다. 운율 분석은 MT을 지지한다.

8.a. 여러 히브리어 필사본들에는 빠에르(בָּאֵר, "분명하게 하도록")로 되어 있다. 1:5의 "주석"을 보라.

9.a. 몇몇 히브리어 필사본, Syr, 몇몇 LXX 증거 본문들은 와우 접속사를 덧붙여서 "제사장들과 레위인들"로 읽는다. 여기서는 MT의 보다 난해한 본문을 따랐다.

9.b. SP와 몇몇 LXX 증거 본문들은 콰도쉬(קדֹשׁ, "거룩")를 덧붙인다. 참조. 28:9.

10.a-a. Q와 카이로 게니자 단편들과 함께 미츠오타이우(מצותיו, "그의 계명들")로 읽음.

10.b. 자켑 카톤이 뒤따라온 파스타는 연접사가 됨.

양식/구조/배경

신명기 27장의 구조는 수 세기를 거쳐서 주석가들을 혼란시켜 왔다. 그 내용이 모세의 지도 아래 모압 평지에서 일어났던 사건들에 중점을 두고 있는 신명기 26장과 28장의 자연적인 흐름을 단절시키고 있다. 여기서 초점은 세겜으로 옮겨지고 있는데, 이 곳은 이스라엘 백성들이 여리고 근처의 요단 강을 건넜던 곳으로부터 다소 거리가 멀고, 또한 백성들이 단 하룻길에 여행할 수 있는 거리보다 더 멀며, 27:2을 언뜻 읽었을 때 의미하는 내용과는 상반된다.

언약 문서와 의식에 대한 중요한 예증들이 고대 근동 전역에서 나온 본문들에 보존된 수많은 국제적 학술 논문들에서 드러났다. 이 학술 논문들은 주로 헷(Hitite) 자료들로부터 알려져 있기는 하지만, 헷 사람들에게서 그 계약 형태가 기원되었다고 믿을 이유는 없다. 그러한 계약들은 성격상 본질적으로 통문화적(cross-cultural)이며, 그래서 분명히 시내 언약과 그 갱신의 구조와 성격에 영향을 끼쳤는데, 특히 신명기 27-30장에 나타난 언약 의식에 반영된 내용에 영향을 끼쳤다.

히브리 본문에 대한 운율 분석 면에서 27:1-10은 다섯 부분으로 되어 있다: 1절, 2-4절, 5-7절, 8절, 9-10절. "오늘날"이라는 시간을 나타내는 표시 앞에 있는 수의 전이는 이 첫 구절을 뒤따라오는 구절들로 분리시키고 27:2-4의 경계들을 이루고 있는데, 이 부분 역시 "요단을 건너"라는 문구의 반복으로 표시되어 있고, 그 다음에 "석회를 바르라"가 뒤따라온다. 8절 뒤에 있는 세투마 구획 표시가 8-10절을 두 부분으로 나눈다.

운율적 관점에서 구조적인 세부 사항을 더 자세히 검토하기 전에, 신명기 27장의 전체적인 구조를 재검토해 보는 것이 유익할 텐데, 이는 다음과 같이 정리해 볼 수 있다.

A 내가 오늘날 너희에게 명하는 이 명령을 너희는 다 지킬지니라	27:1
B 돌에 토라를 기록하고 에발 산에 단을 세우라	27:2-8
X 순종하라는 호소 요약	27:9-10
B′ 열두 지파의 축복과 저주 선포	27:11-13
A′ 감추어진 죄에 대해 에발 산에서 낭독된 12저주	27:14-26

이 구조에서 외부 골격은 모든 계명을 지키라는 요약적 명령(1절)으로부터 숨겨진 죄들에 관해서 에발 산에서 낭독해야 할 12저주(14-26절)로 옮겨가고 있으며, 그 중심부에는 하나님의 계명들에 순종하라는 두 번째 요약적 명령이 있다(9-10절). 내부 골격은 석회를 바른 돌에 토라를 기록하고 에발 산에 단을 세우라는 명령(2-8절)으로부터 세겜에서 열두 지파가 축복과 저주를 선포하는 데로 옮겨간다(11-13절).

27:5-6의 돌들은 다듬지 않은 돌들로서 이것으로 제단이 세워지고, 반면에 8절의 돌들은 2-4절의 커다란 석회를 바른 돌로서 여기에 모든 사람이 볼 수 있도록 토라가 새겨진다. 이 점은 1-10절의 다섯 부분으로 이루어진 대칭 구조에 비추어 볼 때 분명하게 드러나는데, 이는 다음과 같이 정리된다.

A 모세의 요약적 명령	27:1
B 에발 산에 있는 석회를 바른 돌에 토라를 기록하라	27:2-4

X 거기에 다듬지 않은 돌들로 된 단을 세우고 희생 제사를 드리라 27:5-7
B′ 석회를 바른 돌들 위에 토라를 기록하라 – 매우 분명하게 27:8
A′ 모세의 선포와 요약적 명령 27:9-10

8절과 9절의 경계는 세투마 구획 표시로 되어 있는데, 이는 9-10절이 앞의 내용과 구별되어 있으며, 또한 이것들이 신명기의 보다 큰 구조 내에서 하나의 역할을 하고 있다는 사실을 암시한다. 이 단락 전체에서 볼 때, "명령을 다"라는 문구(1절)는 8절에 있는 "이 율법의 모든 말씀"과 10절에 있는 "그 명령과 규례"란 문구를 감싸는 역할을 한다. 모든 사람이 볼 수 있도록 석회를 바른 큰 돌에 토라를 기록함으로써 거기에 모인 모든 사람들에게 신명기 전체가 분명하게 보이도록 해야 한다. "랍비의 해석은 그 가르침을 분명하게 보이도록 하라는 명령을 돌 위에 70개의 언어로 기록하여 모든 나라가 그 말씀을 읽을 수 있도록 하라는 사실을 의미하는 것으로 취급한다"(Tigay[1996] 250, *m. Sot.* 7:5; *t. Sot.* 8:6; *Tg. Ps.-J.*와 *Tg.* Yerushalmi에서 인용함).

아바님(**אבנים**, "돌들")이란 단어가 2-8절을 구성하는 장치로 그 버금 단위의 구조 중심부에 나타나는데, 그것은 다음과 같이 정리될 수 있다.

A 돌을 세우고 이 토라의 말씀을 거기에 기록하라 27:2-3
B 이 석회를 바른 돌을 에발 산에 세우라 27:4
X 거기에 야웨께 다듬지 않은 돌로 단을 세우라 27:5-6a
B′ 거기서 희생 제사를 드리고 먹고 야웨 앞에서 즐거워하라 27:6b-7
A′ 돌에 이 토라의 말씀을 기록하라 27:8

5-6절의 돌은 단이 세워지는 다듬지 않은 돌이고, 반면에 2-4절과 8절의 돌은 모든 사람이 볼 수 있도록 토라가 기록되는 큰 석회를 바른 돌이다.

그 간결성에도 불구하고, 순종하라는 이 요약적 명령이 유사한 패턴으로 정리될 수 있다는 사실을 살펴보는 일은 흥미롭다.

A 모세와 레위 제사장들이 백성에게 말한다 27:9a
B 오, 이스라엘아, 잠잠하고 들으라 27:9b
X 오늘날 너희가 하나님의 백성이 되었다 27:9c
B′ 야웨의 음성을 들으라 27:10a
A′ 너희는 내가 너희에게 명한 대로 행해야 할 것이다 27:10b-c

27장 전체의 중심부이기도 한 이 구조의 중심부에서 우리는 단순한 확증을 보게

된다: "오늘날 네가 네 하나님 여호와의 백성이 되었으니"(9d절). "들으라"는 동사는 이스라엘 백성으로 하여금 야웨의 음성을 들으라고 권고하고 있는 양편에 명령형으로 나타난다. 좀더 큰 골격은 모세(레위 제사장들과 함께)가 백성들에게 야웨께서 그들에게 행하라고 명령하신 것을 하라고 말했음을 암시한다(1:1-6a의 논의를 참조하라).

27:1-11에서 신명 수의 사용에 관해서 라부샤뉴가 수집한 증거는 다음과 같이 요약될 수 있다.

단어	아트나 앞		아트나 뒤		
27:1-4	43 (=17+26)	+	39	=	82
27:5-8	26	+	15	=	41
27:9	8	+	9	=	17
27:10	4	+	9	=	13
27:1-10	81	+	72	=	153 (=9×17)

이 단락에는 총 153(=9×17)개의 단어가 있는데, 이것은 1에서 17까지의 숫자의 합계이기도 하다. 1-4절의 아트나 앞에 43(=17+26)개의 단어가 있고, 5-8절의 아트나 앞에는 26개의 단어가 있다. 9절의 17개의 단어에 10절의 13개의 단어가 증가되어 있는데, 이는 이 단락 전체의 총 합계가 153(=9×17)이 되도록 하기 위한 것이다. 신명 수 17과 26이라는 숫자의 사용에 관해서는 특별 부록: "숫자의 합성물로서의 신명기"를 보라.

주석

[1] "모세가 이스라엘 장로들로 더불어." 이것은 모세가 백성들에게 "계명"을 준수하라고 명령하면서 장로들과 함께 결탁하여 명령하고 있는 유일한 곳이다(또한 모세가 레위 제사장들과 함께 결탁되어 있는 9절을 참조하라). 크레이기는 여기에 있는 말씀이 적절한데, 그 이유는 모세가 에발 산의 언약 갱신 의식에 참석하지 않았을 것이기 때문이라고 말한다: "그러므로 이 명령이 시행되었다는 사실을 확실하게 하는 특별한 책임이 백성의 장로들에게 주어졌다"(Craigie[1976] 327). "이 명령

을 다"라는 문구는 신명기 법 전체를 가리키는데, 이는 3절과 8절에 있는 "이 율법의 모든 말씀"과 동일하다. "내가 너희에게 명하는"이라는 문구는 "모세가 이스라엘 장로로 더불어" 말한다는 본 절의 첫 문구와 약간의 긴장관계에 있는 것으로 보인다.

2-3 "요단을 건너…는 날에"란 문구는 문자 그대로의 의미로 취급되어서는 안 되는데, 그 이유는 에발 산이 여리고로부터 30마일이나 떨어져 있고, 또한 4,000피트나 더 높기 때문이다. 그럼에도 불구하고 매이즈는 "이 구체적인 진술은 모호하게 취급되어서는 안 되고…(오히려) 요르단을 건너자마자 취해야 할 행동을 지적하고 있다"고 말한다(Mayes[1981] 340). 다른 여러 학자들과 함께 매이즈는 "이스라엘의 언약 전승이 특별히 보존되었던 세겜의 전승과, 또한 이스라엘이 그 땅에 처음 들어간 사실에 대한 비망록이 보존되었던…길갈의 전승의 의도적 합성"을 주장한다([1981] 341). 제르탈(Zertal)은 요단 강의 역사적 도하는 얍복 강이 요르단과 만나는 아담 계곡, 즉 와디 파리아(Wadi Faria) 건너편보다 실질적으로 훨씬 더 북쪽이었다고 주장한다. 이 곳은 아브라함이 "그 땅을 통과하여 세겜 땅 모레 상수리나무에 이르러…그 곳에 단을 쌓았던"(창 12:6-7) 이전 시기에 가나안으로 들어갔던 곳이다. 만일 그렇다면 길갈은 에발 산 근처에 위치해 있었을 것이고, 여기서 그 날에 큰 석회를 바른 돌을 세우고 다듬지 않은 제단을 세우라는 지시는 문자 그대로 취급되어야 할 것이다. 언약 의식은 약속의 땅의 세겜 근처에 이스라엘이 첫 번째 장막을 쳤던 곳에서 일어났을 것이다. 그들이 그 곳에 장막을 치고 있었던 동안 여러 가지 중대한 사건들이 일어났다: 여호수아가 광야 여행 길에서 태어난 모든 남자들에게 할례를 행했고, 백성들이 그 땅에서 첫 번째 유월절을 지켰으며, 만나가 그쳤고, 백성들이 그 땅의 산물을 먹었으며, 이스라엘 사람들이 그 곳으로부터 땅을 정복하기 위한 군사 출정을 시작했다. 그 후 그 "정복"은 봄철의 유월절 절기에 의식을 통하여 반복적으로 거행된 정복 축하 잔치에서 여리고와 아이에 대한 야웨의 성전의 주요 초청으로 자리매김을 하게 되었다.

티개이는 석회 위에 기록하는 것은 "돌에 발라진 석회를 통과하여" 본문을 새겨 넣음으로써 이루어졌는데, 그것은 "흰 석회가 글자들의 검은 색깔을 두드러지게 했을 것"이라고 생각한다(Tigay[1996] 248). "젖과 꿀이 흐르는 땅"이란 문구에 관해서는 6:3의 "주석"과 그 곳의 참고서적에 인용된 문서를 보라.

4 에발 산의 정상은 모세가 느보 산에서 보았던 약속의 땅에 대한 놀라운 전경을 대부분 바라볼 수 있도록 열려 있다(참조. 34:1-3). 세겜의 고대 성읍은 에발

산과 그 근처의 그리심 산 정상의 1,200피트 아래쪽으로 있는 골짜기에 자리잡고 있으며, 그 곳은 이스라엘 전승에서 하나의 중요한 유적지였다(창 33:19, 20; 수 24장). 아담 제르텔의 발굴로 에발 산의 초기 철기 시대의 것인 구조물이 드러났는데, 여러 학자들은 이를 여호수아의 제단이었던 것으로 믿는다(WBC 6A권의 앞부분에 있는 미술가의 약도에 대한 그림과 Machlin, *Joshua's Altar*, 112를 보라). "이것이 오해하게 만들고 있고, 궁극적으로는 성경 고고학자의 보다 큰 역사적 임무인 [그것이] 이스라엘 사람의 것이었다고 추정하는 데는 도움이 되지 못한다"는 쿠건(Coogan)의 결론에도 불구하고(*PEQ* 119[1987] 1-8), 사실은 성경 기사 면에서 일반적인 모습으로 남아 있다. 몇몇 학자들은 SP에서 "에발" 대신 "그리심"으로 읽는 독법이 원문이며, MT의 그 다음에 있었던 변형은 고대 사마리아 논쟁으로 설명되어야 할 것이라고 주장한다(참조. Bülow, *ZDPV* 73[1958] 104 n. 14; Mayes[1981] 341). 그 산에서 유월절을 축하하는 사마리아 전승은 세겜에 있었던 원 중앙 성소에서의 언약 갱신이 거기서 더 이상 준수되지 않았던 후대에 생겨난 축복과 결합되었다는 것이 더 그럴듯하다. 그 즈음에 순례 절기로서의 유월절 축하가 이미 여리고 근처에 자리잡은 길갈의 야영 진지에서 매년 열렸다. 4절 하반절의 "그리고 그 위에 석회를 바를 것이며"란 명령이 문학적 버금 단위인 2-4절을 둘러싸는 하나의 골격 형태를 이루도록 2절에서 반복된다.

5-7 출애굽기 20:25의 규정에 따르면, "돌로 된 단"은 다듬지 않은 돌로 세워진 단이었다. 그러한 하나의 제단이 아라드(Arad)에서 있었던 발굴과 여러 가나안의 초창기 유적지에서 발견되었다. 종교적 의식과 관련하여 "철연장"의 사용을 금하는 이유는 알려져 있지 않다. 시내 산 언약에서 드려졌던 "번제"와 "화목제"에서(출 24:5) 고기의 대부분은 헌제자가 먹었으며, 그래서 그 제사는 하나의 잔치에 어울렸다. 르바인(Levine)은 여기서 "화목제"로 불린 것이 "고대의 희생 제사의 하나로서 왕국 시대 이전에 이스라엘 제의에 도입되었을 것이라고 주장한다"(Levine, *In the Presence of the Lord*, 45). 그것은 특히 후기에 칠칠절이라는 상황에서 정규적인 공예배의 한 요소가 되었다.

8 여기에 나오는 "돌들"은 단의 다듬지 않은 돌들(5-7절)이 아니라 2-4절의 석회를 바른 돌들을 가리킨다. "명백히"(באר היטב – 바에르 헤테브)로 번역된 문구는 히브리 성경의 다른 곳에서 기록된 진술을 명확하거나 뚜렷하게 만든다는 의미로 신명기 1:5과 하박국 2:2에서만 나타난다. 성경 후기 히브리어에서 삐우르(בֵּיאוּר) 란 단어는 해석 혹은 주석을 의미한다. 추무라(Tsumura)는 "신성 재판, 맹세 혹은

증거에 연루되어 있는 법적 절차를 통하여 진정한 법적 상황(소유권, 책임 등)을 수립하다"를 의미하는 아카드어 바루(*bâru*)의 D 어간인 부루(*burru*)와 동일하다고 주장했다(Tsumura, *ZAW* 94[1982] 294-95).

9-10 "모세가 레위 제사장들로 더불어"란 문구에 관해서는 위의 1절을 보라. 흥미롭게도 3인칭의 연설(9절)로부터 1인칭 단수의 연설인 "내가 네게 명하는"으로의 전환이 하나의 문학적 단위인 1-10절을 둘러싸는 봉투 형태를 취하도록 하기 위하여 1절의 용법과 동일하게 나타난다는 사실이 드러난다. 1, 9, 11, 14절에서 모세의 이름과 함께 그리고 그 이름이 없이 지도권의 호칭이 특이하게 무리지어 있는 점은 본 장의 네 개의 주요 단락의 시작에 대한 수사학적 표시로서의 역할을 하고 있다: 1-8절, 9-10절, 11-13절, 14-26절. "너는 그 명령과 규례를 행할지니라"(10절)는 문구는 매이즈가 말하는 바와 같이 26:16-19의 내용과 연결되고 있다(Mayes [1979] 343). "온 이스라엘"(כל־ישראל – 콜-이스라엘; 9절) 역시 신명기 전체를 둘러싸는 봉투로서의 역할을 한다(1:1과 34:12에서).

해설

신명기는 고대 이스라엘 문화의 본질을 이루고 있다. 그러한 신명기의 내용은 그 나라의 실체인 각 구성원에게 전달되도록 해야 할 필요가 있었다. 그러한 목적을 위해서 본서는 세겜에서 있었던 언약 갱신의 공적 준수의 일부분이 되었다. 메소포타미아의 함무라비 법전처럼 히브리어로 된 신명기 본문에 기록된 모세의 법전은 그들로 하여금 에발 산에서 희생 제사를 드리기 위하여 모였을 때 보도록, 그리고 모세와 그의 후계자 여호수아 당시에 있었던 야웨의 성전을 기억하도록 모든 사람을 위하여 커다란 돌비에 새겨져야 했다.

음악적인 낭독을 통하여 그리고 공적인 절기에 극에서의 연기를 통하여 일반 백성들의 심령과 마음속에 신명기의 내용을 심어 주기 위해서 고대 이스라엘에서는 수많은 노력이 있었다. 이 본문은 모든 사람이 보도록 하기 위하여 공개적으로 전시가 되었고, 에발 산에서 있었던 희생 제사의 초점이었던 제단 옆에 커다란 석회가 발라진 돌비에 적혀 있었다. 바로 그 본문이 레위 제사장들에 의하여 노래로 불려지고 예배자들도 그것을 기억하도록 위탁되었다.

기독교회는 이 점에서 고대 이스라엘의 그러한 모범으로부터 많은 것을 배울 수 있다. 아이들이 3학년에서 4학년으로 올라갈 때 우리 자녀들에게 성경을 한 권씩 손에 쥐어 주는 것만으로는 충분하지 않다. 우리는 공예배에서 본문 자체를 두드러지게 보이도록 전시하는 것을 포함하여 여러 가지 수단을 통하여 우리 모든 백성들의 심령과 마음속에 성경의 내용을 심어 주는 방법들을 찾아내야 한다.

오늘날 복음적인 교회 내에서 볼 수 있는 현대 예배의 이상한 특징 가운데 하나는 예배 자체를 끝맺을 때 성경 본문의 공적 낭독이 없다는 것이다. 많은 시간 동안 찬양의 노래들을 부르고 그것들 중에 많은 노래가 단순하게 성경의 본문들을 음악 곡조에 맞추어 넣은 것이다. 그렇지만 담임목사가 하는 아침 설교의 본문이 되는 말씀 이외에 지극히 적은 시간만이 성경을 낭독하는 것을 듣는 데 할애되고 있다. 우리는 에발 산에서 고대 이스라엘 사람들이 신명기를 보고 들어 체험했던 방식으로 공예배에서 성경 전체를 강해하는 방법들을 찾아내야 한다.

신명기 본문이 모든 사람이 볼 수 있도록 큰 돌비에 기록된 이유는 백성들로 하여금 "내가 오늘날 너희에게 명하는 이 명령을 너희는 다 지키도록"(27:1) 하기 위해서였다. "이 토라의 모든 말씀"이라는 본문은 모든 사람이 하나님께서 그들에게 요구하시는 것이 무엇인지를 알도록 "매우 명백히"(8절) 기록되어야 했다(8절). 우리는 오늘날 이 같은 목적을 좀더 효과적으로 이루기 위한 방법들을 찾아내야 한다. 만약 우리가 하나님을 사랑한다면, 우리는 "우리의 온 마음과 온 성품을 다하여" 그분의 계명들을 지킬 것이다. 우리는 실제로 "보배롭고도" "거룩한 백성"이다. 그러나 만일 우리가 참으로 "여호와께서 너의 칭찬과 명예와 영광으로 그 지으신 모든 민족 위에 뛰어나게"(신 26:18-19) 되어야 한다면, 우리는 하나님의 법이 모든 사람이 보도록 우리의 마음판과 심령에 기록되어 있다는 사실을 보여 주어야 한다(참조. 렘 31:31-33).

2. 세겜에서의 지파들의 위치와 저주의 낭독(27:11-26)

참고문헌

Alt, A. *Essays on Old Testament History and Religion.* 1966. 114-15, 147-48, 155-57, 161-68. **Bellefontaine, E.** "The Curses of Deuteronomy 27: Their Relationship to the Prohibitives." In SBTS 3:256-68. ______. "A Study of Ancient Israelite Laws and Their Function as Covenant Stipulations." Diss., Notre Dame, 1973. **Brichto, H. C.**

Problem of "Curse." 1963. 77-96, 132-35. **Broyde, M. J.,** and **Weiner, S. S.** "A Mathematical Analysis of the Division of the Tribes and the Role of the Levites on Grizim and Aval in Deuteronomy 27." *Tradition* 27(1992) 48-57. **Buis, P.** "Deutéronome XXVII 15-26: Malédictions ou exigences de l'alliance?" *VT* 17(1967) 478-79. **Cardascia, G.** "Egalité et inégalité des sexes en matière d'atteinte aux moeurs dans le Proche-Orient ancien." *WO* 11(1980) 7-16, esp. 12. **Daube, D.** "The Culture of Deuteronomy." *Orita* 3(1969) 27-52, esp. 38-39. ______. "Some Forms of Old Testament Legislation." In *Oxford Society of Historical Theology: Abstracts of Proceedings for the Academic Year 1944-45.* 36-46, esp. 39. **Fensham, F. C.** "Aspects of Family Law in the Covenant Code in Light of Ancient Near Eastern Parallels." *DiIs* 1(1969) 5-19, esp. 15-16. **Garbini, G.** "Il Sangue dell'innocente." In *Atti della Settimana Sangue e Antropologia nela letteratura cristiana.* Ed. F. Vattioni. 3 vols. Rome: Pia Unione Preziosissimo Sangue, 1983. 1:513-24. **Good, E. M.** "Capital Punishment and Its Alternatives in Ancient Near Eastern Law." *SLR* 19(1967) 947-77, esp. 959-60. **Hoffner, H. A.** "Incest, Sodomy and Bestiality in the Ancient Near East." In *FS C. H. Gordon.* 1973. 81-90. ______. "Some Contributions of Hittitology to Old Testament Study." *TynBul* 20(1969) 27-55, esp. 41-42. **Klopfenstein, M. A.** *Scham und Schande nach dem Alten Testament.* ATANT 62. Zurich: Theologischer Verlag, 1972. 190-93. **Lewy, I.** "The Puzzle of Deuteronomy 27: Blessings Announced, but Curses Noted." *VT* 12(1962) 207-11. **Mitchell, T. C.** "The Meaning of the Noun ḤTN in the Old Testament." *VT* 19(1969) 93-112, esp. 112. **Nielsen, E.** *Shechem: A Traditio-Historical Investigation.* Copenhagen: Gad, 1955. 39-85, 315-57. **Phillips, A.** "Uncovering the Father's Skirt." *VT* 30(1980) 38-43. **Schottroff, W.** *Der altisraelitische Fluchspruch.* WMANT 30. Neukirchen-Vluyn: Neukirchener Verlag, 1969. **Schulz, H.** *Das Todesrecht im Alten Testament.* BZAW 114. Berlin: Töpelmann, 1969. 61-71 **Seebass, H.** "Garizim und Ebal als Symbol von Segen und Fluch." *Bib* 63(1982) 22-31. **Smith, W. R.** *Kinship and Marriage.* 1903. 191-98. **Sole, F. M.** "La Proprietà fondiaria in Israele." *PalCl* 43(1964) 673-76. **Steinmetzer, F. X.** *Die babylonischen Kudurru(Grenzsteine) als Urkundenform.* SGKA XI 4/5. Paderborn, Schoningh, 1922. ______. "Über den Grundbesitz in Babylonien zur Kassitenzeit nach den sogenannten Grenzsteinen dargestellt." *Der Alte Orient* 19(1919). **Tigay, J.** *You Shall Have No Other Gods.* HSS 31. Atlanta: Scholars Press, 1986. 91-96. **Wallis, G.** "Der Vollbürgereid in Dt 27, 15-26." *HUCA* 45(1974) 47-63. **Weinfeld, M.** *DDS.* 147. ______. *Deuteronomy 1-11.* 1991. 253-54. ______. "The Origin of the Apodictic Law: An Overlooked Source." *VT* 23(1973) 63-75, esp. 63-65. ______. "Social and Cultic Institutions in the Priestly Source against Their Ancient Near Eastern Background." In *Proceedings of the Eighth World Congress of Jewish Studies Panel Sessions: Bible Studies and Hebrew Language.* Jerusalem: World Union of Jewish Studies, 1983. 95-129, esp. 105-6. ______. "Zion as a Religious Capital." In *The Poet and the Historian.* Ed. R. E. Friedman. Chico, CA: Scholars Press, 1983. 81-85. **Wilson, C. W.** "Ebal and Gerizim, 1866." *PEQ*(April 1873) 66-70.

본문과 운율 분석

그리심 산과 에발 산에서 백성들의 배치와 첫 번째 저주
[(6:3):(4:4):(4:4)][3:6]

11 모세가 당일에 백성에게 명하여 가로되

12 너희가 요단을 건넌 후에 시므온과 레위와 유다와 잇사갈과 요셉과 베냐민은 백성을 축복하기 위하여 그리심 산에 서고

13 르우벤과 갓과 아셀과 스불론과 단과 납달리는 저주하기 위하여 에발 산에 서고

14 레위 사람은 큰 소리로 이스라엘 모든 사람에게 말하여 이르기를

15 장색의 손으로 조각하였거나 부어 만든 우상은 여호와께 가증하니 그것을 만들어 은밀히 세우는 자는 저주를 받을 것이라 할 것이요 모든 백성은 응답하여 아멘 할지니라

Positioning on Mounts Gerizim and Ebal and the First Curse
[(6:3):(4:4):(4:4)] [3:6]

11 *And Moses commanded / the people / IN THAT DAY / saying //* 21 4

12 *these / shall stand /* 7 2_
To bless the people[a] *on* [b]*Mount Gerizim*[b] / 17 1
when you cross / the Jordan // 9 2_
Simeon / and[c] Levi and[c] Judah / and[c] Issachar / 20 3
and[c] Joseph and Benjamin // 12 1

13 and these / shall stand |[a] for the curse / on Mount Ebal // 21 4_
Reuben / Gad and Asher / 12 2
[and][b] Zebulun / Dan[c] and Naphtali // 14 2_

14 And the Levites shall respond / and they shall say / 15 2
to every man in Israel / with a loud voice // ס 13 2_

15 Cursed is the man / who makes a graven or molten image / 21 2
an abomination to YHWH / 7 1_
A work / by hands of a craftsman / 11 2
and he sets it up in secret // 7 1
And all the people shall respond / 10 1
and they shall say / Amen // ס 10 2_

에발 산으로부터 사회적인 죄들에 관한 네 개의 저주
{[5][5][6]}

16 그 부모를 경홀히 여기는 자

Four Curses on Social Sins from Mount Ebal {[5] [5] [5] [6]}

16 Cursed is the one / who dishonors[a] his father / or his mother // 15 3

는 저주를 받을 것이라 할 것이요 모든 백성은 아멘 할지니라	and all the people shall say[b] / Amen // ס	15	2_
17 그 이웃의 지계표를 옮기는 자는 저주를 받을 것이라 할 것이요 모든 백성은 아멘 할지니라	**17** Cursed is the one / who moves back / his neighbor's landmark //	16	3
	and all the people shall say / Amen // ס	15	2_
18 소경으로 길을 잃게 하는 자는 저주를 받을 것이라 할 것이요 모든 백성은 아멘 할지니라	**18** Cursed is the one / who misleads a blind man / in the way //	13	3
	and all the people shall say / Amen // ס	13	2_
19 객이나 고아나 과부의 송사를 억울케 하는 자는 저주를 받을 것이라 할 것이요 모든 백성은 아멘 할지니라	**19** Cursed is the one / who perverts[a] / justice for alien [b]orphan /	14	3
	and widow //	6	1
	and all the people shall say / Amen // ס	13	2_
에발 산으로부터 성적인 범죄에 대한 네 개의 저주 {[5][5][5][5]}	**Four Curses on Sexual Sins from Mount Ebal** {[5] [5] [5] [5]}		
20 계모와 구합하는 자는 그 아비의 하체를 드러내었으니 저주를 받을 것이라 할 것이요 모든 백성은 아멘 할지니라	**20** Cursed is the one / who lies\[a] with his father's wife /	16	2
	because he has removed\[b] his father's garment //	11	1
	and all the people shall say / Amen // ס	15	2_
21 무릇 짐승과 교합하는 자는 저주를 받을 것이라 할 것이요 모든 백성은 아멘 할지니라	**21** Cursed is the one / who lies / with any beast //	15	3
	and all the people shall say / Amen // ס	15	2_
22 그 자매 곧 그 아비의 딸이나 어미의 딸과 구합하는 자는 저주를 받을 것이라 할 것이요 모든 백성은 아멘 할지니라	**22** Cursed is the one / who lies\[a] with [b]his sister /	14	2
	the daughter of his father\[c] or daughter of his mother[b] //	11	1
	and all the people shall say / Amen // ס	13	2_
23 장모와 구합하는 자는 저주를 받을 것이라 할 것이요 모든 백성은 아멘 할지니라	**23** Cursed is the one / who lies / with his mother-in-law //	14	3
	and all the people shall say / Amen // ס	13	2_
	Two Curses on Social Sins from Mount Ebal {[5] [5]}		
24 그 이웃을 암살하는 자는 저주를 받을 것이라 할 것이요 모든 백성은 아멘 할지니라	**24** Cursed is the one / who strikes down his neighbor / in secret //	17	3
	and all the people shall say / Amen // ס	15	2_
25 무죄자를 죽이려고 뇌물을 받는 자는 저주를 받을 것이라 할 것이요 모든 백성은	**25** Cursed is the one / who takes a bribe /	12	2
	so as to strike down a life\[a] (taking) [b]innocent blood[b] //	12	1
	and all the people shall say / Amen // ס	13	2_

아멘 할지니라

이 토라의 말씀을 지키지 않은 사람들에 대한 마지막 저주 [6]

26 이 율법의 모든 말씀을 실행치 아니하는 자는 저주를 받을 것이라 할 것이요 모든 백성은 아멘 할지니라

Final Curse on Those Who Do Not Keep the Words of This Torah [6]

26 Cursed is he / who does not uphold /	12	2
⟨all⟩[a] the words of this Torah /	13	1
[b]To do them[b] //	8	1
and all the people shall say / Amen // פ	<u>15</u>	2_

원문주해

12.a. 자켑 파르붐이 뒤따라온 파스타는 연접사가 됨.

12.b-b. B와 SP에 반대하여 MT와 함께 게리짐(גרזים, "그리심")으로 읽음. B와 SP는 운의 숫자 면에서 보다 근접한 균형을 이루도록 하기 위하여 게리찜(גרזים)으로 읽는다. 이 단어는 다섯 개의 운각으로 계산된다.

12.c. 몇몇 히브리어 필사본들, LXX, Vg에 반대하여 모든 네 개의 경우에 운율 분석에 기초해서 MT와 함께 와우 접속사로 읽음.

13.a. 여기서 메텍+메레카로 인하여 이접사가 됨.

13.b. 몇몇 히브리어 필사본과 SP와 함께 와우 접속사를 삭제함.

13.c. MT와 함께 읽음. Syr은 와우 접속사를 덧붙인다.

16.a. MT와 함께 마클레(מַקְלֶה, "그가 망신시킨다")로 읽음. 두 개의 히브리어 필사본에는 메콸렐(מְקַלֵּל)로 되어 있다.

16.b. 이 곳과 17-26절에 있는 이 반복구에서 필자는 MT와 함께 단수로 읽었다. SP에는 복수로 되어 있다.

19.a. 몇몇 히브리어 필사본과 B에는 마테(מַטֶּה, "그가 외곡시키다")가 아닌 마테(מַטֵּה)로 되어 있는데 그 의미는 변하지 않는다.

19.b. LXX과 Syr은 와우 접속사를 덧붙인다. 운율 분석은 MT을 지지한다.

20.a. 무나흐가 뒤따라온 파스타는 연접사가 됨.

20.b. 위치가 잘못된 아트나로 인하여 티프하는 연접사가 됨.

22.a. 자켑 파르붐이 뒤따라온 파스타는 연접사가 됨.

22.b-b. 몇몇 LXX 증거 본문들은 אחות אביו ואמו("그의 아비와 그의 어미의 자매들")로 읽는다. 운율 분석은 MT을 지지한다.

22.c. 위치가 잘못된 아트나로 인하여 티프하는 연접사가 됨.

25.a. 위치가 잘못된 아트나로 인하여 티프하는 연접사가 됨.

25.b-b. B에는 MT의 땀 나퀴(דם נקי, "무죄한 피")와 같은 의미인 땀 나퀴이(נקי[א] דם)로 되어 있다. 참조. 19:10과 욘 1:14.

26.a. 소수의 히브리어 필사본들, SP 그리고 대부분의 LXX 증거 본문들과 함께 콜(כל, "모든")을 덧붙이고 있음. 이 단어를 복원하는 것은 27:11-26 전체의 신명(神名) 수(數) 사용에 들어 있는 패턴을 완성한다("양식/구조/배경"에 있는 논의를 보라).

26.b-b. SP에는 MT의 라아소트 오탐(לעשות אותם, "그들에게 행하다") 대신에 라아소탐(לַעֲשׂוֹתָם, "그들에게 행하다")으로 되어 있다. 운율 분석은 MT을 지지한다.

양식/구조/배경

이 단락을 해석하는 데는 심각한 문제가 있다. 27:11-13을 해석하는 데는 두 가지 방법이 있다. 전치사 알(על, 12절)을 알-몰(אל־מול, "…의 앞에"; 수 8:33)과 동일한 단어로 읽거나 혹은 한 개 이상의 의식을 취급하는 것으로 이해하는 것이다. 일을 더 복잡하게 하는 것은 12절이 "그리심 산에 축복하기 위하여" 여섯 지파가 서 있는 것으로 언급하고 있으나, 신명기 28장에 이르기까지 본문에 아무런 축복이 나타나 있지 않다는 사실이다. 이러한 상황을 설명하는 가장 좋은 방법은 신명기 27-28장 전체라는 보다 큰 문학적 구조 내에서 27:11-26이 갖는 기능을 보는 것인데, 이는 다음과 같이 정리할 수 있다.

A	세겜 의식 – 돌들에 새겨진 토라와 에발 산에서의 희생 제사	27:1-10
B	세겜에서 지파들의 배치 – 12저주의 연창 B	27:11-26
X	모세의 지도 아래 모압에서의 여섯 개의 의식상의 축복들	28:1-14
B′	구 세겜 의식을 반영하는 여섯 개의 의식상의 저주들	28:15-19
A′	모압 의식 – 언약적 저주에 대한 해석과 확장	28:20-69

이 구조를 살펴보면 우리가 신명기 27-28장에서 하나 이상의 언약 의식, 즉 모세의 지도 아래 모압 광야에서 있었던 언약 갱신과 여호수아의 지도 아래 약속의 땅에서 예상된 언약 갱신을 취급하고 있다는 사실이 명백하게 드러난다. 여호수아서에 나오는 세겜에서의 언약 갱신은 고대 이스라엘의 삶에서 예배 체험 절차의 일부분이 되었다.

위의 구조 가운데 외부 골격은 여호수아 아래서 약속의 땅 세겜에서 언약 갱신을 하기 위하여 예상된 배경에 대한 묘사(27:1-10)로부터 모압 평지에서 모세가 진술한 언약적 저주에 대한 세부적인 해석과 확장(28:20-69)으로 옮겨간다. 내부 골격은 축복과 저주를 하기 위하여 그리심 산과 에발 산에 12지파의 배치에 대한 묘사 – 이것은 그 상황에서 낭송되어야 할 12저주의 연창(27:11-19)을 포함한다 – 로부터 모압에서 있었던 언약 갱신이라는 원래의 의식 중 여섯 개의 의식상의 저주들(28:15-19)로 옮겨간다. 이 여섯 개의 의식상의 저주들에 앞서서 이 구조의 중심부에 있는 상응하는 여섯 개의 의식상의 축복들이 나온다(28:1-14).

그리심 산에서 사마리아 공동체가 계속해서 준수했던 유월절 의식을 볼 때(16:1-8의 "해설"을 보라) 세겜에서의 그 절기 준수와 언약 갱신이라는 상황에서 신명기 27장과 여호수아 8:30-35에 묘사된 이 두 사건이 일어났던 장소들이 있다는 사실이 드러난다. 특히 매년 사마리아인의 의식의 마지막 날은 모든 남성들이 긴 찬양과 기도, 그리고 성경 본문으로 엮어진 하나님께 드리는 찬송을 낭송하기 위하여 그리심 산 꼭대기로 올라가는 이른 아침에 시작된다. 신명기 27장의 두 산에서 지파 대표자들이 하는 축복과 저주의 응답송 낭송은 두 산을 대면하고 있는 전 공동체 총회의 공동 경험과 완전한 조화를 이룬다(수 8:33).

운율 구조 면에서 27:11-26은 두 개의 주요 단락으로 되어 있는데, 이 가운데 첫 번째 것은 다시 두 부분으로 나누어진다(11-14절과 15절).

27:11-15	열두 지파의 배치
27:16-26	에발 산에서 레위인들이 낭송한 12저주

첫 번째 운율 단위(27:11-15)의 경계들은 12절에서 세투마 구획 표시와 수의 전이(2인칭 단수로부터 2인칭 복수로 전환)로 표시되어 있다. 그러나 14절의 끝과 개개의 저주들을 서술하고 있는 뒤따라오는 각 구절들 다음에 또 다른 세투마 구획 표시가 있다는 사실을 유념해야 할 것이다. 따라서 이 구조는 일차적으로 내용에 근거하여 결정되는데, 이는 다음과 같이 정리할 수 있다.

12지파의 축복과 저주 선포	**27:11-14**
A 백성들을 축복하기 위하여 그리심 산에 설 것이요	11-12a절
B 시므온, 레위, 유다, 잇사갈, 요셉, 베냐민은	12b절
X 에발 산에 저주하기 위하여 설 것이라	13a절
B′ 르우벤, 갓, 아셀, 스불론, 단, 납달리는	13b절
A′ 그리고 레위인들은 큰 소리로 응답할 것이라	14절

비밀리에 짓는 죄들에 대하여 레위인들이 선포한 12저주	**27:15-26**
A 첫 번째 저주: 하나님과의 관계에 대하여(하나님의 형상을 만드는 것)	15절
B 사회적 죄에 관한 네 개의 죄	16-19절
X 성적인 죄에 관한 네 개의 저주(근친상간과 수간)	20-23절

B′ 사회적 죄에 관한 두 개의 저주 24-25절
A′ 요약적 저주: 하나님과의 관계에 대하여(토라 지킴) 26절

27:14 다음의 경계는 세투마 구획 표시와 27:15-26에 뒤따라오는 12저주를 선포하도록 하기 위한 레위인의 선발을 통하여 표시되어 있다.

여기에 서술된 죄들의 목록은 다른 곳, 즉 토라, 선지서, 시편에 나타나는 대표적인 목록들과 유사하다(참조. 겔 18장; 시 15편). 하나님과의 관계가 이 목록들 가운데 포함되어 있는 곳에서는 그 문제가 언제나 첫 번째 위치를 차지하고 있다. 여러 학자들은 일련의 원래의 10개의 저주들을 지지하여 주장했다. 매이즈가 도달한 결론은 시의적절하다: "여러 법들에 관한 암시 가운데서 야웨의 백성들의 삶의 특성을 나타내었음에 틀림없는 율법과 도덕 분야 전체를 상기시키기 위한 대표적인 방법으로서의 기능을 할 수 있다"(Mayes[1981] 345-46).

27:15-26의 저주들은 루이(Lewy, *VT* 12[1962] 207-11)와 다른 사람들이 주장해 온 바와 같이 11-14절에 묘사된 의식이 아니다. 그것들은 여기서 보다 큰 대칭구조 패턴의 일부분으로 묘사되어 있다. 특히 레위인들이 에발 산에서 낭독한 12저주는 26:16-19에 있는 하나님과 이스라엘 백성들 간의 상호 위탁과 대칭되어 있다. 그들은 토라를 준수하지 않을 경우 어떤 일이 일어날 것인지를 상세히 설명하고 있는데, 이스라엘은 야웨께서 바라시는 "거룩한 민족"이 되지 못할 것이다.

축복의 삭제에 관해서 크레이기가 도달한 결론은 믿을 만하지 못하다: "28:3-6에 있는 축복의 본문이 28:16-19에 있는 저주와 비교될 때, "여기에 언급되지 않은 12개의 축복들이 이미 진술되어 있는 12개의 저주들의 정확한 반전이 되리라는 것은 개연성이 없다"(Craigie[1976] 331).

27:11-26에서 신명 수의 사용에 관해서 라부샤뉴가 수집한 증거는 26절 상반절에서 콜(כל, "모두")이라는 단어의 첨가를 통하여 수정되는데, 이는 다음과 같이 정리될 수 있다.

단어	아트나 앞		아트나 뒤		
27:11	7	+	9	=	7
27:12-15	39	+	17	=	56
27:16-19	18	+	16	=	34 (=2×17)
27:20-23	27	+	16	=	43 (=17+26)
27:24-26	22	+	12	=	34 (=2×17)

27:12	11	+	6	=	17
27:12-13	17	+	12	=	29
27:12-14	26	+	12	=	38
27:15-16	17	+	9	=	26
27:15-17	21	+	13	=	34 (=2×17)

11절의 처음 일곱 개의 단어들을 뒤따라 나오는 각 버금 단위들은 신명 수 17과 26 중 하나나 혹은 모두를 사용하고 있다. 12절에는 17개의 단어들이 있는데, 이것은 그리심 산에서 선포된 축복과 관련된 것이다. 축복과 저주를 하기 위해서 그리심 산과 에발 산에 12지파를 배치하는 것에 관해서 말하고 있는 12-14절 전체에서는 아트나 앞에 26개의 단어가 있다. 첫 번째 저주(15절)를 내포하고 있는 12-15절에서는 아트나 뒤에 17개의 단어가 있다. 처음 두 저주를 말하고 있는 15-16절에는 아트나 앞에 17개의 단어가 있고, 총 26개의 단어가 있다. 처음 세 개의 저주를 내포하고 있는 15-17절에는 총 34(=2×17)개의 단어가 있다. 그리고 에발 산에서 선포된 네 개의 사회적인 죄에 관해서 말하고 있는 16-19절에는 총 34(=2×17)개의 단어가 있다. 에발 산에서 선포된 네 개의 성적인 범죄에 관하여 말하고 있는 20-23절에는 총 43(=17+26)개의 단어가 있다. 그리고 에발 산으로부터 선포된 마지막 세 개의 저주에 관해서 말하고 있는 24-26절에는 34(=2×17)개의 단어가 있다. 신명 수가 본문 자체가 성립되는 주요 숫자 패턴인 것으로 보이는데, 하나님의 이름이 히브리 본문의 구조 속으로 세심하게 짜여져 있는 구조를 수립하도록 한 버금 단위를 다른 버금 단위에서 확장하고 있다.

주석

12-13 "그리심 산"과 "에발 산"이 축복과 저주 언약과 결합된 사실에 관해서는 11:29에 대한 "주석"과 삽화 4를 보라. 티개이는 레위인들의 선언이 [백성들이] 그 산비탈에 서 있을 경우 가장 잘 들을 수 있었을 텐데, 그 이유는 본문이 실질적으로 그 산의 꼭대기가 아니라 "…에"(on)라고 진술하기 때문이라고 주장한다(Tigay [1996] 252).

15 12개의 저주(15-26절)에 들어 있는 첫 번째 저주는 "새긴 우상이나 부어 만든 우상"을 말하고 있는 십계명의 처음 두 계명의 파기에 관해서 말하고 있다. 아루르(ארור, "저주받은")란 단어는 브릭토에 의하면 "재앙을 받기로 정해진"을 의미

한다(Brichto, *Peoblem of "Curse,"* 77). 이 단어는 빠루크(ברוך, "축복을 받다")와 반대어다. 페쎌(פסל, "새긴 형상")은 우상으로 번역되는데, 그 이유는 이 명사가 나무, 금속, 돌에 새겨진 신들의 형상들에 대해서만 사용되기 때문이다. "아멘"은 LXX에서 "그대로 되어지이다"로 번역된다. 티개이는 그 의미가 예레미야를 통하여 진술되고 있다는 사실에 주의를 상기시켰는데, 예레미야는 하나냐가 방금 말한 내용에 대해서 "아멘, 여호와는 이같이 하옵소서"(렘 28:6)라고 동의를 표했다. 티개이는 또한 민수기 5:22에 주의를 상기시켰는데, 그 곳에서 간음 혐의를 받고 있는 여인은 자신에게 죄가 있다면 해를 받을 어떤 독을 마시면서 "아멘, 아멘"이라고 응답하라는 명령을 받는다(Tigay[1996] 255). 탈무드는 "맹세 후에 '아멘'으로 응답하는 것은 자신의 입으로 그 맹세를 선언하는 것과 동일하다"고 설명한다(*b. Shebu,* 28b, Tigay가 인용).

16 "경홀히 여기다"라는 단어는 모욕하거나 멸시하는 것을 의미하는데, 이것은 제5계명에 있는 "공경하다"(honor)란 동사와는 반대다(또한 21:18-21을 보라).

17 "그 이웃의 지계표를 옮기는" 것은 재산이 하나님의 것이고 그분께서 여호수아 당시에 원 지파에게 할당해 주셨으므로 하나님 자신에 대해서 죄를 범하는 것으로 간주되었다(또한 19:14을 보라). 만일 이것이 크레이기가 주장하는 바와 같이 메소포타미아의 쿠두루 돌(*kudurru*-stone)과 같은 어떤 것을 가리킨다면, 본문에 언급된 범죄는 "다른 사람의 재산에 대한 전적인 도용"일 것이다(Craigie[1976] 332; 또한 A. L. Oppenheim, *Ancient Mesopotamia*[Chicago: Univ. of Chicago Press, 1964] 123, 149).

18 "소경으로 길을 잃게 하는 자"에 대한 저주는 유대인 전승에서 광범위하게 해석된다(참조. 레 19:14). 티개이가 진술하는 바와 같이, "할라카의 해석은 이 금지 명령을 정보를 알지 못한 백성을 옳지 못한 정보나 혹은 악한 충고로 오도하는 것 또는 욕망에 눈이 어두워진 죄인들과 범죄자들을 부추기는 것을 포함하는 것으로 취급했다"([1996] 255; 참조. Josephus *Ant.* 4.8.31 § 276, Tigay[1996] 395 n. 55에 인용됨).

19 "객이나 고아나 과부"는 법적 소송에서 자기를 방어할 힘이 없었기 때문에 연약한 자들이었다(참조. 10:18). 사회에서 약한 자에 대한 왜곡된 처사에 관한 주제는 24:6-25:16의 법과 특히 24:17-22에서 취급되었다.

20-23 "그가 그 아비의 하체를 드러냈다"는 문구의 의미에 관해서는 부친의 아내와의 결혼을 금하고 있는 법인 23:1(개역. 22:30)에 관한 "주석"을 보라. 이 진술

은 아비의 아들이 부친과 (계모 혹은) 친모 간에 성관계를 하는 침상으로 침입하는 것에 대한 완곡한 묘사로 보인다. 티개이는 여기에 나오는 간음의 무질서가 열거된 범죄의 성격 자체와 관계가 있다고 말한다. "한 남자가 다른 남자의 아내의 친구들이나 혹은 가정 가운데서 발견된다면 의심을 받겠지만, 자기의 계모, 누이, 장모, 가축 가운데서 발견된다면 그렇지 않을 것이다"(Tigay[1996] 256). "자매"에 대해서 "아비의 딸 혹은 어미의 딸"로 말하고 있는 이러한 정의는 아브라함과 사라의 결혼 이야기(창 20:12)와 다말과 암논 이야기(삼하 13:13)에서 명확하게 허용되었던 이복자매와의 결혼을 배제한다

여기에 나오는 성적 범죄 목록은 레위기 18:6-18에 있는 열두 개의 성적 범죄 금지 목록에 있는 사항과 같이 동성 간의 성관계를 포함시키지 않고 있다. 동성애의 금지는 고대 이스라엘에서 있었던 성적인 죄악들의 목록으로부터 나온다. 레위기 18:22과 20:13을 보면 남자들 간의 성행위가 금지되어 있다. 그러나 여성들 간의 동성애 문제는 토라에 언급되어 있지 않다. 더 나아가서 신명기 법에서는 동성애에 관한 주제는 전혀 취급되지 않았다. 이성의 복장을 입는 문제에 관해서는 신명기 22:5과 그 구절의 "주석"을 보라.

24-25 마케(מכה, "때려눕히다")는 자주 "살해하다"로 번역되기는 하지만, "죽이다"를 의미하는 데는 출애굽기 21:12에서처럼 주로 다른 동사가 사용된다. 그럼에도 불구하고, 여기에 나오는 범죄 행위는 비밀리에 이웃을 살해하는 경우다. 그러한 행위를 한 범죄자는 율법을 시행하는 당국자들 편에서는 재판에 회부되거나 형벌에서 피할 수 있지만, 하나님의 저주를 피할 수는 없다. "뇌물을 받는 자"와 관련된 성경의 법은 주로 재판장들에게 해당된다. 그래서 티개이는 여기서 본문이 사형죄의 적용을 왜곡되게 하는 것을 가리킨다고 결론짓는다(Tigay[1996] 257; 참조. 출 23:7-8; 신 16:22; 겔 22:12).

26 열두 번째이면서도 마지막 저주인 이 법은 "이 토라" 법에 있는 모든 다른 율법을 가리킨다.

해설

여기에 나타난 대칭 구조는 근친상간과 수간죄가 일차적 관심이 되고 있고, 그것들이 어떤 면에서 저주의 처음과 끝에서 하나님과 인간 사이의 관계와 관련된 죄와 연결되어 있다는 사실을 암시한다(27:14-15과 26절). 동성애가 에발 산에서 선포

한 성적 범죄에 관한 네 개의 저주 목록에 포함되어 있지 않고 레위기 18:7-18에 있는 성과 관련된 열두 개의 금지 항목에 포함되어 있지 않다는 사실을 그러한 관계를 묵과하거나 정죄하는 증거로 해석해서는 안 된다. 남자들의 동성애는 레위기 18:22과 20:13에서 정죄되고 있다. 후자의 경우에 이 금지 조항은 남자나 여자가 짐승과 교합하는 것을 금지하는 것과 함께 나타나는데(레 20:15-16), 이는 신명기 27:21의 이 곳에서 열거된 금지 항목이다.

여기에 나타난 하나님에 대한 범죄는 우상 숭배(하나님의 형상을 만드는 것)와 토라를 지키는 문제에 초점이 맞추어져 있다. 이 문제들이 신명기 전체에 걸쳐서 가장 중요한 문제들이기는 하지만, 그것이 무엇과 관련된 것인지는 분명하지 않으며, 설사 분명하다고 하더라도 그것들과 27:20-23의 근친상간과 수간이라는 성범죄에 대한 네 개의 저주 사이에 존재한다.

고린도 교회에 보낸 편지에서 사도 바울은 우리의 몸과 하나님께 영광 돌리는 일이 관련되어 있다고 보았다. "몸은 음란을 위하지 않고 오직 주를 위하며 주는 몸을 위하시느니라…사람이 범하는 죄마다 몸 밖에 있거니와 음행하는 자는 자기 몸에게 죄를 범하느니라 너희 몸은 너희가 하나님께로부터 받은 바 너희 가운데 계신 성령의 전인 줄을 알지 못하느냐 너희는 너희의 것이 아니라 값으로 산 것이 되었으니 그런즉 너희 몸으로 하나님께 영광을 돌리라"(고전 6:13-20). 그러한 죄들이 실제로 발견되었는지의 여부는 중요치 않다. 그것들의 결과는 우리 자신의 몸에, 우리의 성행위 대상들의 생명에 그리고 하나님과의 관계에 실질적이고도 영구적으로 나타난다. 바울은 우리가 "율법의 행위"로 하나님 앞에 의롭다 함을 얻지 못한다고 결론지으면서 갈라디아서에서 이 저주의 의미를 자세히 설명한다(갈 3:10-14). 이 법의 총괄적인 성격이 우리의 눈을 그리스도에게로 돌리게 하는 것이므로, 그 다음으로 바울은 "그리스도께서 우리를 위하여 저주를 받은 바 되사 율법의 저주에서 우리를 속량하셨으니 기록된 바 나무에 달린 자마다 저주 아래 있는 자라 하였음이라"는 사실로 자기의 관심을 돌린다(갈 3:13; 신 21:23과 그 곳의 "주석"을 보라).

D. 네가 언약을 지키면(28:1-69[개역. 28:1-29:1])

참고문헌

Blank, S. H. "The Curse, the Blasphemy, the Spell, and the Oath." *HUCA* 23(1950/51) 73-95. **Borger, R.** "Zu den Assarhaddon-Verträgen aus Nimrud." *ZA* 54(1961) 191-92. **Brichto, H. C.** *Problem of "Curse."* 1963. 186. **Buis, P.** "Comment au septième siècle envisageait-on l'avenir de l'alliance: Étude de Lv. 26, 3-45." In *Questions disputées d'Ancien Testament.* Ed. C. Brekelmans. 1974. 131-40. **Cholewinski, A.** *Heiligkeitsgesetz und Deuteronomium.* AnBib 66. Rome: Pontifical Biblical Institute, 1976. **Fensham, F. C.** "Common Trends in Curses of the Near Eastern Treaties and Kudurru-Inscriptions Compared with Maledictions of Amos and Isaiah." *ZAW* 75 (1963) 155-75. ______. "Maledictions and Benedictions in Ancient Near Eastern Vassal-Treaties and the Old Testament." *ZAW* 74(1962) 1-9. **Frankena, R.** "The Vassal-Treaties of Esarhaddon and the Dating of Deuteronomy." *OTS* 14(1965) 122-54. **Gevirtz, S.** "West-Semitic Curses and the Problem of the Origins of Hebrew Law." *VT* 11(1961) 137-58. **Hillers, D. R.** *Treaty-Curses and the Old Testament Prophets.* BibOr 16. Rome: Pontifical Biblical Institute, 1964. **Horst, F.** "Der Eid im Alten Testament." *EvT* 17(1961) 292-314. **Jeremias, J.** *Kultprophetie und Gerichtsverkündigung in der späten Königszeit.* WMANT 35. Neukirchen-Vluyn: Neukirchener Verlag, 1970. 164-75. **Lohfink, N.** "Die Abänderung der Theologie des priesterlichen Geschichtswerks im Segen des Heiligkeitsgesetzes: Zu Lev. 26, 9.11-13." In *FS K. Elliger.* 1973. 129-36. **Mendenhall, G. E.** "Covenant Forms in Israelite Tradition." *BA* 17(1954) 50-76. ______. "The Suzerainty Treaty Structure: Thirty Years Later." In *Religion and Law.* Ed. E. B. Firmage et al. 1990. 85-100. ______, and **Herion, G. A.** "Covenant." *ABD* 1:1179-1202. **Moran, W. L.** "The Ancient Near Eastern Background of the Love of God in Deuteronomy." *CBQ* 25(1963) 77-87. **Mørstad, E.** *Wenn du der Stimme des Herrn, deines Gottes, gehorchen wirst: Die primären Einführungen zu Dt 28, 3-6 und 16-19.* Oslo: Forlaget Land og Kirke, 1960. **Noth, M.** "For All Who Rely on Works of the Law Are under a Curse." In *The Laws in the Pentateuch.* 1966. 118-31. **Pedersen, J.** *Der Eid bei den Semiten.* Strassburg:

Trubner, 1914. **Plöger, J. G.** *Literarkritische, formgeschichtliche und stilkritische Untersuchungen.* 1966. 130-217. **Schächter, E. A.** "Bundesformular und prophetischer Urteilsspruch: Bemerkungen zu D. R. Hillers, *Treaty Curses and the Old Testament Prophets.*" *Bib* 48(1967) 128-31. **Scharbert, J.** "'Fluchen' und 'Segnen' im Alten Testament." *Bib* 39(1958) 1-26. **Schottroff, W.** *Der altisraelitisch Fluchspruch.* WMANT 30. Neukirchen-Vluyn: Neukirchener Verlag, 1969. 225-27. **Seitz, G.** *Redaktionsgeschichtliche Studien zum Deuteronomium.* BWANT 93. Stuttgart: Kohlhammer, 1971. 254-302. **Seybold, K.** *Das Gebet der Kranken im Alten Testament.* BWANT 99. Stuttgart: Kohlhammer, 1973. 17-29, 39-55, 169. **Sumner, W. A.** "A Study of Deuteronomy 28, with Special Reference to the Parallels with Jeremiah." Diss., Oxford, 1967/68. **Thompson, J. A.** *The Ancient Near Eastern Treaties and the Old Testament.* London: Tyndale, 1964. 17. **Urbach, W. J.** "Blessings and Curses." *ABD* 1:755-61. **Wächter, L.** *Der Tod im Alten Testament.* Stuttgart: Calwer, 1967. 129-57. **Weinfeld, M.** "Traces of Assyrian Treaty Formulae in Deuteronomy." *Bib* 46(1965) 417-27. **Welch, A. C.** *Deuteronomy: The Framework of the Code.* 1932. 75-96. **Wolfers, D.** "Is Job after All Jewish?" *DD* 14(1985) 39-44.

서론

마지막 구절(28:69[개역. 29:1])은, 이 고대의 언약의 말씀을 하나님의 백성의 모든 미래 세대에 적용하고 있다는 사실을 분명하게 밝히고 있는 신명기 28장과 29장의 모세와 여호수아 아래서의 "언약적 축복과 저주"와 연결하는 다리로서의 역할을 하고 있다.

이 저주의 내용의 성격으로 인하여 유대교 내에서는 토라를 낭독하는 동안 속삭임으로 그것들을 노래하는 관습이 생겨났다. 주후 3세기의 한 유대인의 무덤 비문은 그것을 범한 사람에 대해 "신명기에 기록된 모든 저주"를 기원하고 있다(*Corpus inscriptionum judaicarum*[Rome: Pontificio Istituto di Archeologia Cristiana, 1952] 2:24, no. 760; Tigay[1996] 261, 396 n. 22).

신명기 28장의 경계들은 *BHS*에서 페툭하 구획 표시로 표시되어 있는데, 이것은 L에서 27:26과 28:69 다음에 남겨진 여백이 유사하다는 사실을 암시한다. 즉 앞 행의 하반절은 공백으로 남겨져 있고 본문이 들여쓰기 없이 같은 줄 맞추기로 곧바로 기록되어 있다. 14절과 68절 다음에 나오는 세투마 구획 표시를 위하여 행의 중간 부분에는 특별한 여백이 주어져 있다. 이 두 개의 구획 표시는 1-14절과 69절이 신명기 28장 너머까지 확장되는 다른 구조의 일부분이라는 사실을 상기시켜 준다. 이 길다란 장(章) 안에 있는 내적 구조의 유일한 또 다른 수사학적 표시는 62절(두 번), 63절(두 번), 68절에 있는 수의 전이다. 그럼에도 불구하고 본 장은 본서 전체에서 가장 견고하게 짜여진 구조 가운데 하나인데, 본 장은 다섯 부분으로 구성되어 있으며, 그 중에 넷은 또다시 다섯 부분으로 나누어지고, 그 가운데 하나(58-68절)가 또다시 다섯 부분으로 나누어지는데, 그것은 다음과 같이 정리된다.

A 순종에는 복, 불순종에는 저주 28:1-19

a 여섯 개의 언약적 축복(세 쌍으로 되어 있음) 1-6절
b 축복에 확대되어 있는 약속 7-10절
x 삼중 축복: 자손, 가축, 소산 11절
b′ 축복에 확대되어 있는 약속 12-14절
a′ 여섯 개의 언약적 저주(세 쌍으로 되어 있음) 15-19절

B 저주의 확장: 염병, 기근, 질병 28:20-32

a 총괄적 주제: 저주, 혼란, 근심 20절
b 염병으로부터 오는 일곱 가지의 고통 21-22절
x 기근과 칼로 인한 멸망 23-26절
b′ 일곱 가지의 고통("애굽의 종기") 27-29절
a′ 가족, 가정, 가산의 손실 30-31절

X 저주의 확장: 압제, 포로, 노예 신세 28:32-44

a 정신 이상을 일으키는 압제 32-34절
b 질병으로부터 오는 고통("종기"〈욥처럼〉) 35절
x 이스라엘 땅으로부터 포로가 됨 36-37절
b′ 염병과 전쟁의 고통 38-42절
a′ 볼모와 빚 43-44절

B′ 저주의 확장: 포위 공격으로 인한 극단적인 궁핍 28:45-68

a 이 저주들은 네가 멸망할 때까지 너를 따라다닐 것이다 45절
b "모든 것"에서 이스라엘의 극단적인 궁핍 46-48절

x	군대의 포위 공격과 하나님의 축복의 단절	49-52절
b′	고통의 절정: 인육을 먹음	53-57절
a′	이스라엘 역사의 완전한 반전	58-68절
a	너는 애굽의 질병에 걸릴 것이다	28:58-61
b	너의 수가 죽임을 당할 것이다	62절
x	야웨께서 너를 멸하기를 즐거워하실 것이다	63절
b′	야웨께서 너를 열국에 흩으실 것이다	64-65절
a′	야웨께서 너를 애굽으로 돌아가게 하실 것이다	66-68절
A′	요약: 언약의 말씀이 이러하니라	28:69

이 개요에 근거한 운율 분석을 포함하여 각 구절에 대한 세부적인 논의는 아래에 제시되어 있다.

대부분의 언약 혹은 국제 계약 본문들이 축복과 저주 단락을 포함하여 고대 근동에서 발견되었는데, 이 본문은 봉신 편에서의 순종과 불순종의 결과들을 자세히 기록해 놓고 있다. 이 본문들 가운데 언급된 증인들이 자연 세계의 신들 혹은 신격화된 요소들이었으므로, 축복과 저주는 정상적인 인간들이 예견하기 어려운 것이요, 그것을 조종하기는 더욱 어려운 것이다. 이것들 가운데 가장 중요한 것은 건강, 밭과 가축 및 아내들의 출산 그리고 전쟁의 참화에 관한 것이다.

후기 청동기 시대(주전 1200년경 이전)로부터 나온 계약 본문들은 계약 체결에 대해 신적(divine) 증인들에 의하여 시행될 형벌의 위협들(저주들)을 포함하고 있을 뿐만 아니라 그와 유사한 긍정적인 보상(축복)도 포함하고 있다. 철기 시대 이후(주전 1200년경 이후), 특히 앗수르 제국 시대(주전 750-620년경)의 문서들에는 저주들만이 포함되었다. 신명기 28장에는 축복과 저주가 모두 첫 단락에 나타나지만(28:1-19), 이 자료의 대부분(28:20-68)은 저주의 확장이다. 더 나아가서, 멘덴홀(Mendenhall)과 다른 사람들이 주장한 바와 같이(*ABD* 1:1183), 고대 근동의 종주 계약들 가운데 있는 다양한 요소들이 모두 신명기에 나타나 있으며, 따라서 그것은 언약 전승의 초창기 형태를 나타내고 있다. 동시에 신명기에서 그와 유사한 계약의 발전은, 로핑크(Lohfink, *IDBSup*, 229-32)가 주장한 바와 같이, 이스라엘에서 앗수르 지배의 위기에 대한 창조적 반응과 그 반론인 것으로 보인다는 것도 사실이다.

본 신명기에서 가장 긴 장인 28장은 대부분의 주석서들에서 두 개의 문학적 단위로 되어 있다고 주장되었다. 즉 축복(1-14절)과 저주(15-68절)다. 그러나 여기에 나타난 운율 분석은 본 장이 다섯 개의 버금 단락으로 이루어져 있음을 암시한다. 즉 1-19, 20-32, 33-44, 45-68, 69절인데, 이 가운데 첫 번째 버금 단락은 축복에 초점을 맞추면서 요약적 형태로 축복과 저주를 모두 기록하고 있다. 이 점이 고대 근동의 다른 국제 계약 본문들과 상반되는 점인데, 거기서는 통상적인 순서가 축복 앞에 저주가 나타난다. 형식에 있어서는 1-6절의 여섯 개의 언약적 축복과 거의 동일한 15-19절에 있는 여섯 개의 언약적 저주에 대한 요약적 진술 다음에 세 개의 사이클에서는 저주들이 확장되어 있고, 네 번째 사이클은 "바퀴 안의 바퀴"처럼 58-61절에 있는 세 번째 사이클 가운데 포함되었다.

1. 순종에는 복, 불순종에는 저주(28:1-19)

참고문헌

Aejmelaeus, A. "Function and Interpretation of כִּי in Biblical Hebrew." *JBL* 105 (1986) 193-209, esp. 208. **Aull, J. S.** "Obey My Voice: A Form-Critical Study of Selected Prose Speeches from the Book of Deuteronomy." Diss., Duke Univ., 1971. **Dahood, M.** "Hebrew-Ugaritic Lexicography II." *Bib* 45(1964) 393-412. ______. "A Note on *tôb* "Rain." *Bib* 54(1973) 404. **Diringer, D.**, and **Brock, S. P.** "Words and Meanings in Early Hebrew Inscriptions." In *FS D. Winton Thomas.* 1968. 41-42. **Evans, G.** "'Coming' and 'Going' at the City Gate: A Discussion of Prof. Speiser's Paper." *BASOR* 150(1958) 28-35. **Galling, K.** "Die Ausrufung des Namens als Rechtsakt in Israel." *TLZ* 81(1956) 65-70. **Gammie, J. G.** "The Theology of Retribution in the Book of Deuteronomy." *CBQ* 32(1970) 1-12, esp. 8. **Gaster, T. H.** *Thespis: Ritual, Myth, and Drama in the Ancient Near East.* 2nd ed. Garden City, NY: Doubleday, 1961. 305, 321. **Giesen, G.** *Die Wurzel שׁבע.* 1981. 304-5. **Gray, J.** *Legacy of Canaan.* 2nd ed. 1965. 298. **Izre'el, S.** "*'Et*='to, toward' in Biblical Hebrew." *Shnaton* 3(1978/79) 205-12(Heb.). **Kraus, H. J.** *Worship in Israel.* Tr. G. Buswell. Richmond: John Knox, 1966. 85-87. **Scharbert, J.** "Die Geschichte der *bārûk*-Formel." *BZ* 17(1973) 1-28, esp. 14-15. **Speiser, E. A.** "'Coming' and 'Going' at the

City Gate." *BASOR* 144(1956) 20-23. **Tawil, H.** "A Curse Concerning Crop-Consuming Insects in the Sefire Treaty and in Akkadian: A New Interpretation." *BASOR* 225(1977) 61. **Troadec, H.** "Faut-il désirer la richesse?(Deutéronome 28, 1-14)." *BVC* 37(1961) 46-52. **Weippert, H.** "Speicher." *BRL*. 30-89.

본문과 운율 분석

여섯 개의 언약적 축복 [4:(5:5):6][4:(3:3):4]

Six Covenant Blessings [4:(5:5):6] [4:(3:3):4)]

1 네가 네 하나님 여호와의 말씀을 삼가 듣고 내가 오늘날 네게 명하는 그 모든 명령을 지켜 행하면 네 하나님 여호와께서 너를 세계 모든 민족 위에 뛰어나게 하실 것이라

1 *And it shall be / if you*[a] *surely hearken /* 13 2
to the voice / of YHWH your God / 12 2_
To be careful [b]*to do / all his commandments /* 14 2
that / I command you / TODAY // 15 3_
Then YHWH your God / will make you / most high / 18 3
above / all the nations[c] *of the earth //* 11 2_

2 네가 네 하나님 여호와의 말씀을 순종하면 이 모든 복이 네게 임하며 네게 미치리니

2 *And all these blessings / will come upon you /* 23 2
and they will overtake you // 7 1
when you hearken / to the voice / of YHWH your God // 16 3_

3 성읍에서도 복을 받고 들에서도 복을 받을 것이며

3 *Blessed are you / in the city //* 11 2
and blessed are you / in the (open) field // 13 2_

4 네 몸의 소생과 네 토지의 소산과 네 짐승의 새끼와 우양의 새끼가 복을 받을 것이며

4 *And blessed is the fruit of your womb /* 10 1
and the fruit of your ground / 10 1
[a]*and the fruit of your beasts*[a] *//* 9 1_
The increase of your cattle[b] *and the young of your flock //* 16 1

5 네 광주리와 떡반죽 그릇이 복을 받을 것이며

5 *blessed is your basket / and your kneading trough //* 13 2_

6 네가 들어와도 복을 받고 나가도 복을 받을 것이니라

6 *Blessed are you / in your coming in //* 12 2
and blessed are you / in your going out // 14 2_

축복들에 확대되어 있는 약속들 [(7:5):(4:4):(5:7)]

Promises Expanding on the Blessings [(7:5):(4:4):(5:7)]

7 네 대적들이 일어나 너를 치려 하면 여호와께서 그들을 네 앞에서 패하게 하시리니 그들이 한 길로 너를 치러 들어왔으나 네 앞에서 일곱 길로 도망하리라

7 *May YHWH grant in regard to your enemies /* 13 1
the ones rising[a] *against you /* 10 1
that they be struck down / before you // 11 2
In one[b] *road*[c] *they shall go out against you /* 15 1
and in seven roads / they shall flee before you // 22 2_

8 여호와께서 명하사 네 창고와 네 손으로 하는 모든 일에 복을 내리시고 네 하나님 여

8 *May YHWH command*[a] *that the blessing / be with you /* 16 2
in your granaries[b] */ and in every / enterprise of your hand*[c] *//* 19 3_
And he will bless you / in the land / 12 2

호와께서 네게 주시는 땅에서 네게 복을 주실 것이며

that YHWH your God / is giving to you // 17 2

9 네가 네 하나님 여호와의 명령을 지켜 그 길로 행하면 여호와께서 네게 맹세하신 대로 너를 세워 자기의 성민이 되게 하시리니

9 *YHWH will establish you\[a] for himself / to be a holy people /* 17 2
just as / he swore to ⟨your fathers⟩[b] // 12 2_
When you keep / the commandments / of YHWH your God / 18 3
and you walk / in his ways // 10 2_

10 너를 여호와의 이름으로 일컬음을 세계 만민이 보고 너를 두려워하리라

10 *Then all the peoples of the earth / shall see /* 14 2
that / the name of YHWH / is proclaimed over you // 16 3
and they shall be afraid / of you // 10 2_

삼중 축복: 자손, 가축, 산물 [5:5]

The Threefold Blessing: Progeny, Livestock, and Produce [5:5]

11 여호와께서 네게 주리라고 네 열조에게 맹세하신 땅에서 네게 복을 주사 네 몸의 소생과 육축의 새끼와 토지의 소산으로 많게 하시며

11 *And YHWH will make you abound / in prosperity[a] /* 13 2
in the fruit of your womb / 6 1
and in the fruit of your[b] cattle / 9 1
and in the fruit of your ground // 10 1_
Upon / the ground / that YHWH swore / 15 3
to your fathers / to give to you // 12 2_

축복을 확대하고 있는 약속들 [(6:7):(7:6):(5:5)]

Promises Expanding the Blessings [(6:7):(7:6):(5:5)]

12 여호와께서 너를 위하여 하늘의 아름다운 보고를 열으사 네 땅에 때를 따라 비를 내리시고 네 손으로 하는 모든 일에 복을 주시리니 네가 많은 민족에게 꾸어줄지라도 너는 꾸지 아니할 것이요

12 *May YHWH open / to you / his good treasury / the heavens /* 23 4
by giving rain [a]on your land[a] / in its time / 13 2_
And[b] by blessing / all / the work of your hand[c] // 18 3
and you shall lend / to many nations / 11 2
but as for you / you shall not borrow // 8 2_

13 여호와께서 너로 머리가 되고 꼬리가 되지 않게 하시며 위에만 있고 아래에 있지 않게 하시리니 오직 너는 내가 오늘날 네게 명하는 네 하나님 여호와의 명령을 듣고 지켜 행하며

13 *And YHWH will make you / to be the head / and not the tail /* 20 3
and you shall be / only above / 11 2
and you shall not be / beneath // 9 2_
When you hearken / to the commands / of YHWH your God / 16 3
that I command you / TODAY / to keep and to do (them) // 23 3_

14 내가 오늘날 너희에게 명하는 그 말씀을 떠나 좌로나 우로나 치우치지 아니하고 다른 신을 따라 섬기지 아니하면 이와 같으리라

14 *And you shall not turn aside / [a]from all the words /* 15 2
that I / [b]command ⟨you⟩[b] / TODAY[a] / 15 3_
To the right or to the left // 8 1
to walk / after / other gods / to serve them // ס 22 4_

여섯 개의 언약적 저주들

Six Covenant Curses [(5:4):(3:3):(4:5)]

[(5:4):(3:3):(4:5)]

15 네가 만일 네 하나님 여호와의 말씀을 순종하지 아니하여 내가 오늘날 네게 명하는 그 모든 명령과 규례를 지켜 행하지 아니하면 이 모든 저주가 네게 임하고 네게 미칠 것이니	**15** *And it shall be / if you will not hearken / to the voice /*	13 3
	of YHWH your God / [a]to keep and [b]to do[b] /	16 2
	[c]All his commands[c] and *[d]his statutes[d] /*	13 1
	that / I command you / TODAY[a] / /	<u>16</u> 3_
	Then all these curses / shall come upon you /	23 2
	and they shall overtake you / /	7 1
16 네가 성읍에서도 저주를 받으며 들에서도 저주를 받을 것이요	**16** *Cursed are you\[a] in the city / /*	11 1
	and cursed are you / in the field / /	<u>12</u> 2_
17 또 네 광주리와 떡반죽 그릇이 저주를 받을 것이요	**17** *Cursed is your basket / and your kneading trough / /*	13 2
18 네 몸의 소생과 네 토지의 소산과 네 우양의 새끼가 저주를 받을 것이며	**18** *cursed is the fruit of your womb /*	11 1
	and the fruit of the ground[a] / /	11 1_
	The increase of your cattle /	8 1
	and the offspring of your flock / /	10 1
19 네가 들어와도 저주를 받고 나가도 저주를 받으리라	**19** *Cursed are you\[a] in your coming in / /*	12 1
	and cursed are you / in your going out / /	<u>13</u> 2_

원문주해

1.a. LXX은 2인칭 복수 동사형을 가지고 있다.

1.b. 몇몇 히브리어 필사본들, SP, LXX, *Tg. Ps.-J.*는 와우 접속사를 덧붙인다.

1.c. 소수의 히브리어 필사본들과 SP에는 MT의 고예(גויי, "〈땅의〉 나라들") 대신 고이(גוי, "나라")로 되어 있다.

4.a-a. LXX에는 유사한 끝 글자로 인한 오류로 인하여 삭제되어 있다. 운율 분석은 MT을 지지한다.

4.b. 위치가 잘못된 실룩으로 인하여 티프하는 연접사가 됨.

7.a. 몇몇 SP 필사본들에는 MT의 하콰밈(הקמים, "일어서는 자들") 대신 הקאמים으로 되어 있다. 어근 콰암(קאם)과 쿰(קום)이 상호 교차될 수 있는 것으로 보인다(BDB, 866).

7.b. 몇몇 SP 필사본들에는 MT의 엑하드(אחד, "하나") 대신 악하트(אחת, "하나")로 되어 있다.

7.c. 자켑 카톤이 뒤따라온 파스타는 연접사가 됨.

8.a. SP에는 MT의 예차우(יצו, "그는 명령할 것이다") 대신에 יצוה로 되어 있는데, 그 의미는 차이가 없다.

8.b. SP에는 MT의 빠아싸메에카(באסמיך, "네 창고들 안에") 대신 빠아싸메카(באסמך, "네 창고 안에")로 되어 있다.

8.c. 많은 히브리어 필사본, SP, Tg., Tg에는 MT의 야데카(ידך, "네 손") 대신 복수형인 야데카(ידיך, "네 손들")로 되어 있다. *Tg. Ps.-J.*에는 예데켐(ידיכם, "너희 손들")으로 되어 있다.

9.a. 메레카가 뒤따라온 파스타는 연접사가 됨.

9.b. MT의 라크(לָךְ, "너에게") 대신에 LXX과 함께 토이스 파트라신 수(*τοις πατρασιν σου*, "너의 조상들에게")로 수정함. Mayes([1981] 353)는 신명기에서 주어로 야웨와 함께 사용된 샤바(שׁבע, "맹세하다")는 다른 곳에서는 열조에 대한 약속과 함께만 사용된다고 말한다(예를 들면, 1:8; 4:31; 6:10; 7:12 등; 그렇지만 2:14을 참조하라).

11.a. SP에는 MT의 레토바(לטובה, "선〈여성〉을 위하여") 대신에 레토브(לטוב, "선〈남성〉을 위하여")로 되어 있는데, 이는 운율 분석 면에서 가능하다.

11.b. SP는 대명사 접미어를 생략한다.

12.a-a. SP는 아르체카(ארצך, "네 손") 앞에 에트(את)를 삽입한다.

12.b. 한 히브리어 필사본과 몇몇 SP 필사본들은 와우 접속사를 생략한다.

12.c. 카이로 게니자 본문, LXX, SP, Syr, Vg에는 MT의 야데카(ידך, "네 손") 대신에 야데카(ידיך, "네 손들")로 되어 있다.

14.a-a. LXX에는 빠져 있음(Vg에는 *ab eis*, "그들로부터"로 되어 있다). 운율 분석은 MT을 지지한다.

14.b-b. MT의 메차웨 에트켐(מצוה אתכם, "〈내가〉 너에게 명한 〈바〉") 대신, 한 필사본, SP, LXX, Syr과 함께 מצוך로 읽음(참조. 4:40; 6:2, 6 그리고 28:13을 포함하여 여러 다른 경우들). 그러나 그 의미에는 변함이 없다. 세투마 구획 표시는 여기서 의미심장한 경계를 이루고 있는데, 이것은 맛소라 전승 내에서 수의 전이의 사용을 유도해 냈을 수 있다(참조. 28:62, 63, 68). 여기에 있는 한 단어가 제거되면 28:11-14의 단어 숫자는 총 78(=3×26)개가 되고, 아트나 앞의 단어 수는 119(=7×17)개가 된다. 또한 28:1-69의 아트나 앞의 단어 수는 총 595(=35×17)개가 된다. "양식/구조/배경"에 있는 논의를 보라.

15.a-a. LXX 소문자 사본들에는 빠져 있다. 운율 분석은 MT을 지지한다.

15.b-b. SP와 LXX[B]에는 빠져 있고, 몇몇 히브리어 필사본들은 와우 접속사를 덧붙인다. 운율 분석은 MT을 지지한다.

15.c-c. SP와 LXX 소문자 사본들에는 빠져 있다. 운율 분석은 MT을 지지한다.

15.d-d. 몇몇 히브리어 필사본들, 몇몇 LXX 증거 본문들, Syr에는 빠져 있다. 운율 분석은 MT을 지지한다.

16.a. 위치가 잘못된 아트나로 인하여 티프하는 연접사가 됨

18.a. 한 히브리어 필사본은 ופרי בהמתך("그리고 네 가축의 열매")를 덧붙인다. 운율 분석은 더 짧은 MT을 지지한다.

19.a. 위치가 잘못된 아트나로 인하여 티프하는 연접사가 됨.

양식/구조/배경

운율 관점에서 볼 때 신명기 28:1-19은 다섯 부분(1-6, 7-10, 11, 12-14, 15-19절)으로 되어 있는데, 이것은 내용 면에서 대칭적 형태로 세심하게 구성되어 있다.

A	여섯 개의 축복(세 쌍으로 되어 있음)	28:1-6
B	축복에 관해서 확대되어 있는 약속들	28:7-10
X	삼중 축복(태, 가축, 땅의 열매)	28:11
B′	축복에 관해서 확대되어 있는 약속들	28:12-14
A′	여섯 개의 저주(세 쌍으로 되어 있음)	28:15-19

여섯 개의 축복(28:1-6)과 여섯 개의 저주(28:15-19)는 실질적으로 동일한 어투를 사용하면서 세 쌍으로 정리되어 있다.

1. 너희가 성읍에서 복을 받는다/저주 받는다	28:3a, 16a
2. 너희가 들에서도 복을 받는다/저주 받는다	28:3b, 16b
3. 너의 태…땅, 그리고 우양의 새끼가 복을 받는다/저주 받는다	28:4, 18
4. 너의 광주리와 떡반죽 그릇이 복을 받는다/저주 받는다	28:5, 17
5. 네가 들어와도 복을 받는다/저주 받는다	28:6a, 19a
6. 네가 나가도 복을 받는다/저주 받는다	28:6b, 19b

위의 대칭 구조 안에서 내부 골격(28:7-10과 12-14절)은 3-6절의 간결한 축복들을 한층 다듬은 약속들로 이루어져 있다. 이 단락들은 하나님께서 축복의 원천이시라는 사실을 강조하고 있다. 하나님께서 26:18-19에서 약속한 내용을 이행하실 것이므로 이스라엘은 성공하게 될 것이다. 28:7-10에 있는 언약적 축복들의 확장은 다음과 같이 정리될 수 있다.

A	야웨께서 네 앞에서 네 대적들을 패하게 하실 것이다	28:7
B	야웨께서 너를 위하여 축복을 명하실 것이다	28:8a
X	여호와께서 네게 주시는 땅에서 네게 복을 주실 것이다	28:8b
B′	야웨께서 너를 세워 자기의 성민이 되게 하실 것이다	28:9

A′ 세계 만민이 보고 너를 두려워하리라 28:10

외부 골격은 이스라엘의 대적들을 패하게 하실 것이라는 야웨의 약속으로부터 하나님께서 이스라엘을 위하여 행하시는 일을 바라보는 땅의 온 민족 가운데 퍼질 큰 두려움(10절)으로 옮겨간다. 내부 골격에서는 야웨께서 자신이 이스라엘을 자기 성민으로 세우셨기 때문에 분명히 그들에게 축복을 가져다 줄 것이라고 선언하신다(8a절). 중심부는 문제를 요약한다: 하나님께서 자기 백성들에게 주신 땅에서 그들에게 복을 주실 것이다(8b절). 그 복의 성격이 순환적 문장으로 11절에 다시 기록되어 있다.

A 야웨께서 많게 하실 것이다 והותרך יהוה לטובה
B 네 몸의 소생과 בפרי בטנך
X 육축의 새끼와 ובפרי בהמתך
B′ 토지의 소산으로 ובפרי אדמתך
A′ 땅에서 על האדמה
여호와께서 네게 주리라고 네 열조에게 맹세하신
אשר נשבע יהוה לאבתיך לתת לך

야웨께서 약속의 땅에서 자기 백성으로 하여금 번성하여 많게 하실 것이다: 자손, 육축, 농사의 소산.

28:12-14에서 야웨 편에서 하실 약속 면에서 두 번째로 확대된 복은 유사한 스타일로 다음과 같이 정리될 수 있다.

A 여호와께서 너를 위하여 하늘의 아름다운 보고를 열으사 28:12a
B 네가 많은 민족에게 꾸어 줄지라도 너는 꾸지 아니할 것이요 28:12b
X 여호와께서 너로 머리가 되고 꼬리가 되지 않게 하시며 28:13a
B′ 내가 오늘날 네게 명하는 네 하나님 여호와의 명령을 듣고 지켜 행하면 28:13b
A′ 다른 신을 따라 섬기지 아니하면 28:14

"말씀을 떠나 좌로나 우로나 치우치지 아니하고 다른 신을 따라 섬기지 아니하면"(14절) 야웨께서 그들이 "하는 모든 일에 복을 주시기" 위하여 자기 보고를 여실 것이다(12a절). 만일 이스라엘이 야웨의 계명을 지키면(13b절), 그들은 많은 민족 위에 복을 받을 것이다(12b절). 이스라엘은 꾸어 줄지언정 아무에게도 꾸지 않을 것인데, 그 이유는 이스라엘이 모든 민족 위에 높이 올려질 것이기 때문이다(13a절).

세부적인 사항들에서 이 구절의 대칭 구조를 보여 주는 다른 방법이 있다. 티개이는 3-6절에 있는 복과 7-13절에 있는 약속들 간의 관계를 다음과 같이 제시한다 (Tigay[1996] 490).

A	경제적인 성공	28:3a
B	땅의 비옥	28:3b
C	인간과 짐승의 번성	28:4
D	풍성한 음식	28:5
E	군대의 승리	28:6
E′	군대의 승리	28:7
D′	풍성한 음식	28:8
C′	인간과 짐승의 번성	28:11
B′	땅의 비옥	28:12a
A′	경제적인 성공	28:12b-13

특별한 용어와 사상의 반복에 근거하고 있는 이 특별한 분석은 가장 먼저 로페(Rofé)가 관찰한 것이다(Tigay[1996] 542 n. 6).

라부샤뉴가 14절에 있는 약간의 교정과 함께 28:1-19에 있는 신명 수의 사용에 대해 수집한 증거는 다음과 같이 요약될 수 있다.

단어	아트나 앞		아트나 뒤		
28:1-6	38 (=ברכה)	+	23	=	61
28:3-6	16	+	10	=	26
28:7-10	34 (=2×17)	+	25	=	59
28:7-8	17	+	15	=	32
28:9-10	17	+	10	=	27
28:11-14	47 (=ארור)	+	31	=	78 (=3×26)
28:11	9	+	8	=	17
28:12	17	+	6	=	23
28:13	11	+	12	=	23
28:11-12	26	+	14	=	40
28:12-14	39	+	23	=	62
28:13-14	21	+	17	=	38 (=ברכה)
28:15-19	31	+	16	=	47 (=ארור)

28:1-14	119 (=7×17)	+	79	=	198
28:15-69	476 (=4×7×17)	+	318	=	794

카보드(כבוד, "영광")의 두 수치인 23과 32와 함께 신명 수가 여러 가지 방식으로 28:1-14의 본문 가운데 짜여져 들어가 있다. 라부샤뉴가 수집한 자료와 관련하여 여기에 제공된 운율 분석을 자세히 살펴보면 각 운율 단위와 또한 이 단위들 내에 있는 각 버금 단위가 이 성스러운 숫자로 구성되어 있는 것이 드러난다. 더 나아가서, 28:1-14 전체가 아트나 앞에 119(=7×17)개의 단어를 가지고 있으며, 28:15-69 전체는 아트나 앞에 476(=4×7×17)개의 단어를 가지고 있다. 그리고 첫 단락(1-6절)의 아트나 앞에 38개의 단어가 있고, 이 단락의 끝부분인 13-14절에 38개의 단어가 있는 것이 의미심장하다. 그 이유는 이것이 이 단락의 주제인 브라카(ברכה, "축복")란 단어의 수치이기 때문이다. 15-19절에는 47개의 단어가 있는데, 이것은 16-19절에 여섯 번이나 등장하는 "저주 받은"(ארור – 아루르)이라는 중요한 단어의 수치다. "저주"라는 단어는 상징적으로 이 단락에서 총 47개의 단어 가운데 일곱 번째에 나타난다.

주석

[1]-[2] 첫 번째 말씀 "네가 네 하나님 여호와의 말씀을 삼가 듣는다면"이라는 문구는 1-2절을 3-6절의 6중 언약적 축복으로부터 분리시키는 2절의 결론적 문구를 감싸는 형태를 이룬다.

[3]-[4] 번성의 개념을 가지고 있는 "복받은"(ברוך – 바루크)이라는 단어는 3-6절의 26개의 단어의 공간 내에서 여섯 번 반복된다. "성읍에서"와 "들에서"란 문구는 장소 전체를 암시하기 위한 제유법으로서의 기능을 한다(J. Krašovec, *Der Merismus im Biblisch-Hebraischen und Nordwestsemitischen*, BibOr 33[Rome: Pontifical Biblical Institute, 1977]를 보라). 네가 어디에 있든지 너는 번성할 것이다. 페리(פרי, "소산, 열매")란 단어는 통상적으로 영어에서 그런 것보다 히브리어에서는 더 광범위한 의미로 사용된다. 아래의 28:53을 보라. 거기서 이 단어는 군대의 포위 공격 때 기근의 공포 속에서 먹히게 될 인간들과 관련하여 "네 태의 열매"란 표현 속에서 사용된다. 이 단어는 여기서 세 번 나타난다: 인간에 대해, 농산물에 대해, 생축에 대해.

[5] "네가 들어가도"와 "네가 나가도"란 문구는 자주 28:7에 있는 평행적 구절

가운데서도 그러하듯 군대 활동에서 사용된다. 31:2에 있는 논의를 보라. 거기서 "모세가 출입하기 능치 못하고"는 자신이 여호수아에게 넘겨준 군사 지휘권에 대한 그의 관심을 가리킨다(참조. 민 27:17, 21; 삼상 18:13, 16; 29:6).

[7] 안전은 대적들로부터 오는 외적 위협에 대해서 하나님을 통하여 확증 받게 된다. "일곱 길"이라는 문구는 큰 숫자 개념을 표현하기 위하여 상징적으로 사용된 것인데 완전과 충만 개념을 가지고 있다. 그래서 JPS 토라 역본은 이것은 "여러 길로"로 번역한다.

[8] "네 손으로 하는 모든 일"이란 문구의 의미에 관해서는 12:7의 "주석"을 보라. 이 문구는 이중 의미를 가지고 있다. 즉 "한 사람의 손에 들려 있는" 것으로서 "수고" 그 자체와 "한 사람의 수고의 결과"다(참조. 26:11).

[9] "성민이 되어야 할" 이스라엘 백성의 특별한 소명에 관해서는 출애굽기 19:6을 보라. 거기서 "거룩한 나라"로서의 이스라엘의 개념이 그들이 제사장 나라가 되는 일과 연결되어 있다. 70인역으로부터 제안된 본문 수정("네 열조"를 덧붙이면서) 없이, 이것은 신명기에서 시내 산 언약에 대한 언급과 함께 "네게 맹세하신 대로"란 문구의 유일한 사용일 것이다.

[10]-[11] "너를 여호와의 이름으로 일컬음"으로 인하여 "그들이 너를 두려워하리라". 티개이는 인간의 수준에 대한 같은 개념이 아마르나 돌판 287에서 한 가나안 봉신이 바로에게 한 호소에서 나타난다고 한다(Tigay[1996] 260): "보십시오, 그 왕이 예루살렘 땅에 자기 이름을 영구히 두셨습니다. 그래서 그는 예루살렘 땅을 버릴 수 없습니다!"(*ANET*, 488). 어떤 것에 대해 이름을 선포한다는 것은 고대 이스라엘에서 소유권이 주장되고 설립되는 법적 행위였다(Galling, *TLZ* 76[1956] 65-70). 11절의 삼중 축복에 관해서는 4절을 참조하라.

[12] 크레이기는 "이 구절의 어투가 시적이고 그 이미지는…시편 104:3, 13을 생각나게 하는데, 거기서 하나님은 그분의 높은 곳에서 산에 물을 대시는 분으로 묘사되어 있다"([1976] 337)고 말한다. 이스라엘은 많은 나라들에게 꾸어 줄지라도 꾸지 않을 정도로 지극히 번창할 것이다. 하나님의 비 공급에 관해서는 11:11-17을 보라.

[13]-[14] 하나님께서 이스라엘을 머리가 되고 꼬리가 되지 않게 하실 것이라는 개념은 앞 구절에서 말한 새로운 어투 가운데 표현되어 있다.

[15]-[19] "그 모든 명령과 규례"란 문구에 관해서는 45절을 보라(그리고 1절을 참조하라). 이 저주는 고대 계약 문서와 유사한 "네가 만일 네 하나님 여호와의 말씀

을 순종하지 아니하면"이라는 상황절로 시작된다.

해설

11절의 자손, 생축, 산물이라는 삼중 축복은 신명기 신학의 본질을 요약하고 있는 평행적 단락들 가운데 있는 1-19절에서 확대되는데, 그것은 다음과 같이 요약된다: 즉 "야웨의 계명에 순종하면 복을 받는다. 그리고 그 계명들에 불순종하면 저주를 받는다." 이것이 실체에 대한 지나친 간소화라는 사실은 선지자가 한 질문, 즉 "주께서는 눈이 정결하시므로 악을 참아 보지 못하시며 패역을 참아 보지 못하시거늘 어찌하여 궤휼한 자들을 방관하시며 악인이 자기보다 의로운 사람을 삼키되 잠잠하시나이까?"(합 1:13)라는 질문과 욥기를 통하여 드러난다. 욥은 실질적으로 그에게 어떤 죄가 있어서가 아니라 "순전하고 정직하여 하나님을 경외하며 악에서 떠난 자"(욥 1:1, 8)이기 때문에 고난을 당하기 위하여 선발되었다. 몇몇 학자들은 욥기가 신명기 신학에 대한 지나치게 간소화된 해석에 대해서 정면으로 도전하기 위하여 기록되었다고 주장하기까지 했다.

삶에 있어서 한 사람의 상황은 반드시 그 사람의 성품의 결과는 아니다. 수십만의 죄 없는 어린 아이들이 자기들의 죄가 아니라 당시 유럽 전체에 걸쳐서 끓어올랐던 극악무도한 세력으로 인하여 나치의 대학살 가운데 죽었다. 전 세대에 걸쳐서 죄 없는 사람들이 고통을 당하고 죽는 재난을 당한 실례는 셀 수 없을 정도로 많다. 예수의 제자들은 나면서부터 소경 된 사람을 보았을 때 예수님에게 "랍비여 이 사람이 소경으로 난 것이 뉘 죄로 인함이오니이까 자기오니이까 그 부모오니이까?"(요 9:2)라고 물었다. 예수께서는 "이 사람이나 그 부모가 죄를 범한 것이 아니라"(요 9:3)고 대답하셨다. 다양한 12단계 치유 프로그램에서 너무나 많은 사람들이 자기들을 마비시키려는 경향을 가지고 있는 죄책감으로부터 도피하면서 계속해서 스스로에게 삶은 공평하지 않다고 상기시킨다. 우리들 중 아무도 우리 자신이 옳든 그렇지 않든 상관없이 악의 결과로부터 완전히 자유를 얻은 사람은 없다.

맥스웰이 주장한 바와 같이(Maxwell[1987] 303-4), 전기 예언서를 자세히 살펴보면 소위 신명기적 역사서가 신명기 28:1-19에 대한 피상적인 연구를 통하여 주장된, 신명기 신학에 대한 극단적으로 단순화된 연구를 따르지 않고 있다는 사실이 드러난다. 사무엘하 11:25에서 우리는 "칼은 이 사람이나 저 사람이나 죽이므로" 무죄한 사람이 죄인과 함께 취급된다는 사실을 알게 된다. 사울 왕의 손에 의한 놉 땅의 제사장들의 불의의 죽음(삼상 22:18-19)과 아비멜렉의 70형제들의 죽음(삿 9:1-6)은 응보적 공의와는 전혀 상관이 없다. 다른 한편, 야웨의 토라의 말씀에 불순종했음에도 불구하고, 호화롭게 다스렸던 고대 이스라엘과 유다 왕들의 오랜 계승은 동전의 다른 면에 대한 증거를 담고 있다. 악은 언제나 이생에서 형벌을 받지는 않는다.

후기 예언서에서 무죄한 자의 고난 중에 가장 두드러진 실례는 이사야 53장의 "고난의 종"의 예다. 하나님의 계명에 순종했음에도 불구하고, 그 종은 자기 앞에 있었던 선지자 예레미야와 어려운 상황에서 하나님의 말씀을 신실하게 선포했던 남녀 종들 가운데 다른 사람들이 그러했던 것처럼 고난을 당한다.

신명기 자체를 자세히 검토해 보면, 도덕적 행위에서만 축복과 저주라는 극단적으로 단순화된 어리석은 해석이 있었음이 드러난다. 이스라엘의 풍요는 얻어진 어떤 것이 아니라, 하나님의 선물로 묘사되어 있다(8:18). 하나님은 그들이 다른 열국들보다 더 의로워서 이스라엘 땅에 복을 주신 것이 아니었다(9:4-6). 금 송아지 사건 가운데서도 백성들이 의로웠기 때문이 아니라 모세가 그들을 위해서 중재 기도를 했기 때문에 용서를 받았다(9:25-29).

2. 미래의 재앙에 대한 확대된 묘사(28:20-69)

a-b. 언약적 저주에 대한 첫 번째와 두 번째 확대(28:20-44)

참고문헌

Aharoni, I. "Animals Mentioned in the Bible." *Osiris* 5(1938) 478. **Alexander, R. D.** "Cricket." In *EncBrit.* 1966. 6:753. **Ben-Hayyim, Z.** "Observations on the Hebrew and Aramaic Lexicon from the Samaritan Tradition." In *FS W. Baumgartner.* 1967. 12-24, esp. 16-17, 19. **Branden, A. van den.** "'Reseph' nella Bibbia." *BeO* 13(1971) 211-25, esp. 213. **Carmichael, C. M.** "Uncovering a Major Source of Mosaic Law: The Evidence of Deut 21:15-22:5." *JBL* 101(1982) 505-20, esp. 514 n. 19. **Cath-**

carth, K. J. "Micah 5, 4-5 and Semitic Incantations." *Bib* 59(1978) 38-48, esp. 46-47. **Cazelles, H.** "Jérémie et le Deutéronome." *RSR* 38(1951/52) 5-36, esp. 12. **Dion, P. E.** "Un nouvel éclairage sur le context culturel des malheurs de Job." *VT* 34 (1984) 213-15. ______. "Quelques aspects de l'interaction entre religion et politique dans le Deutéronome." *ScEs* 30(1978) 39-55, esp. 48-50. **Driver, G. R.** "The Plague of the Philistines." *JRAS*(1950) 51. **Fensham, F. C.** "Ordeal by Battle in the Ancient Near East and in the Old Testament." In *FS E. Volterra.* 1971. 1969. 127-35, esp. 133-34. **Frankena, R.** "The Vassal-Treaties of Esarhaddon and the Dating of Deuteronomy." *OTS* 14(1965) 122-54. **Greenfield, J. C.** "Some Phoenician Words." *Sem* 38(1990) 156. **Gruber, M.** *Aspects of Nonverbal Communication in the Ancient Near East.* Studia Pohl 12.I-II. Rome: Biblical Institute Press, 1980. 1:386-400. **Hillers, D.** *Treaty-Curses and the Old Testament Prophets.* BibOr 16. Rome: Pontifical Biblical Institute, 1964. 30-42. **Hort, G.** "The Plagues of Egypt." *ZAW* 69 (1957) 101-2. **Kim, Y.** "The Vocabulary of Oppression in the Old Testament: *'sq, ynh, lhs,* and Congeners." Ph.D. diss., Drew Univ., 1981. **Linsenmaier, W.** *Insects of the World.* New York: McGraw-Hill, 1972. 78-79. **Lohfink, N.** "'I Am Yahweh, Your Physician' (Exodus 15:26): God, Society and Human Health in a Postexilic Revision of the Pentateuch(Exod. 15:25b, 26)." In *Theology of the Pentateuch.* 1994. 35-95. **Macalister, A.** "Medicine." *Dictionary of the Bible.* Ed. J. Hastings. 5 vols. New York: Scribner, 1902-4. 3:323-25, 329. **MacIntosh, A. A.** "A Consideration of Hebrew *g'r.*" *VT* 19(1969) 471-79, esp. 477, 479. **Malusa, L.** "L'interpretazione Geronimiana de '*ḥrb*' in tre passi biblici." *BeO* 19(1977) 259-61. **McCarthy, C.** *The Tiqqune Sopherim and Other Theological Corrections in the Masoretic Text of the Old Testament.* OBO 36. Fribourg; Göttingen: Vandenhoeck & Ruprecht, 1981. 197-204, 211-14. **McCarthy, D. J.** *Treaty and Covenant.* AnBib 21. Rome: Pontifical Biblical Institute, 1963. 121-22, 124. **Montet, P.** *Egypt and the Bible.* Tr. L. R. Keylock. Philadelphia: Fortress, 1968. 98. **Neustätter, O.** "Where Did the Identification of the Philistine Plague as Bubonic Plague Originate?" *Bulletin of the History of Medicine* 11(1942) 36-47. **Nielsen, B. E.** "תיקוני סופרים." M.Div. Thesis, Union Theological Seminary, 1977. 1-32, 111-24. **Oded, B.** *Mass Deportations and Deportees in the Neo-Assyrian Empire.* Wiesbaden: Reichert, 1979. **Palmoni, Y.** "Locust" *IDB* 3:144-48. **Plöger, J. G.** *Literarkritische, formgeschichtliche und stilkritische Untersuchungen.* 1967. 189-90.

Pons, J. *L'Oppression dans l'Ancien Testament.* Paris: Letouzey, 1981. **Preuss, J.** *Biblical and Talmudic Medicine.* Tr. F. Rosner. New York: Sanhedrin Press, 1978. 154-57, 164-66, 339-43. **Reif, S. C.** "A Note on *gʿr*." *VT* 21(1971) 241- 44. **Saggs, H. W. F.** *The Greatness That Was Babylon.* London: Sidgwick & Jackson, 1962. 97. **Sasson, J. M.** *The Military Establishments at Mari.* Studia Pohl 3. Rome: Pontifical Biblical Institute, 1969. 47-49. **Steiner, F.** *Taboo.* 2nd ed. London: Cohen & West, 1967. 68-93, 149-53. **Watson, W. G. E.** "Reclustering Hebrew *l'lyd-*." *Bib* 58(1977) 213-15. **Weidner, E. F.** "Der Staatsvertrag Assurniraris V mit Mati'ilu von Bit-Agusi." *AfO* 8(1932-33) 17-26. **Weil, H. M.** "Gage et cautionnement dans la Bible." *AHDO* 2(1938) 171-241, esp. 178. **Weinfeld, M.** *DDS.* 116-29. ______. "Traces of Assyrian Treaty Formulae in Deuteronomy." *Bib* 46(1965) 417-27, esp. 418 n. 3, 420-23. **Westbrook, R.** *Studies in Biblical and Cuneiform Law.* Paris: Gabalda, 1988. 15-35. **Wilkinson, J.** *The Bible and Healing: A Medical and Theological Commentary.* Grand Rapids: Eerdmans, 1998. **Wilson, J. V. K.** "Medicine in the Land and Times of the Old Testament." In *Studies in the Period of David and Solomon and Other Essays.* Ed T. Ishida. Winona Lake, IN: Eisenbrauns, 1982. 337-65. **Winckler, A. J.** "Pests and Diseases." *EncBrit.* 1966. 10:691. **Wiseman, D. J.** "'Is It Peace?' - Covenant and Diplomacy." *VT* 32(1982) 311-26, esp. 321. ______. *The Vassal- Treaties of Esarhaddon(=Iraq 20).* London: British School of Archaeology, 1958. 88.

본문과 운율 분석

첫 번째 확장: 염병, 기근, 질병 [(5:4):(4:4):(4:5)]	**First Expansion: Pestilence, Famine, and Disease** [(5:4):(4:4):(4:5)]	
일반적 주제: 저주, 혼란, 골칫거리 [(5:4)]	**General Theme: Curse, Confusion, and Cumbrance** [(5:4)]	
20 네가 악을 행하여 그를 잊으므로 네 손으로 하는 모든 일에 여호와께서 저주와 공구와 견책을 내리사 망하여 속히 파멸케 하실 것이며	**20** *YHWH will send\[a] upon you / curse[b]⟨and⟩[c] confusion /*	22 2
	and cumbrance / in all the undertakings of your hand[d] /	14 2
	[e]that you will do[e] //	5 1_
	Until [f]you are destroyed and you perish[f]\[g] quickly /	16 1
	because of / your evil doing / in forsaking me //	22 3_
염병으로부터 오는 일곱 가지의 고통 [(4:4):(4:5)]	**Seven Afflictions from Pestilence** [(4:4):(4:5)]	
21 여호와께서 네 몸에 염병이 들게 하사 네가 들어가 얻	**21** *YHWH will make\[a] the pestilence cling / to you //*	13 2
	until / he has put an end to you /	10 2

을 땅에서 필경 너를 멸하실
것이며
22 여호와께서 폐병과 열병
과 상한과 학질과 한재와 풍
재와 썩는 재앙으로 너를 치
시리니 이 재앙들이 너를 따
라서 너를 진멸케 할 것이라

기근과 칼에 의한 멸망
[6:7:7:6]

23 네 머리 위의 하늘은 놋이
되고 네 아래의 땅은 철이 될
것이며
24 여호와께서 비 대신에 티
끌과 모래를 네 땅에 내리시
리니 그것들이 하늘에서 네
위에 내려서 필경 너를 멸하
리라
25 여호와께서 너로 네 대적
앞에 패하게 하시리니 네가
한 길로 그들을 치러 나가서
는 그들의 앞에서 일곱 길로
도망할 것이며 네가 또 세계
만국 중에 흩음을 당하고
26 네 시체가 공중의 모든 새
와 땅 짐승들의 밥이 될 것이
나 그것들을 쫓아 줄 자가 없
을 것이며

또 다른 일곱 가지의 고통("애굽의 종기") [(6:4):(4:6)]

27 여호와께서 애굽의 종기
와 치질과 괴혈병과 개창으로
너를 치시리니 네가 치료함을
얻지 못할 것이며
28 여호와께서 또 너를 미침
과 눈멂과 경심증으로 치시리
니
29 소경이 어두운 데서 더듬
는 것과 같이 네가 백주에도
더듬고 네 길이 형통치 못하

From upon / the ground / 10 2
that you are coming there / to possess / / 14 2_
22 *YHWH* [a]*will strike you*[a] */ with consumption and with fever /* 17 2
and with inflammation / and with fiery heat / 12 2_
And with drought[b] */* 5 1
and with scorching / and with mildew / / 17 2
[c]*and they will pursue you / until you perish*[c] */ /* 13 2_

Destruction by Famine and the Sword [6:7:7:6]

23 *And your heavens*[a] */* 10 1
that are over your head[b] *will become brass / /* 12 1
and the land that is beneath you[c] *iron / /* 14 1
24 *And YHWH will make / the rain of your land /* 12 2
powder and dust / / 9 1_
From the heavens / it will come down upon you / 15 2
until[a] *you are destroyed*[b] */ /* 5 1
25 *And YHWH / will cause you /*[a] *to be defeated /* 9 3
before your enemies / 9 1_
By one[b] *road / you will go forth against him /* 14 2
indeed by seven roads / 11 1
you will flee before him / / 9 1
And you will become [c]*an object of trembling*[c] */* 11 1
to all / the kingdoms of the land / / 12 2_
26 *And your corpses will be / food /* 17 2
[a]*for every bird*[a] *of the heavens /* 9 1
And for the beasts of the land / / 11 1
and there will be none / to frighten them off / / 7 2_

Seven More Afflictions ("Boils of Egypt") [(6:4):(4:6)]

27 *And YHWH will strike you /* 7 1
with boils of Egypt[a] *and with piles*[b] */* 13 1
and with scurvy / and with itch[c] */ /* 13 2
of which you are not able / to be healed / / 13 2_
28 *And YHWH will strike you /* 7 1
with madness[a] *and*[b] *with blindness / /* 14 1
and[b] *with confusion / of heart / /* 10 2_
29 *And you will / grope about at noonday /* 15 2
just as the blind man gropes about / in the dark / 19 2_
And you will not prosper / in your ways[a] */ /* 14 2

여 항상 압제와 노략을 당할 뿐이니 너를 구원 할 자가 없을 것이며

and you will be / only[b] maltreated and robbed / all the days / 22 3
and there will not be[c] a savior // 8 1_

가족, 가정, 재산의 극심한 손실 [7:(4:7)]

Violent Loss of Family, Home, and Property [7:(4:7)]

30 네가 여자와 약혼하였으나 다른 사람이 그와 같이 잘 것이요 집을 건축하였으나 거기 거하지 못할 것이요 포도원을 심었으나 네가 그 과실을 쓰지 못할 것이며

30 *A woman you will betroth /* 8 1
but another man / will rape[a] her / 12 2
A home you will build / 4 1
but you will not dwell in it // 9 1
A vineyard you will plant / 4 1
but you will not put it to use // 9 1_

31 네 소를 네 목전에서 잡았으나 네가 먹지 못할 것이며 네 나귀를 네 목전에서 빼앗아 감을 당하여도 도로 찾지 못할 것이며 네 양을 대적에게 빼앗길 것이나 너를 도와줄 자가 없을 것이며

31 *Your ox / will be slaughtered before your eyes /* 15 2
and you will not eat / any of it / 10 2_
Your ass / will be stolen from before you / 16 2
and it will not be returned / to you // 9 2_
Your sheep\[a] will be given to your enemies / 16 1
and there will not be for you / a savior // 10 2_

두 번째 확장: 압제, 추방, 종살이 정신 이상을 일으키는 압제 [(7:4):7]

Second Expansion: Oppression, Exile, and Slavery
Oppression That Produces Insanity [(7:4):7]

32 네 자녀를 다른 민족에게 빼앗기고 종일 생각하고 알아봄으로 눈이 쇠하여지나 네 손에 능이 없을 것이며

32 *Your sons and your daughters / will be given to another people /* 23 2
and your eyes will look on / 10 1
And they will be spent with tears for them / [a]all the day[a] // 13 2
and there will be no power (to help) / in your hand⟨s⟩[b] // 11 2_

33 네 토지 소산과 네 수고로 얻은 것을 네가 알지 못하는 민족이 먹겠고 너는 항상 압제와 학대를 받을 뿐이리니

33 *[a]The fruit of your ground / and of all your toil /* 15 2
a people will devour / that you have not known // 19 2_
And you will be / 6 1
only / maltreated and crushed / all the days // 16 3_

34 이러므로 네 눈에 보이는 일로 인하여 네가 미치리라

34 *And you will be\[a] driven mad //* 10 1
by the sight of your eyes / that you will see // 13 2_

질병의 고통("[욥과 같은] 종기") [4:4]

Afflictions of Disease ("Boils [like Job]") [4:4]

35 여호와께서 네 무릎과 다리를 쳐서 고치지 못할 심한 종기로 발하게 하여 발바닥으로 정수리까지 이르게 하시리라

35 *YHWH will strike you / with evil boils /* 11 2
on the knees / and on the legs / 12 2
Of which you will not be able / to be healed // 14 2
from the sole of your foot / to the crown of your head // 11 2_

이스라엘 땅으로부터의 추방 [5:5:5]

Exile from the Land of Israel [5:5:5]

36 여호와께서 너와 네가 세

36 *And YHWH will bring[a] / you / and your[b] king /* 18 3

울 네 임금을 너와 네 열조가
알지 못하던 나라로 끌어가시
리니 네가 거기서 목석으로 만
든 다른 신들을 섬길 것이며
37 여호와께서 너를 끌어가
시는 모든 민족 중에서 네가
놀램과 속담과 비방거리가 될
것이라

염병과 전쟁의 고통
[(4:5):(3:3):(5:4)]

38 네가 많은 종자를 들에 심
을지라도 메뚜기가 먹으므로
거둘 것이 적을 것이며
39 네가 포도원을 심고 다스
릴찌라도 벌레가 먹으므로 포
도를 따지 못하고 포도주를
마시지 못할 것이며
40 네 모든 경내에 감람나무
가 있을지라도 그 열매가 떨
어지므로 그 기름을 네 몸에
바르지 못할 것이며
41 네가 자녀를 낳을지라도
그들이 포로가 되므로 네게
있지 못할 것이며
42 네 모든 나무와 토지 소산
은 메뚜기가 먹을 것이며

가난과 빚 [6:6]

43 너의 중에 우거하는 이방
인은 점점 높아져서 네 위에
뛰어나고 너는 점점 낮아질
것이며
44 그는 네게 꾸일지라도 너
는 그에게 꾸지 못하리니 그
는 머리가 되고 너는 꼬리가
될 것이라

that you will set up over you / to a nation / 15 2_
That you have not known\[c] you and your fathers / / 17 1
and you[d] will serve there / other gods / of wood and stone / / 24 3

37 *and you will become a horror[a] /* 10 1_
[b]A proverb\[c] and a byword / / 11 1
among all / the peoples / 8 2
to which YHWH will lead you / there / / 13 2_

Afflictions of Pestilence and War [(4:5):(3:3):(5:4)]

38 *Much seed\[a] you will carry to the field / /* 11 1
and little will you gather in / 8 1
for the locust swarm / will consume it / / 11 2_
39 *Vineyards you will plant\[a] and you will till them / /* 14 1
but wine you will not drink / 8 1
And you will not gather in fruit / 7 1
for the worm / will devour it / / 14 2_
40 *Olive trees / you will have / throughout all your territory / /* 16 3
but oil\[a] you will not have to anoint yourself / 9 1
for your olives / [b]will drop off[b] / / 8 2_

41 *Sons and daughters / you will bear / /* 14 2
but they will not be yours / 8 1
for they will go / into captivity / / 11 2_
42 *All your trees / and the fruit of your ground / /* 15 2
the buzzing cricket / [a]will possess[a] / / 9 2_

Impoverishment and Debt [6:6]

43 *The alien / who is in your midst / will rise above you /* 17 3
higher and higher / / but you will go down / 16 2
lower and lower / / 7 1_

44 *He will lend to you / and you / will not lend to him / /* 16 3
he will be the head / and you / will be the tail / / 18 3_

원문주해

20.a. 레가르메를 연접사로 읽음.

20.b. SP에는 MT의 함메라(המארה, "재앙") 대신 המרה("쓰라림")로 되어 있다.

20.c. 여러 히브리어 필사본들, 카이로 게니자 본문, SP, LXX, α', Vg은 와우 접속사를 덧붙인다. 운율 분석은 수정본을 지지한다.

20.d. 몇몇 히브리어 필사본들과 SP에는 MT의 야드카(ידך, "네 손") 대신 야다이크(ידיך, "네 손들")로 되어 있다.

20.e-e. LXX[B]는 이 문구를 생략한다. 운율 분석은 MT을 지지한다.

20.f-f. SP에는 MT의 히샤메드카 웨아드-아보드카(הִשָּׁמֶדְךָ ועד־אבדך, "네가 멸망하고 또한 네가 망하기까지") 대신에 השמיד(ו)ך ועד (ה)אב(י)ד(ו)ך("그들이 너를 멸하고 또한 그들이 네가 멸망하게 할 것이다")로 되어 있다. 운율 분석은 MT을 지지한다.

20.g. 자켑 카톤이 뒤따라온 파스타는 연접사로 읽음.

21.a. 위치가 잘못된 아트나로 인하여 브카(בך)에 붙어 있는 티프하를 연접사로 읽음.

22.a-a. MT의 야크카(יַכְּכָה)를 야켁카(יַכֶּכָּה〈참조. SP의 יכך〉, "그가 너를 필 것이다")와 동일한 것으로 읽음(또한 28:27, 28, 35을 보라).

22.b. LXX[B]에는 빠져 있다. 에트 에스투(*et aestu*, "그리고 뜨거움")로 되어 있는 Vg과 함께 호레브(הֹרֶב, "매마름," 혹은 "뜨거움")로 읽음. MT에는 헤레브(חֶרֶב, "칼")로 되어 있다.

22.c-c. SP와 Syr에는 MT의 우르다푸카 아드 아브데카(ורדפוך עד אבדך) 대신 ירדפוך עד אב(י)ד(ו)ך("그들이 너를 멸하기까지 추격할 것이다")로 되어 있는데, 운율적 관점에서는 가능하다.

23.a. Syr, Tg., Vg에는 MT의 샤메카(שָׁמֶיךָ, "네 하늘들") 대신 하샤마임(הַשָּׁמַיִם, "그 하늘들")으로 되어 있다. MT은 *lectio difficilior*로 그대로 유지된다.

23.b. 위치가 잘못된 아트나로 인하여 티프하를 연접사로 읽음.

23.c. 위치가 잘못된 실룩으로 인하여 티프하를 연접사로 읽음.

24.a. 위치가 잘못된 실룩으로 인하여 티프하를 연접사로 읽음.

24.b. LXX[B]는 엔 타케이(ἐν τάχει, "신속하게"=מהר)를 덧붙인다. 운율 분석은 MT을 지지한다.

25.a. 파섹을 가진 메레카 악센트라는 생소한 순서는 이접사로 읽음.

25.b. 몇몇 SP 필사본들에는 MT의 에하드(אחד, "하나") 대신 에하트(אחת, "하나")로 되어 있다(28:7을 보라).

25.c-c. 한 히브리어 필사본과 SP에는 MT의 레자아와(לזעוה, "두려움의 대상") 대신 글자가 도치된 레자와(לזועה, "두려움의 대상")로 되어 있다. 사 28:19을 보라.

26.a-a. 몇몇 히브리어 필사본, SP, LXX, Syr에는 MT의 레콜-오프(לכל־עוף, "모든 새를 위하여") 대신 레오프(לעוף, "새들을 위하여")로 되어 있다.

27.a. 자켑카톤이 뒤따라온 파스타는 연접사로 읽음.

27.b. K와 함께 우바폴림(ובעפלים, "치질")으로 읽는데, 이는 분명히 공적인 낭독을

하기에는 너무나 천박한 언어였던 것으로 보인다. Q의 ובטחרים("돌기" 혹은 "종양")이 몇몇 히브리어 필사본, DSS, Syr, Tg에 나타난다.

27.c. 몇몇 SP 증거 본문에는 MT의 우베하레쓰(ובחרס, "그리고 가려움") 대신에 우베하레쓰(ובהרס, "그리고 멸망과 함께")로 되어 있다.

28.a. 위치가 잘못된 아트나로 인하여 티프하를 연접사로 읽음.

28.b. 몇몇 LXX 증거 본문은 와우 접속사를 생략하고 있다. 운율 분석은 MT을 지지한다.

29.a. 몇몇 히브리어 필사본, SP, Syr에는 MT의 복수형 떼라케에카(דרכיך, "네 길들") 대신 단수형 떼레케카(דרכך, "네 길")로 되어 있다. 운율 분석은 MT을 지지한다.

29.b. SP에는 MT의 아크(אך, "오직" 혹은 "진실로") 대신 라크(רק, "오직")로 되어 있다.

29.c. 보다 중요한 LXX 증거 본문들 가운데 몇몇은 소이(σοι, "너를 위하여"⟨=לך, 르카⟩)를 덧붙인다(참조. 아래 31절). 여기서 한 단어를 덧붙이는 것은 29-31절에 있는 총 51개의 단어(3×17)인 숫자 구성을 혼란시킨다. "그리고 구원자가 없을 것이다"란 문구는 음악적 관점에서 종악장으로 취급되어야 할 것이다.

30.a. K와 함께 이슈갈렌나(ישגלנה, "그가 그녀를 강탈할 것이다")로 읽는데, 이것은 합법적 성관계로 사용된 적이 없는 동사다. 이 단어는 공적으로 낭독하기에는 너무나 천한 언어로 생각되었으므로, Q와 다른 본문 전승은 그 대신 ישכב עמה("그녀와 함께 자다")란 문구를 사용했다(참조. "원문주해" 27.b).

31.a. 자켑카톤이 뒤따라온 파스타는 연접사로 읽음.

32.a-a. 몇몇 히브리어 필사본, LXX에는 빠져 있음. 운율 분석은 MT을 지지한다.

32.b. 여러 히브리어 필사본, 카이로 게니자 단편들, Syr과 함께 복수형인 예데에카(ידיך, "네 손들")로 읽음. MT에는 야데카(ידך, "네 손")로 되어 있다. *Tg. Ps.-J.*에는 예데켐(ידיכם, "너희들의 손들")으로 되어 있다.

33.a. 몇몇 SP 증거 본문들은 와우 접속사를 덧붙인다. 운율 분석은 MT을 지지한다.

34.a. 위치가 잘못된 아트나로 인하여 티프하를 연접사로 읽음.

36.a. 몇몇 SP 증거 본문들에는 MT의 욜레크(יולך, "그가 가져올 것이다") 대신 יוליך로 되어 있는데 의미상의 차이는 없다.

36.b. *Tg. Ps.-J.*에는 2인칭 복수형으로 되어 있다.

36.c. 위치가 잘못된 아트나로 인하여 티프하를 연접사로 읽음.

36.d. LXX의 루시안 전승, OL, *Tg. Ps.-J.*는 2인칭 복수로 읽음.

37.a. SP에는 MT의 레샴마(לשמה, "공포가 되다") 대신 레샴(לשם)으로 되어 있는데 의미상의 차이는 없다.

37.b. SP와 LXX은 와우 접속사를 덧붙인다.

37.c. 위치가 잘못된 아트나로 인하여 티프하를 연접사로 읽음.

38.a. 위치가 잘못된 아트나로 인하여 티프하를 연접사로 읽음.

39.a. 위치가 잘못된 아트나로 인하여 티프하를 연접사로 읽음.

40.a. 자켑카톤이 뒤따라온 파스타는 연접사로 읽음.

40.b-b. 몇몇 SP 증거 본문, Syr, Tg., Vg에는 MT의 잇샬(ישׁל, "그것이 떨어질 것이다") 대신에 ישׁ(ע)לו("그들이 떨어질 것이다")로 되어 있다.

42.a-a. MT의 예야레쉬(יירשׁ, "그것이 〈메뚜기에 의하여〉 없어질 것이다") 대신에 SP와 함께 יורישׁ("그것이 소유할 것이다")로 읽음.

양식/구조/배경

1960년 이후 학자들은 고대 근동으로부터 나온 국제 계약 본문을 신명기의 형태를 설명하기 위한 하나의 모델로 보았다. 처음에는 후기 청동기 시대의 헷 사람의 봉신 계약 본문과 동일한 것에 흥미의 초점을 맞추었다(주전 1200년경 이전). 그러나 다른 동일 본문들이 철기 시대로부터 나온 후기 앗수르 계약 본문으로 설명되었다(주전 1200년 이후). "철기 시대의 왕의 맹세"로 불리게 된 내용의 구조와 일치되게, 신명기 28:20-68은 봉신으로 하여금 언약적 저주를 받게 하는 임무와 태만 행동에 대한 확대된 규정이다. 철기 시대의 계약 본문들은 순종하리라는 약속이 단순히 군 사상의 우월 세력에 의하여 지워지고, 저주들을 상세하게 묘사함으로써 강화되어 있는 인상을 준다. 와인펠트는 이러한 계약 본문들을 적절하게 "충성의 맹세"라고 불렀다(*JAOS* 90[1970] 184-203; 같은 저자, *UF* 8[1976] 392-93).

앗수르인의 충성 맹세처럼 신명기 28:20-44은 자연적 재난, 질병, 전쟁의 파괴를 포함하는 재난에 대한 확장된 묘사인데, 이는 다음과 같이 정리될 수 있다.

A	농사의 재난(메마르고 굳어진 흙)	28:20-24
B	인간의 고통(패배 → 종기 → 미침 → 압제)	28:25-29
X	복의 취소(28:4, 8, 11)	28:30-31
B′	인간의 고통(압제 → 미침 → 종기 → 패배)	28:32-37
A′	농사의 재난(곡식을 망치는 돌림병)	28:38-44

이 본문 가운데서 외부 골격은 메마름(20-24절)과 돌림병(38-44절)의 측면에서 일어난 농사상의 재난에 초점을 맞추고 있는 동일한 그룹의 저주들로 이루어져 있다. 내부 골격은 인간의 재난에 초점을 맞추고 있다(25-29절과 32-37절). 중심부(30-31절)에서 우리는 자손, 생축 그리고 농산물의 번영이라는 언약적 축복의 반전

을 발견하게 된다. 여기에 나오는 세부적인 묘사는 28:7-14에 있는 복들을 동반하고 있는 그것보다 훨씬 더 값나가는 것이다. 비록 이 단락은 10개의 박자 운율을 가지고 있는 운율적 관점에서는 복잡하지만 전체를 포함하여 공들인 대칭 구조 형태를 포함하고 있는데, 이것은 다음과 같이 정리될 수 있다.

A	고통의 3개조: 저주, 혼란, 골칫거리	28:20-22
B	농사상의 재난(메마름과 굳은 흙)	28:23-24
C	전쟁: 객관적 교훈이 되는 이스라엘에 닥치는 패배	28:25-26
D	애굽의 종기(야웨께서 보내심)	28:27
E	미침과 실명	28:28-29a
F	모든 날 동안 압제당하고 강탈당함	28:29b
X	복의 취소(28:4, 8, 11)	28:30-31
F′	모든 날 동안 압제당하고 강탈당함	28:32-33
E′	사람이 보고 미침	28:34
D′	종기(야웨께서 보내심)	28:35
C′	전쟁: 객관적 교훈이 되는 이스라엘에 닥치는 추방	28:36-37
B′	농사상의 재난(곡식을 망치는 돌림병)	28:38-42
A′	경제적 붕괴–빈곤과 빚	28:43-44

이 구조의 중심부(30-31절)는 본질적으로 4, 8, 11절의 축복을 취소하는 재난들의 목록을 포함하고 있다. 이스라엘을 정복하는 사람들이 이스라엘 백성이 가진 모든 것을 취해 갈 것이다. 즉 그들의 아내들이 강간을 당하고, 그들의 가정과 포도원이 탈취를 당하고, 그들의 소가 살육을 당할 것이며, 그들의 나귀와 양이 갈취를 당하고, 그들의 자녀들이 노예가 될 것이며, 그들의 산물이 먹힐 것이다.

20-44절에 경계들이나 그 안에 있는 버금 단위들을 암시하기 위한 표시들이 MT에 없으므로, 그 구조는 내용, 운율 분석 그리고 신명 수의 사용에 근거하여 결정되어야 한다. 이 연구로부터 떠오르는 저주들의 목록은 10개의 운율 단위로 배열되어 있는데, 아마도 출애굽기 7-11절의 "열 가지 재앙"을 반영하기 위한 것으로 보인다. 이 단위들은 두 부분으로 이루어진 다섯 개의 구조 단위로 배열될 수 있다(20-32절과 33-44절).

A	일반적 주제: 저주, 혼란, 골칫거리	28:20
B	염병으로부터 오는 일곱 가지 고통	28:21-22
X	기근과 전쟁에 의한 멸망	28:23-26

B′ 일곱 가지 고통("애굽의 종기"를 포함하여)	28:27-29
A′ 축복의 취소	28:30-31
A 정신 이상을 일으키는 압제	28:32-34
B 야웨께서 너를 종기로 치실 것이다(욥처럼)	28:35
X 그 땅으로부터의 추방	28:36-37
B′ 축복의 취소	28:38-42
A′ 빈곤과 빚	28:43-44

이 개개의 운율 단위들은 평행적인 구조 가운데서 주의 깊게 배열되어 있다. 이 본문에서 관심의 초점은 기근과 전쟁에 의한 멸망과 그 땅에서의 이스라엘 백성의 추방에 있다. 징벌에 대한 세 개의 범주가 여기에 나오고 있다: 질병(21-22절), 뒤따라오는 기근으로 인한 메마름(23-24절), 전쟁(25-26장)이다. 다른 본문들에 나오는 친숙한 표현인 "염병과 칼과 기근"과 비교하라(렘 21:7; 32:24; 38:2; 43:11; 겔 5:12; 7:15).

처음의 다섯 개로 이루어진 구조에서 외부 골격은 첫 구절(20절)이 앞의 3-13절에서 주어진 축복의 취소와 대칭을 이루고 있다(29b-32절). 이 구조의 내부에서 우리는 친숙한 표현인 염병, 기근, 칼이라는 삼중적 표현을 발견하게 되는데, 여기서 시체가 땅에 묻히지 못하는 전쟁에서의 처참한 죽음에 대한 묘사와 함께 26절에서 절정에 이른다. 필자가 "기근과 전쟁에 의한 멸망"이라고 이름 붙인 단위를 둘러싸고 있는 내부 골격은 염병이라는 주제와 동일한 구조를 나타내고 있는데, 이것들은 각기 일곱 가지의 고통 목록을 제공하고 있다.

처음 다섯 개의 항목으로 되어 있는 구조가 그 중심부(26절)에서 전쟁의 파괴를 강조하고 있는 것처럼, 두 번째 항목도 군대의 패배 결과 이스라엘 땅으로부터의 추방에 초점을 맞추고 있다(36-37절). "종기"(שְׁחִין – 쉐힌)란 단어가 27절에 나타나고("애굽의 종기") 앞의 축복의 취소에 대한 또 다른 요약(38-42절)과 대칭이 되어 35절에서 다시 나타난다. 35절에 있는 이러한 "심한 종기"는 실질적으로 욥기 2:7에 기록되어 있는 욥의 고통과 동일한 것이다.

뒤따라오는 저주에 대한 일반적인 주제는 히브리어에서 두운법을 가진 시적 스타일로 20절에서 발표되고 있다: 야웨께서 메에라(מארה, "저주"), 메후마(מהומה, "혼란"), 미그에레트(מגערת, "골칫거리")를 보내실 것이다. 내부 골격(21-22절과 27-29절)은 두 그룹으로 된 동등한 일곱 가지의 고통들과 함께 뒤따라 나온다.

A 야웨께서 네 몸에 염병이 들게 하사…필경 너를 멸하실 것이며 28:21

B 폐병, 열병, 상한(בשחפת בקדחת ובדלקת) 28:22a

X 학질(ובחרחר) 28:22a

B′ 한재, 풍재, 썩는 재앙(ובחרב ובשדפון ובירקון) 28:22a

A′ 너를 따라서 너를 진멸케 할 것이라 28:22b

A 여호와께서 애굽의 종기와 치질로 너를 치실 것이라 28:27a

B 그리고 괴혈병과 개창으로 너를 치시리니 네가 치료함을 얻지 못할 것이며 28:27a

X 여호와께서 또 너를 미침과 눈멂과 경심증으로 치시리니 28:28a

B′ 소경이 어두운 데서 더듬는 것과 같이 네가…더듬고 – 형통치 못할 것이다 28:29a

A′ 압제와 노략을 당할 뿐이니 너를 구원할 자가 없을 것이라 28:29b

첫 번째 항목들 가운데서 일곱 가지의 매우 심한 형태의 염병이 구체적으로 표현되어 있다. 그 이유는 "이 재앙들이 너를 따라서 너를 진멸케 할 것"(22b절)이기 때문이다. 두 번째 항목들은 애굽의 "종기"(שחין-쉐힌)와 함께 소개되고 있으며, 이 구조는 정신 이상을 일으키는 정신적 고통에 초점을 맞추고 있다(28a절).

기근과 전쟁에 의한 멸망을 기술하고 있는 중심 단락은 23절과 26절에 나타나는 샤마임(שמים, "하늘들")과 아레츠(ארץ, "땅")란 단어의 반복으로 나타나 있는데, 이것이 역순으로 24절에서도 나타난다. 전체 버금 단락의 구조는 다음과 같이 정리될 수 있다.

A 하늘은 놋이 되고, 땅은 철이 될 것이다 28:23-24

B 야웨께서 너로 네 대적 앞에 패하게 하실 것이다 28:25a

X 네가 한 길로 치러 나가서 대적들 앞에서 일곱 길로 도망할 것이다 28:25b

B′ 네가 온 열국에 두려움의 대상이 될 것이다 28:25c

A′ 네 시체들은 하늘의 새와 땅의 짐승의 밥이 될 것이다 28:26

이 구조는 완전한 멸망, 곧 하늘로부터 땅으로 옮겨가고, 메마름으로부터 군사적인 패배로 옮겨가면서 하늘의 새들과 땅의 짐승의 밥이 되는 것 이외에 아무것도 남겨놓지 않을 것임을 강조한다.

20-32절에 있는 저주의 확대된 내용은 4절과 11절의 삼중 축복의 반전에 대한 묘사와 함께 끝난다.

A 아내와 가정의 상실 28:30a

B 네가 심을 포도원의 과실을 먹지 못할 것이다 28:30b
X 네 소를 다른 사람이 잡아먹으며 네 나귀가 탈취당할 것이다 28:31a
B′ 네 양이 네 대적들에게 주어질 것이다 28:31b
A′ 자녀를 잃으나 도울 자가 없고 네가 그것을 보리라 28:32

가족과 가정, 그리고 재산에 대한 대대적인 상실로 인한 슬픔을 당하지만 "네 자신의 힘으로 도울 힘이 없다"는 사실에 관한 결론적 진술은 28:33-44에 있는 저주들의 확장에 대한 무대를 설정하고 있다.

전혀 아무것도 할 수 없다는 무능성은 정신 이상을 일으킨다(33-34절). 그 이유는 "야웨께서 여호와께서 네 무릎과 다리를 쳐서 고치지 못할 심한 종기로 발하게 하여 발바닥으로 정수리까지 이르게" 하실 것이기 때문이다(35절). 이러한 모습은 사탄의 손을 통하여 당한 욥의 고난에 대한 모습이다. 이 경우 그 고난은 약속의 땅으로부터 "너와 네 열조가 알지 못하던 나라로 끌어가시리니 네가 거기서 목석으로 만든 다른 신들을 섬기는 데로" 이끌어 간다(36절).

4절과 11절의 삼중 축복의 반전에 대한 또 다른 묘사는 38-42절에 뒤따라오는데, 그것은 다음과 같이 정리될 수 있다.

A 메뚜기(הארבה – 하아르베)가 네 곡식을 먹을 것이다 28:38
B 네 포도원이 벌레(התלעה)에게 먹힐 것이다 28:39
X 네 감람나무가 기름을 낼 열매를 산출하지 못할 것이다 28:40
B′ 네 자녀들이 포로로 잡혀 갈 것이다 28:41
A′ 네 모든 곡식이 메뚜기에게 먹힐 것이다(הצלצל) 28:42

감람유는 기쁨과 평안의 상실을 상징하는 것인데, 그 이유는 감람 열매가 익지 못하여 땅에 떨어질 것이기 때문이다. 즉 즐거움의 기름이 없을 것이다(40절). 포도원은 광야의 딱딱해진 만나에 번식되었던 그 벌레로 인하여 포도주를 산출하지 못할 것이다(출 16:20을 보라). 외부 골격은 메뚜기 재앙(38절)에 대한 언급으로부터 농사상의 재난에 대한 잠언적 자료인 메뚜기 재앙(42절)에 대한 언급으로 옮겨간다.

20-44절에 있는 저주들의 확대는 과거에 이스라엘 백성 가운데 있었던 가난의 상징이었으나, 지금은 이스라엘 백성이 생계 유지를 위하여 그들에게 돌이키게 되는 행운의 반전에 대한 간략한 언급과 함께 끝난다. 즉 "그는 머리가 되고 너는 꼬리가 될 것이라"(44절). 이것이 12-13절에 있는 언약적 축복의 본래의 확장 가운데

서 최종적인 축복의 반전이라는 사실을 유념해야 할 것이다.

운율 분석은 20절이 악센트를 가진 단위들 가운데서 (4:4):(6:6):(4:4)의 각운으로 나누어지는 하나의 문학적 단위로서 21-22절에 있는 염병으로부터 나온 일곱 가지의 고난들과 함께 속해 있다는 사실을 암시한다. 26절과 35절에 있는 다른 소량의 수정과 함께 그 결과로서 생기는 아홉 부분으로 이루어진 구조는 티개이에 의하면 본질적으로 "교차 대구법"이다(Tigay[1996] 491).

A	염병으로부터 오는 일곱 가지의 고통들	28:20-22
B	메마름과 기근	28:23-25
C	"칼"-전쟁에서의 처참한 죽음	28:26
D	일곱 가지의 다른 고통들("종기"를 포함)	28:27-29
X	축복의 취소	28:30-32
D′	압제와 종기(참조. 욥)	28:33-35
C′	그 땅으로부터의 추방	28:36-37
B′	축복의 취소	28:38-42
A′	빈곤과 빚	28:43-44

티개이는 여기에 묘사된 저주들이 실질적으로 16-19절에 언급된 모든 것을 포함하고, 또한 1-15절의 축복과 약속이 역순으로 자세히 묘사되어 있는 것으로 보인다고 주장했다(Tiagy[1996] 542 n. 9). 이와 유사한 교차적 구조가 30-32절이 그 초점이 되어 있는 25-37절에 대해 톰슨에 의하여 발견되었다(Thompson[1974] 273).

20-44절에 있는 신명 수의 사용에 관해서 라부샤뉴가 수집한 증거는 다음과 같이 요약될 수 있다.

단어	아트나 앞		아트나 뒤		
28:20-22	28	+	23	=	51 (=3×17)
28:23-26	34 (=2×17)	+	17	=	51 (=3×17)
28:27-28	11	+	6	=	17
28:29-31	33	+	18	=	51 (=3×17)
28:32-35	34 (=2×17)	+	17	=	51 (=3×17)
28:36-39	26	+	25	=	51 (=3×17)
28:40-42	12	+	14	=	26
28:43-44	12	+	10	=	22

28:20-44	190	+	130 (=5×26)	=	320
28:1-44	340 (=20×17)	+	226	=	565
28:23-24	13	+	10	=	23
28:47-48	22	+	10	=	32
28:33-44	73	+	63	=	136 (=8×17)
28:38-44	31	+	37	=	68 (=4×17)
28:20-31	106	+	64	=	170 (=10×17)
28:23-31	78 (=3×26)	+	41	=	119 (=7×17)
28:27-31	44	+	24	=	68 (=4×17)
28:30-31	22	+	10	=	32

또다시 우리는 신명 수 17과 26이 카보드(כבוד, "영광")의 두 개의 수치(23과 32)와 함께 다양한 방법으로 20-44절의 히브리어 본문에 짜여져 들어가 있음을 발견하게 된다. 가장 두드러진 점은 20-39절에 있는 처음 여섯 개의 버금 단위 중 다섯 개의 버금 단위 안에 51(=3×17)개의 단어가 들어 있다는 것이다. 더 나아가서, 중요한 간격이 "웨에인 르카 모쉬아"(ואין לך מושיע, "그리고 너를 구원할 자가 없을 것이다")란 문구를 가진 31절의 끝에서 발견되는데, 이는 이 주석에서 제공된 운율 분석에 있는 미래의 재난에 대한 두 개의 확장된 묘사 간의 경계를 표시하고 있다(20-31절과 32-44절).

주석

20 세 가지 고통들은 히브리어로 유음화되어 있다: 그것들은 메에라(מארה, "저주"), 메후마(מהומה, "혼란"), 미그에레트(מגערת, "골칫거리")인데, 티개이는 이 것들을 영역본에서 Curse(저주), Confusion(혼란), Cumbrance(골칫거리)로 번역한다(Tigay [1996] 261). 메에라(מארה, "재앙")란 명사는 아라르(ארר)란 어근에서 나온 것으로서 "저주하다"를 의미하며, 8절에 있는 베라카(ברכה, "복")의 반대어다. 메후마(מהומה, "혼란")란 단어는 고대 이스라엘에서 있었던 성전 전승에서 하나님이 불어넣으신 소란과 공포를 가리키며, KJV에서 자주 "공포" 혹은 "패배"로 번역되었다(수 10:10; 삿 4:15; 삼상 5:11; 7:10 등). 우리가 여기서 가지고 있는 것은 야웨의 성전의 반전이다. 히브리 성경 가운데서 오직 이 곳에만 나타나는 미그에레트(מגערת, "골칫거리")란 단어는 가아르(גער, "꾸짖다", "제지하다")란 어

근에서 나온 것으로 23-24절에서 하나님께서 비를 억제하시어 그 결과로서 당하는 작물 피해를 가리킨다(참조. 38-42절). 크레이기에 따르면(Craigie[1976] 342), 미그에레트(מגערת)는 "하나님의 진노의 물리적 표현을 가리킨다"(MacIntosh, *VT* 19 [1969] 471-79; 그리고 Rief, *VT* 21[1971] 241-44에 근거한 것임). 매이즈가 말하는 바와 같이 "하나님을 주어로 할 때 그것은 그분의 분노의 효과를 나타낼 수도 있고, 또한 그래서 '저주'의 의미에 가깝다"(Mayes[1981] 354).

21 "염병"은 다음 구절의 일곱 가지의 고통을 낳는 일종의 혹독한 전염병이다.

22 열거된 일곱 가지의 고통들에 대해서는 우리의 제한된 고대 의학 용어에 대한 지식으로 인하여 어떤 것은 불분명하다: 샤헤페트(שׁחפת, "폐병")는 폐결핵일 것이다. 콰다하트(קדחת, "열병")는 말라리아일 것이다. 딸레퀘트(דלקת, "상한")는 독한 질환의 일종일 것이다. 하르후르(חרחר, "학질")는 매마름으로 인하여 채소가 타는 것일 수 있다. 헤레브(חרב, "한재")는 태양과 열의 뜨거움이다. 쉿다폰(שׁדפון, "풍재"〈해충〉)과 예라콘(ירקון, "썩는 재앙"〈곰팡이〉)은 주로 농작물이 당하는 재앙이지만 황달과 수척과 같이, 인간이 당하는 질병으로 해석될 수도 있다. 성경에 나타나는 질병에 대한 유익한 논의에 관해서는 R. K. Harrison, *IDB* 1:847-54와 M. Sussman, *ABD* 6:6-15를 보라.

23-24 하늘이 놋(נחשׁת – 네호쉐트)과 같이 되고 땅이 철과 같이 된다는 것은 뜨거운 태양과 건조한 땅을 가리킨다. 여기서 저주받은 땅의 메마름이 12절에 있는 축복받은 땅의 축축한 흙과 날카롭게 대조되어 있다. 와이즈먼(Wiseman, *Vassal-Treaties*, 88)은 에살핫돈의 계약 본문과 이 특별한 저주의 동일한 점에 주의를 상기시켜 주었는데, 톰슨(Thompson[1974] 273)은 이를 다음과 같이 인용하고 있다(ll. 530-33).

> 놋과 같은 하늘로부터 비가 내리지 않은 것처럼
> 네 밭에도 우로가 내리지 말기를 원하노라.
> 그리고 네 목초지에도; 네 땅에 이슬 대신에 불 덩어리가 내리기를 원하노라.

"티끌"과 "먼지"라는 단어들은 메마른 흙에서 일어난 먼지 바람을 가리킨다.

25-26 "일곱 길"이란 문구는 여러 가지 숫자 개념을 표현하기 위하여 상징적으로 사용되었다(참조. 위의 7절). "두려움의 대상"(זעוה – 자아와; 저자의 영문 사역은 하반절을 "열국 중에 두려움의 대상이 되고"로 번역하고 있음. 위의 25절 본문의 영문을 참조할 것 – 역자주)이란 단어는 히브리어 어근 자와아(זוע, "떨다, 진동

하다")로부터 파생한 단어다. 두려움의 대상으로서 이스라엘의 이미지에 관해서는 예레미야 15:4; 24:9; 29:18; 34:17을 보라. "네 시체가 밥이 될 것이다"라는 문구는 이스라엘의 살육당한 군사들의 묻히지 못한 시체들을 가리킨다(참조. 렘 7:33; 34:20). "그것들을 좇아 주다"라는 문구는 맹금에 의하여 먹힘을 당하지 않도록 보호하는 것을 가리킨다. 사무엘하 21:10을 보라.

27 여기에 언급된 네 가지 질병의 정체는 불분명하다. "애굽의 종기"라는 친숙한 번역은 히브리어 쉐힌(שְׁחִין)이 일종의 애굽의 피부병에 해당하는 성격을 가지고 있음을 가리키므로 여기서 그대로 유지된 것이다. 티게이는 이것을 아마도 피부탄저병이었을 것으로 보이는 질환으로서 애굽에서 있었던 열 재앙 중 여섯 번째 재앙에 해당하는 것으로 말한다(Tigay[1996] 263; 또한 Hort, *ZAW* 69[1957] 101-2를 보라). 매이즈는 "애굽의 종기"를 상피병과 같은 다양한 질병, "Baghdad Button" 혹은 "Jericho Rose"와 같은 것으로 주장한다(Mayes[1981] 354). 보다 최근에 윌킨슨은 여기에 언급된 종기를 피부를 상하게 하는 탄저병이라고 주장했다(Wilkinson, *Bible and Healing*, 48). 랍비 전승에 의하면, K의 에폴림(עפלים)과 Q의 테호림(טחרים)은 모두 "치질들"을 의미한다. 그러나 전자는 "(영어의 '치질'처럼) 천박한 질병으로 생각되었으며, 그래서 토라가 회당에서 낭독될 때보다 점잖은 단어 테호림(תחרים)으로 대치되었다"(Tigay[1996] 264; 참조. 아래 30절). 이 질병의 정체에 관해서는 Neustätter, *Bulletin of the History of Medicine* 11 (1942) 36-47를 보라. 구(舊) 두에이(Douay) 역본은 이 히브리 본문을 "똥이 배설되는 네 몸의 일부분"으로 바꾸어 묘사함으로써 이것을 좀더 잘 표현했다. 까라브(גרב, "괴혈병")와 하레쓰(חרס, "개창"; "가려움") 역시 같은 셈어들 가운데 있는 동일 어족에 따르면 심각한 피부병이다. 와인펠트는 까라브(גרב)를 일종의 문둥병으로 생각했다(Weinfeld, *Bib* 41[1960] 418 n. 3; 참조. Craigie[1976] 344 n. 23).

28-29 쉭가온(שִׁגָּעוֹן, "미침")이란 단어는 열왕기하 9:20에서 예후가 이스르엘에서 자기의 병거를 몰았던 방식을 묘사하기 위하여 사용되었다. 이 문맥 가운데서 이 단어는 고함과 날뜀을 의미하는 것 같다. 이와론(עִוָּרוֹן, "소경")은 여기서 티므혼 레바브(תִּמְהוֹן לֵבָב, "마음의 혼란")와 함께 정신적 무능을 가리키는데, 곧 놀람과 당황을 의미한다. 백성들은 마치 그들이 소경이었던 것처럼 "어둠 속에서" 더듬거리듯이 "대낮에도 더듬거리며" 다닐 것이다. 크레이기가 주장한 바와 같이 28절을 매독으로 번역하는 것은 논란을 일으킬 수 있다(Craigie[1976] 344 n. 24).

30-32 "종일 생각하고 알아봄으로 눈이 쇠하여지나"(영문 사역: "네 눈이 그것

들로 인하여 눈물로…보낼 것이다")라는 진술은 "사람이 그것들을 보고 소리쳐 울다"(to cry one's eyes out for them)란 영어 관용어와 어느 정도 유사한 "눈물 자국 난 눈"이라는 모습을 나타낸다. 여기서 "네 손에 (도울) 힘이 없을 것이다"로 번역된 히브리 관용어 에인 레엘 야데카(אין לאל ידך)의 구체적인 의미는 결정하기가 어렵다. 여기서 중요한 문구는 엘 야드(אל יד, "손의 신" 혹은 "그 사람 편에 있는 신")다(C. Brockelmann, "אל ידי," *ZAW* 26[1906] 29-32). 그렇다면 이 관용어의 충만한 의미는 "누군가의 손의 신이…할 능력을 가지고 있다"일 것이다. 그러나 그러한 독법은 티개이가 주장한 바와 같이 "히브리인의 유일신 이전의 단계에서 나온 유물"임을 전제로 한다(Tigay[1996] 396 n. 54).

33-34 "네 수고로 얻은 모든 것"에 대한 언급은 힘든 육체적 노동의 산물을 가리킨다. 이스라엘 백성들에게는 아무것도 남아 있는 것이 없을 것이다.

35 쉐힌 라아(שחין רע, "심한 종기")는 "네 발바닥으로부터 정수리까지" 온몸을 덮을 것이다. 욥은 같은 고통을 당했다(참조. 위의 27절과 욥 2:7).

36-37 이스라엘 백성들은 "너와 네 열조가 알지 못하던 나라로" 포로가 되어 끌려갈 것이다. 여기에 나오는 "네가 세울 네 임금"이라는 문구는 17:14-20의 문구와 유사하다. 왕 제도는 필요악으로 나타나 있다(또한 참조. 삼상 12:13). 왕권에 대한 희망은 백성들이 야웨와 맺은 언약적 조항에 충실하지 못할 때는 무익한 것이다: "네가 놀램[שמה, 샴마] 즉 경악의 대상이 될 것이다." "속담"(משל – 마샬)과 "비방거리"(שנינה – 쉐니나)는 이스라엘이 다른 사람들에게 교훈의 대상, 날카로운 혹은 혹독한 비방의 대상이 될 것이라는 사실을 암시한다(Driver[1895] 312).

38-40 여기에 나오는 저주는 18절의 요약적 진술을 세부적으로 묘사한 것이며, 11-13절에 있는 복의 반전이다. 메뚜기 떼의 공격은 애굽에 내린 재앙들 가운데 여덟 번째 재앙이다. "벌레"(תלעת – 톨라아트)가 그들의 "포도원들"을 삼킬 것이다. 그리고 감람나무 열매가 익지 못함으로 인하여 "그 기름을 네 몸에 바르지 못할 것이다."

41-42 극소수의 사람들이 그 땅을 경작하기 위하여 남게 될 것이지만, 그 땅이 멸망시키는 곤충들로 가득할 것이다. 여기에 나오는 첼라찰(צלצל, "메뚜기")이 38절의 아르베(ארבה, "메뚜기 떼")에 포함되는 형식을 취하고 있다는 사실은, 우리가 여기서 (그 땅을) 가득 메울 또 다른 곤충들이 있음을 암시한다. 만약 그렇다면 소위 땅강아지(Gryllotalpa)가 첼라찰(צלצל)일 가능성이 크다(Aharoni, *Osiris* 5 [1938] 478; Tigay[1996] 397 n. 69를 보라).

해설

신명기 28장에 나오는 길다란 저주 목록이 주는 더욱 중요한 교훈들 중 하나는 요나 선지자 이야기에 나오는 가장 중요한 교훈이기도 하다. 즉 "하나님에게로 달려가는 것 이외에 하나님으로부터 달아날 길은 없으며, 그분의 자비하심으로 도피하는 길 이외에 그분의 공의로부터 도피하는 길은 없다"는 단순한 사실이다(M. Henry, *Exposition of the Old and New Testament*[1828] 681). 요나는 자기가 다시스로 도피함으로써 자기 마음대로 하나님께 불순종할 수 있을 것이라고 믿었다. 그러나 그 본문을 세밀히 관찰해 보면, 요나가 마음대로 하나님께 불순종하지 못했다는 사실이 드러난다. 우리도 그러하다. 요나의 이야기에서 실질적으로 자유를 가진 유일한 인물은 자기의 마음을 자유롭게 변하기도 하시는 하나님이며(욘 3:10: "하나님이 그들의 행한 것 곧 그 악한 길에서 돌이켜 떠난 것을 감찰하시고 뜻을 돌이키사 그들에게 내리리라 말씀하신 재앙을 내리지 아니하시니라"), 선지자 자신이 이해하는 것과 다른 내용을 의미하는 말씀을 자기 선지자에게 위탁하는 데 있어서도 자유로우시다.

신명기 28장의 본문에 따르면 하나님의 저주는 한 사람이 스스로 택한 길이 어디든 그 사람을 따라가는데, 그 이유는 "하늘의 가혹한 사냥개"로부터 피할 길이 없기 때문이다. 하나님의 임재로부터 요나의 도피는 그로 하여금 지하 세계에 있는 "산의 뿌리까지" 내려가게 했다. 그러나 그 구덩이에서도 하나님을 피할 길이 없었다(욘 2:5-6). 신명기 28:16-19의 요약적 저주가 진술하고 있는 바와 같이, "네가 성읍에서도 저주를 받으며 들에서도 저주를 받을 것이요…네가 들어와도 저주를 받고 나가도 저주를 받으리라"(참조. 잠 3:33). 욥기는 같은 문제에 대해서 이렇게 기록하고 있다. "그가 철 병기를 피할 때에는 놋 활이 쏘아 펠 것이요"(욥 20:24). 이 이미지는 아모스 선지자가 여호와의 날에 대해서 기록했을 때 말했던 내용과 유사하다. 그것은 "마치 사람이 사자를 피하다가 곰을 만나거나 혹 집에 들어가서 손을 벽에 대었다가 뱀에게 물림 같도다"(암 5:19).

죄인은 그 어떤 일을 하든지 간에 저주 아래 있다. 즉 "네 손으로 하는 모든 일에" 실망의 괴로움이 있을 텐데(20절), 그 이유는 15-19절에 나오는 하나님의 저주가 1-14절의 하나님의 복의 반대편에 있기 때문이다. 두려움에 대해 더욱 초점을 맞추고 있는 세부 사항에 항상 뒤따라오는 확장된 내용들(20-44, 45-68절) 가운데 있는 저주들의 열거는 듣는 자에게 깊고도 지속적인 인상을 심어 주기 위하여 의도되었다. 20-44절에 나오는 하나님의 심판은 일차적으로 약속된 땅에서 추방을 당하는 것(36-37절)을 포함하여 모든 것을 상실하도록 만들어 주는 염병(21-22절), 기근, 전쟁(23-26절)으로부터 오는 고통에 초점을 맞추고 있다.

언약적 저주에 속해 있는 사람들은 자기들의 가정과 가족들(30-32절)을 포함하여 모든 즐거움을 박탈당할 것이다. 그들의 자녀들은 포로로 끌려갈 것이다(41절). 남아 있는 사람들은 이방인들에게 수욕과 압제를 당할 것이다(43-44절). 주전 8세기경에 앗수르 제국의 세력에 함락된 북왕국이 바로 이러한 일을 당했고(왕하 17:24), 주전 6세기 초반경에 바벨론의 느부갓네살 왕에게 함락된 남방 유다 왕국이 이런 일을 당했다(왕하 24-25장).

신명기 28:15-68의 본문이 고대 이스라엘의 그 후의 역사에 대한 지식을 가지고 읽혀졌을 때, 그 저주는 크레이기가 "하나의 두려운 필연"이라고 불렀던 내용을 설명하는 예언적 연설의 성격을 띠게 된다(Craigie[1976] 341). 이러한 말씀에 관하여 요시야 왕이 놀라서 다음과 같이 반응한 행동에 대해서 이해하기는 어렵지 않다: "왕이 율법 책의 말을 듣자 곧 그 옷을 찢으니라"(왕하 22:11). 더 나아가서 오늘날 하나님의 백성으로서 우리가 그들과 같은 죄악된 성품을 가지고 있다는 사실을 깨달을 때 그 저주를 피할 수 없다는 필연성 역시 우리를 무겁게 짓누른다. "이 점에서 신약성경의 복음 메시지는 저주를 통하여 상기된 어두움 속에 빛을 던져 준다"(Craigie[1976] 341). 그는 그 다음에 "영원한 복음"이라는 자신의 시 가운데서 윌리엄 블레이크(William Blake)가 한 말을 인용하고 있는데, 그것은 여기에 다시 옮길 만한 가치가 있다.

> 예수께서 모세의 자리에 앉아 계셨다.
> 그들이 그 곳으로 두려움에 떨고 있는 여인을 데리고 왔다.
> 모세는 그녀가 돌로 쳐 죽임을 당해야 한다고 명한다.
> 예수님의 속삭이는 듯한 목소리는 무엇이었던가?
> 그분은 모세의 법에 자기 손을 얹으셨다.
> 조용한 두려움 가운데 있었던 고대의 하늘들,
> 세계 도처에 저주가 기록된 공문서.
> 모든 것이 굴러가 버리기 시작했다.

"저주의 필연성은 예수를 통해서만 제거될 수 있고, 그것은 '그분이 우리를 대신하여 저주가 되심으로써 율법의 저주로부터 우리를 구속하셨기 때문에만' 가능하다(갈 3:13)"(Craigie[1976] 341).

c. 세 번째 확대: 포위 공격 속에서의 극단적 궁핍(28:45-57)

참고문헌

Baker, J. A. "Deuteronomy and World Problems." *JSOT* 29(1984) 3-17, esp. 87. **Cutler, B.,** and **MacDonald, J.** "Identification of the *Na'ar* in the Ugaraitic Texts." *UF* 8(1976) 27-35. **Fensham, F. C.** "Ordeal by Battle in the Ancient Near East and the Old Testament." In *FS E. Volterra.* 1971. 127-35, esp. 133-35. **Gray, J.** *Legacy of Canaan.* 2nd ed. 1965. 185. **Gruber, M. I.** "The Many Faces of Hebrew נשא פנים 'lift up the face.'" *ZAW* 95(1983) 252-60, esp. 253-54. **Jenni, E.** "Faktitiv und Kausativ von *'bd* 'zugrunde gehen.'" In *FS W. Baumgartner.* 1967. 143-57. **Johnson, A. R.** "Aspects of the Use of the Term פָּנִים in the Old Testament." In *Festschrift Otto Eissfeldt zum 60. Geburtstag.* Ed. J. Fuck. Halle: Niemeyer, 1947. 155-59, esp. 157. **MacDonald, J.** "The Status and Role of the *NA'AR* in Israelite Society." *JNES* 35(1976) 147-70. **Muffs, Y.** "Joy and Love as Metaphorical Expressions of Willingness and Spontaneity in Cuneiform, Ancient Hebrew, and Related Literatures: Divine Investitures in the Midrash in the Light of Neo-Babylonian." In *Christianity, Judaism, and Other Greco-Roman Cults: FS Morton Smith at Sixty, Part Three.* Ed. J. Neusner. 4 vols. SJLA 12. Leiden: Brill, 1975. 1-36, esp. 5ff. ______. *Love and Joy.* New York: Jewish Theological Seminary, 1992. 103-5, 121-25. ______. *Studies in the Aramaic Legal Papyri from Elephantine*[on Deut 28:47, *ṭwb lēbāb*]. Studia et Documenta ad Iura Orientis Antiqui Pertinentia 8. Leiden: Brill, 1969. Esp. 27-62. **Oppenheim, A. L.** "Siege Documents from Nippur." *Iraq* 17(1955) 77-78. **Weinfeld, M.** *DDS.* 126-29. **Welch, A. C.** *Deuteronomy: The Framework to the Code.* 1932. 126-40.

본문과 운율 분석

이 저주가 네게 미쳐서 필경 너를 멸하리니 [6:6]

45 네가 네 하나님 여호와의 말씀을 순종치 아니하고 네게 명하신 그 명령과 규례를 지키지 아니하므로 이 모든 저

These Curses Will Pursue You Until You Are Destroyed [6:6]

45 *And all these curses / will come upon you //* 24 2
and they will pursue you / and they will overtake you / 16 2
until / you are destroyed[a] *//* 7 2_
Because you did not hearken / to the voice / of YHWH your God / 20 3

주가 네게 임하고 너를 따르고 네게 미쳐서 필경 너를 멸하리니

to keep / his commandments and his statutes / 14 2
that he commanded you / / 5 1_

극단적 궁핍 –"모든 것이 핍절한 중에서" [(5:6):(6:5)]

Israel's Utter Privation –"in want of all things" [(5:6):(6:5)]

46 이 모든 저주가 너와 네 자손에게 영원히 있어서 표적과 감계가 되리라

46 *And they will be with you / as a sign / and as a wonder / /* 18 3
and with your descendants / forever / / 11 2_

47 네가 모든 것이 풍족하여도 기쁨과 즐거운 마음으로 네 하나님 여호와를 섬기지 아니함을 인하여

47 *Because / you did not serve / YHWH your God /* 19 3
with joy\[a] and with goodness of heart / / 13 1
from the abundance / of everything / / 6 2_

48 네가 주리고 목마르고 헐벗고 모든 것이 핍절한 중에서 여호와께서 보내사 너를 치게 하실 대적을 섬기게 될 것이니 그가 철 멍에를 네 목에 메워서 필경 너를 멸할 것이라

48 *And you will serve[a] [b]your enemies[b] /* 13 1
the ones whom YHWH will send / against you / 13 2
In hunger [c]and in thirst / 12 1
and in nakedness[c] / and in want of everything / / 15 2_
And he will put / a yoke of iron / upon your neck / 15 3
until he has destroyed / you / / 10 2_

군대의 공격과 하나님의 복의 취소 [(5:7):(6:6):(7:5)]

Military Siege and the Undoing of Gods Blessing [(5:7):(6:6):(7:5)]

49 곧 여호와께서 원방에서 땅 끝에서 한 민족을 독수리의 날음같이 너를 치러 오게 하시리니 이는 네가 그 언어를 알지 못하는 민족이요

49 *YHWH will raise up against you a nation / from afar /* 19 2
from the end of the earth / 8 1
that will swoop[a] / like the eagle / / 9 2_
A nation / whose language\[b] you do not understand / / 13 2

50 그 용모가 흉악한 민족이라 노인을 돌아보지 아니하며 유치를 긍휼히 여기지 아니하며

50 *a nation\[a] of fierce countenance / /* 7 1
Who will show no regard / to the old / 16 2
and the young / will receive no compassion / 9 2_

51 네 육축의 새끼와 네 토지의 소산을 먹어서 필경은 너를 멸망시키며 또 곡식이나 포도주나 기름이나 소의 새끼나 양의 새끼를 위하여 남기지 아니하고 필경은 너를 멸절시키리라

51 *And it will devour / the fruit of your livestock |[a]* 11 2
and the fruit of your ground / until [b]you are destroyed[b] / 17 2
who will not leave behind / for you / 10 2_
Grain / [c]new wine and oil / 12 2
the calving of your herds / and the lambing of your flock / / 17 2
until it annihilates / you / / 11 2_

52 그들이 전국에서 네 모든 성읍을 에워싸고 네가 의뢰하는 바 높고 견고한 성벽을 다 헐며 네 하나님 여호와께서

52 *And it will besiege you / in all[a] your towns /* 14 2
until your walls come down / 10 1
The high and the fortified ones / 12 1
in which you / are trusting / throughout all your land / / 19 3_

네게 주시는 땅의 모든 성읍에서 너를 에워싸리니

And it will besiege you\[b] in all[c] your towns / 14 1
[d]in all your land[d] / 5 1
that [e]YHWH your God[e] / has given / to you // 16 3_

비극의 절정: 식인 [(5:4):(5:4):(5:5):(4:5):(4:5)]

A Gruesome Climax: Cannibalism
[(5:4):(5:4):(5:5):(4:5):(4:5)]

53 네가 대적에게 에워싸이고 맹렬히 쳐서 곤란케 함을 당하므로 네 하나님 여호와께서 네게 주신 자녀 곧 네 몸의 소생의 고기를 먹을 것이라

53 *And you will eat the fruit of your own womb /* 11 1
the flesh of your sons / and your daughters / 13 2
that [a]YHWH your God[a] / has given to you // 18 2_
In the siege / and in the straits / 12 2
with which your enemy[b] / besieges[c] you // 13 2_

54 너희 중에 유순하고 연약한 남자라도 그 형제와 그 품의 아내와 그 남은 자녀를 질시하여

54 *The man / the tenderest among you / and dainty / exceedingly //* 18 4
his eye will be evil /[a] 7 1_
Against his brother / 5 1
and against the woman of his bosom / 10 1
and against the rest of his children / that he has spared // 15 2_

55 자기의 먹는 그 자녀의 고기를 그 중 누구에게든지 주지 아니하리니 이는 네 대적이 네 모든 성읍을 에워싸고 맹렬히 너를 쳐서 곤란케 하므로 아무것도 그에게 남음이 없는 연고일 것이며

55 *From giving\[a] to one of them /* 9 1
some of the flesh of his children / that he is eating / 13 2
because he has nothing left to him / of anything // 11 2_
In the siege / and in the straits / 12 2
with which [b]your enemy / besieges you[b] / in all your towns // 23 3_

56 또 너희 중에 유순하고 연약한 부녀 곧 유순하고 연약하여 그 발바닥으로 땅을 밟아 보지도 아니하던 자라도 그 품의 남편과 그 자녀를 질시하여

56 *The tenderest woman [a]among you[a] / indeed the daintiest[b] one /* 15 2
who would not try to set[c] the sole of her foot / on the land / 21 2_
In spite of her daintiness\[d] and her tenderness // 12 1
her eye will be evil / against the man of her bosom / 14 2
and[e] against her son / and against her daughter // 11 2_

57 그 다리 사이에서 나온 태와 자기의 낳은 어린 자식을 가만히 먹으리니 이는 네 대적이 네 생명을 에워싸고 맹렬히 쳐서 곤란케 하므로 아무 것도 얻지 못함이리라

57 *And her afterbirth / that goes out[a]\[b]* from between her legs / 20 2
and her children[c] / that she bears / 14 2_
Indeed she will eat them out of lack of everything\[d] in secret // 17 1
in the siege\[e] and in the straits / 12 1
to which [f]your enemy / reduces you[f] / in ⟨all⟩[g] your towns // 22 3_

원문주해

45.a. SP, OL, Syr에는 MT의 히쇼므다크(השמדך, "네가 멸망하기〈까지〉") 대신에 השמיד(ו)ך("그들이 너를 멸망시킬 것이다")로 되어 있다(참조. 20, 24절).

47.a. 위치가 잘못된 아트나로 인하여 티프하를 연접사로 읽음.

48.a. 몇몇 LXX 증거 본문들은 에케이(ἐκεῖ, "거기")를 덧붙인다. 운율 분석은 MT을 지지한다.

48.b-b. Vg에는 MT의 오이베카(אֹיְבֶךָ, "네 대적들") 대신에 *inimico tuo*("네 대적"= אֹיִבְךָ)로 되어 있다. *Tg. Ps.-J.*에는 אויביכם("너희 대적들")로 되어 있다.

48.c-c. LXX[B]에는 빠져 있다. 운율 분석은 MT을 지지한다.

49.a. SP에는 MT의 이드에(ידאה, "그것이 덮칠 것이다") 대신에 이르에(יראה, "그것이 볼 것이다")로 되어 있다.

49.b. 위치가 잘못된 실룩으로 인하여 티프하를 연접사로 읽음.

50.a. 연접 악센트 마팍으로 읽는데, 이는 예티브와 같은 표시다.

51.a. 아즐라(*ˀzlā*) 뒤에 메레카가 뒤따라오는 순서는 이접사로 읽음.

51.b-b. 몇몇 히브리어 필사본, SP, Syr에는 MT의 히샤므다크(השמדך, "네가 멸망당한다") 대신 השמידך("그것이 너로 멸망당하게 할 것이다")로 되어 있다. OL은 השמידוך("그들이 너를 멸망할 것이다")를 가정하고 있다(참조. 위의 45절).

51.c. 소수의 히브리어 필사본, OL, Syr은 와우 접속사를 덧붙인다. 운율 분석은 MT을 지지한다.

52.a. LXX[B]는 콜(כל, "모든")을 생략한다.

52.b. 자켑 카톤이 뒤따르는 파스타는 연접사로 읽음.

52.c. LXX[B]는 콜(כל, "모든")을 생략한다.

52.d-d. LXX[-L]에는 빠져 있다. 운율 분석은 MT을 지지한다.

52.e-e. LXXB에는 빠져 있다. 운율 분석은 MT을 지지한다.

53.a-a. SP, LXXB에는 빠져 있다. 한 히브리어 필사본은 엘로헤카(אלהיך, "네 하나님")를 생략한다.

53.b. 여러 히브리어 필사본들, 카이로 게니자 단편들, SP에는 MT의 오예베카(איבך, "네 대적") 대신 איביך("네 대적들")로 되어 있다.

53.c. SP와 *Tg. Ps.-J.*에는 MT의 단수 야치크(יציק, "그가 포위 공격한다") 대신 복수형으로 되어 있다.

54.a. 아즐라(*ˀzlā*) 뒤에 마팍이 뒤따르는 순서는 이접사로 읽음.

55.a. 레가르메를 연접사로 읽음.

55.b-b. SP, LXX, OL, Vg은 복수형 יציקו לך איביך("네 대적들이 너를 낮출 것이다")로 되어 있다.

56.a-a. Vg에는 빠져 있다. LXX과 *Tg. Ps.-J.*에는 2인칭 복수로 되어 있다.

56.b. LXX은 스포드라(σφόδρα, "지나치게"= 54로부터 온 메오드⟨מאד⟩)를 덧붙인다.

56.c. SP에는 MT의 하체그(הצג, "그녀의 발을 세우다") 대신 הציגה로 되어 있는데,

의미상의 차이는 없다.

56.d. 위치가 잘못된 아트나로 인하여 티프하를 연접사로 읽음.

56.e. SP, LXX, Vg은 와우 접속사를 생략한다.

57.a. MT의 하요체트(היוצה) 대신 여러 히브리어 필사본들과 SP와 함께 הי(ו)צאת ("그것이 나온다")로 읽음.

57.b. 레가르메를 접속사로 읽음.

57.c. LXX에는 MT의 우브바네하(ובבניה, "그리고 그녀의 신생아들") 대신에 카이 토 테크논 아우테스(*καί τὸ τέκνον αὐτῆς*, "그리고 그녀의 〈어린〉 아이")로 되어 있다.

57.d. 위치가 잘못된 아트나로 인하여 티프하를 연접사로 읽음.

57.e. 자켑 카톤이 뒤따라온 파스타는 연접사로 읽음.

57.f-f. SP에는 יציקו לך איביך("네 대적들이 너를 낮출 것이다")로 되어 있다.

57.g. 55절에 있는 것처럼 대부분의 LXX과 같이(=엔 파사이스 타이스 폴레신 수, *ἐν πάσαις ταῖς πόλεσίν σου*) בכל־שעריך("네 모든 성읍에서")로 읽음. 여기서 콜(כל, "모든")이란 단어를 덧붙임으로써 28:45-57에 있는 단어 수는 총 221(=13×17)개가 된다.

양식/구조/배경

미래의 재앙에 대한 첫 번째와 두 번째의 확장된 묘사(20-44절) 가운데 두 개의 다섯 부분으로 이루어진 구조의 중심부에 초점이 맞추어져 있는 전쟁의 참화와 이스라엘 땅에서의 추방은 군대의 패배와 그 결과들을 일차적으로 다루고 있는 45-57절에서 더욱 발전되어 있다. 이 단락은 서론적 단락과 함께 시작하여(45절) 상세하게 반복되는 주제를 진술하고 있다: 종살이, 기아, 극단적 빈곤(47-48절). 그 다음에 이 단락은 끔찍한 결과들의 자연적 순서를 기술하고 있다: 자비를 전혀 베풀지 않을 먼 나라에서의 침략(49-50절), 가축과 농산물의 약탈(51절), 포위(52절) 그리고 전율을 일으키는 세부 사항 가운데 장황하게 기록된 식인으로 이끌어 가는 기아(53-57절).

첫 구절(28:45)은 연결 고리 역할을 한다. 이 구절은 세겜에서 있을 언약적 저주 가운데 있는 여섯 가지의 저주들의 시작을 알리는 28:15을 되돌아보고 있는데, 이 두 구절이 티개이가 지적하는 바와 같이 역순으로 되어 있기는 하지만 실질적으로 동일하기 때문이다(Tigay[1996] 268).

A 만일 네가 네 하나님 야웨의 말을 듣지 않으면 28:15a

B 이 모든 저주가 네게 미칠 것이라 28:15b
X 28:16-19과 20-44절의 저주들 28:16-44
B′ 이 모든 저주가 네게 미칠 것이라 28:45a
A′ 네 하나님 야웨의 말씀을 순종치 아니하므로 28:45b

크레이기가 주장한 바와 같이 이 구절은 또한 28:20도 되돌아보고 있는데, 이 세 구절을 비슷한 방식으로 정리할 수 있다.

A 만일 네가 네 하나님 야웨의 말을 듣지 않으면 28:15a
B 이 모든 저주가 네게 미칠 것이라 28:15b
X 야웨께서 네게 저주, 혼란, 골칫거리를 보낼 것이라 28:20
B′ 이 모든 저주가 네게 미칠 것이라 28:45a
A′ 네 하나님 야웨의 말씀을 순종치 아니하므로 28:45b

동시에 이 구절은 28:46-57의 재앙들을 이끌고 있다.

운율 분석 관점에서 이 단락의 나머지 부분은 세 부분으로 되어 있다: 28:46-48, 49-52, 53-57절. 이스라엘에 다가올 형벌은 그들의 이전의 번성과는 정반대로 묘사되어 있다: "네가 모든 것이 풍족하여도 기쁨과 즐거운 마음으로 네 하나님 여호와를 섬기지 아니함을 인하여"(신 28:47). 그러한 이유로 인하여 그들은 이제 "모든 것에서 결핍되는"(28:48) 극단적인 궁핍에 직면할 것이다.

28:49-52에 있는 다가올 군대의 정복의 과정이 대칭 구조로 제시되어 있다.

A 야웨께서 너를 대항하여 멀리서 한 나라를 일으키실 것이다 28:49
B 그는 노인이나 어린 아이를 긍휼히 여기지 않을 것이다 28:50
X 그 나라는 28:3-13의 복을 취소시킬 것이다 28:51a-b
B′ 너를 완전히 진멸하기까지 28:51c
A′ 그 나라는 네 모든 성읍에서 너를 포위 공격할 것이다 28:52

중심부에 있는 구절(28:51)은 28:4, 11로부터 나온 이스라엘의 복에 대해 대부분의 친숙한 문구들을 포함하고 있으며, 28:30-32과 38-42에 있는 그 복을 취소시킬 것이다. 이 구조 가운데 있는 외부 골격의 전반부는 28:49-50a에서 하나의 봉투로서의 기능을 하고 있는 "나라"라는 단어를 가지고 있고, 반면에 하반부는 28:52에서 같은 방법으로 기능을 하고 있는 "그들이 전국에서 네 모든 성읍을 에워쌀 것이다"라는 진술을 가지고 있다. 이 두 문장은 다음과 같이 정리될 수 있을 것이다.

A "야웨께서 너를 대항하여 한 나라를 일으키실 것이다 ישא יהוה עליך גוי 28:49a
B "원방에서, 땅 끝에서" X מרחוק מקצה הארץ
"독수리의 날음같이" כאשר ידאה הנשר
B′ "네가 그 언어를 알지 못하는 민족" גוי אשר לא־תשמע לשנו 28:40b
A′ "용모가 흉악한 민족이라" גוי עז פנים 28:50a
A "그들이 전국에서 네 모든 성읍을 에워싸고" וחצר לך בכל־שעריך 28:52a
B "성벽을 헐며" עד רדת חמתיך
X "높고 견고한" הגבהות והבצרות
B′ "네가 의뢰하는 바 땅의 모든 성읍에서" אשר אתה בטח בהן בכל־ארצך
A′ "그리고 네 모든 성읍에서 너를 에워싸리니" והצר לך בכל־שעריך 28:52b

이 본문에서 하나님이 이스라엘의 언약적 축복을 원점으로 되돌아가게 하려고 임명하신 나라는 자기의 가는 길에 있는 견고한 요새들을 멸망시키기 위하여 그 먹이 위에 날아 앉는 위풍당당한 독수리의 이미지로 묘사되고 있다.

인육을 먹는 데까지 쇠퇴해진 이스라엘 거민의 최종적인 무서운 장면 역시 다섯 부분으로 이루어진 대칭 구조로 정리될 수 있다.

A 네가 에워싸인 곤궁 가운데서 네 자녀들을 먹을 것이라 28:53
B 남자: 그 형제라도 질시할 것이다 28:54
X 그가 에워싸인 곤궁 가운데서 자녀의 고기를 나누어 주지 않을 것이다 28:55
B′ 여인: 그 품의 남편과 그 자녀를 질시할 것이다 28:56
A′ 그녀가 에워싸인 곤궁 가운데서 비밀리에 자녀들을 먹을 것이다 28:57

여기에 나오는 저주는 28:4에서 언약적 축복의 일부분으로 나타나기도 하는 "네 몸(자궁)의 소생"이란 문구의 반복을 통하여 더욱 명확하게 묘사되어 있다. 그 땅의 기근은 가장 자연스러운 인간의 긍휼 본능까지도 박탈당하는 극단적인 자포자기를 하도록 만들 것이다: 남편과 아내가 다른 사람들을 그리고 자신들의 자녀들까지 죽일 것인데, 인육의 모자라는 분량을 나누어 주는 것도 거절할 것이다.

이와 동일한 문구가 위의 대칭 구조의 처음과 중간 부분 그리고 마지막 부분에 나타난다: 뻬마초르 우브마초크 아쉐르-야치크 르카 오예베카(**במצור ובמציק אשר יציק לך איבך**, "네가 대적에게 에워싸이고 맹렬히 쳐서 곤란케 함을 당하므로"). 이 문구는 살아 남기 위하여 자기 자녀들의 인육을 먹는 남편들(54-55a절)과 아내들(56-57a절)에 대해 서술되어 있는 무서운 장면들의 원인에 동기를 부여한다. 고대 근동의 문서에 있는 식인에 대한 동일한 언급은 Weinfeld, *DDS*, 126-29를 보라.

28:53-57에 있는 저주의 끔찍한 절정이, 수리아 왕 벤하닷에게 사마리아가 포위 공격을 당하여 함락된 사실을 기록하고 있는 열왕기하 6:24-31의 설화를 형성하는 데 사용된다. 예레미야 선지자가 여기에 나오는 저주들을 사용한 사실이 예레미야 4:13; 5:15, 17; 19:9; 28:14; 48:40에 분명하게 드러난다. 또한 예레미야애가 2:20; 4:10을 보라.

28:45-57에서 신명 수의 사용에 대해 라부샤뉴가 수집한 증거는 57절 하반부에서 콜(כל, "모든")이란 단어를 덧붙여서 수정되어 있는데, 그것은 다음과 같이 요약될 수 있다.

단어	아트나 앞		아트나 뒤		
28:45	9	+	11	=	20
28:46-48	26	+	13	=	39
28:49-50	13	+	13	=	26
28:51-52	33	+	14	=	47 (=ארור)
28:53-57	52 (=2×26)	+	37	=	89
28:45-57	133	+	88	=	221 (=13×17)
28:47-48	22	+	10	=	32
28:52-53	26	+	17	=	43 (=17+26)
28:52	15	+	11	=	26
28:53	11	+	6	=	17
28:53-55	16	+	17	=	33

또다시 여기서 신명 수의 사용은 45절과 51-53절을 제외한 각 버금 단위와 함께 이 주석에 제공된 운율 분석에 독립적으로 결정된 이 구조를 확증해 주고 있는데, 히브리 본문에 26이라는 신명 수가 짜여져 있다. 더 나아가서 28:45-57 전체에 있는 단어들의 총 수는 221(=13×17)개에 이른다. 두 신명 수가 52절과 53절의 합계에 나타나고, 또한 단락 전반에 걸쳐서 구절들의 다양한 결합 가운데 나타난다. 아루르(ארור, "저주를 받은")라는 히브리어의 수치가 51-52절 전체의 단어 수로 나타난다(참조. 28:15-19).

주석

45 "이 모든 저주"는 "네게 임하고 너를 따르고 네게 미쳐서"라는 의미로 구체화되어 있다. 그럼에도 불구하고 그것들은 하나님의 절대적 관할 아래 머물러 있다(28:2과 28:20에 관한 "주석"을 보라).

46 "그것들이 너에게 표적과 감계(놀라운 것)가 되리라." 오토트(אותות, "표적들")와 모페팀(מופתים, "놀라운 것들"; 개역성경에서는 "감계"로 번역됨 – 역자주)이란 단어가 애굽에서 있었던 열 가지 재앙에 대해서 사용되었으므로, 우리는 여기서 과거에 애굽이 취급받았던 것과 같이, 그 반대로 또다시 이스라엘이 취급받는 것을 발견하게 된다. 민수기 17:3과 25절에서 오트(אות, "증표")란 단어는 "경고" 혹은 "교훈"의 의미를 가지고 있는데, 여기서도 그러한 의도인 것으로 보인다.

47-48 (로-)아바드타(‹לא›־עבדת, "네가 섬기지 〈않았다〉")는 완료 시제다. 크레이기는 "이 저주에 대한 소개에서 화자는 이 저주가 불가피한 것이라는 자기의 주제에 너무나 열중하고 있으며, 그래서 이 문구는 마치 그 저주가 이미 효력을 발생한 것처럼 말하고 있다"고 한다(Craigie[1976] 348). 백성들이 "모든 것이 풍족하여도 기쁨과 즐거운 마음으로 섬기지 않았으므로" 그들은 "주리고 목마르고 헐벗고 모든 것이 핍절한 중에서…대적을 섬기게 될 것이다." 멉스(Muffs)는 상징적으로 "기쁨으로"와 "자발적으로"를 의미하기 위하여 사용되는 "기쁨과 즐거운 마음으로"(בשמחה ובטוב לבב – 베시므하 우브토브 레바브)란 문구와 아카드어 문서에 있는 이와 상당히 언어적으로 동일한 평행구를 발견한다(Muffs, *Love and Joy*, 121-24). 하나님의 복을 받고 그 안에서 기쁨을 경험하지 못하고 이에 대해 감사를 드리지 않는다는 것은 하나님의 저주를 불러오는 것이다. "모든 것이 핍절한 중에서"(בחסר כל – 베호쎄르 콜; 참조. 57절)란 문구 안에 표현되어 있는 완전한 궁핍은 군대의 정복의 결과로 다가온다. "철 멍에"는 이방인의 통치에 대한 굴복을 표현하기 위한 통상적인 은유법이다(참조. 렘 27:8-12; 28:2-4, 11-14). 간단히 말해서, "하나님의 저주는 구원사를 반전시킨다. 즉 하나님께서는 대적을 섬겼던 자기 백성을 애굽으로부터 이끌어 내셨다. 그러나 머지않아 그들이 하나님의 사랑을 거절했으므로 그들은 또다시 모든 언약적 특권들을 박탈당하고 대적을 섬기는 의무를 안게 되었다"(Craigie[1976] 348).

49-50 매이즈는 직접적 문학상의 의존이 아닌 언약적 저주라는 언어로 공동으로 전승이 존재했다는 사실은 이 두 구절과 이사야 5:26-29; 예레미야 5:15-19;

6:22-24; 하박국 1:5-11 간에 접촉이 있었음을 설명해 준다고 주장한다(Mayes [1981] 356). 그러한 출현이 갑작스럽고도 경고가 없을 것이라는 의미로서 그 나라는 "독수리의 날음같이" 올 것이다(참조. 호 8:1; 렘 48:40). 아즈 파님(עז פנים, "용모가 흉악한")이란 문구는 그 다음에 진술되어 있는 바와 같이 대적의 무자비한 성격을 가리킨다. 즉 그들은 "노인을 돌아보지 아니하며 유치를 긍휼히 여기지 아니할" 것이다(참조. 사 13:18; 47:6; 애 4:16; 5:12-13). "분노"에 대한 의미로서 아즈(עז)란 단어에 관해서는 멉스의 논의를 보라(Muffs, *Love and Joy*, 103-5에서 히브리어 오즈〈עֹז〉=악카드어 *ezzu*〈분노〉임). 크레이기는 여기에 나오는 언어유희에 관심을 기울인다(Craigie[1976] 349): "얼굴들을 들지 않는(긍휼을 보이지 않는) 얼굴이 무시무시한 나라."

52 본 구절에 두 번 나오는 웨헤차르(והצר)란 단어는 어근 추르(צור, "포위하다")가 아닌 차라르(צרר, "묶다, 구금하다")로부터 파생되었기는 하지만, 티개이가 설명하는 바와 같이 이 단어는 문맥 가운데서 본질적으로 "그것이 너를 포위할 것이다"와 같은 의미를 가진다(Tigay[1996] 397 n. 84; 참조. 렘 4:31; 49:24).

53-57 이스라엘은 여기서 앞 절의 사나운 대적과 도덕적인 면에서 날카로운 대조를 보인다. 포위와 그 결과로 나타나는 기근이 너무나 강렬하므로, 백성들은 결국 심지어 자기 자식까지 먹는 식인 행위에 의존할 것이다. 그리고 남편들과 아내들은 각자가 가지고 있는 충분하지 못한 인육의 일부분을 상대에게 나누어 주려고 하지 않을 것이다. 고대 이스라엘에서 있었던 식인 행위에 관해서는 열왕기하 6:28-29; 이사야 9:19; 예레미야애가 2:20; 4:10을 보라. 요세푸스가 기록한 바에 의하면 제2성전 당시 예루살렘 포위 때도 이러한 일이 일어났었다(*J. W.* 6.3.4 §§ 201-13). "네 몸(자궁)의 소생(열매)"으로 번역된 이 문구는 4절에 있는 복에도 나타난다. 여기서 "대적에게 에워싸이고 맹렬히 쳐서 곤란케 되는"으로 번역된 빼마초르 우브마초크(במצור ובמצוק)란 문구에는 첫 번째 단어에 의도된 이중적 의미가 나타난다. 통상적으로 마초르(מצור)란 단어는 RSV가 번역한 바와 같이 "포위"를 의미한다. JPS 타낙 역본에 나타나는 "곤궁"이라는 의미는 MT의 마초르(מָצוֹר) 대신 메차르(מֵצַר, "난국, 곤궁")로 읽은 것이다. 티개이는 마초르(מָצוֹר)라는 독법이 마초크(מָצוֹק)와 운을 맞추기 위하여 선택되었는데, 이를테면 본문이 "두 가지 의미가 이중적 의미"를 갖도록 의도하고 있다고 말한다(Tigay[1997] 270). "연약하고 유순한 남자"가 가장 혐오스러운 고기를 먹을 것인데, 그는 가장 따뜻한 감정을 가졌어야 할 자기 품의 여인(아내)에게까지도 시기하여 그것을 주지 않을 것이다(54절).

"질시하여"(his eye will be evil)는 그가 "인색하게 바라볼 것이다"를 의미한다. 같은 문구에서 성(姓)이 56절에서는 "연약하고 유순한 부녀"로 뒤바뀌어 있는데, 거기서 한층 더 두려운 사실이 자행된다. 곧 그녀가 "그 다리 사이에서 나온 태와 자기의 낳은 어린 자식을 가만히 먹으면서" 남편과 다른 자녀들에게 나누어 주기를 꺼려한다. 침략과 기근에 살아 남아 있다는 의미로서 "남아 있는"(**אשר יותיר** – 아쉐르 요티르)이라는 문구는 여기서처럼 "그가 살려 두었던"(54절)으로 번역될 수 있는데, 곧 지나치게 결벽한 남자가 살육하지 않고 먹지 않았던 것들(타낙과 같이)을 가리킨다.

해설

뒤따라오는 멸망의 모습은 이스라엘이 포위 공격을 당하는 전쟁에서(45-57절) 극단적인 궁핍을 경험함과 동시에, 야웨께서 이스라엘을 애굽으로 돌아가게 만드시는 이스라엘 역사의 완전한 반전에서 절정에 도달하는(58-68절) 좀더 끔찍한 모습이다. 이스라엘 백성들이 "네 하나님 여호와의 말씀을 순종치 아니하고 네게 명하신 그 명령과 규례를 지키지 아니하므로 이 모든 저주가 네게 임하고 너를 따르고 네게 미쳐서 필경 너를 멸할 것이다"(45절). 멸망의 잔혹성이 미래 세대에게 표적과 감계가 될 것이다(46절). 만일 그들이 "기쁨과 즐거운 마음으로 네 하나님 여호와를 섬기기를" 거절한다면(47절), 그들은 강제로 "너를 치게 하실 대적을 섬기게 될 것이다"(48절). 다가오는 군대의 포위 공격은 "여호와께서 원방에서, 땅 끝에서 한 민족을 독수리의 날음같이 너를 치러 오게 하시고…너를 멸절시킬"(49-51절) 손길에 의하여 과거에 베푸신 하나님의 복을 완전히 제자리로 돌아가게 하는 결과를 낳게 할 것이다.

극단적 부패에 대한 결정적인 모습은 계속되는 혹독한 기근으로 인하여 인구가 감소되고, 그들이 자기 자녀들을 죽여서 먹는 비인간적인 식인 행위로 이끌어 가는, 성경에서 가장 무서운 장면이다(53절). 자기 제자들과의 마지막 담화의 말씀 가운데서 예수님은 선지자 다니엘의 삼중적인 말씀과 같이 예루살렘 성읍에서 "성소를 더럽히는 행위"에 대해서 이와 어느 정도 유사한 스타일로 말씀하셨는데, 그때 "이는 그 때에 큰 환난이 있겠음이라 창세로부터 지금까지 이런 환난이 없었고 후에도 없으리라"고 말씀하셨다(마 24:15-21).

d. 이스라엘 역사의 완전한 반전(28:58-68)

참고문헌

Brueggemann, W. "Weariness, Exile and Chaos(A Motif in Royal Theology)." *CBQ* 34(1972) 19-38, esp. 30(on Deut 28:65). **Clements, R. E.** *God's Chosen People: A Theological Interpretation of the Book of Deuteronomy.* London: SCM Press, 1968. 57. **Dahood, M.** "Hebrew-Ugaritic Lexicography VI." *Bib* 49(1968) 355-69, esp. 365. ______. "Ugaritic Studies and the Bible." *Greg* 43(1962) 55-79, esp. 64. **Daniélou, J.** "Das Leben, das am Holze hängt: Dt 28, 66 in des altchristlichen Katechese." In *FS J. R. Geiselmann.* 1960. 22-34. ______. "La vie suspendue au bois: Dt 28, 66 dans la catéchèse archaïque." In *Eglise et Tradition.* Ed. J. Betz et al. Le Puy: Mappus, 1963. 35-45. **Duffy, C.** *Siege Warfare.* 2 vols. London: Routledge and Kegan Paul, 1979. 1:253. **Gruber, M. I.** "Hebrew *da'ăbôn nepeš* 'Dryness of Throat': From Symptom to Literary Convention." *VT* 37(1987) 365-69. **Hausmann, J.** *Israels Rest: Studien zum Selbstverständnis der nachexilischen Gemeinde.* BWANT 124. Stuttgart: Kohlhammer, 1987. 120-22. **Held, M.** "The Terms for Deportation in the Old Babylonian Royal Inscriptions with Special Reference to Yah[e]dunlim." In *Near Eastern Studies in Memory of M. M. Bravmann.* Ed. E. Greenstein. *JANESCU* 11(1979) 53-67. **Lipiński, E.** "Sale, Transfer and Delivery in Ancient Semitic Terminology." In *Gesellschaft und Kultur im alten Vorderasien.* Ed. H. Klengel. SGKAO 15. Berlin: Akademie-Verlag, 1982. 173-85. **Lohfink, N.** "'I Am Yahweh, Your Physician'(Exodus 15:26): God, Society and Human Health in a Postexilic Revision of the Pentateuch (Exod. 15:25b, 26)." In *Theology of the Pentateuch.* 1994. 35-95. **Muffs, Y.** "The Lesson of the Almond Tree." *Proceedings of the Rabbinical Assembly* 56(1995) 32-34. **Oded, B.** "Mass Deportations in the Neo-Assyrian Empire - Facts and Figures." *EI* 14(1978) 62-68(Heb.; Eng. summary, 124). **Salisbury, H. E.** *The 900 Days: The Siege of Leningrad.* New York: Harper & Row, 1969. 376-77, 492, 507. **Schley, D. G.** "'YHWH Will Cause You to Return to Egypt in Ships'(Deuteronomy XXVIII 68)." *VT* 35(1985) 369-72. **Stoebe, H. J.** "Anmerkungen zu Wurzel *pl'im* Alten Testament." *TZ* 28(1972) 13-23. **Widengren, G.** "Yahweh's Gathering of the Dispersed."

In *FS G. W. Ahlström.* 1984. 227-45. **Wildberger, H.** "'Glauben': Erwägungen zu *h'mjn.*" In *FS W. Baumgartner.* 1967. 372-86, esp. 379. **Zeitlin, S.** "Some Reflections on the Text of the Pentateuch." *JQR* 51(1960/61) 321-31.

본문과 운율 분석

너는 애굽의 재앙을 경험할 것이다 [(6:6:8):(8:8)]

You Will Experience the "Plagues" of Egypt [(6:6:8):(8:8)]

58 네가 만일 이 책에 기록한 이 율법의 모든 말씀을 지켜 행하지 아니하고 네 하나님 여호와라 하는 영화롭고 두려운 이름을 경외하지 아니하면

58 *If you are not careful / to do / all the words / of this Torah /* 23 4
written / in this scroll // 12 2_
To fear / the name / this honored and awesome / One / 20 4
namely / YHWH your God // 11 2_

59 여호와께서 너의 재앙과 네 자손의 재앙을 극렬하게 하시리니 그 재앙이 크고 오래고 질병이 중하고 오랠 것이라

59 *Then YHWH*[a] *will inflict / on you blows*[b] */* 14 2
and / blows on your descendants // 9 2_
Blows that are great / and lasting / 15 2
and afflictions[c] *that are evil / and lasting //* 17 2_

60 여호와께서 네가 두려워하던 애굽의 모든 질병을 네게로 가져다가 네 몸에 들어붓게 하실 것이며

60 *And he will return upon you / every disease*[a] *of Egypt /* 16 2
from which you were in dread / of them // 9 2
and they[b] *will cling / to you //* 8 2

61 또 이 율법 책에 기록지 아니한 모든 질병과 모든 재앙을 너의 멸망하기까지 여호와께서 네게 내리실 것이니

61 *indeed every sickness / and every blow /* 10 2_
That / is not written / in the scroll / of this[a] *Torah //* 19 4
YHWH will bring / against you / until / you are destroyed[b] *//* 16 4_

사람이 죽임을 당하여 네 수가 얼마 되지 않을 것이다 [8]

Your Numbers Will Be Decimated [8]

62 너희가 하늘의 별같이 많았을지라도 네 하나님 여호와의 말씀을 순종치 아니하므로 남는 자가 얼마 되지 못할 것이라

62 And you will be left / a scant few / after having been / 18 3
as the stars of the heavens / for multitude // 15 2
because *you*[a] *did not heed / the voice / of YHWH your*[b] *God //* 19 3_

야웨께서 너를 멸하기를 기뻐하실 것이다 [6:6]

YHWH Takes Delight in Destroying You [6:6]

63 이왕에 여호와께서 너희에게 선을 행하시고 너희로 번성케 하시기를 기뻐하시던 것같이 이제는 여호와께서 너희를 망하게 하시며 멸하시기

63 *And it shall be / just as YHWH took delight / in you /* 17 3
by doing good for you / and by multiplying you / 15 2
so YHWH will take delight\[a] in you / 13 1_
By causing you to perish / and by destroying you // 15 2
and you will be plucked[b] / from off the ground / 14 2

를 기뻐하시리니 너희가 들어가 얻는 땅에서 뽑힐 것이요

that *you are entering* / *to possess it* // 14 2_

야웨께서 너를 열국 가운데 흩으실 것이다 [(4:4):(4:4)]

YHWH Will Scatter You among the Nations [(4:4):(4:4)]

64 여호와께서 너를 땅 이 끝에서 저 끝까지 만민 중에 흩으시리니 네가 그 곳에서 너와 네 열조의 알지 못하던 목석 우상을 섬길 것이라

65 그 열국 중에서 네가 평안함을 얻지 못하며 네 발바닥을 쉴 곳도 얻지 못하고 오직 여호와께서 거기서 너의 마음으로 떨고 눈으로 쇠하고 정신으로 산란케 하시리니

64 *And YHWH will scatter you* / *among all the peoples* / 16 2
from one end of the land / *to the other end of the land* // 18 2_
And you will serve there other gods / 17 1
that you have not known / *you or your fathers* / 18 2
of wood and stone // 7 1_

65 *And among these nations* / *you will find no ease* / 17 2
and there will be no rest / *for the sole of your foot* // 15 2_
And YHWH will give you there / *an anguished heart* / 16 2
and[a] *cried-out eyes* / *and a dry*[b] *throat* // 16 2_

야웨께서 너를 애굽으로 돌아가게 하실 것이다 [(7:4):(2:2):(7:4)]

YHWH Will Make You Return to Egypt [(7:4):(2:2):(7:4)]

66 네 생명이 의심나는 곳에 달린 것 같아서 주야로 두려워하며 네 생명을 확신할 수 없을 것이라

66 *And your life will* / *hang in doubt* / *before you* // 18 3
and you will be in dread / *night and day* / 14 2
and you will have no assurance / *of your life* // 12 2_

67 네 마음의 두려움과 눈의 보는 것으로 인하여 아침에는 이르기를 아하 저녁이 되었으면 좋겠다 할 것이요 저녁에는 이르기를 아하 아침이 되었으면 좋겠다 하리라

67 *In the morning you will say* / *If only it were evening* / 14 2
and in the evening you will say / *If only it were morning* // 17 2_
From the dread of your heart / *that you will dread* / 14 2
and from the sight of your eyes / *that you will see* // 15 2_

68 여호와께서 너를 배에 실으시고 전에 네게 고하여 이르시기를 네가 다시는 그 길을 보지 아니하리라 하시던 그 길로 너를 애굽으로 끌어가실 것이라 거기서 너희가 너희 몸을 대적에게 노비로 팔려 하나 너희를 살 자가 없으리라

68 *And YHWH will return you* / *to Egypt*[a] / *in mourning*[b] / 18 3
by the way / *that I told you*[c] / 13 2
never again will you[c] / *see it* // 13 2_
And you[d] will sell yourselves there /[e] to *your*[f] *enemies* / 14 2
as male and female slaves / *but there will be no buyer* // ס 18 2_

원문주해

59.a. 몇몇 히브리어 필사본들과 SP는 엘로헤카(אלהיך, "네 하나님")를 덧붙인다. 운율 분석은 MT의 보다 짧은 본문을 지지한다.

59.b. 소수의 히브리어 필사본, Syr, Vg에는 MT의 마코트카(מכתך, "너에게 불다") 대신에 מכ(ו)תיך로 되어 있는데 의미상의 변화는 없다.

59.c. 소수의 히브리어 필사본들에는 MT의 와홀라임(וחלים, "그리고 고통들") 대신에 וחלאים(חלא, "아프게 되다"로부터 파생된)으로 되어 있다. 두 개의 히브리어 필사본과 카이로 게니자 단편들에는 וחליים으로 되어 있다.

60.a. MT의 마드웨(מדוה, "…의 질병") 대신 몇몇 히브리어 필사본들, 카이로 게니자 단편들, SP, Syr., Tg., Vg과 함께 מדוי("…의 질병〈연계형〉)으로 읽음.

60.b. SP에는 MT의 웨다브쿠(ודבקו, "그리고 그들이 매달릴 것이다") 대신에 3인칭 단수 ודבק("그것이 매달릴 것이다")로 되어 있다.

61.a. MT가 토라(תורה, "토라, 가르침")와 일치하도록 하기 위하여 하조트(הזאת, 여성단수)로 하고 있는 반면에, 몇몇 히브리어 필사본들, SP, LXX, OL, Syr, Tg과 함께 쎄페르(ספר, "책, 두루마리")와 일치하도록 남성 단수형인 하제(הזה, "이것")로 읽음.

61.b. 한 히브리어 필사본, SP, Syr, Vg에는 MT의 히쇼므다크(השמדך, "네가 멸망당한다") 대신에 השמידך("그가 너를 전멸시킨다")로 되어 있다.

62.a. SP, LXX, OL, *Tg. Pa.-J.*에는 2인칭 복수로 되어 있다.

62.b. 앞의 "원문주해"를 보라. 몇몇 LXX 증거 본문들에는 여기서 1인칭 복수로 되어 있다.

63.a. 자켑카톤이 뒤따라온 파스타는 연접사로 읽음,

63.b. LXX^{B}은 엔 타케이(ἐν τάχει, "신속하게"=מהר)를 덧붙이는데, 운율 숫자 면에서는 가능하다. 이러한 수정은 아트나 뒤에 78(=3×26)개의 단어를 가지고 있는 28:58-68의 세심하게 작성된 숫자 구성을 흩뜨려 놓는다. 이 단락은 28:69과 긴밀하게 연결되어 있는데, 그 이유는 28:58-69에 있는 단어의 합계가 208(=8×26)개이기 때문이다. 여기서 하나의 단어를 덧붙이는 것은 이러한 특징을 파괴한다.

65.a. SP는 와우 접속사를 생략한다.

65.b. SP에는 MT의 웨다아본(ודאבון, "그리고 〈목구멍의〉 메마름") 대신에 ומדיבון("그리고 디본으로부터"?)로 읽고 있는 한 필사본과 함께 ודיבון("그리고 디본"?)으로 되어 있다.

68.a. Sebire와 SP에는 MT의 미츠라임(מצרים, "애굽") 대신에 미츠라이마(מצרימה, "애굽으로 〈향하여〉")로 되어 있다. 소수의 필사본들은 차데(צ) 대문자를 보유하고 있다.

68.b. Tigay([1996] 397 n. 104)와 다른 사람들이 인용하고 있는 J. Z. Meklenburg (*Ha-Ketav ve-ha-Kabbalah*[Leipzig, 1839]와 함께 MT의 빠오니오트(בָּאֳנִיּוֹת, "배들 가운데서")를 빠아니야(בַּאֲנִיָּה, "곡하면서" 혹은 "애곡하는 상황에서")의 추상 복수인 빠아니요트(בַּאֲנִיּוֹת)로 읽음. 한 SP 필사본에는 באוניות로 되어 있다.

68.c. SP와 *Tg. Pa.-J.*에는 2인칭 복수로 되어 있다.

68.d. Vg에는 *venderis*("네가 스스로 팔릴 것이다"=התמכרת)로 되어 있다. 소수의 필사본들은 카프(כ) 대문자를 보유하고 있다.

68.e. 순서가 파스타 뒤에 다르가가 뒤따랐을 때는 이접사로 읽음.

68.f. SP, LXX, Syr, Tg에는 MT의 레오예베카(לאיביך, "네 대적들에게") 대신에 2인칭 복수인 레오예베켐(לאיביכם, "너희 대적들")으로 되어 있다.

양식/구조/배경

28:58-68의 내용은 신명기 28장에 있는 길고도 복잡한 언약적 저주들의 목록에 대한 결론을 이루고 있다. 본 장 전체를 고려하면 그 내용은 다음과 같이 정리될 수 있다.

A	순종에 대해서는 복이요, 불순종에 대해서는 저주	28:1-19
B	저주의 확대: 염병, 기근, 질병	28:20-32
X	저주의 확대: 압제, 포로, 노예 신세	28:33-44
B′	저주의 확대: 포위 공격 전쟁에서 극단적인 궁핍	28:45-57
A′	이스라엘 역사의 완전한 반전	28:58-68

이 구조에서 외부 골격은 언약적 축복과 저주(1-19절)에 대한 요약적 진술로부터 언약 내용을 어김으로 말미암은 이스라엘 역사의 완전한 반전(58-68절)으로 옮겨가고, 그 다음 69절에서 모든 문제를 간략하게 요약하는 진술이 뒤따라온다. 이 골격에서 우리는 중간 부분에서 압제, 포로, 노예 신세에 대한 묘사(33-44절)와 함께 언약적 저주에 대한 세 부분으로 이루어진 확대를 발견하게 된다.

28:45-68은 "바퀴 안의 바퀴"와 유사한 다섯 부분으로 된 대칭적 구조로 정리될 수 있다.

A	이 저주가 너를 멸하기까지 따라 미칠 것이다	28:45
B	이스라엘의 극단적 궁핍-모든 것의 결핍	28:46-48
X	군대의 포위와 하나님의 복의 취소	28:49-52
B′	이스라엘이 식인 행위로 전락함-모든 것의 결핍	28:53-57

A′ 이스라엘의 완전한 반전 – 네가 멸망하기까지 28:58-68

28:58-68에 묘사된 재앙들은 28:1-15에 제시된 복들을 제자리로 돌려놓을 뿐만 아니라 이스라엘의 역사를 완전히 반전시켜 놓는다. 즉 애굽에서 했던 노예 생활로 되돌아간다는 것이다! 외부 골격은 아드 히샤므다크(עד השמדך, "네가 멸망당하기까지")란 문구의 반복을 포함하고 있다(45, 61절). 이 구조 가운데서 내부 골격은 극단적 궁핍이라는 평행적 기사로 이루어져 있는데, 이 두 가지 사항은 뻬호쎄르 콜(בחסר כל, "모든 것이 없어서")이란 문구를 담고 있다. 중심부에서 우리는 언약적 축복을 제자리로 돌려놓는 결과를 만들어 낼 이스라엘에 대하여 가해진 군대의 포위 기사를 발견할 수 있다(49-52절).

28:58-68의 구조는 또 다른 "바퀴 안의 바퀴"로 묘사될 수 있다. 운율적 관점에서 볼 때 이 단락은 다섯 부분으로 되어 있다: 58-61, 62, 63, 64-65, 66-68절이다. 이 단락들 가운데 처음 세 개의 경계는 62절과 63절의 처음과 끝에 있는 수의 전이로 표시되어 있다. 68절의 끝에 있는 경계는 수의 전이와 세투마 구획 표시로 표시되어 있다. 내용과 내적 운율 구조에 근거하여 결정되어야 하는 것은 65절과 66절 간의 경계뿐이다. 전체의 내용은 다섯 부분으로 된 대칭 구조로 정리될 수 있다.

A 야웨께서 애굽의 재앙을 너에게 가져다 주실 것이다	28:58-61
B 너는 숫자가 줄어들 것이다	28:62
X 야웨께서 너를 멸망시키기를 기뻐하실 것이다	28:63
B′ 야웨께서 너를 열국 가운데 흩으실 것이다	28:64-65
A′ 야웨께서 너를 애굽으로 돌아가게 하실 것이다	28:66-68

신명기 28장의 언약적 저주의 길다란 제시 가운데서 이 절정에 이르는 구조를 가장 흩뜨려 놓는 내용은 중심 부분이다. 여기서 야웨 자신이 이스라엘을 멸망시키기를 기뻐한다고 선언하신다(63절). 이 본문에서 첫 번째와 마지막 운율 단위(58-61절과 66-68절)는 다양한 방식으로 애굽에 대해 초점을 맞추고 있는 내용이 하나의 감싸는 형식을 취하고 있다. 전자의 경우에 야웨께서 이스라엘 백성에게 애굽의 질병을 가져다 주시고(60절), 그 가운데 하나는 여기서 "강타"로 번역된 마카(מכה)다(이것은 재앙으로 번역될 수도 있다. 또한 이 단어가 세 번이나 나타나는 59절을 보라). 이 단락(58-61절)은 야웨께서 백성을 "울면서 애굽으로 돌아가게 할 것이라"고 선언하시는 66-68절과 대칭되어 있다("주석"을 보라). 우리가 여기서 살펴보고 있는 내용은 이스라엘의 출애굽 이야기의 대반전이다. 이스라엘 자손은 원래 기

근으로 인하여 애굽으로 내려갔었다. 그들은 또다시 너무나 혹독한 기근과 궁핍을 경험하여 생계를 유지하려고 종이 되기 위하여 애굽으로 내려가겠지만 거절만 당할 것이다. 그 이유는 그들을 살 자가 없을 것이기 때문이다(68절).

내부 골격의 전반부(62절)에서 그들의 수는 그들이 애굽에서 번성하기 이전(출 1:1-7), 곧 모세가 태어나고 출애굽이 일어날 배경을 이루기 전의 수로 줄어들 것이다. 그러한 목적을 위한 수단이 평행적 운율 단위에 나타나 있다(64-65절): "여호와께서 너를 땅 이 끝에서 저 끝까지 만민 중에 흩으시리니." 그러한 배경에서 지친 몸을 쉴 안식이 없을 것이다.

28:58-69에 있는 신명 수의 사용에 관한 라부샤뉴의 분석으로부터 나온 증거는 다음과 같이 요약될 수 있을 것이다.

단어	아트나 앞		아트나 뒤		
28:58-61	39	+	22	=	61
28:62	9	+	6	=	15
28:63	17	+	8	=	25
28:64-65	18	+	21	=	39
28:66-68	27	+	21	=	48
28:58-68	110 (=2×55)	+	78 (=3×26)	=	188
28:58-69	124	+	84	=	208 (=8×26)
28:1-69	595 (=35×17)	+	397	=	992
28:58-59	19	+	15	=	34 (=2×17)
28:58-60	28	+	17	=	45
28:62-63	26	+	14	=	40
28:63-64	26	+	19	=	45
28:66-69	41	+	27	=	68 (=4×17)
28:68-69	26	+	13	=	39

신명 수 17과 26이 다섯 개의 운율 버금 단위 가운데서 운율 분석을 통하여 결정되는 지배적인 특징은 아닐지라도, 이 증거는 고대 이스라엘의 서기관들이 조심스럽게 이 단락을 보다 큰 숫자 구성의 패턴에 융합시키려고 노력했다는 사실을 암시한다. 28:58-68에 있는 다섯 개의 주요 버금 단위의 대칭 구조 가운데 중심적 위치를 차지하고 있는 63절에 신명수 17이 나타난다. 야웨께서 이스라엘을 멸망시키기

를 기뻐하신다고 선언하고 있는 이 구절에는 아트나 앞에 17개의 단어가 있다. 더 나아가서, 28:58-68 전체에서 아트나 뒤에는 총 78(=3×26)개의 단어가 있다. 아트나 앞에 있는 단어 수는 총 110(=2×55)개다. 라부샤뉴는 자신이 "작은 네 글자"라고 부른 내용에 관해서 많은 말을 하고 있는데, 거기서 숫자 55는 1-10까지의 숫자의 합계(1-10까지의 숫자의 합계는 1-10까지의 숫자를 모두 더한 수다)다. 이 10은 1-4까지의 숫자의 합계다(즉 1+2+3+4=10). 숫자 모델 55=23+32는 히브리 성경 전체에 걸쳐서 자주 사용된다. 라부샤뉴는 카보드(כבוד, "영광")란 단어의 수치 면에서 23과 32란 수의 의미를 설명한다. 카프가 11이든가 아니면 20이든가에 의존하여 카보드(כבוד)가 23이나 32가 된다. 와우가 없는 카보드(כבד)는 17이나 26이 된다(즉 신명 수가 이렇게 된다는 것이다). 특별 부록: "숫자의 합성물로서의 신명기"를 보라.

신명 수의 사용이 가장 인상적인 곳은 28:58-68이 그보다 큰 문학적 문맥으로 통합된 부분인데, 그 이유는 28:58-69에 정확하게 208(=8×26)개의 단어가 있고, 28:1-69의 아트나 앞에는 595(=35×17)개의 단어가 있기 때문이다. 간단히 말해서, 하나님의 이름이 신명기 28장의 언약적 저주라는 길다란 목록 전체에 걸쳐서 히브리 본문 가운데 세심하게 짜여져 있다.

주석

58 불가피성이라는 의미와 함께 제시되어 있는 길다란 저주 목록 가운데 이 시점에서 모세는 독자/청중으로 하여금 또다시 이 문제가 상황적이라는 사실을 상기시켜 준다. 58절이 웨하야(והיה, "그리고 그것이 일어날 것이다": 15절에서처럼)로 시작되지 않는다는 사실은 이 구절이 46-57절의 결론으로 읽혀질 수 있다는 사실을 암시한다. "네가 만일 이 책에 기록한 이 율법의 모든 말씀을 지켜 행하지 아니하면" 이 모든 것들이 일어날 것이다. 동시에, 이 구절의 일차적 기능은 59절에서 계속되고 있는 상황절의 귀결절이다.

58-61절의 골격 기능을 하고 있는 "이 책에 기록한 이 율법의 모든 말씀"이라는 언급은 31:9을 예상하고 있는데, 거기서 토라가 처음으로 모세에 의하여 기록되고 레위인에게 위탁된다. 61절에서 반복된 단어가 역순으로 나타난다. 즉 "이 율법의 책에 기록된". 기록된 형태로 모세의 가르침(토라)을 받게 될 미래 세대에게 이미 관심을 기울이고 있다. 하나님을 "경외하라"는 지시의 의미에 관해서는 10:12과 6:

2에 관한 "주석"을 보라. 하나님 자신을 언급하기 위한 대명사 접미어가 없이 하쉠(הַשֵּׁם, "그 이름")을 사용하고 있는 것은 이 곳과 레위기 24:11에만 나타나는 오경에서는 이례적인 일이다. 이 용법은 이후 오늘날 유대인의 관습에서는 통상적인 것이다. 함부로 입에 담을 수 없는 이름에 대한 이러한 언급은, 이 이름이 숫자 구성을 통해 히브리어 본문 가운데 짜여져 들어가는 감추어진 방식에 대해서 상기시켜 주려는 것이라면 놀랄 만한 일이다.

59-60 59절에서 세 번이나 나타나고 61절에서 다시 나타나는 마코트(מכות, "재앙, 곤궁")란 단어는 자주 "재앙"으로 번역된다. 이 재앙들은 그것들이 크고(혹독하고) 오랫동안 계속될 것이라는 의미에서 "독특한 것"이 될 것이다. 하나님께서는 자신이 이전에 그것들로부터 보호하겠다고 약속하셨던 "애굽의 모든 질병"으로 이스라엘을 고통스럽게 하실 것이다(7:15). 위의 27절을 보고, 또한 그 곳에 있는 소위 애굽의 종기에 대한 "주석"을 보라.

61 "또 이 율법책에 기록지 아니한" 것에 대한 언급은 성경 밖의 고대 근동 계약 문서에 덧붙여진 진술에도 나타난다. 티개이는 "또 이 율법책에 기록지 아니한 재앙"이라는 표현이 오늘날 현대 히브리어에서 혹독하고도 이례적인 고통을 언급하기 위하여 지금도 사용되고 있다고 말한다(Tigay[1996] 272).

62 이스라엘의 인구는 또다시 애굽에서 번성하기 이전의 수로 돌아갈 것이다(출 1:7). 메테 메아트(מתי מעט, "부족한 소수")와 케코크베 하샤마임(ככוכבי השמים, "하늘의 별처럼 번성")이라는 두 문구가 과거에 자기 백성을 번성케 하셨던 야웨 하나님의 축복과 관련하여 1:9; 10:22; 26:5에서 나타난다. 여기서는 그 진행이 반전되어 있다.

63 멉스(Y. Muffs)는 여기서 "기뻐하셨다"로 번역된 쉐시(שׂשׂ)라는 단어가 의지적 의미를 가지고 있다고 말한다: "…하기로 결단하셨다…하기로 결단하실 것이다"(Y. Muffs, *Love and Joy*[New York: Jewish Theological Seminary, 1992] 121-93; 또한 Tigay[1996] 272를 보라). "너희를 망하게 하시며"란 문구는 같은 동사의 어근(אבד, 아바드, "멸망하다")이 나타나는 26:5과의 강한 대조를 암시한다. 하나님께서는 한 멸망하는(אבד) 아람 사람을 택하셨고, 그들이 순종하는 한 그로부터 수많은 백성들이 나오게 하셨다. 만일 그들이 불순종한다면, 그분께서는 그들을 "멸망"(להאביד – 레하아비드)하게 하심으로써 그들의 수가 줄어들게 하실 것이다. "너희가 땅에서 뽑힐 것이요"라는 진술에 나타나는 나싸흐(נסח)란 동사는 성경 밖에서 "추방"과 같은 의미를 가지 어근을 가지고 있다(Tigay[1996] 397 n. 100:

Held, *JANESCU* 11[1979] 53-67).

64-65 "너와 네 열조의 알지 못하던 목석 우상을 섬길 것이라"에 관해서는 4:28의 "주석"을 보라. 포로지에서 이스라엘 백성들은 "평안함을 얻지 못하며 네 발바닥을 쉴 곳도 얻지 못할 것이다". "눈으로 쇠하고"의 이미지에 관해서는 28:32의 "주석"을 보라. 웨다아본 나페쉬(ודאבון נפש)를 "메마른 목구멍"(a dry throat)으로 번역한 것은 티개이의 글로부터 가져온 것인데(Tigay[1996] 273, 397 n. 101), 그는 그루버의 글을 인용하고 있다(Gruber *VT* 37[1987] 365-69; 또한 참조. 시 69:4[개역. 3]; 렘 2:25).

66-67 망명자로서 그들 각 사람은 "생명이 의심나는 곳에 달린 것같이" 너무나 불편하여 다른 것을 간절히 바라는 상태, 즉 아침에는 밤이 오기를 간절히 바라고, 밤에는 아침이 오기를 간절히 바라는 상태인 "밤낮"으로 공포에 시달린다.

68 여기서 "그 길로…끌어가실 것이라"로 번역된 히브리어 웨헤쉬브카(והשיבך)는 60절에 있는 "애굽의 질병"을 감싸고 있다. 그들이 "애곡하면서" (אניות – 오니요트; 개역 성경에서는 "배에 실으시고") 돌아가게 되리라는 것은 티개이가 인용한 메클렌버그의 독법이다(Tigay[1996] 273). 크레이기는 사사기 5:17에 있는 유사한 번역을 제공한 그래이(J. Gray)를 따라 우가릿어 증거에 근거하여 여기에 나오는 오니요트(אניות)를 "쉽게, 적당히"로 번역할 수 있다고 주장한다(J. Gray, *Joshua, Judges, and Ruth*, NCBC[London: Nelson, 1967] 287-88). 그러한 독법은 "축복과 저주 사이의 또 다른 대조를 제공한다. 하나님께서는 자기 백성을 애굽으로부터 이끌어 내셨고, 그 모든 길에서 그들과 함께 싸우셨다. 그러한 큰 구원을 잊는다면, 저주 아래 있는 백성들로 하여금 쉽게 노예로 있었던 땅 애굽으로 돌아가게 만드는 것이 될 것이다"(Craigie[1976] 353). 그들이 "여호와께서…네가 다시는 그 길을 보지 아니하리라 하시던 그 길로" 애굽으로 되돌아가야 할 것이라는 진술은 17:14-20의 소위 왕에 대한 법에 있는 유사한 말과 어느 정도 연결되어 있다(17:16에 관한 "주석"을 보라). 이스라엘 백성들은 애굽에서 자기를 종으로 팔려고 할 것이지만 살 사람이 없을 것이다.

해설

28:58-68에 있는 복의 원상복귀는 본질적으로 이스라엘 역사의 최종 반전이다. 저주는 하나님의 복을 반전시키고 미래 세대에게 최종적이고도 두려운 경고가 된

다. 하나님께서는 과거에 애굽에서 이스라엘 백성들에게 그들이 받을 복을 가져다 주려고 애굽인들에게 혹독한 질병들을 가지고 고통스럽게 하셨다. 그러나 하나님의 저주 가운데서 애굽의 질병은 이스라엘의 대적들이 아니라 이스라엘 백성들에게 가해질 것이다. 그리고 그에 더하여 하나님께서는 애굽인들까지도 전혀 알지 못하던 질병과 고통을 더하실 것이다(60-61절). 하나님의 축복 가운데서 이스라엘의 조상들은 소수로 애굽으로 내려갔고, 거기서 옛날에 주신 하나님의 약속에 따라 번성했다. 그러나 하나님의 저주 가운데서 그들은 또다시 극소수가 될 것인데, 곧 그들의 수가 점점 줄어져서 결국은 거의 멸망할 정도까지 될 것이다(63절). 하나님의 축복 가운데서 이스라엘 백성들은 약속의 땅의 선물을 내다보았는데, 그것은 부분적으로 자기들의 땅을 이미 소유했던 두 지파 반에게 실현되었다. 그러나 하나님의 저주 가운데서 백성들은 약속의 땅을 강제로 떠나갈 것이며, 열국 중에 널리 흩어지고, 거기서 그들은 안식을 얻지 못할 것이다(64-65절).

하나님의 복의 충만함은 야웨만을 섬기며 사랑하는 데 있다(6:4-5). 그러나 하나님의 저주 아래 사는 공허함은 나무와 돌로 된, 생명이 없는 신들을 섬기는 데서 경험될 것이다(28:64b). 하나님의 복 가운데서 먼 열국들이 하나님을 신뢰하는 이스라엘을 두려워할 것이다. 그러나 하나님의 저주 아래서 이스라엘 백성들은 계속하여 두려움 가운데 떠돌 것이다(65-67절). 하나님의 복은 약속의 땅에서의 장수를 의미했다. 그러나 하나님의 저주 아래서 백성들은 그들이 살아 남도록 허락될지라도 빈번하게 알지 못할 것이다(66-67절). 하나님의 축복 가운데서 이스라엘 백성들은 애굽으로부터 나와 노예 상태에서 자유를 얻었다. 그러나 하나님의 저주 가운데서 그들은 또다시 애굽으로 돌아가 거기서 자기들을 종으로 팔려고 하겠지만, 애굽인들은 그들이 그럴 만한 가치가 없다고 생각할 것이다(68절). 하나님을 섬기는 영광을 거절하고 나서, 그들은 애굽에서 노예가 되기에도 적합하지 못할 것이다.

28:58-68에 묘사된 이스라엘 역사의 대 반전은 야웨 자신이 하시는 일이다. "너희를 망하게 하시며 멸하시기를 기뻐하시는" 분은 야웨 자신이시다(63절). 예레미야애가 2:1-17과 4:11-12에서도 같은 결론에 도달했는데, 이 구절은 동전의 다른 면이라는 놀라운 모습을 둘러싸는 골격으로서의 기능을 하고 있다. 말하자면, 야웨께서 자기 백성을 영원히 저버리지 않으신다는 것이다. 비록 이 결론이 신명기 28장 자체에서 도달되지는 않지만, 이것은 예레미야애가의 중심 메시지이며, 그 내용의 많은 부분이 신명기의 언약적 저주를 통하여 형성되었다. 예레미야애가는 다음과 같이 정리될 수 있다.

A 시온(예루살렘)의 황폐 애 1
B 야웨께서 자신이 목적하신 바를 행하셨다 애 2
X   야웨께서 자기 백성을 영원히 저버리지 않으실 것이다 애 3
B′ 시온의 자녀들이 야웨 자신의 진노를 통하여 황폐화되었다 애 4
A′ 시온(예루살렘)의 황폐 애 5

이 구조의 외부 골격 가운데 있는 시온의 황폐에 대한 많은 내용이 식인 단락(53-57절; 참조. 애 4:10)과 신명기 28:58-68에 있는 이스라엘 역사의 대 반전을 포함하여 신명기 28장의 끔찍한 저주를 세부적으로 반영하고 있다.

하나의 간단한 교훈이 신명기 28장에 있는 언약적 저주에 대한 장황한 기사 전체에 대한 세심한 반영으로부터 나타난다. 즉 하나님 앞에 두려움을 가지고 서라는 것과 죄로부터 떠나라는 것이다. 요시야 왕은 예루살렘에서 이 토라의 말씀을 낭독하는 것을 들을 때 자기 옷을 찢고 다음과 같이 선포했다. "우리 열조가 이 책의 말씀을 듣지 아니하며 이 책에 우리를 위하여 기록된 모든 것을 준행치 아니하였으므로 여호와께서 우리에게 발하신 진노가 크도다"(왕하 22:11-13). 이와 대조적으로, 여호야김 왕은 선지자 예레미야의 두루마리를 주의 깊게 듣기보다는 그것을 취하여 삭도로 베어 한 조각 한 조각 불에 태웠다(렘 36:23). 우리는 여호야김보다는 요시야의 실례를 본뜬다. 그 이유는 이 언약적 저주의 말씀을 파괴하고 무시하는 것은 아무런 유익이 없기 때문이다. 그 메시지는 그 때나 지금이나 그들이 듣고 순종하든지, 아니면 우리의 마음을 강퍅하게 하고 우리 자신의 길로 나아가든지, 실제로 죄의 삯은 사망(롬 6:23)이라는 사실을 하나님께서 결정하신 것은 진리로 서 있다. 동시에 하나님의 자비는 여전히 모든 사람에게 미치고 있는데, 그 이유는 "하나님의 은사는 그리스도 예수 우리 주 안에 있는 영생"이기 때문이다(롬 6:23).

e. 요약: "언약의 말씀이 이러하니라"(28:69[개역. 29:11])

참고문헌

Baltzer, K. *Covenant Formulary.* 1971(Ger. original, 1960). 34-38. **Cazelles, H.** "Les structures successives de la 'berît' dans l'Ancien Testament." In *FS R. Martin-Achard.* 1984. 2-7, 33-46, esp. 40. **Chołewinski, A.** "Zur theologischen Deutung des Boabbundes." *Bib* 66(1985) 96-111. **Lohfink, N.** "Der Bundesschluss im Land Moab: Redaktionsgeschichtliches zu Dtn. 28:69-32:47." In *Studien zum Deuteronomium I.* 1990. 53-82. ______. *The Covenant Never Revoked: Biblical Reflections on Christian -Jewish Dialogue.* Tr. J. J. Scullion. New York: Paulist Press, 1991. **Radjawane, A. N.** "Israel zwischen Wüste und Land: Studie zur Theologie von Deuteronomium 1-3." Diss., Mainz, 1972. 209-10.

본문과 운율 분석

요약: "언약의 말씀이 이러하니라" [4:4]	**Summary: "These Are the Words of the Covenant"** [4:4]		
1 호렙에서 이스라엘 자손과 세우신 언약 외에 여호와께서 모세에게 명하사 모압 땅에서 또 그들과 세우신 언약의 말씀이 이러하니라	**28:69**(29:1) *These*[a] *are the words of the covenant /*	10	1
	that YHWH commanded Moses / to make /	15	2
	with the children of Israel /	9	1_
	In the land of Moab // in addition to the covenant /	14	2
	that he made with them / at Horeb // פ	13	2_

원문주해

1.a. SP와 LXX은 와우 접속사를 덧붙이고 있는데 운율 분석 관점에서는 가능하다. 여기서 필자는 MT을 따르는데, 그 이유는 이것이 와우 접속사를 빼기보다는 덧붙이는 것을 설명하기가 더 쉽기 때문이다. 이것을 덧붙이는 것은 앞의 내용과의 연결을 강화시켜 주며, 이 구절이 이미 MT에서 신명기 29장의 첫 구절보다는 28장의 마감 구절로 나타나기 때문이다.

양식/구조/배경

학자들은 오랫동안 신명기에 있는 일련의 타이틀들을 설명해 왔는데, 이러한 타이틀들은 다양한 방법으로 설명되어 왔다. 그러므로 4:45은 가끔 소위 신명기적 역사서(여호수아에서 열왕기까지) 내에 삽입하기에 앞서 원 신명기 두루마리에 대한 서론일 것으로 취급되어 왔다. 그 두루마리에 대한 결론은 신명기 28장의 언약적 축복과 저주로 추정되었고, 따라서 4:45과 28:69은 가끔 4:44-11:32 // 27:1-28:69을 둘러싸는 봉투로 설명되었는데, 이것이 신명기의 내부 골격의 주요 부분이다

(4-11장과 27-30장).

위의 일곱 번째 주별 낭독 본문(26:1-29:8)에 대한 서론에서 자세히 정리해 본 바와 같이, 이 구절은 신명기 26-30장(주별 낭독 본문 7과 8을 함께 취급함)의 구조상의 중심부로 보는 것이 더 낫다. 그러한 개요는 다음과 같이 요약해 볼 수 있다.

A	약속의 땅에서 있었던 절기의 공예배	신 26장
B	언약적 축복과 저주	신 27-28장
X	요약: "언약의 말씀이 이러하니라"	신 28:69장
B′	언약은 미래 세대도 위한 것이다	신 29장
A′	언약의 말씀들은 행할 수 있다	신 30장

그러므로 신명기 28:69은 26:16-28:69에 있는 기본 언약의 갱신 의식에 대한 결론(크레이기와 다른 사람들이 주장한 바와 같이)으로서, 그리고 28:69-32:47에 대해 로핑크와 다른 사람들이 밝힌 바와 같이 모압 땅에서의 언약의 시작으로서의 기능을 하고 있다.

여기에 제공된 운율 분석에서 결정된 바와 같이, 28:69은 특별한 운율 버금 단위면에서 신명기 토라 낭독 본문 중 일곱 번째 주 본문의 문맥 내에 두는 것이 유익하다. 일곱 번째 본문의 내용은 다음과 같은 칠지(七枝) 형태로 정리될 수 있다.

A	개요: 약속의 땅에서의 예배를 위한 두 의식	26:1-15
B	전환: 언약 갱신에서의 상호 위탁	26:16-19
C	세겜에서의 언약 갱신 - 저주 기원	27:1-26
X	모압 언약에서의 축복과 저주	28:1-57
C′	마지막 저주 - 이스라엘 역사의 완전한 반전	28:58-68
B′	전환: "언약의 말씀이 이러하니라"	28:69
A′	재검토: 언약의 근거로서 하나님의 크신 일	29:1-8

이 구조 가운데서 가장 바깥 부분에 있는 골격의 상반부에는 고대 이스라엘의 중앙 성소에서 열린 공예배 의식들인 매년 중앙 성소에서의 첫 열매 헌납 의식(26:1-11)과 각 지방에서 모아놓았던 3년 십일조 헌납 의식(26:12-15)을 포함하고 있다. 약속의 땅에서 있을 미래의 예배에 대한 이러한 개요는 과거에 행하셨던 "하나님의 능하신 일"(Magnalia Dei)에 대한 간략한 재검토와 대칭을 이루고 있는데, 이것은 야웨와 이스라엘 간의 언약적 관계의 기초를 이룬다(929:1-8). 두 번째 골격은 두 개의 간략한 전환 구절로 이루어져 있다. 즉 백성들과 야웨 하나님 간의 상호

위탁(26:16-19)과 "언약의 말씀이 이러하니라"는 요약적 진술(28:69)이다. 내부 골격은 이스라엘의 언약적 책임들을 극화하고 있는 세겜에서의 언약 갱신 의식(27:1-10)과 에발 산과 그리심 산으로부터 열두 지파가 선포한 열 개의 언약적 저주의 기원(27:11-26)과 함께 시작된다. 이 기원은 이스라엘 역사의 완전한 반전이 되는 최종적 저주와 함께 막을 내린다(28:58-68). 그 중심부에서 우리는 언약 조항에 순종하면 축복이요 불순종하면 저주라는 길다란 단락을 발견하게 된다(28:1-57).

28:69에 있는 요약적 명령과 29:8에 있는 유사한 요약적 명령은 모세의 관점에서 본 야웨의 성전에 대한 간략한 요약을 둘러싸는 골격으로서의 기능을 하는데(특별 부록: "고대 이스라엘에서 기념된 사건으로서의 성전(聖戰)"을 보라), 그것은 다음과 같이 정리될 수 있다.

A	요약: "언약의 말씀이 이러하니라"	28:69
B	출애굽을 기억하라	29:1-3
X	40년 간 광야에서 있었던 하나님의 공급	29:4-5
B′	요단 동편에서의 두 아모리 왕국의 정복	29:6-7
A′	요약: "너희는 이 언약의 말씀을 지켜 행하라"	29:8

간단히 말해서 28:69은 중심축이 되는 본문인데, 이것은 신명기 내에서 여러 다른 구조들을 묶어 준다. 운율적 관점에서 볼 때, 이것은 일차적으로 이 주석의 다음 단락에서 보여 주는 바와 같이 29:1-8에 뒤따라오는 내용의 일부분이 된다.

고대로부터 이 구절이 보다 큰 문맥 가운데서 어떠한 기능을 하는가에 대해서는 견해 차이가 있었다. MT에서 이 구절은 28장의 결론이고, 그래서 축복과 저주에 속한다. 70인역과 영어성경을 포함한 다른 역본들 가운데서 이 구절은 29장의 첫 구절로 간주된다. 이러한 모호성의 이유는 단순한데, 곧 이 구절이 두 단락에 속한다는 것이다. 신명기 28장과 29장을 연결하는 다리로서의 기능을 하고 있는 것 이외에도 이 구절은 좀더 먼 본문들과도 연결되어 있다. 특히 "이는 모세가…선포한 말씀이라"로 시작하는 1:1과 연결되어 있다. 이 본문은 계속해서 모세가 야웨께서 자기에게 말하라고 명하신 것을 말했다는 사실을 기록하고 있다(1:3). 더 나아가서, 그는 이 말씀들이 이 토라의 형태로(1:5) 되어 있다는 사실을 상세하게 설명하고 있다. 본문은 5:2에 있는 모세의 말을 반향하고 있다: "우리 하나님 여호와께서 호렙 산에서 우리와 언약을 세우셨나니." 28:69에서 우리는 다음과 같은 말씀을 발견하게 된다: "호렙에서 이스라엘 자손과 세우신 언약 이외에 여호와께서 모세에게 명하사 모압 땅에서 또 그들과 세우신 언약의 말씀이 이러하니라."

신명기 28:69은 또한 28:58과 그 구절에서 언급하고 있는 "이 책에 기록한 이 율법의 모든 말씀"과도 함유관계를 이루고 있다. 그 문맥에서 이 구절의 위치는 다음과 같은 또 다른 칠지(七枝) 형태로 정리될 수 있다.

A	만일 네가 이 토라의 모든 말씀을 행하지 않으면	28:58
B	너는 애굽의 재앙을 받을 것이다	28:59-61
C	네 수효가 줄어들 것이다	28:62
X	야웨께서 너를 멸하기를 기뻐하실 것이다	28:63
C′	야웨께서 너를 열국 가운데 흩으실 것이다	28:64-65
B′	야웨께서 너를 애굽으로 돌아가게 하실 것이다	28:66-68
A′	언약의 말씀이 이러하니라	28:69

28:69은 신명기 전체의 편집 구조에서 중요한 부분으로 보인다. 로핑크는 이 구절이 이 새로운 단위의 첫 번째 구절로 취급되어야 하고, 또한 뒤따라오는 단락 가운데 있는 계약 패턴의 요소들을 밝혀내고 있다고 주장한다(Lohfink, *BZ* 6[1962] 32-56). 이러한 결론에 찬성하지만, 이 구절은 앞의 내용과도 긴밀한 구조적 관계를 가지고 있다.

주석

69 "호렙에서 이스라엘 자손과 세우신 언약"이라는 언급과 함께 "모압 땅에서 또 그들과 세우신 언약의 말씀"이라는 언급은 이 두 언약 의식 사이에 직접적인 연속성이 있음을 분명하게 드러내 준다. 모압에서 "호렙에서 이스라엘 자손과 세우신 언약"이 갱신되었다. 또한 훗날 세겜에서도 언약 갱신이 있었다. 동시에 이 두 언약은 각기 야웨와 그의 백성 이스라엘 간에 세워진 지속적이고 생생한 관계를 반영하고 있다는 의미에서 새로운 것이다. 이 구절이 다음 단락에서 보여 주는 바와 같이, 베리트(ברית, "언약")란 단어가 역시 나타나고 있는 29:9과도 긴밀히 연결되어 있다는 사실을 유념해야 할 것이다. 이 단어는 신명기 29장에 다섯 번이나 등장하고(9, 12, 14, 21, 25절), 반면에 중심 부분에 있는 모든 법들에서는 단 한 번만 등장한다(17:2에서). 이 구절은 뒤따라오는 내용의 서론으로서의 기능을 하고 있다. 그러나 동시에 이 구절은 신명기와 출애굽기에 있는 언약서의 대 구조 내에서 본질적인 연결 고리로서 앞 장들에 의존하고 있다. 모압에서 있었던 모세의 법은 언약적

율법이며, 또한 그로 말미암아 시내 산에서 주어진 언약적 율법으로서 확고하게 같은 기반에 위치해 있다.

해설

예레미야 선지자는 훗날 야웨께서 그날 이후에 이스라엘 집과 세우실 "새 언약"을 언급한 바 있다(렘 31:31-34). 그 후에 예수께서는 마지막 성만찬에서 다음과 같이 선포하셨다: "이 잔은 내 피로 세우는 새 언약이니"(눅 22:20; 고전 11:25). 그것은 죄사함을 위하여 부어질 것이었다(마 2:28). 시내 산에서 맺은 옛 언약처럼 이 새 언약도 교제의 식사와 피 흘림의 희생으로 조인되었다. 시내 산에서의 모세처럼, 예수께서는 또 다른 산에서 새 언약의 법을 주셨다(마 5-7장). 예수님의 가르침, 그분의 모범 그리고 그분의 삶이 새 언약의 계명들을 이룬다(요 15:12; 13:14-15, 34). 기독교인들에게 호렙과 모압에서 있었던(그리고 세겜에서 있었던) 모세 언약의 약속은 계속된다. 그것은 펼쳐진 하나님의 구속 계획의 일부분이다. 그리고 그러한 언약은 본질적으로 하나다. 언젠가 로핑크는 자기의 도발적인 연구서의 제목 가운데 "그 언약은 결코 폐지되지 않았다"라고 진술했다(Lohfink, *The Covenant Never Revoked*).

E. 과거를 회상함: 하나님의 위대하신 일(29:1-8[개역. 2-9])

참고문헌

Baltzer, K. *Covenant Formulary*. 1971(Ger. original, 1960). 34-35. **Begg, C. T.** "'Bread, Wine and Strong Drink' in Deut 29:5a." *Bijdragen* 41(1980) 266-75. **Blenkinsopp, J.** "Are There Traces of the Gibeonite Covenant in Deuteronomy?" *CBQ* 28(1966) 207-19, esp. 209. **Brichto, H. C.** *Problem of "Curse."* 1963. 28-31. **Briggs, C. A.** "A Study of the Use of לֵב and לֵבָב in the Old Testament." In *FS A. Kohut*. 1897. 94-105, esp. 95. **Cazelles, H.** "Les structures successives de la 'berît' dans l'Ancien Testament." In *FS R. Martin-Achard*. 1984. 2-7, 33-46, esp. 40. **Chołewinski, A.** "Zur theologischen

Deutung des Moabbundes." *Bib* 66(1985) 96-111. **Davies, G. I.** "The Wilderness Itineraries and the Composition of the Pentateuch." *VT* 33(1983) 1-13, esp. 12. **Greenberg, M.** "Mankind, Israel and the Nations in the Hebraic Heritage." In *No Man Is Alien: Essays on the Unity of Mankind.* Ed. J. R. Nelson. Leiden: Brill, 1971. 15-40, esp. 28. **Greenfield, J. C.** "An Ancient Treaty Ritual and Its Targumic Echo." In *Salvación en la Palabra ... Homenaje al Profesor Alejandro Diez Macho.* Madrid: Ediciones Cristiandad, 1986. 391-97. **Halbe, J.** "Gibeon und Israel." *VT* 25(1975) 613-41. **Halpern, B.** "Gibeon: Israelite Diplomacy in the Conquest Era." *CBQ* 37(1975) 303-16. **Kearney, P. J.** "The Role of the Gibeonites in the Deuteronomic History." *CBQ* 35(1973) 1-19. **Koch, D.-A.** *Schrift als Zeuge des Evangeliums.* BHT 69. Tübingen: Mohr, 1986. 170-71. **Kutsch, E.** *Verheissung und Gesetz: Untersuchungen zum sogenannten "Bund" im Alten Testament.* BZAW 131. Berlin: de Gruyter, 1973. 140-41. **Lohfink, N.** "Der Bundesschluß im Land Moab: Redaktionsgeschichtliches zu Dt 28, 69-32, 47." In *Studium zum Deuteronomium I.* 1990. 53-82. **Mayes, A. D. H.** "Deuteronomy 29, Joshua 9 and the Place of the Gibeonites in Israel." In *Das Deuteronomium.* Ed. N. Lohfink. 1985. 321-25.

본문과 운율 분석

애굽에서 야웨의 능하신 일 [8]	**YHWH's Mighty Acts in Egypt** [8]	
2 모세가 온 이스라엘을 소집하고 그들에게 이르되 여호와께서 애굽 땅에서 너희 목전에 바로와 그 모든 신하와 그 온 땅에 행하신 모든 일을 너희가 보았나니	**1**(2) *And Moses summoned / all Israel /*	14 2
	and he said to them // "You yourselves have seen /	14 2
	all that YHWH did before your eyes /	18 1
	In the land of Egypt / to Pharaoh and to all his servants /	19 2
	and to all his land //	<u>7</u> 1_
이스라엘의 이해력 결핍 [7:7]	**Israel's Lack of Understanding** [7:7]	
3 곧 그 큰 시험과 이적과 큰 기사를 네가 목도하였느니라	**2**(3) The great / feats / that *your*[a] *eyes / have seen //*	21 4
	[b]*these / great / signs and the marvels //*	21 3_
4 그러나 깨닫는 마음과 보는 눈과 듣는 귀는 오늘날까지 여호와께서 너희에게 주지 아니하셨느니라	**3**(4) *Indeed*[a] *YHWH has not given* / you a mind / to understand /	18 3
	nor eyes to see / nor ears to hear // to / THIS DAY //	<u>22</u> 4_
40년 간 광야에서 있었던 야웨의 공급 [7:7]	**YHWH's Provisions for Forty Years in the Wilderness** [7:7]	

5 주께서 사십 년 동안 너희를 인도하여 광야를 통행케 하셨거니와 너희 몸의 옷이 낡지 아니하였고 너희 발의 신이 해어지지 아니하였으며	**4**(5) "'I[a] led you / forty years / in the wilderness // [b]Your garments[b] did not wear out / from upon you / [c]and *your sandal(s) did not wear out / from upon your feet*[c] //	21 3 18 2 19 2_
6 너희로 떡도 먹지 못하며 포도주나 독주를 마시지 못하게 하셨음은 주는 너희 하나님 여호와이신 줄을 알게 하려 하심이니라	**5**(6) *Bread*\\[a] you did not eat / and wine or other intoxicant / you did not drink // so\\[b] you may know / [c]that / I am YHWH / your God'[c] //	7 1 14 2 <u>22</u> 4_
요단 동편의 정복과 정착 [7:7]	**The Conquest and Settlement of Transjordan** [7:7]	
7 너희가 이 곳에 올 때에 헤스본 왕 시혼과 바산 왕 옥이 우리와 싸우러 나왔으므로 우리가 그들을 치고	**6**(7) "And you came / to this place // and Sihon king of Heshbon came out / And Og king of Bashan |[a] to meet us[b] / for battle / and we struck them //	15 2 14 1 23 3 <u>4</u> 1_
8 그 땅을 취하여 르우벤과 갓과 므낫세 반 지파에게 기업으로 주었나니	**7**(8) And we took / their land / and we[a] gave it as an inheritance[b] / to the Reubenites / and to the Gadites // and to the half / tribe of Manasseh //	17 3 14 2 13 2_
언약의 말씀들을 지키라는 요약적 명령 [8]	**Summary Command to Keep the Terms of the Covenant** [8]	
9 그런즉 너희는 이 언약의말씀을 지켜 행하라 그리하면 너희의 하는 모든 일이 형통하리라	**8**(9) "And you shall keep / ⟨all⟩[a] the words / of this covenant / and you shall do / them // so that you will be successful / with / all that you do // פ	17 3 9 2 <u>17</u> 3_

원문주해

2.a. LXX-L, Syr, *Tg.Ps.-J.*에는 2인칭 복수형으로 되어 있다.

2.b. 몇몇 히브리어 필사본, 한 LXX 필사본, OL은 와우 접속사를 덧붙인다. 운율 분석은 MT을 지지한다.

3.a. 와우 강조법(*waw emphaticum*)으로 읽음.

4.a. LXX, Syr, Vg에는 3인칭 남성 단수로 되어 있다.

4.b-b. 몇몇 히브리어 필사본들과 SP에는 MT의 샬모테켐(שַׂלְמֹתֵיכֶם) 대신 (ו)תיכם
שמל으로 되어 있다. 이 두 단어는 모두 외투로 사용된다.

4.c-c. SP, LXX, Syr, *Tg.Ps.-J.*, Vg에는 ונעליכם לא בלו מעל רגליכם("그리고 너희 신발들이 너희 발에 신기지 않았다")로 되어 있다. 2인칭 단수형으로 되어 있는 MT은 난해한 독법(*lectio difficilior*)으로 그대로 유지된다.

5.a. 에티브는 연접사로 읽음.

5.b. 자켑 카톤이 뒤따라온 파스타는 연접사로 읽음.

5.c-c. LXX[B]에는 호티 후토스(에스틴) 퀴리오스 호 데오스 휘몬(*ὅτι ὅτός ⟨ἐστιν⟩ κύριος ὁ θεὸς ὑμῶν*, "이가 네 주 하나님이시라는 것")으로 되어 있다.

6.a. 아즐라 다음에 다르가가 나오면 이접사로 읽음. 멜렉(מלך, "왕") 아래 있는 메텍을 특별히 유의하라.

6.b. 좀더 중요한 LXX 증거 본문들 중 몇몇에는 2인칭 복수로 되어 있다.

7.a. LXX에는 1인칭 단수로 되어 있다.

7.b. 레마할라(לנחלה, "한 기업으로")란 단어가 한 히브리어 필사본에는 빠져 있다. SP, Syr, *Tg.Ps.-J.*는 와우 접속사를 생략한다. 운율 분석은 MT을 지지한다.

8.a. LXX과 함께 판타스(*πάντας*⟨=כל, "모든"⟩)를 덧붙임. 히브리어 본문에 이 한 단어를 덧붙임으로써 27:1-29:8에 있는 단어는 모두 1,428(7×12×17)개가 된다. "양식/구조/배경"의 끝부분에 있는 논의를 보라.

양식/구조/배경

신명기 토라 낭독 본문 11주 분량 가운데서 일곱 번째 것(26:1-29:8)은 단락 전체의 적절한 결론으로서의 기능을 하고 있는 29장의 여덟 구절을 포함하고 있다. 이 구절들의 내용은 라이트(G. Ernest Wright)가 자주 사용한 문구인 하나님의 위대하신 일로 묘사될 수 있는데, 그것은 다음과 같이 정리될 수 있다.

A	개요: 약속의 땅에서의 예배를 위한 두 의식	26:1-15
B	전환: 언약적 갱신에서의 상호 위탁	26:16-19
X	모압과 세겜에서의 언약 갱신: 축복과 저주	27:1-28:68
B′	전환: "언약의 말씀이 이러하니라"	28:69
A′	재검토: 언약의 근거는 하나님의 위대하신 일	29:1-8

이 단락은 "네 하나님 여호와께서 네게 기업으로 주사 얻게 하시는 땅에 네가 들어가서 거기 거할 때에"(26:1)라는 문구로 시작된다. 그리고 이 단락은 "그런즉 너희는 이 언약의 말씀을 지켜 행하라 그리하면 너희의 하는 모든 일이 형통하리라"(29:8[개역. 9절])는 지시로 끝난다. 이 구조에서 외부 골격은 약속의 땅에서의 미래의 예배를 예상하고 있는 한 쌍의 기원(26:1-15)으로부터 출애굽으로부터 요단 동편 정복과 정착까지 이스라엘을 위한 하나님의 구속 활동을 간략하게 재검토하는(29:1-8) 데로 옮겨간다. 내부 골격은 두 개의 간략한 전환 구절들(26:16-19과 28:69)로 이루어져 있는데, 이것은 전체의 중심이 되는 관심을 둘러싸는 골격으

로서의 기능을 한다. 즉 모세 당시에 모압에서의 언약 갱신의 일과 다가오는 시대에 세겜에서 있을 약속의 땅에서의 언약 갱신이다.

신명기 26:1-11은 이스라엘의 모든 남성들이 자기 가족들을 대신하여 중앙 성소에서 야웨께 자기 수고의 열매를 바칠 때 매해 사용하는 의식적 고백을 포함한다. 이것 다음에는 특별 십일조는 그 땅 전역에 걸쳐서 지방 도시에서 사용하기 위하여 모아 두었던 것이기는 하지만, 중앙 성소에서 광주리에 상징적으로 특별 십일조를 바칠 때 매 3년마다 사용했던 또 다른 간략한 고백(26:12-15)이 뒤따라온다. 그 다음에 관심의 초점은 언약 갱신 그 자체의 문제(27:1-29:8)로 옮겨가는데, 이 언약 갱신은 "너희가 요단을 건너 네 하나님 여호와께서 네게 주시는 땅에 들어가는 날에"(27:2) 세겜에서 유월절과 무교절기와 함께 시작되는 안식년에 특별한 방식으로 거행되었다. 이렇게 절기가 지켜지는 가운데 "이 토라의 모든 말씀"이 백성들로 하여금 보고 읽을 수 있도록 회칠한 큰 돌에 기록되어야 했다. "매 칠 년 끝 해 곧 정기 면제년의 초막절"(31:10) 곧 언약 갱신 때는 그것을 기억하도록 음악을 동반한 신명기 낭독 시에 절정을 이루었다.

29:1-8에 있는 다섯 개의 운율 버금 단위의 경계들은 각각의 다섯 구절들의 첫 부분에 있는 수의 전이(Numeruswechsel: 2인칭 단수와 복수 간의 전환)로, 그리고 8절 다음에 페툭하 표시로 표시되어 있다. 더 나아가서 네 번째 단위(6-7절)는 6절과 7절에서 2인칭 복수로부터 1인칭 복수로의 전환을 하고 있는 수의 전이의 범위를 나타내고 있는데, 이것은 8절을 앞의 단위로부터 분리시키고 있다. 세 번째 단위(4절과 5절)의 중간 부분에 있는 수의 전이는 28:69-29:8 전체의 중심부를 표시하고 있다. 모세가 여호와의 말씀을 직접적으로 인용하고 있는 대로 4-5절에서의 화자의 전환을 눈여겨 보아야 할 것이다.

28:69-29:8의 다섯 부분으로 이루어진 대칭 구조는 다음과 같이 정리될 수 있다.

A	요약: "언약의 말씀이 이러하니라"	28:69
B	모세가 말한다: 출애굽을 되돌아봄	29:1-3
X	야웨께서 말씀하신다: "내가 사십 년 동안 광야에서 인도하였다"	29:4-5
B′	모세가 말한다: 요단 동편에서 아모리 왕들의 정복	29:6-7
A′	요약: "너희는 이 언약의 말씀을 지켜 행하라"	29:8

29:1-8의 본문은 또다시 세부적인 사항들 가운데서 특별한 메시지를 강조하고 있는 세 개의 운율 버금 단위로 나누어질 수 있다.

A	야웨께서 너희 목전에 행하신 모든 일을 너희가 보았나니	29:1a
B	애굽 땅에서 바로와 그 모든 신하에게	29:1b
X	큰 시험을 네가 목도하였느니라	29:2a
B′	이적과 큰 기사	29:2b
A′	야웨께서 보는 눈과 듣는 귀는 너희에게 주지 아니하셨느니라	29:3

구조적 관점에서 볼 때, 1-3절에 있는 중요한 단어는 명사 에님(עינים, "눈들")과 동사 라아(ראה, "보다")인데, 이것들은 각기 이 세 구절에 세 번 출현한다. 외부 골격은 대조를 보이고 있다: 여호와께서 애굽 땅에서 너희 목전에 바로와 그 모든 신하와 그 온 땅에 행하신 모든 일을 너희가 보았나니(1a절[개역. 2절]). 그러나 깨닫는 마음과 보는 눈과 듣는 귀는 오늘날까지 여호와께서 너희에게 주지 아니하셨느니라(3절). 야웨께서는 애굽 땅에서 "네 눈으로 보았던 바" 큰 이적과 기사를 행하셨다(1b-2절).

이 지점에서 설화는 모세가 야웨 자신의 말씀을 인용하면서 1인칭으로 전환된다.

A	내가 광야에서 40년 간 너희를 인도하였다	29:4a
B	네 옷과 신이 헤어지지 않았다	29:4b
B′	너희로 떡도 먹지 못하며 포도주나 독주를 마시지 못하게 하셨음은	29:5a
A′	주는 너희 하나님 여호와이신 줄을 알게 하려 하심이니라	29:5b

요점은 하나님께서 광야에서 제공해 주신 것이 자연적인 음식이 아니었다는 것이다. 백성들은 하나님이 친히 제공하신 만나, 메추라기, 물로 생계를 유지했는데, 그 이유는 "사람이 떡으로만 사는 것이 아니기" 때문이다(8:3). 이 구조 가운데 있는 내부 골격은 1인칭 단수형으로 되어 있으며(4a절과 5b절), 내부 골격(4b절과 5a절)은 2인칭으로 되어 있다.

설화는 모세가 계속해서 요단 동편에서 두 아모리인의 왕에게 대항하여 정복하고 정착한 것을 묘사하고 있다.

A	그리고 네가 이 곳으로 왔다	29:6a
B	그리고 시혼과 옥이 전쟁하여 우리를 치려고 왔고, 우리가 그들을 쳤다	29:6b
B′	그리고 우리가 그들의 땅을 르우벤, 갓, 므낫세에게 주었다(동편)	29:7
A′	네가 이 언약의 말씀을 지키면 형통할 것이다	29:8

약속의 땅에서 야웨의 성전의 첫 번째 국면은 아모리인의 두 왕 시혼과 옥을 무찌른 것이었고, 그 곳에 르우벤, 갓 그리고 므낫세 반 지파가 정착한 것이었다. 이

구조 가운데서 외부 골격은 2인칭으로 되어 있고(6a절과 8절), 반면에 내부 골격(6b절과 7절)은 1인칭 복수로 되어 있다.

29:1-8에서 하나님의 크신 일의 낭독은 두 가지 다른 방면에서 기능을 한다. 낭독 주기에 낭독되는 11주의 토라 낭독 본문 중 일곱 번째 본문(26:1-29:8)에서, 이것은 고대 이스라엘의 삶에서 축하된 사건으로서 야웨의 성전에 적절한 결론이다. "성전"에 대해서 필자는 출애굽-입성을 의미하는 것으로 말하고 있는데, 곧 모세 아래서 애굽의 노예 상태에서 이스라엘을 구출하시는 하나님의 능하신 행위와 두 국면, 즉 모세 아래서 요단 동편과 여호수아 아래서 요단 서편에서 일어난 약속의 땅의 소유다. 두 개의 커다란 언약 갱신 의식 – 모세와 함께 모압 광야에서 그리고 여호수아와 함께 에발 산에서 – 은 이보다 큰 구조적 실체에서 관심의 초점이다.

신명기 29:1-8도 역시 29:9-32:52(낭독 주기의 여덟 번째와 아홉 번째 본문)에 뒤따라오는 내용을 소개하고 있는데, 거기서 초점은 신명기 28장에서 언급된 언약의 실질적인 파기와 언약적 저주의 경험 너머로 확대되면서 미래 세대의 언약 갱신 문제로 옮겨간다. 29:1-8과 그 다음에 이어지는 내용 간의 관계는 다음과 같은 칠지(七枝) 형태로 정리될 수 있다.

A	과거에 있었던 하나님의 능하신 행위에 대한 간략한 낭독	29:1-8
B	다가오는 세대에 대해 언약에 충실할 것을 호소함	29:9-28
C	회복은 가능성으로 남아 있다 / 증거로서의 토라와 노래	30:1-31:30
X	옛 시대에 있었던 야웨의 구원 행위의 낭독	32:1-14
C′	이스라엘의 미래의 반역과 회복	32:15-45
B′	토라의 모든 말씀을 준수하라는 요약적 명령	32:46-47
A′	하나님께서 모세에게 느보 산으로 올라가서 그 땅을 보라고 지시하심	32:48-52

이 구조 가운데 있는 바깥쪽 골격(A, X, A′)은 모세 당시에 있었던 야웨의 능하신 행위에 대한 낭독(29:1-8과 32:1-14)으로부터, 야웨께서 모세에게 약속의 땅 전체를 바라보라고 지시하시는 – 출애굽 여행 서사시의 절정 – 모세의 생애의 마지막 장면(32:48-52)으로 옮겨간다. 이 골격 가운데 있는 그 다음 외부 골격(B, B′)은 모세 당시에 체결되었던 언약이 어느 세대에나 구속력이 있다는 사실에 초점을 맞추고 있다. 그 법 조항들을 범함으로써 백성들이 언약적 저주를 경험한 다음이라고 할지라도(29:9-28), 토라의 모든 말씀을 준수하라는 명령은 여전히 유효하다는 것이다(32:46-47). 가장 안쪽에 있는 골격(C, C′)은 그들이 이 토라의 말씀과 모세

의 노래에 주의를 기울일 때에 있을 이스라엘의 회복에 초점을 맞추고 있는데, 이것이 하나의 증거로서 그들 가운데 보존되었다(30:1-31:30과 32:15-45).

세 개의 소량의 본문상의 수정(27:26; 28:14; 29:8)과 함께, 신명 수의 사용에 관해서 라부샤뉴가 수집한 자료는 다음과 같이 요약될 수 있다.

단어	아트나 앞		아트나 뒤		
28:69-29:2	26	+	25	=	51 (=3×17)
29:1-5	34 (=2×17)	+	37	=	71
29:4-7	23	+	28	=	51 (=3×17)
29:4-8	30	+	34 (=2×17)	=	64 (="이스라엘")
27:1-10	81	+	72	=	152 (=9×17)
27:11-26	113	+	61	=	174
28:1-14	119 (=7×17)	+	79	=	198
28:15-69	476 (=4×7×17)	+	318	=	794
29:1-8	53	+	56	=	109
27:1-29:8	841	+	587	=	1,428 (=7×12×17)

신명 수 17과 26이 또다시 다양한 방식으로 본문 가운데 짜여져 있다. 본질적으로 이스라엘의 과거(즉 광야에서의 40년과 요단 동편의 정복과 정착)를 되돌아보고 있는 4-8절에 나오는 단어의 합계는 64, 즉 "이스라엘"이라는 단어의 수치다. 같은 다섯 구절의 아트나 앞에 23(=כבוד, "영광")개의 단어가 있다. 두 개의 신명 수 27과 26이 29:1-2과 28:69을 함께 묶기 위하여 사용되었다. 그러나 가장 호기심을 자극하는 수는 27:1-29:8(모압과 세겜에서의 언약 갱신 의식에 관한 말씀)에 있는 단어의 합계다: 1,428(7×12×17). 7이라는 수는 예배를 상징하고(안식일이 제7일이다), 12는 이스라엘을 나타내고(12지파), 17이라는 수는 신명 야웨의 수이면서 동시에 카보드(כבד, "영광")와 결합되어 있다. 또다시 고대 이스라엘의 서기관들이 성경 본문의 숫자 구성에 있어서 야웨의 영광을 위하여 작업했다는 것을 보여 준다.

주석

1-2[개역. 2-3절]. 모세가 "소집했다"(ויקרא אל – 와이크라 엘)는 첫 진술

은 그가 계속해서 28:1-68에 있는 축복과 저주를 포함하는 언약 의식에 대한 선포를 하고 있다는 사실을 암시한다. 모세는 "여호와께서 애굽 땅에서 너희 목전에 바로와 그 모든 신하"에게 그들을 위하여 행하신 일을 백성들에게 상기시켜 준다. "그 큰 시험과 이적과 큰 기사"는 열 가지 재앙과 출애굽 과정에서 바다를 건너가도록 해주었던 사실을 가리킨다.

[3][개역. 4절]. 애굽의 종살이에서 이스라엘을 구출해 내시는 과정에서 있었던 하나님의 능하신 행위에도 불구하고, 그들은 아직도 이것이 무엇을 의미하는지를 깨닫지 못하고 있었다. 언뜻 볼 때 그들의 둔감함은 하나님 자신의 책임인 것처럼 보이는데, 그 이유는 본문이 다음과 같이 말하고 있기 때문이다: "깨닫는 마음과 보는 눈과 듣는 귀는 오늘날까지 여호와께서 너희에게 주지 아니하셨느니라." 히브리어 레브(לב, "마음", mind)는 직역하면 심령(heart)을 의미한다(6:5의 "주석"을 보라). 티개이가 주장한 바와 같이, "하나님이 이스라엘에게 그들이 경험했던 것들을 이해할 수 있는 이해력을 주지 않으셨다는 모세의 진술은 주석가들을 혼란케 했다. 만일 이것이 역사적 경험들의 종교적 의미를 이해하는 데 필요로 하는 '하나님에게서부터만 오는' 감지력을 의미한다면, 어떻게 하나님께서 불성실하여 반역하는 출애굽 세대가 책임감을 가질 수 있을 것이라고 생각하실 수 있었겠는가?…그러나 이와 유사한 사상이 30:6에 표현되어 있는데, 그 곳에서 모세는 이스라엘이 포로지에서 회개한 다음에 하나님께서 네 마음과 네 자손의 마음에 할례를 베푸사 너로 마음을 다하며 성품을 다하여 네 하나님 여호와를 사랑하게 하실 것이라고 약속하고 있다. 이것은 하나님께서 믿음으로 인한 감지력을 주신다는 사실을 의미하는 것으로 보이지만, 탈무드가 '사람이 자기 스스로를 정결하게 하기를 추구한다면, 그는 그렇게 하도록 도움을 받을 것이다'라고 말하고 있는 바와 같이 그것을 추구하는 자들에게 그렇게 하신다는 사실을 의미한다"(Tigay[1996] 275-76; 그는 *b. Shab.* 104a와 그 평행구를 인용하고 있음).

[4]-[5][개역. 5-6절]. 여기서 모세는 광야에서 40년 간 백성들을 돌보셨다는 하나님의 말씀을 인용하고 있다. 그들의 초자연적 음식과 그들의 옷의 기적적인 보존에 대해서는 8:1-6에 관한 "주석"을 보라. 레헴(לחם, "떡")과 웨야인 웨쉐카르(ויין ושכר, "그리고 포도주 혹은 다른 취하게 하는 것")가 여기서 강조적 위치에 있는 것은 지금 이 시점까지 그들을 지탱해 주었던 것이 곧 이 초자연적 음식과 물이었다는 사실을 암시하고 있다. 테드우(תדעו, "알다")란 단어는 종주가 봉신을 인정하거나 혹은 그 반대로 봉신이 종주를 인식하는 것을 가리키고 있는 고대 계약

본문들에서도 발견되는 바와 같이, 여기서 법적인 인식의 의미로 사용되었다.

[6]-[7][개역. 7-8절]. "이 곳"이란 문구는 두 아모리 왕들, 곧 "헤스본 왕 시혼"과 "바산 왕 옥"의 땅을 가리킨다. 모세의 지도 아래 이스라엘이 그들을 쳐부순 사실은 요단 동편에서 야웨의 성전의 첫 번째 국면의 종식을 의미하고, 이제 여호수아의 지도 하에 요단 서쪽에서 그 싸움이 계속될 것이다. 우리는 여기서 보다 친근한 수의 전이에 대한 하나의 확장을 볼 수 있는데, 이 수의 전이는 보통 단수와 복수 간의 전환이다. 여기서 우리는 2인칭 복수(5-6절)에서 1인칭 복수(6-7절)로 옮겨가는데, 이것은 아마도 보다 큰 문학적 구조 가운데 있는 버금 단위들의 경계들을 표시하는 것으로 보인다(또한 참조. 1:19; 2:1; 3:1; 29:14-15, 18, 28; 30:12-13에 있는 "우리" 구절들).

[8][개역. 9절]. "이 언약의 말씀을 지켜 행하라"는 요약적 명령은 28:69에 있는 "언약의 말씀"과 함께 감싸는 형태를 취하고 있다.

해설

29:1-3로부터 배워야 하는 중요한 교훈은 영적 소경 됨과 관련되어 있다. 이스라엘 백성들은 큰 "표적과 기사"를 체험했음에도 불구하고, 즉 그들의 옷이 헤어지지 않고 하나님이 친히 공급해 주신 특별한 음식을 먹었음에도 불구하고 깨달음이 없었다. 그들은 하나님의 놀라운 손길을 충분히 보면서 살았으나 여전히 "깨닫는 마음과 보는 눈과 듣는 귀"(3절)를 가지지 못했다. 예수께서는 마태복음 13:13-15에서 어떤 면에서 하나님 자신이 그들을 영적으로 둔감하게 만드셨다는 그 결과에 대해서 선지자 이사야의 글을 인용하면서 이러한 현상을 말씀하셨다. 그러나 여기서 본문은 그 이유가 단순히 하나님께서 그들에게 볼 수 있는 눈과 들을 수 있는 귀를 주지 않으셨다는 것을 암시한다. 요한 칼빈은 언젠가 이렇게 말했다. "우리는 하나님을 통하여 깨달음을 받기 전까지는 언제나 밝은 빛 가운데서도 소경으로 존재한다"(G. E. Wright, *IB* 2:503에서 인용).

이는 바울이 이사야서로부터 인용한 또 다른 본문 가운데서 "순종치 아니하고 거스려 말하는 백성에게 내가 종일 내 손을 벌렸노라"(롬 10:21)고 진술하고 있는 바와 같다. 그들은 하나님께서 이미 그들에게 계시하신 일에 대해 불순종함으로써 그들의 눈이 소경이 되어 볼 수가 없는 것이다(참조. 롬 11:1-10).

낭독 본문 8. 언약에 충실하라는 호소(29:9[개역. 10]-30:20)

신명기 토라 낭독 11주 분량 가운데 여덟 번째 본문(29:9-30-20)은 니차빔(נצבים, "서 있는")으로 알려져 있는 것인데, 이것은 그들에게 각기 언약 공동체의 순종하는 일원으로서 서 있으라고 초청하는 내용에 대한 묘사다. 이 언약은 "여호와 앞에서 우리와 함께 여기 선 자뿐만 아니라 오늘날 우리와 함께 여기 있지 아니한 자에게까지"(29:14), 곧 하나님의 백성이라는 모든 세대를 위한 것이다. 29:9-30:20에 있는 여덟 번째 주의 전체 본문은 칠지 형태로 정리될 수 있다.

A	이 언약은 미래 세대와도 결속되어 있다	29:9-14
B	언약을 준수하기로 된 사람들에 대한 경고	29:15-20
C	예고된 이스라엘 땅으로부터의 추방	29:21-27
X	오묘한 일과 나타난 일들: 이 토라의 모든 말씀을 행하라	29:28
C′	포로 이후의 회복의 가능성	30:1-10
B′	하나님의 계명들은 행할 수 있다	30:11-14
A′	네 앞에 있는 것은 생명과 사망이다 – 생명을 택하라	30:15-20

이 구조 가운데서 맨 바깥쪽의 골격(A, X, A′)은 이 언약이 미래 세대와 결속되어 있는 상황(29:9-14)에 대한 진술로부터 "이 토라의 모든 말씀을 행하기를"(29:28) 결단함으로써 죽음보다는 생명을 취하라고 개개인에게 권고하는(30:11-20) 데로 옮겨간다. 첫 번째 골격(B, B′)은 언약을 준수하기로 되어 있는 사람들에 대한 경고로부터(29:15-20) 사실 하나님의 계명들은 행할 수 있다는 확신으로 옮겨간다(30:11-14). 내부 골격은 이스라엘 땅으로부터의 추방에 대한 예견(29:21-27)으로부터 포로 이후의 회복의 가능성에 대한 예견(30:1-10)으로 옮겨간다.

이 두 장(신 29장과 30장)은 각기 다섯 개로 된 대칭 구조로 정리될 수 있다.

A	언약 조항들을 지키라는 요약적 명령	29:1-8
B	이 언약은 미래 세대와도 결속되어 있다	29:9-14
X	언약을 준수하기로 된 사람들에 대한 경고	29:15-20
B′	언약을 파기했을 경우 그 땅으로부터의 추방이 예고됨	29:21-27
A′	오묘한 일과 나타난 일들: 이 토라의 모든 말씀을 행하라	29:28

이 본문 가운데서 신명기 29장의 메시지는 다가오는 시대에 언약을 지키지 않는

사람들에게 일어날 일에 대한 경고를 하고 있다: "여호와께서 또 진노와 분한과 크게 통한하심으로 그들을 이 땅에서 뽑아내사 다른 나라에 던져 보내신다"(29:27).

A	야웨께로 돌아설 가능성이 있다	30:1-5
B	네가 돌아오면 야웨께서도 언약적 축복으로 돌아서실 것이다	30:6-10
X	하나님의 계명들은 행할 수 있다	30:11-14
B′	내가 네 앞에 생명과 사망을 두었다	30:15-18
A′	그러므로 야웨의 계명을 순종함으로써 생명을 택하라	30:19-20

이 메시지는 명확하다: 포로지에서라도 야웨께로 돌아설 가능성은 있다는 것이며(1-5절), 그리하여 야웨의 계명에 순종하여 생명을 선택할 수 있다는 것이다(19-20절). 백성들이 야웨께로 돌아오면, 그분께서도 다시 언약적 축복을 회복시키실 것이다(6-10절). 생명과 사망의 선택은 하나님의 백성들 앞에 있는데(15-18절), 그 이유는 그분의 계명을 행할 수 있기 때문이다(11-14절).

A. 언약은 미래 세대에도 역시 구속력을 가진다(29:9-14[개역. 10-15])

참고문헌

Begg, C. T. "The Reading *šbṭy(km)* in Deut 29, 9 and 2 Sam 7, 7." *ETL* 58(1982) 87-105. **Blenkinsopp, J.** *Gibeon and Israel: The Role of Gibeon and the Gibeonites in the Political and Religious History of Early Israel.* SOTSMS 2. Cambridge: Cambridge UP, 1972. **Brenner, A.** "Concerning *maṭṭeh* and *šēbeṭ* and Their Semantic Classification." *Leš* 44(1980) 100-108(Heb.). **Brichto, H. C.** *Problem of "Curse."* 1963. 28-31. **Cazelles, H.** "La rupture de la *berît* selon les Prophètes." In *FS Y. Yadin.* 1982. 133-44, esp. 136. ______. "Les structures successives de la 'berît' dans l'Ancien Testament." In *FS R. Martin-Achard.* 1984. 40. **Falk, Z. W.** "Ruler and Judge." *Leš* 30(1965-66) 243-47(Heb.). **Friedrich, J.** "Der hethitische Soldateneid." *ZA* 35(1924) 161-91, esp. 170-72. **Gevirtz, S.** "On Hebrew *šēbeṭ*='Judge.'" In *FS*

C. H. Gordon. 1980. 61-66. **Giesen, G.** *Die Wurzel* שׁבע. 1981. 303-4. **Guillén Torralba, J.** "La Formula *kol 'îš yiśra'êl.*" *EstBib* 34(1975) 5-21. **Hasel, G. F.** "The Meaning of the Animal Rite in Genesis 15." *JSOT* 19(1981) 61-78. **Henninger, J.** "Was bedeutet die rituelle Teilung eines Tieres in zwei Hälften?" In *Arabica Sacra: Aufsätze zur Religionsgeschichte Arabiens und seiner Randgebiete.* OBO 40. Freiburg: Universitäts Verlag; Göttingen: Vandenhoeck & Ruprecht, 1981. 275-85. **Laubscher, F. D. T.** "Notes on the Literary Structure of 1QS 2:11-18 and Its Biblical Parallel in Deut. 29." *JNSL* 8(1980) 49-55. **Levin, C.** *Der Sturz der Königin Atalja: Ein Kapitel zur Geschichte Judas im 9. Jahrhundert v. Christ.* SBS 105. Stuttgart: Katholisches Bibelwerk, 1982. 59-77. **Loewenstamm, S. E.** *Comparative Studies in Biblical and Ancient Oriental Literatures.* Kevelaer: Butzon and Bercker; Neukirchen-Vluyn: Neukirchener Verlag, 1980. 270-72. **Milgrom, J.** "Excursus 34: The 'Ger.'" In *Numbers.* 1990. 398-402. **Reid, P. V.** "*šbṭy* in 2 Samuel 7:7." *CBQ* 37(1975) 17-20. **Reviv, H.** "The Pattern of the Pan-Tribal Assembly in the Old Testament." *JNSL* 8(1980) 85-94. **Robert, P. de.** "Juges ou tribus en 2 Samuel vii 7." *VT* 21(1971) 116-18. **Rösel, H.** "Die 'Richter Israels': Rückblick und neuer Ansatz." *BZ* 25(1981) 180-203. **Ruprecht, E.** "Exodus 24, 9-11 als Beispiel lebendiger Erzähltradition aus der Zeit des babylonischen Exils." In *FS C. Westermann.* 1980. 138-73, esp. 143("elders"). **Sheriffs, D. C. T.** "The Phrases *ins IGI DN* and *lipeney Yhwh* in Treaty and Covenant Contexts." *JNSL* 7(1979) 55-68. **Thiel, W.** "Altorientalische und israelitisch-jüdische Religion." *JLH* 28(1984) 166-91, esp. 168, 178. **Trever, J. C.** "Gall" and "Wormwood." *IDB.* 2:350 and 4:878-79. **Vos, C. J.** "Woman in Old Testament Worship." Diss., Amsterdam, 1968.

본문과 운율 분석

이 언약은 미래 세대와도 결속되어 있다	**The Covenant Is Binding on Future Generations Too**	
[9:7][(4:5):(5:4)][7:9]	[9:7] [(4:5):(5:4)] [7:9]	
10 오늘날 너희 곧 너희 두령	**9**(10) You are stationed TODAY / all of you /	13 2
과 너희 지파와 너희 장로들	before the presence of / YHWH your God //	12 2
과 너희 유사와 이스라엘 모	[a]Your heads your judges[a] / your elders / and your officials /	22 3
든 남자와	every / man of Israel //	9 2_
11 너희 유아들과 너희 아내	**10**(11) Your little ones [a]your wives / and *your resident alien* /	12 2

와 및 네 진중에 있는 객과 무릇 너를 위하여 나무를 패는 자로부터 물 긷는 자까지 다 너희 하나님 여호와 앞에 선 것은	*who* / are in the midst of your camp[b] //	9 2
	from your woodchopper / to[c] */ your water hauler //*	21 3
12 너의 하나님 여호와의 언약에 참예하며 또 너의 하나님 여호와께서 오늘날 네게 향하여 하시는 맹세에 참예하여	**11**(12) *That* [a]*you may enter*[a] */ into the covenant / of YHWH your God /*	18 3
	and into his oath of fealty //	9 1
	That / YHWH your God /	11 2
	is cutting with you / TODAY //	11 2
13 여호와께서 이왕에 네게 말씀하신 대로 또 네 열조 아브라함과 이삭과 야곱에게 맹세하신 대로 오늘날 너를 세워 자기 백성을 삼으시고 자기는 친히 네 하나님이 되시려 함이니라	**12**(13) *in order that he may establish you TODAY /*[a]	15 1
	For him as a people / with him being for you / as a God /	19 3
	just as / he promised you //	7 2
	And just as he swore /	6 1
	to your fathers / to Abraham and to Isaac / and to Jacob //	24 3
14 내가 이 언약과 맹세를 너희에게만 세우는 것이 아니라	**13**(14) *And it is not* with you / you alone //	10 2
	I / cut / this covenant / and this / oath //	29 5
15 오늘날 우리 하나님 여호와 앞에서 우리와 함께 여기 선 자와 오늘날 우리와 함께 여기 있지 아니한 자에게 까지니	**14**(15) But with the one who is / here / with us /	15 3
	standing TODAY / before / YHWH our[a] God //	20 3
	and with the one who is not / here / with us TODAY //	20 3

원문주해

9.a-a. MT의 쉬브테켐(שִׁבְטֵיכֶם, "너희 지파들")을 LXX과 함께 쉬프테켐(שֹׁפְטֵיכֶם, "너희 재판관들")으로 수정하는 것은, 호이 아르키필로이 휘몬 카이 헤 게루시아 휘몬 카이 호이 크리타이 휘몬 카이 호이 글람마토에이사고게이스 휘몬(*οἱ ἀρχίφυλοι ὑμῶν καὶ ἡ γερουσία ὑμῶν καὶ οἱ κριταὶ ὑμῶν καὶ οἱ γραμματοεισαγωγεῖς ὑμῶν*, "너희 우두머리들과 너희 장로들과 너희 재판장들과 너희 유사[관리]들" = ושפטיכם ושטריכם ראשיכם וזקניכם, 로쉐켐 우지크네켐 우쉬프테켐 웨쇼트레켐)으로 읽는 것이다. 고대 이스라엘 사회에 있었던 지도자들에 대한 이 네 개의 용어들은 수 23:2과 24:1에 나타나지만, 여기서 수정된 바와 같이 LXX이나 혹은 MT와는 다른 순서로 나타난다. 이를테면 장로들, 우두머리들, 재판장들 그리고 유사[관리]들이다. Syr과 *Tg. Ps.-J.*에는 로쉬 쉬브테켐(ראשׁי שׁבטיכם, "네 지파들의 우두머리들")으로 되어 있다.

10.a. DSS, SP, LXX, Syr, *Tg. Ps.-J.*, Vg은 와우 접속사를 덧붙인다. 운율 분석은 MT을

지지한다.

10.b. 몇몇 히브리어 필사본들, SP, Syr과 함께 מחנך("네 진영")으로 읽음. LXX에는 테스 파렘볼레스 휘몬(*τῆς παρεμβολῆς ὑμῶν*, "너희 진영" = מחנכם)으로 되어 있음. *Tg. Ps.-J.*에는 להעבירכם("너희로 건너도록 하기 위하여")으로 되어 있다.

10.c. 한 히브리어 필사본, SP, 몇몇 중요한 LXX 증거 본문들, Syr, Vg은 와우 접속사를 덧붙인다.

11.a-a. Syr에는 MT의 2인칭 단수 대신 2인칭 복수로 되어 있다. 몇몇 SP 필사본들과 Tg에는 להעבירך("너로 건너도록 하기 위하여")로 되어 있다. *Tg. Ps.-J.*에는 להעבירכם ("너희로 건너도록 하기 위하여")로 되어 있다.

12.a. *BHS*에 있는 변칙적인 파섹은 이 이접사 단절이 뒤따라오는 단어 위에 있는 게레쉬 대신 여기에 속해 있다는 사실을 암시한다. 파섹은 히브리 본문의 Letteris 판에는 빠져 있다.

14.a. LXX에는 2인칭 복수로 되어 있다.

14.b. DSS, 몇몇 LXX 증거 본문, OL에는 2인칭 복수로 되어 있다.

양식/구조/배경

신명기 29장은 29:9-14을 그 중심부에 두는 보다 정교한 대칭 구조로 되어 있음을 파악할 수 있다.

A	서론: 언약의 말씀이 이러하니라	28:69
B	출애굽을 상기시킴	29:1-2
C	모세가 과거에 있었던 하나님의 공급을 상기시킴	29:3-8
X	언약은 미래 세대와도 결속되어 있음	29:9-14
C′	모세가 언약을 간수한 사람들에게 경고함	29:15-20
B′	이스라엘 땅으로부터의 추방을 예고함	29:21-27
A′	결론: 토라의 말씀을 지키라	29:28

이 본문에서 중심 메시지는 신명기 27-28장의 메시지와 아주 유사한 내용을 유지하고 있는데, 모세가 백성들에게 과거의 축복을 상기시키면서 야웨와 맺은 언약을 파기할 경우 미래에 저주가 있을 것을 경고한다(3-20절). 그러나 이 구조의 중심부의 관심의 초점은 이 언약이 미래 세대에게도 적용된다는 것이다(29:9-14). 외부 골격은 1절과 24절에서 주요 개념인 "애굽 땅"(ארץ מצרים – 에레츠 미츠라임) 이미지를 취급하고 있는데, 두 경우 모두 과거에 있었던 하나님의 구속의 능력

을 상기시키고 있다.

여기에 있는 세 운율 단위의 경계들은 10절과 13절에서 수의 전이로 표시되어 있다. 이 단락 전체는 모압 평지에서 언약 의식을 거행하는 가운데 야웨 앞에 서 있는 백성 전체를 언급하면서 시작하여(9절) 이 언약의 말씀이 "오늘날 우리와 함께 여기 있지 아니한 자에게까지"(14절) 적용된다는 진술로 끝난다. 이러한 결론은 티개이(Mayes를 따라)가 다음과 같이 정리한 대칭 구조 내에서 외부 골격을 이룬다(Tigay[1996] 277).

A	네[현세대]가 오늘날 네 하나님 야웨 앞에 서 있다	29:9-10
B	그 재가와 함께…언약에 참예하려고	29:11
X	너를 세워 자기 백성을 삼으시고 자기는 친히 네 하나님이 되시려고	29:12
B′	이 언약과 맹세를 너희에게만 세우는 것이 아니라	29:13
A′	우리와 함께 여기 있지 아니한 자에게까지니	29:14

이 구조는 12절의 핵심 부분에 언약 공식을 가지고 있으며, 11절과 13절에서 "언약"과 "맹세"란 단어들의 반복에 초점을 맞추고 있다.

이 대칭 구조 형태를 바라보는 또 다른 방법은 칠지 형태를 이루도록 하기 위하여 또 다른 구조적 골격을 덧붙이는 것이다.

A	현재: 네가 오늘날 모두 야웨 앞에 서 있다	29:9-10
B	조항: 야웨의 언약…그의 맹세	29:11a
C	현재: 야웨께서 이 언약을 오늘날 너와 세우신다	29:11b
X	공식: 너를 그의 백성으로, 그를 너의 하나님으로 세우려고	29:12a
C′	과거: 이 언약은 아브라함, 이삭, 야곱에게 약속된 것이다	29:12b
B′	조항: "이 언약과 맹세"	29:13
A′	미래: 이 언약은 오늘날 여기 있지 않은 자에게까지	29:14

이 구조 가운데서 내부 골격(11, 12b절)은 백성들이 야웨와 맺으려 하고 있는 이 언약이 창세기에서 조상들인 아브라함, 이삭, 야곱에게 약속된 것과 같은 언약이라는 사실에 초점을 맞추고 있다. 이 구조의 중심부는 이 언약이 하나님과 이스라엘 간에 세워지는 독특한 관계임을 나타내고 있다. 즉 그들은 하나님의 백성이 되고, 그분은 이후로 그들의 하나님이 될 것이다.

29:9-20의 숫자 구성에 관해서 라부샤뉴가 수집한 증거는 다음과 같이 요약될 수 있다.

단어	아트나 앞		아트나 뒤		
29:9-13	34 (=2×17)	+	32	=	66
29:9-16	58 (=26+32)	+	51 (=3×17)	=	109
29:14	11	+	6	=	17
29:15-16	13	+	13	=	26
29:15-18	52 (=2×26)	+	25	=	77
29:15-20	78 (=3×26)	+	38	=	116
29:17	23	+	7	=	30
29:17-18	39	+	12	=	53 (=3×17)
29:19	20	+	6	=	26
29:9-20	26	+	13	=	29
29:9-14	45	+	38	=	83
29:9-30:20	357 (=21×17)	+	306 (=18×17)	=	663 (=39×17)

신명 수 17과 26은 23과 32라는 수(=כבוד, "영광"; 특별 부록: "숫자의 합성물로서의 신명기"를 보라)와 함께 다양한 방법으로 이 본문에 짜여져 들어가 있다. 이러한 숫자들이 29:9-14에 사실 그대로 드러나 있지는 않지만, 낭독 본문 8(29:9-30:20) 전체라는 보다 큰 문맥을 살펴보는 것은 흥미로운 일이다. 이 경우에 세 숫자가 모두 663(=39×17)이라는 단어의 총 수와 함께 신명 수 17의 배수가 되는데, 이것은 아트나 앞의 357(=21×17)개의 단어와 아트나 뒤의 306(=18×17)개의 단어를 합한 수다. 그리고 29:9-14은 이 구조에 절대적으로 필요한 부분이다. 이러한 현상을 이루도록 고대의 서기관들은 야웨의 영광을 위하여 그러한 수고를 했다.

주석

9-10 여기서 "선"으로 번역된 히브리어 니차빔(נצבים)은 공적인 의미에서 "사람이 서서" 자신을 나타내는 것을 의미한다. 크레이기는 이 단어가 "일종의 공식적인 정렬(거의 퍼레이드와 같음)"을 의미한다고 주장한다(Craigie[1976] 356 n. 4). 하욤(היום, "오늘날")이라는 단어는 고대 이스라엘에서 공식적으로 언약이 갱신되었던 제의에 참여하는 것(present)을 가리키면서 9-14절에서 다섯 번 나타난다.

"너희 두령과 너희 지파와 너희 장로들과 너희 유사"(1:13-15의 "주석"을 보라)는 MT에서 본문이 개악된 것으로서("원문주해"를 보라) 지크네 쉬브테켐 웨쇼트레켐(זקני שבטיכם ושטריכם, "너희 지파 장로들과 네 유사들")으로 되어 있는 31:28에 의하여 영향을 받은 것이다. 콜 이쉬 이스라엘(כל איש ישראל, "이스라엘 모든 남자")이란 문구 역시 NRSV가 역대상 16:3에 있는 같은 문구를 번역하고 있는 바와 같이 "이스라엘 가운데 사는 각 사람"으로 번역될 수 있다. 포함된 사람은 단순히 지도자들과 다른 성인 남자들만이 아니다. 언약 의식은 "너희 유아들과 너희 아내와 및 네 진중에 있는 객"을 포함한 고대 이스라엘의 모든 사람들을 위한 것이다. 이 거주하는 이방인(1:16-18에 관한 "주석"을 보라)은 여호수아가 기브온 사람들에게 임무를 부여한 일(수 9:21-27)인 "너를 위하여 나무를 패는 자로부터 물 긷는 자까지"의 버금 범주로 나누어진다. 우가릿 본문들에서 이러한 역할들은 여인들이 하는 일로 나타난다(Craigie[1976] 357 n. 7; *ANET*, 144 iii, 112-15). 티개이는 이 목록이 세탁업자, 정원사, 밀짚 수집가들과 같은 천한 일을 하는 사람들을 포함시키기 위하여 다른 고대 근동 본문들로부터 확대 차용되었을 수도 있다고 말한다(Tigay[1996] 278).

11-12 여기서 "네가 들어갈 수 있도록"으로 번역된 레오브레카(לעברך)란 단어는 직역하면 "너의 (언약에로) 건넘을 위하여"를 의미한다. 이러한 의미는 적절하게 JPS 타낙에서 "맹세와 함께…언약 관계로 들어가도록"으로 번역되었다. 티개이([1996] 278)에 따르면, 여기서 "언약…충성의 맹세"로 번역된 베리트 웨알라(ברית ואלה)의 결합은 "저주로 보호된 언약"(28:15-68에 세부 사항이 열거됨)을 의미하는 이사일의다. 언약의 목적은 이스라엘 백성이 하나님의 백성이 되고, 하나님이 그들의 하나님이 되시는 지속적인 관계를 세우려는 것이다. 이것이 하나님께서 창세기 17:7-8에서 아브라함과 그의 자손에게 약속하신 것이다.

13-14 "오늘날 우리와 함께 여기 있지 아니한 자"들은 언약 조항들이 부여되는 미래 세대들과 함께, 집에 머물러 있거나 이유가 어떻든 혹은 사업차로 출타하여 언약 갱신 예배 의식에 참석하기 위하여 중앙 성소에 모일 수 없는 사람들을 가리킨다. 언약 조항들이 그 언약에 연루된 사람들의 자손에게까지 구속력이 있다는 사실을 규정하고 있는 다른 고대 근동 계약 본문들 가운데 있는 평행적 내용에 관해서는 Esarhaddon(*ANET*, 534, 539)과 Sefire IA(*ANET*, 659)의 종신 계약들을 보라.

해설

베드로가 오순절에 처음으로 기독교로 회심한 사람들에게 전했던 말씀은 신명기 29:9-14의 말씀을 반영하는 것이다: "이 약속은 너희와 너희 자녀와 모든 먼 데 사람 곧 주 우리 하나님이 얼마든지 부르시는 자들에게 하신 것이라"(행 2:39). 모세 당시 모압 광야에서 주어진 언약의 말씀 가운데서 모세는 "내가 이 언약과 맹세를 너희에게만 세우는 것이 아니라 오늘날 우리 하나님 여호와 앞에서 우리와 함께 여기 선 자와 오늘날 우리와 함께 여기 있지 아니한 자에게까지니"(신 29:13-14[개역. 15-16])라고 말했다. 언약은 모압이나 세겜에 소집했던 사람들뿐만 아니라 미래 세대에게도 구속력이 있다.

남자들 가운데 정치 지도자들과 관리들(유사들)이 첫 번째로 언급되었지만(1절), 이것은 단지 거기에 포함되어 있는 사람들만이 아니다. 아내들과 자녀들도 역시 언약관계에 들어 있음에 틀림없다(10절). 이 점에서 어린 아이들이 자기들의 부모들과 함께 언약을 체결할 능력이 있다는 사실이 언급되어 있는 것은 흥미롭다. 예수께서는 또 다른 경우에 다음과 같이 말씀하셨다. "어린 아이들의 내게 오는 것을 용납하고 금하지 말라 하나님의 나라가 이런 자의 것이니라"(막 10:14). 이것이 언약 공동체에 포함되어 있는 이스라엘 사람들만이 아니라 천한 사회적 신분 고하를 막론하고 – 그들이 거짓 신들을 버리는 한 – 그들 가운데 거주하는 외국인들("나무를 패는 자로부터 물 긷는 자까지")도 포함된다는 사실을 유념해야 할 것이다. 우리는 가끔 고대 이스라엘 언약 공동체가 그 초창기부터 어떻게 포함되었었는지를 잊는다.

몇몇 사람은 "오늘날 우리와 함께 여기 있지 않은" 사람들에 대한 언급을 그 이유가 어떻든 가정에 머물러 있는 사람들을 의미하는 것으로 취급한다. 모든 이스라엘 사람들은 공동 축복과 책임을 나누어 가진다. 공적인 언약 갱신을 위해서 야웨의 집으로 올라갈 수 없는 사람들은 영적으로 참석했으며, 그래서 언약 공동체의 일원으로서 그들 대신 위탁을 하는 사람들과 결속되어 있다. 동시에 오늘날 여기에 있지 않은 사람들에 대한 언급은 한 탈굼역이 그것을 번역하고 있는 바와 같이 다가오는 세대를 가리킨다: "세상에 처음 생긴 그 날부터 있어 왔던 모든 세대, 그리고 전 세계의 끝 날까지 일어날 모든 사람들이 오늘날 우리와 함께 여기 서 있다"(M. Henry, *Exposition of the Old and New Testament*[1828] 687).

B. 그 언약 준수에 대한 책임을 가진 사람들이 경고를 받음 (29:15-20[개역. 16-21])

참고문헌

Becker, J. P. "Wurzel und Wurzelspross." *BZ* 20(1976) 22-44. **Berg, W.** "Die Eifersucht Gottes - Ein problematischer Zug des alttestamentlichen Gottesbildes?" *BZ* 23 (1979) 197-211, esp. 206. **Brichto, H. C.** *Problem of "Curse."* 1963. 28-31. **Daube, D.** "The Extension of a Simile." In *FS E. I. J. Rosenthal.* 1982. 57-59. **Farbridge, M. H.** *Studies in Biblical and Semitic Symbolism.* 1923. Repr. New York: Ktav, 1970. 48-49. **Ginsberg, H. L.** "'Roots Below and Fruits Above' and Related Matters." In *FS G. R. Driver.* 1963. 72-76, esp. 75. **Goshen-Gottstein, M.** "*ʾl hbrkh.*" *Leš* 32 (1967-68) 52-62(Heb.). **Haran, M.** "Book-Scrolls in Israel in Pre-Exilic Times." In *FS Y. Yadin.* 1983. 161-73, esp. 166. **Koch, D.-A.** *Die Schrift als Zeuge des Evangeliums.* BHT 69. Tübingen: Mohr, 1986. 164-65. **McKane, W.** "Poison, Trial by Ordeal and the Cup of Wrath." *VT* 30(1980) 474-92, esp. 478-84. **Paschen, W.** *Rein und Unrein: Untersuchung zur biblischen Wortgeschichte.* Munich: Kosel, 1970. 66-67, 120. **Paul, S.** "Euphemism and Dysphemism." *EncJud* 6:959-61. **Pope, M.** "Bible, Euphemism and Dysphemism in the." *ABD* 1:720-25. **Preuss, H. D.** "*gillûlim.*" *TDOT* 3:1-5. **Spencer, A. B.** "שרירות as Self-Reliance." *JBL* 100(1981) 247-48.

본문과 운율 분석

그 언약 준수에 대한 책임을 가진 사람들이 경고를 받음 [(5:7):(4:5):(7:7):(5:4):(7:5)]

16 (우리가 애굽 땅에 어떻게 거하였었는지 너희가 여러 나라를 어떻게 통과하여 왔었는지 너희가 알며

17 너희가 또 그들 중에 있는 가증한 것과 목석과 은금의

Warning to Those with Reservations about Keeping the Covenant [(5:7):(4:5):(7:7):(5:4):(7:5)]

15(16) For you indeed know / how we dwelt\[a] in the land of Egypt // 23 2
and how we passed over / in the midst of the nations / 18 2
that you passed over // 5 1_

16(17) You saw / their detestable things / indeed / their idol-turds // 20 4
of wood and stone / of silver and gold / that they have // 19 3_

우상을 보았느니라)

18 너희 중에 남자나 여자나 가족이나 지파나 오늘날 그 마음이 우리 하나님 여호와를 떠나서 그 모든 민족의 신들에게 가서 섬길까 염려하며 독초와 쑥의 뿌리가 너희 중에 생겨서

17(18) Beware lest there is among you / a man or a woman / 13 2
or a family or a tribe / whose heart is turning away TODAY[a] / 23 2_
From / YHWH our[b] God / to go to serve / 21 3
the gods / of these nations // 15 2_
Beware lest there is among you / a stock / 10 2
sprouting poison / and bitterness // 11 2

19 이 저주의 말을 듣고도 심중에 스스로 위로하여 이르기를 내가 내 마음을 강퍅케 하여 젖은 것과 마른 것을 멸할지라도 평안하리라 할까 염려함이라

18(19) and it shall be / when he hears the words of this / oath / 22 3_
And he fancies himself blessed saying / 16 1
"May I be safe / though / my own willful heart\[a] I follow // 21 3
to the / utter ruin of moist[b] / and dry alike" // 19 3_

20 여호와는 이런 자를 사하지 않으실 뿐 아니라 여호와의 분노와 질투의 불로 그의 위에 붓게 하시며 또 이 책에 기록된 모든 저주로 그에게 더하실 것이라 여호와께서 필경은 그의 이름을 천하에서 도말하시되

19(20) YHWH will not agree / [a]to pardon him[a] / 14 2
but rather\[b] YHWH's anger and his jealousy / will smoke[c] / 12 2
against that man / 7 1
till every curse / written / in this scroll / settles[d] on him // 27 4_
YHWH [e]will blot out[e] / his name / from under\[f] the heavens // 18 3

21 여호와께서 곧 이스라엘 모든 지파 중에서 그를 구별하시고 이 율법 책에 기록된 언약의 모든 저주대로 그에게 화를 더하시리라

20(21) and YHWH will single him out / 9 1
for misfortune / from all / the tribes of Israel // 16 3_
According to all / the curses of the covenant / 11 2
(that are) written[a] / in this[b] / scroll of the Torah // 17 3_

원문주해

15.a. 위치가 잘못된 아트나로 인하여 티프하는 연접사로 읽음.

17.a. 루시안 전승을 제외한 LXX에는 빠져 있음. 오리겐은 별표와 함께 삽입한다. 운율 분석은 MT을 지지한다.

17.b. LXX에는 2인칭 복수로 되어 있다.

18.a. 위치가 잘못된 아트나로 인하여 티프하는 연접사로 읽음.

18.b. 몇몇 SP 증거 본문들에는 MT의 하라와(הרוה, "물을 댄") 대신에 הרוחה("중단, 제거")로 되어 있고, 다른 본문들에는 הרואה(의미 불명)로 되어 있다.

19.a-a. SP, Syr, Tg에는 MT의 쎌로아흐(סלח, "〈그를〉 용서〈하다〉") 대신에 לסלח로

되어 있다.

19.b. 텔리사 게돌라는 연접사로 읽음.

19.c. SP에는 MT의 예산(יעשן, "그것이 연기날 것이다") 대신에 יחר("그것이 불탈 것이다")로 되어 있다.

19.d. SP에는 MT의 웨라브차(ורבצה, "그가 눕는다") 대신에 웨라브추(ורבצו, "그들이 눕는다")로 되어 있다. 4QDeut[c]에는 דבקה("그것이 〈그에게〉 내달린다")로 되어 있는데, 이것이 LXX과 Tg. 옹켈로스에 반영되어 있는 것으로 보인다. Tigay는 이 독법이 "동물 이미지를 약화시키는 하나의 시도"라고 주장한다([1996] 280).

19.e-e. 운율 수의 균형을 맞추기 위하여 MT의 우마하(וּמָחָה, "그가 지울 것이다") 대신에 임므헤(יִמְחֶה)로 읽음.

19.f. 위치가 잘못된 씰룩으로 인하여 티프하는 연접사로 읽음.

20.a. SP와 Syr에는 MT의 하크투바(הכתובה, "기록된 〈것〉") 대신에 하크토빔(הכתובים, "기록된 것들")으로 되어 있다.

20.b. Syr과 Tg은 여성형 하조트(הזאת, "this")로 읽은 것으로 보인다. 운율 분석은 MT을 지지한다.

양식/구조/배경

29:15-20에서 모세는 이스라엘 백성들에게 우상 숭배의 결과에 대해서 경고한다. 그들은 그것을 피하지 못할 것인데(17-18절), 그 이유는 야웨께서 재난을 당하도록 만드실 것이기 때문이다(19-20절). 그들은 자기 자신에게 언약적 저주를 가져올 것인데, 곧 이스라엘 땅으로부터의 추방으로 그 결과가 나타날 것이다(21-27절). 그럼에도 불구하고, 야웨께서는 계속하여 자비를 베푸실 것이며 언약을 새롭게 하실 또 다른 기회를 제공하실 것이다(30:1-5). 그리고 그들이 야웨께로 돌이킬 때, 그분은 자신의 언약적 축복을 그들에게 돌아오게 하실 것이다(30:6-10). 그 때나 지금이나 하나님의 백성 앞에 놓여 있는 선택은 생명과 사망이다. 그리고 그들은 생명을 선택하도록 권고를 받고 있다(30:11-20).

이 단락 가운데 있는 운율 버금 단위들의 경계는 L에는 표시되어 있지 않다. 내적 구조는 두 번째와 세 번째 운율 버금 단위 초두에 펜-예쉬(פֶּן־יֵשׁ, "않도록 주의하라" 혹은 "혹…있을 것이다")란 표현의 사용에 암시되어 있고, 네 번째와 다섯 번째 버금 단위들(19절과 20절)의 초두에 야웨를 주어로 하고 있는 동사의 미완료형의 사용으로 암시되어 있다.

신명기 29장 전체의 구조 내에서 15-20절은 그 자체의 대칭 구조의 중심부를 이루고 있다(위의 29:9-30:20의 서론 부분을 보라). 29:15-20의 내용은 다음과 같이 정리될 수도 있다.

A	너는 다른 나라들의 가증한 우상에 관해서 알고 있다	29:15-16
B	너의 중 다른 신에게 돌이킬 자들이 있다	29:17a
X	그들은 잘 살아갈 것이라고 생각할 수 있다	29:17b-18
B′	그들은 자기 자신에게 저주를 자초할 것이다	29:19a
A′	야웨께서 그들로 하여금 재난을 받도록 만드실 것이다	29:19b-20

이 구조의 중심은 수많은 해석을 낳은 난해한 문장을 담고 있다(18절에 있는 "젖은 것과 마른 것을 멸하다"란 문구에 관해서는 "주석"을 보라). 요점은 언약의 일들에 있어서 자기들이 마음먹은 대로 따를 수 있다고 생각하는 사람들이 쓰라린 실망을 맛본다는 것이다. 다가올 미래에 그들이 다른 신들에게로 돌아서면(17a절) 스스로 언약적 저주 아래로 들어가는 것이다(19a절). 백성들은 그들 중 몇몇 사람이 우상 숭배로 이끌어 갈 수 있는 다른 열국과 우상 숭배에 개방되어 있다고 경고를 받는다(15-16절). 그러한 행동의 결과는 끔찍한 것이 될 것인데, 그 이유는 야웨께서 친히 "여호와께서 곧 이스라엘 모든 지파 중에서 그를 구별하시고 이 율법책에 기록된 언약의 모든 저주대로 그에게 화를 더하실 것이기"(20절) 때문이다.

29:15-20의 숫자 구성에 관한 자료에 대해서는 29:9-14의 "양식/구조/배경"에 관한 단락의 끝부분에 있는 논의를 보라.

주석

15-16 백성들은 "애굽 땅에서"와 그들이 요단 동편에서 지나온 "열국 가운데서"의 경험을 되새기게 된다. 여기서 관심은 애굽의 노예 상태에서 그들을 구출하심에 있어서 야웨의 능력을 예증하려는 것이 아니라, 언약 백성들이 피해야 할 열국의 우상 숭배 관습에 주의를 집중하게 하려는 것이다. 애굽으로부터 약속의 땅의 끝부분까지의 여행 길에서 그들은 "그들의 가증스러운 일들"(שִׁקּוּצֵיהֶם – 쉬쿠체헴)을 보았는데, 그것은 곧 "가증한 것과 목석과 은금의 우상"이다. 포프(Pope, *ABD* 1: 725)는 여기서 "우상"(영문으로는 "우상-똥")으로 번역된 배설물에 비교되는 겔룰레헴(גִּלּוּלֵיהֶם)은 어근 갈랄(גלל, "굴러가다")로부터 나온 경멸의 표현이라고 말한다(참조. 왕상 14:10; 습 1:17에 있는 갈랄〈גָּלָל, "똥"〉이란 명사). 그는 영역의 "똥"은 수천 년 전에 라틴어 토르데레(*tordere*〈"굴러가다"〉)로부터 영어에 들어온

단어라고 주장한다.

17-18 다른 신을 섬기기 위하여 야웨께로부터 돌아설 수 있는 사람들의 목록은 각 사람이 9절에서 개별적으로 언약관계에 들어가도록 초대를 받았다는 사실과 일치하는 "남자나 여자나"에 대한 언급으로 시작한다. "그 모든 민족의 신들"은 16절의 우상들을 가리키는데, 그 이유는 신명기가 그러한 다른 신들의 존재를 인정하지 않고 그것들은 다만 인간들에 의하여 만들어진 이러한 형상들이기 때문이다(참조. 4:28).

티개이는 라아나(לענה)란 단어를 쑥이라고 말하고 "이 두 식물이 형벌의 상징으로서의 역할을 한다"고 주장한다(Tigay[1996] 279). 삐슈리루트 립비(בשררות לבי, "심중에 스스로 위로하여")의 번역에 관해서는 예레미야 3:17; 7:24; 9:13; 11:8; 13:10; 16:12; 18:12; 23:17; 시편 81:13[개역. 12]을 참조하라. "젖은 것과 마른 것을 멸하다"란 문구는 모호하며 아마도 티개이가 주장하는 바와 같이 사멸된 관용어인 것으로 보인다([1996] 280). 크레이기는 이것이 본질적으로 "아무도 심판을 피하지 못할 것이다"를 의미하는 고대의 속담일 수도 있다고 생각한다(Craigie [1976] 359 n. 14). 여기서 취급된 독법은 본질적으로 "모든 것"을 의미하는 하나의 제유법이라고 보는 것이 대다수의 주석가들의 독법이다. 사람의 잘못된 생각이 모든 것을 멸망으로 이끌어 갈 재앙을 가져다 준다.

19 와인펠트에 따르면, 이 구절의 네 개의 모티프(Motif)는 모두 고대 근동의 계약 본문과 또한 다른 법적 문서들에서 발견된다. 즉 하나님의 진노, 악인에게 임하고 닥치는 저주, 기록 문서 가운데 들어 있는 맹세-저주 그리고 악인의 이름과 기억의 소멸이다(Weinfeld, *DDS*, 107-9).

20 여기서 "그를 구별하다"로 번역된 웨하브딜로(והבדילו)는 신명기에서 주로 긍정적인 의미로 사용된다(참조. 4:41; 10:8). 여기서 이 사람은 "재난을 받기로 구별된다".

해설

언약 공동체는 야웨에게 서원을 하고 나서 자신이 기뻐하는 대로 행하는 것이 안전하다고 생각하는 사람을 주의해야 한다(18-19절). 하나님의 약속은 진실하고도 지속적인 복종에 따라 좌우되며, 그 위험은 한 사람의 불충성이 공동체 전체에 영향을 미친다는 것이다. 그런 까닭에 공동체 전체는 언약적 의무를 가볍게 여기는 자신들 중에 있는 개개인의 책임을 위해 공동으로 노력을 해야 한다. 그와 동시에 언약을 지키는 일에 책임을 지고 있는 개개인은 자신의 행실을 율법 아래서 행해야 할 책임이 있다. 만일 공동체의 개인이 의도적으로 반역하는 길을 선택한다면, "여호와께서 곧 이스라엘 모든 지파 중에서 그를 구별하시고 이 율법책에 기록된 언약의 모든 저주대로 그에게 화를 더하실 것이다"(20절). 이 본문에 내재해 있는 개인의 책임에 대한 가르침은 예레미야서에서 한층 더 발전되며, 에스겔서에서는 더욱 발전된다.

우상 숭배 죄는 인간의 마음에서 시작된다(17절). 하나님에 대한 자신의 의무를 소홀히 함으로써 하나님으로부터 돌아서기를 시작하는 사람들은 다른 신을 섬기는 쪽으로 쉽게 기울어진다. 그러한 사람들은 매우 위험한데, 그 이유는 그들이 곧 다른 사람들을 부패시키며, 그들까지도 우상 숭배로 이끌어 가기 때문이다. 히브리서 저자는 우리에게 기독교인의 행실에서 우리를 "괴롭게 하고 많은 사람이 이로 말미암아 더러움을 입게"(히 12:15) 유혹하는 사람을 주의하라고 경고할 때 역시 같은 사실을 말하고 있다. 바울 사도가 말하는 또 다른 경우와 같이 "적은 누룩이 온 덩어리에 퍼진다"(고전 5:6).

우상 숭배자가 자기가 몰랐다고 변명할 수 있도록 "이 맹세의 말을 듣는"다면 그는 여전히 "스스로 심중에 위로하여" 자신이 복받은 사람이라고 상상하고 하나님의 진노에서 안전하다고 생각하게 된다(18절). 본문은 "여호와는 이런 자를 사하지 않으실 뿐 아니라 여호와의 분노와 질투의 불로 그의 위에 붓게 하시며 또 이 책에 기록된 모든 저주로 그에게 더하실 것이라 여호와께서 필경은 그의 이름을 천하에서 도말하신다"(19절)고 말씀한다. 이것은 단순히 어린 아이를 놀라게 하려는 수사학적인 말이 아니라, 인간의 신념에 대한 하나님의 진노에 대한 실질적인 선언이다.

C. 언약을 파기할 경우 그 땅으로부터 축출될 것이 예고됨 (29:21-27[22-28])

참고문헌

Albrektson, B. *History and the Gods.* ConBOT 1. Lund: Gleerup, 1967. 39, 105-6.

Cazelles, H. "La rupture de la *berît* selon les Prophètes." *JJS* 33(1982) 133-44, esp. 137. **Daube, D.** "The Culture of Deuteronomy." *Orita* 3(1969) 51. **Deatrick, E. P.** "Salt, Soil, Savior." *BA* 25(1962) 45. **Fensham, F. C.** "Salt as Curse in the Old Testament and the Ancient Near East." *BA* 25(1962) 48-50. **Frankena, R.** "The Vassal-Treaties of Esarhaddon and the Dating of Deuteronomy." *OTS* 14(1965) 122-54. **Gevirtz, S.** "Jericho and Shechem: A Religio-Literary Aspect of City Destruction." *VT* 13(1963) 52-62. **Greenfield, J. C.** "A Hapax Legomenon: *mimšak ḥarul.*" In *Studies in Judaica, Karaitica, and Islamica Presented to Leon Nemoy.* Ed. S. R. Brunswick. Ramat Gan: Bar Ilan UP, 1982. 79-82. **Levenson, J. D.** "Who Inserted the Book of the Torah?" *HTR* 68(1975) 208. **Long, B. O.** "Two Question and Answer Schemata in the Prophets." *JBL* 90(1971) 129-39. **Mayes, A. D. H.** "Deuteronomy 4 and the Literary Criticism of Deuteronomy." *JBL* 100(1981) 50-51. **McCarthy, D. J.** "*bĕrît* in Old Testament History and Theology." *Bib* 53(1972) 110-21, esp. 120. **Ridley, R. T.** "To Be Taken with a Pinch of Salt: The Destruction of Carthage." *CP* 81(1986) 140-46. **Skweres, D. E.** "Das Motiv der Strafgrunderfahrung in biblischen und neuassyrischen Texten." *BZ* 14(1970) 181-97. **Streck, M.** *Assurbanipal und die letzten assyrischen Könige bis zum Untergange Ninivehs.* Part 3. *Texte.* Vorderasiastische Biliothek 7.2. Leipzig, Hinrichs, 1916. **Vargyas, P.** "Le cylindre Rassam et la Bible: Les parallèles du Dtn 29, 23-26." *Oikumene* 3(1982) 157-62. ______. "Deuteronomium 29, 23-26 e la forma assira del Patto." *Evkönyv*(1977) 411-18. **Weinfeld, M.** *DDS.* 63 n. 5, and 109. **Zenger, E.** "Funktion und Sinn der ältesten Herausführungsformel." *ZDMG* Sup 1(1969) 334-42, esp. 335.

본문과 운율 분석

언약을 파기할 경우 그 땅으로부터 축출될 것이 예고됨 [(7:6):(8:5:5):(5:5:8):(6:7)]	**Exile from the Land Foretold for Breaking the Covenant** [(7:6):(8:5:5):(5:5:8):(6:7)]
22 너희 뒤에 일어나는 너희 자손과 원방에서 오는 객이 그 땅의 재앙과 여호와께서 그 땅에 유행시키시는 질병을 보며	**21**(22) And later generations / will say / 13 2 your children / who appear\[a] after you / and the foreigner / 24 3 who comes / from a distant land // 15 2_ And they[b] see / the blows (dealt) / to that land / 17 3 and the diseases / that YHWH has inflicted[c] / on it // 20 3_

23 그 온 땅이 유황이 되며 소금이 되며 또 불에 타서 심지도 못하며 결실함도 없으며 거기 아무 풀도 나지 아니함이 옛적에 여호와께서 진노와 분한으로 훼멸하신 소돔과 고모라와 아드마와 스보임의 무너짐과 같음을 보고 말할 것이요

22(23) With brimstone and salt / burnt is all her land / 16 2
it is not sown[a] / and it produces nothing / 12 2_
And there does not grow on it / any grass // 12 1
it is like the overthrowing / of Sodom and Gomorrah / 14 2
of Admah and Zeboiim[b] / 14 1_
Which / YHWH overthrew / in his anger\[c] and in his wrath // 20 3

24 열방 사람들도 말하기를 여호와께서 어찌하여 이 땅에 이같이 행하셨느뇨 이같이 크고 열렬하게 노하심은 무슨 뜻이뇨 하면

23(24) and all the nations / will say / 12 2_
"For what reason has YHWH done / thus\[a] to this land? // 20 2
[b]Why the burning / of this / great anger?" // 14 3_

25 그 때에 사람이 대답하기를 그 무리가 자기의 조상의 하나님 여호와께서 그 조상을 애굽에서 인도하여 내실 때에 더불어 세우신 언약을 버리고 **26** 가서 자기들이 알지도 못하고 여호와께서 그들에게 주시지도 아니한 다른 신들을 섬겨 그에게 절한 까닭이라

24(25) And they will say / "Because / they forsook / 14 3
the covenant of YHWH / God of their fathers // 17 2_
That / he cut with them / when he delivered them / 19 3
from the land of Egypt // **25**(26) and they went / 14 2_
And they served / other gods / [a]and they worshiped[a] / them // 24 4
gods[b] / whom they had not known / 14 2
and whom he had not allotted / to them" // 9 2_

27 이러므로 여호와께서 이 땅을 향하여 진노하사 이 책에 기록된 모든 저주대로 재앙을 내리시고

26(27) And the anger of YHWH was kindled / at that land // 15 2
to bring upon it / every curse / written / in this scroll // 30 4_

28 여호와께서 또 진노와 분한과 크게 통한하심으로 그들을 이 땅에서 뽑아내사 다른 나라에 던져 보내심이 오늘날과 같다 하리라

27(28) And YHWH uprooted them / 9 1
from their soil / in anger and in fury / and in great rage // 26 3
and he cast[a] them / into another land / as at THIS DAY // 17 3_

원문주해

21.a. 자켑카톤이 뒤따라온 파스타는 연접사로 읽음.

21.b. SP에는 MT의 웨라우(וראו, "그들이 볼 것이다") 대신에 단수형이 웨라아(וראה, "그가 볼 것이다")로 되어 있다.

21.c. 한 히브리어 필사본과 몇몇 SP 필사본들에는 MT의 힐라(חלה, "그가 고통을 당

했다") 대신에 חלא("그가 더럽혔다")로 되어 있다.

22.a. SP에는 MT의 티짜라(תִּזָּרַע, "그것이 뿌려졌다") 대신에 타즈리아(תַּזְרִיַע, "그것이 씨를 낳았다")로 되어 있다.

22.b. 몇몇 히브리어 필사본, DDS, 몇몇 SP 필사본과 함께 K의 우츠보임(וצב[ו]ים, "그리고 스보임")으로 읽음. SP와 Tg에는 우츠보임(וצב[ו]אים)으로 되어 있으나 의미상의 차이는 없다.

22.c. 위치가 잘못된 씰룩으로 인하여 티프하는 연접사로 읽음.

23.a. 위치가 잘못된 아트나로 인하여 티프하는 연접사로 읽음.

23.b. 몇몇 히브리어 필사본, SP, Syr은 MT의 마(מה, "어찌하여") 대신에 와우 접속사를 덧붙여서 우마(ומה, "그리고 어찌하여")로 읽음. 운율 분석은 MT을 지지함.

25.a-a. 몇몇 LXX 증거 본문들에는 빠져 있음. 운율 분석은 MT을 지지함.

25.b. 루시안 수정본을 제외하고 LXX에는 빠져 있음(오리겐의 역본에는 별표를 가지고 있다). 운율 분석은 MT을 지지한다.

27.a. 여러 히브리어 필사본과 B에는 와야슐리켐(וישלכם)에 있는 라메드(ל)가 큰 글자로 기록되어 있다.

양식/구조/배경

여기에 묘사된 땅의 상실(29:21-27)은 애굽의 종살이에서 나와(출애굽) 약속의 땅으로 들어가는(입성) 이스라엘 백성의 웅장한 여행인 야웨의 성전의 반전을 이룬다. 28:58-68에 있는 이스라엘 역사의 완전한 반전은 신명기 28장의 언약적 저주의 절정을 이룬다. 더 나아가서, 이스라엘 땅으로부터의 추방이라는 주제가 길다란 장의 중심 부분(36-37절)에 있고, 그 마지막 단락(64-68절)에 확장되어 있다. 이스라엘 땅으로부터의 추방이라는 같은 주제가 여기서 생생한 세부 사항 가운데 묘사되어 있다.

운율 분석은 29:21-27의 내적 구조가 24-25절에서 열국들 편에서 말하는 직접 발언에 대한 서론으로 표시되어 있고, 26절에 있는 주제인 야웨와의 서술적 담화로 다시 옮겨간다. 전체 단락의 내용은 다섯 부분으로 된 대칭 구조로 정리될 수 있다.

A	후세대는 땅의 황폐를 볼 것이다	29:21-22
B	그들이 물을 것이다: "이같이 크게 노하심은 무슨 뜻이뇨?"	29:23
X	대답: 이스라엘이 언약을 깨뜨렸으므로 야웨께서 행하셨다	29:24-25
B′	포로와 멸망은 언약적 저주다	29:26
A′	그들을 뽑고 포로로 잡혀가게 하신 분은 야웨이셨다	29:27

다가오는 시대에 이스라엘 백성들은 언약 조항들을 거역할 것이고 그 저주를 스스로에게 자기들의 땅으로부터 추방과 황폐라는 형태로 가져올 것이다. 믿음의 공동체의 개인들과 이방인들까지 물을 것이다: "여호와께서 어찌하여 이 땅에 이같이 행하셨느뇨 이같이 크고 열렬하게 노하심은 무슨 뜻이뇨?" 그들은 그들 자신의 질문에 대답할 것인데, 왜냐하면 그 이유가 분명하기 때문이다: 이스라엘이 언약을 깨뜨렸기 때문에 야웨께서 이렇게 하신 것이다. 같은 메시지가 24-27절의 대칭적 본문 가운데 드러나 있다.

A	그들이 그들의 열조의 하나님 야웨의 언약을 저버렸다	29:24
B	그리고 그들이 가서 다른 신들을 섬기고 그것들에게 경배했다	29:25
X	그리고 저주를 가져오도록 야웨의 진노가 타올랐다	29:26
B′	그래서 야웨께서 그들의 땅에서 그들을 뽑으셨다	29:27a
A′	그리고 그분이 그들을 다른 땅으로 던지셨다	29:27b

그들이 자기들과 맺은 언약을 저버리고 돌아서서 다른 신을 섬겼으므로 야웨께서 그들을 그 땅에서 뽑으시고 포로지로 던지셨다.

29:21-27에 있는 중요한 단어는 아레츠(ארץ, "땅")로서 조심스럽게 구성된 형태로 일곱 번 나타난다.

A	이방인들이 먼 땅에서 올 것이다	והנכרי אשר יבא מארץ רחוקה	21a절
B	그들이 그 땅의 멸망을 볼 것이다	וראו את־מכות הארץ ההוא	21b절
C	그 온 땅이 유황과 소금 불로 불탈 것이다	גפרית ומלח שׂרפה כל־ארצה	22절
X	야웨께서 어찌하여 이 땅에 행하셨는고	על־מה עשׂה יהוה ככה לארץ	23절
C′	그분은 그들을 애굽 땅에서 구출하셨다	בהוציאו אתם מארץ מצרים	24절
B′	야웨의 진노가 그 땅에 타올랐다	ויחר־אף־יהוה בארץ ההוא	26절
A′	그리고 그분은 그들을 다른 땅으로 던지셨다	וישלכם אל־ארץ אחרת	27절

이방인들이 그 땅으로 와서 그 폐허를 볼 때(21-22절), 그들은 핵심적인 질문을 할 것이다: 어찌하여 이 땅을 멸하셨는가?(23절). 그분은 오래 전에 애굽 땅으로부터 이 백성을 구출하셨다(24절). 그러나 이제는 그분이 진노함으로 그들을 또 다른 땅으로 던지셨다(26-27절). 이것은 큰 질문, 즉 "어찌하여 이 모든 일이 일어났는고?"를 담고 있는 중심이 되는 줄의 양편으로 세 개의 연관된 아레츠(ארץ, "땅")란

단어를 사용하고 있는 일곱 가지의 형태다.

티개이는 자기 이전의 다른 사람들과 함께 앗수르의 아슈르바니팔 왕(주전 668-627년경)의 비문에 있는 유익하게 동일한 상황을 제시한다. 그 상황은 앗수르에 대항한 폭동 가운데 그의 계약 조항을 어긴 아랍 왕에 대한 그의 반응과 관련되어 있다. 아슈르바니팔의 본문은 "어떻게 신들이 약정서에 기록된 모든 저주들로 아랍 사람들을 괴롭혔는지, 그 결과 아랍의 거민들이 서로에게 '어떤 이유로 인하여 이 재앙들이 아라비아를 멸망시키게 했는가?'라고 물을 때마다 [그들은 스스로에게 대답했다] 우리가 아슈르 [신의 이름으로 맹세한] 엄숙한 맹세를 지키지 않았기 때문이고, 우리가 아슈르바니팔과 좋은 관계의 계약을 어겼기 때문이다"([1996] 281; *ANET*, 297, 300; 에살핫돈의 비문에 관해서는 Frankena, *OTS* 14[1965] 122-54와 Weinfeld, *DDS*, 109-16의 논의를 참조하라).

29:21-28의 숫자 구성에 관해서 라부샤뉴가 수집한 증거는 다음과 같이 요약될 수 있다.

단어	아트나 앞		아트나 뒤		
29:21	12	+	11	=	23
29:21-22	26	+	21	=	47
29:21-24	45	+	33	=	78 (=3×26)
29:23-28	41	+	44	=	85 (=5×17)
29:25-26	11	+	15	=	26
29:27-28	11	+	17	=	28

또다시 고대 이스라엘의 서기관들은 조심스럽게 두 개의 신명 수 17과 26을 23이란 수와 함께 다양한 방식으로 본문 가운데 짜 넣었다. 숫자 구성에 관한 이러한 체계의 세부 사항에 관해서는 특별 부록: "숫자의 합성물로서의 신명기"를 보라.

주석

21 하도르 하아하론(הדור האחרון, "후세대")은 티개이가 주장하는 바와 같이 "뒤따라오는 세대"를 가리킬 수 있다. 그러나 저자가 마음속에 보다 먼 세대를 염두에 두었다는 것이 더 가능하다. 랍비 전승에 따르면, 여기에 나오는 "그 땅"에 대한 언급은 주전 8세기경 앗수르의 포로가 되었던 북 이스라엘 왕국에 적용된다(*m.*

Sanh. 10:3; *t. Sanh.* 13:12; *b. Sanh.* 110b). 이 땅은 이스라엘의 죄를 보응하기 위하여 하나님이 보내신 "재앙들"(מכות – 마코트, "타격"으로도 번역된다)과 "질병"(תחלאיה, 타할루에하)으로 고통을 받는 것으로 묘사되어 있다.

22 이 구절에서 유황과 소금이 소돔과 고모라와 결합된 것은 이 저주가 "유황과 불"이 하늘로부터 그 성읍들 위에 떨어졌던 창세기의 이야기와 평행을 이룬다(창 19:24). 그러나 티개이는 여기서 소금과 황폐의 결합은 다른 모습을 시사하고 있다고 주장한다. 고대에 정복자들은 가끔 자기들이 정복한 땅을 비옥하게 하기 위하여 그 곳에 소금을 뿌렸다(삿 9:45을 보라). 고대 근동에서 있었던 동일한 행동에 관해서는 S. Gevirtz, *VT* 13(1963) 52-62를 보라; Tigay[1996] 399 n. 57에서는 그 내용을 다음과 같이 인용하고 있다. "포에니 전쟁이 끝났을 때 카르타고에 소금이 뿌려졌다는 사상은 사사기 9:45로부터 나온 사상을 잘못되게 옮긴 현대 역사가들의 고안물이다"(Ridley, *CP* 81[1986] 140-46를 보라). "그 온 땅이…불에 타서"라는 번역은 아마도 소금과 유황이 식물들에 미친 시들게 하는 영향을 가리키는 것 같다(Deatrick, *BA* 25[1962] 45).

소돔과 고모라의 멸망에 관해서는 창세기 19장을 보라. 이 두 성읍은 창세기 10:9; 14:2-8에 나타나는 아드마와 스보임이란 성읍과 함께 아브라함 당시에 파괴되었다. 아드마와 스보임의 멸망이 호세아 11:8; 13:19에 언급되어 있기는 하지만, 성경에는 그 성읍들의 멸망에 관한 기사가 없다. 더 나아가서 소돔과 고모라의 멸망에 대한 언급은 아모스 4:11; 이사야 1:9; 13:19; 예레미야 49:18; 50:40에서 발견된다.

23 멸망은 "모든 열방 사람들"(즉 전 세계)이 들을 그러한 종류의 것이 될 것이다. 이방인들은 멀리서 그리고 광범위하게 미래의 이스라엘 백성들과 접촉하게 될 것이며, 그들은 지나치면서 "어찌하여 이 일이 일어났는고?"라고 물을 것이다. 그들의 질문이 암시하는 말과 같이, 이스라엘 백성들이 하나님의 심판의 행위라는 것이 모두에게 분명해질 것이다.

24-25 하나님께서 어찌하여 이 일을 그 땅에 행하셨느냐는 질문은 그 질문을 한 사람들에 의하여 대답되는 것으로 보이는데, 그들이 이스라엘이 자기들의 열조의 하나님 야웨의 언약을 저버렸다고 인식하고 있기 때문이다. 그들은 하나님, 곧 애굽 땅에서 그들을 구출하신 하나님을 반역하고 하나님께서 그들에게 분정하지 않은 다른 신들을 섬겼다(4:19과 32:8-9을 보라).

26-27 "이 책에 기록된" 것에 대한 언급은 그들 자신의 질문에 대한 열국들 편

에서의 대답이 25절과 함께 끝난다는 사실을 암시한다. "그들을 뽑았다"(ויתשם – 와이트쉠)로 번역된 동사는 매이즈가 지적하는 바와 같이 오경의 다른 곳에는 나타나지 않지만(Mayes[1981] 366-67) 예레미야서에는 나타난다(1:10; 12:14-15; 18:7). "진노와 분한으로" 야웨께서는 그들을 다른 땅으로 던지셨다. "진노"에 대한 이 두 동사의 동의적 사용에 관해서는 예레미야 21:5; 32:37을 보고, 또한 "다른 땅"에 대해서는 예레미야 22:26을 보라. "그가 그들을 던지다"로 번역된 와야슐리켐(וישלכם)에 있는 라메드(ל)는 토라의 두루마리에 큰 글자로 기록되어 있다. 티개이는 "큰 글자들은 가끔 한 책의 처음과 중간을 강조하기 위하여 사용된다"고 설명한다([1996] 282). 이러한 의견은 그것들이 본문의 숫자 구성과 관계가 있다는 사실을 시사한다(특별 부록: "숫자의 합성물로서의 신명기"를 보라). 더 나아가서 이러한 결론을 뒷받침하여 32:6에는 큰 글자가 나타나는데, 그 곳에서 의문사 헤(ה)가 마켑을 통하여 분리된 단어로 취급된다.

해설

위의 "양식/구조/배경"에서 보여 준 바와 같이, 아레츠(ארץ, "땅")란 단어는 세심하게 구성된 대칭 구조 패턴으로 되어 있는 21-27절에서 일곱 번 나타난다. 인간이 하나님을 저버릴 때 파멸의 그림자가 피조 질서 자체에 다가오는데, 곧 유황과 소금 불이 그 온 땅에 닥친다. 땅은 파종되지 않아서 아무것도 산출해 내지 않는다(22절). 스타인벡의 『분노의 포도』에서 조드(Joad) 가족이 도피한 오클라호마에 있는 "먼지 중심부"는 불에 타서 아무것도 뿌려지지 않고, 그래서 아무것도 산출해 내지 않는 땅에 대한 현대적 실례를 생생한 이미지로 묘사하고 있다. 이 경우 재앙의 원인이 대한발의 형태로 일반적으로 인간의 한계를 넘어서 있었으나, 변두리의 목초지가 갈아 엎어지고 황폐시키는 먼지 회오리바람 가운데 날아가 버렸을 때 그 재난은 인간의 오류로 인해 닥쳐 왔다.

죄의 결과는 땅 자체의 산출에서 나타난다. 최근 십 년 간 우리는 땅에 대한 범죄의 다른 결과들에 대해 상기하게 된다. 방글라데시에서는 연료를 위하여 나무를 제멋대로 잘라 버린 것이 매년 그 땅을 황폐시키는 계속되는 홍수와 함께 엄청나게 큰 경제적 재난을 낳았다. 이기주의적인 개발자들이 하나님의 언약 조항들을 뒤바꾸어 놓고 개인의 이익 외에는 아무런 생각도 없이 아마존 계곡의 열대 우림을 잘라냈을 때, 잇따라 일어나는 침식이 수백만 평의 비옥한 흙을 씻어 내려간다. 또한 다른 경제적 재앙의 강력한 힘이 세계 전체를 통하여 인간의 생명을 해칠 가능성과 함께 방출되었는데, 우리는 이것을 부분적으로만 이해한다. 보르네오와 다른 먼 땅들에 있는 열대 우림의 파괴는 엘리뇨 현상의 도래와 복잡하게 얽혀 있는 것으로 보인다. 이러한 파괴는 뒤바꾸어서 홍수, 한발, 태풍 그리고 소위 다른 자연 재해와 연결되어 있다. 우리가 하나님의 언약을 깨뜨리는 것에 대해서 지불하는 대가(代價)는 그 땅으로부터의 추방이다. 고대 이스라엘에서 그러했던 것처럼 그것은 오늘날에도 사실이다.

D. 감추어진 일과 드러난 일: "이 율법의 모든 말씀을 행하라!" (29:28[개역. 29])

참고문헌

Balentine, S. E. "A Description of the Semantic Field of Hebrew Words for 'Hide.'" *VT* 30(1980) 137-53. **Butin, R.** *The Ten Nequdoth of the Torah.* 1906. Repr. New York: Ktav, 1969. **Grimme, H.** "Zur Annahme eines salomonischen Gesetzes." *OLZ* 11(1908) 188-93. ______. "Zur Auffindung des salomonischen Gesetzbuches unter Josia." *OLZ* 10(1907) 610-15. **Haag, H.** "'Offenbaren' in der hebräischen Bibel." In *Das Buch des Bundes: Aufsätze zur Bibel und ihrer Welt.* Düsseldorf: Patmos, 1980. 73-78, esp. 75. **Haupt, P.** "Salomons Deuteronomium." *OLZ* 11(1908) 119-25. **Jervell, J.** "Die offenbarte und die verborgene Tora: Zur Vorstellung über die neue Tora im Rabbinismus." *ST* 25(1971) 90-108. **Perlitt, L.** "Die Verborgenheit Gottes." In *FS G. von Rad.* 1971. 367-82, esp. 379. **Tov, E.** *Textual Criticism of the Hebrew Bible.* Minneapolis: Fortress, 1992. 55-57, 213. **Urbach, E. E.** *The Sages.* Cambridge: Harvard UP, 1987. 539. **Zeitlin, S.** "Some Reflections on the Text of the Pentateuch." *JQR* 51(1960-61) 321-31.

본문과 운율 분석

감추어진 일과 드러난 일: "이 율법의 모든 말씀을 행하라!" [4:4]

29 오묘한 일은 우리 하나님 여호와께 속하였거니와 나타난 일은 영구히 우리와 우리 자손에게 속하였나니 이는 우리로 이 율법의 모든 말씀을 행하게 하심이니라

Secret and Revealed Things: "Do All the Words of This Torah!" [4:4]

28(29) The secret things / belong to YHWH\[a] our[b] God // 17 2
and the revealed things / 5 1
[c]to us and to our children[c] / 13 1
forever / to do / all the words [דברי] / of this Torah // ס 22 4

원문주해

28.a. 위치가 잘못된 아트나로 인하여 티프하는 연접사로 읽음.

28.b. 몇몇 LXX 증거 본문들에는 2인칭 복수형이 엘로헤켐(אלהיכם, "너희 하나님")으로 되어 있다.

28.c-c. 이것은 토라에서 네쿠돗(*Nequdoth* = 특이한 모음 부호들)의 열 개의 위치 가운데 하나다.

양식/구조/배경

히브리 성경에 있는 설화 구조의 독특한 특징들 중 하나는 필자가 다른 곳에서 "중간 부분에 있는 수수께끼"(riddle at the Middle; D. L. Christensen, "Janus Parallelism in Gen. 6:3," *HS* 27[1986] 20-24)로 묘사한 것이다. 대칭 구조의 중심부는 자주 비교적 간단하면서 수수께끼와도 같다. 29:28을 볼 때 이 점은 더욱 그러하다. 라부샤뉴의 작품은 여기에 요약되어 제공된 신비(mystery)의 한 형태는 본문 가운데 담겨진 숨겨졌거나 혹은 코드화된 정보와 관계가 있다는 사실을 시사한다(C. Labuschagne, "Divine Speech in Deuteronomy," in SBTS 3:375-93; idem, *Deuteronomium*[1987-97]). 이 경우에 본문 자체가 "비밀스런 일들"과 "드러난 일들"을 말한다. 더 나아가서 본 구절은 히브리 본문 가운데서 열 개의 이어지는 자음들 각자가 L에서는 그것 위에 특별 표시를 가지고 있는 네쿠돗(*Nequdoth* = 특이한 모음 부호들) 현상의 열 번째와 마지막 경우를 담고 있다. 이에 대해서 더 자세한 것은 "주석"을 보라.

신명기 토라 낭독 11주 분량의 여덟 번째 부분인 29:9-30:20의 구조는 이 단락

의 초반부에 칠지 형태로 정리되어 있다.

A	이 언약은 미래 세대와도 결속되어 있다	29:9-14
B	언약을 준수하기로 된 사람들에게 대한 경고	29:15-20
C	예고된 이스라엘 땅으로부터의 추방	29:21-27
X	오묘한 일과 나타난 일들: 이 토라의 모든 말씀을 행하라	29:28
C′	야웨께로 돌아올 가능성이 있다	30:1-5
B′	네가 돌아오면, 야웨께서도 언약적 축복들을 돌이키실 것이다	30:6-10
A′	네 앞에 있는 것은 생명과 사망이다 – 생명을 택하라	30:11-20

이 구조에서는 29:28이 중심부를 차지하고 있고 열 개의 네쿠돗(*Nequdoth*)이 이 중심부의 중심에 있다.

신명기 29:28은 다른 구조들처럼 더욱 먼 본문들과 연결되어 있는데, 그 중 하나가 다음과 같이 신명기 28장과 29장을 함께 묶어 주고 있다.

A	서론: 언약의 말씀이 이러하니라	29:69
B	상기된 출애굽	29:1-3
C	모세가 그들에게 과거의 하나님의 공급을 상기시킴	29:4-8
X	언약은 미래 세대와도 결속되어 있음	29:9-14
C′	모세가 언약을 간수한 사람들에게 경고함	29:15-20
B′	예고된 이스라엘 땅으로부터의 추방	29:21-27
A′	결론: 토라의 모든 말씀을 지키라	29:28

이 본문에서 관심의 초점은 언약의 말씀이 미래 세대와도 결속되어 있다는 사실에 있다. 즉 그것들이 “우리와 우리 자손에게 속하였나니 이는 우리로 이 율법의 모든 말씀을 행하게 하심이니라”(29:28).

이와 비슷한 방법으로 29:28 역시 29장과 30장을 함께 묶는 구조의 중심으로서의 기능을 하고 있는데, 그것은 다음의 개요가 보여 주는 바와 같다.

A	서론: 언약의 말씀이 이러하니라	28:69
B	모세가 그들에게 과거의 하나님의 공급을 상기시킴	29:1-8
C	언약은 미래 세대와도 결속되어 있다	29:9-14
D	모세가 언약을 간수한 사람들에게 경고함	29:15-20
E	예고된 이스라엘 땅으로부터의 추방	29:21-27
X	오묘한 일과 나타난 일: 이 토라의 모든 말씀을 행하라	29:28

E′	회복의 가능성이 있다	30:1-5
D′	네가 스스로 성결하려고 하면 너는 도움을 받을 것이다	30:6-10
C′	이 교훈은 네게 먼 것도 아니다	30:11
B′	하나님의 요구 사항이 알려져 있고, 이해할 수 있고, 행할 수 있다	30:12-14
A′	결론: 죽음과 저주가 아니라 생명과 복을 택하라	30:15-20

이 특별한 구조 가운데서 외부 골격은 중심축이 되는 28:69을 가지고 있는데, 이것 역시 30:15-20에 대칭되어 26:19-28:68의 요약으로서의 기능을 하고 있는데, 30:15-20은 결단하라는 감동적인 요청을 하고 있다: "내가 오늘날 생명과 복과 사망과 화를 네 앞에 두었나니…내가 생명과 사망과 복과 저주를 네 앞에 두었은즉 너와 네 자손이 살기 위하여 생명을 택하라"(30:15, 19).

주석

[28] "오묘한 일"(הנסתרת – 하니쓰타로트)과 "나타난 일"(הנגלת – 하니글로트)은 유대 전승 가운데서 다양한 방식으로 설명되어 왔다(Tigay[1996] 283를 보라). 매이즈는 이 구절을 "하나님께서 계시하신 율법으로부터 떠나 인간 지혜의 어떤 한계를 확정하는 하나의 지혜 금언"으로 설명한다(Mayes[1981] 368). 다른 해석은 "오묘한 일"과 "나타난 일"은 모두 "우리 하나님 야웨께 속해 있다"는 사실을 설명하는 것이다. 그것은 그분의 것이다. 그리고 그것은 이 "토라의 모든 말씀을 행하도록 하기 위하여 우리와 우리 자녀들에게 영원히" 맡겨졌다. 우리는 이 정보의 보물로부터 우리에게 계시된 것만 가르칠 수 있다. 그분의 신비롭고도 놀라운 계시의 세부 사항들을 우리가 깊이 생각할 때 하나님께서 "이 말씀들"(אלה הדברים – 엘레 하데바림, 서론적 말씀이요 신명기의 표제)의 의미를 점점 더 많이 계시하심에 따라, 학자들로서 우리는 우리가 발견한 것을 자손들에게 전달할 책임을 가지고 있다. 그 이유는 "나타난 일"은 그 때는 더 이상 오묘한(숨겨진) 일이 아니기 때문이다. 여기에 제안된 해석은 30:1-14을 감싸는 문학적 골격으로서 사망과 저주보다는 생명과 축복을 선택하라는 금지 명령을 가지고 있는 30:15-20과 결합되어 있다.

운율 분석을 해보면 라누 울르바네누(לנו ולבנינו, "우리에게 그리고 우리 자녀들에게")란 문구는 이 구절의 상・하반부 양자에 속해 있는 하나의 중심축 패턴임이 드러난다. 이 문구는 히브리 본문에서 열 개의 자음들 각각 위에 특별한 표시 – 학자들이 네쿠돗(נקודות)이라고 부르는 것 – 를 가지고 있다는 의미에서 신명기에서 독특하다. 이것은 오경 내에 있는 그러한 현상 가운데 열 번째이면서 최종적인 경우다(Butin, *Ten Nequdoth*을 보라). 특별한 점들의 의미는 다양한 방식으로 설명된다.

레닌그라드 사본(L)의 29:28에 있는 네쿠돗이 두 개의 단어 라누 울르바네누(לנו ולבנינו, "우리에게 그리고 우리 자녀들에게")를 이루는 열 개의 잇따르는 글자들 위에 기록되어 있다는 사실을 유념해야 할 것이다. 그러나 알렙포 사본은 앞 단어의 타우(ת)와 함께 시작하여 아드(עד)란 단어의 아인(ע)과 함께 끝나는 열두 개의 점을 가지고 있다. 티개이는 다음과 같이 설명한다. "랍비들의 해석은 이 점들을 단어의 적용 한계를 정하고 있는 미드라쉬적 설명에 주의를 환기시키는 것으로 취급한다. 즉 그것은 숨겨진 죄로 인하여 혹은 다른 관점에서 보면 명백한 것들로 인하여 하나님께서 그들을 집합적 책임이 있다('우리와 우리 자손')고 생각하신 바 이스라엘이 약속의 땅에 들어갔을 때까지(עד, 이 단어의 첫 글자가 점으로 표시되어 있음)는 아니었다"(Tigay[1996] 283). 좀더 간단한 설명은 이 점들 자체가 이 히브리 본문에 대한 주석의 형태라는 것 혹은 그러한 주석에 대한 설교적 언급이라고 설명하는 것이다. 알렙포 사본의 열두 개의 점들은 열두 지파 곧 이스라엘을 가리킬 수도 있는데, 서기관들은 이것을 "우리와 우리 자손"이란 문구의 의미인 것으로 이해한다. 오묘한 일들은 하나님에게 속한다. 그러나 "이 토라의 말씀" 가운데 있는 하나님의 계시는 이스라엘에게 속한다. 다른 한편, L의 열 개의 점들은 우리가 지금 가지고 있는 신명기가 된 내용으로 확대된 열 마디의 말씀(십계명)을 가리킬 수 있다.

L에 네쿠돗을 첨가했던 서기관은 이 점들 아래에 있는 두 단어의 수치가 32 + 64(=2×32) = 96(=3×32)이라는 사실을 인식하고 있었을 수도 있다. 신명기의 숫자 구성에 있어서 32라는 숫자가 카보드(כבוד, "영광" = 32)와 통상적으로 결합되어 있다는 사실 면에서 볼 때, 이 수는 야웨의 영광에 주의를 환기시키기 위하여 사용되었다. 히브리 본문에서 잇따라 나오는 글자들 위에 있는 열 개의 호기심을 끄는 점들은 이스라엘에게 위임된 열 마디의 말씀들(십계명)을 나타낸다. 그리고 그 단어들은 "우리와 우리 자손들" 곧 온 이스라엘을 위한 것이다. 간단히 말해서 신명기는 엘레 하데바림(אלה הדברים, "이것들이 그 말씀들이다")이란 표제를 가지고 있는데, 이것은 본질적으로 원래의 열 마디 말씀의 확장이다(십계명). 오묘한 일은 하나님에게 속해 있으나, 나타난 일은 말하자면 "이 토라의 모든 말씀을 행하도록" 우리와 우리 자손에게 속해 있다. 이 경우에 네쿠돗은 신명기의 중심 메시지

를 가르치도록 정보를 받은 랍비들을 위한 설교적인 형태일 수도 있다.

해설

티개이(Tigay[1996] 283)는 고금의 유대교에서 있었던 이 구절의 말씀에 대한 다양한 해석에 관하여 간략하지만 유익한 설명을 제공하고 있는데, 그는 이것으로부터 *Tg. Ps.-Jonathan*에 표현된 의미를 자신이 더 선호하는 것으로 선별하고 있다: "숨겨진 행위들(즉 숨겨진 죄들)은 하나님에게 알려져 있으며, 그분께서 그것들을 징계하시지만, 명백한 것들을 처벌하는 것은 우리의 책임이다"(이 가르침으로 모든 조항들에 적용하여). 이것은 그의 가능한 해석들 가운데 두 번째 것으로서 사실이다: "비록 명백한 것들만 인간 권력자들에 의하여 처벌받을 수 있다는 것이 사실이기는 하지만, 하나님께서는 숨겨진 것들을 찾아내어 처벌하실 것이다." 티개이에 따르면 "오묘한 것들"은 하나님에게 알려져 있는 계명들의 이유를 가리키고, 반면에 명백한 행위들 – 계명에 대한 물리적 행위 – 은 이스라엘에게 부여되었다고 주장하는 마이모니데스의 해석에 대해서도 같은 생각을 할 수 있다. 백성들은 그들이 그 이유를 알고 그들의 행위가 불필요한 것들을 만들어 낸다고 생각할지라도 계명을 행하는 일에서 자신들을 제외시켜서는 안 된다.

어쨌든 29:28의 명백한 본문은 하나님께서 여러 가지 것들을 우리에게 계시하셨을지라도, 그분은 우리에게서 많은 것을 숨기기를 기뻐하셨다는 사실을 암시한다. 토머스 스코트가 오래 전에 그 이유를 말한 바와 같이, "그분은 자기 지혜의 비밀 가운데 침투하실 수 있다. 혹은 그분의 작정과 계획, 그분의 행위의 이유 그리고 그분이 그것들을 계시하신 것 이상으로 그분의 속성의 비밀들을 발견할 수 있다"(Thomas Scott, *Holy Bible*[1823] 1:562-63). 신명기의 말씀을 깊이 생각하는 사람은 누구나 질문을 하게 되고 하나님께서 자기 백성을 취급하시는 일에 대해서 반항할 수도 있는데, 그 이유는 끔찍한 저주들이 필요 이상으로 잔인하기 때문이다.

29:28에서 우리는 "오묘한 일"과 "나타난 일" 사이의 중요한 구분을 통하여 그러한 질문에 대한 경고를 받는다. 우리는 어떤 일들에 대해서는 그것이 하나님께 속한 것으로 남겨놓아야 하고, 명백한 언어로 우리와 우리 자손에게 계시된 "이 토라의 모든 말씀"을 행하는 일에 우리의 일차적 목적을 두어야 한다. 하나님께서는 우리에게 유익이 되는 일들을 계시해 주셨다. 그리고 우리는 그것들을 발견하고 그것들의 목적을 발견하는 데 초점을 맞추어야 한다. 스코트는 다음과 같이 말한다.

순수성을 잃어버리거나 혹은 어느 시대에나 교회의 평화를 어지럽힌 거의 모든 이단들과 논쟁자들은 이러한 구분을 무시한 데서 기원되었다. 계시 속에 가정된 차이들을 채우기 위하여, 그리고 그것이 하나님을 기쁘시게 했던 것보다는 그것을 보다 뚜렷하게 이루도록 하기 위하여 일관되고도 조직적인 것으로 만들려고 하는 인간의 이성과 권위에 의한 헛된 시도로부터 나왔다. 계시로부터 추론해 내는 논란의 여지가 있는 결과들로부터 왔다. 혹은 어떤 사람에게는 계시되지 않은 선행하는 원인(근거, 동기)에 이르기까지 그 성스러운 신비들의 출처를 밝혀내는 데서 왔다.

궁극적인 신비에 직면하면 침묵이 적절한 대답이다. 선지자 이사야가 말하는 바와 같이 "여호와의 말씀에 내 생각은 너희 생각과 다르며 내 길은 너희 길과 달라서 하늘이 땅보다 높음같이 내 길은 너희 길보다 높으며 내 생각은 너희 생각보다 높으니라"(사 55:8-9).

다른 면에서도 역시 위험은 있는데, 곧 기록되지 않은 것이 더 좋았을 것이라고 주장하면서 계시된 문제들에 대하여 지나치게 많이 말하려는 기질에 있다. 오늘날의 어떤 저술가들은 계시된 진리 중에 많은 것들, 특히 바울 서신 가운데 있는 것을 삭제해 버리도록 충고한다. 이 본문은 계시된 모든 것이 우리에게 속해 있다고 선언하고 있다.

성경은 우리가 하나님을 알고 사랑하고 섬기는 데 필요한 모든 것을 명확하게 계시하고 있는데, 곧 죄인인 우리 자신들을 알도록, 그리고 예수 그리스도를 영접하는 길을 알도록, 우리의 달란트와 다른 사람들을 섬길 기회와 관련하여 구속받은 죄인으로서 우리의 의무를 이해하도록, 우리가 노출되어 있는 영적 대적들과 위험의 성향을 알도록 계시하고 있다. 이 모든 것들은 유익한 지식의 본질인 "나타난 일들"에 속하는 것이며, 우리가 그것들을 실천할 때 그것들은 하늘 지혜의 본질이 된다. 그러나 우리가 계시된 진리에 덧붙이고 그 자리에 다른 것을 대치하려는 모든 일들은 무지한 천국 여행자들을 당황스럽고 혼란스럽게 할 뿐이다. 그러한 추론들은 호기심을 만족시키고 기분 전환을 시켜 줄 수 있다. 그러나 그것들은 자주 멸망의 웅덩이를 부주의하게 하여 오도해 가기도 한다. 선지자 이사야는 "가르침과 지시를 받기 위하여" 다른 신에게 묻는 사람들에게 경고했다. "그들의 말하는 바가 이 말씀에 맞지 아니하면 그들이 정녕히 아침빛을 보지 못할 것이다"(사 8:20).

E. 회복의 가능성: 너희가 돌아오면 하나님께서도 돌이키시리라(30:1-10)

참고문헌

Baker, D.W. "The Uniqueness of the Mosaic Covenant." *South African Judaica* 1 (1984) 1-11. **Barth, C.** "Notes on 'Return' in the Old Testament." *Ecumenical Review* 19(1967) 310-12. **Braulik, G.** "Gesetz als Evangelium: Rechtfertigung und Begnadigung nach der deuteronomischen Tora." *ZTK* 79(1982) 127-60, esp. 155-60. **Brueggemann, W.** "The Kerygma of the Deuteronomistic Historian: Gospel for Exiles." *Int* 22(1968) 387-402, esp. 393-94. **Buis, P.** "Comment au septième siècle envisageait-on l'avenir de l'Alliance? Étude de Lv. 26, 3-45." In *Questions disputées d'Ancien Testament.* Ed. C. Brekelmans. 1974. 131-40, esp. 139. ______. "La Nouvelle Alliance." *VT* 18(1968) 1-15. **Gamper, A.** "Die heilsgeschichtliche Bedeutung des salominischen Tempelweihgebetes." *ZKT* 85(1963) 55-61, esp. 60-61. **Gressmann, H.** "Josia und das Deuteronomium." *ZAW* 42(1924) 313-46, esp. 335. **Holladay, W. L.** *The Root ŠÜBH* in the Old Testament with Particular Reference to Its Usages in Covenantal Contexts. Leiden: Brill, 1958. **Köckert, M.** "Das nahe Wort: Zum Gesetzesverständnis im Alten Testament." *TP* 60(1985) 496-519. **Levenson, J. D.** "The Paronomasia of Solomon's Seventh Petition." *HAR* 6(1982) 135-38. **Lohfink, N.** "Der Bundesschluß im Land Moab: Redaktionsgeschichtliches zu Dt 28, 69-32, 47." In *Studien zum Deuteronomium I.* Ed. N. Lohfink. 1990. 53-82, esp. 63-64. ______. *Höre Israel: Auslegung von Texten aus dem Buch Deuteronomium.* Dusseldorf: Patmos-Verlag, 1965. 119-20. **Schenker, A.** "Unwiderrufliche Umkehr und neuer Bund: Vergleich zwischen der Wiederherstellung Israels in Dt 4, 25-31: 30, 1-14 und dem neuen Bund in Jer 31, 31-34." *FZPhTh* 27(1980) 93-106.

Bibliography for 30:1-10

Aho, G. "The Eighth Sunday after Pentecost." *CTQ* 47(1983) 48-49. **Brichto, H. C.** *Problem of "Curse."* 1963. 32, 187. **Chołewinski, A.** "Zur theologischen Deutung des Moabbundes." *Bib* 66(1985) 96-111, esp. 108-9. **Fishbane, M.** "The Biblical *'ôt.*"

Shnaton 1(1975) 213-34(Heb.; Eng. summary, x-xi). **Fitzmyer, J.** "The Aramaic Suzerainty Treaty from Sefire in the Museum of Beirut." *CBQ* 20(1958) 444-46. **Greenfield, J. C.** "Stylistic Aspects of the Sefire Treaty Inscription." *AcOr* 29(1965) 4. **Le Déaut, R.** "Le thème de la circoncision du coeur(Dt. xxx 6; Jér. iv 4) dans les versions anciennes(LXX et Targums) et à Qumrân." In *Congress Volume, Vienna 1980.* Ed. J. Emerton. VTSup 32. Leiden: Brill, 1981. 178-205. **Melamed, E. Z.** *Biblical Studies in Texts, Translations, and Commentators.* Jerusalem: Magnes, 1984. 131-36(Heb.). **Mendecki, N.** "Dtn 30, 3-4 - Nachexilisch?" *BZ* 29(1985) 267-71. **Schröter, U.** "Jeremias Botschaft für das Nordreich, zu N. Lohfinks Überlegungen zum Grundbestand von Jeremiah xxx-xxxi." *VT* 35(1985) 312-29. **Sheppard, G. T.** "Wisdom and Torah: The Interpretation of Deuteronomy Underlying Sirach 24, 24." In *FS W. S. LaSor.* 1978. 166-76, esp. 170-73. **Sklba, R. J.** "The Call to New Beginnings: A Biblical Theology of Conversion." *BTB* 11(1981) 67-73. **Thompson, J. A.** "Israel's 'Haters.'" *VT* 29(1979) 200-205. **Vanoni, G.** "Der Geist und der Buchstabe: Überlegungen zum Verhältnis der Testamente und Beobachtungen zu Dtn 30, 1-10." *BN* 14(1981) 65-98. **Weinfeld, M.** "Jeremiah and the Spiritual Metamorphosis of Israel." *ZAW* 88(1976) 17-56. **Widengren, G.** "The Gathering of the Dispersed." *SEÅ* 41-42(1976-77) 224-34. **Wolff, H. W.** "The Kerygma of the Deuteronomic Historical Work." Tr. F. C. Prussner. In W. Brueggemann and H. W. Wolff, *The Vitality of Old Testament Traditions.* 2nd ed. Atlanta: John Knox, 1982. 83-100.

본문과 운율 분석

야웨께로 돌아올 가능성이 있다

[(6:6):(5:4):(4:5):(6:6)]

1 내가 네게 진술한 모든 복
과 저주가 네게 임하므로 네
가 네 하나님 여호와께 쫓겨
간 모든 나라 가운데서 이 일
이 마음에서 기억이 나거든
2 너와 네 자손이 네 하나님
여호와께로 돌아와 내가 오늘
날 네게 명한 것을 온전히 따라
서 마음을 다하고 성품을 다하

The Possibility of Returning to YHWH Is There

[(6:6):(5:4):(4:5):(6:6)]

1 And it shall be when *all these words / come upon you /* 30 2
the blessing / and the curse / 13 2
that I have set / before you // 12 2_
And you take them / to[a] *heart / among all the nations /* 21 3
where YHWH [b]*your God*[b] */* [c]*has banished you*[c] */ there //* 21 3_
2 *And you return / to YHWH your God /* 14 2
and you hearken to his voice / 10 1
according to all[a] *that I command you / TODAY //* 18 2_
[b]*You |*[c] *and your children*[b] */* 10 2

여 여호와의 말씀을 순종하면

with all your heart / and with all your soul // 14 2

3 네 하나님 여호와께서 마음을 돌이키시고 너를 긍휼히 여기사 네 포로를 돌리시되 네 하나님 여호와께서 너를 흩으신 그 모든 백성 중에서 너를 모으시리니

3 *Then YHWH your God will restore*[a] */ your fortunes*[b] / 18 2
and he will show compassion on you // and he will return / 11 2_
And he will gather you / from all the peoples / 11 2
where [c]*YHWH your God*[c] */ has scattered you / there //* 20 3_

4 너의 쫓겨간 자들이 하늘 가에 있을지라도 네 하나님 여호와께서 거기서 너를 모으실 것이며 거기서부터 너를 이끄실 것이라

4 *If you be banished away*[a] *to the ends of the heavens //* 16 1
from there / YHWH your God / will gather you / 17 3
and from there / he will take you[b] *//* 10 2_

5 네 하나님 여호와께서 너를 네 열조가 얻은 땅으로 돌아오게 하사 너로 다시 그것을 얻게 하실 것이며 여호와께서 또 네게 선을 행하사 너로 네 열조보다 더 번성케 하실 것이며

5 *And YHWH*[a] *your God*[b] */ will bring you /* 15 2
to the land / your fathers possessed[c] *for you to possess //* 24 2
And he will make you more [d]*prosperous and*[d] *numerous /* 11 1
than your fathers // 7 1_

네가 돌아오면 하나님께서도 너에게 언약적 축복을 돌이키실 것이다
[(7:5):(6:4):(4:6):(5:7)]

When You Return, God Will Return the Covenant Blessings to You [(7:5):(6:4):(4:6):(5:7)]

6 네 하나님 여호와께서 네 마음과 네 자손의 마음에 할례를 베푸사 너로 마음을 다하며 성품을 다하여 네 하나님 여호와를 사랑하게 하사 너로 생명을 얻게 하실 것이며

6 *And YHWH your God will circumcise / your heart /* 18 2
and the heart of your descendants // 7 1
To love / YHWH your God / 15 2
with all your heart and with all your soul / 14 1
in order that you may live // 7 1_

7 네 하나님 여호와께서 네 대적과 너를 미워하고 핍박하던 자에게 이 모든 저주로 임하게 하시리니

7 *And YHWH your God / will put / all these*[a] *curses //* 27 3
on your enemies[b] *and on your foes / who persecuted you //* 23 2_

8 너는 돌아와 다시 여호와의 말씀을 순종하고 내가 오늘날 네게 명한 그 모든 명령을 행할 것이라

8 *And you yourself will return /* 8 1
and you will hearken[a] *to the voice of YHWH*[b] *//* 11 1
And you will do[c] *all his commandments /* 13 1
that / I command you / TODAY // 15 3_

9 네가 네 하나님 여호와의 말씀을 순종하여 이 율법 책에 기록된 그 명령과 규례를

9 *And YHWH your God |*[a] *will grant you abundance /* 17 2
in all / the work of your hand⟨s⟩[b] */* 12 2_
In the fruit of your womb / and in the fruit [c]*of your cattle /* 15 2

지키고 네 마음을 다하며 성품을 다하여 여호와 네 하나님께 돌아오면 네 하나님 여호와께서 네 손으로 하는 모든 일과 네 몸의 소생과 네 육축의 새끼와 네 토지 소산을 많게 하시고 네게 복을 주시되 곧 여호와께서 네 열조를 기뻐하신

and in the fruit of your ground[c] */ for good //* 15 2
For / YHWH will return / to delighting in you / for good / 20 4
just as he delighted / in your fathers // 11 2_

10 것과 같이 너를 다시 기뻐하사 네게 복을 주시리라 (30장 9절의 내용의 계속임 – 9절과 10절의 내용 동일함)

10 *When you hearken / to the voice / of YHWH your God /* 15 3
by keeping his commandments / and his statutes / 14 2_
The ones written / in this[a] */ book of the Torah //* 14 3
when you return / to YHWH your God / 15 2
with all your heart / and with all your soul // פ 14 2_

원문주해

1.a. 몇몇 SP 필사본들에는 MT의 알(אל, "에게") 대신에 알(על)로 되어 있는데 의미상의 차이는 없다.

1.b-b. LXX^{B}, OL, *Tg. Ps.-J.*에는 빠져 있다.

1.c-c. SP에는 MT의 힛디하카(הדיחך, "그가 너를 추방했다") 대신에 ידיחך("그가 너를 추방할 것이다")로 되어 있다.

2.a. 케콜(ככל) 아래 있는 테비르는 연접사로 읽음.

2.b-b. LXX^{-L}에는 빠져 있다(오리겐은 별표를 덧붙였다).

2.c. 아타(אתה) 아래 있는 무나흐는 연접사로 읽음.

3.a. LXX에는 카이 이아세타이(*καὶ ἰάσεται* 〈-*ηται*〉, "그리고 그가 [네 죄악을] 고칠 것이다")로 되어 있다. LXX^{L}에는 카이 엑셀라세타이(*καὶ ἐξελάσεται*)로 되어 있다. 이 구절 가운데서 어근 수브(שוב)가 관용어적으로 사용되었다: 웨사브 에트-쉐부테카(ושב את שבותך, "네 포로를 돌리도록")는 그것을 취소하는 것을 의미한다 – "네 재앙들을 회복하도록."

3.b. SP에는 MT의 쉐부테카(שבותך, "네 운명") 대신에 글자 위치 전환에 의하여 שובתך로 되어 있다. SP는 같은 의미를 가진 것으로 이해했을 것이다.

3.c-c. Vg에는 빠져 있다. LXX^{B}과 몇몇 다른 증거 본문들은 엘로헤카(אלהיך, "네 하나님")를 생략한다. 운율 분석은 MT을 지지한다.

4.a. 위치가 잘못된 아트나로 인하여 티프하를 연접사로 읽음.

4.b. LXX^{B}와 몇몇 다른 필사본들은 퀴리오스 호 데오스 수(*κύρλοσ ὁ θεός σου*, "주

네 하나님")을 덧붙인다. 운율 분석은 MT을 지지한다.

5.a. LXX[B]에는 빠져 있다. 운율 분석은 MT을 지지한다.

5.b. LXX(LXX[B]를 제외하고)은 에케이텐(ἐκεῖθεν, "거기〈서부터〉")을 덧붙인다. 운율 분석은 MT을 지지한다.

5.c. 위치가 잘못된 아트나로 인하여 티프하를 연접사로 읽음.

5.d-d. SP는 웨헤티브카(והיטבך, "그리고 너를 번성하게 만든다")를 생략한다. 운율 분석은 MT을 지지한다.

7.a. 위치가 잘못된 아트나로 인하여 티프하를 연접사로 읽음.

7.b. 두 개의 히브리어 필사본과 카이로 게니자 단편들에는 MT의 오예베에카(איביך, "네 대적들") 대신에 איבך로 되어 있다. 운율 분석은 MT을 지지하는 편이다.

8.a. 위치가 잘못된 아트나로 인하여 티프하를 연접사로 읽음.

8.b. 소수의 히브리어 필사본, SP, LXX, Syr, Vg은 엘로헤카(אלהיך, "네 하나님")를 덧붙인다. 그러나 여기서 한 단어를 덧붙이는 것은 본문의 운율 구조의 형태를 흩뜨려 놓는다.

8.c. 자켑 카톤이 뒤따라온 파스타는 연접사로 읽음.

9.a. 웨호티르카(והותירך, "그가 너에게 풍요를 선사할 것이다") 뒤에 나오는 텔리사 퀘탄나는 이접사로 읽음.

9.b. 여러 히브리어 필사본, 카이로 게니자 단편들, SP, LXX, Syr, Vg과 함께 MT의 야데카(ידך, "네 손") 대신에 야데에카(ידיך, "네 손들")로 읽음. *Tg. Ps.-J.*에는 예데켐(ידיכם, "너희 손들")로 되어 있다.

9.c-c. SP에는 MT의 베헴테카 우비프리 아드마트카(בהמתך ובפרי אדמתך, "네 생축에 대해 그리고 네 땅의 열매에")라는 문구 대신에 אדמתך ובפרי בהמתך("네 땅에 대해 그리고 네 생축의 소산에")로 되어 있다.

10.a. 카이로 게니자 단편들에는 여성형으로 되어 있다.

양식/구조/배경

"네 하나님 야웨"란 문구가 8절을 제외한 각 구절에서 한 번씩 모두 열두 번 나타난다. 티개이는 열쇠가 되는 단어 수브(שׁוּב, "돌아오다")가 세심하게 짜인 교차적 형태로 되어 있는 일곱 문장 가운데 나타난다는 사실에 주의를 상기시킨다(Tigay[1996] 283-84). 그 메시지는 분명하다. 만일 이스라엘이 그들의 하나님 야웨께로 돌아오기로 결심한다면, 야웨께서 한 가지 방식 이상의 여러 가지 방식으로 그들에게로 돌아가실 것이다.

신명기 30장 전체의 내용은 다섯 부분으로 된 대칭 구조 형태로 정리될 수 있다.

A	회복의 가능성이 있다. 그러므로 야웨께로 돌아오라	30:1-5
B	네가 돌아오면 야웨께서 축복으로 돌이켜 주실 것이다	30:6-10
X	이 토라는 먼 것도 아니다 - 행할 수 있다	30:11-14
B′	내가 네 앞에 선택권을 두었다: 생명 아니면 사망이다	30:15-18
A′	야웨에 대한 순종을 통하여 생명을 택하라	30:19-20

약속의 땅으로부터 추방된 다음에라도 행할 수 있는(11-14절) 토라에 있는 계명들에 대한 순종을 통하여 회복의 가능성은 여전히 남아 있다(1-5절). 만일 백성들이 야웨께 돌아오면 그분께서 축복으로 돌이켜 주실 것이다(6-10절). 그 땅에서 새로워진 삶의 방식은 야웨에 대한 순종을 통한(19-20절) 선택의 문제다(15-18절).

낭독 본문 8(29:9-30:2) 전체의 보다 큰 대칭 구조 형태 내에서 그 내용이 포로에 대한 경고로부터 다가올 언약의 파기로 옮겨가는데(29:15-27), 이것은 비록 이스라엘이 추방을 당할지라도 그들이 야웨께로 돌이키려고 결심할 때 그분께서 축복으로 돌이켜 주실 것이라는 하나님의 약속(30:1-10)과 대칭되어 있다. 여기서 열쇠가 되는 단어는 수브(שׁוב, "돌아가다" 혹은 "되돌아가다")란 히브리어 어근인데, 이것이 히브리 본문 가운데 세심하게 짜인 형태로 나타난다. 불행스럽게도 히브리어 어근이 출현할 때마다 같은 영어 단어로 번역하기가 불가능하므로 그 패턴을 역본에서 생생하게 드러내지는 못한다. 이 히브리어 어근은 이스라엘이 하나님에게로 돌이키는 것과 하나님께서 이스라엘을 축복으로 돌이키게 하시는 것을 모두 표현하고 있다. 문법적인 면에서 이 동사 "돌아가다"는 자동사적으로나 타동사적으로 사용될 수 있다. 30:6-10에 있는 본문의 의미는 순환적 문장으로 요약될 수 있다: "네가 돌아오면 하나님께서 너에게로 돌아가실 것이다!"

수브(שׁוב)란 히브리어 동사가 "마음에 기억이 나다"(1절)와 네 운명을 회복한다는 의미로 "포로를 돌리다"(3절)와 같은 관용어적 표현 가운데 나타난다. 더 나아가서 티개이가 지적하는 바와 같이, "대체적으로 이 문단은 로쉬 하사나(Rosh Hashanah)로부터 욤 키푸르(Yom Kippur)까지 연장되는 10일 간의 회개일에 앞서 있는 사바트에 회당에서 읽혀진 토라 낭독 본문의 일부분이다"(Tigay[1996] 284).

30:1-10의 경계들은 세투마 구획 표시, 초두에 있는 수의 전이 그리고 끝부분에 있는 페툭하 구획 표시로 표시되어 있다. 그 내용 이외에는 내적 구조의 다른 어떤 암시도 주어져 있지 않다. 이 본문에서 열쇠가 되는 단어는 수브(שׁוב, "돌아오다")라는 히브리어 어근인데, 이것이 다음의 칠지 형태로 되어 있는 일곱 개의 문장 가운데 나타난다.

A 이 말씀을 기억하고(והשׁבת) 야웨께로 돌아오라(ושׁבת) 30:1-2
B 야웨께서 너를 회복시키실 것이고(ושׁב שׁבות) 그가 돌이킬 것이다(ושׁב) 30:3
C 야웨께서 너를 제 열조의 땅으로 돌아오게 하실 것이다 30:4-5
X 마음을 다하며 성품을 다하여 하나님을 사랑하라 30:6-7
C′ 너는 돌아와(תשׁוב) 야웨의 음성을 청종할 것이다 30:8
B′ 야웨께서 돌이키시고(ישׁוב) 너를 기뻐하실 것이다 30:9
A′ 네가 그분에게로 돌이킬(תשׁוב) 때에 야웨의 음성에 귀를 기울일 것이다 30:10

어근 수브(שׁוב)가 출현하는 가운데 세 번은 맨 바깥 골격에 나타나는데, 여기서는 언약 조항들이 깨어지는 미래의 관점에서 야웨께로 돌아올 필요성에 초점을 맞추고 있다(1-2절). "돌아오는" 방법은 야웨의 음성에 순종하는 것이다(10절). 그 다음 골격 역시 평행적 구절들(3, 9절)에서 어근 수브(שׁוב)가 세 번 출현하는데, 여기서는 야웨께서 자기 백성에게로 돌아오실 것이며, 그분이 포로 이후 그들의 운명을 회복시키실 것이라는 확신에 초점을 맞추고 있다(3절). 내부 골격은 백성이 야웨께 순종함으로써 돌아올 때(8절), 야웨께서는 그들에게 그들의 열조의 땅으로 돌아오게 하실 것이다(4-5절). 그리고 중심부에서 우리는 "큰 계명의 진술"을 발견하게 된다. "네 하나님 여호와께서 네 마음과 네 자손의 마음에 할례를 베푸사 너로 마음을 다하며 성품을 다하여 네 하나님 여호와를 사랑하는 것"(6-7절)이다.

운율을 세심하게 분석해 보면 두 개의 버금 단위가 드러나는데, 그 중 첫 번째 것(1-5절)은 다음과 같이 정리될 수 있다.

A 열국 가운데서 이 말씀이 (네 마음에 "돌아옴") 기억나거든 30:1
B 그리고 네 온 마음으로 네 하나님 야웨께로 돌아오라 30:2
X 야웨께서 네 운명을 회복시키실 것이다 30:3a
B′ 야웨께서 너를 모든 민족들로부터 돌아오게 하고 모으실 것이다 30:3b
A′ 야웨께서 너를 네 열조의 땅으로 돌아오게 하실 것이다 30:4-5

이 구조에서 외부 골격은 열국 중에 포로가 되어 있는 가운데 이 말씀들을 기억하라는 명령(1절)으로부터, 만일 백성들이 그렇게 한다면 하나님께서 그들을 열조의 땅으로 회복시키실 것이라는 말씀(4-5절)으로 옮겨간다. 이 두 부분은 평행적 운율의 버금 단위로 되어 있는데, 그것들은 각각 구문론적 강조 단위들 가운데서 6:6 운각을 이룬다. 내부 골격은 상황적 진술을 반복한다: 만일 네가 온 마음으로 야웨께 돌아오면(2절), 야웨께서도 네게 돌아가실 것이다(3b절). 그리고 그분께서 과거와 같이 네 운명을 회복시키실 것이다(3a절).

6-10절에 있는 두 번째 버금 단위는 유사한 스타일로 정리될 수 있다.

A 마음을 다하며 성품을 다하여 하나님을 사랑하라 30:6-7
B 너는 돌아올 것이고, 그의 모든 계명을 행할 것이다 30:8
X 야웨께서 그분의 언약적 축복으로 네게 복을 주실 것이다 30:9a
B′ 야웨께서 돌이켜서(שׁוּב) 너를 다시 기뻐하실 것이다 30:9b
A′ 네가 마음을 다하며 성품을 다하여 여호와 네 하나님께 돌아오면 30:10

여기서는 "큰 계명"이 외부 골격의 초점이다. 네가 마음을 다하고 성품을 다하여 하나님을 사랑한다는 것(6-7절)을 보여 주는 방법은 바로 그 태도로 그분에게로 돌아오는 것이다(10절). 그리고 네가 그렇게 행할 때, 하나님께서는 그분의 언약적 축복으로 너에게 다시 복을 주실 것이다(9a절). 내부 골격은 평행적 진술 가운데서 어근 수브(שׁוּב)의 다른 두 개의 용법을 취급한다: 너는 그의 계명을 지킴으로써 야웨께로 돌아올 것이다(8절). 그리고 네가 그렇게 행할 때 야웨께서 너에게로 돌이키실 것이다(9b절).

30:6-10의 구조를 바라보는 또 다른 방법은 "네 하나님 야웨"란 문구의 일곱 번의 출현에 초점을 맞추고 있는데, 그것은 다음과 같은 칠지 형태로 정리될 수 있다.

A 네 하나님 야웨께서 네 마음에 할례를 행하사 30:6a
B 마음을 다하고 성품을 다하여 네 하나님 야웨를 사랑하도록 30:6b
C 네 하나님 야웨께서 이 저주를 네 대적들에게 내리실 것이다 30:7
X 너는 네 하나님 야웨의 음성을 순종하라 30:8
C′ 네 하나님 야웨께서 네게 복을 회복시키실 것이다 30:9
B′ 네가 네 하나님 야웨의 음성을 들으면(순종하면) 30:10a
A′ 네가 마음과 성품을 다하여 네 하나님 야웨께로 돌아오면 30:10b

이 구조의 중심부에 있는 8절의 요약적 명령은 촛대의 중심 기둥과 같은 역할을 한다. 그 양편으로 우리는 "네 하나님 야웨"라는 문구의 서로 연관된 세 개의 용법을 발견한다. 그 한편에서 우리는 야웨께서 자기를 사랑할 수 있도록 하기 위하여 자기 백성들의 마음에 할례를 행하실 사실을 보게 된다(6절). 야웨께서는 자기 백성에게 다시 복을 내려 주실 때(9절) 이스라엘의 대적에게 언약적 저주를 내리실 것이다(7절) – 그때 그들은 그분의 음성에 순종하고 마음을 다하고 성품을 다하여 그분에게 돌아올 것이다(10절).

크레이기는 1-10절이 가리키고 있는 점이 신명기 28장의 축복과 저주 전체라고 설명한다(Craigie[1976] 363). 신명기의 다른 곳에서 나온 여러 주제들이 여기서 반복되고 있는데, 자주 역순으로 진술되어 있다(예를 들어, 신 28장의 저주).

신명기 30장의 숫자 구성에 관한 라부샤뉴의 글로부터 나온 자료는 다음과 같이 요약될 수 있다.

단어	아트나 앞		아트나 뒤		
30:1-5	43 (=17+26)	+	34 (=2×17)	=	77
30:6-10	45	+	43 (=17+26)	=	88
30:11-14	19	+	32	=	51 (=3×17)
29:28-30:3	32	+	36	=	68 (=4×17)
30:1-2	23	+	16	=	39
30:1-4	34 (=2×17)	+	31	=	65
30:2	11	+	6	=	17
30:2-3	17	+	15	=	32
30:2-4	22	+	21	=	43 (=17+26)
30:3-4	11	+	15	=	26
30:5-6	17	+	13	=	30
30:5-7	24	+	19	=	43 (=17+26)
30:6-9	33	+	34 (=2×17)	=	67
30:7-8	12	+	14	=	26
30:9	13	+	10	=	23
29:9-30:20	357 (=21×17)	+	306 (=18×17)	=	663 (=39×17)

또다시 고대 이스라엘의 서기관들이 신명 수 17과 26을 다양한 방법으로 히브리어 본문의 조직 가운데 짜 넣었다. 이 두 개의 숫자 이외에도, 우리는 34(=2×17), 51(=3×17) 그리고 43(=17+26)을 발견한다. 서기관들이 야웨의 영광을 위하여 그렇게 짜 넣었으므로 "영광"(כבוד – 카보드)과 연결된 23과 32라는 숫자도 나타난다.

주석

1 "축복과 저주"라는 언급은 신명기 28장의 내용을 되돌아보며 가리키고 있다. 운율 분석을 해보면 여기에 나오는 관계절이 5절에서처럼 일차적으로 뒤따라오는 내용의 서론으로서의 기능을 하고 있음이 드러난다. "내가 네게 진술한 것"은 곧 언약적 축복과 저주의 "이 모든 말씀"으로서 네 마음에 기억날(והשבת – 웨하쉐보트) 것인데, 이것은 그들이 한 사람의 마음속에 다시 떠오른다는 의미에서 상기되거나 혹은 기억될 것이다. 동사의 어근 수브(שׁוב, "돌아오다")는 1-10절에서 광범위한 의미로 일곱 번 나타난다. 여기 본문에 나와 있는 사역은 가능한 한 동사의 반복을 각 구절의 주석에서 다양한 의미로 상세히 설명한 사실을 전달하기 위하여 노력했다. 매이즈가 말하는 바와 같이(Mayes[1981] 368) 동사 힛디하카(הדיחך, "그가 너를 추방했다")는 예레미야서에서 이러한 의미로 나타나지만(렘 8:3; 16:15; 24:9) 신명기에서는 이 의미로 사용되지 않는다. 그러나 "분명히 포로가 전제되어 있다"는 그의 결론은, 그가 이러한 단어들이 미래의 배교와 포로를 통한 징계에 뒤따라오는 회복의 가능성을 예상하도록 기록되지는 않았을 것으로 말하기는 하지만 이해가 되지 않는다. 우리는 이미 28:36-37에 있는 언약적 저주에 대한 논의 가운데서 포로가 고대 근동의 계약 용어에서 공통적인 모티프였다는 사실을 살펴본 바 있다.

2 동사 어근 수브(שׁוב)의 두 번째 사용은 행실의 변화를 가리키는 "네가 돌이키면"(תשׁוב)이라는 문구 가운데 들어 있다. 밀그롬은 신명기에서 하나님에게로의 돌이킴은 그것이 선지서들 가운데서 말하는 것과는 다르다고 말한다(Milgrom, "Repentance in the OT," *IDBSup*, 737). 여기서 이것은 징벌을 종결짓는 수단으로서 형벌이 있은 후에 일어나는 어떤 것으로 언급되어 있다. 선지자들은 이 개념을 더 늦기 전에 징벌을 돌려놓으려고 백성들로 하여금 회개하라고 요청하기 위하여 확대한다. "네 마음을 다하고 성품을 다하여"의 의미에 관해서는 혼신의 힘을 다하여 백성들이 하나님을 사랑해야 한다고 말하는 6:5의 "주석"을 보라. 히브리어 레바브(לבב, "마음")는 우리가 마음에 상기해야 할 내용을 가리킨다. 레바브(לבב, "마음")와 네페쉬(נפשׁ, "성품, 혼")가 짝을 이루고 있는 것은 정신적 그리고 감정적 에너지와 활동 간에 모종의 구별이 있음을 시사한다. 현대 심리학의 입장에서 우리는 우리의 하나님에 대한 사랑이 우리의 의식적, 무의식적 마음 전체를 포용해야 한다고 말할 수 있다. 그것은 우리의 존재 자체에 퍼져 있어야 한다.

3 어근 수브(שׁוב)의 세 번째 용법은 여기서 "네 운명을 회복하라"(직역하면 "하나의 돌이킴을 돌이키라" 혹은 "너의 포로를 돌이키라")와 같이 번역된 하나의 관용어적 형태 웨샤브 쉐보트(ושׁב שׁבות)로 되어 있는데, 이것은 포로가 되기 전 그들의 이전 상태로 되돌아간다는 의미로 "회복하다"를 의미한다. 어근 수브(שׁוב)의 네 번째 용법은 야웨와 관련되어 있는데, 그분께서는 "돌이키시고"(ישׁוב) "너를 흩으신 그 모든 백성 중에서 너를 모으실 것이다." 톰슨이 말하는 바와 같이 3-5절에서 본국으로 회복되는 회개하는 백성들의 모습은 "현대 이스라엘에서 발견되는 것과는 전혀 다른 모습인데, 현대 이스라엘에서는 회개의 증거가 거의 보이지 않고 수많은 백성들이 회의론자들이다"([1974] 285).

4-5 4절의 문구는 현대 유대인들에게 친숙한 내용인데, 그 이유는 이것이 하나님께서 계속해서 이스라엘의 흩어진 자들을 사방으로부터 모아 달라고 간청하고 있는 "이스라엘 국가의 전쟁을 위한 기도"의 일부분이기 때문이다([1996] 284). "하늘 가"란 문구는 지리상의 한계를 표현하기 위한 관용어다(4:32-34의 "주석"을 보라). 여기에 나오는 "네 열조"는 약속의 땅으로 들어가려 하고 있는 자들과 또한 29:21-27의 언약을 거역하고 추방 가운데 비쳐진 미래의 심판의 때까지 이르는 그 후손들을 가리킨다. "너로 더 번성케 하신다"로 번역된 두 동사는 28:63에 함께 나타난다.

6-7 "야웨께서 네 마음에 할례를 베푸실 것이다"라는 약속은 하나님 자신이 하나님의 가르치심을 따르도록 백성들을 선택하는 데 있어서 방해가 되는 모든 것들을 제거하실 것이라는 사실을 의미한다(10:16에 관한 "주석"을 보라). "랍비들은 이러한 과정을 다음과 같이 묘사했다. '한 사람이 자신을 정결하게 하기 위하여 노력할 때, 그는 그렇게 함으로써 도움을 받는다'"(Tigay[1996] 285). 또한 10:16을 보라. 여기서 모세는 이스라엘에게 "너는 마음에 할례를 행하라"고 권고하고 있다. 6:5의 "주석"을 보라.

8-9 30:1-10에서 어근 수브(שׁוב)의 다섯 번째 사용은 타수브(תשׁוב) 즉 "네가 스스로 돌아올" 미래에 대해서 말하고 있는데, 이 점은 "그분의 온 계명들"에 순종함으로써 야웨의 음성을 청종한다는 평행절 가운데 정의되어 있다. 이스라엘 편에서 행하는 이러한 행동의 결과가 28:4의 삼중적 언약적 축복을 회복시켜 줌으로써 "야웨께서 돌이키사(ישׁוב) 너를 다시 기뻐하사 네게 복을 주실 것"인데, 여기에 다시 "네 하나님 야웨께서 네 손으로 하는 모든 일"에 복을 주실 것이라는 약속 가운데 덧붙여진 내용이 더해진다. 9절 상반절은 매이즈가 말하는 바와 같이 약간

수정하여 28:11을 반복하고 있다(Mayes[1981] 370).

10 1-10절에 있는 어근 수브(שׁוב)의 일곱 번째 사용은 2절과 6절을 포함하는 형태를 취하고 있는 "네 마음을 다하며 성품을 다하여 여호와 네 하나님께 돌아오면(תָּשׁוּב – 타수브)"이라는 문장 가운데 나타나는데, 여기서는 이 모든 말이 "네가 돌아올 때(כִּי תָשׁוּב – 키 타수브)"를 제외시키는 것으로 보인다. 후자(6절)의 경우에서 우리는 열쇠가 되는 단어 수브(שׁוב)가 "돌이킨다"는 내용과 대치되어 있는 것을 발견하게 된다. 즉 "네 마음을 다하고 성품을 다하여 네 하나님 야웨를 사랑하는 것"이다(6:5의 "주석"을 보라).

해설

오늘날 대부분의 재판장들과는 달리, 하나님께서는 자기 백성을 취급함에 있어서 결코 사건을 완전히 매듭짓지 않으신다. 포위 전쟁과 이방 땅으로의 추방이라는 공포에서 절정을 이루는 끔찍한 저주 목록 다음에 탕자가 돌아오도록 문이 여전히 열려 있다는 확증이 뒤따라오고 있다. 더 나아가서 백성들이 언약적 계약으로 돌아오기로 결심할 때, 만약 그들의 순종이 진실하고 온 마음을 다하는 것이라면, 하나님께서도 그들로 하여금 이전보다 더 번성하도록 만드실 것이다.

하나님이 원하시는 회개는 단순히 악한 과거로부터 돌이키는 것 이상이다. 하나님께서는 언약에의 충성과 복종이라는 온 마음을 다한 위탁을 원하신다. 이 점에서 맥스웰이 예증한 내용(J. Maxwell[1987] 318)을 반복하는 것은 유익할 것이다. 토요 평론지(*Saturday Review of Literature*)에 나타난 한 만화에는 소년인 조지 워싱턴이 손에 도끼를 가지고 서 있다. 그 앞에 놓여 있는 것은 유명한 벚나무다. 그는 이미 그것을 찍어 넘어뜨려 놓았다 – 결국 "그는 거짓말을 할 수가 없는 것이다." 그러나 그의 아버지가 거기 서 있는데 화가 나서 말한다. "좋아, 네가 그렇게 했지! 너는 **항상** 그래. 묻겠는데, 언제 네가 그렇게 **하는 것을** 멈추겠느냐는 것이다."

수많은 사람들이 어려운 방법으로 깨닫고 배운 것처럼 – 무명의 알코올 중독자 프로그램과 다른 12단계 프로그램에서 – 사람은 변하려는 의지를 행사할 준비를 갖추기 전에 그 저주들의 충분한 세력을 체험해 보아야 한다. 이스라엘 백성들은 스스로 올바르게 생각하고 또 다른 방향으로 돌아서려고 선택하기 전에 이방 땅으로 추방당하는 일을 포함하여 언약적 저주들을 체험해 보아야 한다.

크레이기가 말하는 바와 같이, "모세는 자기의 연설에서 지금 이스라엘 백성들에게 복종에 대한 필요성을 자각시키기 위하여 과거의 경험과 또한 일어날 수 있는 미래에 대한 자기의 개념을 모두 사용하고 있다. 그들이 그 땅에 들어가기 전에 그는 그들이 다시 그 곳으로부터 쫓겨나서 흩어질 것이고 또다시 돌아오게 될 일에 대해서 경고하고 있다"(Craigie[1976] 364). 크레이기가 말하는 바와 같이, 이러한 대 전망은 결국 선지자적 전망으로 나타나게 된다(참조. 렘 29:14; 겔 36:24; 마 24:31; 막 13:27). 예레미야 31:31-34과 에스겔 36:24-32과 함께 6-10절을 참조하라. 톰슨은 에스겔 36:24-36; 37:23-28 그리고 로마서 11:25-27을 비교하도록 권하고 있는데, 거기서 "하나님께서는 자기 백성을 회복시킴에 있어서 자기 백성이 회개하기 이전에…하나님 자신이 이스라엘의 내적 변화가 일어나게 하시고(네 마음에 할례를 베푸사), 그리하여 이스라엘이 마음을 다하여 여호와를 사랑하게 하심에 있어서 주도권을 잡고 일하시는 것처럼 보인다…회개 자체는 피상적이지 않을 것이다. 아마도 사실상 회개 자체의 기원은 하나님의 행동에 달려 있을 것으로 보인다. 분명한 것은, 야웨에 대한 진심어린 사랑의 기원이 야웨 자신에게 있다는 것이다"(1974] 285).

변화의 능력은 하나님께로부터 나온다. "하나님께서는 우리로 하여금 우리의 의지에 반하여 강압적으로 가게 하지 않으시고, 우리로 하여금 자원하여 가게 하신다!"는 옛말이 있다. 하나님의 계명은 하나님의 능력의 부여(enablement)다. 그분께서는 우리가 행하도록 힘을 부여해 주지 않으실 일을 우리에게 행하도록 명령하지 않으셨다. 그 이유는 사실상 "네 하나님 여호와께서 네 마음과 네 자손의 마음에 할례를 베푸사 너로 마음을 다하며 성품을 다하여 네 하나님 여호와를 사랑하게 하사 너로 생명을 얻게 하실 것"이기 때문이다.

F. 하나님의 명령들은 행할 수 있다(30:11-14)

참고문헌

Aho, G. "The Eighth Sunday after Pentecost." *CTQ* 47(1983) 48-49. **Collins, J. J.** "The Place of Apocalypticism in the Religion of Israel." In *FS F. M. Cross.* 1987. 548.

Couroyer, B. "La tablette du coeur." *RB* 90(1983) 416-34. **Dumortier, F.** "Une loi, principe de vie, Dtn 30, 10-14." *AsSeign* 46(1974) 52-56. **Dus, J.** "Der ferne Gott und das nahe Gebot(Eine Studie zum Deuteronomium)." *CV* 7(1964) 193-200. **Glasson, T. F.** "Gospel of Thomas, Saying 3, and Deuteronomy xxx 11-14." *ExpTim* 78 (1966-67) 151-52. **Goldberg, A. M.** "Torah aus der Unterwelt? Eine Bemerkung zu Röm 10, 6-7." *BZ* 14(1970) 127-31. **Holladay, W. L.** "A Proposal for Reflections in the Book of Jeremiah of the Seven-Year Recitation of the Law in Deuteronomy (Deut 31, 10-13)." In *Das Deuteronium.* Ed. N. Lohfink. 1985. 326-28. **Jervell, J.** "Die offenbarte und die verborgene Tora: Zur Vorstellung über die neue Tora im Rabbinismus." *ST* 25(1971) 90-108, esp. 93-95. **Koch, D.-A.** *Die Schrift als Zeuge des Evangeliums.* BHT 69. Tübingen: Mohr, 1986. 107, 153-60, 185-86, 197-98, 295-96. **Köckert, M.** "Das nahe Wort: Zum entscheidenden Wandel des Gesetzesverständnis im Alten Testament." *TP* 60(1985) 496-519. **Kutsch, E.** "Menschliche Weisung - Gesetz Gottes: Beobachtungen zu einem aktuellen Thema." In *Gott ohne Eigenschaften?* Ed. S. Heine and E. Heintel. Vienna: Evangelischer Presseverband, 1983. 77-106, esp. 99-100. **Lemke, W.** "The Near and Distant God: A Study of Jer 23:23-24 in Its Biblical Theological Context." *JBL* 100(1981) 541-55, esp. 545, 552. **Sheppard, G. T.** "Wisdom and Torah: The Interpretation of Deuteronomy Underlying Sirach 24, 23." In *FS W. S. LaSor.* 1978. 166-76. **Suggs, M. J.** "'The Word Is Near You': Romans 10:6-10 within the Purpose of the Letter." In *Christian History and Interpretation: FS J. Knox.* Ed. W. Farmer et al. Cambridge: Cambridge UP, 1967. 289-312. **Veerkammp, T.** "Predigt zum Barmen-Jubiläum in Dresden über 5. Mose 30.11-14." *Junge Kirche* 45(1984) 386-88. **Vicent, R.** "Derash homilético en Romanos 9-11." *Salm* 42(1980) 751-88.

본문과 운율 분석

하나님의 명령들은 행할 수 있다 [(6:7):(7:6)]

11 내가 오늘날 네게 명한 이
명령은 네게 어려운 것도 아
니요 먼 것도 아니라
12 하늘에 있는 것이 아니니
네가 이르기를 누가 우리를

God's Commandments Are Doable [(6:7):(7:6)]

11 *For this commandment / that / I command you\[a] TODAY //*	24 3
it[b] is not too hard\[c] for you /	10 1
and it[d] is not / too far away //	10 2_
12 *It[a] is / not in the heavens // that you should say /*	13 3
"Who will go up for us to the heavens[b] / and get it for us /	26 2

위하여 하늘에 올라가서 그
명령을 우리에게로 가지고 와
서 우리에게 들려 행하게 할
꼬 할 것이 아니요
13 이것이 바다 밖에 있는 것
이 아니니 네가 이르기를 누
가 우리를 위하여 바다를 건
너가서 그 명령을 우리에게로
가지고 와서 우리에게 들려
행하게 할꼬 할 것도 아니라
14 오직 그 말씀이 네게 심히
가까와서 네 입에 있으며 네
마음에 있은즉 네가 이를 행
할 수 있느니라

and cause us to hear it / that we may do it?" // 18 2_

13 *And it*[a] *is not across / the sea //* 13 2
that you should say / "Who will cross over for us / 14 2
to the other side of the sea / and get it for us / 18 2
and impart it to us?" / 12 1_
So let us do it // **14** *for the word / is very / near to you //* 25 4
in your mouth and in your heart / to do it // ס 18 2_

원문주해

11.a. 위치가 잘못된 아트나로 인하여 티프하를 연접사로 읽음.

11.b. 여러 히브리어 필사본들은 히우(הוא)에 와우(ו) 대문자(큰 글자로 기록됨)를 가지고 있다.

11.c. 자켑카톤이 뒤따라온 파스타는 연접사로 읽음.

11.d. 여러 히브리어 필사본들은 히우(הוא)에 와우(ו) 대문자(큰 글자로 기록됨)를 가지고 있다.

12.a. 여러 히브리어 필사본들은 히우(הוא)에 와우(ו) 대문자(큰 글자로 기록됨)를 가지고 있다.

12.b. SP에는 MT의 하샤마예마(השמימה, "그 하늘들에") 대신에 하샤밈(השמים, "그 하늘들")으로 되어 있다(참조. 4:19). 운율 분석은 MT을 지지한다.

13.a. 여러 히브리어 필사본들은 히우(הוא)에 와우(ו) 대문자(큰 글자로 기록됨)를 가지고 있다.

양식/구조/배경

30:11-14의 경계들은 10절 다음에 나오는 페투하 구획 표시로 또한 14절 다음에 나오는 세투마 구획 표시로 되어 있고, 그 내용 자체 이외에 다른 내적인 구조 표시가 나타나 있지 않다. 그것은 다음과 같이 정리될 수 있을 것이다.

A 이것은 계명이다 – 네게 어려운 것이 아니다 30:11
B 그것은 하늘에 있는 것이 아니다 – "누가 우리를 위해 올라갈 것인가?" 30:12ab
X   "우리에게 들려 행하게 할꼬?" 30:12c
B′ "바다 밖에 있는 것이 아니니" 30:13
A′ 그것이 네게 가까워 – 네 입에 있고 네 마음에 있은즉 행하리라 30:14

외부 골격은 계명이 행하기에 어렵지도 않고 접근할 수 없지도 않다고 말하고 있다(11절). 그것은 가까이에 있다: "네 입에 있으며 네 마음에 있은즉 네가 이를 행할 수 있느니라"(14절). 내부 골격은 두 개의 평행적 진술로 이루어져 있는데, 형태상으로는 실질적으로 동일하며, 야웨의 계명이 우리 손이 미칠 수 없는 – 즉 "하늘에"(12a절) 혹은 "바다 건너편에"(13a절), 그리고 "우리에게 들려 행하게 할꼬"(12c절) – 곳에 있지 않다는 점까지 확대된다.

운율 분석을 해보면 "우리에게 들려 행하게 할꼬"(וישמענו אתה ונעשׂנה – 웨이슈미에누 오타흐 웨나아센나)란 문구는 13절의 끝에서 12절 끝에 있는 것과는 약간 다른 의미로 취급되어야 한다는 사실을 암시한다. 이 "판에 박힌 문구"는 깨어져 있는데, 왜냐하면 웨나아센나(ונעשׂנה)란 단어가 이제는 순환적 문장에서 첫 번째 단어로서 14절에 속해 있기 때문이다. 이는 다음과 같이 정리될 수 있다.

A "그러므로 우리가 그것을 행하자" ונעשׂנה 30:13d
B "그것이 네게 가까이 있기 때문이다" כי־קרוב אליך 30:14aα
X   "그 말씀, 지극히 그러하다" הדבר מאד 30:14aβ
B′ "네 입에 있으며 네 마음에 있은즉" בפיך ובלבבך 30:14bα
A′ "그것을 행하도록" לעשׂתו 30:14bβ

웨나아센나(ונעשׂנה)란 단어는 여기서 권고형, 즉 "우리가 그것을 행하자"로 읽혀진다. 말하자면 "네 입에 있고 네 마음에게 있어서 네게 심히 가까이 있는" 하나님의 "말씀"(הדבר – 하따바르)을 행하자는 것이다. 신명기 30장에서 중심 단락을 결론 맺고 있는 이 간단한 문장은 본 장 전체의 내용의 요약이기도 하다.

30:11-14의 숫자 구성에 대해 라부샤뉴가 수집한 자료는 다음과 같이 요약될 수 있다.

단어	아트나 앞		아트나 뒤		
30:11	7	+	7	=	14

30:11-12	10	+	17	=	27
30:11-13	14	+	29	=	43 (=17+26)
30:11-14	19	+	32	=	51 (=3×17)
29:9-30:20	357 (=21×17)	+	306(=18×17)	=	663 (=39×17)

네 구절의 공간 안에 신명 수 17과 26이 카보드(כבוד, "영광")라는 단어와 관련된 32라는 숫자와 함께 본문 가운데 짜여져 들어가 있다. 그 짜여지는 과정은 아트나 앞과 뒤에 일곱 개의 단어를 가진 11절에 기초하여 한 번에 한 구절을 작성하는 방식으로 되어 있다. 12절을 덧붙임으로써 17+26으로 그 결과가 나타난다. 그 다음 구절은 30:11-14에서 아트나 뒤에 전체 단어 수가 32가 되게 만드는데, 이것이 숨겨진 메시지를 완성하고 있다. 그 이유는 이제 단어의 총 수가 51(3×17)이기 때문이다. 서기관들은 여기서 30:11-14의 숫자 구성을 할 때 자기들의 작업을 야웨의 영광으로까지 확대해 나갔다.

주석

11 하나님의 명령은 이중적이다. 즉 "이 명령은 네게 지나치게 어려운 것이 아니다"라는 것인데, 다시 말해서 이해할 수 없는 것이라는 것이다(11절). 그리고 "네게서 먼 것도 아니고", 은밀한 가운데 있어서(29:28) 접근할 수 없는 곳에 있지도 않다는 것이다. 그 이후 전승에서 에녹과 관련된 묵시 문학을 낳았던 유대인 그룹은 이 단순한 진술을 자기들이 보다 고차원적인 천상의 묵상을 통하여 계시를 발견하려고 한 것과 같은 것이라고 상당히 수정했다(Collins, *FS F. M. Cross*, 548).

12 "하늘에 있는 것이 아니니" – 이 계명은 접근 불가능한 것이 아니며, 그 뜻을 명확하게 하기 위하여 어떤 특별한 자격을 갖춘 사람을 필요로 하지도 않는다. 간단히 말해서, 율법은 특별히 매일의 생활 가운데서 우리의 지침으로 주어진 것이지 우리가 접근할 수 없고 "하늘에" 간수된 하나님의 비밀의 일부분이 아니다. 하나님의 계명에 대한 우리의 책임과 관련하여 우리가 변명할 구실이 되지 않는다. 티개이에 따르면, "유대교의 근본 개념을 표현하기 위해 랍비 문서에서는 하나님의 토라가 하늘에 있지 않다는 진술에 호소한다. 탈무드에서는 토라를 해석하기 위한 권위가 하나님의 손에 있지 않다는 사상을 표현하기 위하여 이것이 사용된다. 하나님께서는 일단 토라를 이스라엘에게 주셨고, 그분은 그것이 어떻게 적용되어야 할 것인지를 결정하는 권위를 전적으로 율법 학자들에게 주셨으며, 그래서 그 어떤 것도

하나님 자신에게 달려 있지 않다"는 것이다(Tigay[1996] 286; E. Berkovits, *Not in Heaven: The Nature and Function of Halakha*[New York: Ktav, 1983]). 톰슨(Thopmson[1974] 286)은 "하늘에 올라간다"는 표현이 주전 14세기경 애굽에 있는 자기들의 종주들에게 팔레스틴에 있는 애굽의 봉신들이 쓴 아마르나의 편지 가운데 나타난다는 사실에 주의를 환기시킨다(J. A. Knudtzon, *Die El-Amarna Tafeln*[Leipzig: Hinrichs, 1915] no. 264, 11. 14-19; 참조. "A Pessimistic Dialogue between Master and Servant," *ANET*, 438, XII). 가깝거나 먼 하나님의 계명과 관련된 관용어적 용법은 수 세기 이상 알려져 있었다(참조. 엡 2:13).

13-14 "이것이 바다 밖에 있는 것이 아니니." 그러므로 그것을 얻기 위하여 힘든 여행을 할 필요가 없다. 크레이기가 말하는 바와 같이, 메소포타미아인 영웅 길가메쉬는 영생을 찾기 위하여 다니다가 바다를 거너야 했다. 길가메쉬 서사시에 나오는 이 영웅의 여행과는 대조적으로 모세는 생명이 "너에게 가까운" 하나님의 계명 가운데서 발견된다고 선언했다. "네 입에 있으며 네 마음에 있은즉"이라는 표현은 토라가 마음에 심겨지도록 암기해야 한다는 것을 암시한다. 31:9-13, 6:7의 "주석"과 특별 부록: "고대 이스라엘에서 율법, 시, 음악"을 보라. 고대 이스라엘의 문화에서 교육 과정은 일차적으로 구술 낭송이라는 수단을 통한 것이다.

해설

언약의 내용과 요구 사항들은 이해하거나 성취하기에 불가능한 것이 아니다. 그 언약은 지금 이행할 수 있고 이행해야 하는 어떤 것이다. 즉 "나는 흑암한 곳에서 은밀히 말하지 아니하였으며 야곱 자손에게 너희가 나를 헛되이 찾으라 이르지 아니하였노라 나 여호와는 의를 말하고 정직을 고하느니라"(사 45:19). 그것은 학식의 문제가 아니다. 성 보나벤투라가 오래 전에 말한 바와 같이, "늙은 여인이 신학 박사가 할 수 있는 것보다 더 하나님을 사랑할 수 있다."

바울 사도는 구원이 교묘한 행위 체계에 근거한, 특권을 가진 소수를 위한 것이 아니라는 자신의 주장을 논증하기 위하여 신명기 30:11-14 본문으로부터 영감을 받았다. 구원은 "믿음의 말씀"을 믿기로 선택한 모든 사람을 위한 것이다. 간단히 말해서, "말씀이 네게 가까와 네 입에 있으며 네 마음에 있다"(롬 10:6-9)는 것이다. 바울과 그 이전에 예수께서는 신명기의 메시지는 문제의 핵심이 두 계명에서 발견된다고 선언하고 있다고 이해하셨다. 즉 하나님을 사랑하고 이웃을 자기 자신처럼 사랑하는 것이다. 하나님의 말씀은 커다란 값을 지불하거나 인간의 노력으로만 얻을 수 있도록 하늘이나 바다 건너편에 숨겨진 소수만을 위한 것이 아니다.

모세는 토라를 음악적으로 구술 낭송을 하는 가운데 심령을 통하여 백성들에게 가르쳤다. 비록 한 부본이 기록되어서 그 다음 세대에 전달되도록 레위인들에게 위임되기는 했을지라도, 이것이 토라가 발표된 형태였다(31:9). 토라의 구술 낭독은 여호수아 1:8 본문이 증거하고 있는 바와 같이 모세가 죽은 지 오랜 후까지도 계속되었다: "이 율법책을 네 입에서 떠나지 말게 하며 주야로 그것을 묵상하여 그 가운데 기록한 대로 다 지켜 행하라." 그러나 단순히 기계적인 방식으로 토라를 아는 것에 관해서 말하고 있지 않다는 사실을 유념해야 할 것이다. 즉 그것은 내적으로 알아야 한다. 다시 말해서, 그것은 사람의 마음판에 기록되어야 하는 것이었다. 한마디로 말해서 예레미야가 예언한 "새 언약"(렘 31:31-34)은 신명기에 표현된 하나님과 그분의 백성 간의 언약적 관계라는 원래의 의도로의 회복이었다: "나 여호와가 말하노라 그러나 그날 후에 내가 이스라엘 집에 세울 언약은 이러하니 곧 내가 나의 법을 그들의 속에 두며 그 마음에 기록하여 나는 그들의 하나님이 되고 그들은 내 백성이 될 것이라"(렘 31:33).

G. 너희 앞에 생명과 사망을 택하도록 두었다 – 생명을 택하라 (30:15-20)

참고문헌

Brand, R. C. "Freedom's Just Another Word." *ExpTim* 90(1979) 174-75. **Brichto, H. C.** *Problem of "Curse."* 1963. 187. **Carmichael, C. M.** *The Laws of Deuteronomy.* 1974. 5. **Delcor, M.** "Les attaches littéraires, l'origine et la signification de l'expression biblique 'Prendre à temoin le ciel et la terre.'" *VT* 16(1966) 8-25. **Friedman, R.** "The Biblical Expression *mastîr pāntîm.*" *HAR* 1(1977) 139-47. **Giesen, G.** *Die Wurzel* שׁבע. 1981. 283-85. **Greenfield, J. C.** "Stylistic Aspects of the Sefire Treaty Inscriptions." *AcOr* 29(1965) 7. **Henry, M. L.** "'Tod' und 'Leben,' Unheil und Heil als

Funktionendes richtenden und rettenden Gottes im Alten Testament." In *FS. H. Thielicke*. 1968. 1-26. **Hurowitz, A.** *Ina Anum rum: Literary Structures in the Non-Juridical Sections of Codex Hammurabi.* Philadelphia: Samuel Noah Kramer Fund, 1994. 27-29. **Lévy-Valensi, E. A.** "Une énigme pour les peuples: Israel ou le choix de la vie." In *Studies in Judaism: Jubilee Volume Presented to David Kotlar.* Ed. A. Rabello. Tel Aviv: Am Hassefer, 1975. iii-xiii. **Merendino, R. P.** "La via della vita(Dt 30, 15-20)." *Parola, Spiritu e Vita* 5(1982) 35-51. **Orbe, A.** "El dilema entre la vida y la muerte: Exegesis prenicena de Deut. 30, 15.19." *Greg* 51(1970) 305-65, 509-36. **Seebass, H.** "Landverheißungen an die Väter." *EvT* 37(1977) 210-29, esp. 222. **Steiger, L.** "Das Leben wählen: Predigt über 5. Mose 30, 15-20." In *FS H.-J. Kraus.* 1983. 523-28. **Veijola, T.** "Zu Ableitung und Bedeutung von *Hēʿīd* I im Hebräischen: Ein Beitrag zur Bundesterminologie." *UF* 8(1976) 343-51.

본문과 운율 분석

내가 네 앞에 생명과 사망 사이에 하나를 선택하도록 두었다 [(5:4):6:(6:6):(4:5)]

15 보라 내가 오늘날 생명과 복과 사망과 화를 네 앞에 두었나니

16 곧 내가 오늘날 너를 명하여 네 하나님 여호와를 사랑하고 그 모든 길로 행하며 그 명령과 규례와 법도를 지키라 하는 것이라 그리하면 네가 생존하며 번성할 것이요 또 네 하나님 여호와께서 네가 가서 얻을 땅에서 네게 복을 주실 것임이니라

17 그러나 네가 만일 마음을 돌이켜 듣지 아니하고 유혹을 받아서 다른 신들에게 절하고 그를 섬기면

18 내가 오늘날 너희에게 선언하노니 너희가 반드시 망할 것이라 너희가 요단을 건너가

I Have Set before You the Choice between Life and Death
[(5:4):6:(6:6):(4:5)]

15 *See, I set before you / TODAY*[a] */*	17	2
life[b] *and good / / or death /*	16	2
and evil / /	6	1_
16 *⟨If you obey the commandments / of YHWH your God /⟩*[a]	16	2
that I command you / TODAY /	<u>15</u>	2_
To love / YHWH your God / [b]*to walk* [c]*in his ways*[c] */*	24	3
and to keep / [d]*his commandments and his statutes*[d] */*	15	2
and his judgments / /	<u>7</u>	1_
Then you will live and multiply /	12	1
and [e]*YHWH your God*[e] */ will bless you /*	15	2
in the land / to which you are coming /	15	2
to possess it / /	4	1_
17 *But if your heart turns / and you will not hearken / /*	15	2
and you are drawn away /	5	1
and you worship / other gods / and you serve them / /	<u>22</u>	3_
18 *I declare* to you[a] / TODAY / that you will surely\[b] perish / /	22	3
you will not prolong your days /	12	1_
[c]Upon the ground / that [d]*you are crossing over*[d] */ the Jordan /*	22	3

서 얻을 땅에서 너희의 날이 장구치 못할 것이니라

[e]*to come*[e] *thither* / *to possess it* // 12 2_

그러므로 네 하나님 야웨를 사랑함으로써 생명을 택하라 [(5:6):(6:5)]

So Choose Life by "Loving" YHWH Your God [(5:6):(6:5)]

19 내가 오늘날 천지를 불러서 너희에게 증거를 삼노라 내가 생명과 사망과 복과 저주를 네 앞에 두었은즉 너와 네 자손이 살기 위하여 생명을 택하고

19 *I call to witness* against you |[a] TODAY / heaven and earth / 26 3
life and death / 8 1
I set *before you*[b] / 11 1_
The blessing / *and the curse* // 13 2
so choose / *life* / *that you and your offspring* / *may live* // 23 4_

20 네 하나님 여호와를 사랑하고 그 말씀을 순종하며 또 그에게 복종하라 그는 네 생명이시요 네 장수시니 여호와께서 네 열조 아브라함과 이삭과 야곱에게 주리라고 맹세하신 땅에 네가 거하리라

20 *By loving* / *YHWH your God* / 15 2
[a]*by obeying his voice* / *and by cleaving to him* // 17 2
for he is your life / *and the length of your days* / 17 2_
That you may dwell upon the ground / 12 1
that YHWH your God swore to your fathers / 14 1
to Abraham / *to Isaac and to Jacob* / *to give to them*[b] // פ 24 3_

원문주해

15.a. SP는 하욤(היום, "오늘날")을 생략한다. 운율 분석은 MT을 지지한다.

15.b. 위치가 잘못된 아트나로 인하여 티프하는 연접사로 읽음.

16.a. LXX의 (카이) 에이사쿠세스 타스 엔톨라스 퀴리우 투 데우 수(⟨*καὶ*⟩ *εἰσακούσῃς τὰς ἐντολὰς κυρίου τοῦ θεοῦ σου*⟨=אם תשמע אל מצות יהוה אלהיך⟩)와 함께 한 행 전체(히브리어 본문에서는 여섯 단어)를 덧붙이고 있음. 참조. 11:27.

16.b. 몇몇 히브리어 필사본들, 한 SP 필사본, LXX[LO], Syr., Tg. Ps.-J., Vg은 와우 접속사를 덧붙인다.

16.c-c. LXX에는 엔 파사이스 타이스 호도이스 수(*ἐν πάσαις ταῖς ὁδοῖς σου*⟨=בכל דרכיך, "네 모든 길에"⟩)로 되어 있다.

16.d-d. SP와 몇몇 LXX 증거 본문들에는 MT의 미초타이우 웨후코타이우(וחקתיו מצותיו, "그의 계명과 그의 규례") 대신에 חקיו ומשפטיו("그의 규례와 계명들")로 되어 있다. 다른 LXX 증거 본문들은 미초타이우(מצותיו)를 생략한다. 운율 분석은 MT을 지지한다.

16.e-e. OL과 Vg은 아도나이 엘로헤카(יהוה אלהיך, "네 하나님 야웨")를 생략한다. 한 LXX 증거 본문에는 퀴리오스 호 데오스(*κύριος ὁ θεός*, "주 하나님"= יהוה אלהים)로 되어 있다. 운율 분석은 현재 그대로의 MT을 선호한다.

18.a. LXX과 Vg에는 2인칭 단수 르카(לְךָ, "너에게")로 되어 있다.

18.b. 위치가 잘못된 아트나로 인하여 티프하는 연접사로 읽음.

18.c. 한 LXX 필사본에는 빠져 있다. 여러 히브리어 필사본들, LXX, Syr., *Tg. Ps.-J.*, Vg은 와우 접속사를 덧붙인다. 운율 분석은 MT을 지지한다.

18.d-d. SP, LXX, Syr, *Tg. Ps.-J.*에는 2인칭 복수로 되어 있다.

18.e-e. LXX^{L}과 4:26에 있는 평행 구절에는 빠져 있음. 운율 분석은 MT을 지지한다.

19.a. 아즐라 뒤에 무나흐가 뒤따라오는 순서는 이접사로 읽음. Letteris 판은 하이도티(הַעִידֹתִי, "내가 증거하도록 부른다") 아래 메텍을 가지고 있음을 유의하라.

19.b. LXX, Syr., *Tg. Ps.-J.*, Vg에는 2인칭 복수로 되어 있다.

20.a. 두 개의 히브리어 필사본, 카이로 게니자 단편들, 한 LXX 필사본, SP 필사본들, OL, Syr., Vg은 와우 접속사를 덧붙인다. 운율 분석은 MT을 지지한다.

20.b. SP와 LXX^{L}에는 2인칭 복수로 되어 있다. LXX^{min}과 Syr에는 2인칭 단수로 되어 있다.

양식/구조/배경

18절과 19절에 두 번 나타나는 수의 전이가 30:15-20을 두 단락으로 나눈다: 15-18절과 19-20절. 동시에 이 단락 전체는 단일한 구조를 이루고 있는데, 그것은 다음과 같이 정리될 수 있다.

A 내가 네 앞에 생명과 사망을 선택하도록 두었다	30:15
B 그분에게 순종함으로써 네 하나님 야웨를 사랑하도록 내가 명한다	30:16a
X 그리고 야웨께서 네가 소유한 땅에서 네게 복을 주실 것이다	30:16b
B′ 만일 네가 치우쳐서 다른 신을 섬기면 망할 것이다	30:17-18
A′ 그러므로 그분의 음성에 순복하여 야웨를 사랑함으로써 생명을 택하라	30:19-20

이 구조에서 외부 골격은 야웨께서 자기 백성 앞에 생명과 사망을 두신 것을 선택하는 것에 관심을 두고 있는데(15절), 여기서 순종함으로써(16a절) 생명을 택하라고 권한다(19-20절). 만일 그들이 순종하면 야웨께서는 그 땅에서 그들에게 복을 주실 것이다(16b절). 그러나 그들이 치우쳐서 다른 신들을 섬기면 멸망할 것이다(17-18절).

이 단락에서 열쇠가 되는 구절은 명사 하이임(חַיִּים, "생명")과 동사 헤예(חיה, "살다")로서 이것은 다섯 개의 특별한 문맥에서 모두 여섯 번 나타나며 다음과 같은 대칭 구조로 정리된다.

A 내가 네 앞에 생명과 사망을 두었다 נתתי לפניך היום את־החיים 30:15a
B 그리고 네는 살고 번성할 것이다 וחיית ורבית 30:16b
C 내가 네 앞에 생명과 사망을 두었다 החיים והמות נתתי לפניך 30:19a
B′ 그러므로 살기 위하여 생명을 택하라 ובחרת בחיים למען תחיה 30:19b
A′ 이는 그가 네 생명이기 때문이다 וכי הוא חייך 30:20b

중심부에서 우리는 야웨께서 자기 백성 앞에 생명과 사망을 선택하도록 두셨다는 사실을 발견하게 된다(19a절). 외부 골격은 같은 선택의 진술(15a절)로부터 생명을 가지신 야웨의 정체(20b절)로 옮겨간다. 내부 골격은 네가 토라를 지킴으로써 그 모든 길로 행하기를 선택할 때(16a절) 너는 생존하며 번성할 것이라는 약속을 하면서 동사 헤예(חיה, "살다")가 두 번 등장한다.

15-20절이 20:11-20이라는 보다 큰 문맥 가운데서 검토될 때, 19절에 있는 수의 전이에 대한 반응은 더욱 분명해지는데, 그 이유는 이것이 19a절을 다섯 부분으로 이루어진 또 다른 대칭 구조 내에서 하나의 별개의 사상 단위로서 뒤따라오는 내용으로부터 구조적으로 분리시키는 표시로서의 기능을 하기 때문이다.

A 이 명령은 네게 어려운 것이 아니다 30:11
B 야웨의 말씀은 하늘에 있지 않다 – 가깝다 30:12-14
X 내가 네 앞에 생명과 사망을 선택하도록 두었다 30:15-18
B′ 하늘과 땅이 증인으로 소환되어 있다 30:19a
A′ 야웨의 음성에 순종하여 생명을 택하라 30:19b-20

이 구조의 내부 골격에서 12절에 있는 "하늘에"(**בשמים** – 바샤마임)라는 언급은 19a절에 있는 언약적 위탁 가운데서 증인으로서의 "하늘"을 소환하고 있는 내용과 대칭되어 있다. 외부 골격은 중심 문제를 진술하고 있다: 야웨의 계명은 네가 행하기에 어려운 것이 아니다(11절). 그러므로 야웨의 음성에 순종하여 생명을 택하라(19b-20절).

앞의 구조(15-18절)의 중심부인 15-18절에 있는 생명과 사망 간의 선택은 같은 방식으로 정리될 수 있다.

A 내가 오늘날 네 앞에 생명과 선 혹은 사망과 악을 주었다 30:15
B 네가 계명을 듣고 야웨를 사랑하면 30:16a
X 그리하면 그 땅에서 네가 살고 번성할 것이다 30:16b
B′ 네가 듣지 않고 다른 신을 섬기면 30:17

A′ 내가 오늘날 네게 선언하노니 네가 정녕 망할 것이다 30:18

메시지는 본질적으로 같다. 외부 골격은 처음부터 생명과 사망 간의 선택을 나타내고 있으며(15절), 그 중심부에는 "네가…그 땅에서 번성할 것이라"(16b절)는 약속을 가지고 있고, 끝부분에는 "너희가 반드시 망할 것이라"(18절)는 선언이 나타난다. 내부 골격에는 생명 아니면 사망의 길이 나타나는데, 이것은 "네가" 야웨의 계명을 듣든지(16a절) 아니면 듣지 않든지(17절)의 선택에 달려 있다.

30:15-20의 숫자 구성에 대해 라부샤뉴로부터 얻은 자료는 다음과 같이 요약될 수 있다.

단어	아트나 앞		아트나 뒤		
30:15-16	28	+	15	=	43
30:15-18	39	+	33	=	72
30:19-20	21	+	23	=	44
30:20	8	+	17	=	25
29:30:20	357 (=21×17)	+	306 (=18×17)	=	663 (=39×17)

또다시 고대 이스라엘에서 서기관들이 신명 수 17과 26을 23이라는 수(카보드 ⟨כבוד, "영광⟩와 관련된 수)와 함께 히브리 본문 가운데 짜 넣으려고 힘썼다. 그러나 더욱 인상적인 것은 낭독 본문 8(29:9-30:20)의 총 합계다. 아트나 앞과 뒤의 단어 숫자는 모두 신명수 17의 배수다. 그리고 물론 그 모든 수의 합계도 같은 17의 배수, 즉 663(=39×17)이다.

주석

15 하토브(הטוב, "선한")와 하라아(הרע, "악한")라는 단어들이 본질적으로 NRSV와 JPS 타낙에서처럼 "번성"과 "역경"을 의미하기는 하지만, 필자는 그 이분법의 성격에 주의를 환기시키기 위하여 그것들을 글자 그대로 번역했다: 선택은 생명과 사망이다. 그리고 생명은 "선"으로 선택된다. 이 구절은 복과 저주 간의 양자택일이 나타나는 11:26-28을 감싸는 형식을 취하고 있다. 그러므로 톰슨이 말하는 바와 같이(Thompson[1974] 287), 양자택일의 전체 목록은 생명, 선, 축복이냐, 아

니면 사망, 악, 저주냐이다.

16-18 "생명"에 이르는 길은 네 하나님 야웨를 사랑하기를 선택하는 것인데, 이것이 신명기에서는 그분에게 순종함으로써 하나님을 "경외하는 것"을 의미한다(6:5과 10:12-13에 관한 "주석"을 보라). "그 모든 길로 행하며 그 명령과 규례와 법도를 지키라는 것"은 "네 하나님 야웨를 사랑하는 것"을 의미한다. "다른 신들에게 절하고 그를 섬기는" 일을 선택함으로써 하나님을 저버리는 것은 "네가 정녕히 멸망할" 사망의 길을 선택하는 것이다.

19-20 고대 근동의 계약 본문에서 "하늘과 땅"은 그 계약을 증거하기 위하여 인용된 신들로 포함되어 있다(특히 *PRU* Ⅳ, 17.365와 27.388; 그리고 Craigie [1976] 139의 논의를 보라). 신명기에서 그들은 신들과 같은 존재로 간주되지 않고, 비유적 증인으로 간주된다. 사람은 "그 말씀을 순종하며 또 그에게 부종함(즉 '그분에게 충실히 붙어 있음' – 역자주)으로써" 하나님 사랑을 선택한다. "그것은 너에게 생명을 의미한다"(NRSV)가 아닌 "그는 네 생명이다"라는 독법이 NIV와 몇몇 초창기 유대인 주석가들(Ibn Ezra와 Shadal)에게서 발견된다. 티개이는 여기에 나오는 성경 문구가 유대인의 저녁 예배 의식 가운데서 "그 이유는 그것들[하나님의 계명들과 그분의 토라의 말씀]이 우리의 생명이요 우리 날의 수명이기 때문이다"로 각색되어 있다는 사실에 주의를 환기시킨다([1996] 288).

해설

생명은 기회의 지속적인 흐름으로서 선택을 요구하고 있다. 우리는 일어서서 보람 있는 자가 되도록 선택하거나 아니면 전혀 아무것도 하지 않기를 선택할 수 있다. 만일 우리가 전자를 선택한다면, 사람의 생애 가운데서 취할 다양한 길이 있음을 기억하는 것이 유익할 것이다. 로사 팍스(Rosa Parks)는 1955년 알라바마 주 몽고메리의 한 버스에서 한 백인 남성에게 일어서서 자기의 자리를 양보하기를 거절하는 입장을 취했다. 그렇게 하면서 겉으로는 힘없는 한 개인이 미국에서 "시민 인권 운동의 어머니"가 되었다. 그 한 사람의 선택으로부터 발생한 몽고메리의 버스 파업은 한 시민이 사회의 부정당한 죄에 대해 비폭력적인 저항의 입장을 취할 때 집단적 선택이라는 힘의 폭발로 이끌어 갔던 것이다.

매튜 헨리가 지적한 바와 같이, 모세는 신명기 29:9-30:20에서 언약적 충성을 하라는 자신의 호소를 아주 이성적이고 생동력 있는 말과 함께 마친다. 우리는 모두 생명과 선을 원하고 사망과 악으로부터 도피하기를 원한다. 그래서 모세는 우리가 이러한 양자택일 사이에서 선택할 수 있다고 선언한다. "내가 오늘날 생명과 복과 사망과 화를 네 앞에 두었나니…너와 네 자손이 살기 위하여 생명을 택하고 네 하나님 여호와를 사랑하고 그 말씀을 순종하며 또 그에게 부종하라 그는 네 생명이시요 네 장수시니"(30:15-20). 아담과 하와는 선악에 대한 지식을 얻으려고 에덴동산에서 금단의 열매를 먹었다. 그들은 그것(선)을 잃어버림으로써 선에 대한 지식을 습득했다. 그리고 그들은 그것(사망과 악)을 경험함으로써 사망과 악을 습득했던 것이다. 모세는 하나님에 대한 순종의 선택은 우리의 길에 실질적인 유익을 가져다 주고, 불순종의 선택은 그것과 함께 확실한 파멸을 가져다 준다고 주장한다. 우리는 사망과 악 대신에 생명과 선을 택할 힘을 가지고 있다.

필자가 처음 이 신명기 주석을 기록하도록 요구 받았을 때, 한 여자 친구는 자신이 가진 몇 가지 유익한 점을 필자와 나눌 수 있기를 바란다고 말했다. 그것은 이 본문에 대한 개인적 경험이었는데, 그것은 그녀가 아무와도 나누지 않고 심지어 그녀의 남편에게도 말하지 않은 것이었다. 그녀는 결국 자살로 자기 생명을 마감하려고 결심하던 지점에 이르기까지 큰 고뇌와 씨름하고 있었던 것으로 보인다. 자신의 삶에서 일종의 방향 혹은 의미를 발견하려는 마지막 시도로서, 그녀는 성경을 아무데나 펼쳐서 손가락으로 짚었는데 신명기 30:19 본문에 손가락이 가 있었다. "내가 생명과 사망과 복과 저주를 네 앞에 두었은즉 너와 네 자손이 살기 위하여 생명을 택하라." 그녀는 이렇게 말했다. "그것이 곧 제가 한 일이었지요. 만일 그것이 신명기가 아니었다면, 저는 오늘 여기에 없었을 것입니다." 필자는 이것이 우리의 삶에서 인도와 지침을 발견하려고 우리가 성경을 사용해야 하는 방법의 한 모델이 아니라는 것을 확신한다. 그러나 동시에 필자는 하나님께서 특별한 경우에 특별한 방법으로 성경 본문을 사용하려고 이런 방법을 택하셨다고 확신한다.

낭독 본문 9-11: 여호수아의 지도 하에 약속의 땅으로의 진입 준비(31:1-34:12)

참고문헌

Baltzer, K. *Covenant Formulary.* 1971. 68-72. **Eissfeldt, O.** "Die Umrahmung des Mose-Liedes Dt 32, 1-43 und des Mose-Gesetzes Dt 1-30 in Dt 31, 9-32, 47." In *KlSchr* 3:322-34. **Harrington, D. J.** "Interpreting Israel's History: The Testament of Moses as a Rewriting of Deuteronomy 31-34." In *Studies on the Testament of Moses.* Ed. G. W. E. Nickelsburg. SBLSP 1973. SBLSCS 4. Cambridge, MA: SBL, 1973. 59-68. **Labuschagne, C. J.** "The Setting of the Song of Moses in Deuteronomy." In *FS C. H. W. Brekelmans.* 1997. 111-29. ______. "The Song of Moses: Its Framework and Structure." In *FS A. van Selms.* 1971. 85-98. **Lohfink, N.** "The Deuteronomistic Picture of the Transfer of Authority from Moses to Joshua." In *Theology of the Pentateuch.* 1994. 234-47(Ger. original 1962; repr. in *Studien zum Deuteronomium I.* 1990. 83-97). **Noar, M.** "*Dĕbarim* 31-34: Reconstructed Text." In *Sepher J. Braslavi.* Ed. I. Ben-Shem. Jerusalem: Kiryat Sefer, 1971. 216-29(Heb.). **Nordheim, E. von.** *Die Lehre der Alten II: Das Testament als Literaturgattung im Alten Testament und im alten vorderen Orient.* ALGHJ 18. Leiden: Brill, 1985. **Porter, J. R.** "The Succession of Joshua." In *FS G. H. Davies.* 1970. 102-32. **Schröter, R.** "Bar Hebraus' Scholien zu Gen. 49.50, Ex. 14.15, Dt. 32-34 und Jud. 5." *ZDMG* 24(1870) 495-562, 517-20, 546-57. **Watts, J. W.** *Psalm and Story: Inset Hymns in Hebrew Narrative.* JSOTSup 139. Sheffield: JSOT Press, 1992.

서론

신명기의 외부 골격의 개념은 1-3장과 31-34장으로 이루어져 있는데, 이 두 자료의 덩어리 사이에 긴밀한 문학적 연관성이 있음을 시사하고 있다. 신명기 3장과 31-34장의 마감 단락으로부터 나온 특별한 단어와 문구의 반복이라는 내용 면에서 그리고 이 두 단락의 전반적인 문학적 구조를 비교하여 이 점을 들추어내기가 쉽다. 여호수아는 1:38에서 소개되고 있는데, 거기서 그는 다가오는 시대에 이스라엘 백성으로 하여금 약속의 땅을 소유하게 해주기로 정해진 모세의 종자(assistant)로 나타난다. 3:23-29에 있는 외부 골격의 전반부의 결론적 단락은 모세에게서 여호수아에게로의 지도권의 이양에 초점을 맞추고 있는데, 그것은 다음과 같이 정리될 수 있다.

A 모세가 그 땅으로 건너가게 해 달라고 요구함	3:23-25
B 야웨께서 모세의 요구를 거절하심	3:26
X 모세가 그 땅 보기를 허락받음	3:27a
B′ 모세가 요단을 건너가도록 허락받지 못함	3:27b
A′ 모세가 여호수아에게 건너가라고 명령하라는 지시를 함	3:18

이 본문은 이스라엘 백성들이 약속의 땅으로 건너갈 때 그 백성들을 인도하는 특권을 부여받은 사람에 대한 문제에 초점을 맞추고 있는 점에서 "횡단"(crossing over)이라고 적절히 호칭을 붙일 수 있다. 모세는 하나님에게 특권을 부여해 달라고 호소한다: 3:25의 첫 마디에서 에브라(אעברה, "나로 하여금 건너가게 하소서", cross over)라고 한다. 그리고 그 다음 구절의 첫 마디에서 모세와 함께 와이트아베르(ויתעבר, "교차, 거절", cross)하고 계신 분은 하나님이시다. 그러나 정중한 지도자는 3:28에서 반복되고 31:3에서 두 번 등장하는 이 동사의 제3의 의미를 곧 발견하는데, 거기서 이것은 야웨를 주어로 하여 한 번 사용되고 다시 여호수아를 주어로 하여 사용된다. 간단히 말해서 지도자는 3장 끝에 있는 외부 골격의 상반부로부터 하반부로 "건너가도록" 초대를 받고 있는데, 이것은 31장에서 계속된다. 3:28의 어휘는 31:6-7에서 반복되고 있는데, 여기서 모세는 여호수아가 백성들을 이끌고 요단 강을 건너 야웨께서 열조에게 맹세하신 땅으로 들어가는 새로운 역할을 함에 있어서 그를 강하게 하고 용기를 북돋아 준다.

문학적 구조와 내용을 주의 깊게 연구해 보면 외부 골격 상반부의 마감하는 단락(3:23-28)과 신명기 31-34장의 내용 간의 긴밀한 관계가 드러나게 되는데, 이는 다음의 개요가 시사하는 바와 같다.

언약 결론 – 모세에게서 여호수아에게로	**32:1-34:12**
A 여호수아의 위임과 토라의 위탁	32:1-29
B 모세의 노래	31:30-32:47
X 모세가 느보 산에 올라가서 그 땅을 보도록 명령받음	32:48-52
B′ 모세의 유언적 축복	33:1-29
A′ 모세의 죽음과 여호수아의 계승	34:1-12

간단히 말해서, 모세에게서 여호수아에게로의 지도권 이양이라는 주제는 신명기 4-30장과 신명기 31-34장(외부 골격의 하반부)을 모두 둘러싸고 있는 골격으로서의 기능을 하고 있다. 더 나아가서 32:48-52에 나오는 이 구조의 중심부에 있는 다가오는 모세의 죽음에 관한 기사는 34:1에서 다시 거론되고 있는데, 모세가 다음과 같이 명령을 받고 있는 3:27의 어투를 사용하고 있다: "너는 비스가 산 꼭대기에 올라가서 눈을 들어 동서남북을 바라고 네 눈으로 그 땅[내가 이스라엘 자손에게 소유하도록 주는 가나안 땅]을 보라 네가 이 요단을 건너지 못할 것임이니라."

신명기 31-34장 전체의 구조를 바라보는 또 다른 방법은 전체를 두 부분으로 나누어 보는 것인데, 이는 다음과 같이 정리될 수 있다.

토라의 기록과 낭독과 모세의 노래	**31:1-32:47**
A 여호수아의 임명과 토라의 위탁	31:1-27
B 모세가 그 노래를 듣도록 지도자들을 모음	31:28-30
X 모세의 노래 – 미래의 패역, 심판, 회복	32:1-43
B′ 모세와 여호수아가 백성들에게 노래를 말함	32:44
A′ 토라를 준수하라는 모세의 마지막 권면	32:45-47

모세의 죽음과 여호수아의 계승	**32:48-34:12**
A 모세가 느보 산에 올라가서 그 땅을 보도록 명령받음	32:48-52
B 찬송이라는 골격 내에서 모세의 유언적 축복	33:1-29
X 모세가 느보 산으로 올라가서 그 땅을 바라봄	34:1-4
B′ 모세의 죽음과 장사	34:5-8
A′ 여호수아가 모세 대신 이스라엘의 지도권을 물려받음	34:9-12

신명기 31-34장의 이 본문에서 두 개의 중심 내용은 이스라엘의 미래 세대에게 증언하고 있는 모세의 노래의 내용과 기능(32:1-43), 그리고 모세가 느보 산 꼭대기에 올라갔을 때 거기서 야웨께서 이스라엘 자손들이 여호수아의 지도 아래 소유하게 될 약속의 땅 전체를 보여 주시는 내용(34:1-4)에 초점을 맞추고 있다.

신명기의 이 단락을 파악하는 좀더 교훈적인 방식은 이 절반의 내용들을 다시 절반으로 나누어서, 그 중심부에 토라의 명령을 준수하라는 명령을 담은 간략한 요약적 진술(32:46-47)을 가지고 있는 네 개의 "유사한 바퀴들"을 발견하는 것이다.

A 여호수아의 임명과 토라의 위탁	**31:1-30**
a 모세가 자기의 임종과 후계자 여호수아를 발표함	31:1-8

b 야웨 경외하기를 이스라엘에게 가르치도록 토라를 위탁함	31:9-13
x 회막에서의 모세와 여호수아	31:14-15
b′ 미래 세대에 대한 증거로서 모세의 노래	31:16-22
a′ 여호수아가 모세를 계승함–토라와 노래가 증거로서 주어짐	31:23-30
B 미래 세대를 위한 증거로서 모세의 노래	**31:30-32:45**
a 모세가 이 노래를 온 회중에게 말함	31:30
b 옛 시대에 있었던 야웨의 구원의 행사 낭송	32:1-14
x 이스라엘의 미래의 반역과 야웨의 분노	32:15-25
b′ 야웨께서 이스라엘을 회복시키고 그의 대적들을 징벌하심	32:26-43
a′ 모세가 이 모든 노래를 백성들에게 말함	32:44-45
X 토라의 모든 말씀을 준수하라는 요약적 명령	**32:46-47**
B′ 모세의 유언적 축복	**32:48-34:4**
a 모세가 느보 산에 올라가서 그 땅을 바라보라는 명령을 받음	32:48-52
b 고대 찬양의 첫 번째 연	33:1-5
x 모세가 12지파를 축복함	33:6-25
b′ 고대 찬양의 두 번째 연	33:26-29
a′ 모세가 느보 산에 올라가서 그 땅을 바라봄	34:1-4
A′ 모세에게서 여호수아에게로의 지도권 이양	**34:5-12**
a 모세의 죽음과 장사; 모세의 나이가 120세임	34:5-7
b 이스라엘 백성들이 모세의 죽음을 30일 간 애도함	34:8
x 여호수아가 지혜의 영으로 충만함	34:9a
b′ 이스라엘 백성들이 모세가 명한 대로 여호수아에게 복종함	34:9b
a′ 모세와 같은 선지자가 결코 일어나지 못했음	34:10-12

신명기 외부 골격의 하반부의 본질적 메시지가 이 구조 가운데 강조되어 있다. 중간 부분에서 우리는 신명기의 중심 주제를 발견하는데, 곧 토라의 모든 말씀을 준수하라는 것이다(32:46-47). 모세의 노래(신 32장)와 모세의 유언적 축복(신 33장)은 백성들이 했던 언약적 위탁에 대해 미래 세대에 대한 증거로서, 또한 이스라엘 국가의 기초가 되는 조상인 모세 편에서 말한 축복에 대한 증거로서의 위치를 차지하고 있다. 이 메시지는 모세로부터 여호수아에게로의 지도권 이양과 또한 매 칠 년 초막절기에 이스라엘 백성들에게 낭송해야 하는 레위인들에 대한 토라의 위탁(31:9-13)이라는 골격 내에 위치해 있다.

낭독 본문 9: 모세에게서 여호수아에게로-모세의 임종 준비 (31:1-30)

참고문헌

Begg, C. T. "The Tables and the Law Book." *VT* 33(1983) 96-97. **Carillo Alday, S.** "Contexto redaccional del Cántico de Moisés(Dt 31, 1-32, 47)." *EstBib* 26(1967) 383-93. **Ridderbos, N. H.** "Die Theophanie im Ps 50, 1-6." In *The Priestly Code and Seven Other Studies.* OTS 15. Leiden: Brill, 1969. 213-16. **Rofé, A.** "The Composition of Deuteronomy 31 in Light of a Conjecture about Inversion in the Order of Columns in the Biblical Text." *Shnaton* 3(1978/79) 59-76(Heb., Eng. summary, ix-xi).

서론

토라 낭독 주기 본문에서 마지막 세 개의 주별 본문들(31:1-34:12)은 로쉬 하샤나(Rosh Hashanah, 타쉬리월 1일)로부터 심카트 토라(Simchat Torah, 티쉬리월 23일)까지 티쉬리월에 일어난 것으로서 유대인 달력에서 공동체가 대제일(신년과 대속죄일-역자주)에 시작하는 것인데 다른 본문보다 더 짧다. 10일 간의 회개일(테수바, "돌이킴")은 로쉬 하샤나(티쉬리월 1일)로부터 욤 키푸르(Yom Kippur, 대속죄일; 티쉬리월 10일)까지 계속되고, 그 다음에 심카트 토라(티쉬리월 23일)를 위하여 준비하는 숙코트 절기(Sukkoth, 초막절; 티쉬리월 15-22일)가 뒤따라온다. 이는 토라 낭독 주기 끝과 그 다음 주기의 시작이다.

신명기 토라 낭독 주기에서 11주 분량 가운데 아홉 번째 본문(31:1-30)은 길이가 비교적 짧은 것으로서 위에서 다섯 부분으로 이루어진 대칭 구조 가운데 정리되어 있다.

A	모세가 자기의 임종과 후계자 여호수아를 발표함	31:1-8
B	이스라엘의 미래 세대에게 가르치도록 토라를 위탁함	31:9-13
X	회막에서 모세와 여호수아에게 현현	31:14-15
B′	미래 세대에 대한 증거로서 모세의 노래	31:16-22

A′	여호수아가 모세를 계승함 – 토라와 노래가 증거로서 주어짐	31:23-30

이 본문에서 모세와 여호수아는 외부 골격의 상 · 하반부(1-8절과 23-30절)와 구조의 중심부(14-15절)에 함께 나타난다. 내부 골격은 초막절기에 언약 갱신 의식 가운데 매 칠 년마다 낭독하기 위한 토라의 기록과 위탁(9-13절)으로부터 미래 세대에 대한 증거로서 모세의 노래의 기록(16-22절)으로 옮겨간다.

직접 연설로부터 신명기 31장에 있는 설화로의 전환 및 버금 단위들의 이질적 성격은 폰 라트(von Rad)로 하여금 31장 이하로부터 나온 자료는 어떤 방식으로든 신명기에 속해 있지 않고, 신명기 자체가 하나의 문학적 단위로서 미숙한 큰 역사서에 속해 있다는 결론을 내리게 만들었다(von Rad[1966] 188). 폰 라트가 본문의 대칭 구조를 바르게 파악하지 못한 것이 "본 장 전체가 설화 가운데 있는 실질적인 흐름보다는 전승들의 파편을 담고 있다"(p. 190)는 부정적인 평가를 하도록 이끌어 갔던 것이다. 그와 반대로 본 장은 위에서 논의한 바와 같이 3:23-28과 긴밀하게 연결되어 있으며, 신명기 32-34장에 뒤따라오는 모든 내용의 구조 가운데서 근본적인 역할을 하고 있다.

이 본문의 단일성과 관련하여 폰 라트의 결론과 다른 결론은 다음과 같은 본 장 전체의 대칭 구조에 대한 개요를 통하여 암시되어 있는데, 이것은 주의 깊은 운율 분석에 기초한 것이다.

A	모세가 자기의 임종과 여호수아의 위임을 선언함	31:1-6
B	모세가 여호수아를 자기 후계자로 지명함	31:7-8
C	초막절기에 토라의 기록과 낭독	31:9-12
D	미래 세대가 야웨 경외를 배울 것이다	31:13
X	회막에서 모세와 여호수아에게 현현	31:14-15
D′	이스라엘의 미래의 배교와 그 결과	31:16-18
C′	미래 세대에게 하나의 증거로서 노래의 기록	31:19-22
B′	야웨께서 여호수아에게 모세를 계승하도록 지시하심	31:23
A′	토라와 노래가 미래 세대에게 하나의 증거로서 주어짐	31:24-30

여기에 정리된 구조는 우리가 다른 곳에서 신명기 전체를 관찰한 내용과 유사하다. 이 구조의 중심부에 있는 관심의 초점은 다가올 모세의 죽음, 여호수아에게로의 지도권의 이양, 이스라엘의 미래 세대를 위한 토라 자체와 모세의 노래 모두의 기능을 다루고 있는 더 큰 문맥에서 야웨께서 회막에서 모세와 여호수아에게 현현하

신 사실이다. 이 구조에 있는 골격(A, X, A′)은 모세의 다가올 임종과 여호수아의 지도자로서의 임명에 대한 선언(1-6절)으로부터 이스라엘 백성에 대한 노래 낭송(24-30절)으로 옮겨가고 있는데, 그 중심부에는 회막에서 모세와 여호수아에게 나타난 신비적 현현이 있다(14-15절). 가장 내부에 있는 골격(D, D′)은 미래 세대에게 야웨에 대한 경외를 가르치고 있는 단일 구절(13절)로부터 이스라엘의 미래의 배교와 그 결과에 관한 보다 큰 단락(16-18절)으로 옮겨간다. 그 다음 골격(C, C′)은 매 칠 년 초막절에 낭독을 하기 위한 토라의 기록(9-12절)으로부터 미래 세대에 대한 증거로서 모세의 노래의 기록(19-22절)으로 옮겨간다. 그 다음의 바깥 골격(B, B′)에는 모세(7-8절)와 하나님 자신(23절)을 통하여 모세의 후계자로서 여호수아의 임명이라는 평행적 기사가 나타난다.

동시에 폰 라트가 신명기 31-34장이 뒤따라오는 여호수아서와 긴밀하게 연결되어 있다는 평가를 한 것은 옳았다는 사실을 유념해야 할 것이다. 그러나 동시에 어떻게 해서 이 대칭 구조의 중심부(31:14-15)가 모세의 수종자 여호수아가 회막을 떠나지 않았다는 기록을 덧붙이고 있는 보다 먼 본문인 출애굽기 33:11과 연결되어 있는지를 유념해야 할 것이다. 출애굽기 33장의 중심부에 이 구절이 위치해 있다는 사실과 함께, 토라 전체에 전기 예언서가 덧붙여져 있는 거대한 대칭 구조는 다음과 같이 정리될 수 있다(J. Milgrom, *Numbers*[1990] vviii으로부터 수정 보완함; 원 자료는 E. Newing, "A Rhetorical & Theological Analysis of the Hexateuch," *SEAJT* 22.2[1981] 1-15이다).

A	원 역사: 아담으로부터 아브람(노아 언약)까지	창 1-11장
B	약속의 땅	창 12-50장
C	애굽 심판	출 1:1-12:36
D	출애굽	출 12:37-14:31
E	모세의 노래	출 15:1-21
F	광야에서의 방랑	출 15:22-18:27
G	언약 비준과 규정	출 19-24장
H	성소 준비	출 25-31장
I	깨어진 언약(금송아지 사건)	출 32장
X	시내에서의 신현: 약속된 임재	출 33장
I′	언약 갱신(의식 십계명)	출 34장
H′	성소 건립	출 35-40장

G′	법규	레 1:1-민 10:10
F′	광야에서의 방랑과 지도권 이양	민 10:11-신 31장
E′	모세의 노래(신 32장); 모세의 축복과 죽음	신 32-34장
D′	가나안 입성	수 1-4장
C′	가나안 심판	수 5-12장
B′	땅에 대한 약속의 실현	수 13-24장
A′	특별한 역사: 그 땅에서 언약 백성으로서의 이스라엘	삿-왕하

이 대구조 내에서, 민수기 11장이 "증거의 장막"(מִשְׁכַּן הָעֵדֻת – 미슈칸 하에두트)으로부터 떠오르는 구름을 언급하고 있다는 사실을 보면 흥미가 있는데, 이것이 신명기 31:14-15과 또한 회막 문에 구름 기둥이 나타났다는 언급과 평행을 이루고 있다. 구름의 형태로 인한 하나님의 신비로운 임재에 대한 두 가지 언급은 다윗 시대 이전에 있었던 옮겨다니는 성소와 연결되어 있는 것으로서 보다 큰 단위 가운데서 광야에서의 방랑이라는 주제 및 지도권 이양이라는 주제에 관한 보다 큰 단락을 감싸는 봉투 역할을 하고 있다. 이보다 큰 단락은 위의 개요 가운데 민수기 10:11부터 신명기 31장까지 확장되어 있다.

신명기 31장의 전체 구조를 바라보는 한 가지 방법은 다섯 부분으로 이루어진 대칭 구조 개요 가운데 신명기 31-34장 전체에 대한 위의 세부적 개요에 제시되어 있다. 구조적 세부 사항을 바라보는 또 다른 방법은 본 장을 두 부분으로 나누는 것이다.

A	모세가 자기의 임종과 여호수아의 계승을 선언함	31:1-6
B	모세가 여호수아에게 위임함: "두려워 말라"	31:7-8
C	토라의 기록과 레위인들을 통한 낭독	31:9-12
B′	후세대가 "야웨 경외하기를" 배울 것이다	31:13
A′	하나님의 여호수아 지명을 위한 준비	31:14-15

A	이스라엘의 미래의 배교와 그 결과	31:16-18
B	증거로서 모세의 노래의 기록	31:19-22
C	모세를 계승하도록 하나님께서 여호수아를 지명하심	31:23
B′	증거로서 모세의 토라를 기록함	31:24-27
A′	이 노래는 미래의 배교에 직면하여 하나의 증거로서 존재한다	31:28-30

이 본문에는 신명기 31-34장의 두 가지 중요한 주제가 강조되어 있다: 레위인들

의 손에 맡겨진 토라의 기록(31:9-12)과, 모세를 계승하도록 여호수아를 임명하는 것(31:23)이다. 첫 번째 구조의 외부 골격은 두 번째 부분의 중심부와 같은 주제, 즉 "모세를 계승하도록 여호수아를 지명하는 것"을 취급하고 있다. 위의 구조 가운데 첫 번째 구조의 내부 골격에서 "두려워하다"라는 동사의 두 가지 다른 의미가 서로 대칭되어 있다: 여호수아가 성전(聖戰)의 어투인 "두려워 말라"고 모세를 통하여 명령을 받는다(31:8). 반면에 이스라엘의 미래 세대는 그분을 예배하는 의미에서 "야웨 경외하기를" 배울 것이다(참조. 10:12-13).

위의 구조의 두 번째 구조에 있는 내부 골격은 모세의 노래(31:19-22)를 토라의 기록(31:24-27)과 대칭되게 두고 있는데, 이것들은 둘 다 언약 조항을 거역하는 미래 세대에 대해 하나의 증거로서 제시되어 있다. 미래의 배교라는 주제는 이 단위의 외부 골격의 양편에서 한층 더 다듬어져 있다(31:16-18과 28-30).

A. 다가올 죽음을 앞둔 모세의 마지막 대책(31:1-13)

1. 모세가 후계자 여호수아에게 지도권을 이양하다(31:1-8)

참고문헌

Christensen, D. L. "Janus Parallelism in Genesis 6:3." *HS* 27(1986) 20-24. **Cross, F. M.** "The Divine Warrior." In *CMHE.* 91-111. **Daube, D.** *Studies in Biblical Law.* 1947. 28-31. **Evans, G.** "'Coming' and 'Going' at the City Gate: A Discussion of Prof. Speiser's Paper." *BASOR* 150(1958) 28-35. **Grossfeld, B.** "Neofiti to Dt 31:7 – The Problem Re-analyzed." *ABR* 24(1976) 30-34. ______. "Targum Neofiti 1 to Deut 31:7." *JBL* 9(1972) 533-34. **Hulst, A. R.** *Old Testament Translation Problems.* Helps for Translators 1. Leiden: Brill, 1960. 17. **Klein, M.** "Deut 31:7: תבוא or תביא?" *JBL* 92(1973) 584-85. **Longman, T.,** and **Reid, D. G.** *God Is a Warrior.* Grand Rapids: Zondervan, 1995. 31-88. **Nelson, R. D.** "Josiah in the Book of Joshua." *JBL*

100(1981) 531-40(531). **Rad, G. von.** *Holy War in Ancient Israel.* Tr. M. Dawn. Grand Rapids: Eerdmans, 1991(Ger. ed. 1958). **Speiser, E. A.** "'Coming' and 'Going' at the City Gate." *BASOR* 144(1956) 20-23. **Tigay, J. H.** "Excursus 3: The Concept of War in Deuteronomy." In *Deuteronomy.* 1996. 430. **Weinfeld, M.** "Divine Intervention in War." In *History, Historiography, and Interpretation.* Ed. H. Tadmor and M. Weinfeld. Jerusalem: Magnes, 1983. 121-47.

본문과 운율 분석

모세가 지도권 이양을 선언하다 [(7:6):(5:5):(5:5)]	**Moses Announces a Change in Leadership** [(7:6):(5:5):(5:5)]	
1 모세가 가서 온 이스라엘에게 이 말씀을 베푸니라	1 [a]*And Moses / went //*	7 2
	and he spoke[a] / [b]these words / to all [c]Israel //	24 3
2 곧 그들에게 이르되 내가 오늘날 일백이십 세라 내가 더는 출입하기 능치 못하고 여호와께서도 내게 이르시기를 너는 이 요단을 건너지 못하리라 하셨느니라	2 *And he said to them /*	8 1
	"a hundred and twenty years old am I /	19 1_
	Today / I am no longer able / to go out and to come in //	19 3
	and YHWH\[a] said to me /	10 1
	'You shall not cross over / this Jordan' //	13 2_
3 여호와께서 이미 말씀하신 것과 같이 여호수아가 너를 거느리고 건널 것이요 네 하나님 여호와 그가 네 앞서 건너가사 이 민족들을 네 앞에서 멸하시고 너로 그 땅을 얻게 하실 것이며	3 *YHWH your God / he / [a]is crossing over[a] before you /*	21 3
	he will destroy / these nations /	15 2_
	From before you\[b] and you shall dispossess them //	12 1
	[c]*Joshua / he is\[d] [e]crossing over before you /*	18 2
	just as / YHWH spoke //	8 2_
4 여호와께서 이미 멸하신 아모리 왕 시혼과 옥과 및 그 땅에 행하신 것과 같이 그들에게도 행하실 것이라	4 *So YHWH will do / to them /*	11 2
	just as he did / to Sihon and Og[a] /	17 2
	kings of the Amorites[b] /	11 1_
	And to their land // when he destroyed / them //	15 3
5 여호와께서 그들을 너희 앞에 붙이시리니 너희는 내가 너희에게 명한 모든 명령대로 그들에게 행할 것이라	5 *and YHWH will set them /* before you[a] //	13 2_
모세가 여호수아의 새로운 역할에 대해서 그를 격려하다 [6:7]	**Moses Encourages Joshua in His New Role** [6:7]	
	And you shall do to them /	8 1
	[b]according to the all the commandment[b] /	
	I have commanded / you //	14 3

6 너는 마음을 강하게 하고 담대히 하라 그들을 두려워 말라 그들 앞에서 떨지 말라 이는 네 하나님 여호와 그가 너와 함께 행하실 것임이라 반드시 너를 떠나지 아니하시며 버리지 아니하시리라 하고

6 Be strong and be courageous / do not fear / 13 2_
and do not tremble / because of them // 11 2
For / YHWH is *your God* / *he*\[a] *is going with you*[b] / 20 3
he will not fail you / *and he will not forsake you*[c] // פ 13 2_

모세가 여호수아를 자기의 후계자로 위임하다 [(6:5):(5:6)]

Moses Commissions Joshua as His Successor [(6:5):(5:6)]

7 모세가 여호수아를 불러 온 이스라엘 목전에서 그에게 이르되 너는 마음을 강하게 하고 담대히 하라 너는 이 백성을 거느리고 여호와께서 그들의 열조에게 주리라고 맹세하신 땅에 들어가서 그들로 그 땅을 얻게 하라

7 *And Moses summoned* / *Joshua* / *and he said to him* / 21 3
in the eyes of all Israel / "*Be strong and be courageous* / 17 2
for it is you / 5 1_
You shall go[a] \[b] [c]*with this people* / *into the land* / 17 2
that YHWH swore / *to your fathers* / *to give to them* // 20 3_
And as for you / *you shall apportion it to them* // 14 2

8 여호와 그가 네 앞서 행하시며 너와 함께 하사 너를 떠나지 아니하시며 버리지 아니하시리니 너는 두려워 말라 놀라지 말라

8 *and YHWH* / *he*[a] / *is the one going before you* / 17 3_
[b]*He* / *will be*[b] *with you* / *he will not fail you* / 12 3
and he will not forsake you // 7 1
Do not fear / *and do not be afraid*" // 13 2_

원문주해

1.a-a. DSS과 LXX에는 MT의 와옐레크 모쉐 와예다베르(וילך משה וידבר, "그리고 모세가 왔다 그리고 그가 말했다") 대신에 ויכלל משה לדבר("그리고 모세가 말하기를 마쳤다")로 되어 있다. MT은 난해한 독법(*lectio difficilior*)으로서 보존된다. 특별 부록: "신명기 1-3과 31-34장에 나타난 여행 경로"를 보라.

1.b. 여러 히브리어 필사본, DSS, 카이로 게니자 단편들, LXX, Syr, Vg은 콜(כל, "모든")을 덧붙인다. 운율 분석은 MT을 지지하며, 여기서 이 단어의 첨가는 숫자 구성 형태를 흩뜨려 놓는다.

1.c. LXX은 휘우스(*υἱούς*, "…의 아들들"=בני)를 덧붙인다. 운율 분석은 MT을 지지한다.

2.a. 자켑 카톤이 뒤따라온 파스타는 연접사로 읽음.

3.a-a. DSS에는 MT의 오베르(עבר, "그가 건넌다") 대신에 עובר로 되어 있는데, 의미상의 차이는 없다. SP와 LXX에는 하오베르(העבר, "건너는 자")로 되어 있다. 운율 관점에서

볼 때 이 두 독법 모두 가능하다.

3.b. 위치가 잘못된 아트나로 인하여 티프하를 연접사로 읽음.

3.c. SP, LXX, Vg은 와우 접속사를 덧붙인다.

3.d. 예티브를 연접사 마팍으로 읽음.

3.e. 두 개의 히브리어 필사본과 LXX에는 하오베르(העבר, "건너는 자")로 되어 있다("원문주해" 3.a를 보라).

4.a. 몇몇 LXX 증거 본문들은 토이스 뒤시(*τοῖς δυσί*, "그 두 〈왕들〉에게"=לשני)를 덧붙인다. 운율 분석은 MT을 지지한다.

4.b. 몇몇 LXX 증거 본문은 호이 에산 페란 투 요르다누(*οἵ ἦσαν πέραν τοῦ Ιορδανου*, "요단 건너 있었던 것들"=אשר בעבר הירדן)를 덧붙인다. 운율 분석은 MT을 지지한다.

5.a. DSS에는 2인칭 단수로 되어 있다. MT은 난해한 독법으로서 간직되어 있다.

5.b-b. 본문은 카도티(*καθότι*, "마치…처럼"=כאשר)로 되어 있는 대부분의 LXX 증거 본문들과 함께 כאשר המצוה("그 계명에 따라")로 읽도록 수정되어 있다. MT에 있는 변화를 신명기에 포함되어 있는 계명 전체를 가리키기 위하여 하미츠와(המצוה, "그 계명")라는 단수형의 사용을 밝히기 위한 시도로 이해하는 것이 쉬울 것이다. 이러한 수정은 이 본문의 아트나 뒤에서 한 단어를 제거하는 것이며, 그 결과로 31:1-8에 있는 단어의 합계가 130(=5×26)이 되며, 31:1-30 전체의 숫자 구성 면에서 완전한 균형을 이루어 322(=2×7×23)+230(=10×23) = 553(=2×12×23) 단어가 된다. "양식/구조/배경"의 끝에 있는 논의를 보라.

6.a. 후(הוא, "그"〈he〉) 위에 붙어 있는 예티브 대신에 연접사 마팍으로 읽음.

6.b. LXX과 *Tg. Ps.-J.*에는 2인칭 복수로 되어 있다. 몇몇 LXX 증거 본문들은 엔 휘민(*ἐν ὑμῖν*, "너희 중에")을 덧붙인다.

7.a. MT, LXX, *Tg. Ps.-J.* 그리고 1:38에 있는 평행구와 함께 타보(תבוא, "네가 갈 것이다")로 읽음. 여러 히브리어 필사본에는 תבא로 되어 있고, 소수의 필사본들에는 תביא("너는 가져갈 것이다")로 되어 있는데, Tg. Neofiti, SP, Syr, Vg이 이를 지지한다. *JBL* 92(1973) 584-85에 있는 Klein의 논의를 보라.

7.b. 자켑카톤이 뒤따라온 파스타는 연접사로 읽음.

7.c. LXX에는 프로 프로소푸(*πρὸ προσώπου*,"…〈의 얼굴〉 앞에"= לפני)로 되어 있다. 운율 분석은 MT을 지지한다.

8.a. LXX은 이를 생략하고 있다. 운율 분석은 MT을 지지한다.

8.b-b. 대부분의 LXX 증거 본문에는 빠져 있다. 운율 분석은 MT을 지지한다.

양식/구조/배경

운율 관점에서 볼 때, 31:1-8은 세 부분으로 되어 있다: 1-5a절, 5b-6절, 7-8절. 내부 경계들은 6절 끝부분에 있는 페툭하 구획 표시와 5절과 6절에 있는 수의 전이로 표시되어 있다. 운율 분석은 1-6절이 하나의 문학적 단위를 이루고 있음을 암시하고 있는데, 이는 다음과 같이 정리될 수 있다.

A 모세가 자신은 이제 군대 지도자가 아니라고 선언한다	31:1-2a
B 야웨께서 이 열국을 네 앞에서 좇아내실 것이다	31:2b-3b
X 여호수아가 요단을 건너갈 사람이다	31:3c
B′ 야웨께서 시혼과 옥에게 하신 일을 거기서도 행하실 것이다	31:3d-5
A′ 모세가 여호수아를 격려한다: "강하고 두려워 말라"	31:6

이 구조의 중심부(3c절)는 여호수아가 약속의 땅으로 이스라엘 백성들을 인도하도록 하나님의 택함을 받은 사람이라는 사실에 초점을 맞추고 있다. 내부 골격은 시혼과 옥의 아모리 왕국에게 이미 행하셨던 것처럼 그들 앞에서 열국들을 좇아내실 분이 야웨시라는 사실을 강조한다(4-5절). 외부 골격은 자신이 이제는 이스라엘 군대의 지도자가 아니라는 모세의 선언(1-2a절)으로부터 모세가 지도자로서의 역할을 잘 하도록 격려하고 있는 구절(6절)로 옮겨간다. 이 구절은 5절 초두(2인칭 단수에서 복수로)와 6절 중간(2인칭 복수에서 단수로)에 있는 수의 전이를 통하여 앞 구절과 분리되어 있다.

31:6에서 모세는 여호수아에게 그가 새로 맡은 지도권을 이행하도록 격려하라는 야웨의 말씀을 기록하고 있다. 이 내용은 31:7-8에서 모세가 여호수아를 불러 야웨께서 그에게 말하라고 말씀하신 내용을 설명한 바와 같이 확대되어 있다. 이 단위의 구조는 다음과 같이 정리될 수 있다.

A 격려의 말씀: "마음을 강하게 하고 담대히 하라"	31:7a
B 선언: "야웨께서 택하신 자는 너희다"	31:7b
X "너는 이 백성과 함께 그 땅으로 갈 것이다"	31:7c
B′ 선언: "야웨께서 네 앞서 가신다"	31:7d-8a
A′ 격려의 말씀: "너는 두려워 말라 놀라지 말라"	31:8b

31:1-8과 본 장 전체의 구조 사이의 관계에 대해서는 위의 신명기 31-34장의 개요를 보라. 이 특별한 문학적 단위는 야웨 자신이 여호수아 자신의 새로운 임무를

지적하시는 것으로 시작되는 31:23-30과 대칭되어 있다. 이 구절들에는 같은 격려의 말씀이 반복되고 있다(23절).

1-8절 전체를 개괄해 볼 때, 모세로부터 여호수아에게로의 지도권의 이양은 약간 다른 방식으로 강조되어 있다.

A	모세가 말한다: 내가 아닌 야웨께서 네 앞서 건너가신다	31:1-3a
B	열국들을 쫓아낼 모세의 후계자로 선포된 여호수아	31:3b-5
X	격려 받은 여호수아: "강하고 담대하라"	31:6-7a
B′	백성을 그 땅으로 인도해 가도록 지시받은 여호수아	31:7b
A′	"야웨께서 네 앞서 가신다. 그가 너와 함께 하실 것이다"	31:8

여기서 외부 골격은 모세에 의한 평행적 선언으로 이루어져 있다: 온 이스라엘에게(1-3a절), 그리고 온 이스라엘이 보는 데서 여호수아에게(8절). 이 골격 내에서 모세는 여호수아를 자기 후계자로 선언하고(3b-5절), 그를 격려하며(6-7a절), 그를 지도자로 지명한다(7b절). 이 구조의 중심부에 있는 격려의 말씀은 같은 방식으로 정리될 수 있다.

A	"강하고 담대하라, 그들을 두려워하지 말라"	31:6a
B	"야웨께서 네 하나님이시기 때문이다"	31:6b
X	"그가 너와 함께 가신다"	31:6c
B′	"그가 너를 떠나지 아니하시며 버리지 아니하시리라"	31:6d
A′	"강하고 담대하라"	31:7a

구체적인 격려의 말 "강하고 담대하라"는 이 단위를 둘러싸고 있는 골격으로서 축어적으로 반복되어 있다(6a, 7a절). 이 골격 내에는 야웨에 관한 삼중적 선언이 포함되어 있다: 그는 너의 하나님이시다. 그는 너와 함께 가신다. 그는 너를 떠나거나 버리지 않으실 것이다(6b절).

31:1-8의 숫자 구성에 관해서 라부샤뉴가 수집한 자료(5b절에 있는 교정을 통하여 수정됨)는 다음과 같이 요약될 수 있다.

단어	아트나 앞		아트나 뒤		
31:6	7	+	10	=	17
31:1-8	82	+	49 (=7×7)	=	130 (=5×26)

31:9-13	49 (=7×7)	+	49 (=7×7)	=	98
31:14-15	20	+	12	=	32
31:16-23	102 (=4×26)	+	75	=	177
31:24-28	46 (=2×23)	+	30	=	76
31:29-30	23	+	16	=	39
31:1-30	322 (=14×23)	+	230 (=10×23)	=	552 (=24×23)
31:1-43	244	+	224	=	468 (=18×26)
32:44-34:12	389	+	274	=	663 (=39×17)
31:1-34:12	955	+	728 (=7×32)	=	1,683 (=99×17)

이 단락에서 열쇠가 되는 구절(6절)은 모세가 이스라엘 백성의 새로운 지도자로서의 임무를 이행함에 있어서 여호수아에게 격려하고 있는 내용으로서 정확하게 17개의 단어를 가지고 있다: 아트나 앞에 7개, 그리고 아트나 뒤에 10개다. 더 나아가서 31:1-8 전체는 총 130(=5×26)개의 단어를 가지고 있다. 그러므로 또다시 두 신명 수가 히브리 본문 가운데 짜여져 들어 있다. 이 시점에서 이 단락의 숫자 구성에 있어서 일차적 노력은 보다 큰 차원 – 즉 야웨의 영광을 위하여 행해졌던 임무 – 에 관한 숫자를 이루려는 일에 초점이 맞추어져 있는 것으로 보인다. 그러므로 카보드(כבוד, "영광")란 단어와 결합된 23이라는 숫자가 31:1-30에 있는 전체 단어의 세 개의 합계 가운데 다 들어가 있다: 아트나 앞에 322(=14×23)개의 단어, 아트나 뒤에 230(=10×23)개의 단어 그리고 총 합계 552(=24×23)개의 단어다. 더 나아가서 31:1-34:12(낭독 본문 9-11)에 총 합계 1,683(=99×17)개의 단어가 있다. 32라는 숫자도 나타나고 있는데, 32:1-43의 아트나 뒤에 224(=7×32)개의 단어가 있기 때문이다. 23과 32의 수치로서 카보드(כבוד, "영광")의 수치에 관해서는 특별 부록: "숫자의 합성물로서의 신명기"를 보라. 이 증거는 이 서기관들이 마음속에 야웨의 영광을 가지고 숫자를 구성하도록 하려는 수고를 했다는 증거를 담고 있다.

주석

1 "모세가 가서"(וילך – 와옐렉)라는 진술은 신명기 1-3장과 31-34장(특별 부

록: "신명기 1-3장과 31-34장에 나타난 여행 경로"를 보라)에 있는 여행 경로 체계의 일부분이다. 여기서 사용된 동사와 32:44에 있는 동사 와야보(ויבא, "그리고 그가 왔다")는 모두 1:19에 소개되어 있는데(1인칭 복수형으로), 거기서 그 동사들은 필자가 "이스라엘의 불경건한 전쟁"(Israel's Unholy War)이라고 불렀던 내용의 배경을 이루고 있다. 즉 가데스 바네아로부터 그 땅으로 들어가라는 명령을 중지함. 여기서 상황은 두 번째 약속의 땅으로의 입성이며, 이번에는 여호수아가 이끌고 모압에서 요단 강 계곡을 가로질러 가는 것인데, 이것은 야웨의 성전의 두 번째 국면으로 지칭된다. 첫 번째 국면은 모세의 지도 하에 출애굽하여 요단 동편에서 두 아모리 왕국을 정복하는 것이다. 두 번째 국면은 여호수아의 지도 하에 요단 서편에 있는 약속의 땅으로 입성하는 것이다. "그리고 그가 이 말씀으로 말했다"(וידבר את־הדברים האלה – 와예답베르 에트 하뜨바림 하엘레)는 문장은 신명기의 첫 문구를 둘러싸고 있는 형태를 취하고 있는데, 거기서 그 단어들은 역순으로 나타난다: "모세가 말한 말씀이 이러하니라"(אלה הדברים אשר דבר משה – 엘레 하드바림 아쉐르 딥베르 모쉐). "온 이스라엘"이라는 문구는 신명기 첫 구절과 마지막 구절을 모두 둘러싸고 있다(본서의 마지막 두 단어임).

2 31:2과 34:7에서 모세가 죽을 때 "일백이십 세"였다는 진술은 신명기 31-34장을 둘러싸는 골격으로서의 기능을 하고 있다. 운율 분석은 31:2이 통상적으로 잘못 번역되었다는 사실을 드러내고 있는데, 그 이유는 이 구절 가운데 있는 중요한 단절이 아노키(אנכי, "나")의 앞과 하욤(היום, "오늘")의 뒤이기 때문이다. 요점은 모세가 하나님께서 그를 위하여 정하신 한계에 도달했다는 것이다. 필자의 학생들 가운데 한 사람이 말하는 바와 같이, 그는 단지 이렇게 말하고 있는 것이다: "내 미터기가 다 돌아갔다!" 이것은 지도권의 횃불을 여호수아에게 넘겨주어야 할 순간이라는 것이다. 이 본문은 창세기 6:3에 있는 수수께끼 같은 진술과 관련되어 있는데, 그 곳에서 그 한계가 처음으로 주어지고 있다: "그러나 그들의 날은 일백이십 년이 되리라"(Christensen, *HS* 27[1986] 20-24를 보라). 유대교에서 있었던 토라 낭독 주기에서 신명기 31-34장과 창세기 6:1-4의 낭독이 결코 멀리 떨어져 있지 않았다는 사실을 기억해야 할 것이다(특별 부록: "팔레스틴 유대교에서 토라 낭독의 3년 주기"를 보라; 그리고 D. L. Christensen, *Bible 101: God's Story in Human History*[N. Richland Hills, TX: BIBAL Press, 1996] 55-60에 있는 논의를 보라).

"출입하다"란 문구는 여호수아(수 14:11), 다윗(삼상 18:13) 그리고 솔로몬(왕상 3:7; 대하 1:10)에 대해서 고대 이스라엘에서 통치자의 군사 지도권을 가리키기 위하여 사용되었다. 그것이 본 문맥 가운데서 의미하는 것임에 틀림없는데, 그 이유는 모세가 이스라엘에서 지도자로서의 자기의 권위를 자주 "정복"이라고 불리는 군사 행동으로 이스라엘을 인도할 여호수아에게 넘겨주고 있기 때문이다. "여호와께서도 내게 이르시기를"이라는 진술은 3:27을 가리키는데, 거기서 야웨께서는 모세에게 그가 원하는 방식으로가 아니라 그 땅을 바라보도록 허락하셨다. 그는 느보 산에서 자기의 눈으로만 그 땅 전체의 모습을 보도록 허락 받았다. 그러나 "이 요단 강을 건너가도록" 허락받지는 못했다.

[3]-[5] 맛소라 설명에 따르면, 31:3은 테트라그람마톤(יהוה라는 네 글자 – 역자 주)으로 시작하고 마치는 세 개의 구절들 가운데 하나다. 운율 분석은 이 구절의 경계들이 2b절도 포함한다는 사실을 시사하고 있는데, 이것은 이 구절이 여전히 대칭적 문장 가운데서 신명 야웨(יהוה)로 시작하고 마치고 있다는 것을 의미한다.

A "그리고 야웨께서 내게 말씀하셨다, '너는 이 요단을 건너지 않을 것이다

ויהוה אמר אלי לא תעבר את־הירדן הזה 31:2b

B 네 하나님 야웨 그분께서 네 앞서 건너가신다

יהוה אלהיך הוא עבר לפניך 31:3aα

X 그가 이 열국들을 멸하실 것이고…너는 그들을 쫓아낼 것이다

הוא־ישמיד את־הגוים האלה מלפניך וירשתם 31:3aβ

B′ 여호수아 그가 네 앞서 건너간다'

יהושע הוא עבר לפניך, 31:3bα

A′ 야웨께서 말씀하신 바와 같이"

כאשר דבר יהוה 31:3bβ

이 구조 가운데서 내부 골격은 야웨와 여호수아가 네 앞서 건너가신다는 평행적 문장을 가지고 있다(2b와 3bα절). 외부 골격은 모세에게 말씀하신 "너는 이 요단을 건너지 못하리라"는 야웨의 진술(2b절)로부터 이 모든 것이 야웨께서 말씀하신 대로 될 것이라는 요약적 설명(3bβ절)으로 옮겨간다. 중심부는 야웨의 성전으로서의 가나안 입성을 요약하고 있다: "그가 네 앞서 건너가사 이 민족들을 네 앞에서 멸하시고 너로 그 땅을 얻게 하실 것이다"(3aα절). "이 민족들을 네 앞에서 멸하실" 신적 전사로서의 하나님 개념은 고대 이스라엘의 신앙 체계에서 근본적인 것이다(Cross, *CMHE*, 91-111를 보라). 여호수아가 열국들을 정복하고 그들의 땅을 차지하는 데 있어서 이스라엘의 군대를 이끌어 갈 것이다. 그러나 싸우시는 분은 하나님 자신이시다. 바로의 군대를 삼켰던 그 바다를 건너면서 이스라엘 백성들이 노래

를 불렀던 것처럼 "여호와는 용사이시다 / 야웨는 그의 이름이시다"(출 15:3; 참조. 14:14, 25). 아모리인들의 왕 시혼과 옥에 대한 정복에 관해서는 특별 부록: "고대 이스라엘에서 기념된 사건으로서의 성전(聖戰)"을 보라. 그 땅에 있는 가나안 사람들의 멸망을 언급하는 가운데 "모든 명령"이라는 문구에 관해서는 7:1-11을 보고 12:1-3; 20:16-17을 참조하라.

6 성전의 어투로 여호수아는 "강하고 담대하라 두려워 말라…이는 네 하나님 여호와 그가 너와 함께 행하실 것임이라"고 명령을 받는다(또한 아래의 7절을 참조하라). 위의 1:21에 대한 논의와 특별 부록: "고대 이스라엘에서 기념된 사건으로서의 성전(聖戰)"을 보라. 하나님께서 어떤 사람과 함께 하신다는 약속은 마태복음 1:23(사 7:14을 인용하고 있음; 참조. 창 21:22; 26:3, 28; 28:15, 20; 39:2-3; 출 3:12; 수 1:5-9; 삿 6:12-13; 사 8:10; 렘 1:19)에 있는 임마누엘(하나님이 우리와 함께 계시다)이라는 이름의 의미를 통하여 증거된 바와 같이 성경 전체에 걸쳐서 친숙한 표현이다.

7 "온 이스라엘의 목전에서"란 문구는 여호수아가 공적으로 이스라엘의 지도자로 뽑혔다는 사실을 암시한다. 동시에 이스라엘의 진정한 지도자는 기드온이 이스라엘 가운데서 왕으로 다스려 달라고 요청을 받았을 때, "내가 너희를 다스리지 아니하겠고 나의 아들도 너희를 다스리지 아니할 것이요 여호와께서 너희를 다스리시리라"(삿 8:23)고 주장했던 바와 같이 야웨 자신이시다. 하나님께서 개별적으로 여호수아에게 말씀하시는 31:23의 평행적 구절에서는 여기에서 되어 있는 신학적 구별이 덜 명확하다. 타보(תבוא, "너는 …와 함께 갈 것이다")란 독법은 Tg. Neofiti와 몇몇 중세 히브리어 필사본들, 그리고 LXX 이외의 고대 역본들(23절에서처럼)에서는 תביא("너는 가져갈 것이다")로 되어 있다. 티개이는 본문에 있는 그대로 MT을 지지한다. 즉 "모세가 백성이 듣는 데서 여호수아에게 말하면서 하나님보다는 여호수아가 진정한 지도자라는 암시를 피하기 위하여 여호수아가 그들 가운데 한 사람이라고 강조하기를 원했을 수도 있다"(Tigay[1996] 291; B. Grossfeld in *JBL* 91[1972] 533-34과 *ABR* 24[1976] 30-34; Klein in *JBL* 92[1973] 584-85의 논의를 보라).

"너는…그들로 그 땅을 얻게 하라." 여호수아는 이스라엘 가운데 있는 각 지파와 족속들에게 그들의 분배를 할당할 것이다(수 14-21장을 보라). 밀그롬은 그 땅의 분배가 언뜻 보기에 상호 모순되는 원리들인 것처럼 보이는 내용, 즉 제비와 필요에 근거하고 있다고 말한다(Milgrom, *Numbers*[1990] 480). 에이브러바넬(Abravanel, 1437-1508년경)의 주장을 따르면서 밀그롬은 그 땅에서 각 지파의 위치(location)는 제비로 결정되었지만, 각 지파 몫의 실질적인 크기는 인구에 따라서 결정되었다고 본다. 여호수아는 그 땅을 분배하는 과정을 관장했다.

8 "너는 두려워 말라 놀라지 말라." 또다시 이것은 성전의 어투다(1:21에 관한 "주석"과 "원문주해" 6.b를 보라).

해설

모세는 느보 산에서 자기 인생 여정의 끝부분에 이르렀을 때 여전히 강하고 능력이 있었다. 그 이유는 그의 눈이 흐리지 않고 한 남성으로서 충분히 원기가 왕성했기 때문이다(참조. 34:7). 그는 자기에게 주어진 시간의 끝에 도달했기 때문에 죽었던 것이다. 그는 이전에 하나님께 자신으로 하여금 약속의 땅으로 건너가게 해 달라고 구했음에도 불구하고(3:23-25), 지금은 그의 운명의 지배에 순응하고 있다. 그 이유는 "네 앞서 건너가사 이 민족들을 네 앞에서 멸하시고 너로 그 땅을 얻게 하시는 분"(31:3)이 야웨 자신이라는 사실을 알고 있기 때문이다.

여호수아는 야웨께서 그 땅을 취하실 인간 대리자이며, 모세가 세심하게 훈련시킨 사람이었다. 이 본문을 논의하는 가운데, 맥스웰은 남 캘리포니아 대학교에서 업무 행정 학부 경영학 교수인 워렌 베니스의 연구 내용을 인용하고 있는데, 그것은 여기에 다시 인용할 가치가 있다(J. Maxwell, *Deuteronomy*[1987] 323). 지도자 이해에 대한 4년 간의 연구 내용 가운데서 베니스는 자신이 믿는 바 모세와 같은 모든 "초지도자급의 사람들"에게 공통되는 다섯 가지의 능력이 있다는 사실을 발견했다.

1. 비전 – 바람직한 업무 상태로 나아가도록 움직일 수밖에 없는 비전을 창출해 내는 능력.
2. 커뮤니케이션 – 다른 사람들의 지지를 얻기 위해 그 비전을 주장하는 능력.
3. 인내 – 일이 진행되다가 어려움에 봉착할 때 조직의 방향을 유지하는 능력.
4. 기능 분산 – 최선의 결과를 얻어내기 위하여 다른 사람들의 에너지와 능력을 이용하여 사회적 구조를 창출해 내는 능력.
5. 조직 숙지 – 조직의 실행을 관찰하고, 과거의 행동으로부터 지식을 습득하고, 미래를 위해 하나의 과정을 진행시켜 나갈 때 과거의 경험에서 얻은 지식을 사용하는 능력.

모세는 이러한 범주 가운데 다섯 가지 항목 전체를 나타내 보이고 있는데, 특히 기능 분산에 있어서 그러하다. 그는 백성들에게 격려의 말로 힘을 북돋아 준다: "강하고 담대하라 두려워 말고…이는 야웨께서 네 하나님이시기 때문이다"(6절). 이와 같은 격려의 말이 여호수아에게도 전달된다(7-8절).

모세의 여호수아에 대한 위임은 비밀리에 이루어진 것이 아니었음을 유념하는 것이 중요하다. 오늘날 평신도 지도자는 교회로부터 능력을 부여받아야 하고 공개적으로 위임을 받아야 할 필요가 있다. 오늘날 교회에서 목사와 다른 전문 지도자들은 하나님께서 지도자로 은사를 부여하신 사람들을 인정하고 모세가 여호수아에게 영예를 안겨 주었던 방식으로 공식석상에서 그들을 인정해 주어야 한다: "모세가 여호수아를 불러 온 이스라엘 목전에서 그에게 이르되"(7절).

2. 모세가 초막절에 낭독하도록 토라를 보관하다(31:9-13)

참고문헌

Alt, A. *Essays on Old Testament History and Religion.* 1966. 126-29. **Cazelles, H.** "The Bible and the Liturgical Times: Eschatology and Anamnesis." *Studia liturgica* 14(1982) 23-33. **Cullen, J.** "Das Deuteronomium: Eine Erwiderung." *ZWT* 48(1905) 181-93, esp. 182. **Fischer, G.,** and **Lohfink, N.** "'Diese Worte sollst du summen.' Dtn 6, 7 *wĕdibbartā bām* - Ein verlorener Schlüssel zur meditativen Kultur in Israel." In *Studien zum Deuteronomium III.* 1995. 181-203, esp. 197-99. **Friedman, M. A.** "Publication of a Book by Depositing It in a Sanctuary." *Leš* 48-49(1983-85) 49-52 (Heb.). **Haag, H.** "Das 'Buch des Bundes'(Ex 24, 7)." In *FS K. H. Schelkle.* 1973. 22-30, esp. 29. **Kumaki, F. K.** "The Deuteronomistic Theology of the Temple - As Crystallized in 2 Sam 7, 1 Kgs 8." *AJBI* 7(1981) 16-52, esp. 37-39. **Kutsch, E.** "'Bund' und Fest: Zu Gegenstand und Terminologie einer Forschungsrichtung." *TQ* 150(1970) 299-320. **Lang, B.** "Der tanzende Leser: Die frühjüdische Buchreligion." *BK* 36(1981) 279-85. **McCarthy, C.** *Tiqqune Sopherim and Other Theological Corrections in the Masoretic Text of the Old Testament.* OBO 36. Göttingen: Vandenhoeck & Ruprecht, 1981. 197-204. **Milgrom, J.** "Excursus 34: The 'Ger.'" In *Numbers.* 1990. 398-402.

Mölle, H. *Das "Erscheinen" Gottes im Pentateuch: Ein literaturwissenschaftlicher Beitrag zur alttestamentlichen Exegese.* EHS 23.18. Bern: Lang, 1973. 131-41, esp. 138-41. **Perlitt, L.** *Bundestheologie.* 1970. 123-24. **Watts, J. W.** *Reading Law: The Rhetorical Shaping of the Pentateuch.* Biblical Seminar 59. Sheffield: Sheffield Academic Press, 1999. **Weinfeld, M.** *Justice and Righteousness in Israel.* 1985. 505.

본문과 운율 분석

초막절에 토라를 기록하고 낭독함
[(5:5):(4:4):(4:4):(5:5)]

The Writing and Recitation of the Torah at the Festival of Booths [(5:5):(4:4):(4:4):(5:5)]

9 모세가 이 율법을 써서 여호와의 언약궤를 메는 레위 자손 제사장들과 이스라엘 모든 장로에게 주고

9 *And Moses wrote / this Torah / and he gave it / to the priests /* 28 4
the sons of Levi / 7 1
The ones bearing / the ark / of the covenant of YHWH / / 18 3
and to all the elders / of Israel / / 11 2_

10 그들에게 명하여 이르기를 매 칠 년 끝 해 곧 정기 면제년의 초막절에

10 *And Moses commanded / them saying / /* 14 2
Every / seventh year / 9 2_
At the set time / 5 1
the year of release / at the Festival of Booths / / 13 2

11 온 이스라엘이 네 하나님 여호와 앞 그 택하신 곳에 모일 때에 이 율법을 낭독하여 온 이스라엘로 듣게 할지니

11 *when all Israel comes /* 9 1_
To appear[a] */ before*[b] *YHWH your God /* 16 2
in the place / that [c]*he will choose / /* 10 2_
You[d] *shall recite*[e] */ this Torah /* 12 2
in front of all Israel / in their hearing / / 13 2_

12 곧 백성의 남녀와 유치와 네 성안에 우거하는 타국인을 모으고 그들로 듣고 배우고 네 하나님 여호와를 경외하며 이 율법의 모든 말씀을 지켜 행하게 하고

12 *Assemble the people / men and women*[a] *and little ones /* 24 2
and your resident alien[b] *who is in your towns / /* 10 1
so that they will hear / 7 1
and so that they will learn / 8 1_
And they will fear / YHWH your[c] God / 18 2
and they will be careful to do / 10 1
all the words / of this Torah / / 13 2_

미래 세대는 야웨를 경외해야 할 것이다 [6:6]

Future Generations Shall Learn to Fear YHWH [6:6]

13 또 너희가 요단을 건너가서 얻을 땅에 거할 동안에 이 말씀을 알지 못하는 그들의 자녀로 듣고 네 하나님 여호와 경외하기를 배우게 할지니라

13 And their children / who have not known it / they will hear / 19 3
and they will learn / to fear / YHWH your[a] God / / 20 3_
All the days / that you[b] are alive\[c] in the land / 20 2
when you / cross the Jordan / there / to possess it / / פ 21 4_

원문주해

11.a. SP에는 להראות로 되어 있다. 이 단어는 리르오트(לְרָאוֹת, "나타나다")로 모음 부호가 다시 붙여졌다.

11.b. 자켑카톤이 뒤따라온 파스타는 연접사로 읽음.

11.c-c. SP에는 MT의 이브하르 티크라(יבחר תקרא, "그가 택할 것이다, 네가 낭독할 것이다") 대신에 בחר יקרא("그가 택하셨다, 그가 낭독할 것이다")로 되어 있다.

11.d. LXX에는 2인칭 복수인 아나그노세스데(*ἀναγνώσεσθε*, "너희가 읽을 것이다"=תִּקְרְאוּ, 티크레우)로 되어 있다. 필자는 여기서 MT의 독법 2인칭 단수를 따랐다.

12.a. 자켑 카톤이 뒤따라온 파스타는 연접사로 읽음.

12.b. 위치가 잘못된 아트나로 인하여 티프하를 연접사로 읽음.

12.c. 여러 히브리어 필사본, SP 그리고 몇몇 LXX 증거 본문들에는 2인칭 복수가 아닌 3인칭 복수로 되어 있다. 여기에 MT의 수의 전이가 되어 있다.

13.a. 소수의 히브리어 필사본들, SP, Syr, Vg에는 3인칭 복수로 되어 있다. LXX^B에는 2인칭 단수로 되어 있다. 그리고 몇몇 LXX 증거 본문들에는 1인칭 복수로 되어 있다. 여기서는 MT가 난해한 독법으로서 필자가 이를 따르고 있다.

13.b. SP, LXX, Vg에는 헴(הֵם, "그들")으로 되어 있다.

13.c. 자켑 카톤이 뒤따라온 파스타는 연접사로 읽음.

양식/구조/배경

신명기 31-34장과 신명기 31장에 있는 보다 큰 패턴 가운데서 31:9-12의 위치에 관해서는 위의 낭독 본문 9-11과 특히 낭독 본문 9에 있는 논의를 보라. 칠지 형태로 되어 있는 신명기 31장의 내용을 검토해 보는 것은 유익할 것이다.

A	모세가 자기의 임종을 알리고 여호수아를 자기 후계자로 선언함	31:1-8
B	초막절에 토라를 기록하고 낭독함	31:9-12
C	미래 세대가 야웨 경외하기를 배울 것이다	31:13
X	회막에서 모세와 여호수아에게 현현하심	31:14-15
C′	이스라엘의 미래의 배교와 그 결과	31:16-18
B′	증거로서 노래의 기록/하나님께서 여호수아에게 위탁하심	31:19-23
A′	미래 세대에게 증거로서 주어진 토라와 노래	31:24-30

이 본문에서 매 칠 년 초막절기 때마다 낭독하도록 레위인들에게 맡겨진 토라의 기록(9-12절)은 미래 세대에게 증거로서 주어진 모세의 노래의 기록과 가르침(19-

22절)과 대칭되어 있는데, 여기에 하나님 자신이 여호수아에게 위임하신 간략한 말씀(23절)이 덧붙여져 있다. 이 본문에 있는 골격은 모세로부터 여호수아에게로의 지도권의 이양(1-8절)으로부터 토라와 모세의 노래 가운데 포함되어 있는 미래 세대를 위하여 모세가 남겨 놓은 유산(24-30절)으로 옮겨가는데, 위의 개요의 중심부에는 회막에서 하나님이 모세와 여호수아에게 자신을 나타내신 신비적 현현(14-15절)이 있다.

31:9-23에 있는 버금 단위의 경계들은 12, 14, 19, 23절에 있는 수의 전이(2인칭 단수와 2인칭 복수형의 전환), 13절 뒤에 있는 페툭하 구획 표시, 15절 뒤에 있는 세투마 구획 표시로 표시되어 있다. 운율 분석은 10절과 11절 간의 구절의 분리가 옳지 않다는 사실을 시사하고, 또한 "온 이스라엘이…모일 때"란 문구가 10절의 사상을 결론짓고 있으며, 운율 단위의 구조적 중심 즉 신명기 낭독을 듣기 위하여 온 이스라엘이 중앙 성소에 나타났음을 선언하고 있다는 사실을 암시한다. 31:9-12의 대칭 구조는 다음과 같이 정리될 수 있다.

A	모세가 토라를 기록하고 레위인들에게 맡김	31:9
B	레위인들이 매 칠 년마다 토라를 낭독해야 한다	31:10-11aα
X	온 이스라엘이 중앙 성소에서 야웨 앞에 보일 때	31:11aβ
B′	레위인들이 온 이스라엘 앞에서 낭독해야 할 것이다	31:11b
A′	모세가 미래에 토라를 낭독할 것을 명함	31:12

토라의 공적 낭독의 배경은 "온 이스라엘이 네 하나님 여호와 앞 그 택하신 곳에 모일 때"(11절)인 가을 초막절이다. 모세는 토라를 기록하여 그것을 레위인들에게 주면서 매 칠 년마다 미래 세대(그들의 자녀들)가 약속의 땅에서 야웨 경외하기를 배우도록 이스라엘의 미래 세대, 즉 고대 이스라엘의 전체 인구에게 낭독하라고 명령한다(13절).

이 간단한 운율 단위의 경계들은 12절 끝에 있는 수의 전이와 13절 끝에 있는 페툭하 구획 표시로 표시되어 있다. 본 주석의 앞 단락에 제시된 칠지 형태의 분석에서 볼 때, 31:13이 칠지 형태의 내부 골격으로서 31:16-18과 대칭되어 파악되어야 한다. 31:13이 신명기 31장의 대칭 구조 전체 내에서 하나의 운율 버금 단위를 이루고 있다는 사실이 실질적으로 모든 주석가들에 의하여 간과되어 왔다. 히브리 본문에서는 신명기의 체험과 교훈을 배워야 하는 "그들의 자녀들"이 강조되고 있다. 그 내용은 "너희가 요단을 건너가서 얻을 땅에 거할 동안에" 야웨 경외하기를 배우는 "그들의 자녀들"에 관한 진술로부터 "이 백성이 들어가 거할 그 땅에서 일어나 이방 신들을 음란히 좇아갈" 이스라엘의 미래의 배교 기사(16절)로 옮겨간다. 야웨께서는 "그 때에 내가 그들에게 진노하여 그들을 버리며 내 얼굴을 숨겨 그들에게 보이지 않게 할 것인즉"(17-18절)이라고 선언하신다.

31:9-13의 숫자 구성에 관해 라부샤뉴에게서 얻은 자료는 앞 단락 31:1-8에 포함되어 있다. 여기에는 이 단락이 이 숫자들의 배수가 인상적인 방법으로 사용된 보다 큰 문맥들의 필수적인 부분이라는 사실 이외에, 신명 수 17과 26의 사용에 대한 증거는 없다.

주석

9 "이 토라"가 가리키는 것은 신명기 31-34장을 포함하여 모세가 자세히 설명해 온 신명기 전체를 가리킨다. 이 마감하는 장들은 정경 범주 가운데서 신명기를 전선지서(여호수아서에서 열왕기하까지)와 연결짓는 다리 역할을 하고 있다. 간단히 말해서, 당연한 순서를 따라 떠오르게 되었을 보다 광범위한 "토라"(창세기부터 신명기까지 혹은 오경)의 진수로서 신명기 기록은 우리가 정경 과정이라 부르는 내용에서 그 첫 단계였다. 토라를 제사장들, 즉 레위의 아들들에게 주면서 모세는 미래 세대에게 가르치는 전달의 책임을 위임한다. 바벨론 포로 후에 기록한 역대기자가 볼 때 "레위 사람들은 하나님의 집 장막의 모든 일을 맡았었다"(대상 6:48). 그리고 예루살렘 성전의 음악 하는 사람들은 레위인들이었다(대상 25장). 그 이후 에스라와 느헤미야의 기록 가운데서 우리는 제사장들과 레위인들이 "하나님의 사람 다윗의 명한 대로 반차를 따라 주를 찬양하며 감사하려고"(느 12:24) 예루살렘에 모였다는 사실을 읽을 수 있다. 이 전승이 오랜 기억 가운데 보존되어 있었고, 또한 레위인들이 포로 전 이스라엘 내에서 음악적 형태로 성경 본문을 전달하는 일을 했었다고 생각하는 것이 타당하다. 모세가 토라를 "레위 자손 제사장들"(9절)에게 주었고, 또한 그가 그들에게 초막절기 동안 있을 언약 의식 때 "온 이스라엘 앞에서 이 율법을 낭독"(11절)하라고 명령했다고 말하는 것은 토라의 가르침이 문자 그대로 "레위인들의 손에" 달려 있었다고 말하는 또 다른 방법이다. 그들은 토라의 낭송이 고대 이스라엘 가운데서 한 세대에서 다음 세대로 전달되거나 가르쳐졌던 그 히브리 성경의 자음 본문과 손질 체계를 모두 보존했던 사람들이었다. "여호와의 언약궤를 메는 자들"이라는 문구의 의미에 관해서는 10:8-11과 18:1에 대한 "주석"

을 보라.

10-11 토라(신명기)는 "매 칠 년 끝 해…초막절에" 낭송되어야 했다. 초막절에 관해서는 16:13-15을 보라. "여호와 앞…에 모일"이란 번역이 본문의 의미를 전달해 주고 있기는 할지라도, 이러한 번역은 히브리어의 참 의미를 나타내지 못하고 있다. 이 동사는 본래 니팔형이라기보다는 칼형으로 되어 있었을 수가 있으며, 그래서 "네 하나님 야웨의 얼굴을 보려고"로 읽혀졌을 것이다. 여기에 나오는 관용어는 문자 그대로 하나님을 보는 것을 의미하지 않고, 그분을 방문하거나 그분의 성소-그가 택하실 곳-에서 경배하는 것을 의미한다. "보다"가 아닌 "나타나다"란 번역을 요구하고 있는 발음이 "성소를 가리키는 구절에서만 발견된다"는 사실을 살펴보는 것은 흥미로운 일이며, "…그 의도는 하나님께서 신상의 형태로 물리적으로 보이게 임재하신다는 인상을 피하기 위한 것이다"(Tigay[1996] 372 n. 46). 하나님이 어떤 상황에서는 보일 수 있다는 사실에 관해서는 출애굽기 24:10-11; 33:11; 34:23; 민수기 12:8을 보라. 이 토라를 "낭독하여"(תקרא-티크라)가 2인칭 단수로 되어 있으므로, 과거의 몇몇 해석가들은 이것이 한 인간, 아마도 여호수아를 가리키고, 그 후에는 왕이나 혹은 대제사장을 가리키는 것으로 생각해 왔다(Tigay[1996] 292). 이 주석에서 제시되고 있는 바와 같이 수의 전이의 기능을 살펴보고, 또한 우리가 신명기의 스타일상의 특징을 취급하고 있다는 사실을 인식하는 것이 나을 것이다.

12 "백성의 남녀와 유치와 네 성 안에 우거하는 타국인을 모으라"는 명령은 안식년에 있었던 초막절기가 성인 남자 이스라엘 백성들만 모일 의무가 있었던 다른 절기들과는 달랐다는 사실을 시사한다. 티개이가 "이 구절은 그 가르침을 배우는 데 있어서 남녀 간의 차별을 두지 않고 있다"고 말한 내용을 유념하는 것이 중요하다. 티개이는 수 세기를 통하여 유대교의 수많은 부분에서 공통적인 관습과는 반대로 현인 시므온 벤 앗자이(Azzai)는 한 남자가 자기 딸에게 토라를 가르칠 의무를 가지고 있다고 주장했다고 덧붙인다(Tigay[1996] 292; *y. Hag.* 1:1, 75d; 또한 M. Greenberg, *Studies in the Bible and Jewish Thought*[Philadelphia: Jewish Publication Society, 1995] 434-35). "네 성 안에 우거하는 타국인"은 이스라엘 사람들 가운데 살고 있는 비이스라엘 사람이다. 출애굽 당시에 이스라엘 백성들과 합세했던 "중다한 잡족"(출 12:38)에 대한 언급은 그러한 외국인이 처음부터 존재하고 있었음을 시사한다. 거주하는 외국인은 주로 땅을 소유하지 못했고, 그래서 자주 노동력을 착취당하고 빈곤해졌다. 따라서 토라는 약한 그룹을 보호하도록 호소하는 가운

데 그들을 과부와 고아와 함께 그룹지어 놓고 있다. 그들이 시민법에 속해 있고 어떤 종교적인 금지 조항에 속해 있으므로, 거주하는 외국인들은 몇몇 종교상의 축하에 참여하도록 허락되었다. 이러한 이유로 인하여 그들도 역시 초막절기에 낭송된 토라를 들음으로써 그것을 배워야 한다(참조. 수 8:35).

13 "이 말씀을 알지 못하는 그들의 자녀"는 모세와 여호수아의 지도 하에 이스라엘 백성의 체험을 직접 알지 못하는 미래 세대의 사람들을 가리킨다. 이 구절의 첫 부분에 나오는 우바님(ובנים, "자녀들")이라는 단어에 붙어 있는 와우(ו)는 13절을 그 앞 구절로부터 갈라내는 분리 기능을 하고 있고, "그들의 자녀들"이란 단어를 강조해 주는 역할을 한다.

해설

안식년에 있었던 초막절기는 이러한 커다란 교육 행사를 위하여 선택되었는데, 그때 백성들은 보다 많은 사람들이 참석하기 위하여 중앙 성소에 모여들도록 통상적인 것보다 고용에 관한 일을 경감해 주었다. 그러한 준수는 두 번의 경우가 기록되어 있다: 요시야 왕의 통치 때(왕하 23:1-3; 비록 실질적인 절기가 설명되지는 않았을지라도)와 에스라 때이다(느 7:73b-9:37). 이러한 행사를 무시한 것은 이스라엘 국가가 우상 숭배에 빠져 멸망하게 되었던 이유들 가운데 하나였던 것으로 보인다. 호세아 선지자가 말하는 바와 같이, "내 백성이 지식이 없으므로 망하는도다"(호 4:6).

본문에 따르면, 성경 연구는 "남녀와 유치(작은 자들)"의 임무다(12절). 종교적 연구가 남자들에게만 국한되었다는 전통은 신명기에 따르면 진짜 거짓된 가르침이다. 이 이미지는 바브라 스트라이젠드의 유쾌한 영화인 "옌틀"(Yentl) 가운데 생생하게 묘사되어 있는데, 그 영화에서는 나이 많은 책 장사가 자기 책 수레에 두 개의 다른 진열을 했다. 한편은 남자들을 위한 성스러운 책들이었고, 다른 편에는 여인네들을 위하여 그림이 들어 있는 보다 단순한 책들이었다. 바울은 언젠가 이렇게 말한 바 있다. "남자나 여자 없이 다 그리스도 예수 안에서 하나이니라"(갈 3:28). 더 나아가서 처음부터 토라에 대한 연구의 임무가 우리 모두, 즉 남자들, 여인들 그리고 아이들에게 부여되어 있다.

성서의 공적 낭독이 유대교와 기독교 내에서 유서 깊은 원칙일지라도, 그러한 관습은 오늘날 슬프게도 많은 복음적 배경을 가진 교회에서 결핍되어 있다. 전파된 설교와 관련되어 읽혀지는 간략한 본문 이외에도, 성경 본문의 조직적이고도 공적인 낭독은 교회의 큰 부분에서는 실질적으로 사라졌다. 고대와 현대 유대교에서 토라(그리고 수많은 선지서)는 각각의 안식일 예배 시에 조직적으로 읽혀진다. 우리는 당연히 이러한 고대의 관습을 연구해야 할 것이고, 또한 공예배에서 더 효과적으로 성스러운 본문을 낭송하기 위하여 훈련받은 낭독자들과 독창자들을 통하여 그것을 모방해야 할 텐데, "이것이 훨씬 더 광범위하게 유익한 결과들을 기대하도록 그리고 너무나 훌륭한 하나의 기관으로부터 결과가 나타나도록 확실한 근거를 제공할 것이기 때문이다"(Scott, *Holy Bible*, 1:567).

모세는 고대 이스라엘에서 정기적으로 있었던 중요한 절기 의식에 가족들이 참여할 때 어린 아이들도 신명기를 이해하기를 의도했다. 그러나 어린이들에게 성경의 가르침은 특별한 순간에만 한정되어 있지 않았다. 이는 모세가 본서의 앞부분에서 말한 바와 같다. "네 자녀에게 부지런히 가르치며 집에 앉았을 때에든지 길에 행할 때에든지 누웠을 때에든지 일어날 때에든지 이 말씀을 강론할 것이며"(신 6:7). 우리 자녀들에게 성경 교육은 가장 중요한 일이다.

로마서에 관한 책을 1956년에 저술하기 시작하면서 케넷 테일러(Kenneth Taylor)는 고전적 KJV(흠정역 성경) 본문을 자기 자녀들에게 읽어 주다가 좌절하여 현대 구어체로 성서를 번역하는 일에 착수했다. 성경 구절들을 쉽게 설명하기 위한 그의 시도는 그들이 이해할 수 있는 일상적인 영어로 쓰여진 리빙 바이블(1971)에서 절정에 달했는데, 이것은 수백만 부가 팔렸고 하나의 운동이 시작되게 만들었다. 곧 어린이들을 위하여 명확하게 고안된 성경 번역의 수가 증가하게 만들었다.

우리 자녀들을 가르치는 가장 좋은 방법은 모범을 통한 것이다. 자신의 성경을 착실하게 읽으시던 필자의 부친에 대한 기억들은 그분이 언제나 말씀하실 수 있었던 어떤 것보다도 나로 하여금 이 책에 대한 애착을 갖게 만들어 주었다. 조지 뮬러의 기록으로부터 인용한 존 맥스웰(John Maxwell)의 인용문은 반복해서 기록할 만한 가치가 있다: "우리의 영적 생활의 활력은 우리의 삶과 사상 가운데서 말씀이 차지하는 위치와 정확하게 일치할 것이다. 나는 54년 간의 경험에서 이것을 엄숙하게 말하는 바이다. 나는 성경을 100번이나 읽었으며, 계속 기쁨이 커져 가고 있다. 매번 성경이 나에게는 새로운 책처럼 보인다. 연속적이고도 부지런한 매일매일의 성경 연구에서 오는 축복은 굉장하다"(Maxwell[1987] 326). 모세는 같은 마음을 가지고 있었다.

B. 회막에서 모세와 여호수아를 향한 야웨의 분부(31:14-23)

1. 회막에서 모세와 여호수아에게 현현(31:14-15)

참고문헌

Aharoni, Y. "The Solomonic Temple, the Tabernacle, and the Arad Sanctuary." In *FS C. H. Gordon.* 1973. **Cross, F. M.** "The Priestly Tabernacle." In *BA Reader.* Ed. G. E. Wright and D. N. Freedman. Garden City, NY: Doubleday Anchor Books, 1961. 1:201-28. **Friedman, R. E.** "Tabernacle." *ABD* 6:292-300. ______. "The Tabernacle in the Temple." *BA* 43(1980) 241-48. ______. *Who Wrote the Bible?* Englewood Cliffs, NJ: Prentice-Hall, 1987. **Haran, M.** "The Ark in Deuteronomy." *IEJ* 9(1959) 30-38, 89-94. ______. "The Nature of the '*'Ōhel Mô'ēdh*' in Pentateuchal Sources." *JSS* 5(1960) 50-65. ______. "The Priestly Image of the Tabernacle." *HUCA* 36(1965) 191-226. ______. "Shiloh and Jerusalem: The Origin of the Priestly Tradition in the Pentateuch." *JBL* 81(1962) 14-24. ______. *Temples and Temple-Service in Ancient Israel.* Oxford: Clarendon, 1978. 260-75. **Milgrom, J.** "Excursus 28: The Tent of Meeting: Two Traditions." In *Numbers.* 1990. 386-87. **Rabe, V.** "The Identity of the Priestly Tabernacle." *JNES* 25(1966) 132-34. ______. "The Temple as Tabernacle." Diss., Harvard, 1963. **Rad, G. von.** *Das Gottesvolk im Deuteronomium.* 1929. 70-71. ______. "The Tent and the Ark." In *Problem of the Hexateuch.* 1966. 103-24. **Rodríguez Carmona, A.** "Los Anuncios de la Muerte de Moises en el Targum Palestinense." In *FS L. Alonso Schökel.* 1983. 267-79. **Rofé, A.** "Textual Criticism in the Light of Historical-Literary Criticism: Deut. 31:14-15." *EI* 16(1982) 171-76(Heb.). **Schutenhaus, F.** "Das Kommen und Erscheinen Gottes im Alten Testament." *ZAW* 76(1964) 1-22. **Vaux, R. de.** "Ark of the Covenant and Tent of Reunion." In *The Bible and the Ancient Near East.* Tr. D. McHugh. Garden City, NY: Doubleday, 1971. 136-51. **Weinfeld, M.** "The Concept of God and the Divine Abode." In *DDS.* 191-209. **Wilson, I.** *Out of the Midst of the Fire.* 1995.

본문과 운율 분석

회막에서 모세와 여호수아에게 현현 [(5:4):(4:5)]

14 여호와께서 모세에게 이르시되 너의 죽을 기한이 가까왔으니 여호수아를 불러서 함께 회막으로 나아오라 내가 그에게 명을 내리리라 모세와 여호수아가 나아가서 회막에 서니

15 여호와께서 구름 기둥 가운데서 장막에 나타나시고 구름 기둥은 장막 문 위에 머물렀더라

Theophany in the Tent of Meeting with Moses and Joshua [(5:4):(4:5)]

14 And YHWH said / to Moses /	14 2
"Behold the days / approach |[a] for *you to die* /	15 3_
Call Joshua /	10 1
and present yourselves / [b]*at the tent of meeting*[b] /	14 2
and I will commission him" //	6 1_
And Moses and Joshua / *went* /	14 2
and they stationed themselves / [b]*at the tent of meeting*[b] //	20 2_
15 *And YHWH appeared*[a] /	10 1
in the tent[b]\\[c] *in a pillar*[d] *of cloud* //	13 1
and a pillar of cloud / *stood* / *by the door of the tent*[e] // ס	21 3_

원문주해

14.a. 코르부(קרבו) 아래 있는 무나흐는 이접사로 읽혀진다. Letteris 판은 코르부(קרבו, "그들이 나아갔다") 아래 메텍을 두고 있는 사실을 유념해야 할 텐데, 몇몇 사람은 이 독법을 지지한다.

14.b-b. LXX에는 파라 타스 뒤라스 테스 스케네스(*παρὰ τὰς θύρας τῆς σκηνῆς*, "성막의 문 옆"= על פתח האהל)로 되어 있다.

15.a. LXX에는 카이 카테베(*καὶ κατέβη*, "그리고 그가 내려갔다"= וירד)로 되어 있다.

15.b. 빠오헬(באהל, "그 장막에서")이란 단어가 LXX에는 빠져 있다. 오리겐은 이것을 별표로 표시했다. Syr에는 빠오헬 모에드(באהל מועד, "회막에서")로 되어 있다. 운율 분석은 MT을 지지한다.

15.c. 위치가 잘못된 아트나로 인하여 티프하를 연접사로 읽음.

15.d. 몇몇 중요한 LXX 증거 본문들과 OL은 암무드(עמוד, "기둥")를 삭제한다. 운율 분석은 MT을 지지한다.

15.e. 한 히브리어 필사본, 중요한 LXX 증거 본문들, Syr에는 오헬 모에드(אהל מועד, "회막")로 되어 있다. 운율 분석은 MT을 지지한다.

양식/구조/배경

31:14-23에 있는 네 개의 주요 버금 단위들의 경계는 14, 19, 23절에 있는 수의

전이와 15절 뒤에 있는 세투마 구획 표시로 표시되어 있다. 31:14-23에 있는 자료의 순서가 "심하게 혼합되어 있는 것으로 보인다"는 라이트의 결론(G. E. Wright, *IB* 2:513)은 여기에 나와 있는 대칭 구조 형태를 파악하지 못한 학자들의 전형적인 견해다. 사실상, 라이트가 관찰한 바와 같이 14-15절과 23절은 성막에서 하나님께서 여호수아에게 공식적으로 위임하신 내용과 관계가 있다. 그러므로 이 구절들은 2-8절의 연속이거나 혹은 평행이다. 따라서 그것들은 세심하게 만들어진 대칭 구조 내에 들어 있다.

내용 면에서 볼 때, 이 단락의 대칭 구조 형태는 다음과 같이 정리될 수 있다.

A	야웨께서 회막에서 모세와 여호수아에게 나타나심	31:14-15
B	이스라엘의 미래의 배교와 그 결과	31:16-18
X	이스라엘 가운데 하나의 증거로서 노래를 가르치라고 명령받은 모세	31:19
B′	이스라엘의 미래의 배교와 증거로서 모세의 노래	31:20-22
A′	야웨께서 모세를 계승하도록 여호수아를 지명하심	31:23

모세의 후계자로서 여호수아의 지명은 이 구조에서 외부 골격(14-15절과 23절)으로 기능하고 있으며, 그 중심부에는 모세의 노래가 배교가 일어났을 때 이스라엘에 있는 배교를 취급하는 도구를 제공해 주도록 미래 세대를 위한 증거로서 의도된 진술(19절)을 가지고 있다. 내부 골격은 그 결과 면에서 미래의 배교를 다루고 있으며(16-18절), 또한 그 당시 그들에 대한 증거로서 모세의 노래의 역할을 다루고 있다(20-22절).

31:14-23에서 일련의 세 개의 대칭 구조가 발견되는데, 그 중 첫 번째 것(14-16절)은 다음과 같이 정리될 수 있다.

A	너의 죽을 기한이 가까왔으니 여호수아를 불러서 회막으로 나아오라	31:14a
B	그들이 회막에 섰다	31:14b
X	야웨께서 구름 기둥 가운데서 회막에 나타나셨다	31:15a
B′	그리고 구름 기둥이 회막 문 곁에 섰다	31:15b
A′	너는 너의 열조와 함께 잘 것이다	31:16a

이 구조에서 외부 골격은 모세가 죽으리라는 사실을 반복한다(14a절과 16a절). 내부 골격은 모세와 여호수아가 회막에 섰다는 사실(14b절)로부터 회막문 곁에 선 구름 기둥의 출현(15b절)으로 옮겨간다. 중심부에서 야웨께서 구름 기둥 가운데 장막에 나타나시고, 구름 기둥은 장막문 위에 머물러 있다(15a절).

31:14-15의 구조와 내용은 출애굽기 33:7-11의 것과 비교되어야 할 텐데, 그것은 다음과 같이 정리해 볼 수 있다.

A 모세가 진 밖에 회막을 세웠다 33:7
B 모세가 회막으로 갔을 때, 백성들이 그가 들어가는 것을 보았다 33:8
X 구름 기둥이 회막 문에 섰다 33:9-10
B′ 야웨께서 회막에서 모세와 대면하여 말씀하셨다 33:11a
A′ 모세가 진으로 돌아왔을 때, 여호수아는 회막에 머물렀다 33:11b

이 두 본문에서는 야웨께서 구름 기둥 가운데서 회막에 나타나셨다는 사실이 관심의 초점이다(참조. 신 31:15a과 출 33:9-10). 더 나아가서 모세와 여호수아는 양 경우에 모두 회막에 있다(신 31:14와 출 33:11).

라부샤뉴는 31:14-15에 32개의 단어가 있다고 말하는데, 이것은 카보드(כבוד, "영광")란 단어의 두 수치 중 하나다. 신명기 31장과 신명기 31-34장이라는 보다 큰 문맥의 숫자 구성에 관해서는 위의 31:1-8의 논의를 보라.

주석

14 밀그롬이 주장하는 바와 같이, 토라에서는 "회막"(אהל מועד – 오헬 모에드)에 대해서 두 개의 다른 개념이 있다(Milgrom, *Numbers*, 386-87): 진의 중앙에 있는 "성막"(משכן – "미슈칸")과 진 바깥에 있는 "회막"(אהל מועד – 오헬 모에드)이 그것이다.

15 하나님께서는 "구름 기둥 가운데서" 회막으로 오시고, 그 곳의 장막 입구에서 백성들과 교제를 하신다.

해설

여호수아는 에브라임 지파 사람이며(수 19:49-50), 따라서 모세와 같은 레위 제사장이 아니다(출 2:1). 여호수아는 제사장이 아니었으므로 "사람이 그 친구와 이야기함같이 여호와께서는 모세와 대면하여 말씀하신"(출 33:11) 회막에 들어가지 않았다(출 33:8에서 모세가 그러했던 것처럼). 여호수아와 모세는 이때 그 문 앞에 섰고, 일반적으로 회막 꼭대기에 머물렀던 구름 기둥도 입구에 나타났으며, 야웨의 영광이 구름 가운데 나타났다.

여호수아에게 주어진 반복된 격려의 말씀(신 31:7-8, 14-15, 23)은 모든 사람에게 하나의 교훈이 된다. 만일 우리 중에 가장 훌륭한 사람이 하나님의 사역을 확고부동하게 지켜 나가도록 반복적으로 격려를 받고 위탁되어졌다면 그 남은 사람에게는 얼마나 더하겠는가? 동시에 우리는 하나님께서 결코 자신을 신뢰하는 사람들을 떠나지 않으며 버리지 않으실 것이라는 사실을 안다. 그러므로 우리는 아주 악하고, 힘세고, 많은 우리의 대적들이 있더라도 강하고 담대할 수 있는 것이다. 그러한 상황에 그리고 그러한 돕는 자와 함께 있기 때문에, 하나님에게 신실하고 그분의 명령에 복종하는 한 우리 역시 궁극적으로 대적들을 이길 것이다.

2. 이스라엘의 미래의 배교와 그 결과(31:16-18)

참고문헌

Balentine, S. E. "A Description of the Semantic Field of Hebrew Words for 'Hide.'" *VT* 30(1980) 137-53. ______. *The Hidden God: The Hiding of the Face of God in the Old Testament.* Oxford Theological Monographs. New York; Oxford: Oxford UP, 1983. **Cazelles, H.** "La rupture de la *berît* selon les Prophètes." *JJS* 33(1982) 133-44, esp. 137-39. **Friedman, R. E.** "The Biblical Expression *mastîr pānîm.*" *HAR* 1(1977) 139-47. ______. *The Hidden Face of God.* San Francisco: HarperCollins, 1995. **Lloret, V. J. A.** "El Pecado en el Deuteronomio." *EstBib* 29(1970) 267-85. **Soleh, M. Z.** "Understanding in the Bible." *BMik* 32(1986/87) 285-87(Heb.). **Thiel, W.** "*Hēfēr bĕrît*: Zum Bundbrechen im Alten Testament." *VT* 20(1970) 214-29.

본문과 운율 분석

이스라엘의 미래의 배교와 그 결과 [(7:7):(4:4):(7:7)]
16 여호와께서 모세에게 이르시되 너는 너의 열조와 함께 자려니와 이 백성은 들어

Israel's Future Apostasy and Its Consequences
[(7:7):(4:4):(7:7)]

16 *And YHWH said\[a] to Moses /* 11 1
"Behold you are about to sleep / with your fathers // 14 2
And this people will rise / and they will play the harlot / 14 2

가 거할 그 땅에서 일어나서 이방신들을 음란히 좇아 나를 버리며 내가 그들과 세운 언약을 어길 것이라	*going after / the strange gods of* [b]*the land /*	17 2_
	That are in their midst / where[c] *they are going*[b] */*	13 2
	and they[d] *will forsake me /*	7 1
	And they will break / my covenant /	11 2
	that I have made / with them / /	10 2_
17 그 때에 내가 그들에게 진노하여 그들을 버리며 내 얼굴을 숨겨 그들에게 보이지 않게 할 것인즉 그들이 삼킴을 당하여 허다한 재앙과 환난이 그들에게 임할 그 때에 그들이 말하기를 이 재앙이 우리에게 임함은 우리 하나님이 우리 중에 계시지 않은 까닭이 아니뇨 할 것이라	17 *And my anger will be kindled against them IN THAT DAY /*	15 1
	and I will forsake them /	5 1
	and I will hide my face /[a] *from them /*	11 2_
	[b]*And they shall be ready prey* [b] */*	9 1
	and there shall come upon them / many evils / and troubles / /	21 3_
	And they will say / IN THAT DAY /	10 2
	'Is it not / because my god is not / in my midst /	16 3
	that these evils / have come upon me?' / /	18 2_
18 그들이 돌이켜 다른 신을 좇는 모든 악행을 인하여 내가 그 때에 반드시 내 얼굴을 숨기리라	18 *But it is I myself /*	7 1
	[a]*I will surely hide*[a] my face[b] */ IN THAT DAY /*	15 2
	Because of all the evil[c] *that they*[d] *have done / /*	14 1
	for they[d] *have turned / to other / gods*[c] */ /*	17 3_

원문주해

16.a. 자켑카톤이 뒤따라온 파스타는 연접사로 읽음.

16.b-b. 몇몇 LXX 증거 본문들에는 빠져 있음. 한 히브리어 필사본에는 하아레츠(הארץ, "그 땅")로만 되어 있다(히브리 본문에서는 그 다음에 나오는 다섯 개의 단어를 빠뜨리면서). 운율 분석은 MT을 지지한다.

16.c. SP와 *Tg. Ps.-J.*에는 쉠(שׁם, "거기")으로 되어 있다. 운율 분석은 MT을 지지하는 경향을 보인다.

16.d. SP, LXX, Tg에는 3인칭 복수로 되어 있다. 수정 없이 MT을 난해한 독법으로 읽는 것이 가능한데, 다음과 같이 같은 의미로 번역하기 위하여 집합적 의미로 되어 있는 단수형으로 취급함으로써 설명하는 것은 더 어려운 본문이다: "그[즉 영어로 그들로 번역되어 있는 이 백성]가 나를 버릴 것이다."

17.a. 여기서 아즐라 뒤에 마팍이 뒤따라온 순서는 이접사로 읽음.

17.b-b. SP와 Syr에는 והיו לאכלה("그리고 그들이 먹힐 것이다"〈즉 "예비 먹이"〉)로 되어 있다. 집합적으로 하암 하제(העם הזה, "이 백성")는 MT에서 단수 동사를 취하고 있으나 복수의 의미를 가진다.

18.a-a. 몇몇 SP 필사본들에는 MT의 하쓰테르 아쓰티르(הסתר אסתיר, "내가 정녕

〈내 얼굴을〉 숨길 것이다") 대신에 아쓰테르 하쓰티르(אסתר הסתיר)로 되어 있다.

18.b. 몇몇 히브리어 필사본들, SP, LXX, Syr, Tg은 미헴(מהם, "그들로부터")을 덧붙인다. 운율 분석은 MT을 지지한다.

18.c. 위치가 잘못된 아트나로 인하여 티프하를 연접사로 읽음.

18.d. SP와 LXX에서는 3인칭 복수 동사형으로 읽혀지지만, 이것은 MT의 수정을 요구하지 않는다. "원문주해" 16.d.와 17.b-b.를 보라. 단수 문법의 형태들은 집합적 의미로 읽혀진다.

양식/구조/배경

14a-16a절의 앞의 것이 남겨 놓은 곳을 취급하고 있는 두 번째 대칭 구조(16b-18b절)는 다음과 같이 정리될 수 있다.

A	네가 죽은 후에 이 백성들이 다른 신들을 좇을 것이다	31:16b
B	내가 그들을 버리고 그들에게서 내 얼굴을 숨길 것이다	31:17a
X	허다한 재앙과 환난이 그들에게 임할 것이다	31:17b
B′	내가 그 때에 반드시 내 얼굴을 숨기리라	31:18a
A′	그들이 돌이켜 다른 신을 좇는 모든 악행을 인하여	31:18b

야웨의 말씀(신 31:16-21) 가운데서 발견되는 이 구조는 다가오는 시대에 예고된 배교에 초점을 맞추고 있다. 외부 골격은 상황을 진술하고 있다: 백성들이 다른 신에게로 돌이킬 것이다(16b절과 18b절). 반면에 내부 골격은 야웨의 반응을 설명한다: "그 날에 내가 그들에게서 내 얼굴을 숨길 것이다"(17a절과 18a절). 중심부는 그 결과를 백성들이 "많은 재앙과 환난"(17b절)을 경험할 것으로 나타내고 있다.

주석

16 "너의 열조와 함께 자다"라는 관용어는 죽는 것을 의미한다. 밀그롬이 설명하는 바와 같이 "이 관용어는 오경에서만 발견되는데 – 아브라함의 죽음(창 25:8), 이스마엘(창 25:17), 이삭(창 35:29), 야곱(창 49:29, 33), 모세(민 27:13; 31:2; 신 32:50) 그리고 아론(민 20:24; 신 32:50)과 관련하여…. 그 의미는 족장들의 이야기 가운데서 명확하게 드러난다. 즉 그것은 죽은 다음에 묻히기 전에 일어나는 행동이다. 그러므로 이것은 죽는 것을 의미하거나 가족의 무덤에 묻히는 것을 의미

하지 않는다. 그보다 이것은 '한 사람의 조상들과 재회하는 것'을 의미하고 스올에서의 사후의 삶을 가리킨다. 그런 까닭에, 그 반대 용어 웨니크라트 메-암마우('그의 사람의 조상에게서 끊어지다')는 어떤 사후의 삶이 부정된다는 것을 의미한다"(Milgrom, *Numbers*[1990] 169-70). "이방 신"이란 언급은 모세의 노래에 있는 용어의 사용을 예상하고 있는데, 그것이 여기서 소개되고 있다. 신명기의 다른 곳에서 이것은 "다른 신들"이다.

17-18 이스라엘의 불성실에 반응하여 야웨께서는 "내가 그들을 버리며 내 얼굴을 숨길 것이다"라고 선언하신다. 같은 문구가 18절에서 반복되지만, 이번에는 웨아노키(ואנכי, "그러나 내가")라는 단어의 강조적인 이접적 용법과 함께 사용된다: "그러나 나에게 관해서는 내가 정녕 내 얼굴을 숨길 것이다." 하나님의 얼굴은 그분의 친숙한 임재와 호의, 그리고 그분의 복 내려 주심이다. 또다시 이 어휘는 모세의 노래 가운데 따라 나오는 내용을 예상하고 있다: "내가 내 얼굴을 숨겨 그들에게 보이지 않게 하고 그들의 종말의 어떠함을 보리니"(32:20). "내 신이 내 가운데 있지 않다"는 진술은 히브리 본문에서는 모호하다. 티개이는 하나님의 임재나 부재가 "우리 가운데 있지 않다"는 언급은 주로 하나님의 이름을 포함하고 있으며, 엘로헤(אלהי, "내 하나님")라는 단어가 사용될 때 이것이 덧붙여진다고 설명한다(Tigay[1996] 294-95). 지금의 본문 가운데서 엘로헤(אלהי, "내 하나님")란 단어는 야웨의 본명이 없이 나타나면 "내 하나님"으로 번역되어야 할 것이다. 운율 분석이 16-18절의 하나의 버금 단위로서 17절의 중간과 17b-18절에 있는 주요 단절을 드러내고 있다.

해설

하나님은 여호수아에게 앞으로 다가올 어려운 날들에 대비하라고 경고하신다. 그 이유는 다가오는 배교가 단순한 가능성만이 아니기 때문이다. 여호수아는 하나님께서 자기에게 맡기신 임무에 게으르지 않고 신실성을 유지하려고 하고 있다.

얼마나 신속한 배교가 있을 수 있는지 살펴보는 것은 중요하다. 이스라엘 백성들은 야웨 경배를 저버리지 않았다. 그들은 단지 다른 신들도 예배했을 뿐이다. 우리의 현재 상황에서 이 다른 신들은 교묘한 형태로 나타난다. 우리 삶의 중심부에서 하나님을 대신하여 자리를 차지하는 그 어떤 것이든 그것은 다른 신들이다. 그러므로 우리는 오래 전 이스라엘 백성들처럼 다음과 같이 명확하게 규정되어 있는 언약을 범하는 죄책이 있다: "나 외에는 위하는 신들을 네게 있게 말지니라"(신 5:7). 배교에 대한 형벌은 분명하다. 그러므로 하나님에게는 그분이 사랑하는 사람들을 최선으로 수정하는 데 필수적인 것이다. 그렇다면 한마디로 말해서 우리는 고통보다는 번영을 더 두려워해야 하는데, 그 이유는 고난이 자주 하나님의 교정 수단이기 때문이다. 더 나아가서, 고난은 거의 언제나 우리 편에서 성장할 수 있는 기회가 된다.

3-4. 하나님께서 모세에게 노래를 기록하라고 명하시고 여호수아를 위임하심(31:19-23)

참고문헌

Casetti, P. "Funktion der Musik in der Bibel." *FZPhTh* 24(1977) 366-89. **Christensen, D. L.** "The Aural Tradition Behind the Bible." In *Bible 101: God's Story in Human History.* N. Richland Hills, TX: BIBAL Press, 1996. 109-13. **Ewald, H.** "Das grosse Lied in Deuteronomium 32." In *Jahrbücher der biblischen Wissenschaft* 8 (1856) 63-65. **Friedman, R. E.** "From Egypt to Egypt: Dtr[1] and Dtr[2]." In *FS F. M. Cross.* 1981. 178-80. **Lohfink, N.** "The Deuteronomic Picture of the Transfer of Authority from Moses to Joshua." In *Theology of the Pentateuch.* 1994. 243-47. **Tsumura, D. T.** "Hab 2, 2 in the Light of the Old Testament." *ZAW* 94(1982) 294-95. **Waterhouse, S. D.** "A Land Flowing with Milk and Honey." *AUSS* 1(1963) 152-66. **Watts, J. W.** "'This Song': Conspicuous Poetry in Hebrew Prose." In *Verse in Ancient Near Eastern Prose.* Ed. J. C. de Moor and W. G. E. Watson. AOAT 42. Neukirchen-Vluyn: Neukirchener Verlag, 1993. 345-58.

본문과 운율 분석

미래 세대에 대한 하나의 증거로서 모세의 기록 [(4:5):(5:6):(5:5):(6:5)]	**The Writing of the Song as a Witness to Future Generations** [(4:5):(5:6):(5:5):(6:5)]

19 그러므로 이제 너희는 이 노래를 써서 이스라엘 자손에게 가르쳐서 그 입으로 부르게 하여 이 노래로 나를 위하여 이스라엘 자손에게 증거가 되게 하라

19 "*And now* / [a]write for yourselves / this song /	19 3
[b]and teach it to the children of Israel /	14 1_
Put it[b] in their mouths //	8 1
in order that this song[b] / shall be my / witness /	18 3
against the children of Israel //	8 1_

20 내가 그들의 열조에게 맹세한 바 젖과 꿀이 흐르는 땅으로 그들을 인도하여 들인 후에 그들이 먹어 배부르고 살지면 돌이켜 다른 신들을 섬기며 나를 멸시하여 내 언약을 어기리니

20 When I bring them[a] / to[b] the land /	16 2
that I promised to their fathers[c] /	12 1
flowing with milk / and honey /	11 2_
And they will eat and be sated\[d] and they will grow fat //	13 1
and they will turn / to other gods\[e] and serve them /	23 2
and they will spurn me / and they will break / my covenant //	18 3_

21 그들이 재앙과 환난을 당할 때에 그들의 자손이 부르기를 잊지 아니한 이 노래가 그들 앞에 증인처럼 되리라 나는 내가 맹세한 땅으로 그들을 인도하여 들이기 전 오늘날에 나는 그들의 상상하는 바를 아노라

21 [a]And it will be / when there shall come upon them /	14 2
many evils / and troubles[a] / and it will bear witness /	18 3_
This song will be [b]before them[b] / as a witness /	16 2
for / it will not be lost / in the mouth of their offspring //	14 3_
For I know their intention / that they are devising / TODAY /	21 3
before I bring them / to the land[c] /	15 2
that I have promised"[d] //	7 1_

22 모세가 당일에 이 노래를 써서 이스라엘 자손에게 가르쳤더라

22 And Moses wrote / this song / IN THAT DAY //	22 3
and he taught it / to the children of Israel //	15 2_

야웨께서 모세를 계승하도록 여호수아를 위임하심 [5:4]

YHWH Commissions Joshua to Succeed Moses [5:4]

23 여호와께서 또 눈의 아들 여호수아에게 명하여 가라사대 너는 이스라엘 자손을 인도하여 내가 그들에게 맹세한 땅으로 들어가게 하리니 마음을 강하게 하고 담대히 하라 내가 너와 함께 하리라

23 And he commanded / Joshua son of Nun /	13 2
and he said / "Be strong and be courageous / for it is *you* /	15 3_
You shall bring\[a] the children of Israel /	13 1
into the land\[b] [c]that I have promised to them //	15 1
and as for me / I will be with you"[c] //	12 2_

원문주해

19.a. Syr에는 *ktwb lhwn*(= כתב להם, "그가 그들을 위하여 기록했다")로 되어 있다. 여기에 나오는 수의 전이는 버금 단위의 첫 번째 경계를 표시한다(19-22절).

19.b-b. Syr에는 빠져 있다(*London Polyglot*, 1654). 운율 분석은 MT을 지지한다.

20.a. Sebir(히브리어 필사본에 있는 아람어 각주), Syr, Tg에는 3인칭 복수로 되어 있다. MT에서는 야웨가 화자이시다(1인칭 단수).

20.b. LXX은 텐 아가덴(*τὴν ἀγαθήν*, "그 좋은"=הטובה, 하토바)을 덧붙인다.

20.e. 자켑카톤이 바로 뒤따라오는 파스타는 연접사로 읽음.

21.a-a. LXX에는 빠져 있음. 오리겐은 별표를 삽입한다. 운율 분석은 MT을 지지한다.

21.b-b. 두 개의 히브리어 필사본과 Vg에는 빠져 있음. LXX에는 MT의 리프네우(לפניו, "그 앞에") 대신에 카타 프로소폰 (아우투)(*κατὰ πρόσωπον* ⟨*αὐτοῦ*⟩, "⟨그에게⟩ 대항하여")로 되어 있다. 운율 분석은 MT을 지지한다.

21.c. SP에는 하아레츠(הארץ, "그 땅") 대신 하아다마(האדמה, "그 땅")로 되어 있다. 운율 분석은 MT을 지지한다.

21.d. SP는 לאבתיו("그 열조에게")를 덧붙인다. 한 히브리어 필사본, LXX, Syr은 לאבתם("그들의 아비들에게")를 덧붙인다. 또한 운율 구조 면에서 평행이 되는 위의 20절을 참조하라.

23.a. 자켑카톤이 바로 뒤따라오는 파스타는 연접사로 읽음.

23.b. 위치가 잘못된 아트나로 인하여 티프하를 연접사로 읽음.

23.c-c. 한 히브리어 필사본에는 빠져 있음. LXX은 야웨께서 1인칭 단수로 말하지 않고 3인칭 단수로 보고하는 형식으로 되어 있다. 운율 분석은 MT을 지지한다.

양식/구조/배경

"너희는 (너희를 위하여) 이 노래를 써서"(19절)라는 하나님의 명령 다음에 "모세가 당일에 이 노래를 써서 이스라엘 자손에게 가르쳤더라"(22절)는 진술이 뒤따라온다. 이 구조 골격 내에 있는 구절들은 백성들이 "먹어 배부르고 살찌면 돌이켜 다른 신들을 섬길"(20절) 다가오는 시대에 일어날 내용을 기록하고 있다. 뒤따라오는 언약적 "재앙과 환난"이 그들에게 닥칠 때, 이 노랫말이 하나님께서 진행되어 가는 "그들의 의향"을 알고 계셨다는 사실을 그들에게 증거할 것이다. 그 시점에서 주제는 야웨께서 여호수아를 이스라엘의 새 지도자로 임명하시고, 그러한 입장에 있는 그를 "내가 너와 함께 하리라"(23절)는 약속으로 격려해 주시는 주제로 갑작스럽게 옮겨간다.

19-22절에 있는 모세의 노래를 기록하라는 것에 관한 단락은 다음과 같은 대칭 구조로 정리될 수 있다.

A 모세가 노래를 기록하고 그것을 가르치라는 명령을 받는다 31:19a
B 이 노래는 이스라엘 백성에게 증거가 될 것이다 31:19b

X 장래에 이스라엘은 야웨와의 언약을 깨뜨릴 것이다 31:20
B′ 이 노래는 이스라엘 백성에게 증거가 될 것이다 31:21
A′ 모세가 노래를 기록하고 백성들에게 가르친다 31:22

이 단위에서 첫 구절과 마감하는 구절들은 모세가 노래를 기록하고 백성들에게 가르치라는 명령을 받은 것(19절)과 내용이 동일하고, 그가 실제로 그렇게 했다는 진술과도 같다(22절). 모세의 노래의 기능은 백성들이 다가오는 시대에 거역할 야웨의 언약을 지키는 데 신실하도록 백성들을 상기시켜 주기 위한 것이다.

운율 관점에서 볼 때, 야웨께서 여호수아를 이스라엘의 지도자로 위임하시는 간략한 기사(23절)는 19-22절에 있는 노래를 기록하고 있는 단락에 하나의 보록으로서 덧붙여져 있다. 신명기 31:19-23은 구문론적 악센트 강조 단위 가운데서 (4:5):(5:6):(5:5):(6:5):(4:5)의 운각으로 나누어진다. 보다 큰 단위의 경계들은 수의 전이로 표시되어 있다. 신명기 31장 전체에 대한 서론에서 소개된 아홉 부분으로 된 대칭 구조 가운데 제시된 바와 같이, 23절도 역시 평행적 요소들 가운데 보다 정교하게 배치된 것이기는 하지만, 운율 분석을 해보면 여기에 있는 제1차 구조와 같은 일곱 부분으로 이루어진 칠지(七枝) 형태를 암시해 주고 있다.

A 모세가 자신의 임종과 여호수아를 자기 후계자로 선언함 31:1-8
B 초막절에 토라를 기록하고 낭독함 31:9-12
C 미래 세대가 야웨 경외를 배울 것이다 31:13
X 회막에서 모세와 여호수아에게 현현 31:14-15
C′ 이스라엘의 미래의 배교와 그 결과 31:16-18
B′ 증거로서 노래의 기록 31:19-22
A′ 하나님께서 여호수아를 모세의 후계자로 위임하심 31:23

여기서 주 골격(A, X, A′)은 모세로부터 여호수아에게로의 지도권 이양에 초점을 맞추고 있다(1-8, 14-15, 23절). 두 번째 골격(B, B′)은 매 칠 년 초막절기에 낭독하도록 레위인들에게 토라를 기록하여 맡기는 내용(9-12절)으로부터 미래 세대에 대한 증거로서 모세의 노래를 기록하고 가르치는 내용(19-22절)으로 옮겨간다. 가장 안쪽의 골격(C, C′)은 야웨를 경외하라고 요구를 받는 미래 세대의 문제를 제기하지만(13절), 그들은 우상에게로 돌이킨다(16-18절). 모세의 노래는 그들의 배교의 결과에 대해 그들에게 하나의 증거로서의 기능을 한다.

31:19-23의 숫자 구성에 관해 라부샤뉴로부터 얻은 자료는 다음과 같이 요약될

수 있다.

단어	아트나 앞		아트나 뒤		
31:19-23	68 (=4×17)	+	38	=	106
31:16-23	102 (=6×17)	+	75	=	177
31:16-21	76	+	68(=4×17)	=	144 (=12×12)
31:19-20	25	+	17	=	42
31:21	17	+	14	=	31
31:22-23	26	+	7	=	33
31:1-30	322 (=14×23)	+	230 (=10×23)	=	552 (=24×23)
31:1-34:12	955	+	728 (=28×26)	=	1,683 (=99×17)

31:19-23에는 아트나 앞에 68(=4×17)개의 단어가 있다. 신명 수 17이 이 단락에서 최소한 네 번 출현하면서 중요한 구조물 구획이 되어 있는 것처럼 보인다. 신명 수 26이 버금 단락 31:22-23을 마감하는 데서도 나타난다. 동시에 31:19-23이 신명 수 23이 두드러진 역할을 하고 있는 보다 큰 전체 단락의 일부분이라는 사실을 기억하는 것이 중요하다. 숫자 23은 카보드(כבוד, "영광")와 연결되어 있다. 그런 까닭에 또다시 우리는 고대 이스라엘의 서기관들이 야웨의 영광을 위하여 이러한 숫자 구성의 수고로운 임무를 이행했다는 증거를 가지게 된다.

주석

19 "네 자신들을 위하여 기록하라"("너희는 이 노래를 써서"는 히브리어 본문으로는 "네 자신들을 위하여"라는 문구〈לכם, 라켐〉로 되어 있다 – 역자주)는 문구가 모세와 여호수아 모두를 가리키기는 하지만(32:44을 보라), 2인칭 복수로부터 2인칭 단수 동사형으로의 갑작스러운 전환은 수의 전이라는 수단을 통하여 새로운 운율 단위를 표시하는 수단으로 설명하는 것이 가장 좋다. 이 노래는 미래 세대를 위하여 간수되도록 기록되었다. 그러나 그것은 말로 가르쳐진다. 티개이는 기록된 아카디안 시들의 노래와 구술 낭독 가운데서 그 같은 교훈적 상황을 발견할 수 있다

고 주의를 환기시켜 주었다(J. Tigay, *The Evolution of the Gilgamesh Epic*[Philadelphia: Univ. of Pennsylvania Press, 19820 107 n. 72를 보라). "그 입으로 부르게 하여"("입에 넣어")란 관용어는 티개이가 말하는 바와 같이 아카드어와 수메르어처럼 히브리어에서도 "마음을 통한 가르침"을 의미한다(A. Hurowitz, *Innu Anum sirum: Literary Structures in the Non-Juridical Sections of the Code of Hammurabi* [Philadelphia: University Museum, 1994] 27-29).

모세의 노래는 이것이 미리 하나님의 친절하심과 이스라엘의 반역을 진술하고 있다는 의미에서 "이스라엘 자손들에 대한 증언"이 되도록 의도되어 있다(32:1-18을 보라).

20 이스라엘 땅을 "젖과 꿀이 흐르는 곳"으로 말하는 이러한 묘사는 그 땅의 비옥을 속담식으로 표현한 것으로서 성경에 자주 나타난다(6:3; 11:9, 15; 27:3; 31:20; 출 20:5-6; 34:6-7; 민 14:18; 렘 32:18). 그들은 자기들 스스로가 자기들의 번영의 원천인 것으로 믿고 "그들이 먹어 배부르고 살찌면 돌이켜 다른 신들을 섬길" 것이다. 또다시 이 어투는 32:13-18에 따라오는 모세의 노래의 말을 예상하고 있다.

21-22 "잊지 아니한 이 노래가 그들 앞에 증인처럼 되리라." 이 노랫말은 "그들의 자손들의 입에" 있어서 그들의 죄악을 입증할 것이다(참조. 32:15-18). "모세가 당일에 이 노래를 써서 이스라엘 자손에게 가르쳤더라." 이 구절은 본 장의 끝부분에 있는 19절과 28-30절을 모두 감싸는 형태를 취하고 있다.

23 하나님은 처음으로 여호수아에게 직접 말씀하신다: "너는 이스라엘 자손을 인도하여 내가 그들에게 맹세한 땅으로 들어가게 하리니." 이 말씀은 8절을 포함하는 형태를 취하고 있는데, 거기서 모세는 야웨께서 그와 함께 하실 것이라는 약속을 여호수아에게 하려고 이 말씀을 사용한 바 있다. 이제 야웨께서 친히 그 약속을 확인하신다.

해설

32:1-32에 나오는 모세의 노래는 모세와 여호수아에게 주어지고 있으며, 그들은 이것들을 기록하여 이스라엘 백성들에게 가르치라고 지시를 받는다. 이것은 하나님께서 이스라엘 백성들을 공의와 자비로써 다루셨으나, 그들은 그분을 배반했다는 사실을 미리 입증하기 위한 하나의 증거로서 의도되었다. 이 노래가 재난이 닥칠

때 백성들이 그 사건이 우연히 일어난 것이라고 생각하는 것을 막고, 그리하여 그들로 하여금 그것이 자기 자신의 행실로 말미암았음을 깨닫도록 하는 것이 이러한 명령을 내리신 그분의 바람이다. 간단히 말해서, 노래의 의도는 진정한 회개를 이끌어 내는 것이다.

기록된 노랫말은 야웨께서 그 사건들을 예고하셨으며, 따라서 그분만이 시간과 역사 가운데서 일어나는 사건들을 다스리신다는 사실을 입증하는 것이다. 이 노랫말은 쉽게 잊혀지지 않는다. 필자는 어렸을 때 불렀던 노랫말을 되풀이하여 상기할 수 있었다. 모세는 그 말씀을 "그 입으로 부르게 하여 이 노래로 나를 위하여 이스라엘 자손에게 (하나님의) 증거가 되게 하라"(19절)고 지시를 받는다. 노랫말은 계속하여 "그들의 자손이 부르기를 잊지 아니한 이 노래가 그들 앞에 증인처럼 될 것이다"(21절). 하나의 본문을 노래로 만드는 것은 본문을 심령과 마음속에 지울 수 없이 기록하는 가장 효과적인 수단이다.

C. 토라와 노래와 관련된 모세의 대책(31:24-30)

참고문헌

Aharoni, Y. "Three Hebrew Ostraca from Arad." *BASOR* 197(1970) 16-18. **Bruston, C.** "Le Deutéronome primitif et ce qu'il suppose." *RTQR* 5(1896) 247-57, esp. 249-50. **Buchanan, G. W.** "Eschatology and the 'End of Days.'" *JNES* 20(1961) 188-93, esp. 189-90. **Carroll, R. P.** "Rebellion and Dissent in Ancient Israelite Society." *ZAW* 89 (1977) 176-204, esp. 181. **Černý, J.** *Paper and Books in Ancient Egypt.* London: H. K. Lewis, 1952. 30. **Christensen, D. L.** "Num 21:14-15 and the Book of the Wars of Yahweh." *CBQ* 36(1974) 359-60. **Fishbane, M.** "Varia Deuteronomica." *ZAW* 84(1972) 349-52. **Foresti, F.** "Characteristic Literary Expressions in the Arad Inscriptions Compared with the Language of the Hebrew Bible." *EphC* 32(1981) 327-41, esp. 336-37. **Friedman, R. E.** "From Egypt to Egypt: Dtr^1 and Dtr^2." In *FS F. M. Cross.* 1981. 173, 178-80. **Haran, M.** "Scribal Workmanship in Biblical Times." *Tarbiz*

50(1980-81) 71-72(Heb.). **Herrmann, J.** "Ägyptische Analogien zum Fund des Deuteronomium." *ZAW* 28(1908) 291-302. **Kenyon, F. G.** *Books and Readers in Ancient Greece and Rome.* Oxford: Clarendon, 1932. 59-60, 129-30. **Kritzinger, J. D. W.** *Qehal Jahwe, Wat dit is en wiedaaraan mag behoort.* Kampen: Kok, 1957. **Lichtheim, M.** *Ancient Egyptian Literature.* 3 vols. Berkeley: Univ. of California Press, 1973-80. 2:129-31. **Lohfink, N.** "Die Bundesurkunde des Königs Josias(Eine Frage an die Deuteronomiumsforschung)." In *Studien zum Deuteronomium I.* 1990. 99-165, esp. 133-34 n. 64. **Malamat, A.** "Doctrines of Causality in Hittite and Biblical Historiography: A Parallel." *VT* 5(1955) 1-12. **Moriya, A.** "The Functions of the Gods in the Aramaic Inscriptions of Sefire." *Oriento* 25.2(1982) 38-54(Japanese). **Scott, J. M.** "A New Approach to Habakkuk ii 4-5a." *VT* 35(1985) 330-40. **Stec, D. M.** "The Use of *hēn* in Conditional Sentences." *VT* 37(1987) 478-86. **Williams, R. J.** "Scribal Training in Ancient Egypt." *JAOS* 92(1972) 216.

본문과 운율 분석

모세가 제사장들에게 토라를 주다 [(7:8):(8:7)]	**Moses Gives the Torah to the Priests** [(7:8):(8:7)]	
24 모세가 이 율법의 말씀을 다 책에 써서 마친 후에	**24** *And it was / when Moses finished /*	11 2
	writing / [a]the words of this Torah[b] / on a scroll //	19 3
	to / their completion //	4 2_
25 여호와의 언약궤를 메는 레위 사람에게 명하여 가로되	**25** *That Moses commanded / the Levites /*	13 2
	bearing / the ark of the covenant of YHWH / saying //	18 3
26 이 율법책을 가져다가 너희 하나님 여호와의 언약궤 곁에 두어 너희에게 증거가 되게 하라	**26** "*Take[a] / this[b] / scroll of the Torah[c] /*	17 3_
	And put it /	7 1
	beside / the ark of the covenant of YHWH / your God //	17 3
	And it shall be there *with you / as a witness //*	11 2
27 내가 너희의 패역함과 목이 곧은 것을 아나니 오늘날 내가 생존하여 너희와 함께 하여도 너희가 여호와를 거역하였거든 하물며 내가 죽은 후의 일이랴	**27** *that I indeed know well / your rebellion /*	17 2_
	And your stiffness\[a] of neck //	10 1
	since even while I am yet alive with you / TODAY /	16 2
	You have been rebelling / against YHWH[b] /	11 2
	and how much more then / after my death //	12 2_
모세가 노래를 듣도록 지도자들을 소집하다 [(6:6):(6:6)]	**Moses Gathers the Leaders to Hear the Song** [(6:6):(6:6)]	
28 너희 지파 모든 장로와 유	**28** Gather to me / all the elders[a] of your tribes /	17 2

사들을 내 앞에 모으라 내가 이 말씀을 그들의 귀에 들리고 그들에게 천지로 증거를 삼으리라	and your officers[b] // and I will speak in their ears / [c]these / words / And let me call as witness against them / heaven / and earth //	7 1 24 3_ 22 3
29 내가 알거니와 내가 죽은 후에 너희가 스스로 부패하여 내가 너희에게 명한 길을 떠나서 여호와의 목전에 악을 행하여 너희의 손으로 하는 일로 그를 격노케 하므로 너희가 말세에 재앙을 당하리라 하니라	**29** for I know / that after my death / indeed you will surely act corruptly / And you will turn from the way / that I commanded\[a] you // and the evil [b]will befall[b] you / IN THE LATTER DAYS / For you will do what is evil / in the eyes of YHWH[c] / to provoke him\[d] by the works of your hands" //	15 2 10 1_ 17 2 24 2 10 1 8 1_ 15 1
30 모세가 이스라엘 총회에게 이 노래의 말씀을 끝까지 읽어 들리니라	**30** And Moses spoke / in the ears\[a] of all the assembly of Israel / the words of this\[b] song // to / their completion // פ	20 2 16 3_

원문주해

24.a. 소수의 히브리어 필사본과 LXX^{-MS}은 콜(כל, "모든")을 덧붙인다. 여기서 한 단어를 덧붙이는 것은 31:24-30과 신 31장(낭독 본문 9) 전체의 정교하게 만들어진 숫자 구성을 흩뜨려 놓는다.

24.b. 두 개의 히브리어 필사본에는 MT의 하토라(התורה, "그 토라") 대신에 하쉬라(השירה, "그 노래")로 되어 있다.

26.a. SP와 LXX에는 복수로 되어 있다.

26.b. Vg은 하제(הזה, "이것")를 생략한다.

26.c. 하토라(התורה, "그 토라")가 Vg에는 빠져 있다. 운율 분석은 MT을 지지한다.

27.a. 위치가 잘못된 아트나로 인하여 티프하를 연접사로 읽음.

27.b. LXX에는 톤 데온(*τὸν θεόν*, "하나님")으로 되어 있다.

28.a. 두 히브리어 필사본은 지크네(זקני, "장로들")를 생략한다. 소수의 필사본들과 LXX^{-Bmin}에는 로쉬(ראשי, "…의 머리들")로 되어 있다. LXX^{-Bmin}은 카이 투스 프레스뷔테루스 휘몬(*καὶ τοὺς πρεσβυτέρους ὑμῶν*, "그리고 너희 장로들" = וזקניכם)을 덧붙인다.

28.b. LXX^{-O}에는 카이 투스 크리타스 휘몬(*καὶ τοὺς κριτὰς ὑμῶν*, "그리고 너희 재판장들" = ושפטיכם)으로 되어 있다.

28.c. 몇몇 히브리어 필사본, LXX, *Tg. Ps.-J.*은 콜(כל, "모든")을 덧붙인다. "원문주해" 24.a를 보라.

29.a. 위치가 잘못된 아트나로 인하여 티프하를 연접사로 읽음.

29.b-b. SP에는 MT의 웨카라트(וקראה, "일어날 것이다") 대신에 וקרתה로 되어 있으나 의미상의 차이는 없다. 두 개의 히브리어 어근 הרה와 קרא는 상호 교체하여 사용될 수 있다.

29.c. LXX[Lmin]은 투 데우 (휘몬 혹은 헤몬)(τοῦ θεοῦ ⟨ὑμῶν 혹은 ἡμῶν⟩, "⟨'너희' 혹은 '우리'⟩ 하나님" = אלהיכם⟨엘로헤켐⟩ 혹은 אלהינו⟨엘로헤누⟩)을 덧붙인다.

29.d. 위치가 잘못된 쎌룩으로 인하여 티프하를 연접사로 읽음.

30.a. 자켑 카톤이 뒤따라온 파스타는 연접사로 읽음.

30.b. 위치가 잘못된 아트나로 인하여 티프하를 연접사로 읽음.

양식/구조/배경

신명기 31장이 두 개의 동일한 부분으로 나누어질 때, 그 결과로 나타나는 구조는 다음과 같은 두 개의 평행적인 단위로 정리될 수 있다.

A	모세가 자기의 임종과 여호수아의 계승을 선언함	31:1-6
B	모세가 여호수아를 자기 후계자로 위임함	31:7-8
X	초막절기에 토라의 기록과 낭독	31:9-12
B′	미래 세대가 야웨 경외하기를 배울 것이다	31:13
A′	회막에서 모세와 여호수아에게 현현	31:24-30

A	이스라엘의 미래의 배교와 그 결과	31:16-18
B	이스라엘에게 증거로서 노래를 가르치도록 명령을 받은 모세	31:19
X	이스라엘의 미래의 배교와 그 증거로서 모세의 노래	31:20-22
B′	모세의 후계자가 되도록 명령받은 여호수아	31:23
A′	토라와 노래가 증거로서 주어짐	31:24-30

이 본문에서 두 가지 관심의 초점은 토라(9-12절)와 모세의 노래(20-22절)인데, 이것들은 모두 언약에 충실하도록 격려하기 위하여 이스라엘에게 증거가 되도록 기록되었다.

31:24-30의 경계들은 "그것들의 완성까지"(עד תמם – 아드 투맘: 개역 성경에서는 "다"라는 말로 번역된 단어에 해당한다. 이것은 "끝까지"를 의미하는 문구다 – 역자주)와 함께 30절 끝에 있는 페투하 구획 표시를 포함시키면서 표시되어 있다. 31:24-27에 있는 내적 구조 면에서 경계들의 표시로서 26절의 처음과 끝에 수의 전이가 나타나며, 따라서 독자는 모세에 관한 3인칭 기록(24-25절)으로부터 모세

의 입에서 나온 1인칭 명령으로(26ab절), 그리고 다시 모세가 자신이 죽은 다음에 있을 미래의 배교를 예고하는 1인칭 기록(26c-27절)으로 옮겨간다. 운율 관점에서 중요한 두 부분 사이의 구분을 표시하기 위하여 27절에서 수의 전이가 또다시 나타난다: 24-27절과 28-30절.

30절은 32:1-43에서 모세의 노래를 직접 도입하는 기능을 할 뿐만 아니라, 모세와 아들 호세아가 "이 노래의 모든 말씀을 백성에게 말하여 들리니라"고 기록하고 있는 32:44을 포함시키는 기능을 하고 있다. 이 두 구절은 모세의 노래를 둘러싸는 대칭 골격을 이룬다.

A	모세가 온 총회의 귀에 말했다	31:30a
B	이 노래의 말씀을 끝까지	31:30b
X	모세의 노래	32:1-43
B′	모세가 이 노래의 모든 말씀을 말했다	32:44a
A′	백성들의 귀에, 그와 눈의 아들 여호수아가	32:44b

32:1-43에 있는 모세의 노래를 둘러싸는 골격의 일부분으로서 그리고 32:24-30의 결론으로서 31:30의 특별한 기능은 운율 분석 가운데서 드러나는데, 30절을 29절의 히브리어 본문에 있는 마지막 세 개의 단어들과 긴밀하게 연결짓고 있는 운율 계산 면에서 그러하다. 24-30절의 구조 내에서 30절의 위치는 다음과 같은 개요 가운데 드러난다.

A	보고: 모세가 토라의 말씀을 기록하기를 마쳤다	31:24-25
B	명령: 이 두루마리를 증거궤 옆에 두어라	31:26ab
X	"너희가 여호와를 거역하였거든 하물며 내가 죽은 후의 일이랴"	31:26c-27
B′	명령: "이 말씀"을 듣도록 장로들을 모으라	31:28-29
A′	보고: 모세가 노랫말을 끝까지 말했다	31:30

이 구조 가운데서 외부 골격은 모세가 행한 내용을 기록하고 있는 3인칭으로 된 서술 연설로 이루어져 있다: 그가 "이 율법의 말씀을 다 책에 써서 마쳤다"(24절)는 것이고, 또한 그가 온 백성들에게 "이 노래의 말씀을…말했다"(30절)는 것이다. 이 골격 안에서 우리는 언약의 말씀이 깨어지는 장래에 토라와 모세의 노래의 역할에 관해서 1인칭으로 모세가 말한 연설(26-29절)을 보게 된다. 신명기 두루마리는 백성들에게 증거가 되도록 하기 위하여 언약궤 옆에 두어야 한다. 그 두루마리의 내용은 매 칠 년마다 중앙 성소에서 모이는 초막절에 정규적으로 공적인 낭독을 통

하여 백성들에게 가르쳐져야 한다(10-13절).

운율 관점에서 두 부분으로 되어 있는(24-27절과 28-30절) 이 개요의 결론적 단락은 또한 모세의 노래(32장)에서 서론으로서의 기능도 하고 있다. 또다시 그 결과로서 나타난 구조는 칠지 형태다.

A	모세가 토라를 레위 제사장들에게 준다	31:24-27
B	모세가 노래를 듣도록 지도자들을 소집한다	31:28-30
C	옛적에 있었던 야웨 구원의 행위에 대한 낭송	32:1-14
X	이스라엘의 미래의 반역과 야웨의 진노	32:15-25
C′	야웨께서 이스라엘을 회복시키고 그 대적들은 벌하실 것이다	32:26-43
B′	모세가 백성들에게 이 노래의 말씀을 모두 말했다	32:44-45
A′	토라의 모든 말씀을 준수하라는 요약적 명령	32:46-47

이 단락에 있는 두 개의 외부 골격(31:24-27과 32:46-47)과 모세의 노래(31:28-30과 32:44-45)는 각각 그 중심부에 세 개로 이루어진 부분인 모세의 노래(32:1-14, 15-25, 26-43)를 담고 있다. 이에 대해서는 이 주석의 다음 단락인 아래 부분에서 더 취급할 것이다.

31:24-30의 숫자 구성에 대해 라부샤뉴가 수집한 자료 가운데 신명 수 사용에 관한 유일하게 의미심장한 수는 이 단락에 있는 단어의 합계로서 그것은 78(=3×26)이다. 동시에 31:14-30에 있는 단어의 수는 다른 여러 가지 의미심장한 숫자들을 산출해 내는 숫자다: 아트나 앞에 322(=14×23)개의 단어와 신명기 31장(낭독 본문 9)에서 아트나 뒤에 있는 230(=10×23)개의 단어다. 그리고 신명기 31-34장의 아트나 뒤에 있는 728(=28×26)개의 단어다. 더 나아가서 신명기 31장(낭독 본문 9)에는 총 552(=14×23)개의 단어가 있고, 신명기 31-34장(낭독 본문 10과 11)에는 총 1,683(=99×17)개의 단어가 있다. 간단히 말해서, 고대 이스라엘의 서기관들이 가장 인상적인 방법으로 – 즉 그들이 모든 단락 가운데 야웨의 영광을 위하여 신명 수 23 및 32(כבוד, "영광"의 수치)와 함께 두 개의 신명 수 17과 26을 히브리 본문 속으로 짜 넣으면서 – 자기들의 힘든 임무를 완성했던 것이다.

주석

24 "마치기까지"(עד תמם – 아드 툼맘)란 문구는 이 단락(24-30절)을 둘러싸는 봉투로서의 역할을 한다. 처음 부분에서 "모세가 이 율법의 말씀을 다 책에 써서

마쳤다." 그리고 끝에서 "모세가…이 노래의 말씀을 끝까지 읽어 들려주었다." 토라와 모세의 노래는 고대 이스라엘 백성들에게 주신 하나님의 계시의 두 가지 평행적 예증들이다. 여기서 "책"으로 번역된 단어 쎄페르(ספר)는 어떤 종류의 기록된 문서나 비문, 혹은 실제로 기록되지는 않았던 잘 알려진 이야기나 전승을 가리킨다(참조. 민 21:14의 쎄페르 밀하모트 아도나이〈ספר מלחמות יהוה, "야웨의 전쟁의 책"〉. Christensen, *CBQ* 36[1974] 359-60를 보라). 모세가 "이 토라의 말씀"을 기록한 자료는 가죽 두루마리였음에 거의 틀림없다.

25-26 "토라의 책"은 십계명이 기록된 두 개의 돌비를 담고 있는 "야웨의 언약궤 옆에" 두어야 했다(4:13; 10:1-5). 티개이가 말하는 바와 같이 "그 가르침을 언약궤 옆에 두는 것은 이것이 언약의 원리들을 구체적으로 보여 주고, 또한 이것이 같은 하나님으로부터 왔음으로 인하여 그 자체가 십계명과 함께 구속력이 있다는 사실을 암시한다"(Tigay[1996] 297).

27 "내가 너희의 패역함…을 아나니"는 강조적 인칭대명사 아노키(אנכי, "나")의 의미를 번역하기 위한 시도다. 아무도 그들의 패역을 그보다 더 잘 아는 위치에 있지 않은데, 그 이유는 모세가 과거에 그들의 목이 곧음을 친히 경험했기 때문이다. "오늘날 내가 생존하여 너희와 함께 하여도…거든 하물며…의 일이랴?"는 문장은 티개이가 "악조건 명제"(*a fortiori* proposition)로 부르는 내용에 대한 성경의 공식 문구다: "모세가 권위를 가지고 저들과 함께 살아 있었음에도 불구하고 이스라엘을 제어하지 못했으므로, 그가 죽은 다음에는 백성들이 더욱 반역하리라는 것이다"([1996] 297).

28-30 토라와 노래가 평행적 구조 가운데서 서로간에 대칭을 이루고 있는 신명기 31장 전체의 세심하게 균형 잡힌 대칭 구도에 비추어 볼 때, "이 말씀"은 "이 노래의 말씀"에 대한 결론적 언급을 감싸는 형태로 토라를 언급하는 것으로 해석하는 것이 가장 좋을 듯하다(참조. 1:1). "너희 지파의 모든 장로"라는 표현은 다른 곳에는 나타나지 않지만, 이것이 LXX과 4QDeut[b]라는 보다 긴 본문보다 더 나은 독법인 것으로 보인다. 즉 "네 지파의 두령들, 네 장로들, 재판장들 그리고 유사들." 본문 비평의 관점에서 볼 때, 이것은 MT의 더 짧은 본문이라기보다는 첨가로 설명하는 것이 쉽다. 더 나아가서 첨가된 말은 본문의 숫자 구성의 형태를 흩뜨려 놓는다. 장로들과 유사들은 토라와 노래의 말씀을 듣도록 가장 먼저 소환된다. 그 다음에 그들은 "이스라엘의 온 총회에" 교훈을 주기 위해 돕는다. 모세는 4:26과 30:19의 평행적 본문과 일치되게 그들에 대한 또 다른 증거로서 "하늘과 땅"을 소환한다.

백성에 대한 증인들로서 "하늘과 땅"을 소환하는 그러한 구절들은 고대 근동에서 계약 체결 본문들의 특징이다. "후일에"로 번역된 문구는 신명기 전체라는 보다 큰 구조에서 수사학적 기능을 하는, 시간을 나타내는 용어 체계의 일부분이다. "이스라엘의 온 총회"란 문구는 아마도 신명기 전체를 감싸는 형태를 취하고 있는 1:1과 34:12의 "온 이스라엘"이란 문구를 감싸는 기능을 하고 있는 것으로 보인다.

해설

모세는 "이 율법의 말씀을 다 책에 써서 마친 후에" 그것을 레위인들에게 주면서 그것을 "너희 하나님 여호와의 언약궤 곁에 두어 너희에게 증거가 되게 하라"(24-26절)고 지시했는데, 그렇게 하여 하나의 책에 최종적인 종교적 권위를 부여하는 전승을 발족시키고 있다.

토라는 그 후에 정경으로서 전기 예언서(여호수아, 사사기, 사무엘상하, 열왕기상하)와 후기 예언서(이사야, 예레미야, 에스겔, 12서〈소선지서들〉)의 첨가와 함께 확대되어 "율법과 선지서들"이라는 형태를 이루게 되었다. 그동안 정경의 네 번째 부분이 성문서로 불리는 내용이 이루어졌는데, 시락서(에클레시아스티쿠스)의 서문에서는 이것을 "[율법과 선지서들]에 뒤이은 다른 것들"로 언급했다. 이 책들은 다음의 책들을 포함한다: 시편, 잠언, 욥기, 다섯 개의 절기서(룻기, 아가, 전도서, 애가, 에스더), 다니엘 그리고 소위 역대기자의 작품(에스라, 느헤미야, 역대기상하). 제롬의 책 이전에(주후 400년경), 이 정경은 거의 언제나 22개의 거룩한 문서로 언급되었다. 요세푸스는 이 정경을 다음과 같이 기술하고 있다(*Ag. Ap.* 1.8 §§ 38-40).

> 우리는 각기 수를 셀 수 없고, 일치하지 않고, 정돈된 것을 가지고 있지 않고, 다만 스물두 권을 가지고 있을 뿐이며, 이것들 중 다섯은 모세의 것인데, 그것은 율법과 그가 죽을 때까지 사람들의 세대들의 역사를 담고 있다…더 나아가서, 모세의 죽음으로부터 크세르크세스 이후 페르시아 아르타크세르크세스 왕의 통치까지 모세의 뒤를 이은 선지자들이 각자의 시대 동안 행해진 일들을 13권으로 기록했다. 남은 네 권은 하나님에 대한 찬양과 인간들의 삶의 법칙들을 담고 있다.

요세푸스가 언급하고 있는 네 "하기오그라파"는 시편, 잠언, 욥기 그리고 후기 예언서 가운데 있는 12서(소선지서)와 같이 하나의 정경 범주로 함께 취급된 다섯 개의 절기서(오축)일 것이다(D. L. Christensen, "Josephus and the Twenty-Two-

Book Canon of Sacred Scripture," *JETS* 29[1986] 37-46를 보라). 이 모든 작품들은 "이 토라의 책"으로 기록되어 있는 신명기 31:26의 신명기 책의 전승처럼 가죽 두루마리에 기록되었다.

신약의 27권의 책들은 초대 기독교회에서 처음에는 타낙(Tanakh = 토라+예언서+성문서 = 히브리 성경)의 다섯 번째 부분으로 간주되었다. 성서의 정경의 이 다섯 번째 부분의 목적이 우선적으로 그 성격상 교훈적이고도 변증적이었으므로, 그것은 곧 두루마리 형태가 더 이상 적절하지 않다는 사실이 드러나게 되었다. 두루마리들은 그 본문의 처음부터 끝까지 옮겨가는 낭독 주기에서 공예배에서 본문을 읽기에는 이상적이다. 두루마리들은 너무나 무거워서 독자가 하나의 변증적 주장에서 한 지점을 입증하기 위하여 특별한 본문을 가리키기를 원할 경우 사용할 수 없다. 그래서 두루마리들은 초대 교회에서 새롭게 고안된 사본 개념으로 대치되었는데, 양면에 기록된 양피지 낱장들이 쎄페르란 단어의 현대 의미로 첫 번째 "책들"을 이루기 위하여 두 개의 표지 사이에 함께 꿰매어졌다. 고대로부터 재생된 신약성경의 모든 개별 단편은 하나의 사본(codex)으로부터 나온 것인데 서로 일치되지 않는다. 더 나아가서 하나의 사본 형태로 타낙 자체를 처음으로 모은 사람들은 기독교인들이었는데, 그것은 주후 3, 4세기경 대 언설(uncial) 사본들 가운데 신약성경과 함께 묶여졌다. 궁극적으로 지금 우리가 가지고 있는 것과 같은 성경을 만들어 냈던 전체 정경화 과정은 31:26에 있는 "야웨의 언약궤 곁에" "토라의 책"(즉 신명기)을 둠으로써 시작되었다. 정경화 과정의 세부적인 논의에 관해서는 D. L. Christensen, *The Completed Tanakh: The Unity of the Bible within the Canonical Process*, 2nd ed.(Columbus, GA: TEC Publications, 2001)를 보라.

낭독 본문 10: 설화 구조 내에서 모세의 노래(32:1-52)

참고문헌

Albright, W. F. "Some Remarks on the Song of Moses in Deuteronomy 32." *VT* 9(1959) 339-46. **Alday Carrillo, S.** "El Cántico de Moisés(Dt 32)." *EstBib* 26(1967) 143-85, 227-48, 327-52, 383-93. ______. "Genero literario de Cántico de Moisés(Dt 32)." *EstBib* 26(1967) 69-75. **Basser, H.** *Midrash Interpretation of the Song of Moses.* American University Studies, Series VII, Theology and Religion, 2. New York; Frankfurt; Bern: Peter Lang, 1984. ______. "Sifre Deuteronomy to HA'AZINU: Rabbinic Interpretations of Deuteronomy 32, Especially the Song of Moses." Ph.D. diss., Toronto, 1983. **Baumann, E.** "Das Lied des Moses(Dt 32, 1-43) auf seine Gedankliche Geschlossenheit Untersucht." *VT* 6(1956) 414-24. **Bodenheimer, L.** *Das Lied Mosis: Eine wissenschaftliche Vergleichung der auf diesen Pentateuch-Abschnitt in der Walton'schen Polyglotte enthaltenen Uebertragunen mit Bezugnahme auf einige neuere Übersetzungen.* Crefeld: Selbstverlag, 1856. **Boston, A. J. R.** "The Song of Moses: Deuteronomy 32:1-43." Diss., Union Seminary, 1966. DA 28(1967-68) 284-A. ______. "The Wisdom Influence upon the Song of Moses." *JBL* 87(1968) 198-202. **Budde, K.** *Das Lied Moses Deut. 32 erläutert und übersetzt.* Tübingen: Mohr, 1920. **Cassuto, U.** "The Prophet Hosea and the Books of the Pentateuch." In *Biblical and Oriental Studies.* 2 vols. Jerusalem: Magnes, 1973-75. 1:79-100, esp. 95-100. ______. "The Song of Moses(Deuteronomy Chapter xxxii 1-43)." In *Biblical and Oriental Studies.* 2 vols. Jerusalem: Magnes, 1973-75. 1:41-46. **Cecchetti, P. I.** "'Audite Caeli': Il Cantico di Mose' nel Deuteronomio e il suo Uso Liturgico." *Lat* 33(1967) 161-69. **Duhaime, J. L.** "El Elogio de los Padres de Ben Sira y el Cántico de Moisés." *EstBib* 35(1976) 223-28. **Eichhorn, D.** *Gott als Fels, BurgBurg Burgense und Zuflucht: Eine Untersuchung zum Gebet des Mittlers in den Psalmen.* Frankfurt: Lang, 1972. **Eissfeldt, O.** *Das Lied Moses Deuteronomiun 32. 1-43 und das Lehrgedicht Asaphs Psalm 78 samt einer Analyse der Umgebung des Mose-Leides.* Berichte über die Verhandlungen der sächsischen Akademie der Wissenschaften zu Leipzig 104.5. Berlin: Akademie-Verlag, 1958. **Ewald, H.** "Das grosse Lied in Deuteronomium 32." *Jahrbü-*

cher der biblischen Wissenschaft 8(1856) 41-65. **Fisch, H.** "The Song of Moses: Pastoral in Reverse." In *Poetry with a Purpose: Biblical Poetics and Interpretation.* Indiana Studies in Biblical Literature. Bloomington; Indianapolis: Indiana UP, 1988. 55-79. **Frank, M.** "The Song of Moses Dt XXXII." *Tarbiz* 18(1946/47) 129-38 (Heb.). **Freedman, D. N.** "Divine Names and Titles in Early Hebrew Poetry." In *FS G. E. Wright.* 1976. 55-107. **Gunkel, H.** "Das Lied des Moses." *RGG.* 1913. 4:534-35. **Harris, J. R.** "Irenaeus and the Song of Moses." *ExpTim* 37(1925) 333-34. **Harvey, J.** *Le Plaidoyer prophétique contre Israël après la rupture de l'alliance: Etude d'une formule littéraire de l'Ancien Testament.* Paris; Montreal: Desclée de Brouwer, 1967. ______. "Le 'Rib-Pattern,' requisitoire prophétique sur la rupture de l'Alliance." *Bib* 43(1962) 172-96. **Hauri, R.** "Das Moseslied Dt 32: Ein Beitrag zur israelitischen Literatur- und Religionsgeschichte." Diss., Zurich, 1917. **Henschke, E.** "Konjekturen zu Dt 32." *ZAW* 52(1934) 279-82. **Hidal, S.** "Some Reflections on Deuteronomy 32." *ASTI* 11(1977/78) 15-21. **Junker, H.** "Die Entstehungszeit des Ps 78 und des Deuteronomiums." *Bib* 34(1953) 487-500. **Kamphausen, A. H. H.** *Das Lied Moses: Dt 32, 1-43.* Leipzig: Brockhaus, 1862. **Klostermann, A.** "Das Lied Moses." *TSK* 44(1871) 249-94; 45(1872) 230-80, 450-502. **Knowles, M.** "'The Rock, His Work Is Perfect': Unusual Imagery for God in Deuteronomy xxxii." *VT* 39(1989) 307-22. **Kölichen, J.-C. von.** "Die Zitate aus dem Moselied Deut. 32 im Römerbrief des Paulus." *ThVers* 5(1975) 53-70. **Levy, A. J.** *The Song of Moses: Deuteronomy 32.* Scientific Series of "Oriens - The Oriental Review." Baltimore, 1931. **Linder, J.** "Das Lied des Moses Dt 32." *ZKT* 49(1924) 374-406. **Lundbom, J. R.** "The Lawbook of the Josianic Reform." *CBQ* 38(1976) 293-302. **Luyten, J.** "Primeval and Eschatological Overtones in the Song of Moses(Dt 32, 1-43)." In *Das Deuteronomium.* Ed. N. Lohfink. 1985. 341-47. **Mayer, L.** "Le Cantique de Moise: Deutéronome XXXII." *Revue des études juives* 36(1898) 47-52. **Mendenhall, G. E.** "Samuel's 'Broken *Rîb*': Deuteronomy 32." In *FS J. L. McKenzie.* 1975. 63-74. **Moran, W. L.** "Some Remarks on the Song of Moses." *Bib* 43(1962) 317-27. **Nielsen, E.** *Yahweh as Prosecutor and Judge: An Investigation of the Prophetic Lawsuit(Rîb) Pattern.* JSOTSup 9. Sheffield: Univ. of Sheffield P, 1978. **O'Connor, M.** *Hebrew Verse Structure.* Winona Lake, IN: Eisenbrauns, 1980. 194-207. **Propp, W.** *Water in the Wilderness: A Biblical Motif and Its Mythological Background.* HSM 40. Atlanta: Scholars Press,

1987. 21-28. **Rafel, D.** "Das Moseslied." *BMik* 12(1966-67) 3-26; 13(1967-68) 14-23(Heb.). **Ramsey, G. W.** "Speech-Forms in Hebrew Law and Prophetic Oracles." *JBL* 96(1977) 45-58. **Reichert, A.** "The Song of Moses and the Quest for Early Deuteronomic Psalmody." In *Proceedings of the Ninth World Congress of Jewish Studies.* Jerusalem: Magnes, 1986. 53-60. **Riessler, P.** "Das Moseslied und der Mosessegen." *BZ* 11(1913) 119-28. **Rignell, L. G.** "Isaiah Chapter I: Some Exegetical Remarks with Special Reference to the Relationship between the Text and the Book of Deuteronomy." *ST* 11(1957) 140-58. **Robertson, D. A.** *Linguistic Evidence in Dating Early Hebrew Poetry.* SBLDS 3. Missoula, MT: SBL, 1972. 154-55, 230-31. **Rohling, A.** *Das Abschiedslied des Moses: Inaugural-Dissertation.* Jena: W. Ratz, 1867. **Sack, K. H.** *Die Lieder in den historischen Büchern des Alten neu übersetzt und erläutert.* Barmen: W. Langewiesche's Verlagshandlung, 1864. 65-101. **Schildenberger, J.** "Ps 78(77) und die Pentateuchquellen." In *FS H. Junker.* 1961. 231-56. **Schlögl, N.** "Canticum Mosis Dt 32." *BZ* 2(1904) 1-14. **Segal, M. H.** "The Poem *ha'ĕzînû* Dtn 32." *BMik* 2/1(1957) 56-63(Heb.). **Segert, S.** "Rendering of Parallelistic Structures in the Targum Neofiti: The Song of Moses(Deuteronomy 32:1-43)." In *Salvacion en la Palabra. Targum - Derash - Berith: En memoria del profesor Alejandro Díez Macho.* Ed. M. L. Domingo. Madrid: Cristiandad, 1986. 515-32. **Sellin, E.** "Wann wurde das Moselied Dt 32 gedichtet?" *ZAW* 43(1925) 161-73. **Sheppard, G. T.** *Wisdom as a Hermeneutical Construct: A Study in the Sapientializing of the Old Testament.* BZAW 151. Berlin: de Gruyter, 1980. 62-71. **Shields, B. J.** "A Song to Remember: The Setting, Structure and Genre of Dt 32 in Recent Research." *Bulletin of the Catholic Research Institute(of the) China Academy, T'aipei, T'aiwan* 3(1971) 1-26. **Skehan, P. W.** "The Structure of the Song of Moses in Deuteronomy(Dt 32:1-43)." *CBQ* 13 (1951) 153-63. **Stade, B.** "Aus welcher Zeit stammt das Lied Dt 32?" *ZAW* 5(1885) 297-300. **Tigay, J. H.** "Excursus 30: The Poem Ha'azinu." In *Deuteronomy.* 1996. 508-13. **Tov, E.** "Special Layouts of Poetical Units in the Texts from the Judean Desert." In *Give Ear to My Words: Psalms and Other Poetry in and around the Hebrew Bible.* Ed. J. Dyk. Amsterdam: Societas Hebraica, 1996. 115-28. **Trapp, T.** "Dispute and Display: The Song of Moses in Deuteronomy 32, 1-43." Diss., Heidelberg, 1980. **Volck, W.** *Mosis Canticum Cygneum(Dt XXXII) denuo Illustratum.* Erlangen: Deichert, 1861. **Volkwein, B.** "Textkritische Untersuchungen zu Dtn 32, 1-43."

Diss., Pontifical Biblical Institute, Rome, 1973. **Westhuizen, P. van der.** "Literary Device in Exodus 15:1-18 and Deut 32:1-43 as a Criterion for Determining Their Literary Standards." *OTWSA* 17/18(1974/75) 57-73. **Wright, G. E.** "The Lawsuit of God: A Form-Critical Study of Deuteronomy 32." In *FS J. Muilenburg*. 1962. 26-67. **Würthwein, E.** "Der Ursprung der prophetischen Gerichtsrede." *ZTK* 49(1952) 1-16. **Zorrell, F.** "Magnum Canticum Mosis." *VD* 7(1927) 197-203.

양식/구조/배경

유대인 전승 가운데서 신명기 토라 낭독 본문의 낭독 주기 11주 분량 중에서 열 번째 본문(32:1-52)은 이 단락의 첫 문구에서 나온 하아지누(האזינו, "귀를 기울이라")로 지칭된다. 이 본문은 보다 일반적으로 "모세의 노래"(32:1-43)로 알려져 있다. 이 본문을 필사한 고대의 서기관으로부터 그 구조와 의미를 연구한 현대의 비평적 학자들에 이르기까지 신명기 내에서 모세의 노래(32:1-43)보다 더 주목을 받아 온 본문은 없다. 이 본문은 번역된 본문으로도 뛰어나게 아름답다. 그리고 이 본문은 히브리 성경 전체를 통하여 다른 곳에서 발견되는 친숙한 주제들을 말하고 있다.

탈무드의 규칙들은 오경에 있는 두 개의 노래(출 15장; 신 32장)가 독특한 방식으로 기록되어 있다는 사실을 필요로 한다(*b. Meg.* 16b). L에 있는 이 지점까지, 이 본문은 우리가 31:28에 있는 하드바림 하엘레(הדברים האלה, "이 말씀들")라는 문구에 이르기까지 매 페이지마다 27개의 행을 가진 좁은 3단(column) 본문 가운데 있는데, 이것은 1:1에 있는 본서의 첫 문구 엘레 하드바림(אלה הדברים, "이것들은 그 말씀들이다")을 반영하고 있다. 사본의 그 다음 페이지에서 처음 여섯 행은 31:28c-30의 말씀들 사이에 여러 공간과 커다란 점들을 가진 충분한 페이지의 폭을 가로질러 확장한다. 탈무드에 규정된 바와 같이 2단으로 이어지는 32:1-43에 있는 모세의 노래라는 본문에서 이 서론을 분리하는 하나의 커다란 공간이 뒤따라오는데, 그 이유는 그 페이지에 있는 20행 이상의 본문과 그 다음 페이지에 있는 17개의 본문으로 인한 것이다. 하나의 보다 작은 공간은 이 시를 하아레츠(הארץ, "그 땅")로 끝나는 32:52a의 본문으로부터 분리시키고 있는데, 각 페이지에서 히브리어 본문을 27행으로 만들기 위해서다. 이어지는 본문은 다시 본서의 끝까지 매 페이지마다 히브리 본문의 표준이 되는 좁은 3단으로 시작된다. 비록 다른 방식이기는 하지만, 이러한 특별한 취급은 신명기 32장을 내포하고 있는 사해 사본 가운데 예상되어 있다(Tov, "Special Layouts").

아마도 모세의 노래 구조에 대한 가장 자극적인 연구는 스케한(Skehan, *CBQ* 13[1951] 153-63; Wright, "Lawsuit of God," 33에서 이 의견을 따름)의 연구일 것이다. 그는 이 시 전체를 세 개의 주요 부분(1-14, 15-29, 30-43절)으로 자연스럽게 나누면서, 각 부분들이 각 주기의 마침 부분에 여분의 페(פ) 단시를 가지고 있는데 이것은 히브리 알파벳 가운데 들어있는 글자의 수를 나타내는 것으로서 정확하게 23개의 단시를 포함하고 있다고 설득력 있게 주장한다.

신명기의 숫자 구성에 비추어, 23이라는 수가 히브리어 카보드(כבוד, "영광")와 결합되어 있다는 사실을 유념해야 할 것이다. 모음 문자 와우(ו)가 없이 기록된다면, 카보드(כבד)는 첫 번째 글자 카프(כ)가 11(히브리 알파벳 순서로 위치해 있는 숫자)로 취급되느냐, 아니면 유대 공동체 내에서 아직까지도 공동으로 사용되고 있는 수 체계에서 갖는 20이라는 전통적 수치로 취급되느냐에 따라 그 수치가 달라진다. 그 숫자는 17(=כ[11]+ב[2]+ד[4])이나 혹은 26(=כ[20]+ב[2]+ד[4])으로 취급될 수 있다. 모음 문자 와우(ו)와 함께 기록된다면, 카보드(כבוד)의 수치는 23(=כ[20]+ב[2]+ו[6]+ד[4])이나 아니면 32(=כ[20]+ב[2]+ו[6]+ד[4])로 취급된다. 17과 26이라는 수는 또한 테트라그람마톤, 즉 출애굽기 3:14에서 동사 에흐예(אהיה, "나는 …이다" 혹은 "나는 존재하게 하는 자다")란 용어로 설명된 하나님의 본명 야웨(יהוה)와 결합되기도 하는데, 이는 야웨의 또 다른 이름이 아웨(אהוה)임을 시사한다. 야웨(יהוה)의 수치는 26(=י[10]+ה[5]+ו[6]+ה[5])이다. 아웨(אהוה)의 수치는 17(=א[1]+ה[5]+ו[6]+ה[5])이다. 야웨(יהוה)로부터 17이라는 수를 얻는 또 다른 방법은 네 글자의 수치에서 숫자들의 합계를 계산하는 것이다: 17 = 1+0+5+6+5.

스케한(Skehan)은 시의 정체를 1절 첫 부분에 있는 이므레 피(אמרי־פי, "내 입의 말씀들")라고 설명한다. 대구조의 처음부터 끝까지 나타나는 알렙-페 패턴과 23 글자들의 목록이 처음, 중간(12번째), 마지막 글자들, 곧 알렙(א), 라메드(ל), 페(פ)로 이루어져 있다는 사실을 히브리어에서는 알레프(אלף)란 단어로 설명한다. 스케한이 볼 때, 69개의 단시들은 70행의 시들을 기록하는 저자의 방식이다. 전승에 의하면, 애굽으로 내려간 이스라엘의 아들들은 그 수가 70명이었다(출 1:5). 8절에서 베네 이스라엘(בני ישׂראל, "이스라엘의 아들들")이라고 읽고 있는 MT 역시 그 숫자를 상기시키는 것일 수도 있는데, 이는 70이라는 수가 실질적으로 *Tg. Ps.-Jonathan* 본문의 이 지점에 삽입되어 있기 때문이다. 원래 창세기 10장에 있는 열국들의 목록은 70개의 이름들을 가지고 있으며, 후대의 전승(*1 Enoch* 89:59을 보라)은 꼭 70개의 나라들이 있었던 것으로 생각되었고 또한 그들 위에 70명의 천사들이 있었다는 결론을 지지한다.

스케한이 주장한 첫 번째 구조는 여기에 나타나 있는 운율 분석 가운데서 확증된다. 그러나 이 구조는 스케한의 것보다 더 복잡하며, 그래서 그의 주장을 따랐던 다른 사람들은 이를 깨달았다. 전체의 구조는 다섯 개의 대칭 패턴으로 정리될 수 있다.

A 하나님의 공의와 이스라엘의 불성실	32:1-6
B 과거에 이스라엘에게 주셨던 하나님의 축복	32:7-14
X 이스라엘의 죄가 하나님의 징벌을 가져오다	32:15-29
B′ 자기 대적들을 벌하시려는 하나님의 계획	32:30-35
A′ 하나님의 보응－이스라엘이 구원받음	32:36-43

이 구조의 중심 단락에는 23개의 단시들이 있으며(15-29절), 그 중심부를 둘러싸고 있는 각기 두 골격 안에는 23개의 단시들이 있다: 즉 외부 골격(1-6절 + 36-43절)과 내부 골격(7-14절+30-35절).

시의 전체적인 구조를 바라보는 또 다른 방식은 이것을 반으로 나누어서 각각의 절반을 같은 방법으로 정리하는 것이다.

A 하나님의 공의와 이스라엘의 불성실	32:1-6
B 과거에 이스라엘에게 베푸신 하나님의 자비	32:7-14
X 이스라엘의 불성실: 그들이 자기들을 만드신 하나님을 저버렸다	32:15-18
B′ 이스라엘을 벌하시려는 하나님의 결정	32:19-25
A′ 하나님의 자비－그분께서 이스라엘의 징벌을 제한하기로 결정하셨다	32:26-29

A 이스라엘의 대적들을 벌하시려는 하나님의 결정	32:30-33
B 야웨께서 선언하시다: "징벌과 보수가 나에게 속하였다"	32:34-35
X 하나님의 충성: 이스라엘을 구원하시려는 그분의 계획	32:36
B′ 야웨께서 대적에게 보응하실 것이다	32:37-41
A′ 하나님의 은혜의 축하－이스라엘의 구원	32:43

이 본문에서 관심의 초점은 이스라엘의 언약에의 불충성과 이스라엘에 대한 하나님의 신실하심 사이의 대조에 있는데, 이것이 다른 곳에서 히브리어 헤쎄드(חסד, "언약적 사랑" 혹은 "인자") 가운데 전달된 내용을 구현하고 있다. 위의 5부로 된

각각의 구조 중에서 외부 골격(1-6절과 26-29절, 그리고 30-33절과 43절)에서는 하나님의 공의로부터 그분의 자비로 옮겨간다. 첫 번째 구조의 내부 골격(1-29절)은 자신의 분산된 기업, 즉 이스라엘 백성에 대한 하나님의 축복(7-14절)과 언약 조항들을 깨뜨리는 그들의 죄로 인하여 그들을 벌하시려는 그분의 결정(19-25절)을 대조하고 있다. 두 번째 구조의 내부 골격(30-43절)은 보응이라는 단어의 의미를 자기의 대적들을 벌함으로써 이스라엘을 구원하시려는 하나님의 결정으로 설명하고 있다(34-35절과 37-42절). 시의 내용에 대한 이러한 분석에서 상반부(1-29절)는 23개의 단시들 중 처음 두 주기를 담고 있는데, 이것이 세 번째 주기와 대칭되어 있다.

모세의 노래의 구조는 5부로 된 대칭 구조 가운데 배열된 다섯 개의 주요 단락과 유사한 스타일로 확대될 수 있다.

A 하나님의 공의와 이스라엘의 불성실 **32:1-6**
a 모세가 하늘과 땅에게 말한다 1절
b 요구: 내 교훈은 마른 땅에 내리는 비가 되게 하라 2절
x 야웨의 이름에 대한 찬양 3-4절
b′ 하나님께서 잘못하셨느냐? 아니라, 이스라엘이 분별이 없다 5-6a절
a′ 모세가 백성에게 말한다: 하나님께서 너희를 만드신 분이 아니냐? 6b절

B 과거: 하나님께서 출애굽/가나안 입성 시에 이스라엘에게 복을 주셨다 **32:7-14**
a 하나님께서 과거에 행하신 일을 기억하라 7절
b 야웨께서 시초에 자기 몫으로 받으셨다 8-9절
x 야웨께서 너를 낳으셨고, 너를 보호하셨다(출애굽 시에) 10-11절
b′ 야웨께서 너를 인도하실 때 공급하셨다 12-13절
a′ 젖과 꿀이 흐르는 땅 14절

X 이스라엘의 죄가 하나님의 징벌을 불러왔다 **32:15-29**
a 이스라엘이 살쪘고, "너를 낳으신 하나님"을 잊었다 15-18절
b 하나님의 반응: "내가 그들로부터 내 얼굴을 숨길 것이다" 19-21절
x 내 진노의 불이 땅의 소산을 삼킬 것이다 22절
b′ 하나님의 심판: 죽음과 공포－모든 사람에게 23-25절
a′ 하나님의 자비: 그가 이스라엘의 징벌을 제한하실 것이다 26-29절

B′ 현재: 자기 대적들을 벌하시려는 하나님의 결정 **32:30-36**
a 우리 하나님은 다른 신들과 다르다－그가 그들(이스라엘)을 파셨다 30절

b 그들의 포도원이 "진노의 포도"를 맺는다 32-33절
x 야웨께서 말씀하신다: "'보응'과 보수가 내 것이다" 34-35절
b′ 그들의 재앙의 날이 이르렀다 35b절
a′ 하나님께서 자기 백성의 송사를 변호하신다(그들을 회복시키심) 36절

A′ 하나님의 "보응" – 구원받은 이스라엘 32:36-43
a 하나님의 언약적 성실성: 이스라엘을 구원하시려는 계획 36절
b 그들의 신들이 어디 있느냐? 그들로 하여금 일어나서 돕게 하라! 37-38절
x 나 외에는 다른 신이 없다 – 아무도 내 손에서 구원할 자가 없다 39절
b′ 내 손이 내 대적들에게 "보응"을 돌려줄 것이다 40-42절
a′ 하나님이 이스라엘을 구원하신 것에 대한 축하 43절

이 구조에 대한 세부 사항은 아래에서 논의될 것이다. 여기서는 각 단락의 중심부에 강조되어 있는 내용을 살펴보는 것으로 충분하다. 외부 골격은 비할 데 없는(39절) 이스라엘 하나님의 찬양 받으시기에 합당하심(3-4절)에 초점을 맞추고 있다. 내부 골격은 자신의 택하신 이스라엘 백성과 관련하여 하나님의 성품을 살펴보고 있다. 한편으로, 그분은 그들을 낳으시고 출애굽 여행 길에서 돌보아주셨다(10-11절). 다른 한편으로, 그분은 악을 벌하시는 "보응"의 하나님이시다(34-35a절). 그분의 진노의 불이 땅 전체를 사를 것이다(22절). 성경 전승 내에서 그 후에 나타나는 종말론 신학의 씨는 시초부터 이미 뿌려졌다.

A. 모세의 노래(32:1-43)

1. 첫 번째 주기: 과거에 주신 이스라엘에 대한 하나님의 축복(32:1-14)

32:1-5의 참고문헌

Castelli, D. "Una Congettura sopra Dt 32, 5." *ZAW* 15(1897) 337-38. **Cecchetti, P. I.** "'Audite Caeli': Il Cantico di Mose' nel Deuteronomio e il suo Uso Liturgico." *Lat*

33(1967) 161-69(168). **Dahood, M.** "Ugaritic and the Old Testament." *ETL* 44 (1968) 35-54, esp. 50-51. **Delcor, M.** "Les attaches littéraires, l'origine et la signification de l'expression biblique 'Prendre à témoin le ciel et la terre.'" *VT* 16(1966) 8-25. **Driver, G. R.** "Three Notes." *VT* 2(1952) 356-57. **Fisch, H.** "The Analogy of Nature, a Note on the Structure of Old Testament Imagery." *JTS* 6(1955 /56) 161-73, esp. 165-67. **Foresti, F.** "Composizione e redazione deuteronomistica in Ex 15, 1-18." *Lat* 48(1982) 41-69, esp. 57. **Goldman, M. D.** "Lexicographical Notes on Exegesis." *ABR* 1(1951) 135-42, esp. 141-42. **Lemke, W. E.** "The Near and the Distant God: A Study of Jer 23:23-24 in Its Biblical Theological Context." *JBL* 100(1981) 541-55. **Loewenstamm, S. E.** "The Address 'Listen' in the Ugaritic Epic and the Bible." In *FS C. H. Gordon.* 1980. 123-31. **Snaith, N. H.** "The Meaning of *śeʿîrîm.*" *VT* 25(1975) 115-18, esp. 116.

32:6-14의 참고문헌

Ahlström, G. W. *Aspects of Syncretism in Israelite Religion.* Horae Soederblomianae 5. Lund: Gleerup, 1963. 71-74. **Boer, P. A. H. de.** "The Son of God in the Old Testament." *OTS* 18(1973) 188-207. **Cohen, A.** "'Ask Your Father and He Will Show You; Your Elders, and They Will Tell You.'" *BMik* 26, 84(1980) 90-92(Heb.). **Cooke, G.** "The Sons of(the) God(s)." *ZAW* 76(1964) 22-47. **Cunchillos Ylarri, J. L.** "Los *bĕnê hāʾelōhîm* en Gen 6, 1-4." *EstBib* 28(1969) 5-31. **Dahood, M.** "Hebrew-Ugaritic Lexicography II." *Bib* 45(1964) 393-412, esp. 408. ______. "Punic *hkkbm ʾl* and Isa 14, 13." *Or* 34(1965) 170-72, esp. 171. **Driver, G. R.** "Once Again: Birds in the Bible." *PEQ* 90(1958) 56-57. **Dussaud, R.** "Jahwe, fils de El; Ugaritica; Dt 32, 8." *Syria* 34(1957) 232-42. **Eissfeldt, O.** "El and YHWH." *JSS* 1(1956) 25-37. **Eitam, D.** "And Oil out of the Flinty Rock." *Qadmoniot* 16(1983) 23-27(Heb.). **Farbridge, M. H.** *Studies in Biblical and Semitic Symbolism.* Repr. New York: Ktav, 1970. 82-84. **Fensham, F. C.** "An Ancient Tradition of the Fertility of Palestine." *PEQ* 98(1966) 166-67, esp. 167. ______. "Father and Son as Terminology for Treaty and Covenant." In *FS W. F. Albright.* 1971. 121-35, esp. 129. **Fowler, M. D.** "The Israelite *bāmâ*: A Question of Interpretation." *ZAW* 94(1982) 203-13. **Galling, K.** "Die Ausrufung des Namens als Rechtsakt in Israel." *TLZ* 81(1956) 65-70. **Gaster, T. H.** *Thespis.* Garden City, NY: Doubleday, 1961. 450. **Geller, S.**

"The Dynamics of Parallel Verse: A Poetic Analysis of Deut 32:6-12." *HTR* 75(1982) 35-56. **Ginsberg, H. L.** *The Israelian Heritage of Judaism.* New York: Jewish Theological Seminary, 1982. 93-94, 101 n. 131, 104 n. 135, 108 n. 136. **Grintz, J. M.** "Between Ugarit and Qumran." In *Studies in Early Biblical Ethnology and History.* Jerusalem: Hakibbutz Hameuchad Publishing House, 1969. 242-57(Heb.). ______. "Some Observations on the 'High-Place' in the History of Israel." *VT* 27(1977) 111-13, esp. 112. **Habel, N. C.** "Appeal to Ancient Tradition as a Literary Form." *ZAW* 88(1976) 253-72, esp. 256-57. ______. "'YHWH, Maker of Heaven and Earth': A Study in Tradition Criticism." *JBL* 91(1972) 321-37, esp. 324-25. **Hartmann, B.** "Mögen die Götter dich behüten und unversehrt bewahren." In *FS W. Baumgartner.* 1967. 102-5. **Hempel, J.** "Zu IV Q Deut 32, 8." *ZAW* 74(1962) 70. **Hermisson, H.-J.** "Zur Erwählung Israels: Alttestamentliche Gedanken zum Amt der Gemeinde." In *FS G. Krause.* 1982. 37-82. **Herrmann, W.** "Die Frage nach Göttergruppen in der Religiösen Vorstellungswelt der Kanaanäer." *UF* 14(1982) 93-104. **Horst, F.** "Zwei Begiffe für Eigentum(Besitz)." In *FS W. Rudolph.* 1961. 135-56, esp. 151. **Howe, F. R.**, and **Howe, G. F.** "Moses and the Eagle." *Journal of the American Scientific Affiliation* 20.1(1968) 22-24. **Humbert, P.** "*Qânâ* en hébreu biblique." In *FS A. Bertholet.* 1950. 259-66. **Huonder, V.** *Israel Sohn Gottes: Zur Deutung eines alttestamentlichen Themas in der jüdischen Exegese des Mittelalters.* OBO 6. Freiburg: Universitätsverlag, 1975. **Katz, P.** "The Meaning of the Root קנה." *JJS* 5(1954) 126-31. **Lach, R.** "Les Origines de Elyon, le Très-Haut, dans la Tradition Cultuelle d'Israël." *CBQ* 24(1962) 44-64. **Lana, M.** "Deuteronomio e Angelologia alla Luce di una Variante Qumranica(4QDt 32, 8)." *Hen* 5(1983) 179-207. **Loewenstamm, E.** "Ugaritic Formulas of Greeting." *BASOR* 194(1969) 52-54. **Loretz, O.** "Die Vorgeschichte von Deuteronomium 32, 8f.43." *UF* 9(1977) 355-57. **Marti, K.** "Miscellen 3: Zu Dt 32, 10." *ZAW* 39(1921) 315-16. **Mercer, S. A. B.** "The Little Man of His Eye." *AngTR* 3(1920/21) 151-52. **Meyer, R.** "The Apple of the Eye." In *FS D. Barthélemy.* 1981. 289-307. ______. "Die Bedeutung von Deuteronomium 32 8f, 43(4Q) für die Auslegung des Moses Liedes." In *FS W. Rudolph.* 1961. 197-209. **Mihaly, E.** "A Rabbinic Defense of the Election of Israel: An Analysis of Sifre Deuteronomy 32:9, Pisqa 312." *HUCA* 35(1964) 103-43. **Perlitt, L.** "Der Vater im Alten Testament." In *Das Vaterbild in Mythos und Geschichte.* Ed. H. Tellenbach. Stuttgart: Kohlhammer,

1976. 50-101, esp. 98-99. **Rendtorff, R.** "The Background of the Title *ʾl ʿlywn* in Gen XIV." In *Fourth World Congress of Jewish Studies: Opening Session: Jerusalem July 25th 1965.* Jerusalem: World Union of Jewish Studies, 1965. 167-70. ______. "El, Baal und Jahwe." *ZAW* 78(1966) 277-91, esp. 280, 287-90. **Richter, G.** "Zum Text von Dt 32, 10." *ZAW* 52(1934) 77-78. **Robertson, E.** "The Apple of the Eye in the Masoretic Text." *JTS* 38(1937) 56-59. **Schenker, A.** "Gott als Vater - Söhne Gottes." *FZPhTh* 25(1978) 3-55. **Schlisske, W.** *Gottessöhne und Gottessohn im Alten Testament: Phasen der Entmythisierung im Alten Testament.* BWANT 97. Stuttgart: Kohlhammer, 1973. **Skehan, P. W.** "Qumran and the Present State of Old Testament Text Studies: The Masoretic Text." *JBL* 78(1959) 21-25. **Soggin, J. A.** "Jeremias XII 10a: Eine Parallelstelle zu Dt XXXII 8/LXX?" *VT* 8(1958) 304-5. **Usener, H. C.** "Milch und Honig." *Rheinisches Museum für Philologie* 57(1902) 177-95. **Vaughan, P. H.** *The Meaning of Bāmâ* in the Old Testament. SOTSMS 3. London: Cambridge UP, 1974. **Vincent, L.** "La notion biblique du haut-lieu." *RB* 55(1948) 245-78, 438-45. **Wilcke, C.** *Das Lugalbandaepos.* Wiesbaden: Harrassowitz, 1969. 9-11, 61-64, 94-97. **Winter, P.** "Der Begriff 'Söhne Gottes' im Moselied Dt 32, 1-43." *ZAW* 67(1955) 40-48. ______. "Dt 32, 8b: Gn 1, 26." *ZAW* 67(1955) 292. ______. "Nochmals zu Dt 32, 8." *ZAW* 75(1963) 218-23. **Zenger, E.** "Jahwe und die Götter." *TP* 43(1968) 338-59, esp. 354. **Zimmermann, F.** "Some Studies in Biblical Etymology." *JQR* 29(1938/39) 241-46, esp. 241.

본문과 운율 분석

하나님의 공의와 이스라엘의 불성실 [(4:7):(4:4:4):(4:7)]	**God's Justice and Israel's Disloyalty** [(4:7):(4:4:4):(4:7)]	
9개의 단시들	**9 versets**	
1 하늘이여 귀를 기울이라 내가 말하리라 땅은 내 입의 말을 들을지어다	**1** Give ear O heavens / and let me speak //	18 2
	let the earth hear / the words of my mouth[a] //	13 2_
2 나의 교훈은 내리는 비요 나의 말은 맺히는 이슬이요 연한 풀 위에 가는 비요 채소 위에 단 비로다	**2** May my teaching / drop like rain /	12 2
	[a]may my speech / descend like dew //	9 2
	Like gentle rain on tender grass /	10 1
	and like showers / on new growth //	12 2_
3 내가 여호와의 이름을 전파하리니 너희는 위엄을 우리	**3** For / [a]the name[a] of YHWH\[b] I will proclaim //	10 2
	ascribe[c] greatness / to our God //	15 2_

하나님께 돌릴지어다

4 그는 반석이시니 그 공덕이 완전하고 그 모든 길이 공평하며 진실무망하신 하나님이시니 공의로우시고 정직하시도다

4 The Rock[a] / perfect is his work / 12 2
for all his ways / are just // 11 2_
A faithful God / and never false / 13 2
the Just and Upright One / is he[b] // 10 2_

5 그들이 여호와를 향하여 악을 행하니 하나님의 자녀가 아니요 흠이 있는 사곡한 종류로다

5 [a]Has he dealt corruptly with them? / 5 1
No\[b] as for his children it is their blemish[a] // 10 1
they are a crooked / and perverse generation // 11 2

6 우매무지한 백성아 여호와께 이같이 보답하느냐 그는 너를 얻으신 너의 아버지가 아니시냐 너를 지으시고 세우셨도다

6 [a]Is this[a] how you repay\[b] YHWH / 11 1
O foolish people / and without wisdom? // 12 2_
Is not he / *your father who created you* / 13 2
who made you / and brought you into existence? // 13 2_

과거의 축복: 출애굽과 가나안 입성에서 하나님의 자비
[(4:4):(4:4:4):(8:8):(4:4:4):(4:4)] **14개의 단시들**

Past Blessing: God's Benefactions in the Exodus and Eisodus
[(4:4):(4:4:4):(8:8):(4:4:4):(4:4)] **14 versets**

7 옛날을 기억하라 역대의 연대를 생각하라 네 아비에게 물으라 그가 네게 설명할 것이요 네 어른들에게 물으라 그들이 네게 이르리로다

7 [a]*Remember / the days[a] of yore /* 11 2
consider[b] / the years generation by generation // 13 2
Ask your father / and he will inform you / 12 2
your elders / they will tell you // 13 2_

8 지극히 높으신 자가 열국의 기업을 주실 때 인종을 분정하실 때에 이스라엘 자손의 수효대로 민족들의 경계를 정하셨도다

8 *When the Most High gave nations / their inheritance[a] /* 10 2
when he set the divisions / of the children of Adam // 13 2_
He fixed[b] / boundaries for peoples / 11 2
according to the number[c] / of the sons ⟨of God⟩[d] // 11 2_

9 여호와의 분깃은 자기 백성이라 야곱은 그 택하신 기업이로다

9 [a]*And lo / YHWH's portion[a]\[b] is his people //* 11 2
Jacob / his allotted inheritance[c] // 12 2_

10 여호와께서 그를 황무지에서, 짐승의 부르짖는 광야에서 만나시고 호위하시며 보호하시며 자기 눈동자같이 지키셨도다

10 [a]*He found him[a] / in a[b] desert land /* 13 2
[c]*in a wasteland / a howling wilderness[c] //* 15 2
He encircled him / [d]he took care of him / 15 2
[d]*he guarded him / as the pupil of his eye //* 14 2_

11 마치 독수리가 그 보금자리를 어지럽게 하며 그 새끼 위에 너풀거리며 그 날개를

11 *Like an eagle / [a]he rouses[a] his nestlings /* 10 2
[b]*over his fledglings / he hovers //* 11 2
He spreads out his wings / 8 1

펴서 새끼를 받으며 그 날개 위에 그것을 업는 것같이	[c]⟨and⟩ *he takes one*[c] / *he bears him aloft* / *on his pinions* / /	20 3_
12 여호와께서 홀로 그들을 인도하셨고 함께 한 다른 신이 없었도다	12 *YHWH* / *alone guided him* / /	11 2
	and there was not with him / *a foreign god* / /	12 2_
13 여호와께서 그로 땅의 높은 곳을 타고 다니게 하시며 밭의 소산을 먹게 하시며 반석에서 꿀을, 굳은 반석에서 기름을 빨게 하시며	13 *He made him ride* / *on the heights*[a] *of the earth* /	16 2
	and he ate[b] / *fruit of the field* / /	13 2_
	And he made him suck[c] *honey* / *from a crag* /	14 2
	and oil / *from flinty rock* /	10 2_
14 소의 젖 기름과 양의 젖과 어린 양의 기름과 바산 소산의 숫양과 염소와 지극히 아름다운 밀을 먹이시며 또 포도즙의 붉은 술을 마시우셨도다	14 *Curds*[a] *of kine* / *and milk of flocks* /	12 2
	with the fat[b] *of lambs* /	8 1
	and rams of the "offspring" of Bashan\[c] *and he-goats* /	18 1
	With the fat / *of kidneys of wheat* / /	10 2
	and blood of grapes / *you will drink as wine*[d] / /	11 2_

원문주해

1.a. SP에는 MT의 피(פי, "내 입") 대신에 פיי로 되어 있는데 의미에는 변함이 없다.

2.a. SP, LXX, Syr., *Tg.-Ps.-J.*는 와우 접속사를 덧붙인다. SP 필사본들에는 MT의 팃잘(תזל, "그것이 응축할 것이다") 대신에 ותזאל(의미 불확실)로 되어 있다.

3.a-a. SP와 Tg.에는 MT의 쉠(שם, "이름") 대신에 빠쉠(בשם, "그 이름으로")으로 되어 있다. 운율 분석은 MT을 지지한다.

3.b. 위치가 잘못된 아트나로 인하여 티프하가 연접사가 됨.

3.c. SP에는 MT의 하부(הבו, "우리 ⟨…에게로 돌리도록⟩ 하자") 대신에 웨하부(והבו, "그리고 우리 ⟨…에게로 돌리도록⟩ 하자")로 되어 있다. 운율 분석은 MT을 지지한다.

4.a. B는 차데(צ) 대문자를 보유하고 있다. LXX은 이 곳과 15, 18, 30에서 데오스(*θεός*, "하나님")로 되어 있는데, 이는 하나의 설명적 주석인 것으로 보인다.

4.b. LXX에는 MT의 후(הוא, "그") 대신에 (호) 퀴리오스(⟨*ὁ*⟩ *κύριος*, "주님")로 되어 있다.

5.a-a. SP에는 MT의 쉬헤트 로 로 빠나이우 무맘(שחת לו לא בניו מומם, "그가 그들을 패역하게 취급하였느냐? 아니라! 자기의 자녀들처럼, ⟨그것은⟩ 그들의 흠이다") 대신에 מום שחתו לו לא בני("그들이 변절의 자녀⟨로서⟩가 아니라, 그들이 그를 패역하게 취급했다")로 되어 있다. LXX에는 MT의 로 로(לו לא, "그에게, 아니다") 대신에 로 로(לא לו, "그에게 아니다")로 되어 있다. Syr에는 ולא לו בני מום로 되어 있다. 운율 분석은 MT을 지지한다. 로(לוֹ)에 붙어 있는 3인칭 단수형 어미는 6절에 있는 암(עם, "백성"= בניו)의 집합명사로

취급되어야 할 것이며, 그러므로 영어에서 "그들"로 번역되었다.

5.b. 위치가 잘못된 아트나로 인하여 티프하가 연접사가 됨.

6.a-a. Tigay가 지적하는 바와 같이 "의문형 어미 하("…이냐?")는 큰 글자로, 그리고 이례적으로 분리된 단어로 기록되어 있다"([1996] 301-2). 그 이유는 본문의 숫자 구성에 있어서 부가적인 단어의 필요성으로 인한 것일 수도 있다. 33:28과 아래 34:1-12 제목 아래 있는 29:9-34:12의 숫자 구성에 대한 요약적 논의를 참조하라.

6.b. 자켑 카톤이 뒤따라온 파스타는 연접사가 됨.

7.a-a. SP에는 MT의 제코르 예모트(זכר ימות, "〈옛〉날들을 기억하라〈2인칭 단수〉") 대신에 זכרו יומת("〈옛〉날들을 기억하라〈2인칭 복수〉")로 되어 있다. 두 개의 히브리어 필사본에는 זכ(ו)ר ימת로 되어 있다.

7.b. Syr., Tg., Vg에는 MT의 삐누(בינו, "생각하라") 대신에 삐나(בִּינָה) 혹은 삔(בִין)이었을 단수형으로 되어 있다.

8.a. 두 개의 히브리어 필사본에는 MT의 삐한헬(בהנחל, "그가 〈열국들을〉 물려받게 했을 때") 대신에 בנחיל로 되어 있는데 의미에는 변함이 없다.

8b. 한 SP 필사본에는 MT의 야체브(יצב, "그가 고정한다/새운다") 대신에 יציב로 되어 있는데 의미에는 변함이 없다.

8.c. *Tg.-Ps.-J.*는 70이란 숫자를 덧붙인다(32:8에 관한 "주석"을 보라).

8.d. MT의 난해한 독법(*lectio difficilior*)으로서 베네 이스라엘(בני ישׂראל, "이스라엘의 아들들") 대신에 베네 엘로힘(בני אלהים, "하나님의 아들들")으로 읽음. DSS에는 베네 엘(בני אל, "하나님의 아들들")로 되어 있고, LXX에는 앙겔론 데우(*ἀγγέλων θεοῦ*, "하나님의 천사들")로 되어 있다(σ′과 몇몇 OL 증거 본문들도 그러함).

9.a-a. LXX에는 카이 에게네데 메리스(*καὶ ἐγενήθη μερίς*, "그리고 그가 〈주님의〉 분깃이 되었다"= ויהי חלק)로 되어 있다. 운율 분석은 MT을 지지하는 경향이 있다. 여기에 나오는 키(כי)는 Tigay([1996] 303)를 따라 강조어로 취급된다. A. Schoors, "The Particle ki," *OTS* 21[1981] 243-53를 보라.

9.b. 위치가 잘못된 아트나로 인하여 티프하가 연접사가 됨.

10.a-a. SP에는 MT의 임차에후(ימצאהו, "그가 그를 발견했다") 대신에 יאמצהו("그가 그에게 용기를 주었다")로 되어 있다(참조. LXX의 아우타르케센 아우톤〈*αὐτάρκησεν αὐτόν*, "그가 그를 유지시켰다"〉).

10.b. SP에는 MT의 미드빠르(מדבר, "한 사막") 대신에 하미드바르(המדבר, "그 사막")으로 되어 있다.

10.c-c. SP에는 MT의 우브토후 옐렐 예시몬(ובתהו ילל ישׁמן, "한 황야, 황량한 광야에서") 대신에 ובתהללות יש(י)מנהו로 되어 있다(참조. 느9:25).

10.d. SP와 LXX은 두 동사 앞에 와우 접속사를 덧붙인다. 운율 분석은 MT을 지지한다.

11.a-a. 두 히브리어 필사본에는 MT의 야이르(יָעִיר, "그가 깨우친다") 대신에 יָעֵר로 되어 있다. 운율 분석은 MT을 지지한다.

11.b. 두 히브리어 필사본, SP, LXX, Syr, *Tg.-Ps.-J.*, Vg은 와우 접속사를 덧붙이고 있는데, 이는 서기관의 중복오사로 간주하는 것이 가장 좋을 듯하다. 운율 분석은 MT을 지지한다.

11.c-c. SP는 와우 접속사를 덧붙이고 있는데, 운율적 관점에서는 가능하다. 여기서 취급된 독법은 분할된 자음 독법이다. 즉 단일 자음이 한 단어를 끝마치기 위하여 사용되었고, 또한 그 다음 단어를 시작하기 위하여 사용되었다. 이러한 현상에 관해서는 W. Watson, "Shared Consonants in Northwest Semitic," *Bib* 50(1969) 525-33, 그리고 같은 저자, "More on Shared Consonants," *Bib* 52(1971) 44-50를 보라. 또한 D. L. Christensen, "The March of Conquest in Isaiah x 27c-34," *VT* 26(1976) 390-92를 보라.

13.a. K의 빠모테(בָּמוֹתֵי〈의미 불확실〉)보다는 Q의 빠모테(בָּמֳתֵי, "높은 곳〈들〉에서")로 읽음. 이 독법은 DSS, 여러 히브리어 필사본들, 카이로 게니자 단편들 가운데서 발견된다.

13.b. MT의 와요칼(ויאכל, "그리고 그가 먹었다") 대신 SP와 LXX에는 야아키(일)레후(יַאֲכִ(י)לֵהוּ, "그가 그를 먹었다")로 되어 있다. Tg.(*Tg.-Ps.-J.*)에는 와야아킬렘(וַיַּאֲכִילֵם, "그리고 그가 그들을 먹이셨다")으로 되어 있다. 운율 분석은 MT을 지지한다.

13.c. SP와 Syr.에는 MT의 와예니케후(וינקהו, "그리고 그가 빨아들이도록 만들었다") 대신에 ייניקהו("그가 그를 빨도록 만들 것이다")로 되어 있다. LXX에는 에텔라산(*ἐθήλασαν*, "그들이 빨았다〈suck〉"=יִינְקוּ)으로 되어 있다. Tg과 *Tg.-Ps.-J.*는 3인칭 복수형 어미를 가지고 있다. 운율 분석은 MT을 지지한다.

14.a. SP에는 MT의 헤므아트(המאת, "응결된 우유") 대신에 המת("물 가죽부대"[?])로 되어 있다.

14.b. Tigay([1996] 403 n. 79)가 주장한 바와 같이 킬르욘(כליון, "통팥들")을 MT에서는 하나의 "경전 준수 수정"(nomistic correction)으로 재배치하고 있음.

14.c. 자켑 카톤이 뒤따라오는 파스타는 연접사가 된다.

14.d. SP와 LXX은 [ו]יאכל יעקב וישׂבע("〈그리고〉 야곱이 먹었고 배불렀다")를 삽입한다. 운율 분석은 MT을 지지한다.

양식/구조/배경

모세의 노래(32:1-14)에 있는 23개의 단시들의 첫 번째 싸이클은 6절 끝에 있는 수의 전이에 의하여 두 부분으로 나누어진다. 여기에 제시된 운율 분석 면에서 볼 때, 1-6절에는 아홉 개의 단시들이 있고, 7-14절에는 14개의 단시들이 있으며, 총 23개의 단시들이 있다.

여기에 제시된 운율 분석에 근거하여 모세의 노래(32:1-43)는 그 문학적 골격 내에서 다음과 같이 정리될 수 있다.

A	모세가 온 총회에 이 노래의 말로 말하다	31:30
B	서론: 하나님의 신실성과 이스라엘의 불성실	32:1-6
C	과거: 과거에 이스라엘에게 베푸신 하나님의 자비	32:7-14
D	이스라엘의 불성실: 그들이 자기를 지으신 하나님을 저버렸다	32:15-18
E	이스라엘을 벌하시려는 하나님의 작정	32:19-25
X	하나님의 자비와 이스라엘의 몰지각	32:26-29
E′	이스라엘의 대적들을 벌하시려는 하나님의 결정	32:30-35
D′	하나님의 성실성: 이스라엘을 구원하시려는 그분의 계획	32:36
C′	미래: 야웨께서 자기 대적들에게 "보응"하실 것이다	32:37-42
B′	종악장: 하나님이 이스라엘을 구원하신 것에 대한 축하	32:43
A′	모세가 이 노래의 말을 모두 말하다–그와 여호수아	32:44-45

이 시는 티개이가 "서론"(1-6절)이라고 부르는 내용, 즉 하늘과 땅으로 하여금 "내 입의 말"(1절)에 주의를 기울이라는 소환 형태로 시작된다. 그러한 말씀들은 하나님의 의(3-4절)와 "흠이 있는 사곡한 종류[구부러지고 사악한 세대]"(5절)로 묘사된 그분의 백성 이스라엘의 불성실에 초점을 맞추고 있다. 이 시는 하늘들이 "하나님의 아들들"(43절)과 함께 하나님의 백성을 칭송하고 하나님을 예배하도록 다시 한 번 소환받고 있는 축하의 기록으로 끝난다. 그 중심부에서 우리는 백성들이 "모략이 없는 국민"이고 지식이 없음(28-29절)에도 불구하고 자기 백성 이스라엘에게 내려진 징벌을 감하기로 결정하시는 하나님의 자비(26-27절)라는 주제를 발견하게 된다. 그들은 하나님의 자비를 받을 가치가 없다.

이 구조에서 내부 골격은 이스라엘을 벌하시려는 하나님의 결정(19-25절)을 보여 주고 있는데, 이것은 이스라엘의 대적들을 벌하시려는 하나님의 결정(30-35절)과 대칭되어 있다. 중심부로부터 두 번째 골격은 이스라엘이 자기들을 창조하신 하나님을 저버리는 불충성에 대한 묘사를 제공하는데(15-18절), 이것이 자기 백성의 송사를 변호하고 "자기 종들"을 구원하려고 결정하시는 자신의 언약에 대한 하나님의 성실성(36절)에 대한 묘사와 대칭되어 있다. 중심부로부터 세 번째 골격은 자기 백성에게 베푸신 하나님의 축복이 묘사되는 과거(7-14절)와 하나님께서 자기 백성을 압제로부터 구출하면서 자기 대적들에게 보응하실 미래(37-42절) 사이의 대조를 보여 주고 있다.

32:1-6의 내적 구조는 3절에서 1인칭 단수로부터 1인칭 복수로의 전환으로 표시되어 있는데, 이는 다음과 같이 정리될 수 있다.

A	하늘이여 귀를 기울이라, 땅은 내 입의 말을 들을지어다	32:1
B	나의 교훈은 내리는 비요	32:2
C	내가 여호와의 이름을 전파하리니, 위엄을 우리 하나님께 돌릴지어다	32:3
X	반석 – 그 공덕이 완전하고 그 모든 길이 공평하며	32:4
C′	야웨께서 자기 백성을 왜곡되게 취급하셨느냐?	32:5a
B′	아니라, 그의 자녀들이 흠이 있는 사곡한 종류다	32:5b
A′	너를 조성하시고 세우신 아버지를 이 같은 방식으로 보답하느냐?	32:6

이 칠지(七枝) 형태의 구조 내에서 외부 골격(A, A′)은 노래의 말을 들으라는 하늘과 땅에 대한 호소(1절)로부터 자기 백성 이스라엘과 관련된 하나님의 창조의 능력에 초점을 맞추면서 이스라엘에게 전달되는 6b절에 있는 웅변적인 질문(수의 전이로 표시됨)으로 옮겨간다. 창세기 1:1에 있는 원 창조 사건은 하늘과 땅의 창조와 함께 시작되었는데, 노래에서도 하늘과 땅으로 시작된다. 창조 시의 그분의 사역과 역사 가운데서 그분의 방법에 대해 야웨를 찬양하는 것이 첫 단락의 중심 초점이다(3-4절). 두 번째 골격(B, B′)은 모세의 교훈이 그것을 받아들이는 자의 귀에 땅에서 새로 올라온 싹에 부드럽게 내리는 비처럼 떨어지기를 바라는 기도(2절)로부터 부패하게 행동한 하나님의 자녀들을 향한 기소(5-6a절)로 옮겨간다. 이 구조 가운데서 세 부분으로 된 중심부는 신실하고 참되신 바위 이미지로 묘사되어 있는 야웨의 인격에 초점을 맞추고 있다(4절). 가장 안쪽의 골격(C, C′)은 위엄을 "우리 하나님"에게 돌리라는 찬양(3절)으로부터 불성실한 백성들과 관련된 하나님의 행사에 관하여 던지는 웅변적 질문(5a절)으로 옮겨간다.

운율 분석에 따르면, 이 노래 가운데서 두 번째 주요 단락(7-14절)은 일련의 다섯 개의 구조 단위로 나누어진다.

A	옛날을 기억하라. 네 장로들에게 물어라. 그들이 말할 것이다	32:7
B	하나님께서 열국에 기업을 주실 때 이스라엘을 자기 것으로 택하셨다	32:8-9
X	그분은 광야에서 그를 보호하시고 날도록 가르치셨다	32:10-11
B′	야웨만이 길에서 너에게 식물을 공급하신 분이다	32:12-13
A′	너는 장차 약속의 땅에서 축복을 경험할 것이다	32:14

이 본문에서 외부 골격은 "옛날"이라는 시기를 되돌아보는 데서(7절) 약속의 땅

에서의 미래의 축복에 대한 언급(14절)으로 옮겨간다. 내부 골격은 하나님께서 "이스라엘 자손의 수효대로 민족들의 경계를 정하셨던 때인(8-9절) 창세기 10-11장의 아브라함 시대 이전이라는 먼 과거로부터, 그분이 홀로 먹을 것이 거의 없어서 궁핍하던 이스라엘 백성들에게 음식을 공급하시던 바로 얼마 전의 과거(12-13절)로 옮겨간다. 그 이유는 하나님께서 자기 자녀들을 돌보시기 때문인데, 그분은 이스라엘 백성들로 하여금 독수리처럼 날기에 필요한 방법들을 부드럽게 가르치셨던 것이다(10-11절).

32:1-4의 숫자 구성에 관한 라부샤뉴로부터 얻은 자료는 다음과 같이 정리될 수 있다.

단어	아트나 앞		아트나 뒤		
32:1-3	13	+	13	=	26
32:4-6	20	+	17	=	37
32:5-6	13	+	10	=	23
32:7-9	17	+	15	=	32
32:7-10	23	+	20	=	43 (=17+26)
32:7-11	29	+	26	=	55
32:7-12	32	+	30	=	62
32:10-11	12	+	11	=	23
32:11-14	31	+	20	=	51 (=3×17)
32:13-14	22	+	10	=	32
32:1-43	247	+	221 (=13×17)	=	468 (=18×26)

신명 수 17과 26은 다양한 방식으로 32:1-14의 본문 가운데 짜여져 들어 있다: 1-3절에서는 26개의 단어, 7-10절에서는 43(=17+26)개의 단어 그리고 11-14절에서는 51(=3×17)개의 단어로 되어 있다. 또한 7-9절의 아트나 앞에는 17개의 단어가 있으며, 4-6절의 아트나 뒤에는 17개의 단어가 있고, 7-11절의 아트나 뒤에는 26개의 단어가 있다. 히브리어 카보드(כבוד, "영광")와 관련된 두 수 23과 32가 다섯 가지 경우에 나타난다. 32:1-14 전체의 숫자가 이 숫자들의 배수는 아닐지라도, 32:1-43(모세의 노래)의 숫자들은 배수가 된다. 즉 총 468(=18×26)개의 단어를

가지고 있고, 아트나 뒤에는 총 221(=13×17)개의 단어를 가지고 있다.

주석

1 매이즈는 하늘과 땅에 대한 호소를 "성경 밖의 계약 본문들 가운데서 정규적으로 증인들로 등장한다는 사실에 비추어" 해석하는데(Mayes[1981] 382), 이는 여러 다른 사람들 가운데서도 후프몬(Huffmon, *JBL* 78[1959] 285-95)과 모란(Moran, *Bib* 43[1962] 317-27)의 견해를 따르는 것이다. "하늘들"과 "땅"은 이스라엘이 야웨에 대한 언약적 위탁에 실패했다고 판단된 상황에서 주어진 선지자의 설교 가운데 소개되어 있다(사 1:2-3; 미 6:1-2; 렘 2:4-13; 시 50:4). "미드라쉬 탄후마(Tanḥuma)에 따르면, 증인이 범법자에게 가장 먼저 손을 대어 쳐야 한다는 원리에 근거하여 모세가 만일 그 언약을 어기면 한재와 곡식의 결핍으로 이스라엘을 징벌하도록 하늘과 땅을 소환했다(17:7)는 것이다"(Tigay[1996] 299). 그러나 티개이 자신이 인정하고 있는 바와 같이 이 모세의 노래는 언약에 대해서 전혀 언급하고 있지 않으며, 그 가운데 나타나 있는 관계나 도덕적 책임들이 종주와 봉신 간의 관계가 아니라 부친과 자녀 간의 관계에서의 책임이다. "네 입의 말"로 번역된 이므레-피(אמרי־פי)라는 히브리어 표현은 스케한으로 하여금 모세의 노래 전체의 알렙-페 구조에 대한 결론을 내리도록 인도했다(위의 32:1-43에 대한 서론의 논평을 보라). "귀를 기울이라"와 "들으라"는 기원은 매이즈가 주장하는 바와 같이 지혜 문서에서 선생이 자기 생도들에게 말하기 위하여 사용하는 통상적인 문구다(Mayes[1981] 382; 참조. 잠 7:24과 아멘엠오페[*ANET*, 421, Ⅱ. 9-10]를 보라).

2 여기서는 네 개의 직유가 사용되었는데("비", "이슬", "가는 비", "단비"), 이 모든 것들은 야웨에 대한 경외심과 그분의 능력 안에서 자라가도록 하기 위하여 그들의 심령과 마음에 심어 주고 스며들게 함으로써 언약 백성의 삶을 위한 그 노래의 교훈의 잠재력에 대해서 말하고 있다. 문맥은 세이림(שְׂעִירִם)을 "가는(부드러운) 비"로 번역할 것을 암시한다. 스나이드는 이것을 싸아르(סער, "폭우가 치다, 분노하다")란 어근으로부터 나온 "폭풍우"로 번역한다(Snaith, *VT* 25[1975] 115-18). 모란은 이슬과 비라는 문맥에서 우가릿어 *šr*'를 지적한다: "이슬도 없고, 비도 없고, 깊음의 분출(*šr*')도 없다"(Moran, *Bib* 43[1962] 321-22). 필자가 여기서 채택하고 있는 "나의 말이 이슬처럼 내려오기를"이란 번역에 관해서는 골드먼의 글을 보라(Goldman, *ABR* 1[1958] 141-42). 탈(טל, "이슬")이란 단어는 일반적으로 비

로 묘사되는 하늘/구름으로부터 내리는 수분에 대해서도 사용된다(사 18:4; 학 1:10; 슥 8:12; 잠 3:20).

3 쉠 아도나이(שֵׁם יהוה, "야웨의 이름")는 출애굽기 34:5-6의 "여호와께서 구름 가운데 강림하사 그와 함께 거기 서서 여호와의 이름을 반포하실새 여호와께서 그의 앞으로 지나시며 반포하시되 여호와로라 여호와로라 자비롭고 은혜롭고 노하기를 더디하고 인자와 진실이 많은 하나님이로라"는 말씀과 같이 그분의 속성에 대해 말하는 것이다. 가돌(גדל, "큼")이란 단어는, 이것이 문학적 구조 가운데서 중요한 단어로 사용되는 요나서를 제외하고 다른 성경에서는 드물게 사용되지만 신명기에서는 통상적으로 사용된다(D. L. Christensen, "Andrzej Panufnik and the Structure of the Book of Jonah: Icons, Music and Literary Art," *JETS* 28[1985] 140).

4 올브라이트는 히브리어 추르(צור, "바위")가 가나안 신 바알의 명칭들 가운데 하나인 우가릿어 *ǵr*("산")와 동일하다고 주장한다. 고대의 의미 "산"은 구약성경 민수기 23:9과 이사야 44:8에서도 나타난다. 여기서 "온전" 혹은 "흠이 없음"이란 의미로서의 "완전"으로 번역된 타밈(תמים)이란 단어에 관해서는 J. Tigay("Psalm 7:5 and Ancient Near Eastern Treaties," *JBL* 89[1970] 185 n. 39)와 M. Weinfeld("The Covenant Grant in the Old Testament and in the Ancient Near East," *JAOS* 90[1970] 184-85, nn. 12, 15; 그는 Y. Muffs를 따르고 있음; Tigay[1996] 402 n. 20을 보라). "그분의 길은 공평하다(משפט)" 그 이유는 그분께서 "진실무망[ואין עול, 에웬 아웰; 진실과 흠이 없음 – 역자주]하신" 분, 즉 의지할 만하며 믿을 만한 하나님이시기 때문이다. 복합적인 하나님의 호칭으로서 "공의로우시고 정직하시도다"(the Just and Upright One is he)란 번역은 다후드의 것이다(Dahood, *ETL* 44[1968] 50; 참조. 시 11:7). 티개이는 어근 체데크(צדק)로부터 파생된 단어들은 "동맹국에 대한 충성과 헌신에 대해서 사용되며, 아랍어에서 그것들은 자주 하나님과 언약을 이행하는 참되고도 충성스러운 관계라는 뉘앙스를 가지고 있다"는 사실에 주의를 환기시킨다(Tigay[1996] 402 n. 23). 야샤르(ישר, "정직한")란 단어는 확고부동하게 신실하다는 의미, 곧 믿음직하다는 의미를 가지고 있다(Tigay[1996] 301과 같이).

5 5절의 첫 부분에 대해서 필자는 이접사 악센트를 주의 깊게 관찰하면서 구 JPS 역본(1917)의 독법을 따르는 바이다. 처음 두 단어 쉬헤트 로(שחת לו)는 의문사로 취급되어(6절 상・하반절에서처럼) "그가 너희를 부패하게 취급하셨느냐?"는 뜻이다. 이 질문에는 즉시 "아니라"는 답변이 나온다. 그 다음 두 단어 빠나이우

무맘(בניו מומם)은 또 다른 문장으로 취급된다. 그 이유는 그들이 "구부러지고 패역한 세대"(עקשׁ ופתלתל – 이퀘쉬 우프탈톨), 즉 참되고 정직하신(4절) 하나님의 반대가 되는 자들이기 때문이다. "5절에서 직접적인 고발이 나오고, 그 다음에 6절에서 질문이 뒤따라오는 패턴은…그(*rîb*, 혹은 언약 소송) 형식상 정상적인 순서다…. 이 질문은 죄상을 전달한 왕의 사자를 통하여 진술되었다. 같은 한 사람이 처음 하늘과 땅에 호소를 했고, 또한 과거에 베푸신 위대하신 왕의 자비를 상기시켜 주었다. 야웨께서 왕이시고, 모세는 그분의 사자이신 이 구절들에는 이러한 평행적 사실이 매우 면밀하게 나타나 있다"(Thompson[1974] 298-99).

6 이 지점에서 이 노래는 이스라엘 백성에 대해서 말한다: "우매무지한 백성(עם נבל – 암 나발)아 여호와께 이같이 보답하느냐?" 토라 두루마리에서(그리고 L에서는 아니다) 이 구절의 초두에 있는 헤-의문사는 보다 큰 글자로 기록되어 있고 분리된 단어로 되어 있다. 이러한 관습의 이유는 전혀 알려져 있지 않지만, 티개이가 설명하는 바와 같이 그것은 분명히 웅변적인 질문을 통하여 표현된 충격을 고조시키는 효과를 가지고 있다(Tigay[1996] 302). 이것은 순전히 우리가 여기서 본문의 숫자 구성과 관련하여 단 하나의 덧붙인 단어를 가지고 있다는 사실에 대해 주의를 집중시키기 위한 것일 수도 있다. 하나님은 5절에서 아버지와 아들이 은유 관계임을 계속해서 말하고 있는 호칭, 곧 이스라엘의 아버지로 묘사되어 있다. 그러나 하나의 새로운 것이 덧붙여져 있는데, 곧 여기서 이제 그분은 "너를 지으시고 세우신" 자로 묘사되어 있다. 다른 모세의 노래(출 15:16) 가운데서 같은 의미를 가지고 있는 콰나(קָנָה, "조성하다")란 동사는 여기서 아사(עָשָׂה, "만들다")와 카난(כנן, "존재하게 하다")이란 동사들과 어울린다. 티개이가 주장하는 바와 같이(Tigay[1996] 402 n. 38), "코넨"의 의미는 이 단어가 "만들다"와 함께 사용되고 있는 시편 119:73으로부터 분명하게 드러나며, 또한 우가릿어로부터 분명해지는데, 우가릿어는 "아버지"와 k-n-n(q-n-h), 조성자 모두가 함께 평행절에서 k-n-n을 사용한다(*UT* 51, vi, 47-48; 76, iii, 6-7). (콰나〈קָנָה〉의 의미에 관해서는 Humbert in *FS A. Bertholet*, 259-66; Katz in *JJS* 5[1954] 126-31를 보라). 하나님을 이스라엘의 부모와 조성자로 묘사하기 위하여 사용된 네 번째 동사는 아래의 18절에서도 사용된 훌(חול, "낳다")이다.

7 "옛날을 기억하라"는 지시는 이스라엘이 애굽으로부터 나와 국가로서 형성되던 시기, 곧 시내 산에서 야웨 하나님과 언약을 체결하던 시기를 상기시키며, 또한 필자가 요단 강 동편에 있는 아모리인의 왕국 정복 당시 모세의 지도 하에 치렀던

야웨의 성전의 첫 번째 단계라고 불렀던 내용을 상기시킨다. 그리고 그 의미에 관해서 물으라고 말하고 있는데, 곧 "네 아비에게 물으라 그리고…어른들에게 물으라"는 것이다. 또르 와도르(דור־ודור, "세대의 세대")란 문구는 시편 90:1에 있는 것처럼 "대대에"로 번역될 수 있다. 티개이가 주장하는 바와 같이, "장로들에게 물어보라는 도전은 분명히 고대 수사학에서 전통적인 요소다. 그 실례들이 욥기서에 나타나 있으며(욥 8:8-10), 메소포타미아의 한 왕실 비문에도 나타나 있다"(Tigay [1996] 302, 티개이는 A. Cavigneaux and B. K. Ismail, "Die Statthalter von Suḫ^{e}u und Mari im 8. Jh. v. Chr.," *Baghdader Mitteilungen* 21[1990] 400, 403-4).

8 드라이버는 여기에 나오는 한헬(הנחל, "분정")이란 동사가 "그가 체를 통해서(처럼) 나라들을 흩뜨렸다", 즉 "그가 세계의 한 단위들로 그들을 배치하셨다"로 번역되어야 할 것이라고 주장하는데(G. R. Driver, *VT* 2[1952] 357), 이 단어는 어근 나할(נחל, "제거된, 체를 통과하다")로부터 나온 것이다. 그는 하프리도(הפרידו)란 동사를 그가 땅의 모래 혹은 곡식 낟알들처럼 "흩으셨다" 혹은 "뿌리셨다"로 읽는다. MT에 따르면, 하나님께서는 이스라엘의 수와 관련하여 열국들을 나누셨다. 짐멀만은 미쓰파르(מספר, 일반적으로 "수")란 단어를 현재의 본문을 보다 나은 의미로 만들기 위하여 "경계"로 번역하기를 제안했지만(Zimmermann, *JQR* 29[1938-39] 242), 필자는 4QDeut^{j}와 LXX의 앙겔론(혹은 휘온) 데우(*ἀγγέλων*〈혹은 *υἱῶν*〉 *θεοῦ*, "하나님의 아들들")라는 독법을 따라 이 본문을 "하나님의 아들들(천사들)의 수에 따라"로 읽도록 수정하는 바이다. 탈굼역은 "수효" 다음에 "70"을 덧붙이면서 본문을 창세기 10장에 있는 열국의 목록과 창세기 46:27에 있는 야곱의 노래의 70 나라들과 연결시킨다(참조. 10:22). MT에서 이루어진 이러한 변화는 다른 신들이 존재하고 있는 것처럼 보이는 하나의 본문을 제거하기 위한 것으로 이해하는 것이 쉬울 것이다. 이와 다소 유사한 "경전 준수 수정"(nomistic correction)에 관해서는 아래 14절의 논의를 보라. 이러한 "신적 존재들"은 아래 43절의 이문 가운데도 언급되어 있다. 하나님이 회의를 주재하시는 하급의 신적 존재들 개념에 대한 유익한 논의에 관해서는 시편 82편과 G. E. Wright, *The OT against Its Environment*, SBT 1.2(London: SCM, 1950) 30-41를 보라. 여기에 나오는 개념은 다니엘 10:13, 20-21; 12:1에 있는 나라들을 관장하는 천사들에 대한 후대의 교리를 미리 보여 주고 있다.

9 "그리고 보라"로 번역된 키(כי)라는 불변화사는 하나님께서 이스라엘을 "그의 분배된 기업"으로 택하신 일의 중대성을 강조하는 강조적 의미를 가지고 있다.

티개이가 주장하는 바와 같이, "헤벨 나할라토(חבל נחלתו, 직역하면 "그의 줄-분배")는…줄로 땅을 측량하여 분배하는 관습에 근거한 것이다(ḥevel: 암 7:17; 미 2:5; 슥 2:5-6; 시 78:55을 보라)"(Tigay[1996] 403 n. 56). Driver at 3:4([1895] 48)을 보라.

10 임차에후 뻬에레츠 미드빠르(ימצאהו בארץ מדבר, "그가 그를 한 사막 땅에서 발견했다")란 히브리어는 이스라엘이 약속의 땅에 들어가기 전에 여행했던 시내 광야를 가리킨다. LXX과 Tg. 옹켈로스는 이 동사를 MT의 임차에후(יִמְצָאֵהוּ, "발견했다")보다는 얌치에후(יַמְצִאֵהוּ, "…을 위하여 준비했다" 혹은 "부양했다")로 발음했다. SP에는 예암체후(יְאַמְצֵהוּ, "강하게 했다")로 되어 있다. MT가 난해한 독법(*lectio difficilior*) 그대로 유지된다. 호세아 9:10과 에스겔 16:3-6에 있는 유사한 용법을 보라. 여기서 "황무지"로 번역된 단어는 토후(תהו)인데, 이것은 창세기 1:2과 예레미야 4:23에서 세상의 최초의 그리고 궁극적인 상태를 묘사하는 데 사용된 단어다. 예시몬(ישמן, "광야")이란 단어는 그 후에 나오는 성경 전승 가운데서 여리고 근처의 사해에 있는 경계, 즉 광야 방랑의 끝 지점이면서 비스가와 브올의 꼭대기에서 바라보이는 모압의 요르단 계곡 북쪽 지역에 있는, 이스라엘 진영의 위치가 되는 특별한 의미를 가졌다(D. L. Christensen, "The March of Conquest in Isaiah X 27c-34," *VT* 26[1976] 389를 보라). 예쏘브벤후(יסבבנהו, "그가 그를 두루 돌았다")와 이츠렌후(יצרנהו, "그가 그를 호위했다")에 관해서, 긴스버그(Ginsberg, *Israelian Heritage*, 101 n. 131)는 대명사 접미어 표준인 – 엔누 대신 사용하고 있는 – 엔후는 고대의 형태라고 주장하는데, 이것이 다시 바다의 노래에서만 나타난다(출 15:2). 이러한 고대 문법 형태가 출현한 사실은 이 곳과 출애굽기 15장에 나오는 모세의 노래가 왕국 이전 시기의 것이라는 또 다른 증거다. 이손(אישון)이란 단어는 또 다른 사람의 눈동자에 보여지는 한 사람의 반영(reflection)을 가리키는 "작은 사람"을 의미한다(Tigay[1996] 403 n. 63).

11 자기 어린 새끼를 날도록 가르치면서 새끼들이 지쳤을 때 자기 날개로 받아내는 "독수리"(נשר – 네쉐르)의 이미지는 출애굽기 19:4에도 나타난다(또한 참조. 호 11:3). 드라이버(G. R. Driver)는 그것이 무엇을 의미했는지에 대한 이전의 드라이버(S. R. Driver[1895] 358)의 주장 이외에 두 가지의 유익한 예증을 우리에게 제공해 주었다(G. R. Driver, *PEQ* 90[1958] 56-57). 벤트(A. C. Bent)가 기록한 실례는 인용할 가치가 있다.

> 어미는 험한 바위산에서 알을 까고 새끼를 거칠게 다루는데, 어미는 새끼를 약 90피트 상공에서 떨어뜨렸다. 그 다음에 어미는 새끼 아래로 급강하하고, 새끼는 어미의 등에 내려앉았다. 어미는 산등성이 꼭대기로 날아오르고 그 과정을 반복한다. 어미는 나르는 사이에 일단 15분을 기다렸다. 어미가 새끼를 가장 높은 곳에서 떨어뜨리는 그 거리는 150피트 상공이었던 것으로 보였다. 나의 부친과 나는 넋을 잃고 한 시간 이상 새끼를 바라보았다.

크레이기(Craigie[1976] 381 n. 30)는 루갈반다(Lugalbanda)의 서사시 38-46행 가운데 그와 같은 이미지가 있음을 상기시킨다(Wilcke, *Das Lugalbandaepos*, 94-95).

12 약속의 땅으로 가는 노정의 사막에서 다른 신(אל נכר – 엘 네카르)의 도움이 없이 "여호와께서 홀로 그들을 인도하셨다". 다른 신을 예배하는 방향으로 돌아설 이유가 없다.

13 비유적 언어로 표현되었을지라도, "땅의 높은 곳"(במותי ארץ – 빠모테 아레츠)은 이스라엘의 중앙 높은 곳들을 가리킨다. 빠모트(במות, "산당, 높은 곳")에 들어 있는 광범위한 의미에 관해서는 Vaughan, *Meaning of Bāmâ*를 보라. 라이트(G. E. Wright)는 이 본문을 "그가 그를 아르쓰(Arṣ)의 등에 타게 했다"로 번역하는데, 거기서 아르쓰(Arṣ)는 가나안의 죽음의 신 못(Môt)의 또 다른 이름으로 취급되었다(G. E. Wright, "The Lawsuit of God: A Form-Critical Study of Deuteronomy 32," in FS J. Muilenburg[1962] 29). 하나님께서는 음식이 거의 발견되지 않는 장소에서 먹을 것을 제공하셨다. 즉 "반석에서 꿀을, 굳은 반석에서 기름을" 제공해 주셨는데, 매이즈는 이것을 "토종꿀을 바위들 가운데서 발견할 수 있고 척박한 흙에서 자라나는 감람나무로부터 기름을 구할 수 있는 땅에 대한 정확한 묘사"로 본다(Mayes[1981] 386). 크레이기는 "이 꿀이 절벽의 갈라진 틈 가운데 자리잡은 벌집에서 나온다"고 생각한다(Craigie[1976] 381).

14 "소의 젖"은 버터, 크림 또는 요구르트와 같은 유제품을 가리킨다. NEB는 본절에서 킬르욘(כליון, "콩팥들")이란 후대에 나온 단어를 하나의 "경전 준수 수정"으로 재배치한 것으로 보이는데, 이 경전 준수 수정이란 성경의 법과 일관성이 있는 독법을 만드는 것이다. 만일 그렇다면, 티개이에 따르면 "서기관의 수정이 하나님께서 음식으로 금지된 콩팥 기름(레 3:17; 7:23-25)으로 이스라엘을 양육하셨다는 암시를 피하기 위한 의도적 수정이었다"(Tigay[1996] 403 n. 79). 필자는 여기서 MT을 따르고 있다("본문과 운율 분석"에 나타나 있는 영문〈=저자 사역〉을 보라. NEB는 "어린양의 콩팥의 살찐"으로 번역했으나, 저자는 "어린양의 살찐"으로

번역하고 있다 – 역자주). "어린양의 기름"으로 번역된 헬레브 카림(חלב כרים)이란 문구는 직역하면 관용어로 "그 땅의 기름진 것"이라는 "최상품"을 의미한다(창 45:18을 보라). "바산"은 훌륭한 목초지와 질이 좋기로 이름난 가축 떼, 곧 바산의 새끼(בני־בשן – 베네-바산) 혹은 바산-종자를 가진 요단 동편 북쪽에 있는 산맥이었다(Craigie[1976] 380). 여기서 "지극히 아름다운 밀"(חלב כליות חטה – 헬레브 킬요트 히타)로 번역된 문구는 "밀의 최고품"을 의미하는 관용어다.

해설

라이트가 말하는 바와 같이, 모세의 노래는 "강력한 작문이고, 의도에 있어서는 설교적이고, 따뜻함으로 가득 차 있으며, 상당히 긴 내용 내내 신앙의 불길을 유지하고 있다. 이스라엘의 역사를 시로 해석한 것으로서 이 노래는 시편 78; 105; 106편과만 비교될 수 있지만 많은 면에서 그 시들을 능가한다"(*IB* 2:517).

1인칭 단수형으로 되어 있는 간략한 서론(1-3절) 다음에 주제는 하나님의 신실하심과 선하심에 대해서 확고하게 진술되어 있고(4절), 뒤이어 이스라엘의 비뚤어진 어리석음에 주의를 집중시키고 있는 웅변적 질문이 나타난다(5-6절). 그 다음에 이 시는 출애굽과 약속의 땅으로 이끌어 온 광야 노정 가운데서 하나님의 구속적 행위에 대한 5부로 된 묘사로 돌아선다(7-14절).

이 노래는 창조 질서 전체(하늘과 땅)로 하여금 모세가 말하려고 하는 말씀에 유의하도록 하는 소환으로 시작하고, 야웨와 그분의 백성 간에 판단하도록 호소한다. 뒤따라오는 교훈은 땅에 부드럽게 내려서 땅의 아름다운 푸른 초목을 자라나게 하는 비에 비교된다. 바로 그것이 모세의 의도다. 그의 말은 백성으로 하여금 회개하도록 의도되어 있다. 여기에 함축되어 있는 것은 아무도 하나님의 말씀이 그들에게 도달할 수 없는 곳으로 내려갈 수 없다는 확신이다.

위엄을 하나님에게 돌리는 것(3절)은 그분의 영원하심, 그분의 무한한 능력, 그분의 절대적 권위를 인정하는 것이다. 예루살렘 성전 건축을 위한 제사가 드려졌을 때 행한 역대상 29:10-14에 있는 다윗의 기도는 감화력 있는 찬송의 능력의 한 실례가 된다(또한 단 4:31-34〈개역. 34-37절〉에 있는 느부갓네살의 기도와 롬 11:33-36 참조).

> 우리 조상 이스라엘의 하나님 여호와여 주는 영원히 송축을 받으시옵소서 여호와여 광대하심과 권능과 영광과 이김과 위엄이 다 주께 속하였사오니 천지에 있는 것이 다 주의

것이로소이다 여호와여 주권도 주께 속하였사오니 주는 높으사 만유의 머리심이니이다 부와 귀가 주께로 말미암고 또 주는 만유의 주재가 되사 손에 권세와 능력이 있사오니 모든 자를 크게 하심과 강하게 하심이 주의 손에 있나이다 우리 하나님이여 이제 우리가 주께 감사하오며 주의 영화로운 이름을 찬양하나이다 나와 나의 백성이 무엇이관대 이처럼 즐거운 마음으로 드릴 힘이 있었나이까 모든 것이 주께로 말미암았사오니 우리가 주의 손에서 받은 것으로 주께 드렸을 뿐이니이다.

바위라는 은유는 성경에서는 처음으로 여기서 하나님에 대하여 사용된다(또한 18, 30, 31절을 보라). 이 단어는 시편에서 자주 나타나며, 이러한 방식으로 기독교 교회의 찬송가 가운데 "만세 반석 열리니"와 "이 몸의 소망 무엔가"와 같은 찬송가로 만들어졌다. 이 표현은 우리 자신의 소망을 세울 수 있는 안전하고도 움직일 수 없는 기초를 이루는 불가변적 능력, 신실성, 사랑을 나타낸다. 반석은 인간의 대적들, 태양의 타는 듯한 뜨거움, 생명을 앗아 갈 수 있는 폭풍우로부터 피하는 은신처다.

이 본문은 반석을 "그 공덕(his work)이 완전하고"(4절)로 묘사한다. 절대 완료형은 하나님 안에서만 발견된다. 산상설교에서 예수께서는 "그러므로 하늘에 계신 너희 아버지의 온전하심과 같이 너희도 온전하라"(마 5:48)고 명령하셨다. 같은 산상설교의 앞부분에서 예수님은 "내가 너희에게 이르노니 너희 의가 서기관과 바리새인보다 더 낫지 못하면 결단코 천국에 들어가지 못하리라"(마 5:20)고 하셨다. 복음 메시지의 본질은 우리의 이 모습 그대로 하나님에게 받아들여졌다는 것이지, 반석 되시는 그분의 완전이 우리 것으로 우리 안에 심겨지는 바, 그 반석(예수 그리스도)의 완전 안에 옷입혀졌다는 것이 아니다.

스데반은 순교할 당시에 자기 설교의 결론 부분에서 이스라엘 백성의 "결점"("부정하고 패역한 세대")을 말했다: "목이 곧고 마음과 귀에 할례를 받지 못한 사람들아 너희가 항상 성령을 거스려 너희 조상과 같이 너희도 하는도다 너희 조상들은 선지자 중에 누구를 핍박지 아니하였느냐 의인이 오시리라 예고한 자들을 저희가 죽였고 이제 너희는 그 의인을 잡아 준 자요 살인한 자가 되나니 너희가 천사의 전한 율법을 받고도 지키지 아니하였도다 하니라."

옛날에 이스라엘을 향한 하나님의 은혜에 대한 묘사는 생동감 넘치는 이미지를 담고 있다(7-14절). 하나님께서는 70개의 나라들, 즉 창세기 10장에 있는 노아의 자손들의 경계를 세우실 때 이스라엘을 자신의 기업으로 선택하셨다. 그분은 "그를 황무지에서, 짐승의 부르짖는 광야에서" 발견하고 그들에게 가까이 다가가셨다. 결국 하나님 앞에 지극히 작은 사람을 보기 위해서 주께서 얼마나 가까이 다가가셔야 하겠는가(10절)? 11절에 있는 독수리 비유는 하나님의 사랑스러운 돌보심을 묘사하는 데 있어서 아주 풍부한 것이다. 그리고 그분의 축복은 하나님의 백성이 약속의 땅으로 들어가기 시작했을 때도 계속되었다(12-14절). 이스라엘로 하여금 "반석에서 꿀을 빨게 하셨다"(13절)는 언급은 가장 메마른 광야에서까지 하나님이 초자연적 풍요로움의 원천이었다는 사실을 시사한다.

2. 두 번째 주기: 이스라엘의 죄가 하나님을 진노케 하다(32:15-29)

참고문헌

Balentine, S. E. "A Description of the Semantic Field of Hebrew Words for 'Hide.'" *VT* 30(1980) 137-53. **Barstad, H. M.** "En bemerkning til Deuteronomium 32, 15." *NorTT* 76(1975) 103-6. **Berg, W.** "Die Eifersucht Gottes - Ein problematischer Zug des alttestamentlichen Gottesbildes?" *BZ* 23(1979) 197-211, esp. 202-4. **Branden, A. van den.** "'Reseph' nella Bibbia." *BeO* 13(1971) 211-25. **Buchanan, G. W.** "Eschatology and the 'End of Days.'" *JNES* 20(1961) 188-93, esp. 189. **Caquot, A.** "Sur quelques démons de l'Ancien Testament(*Reshep, Qeteb, Deber*)." *Sem* 6(1956) 53-68, esp. 57-59, 65-66. **Dahood, M.** "Hebrew-Ugaritic Lexicography XI." *Bib* 54 (1973) 356. ______. "Northwest Semitic Notes on Dt 32, 20." *Bib* 54(1973) 405-6. ______. *Proverbs and Northwest Semitic Philology.* Rome: Pontifical Biblical Institute, 1963. 47. ______. *Psalms III.* AB 17A. Garden City, NY: Doubleday, 1970. 74. ______. "Review of *The Torah.*" *Bib* 45(1964) 281-83, esp. 283. **Eissfeldt, O.** "Gott und Götzen im Alten Testament." In *KlSchr* 1:266-73, esp. 271. **Friedman, D. N.** "The Biblical Expression *mastîr pānûm.*" *HAR* 1(1977) 139-47, esp. 145. **Fulco, W. J.** *The Canaanite God Rešep.* American Oriental Series Essay 8. New Haven: AOS, 1976. 56-57. **Fullerton, K.** "On Deuteronomy 32:26-34." *ZAW* 46(1928) 138-55. **Gaster, T. H.** "Deuteronomy XXXII,25." *ExpTim* 49(1937/38) 525. **Gerleman, G.** "Der Nicht-Mensch: Erwägungen zur hebräischen Wurzel *NBL.*" *VT* 24(1974) 147-

58, esp. 149, 152-53. **Greenfield, J.** "Smitten by Famine, Battered by Plague." In *FS M. Pope.* 1987. 151-52. **Hackett, J.** "Some Observations on the Balaam Tradition at Deir ʿAlla." *BA* 49(1986) 216-22, esp. 219. **Koch, K.** "*Šaddaj:* Zum Verhältnis zwischen israelitischer Monolatrie und nordwest-semitischem Polytheismus." *VT* 26(1976) 299-332. ______. *Die Schrift als Zeuge des Evangeliums.* BHT 69. Tübingen: Mohr, 1986. 110. **Köhler, L.** "Hebräische Vokabeln I,5 שדים." *ZAW* 13(1936) 287-93, esp. 291-92. **Lemke, W. E.** "The Near and the Distant God: A Study of Jer 23:23-24 in Its Biblical Theological Context." *JBL* 100(1981) 541-55, esp. 546, 551, 554. **Matthiae, P.** "Note sul dio siriano *Rešef.*" *OrAnt* 2(1963) 27-43. **Rabin, C.** "Three Hebrew Terms from the Realm of Social Psychology." In *FS W. Baumgartner.* 1967. 219-30, esp. 228-30. **Rinaldi, G.** "Nota." *BeO* 13(1971) 26. **Rupprecht, F.** "'Den Felsen, der dich gebar, täuschtest du ...' *KuI* 3(1988) 53-61. **Simpson, W. K.** "Reshep in Egypt." *Or* 29(1960) 63-74. **Spina, F. A.** "The Concept of Social Rage in the Old Testament and the Ancient Near East." Diss., Univ. of Michigan, 1977. 209. **Vattioni, F.** "Il Dio Resheph." *Annali dell' Instituto Universitario Orientali di Napoli* 15(1965-66) 39-74. **Wächter, L.** "Israel und Jeschurun." In *FS A. Jepsen.* 1971. 58-64. **Walker, N.** "Elohim and Eloah." *VT* 6(1956) 214-15. **Wenham, G. J.** "*bĕûlāh* - A Girl of Marriageable Age." *VT* 22(1972) 326-48. **Wohlstein, H.** "Zur Tier-Dämonologie in der Bibel." *ZDMG* 113(1963) 491-92. **Yahuda, A. S.** *The Language of the Pentateuch in Its Relation to Egyptian.* London: Oxford UP, 1933. 68.

본문과 운율 분석

이스라엘의 불성실: 그들이 자기들을 조성하신 하나님을 저버렸다 [4:(4:4:4):4] **5개의 단시**

15 그러한데 여수룬이 살찌매 발로 찼도다 네가 살찌고 부대하고 윤택하매 자기를 지으신 하나님을 버리며 자기를 구원하신 반석을 경홀히 여겼도다

Israel's Disloyalty: They Forsook the God Who Made Them [4:(4:4:4):4] **5 versets**

15 *And*[a] *Jeshurun became fat / and he kicked*[b] */* 12 2
you[c] *became fat / you*[c] *became gross you*[c] *became gorged //* 14 2_
And he forsook / the God[d] *who made him /* 14 2
and he[e] *treated like a fool / the Rock of his salvation /* 14 2_

16 그들이 다른 신으로 그의 질투를 일으키며 가증한 것으로 그의 진노를 격발하였도다

16 [a]*They made him jealous*[a] / *with strangers*[b] // 12 2
[c]with abominations / they provoked him[d] // 14 2_

17 그들은 하나님께 제사하지 아니하고 마귀에게 하였으니 곧 그들의 알지 못하던 신, 근래에 일어난 새 신, 너희 열조의 두려워하지 않던 것들이로다

17 *They sacrificed / to demons*[a] *pseudo-gods*[b] / 15 2
gods / whom they did not know // 12 2_
New ones / from nearby came / 14 2
of whom your[c] fathers / were not cognizant // 13 2_

이스라엘을 벌하시려는 하나님의 결정 [(4:4):(4:5):(4:4):(4:4):(5:4):(4:4)]

God's Decision to Punish Israel
[(4:4):(4:5):(4:4):(4:4):(5:4):(4:4)] **13 versets**

18 너를 낳은 반석은 네가 상관치 아니하고 너를 내신 하나님은 네가 잊었도다

18 The Rock that begot *you / you neglected*[a] // 10 2
and you forgot / the God who birthed you[b] // 11 2_

19 여호와께서 보시고 미워하셨으니 그 자녀가 그를 격노케 한 연고로다

19 *And YHWH saw / and he spurned* (*them*) // 9 2
because of vexation by his sons / and his daughters // 14 2_

20 여호와의 말씀에 내가 내 얼굴을 숨겨 그들에게 보이지 않게 하고 그들의 종말의 어떠함을 보리니 그들은 심히 패역한 종류요 무신한 자녀임이로다

20 *And he said / "I will hide my face*[a] *from them* / 14 2
[b]*I will see / what their end will be* // 10 2_
For a [c]*turnabout / generation / they are*[c] / 13 3
children / in whom there is no faithfulness[d] // 12 2_

21 그들이 하나님이 아닌 자로 나의 질투를 일으키며 그들의 허무한 것으로 나의 진노를 격발하였으니 나도 백성이 되지 아니한 자로 그들의 시기가 나게 하며 우준한 민족으로 그들의 분노를 격발하리로다

21 *They / made me jealous with no-gods* / 12 2
they have provoked me / with their idols[a] // 11 2
And as for me / I will make them jealous with a no-people / 14 2
with a nation of fools / I will provoke them // 12 2_

22 내 분노의 불이 일어나서 음부 깊은 곳까지 사르며 땅의 그 소산을 삼키며 산들의 터도 붙게 하는도다

22 *For a fire / is kindled by my nostrils* / 13 2
and[a] *it burns / to the depths of Sheol* // 11 2_
[And][b] *it devours the earth / and its increase* / 11 2
and[c] *it sets ablaze / the foundations of the mountains* // 14 2_

23 내가 재앙을 그들의 위에 쌓으며 나의 살을 다하여 그들을 쏘리로다

23 *And I will gather*[a] *evils*[b] *against them* // 15 1
⟨*and*⟩[c] *my arrows*[d] *I will spend on them* // 8 1

24 그들이 주리므로 파리하

24 *Wasting*[a] *famine /* [b]*and ravaging plague* / 15 2

며 불 같은 더위와 독한 파멸에게 삼키울 것이라 내가 들짐승의 이와 티끌에 기는 것의 독을 그들에게 보내리로다

[c]and deadly[d] pestilence[e] // 8 1_
And fanged beasts / I will send on them / 12 2
with venomous / creepers[f] in the dust // 12 2_

25 밖으로는 칼에 방안에서는 놀람에 멸망하리니 청년 남자와 처녀와 젖 먹는 아이와 백발 노인까지리로다

25 *Outside / a sword bereaves /* 8 2
and from rooms within[a] / terror // 13 2_
For young man / and virgin alike / 11 2
[b]from suckling / to gray-haired man // 11 2_

하나님의 자비: 그분께서 이스라엘의 징벌을 제한하려고 하신다 [4:(4:4:4):4]

God's Mercy: He Chooses to Limit Israel's Punishment
[4:(4:4:4):4] **5 versets**

26 내가 그들을 흩어서 인간에서 그 기억이 끊어지게 하리라 하였다마는

26 *I would have said / [a]'I will cleave them in pieces'[a] //* 11 2
I would remove[b] from humankind / their remembrance // 13 2_

27 대적을 격동할까 염려라 원수가 오해하고 말하기를 우리 수단이 높음이요 여호와의 행함이 아니라 할까 염려라 하시도다

27 *[a]Were it not that[a] / I feared\[b] vexation from the enemy[c] /* 14 2
lest their[d] adversaries / misconstrue // 12 2_
Lest they should say / 'Our hand[e] is triumphant / 16 2
YHWH[f] has not / wrought all this' // 12 2_

28 그들은 모략이 없는 국민이라 그 중에 지식이 없도다

28 *For a nation / void [a]of sense\[b] are they[a] //* 15 2
and they have no / understanding[c] // 11 2_

29 그들이 지혜가 있어서 이것을 깨닫고 자기의 종말을 생각하였으면

29 *If[a] they were wise / they would comprehend [b]this //* 14 2
[c]they would understood / what their end would be // 13 2_

원문주해

15.a. SP, Tg., Vg은 와우 접속사를 생략한다.

15.b. B에는 와이브아트(וַיִּבְעָט, "그리고 그가 찼다") 대신 와이브아트(וַיִּבְעַט)로 되어 있는데, 의미상의 차이는 없다.

15.c. LXX에는 3인칭 단수로 되어 있다.

15.d. 많은 히브리어 필사본들과 인쇄본들에는 MT의 엘로하(אֱלוֹהַּ, "하나님") 대신 엘로아흐(אֱלוֹהַ)로 되어 있는데 의미상의 차이는 없다.

15.e. SP는 3인칭 복수형을 가지고 있다.

16.a-a. SP의 몇몇 필사본들에는 MT의 야크니우후(יקנאהו, "그들이 그를 시기하게 만들었다") 대신 ויקניאהו로 되어 있는데 의미상의 차이는 없다. LXX에는 파록쉬난 메(παρώξυνάν με, "그들이 나를 분노하도록 자극했다"=יקנאני)로 되어 있다.

16.b. Vg에는 *in diis alienis*("이방신들에 의하여")로 되어 있는데, 이는 MT의 자림

(זרים, "이방인들")에 대한 해석인 것으로 보인다.

16.c. SP, OL, Syr, Vg은 와우 접속사를 덧붙인다.

16.d. LXX(LXX[B]를 제외한)에는 MT의 야크이쑤후(יכעיסהו, "그들이 그를 화나게 했다") 대신에 엑세피크라난 메(ἐξεπίκρανάν με, "그들이 나에게 심히 분노했다"=יַכְעִסֻנִי, 야크이쑤니)로 되어 있다.

17.a. 자켑 카톤이 뒤따라온 파스타는 연접사로 읽혀진다.

17.b. 여러 히브리어 필사본과 인쇄본들에는 엘로아흐(אלוה)로 되어 있다("원문주해" 15.d를 보라).

17.c. LXX, Tg., Vg에는 3인칭 복수로 되어 있다.

18.a. MT의 쉬(שיה)라는 어근으로부터 나온 테쉬(תֶּשִׁי) 대신에 티쉐(תִּשֶּׁה, "너는 잊었다, 무시했다")로 읽는데, 이는 MT에서 달리 입증된 바가 없다. 여러 히브리어 필사본들은 요드(י) 소문자를 보유하고 있다. SP에는 타쉬(תשא, "너는 잊었다"; 어근 נשה의 다른 형태인 נשא로부터 나옴)로 되어 있다.

18.b. SP에는 MT의 메홀레카(מחללך, "너를 낳았다") 대신에 메홀레카(מהללך, "네게 밝혔다")로 되어 있다. 어근 훌(חול)은 여기서 아이를 낳느라고 고통하는 가운데 "몸부림치다"를 의미하는 포엘 분사로 파악된다.

20.a. 자켑 카톤이 뒤따라온 파스타는 연접사로 읽혀진다.

20.b. 두 개의 히브리어 필사본, SP, Syr, Vg은 와우 접속사를 덧붙인다(참조. LXX의 카이 데익소〈καί δείξω, "그리고 내가 보일 것이다"〉).

20.c-c. SP에는 MT의 타흐푸코트 헴마(תהפכת המה, "그들은 변절한 〈세대〉다"; 참조. 창 19:29) 대신에 הפ(י)כות הם로 되어 있다.

20.d. SP에는 MT의 에문(אמן, "신실함") 대신에 하에문(האמן, "그 신실함")으로 되어 있다.

21.a. SP에는 MT의 베하블레헴(בהבליהם, "그들의 우상들과 함께") 대신에 베아블레헴(באבליהם, "그들의 슬픔과 함께"[?])으로 되어 있다.

22.a. LXX은 와우 접속사를 생략한다. 한 히브리어 필사본과 SP에는 MT의 와티카드(ותיקד, "그리고 그것이 소멸시킨다") 대신에 ותוקד로 되어 있으나 그 의미에는 변함이 없다.

22.b. SP, LXX, Syr, Tg과 함께 와우를 생략하고 있음.

22.c. SP, LXX, Tg은 와우 접속사를 생략한다.

23.a. MT의 아스페(אַסְפֶּה, "내가 쓸어 버릴 것이다"; 어근 ספה로부터 나옴; 참조. 미 4:6) 대신에 LXX, Vg, Syr과 함께 오쓰파(אֹסְפָה, "내가 모을 것이다"; 어근 אסף로부터 나옴)로 읽음. 그것을 오씨파(אֹסִפָה, "내가 더할 것이다"; 어근 יסף로부터 나옴)로 읽는 것도 가능하다.

23.b. 위치가 잘못된 아트나로 인하여 티프하를 연접사로 읽음.

23.c. MT의 히차이(הצי, "내 화살들") 대신에 SP, LXX, Syr, Tg과 함께 와우 접속사를 덧붙여서 웨히차이(והצי, "그리고 내 화살들")로 읽음.

23.d. 위치가 잘못된 실룩으로 인하여 티프하를 연접사로 읽음.

24.a. 한 히브리어 필사본, 카이로 게니자 단편들, SP에는 MT의 메제(מזי, "파괴시키는 〈기근〉") 대신에 מזה("삼켜진, 텅빈")로 되어 있다.

24.b. DSS는 와우 접속사를 생략한다. SP에는 MT의 울후메(ולחמי, "그리고 파괴시키는 재앙") 대신에 לחמו("파괴시키는 재앙")으로 되어 있다.

24.c. SP와 Vg은 와우 접속사를 생략한다.

24.d. SP에는 MT의 메리리(מרירי, "심히") 대신에 מררים("쓰라린 일들"〈?〉)으로 되어 있다.

24.e. 소수의 히브리어 필사본들은 MT의 웨케테브(וקטב, "그리고 염병") 대신에 וקטף("그리고 뽑힌")로 되어 있다.

24.f. 몇몇 SP 필사본들에는 MT의 조할레(זחלי, "기는 자들") 대신에 זהלי(의미 불확실)로 되어 있다.

25.a. 한 SP 필사본에는 MT의 우메하다림(ומחדרים, "그리고 방") 대신에 ומהדרים(의미 불확실)으로 되어 있다.

25.b. SP에는 MT의 요네크(יונק, "젖을 빠는") 대신에 웨요네크(ויונק=וינֵק, "그리고 젖을 빠는")로 되어 있다.

26.a-a. α', Syr, Vg에는 MT의 아프에헴(אפאיהם, "내가 그들을 여러 조각으로 찢을 것이다") 대신에 에포 헴(אֵיפֹה הֵם, "그들이 있는 곳")으로 되어 있다. SP에는 아페헴(אפיהם, "그들의 분노"?)으로 되어 있다. 한 SP 필사본에는 아페 헴(אפי הם〈의미 불확실〉)으로 되어 있다.

26.b. DSS과 SP에는 MT의 아슈비타(אשביתה, "내가 제거할 것이다") 대신에 אשבית로 되어 있으나 의미상의 차이는 없다.

27.a-a. MT의 룰리(לולי, "만약…이 아니라면") 대신에 לולא로 되어 있으나 의미상의 차이는 없다. LXX에는 에이 메(εἰ μή, "그것이 아니었더라면")로 되어 있다. SP에는 로 로(לו לא〈의미 불확실〉)로 되어 있다.

27.b. 자켑 카톤이 뒤따라온 파스타는 연접사로 읽혀진다.

27.c. SP에는 MT의 오예브(אוֹיֵב, "대적") 대신에 오예바이(אֹיְבַי, "내 대적")로 되어 있다. LXX과 Vg에는 복수로 되어 있다.

27.d. MT의 차레모(צרימו, "그의 원수들") 대신에 צרינו("우리 원수들")로 되어 있다.

27.e. 여러 히브리어 필사본들, 카이로 게니자 단편들, LXX, Syr, Vg에는 MT의 야데누(יָדֵינוּ, "우리 손들") 대신에 야데누(יָדֵנוּ, "우리 손")으로 되어 있다.

27.f. DSS에는 MT의 야웨(יהוה, "야웨") 대신에 아도나이(אדני, "주님")로 되어 있다.

28.a-a. SP에는 MT의 에초트 헴마(עצות המה, "의미 〈없음/빈〉은 그들이다") 대신에 עצותם("그들의 모략"〈?〉)으로 되어 있다. 한 SP 필사본에는 עצותיהם("그들의 모략"[?])으로 되어 있다.

28.b. 위치가 잘못된 아트나로 인하여 티프하를 연접사로 읽음.

29.a. 소수의 히브리어 필사본들, 몇몇 SP 필사본들, LXX에는 MT의 로(לו, "…하기만 하면 좋으련만") 대신에 로(לא, "아니다")로 되어 있다. SP에는 웰로(ולא, "그리고 아니다")로 되어 있다.

29.b. 대부분의 LXX 증거 본문들은 판타(*πάντα*, "모든"=כל)를 덧붙인다. 운율 분석은 MT을 지지한다.

29.c. Sp, Syr, Vg은 와우 접속사를 덧붙인다.

양식/구조/배경

모세의 노래 가운데 들어 있는 23개의 단시들 가운데 두 번째 싸이클에서 그 초점은 하나님의 축복으로부터 하나님의 징벌을 자극하는 이스라엘의 죄(15-29절)로 옮겨간다. 이스라엘은 거짓된 신들을 섬김으로써 하나님의 진노를 자극했다(15-17절). 백성들은 자기들의 반석, 곧 그들을 낳으신 하나님을 잊었다(18절). 하나님께서는 분노 가운데서 그들로부터 자기 얼굴을 숨기기로 결심하시고(19-21절), 그들을 향하여 큰 재앙들을 퍼부으심으로써 그들을 제거하려고 결심하시는데(22-24절), 그것이 모든 사람에게 박탈과 공포를 가져다 줄 것이다(25절).

운율 관점에서 볼 때, 모세의 노래 가운데 있는 23개의 단시들 중 두 번째 싸이클(32:15-29)은 세 부분으로 되어 있다: 15-17, 18-25, 26-29절이다. 이 세 단락들은 23개의 단시들의 분배 면에서 균형 잡힌 대칭 구조로 세심하게 배열되었다. 첫 번째와 세 번째 단락(15-17, 26-29절)은 각기 다섯 개의 단시로 이루어진 것으로서 그 구조가 동일하다. 중심 단락(18-25절)은 13개의 단시로 이루어져 있는데, 이것은 다섯 개의 악센트 강조 단위들 – 이것은 또다시 20b절의 다섯 개의 강조 단위들과 대칭이 되어 있다 – 로 이루어진 단일한 운율 단위에 23-24절에서 두 개의 단시를 결합시킴으로써 균형 잡힌 대칭 형식으로 배열되어 있다.

17절과 18절에 있는 수의 전이(2인칭 단수와 복수형 간의 변화)는 첫 번째와 두 번째 단락 사이의 경계를 표시한다. 이와 유사한 현상이 15절에 있는 첫 번째 경계를 표시하고 있고, 3인칭 단수에서 2인칭 단수로 변했다가 다시 되돌아간다. 1인칭 단수형으로의 변화는 20-27a절에 있는 야웨의 말씀에서 20절에 나타난다. 화자 편에서, 첫 번째 단락(15-17절)은 모세를 이스라엘의 배교를 설명하고 있는 설화자로 묘사한다. 그 설화는 두 번째 단락(19절)의 19절 전체에서 계속된다. 야웨의 말씀은 두 번째 단락(2-25절)의 대부분을 포함하고 있으며, 29절에서 또다시 모세를 화자로 만들면서 세 번째 단락(26-29절) 중 28절 전체까지 확대된다. 27절에 있는 야웨의 말씀의 종결로부터 29절에 있는 모세의 결론적 연설의 첫 부분으로의 전환은 의도적으로 모호하게 나타나는데, 28절의 말씀이 대적 국가뿐만 아니라 이스라엘까지 언급하고 있기 때문이다.

첫 번째 단락(32:15-17)은 대칭 구조로 정리될 수 있다.

A	이스라엘이 살찌매 발로 찼다	32:15a
B	그가 자기를 만드신 하나님을 배반했다	32:15b
X	이스라엘이 이방 신으로 하나님을 질투나게 했다	32:16
B′	그들이 거짓 신을 섬김으로써 하나님의 진노를 자극했다	32:17a
A′	그들이 네 열조가 알지 못하던 신에게로 돌아섰다	32:17b

이 구조 가운데서 외부 골격은 이스라엘의 반역의 상황, 곧 "여수룬이 야웨를 살찌매 발로 찼도다"(15a절)란 사실을 나타낸다. 그 이유는 이스라엘이 그들의 열조가 알지 못하던 신에게로 돌아섰기 때문이다(17b절). 내부 골격은 일을 좀더 명확하게 진술한다: 이스라엘이 다른 신을 섬김으로써(17a절) "자기를 지으신 하나님을 버렸다"(15b절)는 것이다. 간단히 말해서, 이스라엘이 다른 신으로 하나님의 질투의 분노를 자극했다는 것이다(16절).

설화 구조로 되어 있는 18-25절에 있는 야웨의 말씀의 주요 부분은 다음과 같이 유사한 형식으로 정리될 수 있다.

A	이스라엘이 자기들의 반석-"너를 낳은 신"-을 잊었다	32:18a
B	야웨께서 분노하여 그들로부터 자기 얼굴을 섬기기로 결심하셨다	32:18b-20
X	그들이 나를 자극한 것처럼 나도 그들을 자극하겠다	32:21-22
B′	야웨께서 그들에게 재앙을 내리기로 결심하셨다	32:23-24
A′	공포가 모든 자에게 임할 것이다	32:25

이 구조 가운데서 외부 골격은 야웨에 대한 이스라엘의 죄에 관한 설화자의 묘사(18a절)로부터 모든 사람이 체험하게 될 손실과 공포의 황폐에 대한 묘사(25절)로 옮겨간다. 내부 골격은 야웨의 결심, 즉 "내가 내 얼굴을 숨겨…그들의 종말의 어

떠함을 보리니"(18b-20a절)로부터 야웨께서 그들에게 보내시는 저주들에 대한 7중 묘사(23-24절)로 옮겨간다. 그 중심부에는 불의 비유로 묘사된 야웨의 잔혹한 진노를 정당화하고 있는 진술이 있는데, 이것은 뒤따라오는 묵시 문서 이미지를 예고해 준다. 즉 땅의 그 소산을 삼키며 산들의 터도 불붙게 된다는 것이다(2절).

23-24절에서 하나님께서 자기 백성을 대항하여 보내신 구조적 집단이라는 일곱 부분으로 이루어진 목록은 대칭 형태로 다음과 같이 정리될 수 있다.

A	그들을 대항하여 쌓여진 재앙 / 야웨의 화살	32:23
B	주리므로 파리하며	32:24aα
X	불 같은 더위(רשף)	32:24aβ
B′	독한 파멸	32:24aγ
A′	들짐승의 이와 기는 것의 독	32:24b

외부 골격에서 야웨께서 이스라엘을 대항하여 쌓으신 재앙은 그들에게 보내시는 그분의 화살과 같다. 외부 골격의 두 번째 부분은 "독니를 가진"(ושׁן – 웨쉔; "그리고 독니")이란 단어로 시작되는데, 이것이 23절의 찌르는 화살과 결합되어 있다. 내부 골격은 "주리므로 파리하며"(מזי רעב – 메제 라아브)와 독한 파멸(קטב מרירי – 퀘테브 메리리)로 또 다른 쌍을 이루고 있는데, 여기서 첫 번째 표현에 있는 여섯 개의 자음 가운데 단 하나만이 두 번째 부분에 나타난다. 이것은 이러한 단어들의 쌍이 시적인 유음의 한 실례임을 시사한다. 이 구조의 중심부는 불 같은 더위(לחמי רשף – 레후메 레쉐프)인데, 여기서 저주들은 이 모든 재앙들이 이스라엘을 대항하여 쌓여질 때 야웨의 조종 아래 있는 재앙의 신 레쉐프에 대한 암시로 의인화되어 있다.

모세의 노래 중 이 단락의 세 번째 버금 단락은 야웨의 말씀을 종결짓고 모세가 하는 설화를 다시 시작하면서 결론짓는다. 이는 다음과 같이 정리될 수 있다.

A	내가 그들을 제거할 수 있었다	32:26
B	그러나 그들의 원수가 오해할 것이다	32:27a
X	말하기를 "우리 손이 이를 행하였다"	32:27b
B′	이는 그들이[그리고 이스라엘도] 지식이 없는 국민이다	32:28
A′	그들이 지혜가 있었다면 자기의 종말을 알았을 것이다	32:29

이 구조에서 외부 골격은 인류로부터 이스라엘이라는 기억을 완전히 지워 버리지 않을지의 여부에 대해 야웨께서 심사숙고하시는 것(26절)에서부터 모세 편에서

주는 경고에 대한 결론적 언급으로 옮겨간다. 즉 "그들이 지혜가 있어서 이것을 깨닫고 자기의 종말을 생각하였을 것이다"(29절). 이 골격 가운데 있는 세 개의 단시들은 야웨의 말씀을 결론짓고 있다. 즉 이스라엘을 말소시키지 않으시려는 그분의 결정은 이스라엘의 대적들이 사건들을 잘못 해석하여 자기들의 힘으로 그들을 멸망시켰다고 결론짓지 않도록 하려고 내려졌다는 것이다(27절). 그 이유는 그들이 모략이 없는 국민이기 때문이다(28절). 28절에 있는 야웨의 결론적 논평은 그 말씀이 이스라엘과 또한 이스라엘을 멸망시킨 나라에 동시에 적용했을 때 어울리는 모호한 표현이다. 26-29절의 버금 단위가 이스라엘의 배교로 인하여 하나님의 백성 이스라엘을 심판하기 위한 야웨의 결심에 관한 모세의 생각과 함께 시작하는 곳에서 마치고 있다는 사실을 분명하게 드러내기 위하여 이 결론적 구절은 6절과 20절의 어휘를 사용하고 있다.

32:15-29의 숫자 구성에 관해 라부샤뉴로부터 얻은 자료는 다음과 같이 요약될 수 있다.

단어	아트나 앞		아트나 뒤		
32:15-18	18	+	17	=	35
32:15-21	34 (=2×17)	+	35	=	69
32:15-24	51	+	52 (=2×26)	=	103
32:16-17	9	+	8	=	17
32:16-18	12	+	11	=	23
32:16-29	68 (=4×17)	+	71	=	139
32:19-21	16	+	18	=	34 (=2×17)
32:19-24	33	+	35	=	68 (=4×17)
32:19-27	47	+	55 (=23+32)	=	102 (=6×17)
32:19-31	67	+	69	=	136 (=8×17)
32:22-24	17	+	17	=	34 (=2×17)
32:22-27	31	+	37	=	68 (=4×17)
32:25-27	14	+	20	=	34 (=2×17)
32:25-29	23	+	25	=	48

신명 수 17이 다양한 방식으로 32:15-29의 본문 속에 짜여져 들어가 있다. 즉 16-17절은 총 17개의 단어를 보유하고 있다; 22-24절은 아트나 앞에 17개의 단어를 가지고 있고 아트나 뒤에 17개의 단어를 가지고 있으며, 34(네 번), 68(세 번), 102를 포함하여 17의 여러 배수가 나타나 있다. 신명 수 26도 15-24절이 아트나 앞에 52(=2×26)개의 단어를 가지면서 나타난다. 히브리어 카보드(כבוד, "영광")와 관련되어 있는 수 23도 두 번 나타난다: 이는 19-21절의 총 단어 수이며, 25-29절의 아트나 앞의 단어 수이기도 하다. 또다시 고대 이스라엘의 서기관들이 히브리 본문 가운데 야웨의 영광을 위하여 그분의 이름을 짜 넣으면서 32:15-29의 숫자 구성에 큰 수고를 한 것을 보게 된다.

주석

15 모세의 노래의 주제는 여기서 야웨의 성전의 "능하신 행사" 가운데 나타난 하나님의 과거의 축복으로부터 이스라엘의 불성실로 인하여 이스라엘 백성에 대한 하나의 기소로 선명하게 옮겨간다. 크레이기는 여수룬(ישרון)을 하나의 애칭이라고 말한다(Craigie[1976] 382). 이 단어는 어근 야샤르(ישר, "똑바른")로부터 파생되었으며 어느 정도 여호수아 10:13의 야살의 책(ספר הישר – 쎄페르 하야샤르)과 관련되었을 수도 있는데, 이것은 히브리 성경에서 우리가 지금 가지고 있는 형태로 정리되었던 현재 기록된 본문 이전 시기에 나온 이스라엘에 대한 서사시적인 이야기로 보인다(D. L. Christensen, "The Lost Books of the Bible," *BRev* 14.5[1998] 24-31를 보라). 여수룬이란 명칭은 33:5에서 사용되었던 것으로 보이지만, 여기서는 이스라엘의 하나님에 대한 배은망덕에 관한 반어적 강조어다. 캐절스는 이 단어가 특히 와이브아트(ויבעט, "찼다")라는 동사의 문맥 가운데서 수르(שור, "황소")란 단어를 암시해 주고 있다고 생각한다(Mayes[1981] 386-87를 보라). 그러나 로빈(Robin)은 바아트(בעט)란 동사의 "경멸하다, 경홀히 여기다"란 의미가 아랍어의 같은 어족으로부터 파생되었다고 주장한다(*FS Baumgartner*, 228-30). 이를 뒤이어 이스라엘에게 직접적으로 말하고 있는 2인칭 단수로 되어 있는 세 개의 동사가 나온다: 샤만타(שמנת, "네가 살쪘다"), 아비타(עבית, "네가 부대했다, 비대했다"), 카시타(כשית, "네가 배불렀다"), 세 번째 동사 카시타(כשית, "네가 배불렀다")의 의미는 어근 카사(כשה)가 성경의 어디에도 나오지 않기 때문에 그 의미가 불확실하다. 벤-예후다(Ben-Yehudah)는 이것이 아랍어 어근 *kšʾ*("음식으로 배부르게 되

다")와 관련되어 있다고 본다(Tigay[1996] 403 n. 84). 이스라엘은 자기를 만드신 하나님을 저버렸고(ויטש – 와이토쉬) 자기 구원의 반석을 어리석은 자처럼(וינבל – 와예납벨) 취급했다. 추르(צור, "반석")란 단어의 용법에 대해서는 32:4에 관한 "주석"을 보라. 간단히 말해서, 이스라엘은 풍성한 목장에서 속된 살찐 황소처럼 행동했다. 15-16절에 있는 에널리지(enallage) 현상, 즉 다른 것을 위하여 한 문법 형태를 사용하는 현상이 두드러져 있는데, 16절에서 문법 형식이 3인칭 단수에서 3인칭 단수를 위하여 2인칭 단수로 옮겨가고, 그 다음에 3인칭 복수형으로 옮겨가는 것과 같다. 이러한 전환은 17-18절에 나타나는 소위 수의 전이의 한 확대이며, 15-16절에 있는 처음 세 개의 단시들 간의 경계를 설정하기 위한 것으로 보인다.

16-17 평행이 되는 단어들 자림(זרים, "다른 자들, 생소한 자들")과 토에보트(תועבת, "가증한 것들")는 야웨를 분노하도록 자극한 이방 신들과 우상들을 가리킨다. "그들은…마귀(לשדים, 라셰딤)에게, 거짓 신(לא אלה, 로-엘로아흐)에게 곧 그들의 알지 못하던 신들에게 제사했다." 샤딤(שדים, "마귀들")은 시편 106:37과 아모스 2:1에서도 나타나는 악카드어 차용어다(Dahood, *Psalms III*, 74; W. F. Albright, *Yahweh and the Gods of Canaan*[1968] 240; 참조. 고전 10:20, "나는 너희가 귀신과 교제하는 자 되기를 원치 아니하노라"). 어떤 학자들은 유아 희생 제사가 곁들여진 샷다이(Shadday) 신들 제의를 가리키는 것으로 해석한다(J. Hackett, "Religious Trditions in Israelite Transjordan," *FS F. M. Cross*[1987] 133-34를 보라). 이스라엘 백성들이나 그들의 조상들은 살아 계신 야웨를 아는 방식으로 마귀들과 거짓 신들을 알지 못했다. "근래에 일어난 새 신"은 "후대에 나타난 신들"을 언급하는 또 다른 방식이다(Tigay[1996] 306). 그와는 날카롭게 대조되어 야웨께서는 "영원하신 하나님(the ancient God)"(33:27)으로 묘사되고 있다. 프랭크 크로스가 말하는 바와 같이 "오래된 신들"은 고대 세계에서 권위의 보장을 가지고 있는 신들이다. 여기서 "그들이 인정하지 않던"(개역 성경에서는 "두려워하지 않던")으로 번역된 세아룸(שערום)이란 동사의 의미는 불확실하다. 예레미야 2:12; 에스겔 27:35; 32:10에서 사아르(שער)가 "공포로 털이 곤두서다"를 의미하기는 하지만, LXX은 이 본문을 "네 열조가 알지 않았던"으로 번역한다. 티개이에 따르면, 이 번역은 아랍어 샤아라(*šaʿara*, "알다, 인식하다")를 통하여 지지를 받는다(Tigay[1996] 306). 수의 전이가 모세의 노래의 이 단락에 있는 두 개의 문학적 버금 단위 사이의 경계를 표시하기 위하여 17-18절에 두 번 나타난다.

18 또다시 시인은 어머니 같은 이미지의 책망을 가지고 이스라엘에게 말한다:

"너를 내신(מחללך – 멕홀레카) 하나님은 네가 잊었도다." 6절과 함께 하나님께서는 부친과 모친의 이미지로 묘사되어 있다. 티개이는 "비유들의 유사한 조화가 왕들을 그들 백성의 부친과 모친으로 묘사하고 있는 고대 수리아 비문 가운데 나타난다"고 주의를 상기시킨다(Tigay[1996] 307는 *ANET*, 653, 654를 인용하고 있음; 참조. 히타이트 신을 가리키고 있는 *ANET*, 397). 테쉬(תשי)를 תשה로 수정하는 것은 와티슈카흐(ותשכח, "그리고 네가 잊었다")와의 평행구를 통하여 지지를 받는다.

19 "그리고" 15-19절에 묘사된 배교를 "야웨께서 보셨다". 그리고 이스라엘을 벌하려는 자신의 결심을 선언하신다(19-25절). 와인아츠(וינאץ)를 "물리친"으로 번역한 것은 직접 목적격이 빠져 있어서(같은 용법에 관해서는 렘 14:21을 보라) 약간 어색하다. 4QPhyl^{n}(그리고 LXX)에는 "분노했다"(ויקנא)로 되어 있다. 그러나 이 어근 역시 하나의 목적어를 필요로 한다(Tigay[1996] 404 n. 102). "격노케 함으로 인하여"(미카아쓰)란 단어는 백성들이 16절에서 하나님을 화나게 한 다른 신들과 혐오스러운 것들을 가리킨다. "그 자녀"란 문구는 남자들과 여인들의 우상 숭배를 가리킨다(참조. 17:2; 29:17).

20 다후드(Dahood, *Bib* 54[1974] 405)는 아쓰티라(אסתירה, "내가 숨을 것이다")를 타흐푸코트(תהפכה, "전환") 가운데 있는 하파크(הפך, "돌아가다")란 어근과 평행이 되는 쑤르(סור, "거부하다")의 삽입사-t 변화로 해석한다. 그러나 매이즈가 설명하는 것처럼, 성경 히브리어에서 이러한 변화가 존재하고 있는지에 대해서는 약간 의심스럽다. "변절한 세대"(דור תהפכה – 도르 타흐푸코트, 개역 성경에서는 "패역한 종류")는 다음과 같은 문구로 정의되어 있다: "무신한"(신실함이 없는).

하파크(הפך, "돌아가다")란 어근은 "니느웨가 무너지리라"(נהפכה, 욘 3:4)는 요나의 메시지를 통하여 입증된 바와 같이 히브리 성경에서 이중적인 의미를 가지고 있다. 요나에게 그 말씀은 니느웨가 멸망한다는 의미에서 "무너질 것임"을 의미했다. 그러나 하나님에게는 같은 단어가 돌이키거나 회심한다는 의미에서 돌아설 것임을 의미했다(D. L. Christensen, "Narrative Poetics and the Interpretation of the Book of Jonah," in *Directions in Biblical Hebrew Poetry*, ed. E. R. Follis, *JSOTSup* 40[Sheffield: JSOT Press, 1987] 29-48를 보라). 이중적 의미가 이스라엘이 야웨에 대한 신앙을 깨뜨리고 패역한 세대로 묘사되어 있다는 사실 가운데 예상되어 있을 수 있다. 소망은 하나님의 징벌이 궁극적으로 어느 날 자기 백성의 눈물을 씻기시게 되는, 하나님 백성의 땅의 청결을 낳게 될 또 다른 "전환"으로 인도할 것이라는 사실이다(32:43).

21 여기에 나오는 "우상들"에 해당하는 히브리어 단어는 하블림(הבלים)인데, 이것은 직역하면 "숨의 한 호흡, 증기"다. 로-암(לא־עם, "내 백성이 아닌 자")을 역사상에서 가나안 사람들(Cassuto), 블레셋 사람들(Eissfeldt) 혹은 이스라엘의 존재를 위협했던 미디안 사람들과 아말렉 사람들과 같은 어떤 유목민 침입자(Tigay; 참조. 삿 6:2-6)에 대한 암시로 그 정체를 밝히려는 시도가 있어 왔다. 그러나 하나님께서 자기 백성 이스라엘로 하여금 화가 나게 하기 위하여 이용하시는 이 "우준한 민족" (גוי נבל – 고이 나발)의 정체를 확실하게 밝혀내기는 불가능하다. 여기서 사용된 단어는 구체적인 나라를 염두에 두지 않고 "신이 없는" 나라에 대해 비유적으로 사용된, 그 성격상 시적인 표현이다(Mayes[1981] 388).

22 일단 타오른 하나님의 진노의 불은 무한정하다: "야웨의 분노(코)의 불이 일어나서 음부 깊은 곳(지하 세계)까지 사르며, 땅의 그 소산을 삼키며, 산들의 터도 붙게 하는도다"(참조. 렘 15:14; 17:4). "내 분노(직역하면 '코'〈באפי, 베아피〉)로"란 번역에 관해서는 Dahood in *Bib* 45(1964) 283를 보라. 크레이기가 말하는 바와 같이, "하나님의 진노는 그것이 확대되어 가는 장소에서 그 한계가 없는 것으로 하나님의 사랑과 같다(롬 8:38). 그러나 하나님의 진노는 동등하게 충만한 하나님의 사랑에 대한 거절에서부터 나타나기 때문에 그와 똑같이 두렵고도 공포스럽다"([1976] 384).

23-24 일곱 "재앙"(רעות – 라오트)의 목록은 28:22, 27-28에 있는 일곱 재앙 목록과 비교되어야 할 것이다. 아쓰페(אַסְפֶּה, "내가 쌓을 것이다")란 동사는 이러한 형태로는 MT에서 이 곳에만 나타난다. 필자는 LXX, Vg, Syr과 함께 오쓰파(אֹסְפָה, "내가 모을 것이다")로 읽도록 모음 부호를 다시 붙였는데, 32:23-24a에 있는 두 단시의 균형을 운율 수 면에서 (12:8):(15:8)에서 (15:8):(15:8)로 향상시켜 주기 때문이다. "나의 살"(חצי – 히차이)로 번역된 단어는 전쟁의 황폐에 대한 은유로서 42절에서 다시 나타난다. 레후메 레쉐프(לחמי רשף, "불 같은 더위")는 수라이-가나안의 재앙의 신 레쉐프(Resheph)에 대한 암시를 포함하고 있는데, 이 신은 몇몇 본문들에서 화살과 결합되어 있기도 하다(Tigay[1996] 404 n. 115). "독한 파멸"(קטב מרירי – 퀘테브 메리리)은 아마도 천연두를 가리키는 것으로 보이는데, 이것은 현대까지 몇몇 아랍 방언들에서 케테브(*ketev*)로 알려져 있다(J. Blau, "Über Homonyme und angeblich Homonyme Wurzeln Ⅱ," *VT* 7[1957] 98; Tigay[1996] 404 n. 117). "들짐승의 이"(שֶׁן־בהמות, 쉔-뻬헤모트; 영역본은 "이를

가진 들짐승")는 사자, 곰, 독사 혹은 일종의 곤충 – 티끌 가운데서 기는 독을 가지고 있는 것 – 을 포함한다.

25 전쟁은 모든 사람, 즉 젖을 빠는 자로부터 머리가 흰 사람에 이르기까지 미칠 것이다. 피할 곳이 없을 것이다.

26-27 필자는 아프에헴(אַפְאֵיהֶם)을 에포 헴(אֵיפֹה הֵם, "그들이 어디 있느냐?"; 아퀼라, Syr, Vg과 함께)으로 읽도록 하는 수정안을 거부한다. 이 수정안은 단어 하나를 덧붙이는 것인데, 이것은 본문 전체의 숫자 구성의 형태를 흩뜨려 놓는 것이다. 하나님께서는 그들의 대적들이 일을 "오해하여"(ינכרו – 예나크루) "야웨께서 이 모든 일을 행하시지 않고 우리 수단이 높음 때문이다"라고 말하면서 승리의 영광을 자기들에게 돌릴 것이기 때문에 "인간에게서 그 기억이 끊어지게 하지 않을 것"이라고 결정하셨다. "화나게 함"(כעס – 카아쓰)에 관해서는 16, 18, 21에 있는 히브리어 어근의 사용을 보라. "우리 수단이 높음이요"(ידינו רמה – 야데누 라마; 직역하면 "우리 손이 높다")란 문구는 크레이기에 따르면 "군사적 오만"에 대한 비유인데, 크레이기는 애굽의 신 민(Min)이 "높이 든 팔을 가진 자"로 묘사되어 있다는 사실에 주의를 환기시킨다(Criagie[1976] 385 n. 48; P. Montet, *Eternal Egypt*, tr. D. Weightman[New York: New American Library, 1964] 223로부터 인용함).

28-29 "모략이 없는 국민"이라는 언급이 27절에 인용된 군대에게 적용이 되기는 하지만, 이 문구는 이스라엘 백성도 포함하고 있는데, 시인은 지금 요약적 방식으로 자기의 관심을 이들에게로 돌리고 있다. 하나님께서는 26절에서 그들을 제거할 가능성을 제기하셨다. 그러나 그것은 처음부터 그분의 의도가 아니었다. "그들이 지혜가 있어서 이것을 깨닫고 자기의 종말을 생각하였으면" 그들은 그러한 사건들의 과정을 전환시키려고 나아갔을 것이다. 여기서 28-29절이 이스라엘을 가리키는지, 아니면 이스라엘의 대적들을 가리키는지 모호하게 한 것은 의도적인 것 같다. 다음 단락(30-43절)은 특별히 이스라엘에게 초점을 맞추고 있고, 반면에 27절은 대적 국민 자체의 말을 담고 있다. 대적 국민과 이스라엘 백성 모두가 모략이 없고 지식이 없는 국민들이다. 하나님의 심판의 이유는 이스라엘의 분별력 결핍이다. 그 심판의 시작은 은밀한 일이 아니다. 모든 사람이 보도록 그 표시들이 나타나 있다. 그러나 불행스럽게도 그 백성들은 "계속해서 듣고 있으면서도 이해하지 못하고 계속해서 보면서도 깨달음이 없다"(사 6:9, NRSV). "만일 그들이 지혜가 있었다면" 그리고 그들의 눈으로 보고 그들의 귀로 듣고 그들의 마음으로 이것을 깨달았다면, 그들은 자기들의 종말이 어떠할 것임을 알아서 돌아와 고침을 받으려고 할 수 있었

을 것이다.

해설

4-6절에서 선포된 주제는 두 개의 상반되는 부분이다: 하나님의 선하심과 불변성 및 이스라엘의 불성실이다. 그 주제의 두 번째 부분은 15-18절의 기소 가운데 확대되어 있는데, 그 기소는 첫째로 그들을 하나의 민족으로 만드신 하나님에 대한 이스라엘의 불성실을 묘사하고 있다. 이스라엘이 잘 먹어 살찌고 배불렀을 때, 백성들은 자기들의 참되신 반석을 저버리고 우상 숭배로 돌아섰다. 그들에 대한 야웨의 판결은 그가 이스라엘이 행한 일을 보고(19절) 행동하기로 결심하셨다(20절)는 진술을 통하여 소개되고 있다. 야웨께서는 "백성이 아닌 자, 어리석은 국민"(21절)을 가지고 그들을 징벌하시고 불로, 전쟁으로, 재앙으로, 들짐승들로(22-24절) 벌하기로 결정하셨다 – 이것은 28장의 언약적 저주를 이루고 있는 자연과 역사라는 조종 불가능한 세력이다. 하나님께서 이스라엘을 완전히 멸하지 않으시는 유일한 이유는 이러한 공포와 멸망을 가져다 주는 대적 국민이 자기들의 힘으로 이 모든 일이 일어나도록 했다고 생각할 것이기 때문이다(26-29절).

우리 시대의 상황도 별 차이가 없다. 우리나라의 부와 번영은 같은 결과는 낳았다. 즉 여수룬처럼 우리도 살찌매 발로 찼다는 것이다. 그리고 사방에 널려 있는 노골적인 불신앙은 우리 역시 고대 이스라엘이 수 세기 전에 그러했던 것처럼 하나님을 저버리고 그분의 진노를 자극했다는 사실을 입증하고 있다. 사실상, 그 때나 지금이나 역경 가운데서나 혹은 비참한 상황 가운데서 잘 행동하는 많은 사람들이 번영하고 부유해지면 뚜렷하게 변한다. 언젠가 마틴 루터가 말했던 바와 같이, "배부른 위장은 경건을 촉진시켜 주지 않는다. 그 이유는 그 배부른 위장이 안정을 추구하면서 하나님을 무시하기 때문이다"(Thompson[1974] 300에서 인용). 그들은 마치 하나님에 관해서 다음과 같이 말하는 것처럼 보인다. "우리는 지금 잘 하고 있습니다. 우리는 더 이상 당신이 필요치 않습니다." 그들은 이 세상의 신, 그들이 알지 못했던 신, 거짓 신, "근래에 일어난 새 신, 너희 열조의 두려워하지 않던 것들"(17절)에게로 돌아서고 있다. 오늘날 교회에 있는 많은 신실한 목회자들은 계속해서 자신들을 신실한 신자들이라고 생각하는 사람들이 자기들의 삶 가운데서는 다음과 같은 다른 메시지를 선포하도록 하는 열매를 맺고 있는 탄식할 만한 경우를 발견하게 된다: "그들의 포도나무는 소돔의 포도나무요 고모라의 밭의 소산이라 그들의 포도는 쓸개 포도니 그 송이는 쓰며 그들의 포도주는 뱀의 독이요 독사의 악독이라"(32-33절).

3. 세 번째 주기: 하나님의 징계와 구원(32:30-43)

참고문헌

Albright, W. F. "Some Remarks on the Song of Moses in Deuteronomy." *VT* 9(1959) 339-46, esp. 340-41. **Ap-Thomas, D. R.** "Notes on Some Terms Relating to Prayer." *VT* 6(1956) 225-41. **Artom, E. S.** "Sul testo de Deuteronomio XXXII, 37-43." *RSO* 32(1957) 285-91. **Bogaert, P.-M.** "Les trois rédactions conservées et la forme originale de l'envoi du Cantique de Moise(Dt 32, 43)." In *Das Deuteronomium.* Ed. N. Lohfink. 1985. 329-40. **Budde, K.** "Zu Dt 32, 43." *JBL* 40(1921) 38-39. **Caquot, A.** "Remarques sur la tablette alphabétique." In *FS S. E. Loewenstamm.* 1978. 1-6. ______. "Les rephaim ougaritiques." *Syria* 37(1960) 75-93. **Cecchetti, P. I.** "'Aidote Caeli': Il Cantico di Mose' nel Deuteronomio e il suo Uso liturgico." *Lat* 33(1967) 161-69, esp. 168. **Christensen, D. L.** "Janus Parallelism in Genesis 6:3." *HS* 27(1986) 20-24. ______. "Jeremiah and the 'Cup of YHWH's Wrath.'" In *Prophecy and War in Ancient Israel.* Berkeley: BIBAL Press, 1989. 193-207. **Craigie, P. C.** "A Note on Judges v 2." *VT* 18(1968) 397-99. **Croatto, J. S.,** and **Soggin, J. A.** "Die Bedeutung von *šdmwt* im Alten Testament." *ZAW* 74(1962) 46-50. **Cross, F. M.** *The Ancient Library of Qumran.* 3rd ed. Minneapolis: Fortress, 1995. 182-83. **Cunchillas Ylarri, J. L.** "Los *běnê hā'elohîm* en Gen 6, 1-4." *EstBib* 28 (1969) 5-31, esp. 20-21. **Dahood, M.** "The Divine Designation *hû'* in Eblaite and the Old Testament." *AION* 43(1983) 193-99, esp. 197. ______. "Ugaritic-Hebrew Parallel Pairs." In *RSP* 1:374-75. **Dietrich, M., Loretz, O.,** and **Sanmartín, J.** "Die ugaritischen Totengeister RPU(M) und die biblischen Rephaim." *UF* 8(1976) 45-52. **Driver, G. R.** "Mythical Monsters in the Old Testament." In *Studi Orientalistici in onore de Giorgio Levi della Vida.* Istituto per l'Oriente(Italy) Pubblicazioni 52. Rome:

Istituto per l'Oriente, 1956. 234-49, esp. 243. **Efros, I.** "Textual Notes on the Hebrew Bible." JAOS 45(1925) 152-53. **Gees, F.** "Hebräische Wortstudien: כמס in Dt 32, 34." *BZ* 9(1911) 1-2. **Ginsberg, H. L.** "The Conclusion of *Ha'azinu*: Dt 32:34-43." *Tarbiz* 24(1954) 1-3(Heb.). **Goldman, M. D.** "The Root *pll* and Its Connotation with Prayer(Attempted Exploration of Dt 32:31)." *ABR* 3(1953) 1-6. **Greenberg, M.** "The Hebrew Oath Particle *ḤAY/ḤĒ*." *JBL* 76(1957) 34-39. **Grintz, Y. M.** "Between Ugarit and Qumran." In *Studies in Early Biblical Ethnology and History.* Jerusalem: Hakibbutz Hameuchad Publishing House, 1969. 242-57. **Hallo, W. W.** "The Origins of the Sacrificial Cult: New Evidence from Mesopotamia and Israel." In *FS F. M. Cross.* 1987. 3-13. **Held, M.** "MḪ̮ᵉṢ / *MḪ̮ᵉŠ in Ugaritic and Other Semitic Languages." *JAOS* 79(1959) 169-76. **Hoffmann, Y.** "The Root QRB as a Legal Term." *JNSL* 10(1982) 67-73, esp. 71. **Israel, F.** "Un nuovo sigillo ammonita?(Vattioni, *Sigilli Ebraici,* n. 126)." *BeO* 19(1977) 167-70. **Janowski, B.** *Sühne als Heilsgeschehen.* WMANT 55. Neukirchen-Vluyn: Neukirchener Verlag, 1982. **Jeremias, J.** *Die Reue Gottes.* Biblische Studien 65. Neukirchen-Vluyn: Neukirchener Verlag, 1975. **Johnson, A. R.** *The Vitality of the Individual in the Thought of Ancient Israel.* Cardiff: Univ. of Wales Press, 1949. 108-9. **Kuntzmann, R.** *Le symbolisme des jummeaux au Proche-Orient ancien: Naissance, fonction et évolution d'un symbole.* Beauchesne Religions 12. Paris: Beauchesne, 1983. **Kutsch, E.** "Die Wurzel *ʿṣr* im Hebräischen." *VT* 2(1952) 57-69, esp. 61-65. **Lehmann, M. R.** "Biblical Oaths." *ZAW* 81(1969) 74-92. ______. "A New Interpretation of the Term *Shedamoth.*" *VT* 3(1953) 360-71. **Lemaire, A.** "Vengeance et justice dans l'ancien Israel." In *La Vengeance.* Vol. 3: *Vengeance, pouvoirs et idéologies dans quelques civilisations de l'Antiquité.* Ed. R. Verdier and J.-P. Poly. Paris: Cujas, 1984. 13-33. **Lewy, J.** "Lexicographical Notes." *HUCA* 12/13(1937/38) 91-101. **Lindström, F.** *God and the Origin of Evil: A Contextual Analysis of Alleged Monistic Evidence in the Old Testament.* ConBOT 21. Lund: Gleerup, 1983. **Lipiński, E.** "Sale, Transfer and Delivery in Ancient Semitic Terminology." In *Gessellschaft und Kultur im alten Vorderasien.* Ed. H. Klengel. SGKAO 15. Berlin: Akademie-Verlag, 1982. 173-85. **McCarthy, D. J.** "Some Holy War Vocabulary in Joshua 2." *CBQ* 33(1971) 228-30. **McKane, W.** "Poison, Trial by Ordeal and the Cup of Wrath." *VT* 30(1980) 474-92, esp. 478-84. **Mendenhall, G. E.** "The 'Vengeance' of Yahweh." In *The Tenth Generation: The Origins of the*

Biblical Tradition. Baltimore: Johns Hopkins UP, 1973. 69-104, esp. 77, 84. **Moor, J. C. de.** "*Rāpi'ūma* - Rephaim." *ZAW* 88(1976) 323-45. **Otto, E.** "Geschichte einer religiösen Formel(Du erhältst am Leben, wen du willst und du tötest, wen du willst)." *Zeitschrift für ägyptische Sprache und Altertumskunde* 87(1962) 150-54. **Pitard, W. T.** "Amarna *ekēmu* and Hebrew *nāqam.*" *MAARAV* 3(1982) 5-25. **Rabin, C.** "The 'Ideology' of Deborah's War." *JJS* 6(1955) 125-34, esp. 130-32. ______. "Three Hebrew Terms from the Realm of Social Psychology." In *FS W. Baumgartner.* 1967. 219-30, esp. 219-25. **Robert, P. de.** "La Fin de Moïse: Les traditions Samaritaines." *MDB* 44(1986) 24. **Saydon, P. P.** "The Meaning of the Expression *'āṣûr wĕ'āzûb.*" *VT* 2(1952) 371-74. **Schenker, A.** "*Kōper* et Expiation." *Bib* 63(1982) 32-46. **Schnutenhaus, F.** "Das Kommen und Erscheinen Gottes im Alten Testament." *ZAW* 76(1964) 1-22, esp. 8. **Seybold, K.** *Das Gebet der Kranken im Alten Testament.* BWANT 99. Stuttgart: Kohlhammer, 1973. 17-29, 39-55, 169. **Skehan, P. W.** "A Fragment of the 'Song of Moses'(Deut. 32) from Qumran." *BASOR* 136(1954) 12-15. ______. "Qumran and the Present State of Old Testament Text Studies: The Masoretic Text." *JBL* 78(1959) 21-25. ______. "The Structure of the Song of Moses in Deuteronomy(Deut. 32:1-43)." *CBQ* 12(1951) 156. **Speiser, E. A.** "Pālil and Congeners: A Sampling of Apotropaic Symbols." In *Studies in Honor of B. Landsberger.* AS 16. Chicago: Oriental Institute, 1965. 389. ______. "The Stem *PLL* in Hebrew." *JBL* 82(1963) 301-6. **Stager, L.** "The Archaeology of the East Slope of Jerusalem and the Terraces of the Kidron." *JNES* 41(1982) 111-21. **Talmon, S.,** and **Fields, W. W.** "The Collocation *mashtin bakir ve'atsur ve'azuv* and Its Meaning." *ZAW* 101(1989) 85-112. **Tigay, J. H.** "Excursus 31: Text and Theology in Deuteronomy 32:8 and 43." In *Deuteronomy.* 1996. 513-18. ______. "Some Archaeological Notes on Deuteronomy." In *FS J. Milgrom.* 1995. 377-80. **Toll, C.** "Ausdrücke für 'Kraft' im Alten Testament mit besonderer Rücksicht auf die Wurzel BRK." *ZAW* 94(1982) 111-23, esp. 120. **Tur-Sinai, N. H.** "Note on Dt XXXII 43." *Tarbiz* 24 (1955) 232(Heb., Eng. summary). **Vinnikov, I. N.** "L'énigme de '*'āṣūr et 'āzūb*'(Dt 32, 36 etc.)." In *FS A. Dupont-Sommer.* 1971. 343-45. **Waard, J. de.** *A Comparative Study of the Old Testament Text in the Dead Sea Scrolls and in the New Testament.* Studies in the Texts of the Desert of Judah 4. Leiden: Brill, 1965. 13-16, 81. **Walker, N.** "Concerning *hû'* and *'anî hû'.*" *ZAW* 74(1962) 205-6. **Westbrook, R.**

"Lex Talionis and Exodus 21, 22-25." *RB* 93(1986) 52-69, esp. 58. **Williamson, H. G. M.** "A Reconsideration of *ʿzb* II in Biblical Hebrew." *ZAW* 97(1985) 74-85.

본문과 운율 분석

하나님의 보응 – 징벌과 구원 [(4:4:4):(4:4:4):(4:4:4)] **9개의 단시**	**God's "Vengeance" – Punishment and Salvation** [(4:4:4):(4:4:4):(4:4:4)] **9 versets**	
30 그들의 반석이 그들을 팔지 아니하였고 여호와께서 그들을 내어주지 아니하셨더면 어찌 한 사람이 천을 쫓으며 두 사람이 만을 도망케 하였을까	**30** *How*[a] */ can one chase*[b] *a thousand? /* *and two / put ten thousand to flight? / /* *Unless /* [c]*their rock had sold them /* *indeed YHWH / had given them up / /*	12 2 16 2_ 14 2 9 2_
31 대적의 반석이 우리의 반석과 같지 못하니 대적도 스스로 판단하도다	**31** *For / their rock is not / like our Rock / /* *as even our enemies concede*[a] */ /*	15 3 13 1_
32 그들의 포도나무는 소돔의 포도나무요 고모라의 밭의 소산이라 그들의 포도는 쓸개 포도니 그 송이는 쓰며	**32** *For from the vine of Sodom / is their vine /* *and from the terraces / of Gomorrah / /* [a]*Their grapes*[a] */ are grapes*[b] *of poison*[c] */* *their clusters / are venomous / /*	11 2 11 2_ 13 2 13 2_
33 그들의 포도주는 뱀의 독이요 독사의 악독이라	**33** *The venom of asps / is their wine / /* *and deadly / poison of vipers / /*	11 2 11 2_
34 이것이 내게 쌓이고 내 곳간에 봉하여 있지 아니한가	**34** *Is that not /* [a]*laid up in store*[a] *with me / /* *sealed up / in my treasuries? / /*	13 2 11 2_
35 보수는 내 것이라 그들의 실족할 그 때에 갚으리로다 그들의 환난의 날이 가까우니 당할 그 일이 속히 임하리로다	**35** *To me*[a] *belongs "vengeance" / and recompense /* *at the time / when their foot shall slip / /* *For the day of their calamity / is near /* *and impending doom / hastens upon them / /*	10 2 10 2_ 12 2 12 2_
이스라엘을 구원하시려는 하나님의 계획 [(4:4):(4:4):(4:4):(5:5):(4:4):(4:4):(4:4)] **14개의 단시**	**God's Plan to Deliver Israel** [(4:4):(4:4):(4:4):(5:5):(4:4):(4:4):(4:4)] **14 versets**	
36 여호와께서 자기 백성을 판단하시고 그 종들을 인하여 후회하시리니 곧 그들의 무력함과 갇힌 자나 놓인 자가 없음을 보시는 때에로다	**36** *For YHWH will justify / his people /* *and on his servants / he will show compassion / /* *When he sees / that their power is gone /* *and neither / ruler nor helper remains / /*	12 2 11 2 11 2 12 2_
37 여호와의 말씀에 그들의	**37** *Then ⟨YHWH⟩*[a] *will say / "Where*[b] *are their gods / /*	16 2

신들이 어디 있으며 그들의 피하던 반석이 어디 있느냐	the rock / [c]in whom they sought refuge?[c] //	10 2
38 그들의 희생의 고기를 먹던 것들, 전제의 술을 마시던 것들로 일어나서 너희를 돕게 하라 너희의 보장이 되게 하라	**38** *Who ate*[a] */ the fat*[b] *of their sacrificial offerings? /*	18 2
	[c]*They drank*[d] */ the wine of their libations*[e] *//*	10 2_
	Let them rise up / [f]*and let them help you*[f] */*	12 2
	Let them be[g] a shelter / over you //	10 2_
39 이제는 나 곧 내가 그인 줄 알라 나와 함께 하는 신이 없도다 내가 죽이기도 하며 살리기도 하며 상하게도 하며 낫게도 하나니 내 손에서 능히 건질 자 없도다	**39** See\[a] now /	6 1
	that I alone\[b] am he / and there is no god / beside me //	23 3_
	I myself deal death and I give life /	11 1
	I wound / and indeed I heal /	12 2
	and from my hand there is no / rescuing //	11 2_
40 내가 하늘을 향하여 내 손을 들고 말하노라 나의 영원히 삶을 두고 맹세하노니	**40** For I raise to heaven[a] / my hand //	14 2
	and I say / as I live / forever //	18 3_
41 나의 번쩍이는 칼을 갈며 내 손에 심판을 잡고 나의 대적에게 보수하며 나를 미워하는 자에게 보응할 것이라	**41** When I whet[a] / my flashing sword /	10 2
	and my hand lays hold / on judgment //	13 2
	I will return "vengeance" / on my adversaries /	13 2
	and as for those who hate me / I will repay them //	8 2_
42 나의 화살로 피에 취하게 하고 나의 칼로 그 고기를 삼키게 하리니 곧 피살자와 포로 된 자의 피요 대적의 장관의 머리로다 하시도다	**42** [a]I will make my arrows drunk[a] / with blood /	9 2
	and my sword / will devour flesh //	11 2
	With blood of the slain / and the captive /	10 2
	from the head / of the "longhaired leaders"[b] of the enemy //	11 2_
43 너희 열방은 주의 백성과 즐거워하라 주께서 그 종들의 피를 갚으사 그 대적에게 보수하시고 자기 땅과 백성을 위하여 속죄하시리로다	**43** Make glad, O ⟨heavens⟩[a] / [b]his people[b] /	13 2
	[c]⟨and worship him | all you sons of God ||⟩[c]	13 2_
	For the blood of [d]his servants[d]\[e] he will avenge /[f]	10 1
	indeed "vengeance" \[g] he will return on his[h] adversaries[i] /	14 1
	[j]and make atonement[j] for his[k] land / ⟨and⟩[l] his people // פ	11 2_

원문주해

30.a. SP에는 MT의 에카(איכה, "어찌하여") 대신에 איך로 되어 있는데 의미상의 차이는 없다.

30.b. 자켑카톤이 뒤따라온 파스타는 연접사로 읽혀진다.

30.c. 임-로 키(אם־לא כי)란 문구는 "만약 …이 아니라면"으로 번역된다. 키(כי, "것")라는 단어는 두 개의 히브리어 필사본과 SP에는 빠져 있다(참조. LXX).

31.a. LXX에는 MT의 펠릴림(פלילים, "재판장들") 대신에 아노에토이(ἀνόητοι, "어리석은 자들")로 되어 있다. 펠릴림(פלילים, "재판장들")의 용법에 관해서는 출 1:22을 보

라. BDB, 813b는 웨오예베누 펠릴림(ואיבינו פלילים)을 "재판장들이 되는 우리 대적들"로 번역한다.

32.a-a. SP와 Syr에는 MT에 있는 대명사 접미어의 보다 고대 형태인 아나베모(ענבמו, "그들의 포도들") 대신에 ענביהם("그들의 포도들")로 되어 있다.

32.b. B에는 MT의 인네베(עִנְּבֵי, "포도들") 대신에 인베(עִנְבֵי)로 되어 있으나 의미상의 차이는 없다.

32.c. 소수의 히브리어 필사본과 SP에는 MT의 로쉬(רוֹשׁ, "독") 대신에 로쉬(רֹאשׁ, "쓰고 독한 풀")로 되어 있다.

34.a-a. SP에는 MT의 카무쓰(כָּמֻס, "봉인된") 대신에 카무쓰(כָּמוּס, "모아진")로 되어 있다. 참조. LXX의 쉬넥타이(*συνῆκται*, "쌓여진").

35.a. SP와 LXX에는 MT의 리(לִי, "나에게") 대신에 레욤(ליום, "그날에")으로 되어 있다.

37.a. 4QDeut[q]와 LXX과 함께 아도나이(יהוה, "야웨")를 덧붙임. SP에는 복수형 웨아므루(ואמרו, "그리고 그들이 말할 것이다")로 되어 있다.

37.b. SP, Tg., *Tg. Ps.-J.*에는 MT의 에(אי, "어디에") 대신에 איה로 되어 있으나 의미상의 차이는 없다.

37.c-c. LXX에는 MT의 하싸이우 보(חסיו בו, "그들이 피할 곳을 찾은 자") 대신에 에프 호이스 에페포이데이산 에프 아우토이스(*ἐφ' οἷς ἐπεποίθεισαν ἐπ' αὐτοῖς*, "그들이 의존한 자")로 되어 있다(참조. Syr과 Vg).

38.a. LXX에는 MT의 요켈루(יאכלו, "그들이 먹었다") 대신에 2인칭 복수로 되어 있다.

38.b. 카이로 게니자 단편들에는 MT의 헬레브(חלב, "살찜") 대신에 할레비(חלבי, "나의 살찜")로 되어 있다.

38.c. SP, LXX, Vg은 와우 접속사를 덧붙인다. 운율 분석은 MT을 지지한다.

38.d. LXX에는 2인칭 복수로 되어 있다.

38.e. 한 히브리어 필사본과 SP에는 MT의 네씨캄(נְסִיכָם, "그들의 전제의 술들") 대신에 니쓰캄(נִסְכָּם, "그들의 전제들")으로 되어 있다.

38.f-f. 소수의 히브리어 필사본, SP, Syr, Vg에는 MT의 웨야즈루켐(ויעזרכם, "그리고 그들로 너를 돕게 하라") 대신에 יעזרוכם(ו)으로 되어 있다.

38.g. 예히(יהי, "그들로 되게 하라")를 SP와 고대 역본들과 함께 복수형으로 해석함.

39.a. 레가르메(무나흐 + 파섹)는 연접사로 읽음.

39.b. 자켑 파르붐이 즉시 뒤따라오는 파스타는 연접사로 읽혀진다.

40.a. SP, Syr., Tg., *Tg. Ps.-J.*에는 MT의 샤마임(שׁמים, "하늘들") 대신에 하샤마임(השמים, "그 하늘들")으로 되어 있다. 운율 분석은 MT을 지지한다.

41.a. 몇몇 히브리어 필사본과 SP에는 MT의 샤노티(שָׁנוֹתִי, "내가 〈칼을〉 갈다") 대신에 샤노티(שַׁנֹּתִי)로 되어 있으나 의미상의 차이는 없다.

42.a-a. DSS에는 MT의 아슈키르(אַשְׁכִּיר, "내가 취하게 만들 것이다") 대신에 אשכירה ("내가 취하게 하리라")로 되어 있다.

42.b. "긴 머리를 가진 지도자들"(개역 성경에는 "장관의 머리")이라는 번역은 파르오트(פרעות)란 단어의 이중적 의미를 드러내기 위한 시도다(32:42의 "주석"을 보라). 어근 파라(פרע)는 민 6:5; 삿 5:2; 겔 44:20 이외에 다른 곳에는 나타나지 않는데, 거기서 이 단어는 "자르지 않은 머리" 혹은 "지도자(들)" 혹은 "군사(들)"을 의미하는 것으로 보인다.

43.a. MT의 고임(גוים, "나라들") 대신에 4QDeut[q]와 LXX과 함께 샤마임(שׁמים, "하늘들")으로 읽음.

43.b-b. 한 히브리어 필사본은 암모(עמו, "그의 백성") 앞에 에트(אֶת)를 삽입한다. LXX에는 하마 아우토(ἅμα αὐτῷ, "그와 함께" = עִמּוֹ, 임모)로 되어 있다. *BHS*에서 Hemple은 암 암모(עַם עַמּוֹ, "그의 백성과 함께")로 읽을 것을 제안한다.

43.c-c. והשתחוו לו כל בני אל("그리고 너희 하나님의 아들들아 그분에게 경배하라")를 덧붙이고 있음(참조. 4QDeut[q]와 LXX의 카이 에니스퀴사토산 아우토 판테스 휘오이 데우〈*καὶ ἐνισκυσάτωσαν αὐτῷ πάντες υἱοὶ Θεοῦ*, "그리고 모든 하나님의 아들로 하여금 그분 안에서 자신들을 강하게 하라"〉; 그리고 8절에 있는 베네 엘〈בני אל, "하나님의 아들들"〉을 참조하라). 이 시구(詩句)는 천사론적 혹은 다신론적 해석을 방지하기 위한 하나의 "율법주의적 교정"으로서 MT에서 빠진 것으로 보인다. 이 문장을 덧붙이는 것은 운율의 균형을 향상시켜 주고 낭독 본문 9-11(신 31-34장)의 숫자 구성 면에서 보다 큰 구조적 형태를 복원시켜 준다. 단락 끝에 있는 "양식/구조/배경"에 관한 논의를 보라.

43.d-d. 4QDeut[q]와 LXX에는 MT의 아바다이우(עבדיו, "그의 종들") 대신에 베네이우(בניו, "그의 아들들")로 되어 있다.

43.e. 위치가 잘못된 아트나로 인하여 티프하를 연접사로 읽음.

43.f. 위치가 잘못된 아트나로 인하여 티프하를 연접사로 읽음.

43.g. 자켑 카톤이 뒤따라온 파스타는 연접사로 읽음.

43.h. Vg에는 MT의 레차라이우(לצריו, "그의 대적들에게") 대신에 *in hostes eorum* ("그들의 대적들에게" = לצרימו)로 되어 있다.

43.i. 4QDeut[q]와 LXX은 ולשנאיו ישלם("그리고 그를 미워하는 자들에 대해서는, 그가 그들을 보응하실 것이다"〈41절로부터 나옴〉)을 덧붙인다.

43.j-j. 4QDeut[q]에는 MT의 웨키페르(וכפר, "그리고 …을 갚다") 대신에 ויכפר("그리고 그가 갚을 것이다")로 되어 있다. LXX은 퀴리오스(*κύριος*, "주님")를 덧붙인다.

43.k. 4QDeut[q], SP, LXX, Vg에는 MT의 아드마토(אדמתו, "그의 땅") 대신에 아다마트

(אדמת, "〈그의 백성의〉 땅")로 되어 있다.

43.l. Syr., Tg., *Tg. Ps.-J.*와 함께 와우 접속사를 덧붙임. 이것은 하나의 공유된 자음 현상의 또 다른 실례일 수도 있다("원문주해" 32:11.c-c를 보라).

양식/구조/배경

모세의 노래에 포함되어 있는 23개의 단시들의 세 번째 싸이클에서 관심의 초점은 하나님께서 다시금 이스라엘을 구원하실 때 그들의 불성실성에도 불구하고 계속되는 하나님의 언약적 성실성에 있다(36절). 하나님의 보응은 두 가지 면을 가지고 있는데, 그 이유는 보응이 징벌과 구원을 모두 포함하고 있기 때문이다(30-35절). 더 나아가서, 징벌은 처음에 하나님께서 자기 백성을 낮추기 위하여 사용하셨던 대적들을 포함한다. 야웨께서는 "그들의 무력함을 보시는 때에" 자기 백성들에게 긍휼을 베푸실 것이다(36절). 그분은 이것이 이스라엘의 대적들의 신들을 통하여 이루어지지 않았다는 사실을 보여 주실 텐데, 그 이유는 오직 그분만이 하나님이시기 때문이다(37-40절). 그분은 그의 원수들에게 보응해 주심으로써 이스라엘을 구원하실 것이다(41-42절). 이 노래는 그것이 시작되었을 때처럼 하나님을 찬양하고 경배하라는 명령으로 결론짓고 있는데, 곧 "자기 종들의 피"를 보수하고 자기 땅과 자기 백성을 위하여 구속하시기 때문이다(43절).

32:3-43에 있는 세 번째 싸이클은 두 부분 즉 30-35절과 36-43절로 정리될 수 있는데, 이것은 모세의 노래 전체의 보다 큰 칠지 형태를 완성한다.

A	신실하고 공의로우신 야웨에 대한 찬양	32:1-6
B	출애굽과 가나안 입성 시에 이스라엘에게 베푸신 하나님의 자비	32:7-14
C	이스라엘의 배교: 그들이 자신들을 만드신 하나님을 저버렸다	32:15-18
X	이스라엘을 벌하시려는 하나님의 결정	32:19-25
C′	하나님의 은혜: 그분께서 이스라엘의 징벌을 제한하려 하신다	32:26-29
B′	하나님의 보응: 징벌과 구원	32:30-35
A′	이스라엘을 구원하시고 그의 대적들을 벌하시려는 하나님의 계획/찬양	32:36-43

모세의 노래에 있는 23개의 단시들 중 세 번째 싸이클의 운율 구조 면에서 볼 때, 첫 번째와 세 번째 싸이클은 각기 아홉 개의 단시들로 이루어지면서 두 부분으로 되어 있고(32:1-6과 30-35절) 14개의 단시들이 더해져 있다(32:7-14과 36-43절)는 점에서 유사하다. 첫 번째 사이클(1-14절)은 일차적으로 과거에 초점을 맞추

고 있는데, 곧 이스라엘을 조성하시고, 출애굽 사건을 통하여 그리고 약속의 땅으로 그들을 이끌어 가셨던 광야 여행 길을 가는 동안 자기 백성을 돌보심을 인하여 야웨를 찬양하는 데 초점을 맞추고 있다. 세 번째 싸이클(30-43절)은 하나님께서 이스라엘의 배교로 인하여 자기 백성을 징벌하려고 열국 백성을 이용하신 다음인 미래에 초점을 맞추고 있다. 하나님의 "보응"은 징벌과 구원을 의미한다. 즉 이스라엘의 대적들에 대한 징벌과, 원수 국가들의 손에 그들이 받아야 할 형벌을 이미 받은 자기 백성의 구원이다. 세 부분으로 되어 있는 두 번째 싸이클(15-29절)은 그들의 배교로 인하여 이스라엘을 징벌하시려는 하나님의 결심(15-25절)과, 그렇지만 그들이 당연히 받아야 할 완전한 멸망을 시키지 않기로 하신 그분의 결심(26-29절)에 초점을 맞추고 있다.

32:30-35의 내적 구조는 31절에서 복수형으로부터 1인칭 복수형으로의 전환과 34-35절에서 야웨께서 말씀하실 때 하신 1인칭 단수형의 사용을 통하여 표시되어 있는데, 그것은 다음과 같이 정리될 수 있다.

A 이스라엘의 패망은 하나님이 결정하신 책망이다 32:30
B 이는 우리의 반석이 그들의 신과 같지 않기 때문이다(누가 야웨와 같은가?) 32:31
X 대적은 야웨의 진노의 잔을 마실 것이다 32:32-33
B′ 일은 하나님의 시기를 기다리면서 봉해져 있다 32:34
A′ 야웨는 자기 대적들에게 보응해 주신다 32:35

이 구조에서 외부 골격은 자기 백성 이스라엘을 대적 국가들의 손에서 구원하시려는 야웨의 결정에 대한 기사(30절)로부터, 야웨께서 그들의 대적들에 대한 자신의 보응을 준비하셨다는 선언(35절)으로 옮겨간다. 내부 골격은 대적들의 신과 비교하여 이스라엘의 반석이신 야웨의 독특성에 대한 1인칭 복수로 된 기사(31절)로부터, 독주를 쌓아 놓으신 야웨와 관련된 1인칭 단수로 된 진술(34절)로 옮겨가고 있는데, 그것은 그분께서 그들에게 제공될 진노의 잔(32-33절) 가운데서 사용될 것이다. 그들의 종말은 소돔과 고모라의 종말이 될 것이다.

32:30-35의 대칭 구조의 중심부를 점령하고 있는 32-33절의 구조는 유사한 방법으로 다음과 같이 정리될 수 있을 것이다.

A 그들의 포도나무는 소돔의 포도나무요 32:32aα
B 고모라의 밭의 소산이라 32:32aβ

X 야웨의 진노의 포도 / 그들의 포도는 쓸개 포도니 32:32b
B′ 그들의 포도주는 뱀의 독이요 32:33a
A′ 독사의 악독이라 32:33b

이 구조에서 우리는 소돔과 고모라의 멸망과 관련되어 있는 포도나무 비유와 포도밭 비유 가운데서 야웨의 보응의 성격을 더욱 분명하게 볼 수 있다(참조. 창 19장). 야웨의 진노의 포도는 대적들이 마셔야 하는 독사의 독처럼 심히 쓴 포도주를 낼 것이다.

36절에서 이스라엘을 구원하시려는 야웨의 계획에 대한 간략한 선언은 37-42절에 있는 야웨의 연설에 대한 서론으로서의 기능을 하는데, 여기서 그분은 자기의 원수들에게 보응을 돌려주기로 약속하신다.

A 그들의 힘이 사라졌을 때 이스라엘을 구원하시려는 하나님의 계획 32:36
B 야웨께서 말씀하신다: 네 신들이 어디 있느냐, 그들로 하여금 돕게 하라 32:37-38
X 나 곧 내가 죽이기도 하고 살리기도 하며 32:39
B′ 내가 나의 대적에게 보수하리라고 맹세한다 32:40-42
A′ 이스라엘에 대한 하나님의 구원 축하 32:43

이 구조 가운데서 외부 골격은 "그분께서 그들이 무력해졌다는 사실을 보실 때" 자기 백성의 신원을 변호하고 그들을 구원하시려는(36절) 하나님의 계획에 대한 선포로부터 자기 종들의 피를 보응하심으로 인하여 즐거워하라는 기록(43절)으로 옮겨간다. 내부 골격에서는 야웨께서 말씀하신다. 한편으로, 그분은 이스라엘의 대적들을 비웃으신다: "그들의 신들이 어디 있으며 그들의 피하던 반석이 어디 있느냐…그들로 일어나서 너희를 돕게 하라"(37-38절). 다른 한편으로, 그분은 엄숙한 맹세를 하신다: "나의 대적에게 보수하며 나를 미워하는 자에게 보응할 것이라"(41절). 이 구조의 중심부에서 37-38절로부터 39절을 분리시키는 경계는 수의 전이를 통하여 표시되어 있다. 야웨께서는 그분의 유일하심을 "나와 함께 하는 신이 없도다"라고 선포하시며, 그분의 보응의 성격을 "내가 죽이기도 하며 살리기도 하며 상하게도 하며 낫게도 하나니 내 손에서 능히 건질 자 없도다"라고 선포하신다.

41-42절에서 그의 대적들에 대해 보수하시려는 하나님의 약속은 하나의 순환적 문장의 형태로 정리될 수 있다.

A 나의 번쩍이는 칼을 갈며 אם־שׁנותי ברק חרבי 34:41aα

B	내 손에 심판을 잡고	ותאחז במשפט ידי	32:41aβ
X	나의 대적에게 보수하며	אשיב נקם לצרי	32:41b
B′	나의 화살로 피에 취하게 하고	אשכרי חצי מדם	32:42aα
A′	나의 칼로 그 고기를 삼키게 하리니	וחרבי תאכל בשׂר	32:42aβ

"나의 칼"(חרבי – 하릅비)이란 단어의 반복은 내부 골격이 "내 손"(ידי – 야디)과 "나의 화살"(חצי – 히차이)의 쌍을 드러내고 있는 하나의 봉투 역할을 한다. 이 구조에서 관심의 초점은 "나의 대적에게 보수하며 나를 미워하는 자에게 보응할 것이라"(41b절)는 하나님의 결심이다. 하나님께서 이스라엘을 구원하신 것을 축하하고 있는 43절의 결론적 종악절은 중심부에 있는 "그의 종들"(עבדיו – 아바다이우)이 되는 "그의 백성"(עמו – 암모)의 반복과 유사한 구조를 가지고 있다. 이 구절은 하늘로 하여금 야웨의 백성과 함께 기뻐하고 야웨께 경배하라는 요청과 함께 시작되고 있다. 그 이유는 그분께서 자기 원수들을 징벌하시고 자기 땅과 자기 백성을 위하여 속죄하심으로써 자기 자녀의 피를 보수하실 것이기 때문이다.

42절에 나오는 페라(פֶּרַע)라는 단어의 "긴 머리"와 "장관"이라는 이중적 의미는 사사기 5:2에 나오는 드보라의 노래의 첫 부분에 있는 평행적 본문 및 우리가 이미 21:10-25:19에서 본 내용의 구절들과 함께 토라와 전기 예언서에 있는 설화, 특히 창세기 설화와 더불어 전기 미드라쉬적 형태 가운데 있는 사사기 13-16장의 삼손 이야기 서술을 이루는 데 사용되었다. 삼손은 12사사 가운데 마지막 인물로 나타난다. 사사기 13-16장에 있는 이야기는 삼손을 옷니엘, 에훗, 드보라(바락과 함께 한), 기드온, 입다의 경우가 그러하듯 전쟁에서 군대를 통솔하는 통상적인 의미에서 장군도 아니고 "드보라의 종려나무 아래 거하였고 이스라엘 자손은 그에게 나아가 재판을 받던"(삿 4:5) 드보라와 같은 사사도 아닌 "머리가 긴 지도자"로 묘사하고 있다. 삼손은 머리에 삭도를 대지 않아 긴 머리로 있는 동안 블레셋 사람들을 죽임으로써 그들의 손에서 이스라엘을 구원했던 지도자다. 사사기의 구조를 형성함에 있어서 신명기 32:42의 "장관의 머리로부터"(מראשׁ פרעות – 메로쉬 파르오트)란 문구의 영향은 칠지 형태로 된 다음과 같은 개요를 통하여 나타난다.

A	여호수아로부터 사사 시대까지	삿 1:1-3:6
B	옷니엘, 에훗, 삼갈, 드보라 – בפרע פרעות(삿 5:2)	3:7-5:31
C	에브라임에서 기드온과 그의 아들 아비멜렉 – 이스라엘의 왕(מלך)	6:1-9:57
X	에브라임과 길르앗에서 돌라와 야일	10:1-6
C′	길르앗에서 입다와 그의 딸 – ראשׁ 대 קצין	10:7-12:7

B′ 입산, 엘론, 압돈, 삼손 – "그의 머리에 삭도를 대지 않음" 12:8-16:31
A′ 사사들로부터 사무엘까지 – "이스라엘에 왕이 없었다" 17:1-21:25

이 구조에서 골격(A, X, A′)은 여호수아서와 12사사의 시대를 연결하는 전환적 단락(삿 1:1-3:6)으로부터, 흥미로운 돌라와 야일에 관한 "중간 부분에 수수께끼"(삿 10:1-5)를 가지고 있는 12사사와 사무엘 선지자의 이야기(삼상 1-8장)를 연결하는 동일한 전환적 단락으로 옮겨간다. 이 칠지 형태 구조의 내부 골격에서 우리는 왕과 관련된 지도력에 대한 열쇠가 되는 단어를 발견할 수 있다. 한편으로(삿 6-9장), 우리는 기드온이 이스라엘 백성들에게 "당신과 당신의 아들과 당신의 손자가 우리를 다스리소서"(삿 8:22)라는 요구를 받았다는 사실을 알 수 있다. 왕 제도가 마음속에 들어 있었다는 사실은 기드온의 아들 아비멜렉("나의 아버지는 왕이시다")이라는 이름과, 3년 동안 세겜에서 왕으로 다스렸던 기드온의 아들 아래서 이스라엘이 처음으로 직접 왕권을 체험했다고 말하고 있는 요담의 우화(삿 9:7-15)를 통하여 드러난다. 다른 한편(삿 10:7-12:7), 입다의 이야기는 고대 이스라엘에서 "지도권"에 대한 열쇠가 되는 단어의 용법 가운데 왕권의 두 가지 주요 국면을 밝혀낸다. 신명기 32:42에 나타나는 로쉬(ראשׁ)란 단어는 일차적으로 군사 지도권에 대한 용어다(1:13-15에 있는 바와 같이; J. R. Bartlett, "Use of the Word ראשׁ as a Title in the Old Testament," *VT* 19[1969] 1-10를 보라). 다른 한편, 콰친(קצין)은 일차적으로 아랍어에서 촌락인 콰디(*qaḍi'*)가 입증하는 바와 같이 사법적 인물인데, 그는 법정적 논란의 문제들 가운데 시민의 소송들을 취급하는 장로다. 콰디(*qaḍi'*)는 그의 법적인 통찰력으로 인하여 선출되며, 또한 가끔은 적어도 군사를 지휘하는 인물이다. 신명기 32:42에 있는 열쇠가 되는 단어들 가운데 두 번째 것인 파르오트(פרעות, "긴 머리의 지도자")는 위의 사사기의 대칭 구조 가운데 두 번째 골격의 상·하반부에서 중심 역할을 한다. 이 단어는 드보라의 노래의 첫 구절에서 두 번 나타나며(삿 5:2), 이 단어의 이중적 의미가 삼손 이야기 전체에서 – 이스라엘에서 머리가 긴 지도자 – 그리고 "이스라엘에 왕이 없었을 때"(삿 17:6; 18:1; 19:1; 21:25) 이스라엘 백성을 구원하고 다스렸던 12사사의 마지막 사사 이야기 전체에 적용된다.

32:30-43의 숫자 구성에 관해 라부샤뉴로부터 얻은 자료는 다음과 같이 요약될 수 있다.

단어	아트나 앞		아트나 뒤		
32:19-31	67	+	69 (=3×23)	=	136 (=8×17)
32:25-31	34 (=2×17)	+	34 (=2×17)	=	68 (=4×17)
32:25-33	43 (=17+26)	+	43 (=17+26)	=	86 (=3×43)
32:28-31	20	+	14	=	34 (=2×17)
32:28-32	26	+	20	=	46 (=2×23)
32:28-33	29	+	23	=	52 (=2×26)
32:29-31	15	+	11	=	26
32:32-36	26	+	26	=	52 (=2×26)
32:34-36	17	+	17	=	34 (=2×17)
32:36-39	26	+	25	=	51 (=3×17)
32:37-39	20	+	17	=	37
32:37-42	38	+	32	=	70
32:39-42	27	+	24	=	51 (=3×17)
32:39-43	35	+	34 (=2×17)	=	69 (=3×23)
32:1-18	105	+	87	=	192
32:19-31	67	+	69 (=3×23)	=	136 (=8×17)
32:32-36	26	+	26	=	52 (=2×26)
32:37-42	38	+	32	=	70
32:43	8	+	10	=	18
32:1-43	244	+	224 (=7×32)	=	468 (=18×26)
32:44-52	88	+	65	=	153 (=9×17)
33:1-29	194	+	142	=	336
34:1-12	107	+	67	=	174
31:1-30	322 (=14×23)	+	230 (=10×23)	=	552 (=24×23)
32:1-52	332	+	289 (=17×17)	=	621
33:1-34:12	301	+	209	=	510 (=30×17)
32:1-34:12	955	+	728 (=28×26)	=	1,683 (=99×17)

이 자료에서 이끌어 낸 첫 번째 결론은, 이 모세의 노래가 두 개의 신명 수 17과 26에 근거하여 세워진 일련의 구조가 32:19, 25, 28, 29에서와 같은 앞부분에서 시작되기 때문에 앞선 내용과 긴밀하게 연결되어 있다는 것이다. 이러한 두 신명 수와 그 수의 배수들이 자주 사용되는 것 이외에도, 히브리어 카보드(כבוד, "영광")

와 연결된 숫자, 즉 23과 32라는 수가 사용되었다는 사실이 입증된다.

32:30-43의 숫자 구성을 위한 자료를 그보다 더 큰 문맥에 두어 비교할 때 그 결과는 두드러진다. 낭독 본문 9-11(31:1-34:12) 가운데 총 1,683(=99×17)개의 단어가 있으며, 아트나 뒤에 총 728(=4×7×26)개의 단어가 있다. 모세의 노래(32:1-43)에는 아트나 뒤에 224(=7×32)개의 단어가 있고, 총 468(=3×6×26)개의 단어가 있다. 낭독 본문 10(32:1-52)에는 289(=17×17)개의 단어가 있다. 두 신명 수 17과 26 그리고 카보드(כבוד, "영광")와 연결된 두 숫자(23과 32)의 정확한 배수들의 다른 여러 가지 실례들도 야웨의 영광을 위하여 이루어진 숫자 구성이 세심하게 이루어져 있는 내용 가운데 나타난다.

주석

30 "한 사람이 천을 쫓으며 두 사람이 만을 도망케 하였다"는 속담적 모티프다(삼상 18:7; 사 30:17). 하나님께서는 성전(聖戰) 개념과는 반대로 이스라엘의 대적들을 위하여 싸우셨다(특별 부록: "고대 이스라엘에서 기념된 사건으로서의 성전〈聖戰〉"을 보라). "반석"이란 단어의 용법에 관해서는 32:4의 "주석"을 보라.

31 오예베누 펠릴림(ואיבינו פלילים)을 "우리 대적들까지도 그것을 그렇게 평가한다"로 번역한 것은 난해한 본문을 번역하기 위한 시도로서 폭스(E. Fox, *FBM*, 1005)의 의역을 따른 것이다. NRSV는 LXX을 따라서 "우리 대적들이 어리석은 자들이다"로 번역한다. 스파이서(Speiser)가 어근 팔랄(פלל)을 "평가하다"로 정의한 것은 근거가 없는 것이다. 라이트(G. E. Wright, "The Lawsuit of God," in FS J. Muilenburg[1962] 31 n. 17)는 올브라이트의 견해를 따라 MT의 키 로(כי לא)를 הלא로 수정하여 "우리 대적 자신들이 재판장들이 아니냐?"라고 번역한다. 이와 유사한 방식으로, 출애굽기 21:22에 있는 펠릴림(פלילים)을 "재판장들"로 한 전통적 해석에 대한 자신의 주장에 근거하여 크레이기(Craigie[1976] 385)는 이것을 "우리 대적들까지도 재판장들일 수 있다"로 번역한다. "펠릴림(פלילים)을 신들의 별칭으로 사용된 '수호자', '지도자'와 같은 어떤 존재를 의미하는 악카드어 팔릴루(palilu)와 같은 어원으로 취급하는 것은 우리 대적들의 수호자들(우리 반석과 동등한)도 아니다"라고 티개이는 주장한다(Tigay[1996] 310-11).

32-33 재앙의 운명을 당하기 위하여 독주를 마시는 대적 국가라는 비유에 관해서는 D. L. Christensen, "Jeremiah and the 'Cup of YHWH's Wrath,'" in *Prophecy and War in Ancient Israel*(Berkeley: BIBAL Press, 1989) 193-207를 보라. "고모라의 밭"은 문제가 있는 번역인데, 왜냐하면 샤드모트(שׁדמת)의 의미가 불확실하기 때문이다. JPS 타낙은 이것을 "단지" 혹은 "밭"이 가증하기는 하지만 "포도원"으로 번역한다(Stager, *JNES* 41[1982] 111-21를 보라). 샤드모트(שׁדמת)란 단어는 "소돔"(סדם)과의 유음이 되어 선택된 것이 분명하다. 이 단어를 못(Mot) 신 제의와 관련된 전문 용어로 해석하는 상세한 설명에 관해서는 Lehmann, *VT* 3[1953] 361-71를 보라. 소돔과 고모라는 여기서 철저한 멸망의 본보기가 아니라 부패와 타락의 장소로 언급된 것이다. 아슈케로트 마로로트(אשׁכלת מררת, "그들의 송이들은 독 있는 것이라")에 대한 해석은 메리리(מרירי: 32:24)의 의미가 "독 있는"이라는 티개이의 주장에 근거한 것이다(Tigay[1996] 311과 404 n. 116). "독사의 악독"이라는 번역은 아크자르(אכזר, "치명적인")를 탈굼과 함께 페타님(פתנים, "독사들")이 아닌 로쉬(ראשׁ, "독")의 형용사로 취하는 것이다: "잔혹한 독사들의 독"(Tigay[1996] 311). 우가릿어에서 "뱀"과 "독사"가 짝을 이루고 있는 내용에 관해서는 Dahood, *RSP*, 1:374-75를 보라.

34 후(הוא, "것")란 단어는 29절에 있는 이스라엘의 대적들의 "나중 종말"을 가리키거나 혹은 32-33절에서 선포된 그들의 재앙을 가리킨다. 카무쓰(כמס, "곡간에 쌓여진")란 단어는 히브리 성경에서 여기에만 나오며, 매이즈는 이것을 SP와 함께 כנס("모아진, 수집된")로 수정하기를 제안한다. 티개이가 주장하는 바와 같이, "포도주를 '봉한 것'으로 묘사하는 것은 흙으로 만든 창고의 빗장에 권위를 가지지 않은 사람이 그 방을 열었는지의 여부를 파악하기 위하여 왕의 인장이나 혹은 방들을 책임진 관리의 인장을 찍었던 관습에 근거한 것이다"(Tigay[1996] 311; 또한 *FS J. Milgrom*, 377-80에 있는 같은 저자의 글을 보라).

35 "보수(נקם – 나캄)는 내 것이라." 동사 나캄(נקם)은 피의 보복이라는 원시 시대의 상벌 제도에서처럼 "보복하다"를 의미하지 않는다. 이 어근으로부터 나온 단어들은 거의 일괄적으로 자위 설욕의 의미를 가진 신화집의 문맥에서 그리고 국제 정책이라는 상황에서 나타난다(라틴어의 *vindicatio*에서처럼). "보응"과 같은 친숙한 번역이 유지되고 있기는 하지만, 독자들로 하여금 이 특수화된 의미를 유의하도록 인용 부호 안에 있다. 즉 "자기 자신의 국민을 보호하기 위하여 가장 높은 합법적 권위자에 의해 능력을 시행하는 것"이다(Mendenhall, *Tenth Generation*, 69-104). 리(לי, "…은 내 것이다")라는 단어는 LXX에서는 레욤(ליום, "…의 날을 위하여")으로 읽혀졌는데, LXX은 뒤따라오는 사상 즉 "그들의 환난의 날(יום אידם)

이 가까우니 그 때에(לעת)"의 영향을 받은 것으로 보인다. 욤 에담(יום אידם, "그들의 환난의 날")이란 표현은 야웨의 창고가 열리고 악한 대적이 야웨의 진노의 잔을 강제로 먹어야 하는 그 날을 가리킨다. 그리고 그 "당할 그 일(עתדות)이 속히 임할 것이다." 아티드(עתיד)란 단어는 주로 "이미" 혹은 "준비된"이란 의미를 가지고 있는 형용사다. 여기서 이 단어는 실명사적으로 임박한 일이 신속하게(חש - 하쉬) 이르고 있다는 의미로 사용되었다. 바울은 이 구절을 로마서 12:19에서 기독교인이 다른 사람과 평화롭게 살며 보응하려는 상황 하에 살지 않도록 하는 자신의 주장을 입증하기 위하여 인용했다.

36 "여호와께서 자기 백성을 판단하시고." 이는 직역하면 그분께서는 이스라엘을 "(편들어) 판단하실 것이다"이다. 그리고 "자기 종들을 측은히 여기실 것이다." 매이즈가 말하는 바와 같이, 거기에는 앞 구절의 나캄(נקם, "보응하다")의 의미와의 중복이 있다(Mayes[1981] 391). 야웨께서는 그 죄를 벌하심으로써 자기의 분노를 퍼부으실 것이다. 티개이는 또 다른 가능한 번역, 즉 하나님께서 그 분노가 가한 모든 것 이후에 이스라엘을 징벌하는 일을 후회하실 것을 의미하는 "마음을 바꾸다"를 채택한다(Tigay[1996] 312). 아추르 웨아주브(עצור ועזוב, "통치자도 없고 돕는 자도 없는")라는 번역은 티개의 번역이다([1996] 312). 일반적으로 받아들여진 독법 "갇힌 자나 놓인 자가 없음"(NRSV)은 의심스러운데, 그 이유는 노예나 자유인이 남아 있지 않고, 따라서 하나님이 구원하실 자가 아무도 남아 있지 않다는 사실을 의미하기 때문이다. 다른 제안들은 다음과 같다: "율법의 불결이나 혹은 자유로움에 의하여 보존된", "금기와 자유 아래서", "부모의 제지와 그로부터의 자유 아래서". 이 관용어의 다른 출현에 관해서는 열왕기상 14:10; 21:21; 열왕기하 9:8; 14:26[여기서 이 단어가 유사한 문맥 가운데 나타난다]을 보라. 이러한 각각의 본문들을 조심스럽게 검토해 보고 나서 티개이는 다음과 같이 결론지었다. "그렇다면 이 구절은 하나님께서 자신이나 혹은 이스라엘이 이스라엘에 구원받도록 할 통치자나 구원자가 없다는 사실을 볼 때 행동하실 것이라는 의미였을 것이다.

37-38 반석이란 언급은 위의 31절에서처럼 아이러니하다. 이 거짓된 신들은 참 반석이신 야웨와 비교할 때 아무것도 아니다. "누가 먹었느냐?"라는 질문은 빈정대는 어투다. 거짓 신들은 제물을 먹고 마시는 신으로 나타나 있지만, 그들은 "너희의 은신처가 되기에는" 무능력하다. "그들의 희생의 고기"라는 언급은 레위 제사법에서 하나님이나 혹은 여기 다른 신들을 위하여 보관된 살진 부분 혹은 조각들을 가리킨다(Hallo, in *FS F. M. Cross*: *Ancient Israelite Religion*[1987] 3-13를 보라).

39 이방 신의 무능성(37-38절)이 야웨의 유능하심과 대조되어 있다. 아니 아니 후(אני אני הוא, "나만 홀로 그니라"; 직역하면 "나 곧 내가 그니라")의 반복된 문구와 같은 유사한 용법에 관해서는 2:27과 16:20을 보라. "나 외에(עמדי – 임마디, '나와 함께') 다른 신이 없느니라"는 표현은 4:35, 39에서처럼 다른 신들의 존재를 부정하는 것이 아니다. 이것은 단순히 야웨의 유일성에 초점을 맞추고 있다: "내가 죽이기도 하며 살리기도 하며 상하게도 하며 낫게도 하나니." 인류의 번영을 결정하시는 분이 하나님 한 분뿐이라는 것이다. 거짓 신들은 야웨 앞에서 무능하다: "내 손에서 능히 건질 자 없도다." 매이즈가 주장하는 바와 같이(Mayes[1981] 392), 39절과 가장 가까운 평행절은 이사야 41:4; 43:10, 13; 44:6; 456-7, 22; 48:12이다.

40-41 "내가 하늘을 향하여 내 손을 들고"란 표현은 "나의 영원히 삶"이라는 표현에서 계속되고 있는 엄숙한 맹세를 하는 것을 가리킨다. 이 언약 공식 문구의 구조에 관해서는 Lehmann *ZAW* 81(1969) 74-92의 논의를 보라. "야웨의 번쩍이는 칼"이라는 언급은 성전의 어투이며, 특별히 신적 용사 이미지다(출 15:3; 사 34:5-6에 있는 "칼의 노래"; 렘 47:6에 있는 "야웨의 칼"을 보라). 여기에 나오는 미슈파트(משפט, "심판")란 단어는 야웨의 손에 들려 있는 "심판의 무기", 즉 이 단시의 평행적 문장의 "번쩍이는 칼"을 가리킨다. 나콤(נקם, "보응")의 의미에 관해서는 35절의 "주석"을 보라.

42 "포로 된 자의 피"라는 표현은 승리 이후 포로들을 살육하는 관습을 암시한다(Driver[1895] 380). 여기서 "장관(긴 머리를 가진 지도자)의 머리"로 번역된 로쉬 파르오트(ראשׁ פרעות)의 의미는 불확실하다. 페라(פרע)라는 단어가 나타나는 네 구절 가운데서 이 문구는 민수기 6:5과 에스겔 44:20에서 머리의 타래를 가리키고, 사사기 5:2과 본문의 의미는 덜 확실하다. 그러므로 페라(פרע)란 단어는 힘이 머리카락에 내재하고 있다는 믿음이나 혹은 나실인의 서원의 표시로서 머리를 길게 자라도록 두었던 삼손과 같은 전사의 관례를 가리키는 긴 머리를 가진 사람(아마도 자르지 않고 면도하지 않은)을 의미하기 위하여 취해진 것이다(민 6:1-21; 삿 13:1-5을 보라). "전사들이 주로 고대 근동에서 이렇게 했다는 증거가 거의 없으므로, 티개이는 사사기 5:1에 있는 파르오트(פרעות)의 의미를 지도자들 혹은 군사들을 의미한다고 주장하는데, 그 곳에서 이 단어는 암(עם, "백성, 군대")과 동일하다(Tigay[1996] 314).

사마리아에서 발견된 흰 오팔로부터 떨어져 나온 문장(紋章)은 앞치마 하나만

걸치고서 왼손에 막대기 혹은 지팡이를 잡고 똑바로 걷고 있는 긴 머리에 턱수염을 기르고 있는 한 사람의 모습과 함께 비문 레페라(לפרי)를 담고 있다(그림에 관해서는 *BeO* 19[1977] 169를 보라). 이 인장에 대한 자신의 분석에서 라이펜베르그(A. Reifenberg)는 결론짓기를, "만일 우리가 다루고 있는 이 경우에 페라(פרע)가 고유명사가 아니라면, 그것은 단지 이것이 지도자의 인장이라는 사실을 가리킬 수도 있다"고 했다. 간단히 말해서, 라이펜베르그가 말하는 바와 같이 "거기에는 그 소유자의 공식적 수용성만을 제공하는 인장들이 존재했으나, 그의 고유 이름은 존재하지 않았는데"(*PEQ*[1939] 197), 그는 그것을 비문 레수르(לשׂר, "통치자를 위하여")를 담고 있고 또한 왼손에 막대기 혹은 지팡이를 잡고 있는 한 남자에 의하여 한 죄수가 수송되고 있는 장면을 담고 있는 수케닉(E. L. Sukenik, *Palestine Exploration Fund Quarterly Statement*[1928] 51)이 출판한 또 다른 인장으로 증명했다(참조. 왕상 24:26-27). 티개이는 계속해서 로쉬(ראשׁ, "머리")를 "군대 병력의 육체"인 문구의 원래 의미를 가진 쉐에르(שׁאר, "육체")로 수정한 것을 제안하고 있다(Tigay[1996] 314와 405 n. 169; 참조. C. Robin, *JJS* 6[1955] 131). 좀더 간단한 해결책은 이 단어를 애굽 왕의 명칭인 "바로"(פַּרְעֹה, 파르오)에 대한 시적 암시로서 파르오트(פְּרָעוֹת)로 읽는 것이다. 그렇다면 그 의미는 "너의 대적 바로들(이 단어를 느슨하게 사용하여)의 머리로부터"와 같은 어떤 의미일 텐데, 이것이 필자가 "대적의 긴 머리를 가진 지도자들(장관들)의 머리로부터"란 번역에서 표현하고자 하는 내용이다. 출애굽기 15장에 보존된 이전의 모세의 노래에서 표현되었던 야웨의 성전 이미지와 함께, 본문 바로 앞의 문구에 있는 쉬브야(שׁביה, "포로")는 시인으로 하여금 "바로들"(즉 지도자들)이라는 의미에서 파르오트(פרעות)란 단어를 비유적으로 사용하는 데로 이끌어 갔다는 것인데, 이것은 드보라의 노래 가운데 나오는 "지도자들"(삿 5:1)을 표현하기 위하여 새로 주조된 단어의 사용에 영향을 주었을 수도 있다.

43 LXX과 DSS에 있는 이 구절의 본문은 상당히 더 길며 많은 해석을 낳았다(Skehan, *CBQ* 12[1951] 156; 같은 저자의 *BASOR* 136[1954] 12-15; Albright, *VT* 9[1959] 340-41; 32:8의 "주석"을 보라). "즐거워하라, 하늘이여"란 번역(본문의 사역을 보라 – 역자주)은 4QDeut^{q}와 LXX과 함께, MT의 하르니누 고임(הרנינו גוים)을 하르니누 하샤마임(הרנינו השמים)으로 읽기 위한 본문 수정에 근거한 것이다. 통상적인 번역 "너희 열방은 주의 백성과 즐거워하라"는 보다 큰 문맥과 긴장관계에 있다. 이것은 DSS과 LXX의 본문에 비추어 볼 때 이치에 맞지 않는다. 그 다음에

이어지는 구절 "너희 모든 하나님의 아들들아 그분에게 경배하라"는 4QDeut[q]와 LXX으로부터 복구된 것이다. 베네 엘로힘(בני אלהים, "하나님의 아들들")의 의미에 관해서는 32:8의 "주석"을 보라. 4QDeut[q]와 LXX에는 "그 종들의 피" 대신에 토 하이마 톤 휘온 아우투(*τὸ αἷμα τῶν υἱῶν αὐτοῦ*, "그의 아들들의〈בניו, 베네이우〉 피")로 되어 있다. 시의 이 부분에서 이스라엘은 더 이상 하나님의 자녀로 묘사되고 있지 않으며 하나님이 "보응하실"(어근 나콤〈נקם〉으로부터 나온 야콤〈יקום〉) 그의 종들(36절을 보라)로 묘사되고 있다.

해설

그 대적들의 손을 통하여 당하는 이스라엘의 고통은 야웨께서 그들을 포기하신 결과다(30절). 이를 행하신 이는 대적의 신들이 아니니, 이는 그들에게 속한 모든 것이 비열하고도 독하기 때문이다(31-33절). 자기 대적들에 대한 야웨의 공의롭고도 징벌하시는 행위의 때가 다가오고 있다. 이는 그들의 재앙의 날이 가까웠고, 그 닥칠 운명이 그들에게 속히 임하기 때문이다(34-35절).

이스라엘 백성이 자기들을 대적들의 손에 넘겨주도록 자기들의 죄로 하나님을 자극하지 않았더라면, 그 어떤 세력도 그들을 이기지 못했을 것이다. 왜냐하면 하나님께서 계속하여 그들의 보호자가 되시고 돕는 자가 되셨을 것이기 때문이다. 이스라엘의 부패는 쓸개포도를 맺는 포도원이라는 비유 가운데 묘사되어 있는데, 여기서 그들의 죄는 과거의 소돔과 고모라의 죄를 능가한다(참조. 사 5:1-7에 있는 "열매 없는 포도원의 노래"). 그들의 모든 악이 지적되었고, 그 정해진 야웨의 보응의 때까지(35절) 쌓여졌다(34절). 바울은 이 본문의 말씀을 보응이 하나님의 것이며, 개개인이 그것을 실행하는 선택 사항이 아니라는 사실을 강조하기 위하여 로마서 12:19에서 인용하고 있다. 영어에서 보응이라는 단어는 거의 언제나 분노와 앙심을 품은 심령에서 나온 보복을 의미하지 않는다. 이것은 히브리어에서 나콤(נקם)이란 단어가 의미하는 내용이 아니다. 35-36절의 "주석"에서 보여 준 바와 같이, 이 단어는 하나의 주어진 상황 가운데서 징벌이나 혹은 구원이 될 수 있는 방어적 설욕의 의미를 가지고 있다. 이 경우에 하나님께서는 이스라엘의 대적들에 대한 형벌로 주의를 돌림으로써 이스라엘이 당연히 받아야 할 형벌의 성격을 제한시키기로 결정하셨는데(26-29절), 곧 "그들의 환난의 날이 가까우니 당할 그 일이 속히 임하리로다"(25절)라고 말씀하신다. 하나님의 계획은 "그들의 무력함과 갇힌 자나 놓인 자가 없음을 보시는 때에"(36절) 그들에게 긍휼을 보임으로써 이스라엘을 구원하시는 것이다. 야웨께서는 그 백성들이 돌이켰던 이방 신들을 조롱하실 텐데, 그 이유는 아무도 그분의 손으로부터 구원할 자가 없기 때문이다(37-39절). 그분은 보응을 자신의 원수들에게로 돌리실 것이며, "자기 땅과 백성을 위하여 속죄하실" 것이다(43절). 하나님의 진노의 잔이 돌아가고 모든 열국들이 그것을 마실 때, "그들이 마시고 비틀거리며 미치리니 이는 내가(하나님이) 그들 중에 칼을 보내셨기 때문이다"(렘 25:16). 이는 베드로 사도가 말하고 있는 바와 같다: "하나님 집에서 심판을 시작할 때가 되었나니 만일 우리에게 먼저 하면 하나님의 복음을 순종치 아니하는 자들의 그 마지막이 어떠하며?"(벧전 4:17).

형벌과 구원으로서 하나님의 보응의 개념은 사사기의 형성에 있어서 주된 주제다. 이 주제는 사사기 2:11-17에 명백하게 진술되어 있다.

> 이스라엘 자손이 여호와의 목전에 악을 행하여 바알들을 섬기며 애굽 땅에서 그들을 인도하여 내신 그 열조의 하나님 여호와를 버리고 다른 신 곧 그 사방에 있는 백성의 신들을 좇아 그들에게 절하여 여호와를 진노하시게 하였으되 곧 그들이 여호와를 버리고 바알과 아스다롯을 섬겼으므로 여호와께서 이스라엘에게 진노하사 노략하는 자의 손에 붙여 그들로 노략을 당케 하시며 또 사방 모든 대적의 손에 파시매 그들이 다시는 대적을 당치 못하였으며 그들이 어디를 가든지 여호와의 손이 그들에게 재앙을 내리시매 곧 여호와께서 말씀하신 것과 같고 여호와께서 그들에게 맹세하신 것과 같아서 그들의 괴로움이 심하였더라 여호와께서 사사를 세우사 노략하는 자의 손에서 그들을 건져내게 하셨으나 그들이 그 사사도 청종치 아니하고 돌이켜 다른 신들을 음란하듯 좇아 그들에게 절하고 여호와의 명령을 순종하던 그 열조의 행한 길을 속히 치우쳐 떠나서 그와 같이 행치 아니하였더라.

그리고 싸이클은 다시 시작되고, 계속하여 반복된다. 이스라엘 백성들이 쓰라린 압제를 받았을 때, "자기 가운데서 이방 신들을 제하여 버리고 여호와를 섬기매 여호와께서 이스라엘의 곤고를 인하여 마음에 근심하시니라"(삿 10:16). 간단히 말해서, 그들이 최후의 한계까지 기울어졌을 때, 곧 "그들의 무력함과 갇힌 자나 놓인 자가 남아 있지 않았을 때"(신 32:36), 그때 하나님은 그들을 도우려고 발걸음을 내디디셨다. 자기 백성을 구원하실 하나님의 때는 일이 그들에게 가장 악화되었을 때다. 말하자면, 하나님께서는 모든 버팀목을 깡그리 깨버림으로써 우리가 도울 이 없이 서서 불에서 꺼낸 그슬린 나무 속에서 자기 자신의 힘과 영광을 드높이도록 하기 위하여 우리의 믿음을 연단하신다(슥 3:2).

B. 온 이스라엘을 향한 모세의 마지막 분부(32:44-47)

참고문헌

Aharoni, Y. "Three Hebrew Ostraca from Arad." *BASOR* 197(1970) 25. **Gross, W.** "Bundeszeichen und Bundesschluß in der Priesterschrift." *TTZ* 87(1978) 98-115, esp. 107 n. 25. **Kutsch, E.** "Menschliche Weisung - Gesetz Gottes: Beobachtungen zu einem aktuellen Thema." In *Gott ohne Eigenschaften?* Ed. S. Heine and E. Heintel. Vienna: Evangelischer Presseverband, 1983. 77-106, esp. 83. **Laberge, L.** "Le texte de Deutéronome 31(Dt 31, 1-29; 32, 44-47)." In *Pentateuchal and Deuteronomic Studies.* Ed. C. Brekelmans and J. Lust. BETL 94. Leuven: Leuven UP, 1990. 143-60. **McCarthy, D. J.** "Covenant and Law in Chronicles-Nehemiah." *CBQ* 44(1982) 25-44, esp. 38. **Perlitt, L.** "Priesterschrift im Deuteronomium?" *ZAW* Sup 100(1988) 65-88.

본문과 운율 분석

온 이스라엘을 향한 모세의 마지막 분부 [(6:5):(5:5):(6:5)]

44 모세와 눈의 아들 호세아가 와서 이 노래의 모든 말씀을 백성에게 말하여 들리니라

45 모세가 이 모든 말씀을 온 이스라엘에게 말하기를 마치고

46 그들에게 이르되 내가 오늘날 너희에게 증거한 모든 말을 너희 마음에 두고 너희 자녀에게 명하여 이 율법의 모든 말씀을 지켜 행하게 하라

47 이는 너희에게 허사가 아니라 너희의 생명이니 이 일로 인하여 너희가 요단을 건너 얻을 땅에서 너희의 날이 장구하리라

Moses' Final Charge to "All Israel" [(6:5):(5:5):(5:6)]

44 And Moses came / and he spoke / all the words of this song / 26 3
in the ears of the people // 8 1
he / and Hoshea the son of Nun // 11 2_
45 And when Moses finished / speaking / [a]all[b] these words[a] / 23 3
to all Israel // **46** he said to them / 15 2_
Set your hearts / toward all[a] the words / 16 2
that I / am giving in witness against you / TODAY // 18 3_
That you may command them / to your children / 11 2
to take care ⟨and⟩[b] to do / all the words / of this Torah // 21 3_

47 For / this is not a trifling matter / for you / 14 3
for it / is your life // 8 2_
And through this word / you shall long endure\[a] on the land / 27 2
that you / are crossing the Jordan / 14 2
(to go) there / to possess it // ס 8 2_

원문주해

45.a-a. LXX^Bmin^에는 빠져 있다. 운율 분석은 MT을 지지한다.

45.b. 콜(כֹּל, "모든")이란 단어가 소수의 히브리어 필사본들, SP, LXX-LO, Syr에는 빠져 있다. 이러한 생략은 운율 숫자 면에서는 균형을 이루게 하지만, 필자는 이것을 여기서 생략하는 것을 거부하는데, 왜냐하면 이것이 숫자 구성의 패턴 즉 68(=4×17)개 단어의 합계 패턴을 흩뜨려 놓기 때문이다.

46.a. SP에는 MT의 콜(כֹּל, "모든") 대신에 알 콜(על כל, "모두에 따라")로 되어 있다. 운율 분석은 MT을 지지한다.

46.b. 몇몇 히브리어 필사본들, SP, LXX, Syr, Vg과 함께 와우 접속사를 덧붙임(참조. 28:1).

47.a. 자켑 카톤이 뒤따라온 파스타는 연접사로 읽음.

양식/구조/배경

모세의 노래에 대한 편집자의 결론으로서의 역할을 하는 32:44-47에 있는 두 부분으로 이루어진 단락은 31:16-22, 28-29과 동일하다. 드라이버(Driver[1906] 381)는 31:16-22과 32:44이 31:28-29과 32:45-47이 그러하듯 함께 속한 것이라고 주장한다.

설화 구조 안에서 세 부분으로 된 모세의 노래(32:1-43)는 다음과 같은 칠지 형태로 정리될 수 있다.

A	모세가 토라를 레위 제사장들에게 준다	31:24-27
B	모세가 노래를 듣도록 지도자들을 소집한다	31:28-30
C	과거의 이스라엘에 대한 하나님의 축복	32:1-14
X	이스라엘의 죄가 하나님의 분노를 자극한다	32:15-29
C′	하나님의 징벌과 구원	32:30-43
B′	모세가 이 노래의 모든 말씀을 백성에게 말했다	32:44-45
A′	모세가 그들에게 토라의 말씀을 준수하도록 명령한다	32:46-47

이 구조에서 외부 골격은 모세가 레위 제사장들에게 준 토라(31:24-27)와 그가 온 이스라엘에게 준수하라고 명령한 토라(32:44-45)에 초점을 맞추고 있다. 두 번째 골격은 모세가 들으라고 하여 지도자들을 소집한 모세의 노래(31:28-30)와 또한 그가 백성들에게 들려준 노래(32:44-45)에 관심을 두고 있다. 이 이중 골격이

짜여진 특성을 보여 주는 또 다른 방법은 단어들의 반복을 살펴보는 것이다.

A	"이 토라의 말씀"	את־דברי התורה־הזאת	31:24
B	"이 노래의 말씀"	את־דברי השירה הזאת	31:30
X	모세의 노래		32:1-43
B′	"이 노래의 모든 말씀"	את־כל־דברי השירה הזאת	32:44
A′	"이 토라의 모든 말씀"	את־כל־דברי התורה־הזאת	32:46

"이 토라의 말씀"이라는 문구가 외부 골격(31:24-27)의 상반부의 첫 부분과 하반부(32:46-47)의 끝에 나타난다. "이 노래의 말씀"이라는 문구는 모세의 노래(31:30) 직전에 그리고 그 노래의 직후(32:44)에 나타난다.

좀더 큰 문학적 문맥 내에서 32:44-47의 숫자 구성과 관련하여 라부샤뉴에게서 얻은 자료의 사용에 관해서는 32:30-43의 "양식/구조/배경"에 관한 단락의 끝부분에 있는 논의를 보라. 이 단락은 아트나 앞에 40개의 단어 그리고 아트나 뒤에 28개의 단어와 함께 총 68(=4×17)개의 단어를 가지고 있다.

주석

44 "모세가 왔다"는 문구는 "모세가 당일에 이 노래를 써서 이스라엘 자손에게 가르쳤더라"고 말하고 있는 31:22로 거슬러 올라간다. LXX은 이 지점에서 이 요약문을 명확하게 하기 위하여 본문에서 31:22을 반복하여 기록해 놓고 있다. "호세아"란 이름은 민수기 13:16에서 모세가 개명해 준 여호수아를 가리키는 이름이다(그리고 민 13:8을 보라. 거기서 그의 이름이 "눈의 아들 호세아"로 나타난다).

45-46 여기에 나오는 "이 모든 말씀"이란 언급은 모세의 노래를 포함한 신명기 전체를 가리킨다. 이는 또한 "내가 오늘날 너희에게(מעיד בכם, 메이드 바켐) 증거한 모든 말"이라는 말로 설명되어 있다. 같은 단어가 31:28에도 나타나는데, 필자는 이것을 "내가 그들에 대한 증거로 일컬을 것이다"로 번역했다(31:28의 영역 본문을 참조하라 – 역자주). 백성들이 "그들로…너의 자녀들에게 명하라"는 지시를 받았다는 것은 여기에 나오는 "말씀"이 신명기 전체를 가리키며 노래만을 가리키지 않는다는 사실을 암시하는데, 그 이유는 노래 자체 안에는 명령이 없기 때문이다. 어린 세대에 대한 교육은 신명기 전체를 관통하여 흐르는 중요한 주제다(참조. 4:9; 6:7; 11:19; 31:13).

47 가르침은 "하찮은 일"(דבר רק – 다바르 레크)이 아니다. 참조. "내 입에서

나가는 말도 헛되이(ריקם – 레캄) 내게로 돌아오지 아니하고"(사 55:11). 티개이는 함무라비가 자신의 법과 관련하여 같은 단어를 사용한 사실에 주의를 환기시킨다(Tigay[1996] 316): "내 말은 우수한 말이요 내 행실은 비할 데 없다. 그것은 어리석은 자에게만 헛된 것이요, 지혜로운 자에게는 놀라움의 대상이다"(Code of Hammurabi, Epilogue, rev., xxv, ll. 100-104; *ANET*, 178). 여기서 "직역하여 '이는 너희에게 허사가 아니라'는 문장에서 히브리어 전치사 민(מן)을 이례적으로 사용하고 있는 것은 미드라쉬적인 설명을 생각나게 한 것이다. 즉 토라에는 헛된 것이 없다는 것이며, 만일 그것이 헛된 것(즉 불확실한 것, 무의미한 것)이라면 그것은 너로부터 인한 것이다. 그것은 네 자신이 그것을 철저히 연구하고자 하지 않기 때문이다"(Tigay[1996] 316).

해설

이스라엘 백성에 대한 마지막 분부로 모세와 여호수아는 함께 이 토라의 말씀과 모세의 노랫말을 모두 마음속에 두도록 그들에게 상기시켜 주고 있으며, 또한 이 가르침이 다가오는 세대에 그들의 자녀들에게 전달되어야 한다는 사실을 깨닫도록 상기시켜 주고 있다. 그보다 중요한 일은 없다.

여기서 모세의 말씀은 더 이상 강조될 수 없을 정도로 강조되어 있다: "내가 오늘날 너희에게 증거한 모든 말을 너희 마음에 두고 너희 자녀에게 명하여 이 율법의 모든 말씀을 지켜 행하게 하라 이는 너희에게 허사가 아니라 너희의 생명이니"(46-47절). 만일 백성들이 이것을 온전히 따랐다면 우리의 신앙이 우리의 생명이 되고, 우리는 아주 다르게 처신했을 것이다.

C. 모세에게 느보 산에 올라가서 그 땅을 바라보라고 하신 하나님의 명령(32:48-52)

참고문헌

Alfrink, L. "L'Expression *ne'ĕsaph 'el 'ammāw.*" *OTS* 5(1948) 118-31. **Horst, F.** "Zwei Begiffe für Eigentum(Besitz)." In *FS W. Rudolph.* 1961. 135-56, esp. 153-56. **Hurvitz, A.** "Dating the Priestly Source in Light of the Historical Study of Biblical Hebrew." *ZAW* Sup 100(1988) 33. **Lux, R.** "Der Tod des Mose als 'besprochene und erzählte Welt': Überlegungen zu einer literaturwissenschaftlichen und theologischen Interpretation von Deuteronomium 32, 48-55 und 34, 1." *ZTK* 84(1987) 395-425. **Milgrom, J.** "The Concept of *Ma'al* in the Bible and the Ancient Near East." *JAOS* 96(1976) 236-47. **Rodriguez Carmona, A.** "Los Anuncios de la Muerte de Moises en el Targum Palestinense." In *FS L. Alonso Schökel.* 1983. 267-79, esp. 272-75. **Seebass, H.** "Josua." *BN* 28(1985) 53-65. **Vaux, R. de.** "Le pays de Canaan." *JAOS* 88(1968) 23-30.

또한 34:1-8의 참고문헌을 보라.

본문과 운율 분석

모세에게 느보 산에 올라가서 그 땅을 바라보라고 하신 하나님의 명령
[(7:9):(5:5):(9:7)]

48 당일에 여호와께서 모세에게 일러 가라사대
49 너는 여리고 맞은편 모압 땅에 있는 아바림 산에 올라 느보 산에 이르러 내가 이스라엘 자손에게 기업으로 주는 가나안 땅을 바라보라
50 네 형 아론이 호르 산에서 죽어 그 조상에게로 돌아간 것같이 너도 올라가는 이 산

YHWH's Command to Moses to Climb Mount Nebo to "See" the Land [(7:9):(5:5):(9:7)]

48 And YHWH spoke / to Moses / on THIS / SAME DAY\[a] saying //	24	4
49 "Go up / on this mountain of the Abarim / Mount Nebo[a] /	18	3_
Which / is in the land of Moab /	9	2
which / is opposite Jericho //	11	2
And see / the land of Canaan /	11	2
which I am giving / to the Israelites / for a possession //	22	3_
50 And die / on the mountain / where you\[a] are going up there /	19	3
and be gathered / unto [b]your people[b] //	12	2_
Just as Aaron your brother / died / on Mount Hor /	21	3

에서 죽어 네 조상에게로 돌아가리니	and he was gathered / unto [c]his people[c] //	10 2_
51 이는 너희가 신 광야 가데스의 므리바 물가에서 이스라엘 자손 중 내게 범죄하여 나의 거룩함을 이스라엘 자손 중에서 나타내지 아니한 연고라	**51** Because you broke faith / with me[a] / among\[b] the Israelites /	19 3
	by the waters of Meribath-kadesh / in the wilderness of Zin //	14 2
	Because you did not revere / me /	12 2
	among / the Israelites //	11 2_
52 내가 이스라엘 자손에게 주는 땅을 네가 바라보기는 하려니와 그리로 들어가지는 못하리라 하시니라	**52** At a distance / you shall see the land //	13 2
	but there / you shall not enter / [a]the land /	15 3
	which I am giving / to the children of Israel[a] // פ	17 2_

원문주해

48.a. 위치가 잘못된 실룩으로 인하여 티프하를 연접사로 읽음.

49.a. SP에는 MT의 네보(נבו, "느보") 대신에 네보(נבא)로 되어 있으나 의미상의 차이는 없다. LXX에는 나바우(*Naβαυ*)로 되어 있다.

50.a. 자켑카톤이 뒤따라온 파스타는 연접사로 읽음.

50.b-b. MT의 암메카(עַמֶּיךָ, "네 백성들") 대신에 여러 히브리어 필사본들, SP, LXX, Syr, Tg과 함께 암카(עַמְּךָ, "네 백성")로 읽음.

50.c-c. MT의 암마이우(עמיו, "그의 백성들") 대신에 SP, LXX, Syr, Tg과 함께 암모(עַמּוֹ, "그의 백성")로 읽음.

51.a. LXX에는 MT의 삐(בִּי, "나와 함께") 대신에 토 흐레마티 무(*τῷ ῥήματί μου*, "내 말" = בִּדְבָרַי, 삐드바리)로 되어 있다. 운율 분석은 MT을 지지한다.

51.b. 자켑 카톤이 뒤따라온 파스타는 연접사로 읽음.

52.a-a. LXX에는 빠져 있다. 운율 분석은 MT을 지지한다.

양식/구조/배경

이 전환 단락은 3:27을 되돌아보고 있으며, 더 멀리는 같은 단어가 나타나는 민수기 27:12-14을 되돌아보고 있다. 신명기 32:48-52이 모세의 죽음에 뒤따라오는 내용과 관련하여 서론적 역할을 하고 있기는 하지만, 이것은 동시에 낭독 본문 9(31:1-30)의 초반부에 앞서 있는 내용과 그 관계 면에서 의미심장한 역할을 하고 있는데, 다음의 개요가 암시하고 있는 바와 같다.

A	자신의 가까운 임종에 대한 모세의 최종 준비	31:1-13
B	회막에서 모세와 여호수아에 대한 야웨의 분부	31:14-23
C	노래에 대한 모세의 준비	31:24-30
X	모세의 노래	32:1-43
C′	온 이스라엘에 대한 모세의 마지막 분부	32:44-47
B′	모세로 하여금 산에 올라가라는 야웨의 명령	32:48-52
A′	모세의 축복, 죽음, 장사, 사망 기사	33:1-34:12

이 특별한 개요는 이것을 "칠지 형태"의 한 실례로 묘사하고 있는 라부샤뉴의 개요에서 채용한 것이다(Labuschagne, "The Setting of the Song of Moses in Deuteronomy," in *FS C. H. W. Brekelmans*[1997] 115를 보라). 이 본문에서 모세의 노래(32:1-43)는 필자가 외부 골격이라고 불렀던 내용 중 하반부(신 31-34장)의 구조상의 중심부다.

이 단락은 또한 34:1-4에 있는 아직 다가오지 않은 내용을 예상하고 있는데, 다음의 개요가 암시하고 있는 바와 같다.

A	모세가 느보 산에 올라가서 그 땅을 바라보라는 명령을 받는다	32:48-52
B	고대의 찬양의 첫 번째 연	33:1-5
X	이스라엘 열두 지파에 대한 모세의 유언적 축복	33:6-25
B′	고대의 찬양의 두 번째 연	33:26-29
A′	모세가 느보 산에 올라가서 그 땅을 바라본다	34:1-4

이스라엘 열두 지파에게 말하고 있는 모세의 마지막 말과 유언(33:6-25)은 모세가 느보 산에 올라가서 멀리 약속의 땅을 바라보는 내용과 평행적 골격을 이룬다(32:48-52과 34:1-4). 유언적 축복 자체는 그것을 고대의 신현적 찬양이라는 두 개의 평행적 단락들 사이에 둠으로써 더욱더 평행적 골격을 이룬다(33:1-5과 26-29절).

32:48-52의 경계들은 처음과 끝에 페툭하 구획 표시들로 표시되어 있다. 내용 그 자체 이외에는 내적 구조를 밝혀내는 데 아무런 암시도 주어져 있지 않은데, 그것은 다음과 같이 정리될 수 있다.

A	모세가 느보 산으로 올라가서 그 땅을 바라보라는 말씀을 듣는다	32:48-49
B	하나님의 심판: 모세가 그 산에서 죽을 것이다	32:50a
X	호르 산에서 죽었던 그의 형 아론처럼	32:50b

B′ 심판의 이유: 모세가 므리바-가데스에서 범죄했다 32:51
A′ 모세가 멀리서 그 땅을 보도록 허락 받는다 32:52

모세는 자신의 인생 여정에서 이스라엘 백성들을 데리고 약속의 땅으로 들어갈 후계자 여호수아를 뒤에 남겨두고 그의 형 아론을 따라 죽어야 하는 그 지점에 도달했다.

낭독 본문 9-11(신 31-34장, 외부 골격)이라는 보다 큰 문학적 문맥 내에서 32:48-52의 숫자 구성에 대해 라부샤뉴로부터 얻은 자료는 다음과 같이 요약될 수 있다.

단어	아트나 앞		아트나 뒤		
32:44-47	40	+	28	=	68 (=4×17)
32:48-52	48	+	37	=	85 (=5×17)
32:44-52	88	+	65	=	153 (=9×17)
32:1-52	332	+	289 (=17×17)	=	621
31:1-34:12	955	+	728 (=28×26)	=	1,683 (=99×17)

신명 수 17과 26은 모두 32:48-52이 그 본질 부분을 이루고 있는 31-34장의 히브리어 본문 속에 세심하게 짜여져 있다.

주석

48 "당일에"라는 문구가 앞에서 논의한 일련의 시간 표현의 일부분이기는 하지만("원문주해" 1:9.a.), 이 단어는 동시에 모세가 출애굽 후 40년 11월(스밧월) 1일에 토라를 설명하기 시작한 때인 1:3을 되돌아보기도 한다. 이제 그 임무가 완료되었고 이 날은 곧 모세의 사망일인데(34:5), 요세푸스에 따르면 이 일이 12월 1일(즉 아달월)에 일어났다(Josephus *Ant.* 4.8.49 § 327를 보라). 출애굽기 40:33에서 시내 산에서 성막을 세우기를 완료한 날과 민수기 10:11에서 이스라엘 백성이 시내 산으로부터 출발한 날 사이에는 정확하게 1개월이 지나갔으며, 따라서 민수기 36:

13에서 모세와 이스라엘이 모압 평지에 도착한 날과 신명기 34:5에서 모세가 죽은 날 사이에는 한 달밖에 되지 않는다.

49 느보 산의 전통적인 위치는 라스 에스-시아가(Ras es-Siyaghah, 3,586피트)인데, 이 곳은 요르단 아래쪽에서 바라다볼 수 있는 "여리고 맞은편", 곧 사해의 북동쪽 모퉁이 위쪽에 자리잡고 있다. 이 위치가 수많은 관광객들과 성지 순례를 하는 사람들이 수 년 간에 걸쳐서 경험한 바와 같이 약속의 땅 전체를 바라볼 수 있는 위치이기는 하지만, 거기서 하나님께서 모세에게 서해 바다 지중해를 포함하여 단으로부터 남방(네게브)까지(신 34:1-3) 그 땅 전체를 바라보게 하셨다고는 말할 수 없다. 아랍어 명칭이 지적하는 바와 같이, 예벨 느바(3,935 피트) 역시 느보 산 후보지로 올라 있다. 본문의 "가나안 땅"은 모세가 바라보았던 약속의 땅 전체를 가리킨다. 이러한 표현은 그 의미상 그들의 관할 아래 있었던 지역으로서 애굽인들의 자료들 가운데 있는 단어의 용법과 동일하다(de Vaux, *JAOS* 88[1968] 23-30를 보라).

50 밀그롬은 "네 백성(조상)에게로 돌아간다"는 관용어가 죽은 자의 영혼이 스올이라는 사후의 세계에서 자기 조상들의 영혼과 합치된다는 특별한 고대 사상을 가리킨다고 말한다(Milgrom, *Numbers*[1990] 169-70). 31:16의 "주석"을 보라. 민수기 33:38에 따르면, 호르 산에서 있었던 "네 형 아론"의 죽음이 정확하게 6개월 앞서 일어났다(제5월 1일). 또한 민수기 20:23-28을 보라. 아론이 브에롯-베네야아간으로부터 여행하는 길에 모세라에서 죽었다는 신명기 10:6의 진술은 호르 산이 가데스바네아로부터 아라바 단층 골짜기에까지 이르는 동편 여행 경로로서 고대 에돔의 변방 근처에 위치해 있었을 것이라는 사실을 시사한다. 가장 개연성 있는 위치는 에돔의 극북서쪽 경계에 위치한 가데스 북동쪽 15마일 지점의 예벨 마두라(Jebel Madurah)다.

51-52 밀그롬은 모세가 틀리게 기록했다며 중세 유대인 주석가들이 제공한 열 가지 설명을 검토하고(Milgrom, *Numbers*, 448-56에 있는 "특별 부록 50: Magic, Monotheism, and the Sin of Moses"를 보라) 모세의 죄는 그가 말한 내용에 있는 것이 아니라 그가 말한 모든 노골적인 사실에 있다고 결론짓는다(p. 454). "신 광야"는 다른 곳에서 가데스 광야로 언급된(시 29:8) 네게브에 있는 사막 지역이다. 그러므로 이 곳은 신명기 1:19과 8:15의 "크고 두려운 광야"의 일부다. "멀리서"(מנגד – 미네게드; 개역성경에서는 번역이 생략됨 – 역자주)는 폭스의 번역이다(E. Fox, *FBM*, 1008). 같은 표현이 열왕기하 2:15에 나타난다.

해설

매튜 헨리가 오래 전에 말한 바와 같이, 모세는 "자신이 받은 지시를 이행함에 있어서 응당 가져야 할 태도를 가지고 친히 이행하지 않았다"(*Exposition of the Old and New Testament*[1828] 706). 수많은 다른 순례객들이 수 년 동안 해 온 바와 같이, 이 사건들에 나타나 있는 것처럼 모세가 바라본 전통적인 시계(視界)를 볼 수 있었던 느보 산 꼭대기에 필자 역시 서 있었던 경험을 기억하고 있다. 필자는 모세가 그때 생각하고 느꼈던 – 기쁨과 슬픔이 뒤섞여진 – 것을 상상해 보려고 했었다. 광야를 통과해 온 오랜 여행이 끝났다는 사실은 기쁨이었는데, 왜냐하면 그들이 자기들의 목적지에 도달했기 때문이다. 그러나 동시에 므리바 물가에서 백성들의 행동의 결과가 지금도 지속되고 있다는 사실은 슬픈 일이었다.

그러나 여기서 그때 어떻게 자극을 받았든 간에 우리가 범하는 죄의 대가에 관한 실제적인 교훈이 있다. 또한 동시에 "새로운 땅"으로 백성들을 데리고 가도록 부름받은 이상을 가진 지도자가 자주 그 사람들을 그 꿈의 변방까지만 인도해 간다는 사실 가운데 보다 깊은 교훈이 있다. 마틴 루터 킹(Martin Juther King, 1929-68)이 이것을 알았고, 마하트마 간디(1869-1948)와 과거의 수많은 다른 사람들이 그러했다.

약속된 유산을 충분히 보고 죽은 사람 그리고 영원한 생명을 확신하고 죽은 사람들은 복이 있다. 동시에 신중하게 행동하도록 노력하고, 우리가 취한 어떤 잘못된 행동이 죽음의 침상에서 우리를 괴롭히는 기억이 되게 하거나 그 임종 모습이 편하지 않게 되는 일이 없도록 하자.

낭독 본문 11: 모세의 축복, 죽음, 장사, 사망 기사 (33:1-34:12)

참고문헌

Albright, W. F. *Yahweh and the Gods of Canaan.* 1968. 17. **Armerding, C.** "The Last Words of Moses: Deuteronomy 33." *BSac* 114(1957) 225-34. **Budde, K.** *Der Segen Mose Dt 33 erläutert und übersetzt.* Tübingen, 1922. **Burkitt, F. C.** "On the Blessing of Moses." *JTS* 35(1934) 68. **Caquot, A.** "Les bénédictions de Moise(Deutéronome 33, 6-25): I - Ruben, Juda, Lévi, Benjamin." *Sem* 32(1982) 67-81. ______. "Les bénédictiones de Moise(Deutéronome 33, 6-25): II - De Joseph à Asher." *Sem* 33(1983) 59-76. **Cassuto, U.** "Deuteronomy Chapter xxxiii and the New Year in Ancient Israel." In *Biblical and Oriental Studies.* Tr. I. Abrahams. 2 vols. Jerusalem: Magnes, 1973-75. 1:47-70. **Christensen, D. L.** "Two Stanzas of a Hymn in Deuteronomy 33." *Bib* 65(1984) 382-89. **Clements, R.** *In Spirit and in Truth: Insights from Biblical Prayers.* Atlanta: John Knox, 1985. **Collins, T.** *Line-Forms in Hebrew Poetry: A Grammatical Approach to the Stylistic Study of the Hebrew Prophets.* Studia Pohl, Series Maior. Rome: Biblical Institute Press, 1978. **Craigie, P. C.** "The Conquest and Early Hebrew Poetry." *TynBul* 20(1969) 76-94. **Cross, F. M.**, and **Freedman, D. N.** "The Blessing of Moses." *JBL* 67(1948) 191-210. ______. *Studies in Ancient Yahwistic Poetry.* SBLDS 21. Missoula, MT: Scholars Press, 1975. 97-124(2nd ed. Grand Rapids: Eerdmans, 1997). **Fensham, C. F.** "The Use of the Suffix Conjugation and the Prefix Conjugation in a Few Old Hebrew Poems." *JNSL* 6(1978) 9-18. **Freedman, D. N.** "Divine Names and Titles in Early Hebrew Poetry." In *FS G. E. Wright.* 1976. 55-107, esp. 68-70. ______. "The Poetic Structure of the Framework of Deuteronomy 33." In *FS C. H. Gordon.* 1980. 25-46. ______. *Pottery, Poetry, and Prophecy: Studies in Early Hebrew Poetry.* Winona Lake: Eisenbrauns, 1980. ______. "'Who Is Like Thee among the Gods?': The Religion of Early Israel." In *FS F. M. Cross.* 1987. 315-35, esp. 318-23. **Garsiel, M.** *Biblical Names: A Literary Study of Midrashic Derivations and Puns.* Ramat Gan: Bar Ilan UP, 1981. 104-5, 115, 143, 172, 178. **Gaster, T. H.** "An Ancient Eulogy on Israel: Deuteronomy 33:3-5, 26-29."

JBL 66(1947) 53-62. **Geus, C. H. J. de.** *The Tribes of Israel: An Investigation of Some of the Presuppositions of Martin Noth's Amphictyony Hypothesis.* Assen: Amsterdam: Van Gorcum, 1976. **Graf, K. H.** *Der Segen Moses.* Leipzig: Dyk, 1857. 9-10. **Gunneweg, A. H. J.** "Über den Sitz im Leben der sogenannten Stammessprüche." *ZAW* 76(1964) 245-55. **Halpern, B.** *The Emergence of Israel in Canaan.* SBLMS 29. Chico, CA: Scholars Press, 1983. 149-56. **Hoonacker, A. Van.** "Notes sur le texte de la 'Bénédiction de Moïse'(Deut. XXXIII)." *Mus* 42(1929) 42-60. **Kaufmann, Y.** *The Religion of Israel.* Tr. M. Greenberg. Chicago: Univ. of Chicago Press, 1960. 242-44. **Kittel, H. J.** "Die Stammessprüche Israels: Gen 49 und Dt 33 traditionsgeschichtlich untersucht." Diss., Berlin, 1959. **Labuschagne, C. J.** "The Tribes in the Blessing of Moses." *OTS* 19(1974) 97-112. **Mowinckel, S.** *Der actungsechzigste Psalm.* Avhandlinger utgitt av det Norske videnskaps-akademi i Oslo II. Historisk-filosofisk klasse 1. Oslo: Dybwad, 1953. **Nielsen, E.** "Historical Perspectives and Geographical Horizons: On the Question of North-Israelite Elements in Deuteronomy." In *Law, History, and Tradition.* 1983. 82-92, esp. 81-82. **Nordheim, E. von.** *Die Lehre der Alten: I. Das Testament als literarische Gattung im Judentum der hellenistisch-römischen Zeit.* ALGHJ 13. Leiden: Brill, 1980. **O'Connor, M.** *Hebrew Verse Structure.* Winona Lake, IN: Eisenbrauns, 1980. 207-18, 433-43, 550-52. **Phythian-Adams, W. J.** "On the Date of the 'Blessing of Moses'(Deut XXXIII)." *JPOS* 3(1923) 158-66. **Riessler, P.** "Das Moseslied und der Mosessegen." *BZ* 11(1913) 119-28. **Robertson, D. A.** *Linguistic Evidence in Dating Early Hebrew Poetry.* SBLDS 3. Missoula, MT: Scholars Press, 1972. 49-56, 68. **Rofé, A.** "Moses' Blessing, the Sanctuary at Nebo and the Origin of the Levites." In *FS E. Loewenstamm.* 1978. 409-24(Heb.; Eng. summary, 207-9). **Sanmartín, J.** "Erwägungen zum altisraelitischen System der zwölf Stämme." *ZAW* 90(1978) 196-220. ______. "Problemas de textología en las 'Bendiciones' de Moisés(Dt 33) y de Jacob(Gn 49)." In *FS L. Alonso Schökel.* 1983. 75-96. **Seebass, H.** "Die Stämmeliste von Dtn xxxiii." *VT* 27(1977) 158-69. **Seeligmann, I. L.** "A Psalm from Pre-Regal Times." *VT* 14(1964) 75-93. **Tellerus, G. A.** *Notae Criticae et Exegeticae in Gen XLIX, Dt XXXIII.* Halle, 1766. ______. *Übersetzungen des Segens Jakobs und Mosis etc mit beygefügten praktischen Anmerkungen.* Halle, 1766. **Tigay, J. H.** "Excursus 33: The Blessing of Moses(Deuteronomy 33)." In *Deuteronomy.* 1996. 519-25. **Tournay, R.** "Le Psaume et les Bénédictions de Moise(Dt

XXXIII)." *RB* 65(1958) 181-213. **Volck, W.** *Der Segen Moses: Deut. Kap. XXXIII.* Erlangen: Deichert, 1873. **Weippert, H.** "Das geographische System der Stämme Israels." *VT* 23(1973) 76-89. **Zobel, H.-J.** *Stammesspruch und Geschichte: Die Angaben der Stammessprüche von Gen 49, Dtn 33 und Jdc 5 über die politischen und kultischen Zustände in damaligen "Israel."* BZAW 95. Berlin: Töpelmann, 1965.

서론

유대인 전승에서 본 단락의 첫마디 말에서 나온 웨조트 하베라카(ווזאת הברכה, "그리고…축복함이 이러하니라")로 알려진, 신명기 토라 낭독 본문 주기 가운데 열한 번째 주 본문이면서 마지막 주의 본문(33:1-34:12)은 다음과 같이 정리될 수 있다.

A	자기 백성을 위한 야웨의 보호와 공급	33:1-5
B	이스라엘 열두 지파에 대한 모세의 유언적 축복	33:6-25
X	"야웨에 의하여 구출된" 백성 이스라엘의 안정과 축복	33:26-29
B′	모세가 느보 산에 올라가서 이스라엘 온 땅을 바라봄	34:1-4
A′	모세에게서 여호수아에게로 지도권 이양	34:5-12

이 본문에서 중심부에 있는 초점은 "야웨에 의하여 구출된" 백성인 이스라엘의 안정과 축복(33:26-29)에 있다. 외부 골격은 야웨께서 옛적에 그들의 왕으로서 자기 백성을 보호하고 공급하신 사실에 대한 묘사(33:1-5)로부터, 야웨의 성전의 두 번째 국면을 예상한 여호수아에게로의 지도권 이양(34:5-12)으로 옮겨간다. 내부 골격은 약속의 땅에서 열두 지파의 이어지는 생활을 예상하면서 모세가 각 지파에게 한 유언적 축복(33:6-25)으로부터, 느보 산 꼭대기에서 본 바와 같이 가나안에서 아홉 지파 반에게 분배될 약속의 땅 전체에 대한 묘사(34:1-4)로 옮겨간다.

우리는 신명기 31-34장이 다양한 방식으로 정리될 수 있는 단일한 문학적 구조를 이루고 있다는 사실을 살펴본 바 있다. 언약적 축복이 중심 초점이 될 때, 이 자료는 다음과 같은 칠지 형태로 정리될 수 있다.

A	여호수아와 온 이스라엘에 대한 모세의 마지막 분부	32:1-32:47
B	느보 산에 올라가서 그 땅을 바라보라고 명령받은 모세	32:48-52
C	고대 찬양의 첫 번째 연: 야웨의 보호와 공급	33:1-5
X	이스라엘의 열두 지파에 대한 모세의 유언적 축복	33:6-25

C′ 고대 찬양의 두 번째 연: 이스라엘의 안전과 축복 33:26-29
B′ 모세가 느보 산에 올라가서 약속의 땅을 바라봄 34:1-4
A′ 모세에게서 여호수아에게로의 지도권 이양 34:5-12

이 개요는 32:48-52의 논의에서 주어진 보완 내용과 비교되어야 할 텐데, 거기서 모세의 노래(32:1-43)는 신명기 31-34장 전체를 포함하고 있는 이와 유사한 칠지 형태의 구조 중심부에 위치해 있었다.

A. 고대의 찬양의 첫 번째 연: 야웨의 보호와 대책(33:1-5)

참고문헌

Ahituv, S. *Canaanite Toponyms in Ancient Egyptian Documents.* Jerusalem: Magnes, 1984. 122 n. 295, 169 n. 491. **Ahlström, G. W.** "Where Did the Israelites Live?" *JNES* 41(1982) 133-38, esp. 134. **Axelsson, L.** *The Lord Rose Up from Seir: Studies in the History and Traditions of the Negev and Southern Judah.* ConBOT 25. Stockholm: Almqvist & Wiksell, 1987. **Bartlett, J. R.** "The Land of Seir and the Brotherhood of Edom." *JTS* 20(1969) 1-20, esp. 8. **Beeston, A. F. L.** "Angels in Deut. 33:2." *JTS* 2(1951) 30-31. **Blau, L.** "Zwei Dunkel Stellen im Segen Moses(Dt. 33 2-3, 24-25)." In *FS G. A. Kohut.* 1935. 95-96. **Boling, R.** *The Early Biblical Community in Transjordan.* SWBA 6. Sheffield: Almond Press, 1988. **Buber, M.** *The Kingship of God.* Tr. R. Scheimann. New York: Harper & Row, 1967. 131. **Cassin, E.** *La Splendeur Divine.* Paris; The Hague: Mouton, 1968. **Christensen, D. L.** *Prophecy and War in Ancient Israel.* Berkeley: BIBAL Press, 1989. 52. ______. "Two Stanzas of a Hymn in Deuteronomy 33." *Bib* 65(1984) 382-89. **Clifford, R.** *The Cosmic Mountain in Canaan and the Old Testament.* HSM 4. Cambridge: Harvard UP, 1972. **Cross, F. M.** *CMHE.* 70, 99-105. **Dahood, M.** "Philological Notes on Jer 18, 14-15." *ZAW* 74(1962) 207-9, esp. 207. ______. "Qohelet and Northwest Semitic Philology." *Bib* 43(1962) 349-65, esp. 352-53. ______. *Ugaritic-Hebrew Philology: Marginal Notes to Recent Publications.* BibOr 17. Rome: Pontifical Biblical Institute,

1965. ______. "Ugaritic Lexicography." In *Mélanges E. Tisserant.* 7 vols. Studi e Testi 231-37. Citta del Vaticano: Biblioteca Apostolica Vaticana, 1964. 1:81-104, esp. 87. **Driver, G. R.** "Hebrew Homonyms." In *FS W. Baumgartner.* 1967. 50-64. **Emerton, J. A.** "New Light on Israelite Religion: The Implications of the Inscriptions of Kuntillet ʿAjrud." *ZAW* 94(1982) 2-20, esp. 10. **Freedman, D. N.** "The Poetic Structure of the Framework of Deuteronomy 33." In *FS C. H. Gordon.* 1980. 25-46. **Gaster, T. H.** "An Ancient Eulogy on Israel: Deuteronomy 33:3-5, 26-29." *JBL* 66(1947) 53-62. **Hiebert, T.** *God of My Victory: The Ancient Hymn in Habakkuk 3.* HSM 38. Atlanta: Scholars Press, 1986. **Jeremias, J.** *Das Königtum Gottes in den Psalmen.* FRLANT 141. Göttingen: Vandenhoeck & Ruprecht, 1987. 82-92. **Kaufmann, Y.** *The Religion of Israel.* Tr. M. Greenberg. Chicago: Univ. of Chicago Press, 1960. 242-44. **Komlós, O.** "תֻּכּוּ לְרַגְלֶךָ(Deut 33, 3)." *VT* 6(1956) 435-36. **Labuschagne, C. J.** "The Tribes in the Blessing of Moses." *OTS* 19(1974) 97-112, esp. 99-100. **Maier, J.** "Zum Begriff *jd* in den Texten von Qumran." *ZAW* 72(1960) 148-66. **Mann, T. W.** *Divine Presence and Guidance in Israelite Tradition.* Baltimore: Johns Hopkins UP, 1977. 178-89. **Marcus, R.** "Philo, Josephus and the Dead Sea *Yaḥad.*" *JBL* 71(1952) 207-9. **Margulis, B.** "Gen. XLIX, 10 / Deut XXXIII, 2-3." *VT* 19(1969) 202-10. **Mazar, B.** "Yahweh Came out from Sinai." In *Temples and High Places in Biblical Times.* Jerusalem: HUC-JIR, 1981. 5-7(=*Beer Sheva* 2[1985] 111-14). **Milik, J. T.** "Deux documents inédits du désert de Juda." *Bib* 38(1957) 245-68, esp. 254 n. 2. **Miller, P. D.** "Animal Names as Designations in Ugaritic and Hebrew." *UF* 2(1970) 177-86. ______. "Aspects of the Religion of Ugarit." In *FS F. M. Cross.* 1987. 53-66, esp. 59-60. ______. "A Critical Note on Deut. 33:2b-3a." *HTR* 57 (1964) 241-43. ______. *The Divine Warrior in Early Israel.* HSM 5. 2nd ed. Cambridge: Harvard UP, 1975. 76-78. **Nyberg, H.S.** "Deuteronomium 33:2-3." *ZDMG* 92(1938) 320-44. **Perlitt, L.** "Sinai und Horeb." In *FS W. Zimmerli.* 1977. 302-22. **Porter, J. R.** *Moses and Monarchy.* Oxford: Blackwell, 1963. 14 n. 35. **Rendsburg, G.** "Hebrew *ʾšdt* and Ugaritic *išdym.*" *JNSL* 8(1980) 81-84. ______. "Late Biblical Hebrew and the Date of 'P.'" *JANESCU* 12(1980) 65-80, esp. 80. **Ringgren, H.** "Behold Your King Comes." *VT* 24(1974) 207-11. **Rowley, H. H.** *From Joseph to Joshua.* London: Oxford UP, 1964. 149-55. **Schultz, J. P.** "Angelic Opposition to the Ascension of Moses and the Revelation of the Law." *JQR* 61(1970

/71) 282-307. **Sheppard, G. T.** *Wisdom as a Hermeneutical Construct: A Study in the Sapientializing of the Old Testament.* BZAW 151. Berlin: de Gruyter, 1980. 62-71. **Soleh, M. Z.** "Revelation - Not Only at Sinai." *BMik* 29(1983/84) 285-86(Heb.). **Steiner, R. C.** "דָּת and עֵין: Two Verbs Masquerading as Nouns in Moses' Blessing (Deuteronomy 33:2, 28)." *JBL* 115(1996) 693-98. **Stummer, F.** "תכו=Adpropinquant: Ein Beitrag zur Klärung der Vulgata zu Dt 33, 3." In *Alttestamentliche Studien: FS T. Nötscher.* Ed. H. Junker. Bonn: P. Hanstein, 1950. 265-70. **Talmon, S.** *King, Cult, and Calendar in Ancient Israel.* Jerusalem: Magnes, 1986. 48-49. **Vaux, R. de.** *The Early History of Israel.* Tr. D. Smith. Philadelphia: Westminster, 1978. 333-37. **Wächter, L.** "Israel und Jeschurun." In *FS A. Jepsen.* 1971. 58-64. **Weinfeld, M.** "'Justice and Righteousness' in Ancient Israel against the Background of 'Social Reforms' in the Ancient Near East." In *Mesopotamien und seine Nachbarn.* Ed. H.-J. Nissen and J. Renger. Berlin: Reimer, 1982. 491-519, esp. 508. ______. "The Tribal League at Sinai." In *FS F. M. Cross.* 1987. 303-14. ______. "Kuntillet ʿAjrud Inscriptions and Their Significance." *Studi epigrafici e lingistici* 1(1984) 121-30, esp. 124. **Zimmermann, F.** "The Root *Kahal* in Some Scriptural Passages." *JBL* 50(1931) 311-12.

본문과 운율 분석

고대의 찬양의 첫 번째 연: 야웨의 보호와 대책
[(4:6):(6:6):(4:6)]

1 하나님의 사람 모세가 죽기 전에 이스라엘 자손을 위하여 축복함이 이러하니라
2 일렀으되 여호와께서 시내에서 오시고 세일 산에서 일어나시고 바란 산에서 비취시고 일만 성도 가운데서 강림하셨고 그 오른손에는 불 같은 율법이 있도다
3 여호와께서 백성을 사랑하시나니 모든 성도가 그 수중에 있으며 주의 발 아래에 앉아서 주의 말씀을 받는도다

First Stanza of an Ancient Hymn: God's Protection and Guidance [(4:6):(6:6):(4:6)]

1 And this is the blessing /	9	1
with which Moses / the man of God blessed / the Israelites //	26	3_
It was before\[a] his death // **2** and he said /	11	2
"YHWH / from Sinai he came /	11	2
and he shone forth from Seir / for them[a] /	13	2_
He burst forth / from Mount Paran /	12	2
[b]He marched / from Ribeboth-kodesh[b] //	14	2
from his southland / [c]to the mountain slopes for them[c] //	13	2_
3 Indeed\[a] (he is) the lover of peoples /	8	1
[b]all his[c] holy ones\[d] are at your hand[e] //	11	1
Indeed[f] they / place themselves at your feet[g] /	10	2
[h]they carry out[h] / your pronouncements //	12	2_

4 모세가 우리에게 율법을 명하였으니 곧 야곱의 총회의 기업이로다	**4** Instruction (Torah) / Moses commanded us (to do) //	14 2
	as the heritage[a] / of the assembly of Jacob //	13 2_
5 여수룬에 왕이 있었으니 곧 백성의 두령이 모이고 이스라엘 모든 지파가 함께한 때에로다	**5** And in Jeshurun he became / king //	12 2
	when the chiefs of the[a] people / assembled /	11 2
	in conclave / the tribes of Israel" //	10 2_

원문주해

1.a. 위치가 잘못된 씰룩으로 인하여 티프하를 연접사로 읽음.

2.a. LXX에는 여기서 헤민(*ἡμῖν*, "우리에게"=라누〈לָנוּ〉 혹은 레암모〈לְעַמּוֹ〉)으로 되어 있지만, 본 절 끝에 있는 라모란 단어의 두 번째 경우에는 그렇지 않은데, 거기서는 메트 아우투(*μετ' αὐτοῦ*, "그와 함께")로 되어 있다. 여기서 라모(לָמוֹ)를 "그들을 위하여"로 번역한 것은 프리드만(Freedman, *FS C. H. Gordon*[1980] 32)과 폭스(E. Fox, *FBM*, 1008)의 번역을 따른 것이다. 오코너(O'Connor)는 수수께끼 같은 라모(לָמוֹ)를 접미사를 취할 수 없는 고유명사를 수식하고 있는 완곡어적 소유격으로 읽는다. 그 의미는 "세일이 야웨에게 속하는 것은 당연하다"가 된다(O'Connor, *Hebrew Verse Structure*, 208). 가장 초창기에 이 본문에 대해 취급하면서(D. L. Christensen, *Transformations of the War Oracle in Old Testament Prophecy*, Harvard Dissertations in Religion 3[Missoula, MT: Scholars Press, 1975] 52), 필자는 첫 번째 라모(לָמוֹ)를 "우리에게"(LXX과 함께)로 읽고 두 번째 것을 ל〈א〉ם("그 백성들")로 수정하는 크로스(Cross, *CMHE*, 101)를 따랐다. 그 다음의 연구에서 필자는 그것을 여기서의 경우처럼 "그들을 위하여"로 번역했다(Christensen, *Bib* 65[1984] 386).

2.b-b. LXX에는 쉰 뮈리아신 카데스(*σὺν μυριάσιν Καδες*, "가데스의 일만 인들과 함께" = אֶת רִבְבֹת קָדֵשׁ, 에트 립보트 콰데쉬)로 되어 있다; Syr에는 *w'mh mn rbwt' dqdyš* (=ואתו רבבת קדש)로 되어 있다. 여기서 필자는 어근 아타(אתה, "행진하다")의 고대 용법으로 되어 있는 MT을 따른다.

2.c-c. 여기서 채택된 독법 "그들을 위하여 그의 남방 땅으로부터 산 비탈까지"는 MT의 에슈다트(אֵשְׁדָּת)를 아쉐도트(אֲשֵׁדֹת, "산비탈")로 모음 부호를 다시 붙이는 프리드만의 독법이다(Freedman, *FS C. Gordon*[1980] 30, 32; 참조. 신 3:17; 4:49). SP의 네 개의 필사본들에는 אשדות로 되어 있다. 초창기 연구에서 크로스와 프리드만은 이 본문을 אשר אלם("능하신 자들에게 나아간")으로 읽도록 수정했다(*JBL* 67[1948] 193, 199). JPS 타낙이 "그의 오른편으로부터"로 번역하고 있는 미미노(מימינו)란 단어는 "그의 남쪽(땅)으로부터", 즉 에돔과 남방 유다에 있는 세일 산과 바란 산을 의미하는 것으로 해

석되었다(참조. 1:1-2). 타낙에 있는 번역은 각주의 Q독법 동사 어근 다아(דאה)로부터 나온 ת(א)ד אש("나르는 불" 혹은 "번쩍이는 빛")라는 독법을 따른 것이다(참고 28:49). 또한 Steiner, *JBL* 115[1996] 693-96를 보라. 그러나 라부샤뉴의 "글자 수 분석 방법"은 히브리 본문의 이 지점에 있는 첨가 단어의 도입에 대한 강력한 반증을 나타내고 있는데, 그 이유는 그것이 숫자 구성이라는 세심하게 작업한 패턴을 흩뜨려 놓고 있기 때문이다. 또 다른 가능성은 MT의 에슈다트 라모(אֵשְׁדָּת לָמוֹ) 대신에 에샤르타 라모(לָמוֹ אֲשַׁרְתָּ, "네가 그들에게 행진해 갔다")로 읽도록 수정하는 것이지만, 이것은 이 단어의 모음부호를 다시 붙이는 것만큼 자음 본문을 변경시키는 것을 요구한다. LXX에는 앙겔로이 메트 아우투(*ἄγγελοι μετ' αὐτοῦ*, "그의 천사들을 그와 함께" = אִשְׁרוּ אֵלִים, 이슈루 엘림)로 되어 있다. 고대형 동사 아타(אתה, "오다, 행진하다")와 아샤르(אשר, "행진하다, 밟다")가 민 21:14에 있는 평행절에 나타난다(*Prophecy and War*, 52에 있는 필자의 논평을 보라; 그리고 *CBQ* 36[1974] 359-60에 있는 필자의 초기 논문을 보라). 아래의 29절을 보라. 거기서 아샤르(אשר)란 동사가 잘못 읽혀졌다.

3.a. 에티브를 연접사로 읽음.

3.b. SP와 LXX, Syr은 와우 접속사를 덧붙인다.

3.c. LXX에는 호이 헤기아스메노이(*οἱ ἡγιασμένοι*, "그 성별된 자" =קדשים)로 되어 있다.

3.d. 위치가 잘못된 아트나로 인하여 티프하를 연접사로 읽음.

3.e. LXX에는 휘포 타스 케이라스 아우투(*ὑπὸ τὰς χεῖρας αὐτοῦ*, "그의 손들 아래" =בידיו)로 되어 있다.

3.f. 몇몇 LXX 증거 본문들은 와우 접속사를 생략한다. 필자는 여기에 나오는 와우를 강조어로 취급했다.

3.g. MT의 레라글레카(לרגלך, "네 발들") 대신에 여러 히브리어 필사본들, 카이로 게니자 단편들, SP, *α'*와 함께 לרגליך("너희 발들")로 읽음.

3.h-h. MT의 예사(יִשָּׂא, "그가 이행하다") 대신에 헴펠(Hempel)이 *BHS*에서 제안하는 바와 같이 ישא⟨ו⟩ם דברתיך("그들이 당신의 공고를 이행하다")로 읽음. LXX은 와우 접속사를 덧붙인다. SP와 Vg은 와우 접속사를 덧붙이고, 동사 예사(יִשָּׂא)를 복수인 "그들이 이행하다"로 읽는다. 다른 사람들이 따르고 있는 크로스와 프리드만(JBL 67[1948] 193, 201)은 t-삽입 동사형으로 읽는다(아래의 "주석"을 보라). 이것은 4절 초두에 있는 1인칭 복수형의 도입을 통하여 강화된 경계를 표시하기 위한 수의 전이의 확대로서, 복수로부터 단수로 전환한 MT에서 복수의 의미를 가지고 있는 단수형으로 해석하는 것도 가능하다.

4.a. MT의 모라샤(מוֹרָשָׁה, "소유, 유산") 대신 고대형 3인칭 단수 접미사인 모라샤(מוֹרָשֹׁה, "그의 유산")로 읽음.

5.a. SP, Syr, Tg에는 MT의 암(עם, "백성") 대신에 하암(העם, "그 백성")으로 되어 있다. LXX에는 복수로 되어 있다. 고대 히브리 시에서는 정관사가 자주 기록되지 않은 것이 분명하지만, 번역상 고대와 현대의 다른 언어에서는 이것이 자주 요구된다.

양식/구조/배경

모세의 축복은 고대의 찬양의 두 연의 골격 내에 위치해 있다(1-5절과 26-29절; Christensen, *Bib* 65[1984] 382-89).

33:1-5에 있는 내부 구조의 세 표시들은 3인칭 서술(1절)로부터 2절에 있는 직접 연설로의 전환, 3절에서 2인칭 단수형으로 전환 그리고 4절 초두에서 1인칭 복수형으로 전환인데, 이것은 에널리지(enallage) 현상, 즉 다른 것을 위하여 한 문법 형태를 사용하는 현상, 다시 말해 수의 전이처럼(신명기의 다른 곳에서 2인칭 단수와 복수형 간의 전환) 또 다른 형태를 위하여 한 문법적 형태를 사용하는 현상이다. 4-5절이 앞의 내용으로부터 분리되었다는 사실은 운율 분석에 의하여 파악할 수 있는데, 곧 1-3절이 4-5절의 구조와는 다른 두 부분으로 된 운율 구조를 이루고 있다.

신명기 33장에 있는 모세의 축복의 구조에 관한 1980년의 연구에서, 프리드만은 서문(2-5절)과 마감하는 말(26-29절)의 대칭 등급을 논증했는데, 그것은 세부 사항에서 지나치게 간결해서 증거를 위한 하나의 단순한 이론으로서는 거부되어야 할 것이다(*FS C. H. Gosdon*[1980] 25-46). 한층 더 논의를 더해 간 필자 자신의 연구(1984와 1989년) 내용에서는 세부적인 문제들을 좀더 확대해 나갔다. 프리드만은 교차 구조와 대칭 구조에 대한 자신의 주장을 입증하면서 수많은 수사학적 특징들을 인용하고 있다. 시의 초두(2절)에 나타나는 야웨란 단어는 끝부분(29절)에서 단 한 번 다시 나타나면서 전체를 감싸는 형식을 취하고 있다. 이스라엘에 대한 특이한 이름인 여수룬이 첫 번째 연의 끝(5절)과 두 번째 연의 초두(26절)에 나타나며, 히브리 성경의 다른 곳에서는 단 두 번만 나타난다(신 32:15; 사 44:2). 이 두 연의 끝은 암(עם, "백성")이란 단어와 이스라엘(יִשְׂרָאֵל)이란 단어의 역순 반복(5, 26절)을 통하여 표시되어 있다. 더 나아가서 결론부(26-29절)의 처음과 끝은 "너를 도우시려고…위엄을"(ובגאותו בעזרך – 베에즈레카 우브가아와토; 26절)과 "돕는…〈그의〉 영광"(〈ו〉גאות… עזרך – 에즈레카…가아와테카; 29절)의 반복으로 표시되어 있다. 보다 큰 구조 전체는 칠지 형태로 정리될 수 있다.

A 남방 땅으로부터 야웨의 정복의 행진 33:2

B 자기 백성을 위한 야웨의 보호와 공급 33:3-4
C 야웨는 여수룬 가운데서 왕이시다 33:5
X 모세의 축복 33:6-25
C′ 여수룬이여, 하나님 같은 자 없도다 33:26
B′ 이스라엘의 안전과 축복 33:27-28
A′ 이스라엘, 야웨의 구원받은 백성 33:29

이 개요는 이 주석의 앞 단락에 있는 31:1-34:12의 개요와 비교되어야 할 텐데, 거기서는 모세의 노래(32:1-43)가 그 안에 그 노래를 포함하는 유사한 구조의 중심부에 자리잡고 있다. 이 방법 내에서 "바퀴들 안에 있는 바퀴들"을 두고 있는 현상은 신명기의 문학적 구조와 타낙 정경 구조 내에서 독특한 특징인 것으로 주장해 온 바 있다(D. L. Christensen, *Study Guides on the Torah, Former Prophets, Latter Prophets, and the Writings*[N. Richland Hills, TX: BIBAL Press, 1996-2001]). 간단히 말해서, 골격의 단락은 운율적 관점에서 실질적으로 동일하다. 머리말(2-5절)은 다섯 부분으로 된 대칭 구조로 정리될 수 있다.

A 남쪽 땅으로부터 야웨의 정복 행진 33:2-3c
B 그분은 너에게 맡긴 말씀을 유지하신다 33:3d
X 모세는 토라를 가지고 우리에게 분부한 사람이다 33:4a
B′ 야곱의 총회의 기업으로 33:4b
A′ 여수룬 가운데서 야웨의 통치 33:5

여기서 외부 골격은 야웨의 전통적인 정복의 행진에 초점을 맞추고 있는데, 이것은 여수룬(이스라엘) 가운데서 야웨의 왕권과 관련되어 있다. 내부 골격은 야곱/이스라엘에게 맡기신 유산으로서 토라 가운데 있는 야웨의 말씀에 초점을 맞추고 있다. 중심부에서 우리는 토라를 가지고 그것을 지키라고 우리에게 분부한 사람이 모세였다는 간단한 진술을 발견하게 된다.

26-29절에 있는 이 고대의 찬양의 결론은 역시 다섯 부분으로 이루어진 대칭 구조를 가지고 있다.

A 하나님("엘")과 같은 신이 없다 33:26
B 그는 자기 백성의 피난처이시다 33:27a
X 그는 네 앞에서 대적을 쫓아내셨다/그는 "멸하라"고 하셨다 33:27b
B′ 안전히 정착한 이스라엘 33:28

A′ 이스라엘처럼 야웨께서 구원하신 백성은 없다 33:29a

여기서 외부 골격은 하나님의 유일성과 야웨를 통하여 자기 대적들로부터 구출받은 백성으로서 이스라엘의 유일성에 초점을 맞추고 있다. 내부 골격은 약속의 땅에서 피난처로서 그리고 안전의 원천으로서의 하나님에게 초점을 맞추고 있다. 그리고 중심부는 야웨의 성전의 관점에서 가나안 입성을 요약하고 있다. 즉 하나님께서 이스라엘 백성이 그 땅에 들어갈 때 그들 앞에서 대적들을 쫓아내셨다. 전체적으로 취급한다면, 이 시의 상·하반부는 각기 다른 초점을 가지고 있는데, 그것은 다음과 같은 칠지 패턴 가운데 암시되어 있다.

A 남방 땅으로부터 야웨의 정복의 행진 33:2
B 자기 백성을 위한 야웨의 보호와 공급 33:3-4
C 야웨는 여수룬 가운데 왕이시다 33:5a
X 이스라엘 지파들의 회의 가운데 모인 두령들 33:5b
C′ 여수룬이여, 하나님 같은 자 없도다 33:26
B′ 이스라엘의 안전과 축복 33:27-28
A′ 이스라엘, 하나님의 구원받은 백성 33:29

여기서 야웨의 정복 행진은 이스라엘을 위한 구원의 행위이며(2, 29a절), 야웨의 보호와 공급(3-4절)은 이스라엘의 안전과 축복의 원천이다(27-28절). 중심 골격은 야웨 자신을 묘사하고 있는데, 그분은 이스라엘의 왕이시며 비할 데 없는 분이시다(5, 26절). 그리고 그 중심부에서 우리는 새로운 의미를 가지고 있는 하나의 시적 진술을 발견하게 된다: 그의 왕 야웨의 통치 아래 있는 "이스라엘 모든 지파가 함께 한 때에 모인 백성의 두령"이다(5c절).

33:1-5의 숫자 구성에 관해 라부샤뉴로부터 얻은 자료는 다음과 같이 요약될 수 있다.

단어	아트나 앞		아트나 뒤		
33:1-11	80	+	52 (=2×26)	=	132
33:1-7	50	+	28	=	78 (=3×26)
33:1-5	36	+	19	=	55 (=23+32)
33:1	10	+	2	=	12
33:2-25	153 (=9×17)	+	119 (=7×17)	=	272 (=16×17)

33:2-5	26	+	17	=	43 (=17+26)
33:2-4	23	+	11	=	34 (=2×17)
33:3-6	17	+	17	=	34 (=2×17)
33:4-6	11	+	12	=	23
33:5-7	17	+	15	=	32
31:1-34:12	955	+	728 (=28×26)	=	1,683 (=99×17)
33:1-34:12	301	+	209	=	510 (=30×17)

33:1-5 자체가 두 신명 수 17과 26, 그리고 23이라는 수(히브리어 카보드〈כבוד, "영광"〉와 관련된 수)에 기초한 숫자 구성이라는 사실 이외에도 수많은 결론을 이 자료로부터 이끌어낼 수 있다. 이 간략한 단락(33:1-5)에서 저자는 신명 수 17과 26 및 "영광"과 관련된 두 수(כבוד, 23과 32)를 단어 수의 구성 가운데 삽입하려고 조절하고 있다. 동시에 이 단락은 신명기 31-34장 전체를 망라하는 보다 큰 숫자 구성에서 절대적으로 필요한 부분이다. 더욱이 33:1-5은 33장의 나머지 부분, 특히 2-25절 속으로 확대해 나가고 있는 건조 구획을 가지면서 직접적인 문맥과 세심하게 연결되어 있다.

주석

1 본 장은 "축복"이라는 이름이 붙어 있기는 하지만, 많은 해석가들은 여기에 "모세의 유언"이라는 이름을 붙인다. 필자는 이 시를 "축복"이라는 문학적 장르 내에서 모세 편에서 마지막으로 선포하는 내용으로서의 성격을 드러내기 위하여 "유언적 축복"이라고 이름 붙이는 바이다(창 49:1-28에 관하여 언급한 창 48:21을 참조하라).

2 "시내로부터 그가 오셨다"는 문구는 야웨께서 하늘의 용사로서 이스라엘 백성이 약속의 땅으로 행진하는 가운데 자신의 군대의 선두에 서서 행진하면서 이스라엘 백성에게 오심을 가리킨다. 오코너(O'Connor)는 라모(למו)를 "접미사를 취할 수 없는 고유명사를 수식하는 우회적 소유격으로, 그리고 그 의미는 '세일이 당연히 야웨께 속해 있다(the Seir that belongs to, is proper to, Yahweh)'"라고 설명한다(O'Connor, *Hebrew Verse Structure*, 208). "그가 비취시고"란 문구는 그의 빛나는 광채, 즉 "세일(에돔의 남쪽 광야)로부터 바란 산(에돔의 남서쪽 유다 남방에 있

는)으로 오실 때 "옷을 입음같이 빛을 입으심"(시 104:2)을 가리킨다. 클리포드의 의견을 따라(Clifford, *Cosmic Mountain*, 115 n. 16), 오코너는 하르 파란(הר פארן) 을 구체적인 산이라기보다는 "바란 언덕" 혹은 "바란의 산촌"으로 읽는다. 그 곳으로부터 야웨의 "정복의 행진"이 "리브봇-코데쉬"까지 계속되었는데, 이것은 가데스-바네아(가데스에 혹은 근처에 있는 리브봇)로 번역하는 LXX의 해석을 따른 것 같다. 가능하기는 하지만, 오코너가 메리밧-콰데쉬(מרבה קדשׁ)로 읽도록 제안한 수정안은 불필요하다(O'Connor, *Hebrew Verse Structure*, 208; 참조. *BDB*, 872). "그분의 남방 땅으로부터 그들을 위한 산비탈까지"는 프리드만의 번역인데, 그는 MT의 에스따(אֵשְׁדָּה)를 아셰도트(אֲשֵׁדֹת, "산비탈"; 참조. 3:17; 4:49에 있는 "비스가 산록")로 모음 부호를 다시 붙인다. 히브리어 에스따(אשדה)에 대한 전통적인 미드라쉬의 해석은 이것을 두 단어, 즉 에슈 따트(אֵשׁ דָּת, "불의〈혹은 불로부터 나온〉 한 법")로 만든다(참조. 4:33). 그러나 페르시아어 다트(דת, "율법")는 주전 5세기경 이전에는 히브리어에 들어오지 않았다. 스타이너는 자신이 אשׁ ד(א)ת("날아온 불")로 번역하고 있는 전통적인 Q독법 에슈 따트(אשׁ דת; MT의 אשׁדת 대신)를 지지한다(참조. 28:49; *JBL* 115[1996] 695). JPS 타낙의 "빛나는 섬광"이라는 번역이 אשׁ דלכת로 읽도록 하는 수정에 근거하고 있기는 하지만(Tigay[1996] 320), 이것 역시 같은 의미다. 어쨌든 본문의 숫자 구성은 여기서 한 단어의 첨가를 허용하지 않는다. LXX(ἄγγελοι μετ' αὐτοῦ, "천사들과 함께")은 헴펠이 *BHS*에서 제안하고 있는 바와 같이 אשׁרו אלים로 읽은 것으로 보인다.

3 약간 주저하면서 필자는 여기서 "백성들의 사랑하는 자"라는 전통적인 독법을 따르는 바이다. 프리드만은 이것을 "백성들의 보호자"로 번역한다(*FS C. H. Gordon*[1980] 32). 호베브(חבב)를 악카드어 에베부(*ebēbu*)로부터 나온 "청결하게 되다"로 하는 멘덴홀의 번역은 가능하며, 밀러(*HTR* 57[1964] 241-43), 다후드(Dahood, "Ugaritic-Hebrew Syntax and Style," *UF* 1[1969] 15-36), 크로스(*CMHE*, 101-2 n. 38), 크레이기[1976] 392) 그리고 오코너(*Hebrew Verse Structure*, 209)에게 받아들여지기는 했지만, 그 독법은 주로 난해한 본문의 뜻이 통하도록 하기 위하여 그 단어 순서와 함께 다른 수정을 동반하게 된다. 이 진술이 "이스라엘에 대한 [하나님의] 보호에 관한 시에 비해서는 놀라울 정도로 우주적"이라고 말하고 있는 티개이는 계속해서 애굽인("Ptah who loves his people"), 악카드인("lover of his subjects"), 나바티아인("lover of his people"로 묘사된 왕)의 글 가운데 있는 여러 가지 흥미로운 평행적 문장을 인용한다([1996] 320-21과 407 n. 32). 야웨의

“거룩한 자”(개역 성경에서는 “성도”로 번역함) 천사들이다(참조. 슥 14:5; 시 103:20). MT의 웨헴 투쿠(והם תכו, “진실로 그들은 자신들을 〈당신의 손에〉 둔다”)를 המתכו(“그들이 〈당신의 손〉에 절한다”)로 수정하는 것은 가능하지만 불필요하다. 크로스와 프리드만은 이것을 무크(מוך) 혹은 마카크(מכך, “구부리다”)로부터 파생된 t-삽입사 동사형으로 취급하고 있는데(*Studies in Ancient Yahwistic Poetry*, 108 n. 16), 헴펠은 *BHS*에서 이를 따르고 있다. 밀리크(Milik, *Bib* 38[1957] 252-54)는 MT의 자음들을 유지하고 있으며, 타카크(תכך, “사람의 발에 떨어지다”)로부터 파생된 투코(תכו)로부터 그 기원을 찾아낸다. 어근 마카크(מכך)에 관해서는 다후드의 글(Dahood, “Hebrew-Ugaritic Lexicogrphy V,” *Bib* 48[1967] 425-26; 그리고 O'Connor, *Hebrew Verse Structure*, 208)을 보라. 강조적인 멤(מ)으로 읽는 크로스와 프리드만을 따라 오코너는 MT의 이싸 미따브로테카(ישׂא מדברתיך, “그가 너의…을 이행하다”[?]) 대신에 ישׂא־ם דברתיך(“그들이 당신의 명령을 영예롭게 하다”)로 읽는다. 같은 의미가 יִשָּׂא〈ו〉ם דברתיך(“그들이 당신의 선포를 이행하다”), 즉 “그들이 그것들을 이행하다 (곧) 당신의 선포를”의 독법과 같은 의미가 된다(사 64:5〈개역 6절〉에 있는 이싸우누〈DSS는 ישׂאונו를 보유하고 있다〉, יִשָּׂאֻנוּ, “그들이 우리를 취해 갔다”; 그리고 창 29:1의 “야곱이 발행하였다”〈וישׂא יעקב רגליו – 와이싸 야코브 라글라이우〉의 용법을 참조하라).

4 “모세가 우리에게 (행하라고) 명한 가르침”(תורה – “토라”)이 “야곱의 통회의 기업”(מורשׁה – 모라샤)으로 묘사되어 있다. “이 구절이 근본적인 유대인의 신앙 – 그 가르치심은 모세를 통하여 되어졌다는 것, 그것이 하나의 유산이라는 것 그리고 이것이 엘리트 그룹만이 아니라 모든 백성에게 속한 것이라는 것 – 의 간결한 표현이기 때문에, 랍비들은 이것과 쉐마의 첫 구절(신 6:4)을 어린아이들이 말하게 되었을 무렵에 그들에게 가르쳐야 할 첫 번째 성경 구절로 선발했다(Tigay[1996] 321-22).

5 “여수룬”(יְשֻׁרוּן, “곧바른, 정직한”)이라는 별명은 이스라엘을 가리킨다(참조. 32:15과 그 곳의 “주석”, 특히 이 단어와 야샬의 책〈ספר הישׁר〉의 관계에 대해서 참조하라). 이스라엘이 야웨를 왕으로 인식한 왕국 시대 이전의 연대에 관해서는 J. J. M. Roberts, “In Defense of the Monarchy: The Contribution of Israelite Kingship to Biblical Theology,” in *FS F. M. Cross*(1987), 395 n. 41의 언급을 보라.

해설

축복 자체(6-25절)를 둘러싸는 골격을 이루고 있는 1-5절과 26-29절에 있는 이 시는 이에 앞서 신명기 31-32장에 있는 내용과 날카로운 대조를 이루고 있는 "보기 드문 침착성과 한결같은 낙관을 나타내 보이고 있다". "단조로운 변절에 대한 기록이 결론부에서는 보다 행복한 편집자의 첨가물을 통해 감해졌던 대예언서에서처럼, 신명기도 이제 죄, 배은망덕, 배교의 폭풍우로부터 빠져 나와서 잠잠한 희망의 물결로 들어가고 있다…인간의 영혼은 그 단점에 직면하는 훈련을 필요로 하는 반면에, 그것은 또한 최선의 노력을 불러일으키도록 격려를 필요로 한다"(H. H. Shires and P. Parker, *IB* 2:528).

모세는 처음에 "하나님의 사람"으로 묘사되었다(1절). 같은 호칭이 모세에게 붙여지면서 시편 90편의 표제 가운데 나타난다. 히브리 성경의 다른 곳에서 이 칭호는 선지자들과 관련하여 나타난다(삼상 9:6; 왕상 13:1-3; 왕하 4:7, 16). 모세가 신명기에서 하나의 선지자의 패러다임으로 나타난다(18:15; 34:10). 여기서 모세는 예언의 기능을 하고 있는 하나의 축복을 선사한다. 이스라엘 열두 지파를 축복하는 모세의 모습은 제자들을 위한 애정 어린 기도로 마감하고 있는, 십자가에 못박히시기 전날 밤에 열두 제자를 격려하기 위하여 말씀하신 "모세와 같은 그 선지자"의 다른 모습(요 14-17장), 그리고 감람산에서 그들을 떠나 하늘로 올라갈 때 그들에게 축복하셨던 모습을 생각나게 한다(눅 24:50-53을 보라).

모세가 발설한 축복들은 과거에 이스라엘을 위하여 행하셨던 야웨의 행위에 대한 간략한 설명으로 도입된다(2절). 야웨께서 시내 산에서 자신을 알리셨을 때, 그분은 자기 백성과 함께 광야를 통과하여 가다가 가데스바네아에서 일시적으로 정지하셨다(여기서는 "Ribeboth-kodesh"지만 1:2을 참조하라). 하나님의 성도로서 이스라엘 백성들은 스스로 그분의 발 앞에 엎드리고 그분의 가르치심을 이행할 것을 결심한다(3b절). 토라가 하늘로부터 모세를 통하여 "야곱의 총회의 기업"으로 내려왔다(4절). 토라를 수여하는 가운데 모세는 한 선지자로서의 역할을 한다. 그러나 그는 또한 고대 이스라엘의 지도자로서 자신의 능력을 발휘하는 가운데 왕의 직능을 많이 발휘한다. 그와 동시에, 모세가 결코 자신을 왕의 이름이나 지위를 차지하려 하지 않았다는 사실을 유념하는 것이 중요하다. 다른 시대의 기드온처럼 모세도 이렇게 선언했을 것이다: "내가 너희를 다스리지 아니하겠고 나의 아들도 너희를 다스리지 아니할 것이요 여호와께서 너희를 다스리시리라"(삿 8:23). 여수룬 가운데서 왕으로 선포되신 분은 야웨 자신이시다. "여수룬에 왕이 있었으니 곧 백성의 두령[모세를 포함하여]이 모이고 이스라엘 모든 지파가 함께한 때에로다"(5절).

우리는 우리 미국의 동전과 화폐에 "우리는 하나님을 믿는다"(In God we trust)는 문구를 기록해 넣고 있으나, 이스라엘은 한층 더 나아갔다. 즉 그들은 하나님을 자기들의 왕으로 삼았던 것이다. 모세의 가르침 가운데서 최소한 그것은 처음부터 그러했다. 그 이상은 기드온 당시까지 계속되었다. 군주 제도를 설립하면서 고대 이스라엘의 삶 가운데서 근본적인 변화를 가져왔던 행동을 한 것은 기드온의 아들 아비멜렉이었다. 아비멜렉은 가장 어린 요담만을 제외하고 기드온의 70명의 아들들을 살육하고 스스로 세겜에서 왕으로 등극했다(삿 9:1-6). 하나님만이 이스라엘에서 실질적인 왕이시다는 원리는 하나님의 공식적인 대변자, 곧 모세와 같은 선지자가 대리적 왕에 따른 정치적 권위를 가져야 했는데, 그는 본래 멜렉(מֶלֶךְ, "왕")으로서보다는 영구적인 지역 통치자라는 의미의 나기드(נָגִיד, "지도자")로서 알려졌었다. "선지자"(נָבִיא – 나비)는 왕과 백성으로 하여금 모세를 통하여 중재된 언약에 계속적으로 신실하게 해야 할 책임을 가진 야웨의 대변자였다. 딘 맥브라이드(S. Dean McBride, "Polity of the Covenant People," in *SBTS* 3:62-77)가 주장한 바와 같이, 신명기는 본질적으로 하나님이 왕이셨던 고대 이스라엘의 국가 헌법을 보존하고 있다. 수 세기에 걸쳐서 현대 서방의 헌법을 형성함에 있어서 이 개념의 영향력은 상당한데, 그 이유는 미국 헌법에서 권력의 분배 개념 자체는 고대 헬라와 로마의 정치 체계에서 그러했던 것보다도, 고대 이스라엘의 종교에서 있었던 인간 사회에서의 이러한 권력 분배 체제 가운데 그 궁극적 원천을 가지고 있기 때문이다.

B. 열두 지파에 대한 모세의 언약적 축복(33:6-25)

33:6-12의 참고문헌

Albright, W. F. "The Old Testament and Canaanite Language and Literature." *CBQ* 7(1945) 5-31, esp. 23-24 n. 64. **Baisas, B. Q.** "Ugaritic *'dr* and Hebrew *'zr* I." *UF* 5(1973) 41-52, esp. 44-45. **Berlin, A.** "On the Meaning of *rb*." *JBL* 100(1981) 90

-93. **Buis, P.** "Qadesh, un lieu maudit?" *VT* 24(1974) 268-85. **Christensen, D. L.** "Dtn 33, 11 - A Curse in the 'Blessing of Moses'?" *ZAW* 101(1989) 278-82. **Cody, A.** *A History of Old Testament Priesthood.* AnBib 35. Rome: Pontifical Biblical Institute, 1969. 114-23. **Cross, F. M.** "The Ammonite Oppression of the Tribes of Gad and Reuben: Missing Verses from 1 Samuel 11 Found in 4QSamuel[a]." In *History, Historiography, and Interpretation.* Ed. H. Tadmor and M. Weinfeld. Jerusalem: Magnes, 1983. 148-58. ______. *CMHE.* 195-215. ______. "Reuben, First-Born of Jacob." *ZAW* 100(1988) 46-65. ______. "Ugaritic *db'at* and Hebrew Cognates." *VT* 2(1952) 162-64. **Curtis, J. B.** "Some Suggestions concerning the History of the Tribe of Reuben." *JBR* 33(1965) 247-49. **Dahood, M.** "Hebrew-Ugaritic Lexicography V." *Bib* 48(1967) 421-38, esp. 428-29. ______. *Psalms I: 1-50.* AB 16. Garden City, NY: Doubleday, 1966. 45. ______. "Ugaritic-Hebrew Parallel Pairs." In *RSP.* 2:26. ______. "Ugaritic Lexicography." In *Mélanges Eugéne Tisserant.* Studi e Testi 231. Città del Vaticano: Biblioteca Apostolica Vaticana, 1964. 81-104, esp. 94. **Daube, D.** "Rechtsgedanken in den Erzahlungen des Pentateuchs." In *FS O. Eissfeldt.* 1961. 32-41, esp. 34. **Dummermuth, F.** "Zur deuteronomischen Kulttheologie." *ZAW* 70(1958) 59-98, esp. 91-95. **Eissfeldt, O.** "Zwei verkannte militärtechnische Termini im Alten Testament." *VT* 5(1955) 232-38, esp. 235-36. **Fitzmyer, J. A.** "4QTestimonia and the New Testament." *TS* 18(1957) 513-37, esp. 530-35. **Gaster, T. H.** "Deuteronomy 33:12." *ExpTim* 46(1934/35) 334. ______. "A Qumran Reading of Deut. 33:10." *VT* 8(1958) 217-19. **Gevirtz, S.** "The Reprimand of Reuben." *JNES* 30(1971) 87-98. **Goldfarb, S. D.** "Was Simeon Not Included in Moses' Blessing?" *DD* 4(1975) 51-55. **Greenberg, M.** "Urim and Thummim." *EncJud.* 16:9-10. **Grimme, H.** "Der Südarabische Levitismus und sein Verhältnis zum Levitismus in Israel." *Mus* 37(1924) 169-99. **Gunneweg, A. H. J.** *Leviten und Priester.* FRLANT 89. Göttingen: Vandenhoeck & Ruprecht, 1965. 37-44. **Halpern, B.** *The Emergence of Israel in Canaan.* SBLMS 29. Chico, CA: Scholars Press, 1983. 149-56. **Haran, M.** "Incense of the Court and of the Temple Interior." In *Temples and Temple Service in Ancient Israel.* Winona Lake, IN: Eisenbrauns, 1985. 233-35. **Heck, J. D.** "The Missing Sanctuary of Deut 33:12." *JBL* 103(1984) 523-29. **Jepsen, A.** "Mose und die Leviten: Ein Beitrag zur Frühgeschichte Israels und zur Sammlung des alttestamentlichen Schrifttums." *VT* 31(1981) 318-23. **Lehming, S.** "Massa und Meriba." *ZAW* 73(1961) 71

-77. **Lindblom, J.** "Lot-Casting in the Old Testament." *VT* 14(1964) 67-74. **Lipiński, A.** "Urim and Thummim." *VT* 20(1970) 495-96. **Loewenstamm, S. E.** *From Babylon to Canaan.* Jerusalem: Magnes, 1992. 55-65. ______. "The Investiture of Levi." *EI* 10(1971) 169-72(Heb.; Eng. summary, xiv-xv). **Mendelsohn, I.** "Urim and Thummim." *IDB.* 4:739-40. **Milgrom, J.** "Excursus 64: The Urim and Thummim." In *Numbers.* 1990. 484-86. **Nyberg, H. S.** "Studien zum Religionskampf im Alten Testament." *ARw* 35(1938) 329-87, esp. 372-73. **O'Callaghan, R. T.** "The Word *ktp* in Ugaritic and Egypto-Semitic Mythology." *Or* 21(1952) 37-46. **O'Connor, M.** *Hebrew Verse Structure.* Winona Lake, IN: Eisenbrauns, 1980. **Oded, B.** "The Settlement of the Tribe of Reuben in Transjordania." In *Studies in the History of the Jewish People and the Land of Israel in Memory of Zvi Avneri.* Ed. A. Gilbo'a et al. Haifa: Univ. of Haifa Press, 1970. 11-36, esp. 20-21. **Propp, W. H.** *Water in the Wilderness: A Biblical Motif and Its Mythological Background.* HSM 40. Atlanta: Scholars Press, 1987. 53-55. **Qimron, E.** "*ḥopep* 'Fluttering': Dt 33, 12 'He Covered Him all the Day." *BMik* 24(1979) 140-41(Heb.; Eng. summary, 242). **Robertson, E.** "The 'Ūrīm and Tummīm; What Were They?" *VT* 14(1964) 67-74. **Ruppert, L.** "Das Motiv der Versuchung durch Gott in vordeuteronomischer Tradition." *VT* 22 (1972) 55-63, esp. 56-59. **Schaller, B.** "Targum Jeruschalmi I zu Deuteronomium 33, 11: Ein Relikt aus Hasmonäischer Zeit?" *JSJ* 3(1972) 52-60. **Sellin, E.** "Zu dem Judaspruch im Jaqobsegen Gen 49, 8-12 und im Mosesegen Deut 33, 7." *ZAW* 60(1959) 47-57. **Thompson, J. A.** "Israel's 'Haters.'" *VT* 29(1979) 200-205.

33:13-25의 참고문헌

Baeck, L. "*ś-n-h* and *ś-y-n-y.*" *MGWJ* 46(1902) 299-301. **Bartlett, J. R.** "Use of the Term ראש as a Title in the Old Testament." *VT* 19(969) 4. **Beek, M. A.** "Der Dornbusch als Mohnsitz Gottes." *OTS* 14(1965) 155-61. **Blau, L.** "Zwei dunkle Stellen im Segen Moses." In *FS G. A. Kohut.* 1935. 91-108, esp. 105-8. **Boehmer, O.** "Der Gottesberg Tabor." *BZ* 23(1935/36) 333-41. **Botterweck, G. J.** "Gott und Mensch in den alttestamentlichen Löwenbildern." In *FS J. Ziegler.* 1972. 117-28, esp. 122. **Buit, M. du.** "La Tabor: Limite des trois tribus." *MDB* 23(1982) 11. **Burkitt, F. C.** "On the Blessing of Moses." *JTS* 35(1934) 68. **Clark, B.** "The Biblical Oryx - a New Name for an Ancient Animal." *BARev* 10(1984) 66-70. **Cross, F. M.** "Ugaritic *db'at* and Hebrew Cognates." *VT* 2(1952) 162-64. **Dahood, M.** "Ancient Semitic Deities in Syria and Palestine." In *Le antiche divinità semitiche.* Ed. S. Moscatti. Studi Semitici 1. Rome: Center of Semitic Studies, 1958. 65-94, esp. 66. ______. "Deuteronomy 33:19 and UT 52:61-63." *Or* 47(1978) 263-64. ______. "Hebrew-Ugaritic Lexicography II." *Bib* 45(1964) 393-412, esp. 407, 412. ______. "Review: *The Torah.*" *Bib* 45(1964) 281-83. **Eissfeldt, O.** "Der Gott Tabor." *ARw* 31(1934) 14-41 (repr. in *KlSchr* 2:29-54). **Gevirtz, S.** "Adumbrations of Dan in Jacob's Blessing on Judah." *ZAW* 93(1981) 21-37. **Giesebrecht, F.** "Zwei Cruces Interpretum Ps. 45:7 und Deut 33:21." *ZAW* 7(1887) 291-93. **Gordis, R.** "Critical Notes on the Blessing of Moses." In *The Word and the Book.* New York: Ktav, 1976. 337-39(repr. from *JTS* 34[1933] 390-92). **Gray, J.** *Joshua, Judges and Ruth.* NCBC. London: Marshall, Morgan & Scott, 1977. 283. **Grintz, J. M.** "Some Observations on the 'High Place' in the History of Israel." *VT* 27(1977) 111-13. **Koch, K.** "Wesen und Ursprung der 'Gemeinschaftstreue' im Israel der Königszeit." *ZEE* 5(1961) 72-90. **Levine, B. A.** *In the Presence of the Lord.* SJLA 5. Leiden: Brill, 1974. 135-37. **Lohfink, N.** "Textkritisches zu *jrš* im Alten Testament." In *FS D. Barthélemy.* 1981. 273-88, esp. 277. **Mazar, B.** "They Shall Call Peoples to Their Mountains." *EI* 14(1978) 39-41 (Heb.; Eng. summary, 123). **Miller, P. D.** "El the Warrior." *HTR* 60(1967) 411-31, esp. 422-23. **Motzki, H.** "Ein Beitrag zum Problem des Stierkultes in der Religionsgeschichte Israels." *VT* 25(1975) 470-85, esp. 484. **Na'aman, N.** *Borders and Districts in Biblical Historiography.* Jerusalem: Simor, 1986. 192-94. **Niemann, H.** *Die Daniten: Studien zur Geschichte eines altisraelitischen Stammes.* FRLANT 135. Göttingen: Vandenhoeck & Ruprecht, 1985. 212-13. **Nyberg, H. S.** "Studien zum Religionskampf im Alten Testament." *ARw* 35(1938) 329-87, esp. 370. **Porat, E.** "'*ywny mqr.*'" *Leš* 21(1957) 239-43, esp. 240-41. **Pritchard, J. B.** "Ships and Sailing in the OT." *IDB.* 4:333-35. **Rupprecht, F.** "'Den Felsen, der dich gebar, täuschest du....'" *KuI* 3(1988) 53-61. **Scharbert, J.** "Die Geschichte der *bārûk*-Formel." *BZ* 17(1973) 1-28, esp. 15-16. **Täubler, E.** *Biblische Studien: Die Epoche der Richter.* Ed. H.-J. Zobel. Tübingen: Mohr, 1958. 96-97, 112-15, 124-28. **Tournay, R.** "Le nom du 'Buisson ardent.' *VT* 7(1957) 410-13. **Waldman, N. M.** "The Wealth of Mountain and Sea: The Background of a Biblical Image." *JQR* 71(1980) 176-80. **Weinfeld, M.** *Justice and Righteousness in Israel and in the Nations.* Jerusalem: Magnes, 1985. 107-8

(Heb.). **Weisman, Z.** "A Connecting Link in an Old Hymn: Deut xxxiii 19a; 21b." *VT* 28(1978) 365-68. **Zakovitch, Y.** "The Synonymous Word and Synonymous Name in Name-Midrashim." *Shnaton* 2(1977) 100-115, xxx(Heb.). **Zobel, H.-J.** *Stammesspruch und Geschichte.* BZAW 95. Berlin: Töpelmann, 1965. 38-39, 64-65, 82-83.

본문과 운율 분석

르우벤과 유다 [3][3:6] 혹은[6:6]

Reuben and Judah [3] [3:6] or [6:6]

6 르우벤은 살고 죽지 아니하고 그 인수가 적지 않기를 원하도다

6 "Let Reuben live\\[a] and[b] not die // 14 1
and may his men be / [c]beyond counting"[c] // ㅁ 11 2

7 유다에 대한 축복은 이러하니라 일렀으되 여호와여 유다의 음성을 들으시고 그 백성에게로 인도하시오며 그 손으로 자기를 위하여 싸우게 하시고 주께서 도우사 그로 그 대적을 치게 하시기를 원하나이다

7 And this is for Judah / 9 1
and he said / "Hearken O YHWH\\[a] to the voice of Judah / 16 2_
And to his people / restore him // 11 2
his hands / [b]⟨may they⟩ contend[b] for him / 12 2
and a help against his adversaries / may you be" // ㅁ <u>11</u> 2_

레위, 첫 번째 어포스트로피 부호와 함께 [7:7:4:7:7]

Levi, with the First Apostrophe [7:7:4:7:7]

8 레위에 대하여는 일렀으되 주의 둠밈과 우림이 주의 경건한 자에게 있도다 주께서 그를 맛사에서 시험하시고 므리바 물 가에서 그와 다투셨도다

8 And for Levi he said / 10 1
[a]"Let your Thummim and your Urim[b] / be with your pious one[c] // 18 2
Whom you tested[d] / at Massah / 11 2
[e]with whom you contended / at the waters of Meribah // <u>15</u> 2_

9 그는 그 부모에게 대하여 이르기를 내가 그들을 보지 못하였다 하며 그 형제들을 인정치 아니하며 그 자녀를 알지 아니한 것은 주의 말씀을 준행하고 주의 언약을 지킴을 인함이로다

9 The one who says / of his father and his mother / 16 2
[a]"I consider them not"[a] / 7 1
And his brothers / he disregards / 10 2
and his (own) child[b] / he does not know // <u>12</u> 2_
For they[c] have observed / your precepts[d] / 12 2
and your covenant / they[e] have kept // <u>12</u> 2_

10 주의 법도를 야곱에게, 주의 율법을 이스라엘에게 가르치며 주 앞에 분향하고 온전

10 They shall teach[a] your judgments\\[b] to Jacob / 15 1
and [c]your Torah[c] / to Israel // 12 2
They shall set incense / in your nostrils / 15 2

한 번제를 주의 단 위에 드리리로다

and whole burnt offerings / on your altar // 10 2_

11 여호와여 그 재산을 풍족케 하시고 그 손의 일을 받으소서 그를 대적하여 일어나는 자와 미워하는 자의 허리를 꺽으사 다시 일어나지 못하게 하옵소서

11 Curse[a] O YHWH / his strength / 11 2
but the work of his hands[b] / you shall accept favorably / 11 2
Smash the loins[c] of his opponents[d] / 9 1
[e]and of those who hate him[e] / [f]that they rise no more"[f] // ᑐ 12 2_

베냐민 [4:4]

Benjamin [4:4]

12 베냐민에 대하여는 일렀으되 여호와의 사랑을 입은 자는 그 곁에 안전히 거하리로다 여호와께서 그를 날이 맞도록 보호하시고 그로 자기 어깨 사이에 처하게 하시리로다

12 [a]For Benjamin he said / 8 1
"The beloved of YHWH / tents securely / [b]by him[b] // 17 3
[c]He enfolds him / all the day long / 12 2
indeed between his shoulders[d] / he tents" // ᑐ 13 2_

요셉(에브라임과 므낫세) [7:7:4:7:7]

Joseph (Ephraim and Manasseh) [7:7:4:7:7]

13 요셉에 대하여는 일렀으되 원컨대 그 땅이 여호와께 복을 받아 하늘의 보물인 이슬과 땅 아래 저장한 물과

13 And for Joseph he said / "Blessed of YHWH / be his land // 21 3
with the bounty of moisture[a] / from heaven / 10 2
and of the deep / lying beneath // 13 2_

14 태양이 결실케 하는 보물과 태음이 자라게 하는 보물과

14 And with the bounteous\[a] yield of the sun // 13 1
and with the bounteous / crop[b] of the months[c] // 12 2_

15 옛 산의 상품물과 영원한 작은 산의 보물과

15 And with the 'best' / from the ancient mountains[a] // 11 2
and with the bounty / of the everlasting hills[b] // 12 2_

16 땅의 보물과 거기 충만한 것과 가시떨기 나무 가운데 거하시던 자의 은혜로 인하여 복이 요셉의 머리에, 그 형제 중 구별한 자의 정수리에 임할지로다

16 And with the bounty / of earth\[a] and[b] its fullness / 14 2
and the favor of the one dwelling[c] / in a bush[d] // 12 2_
May it come\[e] upon the head of Joseph / 13 1
and upon the pate / of his brothers' prince // 12 2

17 그는 첫 수송아지같이 위엄이 있으니 그 뿔이 들소의 뿔 같도다 이것으로 열방을 받아 땅 끝까지 이르리니 곧 에브라임의 만민이요 므낫세의 천천이리로다

17 His[a] firstling bull / is majestic / 13 2
indeed the horns of a wild ox / are his horns / 10 2_
With them / peoples / are gored together[b] / 12 3
the ends of the[c] earth // 6 1
And[d] they\[e] are the ten thousands of Ephraim / 10 1
[f]and they[f] / are the thousands of Manasseh" // ᑐ 10 2_

스불론과 잇사갈 [5:5]

Zebulun and Issachar [5:5]

18 스불론에 대하여는 일렀으되 스불론이여 너는 나감을 기뻐하라 잇사갈이여 너는 장막에 있음을 즐거워하라

18 And for Zebulun he said / 9 1
"Rejoice, O Zebulun / in your journeys // 12 2
and[a] O Issachar / in your tents // 14 2_

19 그들이 열국 백성을 불러 산에 이르게 하고 거기서 의로운 제사를 드릴 것이며 바다의 풍부한 것, 모래에 감추인 보배를 흡수하리로다

19 Peoples\[a] are summoned to the mountain / 9 1
[b]there\[c] they offer sacrifices of success // 11 1
For from the riches of the seas\[d] they draw / 13 1
and the hidden treasures[e] / of the sand" // ㄷ 13 2_

갓, 두 번째 어포스로피 부호와 함께 [(4:4):(4:4)]

Gad, with the Second Apostrophe [(4:4):(4:4)]

20 갓에 대하여는 일렀으되 갓을 광대케 하시는 자에게 찬송을 부를지어다 갓이 암사자같이 엎드리고 팔과 정수리를 찢는도다

20 And for Gad he said / "Blessed / be he who enlarges Gad // 17 3
like a lion he couches / 9 1
And[a] he tears the arm / and scalp // 12 2

21 그가 자기를 위하여 먼저 기업을 택하였으니 곧 법 세운 자의 분깃으로 예비된 것이로다 그가 백성의 두령들과 함께 와서 여호와의 공의와 이스라엘과 세우신 법도를 행하도다

21 and he provided[a] the first / for him / 8 2_
Indeed he assigned[b] / the commander's portion // 11 2
and the chiefs of the people / [c]gathered together[c] / 12 2
The righteousness of YHWH / he executed / 9 2
and his judgments / with Israel" // ㄷ 13 2_

단, 납달리, 아셀 [4:7][7:4]

Dan, Napthali, and Asher [4:7] [7:4]

22 단에 대하여는 일렀으되 단은 바산에서 뛰어 나오는 사자의 새끼로다

22 And for Dan he said / "Dan / is a lion's whelp // 14 2
[a]he shies away / from the viper" // 9 2_

23 납달리에 대하여는 일렀으되 은혜가 족하고 여호와의 복이 가득한 납달리여 너는 서방과 남방을 얻을지로다

23 And for Naphtali he said / 11 1
"Naphtali / is satisfied with favor / 11 2
And he is full / of the blessing of YHWH // 11 2
the sea[a] and to the south / he will possess"[b] // ㄷ 12 2_

24 아셀에 대하여는 일렀으되 아셀은 다자한 복을 받으며 그 형제에게 기쁨이 되며 그 발이 기름에 잠길지로다

24 And for Asher he said / 10 1
"Blessed above sons / be Asher // 13 2
⟨And⟩[a] may he be the favorite / of his brothers / 10 2
and[b] may he dip his foot[c] / in oil // 11 2_

25 네 문빗장은 철과 놋이 될 것이니 네 사는 날을 따라서 능력이 있으리로다

25 Of iron and brass / are your gate bolts[a] // 13 2
and as your days /[b] so shall your strength[c] be" // 11 2_

원문주해

6.a. 위치가 잘못된 아트나로 인하여 티프하를 연접사로 읽음.

6.b. SP[MSS]은 와우 접속사를 생략한다. 운율 분석은 MT을 지지한다.

6.c-c. 다후드(Dahood, *Bib* 48[1967]429)와 오코너(O'Connor, *Hebrew Verse Structure*, 210)와 함께 MT의 미쓰파르(מִסְפָּר)를 미싸페르(מִסֵּפֶר, "계산 너머")로 수정한 것인데, 이것은 이 문구가 LXX에서 읽혀진 방법으로 보인다: 카이 에스토 폴뤼스 엔 아리드모(*καὶ ἔστω πολὺς ἐν ἀριθμῷ*, "그리고 그로 하여금 수가 많아지게 하기를"; 참조. 시 40:6〈개역. 5절〉).

7.a. 자켑 카톤이 뒤따라온 파스타는 연접사로 읽음.

7.b-b. 오코너와 함께 어근 리브(ריב, "싸우다")로부터 나온 정형동사 대신 여기서 사용된 부정사 절대형 라브(רב)로 읽음(O'Connor, *Hebrew Verse Structure*, 210). 본 행은 고대나 현대의 대부분의 번역자들에게 난점들을 제공해 왔다. 만일 MT의 라브(רָב, "그가 싸웠다")가 야리부(יָרִיבוּ, "그들로 싸우게 하라")로 수정된다면 같은 의미가 될 것이다.

8.a. DSS과 LXX(*δότε Λευι*, 도테 류이)은 הבו ללוי("레위에게 주다")를 덧붙인다. 운율 분석은 MT을 지지한다.

8.b. DSS에는 MT의 웨우레카(ואוריך, "너의 우림") 대신 웨우레카(ואורך)로 되어 있으나 의미상의 변화는 없다. Tg에는 웨하우림(והאורים, "그리고 그 우림")으로 되어 있다.

8.c. 여러 히브리어 필사본과 카이로 게니자 단편들에는 MT의 하씨데카(חסידך, "너의 경건한 자") 대신 하씨데에카(חסידיך, "너의 경건한 자들")로 되어 있다. 운율 분석은 MT을 지지한다.

8.d. SP에는 MT의 니씨토(נסיתו, "네가 그를 시험했다") 대신 נסיתהו로 되어 있는데, 이것은 운율적 관점에서는 가능하다.

8.e. DSS과 SP는 와우 접속사를 덧붙인다.

9.a-a. DSS에는 MT의 로 레이티우(לא ראיתיו, "내가 그를 보지 않았다") 대신 לי רעתיכהו로 되어 있다. LXX은 2인칭 단수형 어미를 가지고 있다.

9.b. Q에는 수많은 히브리어 필사본들, 카이로 게니자 단편들, LXX, Syr, Vg을 따라 베네이우(בניו, "그의 자식들")로 되어 있다. MT의 바나우(בני, "그의 아이")는 이 곳에 나오는 본문에 의존하고 있는 출 32:29의 유사한 본문에 비추어서 유지되고 있다(아래 9절의 "주석"을 보라).

9.c. DSS과 LXX에는 3인칭 단수로 되어 있다. 운율 분석은 MT을 지지한다.

9.d. 카이로 게니자 단편들과 LXX(*τὰ λόγια σου*–타 로기아 수, "너의 말들")에는

MT의 이므라테카(אמרתך) 대신에 אמרתיך("너의 훈계들")로 되어 있는데, 의미상의 변화는 없다. 운율 분석은 MT을 지지하는 편이다.

9.e. DSS과 LXX에는 3인칭 단수로 되어 있다. 운율 분석은 MT을 지지한다.

10.a. DSS에는 MT의 요루(יורו, "그들이 가르칠 것이다") 대신에 ויאירו(אור의 힙힐형)로 되어 있다. 이 단어가 Vg에는 빠져 있다.

10.b. 자켑 카톤이 뒤따라온 파스타는 연접사로 읽음.

10.c-c. DSS에는 MT의 웨토라트카(ותורתך, "그리고 당신의 토라") 대신에 토라트카(תורתכה, "당신의 토라")로 되어 있다. 몇몇 SP 증거 본문들과 Syr에는 복수형으로 되어 있다.

11.a. 의미가 모호한 용법으로 빠레크(בָּרֵךְ, "저주하다")로 읽음. Christensen, *ZAW* 101(1989) 278-82를 보라.

11.b. 두 개의 히브리어 필사본, DSS, SP에는 MT의 야다이우(ידיו, "그의 손들") 대신에 야두(ידו, "그의 손")로 되어 있다. 운율 분석은 MT을 지지한다.

11.c. SP에는 MT의 마트님(מתנים, "허리들") 대신에 마트네(מתני)로 되어 있다.

11.d. DSS에는 MT의 콰마이우(קמיו, "그의 대적들") 대신에 콰모(מקו, "그의 대적")로 되어 있다.

11.e-e. DSS에는 우므산아이우(ומשׂנאיו, "그리고 그를 미워한 사람들의") 대신에 משׂנאו("그를 미워하는 사람들의")로 되어 있다. 운율 분석은 MT을 지지한다. 접속사는 아마도 강조적 의미를 가지고 있는 것으로 보이는데, 영어 번역에서는 이를 번역하기가 어렵다.

11.f-f. DSS에는 MT의 민-예쿠문(מן־יקומון, "〈다시〉 일어남으로부터") 대신에 יקומו בל("그들이 일어나지 못할 것이다")로 되어 있다. 참조. SPW와 창 49:9에 있는 유다의 축복에서 미 예퀴멘누(מי יקימנו).

12.a. 소수의 히브리어 필사본들, 카이로 게니자 단편들, SP, LXX, Syr, Vg은 와우 접속사를 덧붙인다. 운율 분석은 MT을 지지한다.

12.b-b. SP와 Syr에는 빠져 있다. 4QDeut에는 엘(אל, "하나님")로 되어 있으며, 이것을 다음 절에서 첫 단어로 택하고 있다. 그리하여 "하나님께서 항상 그를 보호하신다"로 읽는다. LXX에는 호 데오스(ὁ θεός)로 되어 있는데, 이는 아마도 엘욘(עליון, "지극히 높으신")인 것으로 보인다.

12.c. SP는 와우 접속사를 덧붙인다.

12.d. SP에는 MT의 케테파이우(כתיפיו, "그의 어깨/어깨 뼈들") 대신에 כתפתיו로 되어 있다.

13.a. 몇몇 히브리어 필사본들과 창 49:25에는 MT의 미탈(מטל, "이슬, 습기로부터") 대신에 메알(מֵעָל, "위로부터")로 되어 있다.

14.a. 위치가 잘못된 아트나로 인하여 티프하를 연접사로 읽음.

14.b. SP에는 MT의 게레쉬(גֶּרֶשׁ, "찌르는 혹은 내미는 것, 산물") 대신에 게로쉬(גרושׁי, "…의 산물"〈연계형〉)로 되어 있다.

14.c. 예라힘(ירחים)이란 단어는 "월들"(月)과 "달들"(moons)을 모두 의미한다. 두 번째 의미가 앞의 시구에 있는 "해"와 평행을 이룬다(Craigie[1976] 397).

15.a. SP에는 MT의 하르레(הררי, "산들") 대신에 하레(הרי, "산들")로 되어 있다. 운율 분석은 MT을 지지한다.

15.b. 몇몇 히브리어 필사본들과 SP에는 MT의 끼브오트(גבעות, "언덕들") 대신에 גבעת("〈영원한〉 언덕")으로 되어 있다. 운율 분석은 MT을 지지한다.

16.a. 자켑 카톤이 뒤따라온 예티브는 연접사로 읽음.

16.b. DSS과 LXX은 와우 접속사를 생략한다.

16.c. 소수의 히브리어 필사본들과 카이로 게니자 단편들에는 MT의 쇼크니(שֹׁכְנִי, "〈가시떨기 가운데 있는〉 한 거주") 대신에 쇼크니(שׁוכני)로 되어 있는데 의미에는 변화가 없다. SP에는 쇼켄(שׁכן, "거하는 자," 혹은 "〈…안에〉 거주")으로 되어 있다.

16.d. 쎄네(סנה, "가시떨기 숲")란 단어는 씨나이(סיני, "시내〈산〉")와의 언어 유희로 보인다. 참조. Beek, *OTS* 14(1965) 155-61.

16.e. 자켑 카톤이 뒤따라온 파스타는 연접사로 읽음.

17.a. 1QDeutb, SP, LXX, Syr, Vg에는 MT의 쇼로(שׁורו, "그의 황소") 대신에 쇼르(שׁור)로 되어 있다. 운율 분석은 MT을 지지한다.

17.b. 소수의 히브리어 필사본들과 카이로 게니자 단편들에는 MT의 야흐따우(יחדו, "함께") 대신에 יחדיו로 되어 있는데, 의미상의 차이는 없다. 운율 분석은 MT을 지지하는 편이다. 오코너는 아랍어의 같은 어근 하다(*ḥadā*, "재촉하다, 격려하다, 선동하다")로부터 나온 정형 동사로 읽으면서 다음과 같이 번역한다: "그는 땅 끝의 백성들을 선동하신다"(*Hebrew Verse Structure*, 214).

17.c. SP, LXX, Syr, Tg은 정관사를 덧붙인다. 운율 분석은 한정적 의미로 해석되도록 요구하고 있는 MT을 지지한다. 정관사는 고대 히브리 시에서는 이례적이다.

17.d. 몇몇 히브리어 필사본, LXX, Syr, Vg은 와우 접속사를 생략한다.

17.e. 자켑 카톤이 뒤따라온 파스타는 연접사로 읽음.

17.f-f. 몇몇 히브리어 필사본들과 몇몇 LXX 증거 본문들에는 빠져 있음.

18.a. ושׂישׂ יששכר("그리고 기뻐하라, 오 잇사갈이여")로 읽도록 하는 헴펠의 제안은 거부되어야 할 텐데, 그 이유는 단어를 덧붙이는 것이 숫자 구성의 패턴을 흩뜨려 놓기 때문이다.

19.a. 자켑 카톤이 뒤따라온 파스타는 연접사로 읽음.

19.b. SP와 Syr은 와우 접속사를 덧붙인다.

19.c. 여기서 티프하는 연접사로 읽음.

19.d. 자켑 카톤이 뒤따라온 파스타는 연접사로 읽음.

19.e. MT의 쉐프네(שְׂפֻנֵי, "감추어진 일들")를 체프네(צְפֻנֵי, "보물들")로 수정하도록 하는 제안은 불필요하다. 이 두 단어는 감추어진 보물 개념을 전달하는 데 그 음과 의미에 있어서 거의 충분하다.

20.a. SP에는 MT의 웨타라프(וטרף, "그리고 그가 찢는다") 대신에 타라프(טרף, "그가 찢는다")로 되어 있다. 다른 SP 증거 본문들에는 타루프(טרוף, "찢어진")로 되어 있다.

21.a. 와야르(וירא, "준비하다")의 번역에 관해서는 창 22:14을 보라.

21.b. *FS C. H. Gordon*(1980), 34-35에서 프리드만이 주장한 바와 같이 샴(שָׁם) 대신에 삼(שָׂם)으로 읽음.

21.c-c. *FS C. H. Gordon*(1980), 33에서 프리드만이 주장한 바와 같이 ויתאספון를 이루도록 하기 위하여 싸푼(ספון)과 와예테(ויתא)를 결합시킴. 5절에 있는 베히트아쎄프(בהתאסף)와 LXX의 쉬네그메논(*συνηγμένων*)을 참조하라. 프리드만은 아싸프(אסף)의 히트파엘형이 히브리 성경에서 33:5에만 나타난다는 사실과 이 두 구절이 로쉐 암(ראשי עם, "백성의 두령들")이란 문구를 보유하고 있다는 사실에 주의를 상기시키고 있는데, 이 점이 여기서의 수정을 지지해 준다.

22.a. SP에는 MT의 예잔네크(יזנק, "그가 겁내다") 대신에 와예잔네크(ויזנק, "그리고 그가 겁네다")로 되어 있다.

23.a. SP에는 MT의 얌(ים, "바다") 대신에 예마(ימה, "바다로 〈향하여〉")로 되어 있는데, 이 단어는 여기서 갈릴리 바다로 해석된다(참조. 사 8:23[개역. 9:11]).

23.b. SP와 고대 역본들에는 MT의 예라샤(ירשה, "그가 소유할 것이다") 대신에 이라쉬(יִירָשׁ, "그가 채워지게")로 되어 있다.

24.a. MT의 예히(יהי, "그가 되게") 대신에 SP는 와예히(ויהי, "그리고 그가 될 수 있도록"), 그리고 LXX은 카이 에스타이(*καὶ ἔσται*)로 읽음.

24.b. 몇몇 LXX 증거 본문들은 와우 접속사를 생략한다.

24.c. SP와 *Tg. Ps.-J.*에는 MT의 라글로(רגלו, "그의 발") 대신에 라글라이우(רגליו, "그의 발들")로 되어 있다.

25.a. 여러 히브리어 필사본들, B, 카이로 게니자 단편들, Syr에는 MT의 민알레카(מנעליך, "네 문빗장들") 대신에 민알레카(מנעלך, "네 문빗장")로 되어 있다.

25.b. *BHS*의 우크야메카(וכימיך) 아래 있는 아트나는 오류이고 *BHK*와 Letteris에 있는 것과 같이 티프하로 대치되어야 할 것이다.

25.c. SP에는 MT의 따브에카(דבאך, "너의 힘") 대신에 רביך("너의 위대함〈?〉)로 되어 있다.

양식/구조/배경

신명기 33장의 연대는 광범위하게 논의되어 왔다. 라이트는 7절로부터 추측된 바와 같은 유다 지파의 문제는 이 시를 왕국대로 잡기 어렵게 만든다고 주장했다. 그래서 그는 이것의 연대를 사사 시대 후반부로부터 11세기까지로 잡는다(G. E. wright, *IB* 2:527). 티개이는 증거를 충분히 논의한 다음에 "이 시가 주전 720년경 북왕국의 포로 이전, 아마도 솔로몬 시대 동안 혹은 (레위인들에 대한 축복의 일부분을 제외하고) 통일 왕국 초창기나 왕국 시대 이전의 시기에 작성되었다"고 결론짓는다(Tigay[1996] 524). 다시 말하면, 정확한 연대가 모호한 상태로 남아 있다는 것이다.

운율 분석은 이 시가 신명기 외부 골격의 하반부(31:1-34:12)라는 보다 큰 구조에 세심하게 편집되었다는 사실을 드러내 준다. 33:6-25에 있는 "모세의 유언적 축복"은 이것을 고대 야훼스트의 찬양의 두 연(33:1-5, 26-29) 사이에 둠으로써 의도적으로 그 골격이 짜여져 있다. 그 결과로서 이 시는 두 개의 어포스트로피(11, 21절)을 담고 있는데, 그 중 하나는 찬양 골격과 긴밀하게 연결되어 있다는 사실과, 또한 지파들을 그룹 지어 말하는 내용이 창세기 29:31-30:24과 35:16-18에 있는 야곱의 열두 아들들의 출생이라는 평행적 설화를 형성한 것으로 보인다는 사실은 올브라이트(W. F. Albright), 크로스(F. M. Cross), 프리드만(D. N. Freedman)이 수 년에 걸쳐 주장해 온 바와 같이 초기 연대임을 암시한다. 첫 번째 어포스트로피(11절)는 이 목록에서 시므온이 빠진 것(혹은 아마도 더 나은 설명은 암시 방법으로 포함되었음)을 설명하는 데 도움을 준다. 가장 처음으로 프리드만이 밝혀낸 두 번째 어포스트로피(21절)는 그 시(2-5절) 및 결론부(26-29절)와 긴밀하게 연결되어 있다. 더 나아가서, 이것은 고대 이스라엘의 각 지파들이 모이는 총회에서 모세가 중심을 차지하고 있다는 사실을 수립하고 있다.

33:6-25에 있는 열두 지파에 대한 축복의 구조를 바라보는 데는 다양한 방법이 있다. 위의 운율 분석 면에서 볼 때, 축복은 다양한 길이를 가진 일곱 개의 버금 단위로 이루어진 칠지 형식으로 정리될 수 있다.

지파/야곱(이스라엘)의 아들	**창세기에서 모친**	
A 르우벤과 유다	레아	33:6-7
B 첫 번째 어포스트로피와 함께 레위(와 시므온?)	레아	33:8-11
C 베냐민	라헬	33:12

X	요셉(에브라임과 므낫세)	라헬	33:13-17
C′	스불론과 잇사갈	레아	33:18-19
B′	갓과 두 번째 어포스트로피(지도자인 모세)	실바	33:20-21
A′	단, 납달리, 아셀	빌하와 실바	33:22-25

첫 번째 요지는 시므온 지파가 빠지고 요셉 지파가 에브라임과 므낫세로 나누어져서(13-17절) 전체 구조가 열두 숫자를 유지하고 있다는 것이다. 만일 이 구조가 우리에게 익숙한 다섯 부분으로 이루어진 대칭 구조로 압축된다면 지파들의 그룹은 더욱 분명해진다.

A	르우벤, 유다, 레위, 시므온(?)	레아	33:6-11
B	베냐민	라헬	33:12
X	요셉 (에브라임과 므낫세)	라헬	33:13-17
B′	스불론과 잇사갈	레아	33:18-19
A′	갓, 단, 납달리, 아셀	실바와 빌하	33:20-25

외부 골격은 레아의 처음 네 아들들(6-11절)로부터 레아의 몸종 실바의 아들들(갓, 아셀)과 라헬의 몸종 빌하의 두 아들(단과 납달리)이 함께 골격을 이루면서 두 몸종의 네 아들들로 옮겨간다. 그 중심부에 네 아들들로 이루어진 세 번째 그룹이 자리잡고 있다. 즉 라헬의 두 아들(베냐민과 요셉)과 레아의 남은 두 아들(스불론과 잇사갈)이다. 구조의 중심부에서 우리는 요셉 지파를 발견하게 된다.

야곱의 열두 아들들의 창세기의 출생 기사 편에서 개별 지파들에 대한 이 순서의 목록을 살펴보면 흥미롭다(창 29:31-30:24; 35:16-18). 이 구조의 중심부에서 우리는 "요셉 지파"(즉 에브라임과 므낫세 – 즉 요셉의 두 아들)를 발견하게 되는데, 그는 특별히 요셉과 유다에게 초점을 맞추고 있는 창세기 37-50장의 이야기에서 라헬의 장자요 야곱의 가장 사랑받는 아들이었다. 르우벤이 6절에 언급되어 있기는 하지만, 운율 분석을 해보면 첫 단위(6-7절)가 일차적으로 레아의 네 번째 아들 유다에게 관심을 두고 있다는 사실이 분명하게 드러난다. 우리는 위의 구조의 중심부 쪽으로 가면서 레아의 처음 네 아들들(르우벤, 레위, 시므온, 유다)로부터 라헬의 아들들(요셉과 베냐민)로 옮겨감을 발견하게 된다. 그리고 그 구조의 중심부로부터 끝으로 옮겨가면서, 우리는 레아의 두 번째 아들들(잇사갈과 스불론)로부터 두 몸종 실바와 빌하의 네 아들들로 옮겨가게 된다. 라헬의 몸종 빌하의 두 아들(단과 납달리)은 레아의 몸종 실바의 두 아들(갓과 아셀)과 골격을 이루고 있다.

33:6-25에 있는 열두 지파에 대한 축복은 각기 여섯 지파들로 이루어지는 두 개의 주요 부분으로 정리될 수 있는데, 그것은 다음과 같다.

A 르우벤과 유다 33:6-7
B 　레위 33:8-10
X 　　어포스트로피: 시므온과 레위에 대한 저주(참조. 창 49:7) 33:11
B′ 　베냐민 33:12
A′ 에브라임과 므낫세(요셉) 33:13-17

A 스불론과 잇사갈 33:18-19
B 　갓 33:20
X 　　어포스트로피: 모세와 지파의 총회(참조. 33:4-5) 33:21
B′ 　단과 납달리 33:22-23
A′ 아셀 33:24-25

이러한 해석은 갓에 대한 축복을 전혀 다루지 않은 21절이 모세의 유언적 축복의 시 가운데서 4-5절과 긴밀히 연결되어 있는 어포스트로피라는 프리드만의 관찰에 근거하고 있다. 21절에서 관심의 초점은 모세다. 그리고 야웨께서는 동사들의 주어가 되신다. 그 행동은 모세를 이스라엘의 지도자로 임명하시고 그에게 승리자의 분깃을 수여하시는 야웨의 행동이다. 바꾸어서, 모세는 이스라엘 백성 안에서 그리고 그들을 위하여 야웨의 심판을 시행한다. 프리드만은 21절이 머리말(2-5절)과 결론부(26-29절)에 있는 다른 구절들과 구조적으로 연결되어 있다는 사실에 주의를 환기시킨다. 그 내용은 지파들의 총회에서 모세의 중심성을 수립하는 것처럼 앞에서 말한 내용을 확인하고 확대하고 있다. 이 구절은 2절과 5절에 나타나며 28절과 29절에서 또다시 나타나는 "야웨"와 "이스라엘"이라는 열쇠가 되는 단어들을 보유하고 있다.

하나의 다소 유사한 구조가 11절에 나타나는데, 그것은 다른 종류의 어포스트로피로 기능을 하고 있다. 여기서 문제의 구절은 필자가 초창기의 연구에서 주장한 바와 같이 레위의 축복에 대한 결론부(8-11절)이면서 동시에 33:6-17에 있는 보다 큰 대칭 패턴의 구조적 중심부인데(Christensen, *ZAW* 101[1989] 278-82), 거기서 필자는 본문에 두 가지 뜻으로 해석할 수 있는 문장(amphibology)의 한 경우가 들어 있다고 주장한 바 있다. 어근 바라크를 포함하여 두 가지 뜻으로 해석할 수 있는 용법의 실례들 가운데서 우리가 가장 잘 알고 있는 실례는 가련한 욥이 고통을 당한 일련의 재앙 다음에 그의 아내의 입에서 나온 말이다. 욥이 재 가운데 앉아서 기와 조각으로 자기 몸을 긁고 있을 때, 그녀의 충고는 "하나님을 저주하고(בָּרֵךְ – 빠레크) 죽으라"였다(욥 2:9). 바라크의 유사한 용법이 욥 자신의 말 가운데(1:5) 그리고 사탄 편에서 두 번(1:11; 2:5) 나타난다. 또 다른 흥미로운 실례는 나봇의 포도원 이야기에 두 번 나타난다(왕상 21:10-13). 이세벨에게 고용된 두 비류는 그녀의 계략에 따라 법정에 "하나님과 왕을 저주했다(בֵּרַךְ – 빼라크)"고 고소했다. 시편 10:3의 본문도 이와 유사하게 "여호와를 저주하고(בֵּרֵךְ – 빼레크) 부정"(개역 성경에는 "여호와를 배반하여 멸시하나이다"로 되어 있음)하는 탐리하는 자에 대해서 말하고 있다.

주어나 목적어로서 하나님과 관련되었을 때 "찬양하다"(이 경우 하나님에 대해서는 바라크⟨ברך⟩가 개역 성경에서 "축복하다"로 해석된다 – 역자주)보다는 "저주하다"를 의미하는 바라크(ברך) 동사의 일곱 개의 분명한 용법의 실례와 함께 하나의 유사한 해석이 신명기 33:11에서도 가능한데, RSV는 이를 "Bless[בָּרֵךְ], O LORD, his substance, and accept the work of his hands"로 번역한다(Christensen, *ZAW* 101[1989] 90-93를 보라). 야웨가 동사의 목적어가 아니기는 하지만, ברך יהוה חילו란 문구는 그 형태가 ברך אלהים ומת(욥 2:9)과 너무나 유사하므로 그것은 여기서도 완곡어일 수 있다. 이 두 번의 출현은 히브리 성경에서 명령적 의미로 사용된 바라크(ברך)의 부정사 절대형의 유일한 경우일 것이다. 더 나아가서 창세기 49:7에 있는 레위 지파에 대한 축복 가운데 레위와 시므온에게 적용되는 아루르(אָרוּר, "저주")란 단어를 포함하고 있다: "그 노염이 혹독하니 저주를 받을 것이요 분기가 맹렬하니 저주를 받을 것이라." 만일 본 구절이 이 곳 신명기 33:11에서 이와 유사한 방법으로 번역된다면("오 야웨여, 저주하소서, 그 힘을, 그러나 그의 손들의 일을 당신은 받아들이실 것이나이다"), 이것은 창세기 34:25-31에 설명되어 있는 바와 같이 자기들이 문제를 직접 해결하고 있는 레위와 시므온 전승을 가리킨다. 군대 문제에 있어서 레위의 "힘"은 저주를 받았고, 반면에 "그 손의 일"은 받아들여졌다. 여기서 "일"을 가리키는 단어 포알(פעל)은 히브리 성경에서 거의 언제나 하나님을 주어로 갖는다. 웨스본(G. Östborn)이 말하는 바와 같이, "구약성경에서 야웨의 활동에 대한 구체적인 호칭은 포알(פעל)이란 단어인 것으로 보인다"(G. Östborn, *Tōrā in the Old Testament*[Lund: H. Ohlssons, 1945] 74). 그러므로 시적 스타일로 되어 있는 이 용어는 레위의 일이 다름 아닌 이스라엘 각 지파들의 총회를 위하여 행하신 야웨 자신의 일이라는 사실을 암시한다.

운율 구조 면에서, 33:8-11의 레위에 대한 축복의 내용은 다섯 부분으로 정리된다.

A	둠밈과 우림이 맛사에서 시험당한 레위에게 위임되었다	33:8
B	그(레위)는 자기 형제들로부터 구별되었다	33:9a
X	이는 그들이 주의 말씀을 준행하고 언약을 지켰기 때문이다	33:9b
B′	그들은 야웨의 토라를 가르치고 의식을 행할 것이다	33:10
A′	그의 힘은 저주를 받고, 그 손의 일은 받으소서	33:11

이 구조에서 외부 골격은 "므리바 물"에서 있었던 레위 시험에 대한 역사적 암시(8절)로부터 레위와 시므온의 이야기 중에서 있었던 초창기의 사건들과 세겜 사람들에게 저질렀던 폭행에 대한 또 다른 암시(11절; 참조. 창 34:25-31)로 옮겨간다. 이 골격 가운데서 우리는 레위 지파가 야웨의 토라를 준수함(9b절)으로 인한 보상으로써 다른 지파들(그의 형제들, 9a절)로부터 구별되었다는 사실을 발견하게 되는데, 곧 그들이 분향과 희생 제사와 관련된 일에 있어서 그들이 가진 다른 의무들과 더불어 가르치는 일을 위임받았다는 것이다(10절).

33:6-7의 대칭 구조의 상반부에 열거된 지파들은 레아의 다른 아들들은 이름을 밝히면서, 그리고 시므온에 대해서는 11절의 "저주" 가운데 암시하여 포함시킨다. 이 구조(12-17절)의 하반부에 열거된 지파들은 라헬의 아들들인 요셉과 베냐민을 포함시킨다. 이 구조에서 유다와 요셉을 짝지은 것은 창세기의 결론적 이야기들(37-50절) 가운데서 이 두 형제가 담당하는 중심 역할과 평행을 이루는데, 그것은 다음과 같이 정리될 수 있다.

A	요셉과 그가 다스릴 것이라는 꿈	창 37장
B	유다와 다말 – 다윗의 조상 베레스의 출생	창 38장
X	애굽에서의 요셉 – 꿈 해석으로 권력의 자리에 오름	창 39:1-44:17
B′	유다의 연설: "베냐민 대신 나를 가두소서"	창 44:18-34
A′	실현된 요셉의 꿈 – 애굽에서의 야곱의 가족	창 45-50장

레위 지파는 모세의 지파다(참조. 출 2:1). 그리고 이 구조에 나타나는 유다, 요셉(에브라임과 므낫세), 베냐민과 함께 우리는 창세기 이야기 가운데서 중요한 위치를 차지하고 있는 레아의 네 아들과 라헬의 두 아들을 보게 된다. 모세의 유언적 축복 하반부에 있는 여섯 지파는 부차적인 레아의 아들들(스불론과 잇사갈)과 두 몸종 빌하(단과 납달리)와 실바(갓과 아셀)의 네 아들을 포함한다.

33:6-6-25의 숫자 구성에 관해서 라부샤뉴로부터 얻은 자료는 다음과 같이 요약될 수 있다.

단어	아트나 앞		아트나 뒤		
33:1-11	80	+	52 (=2×26)	=	132
33:1-7	50	+	28	=	78 (=3×26)
33:2-25	153 (=9×17)	+	119 (=7×17)	=	272 (=16×17)
33:3-6	17	+	17	=	34 (=2×17)
33:4-6	11	+	12	=	23
33:6-7	14	+	9	=	23
33:6-12	51 (=3×17)	+	40	=	91
33:6-17	81	+	64 (=2×32)	=	145
33:7-21	102 (=6×17)	+	85 (=5×17)	=	187 (=11×17)
33:8-12	37	+	31	=	68 (=4×17)
33:11-12	13	+	13	=	26
33:12-17	37	+	31	=	68 (=4×17)
33:13-16	17	+	18	=	35
33:18-23	38	+	30	=	68 (=4×17)
33:20-25	34 (=2×17)	+	29	=	63
33:21	8	+	9	=	17

이 자료로부터 얻어지는 결론은 33:1-5에 있는 앞 단락의 결론과 매우 유사하다. 본문은 간혹 23과 32(히브리어 카보드〈כבוד, "영광"〉와 관련되어 있는 수)라는 수의 사용과 함께 신명 수 17과 26으로 구성되어 있다.

주석

6 "수가 적다"는 의미인 메타이우 미쓰파르(מתיו מספר)란 문구의 전통적인 의미에 관해서는 창세기 34:30; 신명기 4:27; 예레미야 44:28; 시편 105:12(=대상 16:19)을 보라. 그러나 각각의 경우에 이 두 단어가 메타이우(מתיו) 아래 붙어 있는 무나흐 악센트로써 단일 문장 구성의 악센트 강세 단위 가운데 하나로 묶여져

있다는 사실을 유의할 필요가 있다. 여기서 상황은 미쓰파르(מספר)란 단어가 이접사 악센트로 앞의 것과 분리되어 있는 시편 40:6(개역. 5절)의 그것과 더 유사하다. 다후드는 시편 40:6과 일치시키기 위하여 MT의 미쓰파르(מִסְפָּר)를 미싸페르(מְסַפֵּר, "〈그의 사람들의〉 수를 셀 수 없이 〈되기를〉")로 수정하는데, 이것이 LXX이 메타이우 미쓰파르(מתיו מספר)란 문구를 파악한 방법인 것으로 보인다: "그리고 그로 하여금 수가 많아지게 하기를"(*καί ἔστω πολὺς ἐν ἀριθμῷ* – 카이 에스토 폴뤼스 엔 아리드모).

7 모세는 하나님께서 "유다의 음성을 들으시고" "그의 대적들을 치는 데 도우심으로써" 그를 회복시키기를 기도한다. 티개이는 다음과 같이 설명한다. "탈굼 옹켈로스는 다음과 같이 적절하게 고쳐서 기록한다. '오 주여, 유다가 전쟁하러 나갈 때에 그의 기도를 들으시고 자기 백성에게로 안전히 돌아오게 하소서'"([1996] 323). 야다이우 라브 로(ידיו רב לו)를 "그의 손들이 그를 위하여 싸우기를"로 번역한 것은 MT의 라브(רב) 대신에 יריבו로 읽도록 제안한 수정과 어울리거나 혹은 어울리지 않는다(Christensen, *ZAW*[1989] 279 n. 5). 티개이가 말한 바와 같이 ([1996] 32), 아마도 야다유("성경 시대에")로 발음된 야다이우(ידיו, "그의 손들")란 단어 가운데서 유다의 이름에 대해 언어유희를 하고 있음을 아는 것이 더 중요하다. 다후드는 라브(רָב, "그가 싸웠다")를 "그를 위하여 그의 힘들(직역하면 '그의 손들')을 증가시킨다"가 되도록 랍베(〈ה〉רַבֵּ, "증가하다"; 참조. 삿 9:29)로 읽도록 수정한다(*RSP*, 2:26). 오코너는 여기서 라브(רב)를 하나의 정형 동사를 위하여 사용된 부정사로 파악하고 있는데, MT의 자음으로 된 본문을 수정할 필요가 없으며, 그 결과 의미는 "그의 대적들의 손들에 대해서 그를 위하여 싸우시기를"이 된다(O'Connor, *Hebrew Verse Structure*, 210). 에제르(עזר, "한 도움")의 의미에 대한 세부적인 논의에 관해서는 Baisas, *UF* 5(1973) 44-45를 보라.

8 "둠밈"과 "우림"의 일곱 번의 출현 가운데(출 28:30; 레 8:8; 민 27:21; 신 33:8; 삼상 28:6; 스 2:63; 느 7:65) 이 네 번째 본문은 이 단어들이 성경 가운데서 역순으로 나타나는 유일한 곳이다. 출애굽기 28:30과 레위기 8:8에 따르면, 대제사장이 성스러운 겉옷인 에봇 위에 걸쳤던 "판결의 흉패"에 붙어 있는 일종의 주머니 안에 제비들을 가지고 다녔다. LXX 사무엘상 14:41의 확장된 본문은 인용할 가치가 있다. "어찌하여 당신은 오늘날 당신의 종에게 응답하지 아니하셨나이까? 만일 이 죄가 내 아들 요나단이나 나로 인한 것이었다면, 오 이스라엘의 하나님 여호와여, 우림을 보이시고 만일 그것이 내 백성(이스라엘)에게서 기인하였다고 말씀

하신다면 둠밈을 보이시옵소서." 이 본문은 두 개의 물건이 그렇다는 대답이나 아니다는 대답만을 제공할 수 있었을 것이라는 사실을 암시한다. 대제사장이 야웨께 문의한 몇몇 경우에는 하나의 불확실한 응답이 떠올랐거나 혹은 그렇다나 아니다 같은 대답 너머로 나아가는 특별한 대답이 떠올랐다. 본문에 따르면 "완전한 조명"을 의미하는 최근에 발견된 히브리어 우르톰(**אורתום**, 1QH 4:6, 23; 18:29)은 "우림"(**אורים** – 우림)의 단수형과 "둠밈"(**תומים** – 툼밈)의 단수형의 결합인 것으로 보인다. 몇몇 사람은 우림과 둠밈이라는 이름이 히브리 알파벳의 첫 글자와 끝 글자, 즉 알렙(**א**)과 타우(**ת**)를 가리킨다는 것과 제비들은 히브리 알파벳 22글자 전체로 이루어졌다고 주장했다. 세 개의 글자가 주머니에서 꺼내졌고, 대제사장에 의하여 해석되었다: "히브리 언어의 기초가 세 자음어로 된 어근이듯이, 이것은 세 개의 글자들이 대제사장이 하나의 메시지를 이끌어 낼 수 있었던 의미가 담긴 문구를 제공했을 것이라는 사실을 따르고 있다"(Robertson, *VT* 14[1964] 72).

야웨께서 "맛사에서 시험하신"(**נסיתו במסה** – 니씨토 베맛사; 직역하면 "당신이 시험 장소에서 시험하셨다") 그리고 "므리바 물에서 당신이 싸우신"(**מריבה**… **תריבהו** – 테리베후…므리바; 직역하면 "당신이 도전 장소에서 도전하신" – Tigay [1996] 324에서 이렇게 번역함) 사람들에 대한 언급은 성경 본문 다른 곳에서 밝혀질 수 있는 역사적 사건에 대한 구체적인 언급이라기보다는 언어유희라고 볼 수 있다. 맛사-므리바 사건은 시편 81:8(개역. 7절)과 95:8-9에 암시되어 있고, 출애굽기 17:1-7과 민수기 20:1-13에 설명되어 있는데, 그 곳에서 이스라엘 백성들은 야웨를 시험했다(참조. 신 32:51과 시 106:32, 여기서 모세와 아론은 므리바 물에서 야웨를 시험했다). 그러나 레위를 시험하신 분은 야웨이시다. 매이즈는 본 절의 배경이 출애굽기 15:25이라고 주장하면서, "거기서 야웨께서 입증하신 사람들은 아마도 레위인들이었을 것이다"라고 말한다([1981] 403). 신명기 33:8에 있는 레위인들에 대한 축복의 말씀은 결국 유대인 전승에서 미드라쉬적으로 해석된 내용을 따라 "므리바 물에서 시험받은" 주체에 관한 이어지는 전승 형성에 하나의 역할을 했던 것으로 보인다.

9-**10** 레위에 대해서는 "그 형제들(**אחיו** – 엑하이우)을 인정치 아니하며(즉 멸시하며) 그(의 자신의) 자녀(**בנו** – 빠나우)를 알지 아니한다"고 기록되어 있다. 출애굽기 32:26-29에 있는 금송아지 사건은 최소한 부분적으로 이 본문에 의하여 형성된 것으로 보인다. 그 이유는 레위인들이 자기 자신들의 친지들을 포함하여 금송아지를 섬긴 자들을 처벌하기 위하여 규합했고 제사장직을 보상으로 받았기 때문이

다. 출애굽기 32:29에 있는 기사는 "각 사람이 그 아들과 그 형제를 쳤으니 오늘날 여호와께 헌신하게 되었느니라"고 결론짓고 있다. 그 단어들이 교차대구법을 이루면서 33:9과는 역순으로 나타난다: אחיו / בנו // בנו / אחיו. 출애굽기 32:29에 있는 레위인들에 관한 에피소드는 베라카(ברכה, "축복")라는 단어와 함께 끝나는데, 이것이 낭독 주기 가운데 토라 낭독 마지막 주 본문의 호칭 및 신명기 33:1의 첫마디 말인 "그리고 이것은 축복의 말이라"와 비교되어야 할 것이다.

11 "오 야웨여, 그의 힘을 저주하소서"란 번역에 관해서는 크리스텐센의 글(Christensen, *ZAW* 101[1989] 278-82)과 위의 "양식/구조/배경" 단락 가운데 있는 논의를 보라. 이 구절은 본 절을 21절에 있는 또 다른 어포스트로피와 대칭을 이루고 있는 보다 큰 대칭 구조 내에서 레위의 축복에 붙어 있는 어포스트로피로 읽혀지는데, 이것은 시므온과 레위에 대한 창세기의 이야기 및 자기들의 누이 디나를 강간한 일에 대한 보복으로 세겜 사람들을 보복한 이야기를 암시한다(창 34:25-31; 49:6-7). 빠레크 아도나이 헬로(ברך יהוה חילו)란 문장은 이 본문에서 두 가지의 매우 다른 의미를 가지고 있다. 창세기 34장에 있는 이야기와 관련하여 읽어 볼 때, 이 문장은 "오 야웨여, 그의 힘을 저주하소서"를 의미한다. 그러나 단독으로 읽혀질 때 이 문장은 "오 야웨여, 그의 재산에 복을 주소서"라는 의미를 가지는데, 이것이 더 전통적인 독법이다. 티개이가 Sifre 352([1996] 408 n. 70)로부터 인용한 글에서 말하는 바와 같이, "이 구절로부터 '대부분의 제사장들이 부유하다'는 말을 듣는다." "그 손의 일"(פעל – 포알)은 시적 스타일 가운데서 레위인들에게 맡겨진 야웨 자신의 사역을 가리킨다. 크레이기는 민 예쿠문(מן יקומון)에 있는 멤(מ)을 우가릿어와 유사한 부정 의문사로 취급하면서 "대적하는 자는 누구냐"로 번역한다(Craigie[1976] 395; W. F. Albright, *CBQ* 7[1945] 23 n. 64를 보라). 오코너는 멤(מ)을 강조로 취급하면서 본문을 "그의 대적의 허리를 치다"(מחץ מתני־מ־מקיו)로 읽도록 수정한다(O'Connor, *Hebrew Verse Structure*, 212). 폭스(*FBM*, 1009)는 이 문구를 "일어남으로부터"로 번역하고 있는데, 이것은 여기서 주어진 내용과 본질적으로 같다 – "그들이 더 이상 일어나지 못하도록"(참조. NRSV).

12 여기서 베냐민을 "여호와의 사랑을 입은 자"로 언급한 것은 야곱이 요셉이 죽은 것으로 생각한 다음에 베냐민을 사랑하게 되는 창세기 이야기를 형성하는 데 하나의 역할을 했을 수 있다(창 42장). 또한 요셉이 애굽에서 자기 형제들을 위하여 잔치를 배설했을 때 "베냐민에게는 다른 사람보다 오 배나"(창 43:34) 줌으로써 보여 준 애정과 비교하라.

“안전히 거하리로다”(직역하면 “야웨께서 안전히 천막을 치신다”)라는 독법은 샤칸(שׁכן, “거하다”)의 용법에 주의를 환기시키려는 것인데, 이 단어에서 미슈칸(משׁכן, “회막”)이란 단어가 파생되었다. 크레이기는 첫 문장에 있는 알라이우(עליו)를 “그에 의하여”로 읽기보다는 뒤따라오는 내용과 함께 하나님의 이름으로 읽는다: “엘리께서 온종일 그를 두르신다”([1976] 396). M. Dahood, “The Divine Name 'Eli in the Psalms,” *TS* 14(1953) 452-57를 보라. 이러한 해석이 가지는 문제점은 아트나를 무시한다는 것이고, 12절의 상 · 하반부 사이에 있는 운율 숫자의 균형을 파괴한다는 것이다. LXX이 MT의 알라이우(עליו) 대신 호 데오스(ὁ θεὸς, “그 하나님”)로 번역한 독법이 다후드, 크레이기, 오코너 그리고 다른 사람들에 의하여 제안된 수정을 지지해 주고 있기는 하지만, 어떻게 해서 이 본문이 MT로부터 유래되었는지를 설명하는 것이 더 쉬울 것이다. 난해한 독법(*lectio difficilior*)은 “그로 말미암아” 혹은 “온종일 그를 감싸는” 야웨와 함께의 의미로 읽혀진다. 성경 가운데 다른 어디에도 나타나지 않는 하파프(חפף, “감싸다”)란 동사는 훕파(חוּפָּה, “차양”〈canopy〉)와 관련이 있는 것으로 보이며, 그래서 티개이가 말하는 바와 같이 이 동사는 “하나의 보호 차양을 이루다”를 의미했을 것이다(Tigay[1996] 326). 그는 이사야 4:5-6에 있는 평행적 본문을 인용한다: “여호와께서…시온 산과 모든 집회 위에 낮이면 구름과 연기, 밤이면 화염의 빛을 만드시고 그 모든 영광 위에 천막을 덮으실 것이며, 또 천막이 있어서 낮에는 더위를 피하는 그늘(חֻפָּה)을 지으며, 또 풍우를 피하여 숨는 곳이 되리라.”

“그로 자기 어깨 사이에 처하게 하시리로다”는 진술은 하나님의 어깨 사이에 쉬는 베냐민으로 해석되는데, 이것은 한 아이를 부모의 어깨 위에 얹고 가는 모습과 유사하다. 티개이는 하나님을 주어로 보고 그분이 “베냐민의 어깨 사이에 쉬시는” 분으로 간주한다([1996] 326). “어깨들”은 지형학적으로 하나님의 성소가 베냐민의 변두리 내에 있다는 사실을 의미한다. 크레이기는 본문을 완전히 다른 의미로 해석한다: “그리고 그분의 무기 사이에 그가 거할 것이다”([1976] 396). 그는 케테프(כתיף, “어깨들, 견갑골”)를 우가릿어 *ktp*에서 나온 “무기, 칼”이라는 의미로 취급한다(*CTA* 6.V.2 = *UT* 39.V.2).

13 요셉 지파는 창세기 설화 가운데서 요셉의 아들들인 에브라임과 므낫세 지파(17b절)로 나누어진다(창 48장). 에브라임 지파는 베냐민 지파의 북쪽 고원 지대 중앙에 위치했었다. 므낫세는 에브라임 북쪽으로 중앙 고원 지대 부분을 차지했었고, 요단 강 계곡의 다른 편에 있는 트랜스 요르단의 바산과 길르앗에 자리잡았다.

티개이가 주장하는 바와 같이, 이 두 지파들의 이름은 그 자체가 비옥을 암시한다(Tigay[1996] 327). "요셉"(יוסף – 요쎄프)은 "그가 번성하게 하기를"을 의미하며, 창세기 41:52은 에브라임의 이름을 어근 파라(פרה, "비옥하게 되다")에서 나온 "하나님께서 나로 결실하게 하셨다"를 의미하는 것으로 설명한다.

메게드(מגד, "은혜")란 단어는 13-16절에 다섯 번 나타나는데, 티개이는 이것을 히브리어 믹다노트(מגדנת, "선물들", "값진 물건들")와 같은 "선물", "축복"이라는 의미와 메가딤(מגדים, "좋은 열매")이라는 이중적인 의미로 취급한다. 이 이중적인 의미는 "비와 물이 하늘과 땅의 열매와 그것들의 선물 모두라는 것이다"(Tigay [1996] 327). "땅 아래 저장한"(직역하면 "아래 놓인 깊음")은 샘 근원과 샘을 만들어 내는 땅 아래 있는 물을 가리킨다. "아래"(תהום – 테홈)란 단어는 고대 신화 세계로부터 나온 의미를 가지고 있는데, 그 이유는 바벨론 신 티아맛의 이름이 악카드어 테홈(תהום)의 동족어이기 때문이다.

14-15 오코너는 예라힘(ירחים, "월들")에 있는 멤(ם)을 크로스와 프리드만(*Studies in Ancient Yahwistic Poetry*, SBLDS 21[Missoula, MT: Scholars Press, 1975] 116 n. 49)과 같이 그것을 삭제하기보다는 강조어로 생각하여 이 문구를 "달의 산출의 은총으로부터"로 번역한다(O'Connor, *Hebrew Verse Structure*, 212-13). "가장 좋은"(개역. "상품")으로 번역된 로쉬(ראש)란 단어는 일반적으로 "머리" 혹은 이 경우에는 "(산) 꼭대기"를 의미하며 그런 까닭에 이중 의미의 또 다른 경우다. 크레이기는 이것을 갈멜 산 꼭대기에서 빽빽하게 자라나는 숲이라는 의미에서 "옛산"의 "부"로 해석한다([1976] 398). "옛산"과 "영원한 작은 산"에 대한 언급은 요셉의 영역에 있던 언덕들에 대한 단순한 물리적 지형일 수도 있다. 티개이는 "수메르인들이 가축신과 곡물신이 자리잡고 있다고 믿었던 산들과 같은" 신화 가운데서 산들의 역할을 암시하는 것이라고 생각한다. 요점은, 요셉이 고대의 산들의 풍요와 같은 풍요를 누린다는 것일 것이다([1996] 328과 409 n. 111, 거기서 그는 T. Jacobsen, "Sumerian Mythology: A Review Article," *JNES* 5[1946] 141를 인용한다).

16 "가시떨기나무(סנה – 쎄네) 가운데 거하시던 자의 은혜"에 대한 언급은 모든 축복의 원천을 가리킨다: 가장 먼저 "가시떨기나무"(הַסְּנֶה – 하쓰네)에서 모세에게 나타나셨던 하나님께서는 같은 발음을 가지고 있고, 또한 모세에게 자신을 계시하셨던 산인 시내(סִינַי – 씨나이)로 우리의 주의를 집중시키신다(출 3:1-6). 티개이는 여기서 떨기나무에 대한 언급은 야웨와 모세 자신의 관계 면에서 모세 이야기

전체를 감싸는 형태를 취하고 있는데, 그 이유는 지금 그의 죽음의 순간이 다가오고 있기 때문이라고 설명한다([1996] 328). "떨기나무"(סנה – 쎄네)에 대한 언급은 여러 학자들이 주장하는 바와 같이 므낫세(מְנַשֶּׁה)에 대한 언어 유희인 것으로도 보인다. 오코너는 크라말코프(C. Krahmalkov, "The Amorite Enclitic Particle TA/I," JSS 14[1969] 201-4; 같은 저자, "The Enclitic Particle TA/I in Hebrew," *JBL* 89 [1970] 218-19)와 함께 동사 타보아타(תָּבוֹאתָה, "그것이 오기를")에 있는 -타([ה] ת) 접미사를 강조 불변화사로 해석하여 본 행을 다음과 같이 번역한다: "(축복이) 그 형제들의 나실인인 요셉의 머리로 오기를"(*Hebrew Verse Structure*, 213). "나실"(נזיר – 나지르)이란 단어는 창세기 49:26에서 야곱의 축복 가운데 요셉에 대해서 사용되었다. 여호수아, 드보라, 여로보암 1세가 에브라임 지파 사람들이었음을 유의하라. 그리고 기드온은 므낫세 지파 출신이었다. 세겜에 있었던 중앙 성소는 므낫세 지파 가운데 있었고, 결국 에브라임에 있는 실로로 옮겨왔다. 북왕국 자체는 가끔 "요셉(의 집)"으로 불렸으며(겔 37:16; 암 5:6; 시 77:16), 시편 80:2(개역. 1절); 81:6(개역. 5절)에서는 이스라엘 국가 전체로 그렇게 불렀다. "구별한 자"(נגיד – 나기드)란 단어는 나실인을 상기시켜 주고 있는데, 그는 자르지 않은 머리로 구별되었으며, 여기서 문맥은 머리털이 발견되는 머리(רֹאשׁ – 로쉬)와 정수리(קדקד – 코드코드)에 대해서 말하고 있다.

17 요셉은 그의 큰 힘을 암시하기 위하여 혹은 그가 장자의 장자권을 행사할 때 지도자로서의 그의 역할을 나타내기 위하여 "들소의 뿔"을 가진 "첫 수송아지"(שׁוֹר בכור – 뻬코르 수르)에 비교된다(대상 5:1-2).

본 구절에 있는 야흐따우(יחדו, "함께")란 단어의 해석은 모호하다. *BHS*와 대부분의 영역본들은 이것을 예나까아흐 야흐따우(ינגח יחדו, "〈그들이〉 함께 받침을 당했다")란 문구 가운데서 앞서 있는 단어와 긴밀하게 연결하고 있는 악센트를 무시한다. "천천"이란 언급 다음으로 "만만"이란 단어가 나오는 정상적인 순서가 여기서는 바뀌었는데, 그 이유는 언급된 첫 번째 지파(에브라임)가 둘 중에 숫자가 더 많아서 좀더 영향력이 있었기 때문이다. 창세기 48:8-20에 있는 설화 가운데서, 그들의 아버지 요셉의 요망과는 반대로 "그가 에브라임을 므낫세보다 앞세웠더라"(창 49:20)고 말하고 있는 야곱과 얽혀진 이야기는 일의 정상적인 순서가 이 역순과 일치한다.

18 운율 분석은 스불론과 잇사갈이 본 평행적 시행의 주어이며, 또한 쎌룩(그래서 절 나눔)이 잘못되었다는 사실을 암시한다. 창세기 30:17-20의 이야기에서 순서

는 각각 레아의 다섯째와 여섯째인 잇사갈과 스불론으로 바뀌어져 있다. 이 두 형제들은 야곱의 축복(창 49:13-14)과 드보라의 노래(삿 5:14-15)에서 스불론이 잇사갈보다 앞서 나오면서 함께 나타난다. 더 나아가서 여호수아 19장에 나오는 땅 분배에서, 백성들이 소집된(יקראו – 이크루) 이름 모를 "산"(הר – 하르)은 다볼 산이라기보다는 갈멜 산일 수도 있다. 스불론의 땅은 최소한 하이파 바로 남쪽에 있는 갈멜 산의 일부를 포함했을 것이다(*EI* 14[1978] 40에 있는 Mazar의 논의를 보라). 여호수아 21:34은 욕느암(므깃도의 북서쪽)의 위치를 스불론 지파 가운데 있는 것으로 말하고 있으며, 여호수아 12:22은 "갈멜에 있는 욕느암의 왕"이라고 말하고 있다.

이 구절들이 모호하므로 최소한 부분적으로나마 설명되어야 할 텐데, 티개이는 이 명칭들에 대한 언어 유희로 설명한다: "스불론의 z-b(ㅅ-ㅂ)음이 이스베후 시웨헤이(*yiZBeḥu ZiVeḥei*, '희생 제사를 드리다'; 원래는 *ZiVeḥei*가 *ZiBeḥei*로 발음되었다)에 영향을 주었을 수 있다. 반면에 잇사갈 안에 들어 있는 *s-s* 혹은 *sas* (*yiSSakhar* 혹은 *yiSaSkhar*) 음은 '기뻐하라'(*semaḥ*, *sas*, 즉 '기뻐하라'의 동의어; [1996] 329)는 단어에 영향을 주었을 수 있다." "너(스불론)의 나감"(בצאתך – 뻬체테카)은 드라이버(Driver[1906] 408)가 말하는 바와 같이 바다를 통한 무역이거나 혹은 그린버그의 주장과 같이 고기 잡이 여행일 것이다(Tigay[1996] 329와 409 n. 130을 보라). 크레이기는 "너(스불론)의 나감"(בצאתך – 뻬체테카)을 "너의 떠남"으로 번역하고 28:6과 31:2의 "들어옴/나감"이라는 히브리어 관용어에 주의를 상기시킨다([1976] 399; 또한 Driver[1895] 408를 보라). 드라이버는 이것을 통상적인 문구가 "인간의 모든 행위와 계획을 지칭하기 위하여 사용된" 문구의 시적 변형으로 해석하기는 했지만(또한 시 121:8 참조) 그럴 것 같지는 않다. 여기서 두 동사의 두 번째 것이 빠져 있다. 더 나아가서 이 문구의 의미는 드라이버가 가정하고 있는 내용과는 상당히 차이가 있다. 31:2의 "주석"과 스파이서의 논문(Speiser, *BASOR* 144[1956] 20-23) 그리고 에반스의 논문(Evans, *BASOR* 150[1958] 28-35)을 보라. 잇사갈의 장막은 창세기 49:14의 "잇사갈은 양의 우리 사이에 꿇어앉은 건장한 나귀로다"라는 평행적 본문에 비추어 볼 때 아마도 목축을 하는 사람들의 거주처로 설명되어야 할 것이다. "너는 장막에 있음을"이라는 말이 스불론뿐 아니라 잇사갈에게도 주어진 말이라는 티개이의 주장은 흥미로운데, 그 이유는 "이것이 잇사갈이 스불론의 보호와 공급을 받아 가면서 스불론의 영토에서 살아가고 있다는 사실(유다 안에 있던 시므온처럼)을 암시하고, 또한 잇사갈이 너무나 보잘것없기 때문에 자체만의 축복을 평가할 수 없다는 사실을 의미했을 것"이기 때문이다([1996] 330).

19 매이즈는 이름이 붙어 있지 않은 "산"에 대한 두 가지 가능성 가운데서 다볼산이 더 개연성이 있는 것으로 말하지만, 티개이는 결론을 내리지 않고 있다([1996] 330). 필자는 여기서 크레이기의 의견을 따르는 바이다: "축복의 첫 번째 표현은 어떤 특정한 장소가 의도되어 있지 않다는 사실을 암시한다"([1976] 399 n. 33). 그 "산"은 사람이 하나님을 만나는 것을 예상하는 곳이다. "산에 소집된 백성들"은 헤르더(J. B. Herder, *The Spirit of Hebrew Poetry*, tr. J. Marsh[1833; repr. Naperville, IL: Aleph Press, 1971] 160)가 주장하는 바와 같이 동료 이스라엘 백성이고, 그들은 거기서 주로 "의"를 의미하는 "의로움(צדק – 체덱)의 제사"를 드리는 것으로 되어 있는데, 본 주석에서는 이 단어를 "성공"으로 번역했다. 티개이는 이것이 감사의 제사를 가리킨다고 주장하는데, 그럴 경우 이 구절은 스불론과 잇사갈이 다른 지파들을 초대할 것이고 백성들은 그들에게 합세하여 그들의 해운 생활에서 얻은 부로 인하여 하나님께 감사할 것이라는 사실을 의미할 수 있다([1996] 330). 그러나 매이즈는 "모래에 감추인 보배"라는 언급이 "부의 원천으로서의 대상 무역일 수도 있다"고 주장하는데([1981] 407), 이것은 땅과 바다(즉 모든 자원으로부터 얻은)에서 이루어지는 상업에서 벌어들이는 19b절에 있는 부와 함께 일종의 제유법을 형성했을 것이다.

20 "갓을 광대케 하시는 자"에 관한 진술은 아마도 티개이가 주장하는 바와 같이 영토의 확장이라기보다는 인구의 증가를 가리킬 것이다. 그 이유는 그 지파 자체가 "광대"의 직접목적어이기 때문이다. "누군가의 영토를 확장시키는 것이 직접목적어인 소유자와 직접목적어인 영토와 함께 표현되어 있다. 12:20; 19:8; 창세기 26:22; 출애굽기 3:8; 34:24; 아모스 1:13"([1996] 410 n. 154). 갓에 대한 축복은 모세의 일련의 축복 가운데서 유일한 것으로서 지파를 도우심으로 인하여 하나님께 찬양하는 것이다. "복받은"(ברוך – 바루크)이란 단어는 이 곳과 아셀에 대한 축복에서만 나타나는데, 티개이는 이것을 창세기 30:11-13의 설화 가운데서 주어진 것과 같이 이 두 지파의 이름의 의미와 관련시킨다. 거기서 갓은 "복됨"을 의미하고, 아셀은 "기쁨"을 의미하는 것으로 설명되어 있다.

21 "그가 자기를 위하여 먼저 기업을 택하였으니"(저자의 사역인 "그가 그를 위하여 첫 것을 제공했다"는 문장은 의미가 모호하다 – 역자주). 와야르(ויירא)를 "제공한(준비한)"으로 번역한 것에 대해서는 창세기 22:8을 보라. 그 곳에서 아브라함

은 이삭의 질문에 대해서 다음과 같은 말로 답한다. "번제할 어린양은 하나님이 자기를 위하여 친히 준비하시리라(יראה־לו)." 갓은 시간적으로나 질적으로나 지파들에게 영토를 분배할 때 첫째(즉 "제일" 혹은 "최고")로 받았다. 레쉬트(ראשית, "처음")란 단어가 창세기 49:3에서 야곱이 르우벤을 축복해 주는 기도에서도 나타나므로, 매이즈는 "여기서 암시된 것이 르우벤 지파와 그 땅의 합병이고 또한 지도력에 대한 권한이다"라고 생각한다([1981] 408). 필자가 원칙적인 면에서 21절이 갓에 대한 축복과는 전혀 관계가 없는 하나의 어포스트로피라는 프리드만의 해석(*FS C. H. Gordon*[1980] 34)을 받아들이기는 했을지라도, 여기서 운율 분석의 결과는 본 구절의 처음 부분을 뒤따라오는 부분에서 분리시키는 결과가 나타난다. 야웨께서는 모세에게 지도자의 몫을 부여해 주셨고, 그(모세)는 야웨의 의를 시행했다. 프리드만이 말하는 바와 같이 "모세를 지도자로 임명하시고 그에게 승리자의 분깃을 수여하시는 야웨의 행위는 자기 백성 이스라엘 내에서 그리고 그들을 대신하여 야웨의 심판을 시행하는 모세의 행위와 어울린다"(*FS C. H. Gordon*[1980] 35). 오코너는 크로스와 프리드만 그리고 *BHS*와 함께 어근 나솸(נשׁם, "갈망하다")으로부터 나온 키 이솸(כִּי יַשֵׁם, "그가 갈망하다")으로 읽는다(O'Connor, *Hebrew Verse Structure*, 215). 여기서는 전통적인 독법 샴(שׁם)을 따르고 있는데, 이것은 지파의 배열에서 모세의 중심성을 암시하고 있으며, 그에게 "법 세운 자의 분깃"(מחקק חלקת – 헬콰트 메호퀘크)이 주어진다. 이 독법을 지지하면서 티개이는 여러 고대 역본들과 중세 주석들이 "법 세운 자"(מחקק – 메호퀘크)를 모세를 가리키는 것으로 해석했으며, 그들은 메호퀘크를 모세, 서기관 혹은 율법 수여자로, 그리고 "메호퀘크의 분깃"을 요단 동편에 있는 그의 장지로 이해했다([1996] 331, 410 n. 161 – 여기서 그는 Tg., Syr., *Sifre* 355, *b. Sot.* 13b, *b. B. Bat.* 15a, *Yal.* 962, Saadia, Rashi, Shadal을 인용한다). 모세의 역할은 뒤따라오는 내용, 즉 "백성의 두령들이 함께 모인" 자리에서 문의의 대상이기도 하다(MT의 싸푼 와예테〈ספון ויתא〉를 5절에서처럼 ויתאספן으로 순서를 바꾸면서 그렇게 번역하는데, 5절에서 빼히트아쎄프 로쉐암〈בהתאסף ראשׁי עם〉이란 문구가 "백성의 두령이 모일 때"로 번역된다).

22 "단은 사자의 새끼로다"(גור אריה – 구르 아르예)라는 표현은 야곱의 축복 중 창세기 49:9에서 유다 지파를 묘사하기 위하여 사용되었다. 이것은 힘있는 젊은 사자 이미지다. 여기서 이 비유의 사용은 단 성읍의 이전 이름 라이스의 영향을 받았을 수도 있는데, 그 이유는 이 단어가 티개이가 말하는 바와 같이 히브리어에서 사자의 또 다른 용어이기 때문이다([1996] 332). 갓 지파도 위의 20절에서 사자와

같은 힘을 가졌다고 축복을 받았다. "뛰어나오는"(יזנק - 예잔네크)이라는 번역은 문제성이 많은 번역인데, 왜냐하면 그 어근이 성경의 어디서도 사용되지 않았기 때문이다. "이 번역은 말에 대해서 사용된 아랍어 나자카(*nazaka*=*nazaqa*, '신속하다, 급히 나가다')를 음역한 어근이라는 사실을 가정한 것으로 보인다"(Tigay [1996] 411 n. 174). 예자네크 민-하빠샨(יזנק מן־הבשן)을 "그가 독사로부터 피하여 도망하다"로 번역한 것은 크로스와 프리드만의 제안을 따른 것인데, 그들은 하빠샨(הבשן)을 우가릿어 *bṯn*("독사")과 같은 어근으로 취급한다(*JBL* 67[1948] 191-201). 크레이기가 주장하는 바와 같이([1976] 401), "이 문구는 야곱이 단에 대해 말하면서 사용한 언어 유희(창 49:17)일 수도 있는데, 거기서는 단을 뱀 혹은 독사로 묘사하고 있다. 단은 이제 더 큰 힘을 가질 수 있는 잠재력(사자 새끼처럼)을 가지고 있지만, 아직은 독사 앞에서 두려워한다." 역사적으로 독사는 이 지파로 하여금 블레셋 근처 세펠라와 해안 평야로부터 이스라엘 땅의 극북단에 재정착하도록 만들었던 어떤 요인을 가리킬 수도 있다. 다른 한편, 이것은 우리가 전혀 어떤 설명 불가능한 "단에 대한 불확실한 출처와 의미의 전통적인 말"(Mayes[1981] 409)을 취급하고 있을 수도 있다. "이 시 가운데서 지파들의 지리적 순서를 볼 때 이 시는 단 지파가 북쪽에 위치해 있다는 사실을 묘사하고 있음을 암시한다…단 지파가 초창기에 남쪽 위치를 차지하고 있는 것으로 기록되어 있는 민수기 34:22과 대조해 보라"(Tigay[1996] 332). 단 지파는 결코 바산을 정복해 본 적이 없었고, 그들은 거기서 라이스를 공격하지도 않았다.

23 납달리를 "은혜가 족하고" 또한 "여호와의 복이 가득한" 지파로 묘사한 것은 적절한데, 이는 상 갈릴리에 위치한 그의 땅이 물이 풍부해서 유실수가 많고 다양한 종류의 채소가 출산되기 때문이다. 티개이가 설명하는 바와 같이(Tigay[1996] 411 n. 175), "요세푸스는 그 지역의 비옥함을 극찬했고, 탈무드에서는 그 과일이 지극히 당도가 높은 것으로 묘사한다"(Josephus, *War* 3:516-521; *Ber* 44a; 참조. *Targ. Jon.*). 납달리의 소유가 "바다(개역 성경에서는 '서방')와 남방"까지 확장되었다는 묘사는 갈릴리 바다와 그 바다의 남서 해안을 가리킨다(Dahood, *Le antiche divinita semitiche*, 66 n. 2).

24-25 아셀의 "복"(ברוך - 바루크)은 창세기 30:13에 있는 그의 이름에 대한 언어 유희인데, 이 이름은 빼아슈리(בְּאָשְׁרִי, "나의 기쁨 안에")란 단어와 관련되어 있다(또한 에쉐르〈אֹשֶׁר, "행복"〉 혹은 아솨르〈אָשַׁר, "축복"〉 참조). 또다시 티개이가 설명하는 바와 같이 아슈르(אָשׁוּר)란 단어가 "발"을 의미하므로 이 문장이 아세

르란 이름에 대한 또 다른 언어 유희일 수도 있기는 하지만, "그 발(רגלו – 라글로)이 기름에 잠길지어다"란 진술은 갈릴리 고지대로부터 나오는 풍부한 감람유를 가리키는 것 같다([1996] 333; 참조. 시 37:31; 40:3[개역. 2절]). "문빗장"에 관해서는 느헤미야 3:3, 6을 보라.

해설

모세의 축복(33:6-25) 가운데서 시므온을 제외한 각 지파가 축복을 받기 위하여 선발되었다. 역사적 관점에서 볼 때 시므온 지파는 유다 지파로 흡수되었다. 각 지파들을 언급함으로써 모든 총회가 포함되었다.

첫 번째 어포스트로피(11절)는 시므온과 레위가 자기 여동생 디나가 강간당했다는 이유로 세겜 사람들을 응징한 사실을 언급하고 있다. 이 경우에는 축복이 혼합되어 있는데, 그 이유는 이것이 레위의 하나님 섬김(그 손의 "일")이 받아들여지기를 원한다는 기도와 함께 군사 문제에 있어서 레위의 "세력"에 대한 저주를 포함하고 있기 때문이다.

요셉에 대한 보다 긴 축복(13-17절)은 그가 열두 지파 가운데서 가장 뛰어난 지파라는 사실을 보여 준다. 13-16절에 있는 "보물로" 혹은 "풍부함으로"로 번역된 밈메게드(ממגד)의 5중 반복은 번영을 말한다. 이 축복은 열국을 받는 황소 혹은 들소에 대한 비유로 군사적 세력에 대한 기원을 포함하고 있다(17절). 요셉의 두 아들 에브라임과 므낫세 두 지파는 동생에게 더 큰 축복이 주어짐으로써 출생의 순서가 뒤바뀐다(만만이 천천 앞에 나온 것처럼).

모세 아래서 요단 동편을 분배받은 갓에 대한 축복(2절)은 그들 군대의 힘에 관심을 집중하고 모세 개인에게 초점을 맞추고 있는 두 번째 어포스트로피(21절)를 이끌고 있다. 야웨께서는 모세를 지도자로 임명하시고 그에게 지도자의 몫을 주셨다. 다시 말해서 모세는 이스라엘 백성들을 위하여 야웨의 판단을 행사한다.

신명기 33-34장은 토라 심카트, 즉 "토라 축하"를 위한 회당 예배 의식에서 전통적으로 낭독해 온 본문이다(Tigay[1996] 525를 보라). 기독교인들은 공예배에서 이 "토라의 기쁨" 중 몇몇을 당연히 재해석하려고 할 것이다. 많은 사람들이 산상설교에서 주신 예수님의 가르침을 잘못 해석해 왔다. 예수께서 "옛 사람에게 말한 바…하였다는 것을 너희가 들었으나 나는 너희에게 이르노니"(마 5:21-22)라고 말씀하셨을 때, 주님은 토라를 바꾸어서 말씀하신 것이 아니었다. 그분은 토라가 당시 랍비 계층에서 해석되고 있었던 방법에 도전하고 계셨던 것이다. 예수께서는 본문을 기록된 말씀 그대로 해석하셨는데, 그 이유는 토라가 정당하게 해석될 때 그것은 주님 자신의 복음 메시지와 상충되는 점이 전혀 없었기 때문이다. 토라는 생활 방식이요, 유대인과 기독교인에게 공히 의미와 기쁨의 원천이다. 토라는 고도로 훈련된 전문가들만이 진정으로 해석할 수 있었던, 우리에게 어떤 피상적인 사람이 되도록 의도된 것이 아니었다. 토라는 공동체의 각 사람이 배워야 했다. 그리고 그 메시지는 지극히 실천적이다. 예수께서는 "율법(토라) 중에 어느 계명이 크니이까?"라는 질문을 받으셨을 때 그에게 "네 마음을 다하고 목숨을 다하고 뜻을 다하여 주 너의 하나님을 사랑하라 하셨으니 이것이 크고 첫째 되는 계명이요 둘째는 그와 같으니 네 이웃을 네 몸과 같이 사랑하라 하셨으니 이 두 계명이 온 율법과 선지자의 강령이니라"(마 22:36-39)고 말씀하심으로써 요약해 주셨다. 예수께서 여기서 언급하신 율법(토라)과 선지자(전기 예언서와 후기 예언서)는 우리가 아는 바와 같이 기독교 성경에서 절반을 차지하고 있다. 그리고 이 모든 것이 신명기의 중요한 두 가지 가르침 위에 세워져 있다. 우리는 예수께서 살았고 제자들을 가르치셨던 바로 그 방식으로 살도록 하는 온전한 삶의 지침으로서 이 토라의 말씀과 더욱 친숙해질 수 있을 것이다. 이렇게 하는 데 있어서 다시 한 번 조직적이고도 공적인 토라 낭독을 기독교 예배 시간에 포함시키는 것 이상으로 더 좋은 방법이 어디 있겠는가?

C. 고대의 찬양의 두 번째 연: 이스라엘의 안정과 축복 (33:26-29)

참고문헌

Bar-Magen, M. "וישכן ישראל בטח בדד עין יעקב." *BMik* 18(1972-73) 48-50, 136 (Heb.). **Ben-Zvi, I.** "A Lamp with a Samaritan Inscription: '*There is none like unto the God of Jeshurun.*'" *IEJ* 11(1961) 139-42. **Brin, G.** "The Roots *ʿzr* - *ʿzz* in the Bible." *Leš* 24(1960) 8-14(Heb.). **Cassuto, U.** "Deuteronomy xxxiii and the New

Year in Ancient Israel." In *Biblical and Oriental Studies.* Tr. I. Abrahams. 2 vols. Jerusalem: Magnes, 1973-75. 1:47-91. **Christensen, D. L.** *Prophecy and War in Ancient Israel.* N. Richland Hills, TX: BIBAL Press, 1988. ______. "Two Stanzas of a Hymn in Deuteronomy 33." *Bib* 65(1984) 382-89. **Craigie, P. C.** "Psalm XXIX in the Hebrew Poetic Tradition." *VT* 22(1972) 143-51, esp. 145-46. **Cross, F. M.** *CMHE.* 15-19. ______. "The 'Olden Gods' in Ancient Near Eastern Creation Myths." In *FS G. E. Wright.* 1976. 329-38. ______ and **Freedman, D. N.** "A Note on Deuteronomy 33:26." *BASOR* 108(1947) 6-7. **Dahood, M.** "Hebrew-Ugaritic Lexicography II." *Bib* 45(1964) 393-412, esp. 396, 399. ______. "Hebrew-Ugaritic Lexicography III." *Bib* 46(1965) 311-32, esp. 319. ______. "Hebrew-Ugaritic Lexicography VI." *Bib* 49 (1968) 355-69, esp. 360. ______. *Proverbs and Northwest Semitic Philology.* Rome: Pontifical Biblical Institute, 1963. 45-46. ______. "Ugaritic *DRKT* and Biblical *DEREK.*" *TS* 15(1954) 627-31. ______. "Ugaritic Lexicography." In *Mélanges Eugéne Tisserant.* Studi e Testi 231. Citta del Vaticano: Biblioteca Apostolica Vaticana, 1964. 96. **Driver, G. R.** "Misreadings in the Old Testament." *WO* 1(1947) 234-38. **Fowler, M. D.** "The Israelite *bāmâ*: A Question of Interpretation." *ZAW* 94(1982) 203-13. **Freedman, D. N.** "The Original Name of Jacob." *IEJ* 13(1963) 125-26. **Gaster, T. H.** "An Ancient Eulogy on Israel: Deuteronomy 33:3-5, 26-29." *JBL* 66(1947) 53-62. **Ginsberg, H. L.** "On Bulletin 108(Dec. 1947): 6-7." *BASOR* 110(1948) 26. **Gordis, R.** "Critical Notes on the Blessing of Moses" and "Additional Note on Dt 33, 27." In *The Word and the Book.* New York: Ktav, 1976. 337-39 and 340-41, respectively. ______. "The Text and Meaning of Deuteronomy 33:27." *JBL* 67(1948) 69-72. **Gray, J.** *Legacy of Canaan.* 2nd ed. 1965. 259. **Habel, N. C.** "'YHWH, Maker of Heaven and Earth': A Study in Tradition Criticism." *JBL* 91(1972) 321-37, esp. 323. **Hiebert, T.** *God of My Victory: The Ancient Hymn in Habakkuk 3.* HSM 38. Atlanta: Scholars Press, 1986. **Hoonacker, A. van.** "Notes sur le texte de la 'Bénédiction de Moïse'(*Deut.* XXXIII)." *Mus* 42(1929) 42-60, esp. 59. **Loewenstamm, S. E.** "יעקב עין(Deut 33:28)." *BMik* 21(1975) 152-53(Heb.). **Lozachmeur, H.**, and **Margain, J.** "Une amulette samaritaine provenant de Tyr." *Sem* 32(1982) 117-20. **Malamat, A.** "'AMM L^{e}B̲ĀD̲ĀD̲ YIŠKŌN: A Report from Mari and an Oracle of Balaam." *JQR* 76(1985) 47-50. **Mann, T. W.** *Divine Presence and Guidance in Israelite Traditions: The Typology of Exaltation.* Johns Hopkins Near Eastern Studies 9. Baltimore: Johns

Hopkins UP, 1977. 178-82. **Miller, P. D.** "Ugaritic *ǴZR* and Hebrew *'ZR* II." *UF* 2(1970) 159-75. **Seeligmann, I. L.** "A Psalm from Pre-Regal Times." *VT* 14(1964) 75-92. **Steiner, R. C.** "דָּת and עֵין: Two Verbs Masquerading as Nouns in Moses' Blessing(Deuteronomy 33:2, 28)." *JBL* 115(1996) 696-98. **Vaughan, P. H.** *The Meaning of "bāmâ" in the Old Testament: A Study of Etymological, Textual and Archaeological Evidence.* SOTSMS 3. London; New York: Cambridge UP, 1974. **Wächter, L.** "Israel und Jeschurun." In *FS A. Jepsen.* 1971. 58-64. **Weinfeld, M.** "'Rider of the Clouds' and 'Gatherer of the Clouds.'" *JANESCU* 5(1973) 421-26. **Zenger, E.** "Jahwe und die Götter." *TP* 43(1968) 338-59, esp. 347-48. **Zijl, P. J. van.** *Baal: A Study of Texts in Connexion with Baal in the Ugaritic Epics.* AOAT 10. Kevelaer: Butzon & Bercker; Neukirchen-Vluyn: Neukirchener Verlag, 1972. 329-31. **Zobel, H.-J.** "Das Selbstverständnis Israels nach dem Alten Testament." *ZAW* 85(1973) 281-94, esp. 290-92.

또한 33:1-5의 참고문헌을 보라.

본문과 운율 분석

고대의 찬양의 두 번째 연: 이스라엘의 안정과 축복 [(6:4):(5:5):(4:6)]	**Second Stanza of an Ancient Hymn: Israel's Security and Blessing** [(6:4):(5:5):(4:6)]	
26 여수룬이여 하나님 같은 자 없도다 그가 너를 도우시려고 하늘을 타시고 궁창에서 위엄을 나타내시는도다	**26** There is none [a]like God[a] / O Jeshurun //	11 2
	riding the heavens / for your help /	12 2
	and in his splendor / the clouds //	14 2_
27 영원하신 하나님이 너의 처소가 되시니 그 영원하신 팔이 네 아래 있도다 그가 네 앞에서 대적을 쫓으시며 멸하라 하시도다	**27** A refuge / is the ancient God /	12 2
	[a]and the outstretching[a] / of the[b] arms of the Eternal One[c] //	13 2_
	And he drove out from before you / the enemy /	14 2
	and he said "Destroy!" //	7 1
28 이스라엘이 안전히 거하며 야곱의 샘은 곡식과 새 포도주의 땅에 홀로 있나니 곧 그의 하늘이 이슬을 내리는 곳에로다	**28** so Israel tents / securely |[a]	11 2_
	Alone\[b] dwells[c] Jacob / in[d] a land / of grain and must //	22 3
	[e]indeed his heavens[e] / drip down dew //	11 2_
29 이스라엘이여 너는 행복자로다 여호와의 구원을 너같	**29** Happy are you Israel! / Who is like you? /	15 2
	[a]a people delivered[a] by YHWH / shield of your help /	15 2_

이 얻은 백성이 누구뇨 그는 너를 돕는 방패시요 너의 영광의 칼이시로다 네 대적이 네게 복종하리니 네가 그들의 높은 곳을 밟으리로다	And the sword [b]of ⟨his⟩ splendor[b] / marches[c] on //	14 2
	and your enemies come cringing / to you /	14 2
	and you / on [d]their backs[d] you shall tread // פ	16 2_

원문주해

26.a-a. 드라이버(Driver[1895] 415), 크레이기(Craigie[1976] 402), 매이즈(Mayes [1981] 409) 그리고 다른 사람들이 제안한 케엘(כְּאֵל, "⟨여수룬의⟩ 하나님처럼")보다는 프리드만(D. N. Freedman, *FS C. H. Gordon*[1980] 33)과 함께 MT의 카엘(כָּאֵל, "하나님⟨=엘⟩처럼 ⟨오, 여수룬이여⟩")로 읽음. 그 의미는 본질적으로 같은데, 그 이유는 야웨께서 여수룬(이스라엘)의 하나님이시기 때문이다. MT은 더 난해한 독법으로서 유지된다. LXX에는 호스페르 호 데오스(*ὥσπερ ὁ θεός*, "하나님처럼")로 되어 있는데, 이것은 MT의 카엘(כָּאֵל)을 번역한 것이다. 또한 Vg., Syr. 운율 분석은 MT을 지지하는 편이다.

27.a-a. MT의 우미타하트(וּמִתַּחַת, "그리고 한 뒷받침")를 고디스와 함께 동사 마타흐(מתח, "뻗다, 확대하다")로부터 파생한 우미트하트(וּמְתַחַת, "그리고 그 펼침")로 모음 부호를 다시 붙임(Gordis, *The Word and the Book*, 338-41). 운율 분석은 수정을 지지한다.

27.b. 몇몇 SP 증거 본문들에는 제로오토(זרועתו, "그의 팔들")로 되어 있다.

27.c. 프리드만과 함께 하나님의 별칭으로서 올람(עולם, "영원한 자")으로 읽음 (Freedman, *FS C. H. Gordon*[1980] 33).

28.a. 메후팍이 직후에 뒤따라오는 아즐라는 이접사로 읽음.

28.b. 자켑 카톤이 뒤따라온 파스타는 연접사로 읽음.

28.c. MT가 강조적 의미를 가진 같은 어근의 피엘형을 나타내고 있을 가능성을 주장하는 프리드만과 함께 운(עון, "거주하다")이라는 어근으로부터 파생된 동사 안(עָן)으로 읽음(*FS C. H. Gordon*[1980] 45).

28.d. SP에는 알(על, "위에")로 되어 있다. 한 히브리어 필사본은 이 전치사를 생략한다. 초기 연구에서 프리드만은 전치사 엘(אל)이 앞에 나오는 명사 야코브(יעקב, "야곱")와 떨어져서 이 이름의 원래 정식 성명, 즉 "야곱-엘"이 되도록 해야 한다고 제안했다(Freedman, *IEJ* 13[1963] 125-26; M. Dahood, *Psalms I:1-50*, AB 16[Garden City, NY: Doubleday, 1966] 242, 273를 참조하라). 보다 최근에 프리드만은 전치사 엘(אל)을 안에(in)를 의미하는 것으로 해석하면서 MT의 독법을 유지하는 편을 택했다(*FS C. H. Gordon*[1980] 33). 대명사를 이례적으로 사용한 이유는 본문의 운율 구성 편에서 한 부가적인 단어로 인한 필요일 수도 있다(32:6에 있는 하나의 분리된 단어로서 헤⟨ה⟩-의문사의 이례적인 분리를 참조하라. 이것도 같이 설명될 수 있다). 29:9-34:12의 숫자 구성

에 관해서는 아래 34:1-12의 요약적 설명을 보라.

28.e-e. SP에는 ואף שמיך("그리고 진실로, 당신의 하늘들")로 되어 있다. Syr에는 *w'p šmy'*(=ואף שמים)로 되어 있다.

29.a-a. SP와 Tg에는 MT의 암 노샤(עם נושע, "한 구원받은 백성") 대신에 하암 하노샤(העם הנושע, "그 백성, 그 구원받은 자들")로 되어 있다.

29.b-b. 26절에서처럼 가아와토(גאותו, "그의 위엄")로 읽도록 수정함. 고대어 동사 아샤르(אשר, "행진하다, 밟다")를 관계대명사로 오해하여 이 시 구절에 있는 에즈레카(עזרך, "너의 도움")와 평행을 이루고 있는 가아와테카(גאותך, "네 위엄")로 읽도록 2인칭 단수형 어미를 덧붙이게 만들었다.

29.c. 고대어 동사 아샤르(אשר, "그가 행진했다")로 읽음(참조. 33:2; 민 21:14). 고대어 동사 아타(אתה, "오다")가 33:2에 나타난다는 사실을 유념해야 할 것이다. 이 동사들은 민 21:14에도 나타나는데, 거기서 이것들은 둘 다 잘못 읽혀졌다(Christensen, *Prophecy and War*, 52; 같은 저자, *CBQ* 36[1974] 359-60를 보라). 이 곳 신 33장에서 동사 아타(אתה, "오다, 행진하다")는 2절에서 바르게 읽혀졌으나 동사 아샤르(אשר, "오다, 나아가다, 행진하다")는 관계대명사인 웨아쉐르(ואשר, "그리고 그")로 읽혀졌는데, 이것이 "어색하고도 잡다한 것"으로 대부분의 영역본에서는 빠졌다(Tigay[1996] 411 n. 208). 티개이는 세 가지 다른 가능성을 제안한다. (1) 앞의 아슈레카(אשריך)의 부분적 중복 오사, (2) 샷다이(שַׁדַּי, "전능자")에 대한 잘못된 해석, 이 경우 문장은 원래 "그리고 샷다이(로 말미암아), 네 승리의 칼"을 의미했다는 것, (3) "그리고 행복의 수여자(로 말미암아), 네 승리의 칼"이라는 의미를 가진 하나님의 별칭으로서의 아샤르(אשר)([1996] 411 n. 208). 티개이는 "*ʾ-sh-r*가 가드('행운, 행복')와 동의어인 어떤 히브리어 이름들 가운데 있는 신의 이름을 담은 요소로 보인다"고 주장한다(창 30:11-13을 보라).

29.d-d. SP에는 MT의 바모테모(במותימו, "그들의 등들 위에") 대신에 במתם으로 되어 있다. 여기서 취한 독법은 고대의 3인칭 복수 대명사 접미어를 가진 MT을 따른다.

양식/구조/배경

위의 33:1-5의 논의를 보라. 그 곳에서는 33:26-29도 논의되었는데, 그 이유는 이 두 단락이 함께 이스라엘의 열두 지파에 대한 모세의 축복(6-25절)을 둘러싸고 있는 골격으로 사용된 고대의 찬송의 두 연으로서 기능을 하고 있기 때문이다. 토라 낭독 주기 중 마지막 주별 본문(הברכה, 신 33-34장) 가운데 본 단락의 위치를 검토해 볼 때 33:26-29의 중심 역할은 다음과 같은 개요에서 드러난다.

A 자기 백성을 위한 야웨의 보호와 공급 33:1-5

B	모세가 이스라엘 열두 지파에게 축복함	33:6-25
X	이스라엘의 안전과 야웨께 구원받은 백성의 축복	33:26-29
B′	모세가 이스라엘 열두 지파에게 약속된 땅을 바라봄	34:1-4
A′	모세에게서 여호수아에게로의 지도권의 이양	34:5-12

33:1-5에 있는 찬양의 첫 연은 남방으로부터의 야웨의 정복 행진에 대한 기사로부터 "야웨의 총회의 기업"(4절)을 이루고 있는 모세를 통하여 전달된 토라에 특별한 초점을 맞추면서 동시에 여수룬(이스라엘) 가운데 있는 왕으로서 그분의 통치로 옮겨간다. 위의 구조 가운데서 야웨의 왕권에 대한 이 단락이 모세에게서 여호수아에게로의 이스라엘의 지도권 이양 기사와 대칭되어 있다. 내부 골격은 이스라엘 열두 지파에 대한 모세의 축복(33:6-25)으로부터 모세가 느보 산 정상에서 놀라운 광경, 즉 약속의 땅 전체에 대한 개관적 광경을 본 기사(34:1-4)로 옮겨간다. 이 구조의 중심부는 33:26-29에 있는 모세의 마지막 말로 이루어져 있다.

33:26-29에 있는 고대의 찬양의 두 번째 연은 다음과 같은 친숙한 대칭 구조로 정리될 수 있다.

A	여수룬이여, 하나님 같은 자 없도다	33:26
B	하나님은 피난처시요 함께 하시는 자이시다	33:27a
X	그분은 네 앞에서 대적을 쫓아내셨다	33:27b
B′	이스라엘이 풍요로운 땅에 안전히 정착했다	33:28
A′	여호와의 구원을 너같이 얻은 백성이 누구뇨?	33:29

이 구조 가운데서 외부 골격은 야웨의 무비성에 대한 간략한 기사(26절)로부터 야웨께서 대적들로부터 구원하신 이스라엘 백성의 유일성(29절)으로 옮겨간다. 야웨는 위험과 기회의 순간에 자기 백성의 피난처가 되시며(27a절), 비옥하고 풍성한 땅에 자기 백성을 안전하게 심으시는 분이다(28절). 이 구조의 중심부에는 야웨의 성전의 하반부, 즉 가나안 입성에 대한 간략한 요약이 있다: 이스라엘이 쫓아낸 대적 국가들을 멸망시킨 분은 야웨 자신이시다.

더 큰 문학적 문맥 내에서 33:26-29의 숫자 구성에 관해 라부샤뉴로부터 얻은 자료는 다음과 같이 요약될 수 있다.

단어	아트나 앞		아트나 뒤		
33:1	10	+	2	=	12 ("지파들")

33:2-5	26	+	17	=	43 (=17+26)
33:6-25	127	+	102 (=6×17)	=	229
33:26-29	31	+	21	=	52 (=3×17)
33:2-25	152 (=9×17)	+	119 (=7×17)	=	272 (=16×17)
33:2-29	184 (=8×23)	+	140	=	324 (=19×17)
33:20-25	34 (=2×17)	+	29	=	63
33:1-34:12	301	+	209	=	510 (=30×17)
31:1-34:12	955	+	728 (=28×26)	=	1,683 (=99×17)

이스라엘의 열두 지파에 대한 일련의 축복들에 대한 산문적 서론인 첫 구절(33:1)은 총 12개의 단어로 이루어져 있다. 33:2-29에 있는 열두 지파에 대한 축복은 아트나 앞의 184(=8×23)개의 단어를 위시하여 총 324(19×17)개의 단어로 이루어져 있다. 숫자 구성 면에서 가장 인상적인 버금 단락은 33:2-25인데 총 272(=16×17)개의 단어이며, 아트나 앞에 153(=9×17)개의 단어와 아트나 뒤에 119(=7×17)개의 단어로 이루어져 있다. 신명 수 17과 26 그리고 "영광"(כבוד – 카보드)을 나타내는 숫자인 23과 32에 관해서는 특별 부록: "숫자의 합성물로서의 신명기"를 보라. 33:1-29 전체의 숫자 구성은 별개의 단위로서 나머지 부분으로부터 명확하게 떨어져 있다. 이 단위 자체가 낭독 주기의 절정인데, 이것은 심카트 토라("토라의 기쁨")에 유대인 예배에서 그 절정에 도달한다.

주석

26 이 구절에서는 남겨진 부분만을 취급할 것이므로 "여수룬"(ישרון – 예수룬)이란 단어에 관해서는 33:5의 "주석"을 보라. 드라이버(Driver[1895] 415)의 주장을 따라 많은 학자들이 MT의 카엘 예수룬(כָּאֵל ישרון, "엘〈=하나님〉 같은, 오 여수룬이여")을 케엘 예수룬(כְּאֵל ישרון, "여수룬〈이스라엘〉의 하나님 같은")으로 수정한다. 변경 없이 MT을 그대로 유지하는 것이 더 낫다. (사마리아인의 한 부적에 새겨진 에인 케엘 예수룬〈אין כאל ישרון〉을 "아무도 하나님, 여수룬과 같은 이가 없다"로 번역하는 Lozachmeur and Margain, *Sem* 32[1982] 117 n. 4를 보라.) 성경에 있는 하나님의 성호 야웨와 엘 간의 관계에 대해서는 크로스(Cross, *CMHE*,

44-75)의 글을 보라. "하늘들/구름을 타시는" 분으로서 하나님의 형상은 특히 고대 시 가운데 나타난다(특히 시 68:5〈개역. 4절〉을 보라; 또한 삼하 22:11; 사 19:1; 합 3:8; 시 18:11〈개역. 10절〉; 68:34〈개역. 33절〉; 104:3을 보라). 카쑤토는 이 모든 구절들이 악을 행한 자를 징벌하시고 자기 백성을 구원하시는 하나님과 관계가 있다고 설명한다(Cassuto, *Biblical and Oriental Studies* 1:244; Tigay [1996] 411 n. 190을 보라). 하늘을 타는 자로 묘사된 하나님에 대한 이미지는 바벨론과 가나안 문서에 나타난다(예를 들면, *ANET*, 66, 84, 132, 134, 138를 보라; Tigay[1996] 411 n. 191을 보라).

27 고디스(Gordis, *JBL* 67[1948] 69-72)가 제안한 우마타하트(ומתחת)를 "그리고 펼침"으로 보는 독법은 이사야 40:22과 중세 히브리어 본문에 있는 같은 용법의 지지를 받았다. 고디스는 그 다음에 나오는 문구 제로오트 올람(זרעת עולם, "영원한 팔의")을 "영원한 팔이 하늘을 장막처럼 펼쳤다"는 의미로 주격 소유격으로 해석한다. 프리드만(Freedman, *FS C. H. Gordon*[1980] 33, 45)과 함께 올람(עולם, "영원한 자")을 하나님의 별칭으로 대문자로 표시하여 "영원하신 팔"로 고유명사화하기 위한 그의 결정에서 드러난 바와 같이 고디스의 의견을 따른 것이다. 설명적 문구 제로오트 올람(זרעת עולם, "영원한 자의 팔")은 이스라엘을 자기 팔/가슴에 앉고 가시는 부모의 모습이다. "영원한 자 엘"(*ʾl ḏ-ʿlm*)이라는 별칭은 시내에서 나온 주전 15세기경의 한 가나안 비문에서 발견되었다(Cross, *CMHE*, 15-19, 46-50). "멸하라"(השמד – 하슈메드)는 명령은 이스라엘을 향한 말씀인 반면에, 앞 문장은 하나님의 역할을 "그가 네 앞에서 대적을 쫓아내셨다"로 표현한다. 가라쉬(גרשׁ, "그가 쫓았다")란 동사는 다른 곳에서 가나안 입성 전쟁 시에 야웨의 행위에 대해서 사용되었다(참조. 출 23:28-30; 33:2; 34:11; 수 24:12, 18; 삿 2:3; 6:9).

28 여기에 나타난 땅에 대한 묘사는 13-16절에 있는 요셉에 대한 축복과 야곱에 대한 이삭의 축복 "하나님은 하늘의 이슬과 땅의 기름짐이며 풍성한 곡식과 포도주로 네게 주시기를 원하노라"(창 27:28)를 생각나게 한다. "야곱이 홀로 거한다"는 번역은 에인(עֵין)을 스타이너(*JBL* 115[1996] 696)와 함께 어근 운(עון, "거하다")으로부터 파생된 상태 동사로 해석하는 것인데, 스타이너는 이 해석을 므나헴 사룩(Menahem b. Saruq, 12세기 사람)에게까지 거슬러 올라가는 것으로 말한다). 크로스와 프리드만도 *Studies in Ancient Yahwistic Poetry*, SBLDS 21(Missoula, MT: Scholars Press, 1975)121 n. 87에서 아주 유사한 결론에 도달한다(또한 *FS C. H. Gordon*[1980] 45에 있는 프리드만의 논문을 보라). 이 구절의 어투는 창세기 27:

28의 어투와 유사하다. 맬러맷은 히브리어 빠다드(בדד, "홀로")가 (이 곳과 민23:9의 평행적 본문에서) 힘이라는 뉘앙스를 가지고 있다고 말한다. 즉 정치적인 관점에서 "독립적인, 비동맹적인" 의미에서 독립하여 안전하고도 평화롭게 거주하는 이스라엘이라는 것이다(Malamat, *JQR* 76[1985] 49).

29 "(야웨의) 위엄(개역 성경에서는 '영광')의 칼"이 이사야 34:5-6에서 의인화되어 있는데, 그 곳에서 야웨의 칼은 "족하게 마시고", "피에 만족하게 된다"(또한 참조. 렘 50:35-38에 있는 "야웨의 칼의 노래"). "행진한다"(ואשר – 와아세르; 개역 성경에서는 관계대명사로 보고 생략되어 있음 – 역자주)는 번역은 관계대명사로 해석한 것을 민수기 21:14에서도 발견되는 고대어 동사 어근에 대한 오해로 보고 해석한 것이다(Christensen, *Prophecy and War*, 50-51를 보라. 본 단락의 본문과 운율 분석 부분 중 이 구절을 보라 – 역자주).

해설

33:26-29의 말씀은 모세의 마지막 말인데, 이는 34:1-12이 3인칭으로 되어 있는 모세에 관한 기록이기 때문이다. 병거를 타고 하늘을 통과해 가시는 하나님의 모습은 성경에서는 통상적인 묘사이지만(참조. 시 18:11[개역. 10절]; 68:34[개역. 33절]; 사 19:1; 겔 1장), 궁극적으로는 자기들의 신 바알에 대한 가나안인의 묘사로부터 나온 것이다. 그럼에도 불구하고 비교의 가능성은 없다.

이스라엘의 하나님은 비교할 수 없는 분이신 것과 마찬가지로 하나님의 이스라엘도 마찬가지다. 그 어떤 말로도 여수룬의 하나님의 탁월하심이나 혹은 그분의 백성의 특권과 축복(26절)을 적절히 표현할 수 없다. 그들에게 옷 입혀진 의는 영원하다. 영원하신 하나님은 그들의 거처가 되시고, 그분이 받쳐 주시는 팔은 그들을 영원히 지탱하게 해준다(27절). 그분은 대적을 멸하고 이스라엘로 하여금 풍요로운 땅, 곧 하늘이 이슬을 내리는 곳에 안전하게 정착할 수 있게 하신다. 이스라엘은 "하나님의 구원받은 백성"이며, 그의 대적들은 "네가 그들의 등을 밟을 때 네게 복종하게 된다"(29절). 하나님은 여기에 묘사되어 있는 것과 같이 이스라엘의 행복을 알도록 우리를 도우시며, 그리하여 우리는 여수룬의 하나님의 영원하신 팔 가운데 우리의 거할 장소가 있음을 발견하게 된다.

D. 모세의 죽음과 여호수아에게로의 지도력의 이양(34:1-12)

참고문헌

Barth, C. "Moses, Knecht Gottes." In *FS K. Barth.* 1966. 68-81. **Benedetti, P.** *La Morte di Mose.* Milan: Bompiani Tascabili, 1979. **Blenkinsopp, J.** "The Structure of P." *CBQ* 38(1976) 276-92. **Braulik, G.** "Die Tora als Bahnlesung: Zur Hermeneutik einer zukünftigen Auswahl der Sonntagsperikopen." In *Bewahren und Erneuern: FS H. B. Meyer.* Ed. R. Meßnerr et al. Innsbruck: Tyrolia-Verlag, 1995. 50-76. **Brueggemann, W.** "Unresolved Openness of the Pentateuch." In *Theology of the Old Testament.* Minneapolis: Fortress, 1997. 209-12. **Coats, G. W.** "Legendary Motifs in the Moses Death Report." *CBQ* 39(1977) 34-44. **Daube, D.** "Rechtsgedanken in den Erzählungen des Pentateuch." In *FS O. Eissfeldt.* 1958. 32-41. ______. *Studies in Biblical Law.* 1947. 25-39. **Friedman, T.** "The Origin and Transformation of a Biblical Image." *BMik* 33(1987/88) 135-38(Heb.). **Goldin, J.** "The Death of Moses: An Exercise in Midrashic Transposition." In *FS M. Pope.* 1987. 219-25. **Haaker, K.,** and **Schäfer, P.** "Nachbiblische Traditionen vom Tod des Mose." In *Josephus Studien: Untersuchungen zu Josephus, dem antiken Judentum und dem Neuen Testament: FS Otto Michel.* Ed. O. Betz, K. Haacker, and M. Hengel. Göttingen: Vandenhoeck & Ruprecht, 1974. 147-74. **Hänsler, H.** "Mosis letzte Verfügungen und Abschied." *Das Heilige Land* 73(1929) 9-22. **Houtman, C.** "De dood van Mozes, de knecht des Heren: Notities over an naar aanleiding van Deuteronomium 34:1-8." In *De Knecht: FS J. L. Koole.* Kampen: Kok, 1978. 72-82. **Kasher, R.** "Two 'Targum Tosephtas' on the Death of Moses." *Tarbiz* 54(1984) 217-24(Heb.; Eng. summary, ii-iii). **Liptzin, S.** "The Death of Moses." *DD* 6(1978) 180-90. **Loewenstamm, S. E.** "The Death of Moses." *Tarbiz* 27(1957/58) 142-57(Heb.). **Lohfink, N.** "Moses Tod, die Torah und die alttestamentliche Sonntagslesung." *TP* 71(1996) 481-94. **Lux, R.** "Der Tod des Mose als 'besprochene und erzählte Welt'; Ûberlegungen zu einer literaturwissenschaftlichen und theologischen Interpretation von Deuteronomium 32, 48-55." *ZTK* 84(1987) 395-425. **Robert, P. de.** "La fin de Moíse: Les traditions Samaritaines." *MDB* 44(1986) 24. **Rodriguez Carmona, A.** "Los Anuncios de la Muerte de Moíses en el Targum Palestinense." In *FS L. Alonso Schökel.* 1983. 267-79. **Sanders, J. A.** *Torah and Canon.* Philadelphia: Fortress, 1972. 9-53. **Tabor, J. D.** "'Returning to the Divinity': Josephus's Portrayal of the Disappearances of Enoch, Elijah, and Moses." *JBL* 108(1989) 225-38. **Zenger, E.** "Das alttestamentliche Israel und seine Toten." In *Der Umgang mit den Toten: Tod und Bestattung in der christlichen Gemeinde.* Ed. K. Richter. QD 123. Freiburg: Herder, 1990. 132-52.

34:1-8의 참고문헌

Albright, W. F. "The 'Natural Force' of Moses in the Light of Ugaritic." *BASOR* 94 (1944) 32-35. **Avi-Yonah, M.** *The Madaba Mosaic Map.* Jerusalem: Israel Exploration Society, 1954. **Bartlett, J. R.** "Sihon and Og, Kings of the Amorites." *VT* 20 (1970) 257-77. **Baumstark, A.** "Ps.-Jonathan zu Dtn 34, 6 und die Pentateuchzitate Afrahats." *ZAW* 59(1942-43) 99-111. **Christensen, D. L.** "Biblical Genealogies and Eschatological Speculation." *PRS* 14(1987) 59-65. ______. "Did People Live to be Hundreds of Years Old before the Flood?" In *The Genesis Debate.* Ed. R. Youngblood. New York: Nelson, 1986. 166-83. ______. "Janus Parallelism in Genesis 6:3." *HS* 27(1986) 20-24. **Dayagi-Mendels, M.** *Inscribed Seals: First Temple Period.* Jerusalem: Israel Museum, 1979, nos. 3-5. **Gemser, B.** "*Beʿēber hayyardēn*: In Jordan's Borderland." *VT* 2(1952) 349-55. **Goldin, J.** *Studies in Midrash and Related Literature.* Philadelphia: Jewish Publication Society, 1988. 180-85. **Greenfield, J. C.** "A Touch of Eden." In *Orientalia J. Duchesne-Guillemin Emerito Oblata.* Acta Iranica 23. Leiden: Brill, 1984. 223-24. **Halkin, A. S.** "The Scholia to Numbers and Deuteronomy in the Samaritan-Arabic Pentateuch." *JQR* 34(1943/44) 41-59. **Haran, M.** "Priestertum, Tempeldienst und Gebet." In *Das Land.* Ed. G. Strecker. 1983. 141-53. **Klein, J.** "The 'Bane' of Humanity: A Lifespan of One Hundred and Twenty Years." *Acta Sumerologica* 12(1990) 57-70, 271-318. **Loewenstamm, S. E.** *From Babylon to Canaan.* Jerusalem: Magnes, 1992. 136-66. **Lubetski, M.** "New Light on Old Seals." *JQR* 68(1977) 65-77. **Noth, M.** "Israelitische Stämme zwischen Ammon und Moab." *ZAW* 60(1944) 11-57. **Riesener, I.** *Der Stamm* עבד *im Alten Testament: Eine Wortuntersuchung unter Berücksichtigung neuerer sprachwissenschaftlicher Methoden.* BZAW 159. Berlin: de Gruyter, 1979. 186-88. **Ringgren, H.** *Word and Wisdom:*

Studies in the Hypostatization of Divine Qualities and Functions in the Ancient Near East. Lund: H. Ohlsson, 1947. **Roscher, W. H.** *Die Zahl 40 im Glauben, Brauch und Schriften der Semiten.* Abhandlungen der Sächsischen Akademie der Wissenschaften zu Leipzig, Philologisch-Historische Klasse 27. Leipzig: Teubner, 1909. 93-128, esp. 109. **Sansom, M. C.** "Laying on of Hands in the Old Testament." *ExpTim* 94(1983) 323-26. **Schwertner, S.** "Erwägungen zu Moses Tod und Grab in Dtn 34, 5.6." *ZAW* 84(1972) 25-46. **Speier, S.** "The Jerusalem Targum to Num. 18:12 and Deut. 34:3." *JBL* 65(1946) 315-18. **Tigay, J. H.** "לא־נס לחה, 'He had not become wrinkled' (Deuteronomy 34:7)." In *Solving Riddles and Untying Knots: FS J. C. Greenfield.* Ed. Z. Zevit et al. Winona Lake, IN: Eisenbrauns, 1995. 345-50. **Vellas, I. B. M.** "Eine Berichtigung au Dt 34, 7." *Θεολογια* 24(1953) 29-32(Greek).
See also *Bibliography* for 32:48-52.
또한 32:48-52의 참고문헌을 보라.

34:9-12의 참고문헌

Eissfeldt, O. "Israels Führer in der Zeit vom Auszug aus Ägypten bis zur Landnahme." In *KlSchr* 4:297-304. **Goetschel, R.** "Les traditions juives sur la fin de Moise." *MDB* 44(1986) 24-26. **Klein, C. A.** "Moses and Josiah: A Rabbi's Experience with His Congregation." *DD* 15(1986/87) 199-201. **Knoppers, G. N.** "'There Was None Like Him': Incomparability in the Book of Kings." *CBQ* 54(1992) 411-31. **Perlitt, L.** "Mose als Prophet." *EvT* 31(1971) 588-608. ______. "Priesterschrift im Deuteronomium?" *ZAW* Sup 100(1988) 65-88. **Peter, R.** "L'imposition des mains dans l'Ancien Testament." *VT* 27(1977) 48-55. **Seebass, H.** "Josua." *BN* 28(1985) 53-65. **Tigay, J.** "The Significance of the End of Deuteronomy(Deut. 34:10-12)." In *FS M. Haran.* 1996. 345-50. **Vogels, W.** "The Spirit in Joshua and the Laying on of Hands by Moses." *Lavan théologique et philosophique* 38(1982) 3-7. **Weisman, Z.** "The Personal Spirit as Imparting Authority." *ZAW* 93(1981) 225-34. **Wright, D. P.** "The Gesture of Hand Placement in the Hebrew Bible and in Hittite Literature." *JAOS* 106(1986) 433-46.

본문과 운율 분석

모세가 느보 산에 올라가서 그 온 땅을 바라봄
[(7:4):(6:6):(6:6)]

1 모세가 모압 평지에서 느보 산에 올라 여리고 맞은편 비스가 산 꼭대기에 이르매 여호와께서 길르앗 온 땅을 단까지 보이시고
2 또 온 납달리와 에브라임과 므낫세의 땅과 서해까지의 유다 온 땅과
3 남방과 종려의 성읍 여리고 골짜기 평지를 소알까지 보이시고
4 여호와께서 그에게 이르시되 이는 내가 아브라함과 이삭과 야곱에게 맹세하여 그 후손에게 주리라 한 땅이라 내가 네 눈으로 보게 하였거니와 너는 그리로 건너가지 못하리라 하시매

Moses Ascends Mount Nebo to "See" the Whole of the Land
[(7:4):(6:6):(6:6)]

1 And Moses went up / from the plains of Moab / 15 2
to Mount Nebo / summit / of the Pisgah (range) / 11 3
which / is opposite Jericho // 11 2_
And YHWH let him see |[a] all the land / 16 2
[b]the Gilead / as far as Dan[b] // 8 2_
2 [a]And / all of [b]Naphtali / 9 2
and [c]the land of Ephraim / and Manasseh // 12 2
and / all the land of Judah[a] / 11 2_
[d]as far as\[e] the Western Sea // 10 1
3 [a]And the Negev / and the plain / 11 2
the valley of Jericho / city of palm trees / 15 2
as far as Zoar[a] // 4 1_
4 [a]And YHWH said / to him[a] / "This is the land / 18 3
that I promised[b] / to Abraham to Isaac |[c] and to Jacob / 22 3_
Saying / 'To your[d] descendants / I will give it' // 13 3
I have let you see it with your eyes / 12 1
but there / you shall not cross over" // 11 2_

모세의 죽음과 장사 [4:7]

5 이에 여호와의 종 모세가 여호와의 말씀대로 모압 땅에서 죽어
6 벧브올 맞은편 모압 땅에 있는 골짜기에 장사되었고 오늘까지 그 묘를 아는 자 없으니라

Death and Burial of Moses [4:7]

5 And Moses the servant of YHWH / died there[a] / 14 2
in the land of Moab / as decreed by YHWH // 13 2_
6 [a]And he buried[a] him in a valley[b] / 10 1
[c]in the land of Moab[c] / opposite / Beth-peor // 14 3
and no one knows\[d] his burial site / to / THIS DAY // 22 3_

모세가 죽을 때 나이 120세였다 [6:6]

7 모세의 죽을 때 나이 일백이십 세나 그 눈이 흐리지 아니하였고 기력이 쇠하지 아니하였더라
8 이스라엘 자손이 모압 평지에서 애곡하는 기한이 맞도록

Moses Is One Hundred and Twenty Years Old When He Dies
[6:6]

7 And Moses / was one hundred and twenty / years old / 18 3
at his death // 5 1
⟨And⟩[a] his eye was not dim[b] / 12 1
and his virility[c] had not departed // 9 1_
8 And the children of Israel wept for Moses / 16 1
in the plains of Moab / thirty days // 15 2

모세를 위하여 삼십 일을 애곡하니라	and the days of weeping / the mourning for Moses / ended //	<u>17</u> 3_
여호수아가 지도자로서 모세를 대신함 [5:5]	**Joshua Replaces Moses as Leader** [5:5]	
9 모세가 눈의 아들 여호수아에게 안수하였으므로 그에게 지혜의 신이 충만하니 이스라엘 자손이 여호와께서 모세에게 명하신 대로 여호수아의 말을 순종하였더라	**9** And Joshua son of Nun / was filled / with a spirit of wisdom / for Moses had laid his hands[a] / upon him // And the children of Israel hearkened to him / and they did / just as / YHWH commanded / Moses //	20 3 17 2_ 17 1 <u>19</u> 4_
평가: "그 후에는 모세와 같은 선지자가 일어나지 못하였다" [7:(7:7)]	**Epitaph: "There Has Never Been Another Prophet Like Moses"** [7:(7:7)]	
10 그 후에는 이스라엘에 모세와 같은 선지자가 일어나지 못하였나니 모세는 여호와께서 대면하여 아시던 자요	**10** And there has not risen [a]a prophet since[a] / in Israel / like Moses // whom / YHWH knew / face / to face //	11 1 10 2 <u>21</u> 4_
11 여호와께서 그를 애굽 땅에 보내사 바로와 그 모든 신하와 그 온땅에 모든 이적과 기사와	**11** For all the signs / and the wonders / that YHWH\[a] sent him / to do / in the land of Egypt // to Pharaoh [and to all his servants][b] / and to all his land //	15 2 21 3 10 2_
12 모든 큰 권능과 위엄을 행하게 하시매 온 이스라엘 목전에서 그것을 행한 자더라	**12** And for all / the strong hand / and for all / the great awesome deeds // that\[a] Moses did / [b]before the eyes / of all Israel //	13 2 14 2 <u>20</u> 3_

원문주해

1.a. 다르가가 뒤따라온 아즐라는 이접사로 읽음.

1.b-b. SP에는 MT의 에트-하길르아드 아드-딴(את־הגלעד עד־דן, "길르앗에서 단까지") 대신에 미나하르 미츠라임 아드 하나하르 하가돌 나하르 페라트(מנהר מצרים עד הנהר הגדול נהר פרת, "애굽 강으로부터 큰 강 유프라테스까지")로 되어 있다.

2.a-a. SP에는 빠져 있다.

2.b. 한 히브리어 필사본과 LXX은 아레츠(ארץ, "〈납달리〉의 땅")를 덧붙인다. 운율 분석은 MT을 지지한다.

2.c. 한 히브리어 필사본, 카이로 게니자 단편들, LXX, Syr은 콜(כל, "모든")을 덧붙인다.

2.d. SP는 와우 접속사를 덧붙인다.

2.e. 위치가 잘못된 씰룩으로 인하여 티프하를 연접사로 읽음.

3.a-a. SP에는 빠져 있다.

4.a-a. SP에는 빠져 있다.

4.b. LXX은 프로스 모우센(*πρὸς Μωυσην*, "모세에게" = למשה)을 덧붙인다.

4.c. 마팍이 뒤따라온 아즐라는 이접사로 읽음.

4.d. LXX과 Syr에는 2인칭 복수로 되어 있다.

5.a. 몇몇 증거 본문들에는 샴(שׁם, "거기")이란 단어가 빠져 있다.

6.a-a. SP[MSS]와 LXX에는 3인칭 복수로 되어 있다. MT은 더 난해한 독법으로서 간직되어야 한다.

6.b. MT의 바가이(בגי, "한 계곡에서(?)") 대신에 몇몇 히브리어 필사본들, 카이로 게니자 단편들 그리고 SP와 함께 בגיא("한 계곡에서")로 읽음.

6.c-c. LXX과 몇몇 SP[MXX]은 생략한다. 운율 분석은 MT을 지지한다.

6.d. 자켑 카톤이 뒤따라온 파스타는 연접사로 읽음.

7.a. 한 히브리어 필사본, 카이로 게니자 단편들 그리고 몇몇 LXX 단편들과 함께 와우 접속사를 덧붙임.

7.b. 한 SP 필사본에는 MT의 카하타(כהתה, "그것이 흐려지지 〈않았다〉") 대신에 כחתה("그것이 강하지 〈않았다〉?")로 되어 있다.

7.c. 몇몇 LXX 증거 본문들은 생략한다. Vg에는 dentes("치아들")로 되어 있다.

9.a. 두 히브리어 필사본, SP에는 야도(ידו, "그의 손")로 되어 있다.

10.a-a. SP는 오드 나비(עוד נביא, "아직 한 선지자")로 읽으면서 순서를 바꾼다.

11.a. 자켑 카톤이 뒤따라온 파스타는 연접사로 읽음.

11.b. 울르콜-아바다이우(ולכל־עבדיו, "그리고 그의 모든 종들에게")란 문구가 카이로 게니자 단편들에는 빠져 있다. 여기서 두 단어의 삭제는 숫자 구성 면에서 신 33-34장의 구성을 완성한다. "양식/구조/배경"의 끝부분에 있는 아래의 논의를 보라.

12.a. 자켑 카톤이 뒤따라온 파스타는 연접사로 읽음.

12.b. 여러 히브리어 필사본들에는 르(ל) 대문자로 되어 있다.

양식/구조/배경

이 지점에서 일 년의 낭독 주기가 완료되고 또 다른 한 해가 시작됨을 표시하는 티쉬리월 23일과 장막절기 9일째 날인 심카트 토라에 뒤따라오는 두 주간의 낭독 주기에서 창세기 토라 낭독 본문의 구조를 검토해 보는 것이 유익할 것이다. 첫 주 본문(창 1:1-6:8)은 베레쉬트(בראשית, "태초에")로 알려져 있다. 그리고 두 번째 본문(창 6:9-11:32)은 노아흐(נח, "노아")로 불린다. 창세기 1:1-11:32의 대칭 구조는 하나의 칠지 형태로 정리될 수 있다.

A 창조/추방의 이야기(아담의 세 아들들로 끝남) 창 1-4장
B 에녹("하나님과 동행했다") 창 5장
C 하나님의 아들들이 하아담(האדם)의 딸들을 아내로 취했다 창 6:1-2
X 야웨께서 말씀하셨다: "그는 육신이요 그 날은 120년이 되리라" 창 6:3
C′ 하나님의 아들들과 하아담(האדם)의 딸들이 거인들을 낳았다 창 6:4
B′ 노아("하나님과 동행했다") 창 6:5-9:29
A′ 흩어짐의 역사(노아의 세 아들들과 함께 시작됨) 창 10-11장

이 구조는 창조 기사와 함께 시작되는데(창 1-4장), 이것은 에덴 동산으로부터 아담과 하와를 추방한 것을 포함한다. 그 이야기는 아담과 그의 세 아들들인 가인, 아벨, 셋의 기사를 포함한다. 구조는 바벨탑 이야기와 고대의 민족 그룹들 사이에 있었던 인류(האדם – 하아담)의 분산으로 마치고 있는데, 이에 앞서 노아와 그의 아들들인 셈, 함, 야벳의 기사가 나타난다(창 10-11장). 이 골격 내에서 우리는 "하나님과 동행한"(창 5:22) 사람인 에녹에 대한 간략한 언급을 발견하며, 역시 "하나님과 동행한"(창 6:9) 노아에 대한 자세한 이야기를 발견하게 된다. 창세기에는 이 두 사람에 대한 이야기가 나오는데, 그들의 하나님과의 관계가 이러한 문구를 통하여 묘사되어 있다.

위의 구조의 중심부는 흘끗 보기에 통상적인 신화로 불리는 내용과 같은 것에 대한 갑작스러운 언급을 통하여 놀란 많은 독자들에게 하나의 문제를 제시한다. "하나님의 아들들"이 "아담의 딸들"과 혼인하여 옛 시대의 거인들(네필림; 창 6:1-4)을 낳는다는 것이다. 이 수수께끼 같은 에피소드의 중심부에서 야웨 자신이 수수께끼 같은 형식으로 말씀하신다: "나의 신이 영원히 사람(האדם – 하아담)과 함께 하지 아니하리니 이는(בשגם – 베샤감) 그들이 육체가 됨이라 그러나 그들의 날은 일백이십 년이 되리라"(6:3). 이 히브리어 본문의 문장 중심부에는 한 단어, 즉 베샤감(בשגם)이 있는데, 그것은 히브리어 성경의 어느 곳에도 나타나지 않는다. 이 단어에서 히브리어 자음들이 몇몇 필사본들 가운데서 다른 모음 부호가 붙어 있다는 중대한 사실을 발견했는데, 두 본문 모두가 여기서 문학적 재담 차원에서 들려지게 된다(Christensen, *HS*[1986] 20-24를 보라). 한편으로 우리는 여기서 설화상의 한 전환점에 도달한다. 하나님의 인내가 "그들의 배교로 인하여"(בְּשַׁגָּם-뻬샤깜; 이 단어를 3인칭 복수 대명사 접미어를 가진 히브리어 동사 샤가그〈שׁגג, '타락하다'〉로 읽음) 한계에 도달했다. 창세기 6-9장에 뒤따라오는 대홍수는 인간의 죄로 인한 필연적인 결과다. 동시에 또 다른 메시지가 같은 단어에 담겨 있는데, 이것은

연결 문구로 번역될 수 있다-"또한 그가 육체이므로 그의 날이 120년이 되리라." 그러나 한 가지 의문이 일어난다. 저자는 누구에 대해서 말하고 있는가? 창세기에 기록된 그 뒤에 나타난 조상들 가운데 누구도 120살이라는 제한을 받지 않고 더 오래 산다. 성경 전체에서 유일하게 그 나이에 죽은 사람은 모세인데, 이러한 사실은 오경의 결론 부분인 신명기(31-34장)의 마지막 단락의 골격 가운데 강조되어 있다(31:2과 34:7을 보라).

120년 이전의 가이게르(A. Geiger, *ZDMC* 28[1874] 489-91)가 말한 바와 같이 제3의 의미도 가능하다는 것인데, 그는 여기에 나오는 베샤감(בשגם)이란 단어를 모세를 가리킨다고 주장했다. 그는 자기 주장 가운데서 한 단어의 수치를 계산하여 사용된 암호 단어 면에서 모쉐(משה, "모세")와 베샤감(בשגם)의 수치가 동일하다는 사실을 설명하면서 요세푸스와 제롬의 글을 인용했다.

신명기 34:1-12의 내용은 대칭 구조가 120년이라는 생애로 제한되어 있는 점을 강조하는 반복된 단어들이 자리잡고 있는 것에 초점을 맞추면서 유사한 스타일로 정리될 수 있다.

A	모세가 "자기 눈으로" 그 온 땅을 보았다	34:1-4
B	모세의 죽음과 장사-"그 묘를 아는 자 없으니라"	34:5-6
X	모세 나이 120세였다-"그 눈이 흐리지 아니하였고"	34:7-8
B′	모세의 무비성-"…는 여호와께서 대면하여 아시던 자요"	34:9-10
A′	모세가 "온 이스라엘 목전에서" 큰 기사를 행했다	34:11-12

야웨께서 모세에게 명하신 대로(참조. 3:27; 32:49-52) 그가 느보 산에 올라가서 약속의 땅을 바라보았다는 기사의 결론부에서, 야웨께서는 이것이 곧 자신이 과거에 열조(아브라함과 이삭과 야곱)의 후손들에게 주리라고 약속했던 땅이라는 사실을 모세에게 상기시켜 주신다. 그러고 나서 그분은 "내가 네 눈으로 보게 하였다"고 덧붙이신다. 히브리어 에님(עינים, "눈들")은 32:49-52에는 나타나지 않지만, 그것은 3:27에서 두 번, 이 마지막 장에서 두 번 더 사용된다: 34:7과 34:12에서 이것은 본 장 전체의 대칭 구조가 형성되는 내용을 둘러싸는 하나의 구조적 특징으로서의 기능을 한다. 첫 단락은 하나님께서 모세에게 약속의 땅을 자기 눈으로 바라보게 하셨다는 언급과 함께 끝난다(4절). 이 구조의 중심부는 죽을 때 "그의 눈이 흐리지 아니했다"(7절)는 사실을 강조한다. 그리고 신명기 자체는 "온 이스라엘의 눈"(12절)이라는 언급과 함께 끝난다.

다우브(Daube)는 로마법과 성경법에서 소유권의 이양은 새로운 소유자에게 넘겨진 대상물을 보여 줌으로써 이행되었다고 말한다(Daube, *Studies in Biblical Law*, 28-31; 참조. Mayes[1981] 411-12). 이러한 법적인 가정에서 볼 때, 모세는 백성을 대신하여 그 땅의 소유권을 받은 것인데, 그 이유는 사실상 하나님 자신이 그 온 땅을 모세에게 보여 주신 것이기 때문이다. 즉 그는 자신의 눈으로 그 모든 것을 보았다.

34:1-12의 대칭적 스타일로 되어 있는 내부 골격은 동사 "알다"에 초점을 맞추고 있다. 모세는 죽어서 느보 산 근처 어딘가에 하나님에 의하여 묻혔다. 그러나 "오늘까지 그 묘를 아는 자 없으니라"(6절). 선지자로서 모세의 유일성에 관한 결론적 논평에서, 본문은 모세가 "여호와께서 대면하여 아시던 자"였기 때문이다(34:10; 참조. 출 33:18-23, 여기서 모세는 "네가 내 얼굴을 보지 못하리니 나를 보고 살 자가 없음이니라…네가 얼굴은 보지 못하리라"라는 말을 듣는다. 본 장은 이스라엘 백성을 애굽으로부터 이끌어 내어 약속의 땅으로 들어가게 하셨을 때(11-12절) 하나님께서 그를 대면하여 아셨고 그를 통하여 큰 두려운 행사를 행하셨던 이 사람의 유일성에 초점을 맞추고 있는 간략한 사망 기사로 끝난다.

또다시 고대 이스라엘의 언어 가운데서 일반 동사 "알다"가 법적인 어조를 가지고 있다는 사실을 유념해야 할 것이다. 야웨께서 모세를 "아셨다"(34:10)고 말하는 것은 모세 역시 야웨를 알았다는 것을 의미한다. "안다"는 것은 종주와 봉신 상호간의 법적 인식에 대한 전문 용어다(Bootterweck, *TDOT* 5:478). 후프먼(Huffmon)은 숩필룰류마스(히타이트 문서에 있는)와 아슈르바니팔(앗수르 기록들 가운데 있는)에 대해서 신들이 이들을 알았다고 말해지고 있는데, 이것은 신들이 이들을 합법적 통치자로 인정한다는 사실을 말하는 방식이라고 지적한다(Huffmon, *BASOR* 181 [1966] 31). "아는 것"을 결혼이라는 상황과 혼인 정절의 관계에서 해석하는 것도 가능하다(W. Eichrodt, "'The Holy One in Your Midst': The Theology of Hosea," tr. L. Gaston, *Int* 15[1961] 259-73, 특히 264). 어느 경우든, 모세는 약속의 땅을 수여 받고, 또한 그는 이를 여호수아에게 위임하는, 야웨와의 특별한 관계를 가졌다.

느보 산에 오르는 첫 단락(1-4절)은 33:1-29에 있는 유언적 축복을 전달하기 직전인 32:48-52에서 바로 이 일을 하라고 지시 받은 명령과 긴밀하게 연결되어 있다. 신명기 33-34장의 대칭 구조 스타일은 다음과 같이 정리될 수 있다.

A	모세의 유언적 축복	33:1-29
B	모세가 느보 산에 올라가서 온 땅을 바라봄	34:1-4
X	120세의 나이로 모세가 죽어 장사됨	34:5-8
B′	여호수아가 백성을 그 땅으로 인도하라는 명령을 받음	34:9
A′	모세의 사망 기사-그와 같은 다른 선지자가 없었다	34:10-12

이 개요는 신명기 33장의 논의 가운데서 주어진 내용과 비교되어야 할 것인데, 그 곳에서 초점은 축복에 있었다. 신명기 토라 낭독 열한째 주 분량인 이 단락에서 초점은 모세의 죽음과 장사에 있는데, 이것이 그의 나이 120세가 되었을 때 일어난다. 외부 골격은 이스라엘 열두 지파에 대한 확장된 유언적 축복(33:1-29)으로부터 "야웨께서 대면하여 아시던" 사람인 모세의 간략한 사망 기사(34::10-12)로 옮겨간다-"그 후에는 이스라엘에 모세와 같은 선지자가 일어나지 못하였나니." 내부 골격은 느보 산에서 모세가 약속의 땅 전경을 바라본 기사(34:1-4)로부터 여호수아가 모세가 보았던 땅을 취하기 위하여 이스라엘 백성을 데리고 요단을 건너갈 지도권을 받을 때 "지혜의 영으로 충만함"을 받은 기사(34:9)로 옮겨간다. 그 중심부에서 우리는 그 나이 120세에 일어난 모세의 죽음과 장사에 대한 기록을 보게 된다(34:5-8).

신명기 31-34장 전체의 구조에 비추어 검토해 볼 때, 신명기 34장의 주요 구조는 여호수아의 지도 하에 토라를 준수하는 일에 초점을 맞추고 있는데, 이는 다음과 같은 칠지 형태의 개요가 제시하는 바와 같다.

A	자신의 임박한 죽음을 바라보고 모세가 여호수아에게 위임함	31:1-15
B	모세의 마지막 사역: 증거로서 토라와 그의 노래	31:16-30
C	미래 세대를 위한 증거로서 모세의 노래	32:1-43
X	모세의 마지막 분부: 토라의 모든 말씀을 지키라	32:44-47
C′	모세의 유언적 축복	33:1-25
B′	모세의 마지막 말: 이스라엘의 안전과 축복	33:26-29
A′	모세의 죽음과 지도권 이양	34:1-12

비록 이것이 분명히 더 큰 문학적 문맥에서 신명기 본문을 파악하는 타당한 방법이기는 하지만, 또한 본 주석의 이 단락에 대한 서론 가운데서 보여 준 바와 같이 34:1-12을 그 문학적 단위 자체로 보고 검토하는 것이 유익할 것이다.

34:1-12을 동등한 두 부분으로 나누어서 각 절반 부분을 유사한 스타일로 관찰

하는 것이 유익할 것이다.

A 모세가 모압 땅에 있는 느보 산에 올라감 34:1a
B 야웨께서 약속의 땅 전체를 그에게 보여 주심 34:1b-3
X 야웨께서 말씀하신다: "이는 내가 네 열조에게 약속한 땅이라" 34:4a
B' 야웨께서 모세에게 보게 하지만 들어가지는 못하게 하심 34:4b
A' 모세가 느보 산에서 죽어 모압 땅에 장사됨 34:5-6

A 모세가 죽을 때 나이 120세였음 34:7
B 이스라엘이 그의 죽음을 30일 간 애도함 34:8
X 여호수아가 모세를 대신하여 이스라엘의 지도자가 됨 34:9
B' 그 후에 이스라엘에 모세와 같은 선지자가 일어나지 못함 34:10
A' 모세가 이스라엘 목전에 두려운 일들을 행함 34:11-12

이 특별한 본문은 야웨께서 느보 산 꼭대기에서 보여 주신 것이 "네 후손들에게 내가 주리라"(4절)고 말씀하면서 아브라함과 이삭과 야곱에게 약속하셨던 바로 그 땅이라는 사실을 강조하고 있다. 그리고 여호수아가 이스라엘 백성을 이끌고 들어갈 지도자로 임명된다는 사실이 강조되어 있다(9절). 위의 대칭 구조 첫 번째 항목에서 외부 골격은 모압 땅에 있는 느보 산으로 올라가는 모세에 대한 기사(1a절)로부터 느보 산에서의 모세의 죽음과 모압 땅에 묻힌 기록(5-6절)으로 옮겨간다. 내부 골격은 야웨께서 모세에게 보여 주시는 약속의 땅 전체의 광경(1b-3절)으로부터, 야웨께서 모세에게 그 땅을 바라보게는 허락했지만 그 곳으로 들어가게는 하지 않으신다는 야웨의 진술(4b절)로 옮겨간다.

결론적 단락(7-12절)의 중심부는 모세가 안수하여 지도자의 권위를 이양해 준 여호수아 개인에게 초점을 맞추고 있다(9절). 이 요약적 진술의 한 편에서 우리는 또 다른 신비적인 사실을 발견하게 된다: 모세가 120세가 되었음에도 불구하고 그의 신체의 힘과 생동감이 최고조에 달해 있었다는 것이다(7-8절). 다른 한편으로 우리는 온 이스라엘 목전에서 기사를 행했던 사람으로서(11-12절) 이 사람 모세와 같은 선지자가 이스라엘 중에 결코 없었다는 사실을 듣게 된다(10절).

1-6절을 위와 같은 방식으로 두 부분으로 나누는 것도 가능하다.

A 야웨께서 모세로 하여금 온 땅을 보게 하심 34:1a-d
B 북쪽으로: 길르앗, 납달리, 에브라임, 므낫세 34:1d-2a
X 유다의 온 땅 그 경계들 34:2b-3

B′ 이것은 아브라함과 이삭과 야곱에게 약속한 땅이다 34:4a
A′ 야웨께서 말씀하신다: "내가 네 눈으로 그것을 보게 하였다 34:4b

A "야웨의 종 모세가 거기서 죽었다" וימת שם משה עבד־יהוה 34:5a
B "야웨의 말씀대로 모압 땅에서" בארץ מואב על־פי יהוה 34:5b
X "그리고 그가 한 골짜기에 그를 묻었다" ויקבר אתו בגי 34:6a
B′ "벧브올 맞은편 모압 땅에" בארץ מואב מול בית פעור 34:6b
A′ "그리고 그 묘를 아는 자 없으니라" ולא־ידע איש את־קברתו 34:6c

여기서 첫 번째 버금 단위(1-4절)는 야웨께서 모세에게 약속의 땅을 보도록 허락하신 사실에 대한 언급들을 통하여 골격이 짜여져 있다. 그 땅의 범위가 북으로부터 남쪽으로 묘사되면서(1d-3절) 다음과 같은 하나의 간략한 요약으로 결론짓고 있다: "이는 내가 아브라함과 이삭과 야곱에게 맹세하여 그 후손에게 주리라 한 땅이라"(4a절).

5-6절에 있는 모세의 죽음과 장사에 관한 기사는 "모압 땅에서"라는 반복구가 내부 골격으로 기능을 하고 있는 순환적 문장 가운데 정리되어 있다. 이 구조의 중심부는 모세의 죽음의 신비성을 기록하고 있다. 즉 야웨 자신이 모세의 죽음과 장사에 대해 책임이 있으므로 모세가 마지막으로 잠든 실제 장소가 어디인지는 아무도 모른다.

10-12절에 있는 모세에 대한 결론적 찬사는 여호수아에게로의 실질적 지도권 이양에 초점을 맞추고 있는 대칭 구조 내에 위치해 있다.

A 여호수아는 지혜의 영으로 충만하다 34:9aα
B 모세가 그에게 안수했다 34:9aβ
X 백성이 모세가 명한 대로 여호수아에게 복종했다 34:9b
B′ 그 후로 이스라엘 가운데 모세와 같은 선지자가 일어나지 않았다 34:10
A′ 모세가 두려운 이적과 기사를 행했다 34:11-12

이 구조의 외부 골격은 두 지도자를 날카롭게 대조해 가면서 묘사한다: 여호수아는 지혜의 영으로 충만했다(34:9aα). 그러나 모세는 "온 이스라엘 목전에"(11-12절) 두려운 이적과 기사를 행했다. 이 대조는 내부 골격에서도 계속되는데, 그 이유는 여호수아에게 지혜의 부으심 자체가 모세의 손으로부터 왔기 때문이다(34:9aβ). 그리고 모세는 야웨 자신처럼 비교할 수 없는 인물이다(10절). 결론은 분명하다. 즉 하나님의 백성들은 하나님께서 그들 중에서 세우실 지도자, 이 경우에는 모세가 명한 바와 같이 여호수아에게 스스로 복종해야 한다(9b절).

로핑크는 모세의 죽음에 대한 기사를 신약을 포함하여 정경의 주요 구분들을 연결하는 고리로 생각한다(Lohfink, *TP* 71[1996] 481-94). 이것은 여호수아서의 앞 구절들 가운데서 전기 예언서들과 연결되어 있음이 분명하게 드러난다. 그 점이 폰 라트로 하여금 오경 자체의 한계를 무시하고 그 대신 육경에 대해서 말하도록 만들었다. 즉 여호수아서를 포함한 여섯 권의 책들이다. 그는 이러한 방식으로 여호수아의 정복에서 땅에 대한 약속의 실현을 발견했다.

로핑크는 모세의 노래(32:1-43)를 포함하여 모세의 죽음 기사를 정경 전체의 구조 내에서 하나의 문학적 경계 표시로 본다. 이사야서의 첫 구절들(1:2)은 구조적으로 모세의 노래와 연결되어 있고, 소돔과 고모라에 대한 언급을 가지고 있는 이사야 1:10은 신명기 29:22을 반영한다. 신명기의 끝과 시편의 시작과 끝 사이의 연결은 "오직 여호와의 율법을 즐거워하여 그 율법을 주야로 묵상하는" 예배자다(시 1:2; 참조. 수 1:8). 간단히 말해서 모세의 죽음은 정경 전체를 낭독하는 데 중요한 위치에 자리잡고 있는데, 그것은 직선 형태로 배열되어 있지 않다. 로핑크는 더 나아가서 신약성경까지도 포함시키는데, 그는 이를 본질적으로 토라에 대한 가장 믿을 수 있는 주석으로 본다. 더 나아가서 그와 그의 동료 브롤릭은 로마 가톨릭 교회 내에서 있었던 최근의 예배 의식의 개혁이 충만히 이루어지지 않았으며, 기독교 예배에서 정규적인 토라 낭독이 회복되어야 한다고 주장한다. 브롤릭은 본문 낭독의 3년 주기를 제안하고 있는데, 그것들은 각각 토라의 규정된 본문으로부터 시작하여 복음서 본문으로 끝나면서, 그 사이에 하나는 구약성경의 나머지 부분에서 택한 것이고, 하나는 신약의 다른 곳에서 택한 두 개의 대안적 본문들을 두기를 제안한다(Braulik, in *FS H. B. Meyer*, 50-76; 같은 저자, "Kanon und liturgische Schriftlesung," *BLit* 68[1995] 181-86).

34:1-12의 숫자 구성에 관해서 라부샤뉴로부터 얻은 자료는 다음과 같이 요약될 수 있다.

단어	아트나 앞		아트나 뒤		
34:1-4	43 (=17+26)	+	21	=	64 (=2×32)
34:5-8	33	+	19	=	52 (=2×26)
34:5-12	64 (=2×32)	+	46	=	110 (=2×55)

34:9-12	31	+	27	=	58 (=26+32)
29:9-34:12	1,312 (=41×32)	+	1,034	=	2,346 (=138×17)
29:9-32:52	1,011	+	825	=	1,836 (=108×17)
29:9-30:20	357 (=21×17)	+	306 (=18×17)	=	663 (=39×17)
31:1-34:12	955	+	728 (=28×26)	=	1,683 (=99×17)
31:1-30	322 (=14×23)	+	230 (=10×23)	=	552 (=24×23)
32:1-52	332	+	289 (=17×17)	=	621
33:1-34:12	301	+	209	=	510 (=30×17)

이 본문의 저자(들)가 34:1-12의 단어 숫자 구성에서 두 개의 신명 수 17과 26을 사용했다는 사실이 분명히 드러나지만, 이 본문이 낭독 본문 8-11(29:9-34:12) 전체라는 보다 큰 단위를 완성하기 위하여 어떻게 사용되었는지를 관찰하는 것이 더 중요하다. 이 신명기의 대 단락에는 총 2,346(=6×23×17)개의 단어가 들어 있다. 이것은 "이 단어들"이 야웨의 영광을 위하여 기록되었다는 사실을 말하는 보다 나은 방법인데, 그 이유는 23이라는 수가 "영광"(כבוד – 카보드)을 나타내는 수이며, 17이라는 수가 야웨를 나타내는 수이기 때문이다. 이러한 사실은 아트나 앞에 총 1,312(=41×32)개의 단어로 보강되어 있다.

낭독 본문 8-10(29:9-32:52)에는 총 1,836(=108×17)개의 단어가 있고, 낭독 본문 9-11(31:1-34:12)에는 아트나 앞에 728(=4×7×26)개의 단어를 위시하여 총 1,683(=99×17)개의 단어가 있다.

낭독 본문 8(29:9-30:20)에는 총 663(=39×17)개의 단어가 있는데, 아트나 앞에 357(=3×7×17)개의 단어가 있으며, 아트나 뒤에 306(=18×17)개의 단어가 있다. 낭독 본문 9(31:1-30)에는 총 552(=2×12×23)개의 단어가 있는데, 아트나 앞에 322(=2×7×23)개의 단어가 있고, 아트나 뒤에 230(=10×23)개의 단어가 있다. 낭독 본문 10(32:1-52)에는 아트나 앞에 총 289(=17×17)개의 단어가 있다. 마지막으로, 낭독 본문 11(33:1-34:12)에는 총 510(=3×10×17)개의 단어가 있다. 야웨의 영광을 위하여 오랫동안 힘든 수고를 했던 고대의 저자 혹은 저자들이 이러한 인상적인 단어 숫자의 합계가 되도록 얼마나 수고를 했는지 상상하기가 어렵다. 그렇게 하는 가운데 그들은 특별히 본문 비평 문제에서 막대한 가치가 있는 유산을 남겨놓았다. 단 하나의 단어도 그 체계를 흩뜨리지 않고 더하거나 뺄 수 없다.

주석

1 비스가 산 정상은 모압 왕 발락이 이스라엘 군대를 저주하기 위하여 발람 선지자를 데려왔던 장소들 가운데 하나였다(민 21:20). 그 문맥에서 우리는 비스가 산맥이 여시몬을 내려다보고 있다는 사실을 알 수 있다(32:10 "주석"을 보라). 비스가 산 정상은 특별한 산 라스 에스-시아가(Ras es-Siyaghah)의 한 낭떠러지를 가리키는데, 이것은 느보 산의 정상보다 약간 낮으며 한 산등성이를 통하여 그 산과 분리되어 있다. 갈라진 골짜기를 바라보고 약속의 땅 건너편, 그리고 "여리고 평지"(참조. 수 4:13)에 있는 여시몬으로 알려진 광야 지구(참조. 민 21:20)를 가리키는 데 이상적인 장소인데, 훗날 여기서 여호수아는 야웨께서 모세에게 보여 주신 땅을 정복하기 위하여 진영를 세웠다. 야웨께서는 길르앗으로부터 시작하여 아르논 강으로부터 북쪽으로 야르묵 강을 건너 바산이라고 불리는 곳까지 뻗어 있는 요단 동편 산지를 그에게 보여 주셨다.

2-4 33:23의 "주석"을 보라. "에브라임과 므낫세"는 가나안 땅에 있는 중앙 산지를 포함하는 지역인데, 이 곳은 남쪽에 있는 유다로부터 갈릴리 지역에 있는 에스드렐론 골짜기까지 뻗어 있다. 여기서 "평지"에 대한 언급은 아마도 사해 바로 위쪽의 요단 계곡을 가리키는 것으로 보이는데(참조. "the Great plain" in Josephus J. W. 4.8.2 §§ 452-56), 이 곳은 "종려의 성읍 여리고 골짜기"를 포함한다. 여기서 "소알까지"란 문구는 사해의 남쪽 끝을 가리키는데, 이 곳은 사해 북쪽의 일부분만을 볼 수 있는, 그렇게 경관을 가로막으며 바라보는 자의 왼편까지 뻗어 있는 산등성이로 인하여 느보 산 정상에서는 바라볼 수 없다. 모세는 오늘날의 여행자가 하늘까지 올라가지 않고는 바라볼 수 없는 약속의 땅 전체를 바라볼 수 있도록 허락되었다. 아마도 이러한 사실은 정상적인 죽음에 의해서라기보다는 하늘로 직접 취하여 올리었다는 기사를 담고 있는 "모세의 승천"(*The Assumption of Moses*)으로 알려진 그 후에 나타난 전승을 설명하는 데 도움을 준다. 유다서 9절은 그러한 전승을 가리키는 것으로 보이는데, 이것은 초창기 유대인 공동체 가운데서 잘 알려져 있었던 것으로 보인다. 어쨌든 그것은 성경 본문이 그가 느보 산 정상으로부터 그 광경을 보았다고 말하고 있는 모든 것을 실제로 모세로 하여금 보도록 그러한 공중으로 들려지는 경험을 필요로 했을 것이다. 이 지점에서 모세는 다시 한 번 약속의

땅으로 건너가지 못할 것이라는 말씀을 듣는다(참조. 3:27; 4:21-22; 32:42; 민 20:12).

5 "여호와의 종 모세가…에서 죽어." 요세푸스(*Ant.* 4.8.49 § 327)에 따르면, 모세는 12월인 아달월 1일에 죽었는데, 그것은 아론이 죽은 지 정확하게 6개월 후다. 모세는 여호와의 말씀대로, 즉 야웨의 명령에 의하여(직역하면 야웨의 입에) 죽었다. 모세가 하나님으로부터의 입맞춤에 의하여 죽었다는 미드라쉬의 해석(*b. B. Bat.* 17a을 보라)은 유대인의 관용어 "한 입맞춤에 의한 죽음"의 자료인데, 그것은 "늙은 나이에 갑작스럽고도 고통 없이 죽는 것"을 가리킨다(Tigay[1996] 338).

6 와이크보 오토(ויקבר אתו, "그가 그를 묻었다")라는 문장의 주어가 모호하기는 하지만, 문맥은 느보 산과 벧브올 근처에 있는 한 골짜기에 그를 장사한 분이 하나님이시라는 사실을 분명히 밝히고 있다. "많은 주석가들은 모세의 장지가 이곳을 하나의 사찰로 만드는 것을 방지하기 위하여 비밀에 부쳐진 것이라고 상상했는데…이 진술은 하나의 특별한 장소가 모세의 무덤이라는 주장들을 제거하기 위하여 의도된 논증일 수 있다"(Tigay[1996] 338, 그는 F. M. Cross, "Reuben, First-Born of Jacob," *ZAWSup* 100[1988] 50-52를 인용한다)

7 "모세의 죽을 때 나이 일백이십 세였다." 창세기 6:3은 120년을 인간의 수명에 대해 하나님이 정하신 한계, 즉 특별히 성경에서 모세에게만 적용하고 있는 한계로 언급한다(31:2의 "주석"을 보라). 120이라는 수는 티개이가 주장하는 바와 같이(Tigay[1996] 338) 경험적 관찰과 고대 근동의 수학의 조화에 근거했을 수도 있다. 그러나 동시에 고대 이스라엘의 서기관들이 자기 자신들의 "성경 수학" 체계를 가졌었다는 사실을 유념해야 할 것이다(Christensen, *PSR* 14[1987] 59-65; C. J. Labuschagne, *Numerical Secrets of the Bible: Rediscovering the Bible Codes*[N. Richland Hills, TX: BIBAL Press, 2000을 보라).

"그의 눈이 흐리지 아니하였다"는 진술은 모세가 기력이 없어지지 않았다는 사실을 말하고 있다. 실제로 "그의 기력이 쇠하지 않았다". 다시 말해서 그의 활력이 여전히 남아 있었다. 그는 힘이 소진되지 않았다. "기력"으로 번역된 레호(לחה)란 명사는 히브리어 성경에서 여기에만 나타나지만, 우가릿 문서에 두 번 출현하고 있는 것이 알려졌는데, 그 문서로부터 올브라이트는 이것이 "성적인 힘"을 의미한다고 결론짓는다(*BASOR* 94[1944] 32-35). 티개이가 이 구절을 이븐 에즈라 및 다른 사람들과 함께, 그가 나이가 들었음에도 불구하고 나이가 들어 보이지 않았다는 의미에서 "그가 주름살이 지지 않았다"를 의미한다고 해석하고 있기는 하지만, 이 히브리어 관용어에는 적절하지 않다(Albright의 주장을 보라). 더 나아가서, "모세의 활력이 실제로 줄어들었었다"는 것은 틀린 것이다(위의 31:2 "주석"을 보라). 모세는 하나님께서 그를 위하여 정하신 한계, 즉 120세에 도달했으므로 죽었다. 후대에 다윗의 임종 시에 노쇠한 다윗과는 달리(왕하 2장), 모세는 그가 가나안의 왕들 시혼과 옥에게 전쟁을 하도록 이스라엘 지파들에게 명령했던 직후 그리고 홀로 느보 산 정상에 올라간 직후, 즉 그의 힘의 절정기에 있을 때 죽었다. 그는 그의 나이 80세 때 일어난 출애굽 후 40년 만에 죽었다(출 7:7; 참조. 신 1:3). 40년 이상이 지나가기는 했으나 그는 늙지 않았다.

8 백성들은 모세의 죽음을 40일 간 애도했는데, 이것은 고대 이스라엘에서 죽은 자를 위하여 애도하는 정상적인 기간이었다(아론의 죽음에 관해서는 21:13과 민 20:29을 참조하라).

9 여호수아에게 임했던 "지혜의 신"은 그로 하여금 정당하게 다스릴 능력을 갖도록 하신 하나님의 선물이었는데, 그것은 열왕기상 3:7-12에서 솔로몬이 받은 것과 같은 것이었다. 모세가 여호수아에게 안수하는 행동은 임직식에서의 권위의 양도 개념과 관련되었다. 다우브(Daube)는 아사셀 양의 경우에만 손을 얹은 것을 전가의 의미로 해석되어야 한다는 로버트슨 스미드(Robertson Smith)의 주장에 도전했다. 속죄제와 번제의 경우에, 그 개념은 축복과 성별의 행동과 같았다. 다시 말하면, 물리적 접촉의 수단을 통하여 그가 그 머리에 손을 얹은 사람이나 동물에 자기 손을 얹은 사람의 일반적인 동일시와 같았다. 샌솜(Sansom)은 싸마크(סמך, "〈…의 손들의〉 기댐")를 사용한 다섯 개의 본문들을 연구하고 다음과 같은 결론을 내렸다: "모세의 권위의 전부가 아닌 얼마가 여호수아에게 주어졌다. 그는 주님에게 묻는 엘르아살에게 의존해야 한다. 그럼에도 불구하고 그는 백성을 인도하도록 임명 받았다. 그러므로 우리는 안수를 그 임무의 공식적 수여로 취급할 수 있으며, 그래서 우리는 안수가 전가의 개념과 관련되어 있다는 사실을 확신 있게 받아들일 수 있지만, 이 경우는 죄의 전가가 아닌 권위의 전가다"(Sansom, *ExpTim* 94[1983] 325). 그러나 여기에 "사도적 권위"는 없다는 사실을 유념해야 할 것이다. 그 이유는 여호수아가 후계자를 임명하지 않았기 때문이다. 사실상, 그는 안수를 받은 유일한 사람이었다. 장로들에게는 가끔 안수했던 것으로 생각되기는 하지만, 제사장들에게나 장로들에게는 안수하지 않았다. 티개이가 말하는 바와 같이(Tigay[1996] 339), "(손을) 얹는" 행위는 랍비 서임식의 일부분이 되었다. 이 시점부터 이스라엘 백성들은 여호수아의 말을 들었다. 즉 여호수아를 자기들의 지도자로 인정하고

복종하기 시작했다.

10 "그 후에는 이스라엘에 모세와 같은 선지자가 일어나지 못하였나니"라는 진술은 모세와 여호수아 간의 대조를 극명하게 해준다. 여호수아가 모세를 계승하기는 했지만, 여호수아도 그 후에 나오는 다른 선지자들도 모세와 비교가 되지는 못했다(성경에 있는 무비성〈無比性〉 개념에 관해서는 C. Labuschagne, *The Incomparability of Yahweh in the Old Testament*[Leiden: Brill, 1966]; 그리고 Knoppers, *CBQ* 54 [1992] 411-31를 보라). 또한 18:18의 "주석"을 보라. 이어지는 전승 가운데서 하나님께서 "모세와 같은 한 선지자를 일으키시리라"는 약속은 고대 이스라엘에 있었던 정경적 선지자들의 계승 가운데서 실현되었으며, 예수 그리스도의 인격 안에서 절정에 달했는데, 31:10의 말씀은 이분에게 보다 완전한 의미로 적용된다. 즉 그 후에는 아무 선지자도 일어나지 않았다는 것이다.

야웨께서 모세를 아셨다는 히브리어 문구는 야웨께서 유일하게 모세와 대면하여 말씀하심으로써 그 모세를 "선택하셨다"는 사실을 의미한다. 그러나 이 진술은 티개이가 주장하는 바와 같이([1996] 380) 다소 난문제를 제공한다. 출애굽기 33:11은 "사람이 그 친구와 이야기함같이 여호와께서는 모세와 대면하여 말씀하셨다"고 확고하게 말한다. 그러나 동시에, 하나님께서는 몇 절 다음에 나오는 출애굽기 33:20에서 다른 말씀을 하셨는데, 거기서 그분은 "네가 내 얼굴을 보지 못하리니 나를 보고 살 자가 없음이니라"고 선언하셨다. 민수기 12:8에 따르면 모세가 대면하여, 즉 명백히 말하고 숨김 없이 말씀하신 하나님을 보았다고 말하고 있다. 이 문구는 신명기에서 다르게 사용되었는데(참조. 4:12-15; 5:4), 거기서 이것은 "본인이 직접" 혹은 "직접적으로" "중재자 없이"를 의미하는 하나의 관용어가 되었다. 티개이가 말하고 있는 바와 같이([1996] 340), 본문의 요점은 모세가 그 어떤 선지자보다도 더 직접적으로 하나님과 대면했다는 것이며, 그런 까닭에 그분과 그분의 뜻에 대해서 가장 명확한 지식을 소유했다는 것이다. "하나님의 말씀의 성육신처럼, 그리고 미래의 어느 시점에서 있었던 모세와 같은 선지자에 대한 약속의 궁극적 실현처럼(신 18:15, 18), 예수께서는 하나님과 보다 깊은 인격적 접촉을 하셨고 백성을 위한 하나님의 뜻을 아셨다.

"그 후에는 이스라엘에 모세와 같은 선지자가 일어나지 못했다"는 진술은 맬러맷이 말하는 바와 같이 흥미롭게도 마리 문서에 그 평행절이 나타나 있다(A. Malamat, "A Forerunner of Biblical Prophecy: The Mari Documents," *FS F. M. Cross* [1987] 44). 거기에 진술된 전문적인 선지자들의 경우에, 실제로 주어진 메시지는 그 다음에 "일어나다"(*tebû*)란 동사가 뒤따라오는데, "이것은 신전에 있던 선지자들의 흥분(아마도 앉아 있거나 구부린 자세에서 일어서는 것)을 암시한다"(p. 44; 참조. *CTA* 4.1.23; 4.3.30; 4.4.32; 등). 매이즈는 여기서 모세에 대한 표현은 18:18과 상충되는 것으로 보인다고 말한다([1981] 413). 이 두 구절은, 실질적으로 이스라엘 가운데 모세와 같은 선지자가 없었던 전기 예언서들 전체를 예상하고 있는, 신명기 18-34장을 둘러싸는 하나의 봉투 형태로 보는 것이 더 좋을 것이다. 후기 예언서에서 우리는 모세와 같은 선지자의 출현에 대한 기대를 발견하는데, 그것이 묵시 문서에서 종말론적 전망의 본질적인 부분이 되고, 또한 신약에서는 예수께서 이러한 소망의 실현으로 나타나신다.

11-12 하나님께서 출애굽 당시에 모세를 통하여 행하신 "이적과 기사"는 모세의 말이 실제로 하나님으로부터 왔다는 사실을 드러낸다. 이 같은 이적과 기사들이 하나님의 유일성과 그의 무비성을 보여 주기 위하여 4:32-40에서 상기시켜 주고 있다. "모세가 행한 크고 두려운 행사"(개역 성경에는 "큰 권능과 위엄을 행하매"로 되어 있음)는 필자의 스승이신 라이트(G. E. Wright)가 자주 "the *Magnalia Dei*"('하나님의 큰 일'이라는 뜻으로 그의 기념 논문집[1976]의 제목임)로 묘사했던 내용을 가리킨다. 신명기는 "온 이스라엘 목전에서"라는 문구로 마친다. "온 이스라엘"이라는 문구에서 우리는 본서 전체를 둘러싸는 하나의 봉투를 발견하는데(1:1을 보라), 이것은 독자에게 우리가 기나긴 여행의 끝부분에 도달했다는 사실을 말해 준다. 이것은 또한 여호수아로부터 다가오는 시대에 나타날 또 다른 여호수아에게까지 펼쳐져 있는, 하나님의 백성에게 있을 또 다른 더 긴 여행의 시작 부분이기도 하다. 그 이유는 예수는 단순히 "여호수아"의 헬라어 형태이기 때문이다.

해설

느보 산에 올라가서 이스라엘 땅을 향하여 거대하게 갈라진 계곡을 가로질러 바라보는 사람은 모세가 정상적인 인간이 바라볼 수 있는 부분보다 훨씬 더 많은 부분을 보았음을 충분히 알 것인데, 그 이유는 하나님께서 그로 하여금 약속의 땅 전체를 보게 하셨기 때문이다. 오늘날 우리는 사해의 북쪽 끝부분, 그 계곡 아래 여리고의 오아시스에 푸른 잎의 야자나무들이 있고, 또한 계곡 너머 전면의 지평선에 있는 먼 끝자락의 꼭대기 위로 감람산 꼭대기에 (러시아 정교회 수도원) 승천탑의 자그마한 조각이 있음을 희미하게 볼 수 있다. 그 건물 자체는 모세보다 더 큰 분으로 묘사되는(히 3:3) "모세와 같은 선지자"께서도 하늘로 올라가실 때(행 1:9) 약속의 땅 전체를 바라보셨다는 사실을 상기시켜 준다. 예루살렘 성읍은 그 산의 다른 편에 있다. 그 지점으로부터 우리는 모세와 같이 "온 납달리와 에브라임과 므낫세의 땅과 서해까지의 유다 온 땅"(2절)을 바라볼 길이 없다.

시내 산에 있었던 떨기나무에서 하나님은 모세에게 자신의 임재를 드러내시고 그에게 이스라엘 백성을 애굽의 노예 상태에서 인도해 내어 약속의 땅으로 들어가도록 부르셨다. 모세는 이제 자신은 들어가도록 허락되지 않은 바로 그 땅을 바라보고 있다. "그리고 여호와의 종 모세가 여호와의 말씀대로 모압 땅에서 죽었다"(5절). 랍비 전승에 따르면 그는 "하나님의 입의 접촉"으로 죽었는데, 이것은 티개이가 말하는 바와 같이 히브리 본문에 대한 미드라쉬적 해석이다([1996] 338, 412 n. 7). 하나님께서는 비밀스러운 매장지를 마련하셨는데, 그 이유는 모세가 "벧브올 맞은편 모압 땅에 있는 골짜기에 장사되었고 오늘까지 그 묘를 아는 자 없기"(6절) 때문이다. 모세는 자신에 대한 기억을 보존할 무덤이나 묘비를 필요로 하지 않는다. 그의 이름은 그의 업적으로 인하여 역사에 새겨질 것인데, 이것은 어떤 화강암 석관보다 훨씬 더 오래 간다.

여호수아는 "지혜의 신이 충만한 사람"(9절)으로 지칭되었다. 선지자 이사야는 같은 "지혜와 지식의 신"이 이새의 뿌리에서 나온 한 싹에 임하는 것을 보았는데(사 11:1-2), 그분의 이름도 역시 "여호수아" 혹은 히브리어 이름이 헬라어로 번역되어 우리에게 전해진 것처럼 "예수"였다. "율법(토라)이 육신으로 말미암아 연약하여 할 수 없는 그것을"(롬 8:3) 하는 것이 이 제2의 여호수아로 하여금 하도록 남겨진 영예로운 일이다. 그 이유는 하나님께서 "죄를 인하여 자기 아들을 죄 있는 육신의 모양으로 보내어 육신에 죄를 정하사 육신을 좇지 않고 그 영을 좇아 행하는 우리에게 율법의 요구를 이루어지게 하려"(롬 8:3-4) 하시기 위해서다.

모세의 위대성은 그의 인품이나 그가 성취한 놀라운 일들에 있지 않다. 그는 본질적으로 다른 배경을 가진 완고하고 목이 곧은 백성을 데리고 그들을 한 국가로 만들어 냈던 것이다. 그는 사르는 불처럼 타올랐던 자기 백성에 대한 깊은 사랑을 가지고 그들을 위하여 자기 이름을 지워 버릴 뜻을 가지고 있었다. 그의 열정, 그의 동정심 그리고 그의 건전한 판단은 이스라엘 백성들에게 불가능한 꿈을 꾸게 영감을 주었고 그것이 실현되는 것을 보게 했다. 그럼에도 불구하고 이 모든 것은 그의 유일성을 설명해 주지 못하는데, 그 이유는 하나님께서 그를 예수 시대까지 다름 아닌 계시의 도구로 사용하셨기 때문이다. 모세의 토라는 그 후에 나타난 모든 이스라엘의 지도자들과 초대 교회 지도자들이 세워질 기초였다. 예수께서는 그 놀라운 토라 체계를 제거하려고 오지 않고 그것을 완성하러 오셨다. 변화산에서 예수님과 함께 있었던 사람들 가운데 한 사람은 다름 아닌 모세 자신이었다(마 17:3; 막 9:4; 눅 9:30).

신명기(하)

- 2015년 9월 5일 초판 2쇄 발행
- 지은이: 두에인 L. 크리스텐센
- 옮긴이: 정일오
- 펴낸이: 박영호
- 펴낸곳: 도서출판 솔로몬
- 등록일: 1990년 7월 31일
- 등록번호: 제 16-24호
- 주소: 서울시 동작구 사당로 155 신주빌딩 B1
- 전화: 599-1482
- 팩스: 592-2104
- 직영서점: 596-5225

ISBN 978-89-8255-401-8
ISBN 978-89-8255-267-0(세트)